2019年营商环境报告：

强化培训　促进改革

世界银行 编著　宋林霖 译

U0749053

开办企业

登记财产

宣传

运输

执行合同

获得信贷

纳税

跨境贸易

世界银行集团

天津出版传媒集团
天津人民出版社

衡量190个经济体的营商环境监管

世界银行《营商环境报告》网站的资源

最新报道

有关《营商环境报告项目的新闻》

http://www.doingbusiness.org

排名

各经济体营商环境排名——从第 1 位到第 190 位

http://www.doingbusiness.org/rankings

数据

190 个经济体的所有数据——每个指标的排名、数值、监管程序列表及指标背后的细节

http://www.doingbusiness.org/data

报告

获取各期《营商环境报告》以及地方和地区性报告、案例研究和针对客户编写的经济概况和区域概况

http://www.doingbusiness.org/reports

方法论

研究营商环境使用的方法及相关论文

http://www.doingbusiness.org/methodology

学术研究

有关营商环境议题及相关政策问题的论文摘要

http://www.doingbusiness.org/research

营商环境改革

《2019 年营商环境报告》涉及的营商监管改革的简要总结，自《2006 年营商环境报告》以来的改革清单

http://www.doingbusiness.org/reforms

历史数据

自《2004 年营商环境报告》以来自定义选择的数据集

http://www.doingbusiness.org/custom-query

法律文库

在线收集与商业相关的法律法规

http://www.doingbusiness.org/law-library

合作贡献人员

190 个经济体的 13800 余名专家对《营商环境报告》做出贡献

http://www.doingbusiness.org/contributors/doing-business

创业数据

企业密度数据（采集 143 个经济体，每 1000 名适龄劳动人口中新注册公司的数量）

http://www.doingbusiness.org/data/exploretopics/entrepreneurship

营商环境便利度分数

参照 190 个经济体的最佳监管实践和营商环境便利度计算方式

http://www.doingbusiness.org/data/easeof-doingbusiness-score

良好实践信息汇总

《营商环境报告》中所确认的诸多良好实践的具体应用

http://www.doingbusiness.org/data/good-practice

前 言

所测即所得。

在过去的 15 年里，没有任何报告比《营商环境报告》更好地阐述了这句格言。《营商环境报告》以严谨的研究方法为基础，收集了来自 11 个商业监管领域详细而客观的数据，以期帮助政府发现行政过程中存在的问题并加以改正。该报告致力于通过研究各时期不同经济体商业监管中所具有的可竞争性、可对比性和可改革性的量化部分来衡量复杂的监管过程。

受《营商环境报告》的启发，研究者在同行评议期刊上发表了数千篇文章，并为经济发展的监管及制度框架提供了一个可供讨论的平台。众多其他机构也将《营商环境报告》中的指标纳入相关衡量标准中，从而引发了更多关于"最佳营商环境"的讨论，推动了全球包容、可持续的经济增长。

自 2003 年首次发行以来，《营商环境报告》在其衡量的

10 个商业监管领域进行了 3500 余项改革。我们发现世界范围内的改革活动达到高峰——仅 2017/2018 年度，128 个经济体就进行了 314 项改革。2006 年，注册一个企业在全球范围平均需要 47 天，且注册成本占人均收入的 76%。而如今平均仅需 20 天，成本也只占人均收入的 23%。在开办企业最低实缴资本方面的数据更具有说服力，相比于 2006 年人均收入的 145%，如今最低实缴资本平均需要人均收入的 6%。此外，全球经济体在申报税款和纳税方面的平均时间也已从 2005 年的 324 小时降至 2017 年的 237 小时。

自 2012 年以来，撒哈拉以南非洲地区每年都是进行改革最多的地区。《2019 年营商环境报告》记录了撒哈拉以南非洲地区 40 个经济体的 107 项改革，该地区的私营部门也确切感受到了这些改革带来的影响。例如，注册企业的平均时间和成本从 2006 年的 59 天和人均收入的

192% 下降到 2019 年的 23 天和人均收入的 40%。此外，平均最低实缴资本已从同期人均收入的 212% 下降到如今人均收入的 11%。

2019 年改革效果最大的 10 个经济体分布于 5 个不同地区，大小、贫富状况各不相同。这种多样性表明，无论背景如何，只要决策者意志坚定，任何经济体都能够改善商业监管。中国和印度作为全球两大经济体，进行了 13 项改革，成为这 10 个经济体中的佼佼者。小型经济体吉布提（Djibouti）以 6 项改革位列其中。阿富汗和土耳其也因一共进行了 12 项商业监管改革，在《营商环境报告》的历史上首次跻身十大改进经济体之列。

值得注意的是，改革最多的 10 个经济体中有 4 个是处于冲突和暴力中的国家：阿富汗、吉布提、科特迪瓦和多哥。世界银行集团和其他组织已经与这些经济体密切合作，解决紧迫的人道主义问题，满足其现实发展需要，同时加强这些经济体在法律和经济方面的体系建设。

从《营商环境报告》中可以发现，即使有充分的证据证明国家需要改革，改革也不一定会发生。排名有助于领导者获取信息，使其难以忽视改革的紧迫性。该报告也启发了人力资本指数（HCI）的诞生，该指数在 2018 年印度尼西亚年会上发布。与《营商环境报告》一样，人力资本指数的基本理念是：无论一个领域的情况有多复杂，都可以通过可靠的研究方法来衡量。这些类型的数据因易于分析、追踪和落实，且能增加政府透明度和问责制建设，从而推进经济体改革。

政府承担着为企业家和中小企业创造优良营商环境的艰巨任务。健全、有效的商业监管对鼓励创业和推动私营部门的发展至关重要。因而缺乏有效监管，我们就不可能终结极端贫困、促进世界共同繁荣发展。

在建立可靠的知识库和数据库方面，国际机构和研究中心应发挥中心作用，向各国政府、研究者和公民提供详细而全面的信息。通过《营商环境报告》这一平台，世界银行集团全心致力于这一使命。《营商环境报告》所启发的改革将有助于人们实现愿景，推动包容、可持续的经济增长，使我们更接近消除全球贫困这一目标。

金 墉

世界银行集团行长

目　录

■《2019 年营商环境报告》是系列年度报告的第 16 期，报告就商业法规和产权保护提供量化指标，进而可以对从阿富汗到津巴布韦的 190 个经济体进行长期的横向与纵向比较。

■ 报告覆盖了影响企业生命周期的 11 个领域的监管法规，它们是：开办企业、办理施工许可证、获得电力、登记财产、获得信贷、保护少数投资者、纳税、跨境贸易、执行合同、办理破产和劳动力市场监管。劳动力市场监管的数据没有包括在 2019 年营商环境便利度排名中。

■《2019 年营商环境报告》中的数据搜集截至 2018 年 5 月 1 日。营商环境指标被用来分析经济表现并指出什么样的商业监管改革有效、在什么情况以及为什么有效。

概　述

没有健全的私营部门，经济就难以繁荣。地方企业的蓬勃发展，为就业创造更多机会，也为国内企业带来更多投资和收入。所有关心经济发展和社会利益的理性政府，都对影响中小企业发展的法律法规给予高度关注。有效的商业监管为微型和小型企业提供了成长、创新的机会，并在合适的时机，促进其从非正规经济部门向正规经济部门转换。《2019 年营商环境报告》与该系列报告的前 15 期一样，继续帮助监管者评估和衡量国内商业监管环境。

《营商环境报告》提倡要同时注重质量和效率，更重要的是有效且易于遵循和理解的规则。要实现经济效益、减少腐败和促进中小企业繁荣，就必须消除不必要的烦琐细节。然而靠提高效率促使监管良好运行，必须制定具体的保障措施以确保高质量的商业监管流程。如果财产登记处包含着不完整的地理覆盖范围信息，那么即便人们可以在几天之内以低成本转让财产又有什么用呢？对此，《营商环境报告》披露了监管质量与效率之间存在明显差异的案例，向监管机构提出了需要改革的信号。

《2019 年营商环境报告》衡量的是开办企业、办理施工许可证、获得电力、登记财产、获得信贷、保护少数投资者、纳税、跨境贸易、执行合同和办理破产的过程。《营商环境报告》收集和发布有关劳动力市场监管的数据，重点关注就业监管的灵活性、工作质量等方面，然而这一监管领域并不计入营商环境便利度排名（图 1.1）。有关《营商环境报告》指标的详细信息，请参阅世界银行官方网站的数据注释，网址：http://www.doingbusiness.org。

每一个被衡量的商业监管领域对初创企业和现有企业都是重要的。然而正如《营商环境报

■《2019 年营商环境报告》记录了 2017 年 6 月 2 日至 2018 年 5 月 1 日的 314 次监管改革。报告发现，世界范围内的 128 个经济体采取了实质性的监管改革，使得商业活动在《营商环境报告》衡量的领域内更加便利。

■《2019 年营商环境报告》中，改善最显著的经济体是阿富汗、吉布提、中国、阿塞拜疆、印度、多哥、肯尼亚、科特迪瓦、土耳其和卢旺达。

■《2019 年营商环境报告》记录的所有商业监管改革中，有三分之一经济体位于撒哈拉以南非洲地区。撒哈拉以南非洲地区以 107 次改革再创历史新高。

■ 巴西、俄罗斯联邦、印度和中国这四个金砖国家经济体总共进行了 21 项改革，其中获得电力和跨境贸易是最常见的两个改革领域。

■ 营商环境便利度排名前 10 位的经济体，在监管效率和质量上都具备相同的特征，包括施工期间的强制检查、电力供应在停电期间使用自动化工具恢复电力、破产程序中向债权人提供的强有力保障以及自动化的专业商事法院。

■ 服务提供者和使用者的培训机会与营商环境便利度分数呈正相关。同样的，公共部门与私营部门在影响中小企业的法律和程序修订方面的交流越多，经济体在《营商环境报告》的指标上表现越好。

图 1.1　营商环境衡量标准是什么？

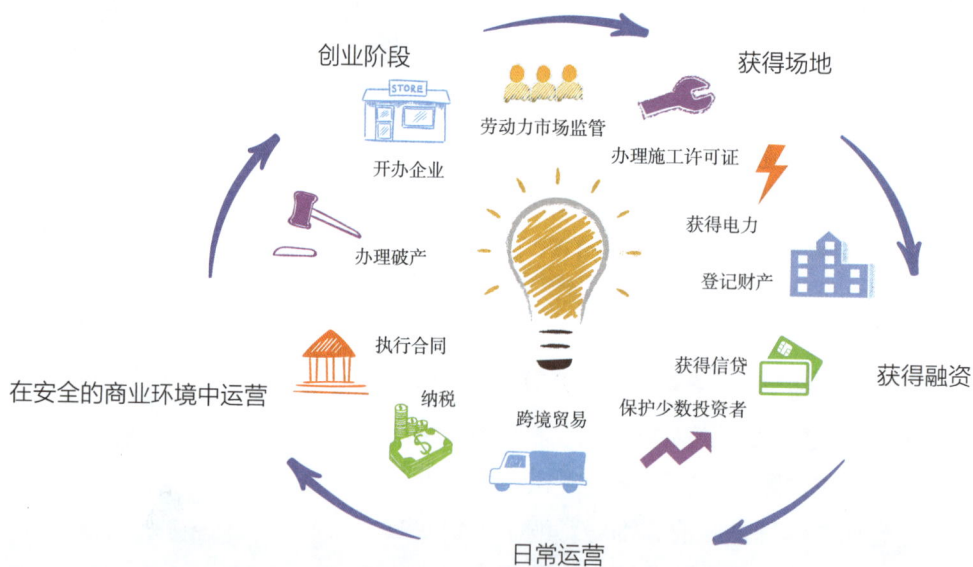

资料来源：《营商环境报告》数据库。
注：劳动力市场监管不包括在营商环境便利度排名中。

告》数据显示，中小企业所有者在不同的经济体创建和经营企业时，面临着截然不同的环境。例如，乌干达的一位企业家需要花费近一个月的时间，通过 13 个手续才能建立一家新公司。随后，需要与不同的机构进行 18 次接触，并需要等待额外的 4 个月才可获得施工许可证。一旦仓库建设完成，企业家将需要再等 2 个月，花费人均收入的 7513.6%，以获得与电网的连接。相比之下，丹麦企业家可以在预期的短短 3.5 天内注册一家新企业，在两个多月的时间里通过 7 个步骤完成建造仓库所需的所有法律手续，并能确保可靠的电力连接，其费用约为当地人均收入的 100%。企业可以创造就业和经济机会，监管制度质量的差异可

能会影响新企业的创建数量和私营部门的活力。在丹麦，新注册公司的平均数量是每 1000 名工人中有 8 家新公司。而在乌干达，每 1000 名工人中却不到一家新公司。[1] 有许多可以解释这一差异的因素，商业监管的水平就包括其中。[2]

《营商环境报告》并不要求涵盖与私营部门发展和成长有关的所有领域。该报告有一系列明显的局限性，仅靠报告的数据不足以评估一个经济体的整体竞争力或外国投资前景。《营商环境报告》没有评估市场规模、金融市场的稳健性和深度、宏观经济状况、外国投资、安全或政治稳定，但是营商环境指标确实为政策制定者们提供了确定改革领域

和改善当地营商环境的见解。关于报告衡量和未衡量的领域，更多信息请参阅"关于《营商环境报告》"章节。

改善商业监管有哪些好处？

《营商环境报告》包括 11 个指标集，用来衡量对国内中小企业和国家竞争力至关重要的商业监管领域。经济学文献证实了营商环境所衡量领域具有的经济相关性和重要性。以开办企业为例，自 2003 年以来，100 家顶级学术期刊发表了 300 多篇研究论文，评估了市场准入的监管环境如何影响生产效率、增长、就业和非正式性等较多经济成果。最新的研究表明了改进商业监管所带来的积极效果。例如，更少

的流程和更低的实缴资本与开办企业的流程有着积极而显著的联系。在程序相对复杂或模糊的地方，腐败的可能性更高。[3]另一项研究讨论了正式注册对公司的好处，例如更容易获得新设备和更大规模的运营，可以提高竞争力和生产效率。[4]

在施工许可方面，简单、透明是允许企业扩张和建设新的、安全的基础设施的关键因素。研究表明，监管负担常常给投资者带来巨大障碍。例如，现有法律之间的差异会导致不必要的，甚至是矛盾的合规性要求。[5]此外，例如在加纳，漫长的审批处理时间会抬高成本，并刺激非正规建筑部门的发展，而非正规建筑部门不合格的施工许可证则导致不安全的基础设施。[6]

电力是任何企业正常运转和扩张的必需品，也是决定一个经济体人力资本竞争和强化的重要因素。研究数据表明，较高的电力成本往往会对企业产生不利影响。随着电力价格上涨，企业将注意力转向电力密集度较低的生产过程，导致产量和生产效率的下降，[7]此外供电连接的可靠性同样重要。研究发现，1995—2007年期间，停电以及电力基础设施匮乏对撒哈拉以南非洲地区的经济增长带来许多负面影响。[8]

同样，明确界定规章和平等产权信息对于企业扩大经营也是至关重要的。如果政府没有建立足够的土地所有权保护，而使投资者面临土地纠纷或财产查封的风险，利益相关者将不愿意把钱投入土地和财产开发项目。最新一项探讨政治机构是否会对经济改革增长的有效性产生影响的研究发现，拥有健全产权的发展中的经济体进行了更为有效的金融和贸易改革。这项研究表明，充分发展产权可能是获得改革增长收益的先决条件。[9]大量关于产权重要性的文献表明，投资、融资渠道、生产效率和经济增长之间存在明显的关联。[10]

《营商环境报告》的另一个衡量指标是保护少数投资者。更好的保护有助于加强企业家对政府的信任、提高企业家拓展业务的信心，进而使企业更容易进行融资。[11]该指标集中于政策制定者如何减轻公司高管、董事和大股东利用其职位以牺牲公司和其他股东利益为代价来增加自身利益的风险。清晰的规则、稳健的权利和日益提高的透明度是他们所能掌握的监管工具。公司治理是投资效率的关键决定因素，[12]而股东起诉和追究董事责任的能力则是必要的制衡。[13]

最后，在政策制定者努力为公民创造更多更好的就业机会时，对劳动力市场的监管同样重要。劳动力监管也是研究人员感兴趣的一个领域，他们正在努力评估适当的劳动力保护与劳动力市场效率之间的最佳平衡。例如，研究表明，当面临限制性的劳动

法时，印度企业选择规避这样的立法，间接通过承包商雇用工人，特别是在经济不确定时期。[14]另一项关于外国投资和全球公司组织的研究表明，公司在作出采购决定时会考虑到工人议价能力的强弱。[15]

《2014年营商环境报告》提供了一篇发表在顶级经济期刊上的关于经济快速增长的综合论文，文章使用了《营商环境报告》的数据进行分析。[16]文章回顾了经济分析中使用的各种评估方法，并根据研究领域和方法进行了总结，包括企业进入和劳动力市场监管、贸易监管和成本以及税收管制。《2016年营商环境报告》还对70种顶尖学术法律期刊上发表的文献进行了广泛评论，重点放在四组指标上：执行合同、获得信贷（合法权利）、保护少数投资者和办理破产。[17]有关每年更新的研究见解，请参阅"关于《营商环境报告》"章节和《营商环境报告》网站http://www.doingbusiness.org/。

哪里的商业监管更好？

《营商环境报告》通过具体的标准化案例假设研究营商环境监管和实践方面的标准。根据1个经济体在11个监管领域的表现，该报告对商业环境的效率和质量进行了打分。这种方法有助于报告随着时间的推移跟踪变化，并比较不同经济体的监管和实践。报告利用营商环境便利度

分数（专栏 1.1）对经济体的营商环境进行排名。经济体是按它们的分数排序从而获得排名的。"营商环境便利度分数"显示了一个经济体在最佳监管实践中的绝对地位，而"营商环境便利度排名"则显示了一个经济体相对于其他经济体的地位。

在营商环境便利度方面排名最高的经济体（表 1.1）是那些一直拥有着良好商业监管改革的，或者由于多年来的全面改革，其监管环境良好的经济体。2019 年，新西兰、新加坡和丹麦这前三大经济体代表了一个有利于商业发展的环境，与此同时，2019 年跻身前 20 大经济体之列的毛里求斯（也是撒哈拉以南非洲地区唯一一个进入这一行列的经济体）已经有条不紊地改善了其营商环境。事实上，在过去的十年里，毛里求斯几乎在所有营商环境衡量标准的领域中都进行了不止一次地改革。[18] 例如，自 2005 年以来，在通过财产登记领域进行了 7 次改革后，财产登记所需的时间减少了 12 倍以上；公司成立所需的时间也因四次开办企业方面的改革减少近 10 倍。[19]

持续而集中的改革进程使各经济体能够保持竞争力和紧迫性，促使其在其他方面也在不断改善。今年进入前 20 名的阿联酋和马来西亚这两个经济体一直保持着这样的改革势头。阿联酋是中东和北非地区排名最高的经济体，在四个领域进行了改革。马来西亚在优化营商环境方面进行了六项改革，在该区域营商环境改善程度上排名第二。

排名前 20 的经济体中有多个来自经合组织高收入国家，4 个来自东亚和太平洋，2 个来自欧洲和中亚，撒哈拉以南非洲、中东和北非各 1 个。除低收入经济体外，所有收入群体都有代表。全球前 20 大经济体的地区多样性和收入水平的差异，凸显出一个观点：任何经济体只要没有官僚障碍并实行严格的法律法规，都能跻身前列。效率和法规质量在提高营商环境便利度排名方面扮演着重要角色。

排名前 20 的经济体为其他经济体提供了许多良好实践经验。在开办企业领域，其中 13 个经济体至少有 1 个程序可以在 0.5 天内通过网络完成。19 个经济体的电力分配设施都使用了自动化工具，以便在断电期间更快、更高效、更安全地恢复供电。在建筑和土地管理领域，前 20 个经济体中，强制检查在建造仓库的过程中都得以进行，而且大多数都具有全面的地理覆盖范围。除此之外，前 20 个经济体的法律基础设施的质量和法律机构的力量也很强大。例如，破产框架规定，债权人有权反对接受或拒绝债权人提出索赔的决定，在破产程序中为债权人提供强有力的保障。前 20 个经济体法院自动化很普遍，判决执行速度平均是其他经济体（200 天）的两倍（95.6 天）。这些经济体还制定了严格

■ 专栏 1.1: 什么是营商环境便利度指数？

2019 年，"营商环境前沿距离"（Doing Business distance to frontier）的名称已改为"营商环境便利度分数"（ease of Doing Business score），以更好地反映衡量标准的主要理念——表明一个经济体相对于最佳监管实践中的位置。然而，计算分数的过程是一样的。该分数结合了不同单位的衡量标准，如开办企业的时间或转让财产的手续。该分数反映了一个经济体当前在 10 个一级指标 41 个二级指标中的表现与 2015 年《营商环境报告》（Doing Business 2015）中制定的最佳监管实践之间的差距。例如，根据《全球营商环境报告》（Doing Business database）的数据，在所有经济体中，随着时间的推移，开办企业所需的最少时间是 0.5 天，而在最差的情况下，5% 的情况需要超过 100 天。因此，0.5 天被认为是最好的表现，而 100 天则是最差的。更高的分数显示相对更便利的营商环境（最好的分数是设定在 100 分），而较低的分数显示相对缺乏便利度的营商环境（最坏的分数是设定在 0 分）。将一个经济体在不同指标上的百分比得分平均在一起，可以得出总分。要了解更多详细信息，请参阅 http://:www.doingbusiness.org 中有关"营商环境便利度分数"和"营商环境便利度排名"的章节。

表 1.1　营商环境便利度排名

序列	经济体	营商便利度得分	营商便利度得分变化情况	序列	经济体	营商便利度得分	营商便利度得分变化情况	序列	经济体	营商便利度得分	营商便利度得分变化情况
1	新西兰	86.59	0.00	65	哥伦比亚	69.24	+0.20	129	巴巴多斯	56.78	0.00
2	新加坡	85.24	+0.27	66	卢森堡	69.01	0.00	130	圣文森特和格林纳丁斯	56.35	+0.01
3	丹麦	84.64	+0.59	67	哥斯达黎加	68.89	-0.47	131	佛得角	55.95	+0.02
4	中国香港特别行政区	84.22	+0.04	68	秘鲁	68.83	+0.56	132	尼加拉瓜	55.64	+0.37
5	韩国	84.14	-0.01	69	越南	68.36	+1.59	133	帕劳群岛	55.59	+0.01
6	格鲁吉亚	83.28	+0.48	70	吉尔吉斯斯坦共和国	68.33	+2.57	134	圭亚那	55.57	-1.21
7	挪威	82.95	+0.25	71	乌克兰	68.25	+0.94	135	莫桑比克	55.53	+1.78
8	美国	82.75	-0.01	72	希腊	68.08	-0.12	136	巴基斯坦	55.31	+2.53
9	英国	82.65	+0.33	73	印度尼西亚	67.96	+1.42	137	多哥	55.20	+6.32
10	马其顿	81.55	+0.32	74	蒙古国	67.74	+0.27	138	柬埔寨	54.80	+0.41
11	阿拉伯联合酋长国	81.28	+2.37	75	牙买加	67.47	+0.55	139	马尔代夫	54.43	+0.10
12	瑞典	81.27	+0.00	76	乌兹别克斯坦	67.40	+1.08	140	圣基茨和尼维斯	54.36	+0.01
13	中国台湾	80.90	+0.24	77	印度	67.23	+6.63	141	塞内加尔	54.15	+0.37
14	立陶宛	80.83	+0.29	78	阿曼	67.19	-0.02	142	黎巴嫩	54.04	+0.07
15	马来西亚	80.60	+2.57	79	巴拿马	66.12	+0.41	143	尼日尔	53.72	+1.24
16	爱沙尼亚	80.50	+0.01	80	突尼斯	66.11	+1.51	144	坦桑尼亚	53.63	+0.34
17	芬兰	80.35	+0.05	81	不丹	66.08	+0.20	145	马里	53.50	+0.23
18	澳大利亚	80.13	-0.01	82	南非	66.03	+1.37	146	尼日利亚	52.89	+1.37
19	拉脱维亚	79.59	+0.33	83	卡塔尔	65.89	+0.64	147	格林纳达	52.71	+0.07
20	毛里求斯	79.58	+1.29	84	马耳他	65.43	+0.28	148	毛里塔尼亚	51.99	+0.92
21	冰岛	79.35	+0.05	85	萨尔瓦多	65.41	+0.21	149	冈比亚	51.72	+0.23
22	加拿大	79.26	+0.38	86	博茨瓦纳	65.40	+0.46	150	马绍尔群岛	51.62	+0.01
23	爱尔兰	78.91	-0.51	87	赞比亚	65.08	+1.48	151	布基纳法索	51.57	+0.12
24	德国	78.90	0.00	88	圣马力诺	64.74	+2.27	152	几内亚	51.51	+2.02
25	阿塞拜疆	78.64	+7.10	89	波斯尼亚和黑塞哥维那	63.82	+0.27	153	贝宁	51.42	+0.13
26	奥地利	78.57	+0.03	90	萨摩亚	63.77	+0.01	154	老挝	51.26	+0.11
27	泰国	78.45	+1.06	91	汤加	63.59	+0.03	155	津巴布韦	50.44	+1.92
28	哈萨克斯坦	77.89	+0.73	92	沙特阿拉伯	63.50	+1.62	156	玻利维亚	50.32	+0.15
29	卢旺达	77.88	+4.15	93	圣卢西亚	63.02	+0.06	157	阿尔及利亚	49.65	+2.06
30	西班牙	77.68	+0.07	94	克努阿图	62.87	-0.21	158	基里巴斯	49.07	+0.33
31	俄罗斯联邦	77.37	+0.61	95	乌拉圭	62.60	+0.34	159	埃塞俄比亚	49.06	+0.91
32	法国	77.29	+0.99	96	塞舌尔	62.41	-0.01	160	密克罗尼西亚联邦	48.99	0.00
33	波兰	76.95	-0.36	97	科威特	62.20	+0.75	161	马达加斯加岛	48.89	+0.71
34	葡萄牙	76.55	-0.07	98	危地马拉	62.17	+1.01	162	苏丹	48.84	+3.75
35	捷克共和国	76.10	+0.05	99	吉布提	62.02	+8.87	163	塞拉利昂	48.74	+0.15
36	荷兰	76.04	+0.01	100	斯里兰卡	61.22	+1.80	164	科摩罗	48.66	+0.14
37	白俄罗斯	75.77	+0.72	101	斐济	61.15	+0.04	165	苏里南	48.05	-0.05
38	瑞士	75.69	+0.01	102	多米尼加共和国	61.12	+0.55	166	喀麦隆	47.78	+0.83
39	日本	75.65	+0.05	103	多米尼加	61.07	+0.04	167	阿富汗	47.77	+10.64
40	斯洛文尼亚	75.61	+0.02	104	约旦	60.98	+1.42	168	布隆迪	47.41	-0.73
41	亚美尼亚	75.37	+2.06	105	特立尼达和多巴哥	60.81	-0.12	169	加蓬	45.58	-0.23
42	斯洛伐克共和国	75.17	+0.29	106	莱索托	60.60	+0.19	170	圣多美和普林西比	45.14	+0.30
43	土耳其	74.33	+4.34	107	纳米比亚	60.53	+0.24	171	伊拉克	44.72	+0.04
44	科索沃	74.15	+0.44	108	巴布亚新几内亚	60.12	+1.19	171	缅甸	44.72	+051
45	比利时	73.95	+2.24	109	巴西	60.01	+2.96	173	安哥拉	43.86	+2.16
46	中国	73.64	+8.64	110	尼泊尔	59.63	-0.32	174	利比里亚	43.51	-0.04
47	摩尔多瓦	73.54	+0.38	111	马拉维	59.59	+0.84	175	几内亚比绍	42.85	+0.27
48	塞尔维亚	73.49	+0.17	112	安提瓜和巴布达	59.48	+0.06	176	孟加拉国	41.97	+0.91
49	以色列	73.23	+0.64	113	巴拉圭	59.40	+0.41	177	赤道几内亚	41.94	+0.28
50	黑山共和国	72.73	+0.20	114	加纳	59.22	+2.06	178	东帝汶	41.60	+1.71
51	意大利	72.56	-0.15	115	所罗门群岛	59.17	+0.33	179	阿拉伯叙利亚共和国	41.57	+0.02
52	罗马尼亚	72.30	-0.53	116	约旦河西岸和加沙地带	59.11	+0.39	180	刚果	39.83	+0.36
53	匈牙利	72.28	+0.34	117	斯瓦蒂尼	58.95	+0.13	181	乍得	39.36	+1.15
54	墨西哥	72.09	-0.18	118	巴哈马	58.90	+0.77	182	海地	38.52	+0.11
55	文莱达鲁萨兰国	72.03	+1.85	119	阿根廷	58.80	+0.87	183	中非共和国	36.90	+2.67
56	智利	71.81	+0.37	120	埃及、阿拉伯代表	58.56	+2.74	184	刚果、民主党代表	36.85	+0.07
57	塞浦路斯	71.71	+0.44	121	洪都拉斯	58.22	-0.09	185	南苏丹	35.34	+2.04
58	克罗地亚	71.40	+0.34	122	科特迪瓦	58.00	+4.94	186	利比亚	33.44	+0.23
59	保加利亚	71.24	+0.11	123	厄瓜多尔	57.94	+0.12	187	也门共和国	32.41	-0.59
60	摩洛哥	71.02	+2.46	124	菲律宾	57.68	+1.36	188	委内瑞拉	30.61	-0.24
61	肯尼亚	70.31	+5.25	125	伯利兹城	57.13	+0.02	189	厄立特里亚国	23.07	+0.13
62	巴林岛	69.85	+1.82	126	塔吉克斯坦	57.11	+0.08	190	索马里	20.04	+0.06
63	阿尔巴尼亚	69.51	+0.50	127	乌干达	57.06	+0.65				
64	美国（波多黎各自治州）	69.46	+0.20	128	伊朗、伊斯兰代表	56.98	+2.34				

资料来源：《营商环境报告》数据库。

注：营商环境便利度排名以 2018 年 5 月 1 日为基准，并基于每个经济体在总排名中 10 个主题方面的营商便利度分数的平均分得出。对于那些数据涵盖两个城市的经济体，其分数是这两个城市的人口加权平均值。分值如果发生正向的变化，表明 2016/2017 年度和 2017/2018 年度之间的得分有所提高（因此在《营商环境报告》所评估的总体营商环境方面有所改善）。而负向的变化则说明情况恶化。0.00 表示分数没有变化。

的披露要求，以防止董事为了个人利益滥用公司资产。大多数规定要求股东必须立即向其他股东披露交易情况以及任何利益冲突。迄今为止，还没有经济体在所有指标上达到最佳监管表现，因此每个经济体都可以通过借鉴其他经济体的经验从而获得进一步改善。

排名前 50 位的经济体也出现了更多的上述趋势。从区域观察，排名前 50 的经济体中有近 60% 来自经合组织高收入国家，其次是欧洲和中亚（24%）、东亚和太平洋（12%）。南亚、拉丁美洲和加勒比海则没有进入前 50 名。在排名前 50 的经济体中，中上收入经济体比例接近 26%。格鲁吉亚、科索沃和摩尔多瓦是其中 3 个中低收入经济体，而卢旺达是唯一一个低收入经济体。然而，区域之间的监管效率与监管质量上存在着较大的差异（图 1.2）。《2019 年营商环境报告》改善最大的 10 个经济体中，有 4 个是撒哈拉以南非洲的经济体，但该地区仍有进一步发展的空间：在监管质量方面，该地区营商环境改善的平均得分低于 40 分，而经合组织高收入经济体为 73 分。同样，在监管效率方面，营商环境便利度的平均得分为 60 分，而经合组织高收入经济体为 85 分。

不足为奇的是，撒哈拉以南非洲地区与经合组织高收入经济体之间存在巨大差距（图 1.3）。撒哈拉以南非洲地区的得分明显低于所有地区最有效率的经济体。在跨境贸易（41 分）和获得电力（36 分）方面，得分差距更为明显。得分差异最大的指标是办理破产，撒哈拉以南非洲地区与表现最佳的经济体之间的差距为 44 分。

图 1.2　在所有地区都可以观察到监管效率和监管质量之间的差距

营商环境便利度均分（0-100）

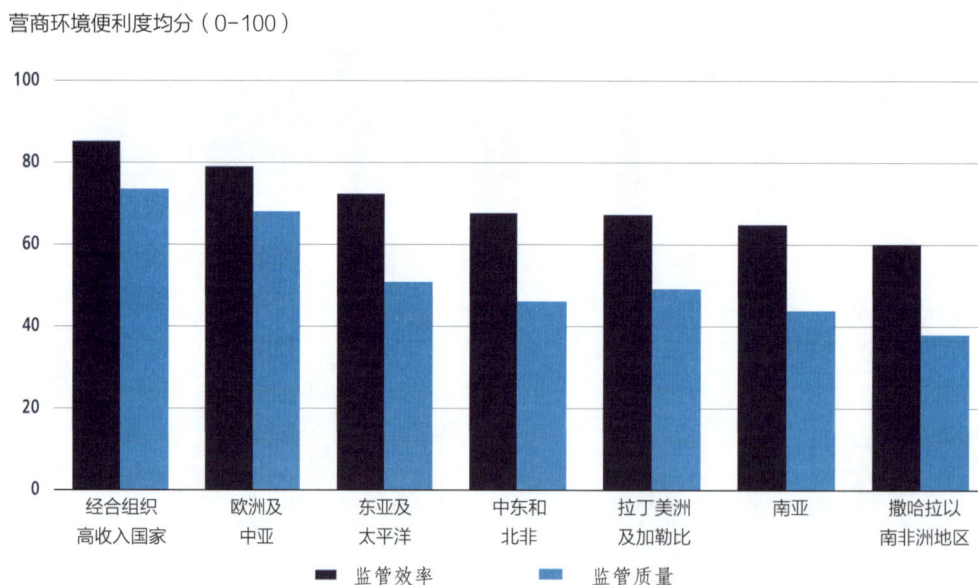

资料来源：《营商环境报告》数据库。

注：为提高监管效率而进行的营商环境便利度得分是下列指标集的手续（在适用的情况下）、时间和成本指标得的分：开办企业（还包括最低资本要求指标）、办理施工许可证、获得电力、登记财产、纳税（包括报税后程序指数）、跨境贸易、执行合同和办理破产。监管质量的营商环境便利度得分是指从获得信贷、保护少数投资者及来自于办理施工许可证、获得电力、登记财产、执行合同和办理破产指标得到的监管质量指数。

> 撒哈拉以南非洲地区之间改革成效的巨大差异为决策者提供了借鉴邻国经验的机会

图 1.3 办理破产是撒哈拉以南非洲地区和经合组织高收入经济体之间差距最大的领域

营商环境便利度均分（0-100）

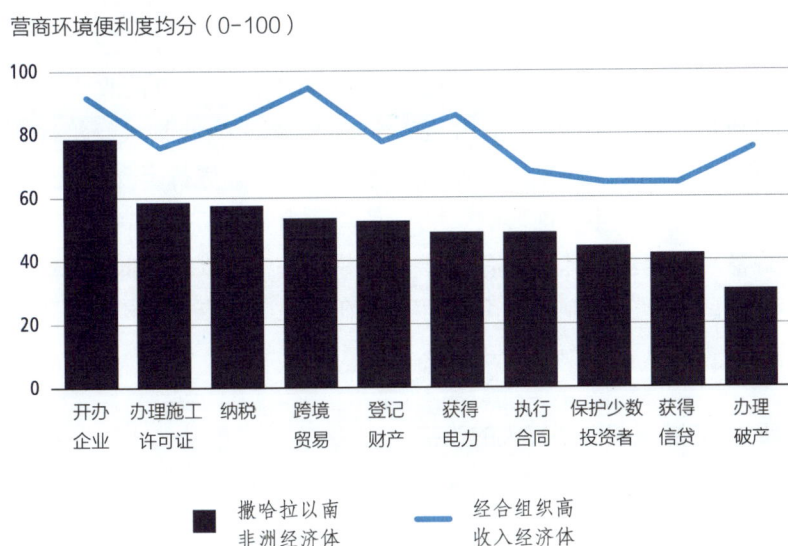

图例：
- ■ 撒哈拉以南非洲经济体
- ── 经合组织高收入经济体

X轴标签：开办企业、办理施工许可证、纳税、跨境贸易、登记财产、获得电力、执行合同、保护少数投资者、获得信贷、办理破产

资料来源：《营商环境报告》数据库。

撒哈拉以南非洲地区之间改革成效的巨大差异为决策者提供了借鉴邻国经验的机会。例如，在获得信贷方面，安哥拉（营商环境便利度排名 184）和厄立特里亚（营商环境便利度排名 186）的官员可以借鉴卢旺达和赞比亚的经验（营商环境便利度均排名第 3）。后两个经济体借鉴了经合组织高收入经济体中的许多良好实践经验，包括制定可靠的担保交易法及依靠信用局或登记处建立完善的信贷信息共享系统。

如何改善"办理破产"这一指标，已经成为全球最具挑战性问题（图 1.4），但这并不妨碍各经济体在该领域内的不断发展。例如，在 2017/2018 年度，肯尼亚对其破产框架进行了几项

图 1.4 哪个领域对企业家来说更容易，哪个领域更难

营商环境便利度均分（0-100）

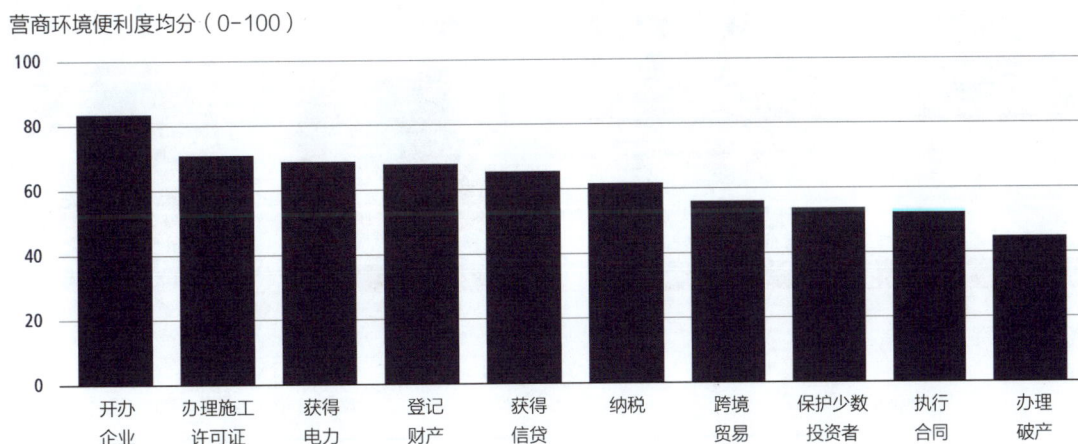

X轴标签：开办企业、办理施工许可证、获得电力、登记财产、获得信贷、纳税、跨境贸易、保护少数投资者、执行合同、办理破产

资料来源：《营商环境报告》数据库。

改革，包括在破产程序中保证债务人既有业务的继续进行，在重组程序中给予债权人平等待遇，并让债权人更多地参与破产程序，由此肯尼亚在办理破产方面的得分提高了 14 分，成为监管改革方面的最佳实践。

在所有经济体中，无论收入水平高低，通过营商环境便利度排名可以轻松观察到各经济体监管领域的变化。例如，在高收入经济体中，新西兰开办企业排名第 1，但是执行合同排名第 21。卢旺达是一个低收入经济体，在登记财产方面排名第 2，在获得信贷方面排名第 3，但在跨境贸易方面排名第 88，在开办企业方面排名第 51。中国在执行合同方面排名第 6，而在开办企业方面排名第 28。而被列为中低收入经济体的摩洛哥，在纳税方面排名第 25，在获得信贷方面排名第 112。

开办企业已相对容易，但由于缺乏信用信息系统或抵押登记处导致企业难以获得信贷，那么将对整体经济产生负面影响。反之亦然，一个经济体可能有一个高质量的土地管理制度和可靠的信用报告机制，但烦琐的开办企业过程，可能导致企业不愿正式进入市场，从而造成就业率降低和税收减少等负面影响。

自《2005 年营商环境报告》发布以来，报告记录了 190 个经济体所实施的逾 3500 项商业监管改革。这些改革大多是在中低收入经济体进行的。在 2019 年的报告中，73% 的低收入经济体和 85% 的中低收入经济体至少在一个指标进行了改革。这种改革活力解释了与中高收入经济体相比，中低收入和低收入经济体在商业监管方面取得的显著改善（图 1.5）。

图 1.5 低收入和中低收入经济体随着时间的推移取得了较大的改善

营商环境便利度分数的平均同比增长

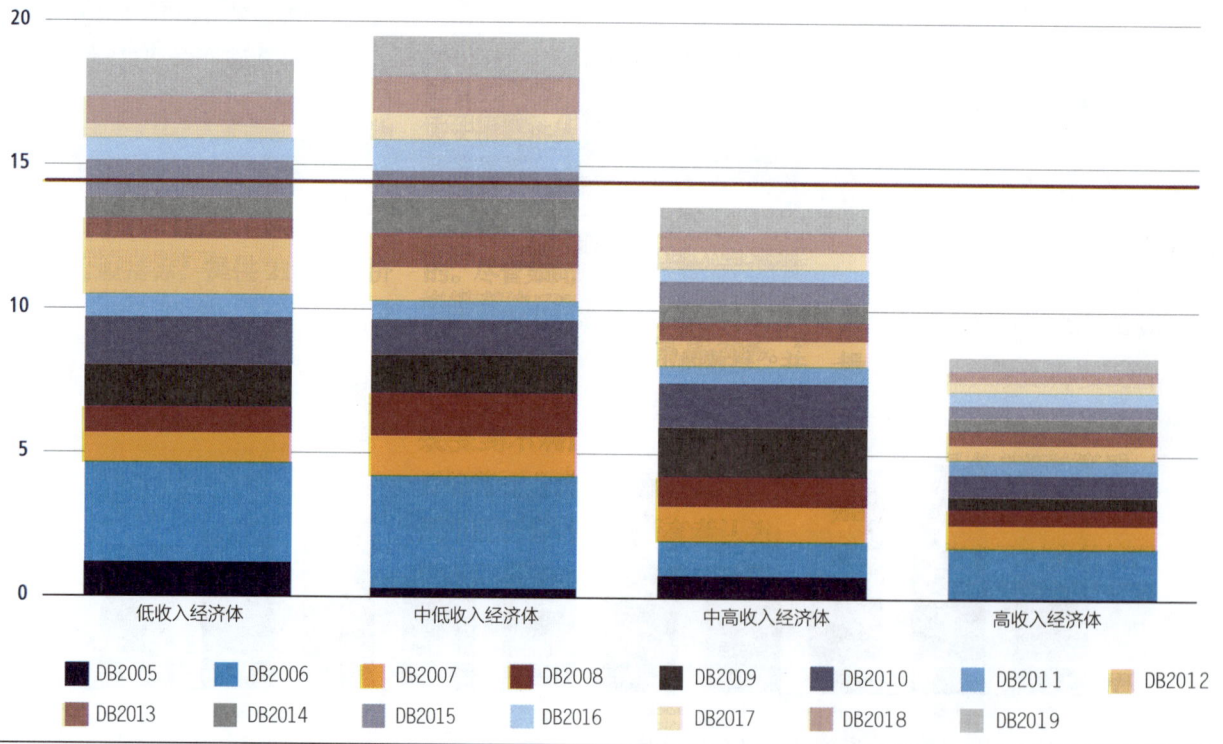

资源来源：《营商环境报告》数据库。

注：红线显示的是自 2004 年以来全球营商环境便利度分数的平均改善情况。该测量标准被规范化为从 0 到 100，100 代表最佳监管绩效。由于多年来方法、经济和指标的变化，这些改进是用连续年份的数据和可比数据进行逐年计量的。

图 1.6 经济趋同和非趋同的领域

平均开办企业时间（天）

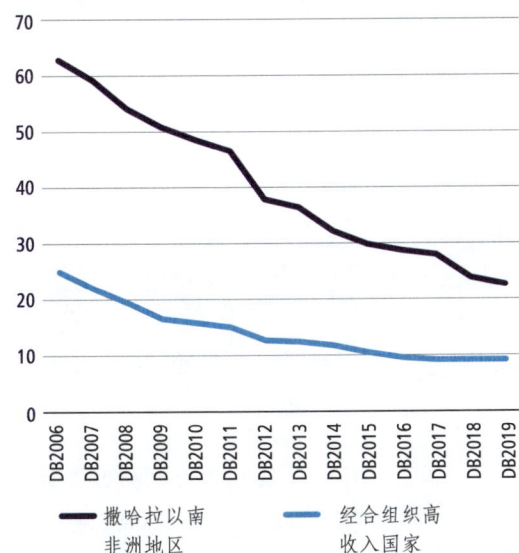

获得电力连接的平均成本（人均收入的百分比）

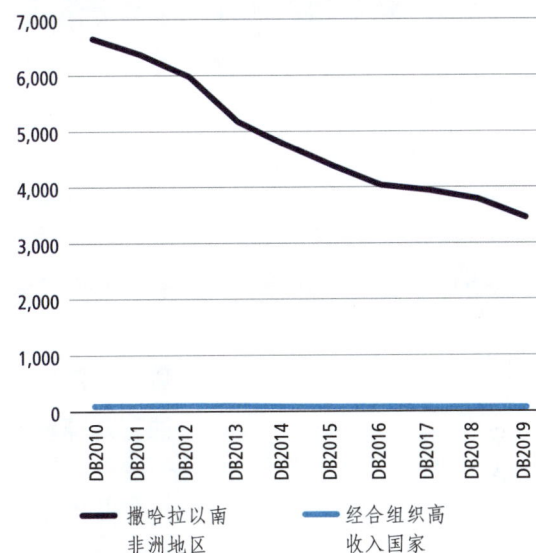

保护少数投资者的平均
信息披露指数（0-10）

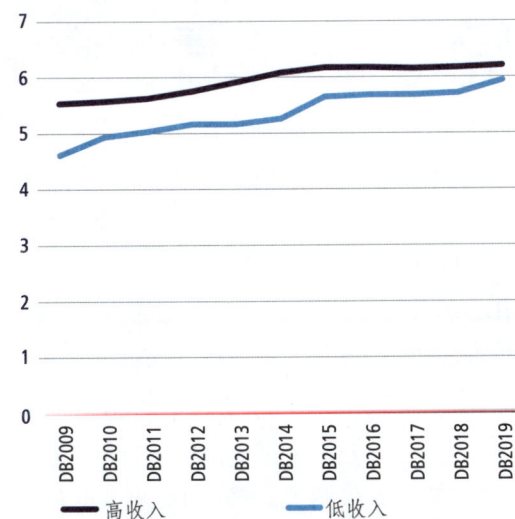

平均准备、纳税
及缴税时间（小时）

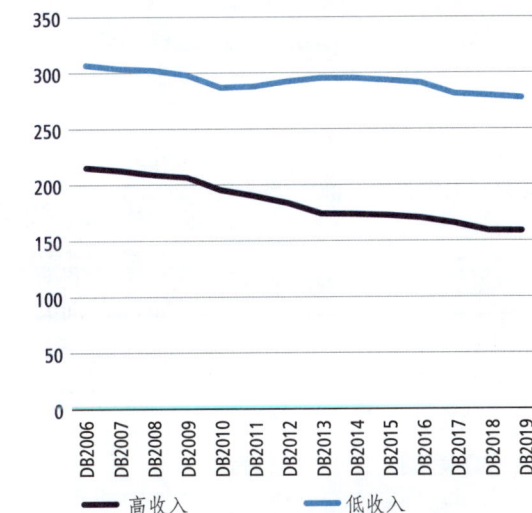

撒哈拉以南非洲地区　　　经合组织高收入国家

高收入　　　低收入

资料来源：《营商环境报告》数据库。

注：左上方的图表包含了《2006 年营商环境报告》涵盖的 174 个经济体，右上方的图表包括了《2010 年营商环境报告》中涵盖的 183 个经济体。左下方的图表包含了 182 个经济体，这些经济体的数据可以从《2009 年营商环境报告》中获得。右下方的图表包括 174 个经济体，这些经济体的数据可以从《2006 年营商环境报告》获得。

自 2004 年以来，改革最多的三个地区是欧洲和中亚、撒哈拉以南非洲地区，以及中东和北非，这些地区的改革力度超过了其他四个地区的总和。撒哈拉以南非洲地区进行了 905 次改革，创下了过去十五年中营商环境改革总数最多的纪录。此外，在这十五年中，该地区有十一次成为改革最多的地区。然而在同一时期，欧洲和中亚地区保持了每年经济改革的最高平均水平，使营商变得更加便利（2.03），其次是撒哈拉以南非洲地区（1.26）和南亚地区（1.23）。

虽然改革进程缓慢，但令人欣慰的是，这些地区还在坚持改革，且采取全球良好做法，并趋向取得最佳监管绩效。2006 年，撒哈拉以南非洲地区的平均开办企业时间为 59 天，如今为 23 天，进一步接近高收入经济体 9 天的平均水平（图 1.6）。同样，数据指出低收入和高收入经济体之间，信息披露指数方面的差距在过去十年中已经缩小。[20]2009 年，低收入经济体的披露指数平均得分为 4.6，如今其得分接近 6，与高收入经济体指数平均水平的差值在 0.4 分之内。尽管这显示出实质性逐渐趋同，但并非所有地区都经历了相同的改革路径。自 2006 年以来，低收入经济体平均只减少了 29 个小时的纳税时间。相比之下，高收入经济体平均减少了 57 个小时，几乎是低收入经济体减少时间的两倍（而高收入经济体在最初就要比低收入经济体平均快 100 个小时）。

改变需要时间，尤其是当改革起点具有制度薄弱和过程烦琐等特征时。然而《营商环境报告》指出的改革趋势表明，中低收入经济体的改革受到了强大的推动。最近的研究显示，当经济体采取有利于商业的监管措施时，贫困就会减少。[21]

哪些经济体在 2017/2018 年度的营商环境改善最多？

世界各国政府在改变商业监管框架方面投入了大量精力，使营商环境变得更加便利。这些努力可从直接的改变（例如，减少在柬埔寨获得建筑许可的费用，或公布在突尼斯财产转让的费用表和服务标准）到大幅度修改立法（吉尔吉斯共和国新的民事诉讼法）或建立新的机构（例如埃塞俄比亚的专门商业法庭或萨尔瓦多的中间海关检查站）。虽然可以采取各种各样的活动来改善营商环境的便利度，但它们都旨在简化流程、简化程序和提高立法效率，加强信息的可及性和透明度。更多关于营商环境报告分析改革的细节，请看网站的数据注释：http:// www. doingbusiness.org。

在过去的一年，《营商环境报告》发现了全球范围内改革活动的峰值。从 2017 年 6 月 2 日到 2018 年 5 月 1 日，128 个经济体实施了创纪录的 314 项监管改革以改善营商环境（见本章末尾的表 1A.1）。上一个记录是 2017 年的《营商环境报告》期间——137 个经济体实施了 290 项改革（图 1.7）。在 2017/2018 年记录的所有改革中，近三分之一的改革发生在两个指标上——开办企业和执行合同（表 1.2）。2019 年《营商环境报告》是自 2007 年《营商环境报告》发布以来最低数量的加重企业运营负担的改革。[22]

《2019 年营商环境报告》实施第二大商业监管改革数量第二高（49 项）的是执行合同这一领域。改革增加的原因是非洲统一商法组织（法语缩写为 OHADA）17 个成员国的成就。该组织在 2017 年通过了统一的调解法案（填补了大多数 OHADA 成员国的立法空白），引入"调解"作为解决争端的一种友好方式。《非洲商法协调组织统一法》的适用范围很广，包括传统调解和司法调解，并规定了调解的指导原则。

《营商环境报告》还记录了获得电力领域的历史性的改革数量（26 项）。报告显示，东亚及太平洋地区所占改革数量的比例最高，该地区 28% 的经济体在获得电力指标方面有所改善。撒哈拉以南非洲地区经济体在该领域完成了八次改革，是全球经济体中改革次数最多的。

在 2017—2018 年，位于欧洲、

图 1.7　《2019 年营商环境报告》（*Doing Business 2019*）记录了 128 个经济体的 314 项改革

《营商环境报告》实施的改革

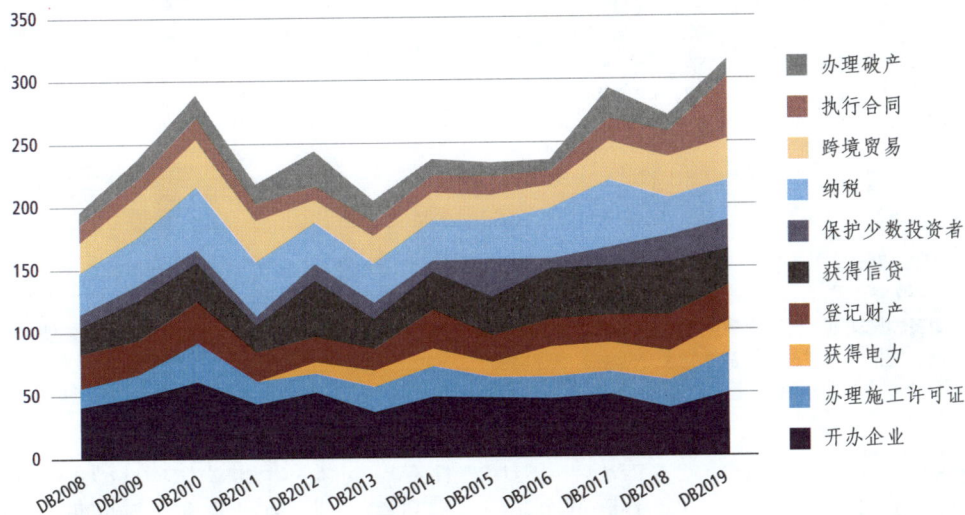

资料来源：《营商环境报告》数据库。

注：在 2012 年营商环境报告中增加了获得电力指标。该报告的地理覆盖范围已从 2008 年全球营商环境报告中的 178 个经济体逐步扩大至 2009 年全球营商环境报告中的 181 个经济体、2010 年全球营商环境报告中的 183 个经济体、2013 年全球营商环境报告中的 185 个经济体、2014 年全球营商环境报告中的 189 个经济体，以及 2017 年全球营商环境报告中的 190 个经济体。

中亚经济体和撒哈拉以南非洲的经济体积极改革其监管框架，两地区每五个经济体就有四个经济体显著改善了商业法规。为改善营商环境，欧洲和中亚的 19 个经济体共实施了 54 项监管改革。在 40 个撒哈拉以南非洲经济体中，《营商环境报告》共记录了 107 项商业监管改革。两地区所实施的改革涵盖了《营商环境报告》衡量的每一个领域。事实上，位于这两个地区的经济体所进行的改革占到了全球所有改革数量的一半。在 2017—2018 年，撒哈拉以南非洲地区是《营商环境报告》中记录改革最多的地区，同时也是拥有最多改革经济体的地区。

平均而言，撒哈拉以南非洲地区经济体 2018 年的营商环境便利度分数增加了 0.99 分，略低于欧洲和中亚经济体，平均改善 1.00 分。南亚经济体的得分平均增长了 2.73 分，为增幅最大。这一成就并不令人惊讶，因为该地区每个改革经济体实施的平均改革数量最多——该地区的 8 个经济体中有 5 个经济体实施了共计 19 项改革。经合组织高收入群体中的改革比例最低，34 个经济体中有 16 个经济体共实施 23 项改革（占全球总数的 7%）。拉丁美洲和加勒比地区（得分第四高的地区）的改革比例排名倒数第二，56% 的经济体在 2017—2018 年间实施了改革。这两个地区的经济体在 2017/2018 年度营商便利度得分的平均增幅最低：经合组织高收

表 1.2　开办企业继续成为 2017/2018 年度最受欢迎的改革领域

改革领域	2017/2018 年改革的数量	2017/2018 年改革者比例最高的地区
开办企业	50	东亚与太平洋
办理施工许可证	31	欧洲与中亚
获得电力	26	东亚与太平洋
登记财产	28	撒哈拉以南非洲
获得信贷	29	中东和北非与南亚
保护少数投资者	23	中东和北非
纳税	31	南亚
跨境贸易	33	欧洲和中亚
执行合同	49	撒哈拉以南非洲
办理破产	14	南亚

资料来源：《营商环境报告》数据库。

注：在《2019 年营商环境报告》中劳动力市场监管指标也记录了 19 项监管变化。这些变化不包括在改革总数中。

表 1.3　2017/2018 年度《营商环境报告》衡量的三个及以上领域中增长率最高的十大经济体

经济体	营商环境便利度排名	营商环境便利度得分变化	营商环境便利度改革									
			开办企业	办理许可证	获得电力	登记财产	获得信贷	保护少数投资者	纳税	跨境贸易	执行合同	办理破产
阿富汗	167	+10.64	✓				✓	✓	✓			
吉布提	99	+8.87	✓			✓					✓	✓
中国	46	+8.64	✓	✓	✓	✓			✓	✓		✓
阿塞拜疆	25	+7.10		✓	✓	✓	✓	✓	✓			✓
印度	77	+6.63	✓	✓	✓				✓	✓		
多哥	137	+6.32	✓	✓		✓	✓		✓	✓		
肯尼亚	61	+5.25				✓		✓	✓			
科特迪瓦	122	+4.94	✓						✓			
土耳其	43	+4.34	✓						✓	✓	✓	
卢旺达	29	+4.15					✓		✓	✓		✓

资料来源：《营商环境报告》数据库。

注：各经济体是依据改革次数来选择，并根据其营商环境便利度的改革程度进行排名。首先，《营商环境报告》选择了在 2018 年的 10 个领域中的 3 个甚至更多领域实施了提高营商环境便利度改革的经济体。使营商更加困难的监管改革将从那些使营商更便利的改革总数中减去。其次，《营商环境报告》对这些经济体与上一年度营商环境便利度相比的改革程度进行排名。其分数的提升不是用 2017 年公布的数据来计算的，而是通过修订的可比数据来计算。提升最大的经济体至少有三次改革并在营商环境便利度有最大程度的增长。

入经济体（这是表现最好的地区，几乎没有继续改善的余地）平均增加 0.16 分；在拉丁美洲和加勒比海地区平均增加 0.22 分。

世界范围内，《2019 年营商环境报告》显示改善最显著的 10 个经济体是阿富汗、吉布提、中国、阿塞拜疆、印度、多哥、肯尼亚、科特迪瓦、土耳其和卢旺达（表 1.3）。这些经济体共实施了《营商环境报告》所衡量的全部领域的 62 项商业监管改革。总体而言，十大最佳改革者在开办企业、获得信贷和纳税方面实施了最多的监管改革（每个领域进行了 8 次改革）。这组多样化的经济体包括一些世界上最大和最小的经济体——表明各种规模的经济体都可以成为营商环境的成功改革者。

阿富汗——《2019 年营商环境报告》的最佳改革者——专注于加强企业法律框架的建设。对少数投资者的保护措施显著强化，使其成为该领域发展最快的经济体之一。关于有限责任公司的新法律在降低企业间有害利益冲突的风险及加强公司治理结构方面取得了显著进展。此外，阿富汗还修订了《商业程序法》，赋予股东更大的权力来审查关联交易。2018 年阿富汗同时通过了一项新的破产法律框架。

中国和印度——作为两个人口最多的经济体——展现了令人印象深刻的改革过程。两国政府都采取了精心设计的改革方法，旨在数年内改善商业监管环境。中国是东亚和太平洋地区唯一一个进入《2019 年营商环境报告》的十大最佳改革者名单的经济体。2017—2018 年，中国的改革工作旨在提高商业流程的效率。北京和上海的公共配电公司实施了一系列显著缩短获得新电力连接时间的措施（图 1.8）。中国对新电网连接的应用程序进行了数字化改革，使其拥有在线支付功能。同时北京取消了公共配电公司的外部网站访问。2018

年上半年，中国出台了改革措施，通过在北京和上海批准建筑许可证前对所有建筑审查流程实施统一平台，简化了建筑许可证审批流程。这些改革还进一步简化申请材料，缩短办理时间，扩大公众获取信息的渠道，并在竣工后实施统一的检查申请。同样，北京和上海的区域房地产登记处采用了新的网上平台，从而简化新建筑的登记过程。为促进跨境贸易，中国实施了一个连接海关与税务局、港口当局、商务部和其他参与进出口过程的机构的国家贸易单一窗口。

印度也专注于精简业务流程。根据其 2017—2020 年国家贸易便利化行动计划，印度实施若干举措以提高跨境贸易的效率，减少了出口和进口的边界和单证合规时间（图 1.9）。随着风险管理系统的强化，现在出口商可在自己的设施内以电子方式密封集装箱，仅有 5% 的货物必须接受开箱检验。同时印度还投

图 1.8　2017/2018 年中国大缩短获取新电力连接所需时间

获得新电力连接所需时间（天）

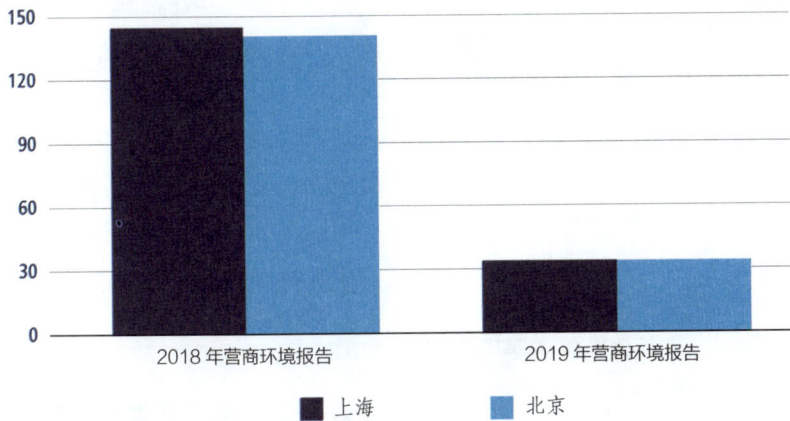

■ 上海　　■ 北京

资料来源：《营商环境报告》数据库。

图 1.9　印度进出口的边界和单证合规时间减少

合规时间（小时）

■ 2018 年营商环境报告　　■ 2019 年营商环境报告

资料来源：《营商环境报告》数据库。

资港口设备，加强管理并改善电子文件流程。2017 年下半年，在新德里实施的单一窗口通关系统及在孟买实施联机建筑许可证审批制度进一步精简并集中了获取建筑许可证手续。在获得电力方面，新德里电力管理委员会新通过的法规要求在申请被接受后 15 天内完成电力连接。为遵守这一规定，塔塔电力德里供配电公司部署了更多的人员及追踪工具和关键绩效指标，以监测每个商业过程。

吉布提和印度是仅有的连续两年进入十大最佳改革者名单的经济体。吉布提在过去两年的《营商环境报告》中，总共推行 11 项商业监管改革，而印度则实施了 14 项重大改进。吉布提是中东和北非地区唯一一个在 2019 年入围十大最佳改革者名单的经济体，其改革目标是强化法律框架。例如，吉布提设置了与税务机关登记财产销售协议的严格期限，并对其土地登记处进行数字化改革。该国还通过采用新的民事诉讼法大大加强了解决商业纠纷的过程，该法规范了自愿调解、调解程序和案件管理技术，包括关键法院事件的时间标准。在初审法院内设立专门的部门解决商业案件之后，执行合同变得更加便利。关于办理破产，吉布提在重组程序中确立了对债权人的平等对待，并通过赋予债权人批准指定破产代表和出售债务人的大量资产的权利，增加了债权人参与破产程序的权力。

在 2017—2018 年的欧洲和中亚地区，阿塞拜疆实施了 8 项改革以便于企业更容易开展业务——这是全球十大改革经济体中创纪录的数字。土耳其实施了 7 项改革，其中几项涉及体制改革。阿塞拜疆在巴库市执行办公室通过实行单一窗口来处理建筑许可证，将获得建筑许可证的时间减少 80 天，费用降低了 12563 马纳特（约 7500 美元）。另外一站式服务中心——ASAN（阿塞拜疆服务与评估网络）公用设施——简化了连接到电网的过程。为了改善获取信贷的过程，阿塞拜疆建立了新的信贷局和统一抵押登记处。土耳其政府的改革主要集中在改进文件的电子处理和提供更多具体的法规信息。伊斯坦布尔和全国其他城市在其网站上公布了与建筑许可证有关的所有相关法规、收费表和预申请要求。司法部公布了伊斯坦布尔商业法院、知识产权民事法院、工业权利民事法院以及伊斯坦布尔地区法院，自 2014 年以来就与商业、知识产权和工业权利有关的法律纠纷作出所有判决。此外，土耳其风险中心银行协会与七家电信公司共享信用信息。

四个最佳改革经济体——科特迪瓦、肯尼亚、卢旺达和多哥——位于撒哈拉以南非洲地区，使其成为《2019 年营商环境报告》十个最佳改革者名单中代表性最高的地区。数字化是这四个经济体记录的商业监管改革的共同主题。科特迪瓦和多哥引进企业所得税和增值税在线申报系统，而肯尼亚通过加强其现有的在线申报系统（iTax）以简化提供增值税信息的过程。卢旺达则通过允许纳税人使用新软件开具增值税发票来代替其之前的电子账单系统，从而简化了开办企业的过程。税务局办公室所提供的免费软件允许纳税人从任何打印机打印出增值税发票，消除了以前购买和设置专用记账机的要求。多哥通过在线运营一站式服务来更快地检查公司名称的可用性，其数字解决方案也在财产登记领域被实施。多哥开展了一项庞大的数字化项目，旨在使其土地管理系统截至 2018 年 2 月扫描了洛美 97.2% 的土地。在肯尼亚，土地和物理规划部在电子公民门户网站上实施了一个在线土地租金财务管理系统，使财产所有者能够确定土地租金的欠款数额，进行在线支付，并且以数字方式获得土地费率清算证书。卢旺达土地管理和使用管理局启用了一个新网站，该网站包括了所有司法辖区内 2017 年登记的土地纠纷数量的统计数据。卢旺达国家农业出口发展理事会还引入了允许以电子方式签发原产地证书的在线系统。

2017—2018 年，巴西在拉丁美洲和加勒比地区取得了最大的进步——作为该国不断完善其商业环境的一部分，巴西对《营商环境报告》衡量的四个领域进行了改革。例如，巴西从 2016 年 10 月开始的试点项目，于 2017 年推出了电子原产地证书。在拉丁美洲一体化协会的框架下，巴西与阿根廷签署原产地数字证书法案后，现在通过电子方式获得了从阿根廷进口汽车零部件的原产地证书，从而减少了巴西进口商的单证准备和合规时间。巴西通过推出公司注册在线系统，让开办企业变得更加容易，使其开办企业的分数（80.23）接近全球平均水平。总体而言，金砖四国经济体——巴西、俄罗斯、印度和中国——在横跨各个商业监管领域的营商环境便利度上得分共计提高了 19 分。这四个经济体在获得电力方面都有所改善，并通过改革简化了跨境贸易的流程。

在经合组织的高收入经济体中，比利时通过增加获得信贷的渠道在 2019 年《营商环境报告》中取得最大进步。同时比利时对其破产法律框架进行了修改，将有关重组和清算的两条法律简化为一条，并纳入经济法法规。该法的适用范围从传统上仅限于商人扩大到自由职业，"第二次机会"规则得到加强，该法典规定将所有破产程序以数字化方式登记在册。

培训公务员和沟通监管变化是否影响商业环境？

努力改革不一定会带来即时的改善，事实上可能有些根本没有影响。有效的设计和糟糕的实施只是用来解释为什么一些改革成功而另一些失败的两个因素。一旦颁布新的法规，就必须将其付诸实践，而在这一过程中传播的作用不应被低估。改善商业环境的过程通常持续数年。当然每个案例都是独特的，各种因素影响着每个经济环境，商业监管只是其中之一。政治稳定、经济发展水平、自然资源禀赋、文化特质、环境风险等诸多因素，都能够在经济体成功实施监管变革中发挥着重要的作用。但是一些因素不能受影响，还有一些其他因素则在政府的直接控制之下，例如公务员的培训水平及监管变革的沟通方式。

营商环境表明，在各个经济体中，公职人员培训方案的提供与优化商业监管之间存在着显著的正相关关系（图 1.10）。从服务提供者（土地登记处的官员、法官、检察官或工程师）的角度来看，培训是获得新技能和进行知识更新的平台。[23] 此类培训提高了专家的生产力和服务客户的能力，使客户能更好地了解新的监管要求和过程。那些对业务监管流程有更好理解的人很可能更经常遵守所需的规则和程序。在监管框架中，提高对监管要求的理解、透明度和信任度与更高的效率有关。[24]

在司法绩效方面，那些强制培训法官的经济体可能有更高的解决率和更好的司法判决。事实上，法官的培训对于提高司法效率和工作成果非常重要。[25、26] 巴基斯坦的数据表明，为法官提供培训的改革对司法效率和由此带来的企业家精神产生了积极的影响。[27]

除了培训之外，政府还可以通过其他方式来加强商业监管改革的实施。政府在改变立法过程的有效沟通往往能与更有力的商业监管和更多的改革相联系。虽然这些结果不能解释其因果关系，但它们确实向决策者发出了信号，表明"公私对话"是增加改革数量和提高商业监管效率的强有力的工具（图 1.11）。

有效商业监管改革的公共传播，不仅是一种良好的实践，而且也改善了私营部门合规情况，使公共部门对其监管不力的行为负责。[28] 具体而言，在监管者与公众或利益相关者举办研讨会后，更有可能在其选区中提高商业立法的效率和质量。不足为奇的是，政府通过媒体宣传（如广播、广告、公告、社交媒体和移动应用程序）来监管具有改善措施的经济体，这样更容易获得更高的营商环境便利度分数。政府通过监管网站公开修改法律或程序后，可能在《营商环境报告》的指标上表现得更出色。

报告创新之处

为了进一步探讨培训与成功实施商业监管之间的联系，《2019 年营商环境报告》中提到四个案例研究，侧重于研究对

图 1.10　更多的公职人员培训机会与更高的营商环境便利度分数关系

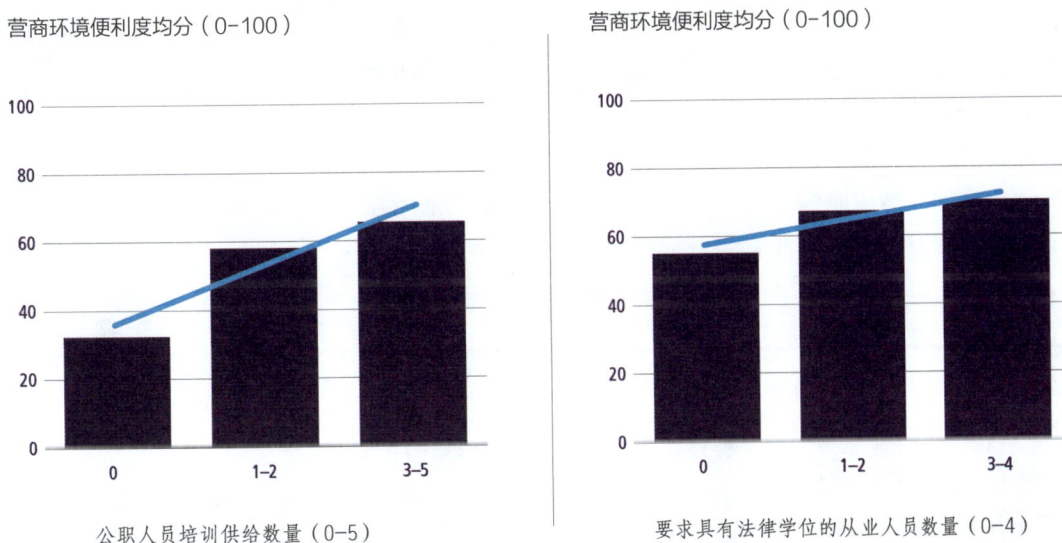

资料来源：《营商环境报告》数据库。
注：为公共部门官员提供培训的营商环境指标的计数范围为 0 到 5，其中每个由政府提供的培训指标都计为 1（左图）。指标包括：开办企业（+1），获得电力（+1），纳税（+1）和跨境贸易（+1）。在控制人均收入后，样本中 166 个经济体的公职人员培训与营商环境便利度关系的显著性水平为 1%。法律学位要求计数（右图）范围从 0 到 4，其中要求持有高级学位的法律从业人员的指标均计数为 1。法律从业人员类型包括：职业律师（+1），法官（+1），破产代表（+1）和法律助理（+1）。在控制人均收入后，样本中 86 个经济体的公职人员培训与营商环境便利度关系显著性水平为 1%。

图 1.11　通过媒体宣传监管变化与更好的商业监管和更多改革的关系

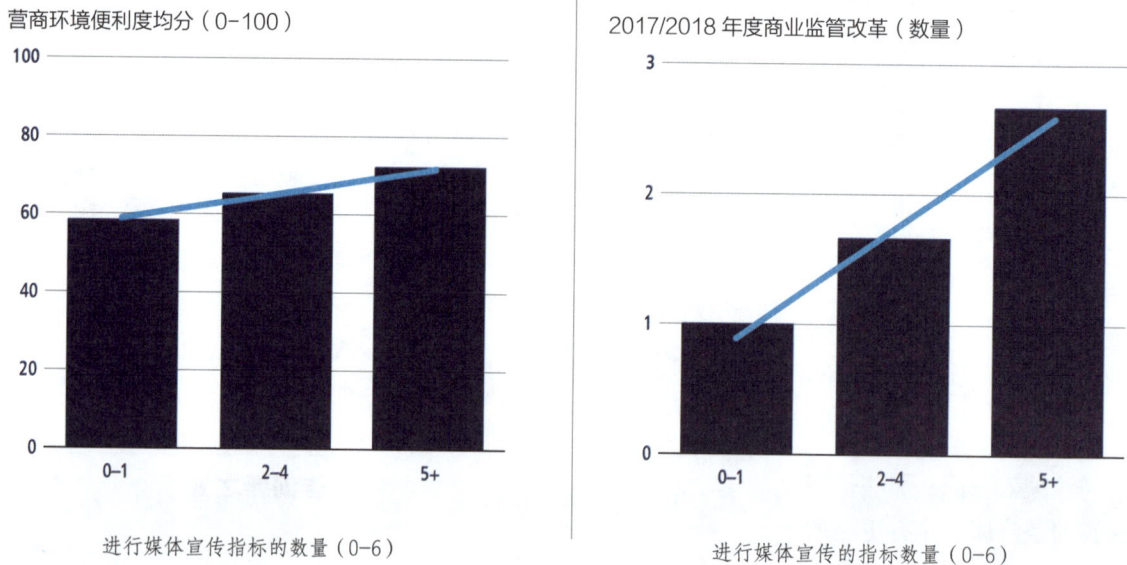

营商环境便利度均分（0-100）

进行媒体宣传指标的数量（0-6）

2017/2018 年度商业监管改革（数量）

进行媒体宣传的指标数量（0-6）

资料来源：《营商环境报告》数据库。

注：对于进行了媒体宣传活动的指标计数的范围是 0 到 6，其中使用媒体宣传法规变化的指标计为 1。主要内容包括：开办企业（+1）、办理施工许可证（+1）、登记财产（+1）、获得信贷（+1）、保护少数投资者（+1）或纳税（+1）。在控制人均收入后，样本中 76 个经济体的营商环境便利度平均得分和商业监管改革的数量（左右两图）与媒体宣传的相关关系显著性水平为 1%。

公职人员的培训机会和监管变化的沟通。开办企业和登记财产的案例研究分析了商业和土地登记处公职人员可获得培训机会的新数据。研究表明，为商业登记人员提供强制性培训与高注册效率密切相关。同样，对土地登记官员进行年度培训与更有效的登记流程有关。对企业和土地登记处的变更进行沟通与降低交易时间有关。例如，通过为注册管理机构人员提供研讨会或为系统用户提供信息活动可以更好地进行业务沟通。

获得电力的案例研究强调了详尽的电力接通方面的法规可以带来的好处。为了充分降低安全风险，电工的认证系统是必不可

少的，对安装接线和责任制度的检查也是必不可少的。营商数据表明，在电力连接过程有效的地方，往往也有可靠的质量控制标准。同样，新收集的跨境贸易的案例数据表明，定期培训海关官员和海关经纪人可以对缩减边境和单证的合规时间起到积极作用。

执行合同和办理破产的案例研究探讨了全世界法官接受的教育和培训情况。它列举了印度尼西亚和阿拉伯联合酋长国两个司法系统的例子——每个司法系统在商事和破产事务方面都有充分的教育和培训框架。附件为劳动力市场监管指标的数据分析，包括总体趋势及其与企业绩效的关系。

注释

1. 营商环境数据库（http://www.doingbusiness.org/data/explore-topics/entrepreneurship），世界银行。
2. Aghion, Fally and Scarpetta 2007; Herrendorf and Teixeira 2011.
3. Paunov, 2016.
4. Demenet, Razafindrakoto and Roubaud, 2016.
5. Sutherland, 2011.
6. Agyeman, Abeka and Assiamah, 2016.
7. Abeberese, 2016.
8. Andersen and Dalgaard, 2013.
9. Aragón 2015; Christiansen, Schindler and Tressel, 2013.
10. Berkowitz, Lin and Ma, 2015; Mitton, 2016.
11. Djankov, La Porta and others, 2008.
12. Durnev, Errunza and Molchanov,

2009.

13. Gutiérrez, 2003.

14. Chaurey, 2015.

15. Carluccio, 2015.

16. 有关《2014 年营商环境报告》（Doing business 2014）中营商环境监管影响的研究，请参见 http://www.doingbusiness.org/en/reports/glob-reports / doing-business2014）。

17. 有关《2016 年营商环境报告》中商业法规和法律的研究成果的更多信息，请参阅 http://www.doing-business.org/en/reports /global-reports/doing-business 2016。

18. 这些领域包括：开办企业（DB2019、DB2018、DB2015、DB2009、DB2008），办理施工许可（DB2018、DB2016、DB2008），登记财产（DB2019、DB2018、DB2017、DB2013、DB2010、DB2008），获得信贷（DB2014、DB2013、DB2010、DB2010、DB2008），保护投资者（DB2019、DB2009、DB2007、DB2006），跨境贸易（DB2019、DB2018、DB2010、DB2008），执行合同（DB2015、DB2014、DB2011、DB2010），办理破产（DB2014、DB2010、D2008）。DB2010劳动力市场监管发生了实质性变化。

19. 自 2005 年以来，毛里求斯在开办企业领域共进行了 5 次改革，其中有 4 次改革有助于缩短企业合并的时间。

20. 披露程度指数的范围从 0 到 10，值越高表明信息披露程度越高。

21. Djankov, Georgieva 和 Ramal-ho, 2018.

22. 《2019 年营商环境报告》中记录了 23 项改革事项使企业的运营负担更重。

23. DeVaro, Maxwell and Morita, 2017.

24. Dabla-Norris，Gradstein and Inchauste, 2008.

25. Hadfield, 2008.

26. Ichino, Polo and Rettore, 2003.

27. Chem in, 2009.

28. Macchiavello, 2008.

表 1A.1 哪些经济体在 2017—2018 年降低了监管复杂性、成本和／或强化了法律制度？它们采取了哪些措施？		
特征	经济体	改革亮点
让开办企业变得更便利		
简化登记注册手续（公示、公证、检验等要求）	阿富汗、阿根廷、玻利维亚、巴西、文莱、达鲁萨兰国、布隆迪、科特迪瓦、埃塞俄比亚、危地马拉、印度毛里塔尼亚、摩洛哥、缅甸、新西兰、尼日利亚、巴基斯坦、卡塔尔、南非、苏丹、泰国、多哥、土耳其、越南	阿根廷为有限责任公司引进了一个加速的程序，其中包括公司成立、出版物合法化、税务和社会保障登记。印度将多种申请表格完全整合到一个一般的公司注册表格中
取消或降低最低资本要求	中非共和国、危地马拉、科威特、东帝汶、多哥	科威特取消了最低实缴资本要求
减少或简化登记手续（税务登记、社会保障登记、许可）	亚美尼亚、白俄罗斯、文莱达鲁萨兰国、智利、格鲁吉亚、印度、印度尼西亚、哈萨克斯坦、毛里求斯、秘鲁、菲律宾、卢旺达、新加坡、津巴布韦	印度尼西亚将各种社会保障登记结合起来。毛里求斯将商业登记处的数据库与社会保障办事处的数据库连接起来。新加坡主张废除公章
引入或改进网上办理程序	玻利维亚、中国、危地马拉、马来西亚、尼日利亚坦桑尼亚、多哥、阿拉伯联合酋长国、越南	尼日利亚引入一个支付印花税的在线平台。坦桑尼亚引入在线公司注册。越南在网上发布公司成立的通知
引进或改进一站式服务	喀麦隆、乍得、吉布提、埃及阿拉伯代表、加蓬、几内亚、摩尔多瓦、多哥、突尼斯	摩尔多瓦取消了向国家统计局单独申请登记的规定。突尼斯在一站式服务结合不同的注册
让办理建筑许可证变得更便利		
缩短处理许可证申请的时间	阿塞拜疆、博茨瓦纳、中国、萨尔瓦多、埃塞俄比亚、希腊、几内亚、印度科索沃、马来西亚、马耳他、俄罗斯、塞尔维亚、斯里兰卡、中国台湾、津巴布韦	斯里兰卡减少签发若干建筑证书的处理时间
简化程序	阿塞拜疆、博茨瓦纳、中国、萨尔瓦多、希腊、印度、科索沃、马来西亚、马耳他、塞尔维亚、斯里兰卡	科索沃通过内部工程师来简化检查系统
采用新建筑条例	中国、科特迪瓦、加蓬、加纳、马达加斯加、秘鲁、菲律宾、多哥	加纳和秘鲁加强了建筑质量控制，对负责技术检查的专业人员实行更严格的资格要求。菲律宾通过改进其风险管理做法使建筑业更加安全，潜在缺陷责任保险现在通常由行业参与者承担
提高透明度	布隆迪、中国北京、印度毛里塔尼亚、斯里兰卡、土耳其、乌拉圭	布隆迪通过在网上免费发布与施工有关的法规，提高了处理施工许可证的透明度。乌拉圭通过建立一个在线门户，提供有关获得建筑许可证的要求和费用的信息，提高了其建筑法规的质量
减少费用	阿塞拜疆、柬埔寨、中国、加蓬、希腊、几内亚、印度、马其顿共和国、马达加斯加、尼日尔、多哥	马其顿共和国通过降低土地开发费用，降低了建筑许可的成本
引进或改进一站式服务	阿塞拜疆、白俄罗斯、中国、印度、斯里兰卡、中国台湾、津巴布韦	中国台湾通过提高台北市建设管理处单一窗口柜台的效率，减少了办理施工许可证的时间。津巴布韦采用了一站式的建筑计划审批程序，加快了审批建筑许可证的速度

表 1A.1 哪些经济体在 2017—2018 年降低了监管复杂性、成本和 / 或强化了法律制度？它们采取了哪些措施？

特征	经济体	改革亮点
引进或改进电子平台或网上服务	中国、印度、塞尔维亚、斯里兰卡、中国台湾、乌拉圭	塞尔维亚通过引入电子申请系统减少了获得施工许可所需的时间

使获得电力更便利

特征	经济体	改革亮点
促进更可靠的电力供应和更透明的电费信息	安哥拉、阿塞拜疆、巴西（圣保罗）、加蓬、莫桑比克、缅甸、巴拉圭、新几内亚、卢旺达、沙特南非、多哥、泰国	加蓬改进了电力部门的管理框架；现在，由国家监管机构监控电力公司在供电可靠性方面的表现。巴布亚新几内亚通过扩大发电能力提高了供应的可靠性。巴拉圭推出了监督控制和数据采集（SCADA）系统来监测停电情况
提高流程效率	阿尔及利亚、亚美尼亚、阿塞拜疆、中国香港特别行政区、印度（新德里）、莫桑比克、尼日尔、俄罗斯联邦、卢旺达、英国	尼日尔通过增加配电公司所提供的材料的库存，以及允许在外部连接工作的同时获得内部接线合格证书，加快了电力连接的进程
简化审批程序	文莱达鲁萨兰国、中国、法国、马来西亚、尼日利亚、俄罗斯、泰国	泰国通过在供配电公司设立了专门的工作队，协调外部工程、仪表安装和通电，而无须与客户互动来简化程序
减少连接成本	阿塞拜疆、中国、印度（新德里）、俄罗斯、多哥、阿拉伯联合酋长国	印度（新德里）发布了一项规定新的电费的法规。阿拉伯联合酋长国取消了高达 150 千瓦时的商业和工业电力连接的所有费用

使财产登记更便利

特征	经济体	改革亮点
提高基础设施的可靠性	克罗地亚、吉布提、巴基斯坦、斯里兰卡、多哥	克罗地亚实现了完全数字化，提高了土地登记和地籍管理处所提供服务的效率和透明度。斯里兰卡通过推出地理信息系统和为颁发证书设立单一窗口柜台，努力实现全数字化土地注册和测量部门
提高信息透明度	阿塞拜疆、克罗地亚、斯威士兰、加蓬、印度尼西亚、以色列、毛里求斯、巴布亚新几内亚、卢旺达、多哥、突尼斯、阿拉伯联合酋长国、约旦河西岸和加沙地带	加蓬和以色列升级了其官方网站，以便向广大公众提供有关土地登记服务的资料。巴基斯坦、西岸和加沙开始发布在线官方统计数据，追踪不动产登记机构的交易数量
减少税费	乍得、刚果民主共和国、刚果共和国、吉布提、几内亚、多哥	刚果民主共和国降低了获得土地和财产所有权的成本。几内亚将房产转让费从 2% 降至 1.2%
减少登记财产的时间	中国、吉布提、肯尼亚、马拉维、马来西亚、摩洛哥、斯里兰卡、多哥、约旦河西岸和加沙地带	马拉维通过下放财产转让同意权给地方政府，加快了财产转让的速度
提高行政效率	中国、吉布提、印度尼西亚、以色列、肯尼亚、摩洛哥、尼日尔、巴基斯坦、塞内加尔、斯里兰卡、多哥	尼日尔通过合并手续改善了税务部门和登记部门之间的沟通，使审查和批准财产转让大大加快。塞内加尔进一步简化了财产登记处不同部门之间的互动

加强借款人和贷款人的合法权益

特征	经济体	改革亮点
创建一个统一的、现代的动产抵押登记处	阿塞拜疆、比利时、肯尼亚、尼加拉瓜、阿拉伯联合酋长国	阿拉伯联合酋长国建立了一个现代化的、统一的抵押登记处
引入一个功能强大、安全可靠的交易系统	阿塞拜疆、肯尼亚	肯尼亚通过实施功能完善的担保交易系统加强了获得信贷的机会。新法律的监管与动产担保有同等效用的做法，如融资租赁合和信托财产转让
允许对作为抵押品资产的一般描述	吉布提	吉布提允许对作为抵押品资产的一般描述
扩大可以用作抵押品的动产范围	阿塞拜疆、比利时、吉布提、阿拉伯埃及共和国、土耳其、阿拉伯联合酋长国	阿拉伯埃及共和国提出了一项新法律，扩大了可用作抵押品的动产范围
给予有担保债权人绝对优先权或允许庭外强制执行	阿富汗、比利时、吉布提、阿拉伯埃及共和国、印度、苏丹、土耳其、阿拉伯联合酋长国	阿富汗提出了一项新法律，规定有担保债权人在破产程序中享有绝对优先于其他债权的权利
给予有担保债权人豁免，使其免于自动中止破产程序	阿塞拜疆、卢旺达、苏丹	卢旺达通过了一项关于破产的新法律，考虑在重组程序自动中止期间对有担保债权人的保护

改善信用信息的共享

特征	经济体	改革亮点
建立新的信贷局或登记处	阿塞拜疆、贝宁、海地、爱尔兰、圣马力诺	圣马力诺通过启动一个新的信用登记处，改善了对信用信息的获取
改进信用报告的监管框架	安提瓜和巴布达、巴哈马群岛、格林纳达、马达加斯加	马达加斯加通过一项法律，建立了一个新的信贷资料系统，改善了获得信贷资料的机会
扩大由信贷局或信贷登记处收集和报告资料的范围	巴西、科特迪瓦、印度尼西亚、牙买加、约旦、土耳其	在印度尼西亚，一家公用事业公司开始向信贷局提交有关消费者账户的正面和负面信息
引入信贷局或信贷登记处评分作为增值服务	文莱达鲁萨兰国、津巴布韦	在文莱达鲁萨兰国，信贷登记处开始向银行和其他金融机构提供信用评分，以便更好地告知它们的贷款决定
法律保障借款人查阅数据的权利	毛里塔尼亚、卡塔尔	卡塔尔通过了《2016 年消费者信贷法案》，保障借款人有权查阅自己的数据

表 1A.1 哪些经济体在 2017—2018 年降低了监管复杂性、成本和／或强化了法律制度？它们采取了哪些措施？		
特征	**经济体**	**改革亮点**
扩大信贷局或登记处的覆盖范围	科特迪瓦、津巴布韦	津巴布韦扩大了其信贷登记所列出的借贷者的数量，这些借贷者提供了过去五年的借贷者历史信息，覆盖成年人口的 5% 以上
加强对少数投资者的保护		
扩大股东在公司管理中的作用	阿富汗、亚美尼亚、阿塞拜疆、巴林、中国、塞浦路斯、吉布提、多米尼加共和国、阿拉伯埃及共和国、约旦、肯尼亚、科威特、吉尔吉斯共和国、立陶宛、毛里求斯、巴布亚新几内亚、菲律宾、沙特阿拉伯、苏丹、中国台湾、突尼斯、乌兹别克斯坦	菲律宾对在其证券交易所上市的公司发布了新的规定。股东现在可以批准审计人员的任免，公司必须建立一个完全由董事会成员组成的审计委员会
提高关联方交易的披露要求	阿富汗、亚美尼亚、巴林、塞浦路斯、吉布提、肯尼亚、科威特、突尼斯、乌克兰	在突尼斯，一项对资本市场规则的修正案要求公司及时公开有关关联方交易和利益冲突的信息
加强股东行动中的信息获取	阿富汗，巴林、中国、吉布提、约旦、苏丹	吉布提对其商业法典作了重大修改。在这些变化中，与索赔标的相关的任何信息现在都必须在股东提起诉讼时提供给他们
增加董事责任	吉布提、肯尼亚、沙特阿拉伯	肯尼亚颁布了《2017 年公司修正案》，规定董事应对交易价值相当于公司资产的 10% 或以上并对该公司造成损害的关联交易负责。在新的修正案下，参与损害利益交易的董事被要求支付损害赔偿金、返还利润，并可能被取消担任类似职务的资格长达五年
让纳税变得更便利		
引进或加强电子系统	阿塞拜疆、巴哈马群岛、不丹、中国、科特迪瓦、塞浦路斯、芬兰、伊朗伊斯兰共和国、爱尔兰、伊斯兰教的代表、肯尼亚、毛里求斯、巴拿马、斯里兰卡、泰国、多哥、土耳其	巴哈马群岛实施了网上申报和缴纳增值税的系统
降低利润税税率，允许更多的可抵扣费用，并对折旧法进行修改	厄瓜多尔、法国、格鲁吉亚、匈牙利、印度、俄罗斯联邦、多哥	厄瓜多尔在 2017 年推出了一项优惠税收的法律，允许企业扣除额外的为雇员支付的 100% 的私人医疗保险或预付医疗保健费用
减少劳动税和强制性派款，或其他在利润和劳动以外的税	中国北京、塞浦路斯、芬兰、法国、匈牙利、印度、乌兹别克斯坦、越南	越南将雇主对劳动基金的贡献从 1% 降低到 0.5%
引入新的或重大修订的税法	格鲁吉亚、印度	印度推出了《2017 年马哈拉施特拉邦商品和服务税法》和《2017 年德里商品和服务税法》，将所有销售税统一为一种新的税种，称为商品和服务税（GST）
简化税务合规程序或减少报税和缴税数量	阿富汗、亚美尼亚、阿塞拜疆、中国、格鲁吉亚、印度肯尼亚科索沃、立陶宛、越南	2017 年，亚美尼亚通过纳入更广泛的税收计算，提高了当地企业所得税和劳动所得税会计软件的质量。这使得本地会计软件与税务机关的安全数据传输和存储系统集成成为可能
合并或免除税项	中国、塞浦路斯、厄瓜多尔、印度、肯尼亚、立陶宛、突尼斯、越南	塞浦路斯于 2017 年取消了不动产税，并设有对雇员、退休人员和个体经营者特别追缴款项
改进增值税退税流程	阿拉伯埃及共和国、伊朗伊斯兰共和国、科索沃、毛里求斯、莫桑比克	毛里求斯推出了增值税退税的快速处理系统，并升级了其在线平台，允许在线提交发票和修改公司所得税申报表
改进税务审计和企业所得税修正程序	阿富汗、伊朗伊斯兰共和国、科索沃、毛里求斯	2017 年，阿富汗推出了新的税务管理和法律手册，其中明确了税务审计的规则和指导方针，并实现了纳税申报的自动化
使跨境贸易更加便利		
引进或改进出口单证的电子提交和处理	安哥拉、阿塞拜疆、中国、刚果、印度、伊朗、伊朗伊斯兰共和国、哈萨克斯坦、科索沃、莱索托、立陶宛、马来西亚、摩洛哥、莫桑比克、尼日利亚门、卢旺达、沙特阿拉伯、土耳其、乌干达、乌兹别克斯坦	哈萨克斯坦引入电子报关单系统（ASTANA-1 IS）和降低海关行政费用。乌干达全面实施了集中单证处理中心 —— 一个集中所有单证检查的电子处理平台。乌干达的贸易商也开始使用乌干达电子单一窗口，它允许电子提交单证及在贸易机构之间交换信息
引入或改进电子提交和处理进口单证	安哥拉、阿塞拜疆、巴林、巴西、中国、刚果民主共和国、加纳、印度、伊朗伊斯兰共和国、伊斯兰代表、莱索托、马来西亚、摩洛哥、莫桑比克、巴拉圭、沙特阿拉伯、乌干达	莱索托通过实施海关数据自动化系统加快了进口速度，将进口货物的单证审核时间缩短了两小时。2017 年 1 月，巴拉圭引入了贸易操作电子签名的法律
加强出口边境基础设施建设	中国、萨尔瓦多、印度、马来西亚、摩洛哥、卢旺达、乌干达	萨尔瓦多在圣安娜设立了一个中间海关站，减少了安圭亚图边境的拥堵。卢旺达通过卢旺达税务局和坦桑尼亚税务局的工作人员在一站式边境站减少边界合规的时间，这是单一关税区实施的结果
加强进口边境基础设施建设	巴林、中国、印度、马来西亚、摩洛哥、莫桑比克、尼日利亚、卢旺达、沙特阿拉伯、乌干达	马来西亚加强了巴生港的基础设施建设，增加了带有额外扫描器的入口，升级了管理系统，扩建了两个终端机，缩短了截港时间

表 1A.1 哪些经济体在 2017—2018 年降低了监管复杂性、成本和／或强化了法律制度？它们采取了哪些措施？

特征	经济体	改革亮点
加强进出口海关管理和检查	阿尔及利亚、阿塞拜疆、中国、加纳、几内亚、印度、伊朗伊斯兰共和国、哈萨克斯坦、科索沃、吉尔吉斯共和国、老挝、马来西亚、毛里求斯、尼日利亚、俄罗斯联邦、卢旺达、塔吉克斯坦、土耳其、乌克兰	毛里求斯通过引入基于风险的管理系统使出口变得更便利，该系统将边界审核时间缩短了 14 个小时。乌克兰取消了对汽车零部件的核查要求。科索沃还在与阿尔巴尼亚的边界实行了简化的管制，减少了在通关期间进行实物检查的次数
使执行合同更便利		
对适用的民事诉讼程序或执行规则作了重大修改	阿尔巴尼亚、亚美尼亚、吉布提、吉尔吉斯共和国、马拉维、蒙古国、尼日尔、尼日利亚（拉各斯）、卢旺达、圣多美和普林西比、沙特阿拉伯、斯洛文尼亚、斯里兰卡、乌克兰	吉尔吉斯共和国、斯洛文尼亚、斯里兰卡和乌克兰修改了民事诉讼程序规则，引入预审会议作为法庭案件管理技术的一部分。阿尔巴尼亚、亚美尼亚、尼日尔、尼日利亚（拉各斯）和乌克兰发布了关于小额索赔的新程序规则
通过引入电子支付、电子程序服务，案件自动分配给法官或公布判决来扩展法院自动化	加拿大、格鲁吉亚、约旦、哈萨克斯坦、马达加斯加、波兰、美国（波多黎各自治邦）、斯洛伐克共和国、土耳其、越南、赞比亚、津巴布韦	加拿大、约旦和美国（波多黎各自治邦）创建了一个电子支付平台。格鲁吉亚、马达加斯加和波兰向所有法院的法官随机和自动地分配案件。斯洛伐克共和国实施了电子过程服务。哈萨克斯坦、土耳其、越南和津巴布韦在商业案件中做出公开判决
引进或扩展电子案件管理系统	丹麦、哈萨克斯坦、马达加斯加、纳米比亚、美国（波多黎各自治邦）	丹麦、马达加斯加和美国（波多黎各自治邦）引进了电子案件管理系统。哈萨克斯坦和纳米比亚提出了生成绩效衡量报告的可能性
引入电子申报	加拿大、智利、丹麦、美国（波多黎各自治邦）、沙特阿拉伯	加拿大、智利、丹麦、美国（波多黎各自治邦）和沙特阿拉伯为商业案件引入了电子提交系统，允许律师在线提交最初的传票
引进或扩大专门商事法院	吉布提、埃塞俄比亚	吉布提和埃塞俄比亚引入了专门的法院来解决商业纠纷
扩大了替代性纠纷解决框架	贝宁、布基纳法索、喀麦隆、中非共和国、乍得、科摩罗、刚果民主共和国、刚果、科特迪瓦、吉布提、赤道几内亚、加蓬、几内亚、几内亚比绍、爱尔兰、吉尔吉斯共和国、马里、尼日尔、塞内加尔、新加坡、苏丹、多哥、土耳其	吉布提、爱尔兰和吉尔吉斯共和国通过了法律，规定调解作为替代性纠纷解决机制的所有方面。苏丹承认自愿和解和调解是解决商业纠纷的方法。土耳其对调解提出财政鼓励政策
使办理破产更便利		
提高了成功重组的可能性	阿富汗、吉布提、阿拉伯埃及共和国、肯尼亚、摩洛哥、巴基斯坦卢旺达、土耳其	摩洛哥确定了债务人在破产程序开始后获得新资金的可能性，并提出了相应的优先规则
引入新的重组程序	阿富汗、埃及阿拉伯、马来西亚、巴基斯坦	巴基斯坦采用了商业实体重组办法，作为以前可供选择的清算办法的替代
加大对债权人权利保护的力度	阿富汗、吉布提、肯尼亚、吉尔吉斯共和国、摩洛哥、卢旺达、苏丹、土耳其	吉尔吉斯共和国给予个人债权人访问有关债务人业务和财务事务信息的权利
改善破产期间合同处理规定	阿富汗、阿塞拜疆、肯尼亚吉尔吉斯共和国、巴基斯坦、苏丹	肯尼亚允许继续向债务人提供基本货物和服务的合同，使管理人有权继续或放弃债务人的合同
使破产程序更简化	比利时、布隆迪	比利时统一了破产法律框架，简化了有关清算和重组程序的规定
修改劳动立法		
改变雇用规则和试用期	贝宁、尼泊尔	贝宁增加了定期合同的最长期限。尼泊尔允许签订长期工作合同，并减少试用期
修订工作时间规定	巴西、加拿大、海地、印度（孟买）、以色列、立陶宛、尼泊尔、挪威、南苏丹	印度（孟买）取消了对每周假日工作的限制，并对每周休息日工作的工资提高了 100%
改变了裁员规则和成本	阿塞拜疆、巴西、哥斯达黎加、法国、立陶宛、尼泊尔、南苏丹	法国增加了遣散费。立陶宛减少了裁员通知期和遣散费。尼泊尔对裁员取消了第三方批准的要求
改革劳工保护和社会福利的立法	保加利亚、加拿大、哥斯达黎加、以色列、卢森堡、马来西亚、马里、莫桑比克、尼泊尔、南苏丹、美国（纽约）	加拿大引进了两天带薪病假。以色列、卢森堡、尼泊尔和南苏丹增加了带薪产假

资料来源：《营商环境报告》数据库。

注：这里包括影响劳动力市场监管指标的改革，但不影响营商便利度的排名。

关于《营商环境报告》

《营商环境报告》是建立在经济活动可以受益于明晰且连贯的政策原则之上的。这些原则包括制定强有力的产权制度、完善解决纠纷的机制、并为合同伙伴提供防止权力专断和滥用的保护。如果这些规则对于中小企业是有效率、透明和易获取的，那么它们在促进增长和发展方面将是更为有效的。这些规则的优势和包容性也在社会利益分配、战略和政策的发展提供资金支持方面发挥至关重要的影响。

当具有驱动力和创新思想的新创业者开办企业和对效益好的公司进行投资、扩展业务和创造就业的时候，良好的规则可以为它们创造有利的发展环境。政府的政策对国内中小型企业日常运营中的作用是《营商环境报告》研究数据的核心焦点。其目的是鼓励有效、透明和易于实施的监管，从而使企业能够蓬勃发展，并促进经济和社会进步。《营商环境报告》重点关注那些影响最大的经济商业城市内的中小型国内企业的 11 个监管领域的数据。该项目使用标准案例的研究方法，为 190 个经济体之间的比较提供客观且可量化的衡量标准。

营商环境测量的影响因素

《营商环境报告》涵盖了影响国内企业监管环境的几个重要方面。它提供了有关开办企业、办理施工许可证、获得电力、登记财产、获得信贷、保护少数投资者、纳税、跨境贸易、执行合同和办理破产监管的量化指标（表 2.1）。《营商环境报告》还衡量劳动力市场监管的特征，这些特征作为单独的报告部分，不包括在排名中。

指标的选取方法

营商环境指标的设计，得益于机构对经济发展具有促进作用的广泛研究和相关文献。[1] 此外，

- 《营商环境报告》衡量的是影响中小型国内企业商业监管方面的情况，这些企业位于 190 个经济体中最大的商业城市，根据标准化的案例情景而界定。其中 11 个经济体还覆盖了第二大城市。

- 《营商环境报告》涵盖 11 个商业监管领域。这些领域中的十个——开办企业、办理施工许可证、获得电力、登记财产、获得信贷、保护少数投资者、纳税、跨境贸易、执行合同和办理破产——都包含在营商环境便利度的评分和排名中。《营商环境报告》也衡量劳动市场法规，但该指标今年未包括在评分和排名内。

- 《营商环境报告》的信息源于四个主要途径：相关法律法规、《营商环境报告》受访者、所涵盖经济体的政府部门以及世界银行集团的区域员工。

- 过去 16 年，在 190 个经济体中，43800 余名专业人士为《营商环境报告》指标的形成提供了数据支持。

- 营商环境数据被政府、研究者、国际组织与智库广泛地运用于指导政策、引导研究和开发新指数。

- 2019 年《营商环境报告》的数据没有方法论的变化。

表 2.1《营商环境报告》的衡量内容——商业监管的 11 个领域

指标集	衡量的内容
开办企业	男性和女性开办有限责任公司的手续、时间、成本和最低实缴资本
办理施工许可证	完成建造仓库的所有手续、时间和费用，以及施工许可证制度中的质量控制和安全机制
获得电力	连接电网的手续、时间和成本，电力供应的可靠性以及电费的透明度
登记财产	办理土地转让的手续、时间和费用与男性和女性在土地管理制度方面的质量
获得信贷	动产抵押法律和信用信息系统
保护少数投资者	少数股东在关联交易和公司治理中的权利
纳税	公司在遵守所有税收法规的经营过程中的缴税次数、时间、税及派款总额，以及报税后流程
跨境贸易	出口有相对优势的产品和进口汽车零部件的时间和成本
执行合同	解决商业纠纷的时间和成本及男性和女性在履行司法程序时的质量
办理破产	商业破产的时间、成本、结果和回收率，以及破产法律框架的力度
劳动力市场监管	就业监管的灵活性和工作质量的各个方面

为每个营商环境指标集设定方法论的背景论文已经确定了《营商环境报告》关注的贸易量、外商直接投资（FDI）、股票交易的市场资本化和私人信贷占国内生产总值的百分比等经济成果的规则和法规的重要性。[2]

《营商环境报告》11 项指标的选择也受到经济研究和企业层面数据的指导，特别是世界银行企业调查的数据。[3]调查提供了 139 个经济体中 13.68 余万家企业主反映的在商业活动中遇到的主要障碍方面的数据。例如，调查认为获得融资和获取电力是对企业至关重要的因素——《营商环境报告》中获得信贷与获得电力的指标就是受此启发而设计的。

一些营商环境指标给更多监管和运作更良好的机构（如法院或信贷局）打更高的分数。例如，在保护少数投资者领域，如果对于关联方交易有更严格的披露要求，就会给更高的分数。政府通过简化监管方式，可以获得较高分数，从而使企业的合规成本保持在较低水平。例如，通过一站式服务或唯一的门户网站减轻建立企业手续的负担。最后，将分数奖励给那些将风险导向方法应用于监管以解决社会和环境问题的经济体。例如，对高风险活动进行更大力度的监管，对低风险活动进行较小力度的监管。因此，营商环境便利度排名较高的经济体不是没有监管，而是制定了有效促进市场互动的规则，这些规则不会阻碍私营部门的发展。

营商环境便利度分数和营商环境便利度排名

（为呈现数据的不同视角，《营商环境报告》提供了用于单个指标和两个综合测量的数据：营商环境便利度分数和营商环境便利度排名。）营商环境便利度分数有助于评估监管绩效的绝对水平及其如何随着时间的推移而改进。单个指标得分显示的是自 2005 年或针对该指标的数据采集之后的第三年，《营商环境报告》样本中每个经济体在每个指标上与最佳监管绩效的经济体的差距。对于以分数计算的指标，如合法权利力度指数或土地管理质量指数，最佳监管绩效被设定在最高可能值。分数强调了特定经济体在任何时间点与最佳监管绩效之间的差距，并被用于评估其在《营商环境报告》衡量范围内的经济监管环境随时间的绝对变化（参见有关营商环境便利度分数的和营商环境便利度排名的章节）。通过提供有关经济体在商业监管方面相对于《营商环境报告》衡量的其他经济体绩效的信息，营商环境便利度排名进一步完善了营商环境便利度分数的度量。

《营商环境报告》使用简单的平均方法对指标集进行加权，计算排名并确定营商环境便利度的得分。[4]《营商环境报告》涵盖的每个指标都涉及商业监管环境不同方面的内容。每个经济体的得分和排名在不同指标上存在很大差异，表明经济体在一个监管领域的优异表现可以与另一个领域的较弱表现共存（图 2.1）。评估一个经济体监管绩效变化的一种方法是查看不同指标的得分（见国家表格）。例如，卡塔尔的营商环境便利度得分为 65.89，这代表它达到了从最差到最佳表现的三分之二。它在纳税方面的得分高达 99.44，开办企业的得分为 87.67，登记财产

图 2.1 一个经济体的监管环境在某些领域可能比其他领域更有利于营商

分数（0-100）

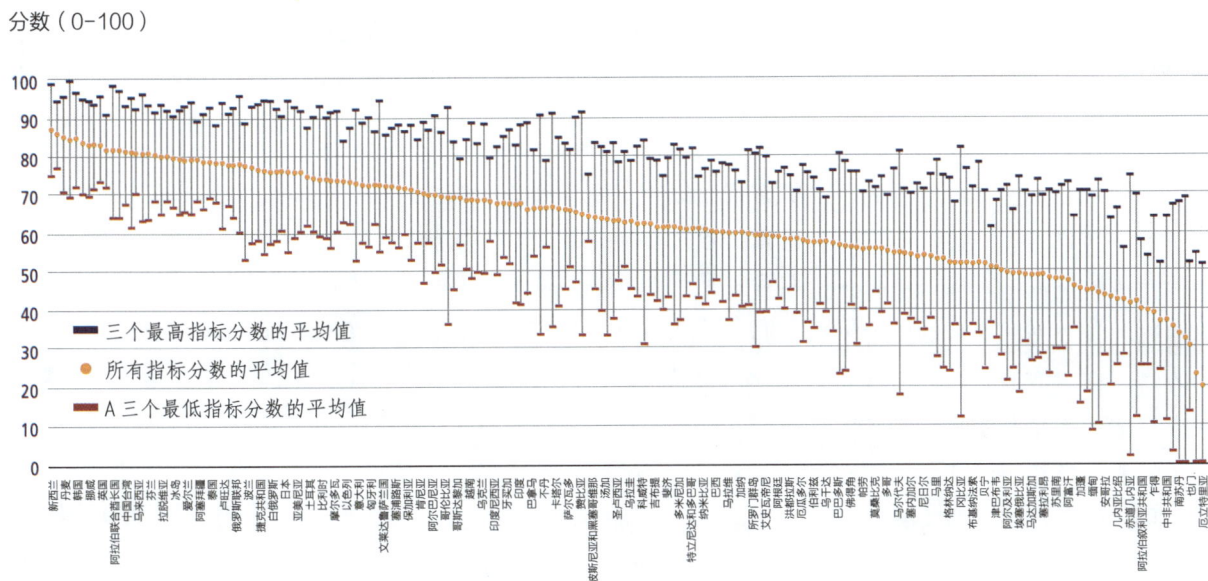

图例：
- 三个最高指标分数的平均值
- 所有指标分数的平均值
- A 三个最低指标分数的平均值

资料来源：《营商环境报告》数据库。

注：为公共部门官员提供培训的营商环境指标的计数范围为 0 到 5，其中每个由政府提供的培训指标都计为 1（左图）。指标包括：开办企业（+1）、获得电力（+1）、纳税（+1）和跨境贸易（+1）。在控制人均收入后，样本中 166 个经济体的公职人员培训与营商环境便利度关系的显著性水平为 1%。法律学位要求计数（右图）范围从 0 到 4，其中要求持有高级学位的法律从业人员的指标均计数为 1。法律从业人员类型包括：职业律师（+1）、法官（+1）、破产代表（+1）和法律助理（+1）。在控制人均收入后，样本中 86 个经济体的公职人员培训与营商环境便利度关系显著性水平为 1%。

的得分为 83.27。与此同时，保护少数投资者的得分为 28.33，办理破产得分为 38.12，获得信贷的得分为 40。

营商环境报告中没有测量的因素

许多重要的政策领域并未被《营商环境报告》所涵盖。即使在所涵盖的领域内，其研究范围也较为有限（表 2.2）。《营商环境报告》并未衡量所有影响经济体商业环境质量或国家竞争力的因素、政策及制度。例如，报告并未涵盖与宏观经济稳定、金融体系发展、市场规模、贿赂和

腐败的发生率或劳动力质量等方面相关的内容。

即便在《营商环境报告》衡量的相对有限的指标中，其关注的重点也被有意缩小。例如，跨境贸易指标记录了出口和进口货物流过程所需的时间和成本，但并未衡量关税或国际运输的成

表 2.2《营商环境报告》未涉及领域的范例

宏观经济稳定性
金融体系发展
劳动力质量
贿赂和腐败的发生率
市场规模
安全性缺失

本。通过这些指标，《营商环境报告》对企业在基础设施方面所面临的挑战——尤其是在发展中国家——提供了狭义视角。报告并未涉及由于道路、铁路、港口及通信系统不足可能导致的企业成本增加和竞争力降低等问题（尽管跨境贸易指标间接衡量了港口和边界连接的质量）。与跨境贸易指标类似，商业立法的所有方面都不属于开办企业或保护少数投资者的衡量范围。鉴于《营商环境报告》仅衡量其涵盖的每一领域的一部分特征，商业监管改革不应仅仅侧重于这些狭义领域，

而应从更广阔的角度加以评估。

《营商环境报告》并不试图量化某一特定法律或法规为整个社会所带来的成本和收益。单独来看，纳税指标所衡量的总税收和缴费率对企业来说是一种成本。但是，这些指标并未衡量——它们也不打算衡量——由税收收入投资的社会及经济政策所带来的收益。衡量商业监管的质量和效率只能为考量与实现监管目标相关的监管负担提供某一个方面的信息，而各经济体的监管目标可能不尽相同。《营商环境报告》为这一讨论提供一个起点，而在使用中应注意与其他数据源的结合。世界银行集团提供的与《营商环境报告》某些领域相关的其他综合数据库包括：妇女、商业和法律，衡量 189 个经济体对妇女经济机会的法律限制；物流绩效指数，对 160 个经济体的贸易物流绩效进行了基准测试；世界治理指标，提供 214 个经济体治理的不同方面的数据；国家政策和机构评估，衡量国际开发协会（IDA）经济体的政策和制度的质量。[5]

方法的优势和局限

《营商环境报告》所使用的研究方法旨在成为一种易于复制的方式，以用于衡量商业监管的具体特征——包括政府如何实施监管及私营企业如何实地操作。我们在使用数据时，应该了解其优势和局限（表 2.3）。

营商环境指标所考虑的核心因素之一是确保全球经济体数据的可比性，因此这些指标的设计是建立在符合特定假设的标准案例之上的。其中一个假设为标准化企业的位置——《营商环境报告》案例研究的对象——是位于经济体中最大的商业城市。现实情况是，一个国家的商业法规及其执行可能会因地区有所不同，特别是在联邦制国家及大型经济体中。但是，在《营商环境报告》涵盖的 190 个经济体中收集每个相关辖区的数据是不可行的。尽管如此，那些政策制定者有兴趣在地方层面获取数据的领域，除了收集最大商业城市的数据，并从当地的良好实践中吸取经验，《营商环境报告》还通过地方研究补充其全球指标（专栏 2.1）。此外，在 2015 年《营商环境报告》中，人口超过 1 亿（截至 2013 年）的经济体的覆盖面扩展至第二大商业城市。

《营商环境报告》意识到使用标准化案例和假设的局限性。尽管这些假设是以牺牲普遍性为代价的，它们却有助于确保数据的可比性。一些营商环境的主题很复杂，因此必须仔细定义标准化案例。例如，标准化案例场景通常涉及有限责任公司或其法定等效物。这个假设有两个原因：首先，私人有限责任公司是世界上众多经济体中最为普遍的商业形式（就拥有一个以上所有者的公司来说）。其次，这一选择反映了《营商环境报告》对扩大创业机会的关注——在潜在损失仅限于资本参与的情况下，鼓励投资者冒险进入商业领域。

营商环境指标的另一个假设是企业家了解并遵守适用的法规。在实践中，企业家可能不知道需要做什么或如何遵守法规，

表 2.3 《营商环境报告》所使用方法的优势和局限		
特征	优势	局限
采用标准化案例	使各经济体和方法的数据具有可比性	缩小数据范围，仅能系统跟踪所衡量领域内的监管改革
专注于最大的商业城市 [a]	使数据收集易于管理（成本效益）和数据具有可比性	如果各地区存在显著差异，则会降低经济数据的代表性
专注于国内和正规私营部门	关注法规相关且公司效率最高的正规部门	无法反映非正规部门（当非正规部门占比很大时，这很重要）或面临不同限制的外国公司的实际情况
依赖专家受访者	确保数据所反映的是那些在进行案例衡量的交易类型方面经验最丰富的人的知识	指标较少能够捕捉企业家经验的变化
专注于法律	使指标"可行"，因为政策制定者可以改变法律	如果缺乏对法律系统的遵守，监管变革将无法实现所需的全部结果

a: 截至 2013 年，在人口超过 1 亿的经济体中，《营商环境报告》涵盖了规模最大和第二大商业城市的商业监管数据。

■ 专栏 2.1 地方营商环境指标：欧盟系列

　　《欧盟营商环境报告》是世界银行集团在欧盟委员会区域和城市政策总局的要求和资助下制作的一系列地方报告。2017 年发布的第一版涵盖了位于保加利亚、匈牙利和罗马尼亚的 22 个城市。2019 年克罗地亚、捷克共和国、葡萄牙和斯洛伐克共和国的另外 25 个城市进行了基准测试。下一个国家级系列的研究将涵盖位于希腊、爱尔兰和意大利的 24 个城市。其目标是继续这个系列，直到所有拥有至少 400 万居民的成员国都被覆盖。该系列的重点是研究一组会对国内中小企业生命周期内五个阶段的监管程序复杂性和成本以及法律制度的完善性所产生影响的指标：开办企业、办理施工许可证、获得电力、登记财产，以及通过当地法院执行合同。

　　由于许多法规和行政措施是由地方当局实施或确定的，因此《地方营商环境报告》对商业监管体系和官僚机构在地方行政单位层面的效力进行了细致而全面的表述。通过提供事实基准和良好的本地实例——无论是在国家边界内还是边界外——这些研究都促进了同行学习及各地之间良好监管实践的融合。

　　这个结果是很有启发性的。研究表明，欧盟成员国之间和内部的营商环境仍存在很大差异，并且这些差异非常重要。一项针对意大利、波兰、罗马尼亚和西班牙城市的研究发现，在营商环境较好的地方，公司在销售、就业、生产率增长和投资方面表现得更好。[a] 降低当地公司开展业务的成本将提高其在国外的效率和竞争力，而这对区域投资增长至关重要。欧盟委员会 [b] 在关于低收入和低增长地区竞争力的报告中也强调了优化公共行政并使公共行政程序更加透明的必要性。

　　研究结果表明，具有改革意识的官员可以通过复制本国其他城市已有的良好做法，来实现切实的改善。例如，通过采纳在地区一级所有的良好实践，2018 年进行基准测试的四个成员国都将极大地接近监管机构的最佳表现。

　　欧盟《地方性营商环境报告》的研究发现将与各国为"欧洲学期"（欧盟的经济和财政政策协调框架）及"凝聚政策"（欧盟的主要投资政策）所拟定的报告密切相关，同时也与欧盟委员会的"落后地区"倡议有紧密的联系——该倡议主要研究限制欧盟低收入及低增长区域经济增长与投资的要素。

　　a：法罗尔和其他，2017 年。
　　b：欧盟委员会，2017 年。

并可能花费很多时间来试图寻找答案。或者他们可能有意避免遵守法规——例如选择不缴纳社会保障。为了避开特别繁重的监管规则，企业可能会选择贿赂或其他非正式的行为。这一层面则有助于解释《营商环境报告》所提供的法律数据与世界银行企业调查所提供的实践中见解之间的差异。[6] 在监管特别繁重的经济体中，非正规行为发生的程度往往更高。与其正规部门的同行相比，非正规部门的企业通常增长缓慢，获得信贷的机会较少，雇用的工人较少，并且这些工人不受劳动法或其他法律意义上的保护。[7] 非正规部门的企业也不太可能纳税。《营商环境报告》对有助于解释非正规性发生的因素进行衡量，并为决策者提供相关领域潜在的监管改革的见解。

实践中的数据收集

　　《营商环境报告》的数据是基于对国内法律、规制和行政要求的详细阅读，以及私营企业的实践经验。这份报告涵盖了 190 个经济体，其中包括一些最小和最不发达的经济体，而这些经济体几乎或根本没有其他的数据来源。这些数据是通过与专家受访者（包括私营部门从业人员和政府官员）的多轮沟通，并基于对问卷调查、电话会议、书面函件和团队访问的结果而收集的。报告主要依赖于四个信息来源：相关法律法规、营商环境报告受访者、所涵盖经济体的政府以及世界银行集团的区域工作人员（图 2.2）。有关《营商环境报告》方法论的详细说明，请参阅 http://www.doingbusiness.org 的数据注释。

相关法律法规

　　《营商环境报告》指标大多基于法律法规：《营商环境

图 2.2 《营商环境报告》如何收集和验证数据

| 十一月 | 十二月 | 一月 | 二月 | 三月 | 四月 | 五月 | 六月 | 七月 | 八月 | 九月 | 十月 |

问卷设计

数据收集及分析

数据验证

报告发布

- 《营商环境报告》团队更新问卷并与内部和外部进行协商。

- 《营商环境报告》团队，发放了调查问卷
- 《全球营商环境报告》访问了大约三十个经济体
- 《营商环境报告》团队与政府官员及私营机构代表举行电话会议、视频会议及面对面会议
- 政府和世界银行集团区域小组提交有关监管变化的信息，这些变化可能包括在全球试验改革中

- 《营商环境报告》团队与世界银行集团区域小组分享有关改革的初步信息，以供反馈
- 《营商环境报告》团队分析数据并编写报告。通过内部审查程序，世界银行集团收到对报告和数据的评论

- 报告发布后，随后进行媒体宣传和调查结果传播

报告》收录的数据中，约有三分之二是基于对法律的解读。除填写调查问卷外，《营商环境报告》的受访者还提交了相关法律、法规和收费表等参考资料。《营商环境报告》团队收集相关法律法规文本，并检查问卷回答的准确性。例如，团队通过审阅民事程序法典以核对商事法院争端的最大休庭次数，通过阅读破产法典以确定债务人是否可以启动清算或重组程序。这些法律和其他类型的法律可以在《营商环境报告》的法律图书馆网站上找到。[8] 由于数据收集过程涉及每年更新已建立的数据库，因此没有必要严格要求有大量的受访者样本。原则上，受访者主要充当顾问的角色——帮助《营商环境报告》团队检索和理解法律、法规。对于一个不断扩大的贡献者库来说，所收集的答案带来的回

报率正在迅速递减。尽管如此，从 2010—2018 年间，受访者的数量依旧增加了 70%。

《营商环境报告》团队通过与多个受访者进行大量研讨以减少其他数据的测量误差。对于某些指标——例如办理施工许可证、执行合同和办理破产指标——时间部分和某些（缺乏收费表的）成本部分是基于实际操作的而非法律文本，这就引入了受访者对实际操作过程中一定程度的判断。当受访者无法达成一致判断时，《营商环境报告》的时间指标就取在标准案例假设下给出的若干回复的中位数。

营商环境报告的受访者

在过去 16 年里，来自 190 个经济体的 43800 余名专业人士协助提供了《营商环境报告》

指标的数据。[9]2019 年的报告征集了超过 13800 名专业人士的意见。[10]《营商环境报告》网站显示了每个经济体和每个指标的受访者数量。

这些在《营商环境报告》所涵盖的特定领域中经常对法律、法规进行执行或提供咨询的受访者，根据其在这些领域的专业知识而被挑选出来。由于关注点是法律、法规事务，大多数受访者是法律专业人士如律师、法官或公证人。此外，信贷社或信贷登记处的工作人员填写了信用信息问卷；会计师、建筑师、工程师、货运代理和其他专业人员回答有关纳税、办理施工许可证、跨境贸易和获得电力的问卷。列入指标的信息也由某些公职人员提供（例如，公司或财产登记处的登记员）。

> 《营商环境报告》给政策制定者提供一个有利于促进政策辩论的基准工具

《营商环境报告》采用的方法是与法律从业者或其他定期从事相关交易的专业人士合作。按照工效研究的标准方法，《营商环境报告》将每个程序或交易——如开办企业或登记财产——分解为单独的步骤，以确保更好地估计时间。每个步骤的估算时间由对相关交易有丰富经验的从业人员给出。

《营商环境报告》没有将企业列为调查对象主要有两个原因。第一，企业从事指标所衡量的交易频率通常较低。例如，一家企业只进行一次启动程序，而一名从事注册业务的律师每个月可能进行 10 次这样的交易。因此，与企业相比，为《营商环境报告》提供信息的律师和其他专业人士能够更好地评估开办企业的程序。他们还可以接触到最新的法规和交易习惯，而一家企业在数年前成立时面对的可能是一套不同的规则。第二，《营商环境报告》的调查问卷主要收集法律信息，企业不太可能完全熟悉这些信息。例如，很少有公司知道通过法院解决商事纠纷所涉及的主要法律程序，即便它们曾经历过这个过程。但诉讼律师在提供有关程序的信息时不存在什么困难。

政府和世界银行集团区域工作人员

《营商环境报告》团队收到受访者的完整问卷，根据法律核实信息并进行后续调查以确保获取所有相关信息后，会与世界银行集团在不同地区的国家管理部门（CMU）分享监管改革的初步描述。随后的阶段，团队会将改革描述的最终版本发送给世界银行集团执行董事会，并由执行董事会向各经济体政府通报其经济改革的情况。通过这个过程，政府和世界银行集团在《营商环境报告》所涵盖的经济领域工作的雇员可以提醒团队注意相关信息。例如，受访者没有报告的监管改革或监管改革取得的额外成就。此外，《营商环境报告》团队还会对政府或地区雇员的评论作出正式答复，并对分数决定作出解释。

数据调整

有关数据更正的信息可参阅《营商环境报告》网站上提供的数据说明，透明的投诉程序允许任何人质疑数据。从 2017 年 11 月到 2018 年 10 月，《营商环境报告》团队接收并回复了超过 150 个关于数据的问询。

营商环境数据的使用

《营商环境报告》的设计考虑了两种主要类型的用户：政策制定者和研究人员。它是一个政府可以用来设计健全的商业监管政策的工具。然而《营商环境报告》的数据涵盖范围有限，需要与其他信息来源相互补充。《营商环境报告》关注与特定案例分析相关的特定规则，选择这些规则和案例是为了说明商业监管环境并不是对该环境的全面描述。提供独特的数据集使政策制定者和研究人员更好地理解商业监管在经济发展中作用的研究成为可能，《营商环境报告》也是研究人员的重要信息来源。

政府官员和决策者

《营商环境报告》既能暴露潜在的问题，又能展现好的做法和经验教训，从而为政策制定者提供了一种有助于激发政策辩论的基准工具。尽管这些指标的关注范围有限，但在一个经济体中，对这些指标所强调的结果展开的最初的辩论通常会转化为对需要进行商业监管改革领域更深入的讨论，包括那些远远超出《营商环境报告》衡量范围的领域。在进行地区研究的经济体中，《营商环境报告》进一步为政策制定者提供了一个辨别可以在经济体内采取好做法的工具。（见专栏 2.1）。

《营商环境报告》的许多指标是"可操作"的。例如，政府可以设定新设公司的最低资本要求，投资公司和财产登记处以提高效率，或者通过采用最新技术方便商界准备、申报和缴付税款，从而提高税务管理效率。它们还可以进行法院改革以缩短执行合同的延迟时间。但《营商环境报告》的一些指标涵盖了涉及私营部门参与者（比如律师、公证人、建筑师、电工或货运代理）的手续、时间和成本。政府在短期内对这些专业人员收取的费用可能难以产生影响，但通过强化职业许可制度和防止反竞争行为也可以取得很大成效。政府没有办法改变经济体的区位，而这也可能对企业造成不利影响。

虽然《营商环境报告》的许多指标是"可操作"的，但这并不意味着它们在特定情况下一定都是"值得操作"的。商业监管改革只是为提高竞争力和为可持续经济增长奠定坚实基础战略的一个组成部分。此外，还有许多其他重要的目标需要实现——例如，有效管理公共财政、充分重视教育和培训、采用最新技术，以提高经济生产率和公共服务质量，以及妥善关注空气和水体质量以保障公共卫生。政府必须决定最适合其需要的优先事项。所谓政府应该为私营部门的活动（例如，《营商环境报告》指标所收录的活动）制定一套合理的规则，但并不意味着这样做应该以牺牲

其他有价值的政策目标为代价。

在过去的 10 年里，更多的经济体政府认识到商业监管作为竞争驱动力的重要性，它们越来越多地将《营商环境报告》作为一个可操作的、客观的、能为其提供对世界各地良好实践洞见的知识库。为确保各机构之间的协调，哥伦比亚、马来西亚和俄罗斯联邦等经济体成立了监管改革委员会。这些委员会将《营商环境报告》指标作为其改善营商环境的信息来源之一。超过七十个其他经济体也成立了这样的委员会。在东亚及太平洋地区，它们包括文莱达鲁萨兰国、印度尼西亚、韩国、缅甸、菲律宾、斯里兰卡、泰国、中国和中国台湾地区；在中东及北非：阿尔及利亚、阿拉伯埃及共和国、以色列、科威特、摩洛哥、卡塔尔、沙特阿拉伯和阿拉伯联合酋长国；在南亚：阿富汗、孟加拉国、印度和巴基斯坦；在欧洲和中亚地区：阿尔巴尼亚、阿塞拜疆、克罗地亚、格鲁吉亚、哈萨克斯坦、科索沃、吉尔吉斯共和国、前南斯拉夫的马其顿共和国、摩尔多瓦、黑山、波兰、塔吉克斯坦、土耳其、乌克兰和乌兹别克斯坦；在撒哈拉以南非洲：贝宁、布隆迪、科摩罗、刚果民主共和国、刚果共和国、科特迪瓦共和国、几内

亚、几内亚比绍、肯尼亚、利比里亚、马达加斯加、马拉维、马里、毛里求斯、尼日尔、尼日利亚、卢旺达、塞内加尔、塞拉利昂、苏丹、坦桑尼亚、多哥、赞比亚和津巴布韦；在拉丁美洲及加勒比海地区：阿根廷、巴西、智利、哥斯达黎加、多米尼加共和国、危地马拉、牙买加、墨西哥、尼加拉瓜、巴拿马、秘鲁和圣卢西亚。各政府报告了 3500 余项监管改革，其中 1116 项是自 2003 年以来通过《营商环境报告》获得的信息。[11] 很多经济体分享了有关《营商环境报告》衡量领域中监管改革进程的经验。分享这些经验最常见的方式是相互的学习活动——即一个地区甚至是全球不同政府的官员会晤，并探讨监管改革中的挑战并分享其经验的交流会。

研究人员

《营商环境报告》的数据被学术界、智库、国际组织和其他机构的研究人员广泛使用。2003 年以来，成千上万的研究人员利用《营商环境报告》中的数据或其概念框架来分析商业监管对多种经济效益的影响。本节简要概述了过去 10 年间刊登在全球排名前 100 的期刊上的研究报告，或是最近由权威机构发布的工作

成千上万的研究人员利用《营商环境报告》中的数据或其概念框架来分析商业监管对多种经济产物的影响

文件。[12] 这里引用的论文仅仅是在《营商环境报告》衡量的领域中所做的一部分研究。[13]2014、2015 年《营商环境报告》的研究章节对相关文献进行了全面的综述。

对企业准入的监管是商业监管中最受关注的调查领域之一。一系列研究的结果表明，对企业准入的过度监管增加了非正规企业和就业的数量。墨西哥的一项研究发现，简化企业登记的改革使登记增加了 5%，带薪就业增加了 2.2 %。[14] 这些改革还导致 14.9 % 的非正规企业主转型成为正规企业。[15] 在葡萄牙，减少企业正规化的时间和成本的改革使初创企业数量增加了 17 %，并每月在每 10 万居民中创造 7 个新的工作岗位。与其他企业相比，这些新成立的企业更多是由女性创建的，一般规模较小，由经验较少、受教育程度较低的企业家领导，这表明改革为有抱负的企业家创造了更具包容性的环境。[16]

高效而非扭曲的商业监管法规对生产力至关重要。例如，关于印度的一项研究表明，低效的许可制度和规模限制导致资源分配不当，且通过阻止高效企业达到最优规模和允许低效企业留在市场，[17] 降低了全要素生产率。该研究得出结论，取消这些限制将会使全要素生产率提高 40%~60%。在欧盟和日本，对资本使用所征的隐性赋税使得企业的平均规模减小 20%，产出减少 8.1%，每家企业的产出减少 25.6 %。[18] 最近一项关于科特迪瓦共和国、埃塞俄比亚、加纳和肯尼亚的研究表明，在消除了不均衡的监管和不良的商业环境所造成的企业层面的扭曲之后，生产率得以大幅提高。[19] 研究还表明，若将部分经合组织高收入经济体的破产法效率提升至美国破产法的效率水平，通过银行对大企业贷款额的增加，前者的全要素生产率将能提高约 30%。[20]

在许多经济体中，从事国际贸易的企业一直在同运输、物流和规章带来的高昂贸易成本斗争，这些成本阻碍了它们的竞争力和增长潜力。一些实证研究运用《营商环境报告》中跨国贸易这一指标评估了贸易成本对经济进出口绩效的影响。大量实证研究表明，高效的基础设施和健康的营商环境与出口绩效呈正相关。[21] 根据研究表明，在撒哈拉以南的非洲地区，过境所需时间每增加一天，出口则会平均减少 7%。[22] 而另一项研究发现，内陆经济体及对时间敏感的农产品和制造业产品的运输时间每延迟一天，贸易量就会减少 1 % 以上。[23] 通关延误也对企业的出口能力产生负面影响，尤其是当货物运送给新客户时。[24] 在实行灵活准入监管的经济体中，贸易量每增加 1%，人均收入将增长 0.5% 以上，而在监管更为严格的经济体中则没有对收入产生积极的影响。[25]

研究还表明，在监管烦琐的经济体中，消费者从进口竞争中获得的潜在收益减少了。[26]

尽管《营商环境报告》只衡量了商业监管影响国内企业的一些方面，但研究表明，更好的商业监管与较高的外商直接投资水平相关。[27] 此外，外商直接投资对国内投资的影响取决于东道国经济体中商业准入规则的友好程度。一项研究表明，在开办企业成本高昂的经济体中，外商直接投资会挤压本国投资。[28] 另一项研究指出，开办企业过程更简单的经济体平均拥有更高的国际市场整合度。[29]

设计良好的破产框架是债务回收的重要决定因素。例如，一项提升哥伦比亚破产法效率的改革显著提高了可存活企业的回收率。[30] 在印度，债务回收法庭的设立减少了 28% 的不良贷款，并降低了大额贷款的利率，这表明更快地处理债务回收案件降低了信贷成本。[31] 最近一项利用《营商环境报告》数据进行的研究表明，破产办理是驱动许多经济体中公司债券市场逐渐消失的主要因素之一。[32]

在拥有支持动产作为抵押品的健全法律制度和发达的信用信息共享系统的经济体中，更多的借款人能够获得信贷。一项对多个经济体的研究显示，动产抵押登记制度的引入，使企业获得融资的机会增加了约 8%。[33] 相对于不动产而言，债权人使用动产的能力被证明更能增加企业的借债能力。[34] 一项对全球银行流动的深入研究显示，如果经济体具备较好的信贷信息共享系统，并且企业分支机构的覆盖率较高，那么企业逃税的程度较低。[35]

营商环境报告团队对于高税率、烦琐税法和复杂纳税程序的扭曲效应进行了大量的调查。巴西税制改革后，零售企业的商业许可增加了 13%。[36] 研究表明，将税收复杂度降低 10% 相当于降低 1% 的有效企业税率，[37] 更高的税率则会阻碍企业进入市场。[38] 最近的一项研究发现，较低的税务合规负担对小型和初创企业的生产率产生了积极影响。[39]

正如《营商环境报告》衡量的那样，劳动力市场监管这一指标已被证明对经济有重要影响。根据一项研究，学生在经济不景气的情况下毕业会对其此后的就业机会有着持续的负面影响。在就业保护立法更严格的经济体中，这种负面影响的持久性更强。[40] 严格的就业保护立法也会产生消极的分配后果。一项分析劳动力市场监管文献的研究指出，劳动力市场监管对生产率的影响可以是双向的，而且影响的幅度不大。这项研究提供了明确的证据，劳动力市场监管能够平衡受保护的工人的收入，但是青年、妇女和技能较低的工人通常被排除在监管规制保护范围和相应的福利之外。[41]

指标

《营商环境报告》确定了 20 个使用该报告作为数据来源的不同数据项目或指标。[42] 大多数项目或机构使用指标级别数据，而非营商排名的总体难易程度。最广泛使用的指标是开办企业，其次是劳动力市场监管和纳税。这些指标通常将营商环境数据与其他来源的数据相结合起来，并从某种特定的总体维度，如竞争力或创新力，来评估一个经济体。例如，传统基金会的经济自由度指数使用了 22 个营商指标从法治、政府规模、监管效率及市场开放程度四个方面衡量世界经济的自由程度。[43] 在这四个方面得分较高的经济体往往也倾向于拥有较高程度的经济自由。

同样，世界经济论坛在其全球竞争力指标中使用《营商环境报告》中的数据来证明竞争力是如何推动全球经济增长的，该组织还在衡量机构、产品市场效率、劳动力市场效率、金融市场发展和商业活力这五个指标中使用了 13 个营商指标。这些可公开访问的资源通过将营商环境数据纳入各经济体和区域的其他重要社会和经济问题的研究中，扩展了营商环境报告中的一般商业环境数据。这些证明了营商环境指标仍然是研究和分析不同领域和维度的重要起点。

下一步行动

营商环境研究团队正在开发一个新的指标——政府采购——测评全球公共采购系统的效率、质量、透明度、问责制和完整性。公共采购是指公共机构从企业购买商品或服务的过程。在全球范围内，公共采购平均占国内生产总值的 10%~25%，其中政府每年在公共合同方面累计支出约 9.5 万亿美元。政府是许多国家市场的最大买家，通过公共采购确认的政策议题可以促进经济发展、创新和就业。另一方面，效率低下的公共采购成本极高。它损害了竞争，提高了政府为商品和服务支付的价格。此外，鉴于所涉资源的规模、政府独特的购买力、众多的利益攸关方以及程序的复杂性，公共采购特别容易受到欺诈和腐败的不良影响。仅是在欧盟，公共采购腐败造成的年损失就相当于大约 50 亿欧元（57 亿美元），超过了 30% 以上撒哈拉以南非洲经济体的国内生产总值。[44]

收集数据使用的调查问卷遵循了道路基础设施部门采购合同的生命周期。该问卷旨在反映国际公认的公共采购良好做法，并于 2017 年年底在少数经济体中进行了同行审查和试点。营商环境研究团队正在收集大约 85 个经济体的数据，这些数据将于 2019 年年初与该指标的初步方法论一起发布在营商环境的网站上。在

2020 年《营商环境报告》中，数据收集将扩展至报告所涵盖的 190 个经济体，并考虑届时将这一指标纳入到营商环境排名中。

《营商环境报告》认识到随着时间的推移，数据的可比性对研究人员和政策制定者都至关重要。因此，营商环境研究团队没有对 2019 年的数据进行任何方法论上的调整。这项决定也得到 2018 年《营商环境外部审计报告》的支持，该报告可在 http://www.doingbusiness.org 查阅。

注释

1. Djankov，2016.

2. 这些研究可在营商环境网站 http://www.doingbusiness.org/methodology 上找到。

3. 有关世界银行企业调查的更多信息，请访问网站 http://www.enterprisesurveys.org。

4. 就获得信贷指标而言，根据分指标对总分的贡献，按比例对其进行加权，其中 60% 的权重分配给合法权利力度指数，40% 的权重分配给信贷信息深度指数。这样，包含在这些指数中的每个点都独立于它所属的部分，且具有相同的价值。所有其他指标的分指标被分配相等的权重。详细信息请参阅 http://www.doing business.org 网站上关于营商环境便利度分数和营商环境便利度排名的章节。

5. 有关这些数据库的更多信息，请参阅相关网站：妇女、商业和法律（https://wbl.worldbank.org/）；物流绩效指数（https://lpi.worldbank.org/）；世界治理指数（http://info.worldbank.org/governance/wgi/#home）；国家政策和机构评估（https://datacatalog.worldbank.org/dataset/country-policy-and-institutional-assessment）。

6. Hallward-Driemeier and Pritchett，2015.

7. Schneider，2005；La Porta and Shleifer，2008.

8. 关于法律图书馆，请访问 http://www.doingbusiness.org/law-library。

9. 年度数据采集工作是对数据库的更新。《营商环境报告》团队和受访者研究监管框架在多大程度上发生了与指标所捕捉特性相关的变化。因此，数据收集过程应被视为每年增加前一年报告中反映的现有知识储备，而不是创建一个全新的数据库。

10. 虽然约有 13800 名受访者为今年的报告提供了数据，但其中许多受访者完成的问卷调查了不止一项《营商环境报告》指标。事实上，今年的报告收到的贡献总数超过 17200 份，这是对所收到的数据的真实衡量。每个经济体每项指标组的平均受访数量超过 7 份。更多详细信息，请参阅 http://www.doingbusiness.org/contributors/doing-business。

11. 这些改革令《营商环境报告》意识到其提供的信息已被用于制定改革议程。

12. 杂志和机构排名来源于经济学研究论文网（RePEc）并涵盖了过去十年的情况。详细情况请访问 https://ideas.repec.org/top/top.journals.simple10.html 和 https://ideas.repec.org/top/top.inst.all-best10.html.。

13. 自 2003 年《营商环境报告》首次发表以来，已有 3400 多篇研究文章刊载于被同行认可的学术期刊上。这些文章探讨了在《营商环境报告》衡量的领域中，监管是如何影响经济的。这其中共有 1360 篇发表在世界排名前 100 的期刊上。另有 9450 份作为工作文件、书籍、报告、学位论文或研究笔记出版。

14. Bruhn，2011.

15. Bruhn，2013.

16. Branstetter and others，2014.

17. Hsieh and Klenow，2009.

18. Guner，Ventura and Xu，2008.

19. Cirera，Fattal Jaef and Maemir，2017.

20. Neira，2017.

21. Portugal-Perez and Wilson，2011.

22. Freund and Rocha，2011.

23. Djankov，Freund and Pham，2010.

24. Martincus，Carballo and Graziano，2015.

25. Freund and Bolaky，2008.

26. Amiti and Khandelwal，2011.

27. Corcoran and Gillanders，2015.

28. Munemo，2014.

29. Norback，Persson and Douhan，2014.

30. Giné and Love，2010.

31. Visaria，2009.

32. Becker and Josephson，2016.

33. Love，Martínez Pería and Singh，2016.

34. Calomiris and others，2017.

35. Beck，Lin and Ma，2014.

36. Monteiro and Assunqao，2012.

37. Lawless，2013.

38. Belitski，Chowdhury and Desai，2016.

39. Dabla-Norris and others，2017.

40. Kawaguchi and Murao，2014.

41. Betcherman，2015.

42. 将《营商环境报告》作为数据来源的项目或指数如下：花旗银行和伦敦帝国学院的数字货币指数、康奈尔大学和世界知识产权组织的全球创新指数、DHL 的全球连通性指数、弗雷泽研究所的世界经济自由指数、传统基金会的经济自由度指数、欧洲工商管理学院全球人才竞争力指数、国际管理发展研究所的《世界竞争力年鉴》、毕马威会计师事务所的变革准备指数、列格坦研究所的全球繁荣指数、世纪挑战集团的开放数据目录、牛津大学的国际公务员效率指数（InCiSE）、普华永道会计师事务所 2018 年纳税情况：对 190 个经济体税收制度的深入分析报告、TRACE 全球商业贿赂风险指数、美国商会的全球商业法治指数、哥德堡大学政府质量标准数据集（QoG）、世界经济论坛的贸易指数（ETI）、全球竞争力指数（GCI）、人力资本指数（HCI）、网络就绪指数和旅游竞争力指数（TTCI）。

43. 有关传统基金会经济自由度指数的更多信息，请访问 http://heritage.org/index。

44. 欧洲议会，2016 年。

开办企业与登记财产

培训对创业与产权的促进作用

在记录公司的正规存在和土地所有权方面，商业和土地登记制度在任何经济体的营商环境中都起着关键作用。注册新公司或登记产权时要确保登记人员训练有素、知识渊博。通过专业培训以及公务员和公众的有效沟通，提升商业和土地登记处提供公共产品和服务的总体质量。

《2019 年营商环境报告》首次收集了向商业和土地登记处的官员及用户提供相关培训，并传达变更的数据。《营商环境报告》对登记人员严格要求，包括：公务员的资格要求、官员的强制性培训、培训的频率和持续时间，以及如何向他们传达登记册中的变化。此外，该报告还收集了登记用户的培训数据，包括为新企业所有者举办培训班，以及向公众有针对性地说明登记处的变动情况。该案例研究表明，培训通过提升商业登记处（对企业家）和土地登记处（对所有者）的服务质量能够促进商业活动发展。

培训登记处官员

商业和土地登记官员在为新企业家提供优质服务方面发挥着关键的作用。因此，对登记人员进行系统的培训有利于登记制度的良好运作和有效执行政府促进创业的政策。

商业和土地登记处培训相关性

训练有素的工作人员在评估交易和协助企业家时，工作效率及正确率更高。商业登记人员通常要参加一系列的培训和考试，才能获得执业资格。例如，加拿大阿尔伯塔省（Alberta）规定有志成为的商业登记人员需完成三级考试才能取得公司登记电子系统的最高认证。为通过这些考试，学生要完成三门在线课程（每门课程费用为 365 加元，约合 282 美元）的学习，学会操作像登记有限责任合伙企业和修改公司结

- 《2019 年营商环境报告》收集了 183 个经济体的商业和土地登记人员及用户的培训数据。

- 仅有少数经济体提供商业和土地登记培训。

- 该案例研究显示，只有 24% 的经济体在法律上要求对商业登记人员进行专业培训。

- 商业登记人员的强制性培训能提高企业登记效率，而土地登记人员的年度培训能提高土地登记效率。

- 通过为登记人员举办研讨会以及为登记用户开展宣传活动，传达商业和土地登记处的变化与较低的交易完成率有关。

> 培训登记处官员了解即将发生的变化利于改善业务操作环境

构等程序。[1]

土地登记员在保障财产权交易的法律确定性上也发挥着重要作用。为履行其职责，地方土地登记处官员需要通过员工培训获得技术与沟通技能。[2] 多数经济体通常对土地登记员采用最低标准或教育要求。本案例共研究 183 个经济体，74% 的经济体仅要求土地登记员达到最低教育水平（通常是大学法律学位），47% 的经济体要求其具备专业资格，44% 的经济体要求其具有最低年限的工作经验。只有 15% 的经济体综合四项标准，即最低教育水平、最低工作年限、专业资格和成为公务员。例如，保加利亚土地登记员的候选人必须具备大学法律学位、执业执照、道德操守和专业资格证明，无故意犯罪记录，并且不得是最高司法委员会的当选成员。

商业和土地登记处的持续培训

大多数经济体没有关于商业登记官员必须接受培训的法律条例（图 3.1）。实际上，本案例研究中仅有 24% 的经济体在法律上要求对商业登记官员进行专业培训。该要求存在区域差异性，即在欧洲和中亚地区近三分之二（59%）的经济体有法律要求培训，但在中东和北非地区仅

有 11% 的经济体有法律要求。[3] 虽然团体课程是最常见的培训形式，但约有 5% 的经济体使用在线学习工具，并且有法律要求其向商业登记官员提供培训。培训内容多样，即从技术技能（立法改革、实体类型、注册要求和信息技术技能）到软技能（职业道德与交流技能）。西班牙的登记官专业协会为登记官员免费提供在线课程和现场授课两种培训形式。培训主题包括：公司的法律形式、法人结构、登记或解散各类公司程序等相关内容。[4]

在有法律要求培训的经济体中，略多于一半的经济体还确定了培训的最低频率或持续时间。例如，中国和罗马尼亚每年必须举办强制性培训。由登记处

工作人员决定培训计划的时间和频率。

联合国欧洲经济委员会的《土地管理指南》表示对土地登记官员进行持续培训是切实可行的，且适用于所有需要培训的人员，培训范围从大学一级的综合专业培训课程到新技术课程的短期培训。[5] 国家应为员工提供正式培训和内部培训，并确保员工有足够的时间参加培训。[6] 培训对于传达登记处服务标准（例如程序时间）至关重要，以便工作人员了解工作职责，并合理处置应对突发问题。[7]

培训不应局限于管理人员和主管人员，每天与公众互动的土地登记处工作人员也应受到良好培训。能力建设培训方案对于保持土地登记处的服务质量非常重要。例如，2018 年为土耳其土地及地籍管理局工作人员提供的培训方案；2017 年，泰国举

图 3.1　大多数经济体没有法律规定商业登记官员必须接受培训

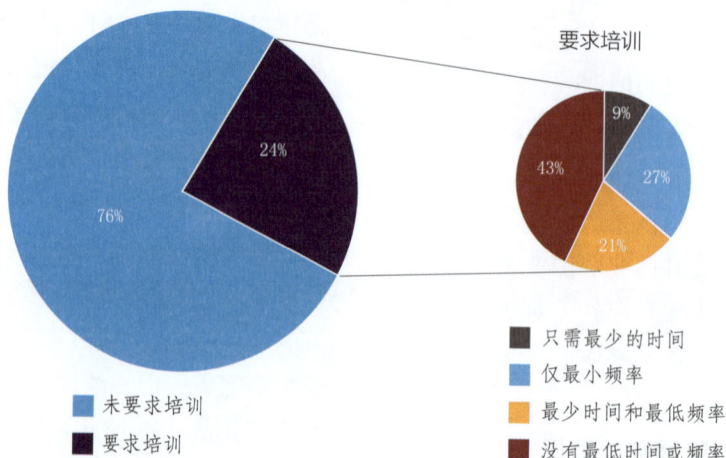

要求培训

- 只需最少的时间
- 仅最小频率
- 最少时间和最低频率
- 没有最低时间或频率

- 未要求培训
- 要求培训

资料来源：《营商环境报告》数据库。

办的土地记录管理研讨会。[8]

尽管多数经济体的法律未规定要求进行持续培训，但本案例研究中有三分之一的经济体为土地登记官员制定了各种专题的定期培训方案。45% 的经合组织高收入经济体提供常规培训，而撒哈拉以南非洲地区只有 24% 的经济体提供常规培训。[9] 虽然这些培训方案主题各不相同，但通常包括行政程序（35% 的经济体提供培训）、产权（30% 的经济体提供培训）、新制度或创新（27% 的经济体提供培训）、客户服务以及与地籍或税务当局等其他机构的协调（22% 的经济体提供培训）。

在向登记处工作人员提供培训的经济体中，商业和土地登记处的办事效率往往更高。对商业登记官员进行强制性培训的经济体在开办企业方面的平均分比未接受培训的经济体高 6 个百分点（图 3.2）。此外，土地登记处进行年度培训的经济体在登记财产方面的得分高于未进行培训的经济体（平均高出 7 个百分点）。

向登记处官员传达变更

商业和土地登记处规章与程序的变更可通过多种方式让工作人员知晓。在商业登记处，66% 经济体的工作人员通过举办研讨会了解开办企业程序的变

化，而 39% 经济体的工作人员则通过试点了解情况。研讨会和试点也是向工作人员传达土地登记条例或程序变化最常用的手段，56% 的经济体通过举办研讨会、24% 的经济体通过试点让工作人员了解规章与程序的变化（图 3.3）。

通过试点，商业和土地登记处可在全面实施新的程序前明确潜在问题并寻找解决办法。试点通常在欧洲和中亚地区的登记处实施，其中 55% 的商业登记处和 41% 的土地登记处使用试点。在经合组织高收入经济体和东亚及太平洋地区，大部分登记处也在实施新程序前进行试点。而在拉丁美洲和加勒比、中东和北非、南亚和撒哈拉以南非洲地区，只有不到 20% 的经济体使用试点。对登记官员进行规章或制度变化的培训受积极的操作环境影响。《营商环境报告》表明，与不提供培训的经济体相比，在登记处官员接受过培训的经济体中合并企业所需时间平均减少 12 天，转让财产平均减少 29 天（图 3.4）。

培训登记用户

登记用户也从培训中受益。近年来，随着创业培训项目的普及，世界各国政府采取措施发展并扩大此类项目。

企业家培训的相关性

2014 年，全球约有 230 个

图 3.2 有培训项目的经济体往往比没有培训项目的经济体得分更高

开办企业与登记财产得分（0-100）

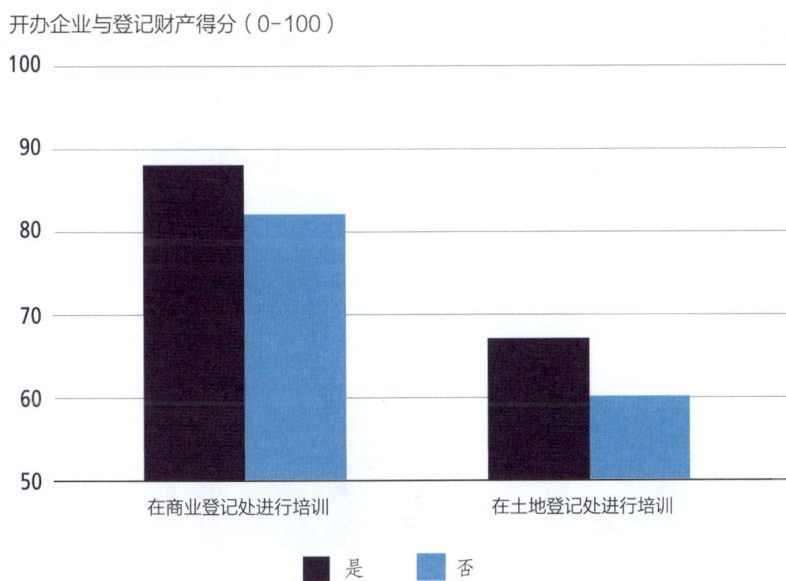

资料来源：《营商环境报告》数据库。
注：对于商业登记处的培训，假设人均收入不变，这些关系在 1% 的水平上具有统计显著性。就土地登记处的培训而言，假设人均收入不变，这些关系在 5% 的水平上具有统计显著性。

图 3.3 研讨会是向登记处人员传达情况变更最常用的方式

利用通信渠道的经济体份额（%）

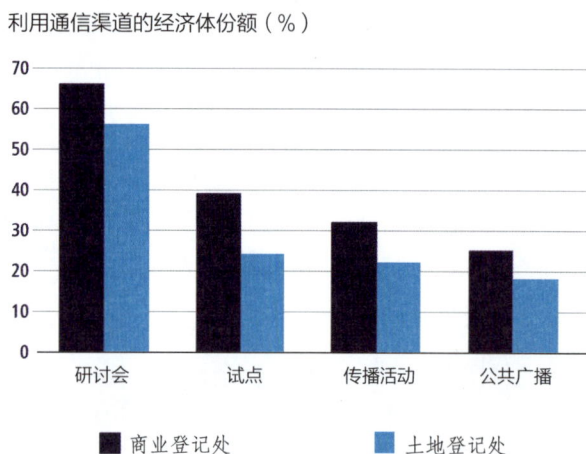

■ 商业登记处 　■ 土地登记处

资料来源：《营商环境报告》数据库。
注：如上所述，单个经济体可以使用多种沟通渠道。未传达变更的两个经济体被排除在样本之外。研讨会是指向团体讲解演示文稿。试点是指利用小规模试验或测试来引入变化。传播活动指的是使用社交媒体或广告牌传达变更。公共广播是指利用电视或无线电广播传达变更。

创业教育培训（ETT）项目得到确认；这些项目包括全球倡议的如国际劳工组织的《了解商业》和《开始和改善你的经营》，及像《成就阿拉伯人》这样的区域方案。[10]

当创业教育培训项目以新兴的企业家为目标时，在培训后两年内的自主就业、家庭消费和收入都显著增加。[11] 评价结果显示，随着时间的推移，就业和培训促进业务增长。例如，企业家获得

信贷的机会增加；[12] 培训方案还成功地向新企业家传授企业运作的管理技能；[13] 此外，对中小企业实施像培训项目这样的商业支持，有助于提高公司业绩并创造就业机会。[14] 然而因国家现状和培训对象不同，培训方案的效果可能存在较大差异。例如，在波斯尼亚和黑塞哥维那的一项试验表明，拥有企业的个人往往比没有企业的个人从培训中获益更多，并进行更多的投资。[15]

三十多年来，澳大利亚就业和小企业管理部门实施的"新企业激励计划"为个人开办企业提供被认可的培训和指导。该计划由全国 21 个供应商组成的网络提供，每年向 8600 人提供小企业培训和收入补贴，并在企业创业首年提供租金援助。[16]

危地马拉的企业登记处有一笔预算专门用于培训系统用户，

图 3.4 在对登记处工作人员开办研讨会的经济体中，开办企业和转让财产往往花费的时间较少

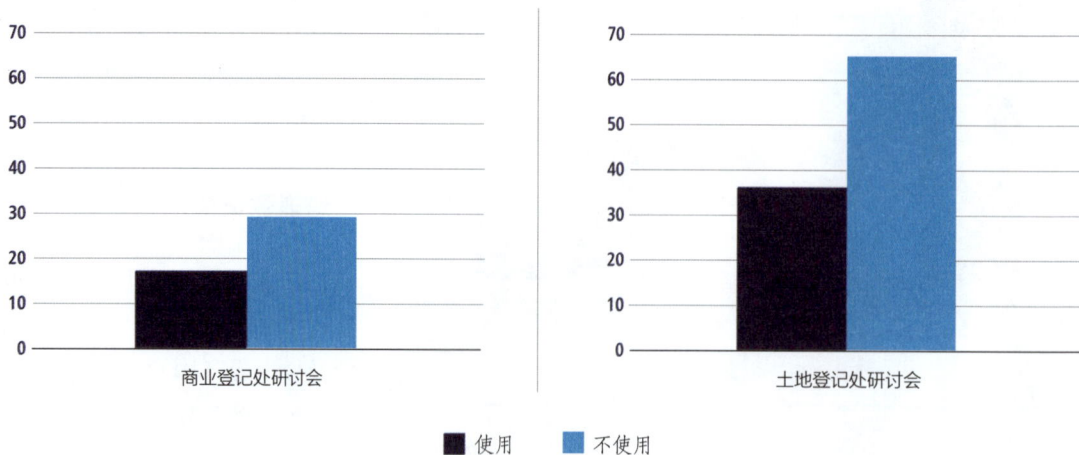

■ 使用 　■ 不使用

资料来源：《营商环境报告》数据库。
注：假设人均收入不变，这些关系在 1% 的水平上具有统计显著性。

其中专门用于培训公证员和律师的年度预算为 70000 格查尔（约 10000 美元）。近年来，该国土地登记处花费 20.8 万格查尔（约 28000 美元）为 3000 多名系统用户（主要是公证员和律师）提供培训。

如果私营部门参与课程编制并通过向实习生提供在职培训，技能培训方案就会更加成功。[17] 例如，哥伦比亚的 Jóvenes en Acción 方案将课堂授课与私营公司的在职培训结合起来。这种模式的短期效果（即更高的正式就业率和收入）得以长期持续。

为登记处用户提供培训和信息的机会

在《营商环境报告》所衡量的地区中，经合组织高收入经济体的登记处为刚过半数的初创企业提供培训所占比例最高；南亚的登记处为企业家提供的培训最少（图 3.5）。提供培训的经济体通常采取集体课程、工作坊与研讨会的形式为企业家提供培训。在提供培训的经济体中，有三分之一的经济体使用网络课程授课的形式。

任何创业者都可接受培训，但在某些情况下培训只针对青少年、老年人和女企业家等目标群体。然而，只有 17% 提供培训的经济体实施有针对性的培训方案。尼日尔的工商会和国家就业促进局专门针对高中生和其他未完成正规教育的青少年等年轻人实施创业培训方案。[18]

咨询台在公民关注与了解公共机构开发的各种程序方面发挥关键作用。公众把提供信息的咨询台作为战略性教育工具，为公民询问与程序有关的具体问题提供平台。在本案例所涵盖的经济体中，57% 的经济体设有专门为公众提供登记财产的咨询台。一般而言，拥有公共咨询台的经济体其土地管理质量指数往往得分较高。[19] 该咨询台完全以用户及客户的满意度为中心，通过反馈客户提出的问题提高土地登记质量。自 2014 年秘鲁国家登记监督管理局（SUNARP）设立公民服务中心以来，该咨询台已经处理了 50 余万次咨询事项。该中心的律师、注册法律专家免费向土地登记处提供注册和常规程序方面的指导。所有公民都可以通过电子邮件、聊天和免费热线 Alo SUNARP 获得服务。在土地登记处设有咨询台的经济体，登记财产指营商便利度方面往往表现较好，且土地管理指数质量得分较高。[20]

向登记用户传达情况变更

商业和土地登记处利用各种通信渠道向公众传达程序及规章的变化，例如公司登记或出售财产的要求。大多数经济体的商业登记处通过利用社会媒体或实物广告牌（63%）及在电视或电台上进行公共广播（65%）的宣传活动，向开办企业程序传达变化情况。培训和研讨会是传达这种变化的一种不常用的方法（36%）。

收入水平影响采用通信方式

图 3.5 大多数经合组织高收入经济体向企业家提供登记培训

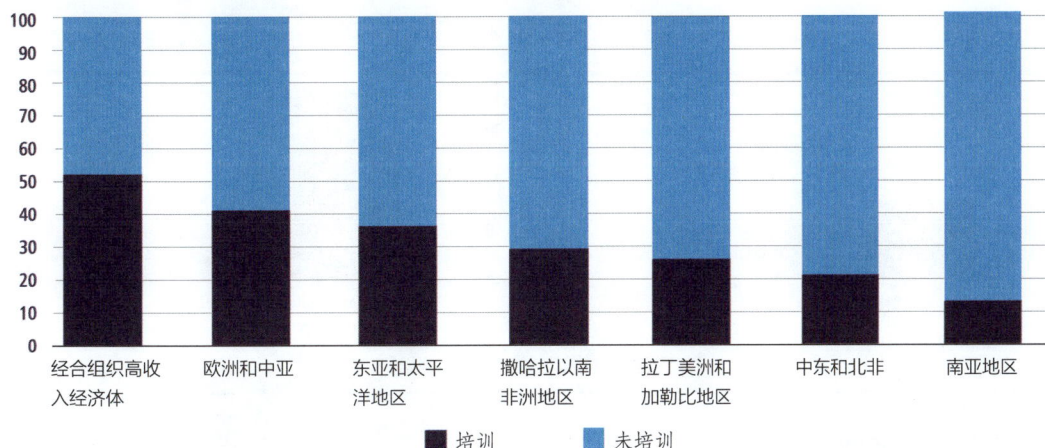

资料来源：《营商环境报告》数据库。

的类型。大约三分之二（70%）的低收入和中等收入经济体的商业登记使用公共广播；高收入经济体的商业登记更多地依靠网络传播，例如在企业登记网站上发布信息。

同样，当土地登记处采取新举措、对立法进行重大修改或实施新制度时，46% 经济体的登记处通过宣传活动向公众传达这些变化；61% 的经济体则更多依赖电视和广播。

当公民了解到在商业和土地登记处所实施的变革时，他们更加自信地维护自己的权利。《营商环境报告》数据显示，在利用宣传活动向公众传达变化时，开办企业的平均时间减少了13 天，转移财产的平均时间减少了 19 天（图 3.6）。

结论

培训对确保商业和土地登记质量具有重要意义。《2019年营商环境报告》数据表明，培训对登记处官员和企业家都有益。可通过各种渠道为登记处官员和公众提供培训。研讨会、学习方案、咨询台、媒体广播和宣传活动都可以提高商业和土地登记处工作效率，并提升公众对消息变化的敏感度。

注释

本案例研究由 Cyriane Coste、Marie Lily Delion、Fatima Hewaidi、Frédéric Meunier、Albert Nogue i Comas、Nadia Novik、Nathalie Reyes、Erick Tjong 和 Yuriy Valentinovich Avramov 撰写。

1. 更多信息详见阿尔伯塔注册代理协会网站的注册培训部分，网址：http://www.aaratraining.com /index.aspx？tabid=1。

2. Fourie，1998。

3. 具有培训法律要求的经济体（按本案例研究）占比如下：欧洲和中亚地区（59%）、东亚和太平洋地区（28%）、经合组织高收入地区（27%）、拉丁美洲和加勒比地区（16%）、撒哈拉以南非洲地区（16%）、南亚地区（13%）、中东和北非地区（11%）。

4. 请访问 http://www.apregistradores.com/ 了解更多信息。

5. 1996 年联合国欧洲经济委员会。

6. Williamson，2000。

7. 2017 年联合国粮食与农业组织。

8. 有关世界银行在土耳其的土地登记和地籍现代化项目的更多信息，请参阅 http://documentsworldbank.org/cu-

图 3.6 当通过宣传活动传达登记处情况变更时，开办企业和转移财产的速度更快

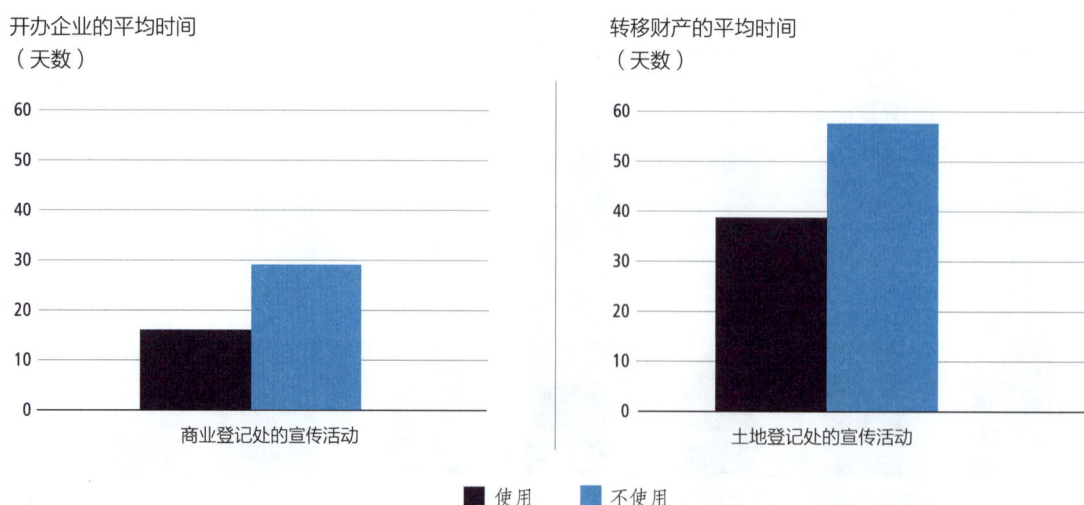

资料来源：《营商环境报告》数据库。

注：就商业登记处而言，假设人均收入不变，这些关系在 1% 的水平上具有统计显著性。就土地登记处而言，假设人均收入不变，这些关系在 5% 的水平上具有统计显著性。

rated/en/774231526581694132/pdf/Disclosable-Version-of-the-ISR-Turkey-Land-Registration-and-Cadastre-Modernization-Project-P106284-Sequence-No-21.pdf. 关于土地记录管理和信息系统研讨会：学习交流社区的附加信息可查阅 http://www.worldbank.org/en/events/2017/06/12/workshop-on-land-records-management-and-information-systems-community-of-learning-exchange#1。

9. 为土地登记官员举办定期培训方案的经济体占比如下：经合组织高收入地区（45%）、东亚和太平洋地区（40%）、南亚地区（38%）、欧洲和中亚地区（32%）、中东和北非地区（32%）、拉丁美洲和加勒比地区（29%）、撒哈拉以南非洲地区（24%）。

10. Valerio，Parton and Robb，2014.

11. Valerio，Parton and Robb，2014.

12. Valerio，Parton and Robb，2014.

13. Dana，2001.

14. Cravo and Piza，2016.

15. Bruhn，2011.

16. 有关澳大利亚新企业激励计划的更多信息详见 https://www.jobs.gov.au/self-employment。

17. Valerio，Parton and Robb，2014.

18. Le Sahel，2014."Signature de conventions de financement entre le PRODEC, la CCIAN et l'ANPE: près de 404 millions de FCFA pour soutenir la formation professionnelle et l'insertion économique des jeunes." http://News.aniamey.com/h/11947.HTML.

19. 假设人均收入不变，这些关系在 1% 的水平上具有统计显著性。

20. 假设人均收入不变，这些关系在 1% 的水平上具有统计显著性。

- 健全的电力行业监管架构及电工认可资格，有助于市场克服信息不对称的情况和规避道德风险，从而保障公众安全。

- 《营商环境报告》数据显示，大约四分之三的经济体有关于电力安装标准的电力法规或规定。

- 电力行业提升资格与技能的要求可防止电力系统发生故障。在《营商环境报告》所涵盖的经济体中，仅有三分之二的经济体要求电工获得资格证，以保证他们具备建筑内部布线资格。

- 强制性检查与责任制度要求对承担建筑物内部布线工程的一方实行问责制。检查可由公用事业公司、注册电力工程师或第三方检查机构进行。约有 70% 的经济体需要进行此类检查。

- 《营商环境报告》数据表明，有效的监管体制既保护公众免受电力系统故障影响又可采用高效的电网连接流程。

获得电力
了解电路监管的优势

2017 年 12 月，巴马科最大的市场之一 Marché Rose 发生了一场大规模火灾。企业所有者眼睁睁地看着他们的投资被摧毁。[1] 大火扑灭后，损坏程度显而易见——数百个摊位被烧毁，损失超过 10 亿非洲金融共同体法郎（约合 170 万美元），其中大部分损失都由小公司承担。后来，该公用事业公司经调查发现这场火灾是由于线路安装不当引起的。

这类事件告诫人们，用电存在危险。但电力化对经济发展至关重要，大量文献记载了它对教育、劳动力和收入的影响。据估计，家庭电力化可将入学率平均提高约 7%，就业增长率提高 25%，收入增长率提高 30%。[2] 在缺乏电力服务的地区，公司绩效受到不利影响。《2017 年世界银行企业调查》数据显示，发展中经济体的企业所有者认为，缺乏可靠的电力供应是在融资、非正规部门存在和政治不稳定后影响其企业运营的最大障碍。[3]

在获得电力方面存在许多供应方面的障碍。例如，复杂的连接过程会使新加入的启动程序难以获得新的电力连接。[4] 此外，一旦连接电网，公司可能会面临停电问题，这将会迫使它们停止生产[5] 或提高电价并削弱生产力。[6]

在关于用电问题的探讨中，安全问题常常被忽略。线路故障可能会因火灾或爆炸受到直接或间接影响。为充分减少安全隐患，电工必须具备良好的资质。然而，如果没有一个合适的认证制度，就会产生信息不对称的情况——货物（或本案中的服务）卖方比买方了解得更多，[7] 这会使得公众将无法辨别电工水平的高低。在抵消企业不承担经济决策的全部成本时所产生的负外部性时，监管也是必要的。[8] 归根结底，

雇用结果因消费者态度而有所不同——个人可能愿意雇用不合格的专业人员，而相邻社区可能不会这样做（因为在发生火灾时，它将承担与线路故障有关的全部费用）。

线路故障造成的人与经济成本

2011 年—2015 年间，美国消防部门经历了近 20 万起制造业或工业领域火灾事件。因火灾造成的人员伤亡和直接财产损失比例最大，平均每年 12 亿美元。[9]大多数工业财产火灾都是由"电力分配和照明设备"相关事故所造成（图 4.1）。最典型的起火设备类型是布线装置、变压器和电源。此外，起火的主要原因是电力故障（例如，短路或导线断裂产生的电弧）。

特别是在发展中经济体，由

电力故障引起的火灾很常见。例如，2015 年南非发生了因 46000 起火灾造成的经济损失，80%是由电力火灾造成的，其中设备故障往往会引起这类火灾的发生。[10]2012 年，拉合尔一家鞋厂被大火烧毁，最终经调查人员证实，发电机故障是造成这场火灾的罪魁祸首。此外，电线安装不当是引起电力火灾的另一主要原因。《秘鲁国家质量研究院（INACAL）报告》指出引起该国火灾的主要原因是：（1）电工不遵守布线规范和标准；（2）线路安装和连接工程由非认证电力工程师负责。意料之中的是，《秘鲁国家质量研究院（INACAL）报告》数据表明，秘鲁的城市地区每 10 起火灾中有 7 起是因电力装置存在缺陷而引发的，例如线路故障或设备不符合国家电力规程和 NTP

370.304 建筑物电力装置规范。[11]

确保安全用电具有经济意义

电力故障的相关风险会损害公司利益。同时，电网接入是企业生产的关键驱动力。印度、印度尼西亚、菲律宾和泰国的电力消费与经济增长之间存在一种偶然关系。[12]在整个撒哈拉以南非洲地区，不完善的电力基础设施阻碍经济增长每年约为 2 个百分点。[13]尼日利亚增加能源消耗刺激了当地经济的发展。[14]

中小型企业（SME）尤其依赖电网接入，因为它们往往缺乏依靠自备电源来解决问题的办法。Doe 和 Asaamoah（2014）研究发现，没有可靠的能源供应，加纳中小企业难以提高产量，导致盈利能力低下。[15]同样，印度电力供应研究表明电网扩张不仅

图 4.1　电气故障是美国工业财产火灾的主要原因

按原因分类的工业火灾所占比例（%）

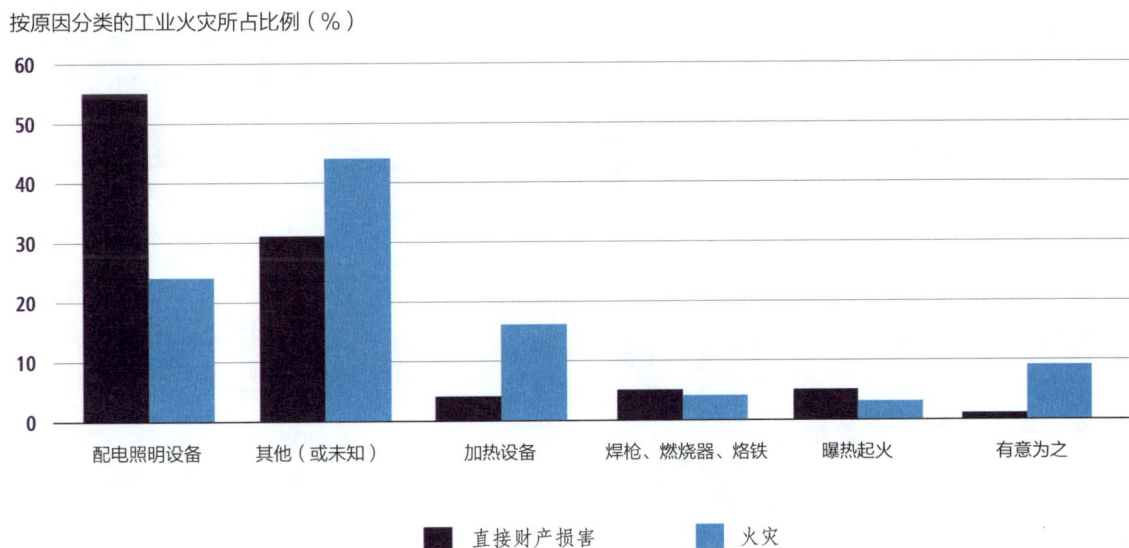

资料来源：Campbell，2018；国家消防会。
注：数据为 2011-2015 年间的年度平均数。

促进了工业发展而且提高了微型企业的业绩。[16]

鉴于电力的重要性，降低电力使用风险十分必要。电力部门监管不力表现为缺乏专业认证要求与质量控制，这就加剧了个人在评估电工和工程师资格时面临信息不对称的问题。类似于 Akerlof 的"柠檬问题"，[17] 当合格的电工不能得到与教育投资相应的回报时，因不愿意降价而被不合格电工赶出市场。反过来，电工服务的质量也会受到影响。

此外，如果因布线失误而引起火灾，那么社会成本将会从私人当事方扩展到邻近社区。因为私人公司不承担火灾造成的全部损失，所以它们的决定很有可能与社会利益背道而驰。简言之，如果电力市场不受管制，从经济上讲，雇用方很可能会因雇用不合格的电工而放弃合格的（但更昂贵）技术员。

强有力的电力部门监管框架是维护公众安全的必要条件。监管必须透明，且涵盖范围广。以下列举了电力部门监管方面做法良好的经济体，以及《营商环境报告》对电力布线安全条款进行跨经济体比较的主要成果。

明确监管：确保公共安全的第一步

监管基金会制定资格要求和电力安装规范。几乎所有经济体

> 公众可以在电工得到认证和执照后获得他们的专业资格证明，做出明智的聘用决定

的私人承包商都在建筑物内进行内部布线。《营商环境报告》所涵盖的一半经济体是由私人公司承担建筑外部从总机到网络的连接工程。因此，商业利益不应置于公共安全之上。

明确的监管规则具体事项如下：（1）规范电工设备；（2）明确电工和安装人员的专业要求；（3）设立检查机构，确保布线工作合规。《营商环境报告》数据显示，在 190 个经济体中，约四分之三的经济体有包括上述部分或全部领域的电力法或综合性立法。实施明确的监管为规范电力行业奠定基础。例如，巴巴多斯的《国家电力法》规定了进行电力布线的专业资格要求、电力布线的检查条件以及检查电力布线所需的专业资格条件。

独立的监管机构协助具有良好实践的经济体制定电力安装安全条例。独立的监管机构可确保透明度，并为问责制的完善奠定基础。[18] 例如，南非法定的国家标准局（SABS）承担明确任务，即提高若干部门，包括工程证书和电器在内的产品与服务质量。

共同的标准和规则鼓励各经济体之间共享制造设备。[19] 在监管相似的经济体中，私营公司确实更容易在境外经营。欧洲电

工标准化委员会（CENELEC）通过运用建筑物电力安装的 HD 384 标准来规范欧洲联盟成员国的电力安装标准，从而加强监管的一致性。这些标准为新建筑物的电力安装提供明确安装指南。同样，2008 年成立的非洲电工技术标准化委员会（AFSEC）统一非洲地区的标准，并致力于成为国际良好实践地区，该委员会目前有 11 名法定成员。

沟通和监管同样重要，市场参与者必须了解这些规则。因此，第一步是要制定法律，即规定电工所需的专业资格、对公众开放的电力设备和安装的规范。在大多数经济体中，电力法规和条例不能在网上公开；只有半数经济体通过《营商环境报告》提供在线步骤列表，客户必须完成这些步骤才能获得新的电力连接。

如果电力部门法规立法发生变化，必须迅速向市场参与者（包括分销公用事业的雇员和私营承包商）通报情况。虽然各经济体之间沟通与交流变化的方式不同，但三分之二的配电公用事业公司报告指出，当管制发生变化时，会为参与连接过程的工程师、技术人员和检查员组织培训研讨会。然而，大多数经济体并不为这些项目提供资金支持。

确保电工具备专业技能

当电工获得认证和许可后，公众便可依据他们的专业资格，做出雇用决定。认证和许可证制度可以激励专业人员的服务热情，因为获得证书的电工将从他们未获得证书的对手中脱颖而出。

从事电力安装工程的专业人员通常需要出具工作经验和教育程度的证明。然而，不同经济体有多种颁发许可证的方式。许可证可由专门的公共机构发放，例如牙买加的电力和机械服务部；除此之外，许可证还可以由国家监管机构发放，如乌干达的电力监管局。其他经济体则依赖专业组织或学术机构颁发许可证。在巴基斯坦，工程师委员会是一个管理工程专业机构，进行内部安装的电工必须是该委员会成员。在多米尼加共和国，许可证由多米尼加工程建筑及测量学院（CODIA，国家工程协会）颁发。文莱达鲁萨兰国和新加坡等其他经济体，由公用事业公司负责颁发证书。此类情况通常局限于规模较小的经济体，因为这些经济体的公用事业不仅纵向一体化，而且横向覆盖范围广。

各经济体认证电工的标准也存在较大差异。马来西亚进行内部布线工程的电工必须为专业工程师，具有三年以上工作经验，完成马来西亚工程师委员会的必修课程，或者已经通过专业评估考试或成为马来西亚工程师协会

成员。[20] 德国的电力承包商需要有通过 Ausbildung（结合学徒制和教育）程序获得的证书，该程序是取得证书的唯一途径。虽然《营商环境报告》衡量的大多数经济体都规定了内部布线安装电工的最低教育程度，但约有 30% 的经济体并未进行规定，其中多数经济体位于撒哈拉以南非洲地区。

虽然进入电力行业需要监管，但也应强调继续参与。许多电工都是自谋职业者，他们在获得资格证时没有与专业机构联系。因此，让他们了解最新的法规或技术变革可能具有挑战性。大多数公司缺乏向员工提供正规培训的财政资金，因此某些经济体的电工应保持活跃，以保留他们的执照。

中国香港特别行政区提供全面的专业培训方案——持续专业发展（CPD）计划，所有注册电工（REW）必须参与续签注册。培训包括两个模块：（1）电力条例、布线条例和安全协议中的法定要求；（2）传达关于电力装置的设计、维修和测试信息。CPD 计划要求注册员工在注册期满前三年内完成由各种组织和机构提供的培训。[21] 同样，美国加利福尼亚州所有持有许可证的专业工程师都必须在续签执照三年前，参加被认可的培训学校或任何联邦与州的学徒计划共 32 小时的继续教育。而在美国其他州，私营部门通过培训在提高所有建筑专业人员资格方面发挥着积极

的作用。例如，由从事电力相关业务的公司组成的大韩电力协会定期实施业内权威专家制定的培训方案。

通过强制性检查或责任制度确保内部设备安全

遵守规则和制定规则同样重要。2009 年由于接地失效和电缆老化引起的火灾摧毁了位于加纳阿克拉的外交部大楼。正如缺乏合格工程师和大型非正规部门的情况一样，尽管存在监管，加纳的国家布线规则仍没有被遵守。肯尼亚的非正规经济部门被称为 Jua kali，其广泛参与制造业。肯尼亚非正式部门电力安全管理研究表明，大多数 Jua kali 的操作员不遵守电力安全条例，同时缺少提供电力服务所需的设备。[22]

尽管在电力规范和其他法规中有规定，但技术审核经常发现设计、安装和维护方面的缺陷。检查工作是激励人们遵守规章制度的要素之一。在设备开始运行前进行的初步检查可以帮助识别与修复任何不合规的安装。[23] 几乎所有私人电工与外部网络连接的经济体都要求电力公司在电力接通之前检查连接工作。同样，《营商环境报告》所涵盖的约 70% 的经济体对新建筑物的电线采取强制性检查措施。

通常由公用事业公司、第三方机构或注册电力工程师进行检查（图 4.2）。在需要进行内部

布线检查的近 40% 的经济体中，公用事业公司都会进行检查。阿拉伯联合酋长国的迪拜水电管理局（DEWA）需检查大楼的内部线路，确保符合批准的计划。而这种检查批准是在公司内部传达，这样迪拜电力和水管理局就可以在检查完成后不需要客户在场立即开始外部电力工作。

第三方机构根据内部布线检查要求对约三分之一的经济体进行检查。科特迪瓦的公共工程机构建筑与公共工程实验室（LBTP）负责确保所有内部电力装置都符合安全标准。为此，检查员要检查接地、电力面板等安装的各个环节。客户只有在安装获批并签发合格证书之后才能申请新的连接。

某些经济体中由私人认证的电力工程师提供内部布线检查。克罗地亚的公用事业公司 Hrvatska Elektroprivreda（HEP）

在安装仪表之前，必须提交内部布线证书。只要电工具有所需的认证，证明电力设备已通过测试的证书可由客户的电工准备；或在大多数情况下，当电工缺乏所需认证时可以由第三方公司准备。一旦该证书令人满意，实用程序将发布最终连接批准。

电力故障的情况较大差异，因此完善内部布线检查方案的建议是无用的。在有接线故障记录的经济体中，强制检查可降低故障发生率。然而，这种基于风险的方法可能更适用于电力行业监管良好、执行资质标准的经济体。尽管各经济体应对措施各不相同，但检查员接受适当且充分的培训并具备相关资格这一建议适用于所有经济体。

除强制检查外，确保内部设备安全还应实施明确的责任制度，即在发生事故时依法追究电

工责任。例如，菲律宾的电力工程师委员会可能会因某电力工程师不专业或不光彩的行为而暂停其工作。法律规定了电力工程师可被禁止从事专业操作的情况，例如某工程师伪造文件。此外，当电力工程师违反布线规则时，法律赋予每个个人、公司和协会指控并吊销其执照的权力。

对于是否选择实施内部布线检查与责任制度，或者两者都实施是因经济而异的，这取决于诸如现有法规、非正规部门的规模及已发生布线事故等各种因素。在电工行业监管良好、遵守规范、非正规部门规模较小的经济体中，只要有增强问责制的有效法院制度，责任制度就足以确保公共安全。对低风险建筑进行内部布线检查可能没必要，正如经合组织高收入经济体（如德国和瑞典）的现行做法。因为电工都经过了严格的专业认证，且对其安

图 4.2　哪个经济体在商业建筑电气化之前对内部线路安装进行检查？

采用内部线路检查方法的经济体份额（%）

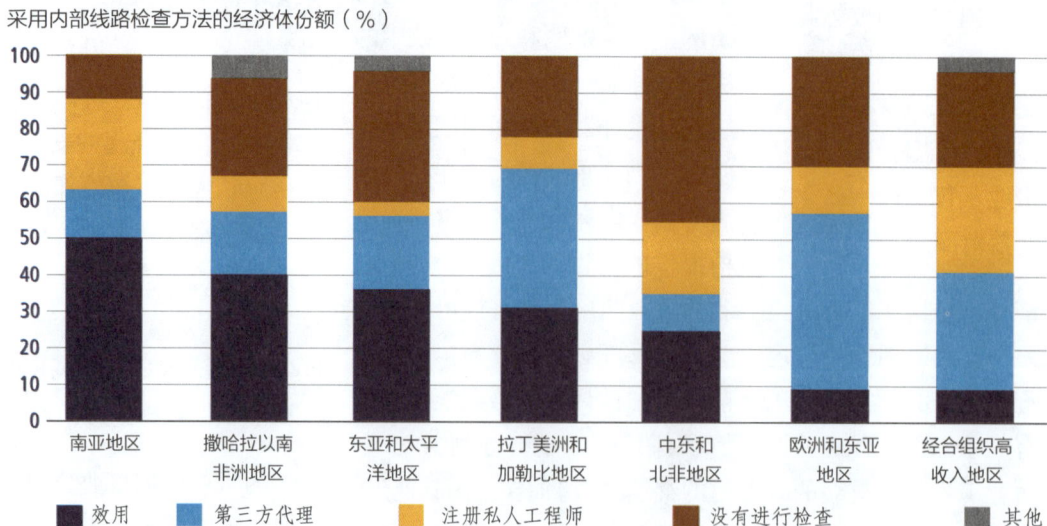

图例：效用　第三方代理　注册私人工程师　没有进行检查　其他

横轴：南亚地区　撒哈拉以南非洲地区　东亚和太平洋地区　拉丁美洲和加勒比地区　中东和北非地区　欧洲和东亚地区　经合组织高收入地区

资料来源：《营商环境报告》数据库。

图 4.3 不论是否需要进行内部布线检查，不同收入阶层电网的程序数量是相似的

获得新电力连接的平均程序数量

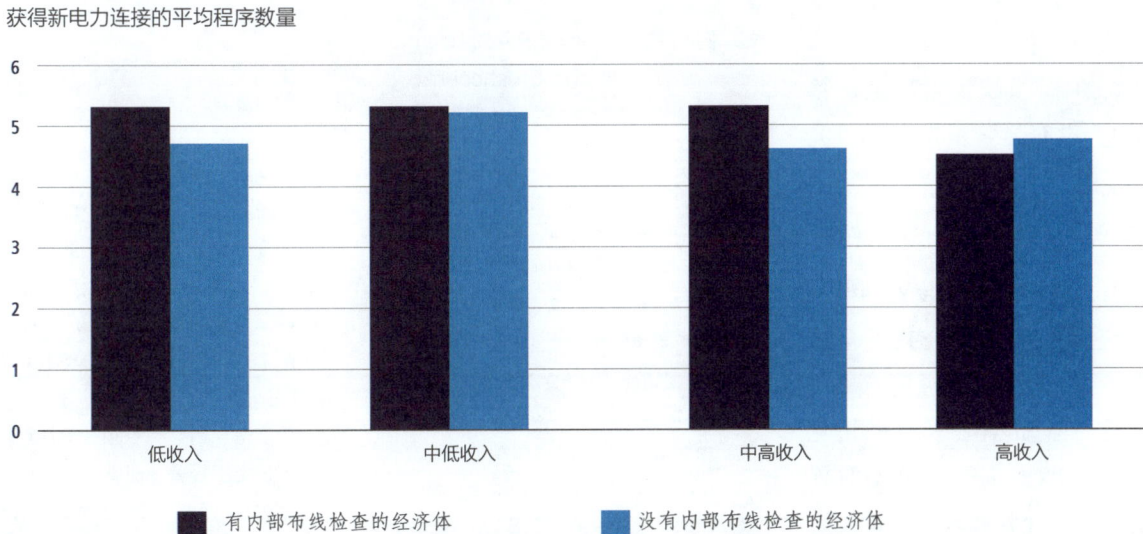

有内部布线检查的经济体　　没有内部布线检查的经济体

资料来源：《营商环境报告》数据库。

装是否符合规范负有法律责任，所以这些经济体无须进行内部布线检查。

然而，其他经济体与经合组织高收入经济体形成鲜明对比。许多经济体缺少达到严格的资格要求所需的合格专业人员，使责任制度的实施更具挑战性。即使在电工行业监管实践良好的地区，如果非正规部门规模庞大，或执法不力时，不合格的专业人员仍可提供服务。许多具备这些特征的经济体理所当然地要求对所有内部布线装置进行检查，以防事故发生。

监管与效率并不互斥

电力行业的监管至关重要，所以应由终端用户进行监管。在毛里塔尼亚，公用事业公司要求在私人电力承包商建造分站前，

由公用事业公司检查承包商在私人市场上购买的所有电力材料，包括变压器。这增加了连接时间并增强交互作用。此外，尼日利亚的承包商必须从经过公用事业公司认可的经销商处购买材料，经销商销售有制造商测试证书的变压器。

营商环境数据显示，提供有效电网连接服务（按时间或成本衡量）的经济体往往具有明确法律标准、规定执行内部工程所需的资格以及对内部安装进行检查的要求。在全球范围内，那些至少符合上述两项标准之一的低收入经济体将企业连接电网的时间平均减少约25%。在收入群体中，进行内部布线检查的经济体平均连接时间较短。"智能"监管不需要以牺牲有效的连接过程为代价。

迪拜为平衡效率和布线做出很好的示范，要获得迪拜电力和水管理局（DEWA）的认证，执业电力工程师必须通过市政电力安装考试。这就要求公用事业公司在递交申请前选择最简化的程序同时不危及布线安全的标准方案。当客户的电工承包商通过公用事业公司的在线门户向公用事业公司提交申请时，将安排内部布线检查。此外，由于内部布线规范的标准化，外部连接工程在开始的同时进行检查，其结果在DEWA内部传达。

《营商环境报告》的数据显示，当有监管内部布线检查和资格的法规时，电力服务就绝不会恶化。例如，在需要进行内部布线检查的经济体中，断电的情况平均较少，这会降低布线缺陷的可能性。此外，

在各地区和收入群体中，有内部布线检查要求的经济体与没有内部布线检查要求的经济体相比，在程序数量（甚至连接时间）上没有显著差异（图4.3）。

结论

电力材料、布线装置和电工的既定标准不仅对公共安全至关重要，同时也具有经济意义。电工的专业资格要求有助于克服他们可能面临的信息不对称问题，工作经验和教育认证制度必不可少。

将国家规范与国际标准统一起来，既确保监管一致性，又保障电力的安全使用。仅靠监管远远不够，遵守法律同样重要。为此，许多经济体已制定内部布线装置的检查制度。其他经济体通过制定责任制度，以便在将来发生事故时由布线安装的电工承担责任。

《营商环境报告》数据表明，具有高效电力连接程序的经济体往往对新的电力连接有明确的法律标准和质量控制。换言之，保护公众免受电力故障事件影响的监管制度也倾向于通过有效的电网连接过程或可靠的网络为企业提供良好的服务。

注释

本案例研究由 Ahmad F.AlKhuzam，Jean Arlet， Viktoriya Ereshchenko，Silvia Carolina Lopez Rocha 撰写。

1. Le Republicain, 2017. "Violent incendie au grand marché de Bamako hier: Un mort et des centaines de magasins partis en fumée." December 13.https://www.maliweb.net/societe/violent-incendie-grand-marche-de-bamako-hier-mort-centaines-de-magasins-partis-fumee-2721832.html.
2. Jimenez,2017.
3. 根据世界银行企业调查数据显示，发展中国家超过 11% 的企业主认为，缺乏可靠的电力供应是他们面临的最大障碍，其次是融资（15%）、非正规部门（12%）和政治不稳定（12%）。更多信息详见 http://www.enterprisesurveys.org。
4. Geginat and Ramalho,2015.
5. Scott and others,2014.
6. Abeberese,2016.
7. Akerlof,1970.
8. Kapp,1950.
9. Campbell,2018.
10. 2015 年南非消防协会。
11. 拉丁美洲国际铜业协会，2012 年 9 月 4 日。"El 70% de los incendios urbanos se debe a las malas instalaciones electricas." http://programacasasegura.org/pe/2012/09/04/el-70-de-los-incendios-urbanos-se-debe-a-las-malas-instalaciones-electricas/.
12. Asafu-Adjaye,2000.
13. Andersen and Dalgaard,2013.
14. Okafor,2012.
15. Doe and Asamoah,2014.
16. Rud,2012.
17. Akerlof,1970.
18. Wren-Lewis,2014.
19. Josias,2014.
20. 更多信息请参阅马来西亚工程师委员会申请注册为专业工程师的申请。详见 http: // www .bem.org.my / documents / 20181/4335 / PEnotes.pdf。
21. 更多信息请参阅中国香港特别行政区机电工程署注册电业工人持续专业发展计划。详见 https://www.emsd.gov.hk/en/electricity_safety/cpd _scheme_for_rew/index.html。
22. Mutai and others，2007.
23. Rangel，Queiroz and Oliveira，2015.

跨境贸易

贸易便利化培训

近十年，世界海关组织（WCO）通过倡导以知识为基础的服务、培训和能力建设，强调了教育对于促进贸易便利化的重要性。2017 年 2 月起生效的《世界贸易组织（WTO）贸易便利化协定（TFA）》进一步强调了这些文书在贸易便利化方面的重要性。世界海关组织预期海关专员通过高效利用信息和工具（例如电子平台和基于风险的检查），减少与跨境贸易相关的时间和成本。[1] 然而，贸易专员从这些工具中获益的能力在很大程度上取决于培训与交流。事实上，世贸组织将培训看作成功实施贸易便利化措施的最重要因素之一。[2]

跨境贸易是一项复杂的工作。联合国贸易和发展会议（UNCTAD）数据显示，国际贸易业务平均涉及 20~30 个缔约方。贸易不仅包括海关和港口当局等政府部门，还包括经纪人、商业银行、供应商、保险公司和货运代理。[3] 通关官员和海关经纪人是典型国际贸易交易主要参与方。两者分别是海关服务的提供者和使用者，因此他们在教育、培训和交流影响上存在差异性与关联性。虽然通关官员是海关管理局雇用充当执法官员的员工，但海关经纪人是第三方私人实体，代表出口商或进口商直接与通关官员打交道。通关官员代表海关当局执行估价、文件核对、货物实物检查和通关后审核等若干任务。经纪人的职责包括准备贸易文件、确保货物的正确转运以及提供进出口方面的咨询。鉴于这些任务，关于新贸易进程及信息技术发展的交流和培训至关重要。

《营商环境报告》数据显示，教育、培训、与通关官员和海关经纪人的沟通，对成功实施与贸易有关的改革起着重要作用。教

- 在当今全球化和高度数字化的贸易环境中，贸易专员从电子系统中受益的能力很大程度上取决于培训和交流。近年来，《营商环境报告》进行了一系列改革，突出了教育、培训和交流在贸易便利化方面发挥的根本作用。

- 《2019 年营商环境报告》中所提到实施贸易改革的经济体中，有 85% 的经济体定期向通关官员提供培训。

- 通关官员和海关经纪人的培训与降低边界和单证合规时间呈正相关关系。

- 《营商环境报告》数据显示，与没有提供定期培训的经济体相比，通关官员接受定期培训的经济体平均通关时间（即进出口时间）可减少 34%。

- 在世界范围内，组织研讨会是向海关官员和海关经纪人传达实践或法规变化最常用的沟通渠道。

- 多数经济体聘任海关经纪人不要求正式的大学学位，但是《营商环境报告》所涵盖的 75% 的经济体要求经纪人获得资格证。

育和培训有助于执行新政策，并增长政策生效所需的专业技能或知识。[4] 培训可根据从高级人员到业务人员的级别类型制订不同类型的计划，包括日常业务的技术培训、与新流程实施相关的培训或新员工的培训。[5] 培训可以通过传达新计划及其相关信息来支持贸易改革的成功实施，即仅通过增加对改革的了解就可促使政府雇员实施新计划。事实上，教育和培训与实施改革呈正相关的关系。教育和培训也可以促进交流，这对于传递新标准的相关信息至关重要。[6]

训练有素、受过良好教育的劳工队伍具备履行其日常职责和提高整体贸易进程效率的知识。培训是通过对工人的能力和技能培养来提高组织生产力的催化剂。[7] 自 20 世纪 90 年代以来，摩洛哥海关在人力资源和通信领域实施了一系列改革，其中包括完善海关人员培训制度、开辟海关工作人员和公众的沟通渠道（包括海关内网和公众网站）、实施网上申报制度和有力的反腐败措施，大大提高海关服务效率。事实上，在 1998—2002 年间，海关效率的提高与海关收入增长的 7.7% 有关。[8]

政府在教育和交流变革中的作用

培训政策通常需要政府的支持才能顺利实施，海关培训也不例外。因为贸易便利化促进经济增长，所以教育利益攸关方高效施行贸易改革应成为中央政府的优先任务。[9] 孟加拉国已确定其贸易便利化的首要优先事项，即在港口和海关办事处开展能力建设活动并与相关办事人员进行沟通，确保法规的有效实施。[10]

教育、培训和沟通可促进相关贸易监管改革的成功实施（专栏 5.1）。印度通过向海关官员和私营部门代理人提供定期培训及建立通关便利化委员会，使国际贸易的相关工作人员在定期会议上汇聚一堂，支持其坚定的改革议程。同样，伊朗伊斯兰共和国还投资培训通关官员，按照国家单一窗口的规定，设立具备现有技术培训且负责电子货物清关的海关官员"智库"。

各经济体政府负责设计与实施本国贸易便利化方案。正因为如此，它们往往最适合通过其海关管理和国家贸易便利化委员会加强对利益攸关方的教育和交流，也能够提供标准、协调统一的培训项目。[11] 此外，因贸易改革的有效实施最终将增加贸易量，政府作为教育服务的提供者和受益者也有利害关系。例如，对有限贸易经验的公司提供足够的培训，可以减少公司填写海关单据的差错，有助于节省时间和增加贸易量。[12]《营商环境报告》

数据显示，98% 的经济体中政府向通关官员提供贸易方面的培训，87% 的经济体向海关经纪人提供与贸易相关的培训。

1985 年玻利维亚因发生行政问题而未能凸显出对外贸易制度的重大改进，行政问题包括严重的官僚作风和公共服务的不透明性。为解决这些问题，政府从 1997 年开始推行一系列加强公共行政的举措，包括重新构建海关行政结构和推行海关人员教育方案。在这些举措中，与教育相关的政策影响力度最大。考试、强制性的在职培训、规定最低培训时间、为海关人员引入新的竞争性选拔模式并提高资格要求和进行技术评估，都进一步缩短通关时间。此外，即使玻利维亚的进口额下降，但有效税率却有所提高。[13] 这反映出通过减少腐败和实施新条例提高了海关效率。

政府运用各种机制将贸易流程的变化传达给海关官员和海关经纪人。《营商环境报告》数据显示，研讨会是最常用的渠道，其次是通过网站传播信息（图 5.1）。尽管低收入经济体的互联网普及率只有 12%（而高收入经济体为 82%），65% 的低收入经济体仅略低于 76% 的高收入经济体通过网站了解变化。这可说明海关官员和海关经纪人比普

专栏 5.1 通过教育、培训和交流促进改革的实施

近年来，《营商环境报告》在强调通过教育、培训和交流对国际贸易过程发挥基础作用的层面进行改革。这些改革不仅涉及海关工作人员的资格，而且关注政府官员和私营部门代理人在实施改革、试点或交流变革方面所接受的培训。

训练有素的海关专员可以更有效利用新的贸易程序。《营商环境报告》数据显示，已实施改革的经济体向通关官员提供定期培训（至少每年一次）的政府所占比例显著高于未实施改革的经济体。例如，萨尔瓦多边境货物通关时间的缩短就与 2017 年通关官员的招聘和培训有关。尽管之前也进行了许多贸易改革，但因缺少经过培训而训练有素的海关人员降低了通关效率。

海关官员接受改革经济体定期培训的可能性大

改革经济体海关官员的培训频率　　　　　　非改革经济体海关官员的培训频率

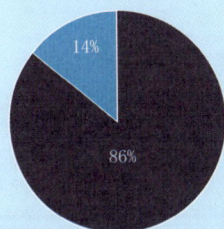

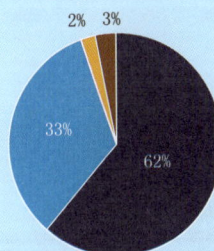

■ 定期培训　　■ 只有新的过程／系统　　■ 一次性培训　　■ 没有培训

资料来源：《营商环境报告》数据库。

注：改革经济体包括《2018 年营商环境报告》和《2019 年营商环境报告》中实施贸易改革的 56 个经济体。非改革经济体包括 132 个在《2018 年营商环境报告》《2019 年营商环境报告》中未提及改革的经济体。"无实践"经济体（厄立特里亚和也门共和国）被排除在样本之外。一次培训是指在服务期间仅提供一次培训。在比较同一收入群体内的经济体时，结果成立，但高收入经济体有所例外，不过这种差异相对较小。

在引进新的电子系统时，培训显得至关重要。例如海关管理系统或国家电子单一窗口。《营商环境报告》数据显示，多数经济体在实施由联合国贸易和发展会议设计的海关数据自动化系统（ASYCUDA）的过程中，按照培训方案或试点编制文件的时间有所减少，包括阿富汗、格林纳达和牙买加（2016）、卡博佛得和科摩罗（2017）、安哥拉和莱索托（2018）。2017 年实施国家电子单一窗口系统后，巴西、文莱达鲁萨兰国和肯尼亚也取得了积极成果；通过培训和研讨会提高对新平台的认识，减少单证合规时间。

在试点阶段，政府机构、政府官员和私营部门代理人之间的有效沟通也有利于改革的实施。试点阶段可以在正式实施前测试和校正新系统的功能，并加深用户对新程序的了解。试点还可以减轻公众和私人参与者对变革的阻力。安哥拉（2017—2018 年）和莱索托（2015—2018 年）的分阶段实施海关数据自动化系统，提供了试验阶段的良好实例。在这两个经济体中，海关数据自动化系统最初是作为试点推出，让海关管理人员有机会测试系统施行存在问题，让贸易商在新系统全面推出之前就能适应它。随后，海关数据自动化系统在安哥拉和莱索托得到了有效利用，并减少了它们进出口单证合规时间。

图 5.1　大多数经济体利用研讨会向海关官员传达贸易惯例或法则的变化

政府使用指定通信渠道的经济体份额（%）

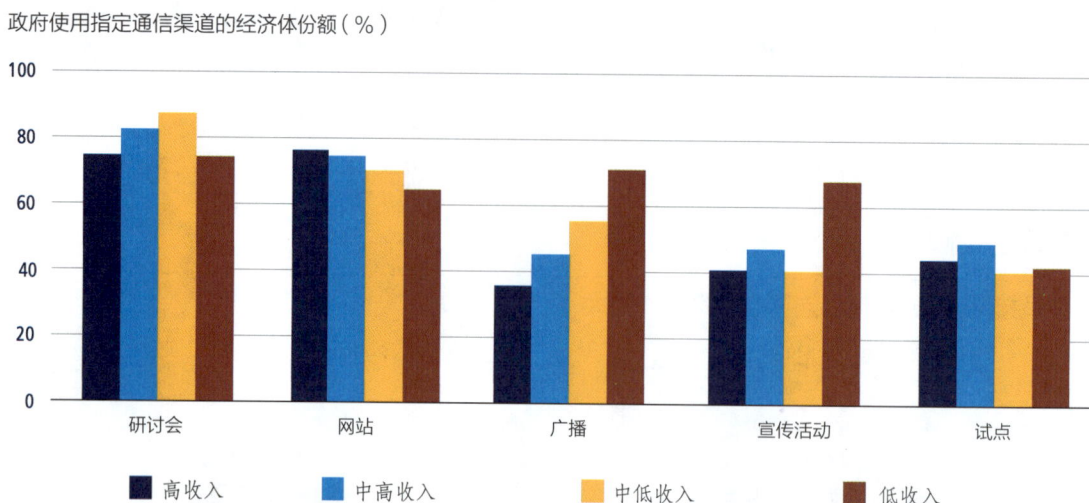

资料来源：《营商环境报告》数据库。

注：经济体可以使用上面列出的几种沟通渠道，未传达变化的经济体（阿拉伯叙利亚共和国和东帝汶）被排除在样本之外。宣传活动是指使用社交媒体或广告牌。试点是指利用小规模的实验／试验来引入变革。广播是指利用无线电传输来传递变化。

通公民有更多上网机会。

　　尽管政府仍然是海关官员和经纪人能力建设培训的主要提供者，但私营部门依然有机会参与能力建设培训。2011 年，莫桑比克实施了电子单一窗口系统（JUE），以简化其海关手续。电子单一窗口系统由一家私营公司管理，该公司向参与国际贸易的所有代理商提供相关的技术培训，便于从物理系统转移到在线系统。培训课程包括海关官员、经纪人、货运代理人、航运公司代表、港口运营商、港口当局和银行的具体模块，当开设新流程时可提供额外培训。

通关官员在国际贸易中的作用

　　传统海关机构负责税收、边境管理和防止欺诈，而现在它们仍然被期望在确保边境安全的同时精简通关程序。海关机构新"动态"角色要求通关官员保持高效率工作、高水平知识和严格的问责制，提高对受过良好教育的海关人员的需求。

　　教育和培训有利于通关官员的专业发展。这种培训为海关机构提供强调廉洁重要性的机会，在工作中提供反腐败信息并促进机构人员行为规范化。[14] 海关工作人员应符合海关当局规定的学历要求，才有资格担任并有效履行通关官员的职责。就其本身而言，各国政府应利用国际组织提供的培训方案对新聘员工、经验丰富的海关官员和行政人员进行培训。[15]

　　未来海关人员的发展定位需要向知识型模式转变。[16] 加大对通关官员的教育和技能发展的投资至关重要。世界银行集团的《2005 年海关现代化手册》强调人力资源管理，并指出工作人员的教育和培训是影响海关绩效最重要的因素，近期几项研究也重申这一观点。[17] 教育还可提升知识技能[18] 的迁移能力，是培养技术能力的关键。[19]

　　为通关官员提供定期培训与海关通关效率呈正相关关系。《营商环境报告》数据显示，通关官员接受定期培训的经济体通关所需的平均时间（进出口双方）比没有提供定期培训的经济体约低 34%（图 5.2）。这一趋势适用于三个收入群体，即中高收入、中低收入和低收入，不适用于高收入经济体。在撒哈拉以南非洲地区、中东和北非地区，通关时间差异最大表现在经济体是否提供定期培训。在佛得角共和国，海关官员的定期培训促使该国在 2016 年 1 月成功将其海关数据自动化系统从 ASYCUDA++ 升级为 ASYCUDA World。2016 年全年，佛得角共和国向海关官员、经纪人和贸易商提供培训课程使这些参与者充分利用新系统，将进出口单证合规时间缩短了 24 小时。

需具备大学学位才能从事海关工作的经济体占比最高的地区是欧洲和中亚地区（70%），其次是撒哈拉以南非洲地区（68%），占比最低的是经合组织高收地区（29%）（图 5.3）。但是通过比较各地区出口平均通关时间不难看出，要求具备大学学位不一定影响通关效率的提升，而是由其他变量影响着海关程序的效率（如技术、法律支持、基础设施、强有力的反腐败措施和贸易协定的成员资格）。尽管少数经合组织高收入经济体要求海关官员具备大学学位，但候选人必须在任命前完成通关职业培训。此外，在撒哈拉以南非洲地区未要求具备大学学位但向海关官员提供定期培训的国家，其进出口货物的平均通关时间比要求具备大学学位但不提供定期培训的国家低约 44%。

刚果民主共和国的经验促使培训和交流改革成为撒哈拉以南非洲地区贸易改革实施的催化剂。2016 年，该国通过引入单

图 5.2 为通关官员提供定期培训的经济体比未提供培训的经济体所用通关时间短

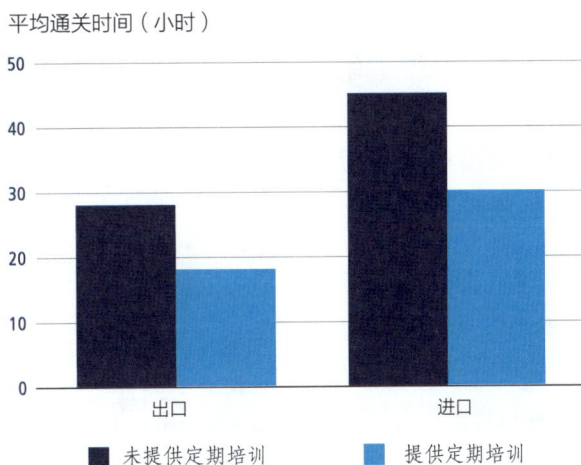

平均通关时间（小时）

资料来源：《营商环境报告》数据库。
注：《营商环境报告》确定了 128 个相通关官员提供定期培训（每年进行一次以上培训）的经济体，58 个未提供此类培训的经济体。

图 5.3 提升海关效率与要求海关官员具有大学学位相关性

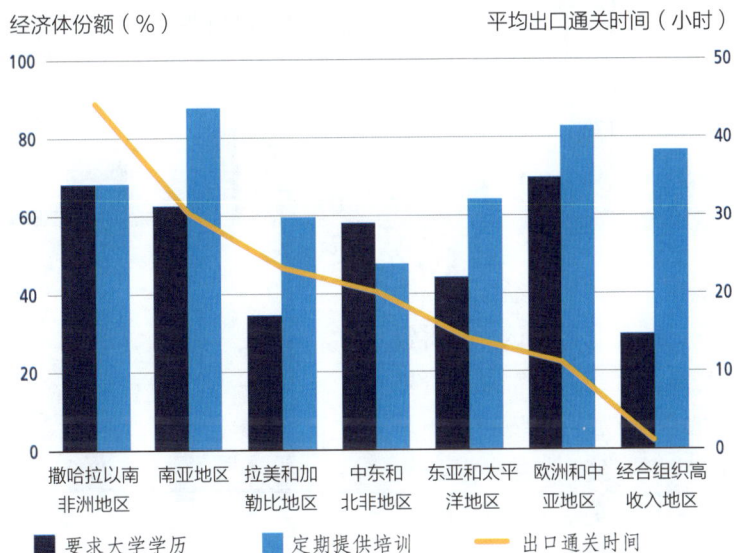

经济体份额（%）　平均出口通关时间（小时）

资料来源：《营商环境报告》数据库。
注：出口货物的平均通关时间是指办理手续所需的时间，仅包括海关当局要求，不包括植物检疫或其他特定产品检验的时间技术标准检查。定期培训是指每年至少提供一次培训。

一贸易窗口开始进行试点。2017 年政府继续实施单一窗口，在其网站上公布有关新规定的信息，并向私营部门提供培训研讨会。

政府还设立配备有互联网连接计算机的贸易便利化中心，以协助和培训用户。通过实施单一窗口及对其进行培训和交流，刚果民

主共和国将出口文件准备时间减少 122 小时，进口时间减少 42 小时；边界合规出口时间减少 219 小时，进口时间减少 252 小时。

报关行：国际贸易中交易者与其他参与者的联系

《营商环境报告》衡量的 190 个经济体中，有 156 个经济体的经纪人充当贸易商和其他国际货物运输参与者的中介。其中只有 56 个经济体要求依法使用经纪人。报关行对国际贸易行业、海关法律、关税及规章的深入了解发挥着关键作用；一般来讲，经纪人是生产者在国际上销售产品的唯一渠道。公司可通过雇用代理人进入国际市场且无须承担寻找新市场或与谈判交易有关的前期成本和风险。[20] 这些责任被转移到经纪人身上，这使交易者的生活更加便利。

多数经济体要求经纪人获得资格证或通过官方考试。获得资格证是海关经纪人最常见的资格认证方式，《营商环境报告》显示有 75% 的经济体要求经纪人获得资格证。美国的海关和边境保护局负责监管海关经纪人。虽然美国没有要求经纪人必须拥有大学学位，但要求他们必须获得资格证。获得经纪人资格证需通过背景调查和考试，以证明其对统一关税表、联邦法规和海关电子接口的了解与掌握。此外，美国报关协会作为一个独立的公共政府间组织，继续向获得资格证

的海关经纪人提供关于近期法律变化以及更新贸易电子系统的培训。某些经济体对经纪人的要求仅包括资格证和教育水平。例如，要成为西非经济和货币联盟的海关经纪人，申请人必须向海关存入至少 2500 万法郎（约 44500 美元）作为发生出错或欺诈案件的财务担保。报关行业正在发展。随着海关改革的不断深入及互联网和电子商务的不断发展，一些海关经纪人不仅要提交清关文件，还要提供较复杂的服务（例如咨询服务）。[21] 经纪人也将通过遵守条例和支付关税与税款来保障各国政府利益。因此，多数经济体要求具备多种资格（例如

资格证和考试）才能从事报关行业。然而，《营商环境报告》数据显示，雇用更多受教育程度高的海关经纪人成本更高，特别是对于进口商而言（图 5.4）。此外，在不需要任何资格的经济体中，高人均收入与雇用高薪的海关经纪人相关程度较低；相反，在需要报关员具备更多资质的经济体中，即使收入水平较低，雇用经纪人的成本也更高。在人均收入较低的经济体中，报关行业的市场分割即少数大公司控制着很大的市场份额，这也成为解释经纪人成本较高的原因。

海关经纪人需满足具备资格证、进行检查和培训这些基本要

图 5.4　对海关经纪人资格要求较高的经济体报关行成本较高

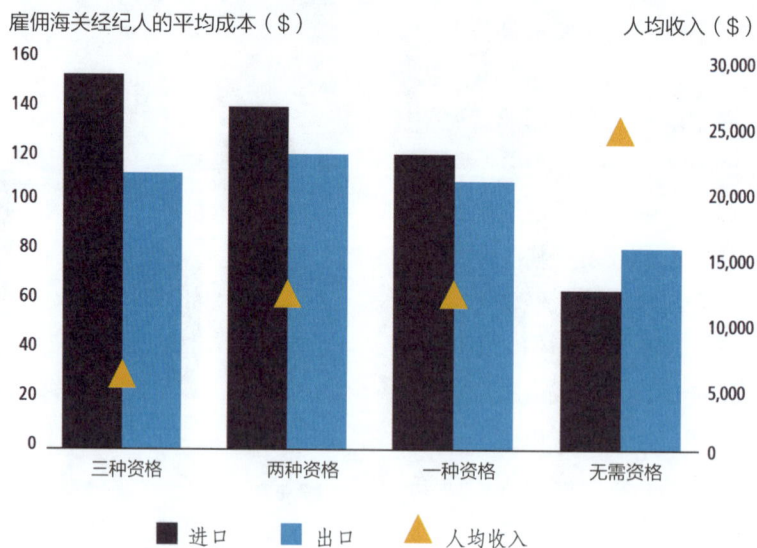

资料来源：《营商环境报告》数据库，世界发展指标数据库。
（http://data.worldbank.org/datacatalog/world-development-indicators），世界银行。
注：《营商环境报告》收集了有关海关经纪人需要具备以下条件的数据：大学学位、通过官方考试或获得资格证。"一种资格"意味着只需要这些资格中的一个；"三种资格"意味着经纪人必须有大学学位、通过官方考试并获得资格证。雇佣海关经纪人的平均成本是根据《营商环境报告》数据涵盖的 188 个经济体计算的。其中，24 个经济体不需要任何资格，68 个经济体需要一种资格，68 个经济体需要两种资格，28 个经济体需要三种资格。厄立特里亚和也门共和国的"无实践"经济被排除在样本之外。

《营商环境报告》所涵盖的经济体中，87% 经济体的海关经纪人参加由海关管理部门组织的培训项目

求，当缺少这些要求时可能导致通关过程的延误。[22] 世界海关组织建议，任何海关改革或现代化都需要对政府和海关经纪人进行必要的培训和信息共享。此外，国际贸易和海关经纪人协会建议通过认证方案和检查提升经纪人能力。[23]《营商环境报告》提及的经济体中有 87% 经济体的海关经纪人参加由海关管理部门组织的培训项目。在海关管理局向海关经纪人提供培训的经济体中，45% 的经济体仅在启动新流程或系统时才提供培训，36% 的经济体则定期提供培训（图 5.5）。《营商环境报告》数据显示，向海关经纪人提供培训的经济体与未提供培训的经济体相比，平均单证合规时间低 41%。这表明培训有助于经纪人熟悉新的规章制度，并且这些规章制度可以督促它们按照文件要求办事。

结论

《营商环境报告》数据显示，通过定期培训对海关官员和海关经纪人进行教育与降低边界和单证合规时间呈正相关关系。此外，培训有利于贸易改革的成功实施。事实上，《营商环境报告》中实施贸易改革的大多数经济体都向通关官员提供定期培训。

多数经济体未要求通关官员或海关经纪人接受过正规的高等教育。但多数经济体有具备资格证或通过考试等类型的要求。受教育程度高的海关经纪人雇用成本更高，尤其是进口商。大多数海关当局都向海关官员提供定期培训。有趣的是，欧洲和中亚及撒哈拉以南非洲这两个地区的经济体，要求通关官员具有大学学位的所占比例最高，而经合组织高收入经济体对此要求的占比却最低。南亚、欧洲和中亚的经济体向海关关员提供定期培训的频率最高。

图5.5 大多数经济体只在引入新流程或系统时向海关经纪人提供培训

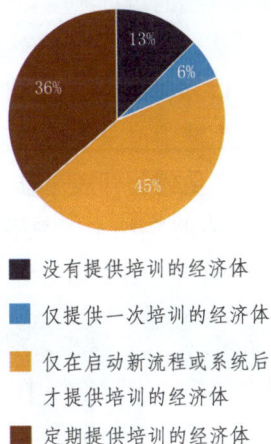

- ■ 没有提供培训的经济体
- ■ 仅提供一次培训的经济体
- ■ 仅在启动新流程或系统后才提供培训的经济体
- ■ 定期提供培训的经济体

资料来源：《营商环境报告》数据库。
注："仅提供一次培训"定义为在服务期间仅提供一次培训。

注释

本案例研究由 Iryna Lagodna, Nuno Mendes dos Santos, Esperanza Pastor Nuñez de Castro, Tiffany（Rongpeng）Yang, Marilyne Youbi 和 Inés ZabalbeitiaMúgica 撰写。

1. 2008 年世界海关组织。
2. 2015 年世界贸易组织。
3. McLinden and others，2011.
4. Kroll and Moynihan，2015.
5. McLinden and others，2011.
6. Kroll and Moynihan，2015.
7. Mckinnon and others，2017.El-naga and Imran，2013.
8. De Wulf and Sokol，2005.
9. Hampson，2002.
10. Uzzaman and Abu Yusuf，2011.
11. Urciuoli，2016.
12. Volpe Martincus and Carballo 2010; Volpe Martincus, Carballo and Graziano，2015.
13. De Wulf and Sokol，2005.
14. De Wulf and Sokol，2005.
15. 培训计划案例包括世界海关组织提供的培训计划，例如虚拟海关培训学院、海关学习和知识社区和诚信发展研讨会。更多信息详见世界海关组织的网站 http://www.wcoomd.org。同样，美洲开发银行也提供可在线学习的海关监管管理和领导能力发展课程。
16. 2008 年世界海关组织。
17. 2015 年世界贸易组织；Moïsé，2013.
18. Winters，2004.
19. Abramovitz and David，1994.
20. Peng and York，2001.
21. 2016 年世界海关组织。
22. 2016 年世界海关组织。
23. Arvis and others，2011.

- 《营商环境报告》提及的 190 个经济体中，有 101 个经济体拥有专门的商业管辖权，31 个经济体拥有专业办理破产案件的法院。

- 司法培训项目可以提高司法绩效，为法官提供破产案件培训的经济体往往易于处理办理破产案件。

- 司法培训是促进商业和办理破产，法院监管改革成功实施并对其产生影响的关键因素。

- 司法培训是阿联酋司法现代化战略的核心部分，推动了商事法庭的成功设立、引入电子案件管理系统和实施新的破产制度。

- 印度尼西亚法官的制度化培训推动小额诉讼法院成功改革并通过新的破产法，缩短解决破产案件的时间。

执行合同和办理破产

司法系统的培训和效率

健全的司法制度是法治的基础。对法官进行培训有助于加快解决审判问题的速度，形成更高质量的司法判决。培训还可增加决策的一致性和可预测性，并提高公众对法院高效处理专业问题的信心。训练有素的法官通过持久的原则和可预见的程序维护法治，回应社会的迅速变化。

任何法制体系的基本方面都包含司法机构能够有效应对复杂的商业案件。因此，专业的司法教育和培训对于确保法院办事效率和质量至关重要。例如，受过基础经济学培训的法官判决比未经培训法官的判决上诉的可能性要小很多。[1] 此外，司法培训还可防止判决错误，法官受过培训的法院判决撤销率较低。[2] 大量文献记载了执行合同和办理破产的监管环境对国外经济成果的影响。[3] 实证研究也支持这样的观点，即执行有效的合同对经济发展和持续增长至关重要。[4]

司法培训的概念

对于历史悠久的法院来说，法官培训仍是一个新概念。20 世纪 60 年代，法国、荷兰和美国建立了第一批司法专业培训学校。此前，人们认为法官已具备所需的全部知识，因此不会从附加的或持续的培训中受益。在法国，尽管法官的公众形象不佳，并且与世界和社会隔绝，但在整个职业生涯中也未受过任何司法培训。在他们公开表达难以应对日益复杂的立法后，法国便于 1959 年成立了国家司法学院。[5]

近年来，主要由欧盟和国家司法学院在国际论坛中举办会议，努力建立一套司法培训的共同原则（表 6.1）。这些原则虽未被公认为国际标准，但它们代表了利益相关者的共同努力。

表 6.1　司法培训原则

共同原则	欧洲司法培训网络原则	国际司法培训组织原则
司法培训包括法律知识、非法律知识、专业技能和价值观等内容	司法培训跨学科且具有实用性，主要目的是传授与法律教育相辅相成的专业技术和价值观	认识到司法角色的复杂性，司法培训包括法律知识、非法律知识、技能、社会环境、价值观和道德等内容
法官需初步培训	法官应在任命前接受初步培训	司法部门所有成员在任命前后应接受培训
持续培训是法官的权利和义务	法官有权且有责任在任职后的整个职业生涯中接受培训。每个成员国都应建立确保法官行使这一权利和责任的制度	司法部门所有成员都应在其职业生涯中接受定期培训，这是他们的权利和责任。作为司法工作的一部分，司法部门的每个成员都应参与培训
由负责司法培训的机构确定培训内容	根据司法独立原则，司法培训的设计、内容和实施由国家司法培训机构专门责任确定	为保障司法独立，司法培训机构应负责司法培训的设计、内容和实施
法官自我培训	培训主要由先前接受过培训的法官提供	培训应由法官主导，主要由接受培训的司法人员提供
采用适当的教育手段	司法培训应以高效的现代教育手段为主	司法培训应体现专业和成人培训方案设计的最佳实践，应采用新技术、远程/在线学习（适当时补充）和电子媒体等最新方法
分配适当资金	成员国应为负责司法培训的国家机构提供充足的资金和资源，以实现其目的和宗旨	所有国家都应为负责司法培训的机构提供充足的资金和资源，以实现其目标
高级司法机构应支持培训	最高司法机关应支持司法培训	司法领导人和高级司法机构应支持司法培训

资料来源：改编自 2016 年欧洲司法培训网络和 2017 年国际司法培训组织。

近几十年来随着法律和诉讼的日趋复杂，对专业法官的需求也在增加。然而《营商环境报告》提及的 190 个经济体中，仅有 101 个经济体拥有专门的商业管辖权[6]；31 个经济体拥有专业处理破产案件的法院。拥有专门的商业司法管辖权可缩短案件解决时间（图 6.1）。

设立专业法院是为处理在商业、破产、证券或知识产权领域复杂的法律问题，这类法院需要经过具体且复杂的程序培训过的专业法官。在瞬息万变的商业环境中，法官的知识必须与迅速发展的商业监管环境相适应（专栏 6.1）。

破产案件格外复杂，其涉及众多利益相关方，[7]包括数量众多且类型各异的债权人、破产代表、从业人员和面临财务困难的债务人。[8]处理这类案件的法官必须具备丰富法律知识和特殊技能（如财务和会计技能）。[9]

通过尽可能缩短办理破产手续的期限，并得到更可靠的结果，在办理破产中累积特定岗位的人力资本比法官所具备的一般法律知识对破产结果影响更大。[10]例如，要想成功地重组程序，法官必须具备良好的会计和财务技能。因此，办理破产的法官应根据其充分了解债务人财务状况的能力和优点来任命，而这种技能是普通的商业法官所不具备的。[11]在法国，办理破产的法官十分了解企业如何运作，因此可以更积极地参与听证会和证据阶段。[12]司法部门的破产培训对成功实施监管改革有着广泛影响。在破产改革通过后，对法官进行基于质量的培训，从而使该系统实施监管改革的可能性更大。

图 6.1　在具有专门商业管辖权的经济体中，解决商业纠纷的时间减少 92 天

执行合同的平均时间（天）

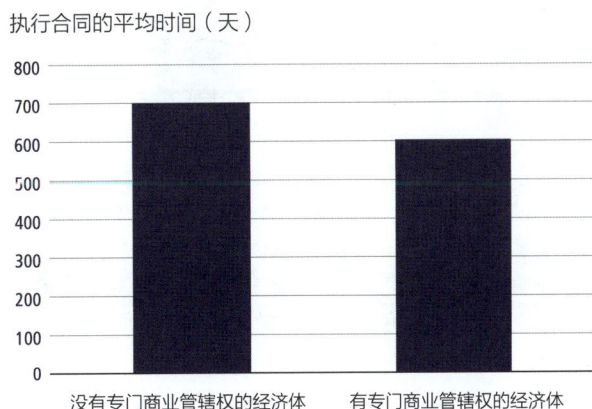

资料来源：《营商环境报告》数据库。
注：假设人均收入不变，这些关系在 5% 的水平上具有统计显著性。

■ 专栏 6.1 通过加强律师和法官专业化培训以促进投资

　　公司、企业融资和资本市场的日趋复杂影响着工资、金融稳定和经济增长。加之频繁的法律与技术变革，阻碍了企业发展。企业须依靠训练有素、经过认证的专业人员来克服这些障碍，例如会计师、律师和法官。司法机关的制衡功能取决于其维持实用技能的能力。[a] 在复杂的新公司法领域，监管的不确定性加剧了市场参与者之间信息不对称的风险。企业期望法官继续使用最新的投资工具，以保护少数投资者免受风险积聚、数字货币或首次代币众筹，[b] 这只是法律专业人员必须适应新事物的几个例子。

　　鉴于商法与经济学、金融和会计相交叉的多学科性质，法官和法律从业人员的专业培训可作为一种减轻风险的重要工具。实际上，法官公正有效地解决经济纠纷的能力取决于他们对法律知识的掌握和对案件的了解。培训可以帮助他们加深对法律的理解，提升对复杂的金融或技术概念的理解能力。

　　经济体商法的司法能力与其营商环境质量、法院效率和公信力之间呈正相关关系。[c]《营商环境报告》中记录的 155 个经济体的营商环境数据显示，120 个经济体为执业律师提供培训，但只有 83 个经济体为其提供商业法和公司法方面的专业培训。近 76% 的高收入经济体为执业律师提供专业的法律培训，然而只有 24% 的低收入经济体提供专业培训。

强制性律师培训在低收入国家较为普遍，但其专业性较低

向律师提供培训的经济体所占比例

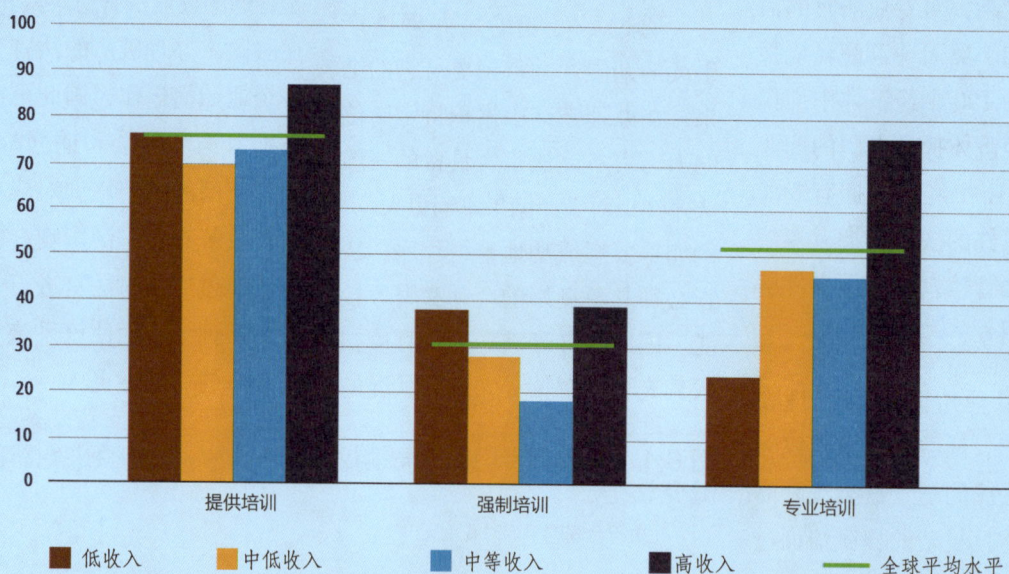

资料来源：《营商环境报告》数据库。

　　各经济体对法官的任职要求存在较大差异。《营商环境报告》中共有 10 个经济体的法院负责审理商业纠纷的司法候选人不需要法律学位（但必须满足其他的要求）。38 个经济体（包括法国、秘鲁和马达加斯加）要求候选人具备商业法律、金融或资本市场的经验或专业知识。55 个经济体的法官需接受商业、公司法、金融或资本市场方面的专业培训。在全球范围内法官缺乏专业培训的主要原因是法院工作量大，且缺乏直接适用于案件审判的针对性培训。[d]

■专栏 6.1 通过加大律师和法官专业化培训力度来促进投资

约有三分之一的经济体为法官提供专门培训

向法官提供专门培训的经济体比例

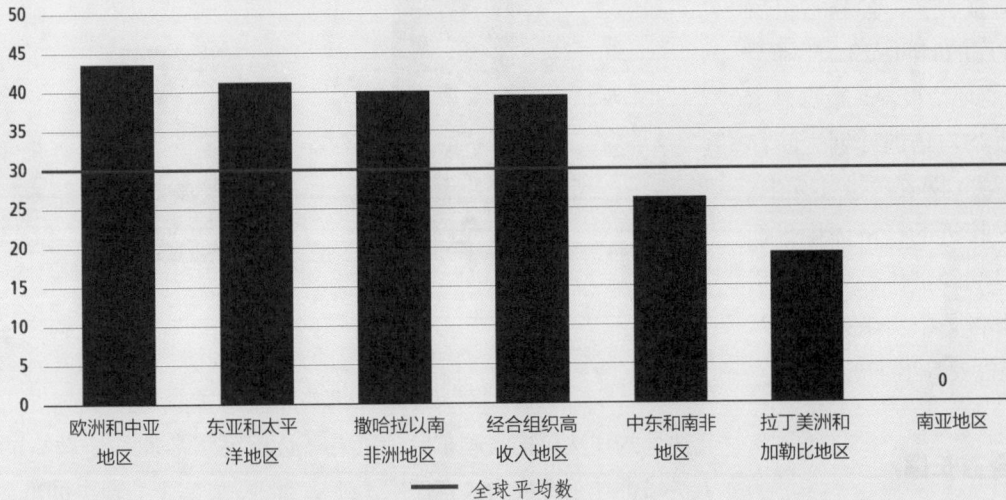

资料来源：《营商环境报告》数据库。

　　司法系统应扮演投资和经济增长的促进者，而不是阻碍者。《营商环境报告》数据显示，律师和法官的专业培训是一个可以从全球更多关注和资源中受益的领域。尽管提供继续培训和教育，但它们培训的案件具有极小的强制性或实用性，且会加剧法官专业知识的缺乏。然而，实施标准化的强制性培训并不是一个妥善的解决方案。设定最低标准不应以削弱法官的积极性为代价。相反，将培训计划纳入年度司法绩效评估（或者以其他方式鼓励法官继续学习）会间接提高司法系统在投资中的重要作用。

　　a. Palumbo and others，2013；Lorizio and Gurrieri，2014；Magnuson and others，2014.

　　b. 首次代币众筹是通过出售虚拟硬币或代币融资的另一种方式。初创企业可以设计和出售自己的虚拟货币，而无须出售股票。

　　c. 有关欧洲复兴开发银行在转型期国家开展商法司法培训的核心原则的更多信息，请参见 http: //www.ebrd.com/documents/legal-reform/core-principles-for-commercial-law-judicial-training.pdf。

　　d. European Parliament，2017.

监管改革、法官培训和司法效率齐头并进

　　司法培训可提高司法绩效。破产法与实用性的专业培训以及持续学习利于主管法官作出更明智的判决，并考虑到像债务人企业的财务福利和生存能力以及程序对合同和资产评估的影响等要素。当某经济体有法官培训方案时，该经济体得分高，且更接近《营商环境报告》中办理破产的最佳监管实践（图 6.2）。

　　培训可作为向司法机关介绍新的法律、方法和做法的重要渠道。[13] 实际上，培训可以使法官的判决更有可预见性。通过向所有法官提供关于某一特定监管改革的同一信息和知识，他们将更有可能以类似的方式解释新规则，使决定更加协调一致。智利于2014年通过了一项新的破产法，其中特别要求对办理破产程序的民事法官进行破产法培训，该法

律还规定上诉法院应采取措施保证法律的顺利实施。自此，智利所有法官都接受了新破产法的培训，在圣地亚哥办理破产程序的时间已经减少。此外，根据《2018年营商环境报告》，智利重组后完成清算程序的时间从 3.2 年降至 2 年。《营商环境报告》数据显示办理破产改革与培训计划之间存在正相关关系（图 6.3）。事实上，在人均收入相近的经济体中，拥有培训项目的经济体在《2019年营商环境报告》中实施办理破产改革的可能性要高出 11%。

阿拉伯联合酋长国

自 20 世纪 90 年代初期，阿拉伯联合酋长国一直致力于推动司法系统现代化并提高其质量和效率。该国通过采用法院管理技术与新技术和司法人员的专业化重新设计了司法系统结构。这些努力对整个司法系统，特别是在商业诉讼和办理破产领域，产生了变革性的积极影响。司法培训在提高结构改革有效性方面发挥了重要作用，特别是在 2008 年设立专门的商业法院、2014 年实施电子案件管理系统和 2016年采用新的破产制度方面有重大作用。有针对性的持续培训使法官能够将立法改革付诸实践，并使用新的案件管理工具来减少延误和提高判决质量。

自 20 世纪 90 年代以来，尽管司法人员培训一直是司法现代化战略的组成部分，但在 2016

年迪拜的司法机构法颁布后，司法人员培训才正式成为法官任用、绩效评估、奖励和晋升制度的基本组成部分之一。该法律规定，即任法官在被任命之前必须参加培训且修完培训课程。此外，法官晋升与他们培训计划的完成度挂钩（法官必须每年参加一定数量的培训项目）。事实上，判决的准确性（被上诉法院驳回或修改的案件中维持原判的案件所占的百分比）与正式将培训纳入《阿拉伯联合酋长国司法当局法》后受训人员的数量存在正相关关系（图 6.4）。

图 6.2 拥有培训计划的经济体和较高的办理破产得分之间存在正相关关系

平均办理破产得分
（0~100）

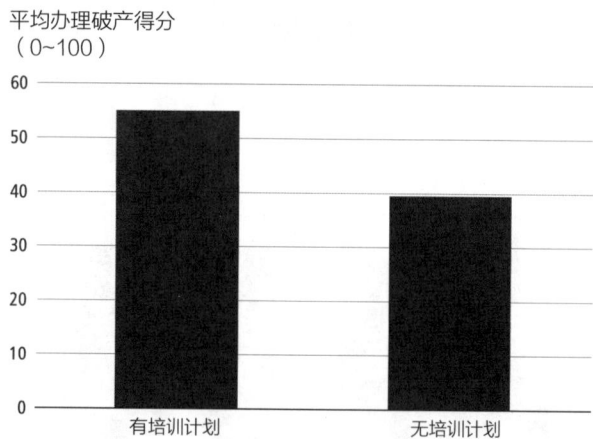

资料来源：《营商环境报告》数据库。
注：假设人均收入不变，这些关系在 5% 的水平上具有统计显著性。

图 6.3 拥有培训计划的经济体更可能在《2019 年营商环境报告》办理破产领域进行改革

拥有培训计划的经济体比例（%）

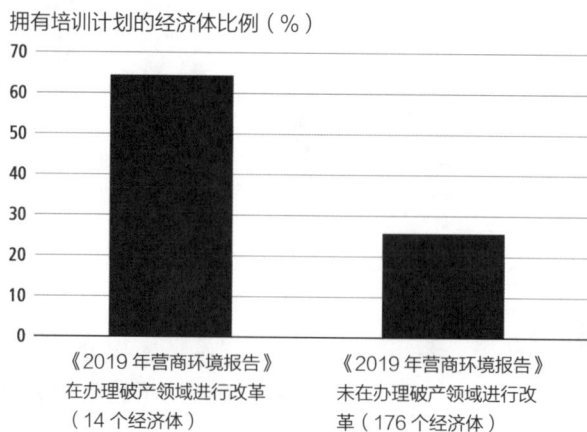

资料来源：《营商环境报告》数据库。
注：2017/2018 年度在办理破产领域进行改革的 14 个经济体中，有 9 个拥有破产法的培训项目。这些国家是比利时、吉布提、阿拉伯埃及共和国、肯尼亚、吉尔吉斯共和国、马来西亚、巴基斯坦、卢旺达和土耳其。假设人均收入不变，这些关系在 5% 的水平上具有统计显著性。

> 培训可作为向司法机关介绍新的法律、方向和做法的重要渠道

在司法委员会的指导下，阿拉伯联合酋长国提供司法培训的总战略是根据现有需要和对个别法官进行司法检查的要求制定的。培训由专门的司法培训机构——迪拜司法研究所提供。该研究所在法律意识、伊斯兰经济和司法委员会领导等不同主题提供专业的持续性培训，并制订培训方案。此外，所有商事法院法官在改革实施后一年内，都会接受关于各项法律改革或新法院制度的培训。还与其他国家、国际公共机构以及由法院直接出资和提供的方案进行合作，以研讨会的形式进行培训。监测和评价是培训系统的组成部分，迪拜司法研究所和法院人力资源部在培训结束后三个月对每项培训的效果进行衡量。

司法培训在阿拉伯联合酋长国有效实施监管改革来提高商业诉讼的司法效率和质量方面发挥了重要作用。2008 年，阿拉伯联合酋长国在六个专业法院中成立了一个商业法院。[14] 法院内部设立了不同的巡回法庭，以审理与商业合同、破产、知识产权、银行、商业公司、独家销售许可证和海事问题有关的纠纷。各巡回法官都接受相关技术培训。这种培训可以提高解决问题的速度、降低申诉率并提高判决质量。

在过去的 3~4 年中，约有 35% 的一审判决被上诉，在上诉的一审判决案件中，法院维持原判的案件占 87%~89%。[15] 这表明，商业法院最初绝大多数的判决是高质量的判决。

阿拉伯联合酋长国还投入资源为法官提供新技术的全面培训。2014 年，迪拜法院采用新的案件管理系统，并在每个法院设立案件管理办公室，以协助案件流转和加快审判进程。此外，智能手机申诉的应用程序使递交申诉书、法庭文件及缴付法庭费用便利化。高质量的培训利于更高效地利用新系统。在商事法院实施这些改革后，减少了行业诉讼的平均办理时间。从 2014—2018 年，立案、办案、终审的平均时间从 380 天减少至 351 天。通过学习如何使用在线案件管理系统，许多法官不再依靠文员检查和打印案件文件。到 2017 年年底，迪拜法院已经处理了三十多万份通过电子方式提交的申诉书。

为法官提供办理破产手续的专业培训有利于阿拉伯联合酋长国获得其实施新破产法的全部利益。为完善破产法法律框架，阿拉伯联合酋长国于 2016 年通过了一项新的破产法，引入重组程序取代过时制度。新破产程序的广泛运用需要法院积极参与，法官需要有办理破产的相关经验和培训才能有效地履行这一职责。自该法颁布以来，法官一直在接受培训。2017 年，办理破产的法官参加了两场新法律的研讨会，一场由司法机构主办，共有 27 名办理破产的法官参与讨论；另一场由美国司法部主办，共有 31 名法官参加。同时还为高级法官

图 6.4 受训者人数越多，判断越准确

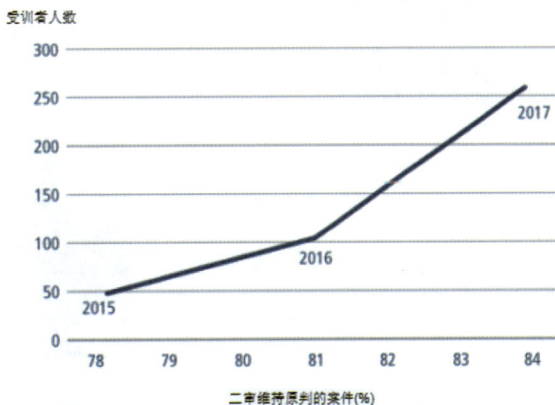

资料来源：迪拜，2016 年；迪拜，2017 年。
注：判决的准确性是只维持原判的案件的百分比，而不是上诉法院推翻或修改的案件的百分比。

提供其他培训方案和研讨会。

通过近几年司法培训，阿拉伯联合酋长国法院的效率和判决质量正在提高。法官们正在接受一种不断学习和发展的文化，这种文化使他们能够获得专业技能。

印度尼西亚

受 1997 年亚洲金融危机影响，印度尼西亚不断改善其商业监管框架。在国际货币基金组织的协助下，印尼政府一直致力于通过培训等方式为法院带来商业成熟度。[16]1999 年，政府在把法院的行政控制权从行政部门转移至司法部门之后，通过所谓的"一个屋檐"办法使其司法系统的独立性得到加强，在组织司法培训方面也作出根本改变。[17]2003 年，最高法院承担提供司法培训的职责，并成为国际司法改革援助的首要机构。[18] 在最高法院内部，司法培训中心（JTC）逐渐成为负责发展和组织司法培训的核心机构。[19]

司法培训中心通过提供综合初级司法培训、继续司法教育和认证培训这三个独立的培训项目来行使其职权。[20] 司法培训计划向法官候选人提供为期两年的课程与实习相结合的培训计划。继续司法教育项目是根据培训需要，任职 1~5 年和 6~10 年的法官进行补充培训。认证培训计划是为特设法官和在专门法院任职的法官设计的，涉及诸如调解、商业纠纷和渔业等具体问题。

印尼政府对培训的重视已经拓展到法律体系的其他领域。最高法院实施了旨在提高司法效率的改革，包括组织机构改革、改进工作程序、人力资源开发、成立新工作组和设立新司法培训中心，这些改革都有助于将年度未受理案件从 2004 年的 20314 件减少至 2009 年的 11479 件。[21]2015 年，印度尼西亚改革的重大里程碑是为小额诉讼引入允许当事人自我代理的专业程序。[22] 根据既定的小额诉讼程序，司法培训中心还为法官开展了为期五天的小额诉讼法院有效管理案件的培训。通过培训，小额诉讼的清算率从 2015 年的 79% 显著提高至 2016 年的 88%。[23]

《营商环境报告》也体现出印度尼西亚的司法改革与司法培训的发展，数据显示雅加达和泗水的地方一审法院处理商业纠纷的时间缩短（图 6.5）。

在办理破产方面，印度尼西亚 2004 年出台的破产法[24] 为即任法官提供明确的培训规定，[25] 还为具有破产案件办理权的现有商业法院的法官提供培训。[26] 随着法官专业知识增加，对案件的迅速裁决提高了工作绩效。[27]《营商环境报告》也证实了这一点。例如，雅加达中小型企业（SMEs）办理破产的时间从 2004 年的 72 个月稳步下降至 2012 年的 13 个月，2012 年以后也一直保持 13 个月不变（图 6.6）。此外，尽管雅加达审理的重组案件数量从 2012 年的 66 宗增加到 2016 年的 146 宗，增加了一倍多，但雅加达的中央商事法院仍在以同样的速度审理这些案件，即从 2012 年结案 55 起上升至 2016 年结案 118 起。[28]

虽然印度尼西亚建立了较为完善的司法培训方案，但在其司法服务的质量方面仍有提升空间。鉴于司法部门人员的高轮换

图 6.5　雅加达和泗水通过当地一审法院解决商业纠纷的时间均有所减少

执行合同平均用时（天）

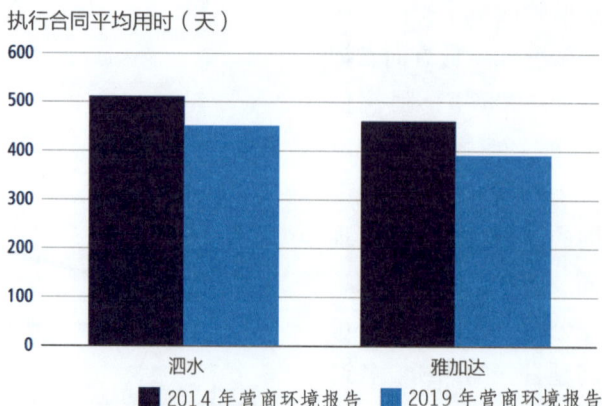

资料来源：《营商环境报告》数据库。

图 6.6 雅加达办理中小型企业破产时间持续减少

办理破产时间（月）

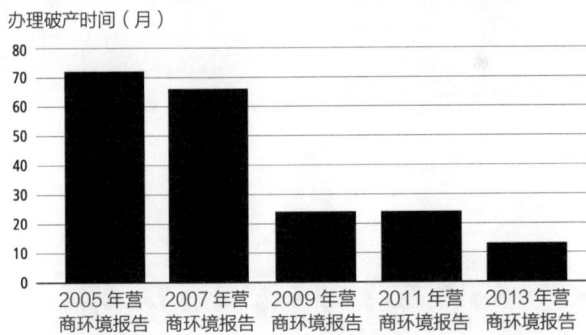

资料来源：《营商环境报告》数据库。
注：自 2012 年以来，办理雅加达中小企业破产的时间仍为 13 个月。

率，培训方案可能需要进一步完善。尽管如此，印尼政府对司法培训的重视和该国经济在《营商环境报告》中各项指标的改善都是显而易见。

中可以看出，书记员、登记员和法警等的法院工作人员的教育与技能培训在司法部门的国家培训项目中往往被忽视，但它们对于确保法院的效率和质量同样重要。

结论

企业必须知道，当出现问题时可让一名主管法官正确地解释案件和执行法律，从而依靠法院系统及时解决问题。法官应该是训练有素且受到商界和社会信任的专业人员。这就需要一个能使法官接受全面而持续培训的系统。

各经济体都采用了有效的法官培训体系。阿拉伯联合酋长国致力于建设连贯的司法培训体系，并在法庭效率和判决质量方面都取得了令人印象深刻的成果。司法改革后，印度尼西亚培训法官效果显著，其解决法院积压案件和办理破产案件的时间大大缩短。

然而，多数经济体中的司法和法院工作人员持续全面的培训并不是常态。从《营商环境报告》

注释

本案例研究由 Najah Nina Dannaoui, Maksym Iavorskyi, Herve Kaddoura, Klaus Koch-Saldarriaga, Joseph Antoine Lemoine, Tiziana Londero, Raman Maroz, Madwa-Nika Phanord-Cadet, Marion Pinto, María Antonia Quesada Gámez and María Adelaida Vélez Posada 撰写。

1. Baye and Wright, 2011.
2. Nees, 2007.
3. See Dam, 2006; Trebilcock and Leng, 2006; Mitman, 2016.
4. Esposito, Lanau and Pompe, 2014; Ahsan, 2013; Laeven and Woodruff, 2007.
5. For more information on the École Nationale de la Magistrature, see https://www.enm. justice.fr.
6. 有关 École Nationale de la Magistrature 的更多信息，请参阅 https://

www.enm.justice.fr。

7. 通过设立专业的独立法院、现有法院的专业商业部门或者一般民事法院的专业法官，建立专业的商业管辖权。
8. 2001 年联合国国际贸易法委员会。
9. Rachlinski, Guthrie and Wistrich, 2006.
10. Iverson and others, 2018.
11. 2001 年联合国国际贸易法委员会
12. 关于破产法官的更多观点，请参见 Broude 和其他观点 2002 年。
13. Broude and others, 2002.
14. Dubai, Dubai Courts, 2008.
15. Dubai, Dubai Courts, 2008.
16. Tomasic, 2013.
17. HRRC, 2014.
18. Cox, Duituturaga and Sholikin, 2012.
19. 除这些任务外，司法培训中心还负责司法部门的行政管理培训。
20. Indonesia, Supreme Court, 2012.
21. Men Yon and Hearn, 2016.
22. 这些数据来自《营商环境报告》数据库。有关更多信息，请参见 http://:/doingbusiness.org/reforms/overview /Economy/indonesia。
23. 结案率是指已经判决的案件占受理案件的比例，计算依据是雅加达中央商业法院提供的数据。详情请参阅网址：http://pn-jakartapusat .go.id/。
24. 印度尼西亚的破产法是 2004 年关于破产和暂停偿债义务的第 37 号法律。
25. 对法官的培训规定见 2004 年关于破产和债务偿还义务中止的第 37 号法律第 302 条。
26. Indonesia, Supreme Court, 2008; Indonesia, Supreme Court, 2011.
27. Bedner, 2008.
28. 这些数据来自雅加达中央商事法院数据库。有关更多信息，请参见 http://pn-jakartapusat.go.id/。

附件：劳动力市场监管

《营商环境报告》趋势

■ 鉴于工作的动态变化，评估劳动力市场中适当的监管程度至关重要。《营商环境报告》衡量了劳动力市场法律法规某些关键方面。

■ 《营商环境报告》数据显示，灵活的劳动法规增加了新注册公司的数量。

■ 在劳动力监管体系复杂的经济体中，较大比例的企业雇用临时工人作为总劳动力的一部分。

■ 低收入经济体是解雇后遣散费最高的经济体之一。这些经济体的失业保护计划的实施率也是最低的。

■ 全球三分之二的经济体都有国家培训基金，其中大多数是经合组织高收入经济体。

世界上每个经济体都有一套协调雇员、雇主、工会和政府之间关系的法律法规体系。一方面，劳动力市场监管保护工人免受不公平待遇，并给合同的执行带来一定的可预测性；另一方面，如果监管过度，劳动力市场可能无法有效运作，从而导致生产力和就业损失。[1]

在不影响就业保护且增加就业和生产率的情况下，经济体如何制定高效的劳动政策是一直激烈辩论的主题。[2] 政府的挑战在于要将劳动政策设定在一个有效范围或平稳状态内，同时避免扭曲性干预或"悬崖"式干预。这些干预措施可能会通过僵化的政策破坏就业机会，或因过于灵活的政策而使工人完全得不到保护。[3] 丹麦的"弹性保障"模型因在保持劳动力市场灵活性的同时保护员工而被广泛研究。[4] 然而，许多监管灵活的经济体未能有充足的资金让失业者重新就业。

如果没有足够的社会保障和积极的劳动力市场政策（例如国家提供的就业援助计划），工人就会被雇用合同所支配。对于企业来说，这同样具有挑战性，它们不再关注自身业务，而是面临着保护员工的重担。对于员工来说，这种保护并不总是可靠的，而且它只针对正式员工，其他人都没有受到保护。为了对所有员工提供保护，同时减轻企业的负担，政策制定者应该考虑制定保护所有员工的国家劳工政策，而不是优先考虑企业的政策。[5]

通过测量劳动力市场监管的要素——雇佣、工作时长、裁员规则和成本以及工作质量（例如提供失业保护和病假），《营商环境报告》为政策制定者提供了 43 个指标的丰富数据集，供政策制定者从中吸收全球 190 个经

济体的劳动力市场监管经验。该数据集可以被政府、雇主和研究人员用来衡量过度或不足的劳动力市场干预，并调查其经济体中的社会保护现状。例如，研究人员可以使用《营商环境报告》的数据来确定某一经济体就业法规的灵活性与新注册公司数量之间是否存在关系（图7.1）。这些发现与早期的研究结果相一致：严格的劳动力市场监管和对企业活动的多重监管与新小型企业的新增数量呈负相关关系。[6]

繁琐的劳动法导致企业招聘程序复杂、工作时间紧迫、裁员成本高，那么新企业可能会选择雇用临时员工，高效融入非正规经济。[7] 存在大量非正规部门是影响生产力和经济发展的重要因素之一。[8] 从2000年—2016年，撒哈拉以南非洲地区的工作者平均占总就业人数的75%。[9] 在尼

> 撒哈拉以南非洲地区雇用临时工的公司比例最高，其次是南亚及太平洋地区。

泊尔有98%的非正式员工。[10]

毫无疑问，在非正式程度较高的经济体中改善劳动力市场监管的范围及影响将不同于非正式程度较低的经济体。尽管如此，研究表明在进入门槛较高、劳动法更为严格的经济体中非正式现象更为普遍。[11] 因此，在制定劳动力市场政策时应注意避免由严格的劳动法限制企业的发展而导致非正规程度的进一步提高。《营商环境报告》数据显示，劳动力监管更加灵活的经济体与增加新注册企业数量之间存在关联。即使是正式成立的公司，在面临严格的雇佣和裁员规定时，也可能会选择雇佣少数固定员工或增加

临时工人。

企业数据还显示，当劳动力市场监管灵活度低时，更多企业将临时工人数量纳入员工总量。较低的劳动力成本可能会给初创企业提供更多的招聘空间，尤其是在经济低迷或生产转移时期。[12] 这些发现表明，与长期就业相比较而言，严格的劳动法规与增加临时就业人员数量有关。撒哈拉以南非洲地区雇用临时工的企业比例最高，其次是南亚和东亚及太平洋地区。[13] 鉴于创业活动和创造就业机会在减贫和可持续发展中发挥着关键作用，理解这些联系及其后果十分重要。[14]

图 7.1 严格的劳动法规与新注册的公司和更多依赖临时工的公司相关

企业进入密度率

依赖临时工的企业比例（%）

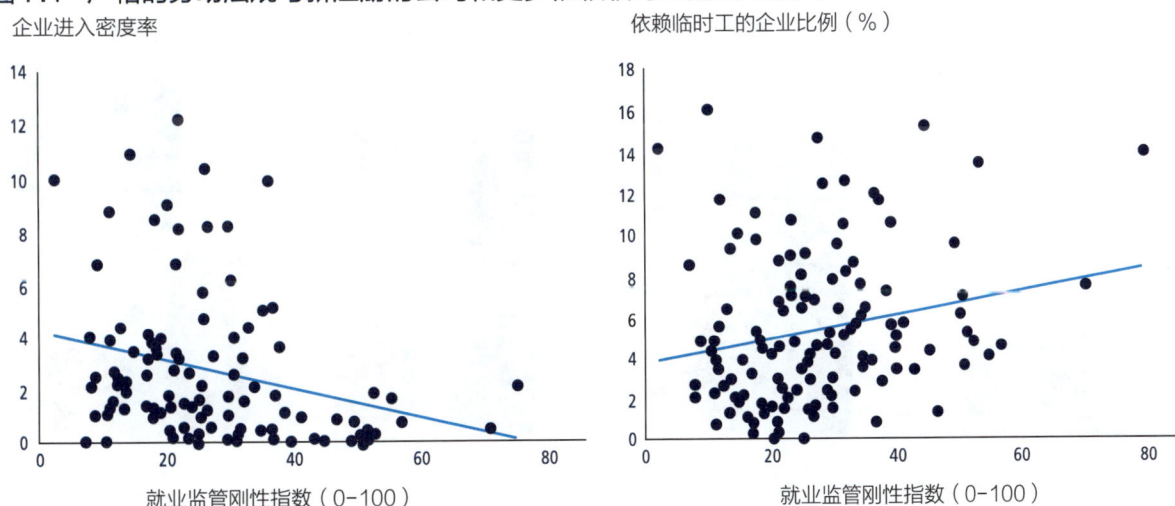

就业监管刚性指数（0-100）

就业监管刚性指数（0-100）

资料来源：《营商环境报告》数据库，企业调查数据库（http://www.enterprisesurveys.org），世界银行。

注：就业监管刚性指标是其他四个指标的平均值——雇佣、工时、裁员规则和成本——有关此年龄层（15~64岁）如何按年历计算的解释。假设人均收入不变，这些关系在5%的水平上具有统计显著性，且对去除异常值具有很强的稳健性。

严格的就业保护也导致雇主招聘更少的固定员工，因为他们试图规避向固定员工提供就业保护的成本。[15] 这样做对雇主来说可能是短期解决方案，但这种劳动力市场的双重性严重影响经济发展。如就业总量不变[16]、对员工职业发展产生负面影响、不公平解雇的附加成本[17] 以及生产率增长乏力这些问题在文献中被广泛讨论。[18]

对任一经济体来说，制定避免劳动力市场分割、兼顾保护劳动者和市场灵活性的劳动政策都是一个挑战。衡量劳动力市场监管有助于政策制定者作出明智的决定。下面将讨论某些特定的劳动力市场监管方面的差异，例如管理工作时间、遣散费、失业保护和国家培训基金的可用性。

工作时间

技术进步和市场动态正在改变工作性质。因此，各经济体可能会重新考虑非标准工作时间（如夜班、双休日工作或加班）的法律限制。明确工作时间限制等监管限制的影响，对激发创业精神非常重要。[19]《营商环境报告》数据表明，40% 的经济体对食品零售行业的夜班、双休日工作或加班有法律限制。在这三个工作时间段中，每周休息日工作是最受限制的。高收入经济体的大部分国家限制每周休息日工作，其次是中低收入经济体（图 7.2）。例如，在比利时，一般禁止在周日雇用人员。企业如果想让员工周日工作必须获得市长和市参议员的授权。[20]

《营商环境报告》指出夜班是第二受限制的领域。中高收入经济体对夜班工作的限制最多，其次是中低收入经济体。2017—2018 年间，九个经济体在工作时间方面进行了改革。2017 年印度（孟买）颁布了《马哈拉施特拉邦商店和企业法》增加了加班时间，并取消每周休息日的工作限制，同时引入补偿性休假和当日工作的 100% 工资溢价。挪威还放宽对夜班工作的限制，允许员工从晚上 9 点工作到晚上 11 点。非标准的工作时间表可让企业随着劳动力的发展和面对新的全球动态来调整员工队伍。每周休息日或夜班禁令限制了企业的发展，使它们在满足就业需求方面缺乏灵活性。

图 7.2　中低收入经济体对夜班、双休日和加班的时间限制最为严格

有工作限制的经济体的份额（%）

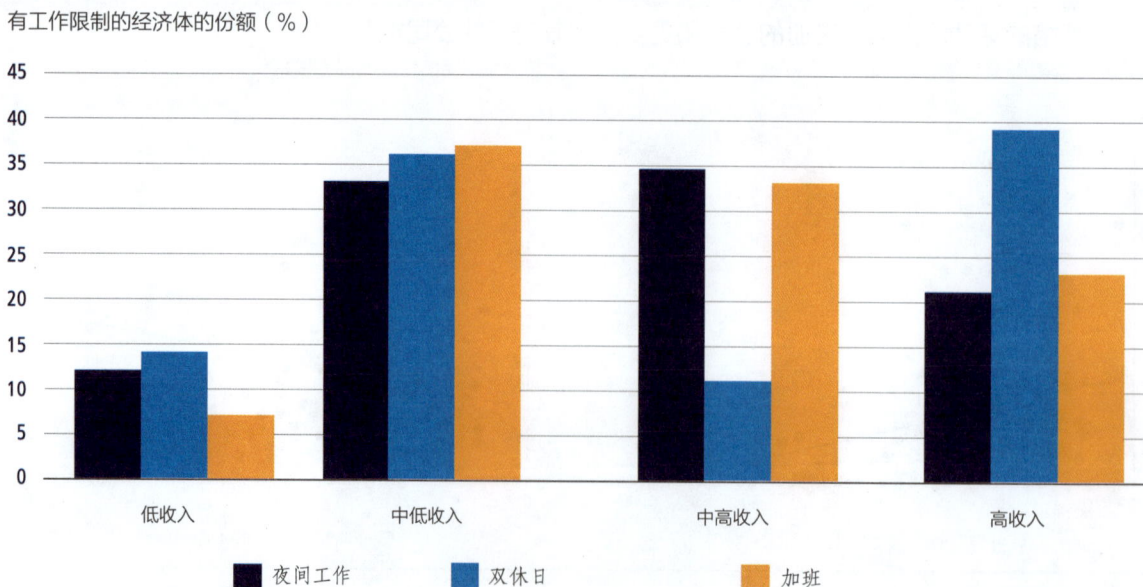

资料来源：《营商环境报告》数据库。

遣散费及雇用期限

《营商环境报告》数据表明，低收入和中低收入经济体保持着最高的平均遣散费，[21] 其倾向于在工人有权获得遣散费之前延长最低就业期限（图 7.3）。面对更高的解雇成本，雇主可能会被诱导选择留住高级员工而不是低级员工。[22] 如果正式工作岗位只对有经验的员工开放，那么在没有失业保险的经济体中，刚入职的年轻人可能没有任何收入保障。研究表明，当遣散费增加 100% 时，年轻人的就业率会下降约 1.5 个百分点。[23] 劳动力市场可能会分割为受到高度保护且工作稳定的资深员工和无法从劳动保护机制中获益且经验不足的年轻员工。因此，只有加强社会援助和保险，才能制定更加灵活的规章制度。[24] 在过去一年里，南苏丹通过了对裁员发放遣散费的立法；法国增加遣散费金额；而阿塞拜疆和立陶宛则降低遣散费金额。

失业保护和技能发展

《营商环境报告》表明，全球范围内有 40% 的经济体提供失业保护，在雇员获得失业保护资格前，平均最低缴费期为 8 个月。然而，只有 5% 的低收入和中低收入经济体需要通过法律保护失业人员。缺乏保护和福利使人们容易陷入贫困，特别是对于身体欠佳的员工或老年员工等群体。[25] 失业保护政策对于促进包容性劳动力市场、人力资本发展、生产力和经济增长至关重要。[26] 在非正规经济占主导地位的发展中经济体提供失业保护的需求尤为强烈。在 2017/2018 年间，马来西亚和尼泊尔引入失业保护计划，保加利亚将失业保护的最低缴费期从 9 个月增加至 10 个月。为确保对所有公民的基本保护，各经济体应当与社会伙伴合作制定有效的国家政策。

同样，缺乏培训也会让年轻人等群体对就业毫无准备。各经济体应不断提高劳动力技能，以适应迅速变化的商业和社会环境。员工期望企业为其提供培训，有助于提升个人技能，职业发展作为国家政策为广大人民创造了更多的机会。例如，印度制定了到 2022 年培训 5 亿人的目标，以促进国家和就业发展。[27]

国家培训基金是实施国家技

图 7.3 低收入经济体的工人一定是获得遣散费雇佣期最长的

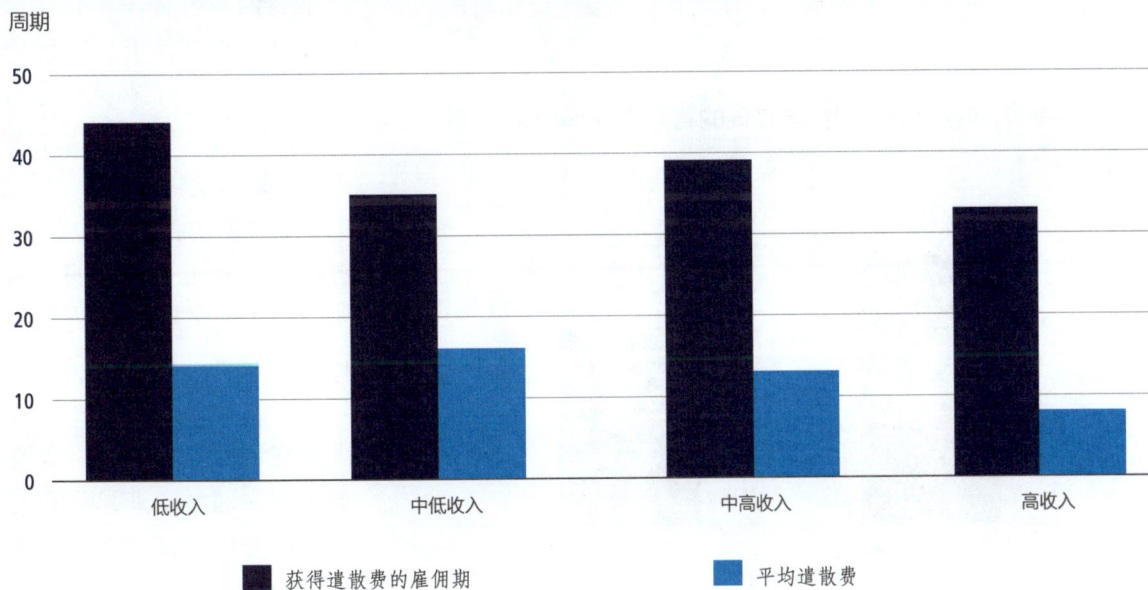

周期

图例：
- 获得遣散费的雇佣期
- 平均遣散费

资料来源：《营商环境报告》数据库。
注：《2019 年营商环境报告》收集了最低就业时间的数据，样本包括 177 个经济体。

图 7.4　南亚拥有国家培训基金的经济体比例最低

国家培训基金在经济体中所占份额（％）

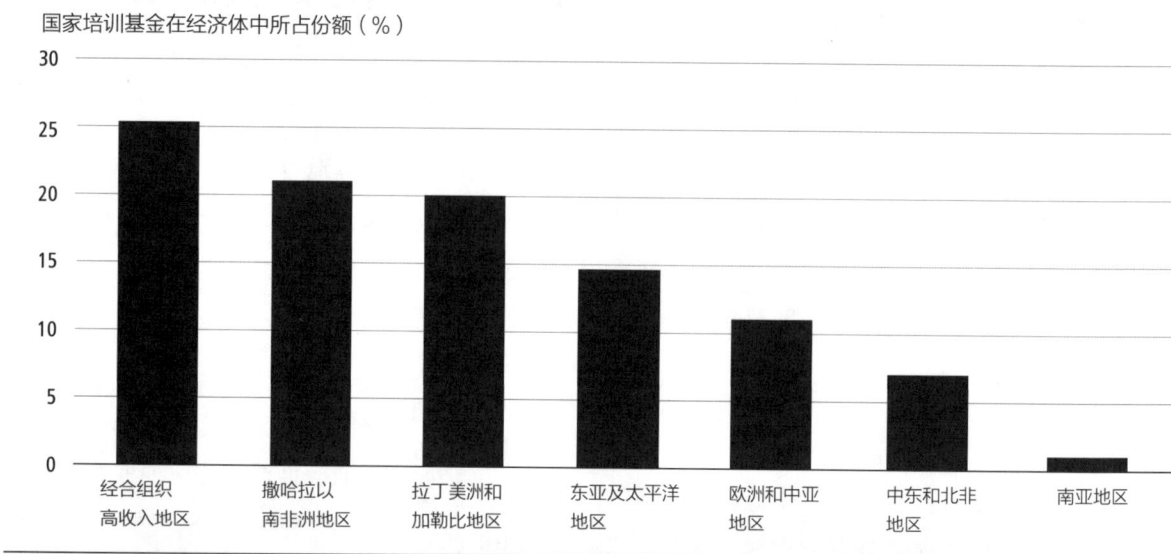

资料来源：《营商环境报告》数据库。

能发展政策的主要融资工具之一。这些用于提高公民技能的资金，通常来自正常的政府预算渠道之外的股票或资金流。[28]《营商环境报告》数据显示，全球 60％ 的经济体提供国家培训基金，其发展水平和地理位置各不相同。经合组织高收入经济体在拥有国家培训基金的经济体中所占份额最大，其次是撒哈拉以南非洲地区及拉丁美洲和加勒比地区（图 7.4）。高收入经济体的培训基金通常的资金来源是企业所得税，而低收入和中低收入经济体的培训基金主要来自国际捐助者。[29]

图 7.5　国家培训基金的可用性与较低的青年失业率相关

失业青年总数（劳动力占比 ％）

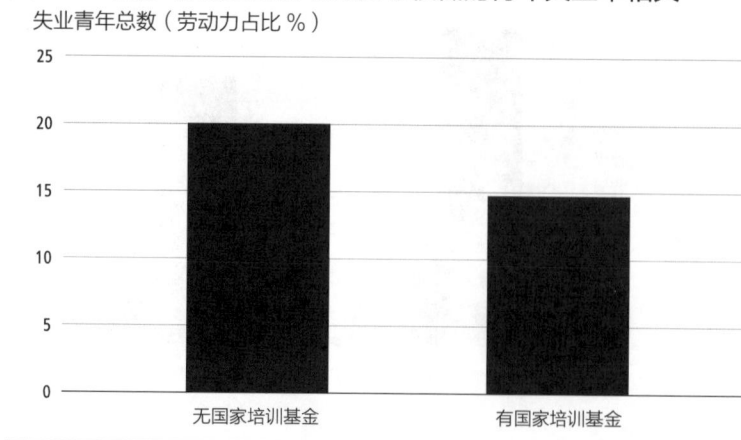

资料来源：《营商环境报告》数据库。
注：假设人均收入不变，这些关系在 5％ 的水平上具有统计显著性。样本也包括 115 个经济体。

国家培训项目的绩效尚未得到充分评估。然而《营商环境报告》的数据显示，国家培训基金的可用性与青年失业率之间呈明显的负相关关系（图 7.5），这表明，在拥有国家培训基金的经济体中，青年失业率较低。玻利维亚国家就业计划自 2017 年建立以来，通过向企业提供积极政策，包括为年轻人的培训提供联合融资，帮助创造了约 5.8 万个就业岗位。[30] 在巴西，国家工业培训服务机构（SENAI）及其附属机构[31]自 1942 年以来已有 5500 万名专业人员毕业，这些机构中有 31 个机构在国家工业联合会的保护下运作。国家工业培训服务机构提供大约 3000 个培训课程，培训 28 个工业区的工人。课程范围从专业学习到大学、研究生学位。在撒哈拉以南非洲地区，科特迪瓦设立了职业培训和发展基金，其核心任务是资助员工进行培训，解决工人的教育与技能低下问题。[32] 在东亚和太平洋地区，老挝人民民主共和国于 2010 年设立了国家培训基金。[33] 基金的主要作用是促进国家劳动力中有关工作技能的发展，其经费来自 1% 的强制性雇员薪金缴款。

结论

《营商环境报告》中的劳动力市场监管数据可作为政策制定者确定监管改革领域和研究人员调查劳动力，监管变化与经济结果之间联系的工具。确定劳动力市场的监管干预水平对动态变化的工作是至关重要的。其重要性体现在一方面为企业提供灵活性，以满足其正式员工与临时工需求；另一方面，保护工人和修订严格的劳动立法，特别是修订在弱势群体可能被忽视的发展中经济体的立法。劳动力市场需求的变化也需要以新的思维方式来考虑技能开发和培训，包括国家政策和资金战略，以便各经济体能够利用这些政策和战略为提升公民幸福感。

注释

本案例研究由 Lucia Arnal Rodriguez、Li liya F. Bulgakova 和 Dorina P. Georgieva 撰写。

1. Botero and others, 2004; Besley and Burgess, 2004; Amin, 2007.
2. 2012 年世界银行。
3. 世界银行的《2013 世界发展报告》使用了"高原"一词来描述失业保护和劳动力市场灵活性之间的平衡关系。
4. Ulku and Muzi, 2015.
5. 2018 年世界银行。
6. Scarpetta and others, 2002; Klapper, Laeven and Rajan, 2006.
7. Loayza, Oviedo and Servén, 2005.
8. La Porta and Shleifer, 2014.
9. 2018 年世界银行。
10. 国际劳工组织数据（http://www.ilo.org/ilostat）；非正规经济就业占非农业就业总数的百分比。
11. Djankov and Ramalho, 2009.
12. 2018 年世界银行。
13. 企业调查数据库（http://www.MealsSurvivy.org），世界银行。按地区划分，雇用临时工的企业所占比例如下：撒哈拉以南非洲地区 7.2%，南亚地区 6.2%，东亚和太平洋地区 5.1%，中东和北非地区 4.3%，欧洲和中亚地区 3.9%，拉丁美洲和加勒比地区 3.9%。
14. Djankov, Georgieva and Ramalho, 2018.
15. Cahuc, Charlot and Malherbet, 2016.
16. OECD2013. 2013 年经济合作与发展组织。
17. Ulku and Muzi, 2015.
18. 2014 年经济合作与发展组织。
19. 2012 年世界银行。
20. 根据比利时 1971 年 3 月 16 日《劳动法》和《部门条例》（JIC 119）的规定。
21. 《营商环境报告》衡量了 1 年、5 年和 10 年任期内工人的遣散费。
22. Montenegro and Pagés, 2007; Heckman and Pagés, 2003; Montenegro and Pagés, 2003.
23. Montenegro and Pagés, 2007.
24. 2018 年世界银行。
25. Alderman and Yemtsov, 2013.
26. Acemoglu and Shimer, 2000; Di Maggio and Kermani, 2016; Kuddo, Robalino and Weber, 2015.
27. 有关印度国家培训政策的更多信息，请参见联合国教科文组织印度终身学习研究所的简介，查看网址：http://uil.unesco.org/fileadmin/keydocuments/lifeonglearning/en/uil_global_inventory _of_NQFs_India.pdf。
28. Johanson, 2009.
29. Johanson, 2009.
30. 欲了解更多信息，请访问计划就业产生的网站：http: // www .pland-eempleo.bo /。
31. 紧随其后的是其他四家行业培训机构，它们分别是商业培训机构（Servico Nacional de Aprendizagem Comercial, SENAC）、农村培训机构（Servico Nacional de Aprendizagem rural, SENAR）、小企业培训机构（Servico Brasileiro de Apoio as Micro e pequeno as Empresas, SEBRAE）和交通培训机构（Servico Nacional de Aprendizagem do Transporte, SENAT）。所有这些机构都在相同的基本体系和法律框架下运作。
32. 有关职业培训发展基金的更多信息，请查看网站：http://www.fdfp.c./faq。
33. 老挝人民民主共和国的国家培训基金是根据劳动和社会福利部 2010 年 1 月 22 日第 036/PM 法令设立的。该基金旨在通过为公民提供在培训中心、中小学和大学接受培训和技能发展创造机会，建立和发展国家与省一级的劳动技能。基金还促成了 1971 年 3 月 16 日的学术奖学金、助学金和短期贷款以及部门条例（JIC119）的设立。

参考文献

Abeberese, AmaBaafra. "Electricity Cost and Firm Performance: Evidence from India." *Review of Economics and Statistics* 99（5）: 839 - 52.

Abramovitz, Moses, and Paul David. 1994. "Convergence and Deferred Catch-up: Productivity Leadership and the Waning of American Exceptionalism." Center for Economic Policy Research Publication No. 401, Stanford University, Stanford.

Acemoglu,aron,and Robert Shimer.2000. "Productivity Gains from Unemployment Insurance." *European Economic Review*（44）: 1195 - 1224.

Aghion, Philippe, ThibaultFally and Stefano Scarpetta. 2007. "Credit Constraints as a Barrier to the Entry and Post-Entry Growth of Firms." *Economic Policy* 22（52）: 731 - 79.

Agyeman, Stephen, Herbert Abeka and Sampson Assiamah. 2016. "Re-engineering the Building Permits Acquisition Processing to Control the Development of Unauthorized Structures in Ghanaian Communities." *China-USA Business Review* 15（4）: 170 - 81.

Ahsan, Reshad N. 2013. "Input Tariffs, Speed of Contract Enforcement, and the Productivity of Firms in India." *Journal of International Economics* 90（1）: 181 - 92.

Akerlof, George. 1970. "The Market for 'Lemons': Quality Uncertainty and the Market Mechanism." The Quarterly *Journal of Economics* 84（3）: 488 - 500.

Alderman, Harold, and Ruslan Yemtsov. 2013. "How Can Safety Nets Contributeto Economic Growth?" Policy Research Working Paper 6437, World Bank, Washington, DC.

Amin, Mohammad. 2007. "Labor Regulation and Employment in India's Retail Stores." Policy Research Working Paper 4314, World Bank, Washington, DC.

Amiti, Mary, and Amit K. Khandelwal. 2011. "Import Competition and Quality Upgrading." Review of *Statistics and Economics* 95（2）: 476 - 90.

Andersen, Thomas Barnebeck, Carl

Johan Dalgaard. 2013. "Power Outages and Economic Growth in Africa." *Energy Economics* 38 (C): 19 - 23.

Aragón, Fernando M. 2015. "Do Better Property Rights Improve Local Income? Evidence from First Nations' Treaties." *Journal of Development Economics* (116): 43 - 56.

Arvis, Jean-François, Robin Carruthers, Graham Smith and Christopher Willoughby. 2011. "Connecting Landlocked Developing Countries to Markets: Trade Corridors in the 21st Century." Directions in Development, World Bank, Washington, DC.

Asafu-Adjaye, John. 2000. "The Relationship between Energy Consumption, Energy Prices and Economic Growth: Time Series Evidence from Asian Developing Countries." *Energy Economics* 22 (6): 615 - 25.

Baye, Michael R., and Joshua D. Wright. 2011. "Is Antitrust Too Complicated for Generalist Judges? The Impact of Economic Complexity and JudicialTraining on Appeals." *Journal of Law and Economics* 54 (1): 1 - 24.

Beck, Thorsten, Chen Lin and Yue Ma. 2014. "Why Do Firms Evade Taxes? The Role of Information Sharing and Financial Sector Outreach." *Journal of Finance* (69): 763 - 817

Becker, Bo, Jens Josephson. "Insolvency Resolution and the Missing High-Yield Bond Markets." *The Review of Financial Studies* 29 (10): 2814 - 49.

Bedner, Adriaan. 2008. "Rebuilding the Judiciary in Indonesia: The Special Courts Strategy." *Yuridika* 23 (3): 248 - 49.

Belitski, Maksim, Farzana Chowdhury and Sameeksha Desai. 2016. "Taxes, Corruption and Entry." *Small Business Economics* 47 (1): 201 - 16.

Berkowitz, Daniel, Chen Lin and Yue Ma. 2015. "Do Property Rights Matter? Evidence from a Property Law Enactment." *Journal of Financial Economics* 116 (3): 583 - 93.

Besley, Timothy, and Robin Burgess. 2004. "Can Labor Regulation Hinder Economic Performance? Evidence from India." *The Quarterly Journal of Economics* 119 (1): 91 - 134.

Betcherman, Gordon. 2015. "Labor Market Regulations: What Do We Know About Their Impacts in Developing Countries?" *World Bank Research Observer* 30: 124 - 53.

Botero, Juan Carlos, Simeon Djankov, Rafael La Porta, Florencio López-de-Silanes and Andrei Shleifer. 2004. "The Regulation of Labor." *Quarterly Journal of Economics* 119 (4): 1339 - 82.

Branstetter, Lee G., Francisco Lima, Lowell J. Taylor and Ana Venâncio. 2014. "Do Entry Regulations Deter Entrepreneurship and Job Creation? Evidence from Recent Reforms in Portugal." *Economic Journal* 124 (577): 805 - 32. doi:10.1111// ecoj.12044.

Broude, Richard F., Judith K. Fitzgerald, Peter Kelly, Bernard Piot, Heinz Vallender, Louis B. Buch-

man, HansGerd H. Jauch, Francis Sowman and John White. 2002. "The Judge's Role in Insolvency Proceedings: The View from the Bench; the View from the Bar." Panel discussion at "Insolvency Y2K2: Boom or Bust?" conference inDublin, Ireland. Published in *American Bankruptcy Institute Law Review* 10 (2): 511 - 65.

Bruhn, Miriam. 2011. "License to Sell: The Effect of Business Registration Reform on Entrepreneurial Activity in Mexico." *Review of Economics and Statistics* 93 (1): 382 - 86.

——. 2013. "A Tale of Two Species: Revisiting the Effect of Registration Reform on Informal Business Owners in Mexico." Journal of Development Economics 103: 275 - 83.

Cahuc, Pierre, Olivier Charlot and Franck Malherbet. 2016. "Explaining the Spread of Temporary Jobs and its Impact on Labor Turnover." *International Economic Review* 57 (2): 533 - 72.

Calomiris, Charles, Mauricio Larrain, José Liberti and Jason Sturgess. 2017. "How Collateral Laws Shape Lending and Sectoral Activity." *Journal of Financial Economics* 123 (1): 163 - 88.

Campbell, Richard. 2018. "*Fires in Industrial and Manufacturing Properties*." National Fire Protection Association.Available at https:// www.nfpa.org/-/media/Files / News-and-Research/Fire-statistics /Occupancies/osIndustrial.pdf

Carluccio, Juan. 2015. "The Impact of Worker Bargaining Power on the Organization of Global Firms."

Journal of International Economics 96（1）：162 - 81.

Chaurey, Ritam. 2015. "Labor Regulations and Contract Labor Use: Evidence from Indian Firms." *Journal of Development Economics* 114（C）：224 - 32.

Chemin, Matthieu. 2009. "The Impact of the Judiciary on Entrepreneurship: Evaluation of Pakistan's 'Access to Justice Programme.'" *Journal of Public Economics* 93（1 - 2）：114 - 25.

Christiansen, Lone, Martin Schindler and Thierry Tressel. 2013. "Growth and Structural Reforms: A New Assessment." *Journal of International Economics* 89（2）：347 - 56.

Cirera, Xavier, Roberto N. Fattal-Jaef and Hibret B. Maemir. 2017. "Taxing the Good? Distortions, Misallocation, and Productivity in Sub-Saharan Africa." Policy Research Working Paper 7949, World Bank, Washington, DC.

Corcoran, Adrian, and Robert Gillanders. 2015. "Foreign Direct Investment and the Ease of Doing Business." *Review of World Economics* 151（1）：103 - 26.

Cox, Marcus, EmeleDuituturaga and NurSholikin. 2012. "*Indonesia Case Study: Evaluation of Australian Law and Justice Assistance.*" Office of Development Effectiveness, Government of Australia.Available at www.ode.ausaid.gov.au.

Cravo, Tulio A., and CaioPiza. 2016. "The Impact of Business Support Services for Small and Medium Enterprises on Firm Performance in Low- and Middle-Income Countries: A Meta-Analysis." Policy

Research Working Paper 7664, World Bank, Washington, DC.

Dabla-Norris, Era, Mark Gradstein and Gabriela Inchauste. 2008. "What Causes Firms to Hide Output? The Determinants of Informality." *Journal of Development Economics* 85（1 - 2）：1 - 27

Dabla-Norris, Era, Florian Misch, Duncan Cleary and MunawerKhwaja. 2017. "Tax Administration and Firm Performance: New Data and Evidence for Emerging Market and Developing Economies." IMF Working Paper 17/95, International Monetary Fund, Washington, DC.

Dam, Kenneth W. 2006. "The Judiciary and Economic Development." *John M. Olin Law and Economics Working Paper* 287（Second Series）, University of Chicago Law School, Chicago

Dana, Leo Paul. 2001. "The Education and Training of Entrepreneurs in Asia." *Education and Training* 43（8/9）：405 - 16.

De Varo, Jed, Nan Maxwell and Hokada Morita. 2017. "Training and Intrinsic Motivation in Non-Profit and For-Profit Organizations." *Journal of Economic Behavior & Organization* 139（C）：196 - 213.

De Wulf, Luc, and José B. Sokol, eds. 2005.Customs Modernization Handbook. Washington, DC: World Bank.

Demenet, Axel, MireilleRazafindrakoto and François Roubaud. 2016. "Do Informal Businesses Gain from Registration and How? Panel Data Evidence from Vietnam."

World Development 84（August）：326 - 341.

Di Maggio, Marco, and Amir Kermani. 2016. "The Importance of Unemployment Insurance as an Automatic Stabilizer." NBER Working Paper 22625, National Bureau of Economic Research, Cambridge, MA.

Djankov, Simeon. 2016. "The Doing Business Project: How It Started: Correspondence." *Journal of Economic Perspectives* 30（1）：247 - 48

Djankov, Simeon, Caroline Freund and Cong S. Pham. 2010. "Trading on Time." *Review of Economics and Statistics* 92（1）：166 - 73.

Djankov, Simeon, Tim Ganser, CaraleeMcLiesh, Rita Ramalho and Andrei Shleifer. 2010. "The Effect of Corporate Taxes on Investment and Entrepreneurship." *American Economic Journal: Macroeconomics* 2（3）：31 - 64.

Djankov, Simeon, DorinaGeorgieva and Rita Ramalho. 2018. "Business Regulations and Poverty." *Economics Letters* 165（April）：82 - 87.

Djankov, Simeon, Oliver Hart, CaraleeMcLiesh and Andrei Shleifer. 2008. "Debt Enforcement around the World." *Journal of Political Economy* 116（6）：1105 - 1149.

Djankov, Simeon, Rafael La Porta, Florencio López-de-Silanes and Andrei Shleifer. 2002. "The Regulation of Entry." *Quarterly Journal of Economics* 117（1）：1 - 37.

____.2008. "The Law and Economics of Self-Dealing." *Journal of Financial Economics* 88（3）：430 - 65.

Djankov, Simeon, Rafael La Porta, CaraleeMcLiesh and Andrei Shleifer. 2003. "Courts." *Quarterly Journal of Economics* 118（2）: 453‒517.

Djankov, Simeon, DarshiniManraj, CaraleeMcLiesh and Rita Ramalho. 2005. "Doing Business Indicators: Why Aggregate, and How to Do It." World Bank, Washington, DC.

Djankov, Simeon, CaraleeMcLiesh and Andrei Shleifer. 2007. "Private Credit in 129 Countries." *Journal of Financial Economics* 84（2）: 299‒329.

Djankov, Simeon, and Rita Ramalho. 2009. "Employment Laws in Developing Countries." *Journal of Comparative Economics* 37（1）: 3‒13.

Doe, Frederick, and Emmanuel Selase Asamoah. 2014. "The Effect of Electric Power Fluctuations on the Profit ability and Competitiveness of SMEs: A Study of SMEs within the Accra Business District of Ghana." *Journal of Competitiveness* 6（3）: 32‒48. http://dx.doi.org/10.7441 /joc.2014.03.03.

Dubai, Dubai Courts. 2008. Annual Report Dubai Courts. Available at http://www.dubaicourts.gov.ae/portal/page/portal/courts_portal/files/pdf /DC_ANNUAL_REPORT_2008_EN.PDF. _____.2016. Annual Report Dubai Courts. Available at http://www.dubaicourts.gov.ae/jimage/files/annual_report_2016_EN_01.pdf._____.2017. Annual Report Dubai Courts. Available at http://www.dubaicourts.gov.ae/jimage/files/annual_report_2017_EN_3.pdf.

Durnev, Art, VihangErrunza and Alexander Molchanov. 2009. "Property Rights Protection, Corporate Transparency, and Growth." *Journal of International Business Studies* 40（9）: 1533‒62.

Elnaga, Amir, and Amen Imran. 2013. "The Effect of Training on Employee Performance." *European Journal of Business and Management 5*（4）137‒47.

Esposito, Gianluca, SergiLanau and SebastiaanPompe. 2014. "Judicial System Reform in Italy‒A Key to Growth." IMF Working Paper 14/32, International Monetary Fund, Washington, DC.

European Commission. 2017. "Competitiveness in Low‒Income and Low‒Growth Regions: The Lagging Regions Report." European Commission Staff Working Document, European Commission, Brussels.

European Judicial Training Network. 2016. "*Judicial Training Principles.*" Available at http://www.ejtn.eu/PageFiles/15756 /Judicial%20Training%20Principles _EN.pdf.

European Parliament. 2016. "*The Cost of Non‒Europe in the Area of Organized Crime and Corruption— Annex I— Corruption.*" European Parliamentary Research Service, PE 579.319, European Union, Brussels. Available at http:// www.europarl.europa.eu/RegData /etudes/STUD/2016/579319 /EPRS_STU（2016）579319_EN.pdf.

Carrera S, Guild E, Vosyliūtė L, et al. The Cost of Non‒Europe in the Area of Organised Crime. *Social Science Electronic Publishing*, 2016.

_____. 2017. "*The Training of Judges and Legal Practitioners—Ensuring the Full Application of EU Law.*" Available at http://www.europarl.europa.eu /RegData/etudes/IDAN/2017/583134 /IPOL_IDA（2017）583134_EN.pdf.

FAO（Food and Agriculture Organization of the United Nations）. 2017. Improving ways to record tenure rights. Rome: FAO.

Farole, Thomas, IssamHallak, Peter Harasztosi and Shawn Tan. 2017. "Business Environment and Firm Performance in European Lagging Regions." Policy Research Working Paper 8281, World Bank, Washington, DC.

Fire Protection Association of South Africa. 2015. "*South Africa Fire Loss Statistics* 2015." Available at http://www.fpasa.co.za/images/FireStats//JUNE‒2017‒STATS‒FOR‒LIBRARY.pdf.

Fourie, Clarissa. 1998. "The Role of Local Land Administrators: An African Perspective." *Land Use Policy* 15（1）: 55‒66.

Freund, Caroline, and BineswareeBolaky. 2008. "Trade, Regulations, and Income." *Journal of Development Economics* 87: 309‒21.

Freund,Caroline,Nadia Rocha. 2011. "What Constrains Africa's Exports?" *The World Bank Economic Review* 25（3）: 361‒86.

Geginat, Carolin, and Rita Ramalho. 2015. "*Electricity Connections and Firm Performance in 183 Countries.*" Global Indicators Group, World Bank Group, Washington, DC.Available at http://www.doingbusiness.org /~/media/GIAWB/ Doing%20Business /Documents/ Special-Reports/DB15 -Electricity-Connections-and-Firm -Performance.pdf.

Giné, Xavier, and Inessa Love. 2010. "Do Reorganization Costs Matter for Efficiency? Evidence from a Bankruptcy Reform in Colombia." *The Journal of Law & Economics* 53 (4): 833-64.

Guner, Nezih, Gustavo Ventura and Yi Xu. 2008. "Macroeconomic Implications of Size-Dependent Policies." *Review of Economic Dynamics* 11: 721-44.

Gutiérrez, Maria. 2003. "An Economic Analysis of Corporate Directors' Fiduciary Duties." *The RAND Journal of Economics* 34 (3): 516-35.

Hadfield, Gillian K. 2008. "The Levers of Legal Design: Institutional Determinants of the Quality of Law." *Journal of Comparative Economics* 36 (2008): 43-73.

Hallward-Driemeier, Mary, and Lant Pritchett. 2015. "How Business Is Done in the Developing World: Deals versus Rules." *Journal of Economic Perspectives* 29 (3): 121-40.

Hampson, Ian. 2002. "Training Reform: Back to Square One?" *Economic &Labour Relations Review* 13 (1): 149-74.

Heckman, James, and Carmen Pagés. 2003. "Law and Employment: Lessons from Latin America and the Caribbean." NBER Working Paper 10129, National Bureau of Economic Research, Cambridge, MA.

Herrendorf, Berthold, and Arilton

Teixeira. 2011. "Barriers to Entry and Development." *International Economic Review* 52 (2): 573-602.

HRRC (Human Rights Resource Center). 2014. "*Judicial Training in ASEAN: A Comparative Overview of Systems and Programs.*" Available at http://hrrca.org/wp-content/ uploads/2015/05/Judicial-Training-in-ASEAN.pdf.

Hsieh, Chang-Tai, and Peter J. Klenow. 2009. "Misallocation and Manufacturing TFP in China and India." *Quarterly Journal of Economics* 124 (4): 1403-48.

Ichino, Andrea, Michele Polo and EnricoRettore. 2003. "Are Judges Biased by Labor Market Conditions?" *European Economic Review* 47 (5): 913-44.

Indonesia, Supreme Court. 2008. Annual Report: 119. Jakarta: The Republic of Indonesia Supreme Court.

_____. 2011. Annual Report: 109. Jakarta: The Republic of Indonesia Supreme Court.

_____. 2012. Annual Report: 276-283. Jakarta: The Republic of Indonesia Supreme Court.

IOJT (International Organization for Judicial Training). 2017. "*Declaration of Judicial Training Principles.*" Available at http:// www.iojt. org/~/media/Microsites/Files/IOJT/ Microsite/2017-Principles.ashx.

Iverson, Benjamin, Joshua Madsen, Wei Wang and QipingXu. 2018. "*Practice Makes Perfect: Judge Experience andBankruptcy Outcomes.*" Available at https:// ssrn.com/abstract=3084318.

Johanson, Richard. 2009. "A Review

of National Training Funds." Social Protection Working Paper 922, World Bank, Washington, DC.

Josias, Ronald. 2014. "*Building Quality Infrastructure in Africa. Overview of Accreditation & Pan-African Quality Infrastructure.*" African Accreditation Cooperation.Available at https:// www. wto.org/english/tratop_e/tbt_e /session_4nov/4_south_africa.pdf.

Jimenez, Raul. 2017. "Development Effects of Rural Electrification." Policy Brief IDB-PB-261, Infrastructure and Energy Division, Inter-American Development Bank, Washington, DC.

Kapp, William. 1950. *The Social Costs of Private Enterprise.* Cambridge, MA: Harvard University Press.

Kawaguchi, Daiji, and TetsushiMurao. 2014. "Labor-Market Institutions and Long Term Effects of Youth Unemployment." *Journal of Money Credit and Banking* 46 (S2): 95-116.

Klapper, Leora, Luc Laeven and RaghuramRajan. 2006. "Entry Regulation as a Barrier to Entrepreneurship." *Journal of Financial Economics* 82 (3): 591-629.

Kroll, Alexander, and Donald P. Moynihan. 2015. "Does Training Matter? Evidence from Performance Management Reforms." *Public Administration Review* 75 (3): 341-503.

Kuddo, Arvo, David Robalino and Michael Weber. 2015. "Balancing Regulations to Promote Jobs: From Employment Contracts to Unemployment Benefits." World Bank, Washington, DC.

Laeven, Luc, and Christopher Woodruff. 2007. "The Quality of the Legal System, Firm Ownership, and Firm Size." *Review of Economics and Statistics* 89（4）: 601 - 14.

La Porta, Rafael, and Andrei Shleifer. 2008. "*The Unofficial Economy and Economic Development.*" Tuck School of Business Working Paper 2009-57, Dartmouth College, Hanover, NH. Available at Social Science Research Network（SSRN）.http://ssrn.com/abstract=1304760.

Shleifer P A . The Unofficial Economy and Economic Development. *Brookings Papers on Economic Activity*, 2008, 2008:275-352.

Lawless, Martina. 2013. "Do Complicated Tax Systems Prevent Foreign Direct Investment?" *Economica* 80（317）: 1 - 22.

Loayza, Norman V., Ana Maria Oviedo and Luis Servén. 2005. "The Impact of Regulation on Growth and Informality: Cross-Country Evidence." Policy Research Working Paper 3623, World Bank, Washington, DC.

Lorizio, Marilene, and Antonia Rosa Gurrieri. 2014. "Efficiency of Justice and Economic Systems." *Procedia Economics and Finance* 17: 104 - 112.

Love, Inessa, María Soledad MartínezPería and Sandeep Singh. 2016. "Collateral Registries for Movable Assets: Does Their Introduction Spur Firms' Access to Bank Finance?" *Journal of Financial Services Research* 49（1）: 1 - 37.

Macchiavello, Rocco. 2008. "Public Sector Motivation and Development Failures." *Journal of Development Economics* 86（1）: 201 - 13.

Magnuson, Eric J., Steven M. Puiszis, Lisa M. Agrimonti and Nicole S. Frank. 2014. "*The Economics of Justice.*" Available at https://www.americanbar.org/content /dam/aba/administrative/tips/14 _economics_of_justice.authcheckdam .pdf.

Martincus, Christian Volpe, JeronimoCarballo and Alejandro Graziano. 2015. "Customs." *Journal of International Economics* 96 (2015): 119 - 37.

McKinnon, Alan, ChristophFlöthmann, Kai Hoberg and Christina Busch. 2017. Logistics Competencies, Skills, and Training: A Global Overview. Washington, DC: World Bank.

McLinden, Gerard, Enrique Fanta, David Widdowson and Tom Doyle, eds. 2011.Border Management Modernization. Washington, DC: World Bank.

Men Yon, Kwan, and Simon Hearn. 2016. "Laying the Foundations of Good Governance in Indonesia's Judiciary: A Case Study as Part of an Evaluation of the Australia Indonesia Partnership for Justice." Overseas Development Institute, London.

Mitman, Kurt. 2016. "Macroeconomic Effects of Bankruptcy and Foreclosure Policies." *American Economic Review* 106 (8): 2219 - 55.

Mitton, Todd. 2016. "The Wealth of Subnations: Geography, Institutions, and Within-Country Development." *Journal of Development Economics* 118 (January): 88 - 111.

Moïsé, Evdokia. 2013. "The Costs and Challenges Implementing Trade Facilitation Measures." OECD Trade Policy Paper 157, OECD, Paris.

Monteiro, Joana, and Juliano-Assunção. 2012. "Coming Out of the Shadows? Estimating the Impact of Bureaucracy Simplification and Tax Cut on Formality in Brazilian Microenterprises." *Journal of Development Economics* 99: 105 - 15.

Montenegro, Claudio, and Carmen Pagés. 2003. "Who Benefits from Labor Market Regulations?" Policy Research Working Paper 3143, World Bank, Washington DC.

_____. 2007. "Job Security and the Age Composition of Employment: Evidence from Chile." *Estudios de Economía* (34): 109 - 39.

Munemo, Jonathan. 2014. "Business StartUp Regulations and the Complementarity Between Foreign and Domestic Investment." *Review of World Economics* 150 （4）: 745 - 61.

Mutai, Kiprotich W., OsumbaOgeta, Chris Wosyanju and Joaz K. Korir. 2007. "*Electrical Safety Management in the Kenya Informal Sector: A Case of EldoretJua Kali Sector.*" Agricultural Engineering International: the CIGRE-journal7 (IX). Available at http://www.cigrjournal.org/index.php/Ejounral/article/download/962/956.

Nees, Anne Tucker. 2007. "Making a Case for Business Courts: A Survey of and Proposed Framework to Evaluate Business Courts." *Georgia State University Law Review* 24

（2）：477 - 532.

Neira，Julian. 2017. "Bankruptcy and Cross Country Differences in Productivity." *Journal of Economic Behavior and Organization* （2017）.Available at http:// dx.doi. org/10.1016/j.jebo.2017.07.011.

Neira J . Bankruptcy and Cross-Country Differences in Productivity. *Journal of Economic Behavior & Organization*，2017.

Norbäck，Pehr-Johan，Lars Persson and Robin Douhan. 2014. "Entrepreneurship Policy and Globalization." *Journal of Development Economics* 110: 22 - 38.

OECD （Organisation for Economic Co-operation and Development）. 2013. OECD Employment Outlook 2013. Paris，France: OECD.

_____. 2014. OECD Employment Outlook 2014. Paris，France: OECD.

Okafor，Harrison. 2012. "*Testing the Relationship between Energy Consumption and Economic Growth: Evidence from Nigeria and South Africa.*" Journal of Economics and Sustainable Development 3 （11）. Available at http:// www.iiste.org/ Journals/index.php/JEDS /article/ viewFile/3082/3123.

Palumbo，Giuliana，Giulia Giupponi，Luca Nunziata and Juan Mora-Sanguinetti. 2013. "*Judicial Performance and Its Determinants: A Cross-Country Perspective.*" OECD Economic Policy Paper 5/2013，OECD，Paris. Available at http://www.oecd .org/eco/growth/ FINAL%20Civil %20Justice%20 Policy%20Paper.pdf.

Paunov，Caroline. 2016. "Corruption's Asymmetric Impacts on Firm Innovation." *Journal of Development Economics* 118 （January）: 216 - 31.

Peng，Mike，and Anne S. York. 2001. "Behind Intermediary Performance in Export Trade: Transactions，Agents and Resources." *Journal of International Business Studies* 32 （2）: 327 - 46.

Portugal-Perez，Alberto，and John S. Wilson. 2011. "Export Performance and Trade Facilitation Reform: Hard and Soft Infrastructure." *World Development* 40 （7）: 1295 - 1307.

Rachlinski，Jeffrey J.，Chris Guthrie and Andrew J. Wistrich. 2006. "Inside the Bankruptcy Judge's Mind." *Boston University Law Review* 86 （5）: 1227 - 65.

Rangel，Estellito Junior，Alan Rômulo S. Queiroz and Maurício F. de Oliveira. 2015. "The Importance of Inspections on Electrical Installations in Hazardous Locations." *IEEE Transactions on Industry Applications* 2015 （1）:1 - 1. Available at https://www.researchgate.net /publication/282546809_

Rud，Juan Pablo. 2012. "Electricity Provision and Industrial Development: Evidence from India." *Journal of Development Economics* 97 （2）: 352 - 67. Available athttps:// econpapers.repec.org/article / eeedeveco/v_3a97_3ay_3a2012 _3ai_3a2_3ap_3a352-367.htm.

Scarpetta，Stefano，Philip Hemmings，Thierry Tressel and Jaejoon Woo. 2002. "The Role of Policy and Institutions for Productivity and Firm Dynamics. Evidence from Micro and Industry Data." OECD Economics Department Working Paper 329, OECD, Paris.

Scarpetta S，Hemmings P，Tressel T，et al. THE ROLE OF POLICY AND INSTITUTIONS FOR PRODUCTIVITY AND FIRM DYNAMICS: EVIDENCE FROM MICRO AND INDUSTRY DATA. Oecd Economics Department Working Papers，2002.

Schneider，Friedrich. 2005. "The Informal Sector in 145 Countries." Department of Economics，University Linz，Austria.

Scott，Andrew，Emily Darko，Alberto Lemma and Juan-Pablo Rud. 2014. "How Does Electricity Insecurity Affect Businesses in Low and Middle-Income Countries?" ODI Briefing 1，Overseas Development Institute，London.

Tomasic，Roman. 2013. *Insolvency Law in East Asia*. Burlington: Ashgate.

Trebilcock，Michael，and Jing Leng. 2006. "The Role of Formal Contract Law and Enforcement in Economic Development." *Virginia Law Review* 92 （7）: 1517 - 80.

Ulku，Hulya，and Silva Muzi. 2015. "Labor Market Regulations and Outcomes in Sweden: A Comparative Analysis of Recent Trends." Policy Research Working Paper 7229，World Bank，Washington，DC.

UNCITRAL （United Nations Commission on International Trade Law）. 2001. Yearbook 32. Report on UNCITRAL-INSOL-IBA Global Insolvency Colloquium. New York and Vienna: UNCITRAL.

_____. 2004. Legislative Guide on Insolvency Law. New York: United Nations.

UNECE (United Nations Economic Commission for Europe). 1996. Land Administration Guidelines with Special Reference to Countries in Transition. New York and Geneva: UNECE.

Urciuoli, Luca. 2016. "Port Security Training and Education in Europe—A Framework and a Roadmap to Harmonization." *Maritime Policy & Management* (January) 580 - 96.

Uzzaman, Almas, and Mohammed Abu Yusuf. 2011. "The Role of Customs and other Agencies in Trade Facilitation in Bangladesh: Hindrances and Ways Forward." *World Customs Journal* 5 (1): 29 - 42.

Valerio, Alexandria, Brent Parton and Alicia Robb. 2014. "Entrepreneurship Education and Training Programs around the World: Dimensions for Success." Directions in Development, World Bank, Washington, DC.

Visaria, Sujata. 2009. "Legal Reform and Loan Repayment: The Microeconomic Impact of Debt Recovery Tribunals in India." *American Economic Journal: Applied Economics* 1 (3): 59 - 81.

Volpe Martincus, Christian, and Jerónimo Carballo. 2010. "Entering New Country and Product Markets: Does Export Promotion Help?" *Review of World Economics* 146 (3): 437 - 67.

Williamson, Ian. 2000. "Best Practices for Land Administration Systems in Developing Countries." Paper presented at the International Conference on Land Policy Reform, Jakarta, Indonesia, July 25 - 27.

Williamson I P . Best practices for land administration systems in developing countries. *World Bank Other Operational Studies*, 2000:1–32.

Winters, L. Alan. 2004. "Trade Liberalisation and Economic Performance: An Overview." *The Economic Journal* (114): F4 - 21.

World Bank. 2011. *Principles for Effective Insolvency and Creditor/Debtor Regimes.* Revised. Washington, DC: World Bank. Available at http://siteresources. worldbank.org/EXTGILD/Resources/5807554-1357753926066/ ICRPrinciples-Jan2011[FINAL].pdf

_____. 2012. World Development Report 2013: Jobs. Washington, DC: World Bank.

_____. 2018. World Development Report 2019: The Changing Nature of Work. Washington, DC: World Bank.

WCO (World Customs Organization). 2008. "*Customs in the 21st Century: Enhancing Growth and Development through Trade Facilitation and Border Security.*" Annex II to Doc. SC0090E1a, p. II/8. Available at http://www.wcoomd. org/~/media/wco/public/global/pdf/ topics/key-issues /customs-in-the-21st-century/annexes /annex_ii_en.pdf?la=en.

Wren-Lewis, Liam. 2014. "Utility Regulation in Africa: How Relevant is the BritishModel?" *Utilities Policy* 31 (C): 203 - 05. Available at https://ideas.repec.org/a /eee/ juipol/v31y2014icp203–205.html.

WTO (World Trade Organization). 2016. "WCO Study Report on Customs Brokers." World Customs Organization, Brussels.

_____. 2015. World Trade Report 2015. Geneva: WTO.

数据注释

《营商环境报告》中提到和分析的指标衡量了商业监管、法律框架的质量和力度、产权保护以及它们对企业特别是国内中小企业的影响。首先，这些指标记录了监管的复杂性，如开办企业或登记商业财产转让的手续数量。其次，它们衡量实现监管目标或进行监管的时间和成本，例如执行合同、办理破产或跨境贸易的时间和成本。再次，它们衡量了财产法保护的程度。例如，保护少数投资者免受公司董事的掠夺，或者根据担保交易法衡量出可用作抵押的资产范围。从次，这一套指标记录了企业的税负。最后，这一组数据涵盖了就业监管的不同方面。《营商环境报告》衡量的 11 套指标随着时间的推移而增加，经济体和城市的样本也有所扩大（表 8.1）。

方法论

《营商环境报告》的数据采用标准方法收集。首先，营商环境研究团队和专家顾问一起设计调查表。该调查表使用一个简单的商业案例来确保不同经济体之间的可比性，并随着时间推移，对企业的法律形式、规模、地址和运营性质作出假设。

问卷调查对象为 13800 多名当地专家，包括律师、商业顾问、会计师、货运代理商、政府官员和其他经常管理或就法律和规章要求提供建议的专业人员（表 8.2）。这些专家与营商环境研究团队进行了多轮互动，包括电话会议、书面通信和集体访问。《2019 年营商环境报告》研究团队成员访问了 28 个经济体，以核实数据并招募受访者。调查问卷的数据经过多轮验证，从而修订或扩展收集到的信息。

营商环境报告的研究方法有几个优点。首先，它是透明的，使用有关法律和法规说明的真

表 8.1 《营商环境报告》所涵盖的指标及经济体

指标	DB 2004	DB 2005	DB 2006	DB 2007	DB 2008	DB 2009	DB 2010	DB 2011	DB 2012	DB 2013	DB 2014	DB 2015	DB 2016	DB 2017	DB 2018	DB 2019
获得电力																
办理施工许可证																
跨境贸易																
纳税																
保护少数投资者																
登记财产																
获得信贷																
办理破产																
执行合同																
劳动力市场监管																
开办企业																
经济体数量	133	145	155	175	178	181	183	183	183	183	185	189	189	190	190	190

注：每年加入样本的经济体的数据将反算到前一年，将科索沃和黑山排除在外。他们是在成为世界银行集团的成员后被加入到样本中的。从 2015 年开始，尽管没有额外经济体加入，但有 11 个城市列入样本。《2019 年营商环境报告》的纳税数据是参照 2017 年 1-12 月的数据。其他指标参照 2018 年 5 月的数据。

表 8.2 《营商环境报告》咨询专家数量

指标集	受访者	受访者所在经济体数量（%）		
		1-2	3-5	5+
开办企业	2364	10	23	67
办理施工许可证	1320	18	37	45
获得电力	1283	23	39	38
登记财产	1484	15	37	48
获得信贷	1817	8	27	65
保护少数投资者	1428	24	32	44
纳税	1754	9	23	68
跨境贸易	1616	13	36	51
执行合同	1624	14	36	50
办理破产	1364	21	32	47
劳动力市场监管	1205	17	41	42
总计	17259	16	33	51

注：被调查的总人数包括贡献多个指标集的专家。

实信息，允许与当地受访者进行多次互动以澄清对问题的潜在误解。有代表性的受访者样本不会对报告产生影响，因为《营商环境报告》不是统计调查，而是收集相关法律法规的文本，并检查答案的准确性。其次，该方法易

于借鉴，因此可以在大量经济样本中收集数据。由于数据收集中使用了标准假设，因此不同经济体之间的比较和基准是有效的。最后，这些数据不仅突出了企业面临的具体监管障碍的程度，而且还指出了这些障碍的来源，

并指出了可能进行改革的方面。《2019 年营商环境报告》在指标层面上的研究方法没有重大变动。

所衡量内容的局限性

《营商环境报告》的研究方法在解释数据时受限于五个方面。

第一，对大多数经济体而言，收集到的数据指的是最大商业城市（与某些经济体的首都不同）的企业，不代表该经济体其他城市的情况。但是《营商环境报告》收集了 2013 年人口超过 1 亿的 11 个经济体的第二大商业城市的数据。[1] 为了解决这一限制，创建了区域营商环境指标（专栏 8.1）。

第二，数据通常集中于特定的企业类型，通常是特定规模的有限责任公司（或其法律等组织），可能不代表对其他企业的监管（例如，个人独资企业）。

■ 专栏 8.1 比较商业监管和学习地方一级的最佳实践：区域营商环境报告

通过学习国际良好实践来改善营商监管环境可以促进经济发展。然而在同一经济体中，学习不同地方实践的最佳做法可以成为更强大的动力。根据年度报告，区域性营商环境报告将营商环境指标扩展到经济体最大的商业城市之外。这些研究是由需求驱动和应各国政府的要求进行的，它们抓住了地方一级在监管或执行方面的差异，使政策制定者能够有效地针对瓶颈改善整个经济体的营商环境。

区域营商环境报告产生的数据在经济体与国际范围内的各地具有可比性。政策制定者可以在当地和全球范围内以其结果为基准，当最大的商业城市采纳其境内记录的所有最佳实践时，他们在营商环境方面的整体表现将如何改善。区域性研究可以增加各级政府对监管改革的讨论，为地方政府和机构提供相互学习的机会，从而实现地方所有权和能力建设。

在一个经济体内的不同地区，监管或执行国家法律方面可能存在重大差异。一项于 2017 年完成的对哥伦比亚 32 个部门进行指标测评的区域性营商环境研究显示，企业家所面临的现实因地理位置不同而不同。例如，在开办企业方面，哥伦比亚三分之一的城市表现与奥地利、德国和波兰（都是经合组织的高收入经济体）相似。然而在全球排名倒数的 10 个国家中，只有 2 个国家（即委内瑞拉玻利瓦尔共和国和赤道几内亚共和国，分别有 20 个和 16 个程序）超过了伊尼里达市（16 个程序）所需的手续数量。

主要教训是什么？各实体之间的合作促进改革。在哥伦比亚，这种合作采取部门、市政府和商会之间协议的形式，以便支付登记费和协调检查。市政府和城市策展人（负责建筑许可证管理的私人专业人员）之间的协议，以便加速办理施工许可证。研究哥伦比亚境内其他地区的最佳实践（本例中为马尼萨莱斯）可以帮助决策者在当地推广这些做法。

自 2005 年以来，区域营商环境报告已涵盖 75 个经济体的 510 个地区。这些地区代表了世界上所有地区和不同收入水平的经济体，包括实力不强和受冲突影响的国家，如阿富汗，它们在 2017 年完成了一项区域性营商环境研究（见地图）。随着时间的推移，包括阿拉伯埃及共和国、哥伦比亚、墨西哥、尼日利亚、菲律宾、俄罗斯联邦和南非在内的 18 个经济体已经进行了两轮或两轮以上的区域性数据收集，以测量其进展情况。2018 年在四个欧盟成员国（克罗地亚、捷克共和国、葡萄牙和斯洛伐克共和国的 25 个城市）、尼日利亚（36 个国家和联邦首都阿布贾领土）和南非（13 个地区）完成了区域性研究。正在进行的研究包括另外 3 个欧盟成员国（希腊、爱尔兰和意大利的 24 个城市）、哈萨克斯坦（16 个城市）、莫桑比克（10 个城市）和阿拉伯联合酋长国。

经济特征
人均国民总收入

《2019 年营商环境报告》根据世界银行《2018 年世界发展指标》公布了 2017 年人均收入。收入使用 Atlas 方法计算（以当前美元计算）。人均收入百分比表示的成本指标，以当前美元计算的 2017 年人均国民总收入（GNI）为分母。厄立特里亚、美国（波多黎各自治邦）、圣马力诺、索马里、南苏丹、叙利亚、中国台湾、委内瑞拉玻利瓦尔共和国和也门共和国没有基于 Atlas 方法收集人均国民总收入数据。《2019 年营商环境报告》使用了这些国家和地区的国内生产总值或人均国民生产数据和其它来源的增长率，例如国际货币基金组织的世界经济展望数据库和经济学人智库。

区域和收入群体

《营商环境报告》使用世界银行的区域和收入群体分类，查看网址：https://datahelpdesk.worldbank.org/knowledgebase/ articles / 906519。《营商环境报告》的数字和表格中所列的区域平均值包括所有收入群体（低收入、中低收入、中高收入和高收入）的经济体，但经合组织高收入经济体被列为"区域"类别。

人口

《2019 年营商环境报告》报告了《2018 年世界发展指标》中公布的 2017 年中期人口统计数据。

第三，在标准化案例场景中描述的事务指的是一组特定的问题，可能不代表企业遇到的全部问题。

第四，时间的衡量标准涉及应答专家的判断要素。当搜集到的数据显示不同值时，《营商环境报告》中的时间指标代表了在标准化案例假设下给出的若干数据的中位数。

最后，该方法论假定企业具有所需的全部信息，并且在完成过程时不浪费时间。但实践中，如果企业缺乏信息或无法及时跟进，完成手续可能需要更长时间，或者企业可能会选择忽略一些烦琐的手续。出于这两个原因，《2019 年营商环境报告》中报告的时间延迟将不同于世界银行企业调查或其它公司层面调查的企业家报告。

数据质疑与修正

《营商环境报告》所依据的大部分法律法规，可在《营商环境报告》网站 http://www.doingbusiness.org 查阅。样本调查表各项指标的详细信息也发布在网站上。有关数据方法和质疑的问题可以通过电子邮件：rru@worldbank.org 提交。

《营商环境报告》每年发布 24120 项指标（每个经济体有 120 项指标）。为了创建这些指标，营商环境研究团队衡量了超过 11.7 万个数据点，每个数据点都

可以在营商环境网站上找到。从该经济体或指标被纳入报告的第一年开始，经济体或指标的历史数据都可以在网站上查找到。为了提供可比较的时间序列，对数据集进行反向计算，以便根据方法的变化和被修正的数据进行任意调整修改。该网站还提供用于背景文件的所有原始数据集。《2018 年营商环境报告》和《2019 年营商环境报告》之间的修正率为 5.6%。[2]

各国政府向《营商环境报告》提交了查询数据并提供新信息。在《2019 年营商环境报告》的编写过程中，该团队收到了来自各国政府的 151 个查询报告。此外，该团队还与 72 个经济体的政府代表举行了多次视频会议，与来自 46 个经济体的政府代表进行了面对面会谈。

开办企业

《营商环境报告》记录了企业家开办与正式经营工业或商业企业所需的所有正式的或在实践中常用手续，以及完成这些手续所需的时间、成本和最低实缴资本（图 8.1）。这些手续包括企业家在获得所有必要的批准、执照、许可证，并包括公司和有关当局雇员所需的通知、核实或印章时所经历的过程。经济体开办企业的便利度排名由开办企业的得分决定。这些分数是每个组成指标得分的简单平均值（图 8.2）。

在开办企业方法论中，世界银行将两类当地的有限责任公司纳入了考虑范围。它们在其它方面都一样，只是一类公司由五位已婚女士所有，一类由五位已婚男士所有。每个指标的得分都是这两类标准企业的所有组成指标所获得分的平均值。

在研究有关企业准入的法律、法规和公开信息后，制定了详细的程序清单，在正常情况下遵守每个程序的时间、成本和最低实缴资本。随后，当地注册律师、公证人和政府官员审查并核实数据。

另外，收集关于完成程序的手续和程序是否能同时执行的信息。假设任何所需信息随时可用，且企业家不会进行贿赂。如果当地专家回答不一致，直到数据一致前应持续调查。

为使数据在不同经济体之间具有可比性，需对业务和程序进行若干假设。

关于企业的假设

该企业：

- 它是一家有限责任公司（或其法定同等资格）。如果经济体中存在多种类型的有限责任公司，则选择国内企业中最常见的有限责任公司类型。最常见类型的信息可从注册律师或统计机构获得。

- 在经济体最大的商业城市运营。其中 11 个经济体，还收

图 8.1 当地有限责任公司成立和运营的时间、成本、最低实缴资本及手续数量是多少?

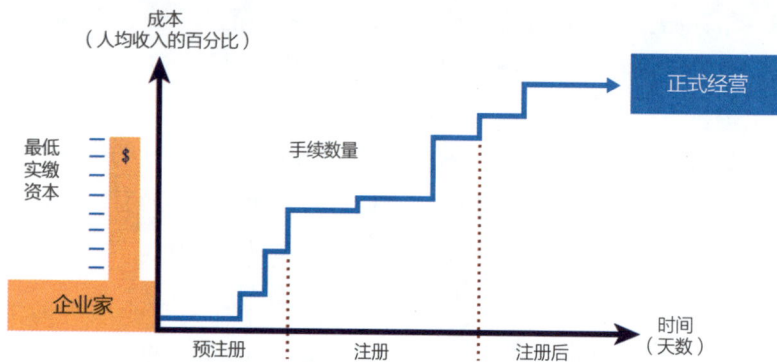

集了第二大商业城市的数据(数据详见末端的表 8A.1)。

■ 它是 100% 的国有企业并有五个所有者,其中没有一个是法人实体。

■ 启动资金是人均收入的 10 倍。

■ 从事一般性工业或商业活动,例如生产或向公众销售商品或服务。该企业不从事外贸,也不经营受特殊税收制度约束的产品,如酒类或烟草。不采用污染严重的生产过程。

■ 租赁商业厂房或办公室,而不是房屋产权所有者。

■ 办公场所的年租金相当于人均收入。

■ 整个办公室的面积约为 929 平方米(10000 平方英尺)。

■ 没有资格享受投资激励措施或任何特别的优惠。

■ 开始运营后一个月内,最少有 10 名员工、最多 50 名员工,要求这些员工全部是本国公民。

■ 营业额至少达到人均收入的 100 倍。

■ 公司章程有 10 页。

企业所有者:

■ 已达到法定成年年龄,并且能够像成年人一样做决定。如果经济体未设定法定成年年龄,则假定为年满 30 岁。

■ 理智的、有能力的、身体健康的,且没有过犯罪记录。

■ 已婚的。婚姻遵照一夫一妻制,并且已在政府登记。

■ 根据适用于当事女性投资人或当事男性投资人的法律制度,如果出现不同答案(在法律多元化的经济体中可能存在这种情况),就选用适用于大多数人的答案。

手续

手续被定义为公司创始人与外部各方(例如,政府机构、律师、审计师或公证人)或配偶(如果有法律规定)的各种互动。公司创始人或公司高级职员与员工之间的互动,不将其算为手续。而必须是在同一建筑物内,但在不同办公室或不同柜台完成的手续才被视为单独的手续。如果创始人必须针对不同顺序的手续多

次访问同一办公室,那么每一个都被算作单独的手续。创始人被假定自己完成所有手续,不需要中间人、协调人、会计师或律师,除非法律规定或多数企业家要求使用第三方。如果需要专业人员的服务,这些专业人员代表公司执行的手续将被视为单独的手续。每个电子手续都算作一个单独的手续。如果法律要求,配偶拥有企业或离开居住地的批准被视为手续,或者如果未能获得批准,配偶将承担法律规定的后果(例如丧失财务维护权)。获得公司注册和运营所需的仅针对一种性别的许可,或获得国民身份证所需的仅针对一种性别的额外文件,被视为附加手续。在这种情况下,只计算一方需要的手续,而不计算另一方需要的手续。凡是官方要求的或者是在实践中通常需要完成的用来保证企业家正式经营公司的注册前和注册后

图 8.2 开办企业:当地有限责任公司的成立与运营

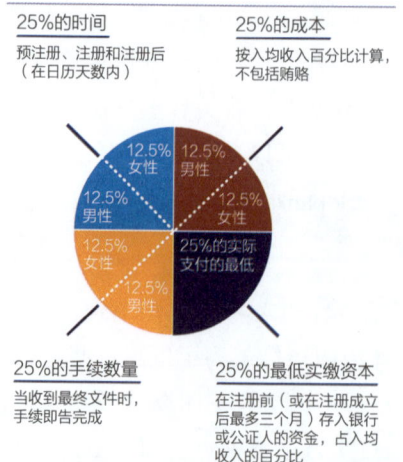

25%的时间
预注册、注册和注册后(在日历天数内)

25%的成本
按人均收入百分比计算,不包括贿赂

25%的手续数量
当收到最终文件时,手续即告完成

25%的最低实缴资本
在注册前(或在注册成立后最多三个月)存入银行或公证人的资金,占人均收入的百分比

的手续均被记录在内。（表8.3）与公共机构的正式信函或交易所需的手续也包括在内。例如，若需要在正式文件上加盖公章或印章（如税务申报），则加盖公章或印章也算作手续。同样，如果一家公司必须开立一个银行账户，以完成随后的任何一个手续（比如增值税登记或出示最低资本存款证明），那么这项交易就被作为一个手续包括在内。快捷方式只有在满足以下四个条件时才会被计算在内：它们是合法的、对公众开放的、大多数公司都使用它们、并且不使用它们将会造成延误。

所有企业都需要办理的手续才可以被包括在内，特定行业的手续被排除在外。例如，只有当遵守环境法规的手续适用于从事一般商业或工业活动的所有企业时，才包括这些手续。公司为连接电力、水、煤气和废物处理服务而进行的手续不包括在开办企业指标中。

时间

时间按照日历天数来记录。该指标采用了注册律师或公证员所提出的在实践中完成一个手续所需时间（在完成手续需要的与政府机构间的跟进工作最少，且不需要非官方付款的情况下）的中值。假定每个手续所需的最短时间为一天，但对于那些可在网上全部完成的手续，规定的最短时间为半天。虽然手续可能同时

进行，但不能在同一天开始（即同时进行的手续在连续的天数开始）。公司一旦收到最终的成立文件或正式开始营业，即视为完成注册手续。如果一个手续可以合法地以额外的成本加速，并且这个选择对经济体的得分更有利的话，那么就选择最快的手续。在征得配偶同意的情况下，假定批准不需要额外费用，除非需要公证。假定企业家不浪费时间，并承诺毫不拖延地完成每一项剩余手续。企业家用于收集信息的时间是不被衡量的。假定企业家事先没有与任何有关官员接触，从一开始就知道所有准入要求及其先后次序。

成本

成本按经济体人均收入的百分比记录。成本包括所有官方费用，以及法律或专业服务（如若法律要求或在实践中常用）的费用。如果法律要求，则公司账簿的购买和合法化费用也包括在内。虽然增值税登记可以作为一个单独的手续来计算，但是增值税并不是登记成本的一部分。公司法、商法典、具体规定和费用明细表被用作原始资料来计算成本。在没有费用表的情况下，政府官员的估计数被视为官方来源。在没有政府官员估值的情况下，使用由公司专家编制的估值。如果几个公司专家提供不同的估值，则应使用报告值的中值。在所有情况下，成本都排除贿赂。

表8.3 开办企业指标的衡量标准是什么？

合法开办企业和正式经营公司的手续

预注册（如姓名核实或预约）

在经济体中最大的商业城市注册[a]

注册后（例如社会保险注册、公司印章）

取得配偶同意开办企业或离开居住地注册公司

取得公司登记、经营所需的性别证明文件或国家身份证

完成每个手续所需时间（日历天数）

不包括收集信息的时间

每个手续在单独的一天开始（两个手续不能在同一天开始）——可以网上全部完成的手续除外

一旦收到最终注册文件或公司正式开始营业，即视为完成注册手续

事先未与有关官员接触

完成每个手续所需的成本（人均收入的%）

只计官方成本，不计贿赂

除法律规定或实践中常用的服务除外，不收取专业费用

最低实缴资本（人均收入的%）

注册前或注册后三个月内存入银行或存入第三方（例如公证机构）的资金

a. 对于个别经济体，也收集了第二大商业城市的数据。

最低实缴资本

最低实缴资本要求反映了企业家在公司注册前或注册后三个月内需要存入银行或第三方（如公证机构）的金额。它是按经济体人均收入的百分比来记录的。金额通常由商法典或公司法规定。这项法律规定需要被采纳、执行和充分实施。对公司经营的任何法律限制或与最低实缴资本要求有关的决定均记录在案。如果以每股提供法定最低资本额，则乘以拥有公司的股东人数。众多经济体都有最低资本的要求，但允许企业只在注册前支付部分资本，其余资本在运营一年后支

付。例如，2018 年 5 月，萨尔瓦多的最低资本要求是 2000 美元，其中 5% 需要在注册前支付。因此，萨尔瓦多的最低实缴资本为 100 美元，即人均收入的 2.7%。

改革

开办企业指标集，跟踪每年关于有限责任公司合作和运营便利度的变化。根据对数据的影响，某些变化被归类为改革，并列在 2017/2018 年度《营商环境报告》的改革概要中，以确认重大变革的实施。改革分为两种类型：一种使营商更便利，一种使营商更困难。开办企业指标集使用一个标准来确认改革。

指标集总分上的总差距用于评估数据变化的影响。任何导致相对分数差距变化 2% 或更多的数据更新都被归类为改革，除非该变化是官方自动收费索引至物价及工资指数的结果（更多详细信息，请参阅关于营商环境便利度分数和排名的章节）。例如，如果为公司登记实施新的一站式服务会节约时间和减少手续，从而使总体差距减少 2% 或更多，那么这种变化就被归类为改革。在某些指标上的小额费用更新或其他较小变化对相对分数差距所产生的影响小于 2%，这种变化就不会被视为改革，但数据会相应更新。

有关各经济体开办企业的数据详情，请浏览：http://www.doingbusiness.org。这种方法是由 Djankov 等人在 2002 年研发的，在这里进行了较小的改动。

办理施工许可证

《营商环境报告》记录了建筑企业建造仓库所需的所有手续，以及完成每个手续所需的时间和成本。此外，《营商环境报告》还衡量了建筑质量控制指数、建筑法规质量评价、质量控制和安全机制的力度、责任和保险制度、专业认证要求。信息是通过问卷调查的方式收集的，调查对象是施工许可方面的专家，包括建筑师、土木工程师、建筑律师、建筑公司、公用事业服务提供商，以及处理建筑法规（包括审批、许可证发放和检查）的政府官员。

各经济体办理施工许可证的便利度排名是通过对其办理施工许可证的得分进行排序决定的，这些得分是各个二级指标得分的简单平均值（图 8.3）。

施工许可的效率

《营商环境报告》在调查问卷中将建造仓库的过程分为不同的步骤，并收集数据来计算完成每个步骤所需的时间和成本（图 8.4）。这些手续包括但不限于如下：

获得建筑师和工程师开始设计建筑平面图所需的所有图纸和勘测（例如，地形勘测、位置图或土壤测试）。

获取并向当局提交所有相关的项目文件（如建筑平面图、地

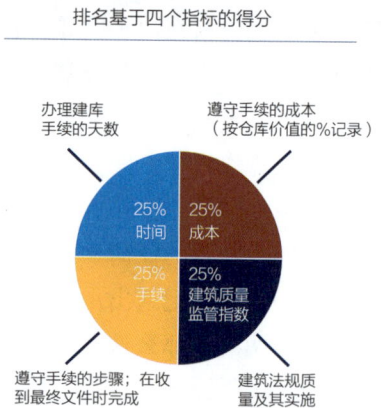

图 8.3　办理施工许可证：建筑法规的效率和质量

排名基于四个指标的得分

形图和城市化证书）。

如有需要，聘请外部第三方监督人员、顾问、工程师或检查员。获得所有必要的许可、执照、许可证和证书。提交施工开始、结束和验收的所有通知。

要求并接受所有必要的检查（除非这些检查已经由被雇用的第三方检查员完成）。

《营商环境报告》还记录了获得供水和排水连接的手续。登记仓库以便将其用作抵押品或转移到另一实体所需的手续也被计算在内。

为了使各经济体的数据具有可比性，《营商环境报告》对建筑公司、仓库工程和公用设施连接进行了若干假设。

关于建筑公司的假设

该建筑公司（Build Co）：
- 为有限责任公司（或具有同等法律效应）。
- 在经济体中最大的商业城

市运营。对于11个经济体，也收集了第二大商业城市的数据（表8A.1）。

- 是100%的国内私营公司。
- 共有五个所有者，并且都不是法人实体。
- 获得充分许可并投保以进行建筑工程，如建造仓库。
- 有60名建筑工人和其他雇员，他们都是本国公民，都具有获得施工许可和批准所需的技术专长和专业经验。
- 有持证建筑师及持证工程师（如果适用），且均已在本地建筑师或工程师协会注册。建筑公司不假定有任何其他技术或许可专家（如地质或地形专家）。
- 已缴清其一般业务活动所需的一切税款及保险（例如，建筑工人意外保险及第三者责任险）。
- 拥有建造仓库的土地，并在完工后出售仓库。

关于仓库的假设

该仓库：

- 将用于储存一般的货物（如存放书籍或文具），将不用于贮存任何需要特殊条件的货物（如食品、化学品或药品）。
- 将有两层楼，两层都在地面上，总建面积约1300 .6平方米（14000平方英尺），每层楼高3米（9英尺10英寸）。
- 将有公路通道，并位于经济体中最大商业城市的近郊地区（即仍在官方限制之内的城市边缘）。对于11个经济体，也收集第二大商业城市的数据。
- 将不建在经济特区或工业区。
- 将位于其100%拥有的约929平方米（10000平方英尺）的土地上，并在存在永久所有权的地籍和土地登记处进行准确的登记。然而当土地归政府所有并由建筑公司租赁时，则假定建筑公司将在仓库竣工时，在地籍或土地登记处或两者（以适用者为准）登记该土地。
- 被估值是人均收入的50倍。
- 将是一个新的建筑（在土地上没有以前的建筑），这片土地上没有树木、自然水源、自然保护区或者任何类型的历史遗迹。

- 由注册建筑师和注册工程师编制完整的建筑和技术方案。如果方案的编制需要取得进一步的文件或获得外部机构的事先批准等步骤，那么这些步骤应视为单独的手续。
- 将包括全面运作所需的所有技术设备。
- 施工时间为30周（不包括因行政和法规要求造成的所有延误）。

关于公用设施连接的假设

供水和排水连接：

- 建筑公司距离现有的水源和下水道接口150米（492英尺）处。如果经济体中没有供水设施，就会挖掘一个井。如果没有污水处理设施，便要安装或建造最小尺寸的化粪池。
- 不要求消防用水，而是使用灭火系统（干式）。如果法律规定需要湿式消防系统，则假定下列需水量也包括消防用水。
- 日平均用水量为662升（175加仑），日平均污水流量为568升（150加仑）。峰值用水量为1325升（350加仑），峰值污水流量为1136升（300加仑）。
- 全年的用水量及污水流量将维持不变。
- 水管的直径为2.54厘米（1英寸），排水管的直径为10.16厘米（4英寸）。

手续

手续是建筑公司的员工、经理或代表公司行事的任何一方

图8.4 建造仓库的时间、成本和手续数量是多少？

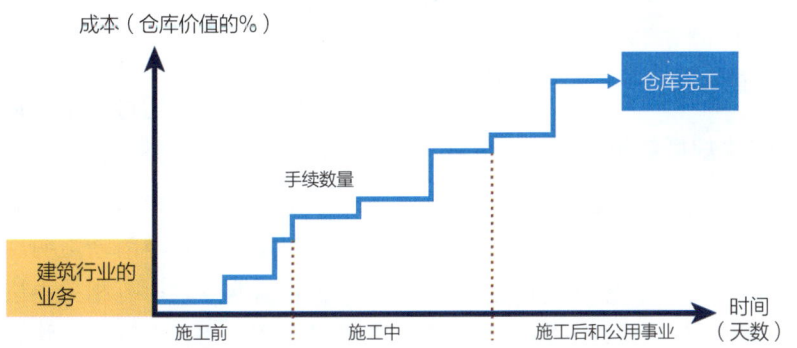

与外部各方（包括政府机构、公证人、土地登记处、地籍处、公用事业公司、公共检查员）的各种互动，以及在需要的地方聘请外部私人检查员和技术专家。公司员工之间的互动（如仓库计划的制订和内部工程师的检查），不算作手续。但是，建筑师为编制平面图和图纸而与外部人员的互动（如获取地形或地质调查结果），还有为获得外方批准或盖章这样的互动都会算作手续。公司将仓库连接到供水和污水处理系统的手续也包括在内。即使在特殊情况下可以撤销，大多数公司在建造仓库时，法律要求和实践中所需的所有手续也要记录下来。例如，为获得施工许可证而需要取得电力技术条件或电力计划的许可，则需要作为单独的手续计算（表 8.4）。

时间

时间以日历天数记录。该指标采取了当地专家指出的在实践中完成一项手续所必需的时间中值。假定每个手续所需的最短时间为一天，但对于那些可在网上全部完成的手续，规定的最短时间为半天。虽然手续可能同时进行，但不能在同一天开始（即同时进行的手续在连续的日子开始），但可以在网上全部完成的手续除外。如果一个手续可以以额外的成本合法加速，并且这个选择对经济体得分更有利，那么就选择最快的手续。假设建筑公司不会浪费时间，并承诺立即完成每一项剩余手续。建筑公司用于收集信息的时间没有被考虑在内。假设建筑公司遵循所有的建筑要求及其先后顺序。

成本

成本按仓库价值的百分比记录（假定为人均收入的 50 倍）。只有官方成本才被记录。所有与合法建造仓库手续有关的费用都予以记录，这些费用包括：与取得土地使用批准书和施工前设计许可有关的费用；施工前、施工中、施工后的检查费用；获得公用设施连接的费用；在财产登记处登记仓库财产的费用；完成仓库项目所需的非经常性税金也被记录在内；营业税（如增值税）或资本利得税，以及预先支付、以后退还的保证金也被计入成本。建筑规范、来自当地专家的信息、具体法规和费用表被用作计算成本的来源依据。如果几个本地合作伙伴提供不同的估计值，则使用报告值的中值。

建筑质量控制

建筑质量控制指数基于六个指标：建筑法规质量，施工前、施工中和施工后的质量控制，责任和保险制度以及专业认证指数（表 8.5）。该指标基于与效率衡量标准相同的案例研究假设。

建筑法规质量指数

建筑法规质量指数有两个组成部分：

■ 建筑法规的获取是否便利。如果建筑法规（包括建筑准

表 8.4 施工许可效率指标的衡量标准是什么？

合法建造仓库的手续（编号）
提交所有相关文件，并获得所有需要的许可、执照、许可证和证书
提交所有必要的通知并接受所有必要的检查
获得供水和污水处理的公用设施连接
仓库建成后进行登记（如果需要用作担保或转让仓库）
完成每个手续所需时间（日历天数）
不包括收集信息的时间
每个手续都在单独的一天开始——但是可以网上全部完成的手续除外
一旦收到最终文件，手续即视为完成
事先未与有关官员接触
完成每个手续所需的成本（仓库价值的 %）
只计官方成本，不计贿赂

则）或与施工许可有关的规定可在网站上查阅，并且该网站随着新法规的出台随时更新，则评为 1 分；如果建筑法规是在有关许可证免费（或象征性收费）取得，则评为 0.5 分；如果必须购买建筑法规，或在任何地方都不易获取，则评为 0 分。

■ 是否清楚列明获得建筑施工许可证的规定。如果建筑法规（包括建筑规范）或各种可访问的网站、说明书或手册明确规定了提交所需文件的清单、要支付的费用以及所有需要得到相关机构预先批准的图纸或规划，则评为 1 分。如果这些来源没有对上述任何要求进行明确规定，或者明确规定的要求不超过三个，则评为 0 分。

该指数的范围从 0~2，分值越高表明建筑法规越清晰透明。例如，在新西兰，所有相关立法都可以在政府的官方网站上找到

（得分为1）。立法规定了所需提交的文件清单、要支付的费用，以及有关机构对图纸或规划所需的所有预先批准（得分为1）。把这些数字加起来，新西兰在建筑法规质量指数上得了2分。

施工前质量控制指数

施工前质量控制指数有一个组成部分：

■ 是否有法律规定，持证建筑师或持证工程师都必须是审查和批准施工许可申请的委员会或小组的成员；同时，如果规划不符合规定，该人是否有权拒绝申请。如果国家建筑师或工程师协会（或其同等机构）必须评审建筑方案，或是一家独立公司或专家（持证建筑师或工程师）必须评审建筑方案，或是设计建筑方案的建筑师或工程师必须向许可证发放机构提交证明书以说明方案符合建筑法规，或是持证建筑师或工程师是相关许可发放部门中负责批准建筑方案的委员会或小组成员，则评为1分；如果没有持证建筑师或工程师参与审查规划，以确保其符合建筑法规，则评为0分。

该指数的范围从0到1，分值越高表明在审查建筑方案时质量控制越好。例如，在卢旺达，基加利市政厅必须对包括规划和图纸在内的施工许可申请进行审查，并且审查方案和图纸的团队需包含一名持证建筑师和一名持证工程师。因此，卢旺达在施工前质量控制指数上得了1分。

施工中质量控制指数

施工中质量控制指数有两个组成部分：

■ 法律是否规定在施工过程中进行检查。如果政府机构被法律授权在施工期间的不同阶段进行技术检查，或者内部工程师（即建筑公司的雇员）、外部监理工程师或外部检查公司被法律授权进行技术检查且需要在施工完成时提交详细的检查报告，以及法律授权进行基于风险的检查，则评为2分。如果政府机构获法律授权只在施工期间的不同阶段进行技术检查，或由内部工程师（即建筑公司雇员）、外部监理工程师或外部检查公司依法授权在建筑施工期间的不同阶段进行技术检查，并需在施工完成时提交详细的检查报告，则评为1分；如果一个政府机构依法被授权进行不定期的检查，或者如果没有法律规定的技术检查，则评为0分。

■ 施工中的检查是否在实践中实施。如果在实际施工过程中始终进行法定检查，则评为1分；如果法律规定的检查实际上没有发生，或检查在大部分时间内没有得以实施，或者检查不被法律授权，无论检查是否在实践中经常发生，都为0分。

该指数的范围从0到3，分值越高表明施工过程中质量控制越好。例如，在安提瓜和巴布达，根据2003年《实际规划法案》，开发管理署被依法授权进行定期检查（得分为1）。然而，开发

表 8.5　建筑质量控制指标的衡量标准是什么？
建筑法规质量指数（0-2）
建筑法规的可访问性（0-1）
获得建筑许可证的明确规定（0-1）
施工前质量控制（0-1）
持证或技术专家是否批准建筑方案（0-1）
施工中质量控制（0-3）
施工期间法定的检查类型（0-2）
在实践中执行法定检查（0-1）
施工后质量控制（0-3）
施工后法定的最后检查（0-2）
在实践中执行法定的最后检查（0-1）
责任和保险制度指数（0-2）
因建筑投入使用后的结构缺陷而承担法律责任的各方（0-1）
在实践中，被依法强制购买保险以弥补建筑物占用后的结构缺陷的当事人，或通常购买保险的当事人（0-1）
专业认证指数（0-4）
批准建筑方案的个人资格要求（0-2）
对监管施工或进行检查的个人资格要求（0-2）
建筑质量控制指数（0-15）
建筑法规质量、施工前质量控制、施工中质量控制、施工后质量控制、责任保险制度和专业认证指数的总和

管理署很少在实践中进行这些检查（得分为0）。把这些数字相加，安提瓜和巴布达在施工中质量控制指数上得了1分。

施工后质量控制指数

施工后质量控制指数有两个组成部分：

■ 法律是否授权进行最后检查，以核实建筑物的建造是否符合批准的方案和现有的建筑法规。如果内部监理工程师（即建筑公司雇员）、外部监理工程师或外部检查公司被依法授权核查建筑物是否按照批准的方案和现行建筑法规建造，或者政府机

构有权在建筑物完工后进行最后检查，则评为 2 分；如果建造后没有法律规定进行最后检查，也不要求第三方核查建筑物是否按照批准的方案和现行建筑法规建造，则评为 0 分。

■ 最后的检查是否在实践中得以实施。如果实际施工后始终进行法定的最后检查，抑或监理工程师或外部检查公司证明该建筑是按照批准的方案和现行建筑法规建造的，则评为 1 分；如果法律规定的检查在实践中没有实施，或法律授权的最后检查在大部分时间内没有得以实施，或者法律没有授权最后检查，无论检查是否在实践中发生，都评为 0 分。

该指数的范围从 0 到 3，分值越高表明施工后的质量控制越好。例如，在海地，根据 2012 年《国家建筑规范》，太子港市被依法授权进行最后检查（得分为 2）。然而，在实践中并没有进行最后的检查（得分为 0）。将这些数字相加，海地在施工后质量控制指数上得了 2 分。

责任和保险制度指数

责任和保险制度指数有两个组成部分：

■ 参与施工过程的各方在法律上是否应对建筑投入使用后的潜在缺陷（例如，结构缺陷或问题）负责。如果下列各方中——设计建筑方案的建筑师或工程师，进行技术检查的专业人士或机构，建筑公司——至少有两方

在法律上应对建筑投入使用后的结构缺陷或问题负责，则评为 1 分；如果只有一方当事人对建筑投入使用后的结构缺陷或问题负法律责任，则评为 0.5 分；如果建筑物在使用后出现结构上的缺陷或问题，没有任何一方负法律责任，或工程所有者、投资者是唯一负法律责任的一方，或法律责任由法院裁定，或法律责任由合约规定，则评为 0 分。

■ 参与施工过程的各方是否被法律要求为建筑投入使用后可能存在的结构缺陷或问题进行潜在缺陷或十年责任的投保。如果法律要求设计建筑方案的建筑师或工程师、进行技术检查的专业人士或机构、建筑公司、项目所有人或者投资人为建筑投入使用后可能出现的结构缺陷或问题进行十年责任保险或潜在缺陷责任保险，抑或即使法律未做要求但上述各方中的大多数在实践中通常也会投保，则评为 1 分；如果法律不要求各方持有十年责任保险或潜在缺陷责任保险，且各方在实践中通常不进行投保，或是投保的要求由合同而非法律规定，或是各方必须在施工期间为工人的安全或其他缺陷购买专业保险或全部风险保险，但无需获得为建筑物使用后的缺陷投十年责任保险或潜在缺陷责任保险，或要求任何一方当事人不必投保，而是自己赔偿发生的任何损失，则评为 0 分。

该指数的范围从 0 到 2，分值越高表明潜在缺陷责任和保险

制度越为严格。例如，在马达加斯加，根据民法第 1792 条，在建筑完工后 10 年内，设计方案的建筑师和建筑公司都要对潜在的缺陷承担法律责任（得分为 1）。然而，法律没有要求任何一方为结构缺陷投十年责任保险，而且在实践中大多数当事方也不投保（得分为 0）。将这些数字相加，马达加斯加在责任和保险制度指数上得了 1 分。

专业认证指数

专业认证指数有两个组成部分：

■ 对负责验证建筑方案或图纸是否符合建筑法规的专业人员的资格要求。如果国家或州的条例规定，专业人员必须具备最低年限的实际经验，必须有建筑学或工程学的大学学位（至少有学士学位），并且还必须是国家建筑师或工程师协会的注册会员或通过资格考试，则评为 2 分；如果国家或州规定专业人员必须有建筑学或工程学的大学学位（至少为学士学位），而且必须具备最低年限的实践经验，或者必须是国家建筑师或工程师协会的注册会员或通过资格考试，则评为 1 分；如果国家或州规定专业人员必须满足上述要求中的一项要求，或规定专业人员必须满足其中两项要求，但两项要求均不具有大学学位，或没有国家或州的规定来确定该专业人员的资格要求，则评为 0 分。

■ 对施工期间进行技术检查的专业人员的资格要求。如果国

家或州规定专业人员必须具备最低年限的实践经验，必须有工程方面的大学学位（至少有学士学位），并且还必须是国家工程师协会的注册会员或通过资格考试，则评为 2 分；如果国家或州规定专业人士必须有工程方面的大学学位（至少为学士学位），而且必须具备最低年限的实践经验，或是国家工程师协会的注册会员或通过资格考试，则评为 1 分；如果国家或州的条例规定专业人员必须满足其中一项要求，或规定专业人员必须满足其中两项要求，但两项要求均不具有大学学位，或没有国家或州的规定来确定该专业人员的资格要求，则评为 0 分。

该指数的范围从 0 到 4，分值越高表明专业认证要求越严格。例如，在阿尔巴尼亚，施工期间进行技术检查的专业人员必需有最低年限的实践经验，有相关的大学学位，并且必须是注册建筑师或工程师（得分为 2）。不过，负责核实建筑方案或图纸是否符合建筑法规的专业人士，只需有最低年限的建筑或工程工作经验及大学学位（得分为 1）。把这些数字相加，阿尔巴尼亚在专业认证指数上得了 3 分。

建筑质量控制指数

建筑质量控制指数是建筑法规质量、施工前质量控制、施工中质量控制、施工后质量控制、责任和保险制度、专业认证指数等方面的分数之和。该指数的范

围在 0 至 15 之间，数值越高表明建筑监管体系的质量控制和安全机制越好。

如果一个经济体在 2017 年 6 月至 2018 年 5 月之间没有颁发施工许可证，或者该经济体中适用的建筑法规没有得到实施，那么该经济体在手续、时间和成本指标上就会被打上"无实践"的标记。此外，即使"无实践"经济体的法律框架内包括与建筑质量控制和安全机制有关的规定，该经济体在建筑质量控制指数上得分仍为 0。

改革

办理施工许可证指标集每年跟踪与施工许可证制度的效率和质量有关的变化。根据对数据的影响，某些变化被归类为改革，并列在 2017/2018 年度《营商环境报告》的改革概要中，以确认重大变革的实施。改革分为两种类型：一种使营商更便利，另一种使营商更困难。办理施工许可证指标集仅用一个标准来认定一项改革。

指标集总分上的总差距用于评估数据变化的影响。任何导致分数差距变化 2% 或更多的数据更新都被归类为改革，除非该变化是官方自动收费索引至物价及工资指数的结果（更多详细信息，请参阅关于营商环境便利度分数和排名的章节）。例如，如果实施新的电子许可系统节约了时间，从而使得总体差距减少了 2%

或更多，这种变化被归类为改革。在某些指标上的小额费用更新或其他较小变化对分数差距所产生的影响小于 2%，这种变化就不会被视为改革，但其影响仍反映在该指标集的最新数据上。

有关各经济体办理施工许可证的数据详情，请浏览 http://www.doingbusiness.org。

获得电力

《营商环境报告》记录了企业为标准化仓库获得永久电力连接和供电所需的所有手续（图 8.5）。这些手续包括向电力公司申请并签订合同、从供电公司和其他机构办理所有的必要检查和审批以及外部的和最终的连接作业。问卷将电力接线的过程分为不同的步骤，并收集数据来计算完成每个步骤所需的时间和成本。

此外，《营商环境报告》还衡量了供电可靠性和电费透明度指数（包括加总的营商环境分数和营商环境便利度排名中），以及电力价格（没有包括在综合排名中）。供电可靠性和电费透明度指数包括，关于停电持续时间和频率的定量数据及以下方面的定性信息：公用事业公司为监测停电和恢复供电而建立的机制；公共事业公司向监管机构报告断电的报告机制，电费的透明度和可获得性；公用事业公司是否面临旨在限制停电的财务威慑（例如，当中断超过一定上限时，要

图 8.5 《营商环境报告》衡量供电公司的电力连接过程

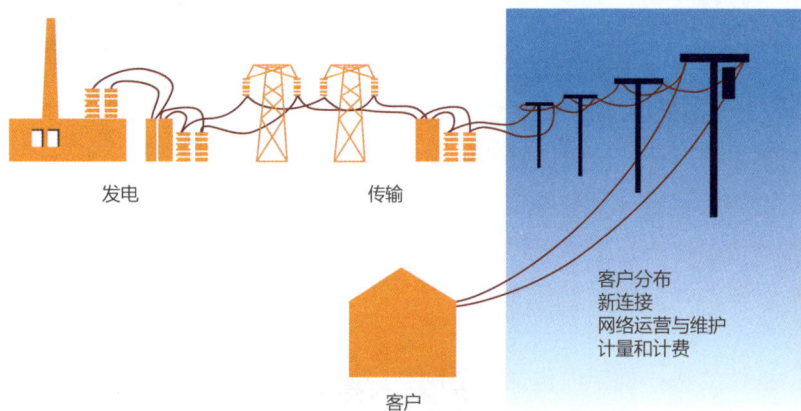

发电   传输

客户分布
新连接
网络运营与维护
计量和计费

客户

图 8.6 获得电力：效率、可靠性和透明性

排名是基于四个指标的得分

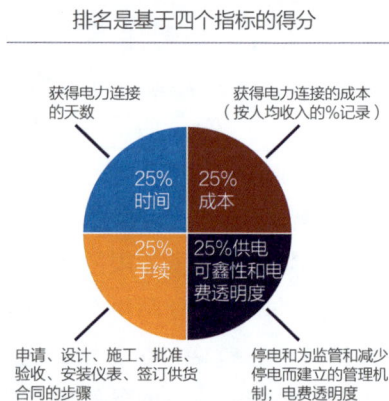

获得电力连接
的天数

获得电力连接的成本
（按人均收入的%记录）

25%
时间

25%
成本

25%
手续

25%供电
可靠性和电
费透明度

申请、设计、施工、批准、
验收、安装仪表、签订供货
合同的步骤

停电和为监管和减少
停电而建立的管理机
制；电费透明度

注：电价已测，但不计入最后的排名中。

求补偿客户或支付罚款）。

各经济体获得电力的便利度排名是通过对其获得电力的得分进行排序来决定的，这些得分是除电价外所有二级指标得分的简单平均值（图 8.6）。

根据具体数据的技术性，有关供电可靠性的数据是从供电公用事业公司或监管机构收集的。其余的信息，包括电价透明度和获得电力连接手续的数据，是从所有市场参与者——供电公用事业公司、电力监管机构和独立专业人士（如电力工程师、电力承包商和建筑公司）——那里收集的。所咨询的供电公司是为仓库所在区域提供服务的供电公司。如果可以选择供电公司，则选择服务人数最多的公司。

为了使各经济体的数据具有可比性，《营商环境报告》对仓库、电力连接和月用电量进行了

若干假设。

关于仓库的假设

该仓库：

■ 由当地企业家所有。

■ 位于经济体中最大的商业城市。对于 11 个经济体，也收集了第二大商业城市的数据（表 8A.1）。

■ 坐落于与其相似的仓库通常所在的区域。在这一区域，新的电力连接没有资格享受特殊的投资促进制度（例如，提供特别补贴或更快的服务）。

■ 位于一个没有物理限制的区域。例如，该仓库并不靠近铁路。

■ 是一座新建筑并且是第一次通电。

■ 地上两层，总面积约为 1300.6 平方米（14000 平方英尺）。它的建筑面积为 929 平方米（10000 平方英尺）。

■ 是用来储存货物的。

关于电力连接的假设

电力连接：

■ 是永久性连接线路。

■ 线路为三相四线 Y 形接线，额定容量 140 千伏安，功率因数为 1（当 1 千伏安 = 1 千瓦时）。

■ 线路长度为 150 米。该线路可能连接低压或中压配电网，可能是高架或地下线路，具体情况以仓库所在地区较为常见的为准。

■ 电力连接作业要求工程涉及穿越 10 米宽的道路（通过挖掘，架空线），但这些工程必须在公共土地上进行。由于仓库有公路通道，所以不能越过其他所有者的私有财产。

■ 客户私人财产领域内的长度可忽略不计。

■ 不需要安装仓库的内部布线。这项工作已经完成，包括客

户的维修面板或配电盘和仪表底座。但是内部布线检查和资质证书是获得一个新接线的先决条件，这些都被视为手续。

关于1月份的月用电量假设

■ 假设仓库每月运行30天，从早上9点到下午5点（每天8小时），设备平均利用率为80%并且不停电（为简单起见，上述均为假定）。

■ 月能耗为26880千瓦时；每小时耗电量为112千瓦时。

■ 如果存在多家电力供应商，则仓库由最便宜的供应商提供服务。

■ 本年度1月份生效的电价是用来计算仓库用电价格的。虽然一个月有31天，但是为了计算简便，只使用了30天。

手续

手续被定义为公司员工或其主要电工、电力工程师（即可能完成内部接线的人员）与外部各方（如配电公司、供电公司、政府机构、电力承包商和电力公司）的各种互动。公司员工之间的互动及内部电力布线的相关步骤，如内部电力安装方案的设计和执行，不计入手续范畴。但是内部布线检查和资质证书是获得新连接的先决条件，这些都被视为手续。必须在同一公用事业公司，但与不同部门共同完成的手续才被视作单独的手续(表8.6)。

假设公司员工自行完成所有手续，除非规定必须使用第三

方（例如，只有在公用事业公司注册的电工才被允许提交申请）。如果公司可以，但不需要请求专业人员（如私人公司）的服务，那么在实践中进行的每一次交互通常都被算作手续。

无论是由公用事业公司还是私人承包商执行外部工程，执行该外部工程的手续都被计算在内。但是只要满足两个指定条件，外部工程和仪表安装就可以算作一个单独的手续，即：（1）外部工程和仪表安装都是由同一家公司或机构执行。（2）对于用户来说，外部工程与仪表安装之间没有任何额外的交互（例如，需要签署的供应合同或需要支付的保证金）。

如果需要内部布线检查或安装相关的认证才能获得新的连接，则将其视为一个手续。但是如果内部检查和仪表安装同时进行，并且没有其他后续工作或通过单独的请求，则这些工作应算作一个手续。

时间

时间以日历天数记录。该指标采用了电力公司和专家们指出的在实践中完成一项后续行动最少或无需支付额外费用的手续所需的时间中值，而不是法律要求的时间。假定每个手续所需的最短时间为一天。虽然手续可能同时进行，但不能在同一天开始(即同时进行的手续在连续的日子开始)。假定本公司不浪费时间，

表 8.6 获得电力指标的衡量标准是什么?
获得电力连接的手续（数量）
提交所有相关文件，并获得所有必要的许可
完成所有必要的通知并接受所有必要的检查
获得外部安装工程，并可能为这些工程采购材料
签订必要的供货合同，取得最终供货
完成每个手续所需的时间（日历天数）
至少一个公历日
每一个手续都按单独的一天开始计算
不包括收集信息的时间
反映了在实践中花费的时间，几乎没有后续行动，也没有实现与相关官员接触
完成每个手续所需的成本（人均收入的%）
只计官方成本，不计贿赂
不包括增值税
供电可靠性与电费透明度指数（0-8）
停电持续的时间和频率（0-3）
监控停电的工具（0-1）
恢复供电的工具（0-1）
对公用实业公司绩效的监控（0-1）
旨在限制停电的财务威慑（0-1）
电费透明度和可得性（0-1）
电价（美分/千瓦时）
以商业仓库为准，按月计费

注：《营商环境报告》测量电价时，在计算用电得分或用电便度排名时，不包括上述数据。

并承诺不延误的完成每一项剩余手续。公司用于收集信息的时间没有被考虑在内。假定公司从一开始就知道所有的电力连接要求及其顺序。

成本

成本按经济体中人均收入的百分比记录，不包括增值税。完成仓库与电力连接手续的所有相关费用和成本都记录在内，其中包括在政府机构办理审批手续、申请电力连接、接受现场和

内部线路的检查、采购材料、进行实际接线作业和支付保证金。当地专家提供的信息、具体的规章制度和费用表被视为计算成本的来源依据。如果几个本地合作伙伴提供不同的估计数值，则使用报告中的中值。在所有情况下，成本都不包括贿赂。

保证金

公用事业公司可能要求缴纳保证金，以防止客户可能无法支付其消费账单。因此，新客户的保证金通常是根据客户的预估消费额来计算的。

《营商环境报告》不会记录保证金的全部金额。如果保证金基于客户的实际消费，那么这个基础就是案例研究中假设的基础。在大多数情况下，合同终止之前（假定在五年后），《营商环境报告》记录客户因持有证券部门而遭受的利息收益损失的现值，而不是保证金的全部金额。对于以保证金支付首期月度消费账单的，《营商环境报告》不予记录。为了计算利息收入损失的现值，报告使用了国际货币基金组织《国际金融统计》中2017年年末的贷款利率。在保证金附利返还的情况下，贷款利率与公用事业公司支付的利息之间的差额用于计算损失现值。

在一些经济体中，保证金可以以债券的形式提供：公司可以从银行或保险公司获得对其持有的金融机构资产的担保。与客户向公用事业公司以现金支付保证金的情况不同，在这种情况下，公司不会失去对全部金额的所有权控制，并可以继续使用它。作为回报，该公司将向银行支付获得债券的手续费。所收取的手续费可能因公司的信用状况而有所不同，假定公司拥有最佳信用度，那么可能收取的手续费为最低；在可以发行债券的情况下，所记录的保证金价值是年手续费乘以五年的假设合同期限。如果这两种选择都存在，就会记录价格更为合理的替代方案。

在中国香港特别行政区，如果客户要求在2018年开通140千伏安的供电线路，就必须以现金或支票的形式缴纳保证金64721港元（约合8250美元），保证金只有在合同结束时才能退还，而客户本可以将这笔钱以当前的贷款利率5.0%进行投资。这表明，在五年合约期内，损失利息收入的现值为14008港元（合1780美元）。相比之下，如果客户选择以1.5%的年利率结算存款，5年内损失的金额仅为4854港元（合620美元）。

供电可靠性和电费透明度指数

《营商环境报告》使用系统平均中断持续时间指数（SAIDI）和系统平均中断频率指数（SAIFI）来衡量每个经济体中最大的商业城市停电的持续时间和频率（对于11个经济体，也收集第二大商业城市的数据；

表8.7）。SAIDI是指接受服务的每位客户在一年中经历停电的平均总持续时间，而SAIFI是指接受服务的每位客户在一年中经历停电的平均次数。关于SAIDI和SAIFI的年度数据（包括日历年）是从供电公司和国家监管机构收集的。SAIDI和SAIFI的估计应该包括计划内和计划外的停电以及甩负荷的数据。

如果一个经济体满足两个条件，它就有资格在供电可靠性和电费透明度指数方面得分。首先，公用事业公司必须收集所有类型的停电数据（衡量每个客户的平均总停电时间和每个客户的平均停电次数）。其次，SAIDI值必须低于100小时的阈值，SAIFI值必须低于100次停电的阈值。

如果停电过于频繁或持续太

表 8.7　转移财产效率指标的衡量标准是什么？
不动产所有权转让的法定手续（数量）
预登记手续（例如，检查留置权、公证销售协议、缴纳财产转让税）
在经济体中最大的商业城市的登记手续[a]
登记后手续（例如，填写市政府名称）
完成每个手续所需的时间
不包括收集信息的时间
每一个手续都从单独的一天开始，除了可以在线全部完成的手续
收到最终文件表示手续已完成
事先不与官员接触
完成每个手续所需的成本（财产价值的 %）
只计官方成本（如行政费、税费）
排除增值税、资本利得税和非法支付

a. 对于 11 个经济体，也收集了第二大商业城市的数据。

久，以致电力供应被认为是不可靠的，即如果 SAIDI 或 SAIFI 值超过了确定的阈值，那么该经济体就没有资格获得分数。如果没有收集停电数据或收集部分停电数据（例如，计划内停电或甩负荷不包括在 SAIDI 和 SAIFI 指数的计算中），或计算 SAIDI 和 SIFI 指数所考虑的最小停电时间超过 5 分钟，那么该经济体也没有资格在该指数上获得分数。

对于符合《营商环境报告》准则的所有经济体，供电可靠性和电费透明度指数评分是根据以下六个部分计算的。

■ SAIDI 和 SAIFI 的数值。如果 SAIDI 和 SAIFI 为 12（相当于每月停机 1 小时）或以下，则评为 1 分。如果 SAIDI 和 SAIFI 为 4（相当于每个季度停机 1 小时）或以下，则加 1 分。最后，如果 SAIDI 和 SAIFI 为 1（相当于每年停机 1 小时）或以下，则再加 1 分。

■ 供电公司使用哪些工具来监测断电。如果使用自动化工具，例如停电 / 事故。

■ 管理系统（OMS/IMS）或监控和数据采集（SCADA）系统，则评为 1 分；如果它完全依赖来自客户的电话，并且手动记录和监测停电，则评为 0 分。

■ 供电公司使用什么工具来恢复供电。如果使用自动化工具，例如 OMS/ IMS 或 SCADA 系统，则评为 1 分；如果仅依靠人工（如外勤人员或维修人员）恢复服务，

则评为 0 分。

■ 监管机构，即独立于电力公司的实体是否监控电力公司在供电可靠性方面的表现。如果监管机构进行定期或实时审查，则评为 1 分；如果监管机构不监测停电情况，且不要求电力公司提供供电可靠性报告，则评为 0 分。

■ 是否存在限制停电的财务威慑。如果当停电超过某一上限时，公用事业公司给予客户补偿，或公用事业公司被监管机构罚款，或两者都有，则评为 1 分；如果没有任何威慑机制可用，则评为 0 分。

■ 电费是否透明且易于获知。如果有效电费可以在线查看，并且电费变化会在下一个结算周期前（即一个月）通知客户，则评为 1 分；如若不是，则评为 0 分。

该指数的范围从 0 到 8，数值越高表明供电可靠性和电费透明度越高。例如，在英国，供电公用事业公司英国电网（UK Power Networks）使用 SAIDI 和 SAIFI 指标监测和收集停电数据。2017 年，伦敦平均总停电时长为 0.27 小时，平均每个客户停电次数为 0.13 次。SAIDI 和 SAIFI 都低于阈值，表明每个客户每年的停电少于一次，总停电时间不到一个小时。因此，这一经济体不仅符合在该指数上取得分数的资格标准，而且在该指数的第一个组成部分上也得到 3 分。该公司使用 GE PowerOn 自动控制系统来识别网络故障（得分为 1），

恢复电力服务（得分为 1）。天然气和电力市场办公室是一个独立的国家监管机构，该机构积极审查公用事业公司在提供可靠电力服务方面的表现（得分为 1），并要求如果停电时间超过监管机构规定的最长期限，则补偿客户（得分为 1）。在下一个计费周期之前，客户将被告知电费的变化，并且可以轻松地在线查看有效收费（得分为 1）。把这些数字相加，英国在供电可靠性和电费透明度指数上得了 8 分。

另一方面，一些经济体的供电可靠性和电费透明度指数得分为 0。原因可能是每月发生一次以上的停电，且指数衡量的机制和工具都没有到位。如果 SAIDI 或 SAIFI 值（或两者）超过阈值 100，或者在计算这些指数时没有考虑到所有停电，则经济体也可能得到 0 分。例如，在苏里南，该公用事业公司在计算 SAIDI 和 SAIFI 指数时不包括甩负荷。因此，根据所确定的标准，苏里南不能在该指数上得分，即使该公用事业公司使用自动化系统监测停电和恢复供电且电价透明。

如果一个经济体在 2017 年 6 月至 2018 年 5 月之间没有向电网增加新的电力连接，或者在此期间没有供电，那么该经济体在手续、时间和成本指标上就会被打上"无实践"的标记。此外，即使该经济体在停电方面存在对电力公司的监管和监控，一个"无实践"的经济体在供电可靠性和

电费透明度方面的得分仍为 0。

电力价格

《营商环境报告》衡量电力价格，但在计算获得电力的得分或计算获得电力的便利度排名时不包括这些数据。这些数据可在《营商环境报告》网站上查阅（http://www.doingbusiness.org），并且以标准化假设为基础来确保各经济体之间的可比性。

电价以美分 / 千瓦时计算。假定每月用电量，然后基于 1 月份经济体中最大商业城市的仓库数据计算月账单。对于 11 个经济体，也收集第二大商业城市的数据（表 8A.1）。如上所述，仓库用电时间为每日上午 9：00 至下午 5：00。如果可以使用分时电价，则可以采用不同的费率。

改革

获得电力指标集跟踪有关连接过程效率、供电可靠性和电费透明度的变化。根据对数据的影响，某些变化被归类为改革，并列在 2017/2018 年度《营商环境报告》的改革概要中，以确认重大变革的实施。改革分为两类：一类使营商更便利，另一类使营商更困难。获得电力指标集使用两个标准来评估一项改革。

第一，指标集总分上的总差距用于评估数据变化的影响。任何导致分数差距变化 2% 或更多的数据更新都被归类为改革，除非该变化是官方自动收费索引至物价及工资指数的结果（更多详

细信息，请参阅关于营商环境便利度分数和排名的章节）。例如，如果在电力公司实施一个新的单一窗口会减少处理新连接请求的时间，从而使总体差距减少 2% 或更多，那么这种变化就被归类为改革。另一方面，在某些指标上的小额费用更新或其他较小变化对分数差距所产生的影响小于 2%，这种变化就不会被视为改革，但其影响仍反映在这个指标集的最新指标中。

第二，要成为一项改革，数据的变化必须与电力公司或政府主导的行动而不是外部事件联系在一起。例如，如果由于恶劣天气，停电次数从一年到下一年显著增加，这不能被视为一项使营商更难的改革。同样，如果与电力有关的材料（如电缆或变压器）成本由于货币升值而降低，这不能被认为是一种使营商更便利的改革。然而如果一个电力公司建立了一站式服务简化连接过程，或者如果它安装了一个自动化系统来改进对停电和恢复电力服务的监控，则这些行动将被认为是使企业营商更便利的改革。

有关各经济体获得电力的数据详情，请浏览 http://www.doingbusiness.org. 最初的方法是由 Geginat 和 Ramalho 在 2015 年研发的，并在这里进行了较小改动。

登记财产

《营商环境报告》记录有限责任公司（买方）从另一企业（卖方）购买财产，并将财产所有权转让至买方名下，以便买方能够使用该财产来扩展业务，或将该财产作为抵押物来取得新贷款，或者在必要时将该财产出售给其他企业的所有手续。它还衡量完成这些手续的时间和成本。《营商环境报告》还衡量每个经济体的土地管理制度质量。土地管理质量指数具有五个方面：基础设施的可靠性、信息的透明度、地理覆盖、土地纠纷解决和平等获得财产所有权。

各经济体登记财产的便利度排名是通过对其登记财产的得分进行排序来决定的，这些得分是各个二级指标得分的简单平均值（图 8.7）。

转让财产效率

正如《营商环境报告》所述，转让财产的过程始于获得必要的文件（如卖方所有权的副本），并在必要时进行尽职调查。当交易与第三方对立时，并且买方可以使用该财产，或将其用作银行贷款的抵押物，或将其转售时，该交易被确认为是完整的（图 8.8）。无论是卖方还是买方的责任，或者必须由第三方代表他们完成，法律规定或实践中必要的每一手续都包括在内。当地的财产律师、公证员和财产登记处提供有关手续以及完成每个手续所需时间和成本的信息。

为了使数据在各个经济体之间具有可比性，《营商环境报

图 8.7 登记财产：土地管理制度的效率和质量

排名基于四个指标的得分

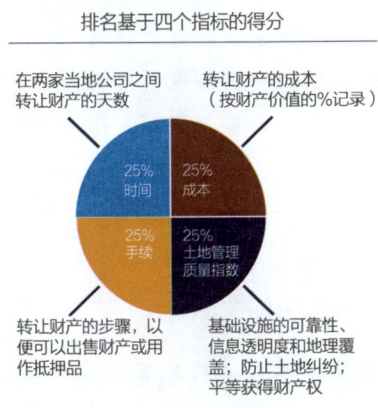

- 在两家当地公司之间转让财产的天数 (25%时间)
- 转让财产的成本（按财产价值的%记录）(25%成本)
- 转让财产的步骤，以便可以出售财产或用作抵押品 (25%手续)
- 基础设施的可靠性、信息透明度和地理覆盖；防止土地纠纷；平等获得财产权 (25%土地管理质量指数)

图 8.8 在两家当地公司之间转让财产所需的时间、成本和手续数量是多少？

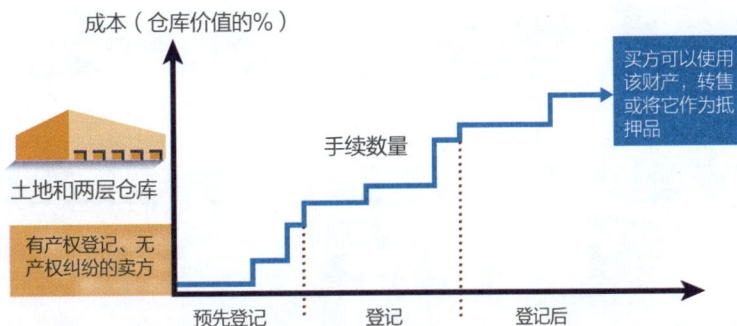

告》对交易各方、财产和手续进行了若干假设。

关于交易各方的假设：

交易各方（买方和卖方）：

- 是有限责任公司（或法定同等资格）。
- 位于经济体中最大商业城市的周边地区。对于 11 个经济体，还收集了第二大商业城市的数据（表 8A.1）。
- 是 100% 的国内私营公司。
- 双方都有 50 名员工，且都是本国公民。
- 进行一般商业活动。

关于财产的假设

财产：

- 价值为人均收入的 50 倍，相当于销售价格。
- 完全由卖方拥有。
- 过去十年没有附带抵押，并且所有权没有发生变更。
- 在土地登记或地籍管理处登记，或两者兼有，无产权纠纷。
- 位于城市商业区，不需要

重新分区。

- 由土地和建筑物组成。土地面积 557.4 平方米（6000 平方英尺）。地面上有一个 929 平方米（10000 平方英尺）的两层仓库。该仓库已有 10 年历史，状况良好，没有供暖系统，符合所有安全标准、建筑规范和其他法律要求。由土地和建筑物组成的财产将全部转让。
- 购买后不需进行翻新或增建扩建。
- 没有树木、天然水源、自然保护区或任何历史遗迹。
- 将不用于特殊目的，也不需要特别许可，如住宅使用、工业厂房、废物储存或某些类型的农业活动。
- 没有占有人，也没有其他人在其中拥有合法权益。

手续

手续是指买方或卖方、其代理人（如果法律上或在实践中需要代理人）与外部当事人（包括政府机构、检验员、公证员和

律师）的各种互动，不考虑公司职员与员工之间的互动。法律上或实践中要求的登记财产的所有手续均记录在《营商环境报告》中，即使这些手续在例外情况下可予以撤销（表 8.7）。如果一项手续可以以额外成本合法地加速进行，并且该选择对经济体评分更有利，同时大多数财产所有者都使用该手续，则选择最快的手续。在登记过程中，虽然买方在必要时可以使用律师或其他专业人员，但我们假定买方在登记过程中不雇用外部调解人，除非法律上或实践中要求这样做。

时间

时间以日历天数记录。该指标采用了财产律师、公证人或登记处官员所表明的完成一项手续所必需的时间中值。假定每个手续所需的最短时间为一天，但对于那些可在网上全部完成的手续，要求的最短时间为半天。虽然手续可以同时进行，但它们不

表 8.8 土地管理质量指标的衡量标准是什么？

基础设施可靠性指数（0-8）

土地所有权信息归档系统的类型

电子数据库的可用性，以检查是否存在障碍

地图归档系统的类型

地理信息系统的可用性

财产所有权登记与测绘系统之间的联系

信息透明度指数（0-6）

土地所有权信息的可得性

地图的可及性

公布费用表、登记文件清单、服务标准

一个特定且独立的投诉机制的可用性

公布有关财产交易数量的统计数据

地理覆盖指数（0-8）

最大商业城市及经济体土地登记处的覆盖率 a

最大商业城市及经济体测绘机构的覆盖率 a

土地纠纷解决指数（0-8）

不动产登记的法律框架

防止和化解土地纠纷的机制

平等获得财产权（-2-0）

未婚男女财产所有权不平等

已婚男女财产所有权不平等

土地管理质量指数（0-30）

基础设施的可靠性、信息的透明度、地理覆盖、土地纠纷解决指数以及平等获得财产权的总和

a. 对于 11 个经济体，也收集了第二大商业城市的数据。

能在同一天开始（除了可以在线全部完成的手续外）。假设买方不浪费时间，并承诺毫不拖延地完成每个剩余的手续。如果额外支付费用可以加速手续办理时间，那就选择大多数财产所有者使用的最快的合法手续。如果手续可以同时进行，则假设是这样的。假设有关各方从一开始就了解所有要求及其顺序，不考虑收集信息所花费的时间。如果时间估计值在不同来源之间存在差异，则使用报告中值。

成本

成本按财产价值的百分比记录，假设相当于人均收入的50 倍。《营商环境报告》只记录法律规定的官方成本，包括手续费、转让税、印花税以及向财产登记处、公证人、公共机构或律师支付的各种其他的费用。其他税种，如资本利得税或增值税，不包括在成本计量中，但买方和卖方承担的费用包括在内。如果各个来源的成本估算不同，则使用报告的中位数值。

土地管理质量

土地管理质量指数由其他五项指标组成：基础设施的可靠性、信息的透明度、地理覆盖、土地纠纷解决和平等获得财产权（表 8.8）。我们收集了每个经济体最大商业城市的数据。对于11 个经济体，还收集了第二大商业城市的数据。

基础设施可靠性指数

基础设施可靠性指数有六个组成部分：

■ 土地所有权在经济体中最大商业城市的登记处如何保存。如果大部分土地所有权是全数字化保存的，则评为 2 分；如果大部分土地所有权是扫描登记保存的，则评为 1 分；如果部分土地所有权是以纸质形式登记保存的，则评为 0 分。

■ 是否有一个电子数据库以检查产权负担。如果有，则评为1 分；如果没有，则评为 0 分。

■ 地图在经济体中最大商业城市的测绘机构如何保存。如果大多数地图是全数字化保存的，则评为 2 分；如果大部分是扫描录入保存的，则评为 1 分；如果大部分是以纸质形式保存的，则评为 0 分。

■ 是否有地理信息系统——一个记录边界、查阅规划和提供地籍信息的电子数据库。如果有，则评为 1 分；如果没有，则评为0 分。

■ 土地所有权登记处和测绘

机构如何关联。如果土地所有权和地图的信息保存在单个数据库或链接数据库中，则评为1分；如果不同数据库之间没有连接，则评为0分。

■ 如何标识不动产。如果有唯一编号来标识大多数地块的不动产，则评为1分；如果有多个编号，则评为0分。

该指数的范围从0到8，分值越高表明确保有关财产所有权和边界的信息可靠性的基础设施质量越高。例如，在土耳其，伊斯坦布尔的土地登记处以全数字化形式保存记录（得分为2），并具有全电子数据库以检查其产权负担（得分为1）。伊斯坦布尔的地籍管理办公室有数字地图（得分为2），地理信息管理局有公共门户，允许用户查询地块的规划和地籍信息以及卫星图像（得分为1）。有关土地所有权的数据库与地图通过地级管理系统彼此相连（得分为1），该系统为服务于土地登记处和地籍管理办公室的一体化信息系统。最后，不动产有一个唯一标识数字（得分为1）。把这些数字加起来，土耳其在基础设施可靠性指数上得了8分。

信息透明度指数

信息透明度指数有十个组成部分：

■ 是否公开土地所有权信息。如果任何人都可以访问关于土地所有权的信息，则评为1分；如果访问受到限制，则评为0分。

■ 是否公开完成财产交易登记所需的文件清单。如果公众可以从网上或者公告栏中获取文件清单，则评为0.5分；如果未向公众提供清单，或如果只能公众自行获得，则评为0分。

■ 是否公开完成财产交易登记的费用表。如果公众可以免费从网上或者公告栏中获取费用表，则评为0.5分；如果未向公众提供，或如果公众只能自行获得，则评为0分。

■ 负责不动产登记的机构是否承诺在特定时间范围内提交具有法律约束力的文件，以证明财产所有权。如果公众可以从网上或公告栏中获取服务标准，则评为0.5分；如果服务标准不能向公众提供，或者服务标准只能公众自行获得，则评为0分。

■ 对于负责不动产登记机构发生的问题，是否有专门且独立的投诉机制。如果存在特定且独立的投诉机制，则评为1分；如果仅存在一般机制或没有机制，则评为0分。

■ 是否有公开的官方统计数据追踪不动产登记机构登记的交易数量。如果于次年5月1日前公布了最大商业城市去年的财产转让统计数据，则评为0.5分；如果没有公开提供此类统计数据，则评为0分。

■ 是否公布地图。如果任何人都可以获取地图，则评为0.5分；如果获取受到限制，则评为0分。

■ 是否公开访问地图的费用表。如果公众可以从网上或公告栏中获取费用表，则评为0.5分；如果未向公众提供，或公众只能自行获得，则评为0分。

■ 测绘机构是否承诺在规定时间内提供最新的地图。如果公众可以从网上或公告栏中获取服务标准，则评为0.5分；如果服务标准不能向公众提供，或只能由公众自行获得，则评为0分。

■ 是否存在一个特定且独立的机制以供人们投诉在测绘机构发生的问题。如果有特定且独立的投诉机制，则评为0.5分；如果只有一般机制或没有机制，则评为0分。

该指数的范围从0到6，分值越高表明土地管理制度的透明度越高。例如，在荷兰，任何付费的人都可以查阅土地所有权数据库（得分为1）。信息可以通过办公室、邮寄或通过Kadaster网站（http://www.kadaster.nl）在线获得。任何人都可以从网上获取有关进行产权登记需提交文件的清单（得分为0.5）、费用标准（得分为0.5）和服务标准（得分为0.5）等信息。任何在土地登记处遇到问题的人都可以在网上填写一份特定的表格来投诉或报告错误（得分为1）。另外，Kadaster网站还向公众提供了土地交易的统计数据，报告了2017年阿姆斯特丹共有39849宗财产转移（得分为0.5）。此外，任何付费的人都可以在线查阅地籍图（得分为0.5）、并且还有获取查询地图的费用表的公开渠道（得分为 0.5）、提供最新规划的服务标准（得分为 0.5）和就地图提出投诉的特定机制（得分为 0.5）。把这些数字加起来，荷兰在信息透明度指数上得了 6 分。

地理覆盖指数

地理覆盖指数有四个组成部分：

■ 就最大的商业城市而言，土地登记处覆盖的全面程度。如果城市里所有的私有土地均已在土地登记处正式登记，则评为 2 分；如果没有，则评为 0 分。

■ 就经济体而言，土地登记处覆盖的全面程度。如果经济体中所有的私有土地均已在土地登记处登记，则评为 2 分；如果没有，则评为 0 分。

■ 就最大的商业城市而言，测绘机构覆盖的全面程度。如果城市里所有的私有土地均已被规划，则评为 2 分；如果不是，则评为 0 分。

■ 就经济体而言，测绘机构覆盖的全面程度。如果经济体中所有的私有土地均已被规划，则评为 2 分；如果不是，则评为 0 分。

该指数的范围从 0 到 8，分值越高表明土地所有权登记和地籍测绘的地理覆盖面越广。例如，在日本，东京和大阪这两个城市的所有私有土地都在土地登记处进行了正式登记（得分为 2），整个经济体的情况也是如此（得分为 2）。此外，这两个城市的所有私有土地都进行了测绘（得分为 2），整个经济体的私有土地也进行了测绘（得分为 2）。

将这些分数相加，日本在地理覆盖指数上得了 8 分。

土地纠纷解决指数

土地纠纷解决指数衡量不动产登记的法律框架和纠纷解决机制的可用性。该指数有八个组成部分：

■ 法律是否规定所有产权交易必须在不动产登记处登记，以使其能对抗第三方的产权异议。如果是，则评为 1.5 分；如果不是，则评为 0 分。

■ 不动产登记的正式制度是否受到担保。法律规定需要国家或者个人担保不动产登记的，则评为 0.5 分；如果不需要这样的担保，则评为 0 分。

■ 是否有特定的庭外赔偿机制，以弥补本着诚信进行产权交易中的各方因不动产登记处认证的错误信息而发生的损失。如果有，则评为 0.5 分；如果没有，则评为 0 分。

■ 法律制度是否要求核实文件的法律效力（例如出售、转让或运输契据）。如果有要求，则评为 0.5 分；如果没有，则评为 0 分。

■ 法律制度是否要求核实产权交易各方的身份。如果有核实（不论是登记处核实还是公证人或律师等专业人士），则评为 0.5 分；如果没有，则评为 0 分。

■ 是否有国家数据库来核实身份证件的准确性。如果有这样的国家数据库，则评为 1 分；如果没有，则评为 0 分。

■ 假设两家当地企业就人均收入 50 倍且位于最大商业城市的土地所有权标准发生纠纷，从一审法院（未经上诉）获得裁决需要多少时间。

如果少于 1 年，则评为 3 分；如果是 1 至 2 年，则评为 2 分；如果是 2 至 3 年，则评为 0 分.

■ 是否公开有关一审的土地纠纷数量的统计数据。如果有关经济体过去一年中土地纠纷的统计数据已公布，则评为 0.5 分；如果没有公开这些统计数据，则评为 0 分。

该指数的范围从 0 到 8，分值越高表明对土地纠纷的保护程度越高。例如，在英国，根据《2002 年土地登记法》，产权交易必须在土地登记处登记，以使其能对抗第三方的产权异议（得分为 1.5）。产权出让制度由国家担保（得分为 0.5），并设有补偿机制，以弥补因登记处的错误而对产权交易中诚实信用的当事人造成的损失（得分为 0.5）。根据《2002 年犯罪收益追缴法》和《2007 年反洗钱条例》，需要有律师核实产权交易文件的法律效力（得分为 0.5）以及各方的身份（得 0.5 分）。英国有一个国家数据库来核实身份证件的准确性（得分为 1）。在两家英国公司之间就价值 2026500 美元的地产权属权利发生土地纠纷时，财产分庭（一级法庭）的土地登记处在不到一年的时间内作出决定（得分为 3）。最终，关于土地纠纷的统计数据被收集并公布；2017 年，全国共发生土地纠纷 1154 起（得分为 0.5）。把这些数字加起来，英国在土地纠纷解决指数上得了 8 分。

平等获得财产权指数

平等获得财产权指数有两个

组成部分:

- 未婚男女是否享有平等的财产所有权。如果财产所有权不平等,则评为–1分;如果平等,则评为0分。

- 已婚男女是否享有平等的财产所有权。如果财产所有权不平等,则评为–1分;如果平等,则评为0分。

- 所有权包括管理、控制、访问、阻止、接收、处置和转让财产的能力。如果婚姻财产制度有差别的对待男女权力,则此报告考虑每一项限制。对于传统的土地制度,除非有法律条款规定了不平等待遇,否则一律平等。

该指数的范围从–2到0,分值越大表明权力的包容性越强。例如,在马里,未婚男性和未婚女性拥有平等财产所有权(得分为0)。这同样适用于以相同方式使用其财产的已婚男女(得分为0)。将这些数字加起来,马里在产权平等指数上得了0分,这表明男女之间的产权平等。相比之下,根据《土地法》(第132章)第7、45和82条,汤加未婚男性和未婚女性没有平等的财产所有权(得分为–1)。同样,根据《土地法》[第132章]第7、45和82条,已婚男女不得以同样方式使用其财产(得分为–1)。将这些数字加起来,汤加在产权平等指数上的得了–2分,这表明男女之间的财产所有权是不平等的。

土地管理质量指数

土地管理质量指数是基础设施可靠性、信息透明度、地理覆盖、土地纠纷解决和平等获得财产所有权指数得分的总和。该指数的范围从0到30,数值越高表明土地管理制度的质量越好。

如果在2017年6月至2018年5月期间,经济体私营部门的实体未能登记财产转让,那么该经济体在手续、时间和成本指标上就会被打上"无实践"的标记。即使其法律框架中包含与土地管理有关的规定,"无实践"经济体在土地管理质量指数上仍得0分。

改革

登记财产指标集每年都要对与土地管理制度的效率和质量有关的变化进行跟踪。根据数据带来的影响,某些变化被归类为改革,并列在2017/2018年度《营商环境报告》的改革概要中,以确认重大变革的实施。改革分为两种类型:一种使营商更便利,另一种使营商更困难。登记财产指标集使用两个标准来识别改革。

首先,指标集总分上的总差距用于评估数据变化的影响。任何导致分数差距变化2%或更多的数据更新都被归类为改革,除非该变化是官方自动收费索引至物价及工资指数的结果(更多详细信息,请参阅关于营商环境便利度分数和排名的章节)。例如,如果实施新的电子财产登记制度可以缩短时间,从而使总体差距减少2%或更多,则这种变化就被列为改革。在某些指标上的小额费用更新或其他较小变化对分

数差距所产生的影响小于2%,这种变化就不会被视为改革,但其影响仍反映在该指标集最新的指标中。

其次,土地管理质量指数也是标准之一。如果整体质量的变化达到了1分或以上,则该变化将被视为改革。例如,商业城市土地登记处完成全面的地理覆盖(得分为2)被视为改革。

有关各经济体登记财产的数据详情,请浏览:http://www.doingbusiness.org。

获得信贷

《营商环境报告》通过一套指标衡量借方和贷方在担保交易方面的合法权利,并通过另一套指标衡量信贷信息的情况上报。第一套指标衡量在适用的担保法和破产法中是否存在促进贷款的某些特征。第二套指标衡量通过征信服务提供商(如信贷局或信贷登记处)所提供的信贷信息的覆盖面、范围和开放程度(图8.9)。各经济体获得信贷的便利度排名是通过对其获得信贷的得分进行排序来决定的,这些得分是合法权利力度指数和信贷信息深度指数的分数之和(图8.10)。

借方和贷方的合法权利

借方和贷方的合法权利数据是通过对金融律师进行问卷调查收集的,并通过分析法律、法规

图 8.9 　贷方是否拥有寻求信贷的企业家的信贷信息？法律是否有利于使用动产作为抵押的借方和贷方？

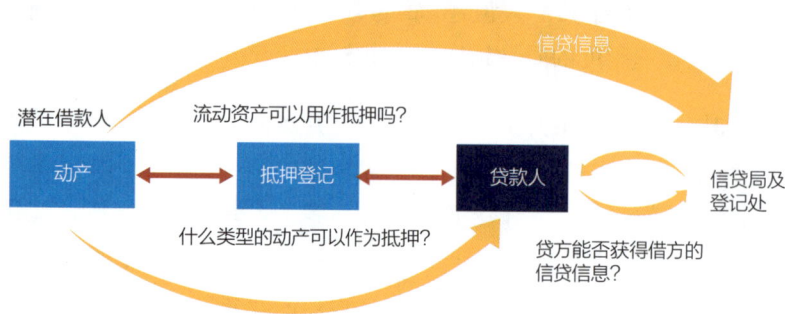

表 8.9　获得信贷指标的衡量标准是什么？

合法权利力度指数（0-12）
通过担保法保护借方和贷方的权利（0-10）
通过破产法保护有担保债权人的权利（0-2）
信贷信息深度指数（0-8）
信贷局及信贷登记处发布的信贷信息的范围和开放程度（0-8）
信贷局及覆盖率（成年人口的％）
在最大的信贷局中登记个人和公司数量在成年人口中所占的百分比
信贷登记处覆盖率（成年人口的％）
在信贷登记处登记的个人和公司数量在成年人口中所占的百分比

以及有关担保法和破产法的公共信息来源加以核实。问卷回答通过与被调查者的几轮后续沟通、联系第三方和咨询公共信息源等方式进行核实。问卷调查通过电话会议或在所有经济体内进行实地调查得到确认。

合法权利力度指数

合法权利力度指数衡量担保法和破产法对借方和贷方权利的保护程度，从而有利于贷款（表

图 8.10　获得信贷：担保规则和信贷信息

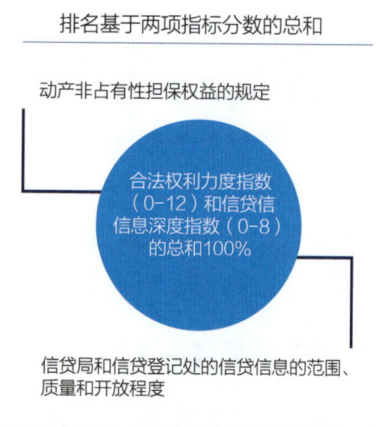

排名基于两项指标分数的总和

动产非占有性担保权益的规定

合法权利力度指数（0-12）和信贷信信息深度指数（0-8）的总和100%

信贷局和信贷登记处的信贷信息的范围、质量和开放程度

注：信贷局覆盖率和信贷登记处覆盖率都已测量，但不计入排名。

8.9）。对于每个经济体，首先要确定是否存在统一的担保交易系统。其次，通过案例 A 和案例 B 两种情形来确定如何依法建立、公开和执行非占有担保权益。特别强调抵押登记处的运作方式（如有可能登记担保权益）。案例场景涉及了一个担保借方 ABC 公司和一个担保贷方 BizBank 银行。

在一些经济体中，担保交易的法律框架只允许适用案例 A 或案例 B（不是两者都适用）。这两个案例调查的都是有关使用动产担保的同一组法律法规。

关于有担保借方（ABC 公司）和贷方（BizBank 银行）的四个假设：

- ABC 是一家国内有限责任公司（或其法律上的等效物）。
- ABC 公司有 50 名员工。
- ABC 公司的总部和唯一的运营基地在经济体中最大的商业城市。对于 11 个经济体，也收集了第二大商业城市的数据。
- ABC 公司和 BizBank 银行

都是 100% 的国内企业。

案例场景也涉及假设。在案例 A 的场景下，作为贷款担保，ABC 公司给予 BizBank 银行某类动产作为非占有担保权益（如机器或存货）。ABC 公司希望保持担保物的所有权和占有权。在法律不允许不动产存在非占有担保权益的经济体中，ABC 公司和 BizBank 银行采用了信托所有权转移安排（或非占有担保权益的类似替代）。

在案例 B 的场景下，ABC 公司向 BizBank 银行支付营业费用、企业费用、浮动担保或任何使 BizBank 银行对 ABC 公司合并的动产（或尽可能多的 ABC 公司的动产）享有担保权益的费用。ABC 公司保持对资产的所有权和占有权。

合法权利力度指数仅在其第一个组成部分中包括动产担保权益（如金融租赁和所有权保留的销售）的功能性等价物，以评估经济体对担保交易的法律框架

的整合或统一程度。

合法权利力度指数包括与担保法里的合法权利有关的十个方面和破产法中的两个方面。拥有以下法律的每一项特征均获1分。

- 经济体有一个综合或统一的担保交易法律框架，该法律框架延伸到动产担保权益的四个功能等同物的创建、公布和执行；信托所有权转让；融资租赁；转让或转移应收款；保留所有权的销售。

- 法律允许企业在单一类别的动产上授予非占有性担保权益（如应收账款、有形动产、存货等），不需要具体说明担保物。

- 法律允许企业对其几乎所有的动产授予非占有性担保权益，而不要求对担保物作出具体说明。

- 担保权益可以延伸到将来获得的资产，并可自动延伸到原始资产产生的产品、收益和替代品。

- 当事人之间可以为各种债务和义务提供担保，在担保协议和登记文件中可以对该债务和义务作一般说明。

- 有一个正常运营的动产抵押权登记处或登记机构，具备和不具备法人资格的实体皆可用；该登记处地理位置和资产类别上统一，并有一个以担保债务人姓名为索引的电子资料库。

- 抵押登记处是一个基于通知的登记处，它只记录存在担保权益的通知（而不是基础文件），并不对交易进行法律审查。登记处也公布等同于担保权益的权益。

- 抵押物登记具有现代特征，例如允许有担保债权人（或其代表）在线登记、搜索、修改或取消担保权益。

- 当债务人在破产程序之外违约时，有担保债权人首先获得报酬（例如，在税务索赔和雇员索赔之前）。

- 当企业清算时，有担保债权人首先获得报酬（例如，在税务索赔和雇员索赔之前）。

- 当债务人进入由法院监督的重组程序时，有担保的债权人受自动冻结的限制，但法律条款保护有担保的债权人的权益，规定有担保的债权人在特定依据下可免于自动冻结（比如，动产没有被用于持续经营企业的重组或销售，或者存在损失动产的危险），以及自动冻结的期限。

- 法律允许双方在担保协议中同意贷方可以在法庭外强制执行其担保权；法律允许通过公开或私人拍卖出售资产，并允许有担保债权人收取资产以偿还债务。

该指数的范围从0到12，分值越高表明担保法和破产法制定的越好，信贷也更加容易获得。

改革

合法权利力度指数集跟踪每年与担保交易和破产有关的变化。根据对数据的影响，某些变化被归类为改革，并列在2017/2018年度《营商环境报告》的改革概要中，以确认重大变革的实施。改革分为两种类型：一种使营商更便利，另一种使营商更困难。合法权利力度指数采用以下标准进行认定改革。

所有影响经济体评分的法律、法规变化都会对有担保交易法律框架的存在产生影响，该法律框架规定了非占有性担保权益及其功能等同物的建立、公示及执行。每年都要评估新的法律和修正案，看它们是否有助于中小型企业获得信贷，以便在选择可作为担保物的资产方面具有最大的灵活性。准则、示范规则、原则、建议和判例法不包括在内。

影响合法权利力度指数的改革包括修订或引入担保交易法、破产法或民法，以及任何抵押登记特点的建立或现代化。例如，引入一项有关抵押登记的法律，并实际建立抵押登记处——地理上集中、统一适用于所有类型的动产、统一适用于可按债务人姓名查询的公司和非公司实体，这将是一项使指数增加1个百分点的改革，因此将在报告中得到认可。

信贷信息

信贷信息报告的数据是通过两个阶段建立起来的。首先，对银行监管部门和公共信息来源进行调查，以确认是否存在征信服务提供商（如信贷局或信贷登记处）。其次，在适用的情况下，对征信服务提供商的结构、法律和相关规则进行详细的问卷调查，通过与被调查的征信服务提供商进行多轮的后续沟通，以及联系第三方和咨询公共信息源，对问卷回答进行验证。通过远程电话会议或者赴实地调查，调查数据得以确认。

信贷信息深度指数

信贷信息深度指数衡量那些影响信贷信息覆盖面、范围和开放程度的规则与做法，不论这些信息是由信贷局还是由信贷登记处提供的。

信贷局或信贷登记处（或两者兼备）的以下八个特点，每个特点各得 1 分：

■ 发布公司和个人的数据。

■ 发布正面信贷信息（例如，原始贷款金额、未清偿的贷款金额和及时还款的情况）和负面信息（例如，延迟付款和违约数量及金额）。

■ 除了金融机构的数据外，零售商或公用事业公司的数据也有发布。

■ 至少有两年的历史数据已发布。信贷局和信贷登记处在偿还债务后立即删除违约数据，或在偿还债务 10 年后发布负面信息，则该部分得分为 0。

■ 发布在人均收入 1% 以下的贷款额数据。

■ 根据法律，借方有权在经济体中最大的信贷局或登记处查阅自己的数据。信贷局或登记处收取的费用超过人均收入的 1%，

借方可以查看他们的数据，这部分的评分为 0。

■ 银行和其他金融机构可以在线访问信贷信息（例如，通过 web 界面、系统到系统的连接或二者兼而有之）。

■ 信贷局或信贷登记处信用评分作为增值服务提供，以帮助银行和其他金融机构评估借款人的信誉。

该指数的范围从 0 到 8，较高的值表示可以从信贷局或信贷登记处获得更多促进贷款决策的信贷信息。如果信贷局或登记处不能运作或覆盖少于 5% 的成年人口，则信贷信息深度指数的得分为 0。

例如在立陶宛，信贷局和信贷登记处都在运作，并且覆盖了超过 5% 的成年人口。两者都发布有关公司和个人的数据（得分为 1）。虽然信贷登记处不发布有关按时还款的数据，但信贷局发布全部正面和负面的信贷信息（得分为 1）。虽然信贷登记处不发布来自零售商或公用事业公司的数据，但信贷局发布（得分为 1）。信贷局和信贷登记处都发布至少两年的历史数据（得分为 1）。信贷登记处和信贷局发布信贷额度数据低于 1% 的人均收入（得分为 1），借款人有权每年有一次免费在信贷局和信贷登记处访问他们的数据的机会（得分为 1）。两家都通过一个 web 界面访问数据库提供数据（得分为 1）。虽然信贷登记处不提

供信用评分，但信贷局提供（得分为 1）。把这些分数相加，立陶宛在信贷信息深度指数上得了 8 分。

信贷局覆盖率

信贷局覆盖率报告截至 2018 年 1 月 1 日在信贷局数据库中列出的个人和公司的数量，包括他们在过去五年的借贷历史信息，以及在过去五年没有借贷历史但在 2017 年 1 月 2 日至 2018 年 1 月 1 日期间向信贷局申请信贷报告的个人和公司的数量。数量用占成年人口的百分比来表示（根据世界银行的《世界发展指标》，成人指的是 2017 年 15 岁至 64 岁的人口）。信贷局是指在金融系统中维护借款人（个人或企业）信用状况的数据库，并为债权人之间的信贷信息交换提供便利的私营企业或非营利组织（许多信贷局在实践中支持银行和整体金融监管活动，尽管这不是它们的主要目标）。不直接为银行和其他金融机构之间的信息交流提供便利的信贷调查局不在考虑之列。如果没有信贷局，则覆盖值为 0%。

信贷登记处覆盖率

信贷登记处覆盖率报告截至 2018 年 1 月 1 日在信贷登记处数据库中列出的个人和公司的数量，包括过去 5 年的借款历史信息，以及在过去 5 年没有借款历史但在 2017 年 1 月 2 日 ~2018 年 1 月 1 日期间曾向登记处要求提供信贷报告的个人和公司的数

量。数量用占成年人口的百分比来表示（根据世界银行的《世界发展指标》，成人指的是 2017 年 15 岁至 64 岁的人口）。信贷登记处被定义为由公共部门管理的数据库，通常由中央银行或银行主管管理，该数据库收集有关金融系统中借款人的信用等级信息（个人或公司），并促进银行间以及受监管的金融机构间的信贷信息交流（虽然他们的主要目标是协助银行监管）。如果没有信贷登记处，则覆盖值是 0。

改革

信贷信息深度指数跟踪信贷局或信贷登记处的信贷信息的覆盖率、范围及开放程度的变化。根据对数据的影响，某些变化被归类为改革，并列在 2017/2018 年度《营商环境报告》的改革概要中，以确认重大变革的实施。改革分为两种类型：一种使营商更便利，一种使营商更困难。信贷信息深度指数采用三个标准来确认一项改革。

第一，所有对经济体信贷信息深度指数得分有影响的法律、法规和实践的变化都被归为改革。例如，发布正面和负面信贷信息的措施、发布公用事业公司或零售商的信贷数据，或引入信贷评分作为增值服务都属于影响该指数的改革变化。任何使经济体在本指数的八个特征中得分上升的变化，都被视为一种改革。一些改革可以在多个方面产生影响。例如，新设立的信贷局覆盖了 5% 以上的成年人，该信贷局负责发布企业和个人的信息，以及提供正面和负面的信贷信息，并向数据用户提供在线访问服务，这意味着该指数得分提高了 3 分。相比之下，经济体出台法律保障借款人有权在经济体中最大的信贷局或登记处查阅数据，这代表着使得指数得分提高 1 分的一项改革。

第二，若扩大经济体中最大的信贷局或信贷登记处的覆盖面积，使面积超过成年人口的 5%，那么该变化将被视改革。根据获得信贷的方法论，如果信贷局或信贷登记处不运作，或信贷信息深度指数得分低于 5%，则信贷信息深度指数得分为 0。改革的影响将取决于经济体信贷报告体系的特点，因为它与该指数的八个特点有关。扩大少于 5% 的成年人口的覆盖范围并不是一项改革，但它的影响仍然反映在最新的统计数据中。

第三，特殊情况下，信贷信息指数会将对数据没有当前影响的立法变化看作一项改革。此情况通常只适用于特别重大的立法变化，例如引入法律允许信贷局运作，或制定保护个人数据的法律。

有关各经济体获取信贷的数据详情，请浏览：http://www.doingbusiness.org。最初的方法是由 Djankov，McLiesh 和 Shleifer 在 2007 年研发的，在这里进行了较小的改动。

保护少数投资者

《营商环境报告》通过一套指标衡量对少数投资者的利益进行保护，并通过另一套指标衡量股东在公司治理中的权利（表 8.10）。这些数据来自对公司和证券律师进行的问卷调查，并以证券法规、公司法、民事诉讼法和法院证据规则为依据。这些分数是利益纠纷调解指数和股东治理指数分数的简单平均值（图 8.11）。

保护股东不受利益纠纷的影响

利益纠纷调解指数是为了衡量使少数股东免受董事滥用公司资产为自己谋利的损害，而对他们进行保护的力度。该指数将保护投资者分为三个方面：关联方交易透明度（披露程度指数）、股东起诉和追究董事自我交易责任的能力（董事责任程度指数）、股东诉讼取证和法律费用分配（股东诉讼便利度指数）。为了使各经济体的数据具有可比性，我们使用了关于企业和交易的多个假设（图 8.12）。

关于企业的假设

该企业（买方）：

■ 是一家在经济体中最重要的证券交易所上市的公司。如果上市公司少于 10 家或者经济体中没有证券交易所，则假定买方是一家拥有多个股东的大型私营公司。

表8.10　土地管理质量指标的衡量标准是什么？

披露程度指数（0-10）	股东权利指数（0-10）
关联方交易的审核和批准要求	股东权利及其在公司重大决策中的作用
关联方交易的内部、即时和定期披露的要求	
董事责任程度指数（0-10）	**所有权和控制权指数（0-10）**
少数股东起诉利害关系董事，并追究其损害关联方交易责任的能力	治理保障措施保护股东免受不当的董事会控制和侵占
可用的法律补救措施（损害赔偿、放弃利润、取消资格、撤销交易）	
股东诉讼便利度指数（0-10）	**企业透明度指数（0-10）**
查阅公司内部文件	企业在重要股东、高管薪酬、年度会议和审计方面上的透明度
审判中可获得的证据	
法律费用的分摊	
利益纠纷调解指数（0-10）	**股东治理程度指数（0-10）**
披露程度指数、董事责任程度指数和股东诉讼便利度指数的简单平均值	股东权利指数、所有权和控制权指数以及企业透明度指数的简单平均值
保护少数投资者力度指数（0-10）	
利益纠纷调解指数和股东治理指数的简单平均值	

- 拥有一个董事会和一名在允许的情况下可以依法代表买方的首席执行官（CEO），即使法律对这一点没有明确的要求。
- 在拥有双层董事会制度的经济体中设有监事会，詹姆斯任命60%的股东为选举成员。
- 没有制定超出最低要求的法律或公司章程。不遵守非强制性的法规、准则、议案或指导文件。
- 是一家拥有自己分销网络的制造公司。

关于交易的假设

- 詹姆斯拥有买方60%的股份，在买方董事会中担任董事，并在买方五人董事会中选出两名董事。
- 詹姆斯还拥有Seller公司90%的股份，这家公司经营着一家零售五金连锁店。卖方最近关闭了许多商店。
- 詹姆斯建议，买方购买卖方未使用的卡车车队，以扩大买方对其食品的分销，买方同意这一建议。价格等于买方资产的10%，并高于市场价值。

- 提出的该项交易是本公司主要活动的一部分，并不超出本公司的权限。
- 买方参与交易。获得所有必需的批准，并进行所有必要的披露，即交易未以欺诈手段进行。
- 该交易对买方造成损害。股东起诉詹姆斯及批准该交易的高管和董事。

披露程度指数

披露程度指数有五个组成部分：

- 哪些法人团体能够合法批准此项交易。如果只需CEO或董事总经理批准即可，则评为0分；如果董事会、监事会或者股东必须投票，并允许詹姆斯投票，则评为1分；如果董事会或者监事会必须投票，并不允许詹姆斯投票，则评为2分；如果股东必须投票，而詹姆斯不被允许投票的，则评为3分。
- 外部机构（例如，独立审

图8.11　保护少数投资者：利益纠纷中的股东权利与公司治理

排名基于两个指数的得分

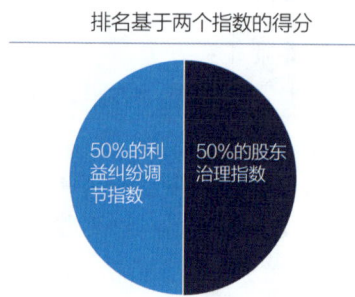

图8.12　少数股东如何从利益纠纷中得到保护？

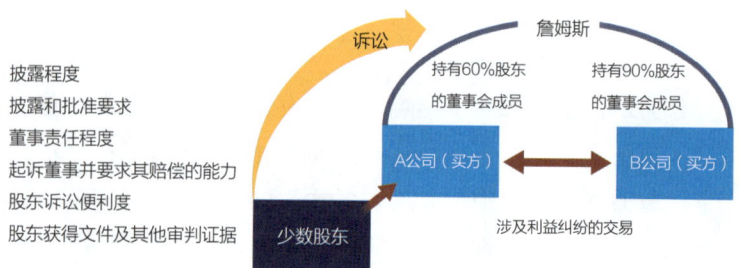

计师）是否必须在交易发生之前审查交易。如果没有，则评为0分；如果有，则评为1分。

■ 是否需要詹姆斯向董事会或监事会披露。[3] 如果不需要披露，则评为0分；如果需要全面披露存在的利益纠纷冲突，但不作任何具体说明的，则评为1分；如果需要完全披露买卖双方交易中涉及詹姆斯利益的所有事实，则评为2分。

■ 是否需要立即向公众、监管机构或股东披露该交易。如果不需要披露，则评为0分；如果要求披露交易条款，但不披露詹姆斯的利益冲突，则评为1分；如果要求同时披露条款和与詹姆斯的利益冲突，则评为2分。

■ 是否需要在定期提交的文件（例如，年度报告）中披露。如果不需要披露有关交易的资料，则评为0分；如果要求披露交易条款，但不披露詹姆斯的利益冲突，则评为1分；如果要求同时披露条款和詹姆斯的利益冲突，则评为2分。

该指数的范围从0到10，分值越高表明披露程度越高。例如，在波兰，董事会必须批准该交易，并且不允许詹姆斯投票（得分为2）。波兰不需要外部机构来审查交易（得分为0）。在交易之前，詹姆斯必须向其他董事披露其利益冲突，但是他不需要提供具体的信息（得分为1）。买方必须立即披露影响股票价格的信息，包括利益纠纷（得分为2）。买方还必须在年报中披露

交易条款和詹姆斯对买卖双方的所有权（得分为2）。将这些数字相加，波兰在信息披露程度指数上得了7分。

董事责任程度指数

董事责任程度指数有七个组成部分：[4]

■ 股东是否可以直接或进一步地起诉该交易对公司造成的损害。如果诉讼不可用或仅适用于持有公司10%以上股本的股东，则评为0分；如果持有10%或以下股本的股东可以提起直接或进一步的诉讼，则评为1分。

■ 股东原告能否要求詹姆斯就买卖双方的交易给公司造成的损害承担责任。如果詹姆斯不能被追究责任，或只能因欺诈、不诚实或重大过失而被追究责任，则评为0分；如果只有在詹姆斯影响了交易的批准或有过失的情况下，才能追究其责任，则评为1分；如果交易对股东不公平或不利，詹姆斯可以承担责任，则评为2分。

■ 股东原告能否要求其他高管和董事（CEO、董事会成员或监事会成员）就该交易给公司造成的损害承担责任。如果他们不能承担责任，或者只能对欺诈、不诚实或重大过失承担责任，则评为0分；如果可以因过失承担责任的，则评为1分；如果在交易不公平或者对股东不利的情况下可以承担责任的，则评为2分。

■ 经股东原告成功申请，詹姆斯是否就对公司造成的损害支

付赔偿金。如果不是，则评为0分；如果是，则评为1分。

■ 詹姆斯是否在股东申诉人成功索赔后，偿还该交易所赚取的利润。如果不是，则评为0分；如果是，则评为1分。

■ 经股东申诉人成功索赔，詹姆斯是否丧失资格。如果没有，则评为0分；如果他被取消资格，也就是说，在一年或更长时间内不能代表或担任任何公司的管理职位，则评为1分。

■ 股东原告成功提出诉讼后，法院能否撤销该交易。如果不能解除或只有在欺诈、恶意或重大过失的情况下可以解除，则评为0分；如果在交易对其他股东有压制性或者损害性的情况下可以解除，则评为1分；如果在交易不公平或者有利益冲突的情况下可以解除，则评为2分。

该指数的范围从0到10，分值越大表明董事的责任越大。例如，在奥地利，对持有10%股份的股东来说，提起进一步的诉讼是可行的（得分为1）。假设这个有损害性的交易被正式批准并公开，为了让詹姆斯对原告负责，原告必须证明詹姆斯影响了审批机构或有过失行为（得分为1）。若要追究其他董事的责任，原告必须证明其行为疏忽（得分为1）。如果判定詹姆斯负有责任，那么他必须支付赔偿金（得分为1），并须交出其利润（得分为1），但不能取消詹姆斯的资格（得分为0）。损害他人利益的交易不能撤销（得分为0）。

将这些数字加起来，奥地利在董事责任程度指数上得了 5 分。

股东诉讼便利度指数

股东诉讼便利度指数有六个组成部分：

■ 持有公司 10% 股本的股东是否有权在提起诉讼前检查买卖双方的交易文件。或者，他们是否可以要求政府检查员在不提起诉讼的情况下调查买卖双方的交易。如果没有，则评为 0 分；如果有，则评为 1 分。

■ 在审判期间，被告和证人可以向股东提供哪些文件。下列各种文件当中，每获得一种，即评为 1 分：被告表示要用来为自己辩护的信息、直接证实原告权利要求中具体事实的信息、与权利要求内容有关的任何信息。

■ 原告是否可以在不具体指明每一份文件的情况下，从被告那里获得有关文件的类别。如果不是，则评为 0 分；如果是，则评为 1 分。

■ 原告在审判过程中能否直接质询被告人和证人。如果不能，则评为 0 分；如果能，但质询的问题必须经法官事先同意或者法官可以以任何理由驳回问题，则评为 1 分；如果能，并无需事先批准，则评为 2 分。

■ 民事诉讼的举证标准是否低于刑事案件的举证标准。如果不是，则评为 0 分；如果是，则评为 1 分。

■ 股东原告能否向公司追讨诉讼费用。如果不能，则评为 0 分；如果原告在诉讼取得成功后，可以向公司追讨诉讼费用，则评为 1 分；不论诉讼结果如何，原告均可向本公司追讨其法律费用，则评为 2 分。

该指数的范围从 0 到 10，分值越高表明股东对交易提出质疑的权利越大。例如，在克罗地亚，持有买方 10% 股份的股东可以要求政府检查员复查詹姆斯和首席执行官管理不善的嫌疑，而不必向法院提起诉讼（得分为 1）。原告可以查阅被告打算用来进行辩护的文件（得分为 1）。原告必须具体指明所寻求的文件（例如，买卖双方于 2015 年 7 月 15 日签订的采购协议），不能仅仅笼统地要求获得某一类文件（例如，与交易有关的所有文件）（得分为 0）。原告可以在审判期间对被告和证人进行质询，但未经法院事先批准（得分为 2）。民事诉讼的举证标准是证据优势，刑事标准是超出合理质疑（得分为 1）。原告只有在诉讼成功后，方可向公司追偿法律费用（得分为 1）。把这些数字加起来，克罗地亚在股东诉讼便利度指数上得了 6 分。

利益纠纷调解指数

利益纠纷调解指数是披露程度指数、董事责任程度指数和股东诉讼便利度指数的平均值。该指数的范围从 0 到 10，数值越高说明利益纠纷的调解越强。

股东治理

股东治理指数通过区分良好治理的三个维度来衡量股东在公司治理中的权利。这三个维度是：股东权利及其在企业重大决策中的角色（股东权利指数），用于防止不适当的董事会控制的保障措施、管理防御（所有权和控制权指数），对公司所有权、薪酬、审计和财务前景的透明度（企业透明度指数）。该指数还衡量有限公司是否拥有部分相关权利和保障措施。

关于企业的假设

该公司（买方）是一家在经济体中最重要的证券交易所上市的公司。如果经济体中没有证券交易所，则假定买方是一家拥有多个股东的大型私人公司。可以上市并拥有大量股东的公司形式包括：联合股份公司（JSC）、公开有限公司（PLC）、C 公司、欧洲股份公司（SE）、股份公司（AG）和股份责任有限公司（SA）。

在十个问题中，对于企业的假设是建立在"假设买方是一家有限公司"基础上的。相反，买方是一家有限责任公司或与其功能相当的公司：一种独特而简单的公司形式，不能向公众发行股票。例如，私人有限公司（（Ltd）、有限责任公司（LLC）、（股份）责任有限公司（SRL）、股份有限公司（简称 GmbH），以及有限责任公司（简称 SARL）。

股东权利指数

对于股东权利指数的每个

组成部分，如果答案是否定的，则评为 0 分；如果是肯定的，则评为 1 分。该指数由十个部分构成：

- 买方 51% 的资产出售是否需要股东批准。
- 持有买方股份 10% 的股东是否有权要求召开股东大会。
- 买方是否每次发行新股都必须得到股东的批准。
- 买方发行新股时，股东是否自动获得优先购买权。
- 股东是否具有选举和罢免外部审计师的权利。
- 股东是否只有在受影响的股份持有人同意的情况下，才可能拥有更改某类股份的权利。
- 假设买方为一家有限责任公司，出售买方 51% 的资产是否需要股东批准。
- 假设买方为一家有限责任公司，持有买方股本 10% 的股东是否有权召开股东会议。
- 假设买方为一家有限责任公司，是否所有或几乎所有股东都必须同意增加新股东。
- 假设买方为一家有限责任公司，股东是否必须先向现有股东提供其权益，然后才可向非股东出售。

所有权和控制权指数

对于所有权和控制权指数的每个组成部分，如果答案是否定的，则评为 0 分；如果是肯定的，则评为 1 分。该指数由十个部分构成：

- 首席执行官是否被禁止担任董事会主席。
- 董事会是否必须包括独立的非执行董事。
- 股东是否可以在董事会成员任期届满前将成员无故解聘。
- 董事会是否必须设立审计委员会。
- 潜在收购者在收购买方 50% 股权后，是否必须向所有股东发出要约。
- 买方是否必须在法律规定的最大期限内支付已宣布的股息。
- 子公司是否不能收购母公司发行的股份。
- 假设买方为有限责任公司，是否必须存在解决股东间分歧的机制。
- 假设买方为有限责任公司，潜在收购者是否必须在收购 50% 的买方股份后向所有成员发出投标要约。
- 假设买方为有限责任公司，买方是否必须在法律规定的最大期限内分配利润。

企业透明度指数

对于企业透明度指数的每个组成部分，如果答案是否定的，则评为 0 分；如果是肯定的，则评为 1 分。该指数由十个部分构成：

- 买方公司是否必须披露代表 5% 的直接和间接受益所有权。
- 买方公司是否必须披露董事会成员在其他公司的主要工作和董事职位的信息。
- 买方公司是否必须披露个

别经理人的薪酬。

- 股东大会的详细通知是否必须在会议前 21 个日历天数发出。
- 持有买方股本 5% 的股东是否可以将事项提上股东大会议程。
- 买方公司的年度财务报表是否必须由外部审计师审计。
- 买方公司是否必须向公众披露其审计报告。
- 假设买方为有限责任公司，则股东是否必须每年至少会面一次。
- 假设买方是有限责任公司，持有 5% 股份的股东是否可以将项目列入会议议程。
- 假设买方是一家大于法律规定的阈值的有限公司，其年度财务报表是否必须由外部审计师审计。

股东治理指数

股东治理指数是股东权利指数、所有权和控制权指数以及企业透明度指数的平均值。该指数的范围从 0 到 10，数值越高表明股东在公司治理中的权利越强。

改革

保护少数投资者指标集每年都会跟踪与监管关联方交易和公司治理相关的变化。根据对数据的影响，某些变化被归类为改革，并列在 2017/2018 年度《营商环境报告》的改革概要中，以确认重大变革的实施。改革被分为两类：一种使营商更便利，另外一种使营商更困难。保护少数投资者指标集使用以下标准来确认一项改革。

所有可影响某一特定经济体在本指标下的六个指数（48 个问题）得分的立法和监管变化，都被列为改革。这种改变必须是强制性的，这意味着如果股东不遵守规定，就可以向法院提起诉讼，或要求监管机构（例如，公司注册处、资本市场管理局或证券交易委员会）对其实施制裁。准则、示范规则、原则、建议及在不符合规定的情况下需解释的职责均不包括在内。当一个变化仅仅影响在证券交易所上市的公司时，指标只会认同拥有 10 个上市股票以上（包括 10）的股票市场。如果经济体中没有证券交易所或股票市场的股票少于十个，不管其股票是否上市，只有当这种变化影响到公司时才予以考虑。

影响保护少数投资者指标的变化包括修订或引入新的公司法、商业法典、证券监管、民事诉讼法、法庭规则、法律、法令、命令、最高法院判决或证券交易所上市规则。这些变化必须影响发行者、公司经理、与关联方交易有关的董事，以及股东的权利和义务，或者更普遍地影响以指标衡量的公司治理的各个方面。例如，在一个给定的经济体中，关联方交易必须得到董事会的批准，包括那些在交易成功过程中与个人经济利益相关的董事会成员。该经济体引入了一项法律，该法律要求关联方交易由股东大会批准，并且排除存在利益冲突的股东参加表决。这项法律将使相应问题的披露程度指数增加 2 分，因此将在报告中得到认同。

有关各经济体保护少数投资者的数据详情，请浏览：http://www.doingbusiness.org。最初的方法是由 Djankov，La Porta 等人在 2008 年研发的。

纳税

《营商环境报告》记录一家中型企业在某一特定年份必须缴纳的各种税项和强制性派款，也衡量因纳税、支付派款，以及进行税后合规而产生的行政负担（图 8.13）。该项目是与普华永道合作开发和实施的。[5] 税金和派款包括利润或企业所得税、雇主缴纳的社会派款和劳动税、财产税、财产转让税、股息税、资本利得税、金融交易税、垃圾税、车辆和道路税，以及各种其他小额税金或费用。

各经济体纳税的便利度排名是通过对其纳税的得分进行排序来决定的，这些得分是各个二级指标得分的简单平均值（图 8.14）；同时，报告对总税收和缴费率（占商业利润百分比）这一部分指标设定了阈值并进行了非线性变换。[6] 其阈值被定义为包括《2015 年营商环境报告》在内的历年数据总体分布的前15%，即 26.1%。总税收和缴费率低于或等于此阈值的所有经济体得分均相同。

这一阈值并非基于"最优税率"的任何经济理论。"最优税率"是指在一个经济体的整体税收体系中，将扭曲最小化或效率最大化。相反，基于实证经验，该阈值被定在纳税指标观察到的向制造业中型企业征收的税率分布的低端。这减少了总税收和缴费率指标对一些经济体的偏差，这些经济体不需要向《营商环境报告》中的标准化案例研究公司征收重税，因为他们以其他的方式获得公共收入（所有这些都在方法论的范围之外）。

《营商环境报告》衡量的是政府授权（联邦、州或地方各级）的、适用于标准化企业并对其财务报表产生影响的各种税项和派款。为了做到这一点，《营商环境报告》对税进行了超越了传统意义上的界定。政府的国民账户对税的界定为：税仅包括支付给政府的强制性、得不到返还的款项。《营商环境报告》偏离了这一定义，因为它衡量的是影响企业账户（而非政府账户）的收费。两者的主要区别之一是与劳动派款有关。《营商环境报告》的衡量内容，包括由雇主缴纳给返还型私人养老基金或职工保险基金的政府强制派款。例如，澳大利亚的强制养老保险和工伤保险。为方便计算总税收和缴费率（定义见下文），只有造成企业负担的税项才被包括在内。例如，增值税（VAT）一般是不包括在内的（它们是无法返还的），因为它们不会影响企业的会计利润，也就是说，它们不会反映在损益表中。它们之所以包括在合规指标内（时间和纳税），是因为它们增加了税收合规的负担。

《营商环境报告》使用一个案例场景来衡量标准化企业缴纳的税项和派款，以及一个经济体税收合规体系的复杂性。本案例场景使用了一组财务报表和对全年的交易进行假设。在每个经济体中，来自不同公司（在众多经济体中，普华永道是这些公司中的一员）的税务专家根据标准化案例研究事实计算其管辖区内的应缴税项和强制性派款。此外，本处亦会收集资料，包括经济体的申报和缴税频率、纳税合规所需时间、申请并处理增值税退税所需的时间，以及企业所得税审计合规和完成企业所得税审计所需的时间。为了使各经济体的数据具有可比性，《营商环境报告》对企业、税项和派款进行了若干假设。

关于企业的假设

该企业：

■ 假设是一家有限责任、应纳税的公司。如果在经济体中存在多种类型的有限责任公司，则选择国内最常见的有限责任公司形式。最常见的形式是由注册律师或统计局报告的。

■ 公司于 2016 年 1 月 1 日开始运营。当时该公司购买了资产负债表中列示的所有资产，并雇用了所有员工。

■ 公司在经济体中最大的商业城市运营。对于 11 个经济体，还收集了第二大商业城市的数据（表 8A.1）。

■ 公司是 100% 的国内企业，拥有五个所有者，且他们都是自然人。

■ 截至 2016 年年底，公司启动资金为人均收入的 102 倍。

■ 公司从事一般工业或商业活动。具体来说，它生产陶瓷花盆并零售。它不参与对外贸易（不进出口），也不处理受特殊税收制度约束的产品，例如酒类或烟草。

■ 2017 年年初，公司拥有两块土地、一栋建筑、机器、办公设备、计算机和一辆卡车，并租赁一辆卡车。

■ 除了与公司年限或规模有关的优惠政策外，无资格享受投资激励措施或其他任何优惠政策。

■ 公司拥有 60 名员工，包括 4 名经理、8 名助理和 48 名工人。所有员工均为本国公民，且其中 1 名管理人员为企业所有人之一。公司为员工支付额外的医疗保险（不受任何法律规定）作为额外福利。此外，在一些经济体中，差旅费报销和客户招待费被视作员工福利。在适用的情况下，假设公司为此费用支付附加福利税，或者该福利成为雇员的应税收入。案例研究假设在吃饭、交通、教育或其他方面没有增加额外的工资。因此，即使公司经常给予员工这些福利，它们也不会被计入应税总工资或从

图 8.13　当地中型公司缴纳所有税项所需时间、总税收和缴费率及纳税次数是多少，以及当地中型公司进行税后合规的效率如何？

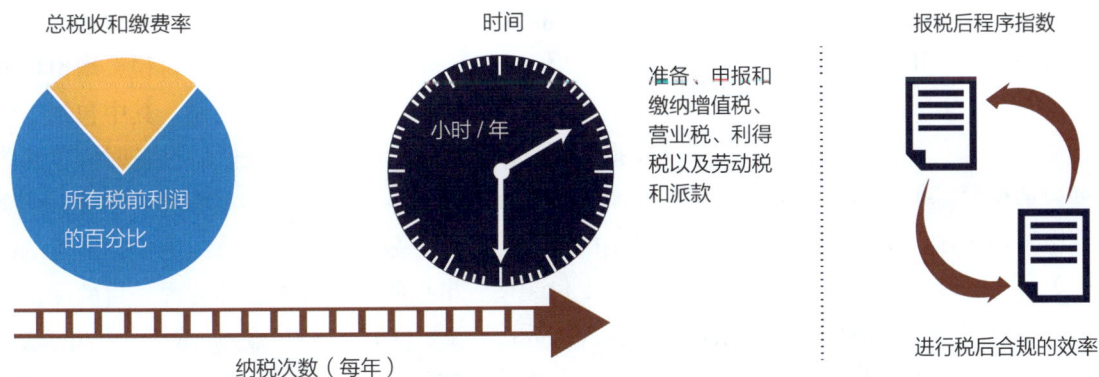

图 8.14 纳税：当地制造公司的税收合规性

排名基于四个指标的得分

每年准备申报表和纳税的小时数

公司负税占所有税前利润的百分比

25% 时间

25% 总税收和缴费率

25% 报税后程序指数

25% 缴税

评分：增值税退税合规的小时数、获得增值税的周数、企业所得税审计合规的小时数、完成企业所得税审计的周数

每年的纳税次数

注：低于阈值的所有经济体在总税收和缴费率方面都获得相同的分数。如果增值税和企业所得税均适用，报税后程序指数等于四个组成部分得分的简单平均值。如果只有增值税或企业所得税适用，报税后程序指数的得分只属于适用税率的两个组成部分得分的简单平均值。如果增值税与企业所得税均不适用，报税后程序指数不包括在纳税便利程度的排名中。

应税总工资中剔除，从而进入劳动税或劳动保险的计算中。

■ 公司营业额为人均收入的 1050 倍。

■ 公司在运营的第一年发生亏损。

■ 公司毛利率（税前）为 20%（即销售额为销售成本的 120%）。

■ 公司在第二年年底将其净利润的 50% 作为股息分配给所有者。

■ 公司在第二年年初以原价出售其中一块土地。

■ 为了进一步规范案例，对费用和交易进行一系列详细的假设。例如，假设身为企业管理人员之一的那位所有人将人均收入的 10% 用于公司旅行（该所有者支出的 20% 为纯私人开支、20% 为客户招待费、60% 为差旅费）。财务报表中的所有变量都以占 2012 年人均收入的比例来表示（这是对《2013 年营商环境报告》及其之前年份的更新，当时这些变量以 2005 年人均收入表示）。对于一些经济体，用人均收入的两到三倍的数额来估计财务报表变量。2012 年度的人均收入不足以使案例研究中雇员的薪水达到这些经济体中现有的最低工资标准。

关于税项和派款的假设

■ 记录的所有税项和派款均为公司在运营的第二年（2017 年）所缴纳的。一个税项或派款若名称不同或由不同的机构征收，则认为它们是不同的。税项和派款的名称和征收机构相同，但针对不同企业所征收的税率不同，则被视为相同的税项或派款。

■ 公司每年缴税和支付派款的次数为税项或派款的种类数乘以每个税项或派款的缴纳（或预扣）频率。缴纳频率包括预缴纳（或预扣）和定期缴纳（或预扣）。

纳税

纳税指标所反映的是：该标准化案例研究公司在第二年运作期间所缴纳的税项和派款总数、支付方法、支付频率、申报频率以及涉及的机构数目（表 8.11）。它包括公司所欲扣代缴的税款，如销售税、增值税和职工劳动税。这些税传统上是由公司代表、税务机关，从消费者或雇员那里征收的。虽然它们不影响公司的损益表，但它们增加了税收合规的行政负担，因此被包括在纳税指标中。

纳税次数中考虑到电子申报的次数。如果申报和支付可以完全电子化，并且大多数中型企业选择电子申报和支付，即使企业很频繁地进行支付，该税也只被计算为每年支付一次。对于通过第三方支付的款项，例如金融机构支付的利息税或燃料经销商支付的燃料税，即使缴纳频率很高，也只按一次计算。

如果两个或两个以上的税项或派款用同一申报表合并申报和缴纳，则每次联合缴税按一次计算。例如，如果强制性健康保险派款和强制性养老金派款合并申报和缴纳，那么缴税次数中仅包括其中一项派款。

时间

时间以每年的小时数记录。该指标衡量准备、申报和缴纳三种主要税项和派款所花费的时间：企业所得税、增值税或营业税、劳动税，其中包括工资税和社会派款。准备时间包括收集计算应纳税额所需的所有信息的时间和计算应纳税额所需的时间。如果必须为税务目的保留单独的会计账簿，或者进行单独的计算，则与这些工作相关的时间也包括在内。只有当常规会计工作不足以满足税务会计要求的情况时，才包括该额外时间。申报时间包括填写所有必要的纳税申报表和向税务机关提交相关申报表的时间。缴税时间指在线缴税或在税务机关缴税所需的小时数。当亲自缴税和支付派款时，时间包括等待期间的延误。

总税收和缴费率

总税收和缴费率（占商业利润的百分比）衡量的是企业在运营的第二年所负担的税项和强制性派款的额度。《2019 年营商环境报告》公布了 2017 年的总税收和缴费率，企业所负担的总税额，为允许抵扣和减免以后的所有应缴税和派款的总和。扣除税款（如个人所得税）或由公司代收后上缴税务部门（如增值税，营业税或商品劳务税）但不由公司承担的税款不包括在内。包括在内的税可以分为五类：个人所得税或企业所得税、社会派款和雇主缴纳的劳动税（包括所有强制性派款，即使支付给私人实体也包括其中，如退还的养老基金）、财产税、营业税和其他税（如市政费和车辆税）。燃油税不再包括在总税收和缴费率中，这是因为难以对所有涵盖的经济体以一致的方式计算这些税。在大多数情况下，燃油税数额非常小，并且由于数额由燃油消耗决定，这就增加了衡量这些数额的复杂性。燃油税继续记录在纳税次数内。

总税收和缴费率旨在全面衡量企业承担的所有税收成本。它与法定税率不同，法定税率仅适用于提供税基的因素。在计算总税收和缴费率时，使用实际应纳税额除以商业利润。以伊拉克的数据为例（表 8.12）。

商业利润实质上是企业缴纳所有税款前的净利润，它不同于财务报表中传统的税前利润。在计算税前利润时，企业承担的许多税收都是可扣除的。但是在计算商业利润时，这些税收是不能扣除的。因此，商业利润清楚地显示了企业一个财政年度承担任何税收之前的实际利润。

商业利润计算为：销售额减去销售成本，减去毛工资，减去行政费用，减去其他费用，减去准备金，加上资本收益（来自财产销售）减去利息费用，加上利息收入和减去商业折旧。为了计算商业折旧，采用了直线折旧法，其折旧率为：土地 0%，建筑物 5%，机械 10%，计算机 33%，办公设备 20%，卡车 20%，商业开发费用 10%。商业利润相当于人均收入的 59.4 倍。

这一计算总税收和缴费率的方法与普华永道开发的总体税负框架基本一致，也符合该框架内对税负的计算。但是，普华永道的计算通常以经济体中最大规模的企业所提供的数据为依据，而《营商环境报告》重点关注的是案例中的标准化中等规模公司。

表 8.11　纳税指标的衡量标准是什么？
2017 年制造公司缴纳的税款（每年数量调整以电子和联合方式申报与支付）
缴纳的税项和派款总数，包括消费税（增值税、营业税或商品劳务税）
申报和付款的方法及频率
遵循三个主要税种所需时间（每年小时数）
收集信息并计算应缴纳税款
填写纳税申报表，提交有关机构
安排缴款或扣缴
必要时，另行编制强制性税务会计账簿
总税收和缴费率（所有税前利润的 %）
利润或公司所得税
雇主缴纳的社会派款和劳动税
财产和财产转让税
股息、资本利得和金融交易税
垃圾、车辆、道路和其他税
报税后程序指数
增值税退税流程的合规时间
获得增值税退税所需时间
更正企业所得税申报表错误的合规时间，包括遵循审计流程
完成企业所得税审计所需时间

报税后程序指数

报税后程序指数基于四个组成部分：增值税退税合规所需时间、获得增值税退税所需时间、企业所得税审计合规时间和完成企业所得税审计所需时间。如果增值税和企业所得税均适用，报税后程序指数等于四个组成部分得分的简单平均值。如果只有增值税或企业所得税适用，报税后程序指数的得分只属于适用税率的两个组成部分得分的简单平均值。如果增值税与企业所得税均不适用，报税后程序指数不包括在纳税便利程度的排名中。

这四个组成部分在适用的情况下会包括遵守和完成税务审计

表 8.12 伊拉克的总税收和缴费率计算					
	法定评估人 r（%）	应税基数 b （ID）	实际应纳税额 a=rxb （ID）	商业利润 *c （ID）	总税收和缴费率 t=a/c（%）
企业所得税（应纳税所得额）	15	452461855	67869278	453188210	14.98
雇主支付——社会保障缴款（应税工资）	12	511191307	61342957	453188210	13.54
员工支付——社会保障缴款（应税工资）	5.00	511191307			不包含
合同印花税	固定费用	变化	少量		少量
房地产所有权转让税	0-6	财产价值	10480197	453188210	2.31
总和			139692432		30.82

资料来源：《营商环境报告》数据库。
注：假如商业利润为人均收入的 59.4 倍，身份证是伊拉克第纳尔。
* 所有税前利润

的时间（详细信息见下文）。税务审计的定义包括纳税人与税务机关之间在纳税申报和缴纳应纳税额之后的任何互动，包括任何用以核实纳税人是否正确评估和报告其纳税义务及履行其他义务而进行的非正式和正式的问询，以及正式的税务审计。

这些指标基于扩展的案例研究假设。

关于增值税退税流程的假设

■ 2017 年 6 月，TaxpayerCo. 购买大量资金：一个额外的机器制造容器。

■ 这个机器的价值是该经济体人均收入的 65 倍。

■ 销售额按月平均分配（即人均收入的 1050 倍除以 12）。

■ 销售货物的成本等于每月平均支出（即人均收入的 875 倍除以 12）。

■ 机器的销售商已登记增值税。

■ 如果投入、销售、机器的

增值税税率相同，且纳税申报期为每月申报，则 6 月份的超额进项税额将在连续四个月后全部收回。

■ 进项税额将于 2017 年 6 月超过销项税额（表 8.13）。

关于企业所得税审计过程的假设

■ 计算所得税负债时出现错误导致所得税申报表不正确（例如，使用不正确的税收折旧率，或错误地将费用视为可扣除的税款），从而导致企业所得税少付。

■ 应纳税企业发现错误并主动将公司所得税申报表中的错误通知税务机关。

■ 少缴纳的所得税负债是企业所得税应纳税额的 5%。

■ 应纳税企业在年度纳税申报表的截止日期后，但在税务评估期内提交更正后的信息。

增值税退税合规所需时间

时间以小时为单位记录。该指标有两部分：

■ 申请增值税退税的过程。时间包括：应纳税企业从内部收集增值税信息所花费的时间，包括分析会计信息和计算增值税退税金额所花费的时间；应纳税企业准备退税申请的时间；应纳税企业准备证明增值税退税申请所需的附加文件花费的时间；提交增值税退税申请所花费的时间；如果增值税退税申请和相关文件的提交与标准增值税申报不能同时完成，则提交所有文件所花费的时间；必要时在税务办公室代理所花费的时间；应纳税企业完成与增值税退税相关的任何其他强制性活动或任务所花费的时间（表 8.13）。

■ 增值税审计的过程。如果企业由于资本购买而要求增值税现金退款，从而在 50% 或者更大的可能性下被归为需要额外的审查，那么审计的过程将会被记录。时间包括：应纳税企业根据税务审计师的要求收集信息和准备相关文件（如收据、财务报表、工资单据等信息）所花费的时间，应纳税企业提交审计师要求的文件所花费的时间。

如果提出增值税退税的过程是标准化的，属于报税表格的一部分，使用进项税抵扣时不需要提交任何额外申请，且在 50% 或者更多类似案例中，企业不会引起审计，这种情况下增值税退税合规的总时长预估为 0 小时。

如果审计所需的文件以电子方式提交，并只需几分钟，则审计文件提交过程记录为半小时。如果文件是当面提交给纳税人，则实地审计记录的估计时数为 0。

例如，在科索沃，纳税人花费 27 个小时办理退税。纳税人要求在标准增值税申报表中退还增值税。纳税人花费两个小时从内部和会计记录中收集信息，以计算退税金额。由于纳税人在在线增值税申报表中表明他们希望退还未缴纳的增值税余额，因此他们没有额外的时间准备退款申请。纳税人还必须准备并审查过去三个月的所有购销发票、大额购买或投资的增值税超额支付的业务说明、银行对账单、任何遗漏的纳税申报单以及财务和增值税证书证明复印件。纳税人花费四个小时准备这些额外的文件。这些文件可以与增值税申报表同时以电子的方式提交。纳税人还必须亲自到税务局办理增值税退税申请，并说明 6 月份进项税额超额的原因，这需要三个小时。

表 8.13　阿尔巴尼亚增值税进项税抵免额的计算

	增值税率 R.	销项税额 Rx 销售额	进项税额（RxA+RxB）
销售额 =ALL（37398864.84）	20%	ALL7479772.97	
资本购买（A）=ALL27782013.88	20%		ALL5556402.78
原材料费（B）=ALL31165720.70	20%		ALL6233144.14
增值税退税（RxA+RxB）–（Rx 销售额）			ALL4309773.95

资料来源：《营商环境报告》数据库。
注：ALL 是阿尔巴尼亚列克。

此外，增值税退税申请将触发税务局的全面审计。纳税人需花费 16 个小时准备审计员要求的文件，包括采购和销售发票、账单、银行交易、会计软件记录、纳税申报表和合同。准备好文件后，纳税人需亲自在税务局向审计员提交文件（提交时间为两小时）。

获得增值税退税所需时间

时间以周为单位记录，该时间项衡量从提交申请的时刻到最终收到增值税退税的总体等待时长。如果企业由于资本购买而要求增值税现金退款，从而在 50% 或者更多情况下被归为需要额外的审计，那么时间将包含从提交增值税退税申请到审计开始的等待时长，应纳税企业与审计员从审计开始时刻到审计过程全部完成（包括应纳税企业与审计员的多轮互动）的时长，从应纳税企业提交各种审计材料到税务审计员发布最终审计决定，且应纳税企业与审计员之间不再有任何互动的等待时长，以及从审计员发布最终审计决定开始到增值税退款发放的等待时长。

时间还包括提交退款申请的平均等待时间。如果增值税退税申请按月计算，则提交退款申请的平均等待时间为半个月。如果增值税退税申请每两个月一次，则提交退款申请的平均等待时间为一个月。如果增值税退税申请按季度提交，则提交退款申请的平均等待时间为一个半月。如果增值税退税申请每半年提交一次，则提交退款申请的平均等待时间为三个月。如果增值税退税申请每年提交，则提交退款申请的平均等待时间为六个月。

时间包括增值税现金退税之前的强制结转时间。如果没有强制结转期，则结转时间为零。

例如，在阿尔巴尼亚，需要 37 个星期才能得到增值税退款。申请增值税退税需要由税务机关审计。税务机关需要四个星期才能开始审计。纳税人花费 8.6 周时间与审计员进行互动，并等待 4 周直到最终评估发布。纳税人只有在审计完成后才能领取增值税退款。纳税人花费五周的时间等待增值税退还金的发放。在阿尔巴尼亚，纳税人必须连续三个会计期间（在阿尔巴尼亚为三个月）结转增值税退款，然后才能要求退还现金。三个月（13 周）结转期包括在接受退税的总时长中。增值税申报表按月计算，因此 0.5 个月（2.1 周）也包括在接受退税的总时长中。

如果一个经济体没有增值税，该经济体将不会在增值税退税流程的两个指标上得分——增值税退税合规所需时间和获得增值税所需时间，巴林就是这样。如果一个经济体有增值税且购买机器不需要缴纳增值税，那么该经济体将不会在增值税退税合规所需时间和获得增值税退税所需时间这两个指标上得分，塞拉利昂就是这样。如果一个经济体在 2017 年引入了增值税且没有足够的数据来评估退税流程，那么该经济体将不会在增值税退税合规所需时间和获得增值税退税所需时间这两个指标上得分。

如果一个经济体有增值税，但要求退税的能力仅限于不包括案例研究公司的特定类别的纳税人，则该经济体在增值税退税合规所需时间和获得增值税退税所需时间这两个指标上被评为 0 分。例如，在玻利维亚，只有出口商才有资格申请增值税退款。因此，玻利维亚在增值税退税合规所需时间和获得增值税退税所需时间上的分数是 0 分。如果一

个经济体有增值税，并且案例研究公司有资格要求退税，但是在实践中没有发生现金退税，则该经济体在增值税退税合规所需时间和获得增值税退税所需时间这两个指标上被评为 0 分，中非共和国就是这样。如果一个经济体有增值税，但没有退税机制，则该经济体在增值税退税合规所需时间和获得增值税退税所需时间这两个指标上被评为 0 分，苏丹就是这样。如果一个经济体有增值税，但对资本购买征收的进项税额是企业的成本，该经济体在增值税退税合规所需时间和获得增值税退税所需时间这两个指标上被评为 0 分，缅甸就是这样。

企业所得税审计合规时间

时间以小时为单位记录。该指标有两部分：

■ 通报错误、报税修正和补缴税款的过程。时间包括：应纳税企业收集资料和准备通知税务机关所需文件所花费的时间；应纳税企业提交文件所花费的时间；如果支付税款和提交修正后的企业所得税申报表不能同时完成，则由应纳税企业进行额外纳税所花费的时间。

■ 企业所得税审计合规流程。如果企业自愿报告所得税申报表中由于所得税负债计算错误导致的企业所得税少付，会在 25% 或者更大的可能性下被归为需要额外的审计，那么这个过程将会被记录。用于评估企业所得税审计的阈值低于增值税现金退

款引发的审计的阈值。这是因为，企业自愿报告所得税申报表中由于所得税负债计算错误导致的企业所得税少付的案例情况，在被选择进行税务审计的公司中，只能是其中很小一部分公司的问题。与增值税的现金退税相反，一次性申请增值税的现金退税通常要经过税务审计。时间包括：应纳税企业根据税务审计师的要求收集信息和准备文件（如收据、财务报表、工资单据等信息）所花费的时间；应纳税企业提交审计师要求的文件所花费的时间。

如果提交文件或缴纳企业所得税负债以电子方式进行并需要几分钟，则会记录提交文件或缴纳所得税负债的估计时间为半小时。如果文件是在纳税人所在地亲自提交给审计员，则在实地审计的情况下记录的估计时间为 0 小时。

例如，在斯洛伐克共和国，纳税人会以电子方式提交一份修改后的企业所得税申报表。纳税人纠正申报表中的错误需要花费一小时，在线提交修改后的申报表需要花费半小时，在线支付额外的费用需要花费半小时。根据斯洛伐克共和国的个案研究情况，修改企业所得税申报表不会受到额外的审计。这样，总的合规时间就达到了两个小时。

完成企业所得税审计所需时间

时间以周为单位记录。时间包括：税务机关接到企业所得

申报表错误通知之日起开始审计的时间；从审计开始之日起，应纳税企业与审计师进行互动的时间，直到应纳税企业与税务机构之间没有进一步互动为止（包括应纳税企业与审计员之间的多轮互动）；以及从应纳税企业提交所有相关资料和文件起等待税务审计员发布最终税务评估所花费的时间。

如果少于 25% 的公司不会进行额外的审计，则完成企业所得税审计的时间被记录为零。

例如，在瑞士，根据案例研究情景，修改了企业所得税申报表的纳税人要接受在纳税人所在地进行的单项审计。纳税人等待 30 天（4.28 周），直到税务机构开始审计，与审计员互动共 4 天（0.57 周），等待 4 周直到审计员发布最终评估，最终用时 8.86 周完成公司所得税审计。

如果一个经济体不征收企业所得税，那么这个经济体就不会在两个指标上得分——企业所得税审计合规时间和完成企业所得税审计所需时间。瓦努阿图就是此情况。

如果一个经济体不征收任何税项或强制性派款，那么它在纳税次数、时间、总税收和缴费率以及报税后程序指数上就会得到"无实践"标记。

改革

纳税指标集跟踪一个中型企业在一年内必须支付的不同税项和强制性派款的相关变化和纳税与支付派款以及进行税后合规（增值税退税和税务审计）而产生的行政负担。根据对数据的影响，某些变化被归类为改革，并列在 2017/2018 年度《营商环境报告》的改革概要中，以确认重大变革的实施。改革分为两种类型：一类使营商更便利，另一类使营商更困难。纳税指标集根据一个标准来确认改革。

指标集总分上的总差距用于评估数据变化的影响。任何导致分数差距变化 2% 或更多的数据更新都被归类为改革，除非该变化是官方自动收费索引至物价及工资指数的结果（更多详细信息，请参阅关于营商环境便利度分数和排名的章节）。例如，如果实施新的电子系统来申报或支付三大税种之一（公司所得税、增值税、劳动税和强制性派款），可以减少支付的时间和款项，从而使总体差距减少了 2% 或更多，那么这种变化就被归类为改革。或者，在某些指标上的税率或固定费用的小额更新或其他较小变化对分数差距所产生的影响小于 2%，这种变化就不会被视为改革，但其影响仍反映在该指标集的最新指标上。

有关各经济体纳税的数据详情，请浏览：http://www.doingbusiness.org。这种方法是由 Djankov 等人在 2010 年研发的。

跨境贸易

《营商环境报告》记录了与进出口货物的物流过程相关的时间和成本。在货物进出口的整个过程中，《营商环境报告》衡量与三套手续相关的时间和成本（不包括关税）——单证合规、边界合规和国内运输。以巴西（作为出口国）和中国（作为进口国）为例（图 8.15），表明了通过港口将货物从原产国的仓库出口到海外贸易伙伴的仓库的过程。以肯尼亚（作为出口国）和乌干达（作为进口国）为例（图 8.16），表明了通过陆地边界将货物从原产国的仓库出口到区域贸易伙伴的仓库的过程。各经济体跨境贸易的便利度排名是通过对其跨境贸易的得分进行排序来决定的，这些得分是单证合规和边界合规的时间和成本得分的简单平均值（图 8.17）。

尽管《营商环境报告》收集并公布了国内运输时间和成本的数据，但它没有使用这些数据来计算跨境贸易的分数或便利度排名。其主要原因是，国内运输的时间和成本受到众多外部因素的影响，例如过境领土的地理和地形、道路容量和一般基础设施、最近的港口或边界，以及存放贸易商品的仓库，因此不会受到经济体贸易政策和改革的直接影响。

跨境贸易的数据是通过对当地货运代理、报关行、港务局和贸易商进行问卷调查收集的。

如果一个经济体由于政府限制、武装冲突或自然灾害，而没有发生正式、大规模的私营部门跨境贸易，则被视为"无实践"经济体。"无实践"经济体在所有跨境贸易指标中都为 0 分。

案例研究假设

为了使数据在各经济体之间具有可比性，《营商环境报告》对贸易货物和交易进行了若干假设：

■ 对于《营商环境报告》所涵盖的 190 个经济体中的任一经济体，假定一批货物位于出口经济体中最大商业城市的仓库中，并运往进口经济体中最大商业城市的仓库。对于 11 个经济体，在相同的案例研究假设下，还收集了第二大商业城市的数据（表 8A.1）。

■ 进出口案例研究假设不同的贸易产品。假定每个经济体从其自然进口伙伴进口 15 吨集装箱汽车零部件，自然进口伙伴即其进口价值最大（价格乘以数量）的汽车零部件的经济体。假设每个经济体将其具有比较优势（由最大出口价值定义）的产品出口到其自然出口伙伴——该经济体是该产品的最大购买者。然而，贵金属和宝石、矿物燃料、石油产品、活体动物、食品和产品的废料以及药品都排除在可能的出口产品清单外，在这些情况下，需要第二大产品类别。[8]

■ 一般货物为一个贸易单位。出口货物不一定需要集装箱化，而汽车零部件的进口货物则假设是集装箱化的。

■ 如果费用由货物价值决定，则假定价值为 50000 美元。

■ 产品是新产品，不是旧商品或二手商品。

■ 进出口公司雇用并支付货运代理或报关行（或两者）的费用，以及支付与国内运输、海关和其他机构的通关和强制检查、港口或边界处理、单证合规费等有关的所有费用。

■ 运输方式选择进出口产品和贸易伙伴最广泛使用的方式，如海港或陆地过境点。

■ 所有政府机构要求提供的与货物有关的所有电子信息都被视为在进出口过程中获得、准备和提交的单证。

图 8.15 向海外贸易伙伴出口货物的时间和成本由什么构成？

圣保罗
国内运输：8.6小时，763美元
边界合规：49小时，862美元
单证各规：12小时，226美元
中国

资料来源：《营商环境报告》数据库。

图 8.16 向区域贸易伙伴出口货物的时间和成本由什么构成？

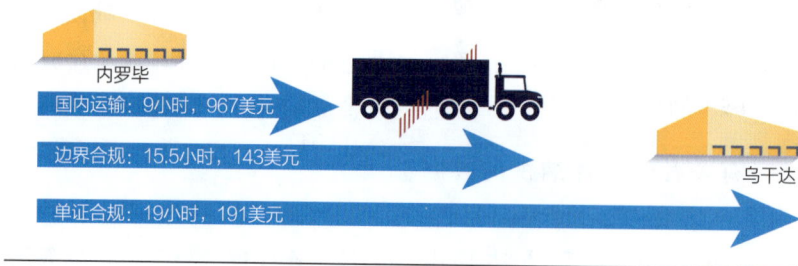

内罗毕
国内运输：9小时，967美元
边界合规：15.5小时，143美元
单证合规：19小时，191美元
乌干达

资料来源：《营商环境报告》数据库。

图 8.17 跨境贸易：进出口的时间和成本排名基于八个指标的得分

排名基于八个指标的得分

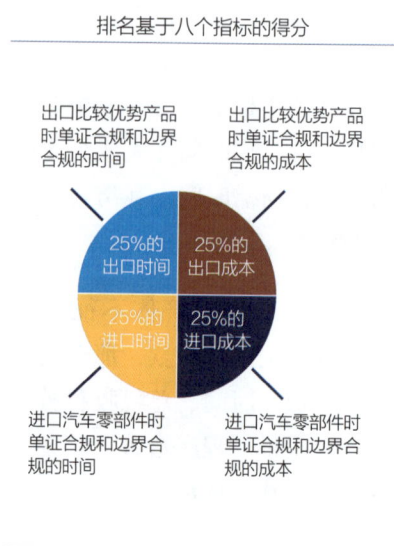

出口比较优势产品时单证合规和边界合规的时间

出口比较优势产品时单证合规和边界合规的成本

25%的出口时间

25%的出口成本

25%的进口时间

25%的进口成本

进口汽车零部件时单证合规和边界合规的时间

进口汽车零部件时单证合规和边界合规的成本

注：国内运输的时间和成本以及进出口单证的数量已测，但不计入排名。

■ 港口或边界被定义为货物可以进入或离开一个经济体的地方（海港或陆地过境点）。

■ 相关的政府机构有海关、港务局、道路警察、边防人员、标准化机构、农业部或工业部、国家安全机构、中央银行和其他政府当局等机构。

时间

时间以小时为单位，1天为24小时（例如，22天记录为22×24 = 528小时）。如果通关需要7.5小时，则数据就照此记录。或者假设文件在上午8点提交给海关机构，经通宵处理后，可于翌日上午8时领取，在这种情况下，通关时间将被记录为24小时，因为实际手续需要24小时。

成本

保险费和不开收据的非正式付款不包括在已记录的成本内。成本以美元计算。问卷填写者被要求根据他们回答调查问卷当天的汇率将当地货币兑换成美元。问卷填写者是国际贸易物流方面的私营部门中的专家，他们了解汇率及其变动情况。

单证合规

单证合规指标反映了满足原产经济体、目的地经济体和任何过境经济体的所有政府机构对单证要求所需的时间和成本（表8.14）。其目的是衡量准备一系列使得案例研究中所假设的产品

和对贸易伙伴之间的国际贸易得以完成的单证的总负担。例如，当货物从孟买运往纽约市时，货运代理商必须准备并向印度海关、孟买港口当局和美国海关提交单证。

单证合规的时间和成本包括获得单证（比如单证印发和盖章所花的时间）、准备单证（比如用于收集信息以完成海关申报或原产地证书所花的时间）、处理单证（比如等待有关部门颁发植物检疫证明书所花的时间）、呈阅单证（比如向港口当局出示港口码头收据所花的时间），以及提交单证（比如亲自或以电子方式向海关机构提交报关单所花的时间）。

任何政府机构要求以电子或书面方式提交的与货物相关的所有信息均被视为在进出口过程中获得、准备和提交的单证。而不论它们是法律要求还是实践要求，都包括货运代理商或海关经

纪人为案例研究中假定的产品和对贸易伙伴准备的所有单证。为获得优惠待遇而准备和提交的单证（例如原产地证书）也包括在单证合规的时间和成本的计算之内。被认为可以方便运输而准备和提交的各种单证也包括在内。例如，货运代理商可以准备装箱单，因为根据他们的经验，这样可以减少实物检查或其他突击性检查的可能性。

此外，进出口所必需的各种单证也包括在时间和成本的计算中。但是，只需要一次性获取的单证不被计算在内。另外，除非政府机构在出口过程中需要查看这些单证，否则《营商环境报告》也不包括在国内市场生产和销售玩具所需的单证，例如可能要求在国内销售玩具的第三方安全标准检测证书。

边界合规

边界合规指标衡量的时间和

表8.14 进出口时间和成本指标包括哪些?
单证合规
在原产地经济体中运输、通关、检查和在港口或边界装卸期间获取、准备和提交单证
获取、准备和提交目的地经济体和任何过境经济体所需的单证
涵盖法律和在实践中所需要的所有单证，包括以电子方式提交的信息
边界合规
海关通关和检查
其他机构的检查（如适用于超过20%的出货量）
在经济体中最广泛使用的港口或边界装卸
国内运输
在仓库或边界装卸货物
采用仓库至边界之间最广泛使用的方式运输
采用边界至仓库之间最广泛使用的方式运输
运输途中火车延误，公路警察检查

成本与遵守经济体的海关规定，以及遵守为了让货物通过经济体边界而强制要求的其他检查的相关规定有关，另外还衡量了在经济体港口或边界装卸的时间和成本。在其港口或边界，这部分的时间和成本还包括其他机构进行的通关和检查手续。例如，这里将包括进行植物检疫的时间和成本。

边界合规时间和成本的计算取决于边界合规手续在哪里进行、由谁要求和实施这些手续，以及进行检查的概率是多少。如果所有通关和其他检查同时在港口或边界进行，则边界合规的时间估计就可以将这种同时性计入。边界合规的时间和成本忽略不计或者为零是完全可能的，就像欧洲联盟或其他关税联盟成员之间的贸易一样。

如果部分或全部的海关检查或其他检查是在别的地方进行的，那么除了在港口或者边界进行检查的时间和成本以外，还应当增加办理这些手续的时间和成本。例如，在哈萨克斯坦，所有的通关和检查都在阿拉木图的一个海关检查站进行，这个检查站不在哈萨克斯坦和中国之间的陆地边界。在这种情况下，边界合规时间是在阿拉木图的检查站所花费的时间与边界装卸时间的总和。

《营商环境报告》要求问卷填写者估计海关机构通关和检查的时间和成本，对海关和检查的界定是通过核实产品、确认数量、确定原产地和检查海关申报表中其他信息的真实性，进行以计算关税为目的的单证和实物检查（所有这类检查旨在防止走私）。这些是在多数情况下进行的通关和检查手续，因此被认为是"标准"情况。时间和成本估算反映了经济体海关机构的效率。

《营商环境报告》还要求问卷填写者估算海关和所有其他机构对指定产品进行通关和检查的总时间和总成本。这些估计值说明了有关健康、安全、植物检疫标准、合格性等的检查情况，从而反映了要求并进行这些额外检查的机构的效率。

如果只有不到或刚好 20% 的情况会发生除海关之外其他机构的检查，则边界合规时间和成本计算只计入海关的通关和检查（标准情况）。如果有超过 20% 的情况会发生其他机构的检查，则时间和成本计算会计入所有机构的通关和检查。不同类型的检查可能以不同的概率发生——例如，扫描检查在 100% 的情况下会发生，而实物检查在 5% 的情况下会发生。在这种情况下，《营商环境报告》只考虑扫描检查时间，因为超过 20% 的情况下，实物检查不会发生。一个经济体的边界合规时间和成本不包括遵守任何其他经济体法规的时间和成本。

国内运输

国内运输指标反映了将货物从经济体中最大商业城市的仓库运输到该经济体中使用最广泛的海港或陆地边界的时间和成本。对于 11 个经济体，还收集了第二大商业城市的数据（表 8A.1）。这一系列过程反映了实际运输的时间和成本、各种交通延误和道路警察检查的时间，以及在仓库或边界装卸货物所花费的时间。对于拥有海外贸易伙伴的沿海经济体，国内运输指标反映了从在仓库装货到货物抵达该经济体港口的时间和成本（图 8.15）。对于通过陆地边界进行贸易的经济体，国内运输指标反映了从在仓库装货到货物抵达该经济体陆地边界的时间和成本（图 8.16）。

时间和成本的估算是根据问卷填写者所填写的最广泛使用的运输方式（卡车、火车）和最广泛使用的路线（公路、边界站点）做出的。时间和成本估计基于大多数问卷填写者选择的方式和路线。对于收集第一大和第二大商业城市数据的 11 个经济体来说，《营商环境报告》允许这两个城市在使用最广泛的路线和使用最广泛的交通方式上有所不同。例如，从德里发运的货物通过火车运往蒙德拉港出口，而从孟买发运的货物则通过卡车运往纳瓦舍瓦港出口。

如前所述，在出口案例研究中，《营商环境报告》并不假设采用集装箱装运，时间和成本估计可能基于 15 吨非集装箱产品的运输。在进口案例研究中，假设汽车零部件是集装箱化的。在货物被集装箱化的情况下，运输和其他手续的时间和成本是根据属于单一 HS 类别代码的同类货物组成的装运来计算的。这种假设对于检查尤其重要，因为同类产品的运输通常比属于各种 HS 编码产品的运输受到更少概率和更短时间的检查。

在某些情况下，货物从仓库运往海关检查站或码头进行通关或检查，然后前往港口或边界。在这些情况下，国内运输时间是这两段运输时间的总和。但是，通关或检查的时间和成本不计入国内运输指标的计算，而是计入边界合规指标的计算。

改革

跨境贸易指标集记录了与进出口货物的物流过程相关的时间和成本的变化。根据对数据的影响，某些变化被归类为改革，并列在 2017/2018 年度《营商环境报告》的改革概要中，以确认重大变革的实施。改革分为两种类型：一种使营商更便利，另一种使营商更困难。跨境贸易指标集使用一个标准来确认一项改革。

指标集总分上的总差距用于评估数据变化的影响。任何导致分数差距变化 2% 或更多的数据更新都被归类为改革，除非该变化是官方自动收费索引至物价及工资指数的结果（更多详细信息，请参阅关于营商环境便利度分数和排名的章节）。例如，如果单

一窗口制度的实施减少了时间和成本，从而导致总体差距产生了 2% 或更多的变化，那么这种变化就被归类为改革。如果少量运费或其他有关指标的变化不能引起分数差距产生 2% 以上的变动，那么这种变化不能被视为改革。但其影响仍然反映在该指标集的最新指标上。

有关各经济体跨境贸易的数据详情，请浏览：http：// www. doingbusiness.org。该方法最初由 Djankov 等人在 2008 年研发的，并于 2015 年进行了修订。

执行合同

《营商环境报告》以当地初级法院为例，衡量解决商业纠纷所需的时间和成本以及司法程序质量指数（表 8.15），从而评估每个经济体是否采取了一系列提高法院系统质量和效率的良好做法。这些数据是通过研究民事诉讼法和其他法院规章以及当地诉讼律师和法官完成的问卷收集的。各经济体执行合同便利度排名是通过对其执行合同的得分进行排序来决定的，这些得分是各个二级指标得分的简单平均值（图 8.18）。

解决商业纠纷的效率

关于时间和成本的数据是通过跟踪商业销售纠纷的逐步演变来构建的（图 8.19）。这些数据是由每个被覆盖城市的特定法院收集的，具体关于案例的假设

如下。法院的司法管辖权可审理纠纷金额为人均收入的 200% 的或 5000 美元（取较大数值）。当不止一个法院对与标准案例类似的案件具有原始管辖权时，则以大多数案件中诉讼当事人使用的法院作为依据收集数据。每个经济体的相关法院的名称都刊登在《营商环境报告》网站上（http://www.doingbusiness. org/data /exploretopics/enforcing-contracts），对于同样收集第二大商业城市数据的 11 个经济体，还给出了该城市相关法院的名称。

关于案例的假设

■ 索赔额等于经济体中人均收入的 200% 或 5000 美元（取较大数值）。

■ 这场纠纷涉及两家企业（卖方和买方）之间的合法交易，这两家企业都位于美国最大的商业城市。对于 11 个经济体，还收集了第二大商业城市的数据（表 8A.1）。根据双方签订的合同，卖方将一些定制家具卖给买方，

表 8.15　解决商业纠纷效率指标的衡量标准是什么？
通过法院执行合同所需的时间（日历天数）
立案申请和送达的时间
审理和判决的时间
执行判决的时间
通过法院执行合同所需的成本（索赔额的 %）
平均律师费
法庭费用
执行费用

图 8.18　执行合同：解决商业纠纷的效率和质量

排名基于三个指标的得分

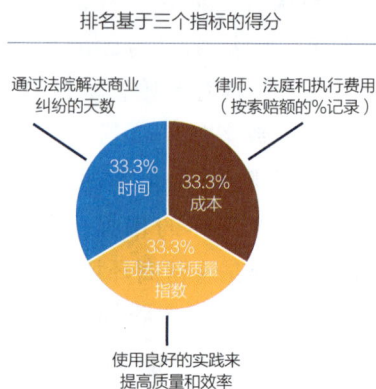

使用良好的实践来提高质量和效率

家具价值相当于该国人均收入的200% 或 5000 美元（取较大数值）。卖方将货物交付买方后，买方以质量不合格为由拒绝支付合同价款。因为是定做的，所以卖方无法把货物转卖给他人。

■ 卖方（原告）起诉买方（被告），要求收回销售协议中规定的货款金额。这起纠纷被提交到位于美国最大商业城市的法院审理，该法院管辖的商业案件价值相当于人均收入的 200% 或 5000 美元（取较大数值）。如前所述，对于 11 个经济体，也收集了第二大商业城市的数据。

■ 在纠纷开始时，卖方决定扣押买方的动产（例如，办公设备和车辆），因为卖方担心买方可能隐藏其资产或以其他方式破产。

■ 由于买方声称货物质量不合格，双方在索赔要求上存在纠纷。由于法院不能仅凭书面证据或法律上的所有权来决定案件，

所以要对货物的质量提出专家意见。如果该经济体的标准做法是由每一方各自传唤的专家证人，则双方照此办理。如果法官任命独立专家是该经济体的一种标准做法，则法官就照此办理。在这种情况下，法官不允许任何一方对专家证词提出异议。

■ 根据专家意见，法官判定卖方交付的货物质量合格，买方必须支付合同价格。因此，法官作出了完全有利于卖方的最终判决。

■ 买方不对判决提出上诉。一旦上诉期限已满，卖方便决定立即开始执行判决。

■ 卖方采取一切必要措施迅速执行判决。这笔钱是通过公开出售买方的动产（例如，办公设备和车辆）成功收回的。假定买方银行账户上没有任何资金，因此无法通过扣押买方的账户来执行判决。

时间

时间以日历天数记录，从卖方决定在法庭上提起诉讼之时起计算，到货款支付时为止，这包括采取行动的日子和两者之间的等待期。需记录纠纷解决的以下三个不同阶段的平均持续时间：（1）立案申请和送达；（2）审理和判决；（3）执行判决。时间是根据上述案例研究假设记录的，仅适用于管辖法院。如果在大多数情况下不遵守这些时间限制，则无论法律规定的时间限制

如何，都会在实践中记录下时间。

立案申请和送达阶段包括：

■ 卖方试图通过非诉讼催款函在法庭外获得付款的时间，包括准备催款函的时间和向买方提供遵守催款函的最后期限。

■ 本地律师撰写初步起诉书和收集立案所需文件的时间，其中包括在必要情况下对其进行认证或公证。

■ 向法院提起诉讼所需的时间。

■ 起诉书被送达买方所需的时间，其中包括法庭的处理时间；如果通常需要多次尝试才能送达，还包括期间的等待时间。

审理和判决阶段包括：

■ 从买方收到起诉书到举行审前会议之间的时间，前提是如果这种审前会议是管辖法院使用的案件管理技术的一部分。

■ 审前会议与首次庭审之间的时间，前提是如果审前会议是管辖法院使用的案件管理技术的

图 8.19　通过地方初级法院解决商业纠纷的时间和成本是多少？

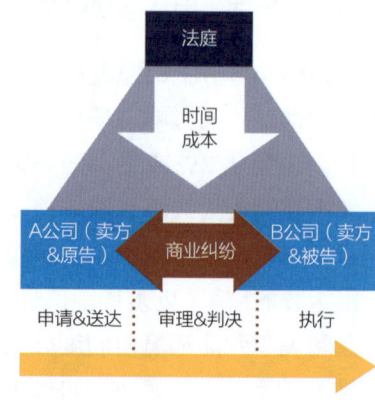

一部分。如果不是，时间则计为从买方收到起诉书到举行首次庭审之间的时间。

- 审判期间所有的活动时间，包括法律文书和证据等的交换、多次庭审，以及庭审和获得专家意见之间的等待时间。

- 证据期限结束后，法官发出最终书面判决所需的时间。

- 上诉的时限。

执行判决阶段包括：

- 获得判决的可执行副本和与相关执法办公室联系所需的时间。

- 确定、识别、扣押和运输败诉方的动产所需的时间（在适用情况下，包括从法院获得命令以扣押资产所需的时间）。

- 宣传、组织和举办拍卖所需的时间。如果在与标准案例研究类似的情况下，通常需要不止一次拍卖来完全恢复索赔额，则需记录多次拍卖之间的时间。

- 成功完成拍卖后，胜诉方完全收回索赔额的所需时间。

成本

成本按索赔额的百分比记录，假定相当于人均收入的200%或5000美元（取较大数值）。成本包括三种：平均律师费、法庭费用和执行费用。

平均律师费是指卖方（原告）必须向当地律师预付的费用，以便律师在标准化案例中代表卖方出庭，无论最终是否得到偿付。法庭费用包括卖方（原告）必须预先支付法院的所有费用，无论卖方承担的最终费用如何；也包括当事人为获得专家意见而必须支付的费用，无论他们是直接支付给法院还是直接支付给专家。执行费用是卖方（原告）必须预先支付的、为了通过公开出售买方的动产来执行判决的所有成本，无论卖方承担的最终费用如何。贿赂不予考虑。

司法程序质量

司法程序质量指数衡量每个经济体是否在其法院系统中采用了以下四个方面的良好实践：法院结构和诉讼程序、案件管理、法院自动化和替代性纠纷解决指数（表8.16）。

法院结构和诉讼程序指数

法院结构和诉讼程序指数有五个组成部分：

- 仅仅致力于审理商业案件的专业商事法院或部门是否存在。如果存在，则评为1.5分，如果不存在，则评为0分。

- 小额诉讼法院或小额诉讼的简易程序是否存在。如果有这样的法院或程序，且适用于所有民事案件，法律还对可以通过本法院或程序处理的案件金额设定上限，则评为1分。如果当事人可以在这个法院或者在这个程序中陈述自己的主张，则可以再加0.5分。如果没有小额诉讼法院或简易程序，则评为0分。

- 如果原告担心被告的资产可能被移出司法管辖范围或以其他方式挥霍，那么原告是否可以获得被告动产的审前扣押。如果可以，则评为1分；如果没有，则评为0分。

- 案件是否随机和自动的分配给主管法院的法官。如果案件分配是随机且自动的，则评为1分；如果案件分配是随机的但不是自动的，则评为0.5分；如果既不是随机的也不是自动的，则评为0分。

- 在法庭上，女性的证词是否具有男性证词的同等效力。在包括家庭案件在内的各种类型的民事案件中，如果法律将女性证词与男性证词的证据价值加以区分，则评为-1分；如果不是，则评为0分。

该指数的范围从-1到5，分值越高表明法庭结构越精密和精简。例如，在波斯尼亚和黑塞哥维那，设立了一个专业的商事法院（得分为1.5），可以通过专门的部门解决小额诉讼，在这家专门的部门中允许自我陈述（得分为1.5）。如果原告担心在审判期间被告的动产可能被挥霍，那么原告可以获得被告动产的审前扣押（得分为1）。案件通过电子案例管理系统随机分配（得分为1）。在法庭上，女性证词和男性证词一样重要（得分为0）。把这些分数加起来，波斯尼亚和黑塞哥维那在法庭结构和诉讼程序指数上得了5分。

案件管理指数

案件管理指数有六个组成

表 8.16 司法程序质量指数的衡量标准是什么？

法院结构和诉讼程序指数（-1-5）

专业商事法院或部门的可用性（0-1.5）

小额诉讼法院或小额诉讼简易程序的可用性（0-1.5）

审前扣押的可能性（0-1）

用于将案件分配给法官的标准（0-1）

女性证词的证据权重（-1-0）

案件管理指数（0-6）

制定关键事件时间标准的规定（0-1）

休庭与延期规定（0-1）

绩效评估报告的可用性（0-1）

审前会议（0-1）

对于法官而言，电子案件管理系统的可用性（0-1）

对于律师而言，电子案件管理系统的可用性（0-1）

法院自动化指数（0-4）

以电子方式提交初步诉状的能力（0-1）

以电子方式处理初步诉状的能力（0-1）

以电子方式支付法庭费用的能力（0-1）

判决的公布（0-1）

替代性纠纷解决指数（0-3）

仲裁（0-1.5）

自愿调解或和解（0-1.5）

司法程序质量指数（0-18）

法院结构和诉讼程序、案件管理、法院自动化和替代性纠纷解决指数之和

部分：

- 任何适用的民事诉讼法律或规章是否包含下列关键法庭事件中至少三个事件的时间标准：（1）送达法律程序文件；（2）第一审；（3）提交答辩陈诉书；（4）证据期结束；（5）通过专家提交证词；（6）提交终审判决。如果此类时间标准在 50% 以上的案件中有效并得到遵守，则评为 1 分；如果在超过 50% 的案件中有效但未得到遵守，则评为 0.5 分；如果只对这些关键的法庭事件中的不到三个事件有时间标准或者都没有时间标准，则评为 0 分。

- 是否有任何法律来规范可以被允许的休庭或诉讼延期的最大次数；法律是否将休庭限定在意外及特殊情况下；在超过 50% 的个案中，这些规则是否得到遵守。如果满足以上三个条件，则评为 1 分；如果三个条件中只有两个满足，则评为 0.5 分；如果只有一个条件满足，或者没有满足，则评为 0 分。

- 是否有任何关于管辖法院的公开绩效衡量报告，以监督法院的表现、透过法院追踪案件的进展，以及确保遵守既定的时间标准。如果下列四份报告中至少有两份可供公开利用，则评为 1 分。这四份报告是：（1）处置时间报告（衡量法院处理／裁决案件的时间）；（2）结案率报告（衡量已解决的个案数目与入境个案数目）；（3）未决案件的审理年龄报告（根据案件类型、审理年龄、最后一次审理和下一次排定的审理提供所有未决案件的简要情况）；（4）单一案件进展报告（提供单一案件进展情况的概览）。如果只有一个报告可用，或者没有可用报告，则评为 0 分。

- 审前会议是否为管辖法院在实践中使用的案件管理技术之一，且在审前会议期间是否探讨了以下问题中的至少三个问题：（1）日程安排（包括向法院提交动议和其他文件的时限）；（2）案件的复杂性和预计的审判期限；（3）和解或替代性纠纷解决的可能性；（4）交换证人名单；（5）证据；（6）管辖权和其他程序问题；（7）缩小有争议的问题的范围。如果在管辖法院内召开审前会议，且至少讨论其中三个事件，则评为 1 分；如果没有，则评为 0 分。

- 管辖法院内的法官是否可以使用电子案件管理系统达到以下目的中的至少四个目的：（1）获取法律、法规和判例法；（2）自动生成其案卷上所有案件的听证时间表；（3）向律师发送通知（例如电子邮件）；（4）跟踪案件在案卷上的状况；（5）查看和管理案件文件（诉书、动议）；（6）协助作出判决；（7）半自动生成法院判令；（8）查看特定案件的法院判令和判决。如果电子案件管理系统可用，法官可以至少用于其中的四个目的，则评为 1 分；如果没有，则评为 0 分。

- 律师是否可以使用电子案件管理系统达到以下目的中的至少四个目的：（1）获取法律、法规和判例法；（2）获取提交法院的表格；（3）接收通知（例如，电子邮件）；（4）追踪案件的状况；（5）查看和管理案件文件（诉书、动议）；（6）向法院提交诉书和文件；（7）查看特定案件的法院判令和判决。如果电子案件管理系统可用，律师可以至少用于其中的四个目的，则评为 1 分；如果不可用，则评为 0 分。

该指数的范围从 0 到 6，分

值越高表明案例管理系统的质量和效率越高。例如，在澳大利亚，在适用的民事诉讼文书中确立了至少三个重要法庭事件的时间标准，并且在超过 50% 的案件中得到遵守（得分为 1）。法律规定，只有在不可预见和特殊情况下才可以准予休庭，超过 50% 的案件都遵守这一规则（得分为 0.5）。可以生成关于主管法院的处置时间报告、结案率报告和未决案件的年龄报告（得分为 1）。审前会议是新南威尔士地区法院使用的案件管理技术之一（得分为 1）。满足上述标准的电子案件管理系统可供法官（得分为 1）和律师（得分为 1）使用。将这些数字相加，澳大利亚在案例管理指数得了 5.5 分，这是所有经济体在该指数上所获得的最高分。

法院自动化指数

法院自动化指数有四个组成部分：

■ 是否可以通过管辖法院内的专用平台（不是电子邮件或传真）以电子方式提交初步诉状。如果有这样的平台可用，并且诉讼当事人不需要进行任何纸质版形式的跟进，则评为 1 分；如果不能，则评为 0 分。只要不需要额外的个人交互，且当地专家已经充分利用电子提交以证明其是完全有效的，不管用户所占的百分比如何，电子提交都会得到认可。

■ 对于向管辖法院提交的案件，是否可以通过专用系统或电子邮件、传真或短消息服务（SMS）向被告提供电子服务。如果电子服务可用，并且不需要进一步的递送法院令状，则评为 1 分；如果不能，则评为 0 分。只要不需要额外的个人交互，且当地专家已经充分利用电子服务以证明其是完全有效的，不管用户所占的百分比如何，电子服务都会得到认可。

■ 对于向管辖法院提交的案件，是否可通过专用平台或网上银行以电子方式支付法庭费用。如果法庭费用可以以电子方式支付，并且当事人不需要进行任何纸质版形式的跟进或者需要开具需盖章的收据，则评为 1 分；如果不可以，则评为 0 分。只要不需要额外的个人交互，且当地专家已经充分利用电子支付以证明其是完全有效的，不管用户所占的百分比如何，电子支付都会得到认可。

■ 地方法院作出的判决是否通过官方公报、报纸或互联网公开。如果公众能获得地方法院在所有层级的商业案件中作出的判决，则评为 1 分；如果公众只能获得在上诉法院和最高法院层级作出的判决，则评为 0.5 分；在所有其他情况下，则评为 0 分。如果需要从法院单独要求判决，或者为了获得判决书的副本需要案件号码或当事人的详细信息，也评为 0 分。

该指数的范围在 0 到 4 之间，分值越高表明法院系统更加自动化、高效化和透明化。例如，在爱沙尼亚，最初的传票可以在网上发出（得分为 1），可以以电子方式送达被告人（得分为 1），法庭费用也可以以电子方式支付（得分为 1）。此外，所有层级的商业案件的判决都可以通过互联网公开（得分为 1）。把这些分数相加，爱沙尼亚在法院自动化指数上得了 4 分。

替代性纠纷解决指数

替代性纠纷解决指数有六个组成部分：

■ 国内商业仲裁是否由涵盖其几乎所有方面的一部完整法律或者适用的民事诉讼法的完整章节所管辖。如果是，则评为 0.5 分；如果不是，则评为 0 分。

■ 除了涉及公共秩序、公共政策、破产、消费者权益、就业问题或知识产权的商业纠纷外，其他各类商业纠纷是否可以提交仲裁。如果是，则评为 0.5 分；如果不是，则评为 0 分。

■ 地方法院是否在超过 50% 的案件中执行了有效的仲裁条款或协议。如果是，则评为 0.5 分；如果不是，则评为 0 分。

■ 自愿调停、调解或二者全部是否是被认可的商业纠纷解决方式。如果是，则评为 0.5 分；如果不是，则评为 0 分。

■ 自愿调停、调解或者二者全部是否由涵盖其几乎所有方面的一部完整法律或者适用的民事诉讼法的完整章节所管辖。如果是，则评为 0.5 分；如果不是，则评为 0 分。

■ 是否存在任何财务激励促使当事人尝试调停或调解（例如，如果调停或调解成功，将退还立案费、提供所得税抵免等）。如果存在，则评为 0.5 分；如果没有，则评为 0 分。

该指数的范围从 0 到 3，分值越高表明越能提供替代性的纠纷解决机制。例如，在以色列，仲裁通过一部专门法规管辖（得分为 0.5），所有相关的商业纠纷都可以提交仲裁（得分为 0.5），有效的仲裁条款通常由法院执行（得分为 0.5）。自愿调解是一种公认的解决商业纠纷的方法（得分为 0.5），通过一部专门的法规管辖自愿调解（得分为 0.5），如果这个过程是成功的，部分立案费将被退还（得分为 0.5）。把这些数字加起来，以色列在替代性纠纷解决指数上得了 3 分。

司法程序质量指数

司法程序质量指数是法院结构和诉讼程序、案例管理、法院自动化和替代性纠纷解决指数得分的总和。该指数的范围从 0 到 18，较高的值表明司法程序更完善、更有效。

改革

执行合同指标集跟踪每年与商业纠纷解决制度效率和质量有关的变化。根据对数据的影响，某些变化被归类为改革，并列在 2017/2018 年度《营商环境报告》的改革概要中，以确认重大变革的实施。改革分为两类：一类使营商更便利，另一类使营商更困难。执行合同指标集使用三个标准来识别改革。

第一，所有对司法程序质量指数的得分有任何影响的法律法规的变化被归类为改革。影响司法程序质量指数的改革实例包括采取措施以电子方式提交初步诉状、创立一个商事法院或分庭，或引入专门系统解决小额诉讼。影响司法程序质量指数的变化在幅度和范围上可能有所不同，但仍被认为是一种改革。例如，实施新的电子案件管理系统供法官和律师使用，是一项使指数增加 2% 的改革；引入激励机制促使当事人进行和解，是一项使指数增加 0.5% 的改革。

第二，根据变化的幅度，对解决纠纷的时间和成本产生影响的变化可归类为改革。根据执行合同的方法论，任何导致时间和成本指标的分数差距产生 2% 或更多的立法更新均归类为改革，除非该变化是官方自动收费索引至物价及工资指数的结果（更多详细信息，请参阅关于营商环境便利度分数和排名的章节）。对得分产生较小影响的变化不被归类为改革，但它们仍然反映在最新的指标数据上。

第三，执行合同指标集会将预计未来对时间和成本产生重要影响的特别重大的立法变化（例如，适用的民事诉讼法或执行法的重大修订）认定为改革。

关于各经济体执行合同的数据详情，请浏览：http://www.doingbusiness.org。这种方法最初是由 Djankov 等人在 2003 年研发的，并在这里进行了一些更改。《2016 年营商环境报告》引入了司法程序质量指数。本指数所测试的良好实践是基于国际认可的推动司法高效性的良好实践。

办理破产

《营商环境报告》研究国内企业破产程序的时间、成本和结果，以及适用于司法清算和重组程序的法律框架的力度。办理破产指标的数据来自当地破产从业单位的问卷答复，并通过对有关破产制度的法律法规以及公共信息的研究加以验证。各经济体办理破产的便利度排名是通过对其办理破产的得分进行排序来决定的，这些得分是回收率和破产框架力度指数得分的简单平均值（图 8.20）。

破产情况下的债务回收

回收率是根据每个经济体破产程序的时间、成本和结果计算的。为了使破产程序的时间、成本和结果的数据在不同经济体之间具有可比性，《营商环境报告》对企业和案例进行了若干假设。

关于企业的假设

该企业：

- 是一家有限责任公司。
- 在经济体中最大的商业城市运营。对于 11 个经济体，还收集了第二大商业城市的数据（表 8A.1）。
- 公司是 100% 的国内企业；创始人也是监事会主席，拥有 51% 的股份（没有其他股东持有超过 5% 的股份）。
- 在市中心的房地产用来经营酒店，作为它的主要资产。
- 有一位职业总经理。
- 有员工 201 名，供应商 50 家，每家供应商最后一次交货后的货款均拖欠未支付。
- 与国内银行签订了为期 10 年的贷款协议，该协议由该酒店的房地产抵押担保。在承认此类担保的经济体中，还假定存在一种通用业务费用（企业费用）。如果经济体的法律没有对企业费用做出具体规定，但合同通常使用其他类似规定，则需要在贷款协议中明确做出该类决定。
- 到目前为止一直遵守贷款的还款规定和所有其他贷款条件。
- 如果酒店继续经营，其市场价值是人均收入的 100 倍或 20 万美元（取较大数值）。如果酒店资产变卖，公司资产的市场价值是企业市场价值的 70%。

关于案例的假设

企业此时存在与流动资金相关的问题。该公司 2017 年的亏损使其净值下降至负值。现在是 2018 年 1 月 1 日，企业没有现金支付第二天（1 月 2 日）到期的银行贷款利息或本金。因此，该企业将无法偿还贷款。管理层认为在 2018 年和 2019 年也将发生亏损。但该公司预计，2018 年的现金流将覆盖所有运营费用，包括供应商付款、工资、维修费用和税收，但不包括向银行支付的本金或利息。

根据贷款协议，未偿还的金额正好等于酒店业务的市值，且占公司总债务的 74%。剩下的 26% 的债务由无担保债权人（供应商、雇员、税务机关）负担。

公司债权人太多，无法进行非正式庭外谈判。有下列选择：通过司法程序对公司进行重建或重组，使它能继续运营；通过司法程序对公司进行清算或停业；对公司启动债务执行程序（丧失抵押品赎回权或破产）。

图 8.20 办理破产：回收率和破产框架力度

排名基于两个指标的得分

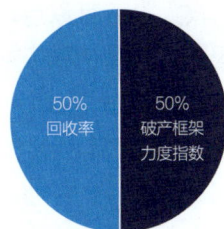

关于各方的假设

银行希望尽可能地以最快的速度和最低的成本，最大限度的收回贷款。无担保债权人将在一切法律所允许的情况下作出努力，以避免资产的分割出售。多数股东希望保持公司的运营并在她/他的控制之下。管理层希望保持公司的运营，以保住员工的工作。各方都是地方实体或者公民，不涉及外国当事方。

时间

债权人收回其贷款的时间以日历年记录（表 8.17），《营商环境报告》所衡量的时间段是从公司违约之时开始，直至其拖欠银行的款项部分或全部偿付之时结束。各方可能采取的拖延策略均考虑在内，如提出延期上诉或延期申请。

成本

诉讼成本按债务人不动产价值的百分比记录。成本是根据问卷答复计算的，包括法庭费用、政府税费、破产管理费、拍卖费、评估费和律师费，以及所有其他费用和成本。

结果

债权人的债务回收情况取决于诉讼完成后酒店业务是否会继续运营下去，或者企业资产是否被分割出售。如果酒店业务继续经营，酒店价值的 100% 被保留下来。如果资产分割出售，可

图 8.21　回收率是针对当地公司破产程序的时间、成本和结果的函数

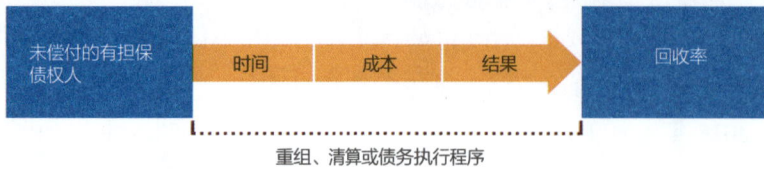

以收回的最大金额是酒店价值的70%。

回收率

回收率按债权人通过重组、清算或债务执行（丧失抵押品赎回权或破产）等法律行动收回的债务占债务额的百分比来记录（图 8.21）。计算时需考虑结果：诉讼完成后企业是会继续运营还是企业资产被分割出售。然后，扣除诉讼费用（债务人不动产价值的每个百分点计为 1%）。最后，资金在破产程序期间被冻结所产生的价值损失需要考虑在内，包括由于酒店家具的折旧而造成的价值损失。按照国际会计惯例，家具的年折旧率是 20%。家具被假定占资产总值的四分之一。回收率是剩余收益的现值，依据是国际货币基金组织《国际金融统计》2017 年年底的贷款利率，并以中央银行和《经济学人》智库的数据作为补充。

如果一个经济体在过去五年中每年都没有任何案件涉及司法重组、司法清算或债务执行程序（丧失抵押品赎回权或破产），那么该经济体在时间、成本和结果指标上就会得到"无实践"标

记。这意味着债权人不太可能通过正式的法律程序收回他们的款项。"无实践"经济体的回收率为零。此外，"无实践"经济体的破产框架力度指数得 0 分，即使其法律框架包括与破产程序（清算或重组）有关的规定。

破产框架力度

破产框架力度指数是以其他四个指数为基础的：启动程序指数、管理债务人资产指数、重组程序指数和债权人参与指数（图 8.22；表 8.18）。

启动程序指数

启动程序指数有三个组成部分：

■ 债务人是否可以启动清算和重组程序。如果债务人可以启动两种类型的程序，则评为 1 分；如果债务人只能启动其中一种（清算或重组），则评为 0.5 分；如果债务人不能启动破产程序，则评为 0 分。

■ 债权人是否可以启动清算和重组程序。如果债权人能够启动两种类型的程序，则评为 1 分；如果债权人只能启动其中一种（清算或重组），则评为 0.5 分；如果债权人不能启动破产程序，

则评为 0 分。

■ 启动破产程序使用什么标准。如果使用流动性测试（债务人一般无法偿还到期债务），则评为 1 分；如果使用资产负债表测试（债务人的负债超过其资产），则评为 0.5 分；如果流动性和资产负债表测试都可用，但只需要一个启动破产程序，则评为 1 分。如果两个测试都是必需的，则评为 0.5 分；如果使用不同的测试，则评为 0 分。

该指数的范围从 0 到 3，分值越高表明有越多的机会启动破产程序。例如，在保加利亚，债务人可以启动清算和重组程序（得分为 1），但债权人只能启动清算程序（得分为 0.5）。无论是流动性测试还是资产负债表

表 8.17　破产情况下的债务回收指标衡量是什么？
债务回收所需时间（年）
以日历年计算
包括上诉和延期申请
债务回收所需成本（债务人不动产的 %）
以不动产价值的百分比计算
法庭费用
破产管理费用
律师费用
评估费和拍卖费
其他相关费用
结果
公司是继续经营，还是资产被分割出售
有担保债权人的回收率（债务额的 %）
衡量债务人收回的债务占债务额的百分比
债务回收现值
破产程序的官方成本已扣除
考虑家具的折旧
企业的结果（生存与否）影响可以回收的最大值

测试，都可以用来启动破产程序（得分为 1）。把这些分数相加，保加利亚在启动程序指数上得了 2.5 分。

管理债务人资产指数

管理债务人资产指数有六个组成部分：

■ 债务人（或其破产管理人代表）是否能够继续履行对债务人生存至关重要的合同。如果可以，则评为 1 分；如果无法继续履行，或者法律没有关于这个问题的规定，则评为 0 分。

■ 债务人（或其破产管理人代表）是否可以拒绝过于繁琐的合同。如果可以，则评为 1 分；如果无法拒绝合同，或者法律没有关于这个问题的规定，则评为 0 分。

■ 在破产程序启动之前进行的给予一个或多个债权人优惠的交易，在程序启动之后是否能够避免。如果可以，则评为 1 分；如果不可能避免此类交易，或者法律没有关于这个问题的规定，则评为 0 分。

■ 在破产程序启动之前进行的被低估的交易，在程序启动之后是否能够避免。如果可以，则评为 1 分；如果不可能避免此类交易，或者法律没有关于这个问题的规定，则评为 0 分。

■ 破产框架是否包括这样的具体规定：该规定允许债务人（或其破产管理人代表）在破产程序启动后，获得在程序运作期间必要的融资功能。如果是，则评为

1 分；如果启动后融资是不可能的，或者法律没有关于这个问题的规定，则评为 0 分。

■ 在资产分配期间，启动后获得融资是否优先于普通无担保债权人。如果是，则评为 1 分；如果启动后获得融资优先于所有债权人（有担保债权人和无担保债权人），则评为 0.5 分；如果没有优先给予启动后融资，或者法律中没有关于这个问题的规定，则评为 0 分。

该指数的范围从 0 到 6，较高的数值表明从公司股东的角度来处理债务人的资产更有优势。例如，在莫桑比克，债务人可以在破产程序期间继续履行必要的合同（得分为 1）并拒绝繁琐的合同（得分为 1）。破产框架允许避免优惠交易（得分为 1）和低估的交易（得分为 1）。但破产框架中没有规定允许启动后融资（得分为 0）或优先给予此类融资（得分为 0）。把这些数字相加，莫桑比克在管理债务人资产指数上得了 4 分。

重组程序指数

重组程序指数有三个组成部分：

■ 重组计划是否只有权利被计划改变或影响的债权人才能投票。如果是，则评为 1 分；如果所有债权人都对该计划进行投票（不论其对自身利益的影响如何），则评为 0.5 分；如果债权人不对该计划进行投票或无法进行重组，则评为 0 分。

表 8.18 破产框架力度指标的衡量标准是什么？

启动程序指数（0–3）
清算和重组对债权人的可用性（0–2）
启动破产程序标准（0–1）
管理债权人资产指数（0–6）
破产期间继续合同和拒绝合同（0–2）
避免优惠和被低估的交易（0–2）
启动后融资（0–2）
重组程序指数（0–3）
重组计划的批准和内容（0–3）
债权人参与指数（0–4）
债权人在清算和重组程序中的参与和权利（0–4）
破产框架力度指数（0–16）
启动程序、管理债权人资产、重组程序和债权人参与指数的总和

图 8.22 破产框架力度指数衡量管理债务人、债权人和法庭之间关系的破产法的质量

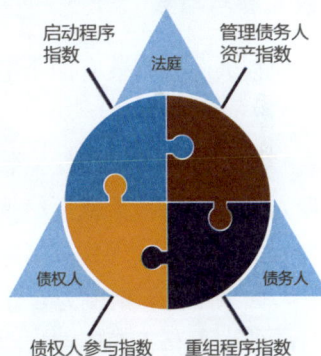

■ 有权对计划进行表决的债权人是否分为若干类别，每个类别分别投票，每个类别的债权人得到平等对待。如果投票程序具有这三个特征，则评为 1 分；如果投票程序没有这三个特征或重组不可用，则评为 0 分。

■ 破产框架是否要求持反对意见的债权人在重组计划中获得与他们在清算中同等的收益。如

果是，则评为 1 分；　如果不存在此类规定或无法进行重组，则评为 0 分。

该指数的范围从 0 到 3，分值越高表明越符合国际公认的惯例。例如，尼加拉瓜没有司法重组程序，因此在重组程序指数上得分为 0。另一个例子是在爱沙尼亚，只有权利受到重组计划影响的债权人才能投票（得分为 1）。重组计划将债权人分为若干类别，每个类别分别投票，同一类别的债权人得到平等对待（得分为 1）。但是没有规定要求持有反对意见的债权人的收益等于他们在清算中得到的收益（得分为 0）。将这些数字相加，爱沙尼亚在重组程序指数上得了 2 分。

债权人参与指数

债权人参与指数有四个组成部分：

- 债权人是否可以任命破产管理人，或有权批准或拒绝破产管理人的任命。如果是，则评为 1 分；如果不是，则评为 0 分。
- 债权人是否需要在批准破产程序过程中出售债务人的重大资产。如果是，则评为 1 分；如果不是，则评为 0 分。
- 在破产程序期间，个人债权人是否有权获得有关债务人的财务信息。如果是，则评为 1 分；如果不是，则评为 0 分。
- 个人债权人是否可以反对法院或破产管理人的决定，以批准或驳回债权人本人和其他债权人对债务人提出的要求。如果是，

则评为 1 分；如果不是，则评为 0 分。

该指数的范围从 0 到 4，分值越高表明债权人的参与越多。例如，在冰岛，法院未经债权人批准任命破产管理人（得分为 0）。破产管理人单方面决定出售债务人的资产（得分为 0）。任何债权人都可以检查破产管理人保存的记录（得分为 1），并且，如果破产管理人批准所有索赔的决定影响债权人的权利，任何债权人都可以质疑该决定（得分为 1）。把这些数字加起来，冰岛的债权人参与指数得了 2 分。

破产框架力度指数

破产框架力度指数是启动程序指数、管理债务人资产指数、重组程序指数和债权人参与指数的总和。该指数的范围从 0 到 16，其中较高的值表明破产立法更适合于恢复可行的公司和清算不可行的公司。

改革

办理破产指标集跟踪每年与破产框架的效率和质量有关的变化。根据对数据的影响，某些变化被归类为改革，并列在 2017/2018 年度《营商环境报告》的改革概要中，以确认重大变更的实施。改革分为两种类型：一种使营商更便利，另一种使营商更困难。办理破产指标集使用三个标准来确认改革。

第一，所有对经济体破产框

架力度指数得分有影响的法律法规变化都被归类为改革。改革影响破产框架力度指数的例子包括破产程序启动标准、首次引入重组程序，以及破产程序启动后信贷及其优先级监管的措施等方面的变化。影响破产框架力度指数的变化可以在规模和范围上有所不同，但都可被视为一项改革。例如，破产程序启动后信贷及其优先级条例的实施，代表着一项使指数可能上升 2 个百分点的改革，而将启动标准从资产负债表测试改为流动性测试，则代表着一项使指数上升 0.5 个百分点的改革。

第二，根据变化的幅度，对破产程序的时间、成本或结果产生影响的变化也可以归类为改革。根据办理破产的方法论，任何导致时间和成本指标的分数差距产生 2% 或更多的立法更新均归类为改革，除非该变化是官方收费自动指数化为价格或工资指数的结果（更多详细信息，请参阅关于营商环境便利度分数和排名的章节）。对分数差距影响较小的变化不属于改革，但其影响仍反映在最新的指标上。

第三，特殊情况下，办理破产指标集会将当前并未对数据产生影响的立法变化视为改革。这种情况通常适用于特别重大的立法变化，例如企业破产法的重大修订。

这种方法是由 Djankov，Hart 等人在 2008 年研发的，并在这

里进行了几处改动。《2015年营商环境报告》引入了破产框架力度指数。该指数中测试的良好实践是根据世界银行《关于有效破产以及债权人权益制度的原则》（2011年）以及联合国国际贸易法委员会《破产法立法指南》（2004年）制定的。

劳动力市场监管指标

《营商环境报告》研究就业监管的灵活性，特别是与雇用、工时以及裁员有关的领域。《营商环境报告》还衡量工作质量的几个方面，例如产假、带薪病假以及工作场所的性别平等待遇（图8.23）。

这份报告没有给出各个经济体在这个指标上的便利度排名，也未将该指标纳入营商环境便利度的总分及排名中。

《2019年营商环境报告》在"营商环境"网站（http://www.doingbusiness.org）上提供了劳动力市场监管指标的详细数据。劳动力市场监管数据是基于当地律师和公职人员完成的关于就业法规的详细调查问卷。世界银行营商环境团队通过审查就业法律、法规和二手资料以确保准确性。

为了使不同经济体之间的数据具有可比性，《营商环境报告》对工人和企业进行了若干假设。

关于工人的假设

工人：

■ 超市或杂货店的收银员，年

图 8.23 劳动力市场监管指标涵盖的内容是什么？

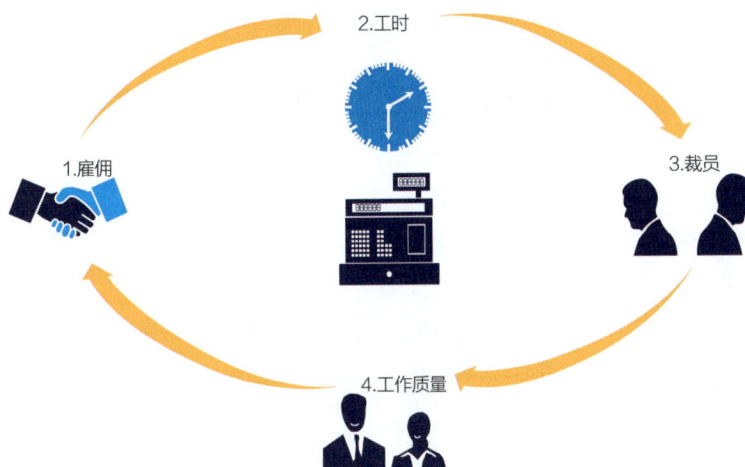

龄为19岁，有一年的工作经验。[9]

■ 全职员工。

■ 除非会员资格是强制性的，否则不是工会成员。

对企业的假设

该企业：

■ 有限责任公司（或其他经济体中的同类公司）。

■ 经营着经济体最大商业城市的超市或杂货店。对于11个经济体来说，还收集了第二大商业城市的数据（表8A.1）。

■ 有60名员工。

■ 如果劳资协议涵盖超过50%的食品零售部门，甚至适用于非缔约方的公司，则受该协议的约束。

■ 遵守所有法律和法规，但不给予工人法律法规或集体谈判协议规定之外的福利。

就业

就业数据包括三个方面：雇用、工时和裁员（表8.19）。

雇用数据包括五个问题：（1）定期合同是否禁止永久性任务；（2）定期合同的最长累计期限；（3）长期雇员的最长试用期（以月为单位）；（4）19岁收银员的最低工资，具有一年的工作经验；（5）最低工资与每名工人工资平均增加值的比率。[10]

工时数据包括九个问题：（1）每周最多工作天数；（2）夜班工资（占时薪的百分比）；（3）每周休息日的工作津贴（占时薪的百分比）；（4）加班费（占时薪的百分比）;（5）夜班是否有限制；（6）非孕妇和非哺乳期妇女是否与男性夜间工作时间相同；（7）每周休息日的工作是否有限制；（8）加班工作是否有限制；（9）一年工龄、五年工龄和十年工龄的工人的带薪年假日。

裁员数据包括八个问题:（1）

是否允许裁员作为解雇工人的依据；（2）雇主解雇多余工人时是否需要通知第三方（例如政府相关机构）；（3）雇主解雇一组工人时是否需要通知第三方；（4）雇主是否需要第三方批准解雇一名工人；（5）雇主是否需要第三方批准解雇一组工人；（6）法律是否要求雇主在裁员前重新分配或再培训工人；（7）优先权规则是否适用于裁员；（8）优先权规则是否适用于再就业。

裁员成本

裁员成本衡量裁员时需要提前通知和支付离职补偿金的成本（以周薪表示）。雇主需考虑适用于任期分别为一年、五年和十年的工人的通知要求成本和离职补偿金的平均值。一个月被计为 4 周加上 1/3 周。

工作质量

《2015 年营商环境报告》引入了有关工作质量的新数据。《2019 年营商环境报告》涵盖了以下八个关于工作质量的问题：（1）法律是否规定同工同酬；（2）法律是否规定在招聘时不允许存在性别歧视；（3）法律是否规定带薪产假或无薪产假；[11]（4）带薪产假最短天数（以日历天数为准）；[12]（5）产假员工是否获得 100% 的工资；[13]（6）每年可获得五个整天的带薪病假；（7）就业一年后是否有失业保障；（8）失业保障缴费期的最短期限（以月计）。

表 8.19 劳动力市场监管指标的衡量标准是什么？

就业
雇佣
定期合同是否禁止永久性任务
定期合同的最长期限（以月为单位），包括续约
永久雇员试用期（月）的最大长度
19 岁、有一年工作经验的收银员的最低工资（月薪多少美元）
最低工资与每名工人工资平均增加值的比率
工时
每周最多工作天数
加班费、夜班工资、周末加班费（占实薪的百分比）
是否限制夜间工作、周末工作和加班
非孕期和非哺乳期妇女是否与男性的夜间工作时间相同
一年工龄、五年工龄和十年工龄的工人的带薪年假日
裁员
是否允许裁员作为解雇工人的依据
雇主解雇多余工人时是否需要通知第三方（例如政府机构）
是否需要第三方批准裁员或解雇一组工人
雇主是否有义务在裁员前重新分配工人或再培训工人，并遵守裁员和再就业的优先权规则
裁员成本（按周薪计算）
通知要求和裁员时应支付的解雇费，以周薪表示
工作质量
法律是否规定同工同酬
法律是否规定招聘时不允许存在性别歧视
法律是否规定带薪或无薪产假
带薪产假最短天数（以日历天数为主）
产假员工是否获得 100% 的工资
每年可获得五个整天的带薪病假
就业一年后是否有失业保障
失业保障缴费期的最短期限（以月为单位）

改革

劳动力市场监管指标每年跟踪劳动规则的变化。根据对数据的影响，某些变化被归类为改革，并列在 2017/2018 年度《营商环境报告》改革概要中，以确认重大变革的实施。案例包括固定期限合同的最长期限变化、每周假期工作的监管、裁员规则、通知要求和对裁员的支付补偿金、引入失业保险，以及根据国际劳工组织（ILO）的标准，制定在雇用中同工同酬、禁止性别歧视的法律。私营部门引入最低工资被认为是一项重大改革，并在改革概要中得到记录。最低工资的变化反映在《营商环境报告》的数据中，但未记录在改革概要中。改革概要将记录产假或增加产假的期限。有时，劳动力市场监管指标将承认其未直接衡量的领域的立法变化，这一做法是为特别重大的立法变更保留的，例如制定新的《劳动法》。

有关各经济体劳动力市场监管的数据详情可见 http://www.doingbusiness.org。营商环境网站还提供历史数据资料。该方法由 Botero 等人（2004 年）研发。《2019 年营商环境报告》并未提供劳动力市场监管指标的排名。

注释

1. 这些国家是孟加拉国、巴西、中国、印度、印度尼西亚、日本、墨西哥、尼日利亚、巴基斯坦、俄罗斯和美国。

2. 这个修正率反映了超过5%的上下变化。

3. 这件事通常由证券交易所或《证券法》监管，分数仅授予在其最重要的证券交易所拥有 10 家以上上市公司的经济体。

4. 在评估公司董事对有损关联方交易的责任制度时，《营商环境报告》假定交易已正式披露和批准。《营商环境报告》不以董事作为衡量标准。

5. 普华永道是指普华永道国际有限公司的成员公司，或根据上下文的情况需要，指普华永道的个人成员公司。每个成员公司都是独立的法人实体，不作为任何其他成员公司的代理人。普华永道不向客户提供任何服务。普华永道对其任何成员公司的作为或不作为不承担责任，也不能控制其他成员公司的专业判断的执行，或以任何方式约束其他成员公司或普华永道。

6. 总税收和缴费率的非线性分数等于总税收和缴费率分数的 0.8 次方。

7. 用人均收入三倍数额来估计财务报表变量的经济体有洪都拉斯、莫桑比克、约旦河西岸与加沙地区、津巴布韦。用人均收入两倍数额来估计财务报表变量的共和国有乍得、斐济、危地马拉、海地、肯尼亚、莱索托、马达加斯加、密克罗尼西亚联邦、摩洛哥、尼泊尔、尼加拉瓜、尼日尔、尼日利亚、菲律宾、所罗门群岛、南非、南苏丹、坦桑尼亚、多哥、瓦努阿图和赞比亚。

8. 为了确定每个经济体的贸易伙伴和出口产品，《营商环境报告》从联合国商品贸易统计数据库（UN Comtrade）等国际数据库收集了最近四年的贸易流量数据。对于没有贸易流动数据的经济体，使用来自辅助政府来源（各部委和部门）和世界银行集团国家办事处的数据来确定出口产品和自然贸易伙伴。

9. 案例研究假设工人 19 岁，有一年的工作经验，只考虑最低工资的计算。对于工人任期相关的所有其他问题，《营商环境报告》分别为有一年、五年和十年任期的工人收集数据。

10. 每个工人的平均增加值是一个经济体的人均收入与劳动适龄人口的比例占总人口的百分比。

11. 如果法律规定不休产假，则适用育儿假。

12. 由政府、雇主或两者依法支付的最低天数。如果法律没有规定休产假，则在适用的情况下衡量育儿假。

13. 如果法律规定不休产假，则适用育儿假。

表 8A.1《营商环境报告》公布每个经济体所涵盖的城市

经济体	城市	经济体	城市	经济体	城市	经济体	城市	经济体	城市
阿富汗	喀布尔	刚果	布拉柴维尔	印度尼西亚	雅加达、泗水	黑山	波德戈里察	所罗门群岛	霍尼亚拉
阿尔巴尼亚	地拉那	哥斯达黎加	圣何塞	伊朗伊斯兰兰共和国	德黑兰	摩洛哥	卡萨布兰卡	索马里	摩加迪沙
阿尔及利亚	阿尔及尔	科特迪瓦	阿比让	伊拉克	巴格达	莫桑比克	马普托	南非	约翰内斯堡
安哥拉	罗安达	克罗地亚	萨格勒布	爱尔兰	都柏林	缅甸	仰光	南苏丹	朱巴
安提瓜和巴布达	圣约翰	塞浦路斯	尼科西亚	以色列	特拉维夫	纳米比亚	温得和克	西班牙	马德里
阿根廷	布宜诺斯艾利斯	捷克共和国	布拉格	意大利	罗马	尼泊尔	加德满都	斯里兰卡	科伦坡
亚美尼亚	耶烈万	丹麦	哥本哈根	牙买加	金斯敦	荷兰	阿姆斯特丹	圣基茨和尼维斯	巴斯特尔
澳大利亚	悉尼	吉布提	吉布提市	日本	东京、大阪	新西兰	奥克兰	圣卢西亚	卡斯特里
奥地利	维也纳	多米尼克	罗索	约旦	安曼	尼加拉瓜	马那瓜	圣文森特和格林纳丁斯	金斯敦
阿塞拜疆	巴库	多米尼加共和国	圣多明各	哈萨克斯坦	阿拉木图	尼日尔	尼亚美	苏丹	喀土穆
巴哈马	拿索	厄尔瓜多	基多	肯尼亚	内罗毕	尼日利亚	拉各斯，卡诺	苏里南	帕拉马里博
巴林	麦纳麦	阿拉伯埃及共和国	开罗	基里巴斯	塔拉瓦	挪威	奥斯陆	瑞典	斯德哥尔摩
孟加拉国	达卡、吉大港	萨尔瓦多	圣萨尔瓦多	韩国	首尔	阿曼	马斯喀特	瑞士	苏黎世
巴巴多斯	布里奇顿	赤道几内亚	马拉博	科索沃	普里什蒂纳	巴基斯坦	拉合尔·卡拉奇	阿拉伯叙利亚共和国	大马士革
白俄罗斯	明斯克	阿斯马拉	阿斯马拉	科威特	科威特市	帕劳	科罗尔	中国	台湾
比利时	布鲁塞尔	爱沙尼亚	塔林	吉尔吉斯共和国	比什凯克	巴拿马	巴拿马城	塔吉克斯坦	杜尚别
伯利兹	伯利兹城	斯瓦蒂尼	墨巴本	老挝人民民主共和国	万象	巴布亚新几内亚	莫尔兹比港	坦桑尼亚	达累斯萨拉姆
贝宁	科托努	埃塞俄比亚	亚的斯亚贝巴	拉脱维亚	里加	巴拉圭	亚松森	泰国	曼谷
不丹	廷布	斐济	苏瓦	黎巴嫩	贝鲁特	秘鲁	利马	东帝汶	帝力
玻利维亚	拉巴斯	芬兰	赫尔辛基	莱索托	马塞卢	菲律宾	奎松市	多哥	洛美
波斯尼亚和黑塞哥维那	萨拉热窝	法国	巴黎	利比里亚	蒙罗维亚	波兰	华沙	汤加	努库阿洛法
博茨瓦纳	哈博罗内	加蓬	利伯维尔	利比亚	的黎波里	葡萄牙	里斯本	特立尼达和多巴哥	西班牙港
巴西	圣保罗、里约热内卢	冈比亚	班珠尔	立陶宛	维尔纽斯	美国（波多黎各自治邦）	圣胡安	突尼斯	突尼斯
文莱达鲁萨兰国	斯里巴加湾市	格鲁吉亚	第比利斯	卢森堡	卢森堡	卡塔尔	多哈	土耳其	伊斯坦布尔
保加利亚	索非亚	德国	柏林	马其顿共和国	斯科普里	罗马尼亚	布加勒斯特	乌干达	坎帕拉
布基纳法索	瓦加杜古	加纳	阿克拉	马达加斯加	塔那那利佛	俄罗斯联邦	莫斯科，圣彼得堡	乌克兰	基辅
布隆迪	布琼布拉	希腊	雅典	马拉维	布兰太尔	卢旺达	基加利	阿拉伯联合酋长国	迪拜
佛得角	普拉亚	格林纳达	圣乔治	马来西亚	吉隆坡	萨摩亚	阿皮亚	英国	伦敦
柬埔寨	金边	危地马拉	危地马拉	马尔代夫	马累	圣马力诺	圣马力诺	美国	纽约、洛杉矶
喀麦隆	杜阿拉	几内亚	科纳克里	马里	巴马科	圣多美和普林西比	圣多美	乌拉圭	蒙得维的亚
加拿大	多伦多	几内亚比绍共和国	比绍	马耳他	瓦莱塔	沙特阿拉伯	利雅得	乌兹别克斯坦	塔什干
中非共和国	班基	圭亚那	乔治城	马绍尔群岛	马朱罗	塞内加尔	达喀尔	瓦努阿图	维拉港
乍得	恩贾梅纳	海地	太子港	毛里塔尼亚	努瓦克肖特	塞尔维亚	贝尔格莱德	委内瑞拉	加拉加斯
智利	圣地亚哥	洪都拉斯	特古西加尔巴	毛里求斯	路易港	塞舌尔	维多利亚	越南	胡志明市
中国	上海、北京	中国	香港特别行政区	墨西哥	墨西哥城、蒙特雷	塞拉利昂	弗里敦	约旦河西岸和加沙地带	拉马拉
哥伦比亚	波哥大	匈牙利	布达佩斯	密克罗尼西亚联邦	波纳佩岛	新加坡	新加坡市	也门	萨那
科摩罗	莫洛尼	冰岛	雷克雅未克	摩尔多瓦	基希讷乌	斯洛伐克共和国	布拉迪斯拉发	赞比亚	卢萨卡
刚果民主共和国	金沙萨	印度	孟买、德里	蒙古国	乌兰巴托	斯诺文尼亚	卢布利亚那	津巴布韦	哈拉雷

营商环境便利度分数和排名

《营商环境报告》提供了两个综合衡量指标的结果：营商环境便利度分数（之前称为前沿距离分数）和基于营商环境便利度分数的营商环境便利度排名。营商环境便利度排名能够比较出不同经济体营商环境的差别；营商环境便利度分数以最佳监管绩效为基准，为各经济体评分，以显示出其各项营商环境指标与最佳监管绩效的绝对分差。通过不同年度之间的比较，营商环境便利度分数能够显示出在一个经济体中，当地企业家所在的监管环境随时间的推移发生的绝对变化有多大，而营商环境便利度排名只能显示监管环境相对于其他经济体发生了多大程度的变化。

营商环境便利度分数

根据《营商环境报告》的 10 个一级指标和 41 个二级指标（不包括劳动力市场监管指标），营商环境便利度分数可以反映经济体监管实践与最佳监管实践之间的差距。例如，对于开办企业而言，新西兰和格鲁吉亚所需的手续数量最少（1 个），新西兰开办企业的时间最短（0.5 天），而斯洛文尼亚的成本最低（0 美元）。澳大利亚、哥伦比亚和其他 115 个经济体没有最低实缴资本要求（表 9.1）。

营商环境便利度分数的计算方法

计算每个经济体营商环境便利度分数包括两个主要步骤。在第一步中，将单个组成指标归一化为一个统一指标，其中 41 个二级指标 y 中的每一个（总税收和缴税率除外）使用线性变换（最差 $-y$）/（最差 $-$ 最佳）进行重新调整。这个式子的最高分表示的是自 2005 年或者指标数据收集的第三年起，所有经济体在此指标上的最佳监管表现。最佳监管绩效和最差监管绩效都是根据建立指标的年度《营商环境报

告》，每五年确定一次，无论在中期年份中数据有什么变化，它们都保持在这一水平上。因此，经济体可以为指标建立最佳监管绩效，即使它在随后的一年中可能没有最高分。相反，如果在确定最佳监管绩效后进行改革，经济体的得分可能会高于最佳监管绩效。例如，获得电力的最佳监管绩效设定为 18 天。在韩国，现在需要 13 天就能获得电力，而在阿拉伯联合酋长国只需 10 天。虽然两个经济体的花费时间不同，但是两个经济体在获得电力指标上都获得了 100 分，因为它们都少于 18 天这个标准。

对于诸如合法权利力度指数或土地管理质量指数等评分，最佳监管绩效设定为最高可能值（尽管并没有经济体在后者达到最高值）。就总税收和缴费率而言，按照在计算这一指标排名时使用阈值的做法，最佳监管绩效被定义为截至 2015 年（包括 2015 年在内）以来的所有年份的总税率和缴费率的第 15 个百分位。就纳税时间而言，最佳监管绩效被定义为所有征收三大税种的经济体所记录的最低时间：利润税、劳动税和强制性派款以及增值税或销售税。对于跨境贸易的不同时期，最佳监管绩效被定义为 1 小时，尽管在许多经济体中，时间比这个要短。

在这一公式重调数据的过程中，为了减轻极端异常值对大多数二级指标分布的影响（很少

有经济体需要 700 天来完成开办企业的手续，但多数经济体需要 9 天），最差监管绩效是在去除异常值后进行计算的。异常值的定义基于每个二级指标的分布。为了简化计算程序，我们确定了两个规则：第 95 个百分点用于分布最为分散的指标（包括最低资

本要求、纳税次数以及时间和成本指标），第 99 个百分点用于手续数量。受定义或结构约束的组成部分指标都不会删除离群值，包括法律指数评分（如信贷信息深度指数、披露程度指数和破产框架力度指数）和回收率（图 9.1）。

图 9.1　各指标的得分如何计算？

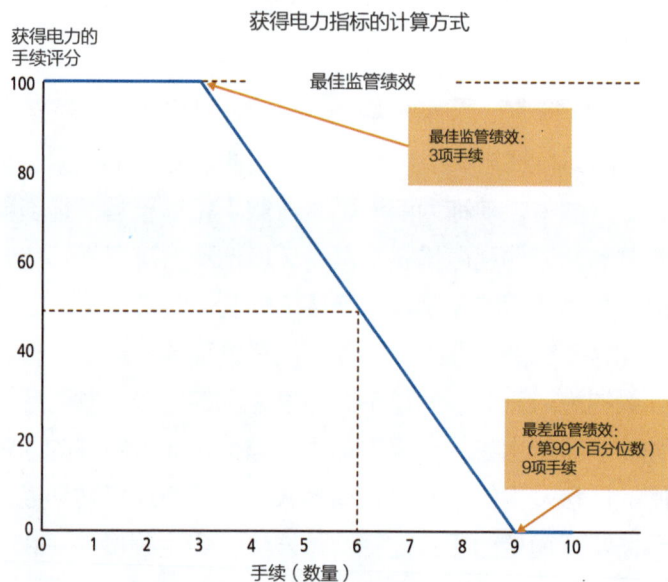

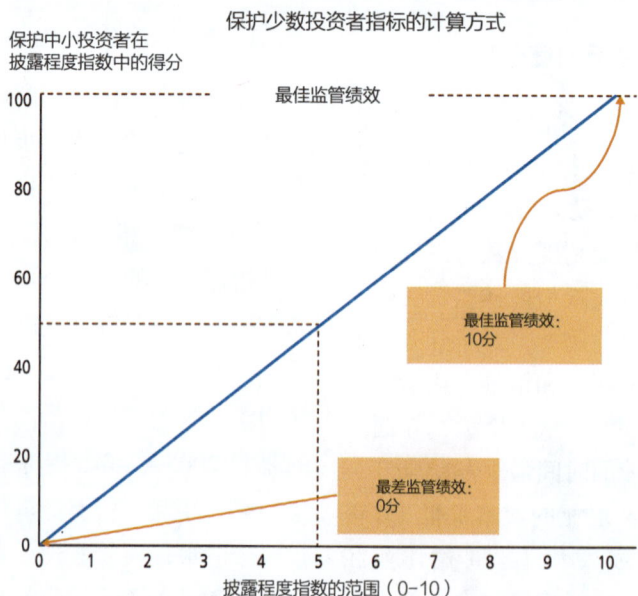

获得电力指标的计算方式

获得电力的手续评分

最佳监管绩效

最佳监管绩效：3项手续

最差监管绩效：（第99个百分位数）9项手续

手续（数量）

保护少数投资者指标的计算方式

保护中小投资者在披露程度指数中的得分

最佳监管绩效

最佳监管绩效：10分

最差监管绩效：0分

披露程度指数的范围（0-10）

资料来源：《营商环境报告》数据库。

表 9.1 哪些经济体的监管表现最佳?			
主题和指标	建立最佳监管表现的经济体	最佳监管表现	最差监管表现
开办企业			
手续(数量)	格鲁吉亚、新西兰	1	18[a]
时间(天数)	新西兰	0.5	100[b]
花费(人均收入百分比)	斯洛文尼亚	0.0	200.0[b]
最低实缴资本(人均收入百分比)	澳大利亚、哥伦比亚[c]	0.0	400.0[b]
办理施工许可证			
手续(数量)	截至 2018 年 5 月 1 日,没有表现最佳的经济体	5	30[a]
时间(天数)	截至 2018 年 5 月 1 日,没有表现最佳的经济体	26	373[b]
花费(仓库价值百分比)	截至 2018 年 5 月 1 日,没有表现最佳的经济体	0.0	20.0[b]
建筑质量控制指数(0-15)	卢森堡、新西兰、阿拉伯联合酋长国	15	0[d]
获得电力			
手续(数量)	德国、韩国、英国[e]	3	9[a]
时间(天数)	韩国、圣吉斯和威尼斯、阿拉伯联合酋长国	18	248[b]
花费(人均收入百分比)	中国、日本、阿拉伯联合酋长国	0.0	8100.0[b]
供电可靠性和电费指数透明度(0-8)	比利时、冰岛、马来西亚[f]	8	0[d]
登记财产			
手续(数量)	格鲁吉亚、挪威、葡萄牙、瑞典	1	13[a]
时间(天数)	格鲁吉亚、新西兰	1	210[b]
花费(财产价值百分比)	沙特阿拉伯	0.0	15.0[b]
土地管理质量指数(0-30)	目前还没有表现最佳的经济体	30	0[d]
获得信贷			
合法权利力度指数(0-12)	黑山、美国(波多黎各自治邦)[g]	12	0[d]
信贷信息深度指数(0-8)	厄瓜多尔、英国[h]	8	0[d]
保护少数投资者			
披露指数(0-10)	中国、马来西亚[i]	10	0[d]
董事责任指数(0-10)	柬埔寨、肯尼亚	10	0[d]
股东诉讼指数(0-10)	吉布提	10	0[d]
股东权利指数(0-10)	印度、哈萨克斯坦	10	0[d]
所有权和控制指数(0-10)	目前还没有表现最佳的经济体	10	0[d]
企业透明度指数(0-10)	阿塞拜疆、法国、立陶宛、挪威、沙特阿拉伯、中国台湾	10	0[d]
纳税			
纳税次数(每年)	中国香港特别行政区、沙特阿拉伯	3	63[b]
时间(小时数/每年)	新加坡	49	696[b]
总税收和缴费率(商业净利润百分比)	加拿大、新加坡[k]	26.1[l]	84.0[b]
报税后程序指数(0-100)	经济体的企业所得税和增值税都没有达到最合适的税率。	100	0
办理退税时间(小时)	克罗地亚、荷兰[m]	0	50b
获得增值税退税的时间(周)	奥地利、爱沙尼亚	3.2	55[b]
企业所得税审计合规时间(小时)	立陶宛、葡萄牙[n]	1.5	56[b]
完成企业所得税审计所需时间(每周)	瑞典、美国[o]	没有企业所得税审计	32[b]
跨境贸易			
出口时间			
文件合规(小时)	加拿大、波兰、西班牙[p]	1[q]	170[b]
边境合规(小时)	奥地利、比利时、中国香港特别行政区[r]	1[q]	160[b]
出口花费			
文件合规(美元)	匈牙利、卢森堡、挪威[s]	0	400[b]
边境合规(美元)	法国、荷兰、葡萄牙[t]	0	1060[b]

（续表）

表 9.1 哪些经济体的监管表现最佳？		最佳 监管表现	最差 监管表现
主题和指标	建立最佳监管表现的经济体		
进口时间			
单证合规（小时）	韩国、拉脱维亚、马耳他 [u]	1 [q]	240 [b]
边界合规（小时）	保加利亚、法国、德国 [v]	1 [q]	280 [b]
进口花费			
单证合规（小时）	冰岛、拉脱维亚、英国 [w]	0	700 [b]
边界合规（小时）	亚美尼亚、丹麦、爱沙尼亚 [x]	0	1200 [b]
执行合同			
时间（天数）	截至 2018 年 5 月 1 日，没有表现最佳的经济体	120	1340 [b]
成本（索赔额百分比）	截至 2018 年 5 月 1 日，没有表现最佳的经济体	0.1	89.0 [b]
司法程序质量指数（0-18）	目前还没有一个经济体达到最佳表现	18	0 [d]
办理破产			
回收率（收回债务占债务额的百分比）	截至 2018 年 5 月 1 日，没有表现最佳的经济体	92.9	0 [d]
破产框架力度指数（0-16）	目前还没有一个经济体达到最佳表现	16	0 [d]

资料来源：《营商环境报告》数据库。

a. 最差表现定义为营商环境样本中所有经济体的第 99 个百分位数。

b. 最差表现被定义为营商环境样本中所有经济体的第 95 个百分数。

c. 另外 115 个经济体的最低实缴资本要求为 0。

d. 最差的表现是有记录以来最差的价值。

e. 在其他 23 个经济体，接通电力只需要 3 个程序。

f. 另外 24 个经济体在供应可靠性和关税透明度指数方面得分为 8 分。

g. 另外三个经济体在 12 个法律权力指数中得分为 12 分。

h. 另外 40 个经济体在信贷信息深度指数的 8 个国家中得分为 8 分。

i. 另外 11 个经济体在披露程度指数中得分为 10 分（满分 10 分）。

j. 定义为《营商环境报告》样本中所有经济体中征收三种主要税种的最低时间：利润税、劳工税和强制性缴款、增值税或营业税。

k. 另外 30 个经济体的税收总额和贡献率等于或低于利润的 26.1%。

l. 定义为截至 2015 年（含 2015 年）《营商环境报告》分析所包含的历年《营商环境报告》样本中总税率和贡献率最低的 15% 经济体中，总税率和贡献率最高的经济体。

m. 另外 8 个经济体也有 0 小时的增值税退税合规时间。

n. 另外 11 个经济体的企业所得税审计合规时间不超过 1.5 小时。

o. 另外 94 个经济体也不进行企业所得税审计。

p. 另外 23 个经济体的边境合规时间也不超过 1 小时。

q. 定义为 1 小时，尽管在许多经济体中时间更短。

r. 另外 16 个经济体的边境合规时间也不超过 1 小时。

t. 另外 16 个经济体的边境合规成本为 0。

u. 美国另有 27 个经济体的边境合规时间不超过 1 小时。

v. 另外 22 个经济体的边境合规时间不超过 1 小时。

w. 另外 27 个经济体进口边境合规成本为 0。

x. 另外 25 个经济体的边境合规成本为 0。

表 9.2　在计算经济体得分时涵盖的两个城市的权重

经济体	城市	权重
孟加拉国	达卡	78
	吉大港	22
巴西	圣保罗	61
	里约热内卢	39
中国	上海	55
	北京	45
印度	孟买	47
	德里	53
印度尼西亚	雅加达	78
	泗水	22
日本	东京	65
	大阪	35
墨西哥	墨西哥市	83
	蒙特雷	17
尼日利亚	拉各斯	77
	卡诺	23
巴基斯坦	卡拉奇	65
	拉合尔	35
俄罗斯	莫斯科	70
	圣彼得堡	30
美国	纽约市	60
	洛杉矶	40

资料来源：联合国经济体和社会事务部人口司，《全球城市化发展报告》（2014 年修订版），"12 号文件：2014 年有 30 万或以上居民的城市群人口，按国家分列，1950–2030 年（千人），" http://esa.un.org/unpd/CD–ROM/Default.aspx。

在计算营商环境便利度分数的第二步中，将经济体单个指标的得分通过简单平均集合为一个分数，首先是每个一级指标然后普及至所有十个一级指标：开办企业、办理施工许可证、获得电力、登记财产、获得信贷、保护少数投资者、纳税、跨境贸易、执行合同和办理破产。更复杂的聚合方法（例如主成分法和未观测分量法）产生的排名几乎与《营商环境报告》使用的简单平均值方法相同。[1]

因此，《营商环境报告》使用了最简单的方法：对所有一级指标平均加权，并在每个一级指标内对每个二级指标赋予相同的

权重。[2]

经济体的得分在 0—100 之间，其中 0 表示最差监管绩效，100 表示最佳监管绩效。所有分数计算均保留至最多五位小数。但一级指标排名计算和营商环境便利度排名计算均保留至两位小数。

前一年经济体营商环境便利度分数与《2019 年营商环境报告》得分之间的差异能够说明经济体在多大程度上缩小了与最佳监管绩效的差距。在任一年份中，该分数都衡量经济体与当时最佳监管绩效的差距。

总税收和缴费率的计算方式

纳税指标的总税收和缴费率部分与任何其他指标的输入分数计算方法都不同。总税收和缴费率获得的分数在放入纳税分数之前以非线性方式转换。由于非

线性转换，其数值的增加对总税收和缴费率的得分影响较小，因此对总税收和缴费率低于平均水平的经济体纳税得分影响较小。在采用这种方法之前，已经出版了《2015 年营商环境报告》（B线小于图 9.2 中的 A 线）。对于总税收和缴费率极高的经济体（相对于平均水平而言，这一比率非常高）来说，总税收和缴费率的增长对这两个得分的影响比以前更大（D 线比图 9.2 中的 C线大）。

与"最优税率"提倡的最大限度地减少经济体整体税收制度的扭曲或效率的最大化不同，非线性转换不是基于"最优税率"的任何经济理论。相反，它主要是经验性的。非线性转换与阈值一起降低了指标对某些经济体的偏差，这些经济体不需要对符合《营商环境报告》标准化案例

图 9.2　非线性转换如何影响总税收和缴费率的纳税分数

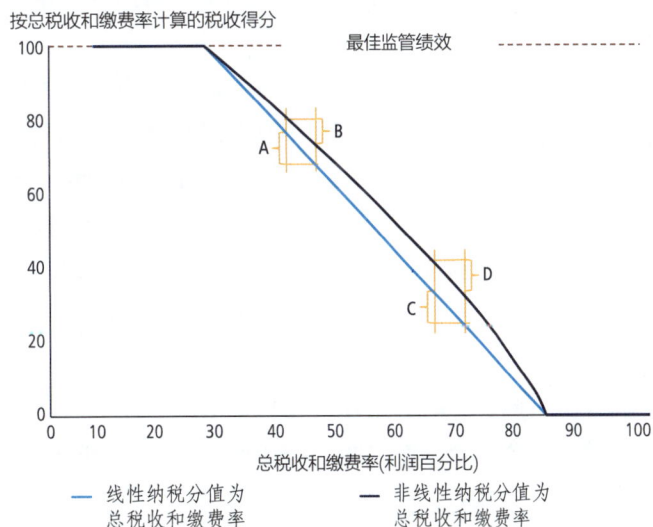

资料来源：《营商环境报告》数据库。
注：总税收和缴费率的非线性纳税得分等于总税收和缴费率的纳税得分的 0.8 次方。

表 9.3 《营商环境报告》各一级指标中经济体得分的相关性

	办理施工许可证	获得电力	获得信贷	登记财产	保护少数者投资	纳税	跨境贸易	执行合同	办理破产
开办企业	0.49	0.51	0.40	0.40	0.58	0.54	0.42	0.38	0.49
办理施工许可证		0.63	0.48	0.41	0.46	0.46	0.51	0.39	0.41
获得电力			0.50	0.45	0.52	0.57	0.63	0.51	0.6
登记财产				0.47	0.53	0.51	0.51	0.61	0.53
获得信贷					0.56	0.34	0.42	0.38	0.53
保护少数者投资						0.48	0.42	0.47	0.61
纳税							0.55	0.50	0.44
跨境贸易								0.50	0.55
执行合同									0.46

资料来源：《营商环境报告》数据库。

研究的公司征收重大税收，因为它们以其他方式增加公共收入，如通过对外国公司征税以及制造业或自然资源以外的其他部门税收。此外，它承认经济体需要从企业征税。

计算涵盖两个城市的经济体的营商环境便利度分数

对于《营商环境报告》收集最大和第二大商业城市数据的11个经济体来说，得分是以这两个城市的人口加权平均分数计算的（表9.2）。这样做是为了便于计算该经济体营商环境便利度分数，即每个一级指标的分数和每个二级指标的分数。

不同指标经济体分数的变化

每个营商环境指标都衡量商业监管环境的不同方面。一个经济体的得分和相关排名在不同主题上可能有所不同，有时甚至存在较大差异。十个一级指标之间的平均相关系数为0.49，两个一级指标之间的系数为0.34（获得信贷和纳税之间的系数）至0.63（获得电力和跨境贸易之间的系数）；以及办理施工许可证和获得电力之间的系数）。这些相关性表明，经济体很少能在《营商环境报告》的一级指标普遍取得好或差的成绩（表9.3）。

以葡萄牙为例，其总体营商环境便利度分数是76.55、开办企业的分数为90.89、跨境贸易的分数为100.00，但保护少数投资者分数只有60.00，获得信贷分数则为45.00。

"关于营商环境报告"这一章中的图2.1说明了《营商环境报告》涵盖的不同商业监管领域中每个经济体的表现变化程度。该图显示在2019年《营商环境报告》包含的十个指标中，每个经济体的最高三个得分的平均值与最低三个得分的平均值之间的差距，从而引起对监管绩效特别不均衡的经济体的关注。虽然这两个平均数之间的差距相对较小，表明在《营商环境报告》衡量的商业监管领域采取了大体一致的做法，但距离相对较大表明做法更为不均衡，在某些领域比其他领域有更大的改进余地。

各指标的表现差异并不罕见。它反映了政府对特定商业监管改革领域的优先程度以及不同政府机构在其责任领域取得切实成果的能力差异。

分数差距的变化

许多指标根据分数差距变化的大小来将变化分类为改革。分数差异的变化被定义为（前一年得分－当前年份得分）/（100－当前年份得分），其中"得分"是特定指标的总得分。对于使用宏观经济变量的指标，如开办企业成本占人均收入的百分比，则使用上一年的宏观经济数据控制诸如人均收入变化等外部因素。例如，在2017/2018年度，阿尔及利亚减少了跨境贸易的时间，从而使阿尔及利亚跨境贸易总分从27.74提高到38.43。这减少了阿尔及利亚的得分差距（27.74－38.43）/（100－27.74），即在《2019年营商环境报告》中的跨境贸易部分中，差距为14.79%。有关将变化归类为改革的方法论的完整讨论，请参见数据说明。

2017/2018 年度在三个或更多营商环境主题中改善最佳的经济体

《2019 年营商环境报告》使用了一种简单的方法来计算哪些经济体提高了营商便利度。首先，它选择了那些在 2017/2018 年度实施了监管改革的经济体，这些经济体在 2019 年总体营商便利度得分中提高了十个指标中的三个或三个以上指标的得分。[3]46 个经济体符合这一标准：阿富汗、亚美尼亚、阿塞拜疆、巴西、文莱达鲁萨兰国、布隆迪、乍得、中国、刚果民主共和国、科特迪瓦、吉布提、阿拉伯埃及共和国、埃塞俄比亚、法国、加蓬、格鲁吉亚、几内亚、印度、印度尼西亚、约旦、哈萨克斯坦、肯尼亚、科索沃、吉尔吉斯共和国、立陶宛、马达加斯加、马来西亚、毛里塔尼亚、毛里求斯、摩洛哥、尼日尔、尼日利亚、巴基斯坦、俄罗斯联邦、卢旺达、沙特阿拉伯、斯里兰卡、苏丹、泰国、多哥、突尼斯、土耳其、阿拉伯联合酋长国、乌兹别克斯坦、越南和津巴布韦。其次，《营商环境报告》对这些经济体的营商环境便利度分数较前一年提高的情况进行了分类，这两年的分数是用相同的宏观经济数据（如人均收入和货币换算率）计算的，以消除变量变化的影响。

在至少三个指标上选择实施了监管改革，并在营商环境便利度分数方面取得了最大的改进，其目的是突出那些正在进行拥有广泛基础的改革计划的经济体。营商环境便利度分数的提高被用于确定最佳改革者，因为与排名变化所显示的相对改进相比，这使得人们可以把注意力集中在绝对改进上，即各经济体在其商业监管环境中所取得的进步。

营商环境便利度排名

营商环境便利度排名范围从 1 到 190。经济体排名的确定，是通过对总体营商环境便利度分数进行的排序，其分数四舍五入到小数点后两位。

注释

1. 见 Djankov 等人，2005 年。主成分法和未观测分量法得到的排名结果与简单平均法的排名几乎相同，因为这两种方法赋予指标的权重大致相等，因为指标之间的成对相关关系差别不大。替代简单平均法的另一种方法是给指标赋予不同的权重，这取决于在特定的经济背景下，哪一个被认为更重要或较不重要。
2. 对于获得信贷来说，指标按比例加权。根据它们对总分的贡献，60% 的权重为合法权利指数强度，40% 为信贷信息深度指数。所有其他主题的指标被赋予相同的权重。
3. 使营商环境变得更加困难（糟糕）的变化将从更容易开展业务的总数中减去。

2017/2018 年度《营商环境报告》改革总结

在 2017 年 6 月到 2018 年 9 月期间，营商环境改革影响着 2019 年报告所列的各项指标。

√ 改革使营商更便利
× 改革使营商更困难

阿富汗

√ 开办企业

阿富汗通过减少注册费用，降低了开办企业成本。

√ 获得信贷

阿富汗通过颁布新的破产法，增加了获得信贷的机会。目前，在破产程序中有担保的债权人绝对优先于其他债权人。

√ 保护少数投资者

阿富汗加强了对少数群体投资者的保护，要求更多地披露与利益相关方的交易，同时通过在审判期间扩大获取文件和证据的权利来放宽股东诉讼，增加了股东在重大公司决策中的权利和作用，明确所有权和控制结构，并要求提高公司透明度。

√ 纳税

阿富汗通过采用新的税务管理方式和法律手册以及对税务审计明确的规则和指导方针，并通过自动提交纳税申报单，使纳税变得更加便利。

√ 办理破产

阿富汗通过促进债务人在破产程序期间继续经营、在重组程序中给予债权人平等待遇以及使债权人更多地参与破产程序，使办理破产更加便利。

阿尔巴尼亚

√ 执行合同

阿尔巴尼亚修改了民事诉讼法，为小额诉讼建立了简易程

本文列出了影响劳动力市场监管指标的改革措施，但这并不影响营商环境便利度排名，也不影响 2017/2018 年经济改善幅度最大的经济体。

序，并为某些法庭活动制定时间标准，从而使执行合同更加便利。

阿尔及利亚

✓ 获得电力
阿尔及利亚通过精简内部行政程序和向销售预制变电站的供应商颁发新许可证，从而简化了电力连接的程序。

✓ 跨境贸易
阿尔及利亚通过在管制机构之间进行联合视察，从而使进口更加便利。

安哥拉

✓ 获得电力
安哥拉改进了停电现象的检测方法和管理制度；具体方法为记录针对时长超过三分钟的停电的两个指数：系统年度平均中断时长以及系统平均中断频率。

✓ 跨境贸易
安哥拉通过实施自动化海关数据管理系统（ASYCUDA）和升级港口公共系统，以便各方之间在进出口过程中进行电子信息交流，从而使进出口更加便利。

安提瓜和巴布达

✓ 获得信贷
安提瓜和巴布达通过引入东加勒比货币联盟（ECCU）成员国信贷局许可和运作的管理法规，改善了获得信贷信息的途径。

阿根廷

✓ 开办企业
阿根廷为有限责任公司引入

了一种快速程序，包括公司注册、登记合法化、税务和社保登记，从而使开办企业更加便利。

亚美尼亚

✓ 开办企业
亚美尼亚允许企业在注册时自愿进行增值税登记，从而使开办企业更加便利。

✓ 获得电力
亚美尼亚为获得新的电力连接规定了新的最后期限，从而加快了获得电力的速度。

✓ 保护少数投资者
亚美尼亚通过更多地披露与关联方的交易，明确所有权和控制结构以及要求提高公司透明度，加强了对少数投资者的保护。

✓ 纳税
亚美尼亚采取行政措施，放宽对公司所得税、增值税和劳工税规则的限制，使纳税更加便利。

✓ 执行合同
亚美尼亚通过为关键的法院活动引入小额诉讼和时间标准的简化程序，使执行合同更加便利。

阿塞拜疆

✓ 办理施工许可证
阿塞拜疆通过简化其建筑许可程序，使办理建筑许可证变得更加便利。现在，办理施工许可证只由巴库市行政办公室的一个窗口发放。

✓ 获得电力
阿塞拜疆通过投资电网基础

设施和建立国家监管机构来监控停电情况，提高了获得电力的可靠性。阿塞拜疆还通过建立一个单一窗口系统，使电力供应速度更快、成本更低。

✓ 登记财产
阿塞拜疆提高了土地管理系统的透明度，使登记财产更加便利。

✓ 获得信贷
阿塞拜疆通过引入一种新的担保措施，拓宽了获得信贷的渠道，《交易法》和《破产法》实施了一套功能完备的有担保的交易制度，扩大了可作为抵押物的资产范围，为有担保债权人在自动逗留期间提供了宽免的理由和期限。阿塞拜疆还建立了一个统一、现代化和基于通知的抵押登记处，并通过设立一个新的信贷局改善了公众对信贷信息的获取。

✓ 保护少数投资者
阿塞拜疆通过增加股东在公司重大决策中的权利和作用，明确所有权和控制结构以及要求提高公司透明度，加强了对少数投资者的保护。

✓ 纳税
阿塞拜疆通过引入电子发票和统一的社保缴费纳税申报单，以及加强企业所得税在线申报平台的建设，使纳税更加便利。

✓ 跨境贸易
阿塞拜疆通过简化电子海关手续和全面实施绿色通道系统，加快了跨境贸易的速度。

√ 办理破产

阿塞拜疆规定避免优惠交易，使办理破产更加便利。

劳动力市场监管

阿塞拜疆修改了有关解雇和遣散费通知期的规定。

巴哈马群岛

√ 获得信贷

巴哈马通过引入管理该国信用局许可、运作和监管的法规，改善了获得信贷信息的途径。

√ 纳税

巴哈马通过建立一个在线系统来申报和缴纳增值税，从而使纳税更加便利。

巴林

√ 保护少数投资者

巴林通过增加股东在重大决策中的权利和作用，明确所有权和控制结构并要求提高公司透明度，加强了对少数投资者的保护。

√ 跨境贸易

巴林通过部署门户扫描程序和升级单一窗口系统，减少了数据导入所需的时间。

白俄罗斯

√ 开办企业

白俄罗斯取消了登记检查登记册的要求，并允许在企业成立后六个月内购买检查登记册，从而使开办企业更加便利。

√ 办理施工许可证

白俄罗斯通过简化一站式服务的程序，使办理施工许可证变得更加便利。

比利时

√ 获得信贷

比利时通过实施一项新的质押法，增加了获得信贷的机会。质押法允许担保利益自动附加到产品、收益和原始资产的置换上，并在法庭外强制执行担保利益。比利时还建立了统一的现代抵押物登记制度。

√ 办理破产

比利时通过精简破产框架，扩大法律范围和采取新的预防措施，使办理破产变得更加便利。

贝宁

√ 获得电力

贝宁设立了一个新的信贷局，改善了获得信贷信息的机会。

√ 执行合同

贝宁通过一项规定调解所有方面的法律，以其作为另一种解决争端的机制，使执行合同更加便利。

劳动力市场监管

贝宁修订了定期合同。

不丹

√ 纳税

不丹引入了企业所得税和个人所得税申报的在线平台，从而使纳税更加便利。

利维亚

√ 开办企业

玻利维亚取消了保留证书名称的要求，允许在网上公布相关

证书并降低了劳工部的公布注册费，从而使开办企业更加便利。

博茨瓦纳

√ 办理施工许可证

博茨瓦纳通过允许使用内部或第三方工程师，简化了检查系统，使办理施工许可证更加便利。

巴西

√ 开办企业

巴西推出了公司注册、许可和雇用通知的在线系统，从而使开办企业变得更加便利。里约热内卢和圣保罗都进行了这项改革。

√ 获得电力

巴西（圣保罗）通过建立现代化的电网和引入新的软件程序来提高获得电力的可靠性，从而实现更好的停电管理和配电规划。

× 登记财产

巴西（里约热内卢）通过增加城市财产转移税，提高了登记财产的成本。

√ 获得信贷

巴西通过公布至少两年的历史数据，改善了对信贷信息的获取。里约热内卢和圣保罗都进行了这项改革。

√ 跨境贸易

巴西通过引入电子原产地证书减少了进口单证合规所需的时间。里约热内卢和圣保罗都进行了这项改革。

劳动力市场监管

巴西修改了有关间歇性工作、工作调度、薪酬、雇员解雇和工会代表的规定。这项改革适用于里约热内卢和圣保罗。

文莱

√ **开办企业**

文莱通过将名称核查并入公司注册申请，加快了公司注册申请和取消加盖股票印章的速度，从而使开办企业更加便利。

√ **获得电力**

文莱通过减少获得新连接所需的程序，从而简化了电力连接的程序。

√ **获得信贷**

文莱通过开始向银行和金融机构提供消费者和商业信用评分，改善了对信贷信息的获取。

保加利亚

劳动力市场监管

保加利亚修订了其立法，以延长雇员有资格获得失业保护所需的缴款期限。

布基纳法索

√ **执行合同**

布基纳法索通过一项规定调解所有方面的法律，以其作为另一种解决争端的机制，使执行合同更加便利。

布隆迪

√ **开办企业**

布隆迪通过降低企业注册费用，降低了企业开办成本。

√ **办理施工许可证**

布隆迪通过在网上免费公布与建筑有关的条例，提高了办理施工许可证的透明度。

√ **办理破产**

布隆迪简化了破产框架，扩大了破产法的范围，并采取了新的预防措施，从而使办理破产更加便利。

柬埔寨

√ **办理施工许可证**

柬埔寨通过降低获得建筑许可证的费用，降低了办理施工许可证的成本。

喀麦隆

√ **开办企业**

喀麦隆通过一站式服务在线发布公司注册通知，使开办企业变得更便利。

√ **执行合同**

喀麦隆通过一项规定调解所有方面的法律，以其作为另一种解决争端的机制，使执行合同更加便利。

加拿大

√ **执行合同**

加拿大通过引入一个允许原告提交初始投诉并以电子方式支付法庭费用的电子系统，使执行合同更加容易。

劳动力市场监管

加拿大修改了立法，增加了

工作后五年和十年的带薪年假，并引入了两天带薪病假。

中非共和国

√ **开办企业**

中非共和国通过降低企业注册的最低实缴资本，使开办企业更加便利。

√ **执行合同**

中非共和国通过一项规定调解所有方面的法律，以其作为另一种解决争端的机制，使执行合同更加便利。

乍得

√ **开办企业**

乍得允许在一站式服务注册公司章程，从而使开办企业更加便利。

√ **登记财产**

乍得将登记费减半，从而财产登记更为便利。

√ **执行合同**

乍得通过一项规定调解所有方面的法律，以其作为另一种解决争端的机制，使执行合同更加便利。

智利

√ **开办企业**

智利用电子系统取代了印刷和向国税局提交密封账簿和发票的要求，从而使开办企业更加便利。

√ **执行合同**

智利引入了允许原告以电子方式提交初始投诉的电子系统，从而使执行合同更加便利。

中国

√ 开办企业
中国通过实施在线注册公司和简化社保注册手续，从而使开办企业更加便利。北京和上海都进行了这项改革。

√ 办理施工许可证
中国简化了获得建筑许可证、竣工证书和在房地产登记机构登记新建筑的程序。此外，中国还通过对建造业专业人士提出更严格的资格要求以及改善公众获取信息的途径，加强了建筑质量控制。北京和上海都进行了这项改革。

√ 获得电力
中国通过扩大网络容量，简化了电力连接程序，现在所有160KW或以下的电力负荷都直接连接到低压网络，而低压网络的连接过程完全由公用事业公司免费进行。由于为客户推出了一款新的移动应用程序，连接电力的时间也缩短了。

√ 登记财产
中国通过简化行政程序，提高了土地管理系统的可靠性和透明度，使登记财产更加便利。北京和上海都进行了这项改革。

√ 保护少数投资者
中国通过增加股东在重大公司决策中的权利和作用，明确所有权和控制权结构以及要求股东偿还法律费用等措施，加强了对中小投资者的保护。北京和上海都进行了这项改革。

√ 纳税
中国通过取消营业税，允许共同申报和缴纳所有印花税，以及实施多项行政改革以缩短合规时间，使纳税更加便利。北京和上海都进行了这项改革。北京还通过降低用人单位缴纳的住房公积金利率，降低了纳税成本。

√ 跨境贸易
中国通过实施单一窗口系统、取消行政收费、提高透明度、鼓励竞争等措施，减少了进出口时间和成本。北京和上海都进行了这项改革。

科摩罗

√ 执行合同
科摩罗通过一项规定调解所有方面的法律，以其作为另一种解决争端的机制，使执行合同更加便利。

刚果民主共和国

√ 登记财产
刚果（金）通过降低获得财产所有权的费用，从而使登记财产更加便利。

√ 跨境贸易
刚果（金）通过实施国家贸易单一窗口系统减少了进出口所需的时间。

√ 执行合同
刚果（金）通过一项规定调解所有方面的法律，以其作为另一种解决争端的机制，使执行合同更加便利。

刚果共和国

√ 登记财产
刚果（布）通过降低财产转让费从而使登记财产更加便利。

√ 执行合同
刚果（布）通过一项规定调解所有方面的法律，以其作为另一种解决争端的机制，使执行合同更加便利。

哥斯达黎加

× 开办企业
哥斯达黎加通过引入新的法人实体税使开办企业的成本更高。

劳动力市场监管
哥斯达黎加修改了有关解雇通知书的内容，不歧视、对雇员的特别保护和对罢工限制的条例，并实行了新的劳工法院管辖结构。

科特迪瓦

√ 开办企业
科特迪瓦取消了公证公司契约的规定，从而使开办企业更加便利。

√ 办理施工许可证
科特迪瓦委任一名独立建筑师，负责审核建筑许可证申请，以加强建筑质量控制。

√ 获得信贷
科特迪瓦扩大了信贷局的借款人范围，并开始发布公用事业公司的数据，从而改善了对信贷信息的获取。

√ **纳税**

科特迪瓦引入了一个在线平台，用于提交企业所得税和增值税申报表，从而使纳税更加便利。

√ **执行合同**

科特迪瓦通过一项规定调解所有方面的法律，以其作为另一种解决争端的机制，使执行合同更加便利。

克罗地亚

√ **登记财产**

克罗地亚通过将其土地登记处数字化，提高了转让财产的效率。

塞浦路斯

√ **保护少数投资者**

塞浦路斯通过增加关联方交易的披露和加强股东在重大公司决策中的权利和作用，加强了对少数投资者的保护。

√ **纳税**

塞浦路斯通过取消不动产税，停止了对私营部门雇员、私营部门养老金领取者和自营职业者的特别缴款，采用一个在线系统提交增值税申报表和增值税退税申请以及降低排污税税率，使纳税更加便利。

丹麦

√ **执行合同**

丹麦通过引入一个允许用户以电子方式提交初始投诉的在线平台，并允许法官和律师可用电子方式管理案件，使执行合同更加容易。

吉布提

√ **开办企业**

吉布提通过为初创企业创建一站式服务，从而使开办企业更加便利。

√ **登记财产**

吉布提通过降低登记费、执行向税务当局登记销售协议的严格期限、清查吉布提市政厅的大多数土地所有权以及依法要求在土地登记处登记所有财产销售交易，使其对第三方具有约束力，从而使财产转让更加便利和透明。

√ **获得信贷**

吉布提通过扩大可作为抵押品的资产范围、允许未来的资产作为抵押品、允许对债务和义务进行一般说明和向有担保债权人提供破产之外的绝对优先地位，增加了获得信贷的机会。

√ **保护少数投资者**

吉布提通过要求更多地披露与相关方的交易，加强对相关董事的补救措施，在审判前扩大对公司信息的获取，增加了股东在重大公司决策中的权利和作用，明确所有权和控制结构以及要求更大的公司透明度，加强了对少数投资者的保护。

√ **执行合同**

吉布提在一审法院内设立了一个专门解决商业案件的部门，并通过了一项新的民事诉讼法来规范自愿调解和调解程序以及重要法庭活动的时间标准，从而使执行合同更加便利。

√ **办理破产**

吉布提使债权人更容易进入破产程序并使他们更多地参与程序，从而使办理破产更加便利。

多米尼加共和国

√ **保护少数投资者**

多米尼加共和国通过提高董事会的独立性来加强对少数投资者群体的保护，要求主席和总裁的职位由不同的人承担，并通过公开募股，向潜在重大股权收购方收取收购费用。

厄瓜多尔

√ **纳税**

厄瓜多尔停止了 2016 年引入的团结工会缴款，允许雇主扣除额外 100% 支付给私人医疗保险的金额，从而使纳税变得更加便利。

埃及

√ **开办企业**

埃及取消了获得银行证明的要求，并建立了一站式服务中心，从而使开办企业更加便利。

√ **获得信贷**

埃及通过在不需要具体说明担保品的情况下，提供单一类别的可动资产的非占有担保权的可能性，增加了获得信贷的机会。有担保的债权人在破产程序内外都具有绝对优先权，例如在劳工及税收方面。

✓ 保护少数投资者

埃及通过提高企业透明度加强了对少数投资者的保护。

✓ 纳税

埃及在资本投资的情况下，将增值税现金退款返还给制造商，从而使纳税更加便利。

✓ 办理破产

埃及通过允许债务人在破产程序期间继续经营、在重组程序中给予债权人平等待遇以及使债权人更多地参与破产程序，使办理破产更加便利。

萨尔瓦多

✓ 办理施工许可

萨尔瓦多取消了为 1000 平方米以下的土地进行雨水排水可行性研究的要求，从而减少办理施工许可证的时间。

✓ 跨境贸易

萨尔瓦多通过在 Anguiatú 陆地边界为过境的货物设立中间海关检查站，使出口更加便利。

赤道几内亚

✓ 执行合同

赤道几内亚通过一项规定调解所有方面的法律，以其作为另一种解决争端的机制，使执行合同更加便利。

斯威士兰

✓ 登记财产

斯威士兰通过提高土地登记

处的透明度，从而使登记财产更加便利。

埃塞俄比亚

✓ 开办企业

埃塞俄比亚取消了对某些类型的企业取得资格证书的要求，从而使开办企业更加便利。

✓ 办理施工许可证

埃塞俄比亚缩短了获得规划许可所需的时间，从而加快了获得施工许可证的速度。

✓ 执行合同

埃塞俄比亚通过设立专门解决商业案件的法庭，从而使执行合同更加便利。

芬兰

✓ 纳税

芬兰通过降低雇主缴纳的劳动缴费率，以及引入一个新的、更高效的在线门户网站 MyTax 来申报企业所得税，从而降低了纳税成本。

法国

✓ 获得电力

法国简化了申请流程，减少了外部工程的时间，从而使获得电力更加便利。

✓ 登记财产

法国实行了电子登记制度，提高了土地注册处的效率，从而使登记财产更加便利。

✓ 纳税

法国通过降低公司所得税率、提高竞争力和就业税收抵免率、降低地区经济贡献率和雇主缴纳的社会保障缴款率，降低了纳税成本。

劳动力市场监管

法国修改了劳动法，调整了雇员在工作一年、五年和十年后的离职补偿金。

加蓬

✓ 开办企业

加蓬通过在一站式服务中心的公司注册处公布公司注册通知，从而使开办企业更加便利。

✓ 办理施工许可证

加蓬通过实行十年一次的责任制和通过降低取得消防安全审批的费用，使办理施工许可证更加安全并且费用更低。

✓ 获得电力

加蓬通过开始记录年度系统平均中断持续时间指数（SAIDI）和系统平均中断频率指数（SAIFI）的数据，改进了对停电的监测和管制。加蓬还改善了电力部门的监管框架，现在由国家监管机构在监测公用事业公司在供应可靠性方面的表现。

✓ 登记财产

加蓬提高了土地登记的透明度，从而使登记财产更加便利。

✗ 纳税

加蓬征收两种新税，即特别团结缴款税和职业培训税，使纳税更加困难。

√ 执行合同

加蓬通过一项规定调解所有方面的法律，以其作为另一种解决争端的机制，使执行合同更加便利。

格鲁吉亚

√ 开办企业

格鲁吉亚允许在企业注册时自愿进行增值税登记，从而使开办企业更加便利。

√ 纳税

格鲁吉亚依据已分配利润而不是应税利润征收所得税，使得纳税更加便利。与此同时，格鲁吉亚要求对商品和服务的预付款项征收增值税，从而加大了纳税难度。

√ 执行合同

格鲁吉亚通过将案件随机、自动地分配给法院的法官，使得执行合同更加便利。

加纳

√ 办理施工许可证

加纳加强了建筑质量控制，对技术检查专业人员的资格要求更加严格。

√ 跨境贸易

加纳实施了无纸化通关处理系统，使进口更加便利。

希腊

√ 办理施工许可证

希腊简化了建筑许可程序，因为建筑业主现在必须使用他们的内部工程师进行中间检查，而不是市政府。

× 登记财产

希腊要求财产转让登记时提供财产税证明，从而增加了登记财产的负担。

格林纳达

√ 获得信贷

格林纳达通过引入管理东加勒比货币联盟（ECCU）成员国信用局许可和运作的管理法规，改善了获得信贷信息的途径。

危地马拉

√ 开办企业

危地马拉通过降低企业注册的最低资本要求，降低注册费和简化注册程序，使开办企业变得更加便利。

几内亚

√ 开办企业

几内亚允许在一站式服务中心的劳工促进机构注册，从而使开办企业变得更便利。

√ 办理施工许可证

几内亚通过降低获得建筑许可证所需的成本和时间，降低了办理建筑许可证的成本和时间。

√ 登记财产

几内亚通过降低财产转让费，使登记财产更便利。

√ 跨境贸易

几内亚取消了进口货物装运前的检查环节，使进口更加便利。

√ 执行合同

几内亚通过一项规定调解所有方面的法律，以其作为另一种解决争端的机制，使执行合同更加便利。

几内亚比绍

√ 执行合同

几内亚比绍通过一项规定调解所有方面的法律，以其作为另一种解决争端的机制，使执行合同更加便利。

海地

√ 获得信贷

海地通过建立一个新的信贷登记处，改善了获得信贷信息的途径。

劳动力市场监管

海地修订了有关24小时每周休息时间、每周假日和夜间工作保险费、其他与工作有关的时间分配、服务和最低工作年龄要求的立法。

中国香港特别行政区

√ 获得电力

中国香港特别行政区通过成立专门的工作小组，负责挖掘和修复地下电缆，加快了获得电力的速度。

匈牙利

√ 纳税

匈牙利通过降低雇主缴纳的社会税率并将企业所得税税率降至统一标准，降低了纳税成本。

印度

✓ 开办企业

印度通过将多个申请表格完全集合到一个通用的公司表格中，使开办企业变得更加便利。印度还用商品和服务税（GST）取代了增值税，加快了注册过程。德里和孟买都进行了这项改革。同时，孟买废除了根据《商店和企业法案》对注册公司进行实地检查的做法。

✓ 办理施工许可证

印度简化了获得建筑许可证的程序，使获得建筑许可证的速度更快，费用更低。它还通过引入十年责任和保险来改进建筑质量控制。德里和孟买都进行了这项改革。

✓ 获得电力

德里电力管理委员会降低了低压连接的费用。通过减少公用事业公司进行外部连接工作的时间，德里的获得电力也变得更加便利。

✓ 获得信贷

印度通过修改破产法，增加了获得信贷的机会。在破产程序中，有担保债权人现在比其他债权人享有绝对优先权。德里和孟买都进行了这项改革。

✓ 纳税

印度通过将许多间接税替换为针对整个国家的单一间接税——商品及服务税（GST），简化了纳税程序。印度还通过降低企业所得税税率和雇主支付的雇员公积金计划税率，降低了纳税成本。德里和孟买都进行了这项改革。

✓ 跨境贸易

印度通过各种措施，包括实施集装箱电子密封、改进港口基础设施和允许电子提交带数字签名的证明文件，减少了进出口的时间和成本。德里和孟买都进行了这项改革。

劳动力市场监管

印度（孟买）修改了有关每周假日工作、加班时间和带薪年假的规定。

印度尼西亚

✓ 开办企业

印度尼西亚通过合并不同的社会保障登记和减少雅加达和泗水两地的公证费，使开办企业变得更加便利。此外，在泗水的一站式办理点合并了不同的登记。

✓ 登记财产

印度尼西亚缩短了一审法院解决土地纠纷的时间，并提高了土地登记的透明度，从而使登记财产更加便利。雅加达和泗水都进行了这项改革。

✓ 获得信贷

印度尼西亚通过公开关于零售商和公用事业公司的数据，改善了获得信贷信息的机会。雅加达和泗水都进行了这项改革。

伊朗伊斯兰共和国

✓ 纳税

伊朗伊斯兰共和国引入了一个在线系统来提交社会保障缴款，允许在线提交增值税退税申请，在网上修改公司所得税申报表，并在银行缴纳附加税金，从而使纳税更为便利。

✓ 跨境贸易

伊朗伊斯兰共和国通过增加国家贸易单一窗口业务，使进出口更加便利。

爱尔兰

✕ 登记财产

爱尔兰通过提高非居民企业财产转让的印花税，增加了登记财产的成本。

✓ 获得信贷

爱尔兰通过建立新的信贷登记处，改善了获得信贷信息的机会。

✓ 执行合同

爱尔兰通过引入关于自愿调解的综合法，使执行合同更加便利。

以色列

✓ 登记财产

以色列减少了获得市政税务证书所需的时间，提高了土地登记和地籍册的透明度，从而使登记财产更加便利。

劳动力市场监管

以色列修改了有关每周工作时间、加班时间和产假的条例。

意大利

✕ 纳税

2016 年 1 月 1 日至 2016 年 12 月 12 日，意大利通过降低雇主为其员工缴纳的社会保障缴款免税额，提高了纳税成本。

牙买加

✓ 获得信贷

牙买加通过公开公用事业公司的数据，改善了获得信贷信息的机会。

约旦

✓ 获得信贷

约旦公开了零售商的信贷支付数据，从而改善了获得信贷信息的机会。

✓ 保护少数投资者

约旦增加了审判前获得证据的机会，增加了股东在重大公司决策中的权利和作用，明确了所有权和控制结构，并要求提高公司透明度，从而加强了对少数投资者的保护。

✓ 纳税

约旦引入了网上申报和缴纳一般销售税的系统，从而使纳税更为便利。

✓ 执行合同

约旦确立了一种允许用户以电子方式支付法院费用的系统，从而使执行合同更加便利。

哈萨克斯坦

✓ 开办企业

哈萨克斯坦减少了增值税登记所需的时间，从而使开办企业更加便利。

✓ 跨境贸易

哈萨克斯坦通过引入电子报关系统（ASTANA-1IS）以及减少海关行政费用，使跨境贸易更加便利。

✓ 执行合同

哈萨克斯坦通过公开各级法院对商业案件做出的判决和当地商事法院的业绩计量报告，使执行合同更加便利。

肯尼亚

✓ 登记财产

肯尼亚通过引入一个在线系统来明确土地租金率，使登记财产更加便利。

✓ 获得信贷

肯尼亚通过制定一项关于担保交易行为的新法律，建立了一个统一的担保交易法律框架，并建立了一个新的统一的基于通知的抵押登记处，扩宽了获得信贷的渠道。

✓ 保护少数投资者

肯尼亚通过提高信息披露要求，规范与利益相关方的交易审批以及在交易存在风险时增加可用的补救措施，增加股东在公司重要决策中的权利和作用，并要求提高公司透明度来加强对少数投资者的保护。

✓ 纳税

肯尼亚通过将所有许可证合并为一个统一的商业许可证，并通过简化 iTax 平台上的增值税税率表，使纳税更加便利。

✓ 办理破产

肯尼亚通过允许债务人在破产程序期间继续经营，在重组程序中给予债权人平等待遇以及使债权人更多地参与破产程序，使办理破产更加便利。

科索沃

✓ 办理施工许可证

科索沃通过使用内部工程师简化了检查系统，使办理施工许可证更加便利。

✓ 纳税

科索沃通过允许纳税人在标准增值税申报表上要求退税，简化增值税审计程序以及取消购买超过 500 欧元（570 美元）商品的申报要求，使纳税更加便利。

✓ 跨境贸易

科索沃通过简化边境清关程序使出口更加便利。

科威特

✓ 开办企业

科威特通过取消最低实缴资本要求使开办企业更加便利。

✓ 保护少数投资者

科威特通过要求对关联方交易进行独立审查并明确所有权和控制结构，加强了对少数投资者的保护。

吉尔吉斯共和国

√ 保护少数投资者

吉尔吉斯共和国通过增加股东在公司重大决策中的权利和作用，加强董事会的独立性，并禁止子公司收购母公司发行的股票来加强对少数投资者的保护。

√ 跨境贸易

吉尔吉斯共和国通过简化欧亚经济联盟内部的出口程序使跨境贸易更加便利。

√ 执行合同

吉尔吉斯共和国通过在法庭上引入预审会议作为案件管理技术的一部分，并引入自愿调解的综合法律，从而使执行合同更加便利。

√ 办理破产

吉尔吉斯共和国通过促进债务人在破产程序期间继续经营并允许债权人在诉讼期间更多地获得关于债务人财务状况的信息，使办理破产更加便利。

老挝人民民主共和国

√ 跨境贸易

老挝人民民主共和国通过简化通关程序加快了跨境贸易的速度。

拉脱维亚

✕ 登记财产

拉脱维亚因不公布 2017 年的土地纠纷数量而使产权转让透明度变低。

莱索托

√ 跨境贸易

莱索托通过实施自动化海关数据管理系统（ASYCUDA）使进出口更容易。

立陶宛

√ 保护少数投资者

立陶宛通过提高董事和其他高级职员薪酬的透明度来加强对少数投资者的保护。

√ 纳税

立陶宛通过将两笔劳动缴款的申报和支付合并在一起，并发布预先填好的增值税申报表，使纳税更加便利。

√ 跨境贸易

立陶宛通过完善海关自动化数据管理系统使出口更加便利。

劳动力市场监管

立陶宛修订了有关工作时间、带薪年假、通知期和离职补偿金的立法。

卢森堡

劳动力市场监管

卢森堡增加了产后休假，修订了关于因个人原因休假和家事假的法律规定，对专业培训提供了国家联合贷款，并修订了退休前规则。

马其顿

√ 办理施工许可证

马其顿通过降低土地开发费使办理施工许可证成本降低。

马达加斯加

√ 办理施工许可证

马达加斯加通过在委员会中任命一名独立建筑师负责审查建筑许可证申请这一措施，加强了对建筑质量的控制，并降低了获得建筑许可证的费用。

√ 获得信贷

马达加斯加通过制定一项关于信贷局的建立、许可和运作的新法律，完善了获得信贷信息的途径。

√ 执行合同

马达加斯加引入了一种自动化系统，将案件随机分配给法官，并允许法官以电子方式管理案件，从而使执行合同更加便利。

马拉维

√ 登记财产

马拉维通过将转让财产的同意权下放给地方政府，使财产的转让速度加快。

√ 执行合同

马拉维采用了新的民事程序规则，规定了重要法庭活动的时间标准，从而使执行合同更加便利。

马来西亚

√ 开办企业

马来西亚通过创立货物和服务税在线登记制度，使开办企业更加便利。

√ 办理施工许可证

马来西亚简化了获得建筑许

可证的程序，并加快了获得施工许可证的速度。

√ 获得电力
马来西亚取消了对新的商业电力连接线路的实地访问，从而使获得电力更加便利。

√ 登记财产
马来西亚通过实施在线单一窗口平台进行财产查询，使财产转移更加简化。

√ 跨境贸易
马来西亚通过引入电子表格和加强基于风险的检查制度，使跨境贸易更加便利。马来西亚还通过改善巴生港的基础设施和港口运营系统，使进出口更加便利。

√ 办理破产
马来西亚通过引入重组程序，使办理破产更加便利。

劳动力市场监管
马来西亚修订了有关失业保护的条例。

马里

√ 执行合同
马里通过一项规定调解所有方面的法律，以其作为另一种解决争端的机制，使执行合同更加便利。

劳动力市场监管
马里在立法中使用了"保障同工同酬"的措辞。

马耳他

√ 办理施工许可证

马耳他简化了获得施工许可证的程序，使办理施工许可证更加便利。另一方面，马耳他延长了发放施工许可证的时间。

马绍尔群岛

× 纳税
马绍尔群岛提高了雇主支付的退休基金的税率，从而使纳税成本更高。

毛里塔尼亚

√ 开办企业
毛里塔尼亚取消了公司契据登记费，从而降低了开办企业的成本。

√ 办理施工许可证
毛里塔尼亚通过在网上免费发布有关建筑的法规，提高了办理施工许可证的透明度。

√ 获得信贷
毛里塔尼亚通过法律保证借款人有权检查其个人数据，从而改善了其信贷信息系统。

毛里求斯

√ 开办企业
毛里求斯通过将企业登记处的数据库与社会保障办公室的数据库联系起来，使开办企业更加便利。毛里求斯还取消了已婚妇女在申请国民身份证时必须提供结婚证的要求。

√ 登记财产
毛里求斯通过提高土地管理

系统的透明度，使登记财产更加便利。

√ 保护少数投资者
毛里求斯通过明确所有权和控制结构以及要求提高公司透明度，加强了对少数投资者的保护。

√ 纳税
毛里求斯引入了增值税退税的快速处理系统，并更新了网上平台，以便在线提交发票，并修订了公司所得税申报表，从而使支付税款更为便利。

√ 跨境贸易
毛里求斯通过引入基于风险的管理制度使出口更加便利。

墨西哥

× 办理施工许可证
墨西哥(墨西哥城)修订税法，使办理施工许可证的费用更高。

摩尔多瓦

√ 开办企业
摩尔多瓦通过取消向国家统计局单独登记的要求，使开办企业更加便利。

蒙古国

√ 执行合同
蒙古国通过降低原告提出的执行判决的费用，使执行合同更加便利。

摩洛哥

√ 开办企业
摩洛哥通过取消契据登记费

和印花税,降低了开办企业的成本。

✓ 登记财产

摩洛哥通过提高土地登记和地籍册的透明度以及简化行政程序,使登记财产更加便利。

✓ 跨境贸易

摩洛哥通过实施无纸化海关清关系统和改善丹吉尔港的基础设施,使进出口更加便利

✓ 办理破产

摩洛哥通过促进诉讼程序的启动,鼓励债务人在破产程序中继续经营以及使债权人更容易地进入破产程序并使他们更多地参与诉讼程序,从而使办理破产更加便利。

莫桑比克

✕ 开办企业

莫桑比克通过增加公司契约的出版成本,使开办企业的成本更高。同时,莫桑比克通过某些部门的活动来通知取代营业执照,降低了开办企业的成本。

✓ 获得电力

莫桑比克通过开始记录年度系统平均停电时间指数(SAIDI)和系统平均停电频率指数(SAIFI)的数据,改进了对停电的监测和管理。莫桑比克还规定了连接程序和精简程序的新期限,从而加快了供电速度。

✓ 纳税

莫桑比克通过减少强制性结转期,使纳税人可以申请 4 个月(以前为 12 个月)的增值税现金退款,使纳税更加便利。

✓ 跨境贸易

莫桑比克通过简化进口文件的提交手续,并改善了 Ressano Garcia 过境点的基础设施以及简化出口文件合规性,使跨境贸易变得更加便利。

劳动力市场监管

莫桑比克出台了一项新的社会保障条例。

缅甸

✓ 开办企业

缅甸通过降低登记费使开办企业的成本减少。

✓ 获得电力

缅甸通过开始记录年度系统平均停电时间指数(SAIDI)和系统平均停电频率指数(SAIFI)的数据,改进了对停电的监测和管理。缅甸还通过在网上公布电价提高了获得电力的透明度。

纳米比亚

✓ 执行合同

纳米比亚公布了绩效衡量报告,以反映法院的表现和法院审理案件的进展情况,使执行合同更加便利。

尼泊尔

✕ 纳税

尼泊尔通过在各方面实施新政策加大了纳税难度,包括劳工绩效、医疗保险以及雇主支付的意外险。

✓ 劳动力市场监管

尼泊尔修改了有关定期合同、试用期、工作时间、带薪产假、病假、妇女夜班以及在解雇和失业保护情况下的第三方批准的条例。

新西兰

✓ 开办企业

新西兰减少了名称搜索和公司注册的费用,从而降低了开办企业的成本。

尼加拉瓜

✓ 获得信贷

尼加拉瓜通过建立统一的抵押登记制度,增加了获得信贷的机会。

尼日尔

✓ 办理施工许可证

尼日尔通过减少与获得建筑许可证有关的费用,降低了办理施工许可证的成本。

✓ 获得电力

尼日尔通过增加公用事业运载材料库存以及允许在外部连接工作的同时获得内部布线合格证书,加快了获得电力连接的进程。

✓ 登记财产

尼日尔通过减少转让和登记财产所需的时间,加快了登记财产的速度。

✓ 执行合同

尼日尔引入了简化的小额诉讼程序、限制休庭和调解的规则作为解决纠纷的替代机制，使执行合同更加便利。

尼日利亚

√ 开办企业
尼日利亚缩短了企业事务委员会注册公司所需的时间，并引入了一个支付印花税的在线平台，从而使开办企业更加便利。卡诺和拉各斯都进行了这项改革。

√ 获得电力
尼日利亚要求配电公司代表用户获得通行权，并在电表安装完毕后打开电源，从而使获得电力更加便利。卡诺和拉各斯都进行了这项改革。

× 登记财产
尼日利亚（卡诺）不再在网上公布财产登记所需的费用表和文件清单，使登记财产的透明度降低。

√ 跨境贸易
尼日利亚通过在阿帕帕港口实施联合检查、全天候运作、NICIS2 电子系统，减少了进出口所需的时间。卡诺和拉各斯都进行了这项改革。

√ 执行合同
尼日利亚（拉各斯）为小额诉讼法院颁布了新的民事诉讼程序规则，将休庭限制在意外和特殊情况下，从而使执行合同更加便利。

挪威

劳动力市场监管
挪威修订了其立法，规定如果雇主和雇员达成书面协议，夜间工作可持续到晚上 11 点。

阿曼

× 纳税
阿曼提高了公司所得税税率，取消 30000 阿曼里亚尔（78000 美元）的应税利润免税，从而增加了纳税成本。

巴基斯坦

√ 开办企业
巴基斯坦完善了在线一站式登记系统，用单一的申请取代了若干注册表格，并在登记处和税务机关之间建立了信息交流机制，从而使开办企业更加便利。卡拉奇和拉合尔都进行了这项改革。

√ 登记财产
巴基斯坦（拉合尔）简化行政程序并使其自动化，并提高了土地管理系统的透明度，从而使财产登记更为便利。巴基斯坦（卡拉奇）通过提高土地登记的透明度，使登记财产更为便利。

√ 办理破产
巴基斯坦通过引入重组程序和鼓励债务人在破产程序期间继续经营，使办理破产更加便利。卡拉奇和拉合尔都进行了这项改革。

巴拿马

√ 纳税
巴拿马通过建立一个网上系统来申报和缴纳公司所得税、增值税和房地产税，使纳税更加便利。

巴布亚新几内亚

√ 获得电力
巴布亚新几内亚通过提高发电能力，提高了莫尔兹比港的供电可靠性。

√ 登记财产
巴布亚新几内亚通过提高土地管理系统的透明度，使登记财产更加便利。

√ 保护少数投资者
巴布亚新几内亚对公开上市公司直接和间接受益所有权的披露提出了更多要求，从而加强了对少数投资者的保护。

× 纳税
巴布亚新几内亚通过强制要求每两周一次的报告和雇主向退休基金支付缴款使纳税变得更加困难。

巴拉圭

√ 获得电力
巴拉圭推出了监督控制和数据采集（SCADA）自动能源管理系统，用于监测断电情况，从而提高了供电的可靠性。

√ 跨境贸易
通过引入进口清关的电子签名，巴拉圭减少了进口所需的时间。

秘鲁

√ 开办企业

秘鲁缩短了从区议会获得市政许可证和建筑安全技术检查所需的时间，从而使开办企业的速度更快。

√ 办理施工许可证

秘鲁通过对负责技术检查的专业人员实行更严格的资格要求，加强了建筑质量控制。

菲律宾

√ 开办企业

菲律宾简化了税务登记和商业许可程序，从而使开办企业更加便利。同时，菲律宾提高了税务登记费用。

√ 办理施工许可证

菲律宾完善了建筑部门的风险管理做法，行业参与者现在普遍获得了潜在事故责任保险。

√ 保护少数投资者

菲律宾通过增加股东在重大公司决策中的权利和作用以及明确所有权和控制权结构，加强了对少数投资者的保护。

× 跨境贸易

菲律宾增加了对进口的检查次数，从而增加了边界合规的平均时间，使跨境贸易更加困难。

波兰

× 纳税

波兰要求每月报告增值税申报表，扩大需受反向收费机制制约的货物和服务清单，并对 SAF-T 文件规定新的报告义务，致使缴纳税款变得更加复杂。

√ 执行合同

波兰引入自动化系统将案件随机分配给法官，使执行合同更加便利。

葡萄牙

× 登记财产

葡萄牙减少了办理登记财产转让的官员人数，使登记财产的负担更加沉重。

美国（波多黎各自治邦）

√ 执行合同

美国（波多黎各自治邦）引入了一个基于网络的平台，为律师提供了以电子方式提交初次投诉和以电子方式支付法院费用的单一接入点，从而使执行合同更加便利。该系统还允许律师和法官在整个诉讼过程中管理案件档案。

卡塔尔

√ 开办企业

卡塔尔取消了在银行开立账户存放最低资本的要求，从而使开办企业更加便利。

√ 获得信贷

卡塔尔向借款人提供从信贷登记处检查其信贷数据的合法权利，从而增加了获得信贷信息的机会。

罗马尼亚

× 开办企业

罗马尼亚对增值税申请引入了财政风险评估标准，从而增加了注册为增值税纳税人所需的时间，使开办企业更加困难。

俄罗斯

√ 办理施工许可证

俄罗斯缩短了获得建筑许可证和占用许可证所需的时间，从而加快了获得建筑许可证的速度。俄罗斯还通过引入基于风险的检查来加强施工期间的质量控制。莫斯科和圣彼得堡都进行了这项改革。

√ 获得电力

俄罗斯规定了新的接通程序期限，更新了公用事业公司的单一窗口及其内部程序，从而加快获得电力的速度。通过减少与电网连接的成本，电价也变得更加便宜。莫斯科和圣彼得堡都进行了这项改革。

√ 纳税

俄罗斯通过提高固定资产的税负折旧率来降低纳税成本。莫斯科和圣彼得堡都进行了这项改革。

√ 跨境贸易

俄罗斯把网上清关列为优先事项，并缩短了自动完成清关的时限，从而使跨境贸易更加便利。莫斯科和圣彼得堡都进行了这项改革。

卢旺达

√ 开办企业

卢旺达通过用免费软件取代电子计费机来处理增值税发票，降低了开办企业的成本。

√ 获得电力

卢旺达通过记录年度系统平均停电时间指数（SAIDI）和系统平均停电频率指数（SAIFI）的数据，改进了对停电情况的监测和管理。卢旺达还通过公用设施提供所有连接材料，使电力更具时间和成本效益。

√ 登记财产

卢旺达通过改善土地管理系统中的土地纠纷解决机制，使登记财产更加便利。

√ 获得信贷

卢旺达颁布了一项新的破产法，从而增加了获得信贷的机会。现在对有担保债权人实行 6 个月的自动中止，法律规定，如果资产易损坏或公司重组不需要这些资产，可免于这种中止。

√ 跨境贸易

卢旺达通过实施单一关税区、基于风险的检查和在线证书，减少了进出口所需的时间。

√ 执行合同

卢旺达颁布了新的民事诉讼规则，将休庭限制在意外和特殊情况下，从而使执行合同更加便利。

√ 办理破产

卢旺达使债权人能够更容易地利用破产程序并让他们更多地参与破产程序，从而使办理破产变得更加便利。卢旺达妨碍债务人在破产程序期间继续经营，使办理破产更加困难。

圣马力诺

× 登记财产

圣马力诺提高了房产转让税，使登记财产更加困难。

√ 获得信贷

圣马力诺建立了一个新的信贷登记处，从而增加了获得信贷信息的机会。

圣多美和普林西比

√ 执行合同

圣多美和普林西比通过了新的程序费用守则，减少了法院费用，从而使执行合同更加便利。

沙特阿拉伯

√ 获得电力

沙特阿拉伯通过实行一项新的补偿计划，鼓励公用事业公司提高服务可靠性，从而提高了电力供应的可靠性。

√ 保护少数投资者

沙特阿拉伯通过明确规定董事的责任和增加股东在重大决策中的作用，加强了对少数投资者的保护。

√ 跨境贸易

沙特阿拉伯推出了一个新的电子单一窗口，延长了吉达港的海关营业时间，从而使进出口更加便利。

√ 执行合同

沙特阿拉伯引入一个允许原告以电子方式提交初次申诉的电子系统，并修订民事诉讼程序规则，为关键的法庭活动引入时间标准，从而使执行合同更加便利。

塞内加尔

√ 登记财产

塞内加尔通过减少转让和登记财产所需的时间，使登记财产更为便利。

√ 执行合同

塞内加尔通过了一项法律，将调解的所有方面作为解决争端的替代机制，从而使执行合同更加便利。

塞尔维亚

√ 办理施工许可证

塞尔维亚通过引入电子申请系统加快了办理施工许可证的速度。

新加坡

√ 开办企业

新加坡废除了公司印章，使开办企业更加便利。

√ 执行合同

新加坡通过引入一项关于自愿调解的综合法，使执行合同更加便利。

斯洛伐克共和国

√ 执行合同

斯洛伐克共和国通过实施电子流程服务使执行合同更加

容易。

斯洛文尼亚

✕ 开办企业

斯洛文尼亚要求公司将其受益所有权与公司注册分开报告，从而使开办企业更加复杂。

✓ 执行合同

斯洛文尼亚引入审前会议作为法庭案件管理技术的一部分，使执行合同更加便利。

南非

✓ 开办企业

南非缩短了网上企业注册的时间，从而使开办企业变得更加便利。

✓ 获得电力

南非通过开始记录年度系统平均停电时间指数和系统平均停电频率指数（SAIFI）的数据，改进了对断电的监测和管制。

南苏丹

劳动力市场监管

南苏丹出台了新的《劳动法》，修改了关于工作时间、休假福利和离职补偿金的规定。

斯里兰卡

✓ 办理施工许可证

斯里兰卡通过启用单一窗口系统，提供在线查阅建筑条例和减少签发若干建筑证书的处理时间，提高了透明度，使办理施工许可证更加便利。

✓ 登记财产

斯里兰卡引入单一窗口系统简化了提交若干证书的程序，并通过提供在线查阅地籍资料以提高透明度，从而使登记财产更加便利。

✓ 纳税

斯里兰卡通过引入网上系统申报公司所得税、增值税和雇员信托基金税款，使纳税更为便利。

✓ 执行合同

斯里兰卡引入审前会议作为法庭案件管理技术的一部分，从而使执行合同更加便利。

苏丹

✓ 开办企业

苏丹取消了进行现场视察以获得公司注册证书的要求，从而使开办企业更加便利。

✓ 获得信贷

苏丹通过修订公司法，增加了获得信贷的机会。现在对有担保债权人强制实行 30 天的自动中止，法律规定，如果资产是易损坏的或公司重组不需要的，可免于这种中止。在破产程序中，有担保债权人现在相对于劳动和税收等其他债权享有绝对的优先权。

✓ 保护少数投资者

苏丹放宽了在股东诉讼中获得证据的机会，并增加了股东在私人公司中的权利和作用，从而加强了对少数投资者的保护。

✓ 执行合同

苏丹承认自愿调解和第三方调解是解决商业纠纷的方法，从而使执行合同更加便利。

✓ 办理破产

苏丹通过促进债务人在破产程序期间继续经营，规定拒绝价值偏低的交易和负担过重的合同，并允许债权人更多地参与程序，使办理破产更加便利。

中国台湾

✓ 办理施工许可证

中国台湾通过提高台北市建设管理办公室单一窗口柜台的效率，减少了办理施工许可证的时间。

✓ 保护少数投资者

中国台湾通过明确上市公司的所有权和控制权的结构，加强了对少数投资者的保护。

塔吉克斯坦

✓ 跨境贸易

塔吉克斯坦通过简化海关走廊协定，精简了与乌兹别克斯坦间的通关手续，使跨境贸易变得更加便利。

坦桑尼亚

✓ 开办企业

坦桑尼亚通过创设在线公司注册制度使开办企业变得更加便利。

泰国

✓ 开办企业

泰国通过引入固定登记费制度使开办企业的成本降低。

✓ 获得电力

泰国通过精简获得新连接所需的程序，使获得电力更加便利。同时，泰国也提高了电力收费变化的透明度。

√ **纳税**

泰国通过加强其在线纳税平台的建设来简化纳税手续，从而实现了对企业所得税的征收和申报。

√ **跨境贸易**

泰国通过引入电子货物控制匹配系统，加快跨境贸易速度，缩短了边界合规的时间。

东帝汶

√ **开办企业**

东帝汶通过降低最低实缴资本要求，降低了开办企业的成本。

多哥

√ **开办企业**

多哥通过降低最低实缴资本、引入公司名称搜索在线平台、降低注册费用、允许企业家在一站式服务点直接支付费用，使开办企业变得更便利。

√ **办理施工许可证**

多哥通过实施十年期责任险，加强施工前质量监控，使办理施工许可证更加安全。多哥还降低了获得建筑许可证的成本。

√ **获得电力**

多哥通过记录年度系统平均中断持续时间指数（SAIDI）和系统平均中断频率指数（SAIFI）的数据，改进了对停电的监管。多哥还通过减少公用事业公司对

外部工程的收费以及新线路的保证金，降低了发电成本。

√ **登记财产**

多哥通过清算首都洛美大部分土地所有权以及建立专门处理财产转让的办公室，减少了转让财产所需时间。多哥还通过向所有公民免费0变得更加便利。

√ **纳税**

多哥通过引入用于缴纳企业所得税和增值税的在线平台，使纳税变得更加便利。另外，通过降低企业所得税率降低了纳税成本。

√ **执行合同**

多哥通过采用一项规范调解各个方面的法律作为替代性争议解决机制，使合同的执行更加便利。

特立尼达和多巴哥

✕ **纳税**

特立尼达和多巴哥通过提高企业所得税税率增加了企业纳税成本。

突尼斯

√ **开办企业**

突尼斯通过在一站式服务上结合不同的注册制度，使开办企业变得更便利。

√ **登记财产**

突尼斯通过提高地籍册的透明度使登记财产变得更加便利。

√ **保护少数投资者**

突尼斯通过完善关联方交易信息公开制度，以及要求披露董

事职位和初级职位，加强了对少数投资者的保护。

√ **纳税**

突尼斯通过停止使用2016年引入的额外企业所得税缴纳额，使纳税变得更加便利。

土耳其

√ **开办企业**

土耳其取消了支付最低实缴资本要求，并取消了公司文件和法律文书的公证，使开办企业更加便利。

√ **办理施工许可证**

土耳其通过在网上公布办理施工许可证所需的所有预申请要求，提高了其建筑法规的透明度。土耳其还加强了对建筑质量的控制，对负责审批建筑方案的专业人员提出了更为严格的资质要求。

✕ **登记财产**

土耳其通过增加财产转移的成本使登记财产的成本提高。

√ **获得信贷**

土耳其通过将担保权益扩大到产品、收益和替换原担保品，增加了获得信贷的机会。在破产程序内外，担保债权人被赋予了绝对优先权，如劳工和税收。土耳其还通过报道电信公司的欠款数据，改善了获得信贷信息的途径。

√ **纳税**

土耳其通过改进在线提交和支付税收的门户网站，使纳税变得更加便利。

√ **跨境贸易**

土耳其通过采取各种措施减少了进出口的时间、降低了进出口成本，其中包括扩大国家贸易单一窗口功能、加强风险管理制度以及降低海关经纪人费用。

√ **执行合同**

土耳其通过在商业案件中发布在各级受到谴责的判决，并通过对调解实行财政奖励，使执行合同更加便利。

√ **办理破产**

土耳其通过引入在办理破产手续启动后获得信贷的可能性，改善重组中的投票安排，并允许债权人更多地参与诉讼程序，使办理破产变得更加便利。

乌干达

√ **跨境贸易**

乌干达通过进一步扩大单一关税地区、发展电子单一窗口和中央文件处理中心，减少了进出口所需时间。

乌克兰

✕ **办理施工许可证**

乌克兰通过提高城市社会和工程运输基础设施的投入费，使得办理施工许可证的成本更高。另一方面，乌克兰通过取消投资者获得乌克兰国家服务局紧急情况许可的要求，使办理施工许可证变得更便利。

√ **保护少数投资者**

乌克兰通过要求交易相关方公开年度报告，加强了对少数投资者的保护。

√ **跨境贸易**

乌克兰取消了国家出口管制部门对汽车零部件的核查要求，使跨境贸易更加便利。

√ **执行合同**

乌克兰采用了简化的小额诉讼程序和审前会议程序作为所有商事法院使用的案件管理技术的一部分，使执行合同更加便利。

阿拉伯联合酋长国

√ **开办企业**

阿拉伯联合酋长国通过改善在线注册系统使开办企业变得更便利。

√ **获得电力**

阿拉伯联合酋长国通过取消高达 150 千伏安（kVA）的商业和工业连接的所有成本，使获得电力更加便利。

√ **登记财产**

阿拉伯联合酋长国通过提高土地管理系统的透明度，使登记财产更加便利。

√ **获得信贷**

阿拉伯联合酋长国提出了在不需要特定担保的情况下，在单一类别动产上授予非占有式担保权的可能性，增加了获得信贷的机会。通过允许法院外强制执行担保权益并建立一个统一而现代的担保品登记处，

对担保品进行登记。

英国

√ **获得电力**

英国通过实施若干倡议，加快分包商进行的外部连接工程，提高了获得电力的速度。

美国

劳工市场规定

美国（纽约）修改了有关育儿假的条例。

乌拉圭

√ **办理施工许可证**

乌拉圭通过建立一个在线门户网站，提供有关获得建筑许可证的要求和费用的信息，从而提高了建筑法规的质量。

乌兹别克斯坦

√ **保护少数投资者**

乌兹别克斯坦通过澄清上市公司的所有权和控制结构，加强了对少数投资者的保护。

√ **纳税**

乌兹别克斯坦通过为企业引入新的分类标准，降低了纳税成本。新的分类允许小企业以固定的比率支付单一的社会缴款，但不低于每个雇员的最低工资的 65%。

√ **跨境贸易**

乌兹别克斯坦通过引入几种出口证书电子应用和支付系统，加快了跨境贸易速度，减少了出

口单证合规时间。

越南

√ 开办企业

越南通过在网上发布公司注册通知以及降低交易登记成本，使开办企业变得更加便利。

√ 纳税

越南不再要求提交增值税报税表复印件，允许共同缴纳营业执照税和增值税，从而使纳税更加便利。同时，越南还通过减少雇主对劳动力基金的缴款来降低纳税成本。

√ 执行合同

越南通过在各级商业案件中作出相应判决，使执行合同更加便利，并使公众能够在网上查阅。

西岸和加沙

√ 登记财产

西岸和加沙取消了在签发购买许可证时必须接受安全检查的规定，并在土地注册处公布了有关财产交易的官方统计数字，从而使登记财产更加便利。

赞比亚

√ 执行合同

赞比亚通过在上诉法院和最高法院各级对一般公众提供的在线商业事务做出判决，使执行合同变得更加便利。

津巴布韦

√ 开办企业

津巴布韦减少了获得营业执照所需时间，从而使开办企业变得更加便利。

√ 办理施工许可证

津巴布韦通过一站式服务签发建筑许可证，加快了办理施工许可证的速度

√ 获得信贷

津巴布韦扩大了信贷登记的覆盖面，并向银行和金融机构提供消费者和商业信贷的评分，从而改善了获得信贷信息的途径。

√ 执行合同

津巴布韦通过在商业案件审理中向公众提供在线上诉和最高法院的判决，使执行合同更加便利。

国家（地区）表格

√ 改革使营商更便利 　　× 改革使营商更困难

阿富汗

阿富汗		南亚		人均收入（美元）	570
营商环境便利度排名（1-190）	167	营商环境便利度分数（0-100）	47.77	人口	35530081
√ 开办企业（排名）	49	√ 获得信贷（排名）	99	跨境贸易（排名）	177
开办企业分数（0-100）	92.04	获得信贷分数（0-100）	50.00	跨境贸易分数（0-100）	30.63
手续（数量）	4.5	合法权利力度指数（0-12）	10	*出口所需时间*	
时间（天数）	8.5	信贷信息深度指数（0-8）	0	单证合规（小时）	228
成本（人均收入百分比）	6.4	信贷局覆盖率（成年人百分比）	0.0	边界合规（小时）	48
最低实缴资本（人均收入百分比）	0.0	信贷登记处覆盖率（成年人百分比）	1.3	*出口成本*	
				单证合规（美元）	344
办理施工许可证（排名）	184	√ 保护少数投资者（排名）	26	边界合规（美元）	453
办理施工许可证分数（0-100）	34.54	保护少数投资者分数（0-100）	71.67	*进口所需时间*	
手续（数量）	13	披露程度指数（0-10）	8	单证合规（小时）	324
时间（天数）	199	董事责任程度指数（0-10）	1	边界合规（小时）	96
成本（仓库价值百分比）	73.0	股东诉讼便利度指数（0-10）	9	*进口成本*	
建筑质量控制指数（0-15）	3.0	股东权利指数（0-10）	9	单证合规（美元）	900
		所有权和控制权指数（0-10）	9	边界合规（美元）	750
获得电力（排名）	168	公司透明度指数（0-10）	7		
获得电力分数（0-100）	44.51			执行合同（排名）	181
手续（数量）	6	√ 纳税（排名）	177	执行合同分数（0-100）	31.76
时间（天数）	114	纳税分数（0-100）	43.27	时间（天数）	1642
成本（人均收入百分比）	2448.3	缴税次数（每年）	19	成本（索赔额百分比）	29.0
供电可靠性和电费透明度指数（0-8）	0	时间（小时数/每年）	270	司法程序质量指数（0-18）	5.0
		总税收和缴费率（占利润百分比）	71.4		
登记财产（排名）	186	报税后程序指数（0-100）	4.46	√ 办理破产（排名）	74
登记财产分数（0-100）	27.50			办理破产分数（0-100）	51.78
手续（数量）	9			时间（年数）	2.0
时间（天数）	250			成本（资产价值百分比）	25.0
成本（财产价值百分比）	5.0			回收率（百分比）	26.5
土地管理质量指数（0-30）	3.0			破产框架力度指数（0-16）	12.0

阿尔巴尼亚

阿尔巴尼亚		欧洲和中亚		人均收入（美元）	4320
营商环境便利度排名（1-190）	63	营商环境便利度分数（0-100）	69.51	人口	2873457
开办企业（排名）	50	获得信贷（排名）	44	跨境贸易（排名）	24
开办企业分数（0-100）	91.58	获得信贷分数（0-100）	70.00	跨境贸易分数（0-100）	96.29
手续（数量）	5	合法权利力度指数（0-12）	8	*出口所需时间*	
时间（天数）	5	信贷信息深度指数（0-8）	6	单证合规（小时）	6
成本（人均收入百分比）	11.3	信贷局覆盖率（成年人百分比）	0.0	边界合规（小时）	9
最低实缴资本（人均收入百分比）	0.0	信贷登记处覆盖率（成年人百分比）	57.4	*出口成本*	
				单证合规（美元）	10
办理施工许可证（排名）	151	保护少数投资者（排名）	26	边界合规（美元）	55
办理施工许可证分数（0-100）	57.01	保护少数投资者分数（0-100）	71.67	*进口所需时间*	
手续（数量）	18	披露程度指数（0-10）	9	单证合规（小时）	8
时间（天数）	299	董事责任程度指数（0-10）	7	边界合规（小时）	10
成本（仓库价值百分比）	5.6	股东诉讼便利度指数（0-10）	7	*进口成本*	
建筑质量控制指数（0-15）	13.0	股东权利指数（0-10）	6	单证合规（美元）	10
		所有权和控制权指数（0-10）	6	边界合规（美元）	77

续表

获得电力（排名）	140
获得电力分数（0-100）	57.71
手续（数量）	6
时间（天数）	134
成本（人均收入百分比）	504.7
供电可靠性和电费透明度指数（0-8）	3

登记财产（排名）	98
登记财产分数（0-100）	62.08
手续（数量）	5
时间（天数）	19
成本（财产价值百分比）	9.2
土地管理质量指数（0-30）	15.5

公司透明度指数（0-10）	8
纳税（排名）	122
纳税分数（0-100）	64.91
缴税次数（每年）	35
时间（小时数/每年）	252
总税收和缴费率（占利润百分比）	37.3
报税后程序指数（0-100）	60.11

√ 执行合同（排名）	98
执行合同分数（0-100）	56.44
时间（天数）	525
成本（索赔额百分比）	34.9
司法程序质量指数（0-18）	7.5

办理破产（排名）	39
办理破产分数（0-100）	67.42
时间（年数）	2.0
成本（资产价值百分比）	10.0
回收率（百分比）	44.0
破产框架力度指数（0-16）	14.0

阿尔及利亚

营商环境便利度排名（1-190）	157	中东和北非 营商环境便利度分数（0-100）	49.65	人均收入（美元） 人口	3960 41318142

开办企业（排名）	150
开办企业分数（0-100）	78.07
手续（数量）	12
时间（天数）	17.5
成本（人均收入百分比）	11.8
最低实缴资本（人均收入百分比）	0.0

获得信贷（排名）	178
获得信贷分数（0-100）	10.00
合法权利力度指数（0-12）	2
信贷信息深度指数（0-8）	0
信贷局覆盖率（成年人百分比）	0.0
信贷登记处覆盖率（成年人百分比）	3.2

√ 跨境贸易（排名）	173
跨境贸易分数（0-100）	38.43
出口所需时间	
单证合规（小时）	149
边界合规（小时）	80
出口成本	
单证合规（美元）	374
边界合规（美元）	593
进口所需时间	
单证合规（小时）	96
边界合规（小时）	210
进口成本	
单证合规（美元）	400
边界合规（美元）	409

办理施工许可证（排名）	129
办理施工许可证分数（0-100）	63.28
手续（数量）	19
时间（天数）	136
成本（仓库价值百分比）	7.8
建筑质量控制指数（0-15）	12.0

保护少数投资者（排名）	168
保护少数投资者分数（0-100）	35.00
披露程度指数（0-10）	4
董事责任程度指数（0-10）	1
股东诉讼便利度指数（0-10）	5
股东权利指数（0-10）	3
所有权和控制权指数（0-10）	4
公司透明度指数（0-10）	4

√ 获得电力（排名）	106
获得电力分数（0-100）	69.58
手续（数量）	5
时间（天数）	93
成本（人均收入百分比）	1478.3
供电可靠性和电费透明度指数（0-8）	5

纳税（排名）	156
纳税分数（0-100）	53.91
缴税次数（每年）	27
时间（小时数/每年）	265
总税收和缴费率（占利润百分比）	66.0
报税后程序指数（0-100）	49.77

执行合同（排名）	112
执行合同分数（0-100）	54.78
时间（天数）	630
成本（索赔额百分比）	21.8
司法程序质量指数（0-18）	5.5

登记财产（排名）	165
登记财产分数（0-100）	44.26
手续（数量）	10
时间（天数）	55
成本（财产价值百分比）	7.1
土地管理质量指数（0-30）	7.5

办理破产（排名）	76
办理破产分数（0-100）	49.24
时间（年数）	1.3
成本（资产价值百分比）	7.0
回收率（百分比）	50.8
破产框架力度指数（0-16）	7.0

安哥拉

营商环境便利度排名（1-190）	173	撒哈拉以南非洲 营商环境便利度分数（0-100）	43.86	人均收入（美元） 人口	3330 29784193

开办企业（排名）	139
开办企业分数（0-100）	80.52
手续（数量）	7
时间（天数）	36
成本（人均收入百分比）	13.9
最低实缴资本（人均收入百分比）	0.0

获得信贷（排名）	184
获得信贷分数（0-100）	5.00
合法权利力度指数（0-12）	1
信贷信息深度指数（0-8）	0
信贷局覆盖率（成年人百分比）	0.0
信贷登记处覆盖率（成年人百分比）	1.6

√ 跨境贸易（排名）	174
跨境贸易分数（0-100）	36.15
出口所需时间	
单证合规（小时）	96
边界合规（小时）	164
出口成本	
单证合规（美元）	240
边界合规（美元）	825
进口所需时间	
单证合规（小时）	96

办理施工许可证（排名）	87
办理施工许可证分数（0-100）	68.93
手续（数量）	10

保护少数投资者（排名）	89
保护少数投资者分数（0-100）	55.00
披露程度指数（0-10）	4

续表

时间（天数）	173	董事责任程度指数（0-10）	6	边界合规（小时）	72
成本（仓库价值百分比）	0.4	股东诉讼便利度指数（0-10）	6	进口成本	
建筑质量控制指数（0-15）	6.0	股东权利指数（0-10）	7	单证合规（美元）	460
		所有权和控制权指数（0-10）	6	边界合规（美元）	1030
√获得电力（排名）	**152**	公司透明度指数（0-10）	4		
获得电力分数（0-100）	54.08			**执行合同（排名）**	**186**
手续（数量）	7	**纳税（排名）**	**104**	执行合同分数（0-100）	26.26
时间（天数）	121	纳税分数（0-100）	69.54	时间（天数）	1296
成本（人均收入百分比）	786.7	缴税次数（每年）	31	成本（索赔额百分比）	44.4
供电可靠性和电费透明度指数（0-8）	3	时间（小时数/每年）	287	司法程序质量指数（0-18）	4.5
		总税收和缴费率（占利润百分比）	49.1		
登记财产（排名）	**170**	报税后程序指数（0-100）	94.95	**办理破产（排名）**	**168**
登记财产分数（0-100）	43.16			办理破产分数（0-100）	0.00
手续（数量）	6			时间（年数）	无实践
时间（天数）	190			成本（资产价值百分比）	无实践
成本（财产价值百分比）	2.8			回收率（百分比）	0.0
土地管理质量指数（0-30）	7.0			破产框架力度指数（0-16）	0.0

安提瓜和巴布达		拉丁美洲及加勒比海地区		人均收入（美元）	14170
营商环境便利度排名（1-190）	112	营商环境便利度分数（0-100）	59.48	人口	102012
开办企业（排名）	**131**	**√获得信贷（排名）**	**161**	**跨境贸易（排名）**	**108**
开办企业分数（0-100）	81.74	获得信贷分数（0-100）	25.00	跨境贸易分数（0-100）	68.73
手续（数量）	9	合法权利力度指数（0-12）	5	出口所需时间	
时间（天数）	22	信贷信息深度指数（0-8）	0	单证合规（小时）	51
成本（人均收入百分比）	8.7	信贷局覆盖率（成年人百分比）	0.0	边界合规（小时）	61
最低实缴资本（人均收入百分比）	0.0	信贷登记处覆盖率（成年人百分比）	0.0	出口成本	
				单证合规（美元）	121
办理施工许可证（排名）	**97**	**保护少数投资者（排名）**	**99**	边界合规（美元）	546
办理施工许可证分数（0-100）	68.14	保护少数投资者分数（0-100）	51.67	进口所需时间	
手续（数量）	18	披露程度指数（0-10）	4	单证合规（小时）	48
时间（天数）	135	董事责任程度指数（0-10）	8	边界合规（小时）	61
成本（仓库价值百分比）	0.8	股东诉讼便利度指数（0-10）	8	进口成本	
建筑质量控制指数（0-15）	9.0	股东权利指数（0-10）	4	单证合规（美元）	100
		所有权和控制权指数（0-10）	4	边界合规（美元）	546
获得电力（排名）	**63**	公司透明度指数（0-10）	3		
获得电力分数（0-100）	80.39			**执行合同（排名）**	**34**
手续（数量）	4	**纳税（排名）**	**144**	执行合同分数（0-100）	68.11
时间（天数）	42	纳税分数（0-100）	58.96	时间（天数）	476
成本（人均收入百分比）	109.9	缴税次数（每年）	57	成本（索赔额百分比）	27.1
供电可靠性和电费透明度指数（0-8）	4	时间（小时数/每年）	177	司法程序质量指数（0-18）	11.5
		总税收和缴费率（占利润百分比）	42.8		
登记财产（排名）	**120**	报税后程序指数（0-100）	69.40	**办理破产（排名）**	**132**
登记财产分数（0-100）	56.63			办理破产分数（0-100）	35.40
手续（数量）	7			时间（年数）	3.0
时间（天数）	32			成本（资产价值百分比）	7.0
成本（财产价值百分比）	10.8			回收率（百分比）	36.8
土地管理质量指数（0-30）	19.0			破产框架力度指数（0-16）	5.0

阿根廷		拉丁美洲及加勒比海地区		人均收入（美元）	13040
营商环境便利度排名（1-190）	119	营商环境便利度分数（0-100）	58.80	人口	44271041
√开办企业（排名）	**128**	**获得信贷（排名）**	**85**	**跨境贸易（排名）**	**125**
开办企业分数（0-100）	81.99	获得信贷分数（0-100）	55.00	跨境贸易分数（0-100）	65.36
手续（数量）	11	合法权利力度指数（0-12）	3	出口所需时间	
时间（天数）	11	信贷信息深度指数（0-8）	8	单证合规（小时）	30
成本（人均收入百分比）	5.3	信贷局覆盖率（成年人百分比）	100.0	边界合规（小时）	21
最低实缴资本（人均收入百分比）	0.0	信贷登记处覆盖率（成年人百分比）	45.7	出口成本	

续表

√改革使营商更便利　×改革使营商更困难

办理施工许可证（排名）	174	保护少数投资者（排名）	57	单证合规（美元）	60
办理施工许可证分数（0-100）	51.01	保护少数投资者分数（0-100）	61.67	边界合规（美元）	150
手续（数量）	21	披露程度指数（0-10）	7	*进口所需时间*	
时间（天数）	341	董事责任程度指数（0-10）	2	单证合规（小时）	192
成本（仓库价值百分比）	2.9	股东诉讼便利度指数（0-10）	6	边界合规（小时）	60
建筑质量控制指数（0-15）	11.0	股东权利指数（0-10）	8	*进口成本*	
		所有权和控制权指数（0-10）	7	单证合规（美元）	120
获得电力（排名）	103	公司透明度指数（0-10）	7	边界合规（美元）	1200
获得电力分数（0-100）	70.02				
手续（数量）	6	纳税（排名）	169	执行合同（排名）	107
时间（天数）	92	纳税分数（0-100）	49.34	执行合同分数（0-100）	55.66
成本（人均收入百分比）	21.0	缴税次数（每年）	9	时间（天数）	995
供电可靠性和电费透明度指数（0-8）	5	时间（小时数/每年）	311.5	成本（索赔额百分比）	22.5
		总税收和缴费率（占利润百分比）	106.0	司法程序质量指数（0-18）	11.5
登记财产（排名）	119	报税后程序指数（0-100）	47.94		
登记财产分数（0-100）	56.73			办理破产（排名）	104
手续（数量）	7			办理破产分数（0-100）	41.24
时间（天数）	51.5			时间（年数）	2.4
成本（财产价值百分比）	6.6			成本（资产价值百分比）	16.5
土地管理质量指数（0-30）	13.5			回收率（百分比）	21.5
				破产框架力度指数（0-16）	9.5

亚美尼亚		欧洲和中亚		人均收入（美元）	4000
营商环境便利度排名（1-190）	41	营商环境便利度分数（0-100）	75.37	人口	2930450
√开办企业（排名）	8	获得信贷（排名）	44	跨境贸易（排名）	46
开办企业分数（0-100）	96.21	获得信贷分数（0-100）	70.00	跨境贸易分数（0-100）	89.22
手续（数量）	3	合法权利力度指数（0-12）	6	*出口所需时间*	
时间（天数）	3.5	信贷信息深度指数（0-8）	8	单证合规（小时）	2
成本（人均收入百分比）	0.8	信贷局覆盖率（成年人百分比）	80.0	边界合规（小时）	39
最低实缴资本（人均收入百分比）	0.0	信贷登记处覆盖率（成年人百分比）	0.0	*出口成本*	
				单证合规（美元）	150
				边界合规（美元）	100
办理施工许可证（排名）	98	√保护少数投资者（排名）	51	*进口所需时间*	
办理施工许可证分数（0-100）	68.06	保护少数投资者分数（0-100）	63.33	单证合规（小时）	2
手续（数量）	20	披露程度指数（0-10）	6	边界合规（小时）	3
时间（天数）	98	董事责任程度指数（0-10）	6	*进口成本*	
成本（仓库价值百分比）	1.4	股东诉讼便利度指数（0-10）	8	单证合规（美元）	100
建筑质量控制指数（0-15）	9.0	股东权利指数（0-10）	7	边界合规（美元）	0
		所有权和控制权指数（0-10）	3		
√获得电力（排名）	17	公司透明度指数（0-10）	8		
获得电力分数（0-100）	90.79				
手续（数量）	3	√纳税（排名）	82	√执行合同（排名）	24
时间（天数）	72	纳税分数（0-100）	74.46	执行合同分数（0-100）	70.63
成本（人均收入百分比）	70.3	缴税次数（每年）	14	时间（天数）	570
供电可靠性和电费透明度指数（0-8）	7	时间（小时数/每年）	262	成本（索赔额百分比）	16.0
		总税收和缴费率（占利润百分比）	18.5	司法程序质量指数（0-18）	12.0
登记财产（排名）	14	报税后程序指数（0-100）	49.08		
登记财产分数（0-100）	86.97			办理破产（排名）	95
手续（数量）	3			办理破产分数（0-100）	43.99
时间（天数）	7			时间（年数）	1.9
成本（财产价值百分比）	0.1			成本（资产价值百分比）	11.0
土地管理质量指数（0-30）	20.5			回收率（百分比）	38.2
				破产框架力度指数（0-16）	7.5

澳大利亚		经合组织高收入经济体		人均收入（美元）	51360
营商环境便利度排名（1-190）	18	营商环境便利度分数（0-100）	80.13	人口	24598933
开办企业（排名）	7	获得信贷（排名）	8	跨境贸易（排名）	103
开办企业分数（0-100）	96.47	获得信贷分数（0-100）	90.00	跨境贸易分数（0-100）	70.30
手续（数量）	3	合法权利力度指数（0-12）	11	*出口所需时间*	

续表

时间（天数）	2.5	信贷信息深度指数（0-8）	7	单证合规（小时）	7
成本（人均收入百分比）	0.7	信贷局覆盖率（成年人百分比）	100.0	边界合规（小时）	36
最低实缴资本（人均收入百分比）	0.0	信贷登记处覆盖率（成年人百分比）	0.0	*出口成本*	
				单证合规（美元）	264
办理施工许可证（排名）	**9**	**保护少数投资者（排名）**	**64**	边界合规（美元）	766
办理施工许可证分数（0-100）	84.59	保护少数投资者分数（0-100）	60.00	*进口所需时间*	
手续（数量）	11	披露程度指数（0-10）	8	单证合规（小时）	4
时间（天数）	121	董事责任程度指数（0-10）	2	边界合规（小时）	39
成本（仓库价值百分比）	0.7	股东诉讼便利度指数（0-10）	8	*进口成本*	
建筑质量控制指数（0-15）	14.0	股东权利指数（0-10）	5	单证合规（美元）	100
		所有权和控制权指数（0-10）	4	边界合规（美元）	539
获得电力（排名）	**52**	公司透明度指数（0-10）	9		
获得电力分数（0-100）	82.31			**执行合同（排名）**	**5**
手续（数量）	5	**纳税（排名）**	**26**	执行合同分数（0-100）	79.00
时间（天数）	75	纳税分数（0-100）	85.64	时间（天数）	402
成本（人均收入百分比）	12.5	缴税次数（每年）	11	成本（索赔额百分比）	23.2
供电可靠性和电费透明度指数（0-8）	7	时间（小时数/每年）	105	司法程序质量指数（0-18）	15.5
		总税收和缴费率（占利润百分比）	47.4		
登记财产（排名）	**50**	报税后程序指数（0-100）	95.34	**办理破产（排名）**	**20**
登记财产分数（0-100）	74.09			办理破产分数（0-100）	78.87
手续（数量）	5			时间（年数）	1.0
时间（天数）	4.5			成本（资产价值百分比）	8.0
成本（财产价值百分比）	5.3			回收率（百分比）	82.7
土地管理质量指数（0-30）	20.0			破产框架力度指数（0-16）	11.0

奥地利		经合组织高收入经济体		人均收入（美元）	45440
营商环境便利度排名（1-190）	26	营商环境便利度分数（0-100）	78.57	人口	8809212
开办企业（排名）	**118**	**获得信贷（排名）**	**85**	**跨境贸易（排名）**	**1**
开办企业分数（0-100）	83.21	获得信贷分数（0-100）	55.00	跨境贸易分数（0-100）	100.00
手续（数量）	8	合法权利力度指数（0-12）	4	*出口所需时间*	
时间（天数）	21	信贷信息深度指数（0-8）	7	单证合规（小时）	1
成本（人均收入百分比）	4.8	信贷局覆盖率（成年人百分比）	52.2	边界合规（小时）	0
最低实缴资本（人均收入百分比）	11.9	信贷登记处覆盖率（成年人百分比）	2.2	*出口成本*	
				单证合规（美元）	0
办理施工许可证（排名）	**42**	**保护少数投资者（排名）**	**33**	边界合规（美元）	0
办理施工许可证分数（0-100）	75.08	保护少数投资者分数（0-100）	68.33	*进口所需时间*	
手续（数量）	11	披露程度指数（0-10）	5	单证合规（小时）	1
时间（天数）	222	董事责任程度指数（0-10）	5	边界合规（小时）	0
成本（仓库价值百分比）	1.2	股东诉讼便利度指数（0-10）	7	*进口成本*	
建筑质量控制指数（0-15）	13.0	股东权利指数（0-10）	7	单证合规（美元）	0
		所有权和控制权指数（0-10）	9	边界合规（美元）	0
获得电力（排名）	**28**	公司透明度指数（0-10）	8		
获得电力分数（0-100）	87.72			**执行合同（排名）**	**10**
手续（数量）	5	**纳税（排名）**	**40**	执行合同分数（0-100）	75.49
时间（天数）	23	纳税分数（0-100）	83.45	时间（天数）	397
成本（人均收入百分比）	88.6	缴税次数（每年）	12	成本（索赔额百分比）	20.6
供电可靠性和电费透明度指数（0-8）	7	时间（小时数/每年）	131	司法程序质量指数（0-18）	13.0
		总税收和缴费率（占利润百分比）	51.5		
登记财产（排名）	**32**	报税后程序指数（0-100）	98.54	**办理破产（排名）**	**21**
登记财产分数（0-100）	79.97			办理破产分数（0-100）	77.47
手续（数量）	3			时间（年数）	1.1
时间（天数）	20.5			成本（资产价值百分比）	10.0
成本（财产价值百分比）	4.6			回收率（百分比）	80.1
土地管理质量指数（0-30）	23.0			破产框架力度指数（0-16）	11.0

阿塞拜疆

		欧洲和中亚		人均收入（美元）	4080
营商环境便利度排名（1-190）	25	营商环境便利度分数（0-100）	78.64	人口	9862429

开办企业（排名）	9	获得信贷（排名）	22	跨境贸易（排名）	84
开办企业分数（0-100）	96.14	获得信贷分数（0-100）	80.00	跨境贸易分数（0-100）	77.04
手续（数量）	3	合法权利力度指数（0-12）	8	*出口所需时间*	
时间（天数）	3.5	信贷信息深度指数（0-8）	8	单证合规（小时）	33
成本（人均收入百分比）	1.3	信贷局覆盖率（成年人百分比）	41.5	边界合规（小时）	17
最低实缴资本（人均收入百分比）	0.0	信贷登记处覆盖率（成年人百分比）	41.5	*出口成本*	
				单证合规（美元）	250
办理施工许可证（排名）	61	保护少数投资者（排名）	2	边界合规（美元）	214
办理施工许可证分数（0-100）	73.11	保护少数投资者分数（0-100）	81.67	*进口所需时间*	
手续（数量）	18	披露程度指数（0-10）	10	单证合规（小时）	33
时间（天数）	116	董事责任程度指数（0-10）	5	边界合规（小时）	14
成本（仓库价值百分比）	1.9	股东诉讼便利度指数（0-10）	8	*进口成本*	
建筑质量控制指数（0-15）	12.0	股东权利指数（0-10）	9	单证合规（美元）	200
		所有权和控制权指数（0-10）	7	边界合规（美元）	300
获得电力（排名）	74	公司透明度指数（0-10）	10		
获得电力分数（0-100）	77.27			执行合同（排名）	40
手续（数量）	7	纳税（排名）	28	执行合同分数（0-100）	67.51
时间（天数）	41	纳税分数（0-100）	85.23	时间（天数）	277
成本（人均收入百分比）	140.4	缴税次数（每年）	6	成本（索赔额百分比）	18.5
供电可靠性和电费透明度指数（0-8）	7	时间（小时数/每年）	159	司法程序质量指数（0-18）	6.5
		总税收和缴费率（占利润百分比）	40.8		
登记财产（排名）	17	报税后程序指数（0-100）	83.79	办理破产（排名）	45
登记财产分数（0-100）	84.63			办理破产分数（0-100）	63.79
手续（数量）	3			时间（年数）	1.5
时间（天数）	5.5			成本（资产价值百分比）	12.0
成本（财产价值百分比）	0.1			回收率（百分比）	40.1
土地管理质量指数（0-30）	17.5			破产框架力度指数（0-16）	13.5

巴哈马

		拉丁美洲及加勒比海地区		人均收入（美元）	29170
营商环境便利度排名（1-190）	118	营商环境便利度分数（0-100）	58.90	人口	395361

开办企业（排名）	105	获得信贷（排名）	144	跨境贸易（排名）	161
开办企业分数（0-100）	84.47	获得信贷分数（0-100）	30.00	跨境贸易分数（0-100）	53.07
手续（数量）	7	合法权利力度指数（0-12）	6	*出口所需时间*	
时间（天数）	21.5	信贷信息深度指数（0-8）	0	单证合规（小时）	12
成本（人均收入百分比）	11.4	信贷局覆盖率（成年人百分比）	0.0	边界合规（小时）	36
最低实缴资本（人均收入百分比）	0.0	信贷登记处覆盖率（成年人百分比）	0.0	*出口成本*	
				单证合规（美元）	550
办理施工许可证（排名）	91	保护少数投资者（排名）	132	边界合规（美元）	512
办理施工许可证分数（0-100）	68.64	保护少数投资者分数（0-100）	43.33	*进口所需时间*	
手续（数量）	16	披露程度指数（0-10）	2	单证合规（小时）	6
时间（天数）	180	董事责任程度指数（0-10）	5	边界合规（小时）	51
成本（仓库价值百分比）	0.7	股东诉讼便利度指数（0-10）	8	*进口成本*	
建筑质量控制指数（0-15）	10.0	股东权利指数（0-10）	7	单证合规（美元）	550
		所有权和控制权指数（0-10）	1	边界合规（美元）	1385
获得电力（排名）	87	公司透明度指数（0-10）	3		
获得电力分数（0-100）	73.56			执行合同（排名）	84
手续（数量）	5	纳税（排名）	50	执行合同分数（0-100）	59.07
时间（天数）	67	纳税分数（0-100）	80.13	时间（天数）	545
成本（人均收入百分比）	90.4	缴税次数（每年）	20	成本（索赔额百分比）	28.9
供电可靠性和电费透明度指数（0-8）	4	时间（小时数/每年）	197	司法程序质量指数（0-18）	8.0
		总税收和缴费率（占利润百分比）	31.5		
登记财产（排名）	169	报税后程序指数（0-100）	79.27	办理破产（排名）	69
登记财产分数（0-100）	43.31			办理破产分数（0-100）	53.38
手续（数量）	7			时间（年数）	3.0
时间（天数）	122			成本（资产价值百分比）	12.0
成本（财产价值百分比）	4.3			回收率（百分比）	64.3
土地管理质量指数（0-30）	3.0			破产框架力度指数（0-16）	6.0

巴林

巴林		中东和北非		人均收入（美元）	20240
营商环境便利度排名（1-190）	62	营商环境便利度分数（0-100）	69.85	人口	1492584

开办企业（排名）	66	获得信贷（排名）	112 ✓	跨境贸易（排名）	77
开办企业分数（0-100）	89.57	获得信贷分数（0-100）	45.00	跨境贸易分数（0-100）	77.77
手续（数量）	6.5	合法权利力度指数（0-12）	1	出口所需时间	
时间（天数）	8.5	信贷信息深度指数（0-8）	8	单证合规（小时）	24
成本（人均收入百分比）	1.1	信贷局覆盖率（成年人百分比）	28.0	边界合规（小时）	71
最低实缴资本（人均收入百分比）	3.1	信贷登记处覆盖率（成年人百分比）	0.0	出口成本	
				单证合规（美元）	100
办理施工许可证（排名）	57 ✓	保护少数投资者（排名）	38	边界合规（美元）	47
办理施工许可证分数（0-100）	73.40	保护少数投资者分数（0-100）	66.67	进口所需时间	
手续（数量）	11	披露程度指数（0-10）	8	单证合规（小时）	60
时间（天数）	174	董事责任程度指数（0-10）	4	边界合规（小时）	42
成本（仓库价值百分比）	3.9	股东诉讼便利度指数（0-10）	5	进口成本	
建筑质量控制指数（0-15）	12.0	股东权利指数（0-10）	9	单证合规（美元）	130
		所有权和控制权指数（0-10）	7	边界合规（美元）	397
获得电力（排名）	82	公司透明度指数（0-10）	7		
获得电力分数（0-100）	74.82			执行合同（排名）	128
手续（数量）	5	纳税（排名）	5	执行合同分数（0-100）	51.75
时间（天数）	85	纳税分数（0-100）	93.89	时间（天数）	635
成本（人均收入百分比）	61.0	缴税次数（每年）	14	成本（索赔额百分比）	14.7
供电可靠性和电费透明度指数（0-8）	5	时间（小时数/每年）	28.5	司法程序质量指数（0-18）	2.5
		总税收和缴费率（占利润百分比）	13.8		
登记财产（排名）	26	报税后程序指数（0-100）	不适用	办理破产（排名）	93
登记财产分数（0-100）	81.07			办理破产分数（0-100）	44.57
手续（数量）	2			时间（年数）	2.5
时间（天数）	31			成本（资产价值百分比）	9.5
成本（财产价值百分比）	1.7			回收率（百分比）	42.2
土地管理质量指数（0-30）	17.5			破产框架力度指数（0-16）	7.0

孟加拉国

孟加拉国		南亚		人均收入（美元）	1470
营商环境便利度排名（1-190）	176	营商环境便利度分数（0-100）	41.97	人口	164669751

开办企业（排名）	138	获得信贷（排名）	161	跨境贸易（排名）	176
开办企业分数（0-100）	80.82	获得信贷分数（0-100）	25.00	跨境贸易分数（0-100）	31.76
手续（数量）	9	合法权利力度指数（0-12）	5	出口所需时间	
时间（天数）	19.5	信贷信息深度指数（0-8）	0	单证合规（小时）	147
成本（人均收入百分比）	21.2	信贷局覆盖率（成年人百分比）	0.0	边界合规（小时）	168
最低实缴资本（人均收入百分比）	0.0	信贷登记处覆盖率（成年人百分比）	3.2	出口成本	
				单证合规（美元）	225
办理施工许可证（排名）	138	保护少数投资者（排名）	89	边界合规（美元）	408.2
办理施工许可证分数（0-100）	60.82	保护少数投资者分数（0-100）	55.00	进口所需时间	
手续（数量）	15.8	披露程度指数（0-10）	6	单证合规（小时）	144
时间（天数）	273.5	董事责任程度指数（0-10）	7	边界合规（小时）	216
成本（仓库价值百分比）	1.8	股东诉讼便利度指数（0-10）	7	进口成本	
建筑质量控制指数（0-15）	10.0	股东权利指数（0-10）	5	单证合规（美元）	370
		所有权和控制权指数（0-10）	3	边界合规（美元）	900
获得电力（排名）	179	公司透明度指数（0-10）	5		
获得电力分数（0-100）	30.81			执行合同（排名）	189
手续（数量）	8.6	纳税（排名）	151	执行合同分数（0-100）	22.21
时间（天数）	150.2	纳税分数（0-100）	56.13	时间（天数）	1442
成本（人均收入百分比）	2155.9	缴税次数（每年）	33	成本（索赔额百分比）	66.8
供电可靠性和电费透明度指数（0-8）	0	时间（小时数/每年）	435	司法程序质量指数（0-18）	7.5
		总税收和缴费率（占利润百分比）	33.4		
登记财产（排名）	183	报税后程序指数（0-100）	44.36	办理破产（排名）	153
登记财产分数（0-100）	28.91			办理破产分数（0-100）	28.20
手续（数量）	8			时间（年数）	4.0
时间（天数）	270.8			成本（资产价值百分比）	8.0
成本（财产价值百分比）	7.2			回收率（百分比）	29.2
土地管理质量指数（0-30）	6.5			破产框架力度指数（0-16）	4.0

巴巴多斯

营商环境便利度排名（1-190）	129

开办企业（排名）	101
开办企业分数（0-100）	85.15
手续（数量）	8
时间（天数）	15
成本（人均收入百分比）	7.3
最低实缴资本（人均收入百分比）	0.0

办理施工许可证（排名）	154
办理施工许可证分数（0-100）	56.64
手续（数量）	9
时间（天数）	442
成本（仓库价值百分比）	0.2
建筑质量控制指数（0-15）	6.5

获得电力（排名）	114
获得电力分数（0-100）	65.12
手续（数量）	8
时间（天数）	88
成本（人均收入百分比）	61.3
供电可靠性和电费透明度指数（0-8）	6

登记财产（排名）	129
登记财产分数（0-100）	54.33
手续（数量）	6
时间（天数）	105
成本（财产价值百分比）	4.4
土地管理质量指数（0-30）	11.5

拉丁美洲及加勒比海地区

营商环境便利度分数（0-100）	56.78

获得信贷（排名）	144
获得信贷分数（0-100）	30.00
合法权利力度指数（0-12）	6
信贷信息深度指数（0-8）	0
信贷局覆盖率（成年人百分比）	0.0
信贷登记处覆盖率（成年人百分比）	0.0

保护少数投资者（排名）	168
保护少数投资者分数（0-100）	35.00
披露程度指数（0-10）	2
董事责任程度指数（0-10）	2
股东诉讼便利度指数（0-10）	7
股东权利指数（0-10）	4
所有权和控制权指数（0-10）	1
公司透明度指数（0-10）	5

纳税（排名）	93
纳税分数（0-100）	71.88
缴税次数（每年）	29
时间（小时数/每年）	245
总税收和缴费率（占利润百分比）	35.3
报税后程序指数（0-100）	74.08

人均收入（美元）   15540

人口	285719

跨境贸易（排名）	132
跨境贸易分数（0-100）	61.88
出口所需时间	
单证合规（小时）	54
边界合规（小时）	41
出口成本	
单证合规（美元）	109
边界合规（美元）	350
进口所需时间	
单证合规（小时）	74
边界合规（小时）	104
进口成本	
单证合规（美元）	146
边界合规（美元）	1585

执行合同（排名）	170
执行合同分数（0-100）	38.02
时间（天数）	1340
成本（索赔额百分比）	19.7
司法程序质量指数（0-18）	6.5

办理破产（排名）	34
办理破产分数（0-100）	69.79
时间（年数）	1.8
成本（资产价值百分比）	15.0
回收率（百分比）	65.8
破产框架力度指数（0-16）	11.0

白俄罗斯

营商环境便利度排名（1-190）	37

√ 开办企业（排名）	29
开办企业分数（0-100）	93.39
手续（数量）	4
时间（天数）	9
成本（人均收入百分比）	0.5
最低实缴资本（人均收入百分比）	0.0

√ 办理施工许可证（排名）	46
办理施工许可证分数（0-100）	74.69
手续（数量）	15
时间（天数）	160
成本（仓库价值百分比）	1.9
建筑质量控制指数（0-15）	13.0

获得电力（排名）	20
获得电力分数（0-100）	90.24
手续（数量）	3
时间（天数）	105
成本（人均收入百分比）	97.8
供电可靠性和电费透明度指数（0-8）	8

登记财产（排名）	5
登记财产分数（0-100）	92.19
手续（数量）	2
时间（天数）	3
成本（财产价值百分比）	0.0
土地管理质量指数（0-30）	23.5

欧洲和中亚

营商环境便利度分数（0-100）	75.77

获得信贷（排名）	85
获得信贷分数（0-100）	55.00
合法权利力度指数（0-12）	4
信贷信息深度指数（0-8）	7
信贷局覆盖率（成年人百分比）	0.0
信贷登记处覆盖率（成年人百分比）	48.8

保护少数投资者（排名）	51
保护少数投资者分数（0-100）	63.33
披露程度指数（0-10）	7
董事责任程度指数（0-10）	2
股东诉讼便利度指数（0-10）	8
股东权利指数（0-10）	6
所有权和控制权指数（0-10）	7
公司透明度指数（0-10）	8

纳税（排名）	99
纳税分数（0-100）	70.68
缴税次数（每年）	7
时间（小时数/每年）	184
总税收和缴费率（占利润百分比）	53.3
报税后程序指数（0-100）	50.00

人均收入（美元）   5280

人口	9507875

跨境贸易（排名）	25
跨境贸易分数（0-100）	96.21
出口所需时间	
单证合规（小时）	4
边界合规（小时）	5
出口成本	
单证合规（美元）	60
边界合规（美元）	108
进口所需时间	
单证合规（小时）	4
边界合规（小时）	0
进口成本	
单证合规（美元）	0
边界合规（美元）	0

执行合同（排名）	20
执行合同分数（0-100）	69.44
时间（天数）	275
成本（索赔额百分比）	23.4
司法程序质量指数（0-18）	8.5

办理破产（排名）	72
办理破产分数（0-100）	52.58
时间（年数）	1.5
成本（资产价值百分比）	17.0
回收率（百分比）	39.6
破产框架力度指数（0-16）	10.0

比利时		经合组织高收入经济体		人均收入（美元）	41790
营商环境便利度排名（1-190）	45	营商环境便利度分数（0-100）	73.95	人口	11372068
开办企业（排名）	33 ✓	获得信贷（排名）	60	跨境贸易（排名）	1
开办企业分数（0-100）	93.03	获得信贷分数（0-100）	65.00	跨境贸易分数（0-100）	100.00
手续（数量）	4	合法权利力度指数（0-12）	8	出口所需时间	
时间（天数）	4	信贷信息深度指数（0-8）	5	单证合规（小时）	1
成本（人均收入百分比）	5.4	信贷局覆盖率（成年人百分比）	0.0	边界合规（小时）	0
最低实缴资本（人均收入百分比）	16.0	信贷登记处覆盖率（成年人百分比）	95.7	出口成本	
				单证合规（美元）	0
办理施工许可证（排名）	38	保护少数投资者（排名）	57	边界合规（美元）	0
办理施工许可证分数（0-100）	75.42	保护少数投资者分数（0-100）	61.67	进口所需时间	
手续（数量）	10	披露程度指数（0-10）	8	单证合规（小时）	1
时间（天数）	212	董事责任程度指数（0-10）	6	边界合规（小时）	0
成本（仓库价值百分比）	0.9	股东诉讼便利度指数（0-10）	7	进口成本	
建筑质量控制指数（0-15）	12.0	股东权利指数（0-10）	5	单证合规（美元）	0
		所有权和控制权指数（0-10）	4	边界合规（美元）	0
获得电力（排名）	112	公司透明度指数（0-10）	7		
获得电力分数（0-100）	67.31			执行合同（排名）	54
手续（数量）	6	纳税（排名）	60	执行合同分数（0-100）	64.25
时间（天数）	201	纳税分数（0-100）	77.48	时间（天数）	505
成本（人均收入百分比）	96.1	缴税次数（每年）	11	成本（索赔额百分比）	18.0
供电可靠性和电费透明度指数（0-8）	8	时间（小时数/每年）	136	司法程序质量指数（0-18）	8.0
		总税收和缴费率（占利润百分比）	57.7		
登记财产（排名）	143	报税后程序指数（0-100）	83.45 ✓	办理破产（排名）	8
登记财产分数（0-100）	51.41			办理破产分数（0-100）	83.88
手续（数量）	8			时间（年数）	0.9
时间（天数）	56			成本（资产价值百分比）	3.5
成本（财产价值百分比）	12.7			回收率（百分比）	89.1
土地管理质量指数（0-30）	22.5			破产框架力度指数（0-16）	11.5

伯利兹		拉丁美洲及加勒比海地区		人均收入（美元）	4390
营商环境便利度排名（1-190）	125	营商环境便利度分数（0-100）	57.13	人口	374681
开办企业（排名）	162	获得信贷（排名）	172	跨境贸易（排名）	111
开办企业分数（0-100）	73.22	获得信贷分数（0-100）	20.00	跨境贸易分数（0-100）	68.13
手续（数量）	9	合法权利力度指数（0-12）	4	出口所需时间	
时间（天数）	43	信贷信息深度指数（0-8）	0	单证合规（小时）	38
成本（人均收入百分比）	34.7	信贷局覆盖率（成年人百分比）	0.0	边界合规（小时）	96
最低实缴资本（人均收入百分比）	0.0	信贷登记处覆盖率（成年人百分比）	0.0	出口成本	
				单证合规（美元）	28
办理施工许可证（排名）	119	保护少数投资者（排名）	132	边界合规（美元）	710
办理施工许可证分数（0-100）	65.24	保护少数投资者分数（0-100）	43.33	进口所需时间	
手续（数量）	16	披露程度指数（0-10）	3	单证合规（小时）	36
时间（天数）	127	董事责任程度指数（0-10）	4	边界合规（小时）	48
成本（仓库价值百分比）	2.5	股东诉讼便利度指数（0-10）	7	进口成本	
建筑质量控制指数（0-15）	7.0	股东权利指数（0-10）	6	单证合规（美元）	75
		所有权和控制权指数（0-10）	1	边界合规（美元）	688
获得电力（排名）	91	公司透明度指数（0-10）	5		
获得电力分数（0-100）	72.96			执行合同（排名）	133
手续（数量）	5	纳税（排名）	52	执行合同分数（0-100）	50.11
时间（天数）	66	纳税分数（0-100）	79.90	时间（天数）	892
成本（人均收入百分比）	321.3	缴税次数（每年）	29	成本（索赔额百分比）	27.5
供电可靠性和电费透明度指数（0-8）	4	时间（小时数/每年）	147	司法程序质量指数（0-18）	8.0
		总税收和缴费率（占利润百分比）	31.1		
登记财产（排名）	135	报税后程序指数（0-100）	85.09	办理破产（排名）	87
登记财产分数（0-100）	52.42			办理破产分数（0-100）	45.94
手续（数量）	9			时间（年数）	2.0
时间（天数）	60			成本（资产价值百分比）	22.5
成本（财产价值百分比）	4.8			回收率（百分比）	56.3
土地管理质量指数（0-30）	11.0			破产框架力度指数（0-16）	5.0

贝宁

营商环境便利度排名（1-190）	153

开办企业（排名）	61 ✓
开办企业分数（0-100）	90.60
手续（数量）	5.5
时间（天数）	8.5
成本（人均收入百分比）	3.6
最低实缴资本（人均收入百分比）	5.2

办理施工许可证（排名）	51
办理施工许可证分数（0-100）	73.95
手续（数量）	13
时间（天数）	88
成本（仓库价值百分比）	2.9
建筑质量控制指数（0-15）	9.0

获得电力（排名）	176
获得电力分数（0-100）	33.84
手续（数量）	5
时间（天数）	90
成本（人均收入百分比）	11987.0
供电可靠性和电费透明度指数（0-8）	0

登记财产（排名）	130
登记财产分数（0-100）	54.19
手续（数量）	4
时间（天数）	120
成本（财产价值百分比）	3.4
土地管理质量指数（0-30）	6.5

撒哈拉以南非洲

营商环境便利度分数（0-100）	51.42

获得信贷（排名）	144
获得信贷分数（0-100）	30.00
合法权利力度指数（0-12）	6
信贷信息深度指数（0-8）	0
信贷局覆盖率（成年人百分比）	0.0
信贷登记处覆盖率（成年人百分比）	0.8

保护少数投资者（排名）	149
保护少数投资者分数（0-100）	40.00
披露程度指数（0-10）	7
董事责任程度指数（0-10）	1
股东诉讼便利度指数（0-10）	5
股东权利指数（0-10）	4
所有权和控制权指数（0-10）	3
公司透明度指数（0-10）	4

纳税（排名）	176
纳税分数（0-100）	44.73
缴税次数（每年）	57
时间（小时数/每年）	270
总税收和缴费率（占利润百分比）	57.4
报税后程序指数（0-100）	49.31

人均收入（美元） 800

人口	11175692

跨境贸易（排名）	107
跨境贸易分数（0-100）	68.94
出口所需时间	
单证合规（小时）	48
边界合规（小时）	78
出口成本	
单证合规（美元）	80
边界合规（美元）	354
进口所需时间	
单证合规（小时）	59
边界合规（小时）	82
进口成本	
单证合规（美元）	110
边界合规（美元）	599

执行合同（排名） ✓	171
执行合同分数（0-100）	37.27
时间（天数）	750
成本（索赔额百分比）	64.7
司法程序质量指数（0-18）	6.5

办理破产（排名）	110
办理破产分数（0-100）	40.68
时间（年数）	4.0
成本（资产价值百分比）	21.5
回收率（百分比）	23.3
破产框架力度指数（0-16）	9.0

不丹

营商环境便利度排名（1-190）	81

开办企业（排名）	91
开办企业分数（0-100）	86.38
手续（数量）	8
时间（天数）	12
成本（人均收入百分比）	3.5
最低实缴资本（人均收入百分比）	0.0

办理施工许可证（排名）	88
办理施工许可证分数（0-100）	68.85
手续（数量）	21
时间（天数）	150
成本（仓库价值百分比）	1.0
建筑质量控制指数（0-15）	12.0

获得电力（排名）	73
获得电力分数（0-100）	77.39
手续（数量）	4 ✓
时间（天数）	61
成本（人均收入百分比）	412.3
供电可靠性和电费透明度指数（0-8）	4

登记财产（排名）	54
登记财产分数（0-100）	72.99
手续（数量）	3
时间（天数）	77
成本（财产价值百分比）	5.0
土地管理质量指数（0-30）	23.5

南亚

营商环境便利度分数（0-100）	66.08

获得信贷（排名）	85
获得信贷分数（0-100）	55.00
合法权利力度指数（0-12）	4
信贷信息深度指数（0-8）	7
信贷局覆盖率（成年人百分比）	35.9
信贷登记处覆盖率（成年人百分比）	0.0

保护少数投资者（排名）	125
保护少数投资者分数（0-100）	46.67
披露程度指数（0-10）	4
董事责任程度指数（0-10）	4
股东诉讼便利度指数（0-10）	6
股东权利指数（0-10）	4
所有权和控制权指数（0-10）	5
公司透明度指数（0-10）	5

纳税（排名）	15
纳税分数（0-100）	89.28
缴税次数（每年）	18
时间（小时数/每年）	52
总税收和缴费率（占利润百分比）	35.3
报税后程序指数（0-100）	95.50

人均收入（美元） 2720

人口	807610

跨境贸易（排名）	28
跨境贸易分数（0-100）	94.25
出口所需时间	
单证合规（小时）	9
边界合规（小时）	5
出口成本	
单证合规（美元）	50
边界合规（美元）	59
进口所需时间	
单证合规（小时）	8
边界合规（小时）	5
进口成本	
单证合规（美元）	50
边界合规（美元）	110

执行合同（排名）	28
执行合同分数（0-100）	69.99
时间（天数）	225
成本（索赔额百分比）	23.1
司法程序质量指数（0-18）	8.0

办理破产（排名）	168
办理破产分数（0-100）	0.00
时间（年数）	无实践
成本（资产价值百分比）	无实践
回收率（百分比）	0.0
破产框架力度指数（0-16）	0.0

玻利维亚		拉丁美洲及加勒比海地区		人均收入（美元）	3130
营商环境便利度排名（1-190）	156	营商环境便利度分数（0-100）	50.32	人口	11051600
√ 开办企业（排名）	178	获得信贷（排名）	134	跨境贸易（排名）	96
开办企业分数（0-100）	64.33	获得信贷分数（0-100）	35.00	跨境贸易分数（0-100）	71.59
手续（数量）	14	合法权利力度指数（0-12）	0	出口所需时间	
时间（天数）	43.5	信贷信息深度指数（0-8）	7	单证合规（小时）	144
成本（人均收入百分比）	46.0	信贷局覆盖率（成年人百分比）	52.9	边界合规（小时）	48
最低实缴资本（人均收入百分比）	0.0	信贷登记处覆盖率（成年人百分比）	17.6	出口成本	
				单证合规（美元）	25
				边界合规（美元）	65
办理施工许可证（排名）	160	保护少数投资者（排名）	149	进口所需时间	
办理施工许可证分数（0-100）	55.69	保护少数投资者分数（0-100）	40.00	单证合规（小时）	72
手续（数量）	13	披露程度指数（0-10）	1	边界合规（小时）	114
时间（天数）	322	董事责任程度指数（0-10）	5	进口成本	
成本（仓库价值百分比）	1.3	股东诉讼便利度指数（0-10）	6	单证合规（美元）	30
建筑质量控制指数（0-15）	7.0	股东权利指数（0-10）	6	边界合规（美元）	315
		所有权和控制权指数（0-10）	2		
获得电力（排名）	111	公司透明度指数（0-10）	4	执行合同（排名）	113
获得电力分数（0-100）	68.17			执行合同分数（0-100）	54.65
手续（数量）	8	纳税（排名）	186	时间（天数）	591
时间（天数）	42	纳税分数（0-100）	21.62	成本（索赔额百分比）	25.0
成本（人均收入百分比）	691.3	缴税次数（每年）	42	司法程序质量指数（0-18）	5.5
供电可靠性和电费透明度指数（0-8）	6	时间（小时数/每年）	1025		
		总税收和缴费率（占利润百分比）	83.7	办理破产（排名）	102
登记财产（排名）	148	报税后程序指数（0-100）	50.00	办理破产分数（0-100）	42.26
登记财产分数（0-100）	49.90			时间（年数）	1.8
手续（数量）	7			成本（资产价值百分比）	14.5
时间（天数）	90			回收率（百分比）	40.8
成本（财产价值百分比）	4.7			破产框架力度指数（0-16）	6.5
土地管理质量指数（0-30）	7.0				

波斯尼亚和黑塞哥维那		欧洲和中亚		人均收入（美元）	4940
营商环境便利度排名（1-190）	89	营商环境便利度分数（0-100）	63.82	人口	3507017
开办企业（排名）	183	获得信贷（排名）	60	跨境贸易（排名）	37
开办企业分数（0-100）	59.57	获得信贷分数（0-100）	65.00	跨境贸易分数（0-100）	91.87
手续（数量）	13	合法权利力度指数（0-12）	7	出口所需时间	
时间（天数）	81	信贷信息深度指数（0-8）	6	单证合规（小时）	4
成本（人均收入百分比）	14.9	信贷局覆盖率（成年人百分比）	12.9	边界合规（小时）	5
最低实缴资本（人均收入百分比）	11.1	信贷登记处覆盖率（成年人百分比）	43.7	出口成本	
				单证合规（美元）	92
				边界合规（美元）	106
办理施工许可证（排名）	167	保护少数投资者（排名）	72	进口所需时间	
办理施工许可证分数（0-100）	53.22	保护少数投资者分数（0-100）	58.33	单证合规（小时）	8
手续（数量）	16	披露程度指数（0-10）	3	边界合规（小时）	6
时间（天数）	193	董事责任程度指数（0-10）	6	进口成本	
成本（仓库价值百分比）	16.3	股东诉讼便利度指数（0-10）	5	单证合规（美元）	97
建筑质量控制指数（0-15）	13.0	股东权利指数（0-10）	8	边界合规（美元）	109
		所有权和控制权指数（0-10）	6		
获得电力（排名）	130	公司透明度指数（0-10）	7	执行合同（排名）	75
获得电力分数（0-100）	60.26			执行合同分数（0-100）	59.67
手续（数量）	8	纳税（排名）	139	时间（天数）	595
时间（天数）	125	纳税分数（0-100）	60.43	成本（索赔额百分比）	36.0
成本（人均收入百分比）	332.6	缴税次数（每年）	33	司法程序质量指数（0-18）	10.5
供电可靠性和电费透明度指数（0-8）	6	时间（小时数/每年）	411		
		总税收和缴费率（占利润百分比）	23.7	办理破产（排名）	37
登记财产（排名）	99	报税后程序指数（0-100）	47.68	办理破产分数（0-100）	67.83
登记财产分数（0-100）	61.99			时间（年数）	3.3
手续（数量）	7			成本（资产价值百分比）	9.0
时间（天数）	24			回收率（百分比）	38.9
成本（财产价值百分比）	5.2			破产框架力度指数（0-16）	15.0
土地管理质量指数（0-30）	13.0				

博茨瓦纳

营商环境便利度排名（1-190）	86
开办企业（排名）	157
开办企业分数（0-100）	76.22
手续（数量）	9
时间（天数）	48
成本（人均收入百分比）	0.6
最低实缴资本（人均收入百分比）	0.0
√ 办理施工许可证（排名）	31
办理施工许可证分数（0-100）	76.58
手续（数量）	15
时间（天数）	102
成本（仓库价值百分比）	0.4
建筑质量控制指数（0-15）	10.5
获得电力（排名）	133
获得电力分数（0-100）	59.43
手续（数量）	5
时间（天数）	77
成本（人均收入百分比）	266.5
供电可靠性和电费透明度指数（0-8）	0
登记财产（排名）	80
登记财产分数（0-100）	65.43
手续（数量）	4
时间（天数）	27
成本（财产价值百分比）	5.1
土地管理质量指数（0-30）	10.0

撒哈拉以南非洲

营商环境便利度分数（0-100）	65.40
获得信贷（排名）	85
获得信贷分数（0-100）	55.00
合法权利力度指数（0-12）	5
信贷信息深度指数（0-8）	6
信贷局覆盖率（成年人百分比）	53.6
信贷登记处覆盖率（成年人百分比）	0.0
保护少数投资者（排名）	83
保护少数投资者分数（0-100）	56.67
披露程度指数（0-10）	7
董事责任程度指数（0-10）	8
股东诉讼便利度指数（0-10）	3
股东权利指数（0-10）	6
所有权和控制权指数（0-10）	3
公司透明度指数（0-10）	7
纳税（排名）	51
纳税分数（0-100）	80.01
缴税次数（每年）	34
时间（小时/每年）	120
总税收和缴费率（占利润百分比）	25.1
报税后程序指数（0-100）	82.70

人均收入（美元）6820

人口	2291661
跨境贸易（排名）	55
跨境贸易分数（0-100）	86.65
出口所需时间	
单证合规（小时）	18
边界合规（小时）	5
出口成本	
单证合规（美元）	179
边界合规（美元）	317
进口所需时间	
单证合规（小时）	3
边界合规（小时）	4
进口成本	
单证合规（美元）	67
边界合规（美元）	98
执行合同（排名）	134
执行合同分数（0-100）	49.99
时间（天数）	660
成本（索赔额百分比）	39.8
司法程序质量指数（0-18）	7.0
办理破产（排名）	81
办理破产分数（0-100）	47.99
时间（年数）	1.7
成本（资产价值百分比）	18.0
回收率（百分比）	65.9
破产框架力度指数（0-16）	4.0

巴西

营商环境便利度排名（1-190）	109
√ 开办企业（排名）	140
开办企业分数（0-100）	80.23
手续（数量）	10.6
时间（天数）	20.5
成本（人均收入百分比）	5.0
最低实缴资本（人均收入百分比）	0.0
办理施工许可证（排名）	175
办理施工许可证分数（0-100）	49.86
手续（数量）	19.2
时间（天数）	434
成本（仓库价值百分比）	0.7
建筑质量控制指数（0-15）	9.0
√ 获得电力（排名）	40
获得电力分数（0-100）	84.37
手续（数量）	4
时间（天数）	64.4
成本（人均收入百分比）	52.5
供电可靠性和电费透明度指数（0-8）	6
x 登记财产（排名）	137
登记财产分数（0-100）	51.94
手续（数量）	13.6
时间（天数）	31.4
成本（财产价值百分比）	3.6
土地管理质量指数（0-30）	13.8

拉丁美洲及加勒比海地区

营商环境便利度分数（0-100）	60.01
√ 获得信贷（排名）	99
获得信贷分数（0-100）	50.00
合法权利力度指数（0-12）	2
信贷信息深度指数（0-8）	8
信贷局覆盖率（成年人百分比）	80.5
信贷登记处覆盖率（成年人百分比）	78.7
保护少数投资者（排名）	48
保护少数投资者分数（0-100）	65.00
披露程度指数（0-10）	5
董事责任程度指数（0-10）	8
股东诉讼便利度指数（0-10）	4
股东权利指数（0-10）	7
所有权和控制权指数（0-10）	6
公司透明度指数（0-10）	9
纳税（排名）	184
纳税分数（0-100）	34.40
缴税次数（每年）	10
时间（小时数/每年）	1958
总税收和缴费率（占利润百分比）	65.1
报税后程序指数（0-100）	7.80

人均收入（美元）8580

人口	209288278
√ 跨境贸易（排名）	106
跨境贸易分数（0-100）	69.85
出口所需时间	
单证合规（小时）	12
边界合规（小时）	49
出口成本	
单证合规（美元）	226.4
边界合规（美元）	862
进口所需时间	
单证合规（小时）	24
边界合规（小时）	30
进口成本	
单证合规（美元）	106.9
边界合规（美元）	375
执行合同（排名）	48
执行合同分数（0-100）	66.00
时间（天数）	731
成本（索赔额百分比）	22.0
司法程序质量指数（0-18）	13.1
办理破产（排名）	77
办理破产分数（0-100）	48.48
时间（年数）	4.0
成本（资产价值百分比）	12.0
回收率（百分比）	14.6
破产框架力度指数（0-16）	13.0

文莱达鲁萨兰国

营商环境便利度排名（1–190）	55
√ 开办企业（排名）	16
开办企业分数（0–100）	94.92
手续（数量）	3.5
时间（天数）	5.5
成本（人均收入百分比）	1.2
最低实缴资本（人均收入百分比）	0.0
办理施工许可证（排名）	55
办理施工许可证分数（0–100）	73.49
手续（数量）	20
时间（天数）	83
成本（仓库价值百分比）	1.9
建筑质量控制指数（0–15）	12.0
√ 获得电力（排名）	31
获得电力分数（0–100）	86.57
手续（数量）	5
时间（天数）	35
成本（人均收入百分比）	40.1
供电可靠性和电费透明度指数（0–8）	7
登记财产（排名）	142
登记财产分数（0–100）	51.48
手续（数量）	7
时间（天数）	298.5
成本（财产价值百分比）	0.6
土地管理质量指数（0–30）	18.0

东亚及太平洋地区

营商环境便利度分数（0–100）	72.03
√ 获得信贷（排名）	1
获得信贷分数（0–100）	100.00
合法权利力度指数（0–12）	12
信贷信息深度指数（0–8）	8
信贷局覆盖率（成年人百分比）	0.0
信贷登记处覆盖率（成年人百分比）	75.2
保护少数投资者（排名）	48
保护少数投资者分数（0–100）	65.00
披露程度指数（0–10）	4
董事责任程度指数（0–10）	8
股东诉讼便利度指数（0–10）	8
股东权利指数（0–10）	7
所有权和控制权指数（0–10）	4
公司透明度指数（0–10）	8
纳税（排名）	84
纳税分数（0–100）	74.03
缴税次数（每年）	5
时间（小时数/每年）	52.5
总税收和缴费率（占利润百分比）	8.0
报税后程序指数（0–100）	0.00

人均收入（美元）　29600

人口	428697
跨境贸易（排名）	149
跨境贸易分数（0–100）	58.70
出口所需时间	
单证合规（小时）	155
边界合规（小时）	117
出口成本	
单证合规（美元）	90
边界合规（美元）	340
进口所需时间	
单证合规（小时）	132
边界合规（小时）	48
进口成本	
单证合规（美元）	50
边界合规（美元）	395
执行合同（排名）	67
执行合同分数（0–100）	60.95
时间（天数）	540
成本（索赔额百分比）	36.6
司法程序质量指数（0–18）	10.5
办理破产（排名）	64
办理破产分数（0–100）	55.11
时间（年数）	2.5
成本（资产价值百分比）	3.5
回收率（百分比）	47.2
破产框架力度指数（0–16）	9.5

保加利亚

营商环境便利度排名（1–190）	59
开办企业（排名）	99
开办企业分数（0–100）	85.38
手续（数量）	7
时间（天数）	23
成本（人均收入百分比）	1.1
最低实缴资本（人均收入百分比）	0.0
办理施工许可证（排名）	37
办理施工许可证分数（0–100）	75.46
手续（数量）	18
时间（天数）	97
成本（仓库价值百分比）	3.8
建筑质量控制指数（0–15）	14.0
获得电力（排名）	147
获得电力分数（0–100）	54.93
手续（数量）	6
时间（天数）	262
成本（人均收入百分比）	428.8
供电可靠性和电费透明度指数（0–8）	6
登记财产（排名）	67
登记财产分数（0–100）	69.32
手续（数量）	8
时间（天数）	19
成本（财产价值百分比）	2.9
土地管理质量指数（0–30）	19.0

欧洲和中亚

营商环境便利度分数（0–100）	71.24
获得信贷（排名）	60
获得信贷分数（0–100）	65.00
合法权利力度指数（0–12）	8
信贷信息深度指数（0–8）	5
信贷局覆盖率（成年人百分比）	0.0
信贷登记处覆盖率（成年人百分比）	75.4
保护少数投资者（排名）	33
保护少数投资者分数（0–100）	68.33
披露程度指数（0–10）	10
董事责任程度指数（0–10）	2
股东诉讼便利度指数（0–10）	8
股东权利指数（0–10）	8
所有权和控制权指数（0–10）	4
公司透明度指数（0–10）	9
纳税（排名）	92
纳税分数（0–100）	72.00
缴税次数（每年）	14
时间（小时数/每年）	453
总税收和缴费率（占利润百分比）	27.7
报税后程序指数（0–100）	71.02

人均收入（美元）　7760

人口	7075991
跨境贸易（排名）	21
跨境贸易分数（0–100）	97.41
出口所需时间	
单证合规（小时）	2
边界合规（小时）	4
出口成本	
单证合规（美元）	52
边界合规（美元）	55
进口所需时间	
单证合规（小时）	1
边界合规（小时）	1
进口成本	
单证合规（美元）	0
边界合规（美元）	0
执行合同（排名）	42
执行合同分数（0–100）	67.04
时间（天数）	564
成本（索赔额百分比）	18.6
司法程序质量指数（0–18）	10.5
办理破产（排名）	56
办理破产分数（0–100）	57.52
时间（年数）	3.3
成本（资产价值百分比）	9.0
回收率（百分比）	37.2
破产框架力度指数（0–16）	12.0

布基纳法索

营商环境便利度排名（1-190）	151					

撒哈拉以南非洲		人均收入（美元）	610
营商环境便利度分数（0-100）	51.57	人口	19193382

开办企业（排名）	79	获得信贷（排名）	144	跨境贸易（排名）	120
开办企业分数（0-100）	88.19	获得信贷分数（0-100）	30.00	跨境贸易分数（0-100）	66.58
手续（数量）	3	合法权利力度指数（0-12）	6	*出口所需时间*	
时间（天数）	13	信贷信息深度指数（0-8）	0	单证合规（小时）	84
成本（人均收入百分比）	42.5	信贷局覆盖率（成年人百分比）	1.1	边界合规（小时）	75
最低实缴资本（人均收入百分比）	6.6	信贷登记处覆盖率（成年人百分比）	0.5	*出口成本*	
				单证合规（美元）	86
办理施工许可证（排名）	58	保护少数投资者（排名）	149	边界合规（美元）	261
办理施工许可证分数（0-100）	73.25	保护少数投资者分数（0-100）	40.00	*进口所需时间*	
手续（数量）	14	披露程度指数（0-10）	7	单证合规（小时）	96
时间（天数）	121	董事责任程度指数（0-10）	1	边界合规（小时）	102
成本（仓库价值百分比）	4.7	股东诉讼便利度指数（0-10）	5	*进口成本*	
建筑质量控制指数（0-15）	12.0	股东权利指数（0-10）	4	单证合规（美元）	197
		所有权和控制权指数（0-10）	3	边界合规（美元）	265
获得电力（排名）	181	公司透明度指数（0-10）	4		
获得电力分数（0-100）	29.42			√ 执行合同（排名）	165
手续（数量）	4	纳税（排名）	153	执行合同分数（0-100）	41.05
时间（天数）	169	纳税分数（0-100）	55.89	时间（天数）	446
成本（人均收入百分比）	9353.5	缴税次数（每年）	45	成本（索赔额百分比）	81.7
供电可靠性和电费透明度指数（0-8）	0	时间（小时数/每年）	270	司法程序质量指数（0-18）	7.5
		总税收和缴费率（占利润百分比）	41.3		
登记财产（排名）	145	报税后程序指数（0-100）	49.31	办理破产（排名）	107
登记财产分数（0-100）	50.47			办理破产分数（0-100）	40.90
手续（数量）	4			时间（年数）	4.0
时间（天数）	67			成本（资产价值百分比）	21.0
成本（财产价值百分比）	12.0			回收率（百分比）	23.7
土地管理质量指数（0-30）	11.5			破产框架力度指数（0-16）	9.0

布隆迪

营商环境便利度排名（1-190）	168				

撒哈拉以南非洲		人均收入（美元）	290
营商环境便利度分数（0-100）	47.41	人口	10864245

开办企业（排名）		17	获得信贷（排名）	178	跨境贸易（排名）	169
√ 开办企业分数（0-100）		94.84	获得信贷分数（0-100）	10.00	跨境贸易分数（0-100）	47.34
手续（数量）		3	合法权利力度指数（0-12）	2	*出口所需时间*	
时间（天数）		4	信贷信息深度指数（0-8）	0	单证合规（小时）	120
成本（人均收入百分比）		10.7	信贷局覆盖率（成年人百分比）	0.0	边界合规（小时）	59
最低实缴资本（人均收入百分比）		0.0	信贷登记处覆盖率（成年人百分比）	4.0	*出口成本*	
					单证合规（美元）	150
√ 办理施工许可证（排名）		162	保护少数投资者（排名）	132	边界合规（美元）	109
办理施工许可证分数（0-100）		55.14	保护少数投资者分数（0-100）	43.33	*进口所需时间*	
手续（数量）		15	披露程度指数（0-10）	8	单证合规（小时）	180
时间（天数）		70	董事责任程度指数（0-10）	7	边界合规（小时）	154
成本（仓库价值百分比）		10.7	股东诉讼便利度指数（0-10）	2	*进口成本*	
建筑质量控制指数（0-15）		4.0	股东权利指数（0-10）	6	单证合规（美元）	1025
			所有权和控制权指数（0-10）	1	边界合规（美元）	444
获得电力（排名）		183	公司透明度指数（0-10）	2		
获得电力分数（0-100）		26.45			执行合同（排名）	158
手续（数量）		5	纳税（排名）	138	执行合同分数（0-100）	42.97
时间（天数）		158	纳税分数（0-100）	60.87	时间（天数）	832
成本（人均收入百分比）		13108.3	缴税次数（每年）	24	成本（索赔额百分比）	36.1
供电可靠性和电费透明度指数（0-8）		0	时间（小时数/每年）	232	司法程序质量指数（0-18）	5.0
			总税收和缴费率（占利润百分比）	41.2		
登记财产（排名）		97	报税后程序指数（0-100）	28.21	√ 办理破产（排名）	147
登记财产分数（0-100）		62.58			办理破产分数（0-100）	30.61
手续（数量）		5			时间（年数）	5.0
时间（天数）		23			成本（资产价值百分比）	30.0
成本（财产价值百分比）		3.1			回收率（百分比）	7.5
土地管理质量指数（0-30）		4.5			破产框架力度指数（0-16）	8.5

佛得角

营商环境便利度排名（1-190）	131
开办企业（排名）	116
开办企业分数（0-100）	83.51
手续（数量）	8
时间（天数）	18
成本（人均收入百分比）	14.4
最低实缴资本（人均收入百分比）	0.0
办理施工许可证（排名）	43
办理施工许可证分数（0-100）	75.01
手续（数量）	16
时间（天数）	108
成本（仓库价值百分比）	1.1
建筑质量控制指数（0-15）	11.0
获得电力（排名）	155
获得电力分数（0-100）	53.50
手续（数量）	7
时间（天数）	88
成本（人均收入百分比）	1127.4
供电可靠性和电费透明度指数（0-8）	2
登记财产（排名）	70
登记财产分数（0-100）	66.65
手续（数量）	6
时间（天数）	22
成本（财产价值百分比）	2.3
土地管理质量指数（0-30）	10.0

撒哈拉以南非洲

营商环境便利度分数（0-100）	55.95
获得信贷（排名）	134
获得信贷分数（0-100）	35.00
合法权利力度指数（0-12）	1
信贷信息深度指数（0-8）	6
信贷局覆盖率（成年人百分比）	0.0
信贷登记处覆盖率（成年人百分比）	19.9
保护少数投资者（排名）	165
保护少数投资者分数（0-100）	36.67
披露程度指数（0-10）	1
董事责任程度指数（0-10）	5
股东诉讼便利度指数（0-10）	6
股东权利指数（0-10）	3
所有权和控制权指数（0-10）	5
公司透明度指数（0-10）	2
纳税（排名）	77
纳税分数（0-100）	75.02
缴税次数（每年）	30
时间（小时数/每年）	180
总税收和缴费率（占利润百分比）	37.0
报税后程序指数（0-100）	80.65

人均收入（美元） 2990

人口	546388
跨境贸易（排名）	114
跨境贸易分数（0-100）	67.41
出口所需时间	
单证合规（小时）	24
边界合规（小时）	72
出口成本	
单证合规（美元）	125
边界合规（美元）	780
进口所需时间	
单证合规（小时）	24
边界合规（小时）	60
进口成本	
单证合规（美元）	125
边界合规（美元）	588
执行合同（排名）	45
执行合同分数（0-100）	66.69
时间（天数）	425
成本（索赔额百分比）	19.8
司法程序质量指数（0-18）	8.5
办理破产（排名）	168
办理破产分数（0-100）	0.00
时间（年数）	无实践
成本（资产价值百分比）	无实践
回收率（百分比）	0.0
破产框架力度指数（0-16）	0.0

柬埔寨

营商环境便利度排名（1-190）	138
开办企业（排名）	185
开办企业分数（0-100）	52.80
手续（数量）	9
时间（天数）	99
成本（人均收入百分比）	47.4
最低实缴资本（人均收入百分比）	76.2
办理施工许可证（排名）	179
办理施工许可证分数（0-100）	44.23
手续（数量）	20
时间（天数）	652
成本（仓库价值百分比）	3.3
建筑质量控制指数（0-15）	8.0
获得电力（排名）	141
获得电力分数（0-100）	57.04
手续（数量）	4
时间（天数）	179
成本（人均收入百分比）	1837.4
供电可靠性和电费透明度指数（0-8）	3
登记财产（排名）	124
登记财产分数（0-100）	55.16
手续（数量）	7
时间（天数）	55
成本（财产价值百分比）	4.3
土地管理质量指数（0-30）	7.5

东亚及太平洋地区

营商环境便利度分数（0-100）	54.80
获得信贷（排名）	22
获得信贷分数（0-100）	80.00
合法权利力度指数（0-12）	10
信贷信息深度指数（0-8）	6
信贷局覆盖率（成年人百分比）	50.4
信贷登记处覆盖率（成年人百分比）	0.0
保护少数投资者（排名）	110
保护少数投资者分数（0-100）	50.00
披露程度指数（0-10）	6
董事责任程度指数（0-10）	10
股东诉讼便利度指数（0-10）	4
股东权利指数（0-10）	1
所有权和控制权指数（0-10）	3
公司透明度指数（0-10）	6
纳税（排名）	137
纳税分数（0-100）	61.28
缴税次数（每年）	40
时间（小时数/每年）	173
总税收和缴费率（占利润百分比）	21.7
报税后程序指数（0-100）	25.97

人均收入（美元） 1230

人口	16005373
跨境贸易（排名）	115
跨境贸易分数（0-100）	67.28
出口所需时间	
单证合规（小时）	132
边界合规（小时）	48
出口成本	
单证合规（美元）	100
边界合规（美元）	375
进口所需时间	
单证合规（小时）	132
边界合规（小时）	8
进口成本	
单证合规（美元）	120
边界合规（美元）	240
执行合同（排名）	182
执行合同分数（0-100）	31.75
时间（天数）	483
成本（索赔额百分比）	103.4
司法程序质量指数（0-18）	4.5
办理破产（排名）	79
办理破产分数（0-100）	48.43
时间（年数）	6.0
成本（资产价值百分比）	18.0
回收率（百分比）	14.5
破产框架力度指数（0-16）	13.0

喀麦隆

营商环境便利度排名（1-190）	166
√ 开办企业（排名）	92
开办企业分数（0-100）	86.26
手续（数量）	5.5
时间（天数）	13.5
成本（人均收入百分比）	24.8
最低实缴资本（人均收入百分比）	12.1
办理施工许可证（排名）	132
办理施工许可证分数（0-100）	62.04
手续（数量）	15
时间（天数）	135
成本（仓库价值百分比）	13.4
建筑质量控制指数（0-15）	13.0
获得电力（排名）	129
获得电力分数（0-100）	61.04
手续（数量）	4
时间（天数）	64
成本（人均收入百分比）	1552.7
供电可靠性和电费透明度指数（0-8）	0
登记财产（排名）	176
登记财产分数（0-100）	37.93
手续（数量）	5
时间（天数）	81
成本（财产价值百分比）	18.7
土地管理质量指数（0-30）	7.0

撒哈拉以南非洲

营商环境便利度分数（0-100）	47.78
获得信贷（排名）	73
获得信贷分数（0-100）	60.00
合法权利力度指数（0-12）	6
信贷信息深度指数（0-8）	6
信贷局覆盖率（成年人百分比）	0.0
信贷登记处覆盖率（成年人百分比）	11.1
保护少数投资者（排名）	140
保护少数投资者分数（0-100）	41.67
披露程度指数（0-10）	7
董事责任程度指数（0-10）	1
股东诉讼便利度指数（0-10）	6
股东权利指数（0-10）	4
所有权和控制权指数（0-10）	3
公司透明度指数（0-10）	4
纳税（排名）	182
纳税分数（0-100）	36.34
缴税次数（每年）	44
时间（小时数/每年）	624
总税收和缴费率（占利润百分比）	57.7
报税后程序指数（0-100）	49.31

人均收入（美元） 1360

人口	24053727
跨境贸易（排名）	186
跨境贸易分数（0-100）	15.99
出口所需时间	
单证合规（小时）	66
边界合规（小时）	202
出口成本	
单证合规（美元）	306
边界合规（美元）	983
进口所需时间	
单证合规（小时）	163
边界合规（小时）	271
进口成本	
单证合规（美元）	849
边界合规（美元）	1407
√ 执行合同（排名）	166
执行合同分数（0-100）	39.91
时间（天数）	800
成本（索赔额百分比）	46.6
司法程序质量指数（0-18）	5.0
办理破产（排名）	127
办理破产分数（0-100）	36.63
时间（年数）	2.8
成本（资产价值百分比）	33.5
回收率（百分比）	15.8
破产框架力度指数（0-16）	9.0

加拿大

营商环境便利度排名（1-190）	22
开办企业（排名）	3
开办企业分数（0-100）	98.23
手续（数量）	2
时间（天数）	1.5
成本（人均收入百分比）	0.3
最低实缴资本（人均收入百分比）	0.0
办理施工许可证（排名）	63
办理施工许可证分数（0-100）	72.98
手续（数量）	12
时间（天数）	249
成本（仓库价值百分比）	1.8
建筑质量控制指数（0-15）	14.0
获得电力（排名）	121
获得电力分数（0-100）	63.78
手续（数量）	7
时间（天数）	137
成本（人均收入百分比）	119.8
供电可靠性和电费透明度指数（0-8）	6
登记财产（排名）	34
登记财产分数（0-100）	79.31
手续（数量）	5
时间（天数）	4
成本（财产价值百分比）	2.9
土地管理质量指数（0-30）	21.5

经合组织高收入经济体

营商环境便利度分数（0-100）	79.26
获得信贷（排名）	12
获得信贷分数（0-100）	85.00
合法权利力度指数（0-12）	9
信贷信息深度指数（0-8）	8
信贷局覆盖率（成年人百分比）	100.0
信贷登记处覆盖率（成年人百分比）	0.0
保护少数投资者（排名）	11
保护少数投资者分数（0-100）	78.33
披露程度指数（0-10）	8
董事责任程度指数（0-10）	9
股东诉讼便利度指数（0-10）	9
股东权利指数（0-10）	6
所有权和控制权指数（0-10）	7
公司透明度指数（0-10）	8
纳税（排名）	19
纳税分数（0-100）	88.05
缴税次数（每年）	8
时间（小时数/每年）	131
总税收和缴费率（占利润百分比）	20.5
报税后程序指数（0-100）	73.23

人均收入（美元） 42870

人口	36708083
跨境贸易（排名）	50
跨境贸易分数（0-100）	88.36
出口所需时间	
单证合规（小时）	1
边界合规（小时）	2
出口成本	
单证合规（美元）	156
边界合规（美元）	167
进口所需时间	
单证合规（小时）	1
边界合规（小时）	2
进口成本	
单证合规（美元）	163
边界合规（美元）	172
√ 执行合同（排名）	96
执行合同分数（0-100）	57.13
时间（天数）	910
成本（索赔额百分比）	22.3
司法程序质量指数（0-18）	11.0
办理破产（排名）	13
办理破产分数（0-100）	81.46
时间（年数）	0.8
成本（资产价值百分比）	7.0
回收率（百分比）	87.5
破产框架力度指数（0-16）	11.0

中非共和国		撒哈拉以南非洲		人均收入（美元）	390
营商环境便利度排名（1-190）	183	营商环境便利度分数（0-100）	36.90	人口	4659080
✓ 开办企业（排名）	181	获得信贷（排名）	144	跨境贸易（排名）	163
开办企业分数（0-100）	60.90	获得信贷分数（0-100）	30.00	跨境贸易分数（0-100）	52.36
手续（数量）	10	合法权利力度指数（0-12）	6	出口所需时间	
时间（天数）	22	信贷信息深度指数（0-8）	0	单证合规（小时）	48
成本（人均收入百分比）	143.4	信贷局覆盖率（成年人百分比）	0.0	边界合规（小时）	141
最低实缴资本（人均收入百分比）	40.7	信贷登记处覆盖率（成年人百分比）	4.6	出口成本	
				单证合规（美元）	60
办理施工许可证（排名）	181	保护少数投资者（排名）	149	边界合规（美元）	280
办理施工许可证分数（0-100）	40.75	保护少数投资者分数（0-100）	40.00	进口所需时间	
手续（数量）	16	披露程度指数（0-10）	7	单证合规（小时）	120
时间（天数）	219	董事责任程度指数（0-10）	1	边界合规（小时）	122
成本（仓库价值百分比）	15.5	股东诉讼便利度指数（0-10）	5	进口成本	
建筑质量控制指数（0-15）	6.0	股东权利指数（0-10）	4	单证合规（美元）	500
		所有权和控制权指数（0-10）	3	边界合规（美元）	709
获得电力（排名）	184	公司透明度指数（0-10）	4		
获得电力分数（0-100）	24.64			✓ 执行合同（排名）	183
手续（数量）	7	纳税（排名）	187	执行合同分数（0-100）	31.39
时间（天数）	98	纳税分数（0-100）	18.89	时间（天数）	660
成本（人均收入百分比）	11557.5	缴税次数（每年）	56	成本（索赔额百分比）	82.0
供电可靠性和电费透明度指数（0-8）	0	时间（小时数/每年）	483	司法程序质量指数（0-18）	5.5
		总税收和缴费率（占利润百分比）	73.3		
登记财产（排名）	172	报税后程序指数（0-100）	5.13	办理破产（排名）	154
登记财产分数（0-100）	41.94			办理破产分数（0-100）	28.13
手续（数量）	5			时间（年数）	4.8
时间（天数）	75			成本（资产价值百分比）	76.0
成本（财产价值百分比）	11.0			回收率（百分比）	0.0
土地管理质量指数（0-30）	3.0			破产框架力度指数（0-16）	9.0

乍得		撒哈拉以南非洲		人均收入（美元）	630
营商环境便利度排名（1-190）	181	营商环境便利度分数（0-100）	39.36	人口	14899994
✓ 开办企业（排名）	186	获得信贷（排名）	144	跨境贸易（排名）	172
开办企业分数（0-100）	52.09	获得信贷分数（0-100）	30.00	跨境贸易分数（0-100）	40.12
手续（数量）	8	合法权利力度指数（0-12）	6	出口所需时间	
时间（天数）	58	信贷信息深度指数（0-8）	0	单证合规（小时）	87
成本（人均收入百分比）	172.3	信贷局覆盖率（成年人百分比）	0.0	边界合规（小时）	106
最低实缴资本（人均收入百分比）	26.0	信贷登记处覆盖率（成年人百分比）	2.6	出口成本	
				单证合规（美元）	188
办理施工许可证（排名）	153	保护少数投资者（排名）	161	边界合规（美元）	319
办理施工许可证分数（0-100）	56.72	保护少数投资者分数（0-100）	38.33	进口所需时间	
手续（数量）	13	披露程度指数（0-10）	7	单证合规（小时）	172
时间（天数）	226	董事责任程度指数（0-10）	1	边界合规（小时）	242
成本（仓库价值百分比）	12.0	股东诉讼便利度指数（0-10）	4	进口成本	
建筑质量控制指数（0-15）	11.5	股东权利指数（0-10）	4	单证合规（美元）	500
		所有权和控制权指数（0-10）	3	边界合规（美元）	669
获得电力（排名）	177	公司透明度指数（0-10）	4		
获得电力分数（0-100）	32.17			✓ 执行合同（排名）	153
手续（数量）	6	纳税（排名）	188	执行合同分数（0-100）	45.51
时间（天数）	67	纳税分数（0-100）	17.92	时间（天数）	743
成本（人均收入百分比）	9916.3	缴税次数（每年）	54	成本（索赔额百分比）	45.7
供电可靠性和电费透明度指数（0-8）	0	时间（小时数/每年）	766	司法程序质量指数（0-18）	7.0
		总税收和缴费率（占利润百分比）	63.5		
✓ 登记财产（排名）	134	报税后程序指数（0-100）	13.07	办理破产（排名）	154
登记财产分数（0-100）	52.56			办理破产分数（0-100）	28.13
手续（数量）	6			时间（年数）	4.0
时间（天数）	44			成本（资产价值百分比）	60.0
成本（财产价值百分比）	8.1			回收率（百分比）	0.0
土地管理质量指数（0-30）	8.0			破产框架力度指数（0-16）	9.0

智利

营商环境便利度排名（1-190）	56
✓ 开办企业（排名）	72
开办企业分数（0-100）	89.08
手续（数量）	7
时间（天数）	6
成本（人均收入百分比）	5.7
最低实缴资本（人均收入百分比）	0.0
办理施工许可证（排名）	33
办理施工许可证分数（0-100）	75.90
手续（数量）	12
时间（天数）	195
成本（仓库价值百分比）	1.3
建筑质量控制指数（0-15）	13.0
获得电力（排名）	36
获得电力分数（0-100）	85.67
手续（数量）	5
时间（天数）	43
成本（人均收入百分比）	48.9
供电可靠性和电费透明度指数（0-8）	7
登记财产（排名）	61
登记财产分数（0-100）	70.90
手续（数量）	6
时间（天数）	28.5
成本（财产价值百分比）	1.2
土地管理质量指数（0-30）	14.0

经合组织高收入经济体

营商环境便利度分数（0-100）	71.81
获得信贷（排名）	85
获得信贷分数（0-100）	55.00
合法权利力度指数（0-12）	4
信贷信息深度指数（0-8）	7
信贷局覆盖率（成年人百分比）	32.4
信贷登记处覆盖率（成年人百分比）	50.2
保护少数投资者（排名）	64
保护少数投资者分数（0-100）	60.00
披露程度指数（0-10）	8
董事责任程度指数（0-10）	6
股东诉讼便利度指数（0-10）	7
股东权利指数（0-10）	9
所有权和控制权指数（0-10）	4
公司透明度指数（0-10）	2
纳税（排名）	76
纳税分数（0-100）	75.28
缴税次数（每年）	7
时间（小时数/每年）	296
总税收和缴费率（占利润百分比）	34.0
报税后程序指数（0-100）	57.03

人均收入（美元） 13610

人口	18054726
跨境贸易（排名）	71
跨境贸易分数（0-100）	80.56
出口所需时间	
单证合规（小时）	24
边界合规（小时）	60
出口成本	
单证合规（美元）	50
边界合规（美元）	290
进口所需时间	
单证合规（小时）	36
边界合规（小时）	54
进口成本	
单证合规（美元）	50
边界合规（美元）	290
✓ 执行合同（排名）	49
执行合同分数（0-100）	65.79
时间（天数）	480
成本（索赔额百分比）	25.6
司法程序质量指数（0-18）	10.0
办理破产（排名）	51
办理破产分数（0-100）	59.90
时间（年数）	2.0
成本（资产价值百分比）	14.5
回收率（百分比）	41.6
破产框架力度指数（0-16）	12.0

中国

营商环境便利度排名（1-190）	46
✓ 开办企业（排名）	28
开办企业分数（0-100）	93.52
手续（数量）	4
时间（天数）	8.6
成本（人均收入百分比）	0.4
最低实缴资本（人均收入百分比）	0.0
✓ 办理施工许可证（排名）	121
办理施工许可证分数（0-100）	65.16
手续（数量）	20.4
时间（天数）	155.1
成本（仓库价值百分比）	2.9
建筑质量控制指数（0-15）	11.1
✓ 获得电力（排名）	14
获得电力分数（0-100）	92.01
手续（数量）	3
时间（天数）	34
成本（人均收入百分比）	0.0
供电可靠性和电费透明度指数（0-8）	6
✓ 登记财产（排名）	27
登记财产分数（0-100）	80.80
手续（数量）	3.6
时间（天数）	9
成本（财产价值百分比）	4.6
土地管理质量指数（0-30）	23.7

东亚及太平洋地区

营商环境便利度分数（0-100）	73.64
获得信贷（排名）	73
获得信贷分数（0-100）	60.00
合法权利力度指数（0-12）	4
信贷信息深度指数（0-8）	8
信贷局覆盖率（成年人百分比）	0.0
信贷登记处覆盖率（成年人百分比）	98.1
✓ 保护少数投资者（排名）	64
保护少数投资者分数（0-100）	60.00
披露程度指数（0-10）	10
董事责任程度指数（0-10）	1
股东诉讼便利度指数（0-10）	5
股东权利指数（0-10）	7
所有权和控制权指数（0-10）	4
公司透明度指数（0-10）	9
✓ 纳税（排名）	114
纳税分数（0-100）	67.53
缴税次数（每年）	7
时间（小时数/每年）	142
总税收和缴费率（占利润百分比）	64.9
报税后程序指数（0-100）	50.00

人均收入（美元） 8690

人口	1386395000
✓ 跨境贸易（排名）	65
跨境贸易分数（0-100）	82.59
出口所需时间	
单证合规（小时）	8.6
边界合规（小时）	25.9
出口成本	
单证合规（美元）	73.6
边界合规（美元）	314
进口所需时间	
单证合规（小时）	24
边界合规（小时）	48
进口成本	
单证合规（美元）	122.3
边界合规（美元）	326
执行合同（排名）	6
执行合同分数（0-100）	78.97
时间（天数）	496.3
成本（索赔额百分比）	16.2
司法程序质量指数（0-18）	15.5
办理破产（排名）	61
办理破产分数（0-100）	55.82
时间（年数）	1.7
成本（资产价值百分比）	22.0
回收率（百分比）	36.9
破产框架力度指数（0-16）	11.5

哥伦比亚

营商环境便利度排名（1-190）	65
开办企业（排名）	100
开办企业分数（0-100）	85.31
手续（数量）	8
时间（天数）	11
成本（人均收入百分比）	14.0
最低实缴资本（人均收入百分比）	0.0
办理施工许可证（排名）	89
办理施工许可证分数（0-100）	68.77
手续（数量）	13
时间（天数）	132
成本（仓库价值百分比）	7.1
建筑质量控制指数（0-15）	11.0
获得电力（排名）	80
获得电力分数（0-100）	75.77
手续（数量）	5
时间（天数）	92
成本（人均收入百分比）	519.0
供电可靠性和电费透明度指数（0-8）	6
登记财产（排名）	59
登记财产分数（0-100）	71.22
手续（数量）	7
时间（天数）	15
成本（财产价值百分比）	2.0
土地管理质量指数（0-30）	16.5

拉丁美洲及加勒比海地区

营商环境便利度分数（0-100）	69.24
获得信贷（排名）	3
获得信贷分数（0-100）	95.00
合法权利力度指数（0-12）	12
信贷信息深度指数（0-8）	7
信贷局覆盖率（成年人百分比）	78.4
信贷登记处覆盖率（成年人百分比）	0.0
保护少数投资者（排名）	15
保护少数投资者分数（0-100）	75.00
披露程度指数（0-10）	9
董事责任程度指数（0-10）	7
股东诉讼便利度指数（0-10）	8
股东权利指数（0-10）	6
所有权和控制权指数（0-10）	9
公司透明度指数（0-10）	6
纳税（排名）	146
纳税分数（0-100）	57.85
缴税次数（每年）	11
时间（小时数/每年）	255.5
总税收和缴费率（占利润百分比）	71.9
报税后程序指数（0-100）	48.17

人均收入（美元）　5830

人口	49065615
跨境贸易（排名）	133
跨境贸易分数（0-100）	61.83
出口所需时间	
单证合规（小时）	60
边界合规（小时）	112
出口成本	
单证合规（美元）	90
边界合规（美元）	630
进口所需时间	
单证合规（小时）	64
边界合规（小时）	112
进口成本	
单证合规（美元）	50
边界合规（美元）	545
执行合同（排名）	177
执行合同分数（0-100）	34.29
时间（天数）	1288
成本（索赔额百分比）	45.8
司法程序质量指数（0-18）	9.0
办理破产（排名）	40
办理破产分数（0-100）	67.40
时间（年数）	1.7
成本（资产价值百分比）	8.5
回收率（百分比）	67.2
破产框架力度指数（0-16）	10.0

科摩罗

营商环境便利度排名（1-190）	164
开办企业（排名）	164
开办企业分数（0-100）	72.25
手续（数量）	9
时间（天数）	16
成本（人均收入百分比）	82.5
最低实缴资本（人均收入百分比）	28.5
办理施工许可证（排名）	85
办理施工许可证分数（0-100）	69.22
手续（数量）	10
时间（天数）	108
成本（仓库价值百分比）	1.2
建筑质量控制指数（0-15）	4.0
获得电力（排名）	139
获得电力分数（0-100）	57.72
手续（数量）	3
时间（天数）	120
成本（人均收入百分比）	2005.2
供电可靠性和电费透明度指数（0-8）	0
登记财产（排名）	114
登记财产分数（0-100）	57.70
手续（数量）	4
时间（天数）	30
成本（财产价值百分比）	8.0
土地管理质量指数（0-30）	7.0

撒哈拉以南非洲

营商环境便利度分数（0-100）	48.66
获得信贷（排名）	124
获得信贷分数（0-100）	40.00
合法权利力度指数（0-12）	6
信贷信息深度指数（0-8）	2
信贷局覆盖率（成年人百分比）	0.0
信贷登记处覆盖率（成年人百分比）	13.0
保护少数投资者（排名）	149
保护少数投资者分数（0-100）	40.00
披露程度指数（0-10）	7
董事责任程度指数（0-10）	1
股东诉讼便利度指数（0-10）	5
股东权利指数（0-10）	4
所有权和控制权指数（0-10）	3
公司透明度指数（0-10）	4
纳税（排名）	168
纳税分数（0-100）	49.86
缴税次数（每年）	33
时间（小时数/每年）	100
总税收和缴费率（占利润百分比）	219.6
报税后程序指数（0-100）	57.33

人均收入（美元）　760

人口	813912
跨境贸易（排名）	118
跨境贸易分数（0-100）	66.87
出口所需时间	
单证合规（小时）	50
边界合规（小时）	51
出口成本	
单证合规（美元）	124
边界合规（美元）	651
进口所需时间	
单证合规（小时）	26
边界合规（小时）	70
进口成本	
单证合规（美元）	93
边界合规（美元）	765
执行合同（排名）	179
执行合同分数（0-100）	32.97
时间（天数）	506
成本（索赔额百分比）	89.4
司法程序质量指数（0-18）	5.5
办理破产（排名）	168
办理破产分数（0-100）	0.00
时间（年数）	无实践
成本（资产价值百分比）	无实践
回收率（百分比）	0.0
破产框架力度指数（0-16）	0.0

刚果民主共和国

营商环境便利度排名（1-190）	184

开办企业（排名）	62
开办企业分数（0-100）	90.24
手续（数量）	4
时间（天数）	7
成本（人均收入百分比）	26.7
最低实缴资本（人均收入百分比）	6.0

办理施工许可证（排名）	165
办理施工许可证分数（0-100）	53.67
手续（数量）	13
时间（天数）	122
成本（仓库价值百分比）	15.8
建筑质量控制指数（0-15）	8.0

获得电力（排名）	174
获得电力分数（0-100）	34.67
手续（数量）	6
时间（天数）	44
成本（人均收入百分比）	14195.0
供电可靠性和电费透明度指数（0-8）	0

√ 登记财产（排名）	156
登记财产分数（0-100）	47.14
手续（数量）	8
时间（天数）	38
成本（财产价值百分比）	10.3
土地管理质量指数（0-30）	10.0

撒哈拉以南非洲

营商环境便利度分数（0-100）	36.85

获得信贷（排名）	144 √
获得信贷分数（0-100）	30.00
合法权利力度指数（0-12）	6
信贷信息深度指数（0-8）	0
信贷局覆盖率（成年人百分比）	0.0
信贷登记处覆盖率（成年人百分比）	0.7

保护少数投资者（排名）	165
保护少数投资者分数（0-100）	36.67
披露程度指数（0-10）	7
董事责任程度指数（0-10）	1
股东诉讼便利度指数（0-10）	3
股东权利指数（0-10）	4
所有权和控制权指数（0-10）	3
公司透明度指数（0-10）	4

纳税（排名）	180
纳税分数（0-100）	39.40
缴税次数（每年）	52
时间（小时数/每年）	346
总税收和缴费率（占利润百分比）	54.6
报税后程序指数（0-100）	27.08

人均收入（美元）

	450
人口	81339988

跨境贸易（排名）	188
跨境贸易分数（0-100）	3.45
出口所需时间	
单证合规（小时）	192
边界合规（小时）	296
出口成本	
单证合规（美元）	500
边界合规（美元）	2223
进口所需时间	
单证合规（小时）	174
边界合规（小时）	336
进口成本	
单证合规（美元）	765
边界合规（美元）	3039

√ 执行合同（排名）	178
执行合同分数（0-100）	33.28
时间（天数）	610
成本（索赔额百分比）	80.6
司法程序质量指数（0-18）	5.5

办理破产（排名）	168
办理破产分数（0-100）	0.00
时间（年数）	无实践
成本（资产价值百分比）	无实践
回收率（百分比）	0.0
破产框架力度指数（0-16）	0.0

刚果共和国

营商环境便利度排名（1-190）	180

开办企业（排名）	179
开办企业分数（0-100）	64.10
手续（数量）	10.5
时间（天数）	49.5
成本（人均收入百分比）	75.5
最低实缴资本（人均收入百分比）	2.9

办理施工许可证（排名）	127
办理施工许可证分数（0-100）	64.04
手续（数量）	12
时间（天数）	164
成本（仓库价值百分比）	7.9
建筑质量控制指数（0-15）	9.5

获得电力（排名）	182
获得电力分数（0-100）	29.00
手续（数量）	6
时间（天数）	134
成本（人均收入百分比）	6769.0
供电可靠性和电费透明度指数（0-8）	0

√ 登记财产（排名）	177
登记财产分数（0-100）	37.87
手续（数量）	6
时间（天数）	55
成本（财产价值百分比）	13.9
土地管理质量指数（0-30）	3.5

撒哈拉以南非洲

营商环境便利度分数（0-100）	39.83

获得信贷（排名）	134
获得信贷分数（0-100）	35.00
合法权利力度指数（0-12）	6
信贷信息深度指数（0-8）	1
信贷局覆盖率（成年人百分比）	0.0
信贷登记处覆盖率（成年人百分比）	12.4

保护少数投资者（排名）	149
保护少数投资者分数（0-100）	40.00
披露程度指数（0-10）	7
董事责任程度指数（0-10）	1
股东诉讼便利度指数（0-10）	5
股东权利指数（0-10）	4
所有权和控制权指数（0-10）	3
公司透明度指数（0-10）	4

纳税（排名）	185
纳税分数（0-100）	26.79
缴税次数（每年）	50
时间（小时数/每年）	602
总税收和缴费率（占利润百分比）	54.3
报税后程序指数（0-100）	12.29

人均收入（美元）

	1360
人口	5260750

跨境贸易（排名）	184
跨境贸易分数（0-100）	19.68
出口所需时间	
单证合规（小时）	120
边界合规（小时）	276
出口成本	
单证合规（美元）	165
边界合规（美元）	1975
进口所需时间	
单证合规（小时）	208
边界合规（小时）	397
进口成本	
单证合规（美元）	310
边界合规（美元）	1581

√ 执行合同（排名）	155
执行合同分数（0-100）	43.99
时间（天数）	560
成本（索赔额百分比）	53.2
司法程序质量指数（0-18）	5.0

办理破产（排名）	122
办理破产分数（0-100）	37.81
时间（年数）	3.3
成本（资产价值百分比）	25.0
回收率（百分比）	18.0
破产框架力度指数（0-16）	9.0

哥斯达黎加

营商环境便利度排名（1-190）	67
✕ 开办企业（排名）	142
开办企业分数（0-100）	79.92
手续（数量）	10
时间（天数）	23
成本（人均收入百分比）	9.5
最低实缴资本（人均收入百分比）	0.0
办理施工许可证（排名）	74
办理施工许可证分数（0-100）	71.05
手续（数量）	17
时间（天数）	135
成本（仓库价值百分比）	1.9
建筑质量控制指数（0-15）	11.0
获得电力（排名）	38
获得电力分数（0-100）	85.10
手续（数量）	5
时间（天数）	45
成本（人均收入百分比）	164.6
供电可靠性和电费透明度指数（0-8）	7
登记财产（排名）	47
登记财产分数（0-100）	74.36
手续（数量）	5
时间（天数）	11
成本（财产价值百分比）	3.4
土地管理质量指数（0-30）	17.5

拉丁美洲及加勒比海地区

营商环境便利度分数（0-100）	68.89
获得信贷（排名）	12
获得信贷分数（0-100）	85.00
合法权利力度指数（0-12）	10
信贷信息深度指数（0-8）	7
信贷局覆盖率（成年人百分比）	87.9
信贷登记处覆盖率（成年人百分比）	34.5
保护少数投资者（排名）	122
保护少数投资者分数（0-100）	48.33
披露程度指数（0-10）	5
董事责任程度指数（0-10）	5
股东诉讼便利度指数（0-10）	8
股东权利指数（0-10）	4
所有权和控制权指数（0-10）	4
公司透明度指数（0-10）	3
纳税（排名）	57
纳税分数（0-100）	77.99
缴税次数（每年）	10
时间（小时数/每年）	151
总税收和缴费率（占利润百分比）	58.3
报税后程序指数（0-100）	87.15

人均收入（美元）11040

人口	4905769
跨境贸易（排名）	73
跨境贸易分数（0-100）	79.32
出口所需时间	
单证合规（小时）	24
边界合规（小时）	20
出口成本	
单证合规（美元）	80
边界合规（美元）	375
进口所需时间	
单证合规（小时）	26
边界合规（小时）	80
进口成本	
单证合规（美元）	75
边界合规（美元）	420
执行合同（排名）	121
执行合同分数（0-100）	53.33
时间（天数）	852
成本（索赔额百分比）	24.3
司法程序质量指数（0-18）	8.5
办理破产（排名）	134
办理破产分数（0-100）	34.53
时间（年数）	3.0
成本（资产价值百分比）	14.5
回收率（百分比）	29.3
破产框架力度指数（0-16）	6.0

科特迪瓦

营商环境便利度排名（1-190）	122
✓ 开办企业（排名）	26
开办企业分数（0-100）	93.70
手续（数量）	4
时间（天数）	6
成本（人均收入百分比）	2.7
最低实缴资本（人均收入百分比）	2.7
✓ 办理施工许可证（排名）	142
办理施工许可证分数（0-100）	59.37
手续（数量）	21
时间（天数）	162
成本（仓库价值百分比）	5.2
建筑质量控制指数（0-15）	10.0
获得电力（排名）	143
获得电力分数（0-100）	56.23
手续（数量）	8
时间（天数）	53
成本（人均收入百分比）	2147.3
供电可靠性和电费透明度指数（0-8）	4
登记财产（排名）	112
登记财产分数（0-100）	58.03
手续（数量）	6
时间（天数）	30
成本（财产价值百分比）	7.1
土地管理质量指数（0-30）	10.5

撒哈拉以南非洲

营商环境便利度分数（0-100）	58.00
✓ 获得信贷（排名）	44
获得信贷分数（0-100）	70.00
合法权利力度指数（0-12）	6
信贷信息深度指数（0-8）	8
信贷局覆盖率（成年人百分比）	9.6
信贷登记处覆盖率（成年人百分比）	0.3
保护少数投资者（排名）	149
保护少数投资者分数（0-100）	40.00
披露程度指数（0-10）	7
董事责任程度指数（0-10）	1
股东诉讼便利度指数（0-10）	5
股东权利指数（0-10）	4
所有权和控制权指数（0-10）	3
公司透明度指数（0-10）	4
纳税（排名） ✓	175
纳税分数（0-100）	46.49
缴税次数（每年）	63
时间（小时数/每年）	205
总税收和缴费率（占利润百分比）	50.1
报税后程序指数（0-100）	44.90

人均收入（美元）1540

人口	24294750
跨境贸易（排名）	162
跨境贸易分数（0-100）	52.44
出口所需时间	
单证合规（小时）	84
边界合规（小时）	239
出口成本	
单证合规（美元）	136
边界合规（美元）	423
进口所需时间	
单证合规（小时）	89
边界合规（小时）	125
进口成本	
单证合规（美元）	267
边界合规（美元）	456
✓ 执行合同（排名）	106
执行合同分数（0-100）	55.74
时间（天数）	525
成本（索赔额百分比）	41.7
司法程序质量指数（0-18）	8.5
办理破产（排名）	80
办理破产分数（0-100）	48.00
时间（年数）	2.2
成本（资产价值百分比）	18.0
回收率（百分比）	36.9
破产框架力度指数（0-16）	9.0

克罗地亚

营商环境便利度排名（1-190）	58
开办企业（排名）	123
开办企业分数（0-100）	82.62
手续（数量）	8
时间（天数）	22.5
成本（人均收入百分比）	6.6
最低实缴资本（人均收入百分比）	11.6
办理施工许可证（排名）	159
办理施工许可证分数（0-100）	55.70
手续（数量）	22
时间（天数）	146
成本（仓库价值百分比）	10.9
建筑质量控制指数（0-15）	12.0
获得电力（排名）	61
获得电力分数（0-100）	80.50
手续（数量）	4
时间（天数）	65
成本（人均收入百分比）	276.6
供电可靠性和电费透明度指数（0-8）	5
√登记财产（排名）	51
登记财产分数（0-100）	74.07
手续（数量）	5
时间（天数）	47
成本（财产价值百分比）	4.0
土地管理质量指数（0-30）	23.5

欧洲和中亚

营商环境便利度分数（0-100）	71.40
获得信贷（排名）	85
获得信贷分数（0-100）	55.00
合法权利力度指数（0-12）	5
信贷信息深度指数（0-8）	6
信贷局覆盖率（成年人百分比）	100.0
信贷登记处覆盖率（成年人百分比）	0.0
保护少数投资者（排名）	38
保护少数投资者分数（0-100）	66.67
披露程度指数（0-10）	5
董事责任程度指数（0-10）	6
股东诉讼便利度指数（0-10）	6
股东权利指数（0-10）	8
所有权和控制权指数（0-10）	8
公司透明度指数（0-10）	7
纳税（排名）	89
纳税分数（0-100）	72.68
缴税次数（每年）	34
时间（小时数/每年）	206
总税收和缴费率（占利润百分比）	20.5
报税后程序指数（0-100）	66.66

人均收入（美元） 12430

人口	4125700
跨境贸易（排名）	1
跨境贸易分数（0-100）	100.00
出口所需时间	
单证合规（小时）	1
边界合规（小时）	0
出口成本	
单证合规（美元）	0
边界合规（美元）	0
进口所需时间	
单证合规（小时）	1
边界合规（小时）	0
进口成本	
单证合规（美元）	0
边界合规（美元）	0
执行合同（排名）	25
执行合同分数（0-100）	70.60
时间（天数）	650
成本（索赔额百分比）	15.2
司法程序质量指数（0-18）	13.0
办理破产（排名）	59
办理破产分数（0-100）	56.20
时间（年数）	3.1
成本（资产价值百分比）	14.5
回收率（百分比）	34.8
破产框架力度指数（0-16）	12.0

塞浦路斯

营商环境便利度排名（1-190）	57
开办企业（排名）	52
开办企业分数（0-100）	91.24
手续（数量）	5
时间（天数）	6
成本（人均收入百分比）	11.9
最低实缴资本（人均收入百分比）	0.0
办理施工许可证（排名）	126
办理施工许可证分数（0-100）	64.08
手续（数量）	8
时间（天数）	507
成本（仓库价值百分比）	1.0
建筑质量控制指数（0-15）	11.0
获得电力（排名）	70
获得电力分数（0-100）	78.35
手续（数量）	5
时间（天数）	137
成本（人均收入百分比）	124.2
供电可靠性和电费透明度指数（0-8）	8
登记财产（排名）	94
登记财产分数（0-100）	63.46
手续（数量）	7
时间（天数）	9
成本（财产价值百分比）	10.3
土地管理质量指数（0-30）	23.0

欧洲和中亚

营商环境便利度分数（0-100）	71.71
获得信贷（排名）	73
获得信贷分数（0-100）	60.00
合法权利力度指数（0-12）	7
信贷信息深度指数（0-8）	5
信贷局覆盖率（成年人百分比）	73.1
信贷登记处覆盖率（成年人百分比）	0.0
√保护少数投资者（排名）	38
保护少数投资者分数（0-100）	66.67
披露程度指数（0-10）	9
董事责任程度指数（0-10）	4
股东诉讼便利度指数（0-10）	7
股东权利指数（0-10）	7
所有权和控制权指数（0-10）	6
公司透明度指数（0-10）	7
√纳税（排名）	47
纳税分数（0-100）	80.78
缴税次数（每年）	27
时间（小时数/每年）	122.5
总税收和缴费率（占利润百分比）	22.2
报税后程序指数（0-100）	74.47

人均收入（美元） 23719

人口	1179551
跨境贸易（排名）	49
跨境贸易分数（0-100）	88.44
出口所需时间	
单证合规（小时）	2
边界合规（小时）	18
出口成本	
单证合规（美元）	50
边界合规（美元）	300
进口所需时间	
单证合规（小时）	2
边界合规（小时）	15
进口成本	
单证合规（美元）	50
边界合规（美元）	335
执行合同（排名）	138
执行合同分数（0-100）	48.59
时间（天数）	1100
成本（索赔额百分比）	16.4
司法程序质量指数（0-18）	8.0
办理破产（排名）	26
办理破产分数（0-100）	75.45
时间（年数）	1.5
成本（资产价值百分比）	14.5
回收率（百分比）	73.4
破产框架力度指数（0-16）	11.5

捷克共和国

营商环境便利度排名（1-190）	35	经合组织高收入经济体		人均收入（美元）	18160	
		营商环境便利度分数（0-100）	76.10	人口	10591323	

捷克共和国		经合组织高收入经济体		人均收入（美元）	18160
营商环境便利度排名（1-190）	35	营商环境便利度分数（0-100）	76.10	人口	10591323
开办企业（排名）	115	获得信贷（排名）	44	跨境贸易（排名）	1
开办企业分数（0-100）	83.56	获得信贷分数（0-100）	70.00	跨境贸易分数（0-100）	100.00
手续（数量）	8	合法权利力度指数（0-12）	7	出口所需时间	
时间（天数）	24.5	信贷信息深度指数（0-8）	7	单证合规（小时）	1
成本（人均收入百分比）	1.0	信贷局覆盖率（成年人百分比）	80.5	边界合规（小时）	0
最低实缴资本（人均收入百分比）	0.0	信贷登记处覆盖率（成年人百分比）	7.2	出口成本	
				单证合规（美元）	0
办理施工许可证（排名）	156	保护少数投资者（排名）	72	边界合规（美元）	0
办理施工许可证分数（0-100）	56.20	保护少数投资者分数（0-100）	58.33	进口所需时间	
手续（数量）	21	披露程度指数（0-10）	2	单证合规（小时）	1
时间（天数）	246	董事责任程度指数（0-10）	6	边界合规（小时）	0
成本（仓库价值百分比）	0.2	股东诉讼便利度指数（0-10）	9	进口成本	
建筑质量控制指数（0-15）	8.0	股东权利指数（0-10）	6	单证合规（美元）	0
		所有权和控制权指数（0-10）	7	边界合规（美元）	0
获得电力（排名）	10	公司透明度指数（0-10）	5		
获得电力分数（0-100）	95.36			执行合同（排名）	99
手续（数量）	3	纳税（排名）	45	执行合同分数（0-100）	56.38
时间（天数）	60	纳税分数（0-100）	81.42	时间（天数）	678
成本（人均收入百分比）	24.1	缴税次数（每年）	8	成本（索赔额百分比）	33.8
供电可靠性和电费透明度指数（0-8）	8	时间（小时/每年）	230	司法程序质量指数（0-18）	9.5
		总税收和缴费率（占利润百分比）	46.1		
登记财产（排名）	33	报税后程序指数（0-100）	90.75	办理破产（排名）	15
登记财产分数（0-100）	79.74			办理破产分数（0-100）	80.05
手续（数量）	4			时间（年数）	2.1
时间（天数）	27.5			成本（资产价值百分比）	17.0
成本（财产价值百分比）	4.0			回收率（百分比）	67.4
土地管理质量指数（0-30）	25.0			破产框架力度指数（0-16）	14.0

丹麦

丹麦		经合组织高收入经济体		人均收入（美元）	55220
营商环境便利度排名（1-190）	3	营商环境便利度分数（0-100）	84.64	人口	5769603
开办企业（排名）	42	获得信贷（排名）	44	跨境贸易（排名）	1
开办企业分数（0-100）	92.52	获得信贷分数（0-100）	70.00	跨境贸易分数（0-100）	100.00
手续（数量）	5	合法权利力度指数（0-12）	8	出口所需时间	
时间（天数）	3.5	信贷信息深度指数（0-8）	6	单证合规（小时）	1
成本（人均收入百分比）	0.2	信贷局覆盖率（成年人百分比）	7.4	边界合规（小时）	0
最低实缴资本（人均收入百分比）	13.2	信贷登记处覆盖率（成年人百分比）	0.0	出口成本	
				单证合规（美元）	0
办理施工许可证（排名）	4	保护少数投资者（排名）	38	边界合规（美元）	0
办理施工许可证分数（0-100）	86.94	保护少数投资者分数（0-100）	66.67	进口所需时间	
手续（数量）	7	披露程度指数（0-10）	7	单证合规（小时）	1
时间（天数）	64	董事责任程度指数（0-10）	5	边界合规（小时）	0
成本（仓库价值百分比）	1.3	股东诉讼便利度指数（0-10）	8	进口成本	
建筑质量控制指数（0-15）	11.0	股东权利指数（0-10）	6	单证合规（美元）	0
		所有权和控制权指数（0-10）	5	边界合规（美元）	0
获得电力（排名）	21	公司透明度指数（0-10）	9		
获得电力分数（0-100）	90.22			√ 执行合同（排名）	14
手续（数量）	4	纳税（排名）	9	执行合同分数（0-100）	73.92
时间（天数）	38	纳税分数（0-100）	91.14	时间（天数）	485
成本（人均收入百分比）	103.4	缴税次数（每年）	10	成本（索赔额百分比）	23.3
供电可靠性和电费透明度指数（0-8）	7	时间（小时/每年）	132	司法程序质量指数（0-18）	14.0
		总税收和缴费率（占利润百分比）	23.8		
登记财产（排名）	11	报税后程序指数（0-100）	89.06	办理破产（排名）	6
登记财产分数（0-100）	89.88			办理破产分数（0-100）	85.13
手续（数量）	3			时间（年数）	1.0
时间（天数）	4			成本（资产价值百分比）	4.0
成本（财产价值百分比）	0.6			回收率（百分比）	88.5
土地管理质量指数（0-30）	24.5			破产框架力度指数（0-16）	12.0

吉布提

营商环境便利度排名（1-190）	99
√ 开办企业（排名）	96
开办企业分数（0-100）	85.73
手续（数量）	5
时间（天数）	13
成本（人均收入百分比）	41.9
最低实缴资本（人均收入百分比）	0.0
办理施工许可证（排名）	101
办理施工许可证分数（0-100）	67.87
手续（数量）	17
时间（天数）	148
成本（仓库价值百分比）	5.1
建筑质量控制指数（0-15）	12.0
获得电力（排名）	119
获得电力分数（0-100）	64.23
手续（数量）	4
时间（天数）	52
成本（人均收入百分比）	941.8
供电可靠性和电费透明度指数（0-8）	0
√ 登记财产（排名）	110
登记财产分数（0-100）	58.17
手续（数量）	6
时间（天数）	24
成本（财产价值百分比）	5.7
土地管理质量指数（0-30）	7.0

中东和北非

营商环境便利度分数（0-100）	62.02
获得信贷（排名）	161
获得信贷分数（0-100）	25.00
合法权利力度指数（0-12）	5
信贷信息深度指数（0-8）	0
信贷局覆盖率（成年人百分比）	0.0
信贷登记处覆盖率（成年人百分比）	0.4
√ 保护少数投资者（排名）	2
保护少数投资者分数（0-100）	81.67
披露程度指数（0-10）	8
董事责任程度指数（0-10）	8
股东诉讼便利度指数（0-10）	10
股东权利指数（0-10）	7
所有权和控制权指数（0-10）	9
公司透明度指数（0-10）	7
纳税（排名）	108
纳税分数（0-100）	68.91
缴税次数（每年）	35
时间（小时数/每年）	76
总税收和缴费率（占利润百分比）	37.7
报税后程序指数（0-100）	49.57

人均收入（美元） 1880

人口	956985
跨境贸易（排名）	145
跨境贸易分数（0-100）	59.37
出口所需时间	
单证合规（小时）	60
边界合规（小时）	72
出口成本	
单证合规（美元）	95
边界合规（美元）	605
进口所需时间	
单证合规（小时）	50
边界合规（小时）	118
进口成本	
单证合规（美元）	100
边界合规（美元）	1055
√ 执行合同（排名）	140
执行合同分数（0-100）	48.43
时间（天数）	695
成本（索赔额百分比）	34.0
司法程序质量指数（0-18）	5.5
√ 办理破产（排名）	48
办理破产分数（0-100）	60.85
时间（年数）	2.3
成本（资产价值百分比）	11.0
回收率（百分比）	37.6
破产框架力度指数（0-16）	13.0

多米尼克

营商环境便利度排名（1-190）	103
开办企业（排名）	69
开办企业分数（0-100）	89.39
手续（数量）	5
时间（天数）	12
成本（人均收入百分比）	14.7
最低实缴资本（人均收入百分比）	0.0
办理施工许可证（排名）	82
办理施工许可证分数（0-100）	70.09
手续（数量）	11
时间（天数）	191
成本（仓库价值百分比）	0.3
建筑质量控制指数（0-15）	8.0
获得电力（排名）	50
获得电力分数（0-100）	82.51
手续（数量）	5
时间（天数）	61
成本（人均收入百分比）	439.5
供电可靠性和电费透明度指数（0-8）	7
登记财产（排名）	168
登记财产分数（0-100）	43.42
手续（数量）	5
时间（天数）	42
成本（财产价值百分比）	13.3
土地管理质量指数（0-30）	4.5

拉丁美洲及加勒比海地区

营商环境便利度分数（0-100）	61.07
获得信贷（排名）	144
获得信贷分数（0-100）	30.00
合法权利力度指数（0-12）	6
信贷信息深度指数（0-8）	0
信贷局覆盖率（成年人百分比）	0.0
信贷登记处覆盖率（成年人百分比）	0.0
保护少数投资者（排名）	99
保护少数投资者分数（0-100）	51.67
披露程度指数（0-10）	4
董事责任程度指数（0-10）	8
股东诉讼便利度指数（0-10）	8
股东权利指数（0-10）	4
所有权和控制权指数（0-10）	4
公司透明度指数（0-10）	3
纳税（排名）	75
纳税分数（0-100）	75.65
缴税次数（每年）	37
时间（小时数/每年）	117
总税收和缴费率（占利润百分比）	32.6
报税后程序指数（0-100）	78.91

人均收入（美元） 6990

人口	73925
跨境贸易（排名）	89
跨境贸易分数（0-100）	74.26
出口所需时间	
单证合规（小时）	12
边界合规（小时）	36
出口成本	
单证合规（美元）	50
边界合规（美元）	625
进口所需时间	
单证合规（小时）	24
边界合规（小时）	39
进口成本	
单证合规（美元）	50
边界合规（美元）	906
执行合同（排名）	83
执行合同分数（0-100）	59.17
时间（天数）	681
成本（索赔额百分比）	36.0
司法程序质量指数（0-18）	11.5
办理破产（排名）	134
办理破产分数（0-100）	34.53
时间（年数）	4.0
成本（资产价值百分比）	10.0
回收率（百分比）	29.3
破产框架力度指数（0-16）	6.0

多米尼加共和国

		拉丁美洲及加勒比海地区		人均收入（美元）	6630
营商环境便利度排名（1–190）	102	营商环境便利度分数（0–100）	61.12	人口	10766998
开办企业（排名）	117	获得信贷（排名）	112	跨境贸易（排名）	63
开办企业分数（0–100）	83.44	获得信贷分数（0–100）	45.00	跨境贸易分数（0–100）	83.51
手续（数量）	7	合法权利力度指数（0–12）	1	*出口所需时间*	
时间（天数）	16.5	信贷信息深度指数（0–8）	8	单证合规（小时）	10
成本（人均收入百分比）	14.1	信贷局覆盖率（成年人百分比）	100.0	边界合规（小时）	16
最低实缴资本（人均收入百分比）	31.3	信贷登记处覆盖率（成年人百分比）	26.3	*出口成本*	
				单证合规（美元）	15
办理施工许可证（排名）	80	保护少数投资者（排名）	83	边界合规（美元）	488
办理施工许可证分数（0–100）	70.42	保护少数投资者分数（0–100）	56.67	*进口所需时间*	
手续（数量）	15	披露程度指数（0–10）	5	单证合规（小时）	14
时间（天数）	206	董事责任程度指数（0–10）	4	边界合规（小时）	24
成本（仓库价值百分比）	2.6	股东诉讼便利度指数（0–10）	8	*进口成本*	
建筑质量控制指数（0–15）	13.0	股东权利指数（0–10）	7	单证合规（美元）	40
		所有权和控制权指数（0–10）	5	边界合规（美元）	579
获得电力（排名）	116	公司透明度指数（0–10）	5		
获得电力分数（0–100）	64.65			执行合同（排名）	149
手续（数量）	7	纳税（排名）	148	执行合同分数（0–100）	46.86
时间（天数）	67	纳税分数（0–100）	57.44	时间（天数）	590
成本（人均收入百分比）	276.7	缴税次数（每年）	7	成本（索赔额百分比）	40.9
供电可靠性和电费透明度指数（0–8）	4	时间（小时数/每年）	317	司法程序质量指数（0–18）	4.5
		总税收和缴费率（占利润百分比）	48.8		
登记财产（排名）	77	报税后程序指数（0–100）	10.71	办理破产（排名）	124
登记财产分数（0–100）	65.73			办理破产分数（0–100）	37.54
手续（数量）	6			时间（年数）	3.5
时间（天数）	45			成本（资产价值百分比）	38.0
成本（财产价值百分比）	3.4			回收率（百分比）	8.8
土地管理质量指数（0–30）	14.5			破产框架力度指数（0–16）	10.5

厄瓜多尔

		拉丁美洲及加勒比海地区		人均收入（美元）	5890
营商环境便利度排名（1–190）	123	营商环境便利度分数（0–100）	57.94	人口	16624858
开办企业（排名）	168	获得信贷（排名）	112	跨境贸易（排名）	109
开办企业分数（0–100）	70.58	获得信贷分数（0–100）	45.00	跨境贸易分数（0–100）	68.65
手续（数量）	11	合法权利力度指数（0–12）	1	*出口所需时间*	
时间（天数）	48.5	信贷信息深度指数（0–8）	8	单证合规（小时）	24
成本（人均收入百分比）	21.2	信贷局覆盖率（成年人百分比）	73.3	边界合规（小时）	96
最低实缴资本（人均收入百分比）	0.0	信贷登记处覆盖率（成年人百分比）	0.0	*出口成本*	
				单证合规（美元）	140
办理施工许可证（排名）	113	保护少数投资者（排名）	125	边界合规（美元）	560
办理施工许可证分数（0–100）	66.38	保护少数投资者分数（0–100）	46.67	*进口所需时间*	
手续（数量）	17	披露程度指数（0–10）	2	单证合规（小时）	120
时间（天数）	132	董事责任程度指数（0–10）	5	边界合规（小时）	24
成本（仓库价值百分比）	1.9	股东诉讼便利度指数（0–10）	6	*进口成本*	
建筑质量控制指数（0–15）	8.0	股东权利指数（0–10）	9	单证合规（美元）	75
		所有权和控制权指数（0–10）	3	边界合规（美元）	250
获得电力（排名）	94	公司透明度指数（0–10）	3		
获得电力分数（0–100）	72.22			执行合同（排名）	79
手续（数量）	7	纳税（排名）	143	执行合同分数（0–100）	59.38
时间（天数）	74	纳税分数（0–100）	59.38	时间（天数）	523
成本（人均收入百分比）	614.7	缴税次数（每年）	8	成本（索赔额百分比）	27.2
供电可靠性和电费透明度指数（0–8）	7	时间（小时数/每年）	664	司法程序质量指数（0–18）	7.5
		总税收和缴费率（占利润百分比）	32.3		
登记财产（排名）	75	报税后程序指数（0–100）	49.54	办理破产（排名）	158
登记财产分数（0–100）	65.79			办理破产分数（0–100）	25.36
手续（数量）	8			时间（年数）	5.3
时间（天数）	38			成本（资产价值百分比）	18.0
成本（财产价值百分比）	2.1			回收率（百分比）	18.1
土地管理质量指数（0–30）	16.0			破产框架力度指数（0–16）	5.0

阿拉伯埃及共和国

指标	值	中东和北非	值	人均收入（美元）	3010
营商环境便利度排名（1-190）	120	营商环境便利度分数（0-100）	58.56	人口	97553151
√ 开办企业（排名）	109	获得信贷（排名）	60	跨境贸易（排名）	171
开办企业分数（0-100）	84.11	获得信贷分数（0-100）	65.00	跨境贸易分数（0-100）	42.23
手续（数量）	6.5	合法权利力度指数（0-12）	5	*出口所需时间*	
时间（天数）	11.5	信贷信息深度指数（0-8）	8	单证合规（小时）	88
成本（人均收入百分比）	40.3	信贷局覆盖率（成年人百分比）	27.3	边界合规（小时）	48
最低实缴资本（人均收入百分比）	0.0	信贷登记处覆盖率（成年人百分比）	8.4	*出口成本*	
				单证合规（美元）	100
办理施工许可证（排名）	68	保护少数投资者（排名）	72	边界合规（美元）	258
办理施工许可证分数（0-100）	71.77	保护少数投资者分数（0-100）	58.33	*进口所需时间*	
手续（数量）	19	披露程度指数（0-10）	8	单证合规（小时）	265
时间（天数）	173	董事责任程度指数（0-10）	3	边界合规（小时）	240
成本（仓库价值百分比）	1.6	股东诉讼便利度指数（0-10）	3	*进口成本*	
建筑质量控制指数（0-15）	14.0	股东权利指数（0-10）	5	单证合规（美元）	1000
		所有权和控制权指数（0-10）	7	边界合规（美元）	554
获得电力（排名）	96	公司透明度指数（0-10）	9		
获得电力分数（0-100）	71.41			执行合同（排名）	160
手续（数量）	5	√ 纳税（排名）	159	执行合同分数（0-100）	42.75
时间（天数）	53	纳税分数（0-100）	52.73	时间（天数）	1010
成本（人均收入百分比）	269.5	缴税次数（每年）	29	成本（索赔额百分比）	26.2
供电可靠性和电费透明度指数（0-8）	3	时间（小时数/每年）	392	司法程序质量指数（0-18）	5.5
		总税收和缴费率（占利润百分比）	46.4		
登记财产（排名）	125	报税后程序指数（0-100）	36.54	√ 办理破产（排名）	101
登记财产分数（0-100）	55.00			办理破产分数（0-100）	42.27
手续（数量）	9			时间（年数）	2.5
时间（天数）	76			成本（资产价值百分比）	22.0
成本（财产价值百分比）	1.1			回收率（百分比）	23.4
土地管理质量指数（0-30）	9.0			破产框架力度指数（0-16）	9.5

萨尔瓦多

指标	值	拉丁美洲及加勒比海地区	值	人均收入（美元）	3560
营商环境便利度排名（1-190）	85	营商环境便利度分数（0-100）	65.41	人口	6377853
开办企业（排名）	147	获得信贷（排名）	22	√ 跨境贸易（排名）	44
开办企业分数（0-100）	78.41	获得信贷分数（0-100）	80.00	跨境贸易分数（0-100）	89.76
手续（数量）	9	合法权利力度指数（0-12）	9	*出口所需时间*	
时间（天数）	16.5	信贷信息深度指数（0-8）	7	单证合规（小时）	9
成本（人均收入百分比）	45.1	信贷局覆盖率（成年人百分比）	33.6	边界合规（小时）	24
最低实缴资本（人均收入百分比）	2.7	信贷登记处覆盖率（成年人百分比）	29.8	*出口成本*	
				单证合规（美元）	50
√ 办理施工许可证（排名）	173	保护少数投资者（排名）	161	边界合规（美元）	128
办理施工许可证分数（0-100）	51.82	保护少数投资者分数（0-100）	38.33	*进口所需时间*	
手续（数量）	17	披露程度指数（0-10）	3	单证合规（小时）	13
时间（天数）	314	董事责任程度指数（0-10）	0	边界合规（小时）	36
成本（仓库价值百分比）	5.7	股东诉讼便利度指数（0-10）	7	*进口成本*	
建筑质量控制指数（0-15）	10.0	股东权利指数（0-10）	6	单证合规（美元）	67
		所有权和控制权指数（0-10）	1	边界合规（美元）	128
获得电力（排名）	97	公司透明度指数（0-10）	6		
获得电力分数（0-100）	71.24			执行合同（排名）	109
手续（数量）	7	纳税（排名）	62	执行合同分数（0-100）	55.30
时间（天数）	56	纳税分数（0-100）	77.30	时间（天数）	816
成本（人均收入百分比）	553.4	缴税次数（每年）	7	成本（索赔额百分比）	19.2
供电可靠性和电费透明度指数（0-8）	6	时间（小时数/每年）	180	司法程序质量指数（0-18）	8.0
		总税收和缴费率（占利润百分比）	35.6		
登记财产（排名）	73	报税后程序指数（0-100）	49.54	办理破产（排名）	89
登记财产分数（0-100）	66.32			办理破产分数（0-100）	45.63
手续（数量）	6			时间（年数）	3.5
时间（天数）	31			成本（资产价值百分比）	12.0
成本（财产价值百分比）	3.8			回收率（百分比）	32.5
土地管理质量指数（0-30）	14.0			破产框架力度指数（0-16）	9.0

赤道几内亚

		撒哈拉以南非洲		人均收入（美元）	7060
营商环境便利度排名（1-190）	177	营商环境便利度分数（0-100）	41.94	人口	1267689
开办企业（排名）	184	获得信贷（排名）	124	跨境贸易（排名）	175
开办企业分数（0-100）	55.74	获得信贷分数（0-100）	40.00	跨境贸易分数（0-100）	32.05
手续（数量）	16	合法权利力度指数（0-12）	6	出口所需时间	
时间（天数）	33	信贷信息深度指数（0-8）	2	单证合规（小时）	154
成本（人均收入百分比）	101.2	信贷局覆盖率（成年人百分比）	0.0	边界合规（小时）	132
最低实缴资本（人均收入百分比）	22.3	信贷登记处覆盖率（成年人百分比）	8.7	出口成本	
				单证合规（美元）	85
办理施工许可证（排名）	163	保护少数投资者（排名）	149	边界合规（美元）	760
办理施工许可证分数（0-100）	55.01	保护少数投资者分数（0-100）	40.00	进口所需时间	
手续（数量）	13	披露程度指数（0-10）	7	单证合规（小时）	240
时间（天数）	144	董事责任程度指数（0-10）	1	边界合规（小时）	240
成本（仓库价值百分比）	4.1	股东诉讼便利度指数（0-10）	5	进口成本	
建筑质量控制指数（0-15）	1.0	股东权利指数（0-10）	4	单证合规（美元）	70
		所有权和控制权指数（0-10）	3	边界合规（美元）	985
获得电力（排名）	150	公司透明度指数（0-10）	4		
获得电力分数（0-100）	54.41			执行合同（排名）	101
手续（数量）	5	纳税（排名）	179	执行合同分数（0-100）	56.17
时间（天数）	106	纳税分数（0-100）	41.54	时间（天数）	475
成本（人均收入百分比）	872.2	缴税次数（每年）	46	成本（索赔额百分比）	19.5
供电可靠性和电费透明度指数（0-8）	0	时间（小时数/每年）	492	司法程序质量指数（0-18）	3.5
		总税收和缴费率（占利润百分比）	79.4		
登记财产（排名）	164	报税后程序指数（0-100）	93.12	办理破产（排名）	168
登记财产分数（0-100）	44.45			办理破产分数（0-100）	0.00
手续（数量）	6			时间（年数）	无实践
时间（天数）	23			成本（资产价值百分比）	无实践
成本（财产价值百分比）	12.5			回收率（百分比）	0.0
土地管理质量指数（0-30）	4.0			破产框架力度指数（0-16）	0.0

厄立特里亚

		撒哈拉以南非洲		人均收入（美元）	937
营商环境便利度排名（1-190）	189	营商环境便利度分数（0-100）	23.07	人口	5918919
开办企业（排名）	187	获得信贷（排名）	186	跨境贸易（排名）	189
开办企业分数（0-100）	51.91	获得信贷分数（0-100）	0.00	跨境贸易分数（0-100）	0.00
手续（数量）	13	合法权利力度指数（0-12）	0	出口所需时间	
时间（天数）	84	信贷信息深度指数（0-8）	0	单证合规（小时）	无实践
成本（人均收入百分比）	23.7	信贷局覆盖率（成年人百分比）	0.0	边界合规（小时）	无实践
最低实缴资本（人均收入百分比）	104.0	信贷登记处覆盖率（成年人百分比）	0.0	出口成本	
				单证合规（美元）	无实践
办理施工许可证（排名）	186	保护少数投资者（排名）	174	边界合规（美元）	无实践
办理施工许可证分数（0-100）	0.00	保护少数投资者分数（0-100）	31.67	进口所需时间	
手续（数量）	无实践	披露程度指数（0-10）	3	单证合规（小时）	无实践
时间（天数）	无实践	董事责任程度指数（0-10）	0	边界合规（小时）	无实践
成本（仓库价值百分比）	无实践	股东诉讼便利度指数（0-10）	5	进口成本	
建筑质量控制指数（0-15）	无实践	股东权利指数（0-10）	5	单证合规（美元）	无实践
		所有权和控制权指数（0-10）	3	边界合规（美元）	无实践
获得电力（排名）	187	公司透明度指数（0-10）	3		
获得电力分数（0-100）	0.00			执行合同（排名）	103
手续（数量）	无实践	纳税（排名）	152	执行合同分数（0-100）	55.93
时间（天数）	无实践	纳税分数（0-100）	55.90	时间（天数）	490
成本（人均收入百分比）	无实践	缴税次数（每年）	30	成本（索赔额百分比）	16.6
供电可靠性和电费透明度指数（0-8）	无实践	时间（小时数/每年）	216	司法程序质量指数（0-18）	3.0
		总税收和缴费率（占利润百分比）	83.7		
登记财产（排名）	180	报税后程序指数（0-100）	93.12	办理破产（排名）	168
登记财产分数（0-100）	35.30			办理破产分数（0-100）	0.00
手续（数量）	11			时间（年数）	无实践
时间（天数）	78			成本（资产价值百分比）	无实践
成本（财产价值百分比）	9.0			回收率（百分比）	0.0
土地管理质量指数（0-30）	6.5			破产框架力度指数（0-16）	0.0

爱沙尼亚

营商环境便利度排名（1-190）	16
开办企业（排名）	15
开办企业分数（0-100）	95.25
手续（数量）	3
时间（天数）	3.5
成本（人均收入百分比）	1.1
最低实缴资本（人均收入百分比）	14.6
办理施工许可证（排名）	14
办理施工许可证分数（0-100）	82.53
手续（数量）	10
时间（天数）	103
成本（仓库价值百分比）	0.2
建筑质量控制指数（0-15）	11.0
获得电力（排名）	46
获得电力分数（0-100）	83.26
手续（数量）	5
时间（天数）	91
成本（人均收入百分比）	154.2
供电可靠性和电费透明度指数（0-8）	8
登记财产（排名）	6
登记财产分数（0-100）	91.02
手续（数量）	3
时间（天数）	17.5
成本（财产价值百分比）	0.5
土地管理质量指数（0-30）	27.5

经合组织高收入经济体

营商环境便利度分数（0-100）	80.50
获得信贷（排名）	44
获得信贷分数（0-100）	70.00
合法权利力度指数（0-12）	7
信贷信息深度指数（0-8）	7
信贷局覆盖率（成年人百分比）	26.9
信贷登记处覆盖率（成年人百分比）	0.0
保护少数投资者（排名）	83
保护少数投资者分数（0-100）	56.67
披露程度指数（0-10）	8
董事责任程度指数（0-10）	3
股东诉讼便利度指数（0-10）	6
股东权利指数（0-10）	8
所有权和控制权指数（0-10）	3
公司透明度指数（0-10）	6
纳税（排名）	14
纳税分数（0-100）	89.56
缴税次数（每年）	8
时间（小时数/每年）	50
总税收和缴费率（占利润百分比）	48.7
报税后程序指数（0-100）	99.38

人均收入（美元） 18190

人口	1315480
跨境贸易（排名）	17
跨境贸易分数（0-100）	99.92
出口所需时间	
单证合规（小时）	1
边界合规（小时）	2
出口成本	
单证合规（美元）	0
边界合规（美元）	0
进口所需时间	
单证合规（小时）	1
边界合规（小时）	0
进口成本	
单证合规（美元）	0
边界合规（美元）	0
执行合同（排名）	13
执行合同分数（0-100）	74.34
时间（天数）	455
成本（索赔额百分比）	21.9
司法程序质量指数（0-18）	13.5
办理破产（排名）	47
办理破产分数（0-100）	62.51
时间（年数）	3.0
成本（资产价值百分比）	9.0
回收率（百分比）	40.7
破产框架力度指数（0-16）	13.0

斯威士兰

营商环境便利度排名（1-190）	117
开办企业（排名）	159
开办企业分数（0-100）	74.55
手续（数量）	12
时间（天数）	30
成本（人均收入百分比）	14.8
最低实缴资本（人均收入百分比）	0.2
办理施工许可证（排名）	107
办理施工许可证分数（0-100）	66.81
手续（数量）	14
时间（天数）	116
成本（仓库价值百分比）	3.5
建筑质量控制指数（0-15）	7.0
获得电力（排名）	163
获得电力分数（0-100）	47.44
手续（数量）	0
时间（天数）	137
成本（人均收入百分比）	689.2
供电可靠性和电费透明度指数（0-8）	0
√ 登记财产（排名）	107
登记财产分数（0-100）	58.65
手续（数量）	9
时间（天数）	21
成本（财产价值百分比）	7.1
土地管理质量指数（0-30）	17.5

撒哈拉以南非洲

营商环境便利度分数（0-100）	58.95
获得信贷（排名）	85
获得信贷分数（0-100）	55.00
合法权利力度指数（0-12）	4
信贷信息深度指数（0-8）	7
信贷局覆盖率（成年人百分比）	43.0
信贷登记处覆盖率（成年人百分比）	0.0
保护少数投资者（排名）	140
保护少数投资者分数（0-100）	41.67
披露程度指数（0-10）	2
董事责任程度指数（0-10）	5
股东诉讼便利度指数（0-10）	6
股东权利指数（0-10）	6
所有权和控制权指数（0-10）	3
公司透明度指数（0-10）	3
纳税（排名）	63
纳税分数（0-100）	77.09
缴税次数（每年）	33
时间（小时数/每年）	122
总税收和缴费率（占利润百分比）	35.7
报税后程序指数（0-100）	83.15

人均收入（美元） 2960

人口	1367254
跨境贸易（排名）	32
跨境贸易分数（0-100）	92.92
出口所需时间	
单证合规（小时）	2
边界合规（小时）	2
出口成本	
单证合规（美元）	76
边界合规（美元）	134
进口所需时间	
单证合规（小时）	4
边界合规（小时）	3
进口成本	
单证合规（美元）	76
边界合规（美元）	134
执行合同（排名）	172
执行合同分数（0-100）	36.72
时间（天数）	956
成本（索赔额百分比）	56.1
司法程序质量指数（0-18）	7.5
办理破产（排名）	119
办理破产分数（0-100）	38.72
时间（年数）	2.0
成本（资产价值百分比）	14.5
回收率（百分比）	37.1
破产框架力度指数（0-16）	6.0

埃塞俄比亚

		撒哈拉以南非洲		人均收入（美元）	740
营商环境便利度排名（1-190）	159	营商环境便利度分数（0-100）	49.06	人口	104957438
√ 开办企业（排名）	167	获得信贷（排名）	175	√ 跨境贸易（排名）	154
开办企业分数（0-100）	70.79	获得信贷分数（0-100）	15.00	跨境贸易分数（0-100）	56.00
手续（数量）	11	合法权利力度指数（0-12）	3	*出口所需时间*	
时间（天数）	32	信贷信息深度指数（0-8）	0	单证合规（小时）	76
成本（人均收入百分比）	52.7	信贷局覆盖率（成年人百分比）	0.0	边界合规（小时）	51
最低实缴资本（人均收入百分比）	0.0	信贷登记处覆盖率（成年人百分比）	0.4	*出口成本*	
				单证合规（美元）	175
√ 办理施工许可证（排名）	168	保护少数投资者（排名）	178	边界合规（美元）	172
办理施工许可证分数（0-100）	52.84	保护少数投资者分数（0-100）	28.33	*进口所需时间*	
手续（数量）	13	披露程度指数（0-10）	3	单证合规（小时）	194
时间（天数）	134	董事责任程度指数（0-10）	0	边界合规（小时）	72
成本（仓库价值百分比）	14.4	股东诉讼便利度指数（0-10）	2	*进口成本*	
建筑质量控制指数（0-15）	7.0	股东权利指数（0-10）	5	单证合规（美元）	750
		所有权和控制权指数（0-10）	3	边界合规（美元）	120
获得电力（排名）	131	公司透明度指数（0-10）	4		
获得电力分数（0-100）	59.71			√ 执行合同（排名）	60
手续（数量）	4	纳税（排名）	130	执行合同分数（0-100）	62.77
时间（天数）	95	纳税分数（0-100）	63.26	时间（天数）	530
成本（人均收入百分比）	891.8	缴税次数（每年）	29	成本（索赔额百分比）	15.2
供电可靠性和电费透明度指数（0-8）	0	时间（小时数/每年）	300	司法程序质量指数（0-18）	7.0
		总税收和缴费率（占利润百分比）	37.7		
登记财产（排名）	144	报税后程序指数（0-100）	51.56	办理破产（排名）	148
登记财产分数（0-100）	51.33			办理破产分数（0-100）	30.53
手续（数量）	7			时间（年数）	3.0
时间（天数）	52			成本（资产价值百分比）	14.5
成本（财产价值百分比）	6.0			回收率（百分比）	27.7
土地管理质量指数（0-30）	6.0			破产框架力度指数（0-16）	5.0

斐济

		东亚及太平洋地区		人均收入（美元）	4970
营商环境便利度排名（1-190）	101	营商环境便利度分数（0-100）	61.15	人口	905502
开办企业（排名）	161	获得信贷（排名）	161	跨境贸易（排名）	79
开办企业分数（0-100）	73.39	获得信贷分数（0-100）	25.00	跨境贸易分数（0-100）	77.57
手续（数量）	11	合法权利力度指数（0-12）	5	*出口所需时间*	
时间（天数）	40	信贷信息深度指数（0-8）	0	单证合规（小时）	56
成本（人均收入百分比）	15.9	信贷局覆盖率（成年人百分比）	0.0	边界合规（小时）	56
最低实缴资本（人均收入百分比）	0.0	信贷登记处覆盖率（成年人百分比）	0.0	*出口成本*	
				单证合规（美元）	76
办理施工许可证（排名）	102	保护少数投资者（排名）	99	边界合规（美元）	317
办理施工许可证分数（0-100）	67.72	保护少数投资者分数（0-100）	51.67	*进口所需时间*	
手续（数量）	15	披露程度指数（0-10）	2	单证合规（小时）	34
时间（天数）	141	董事责任程度指数（0-10）	8	边界合规（小时）	42
成本（仓库价值百分比）	0.5	股东诉讼便利度指数（0-10）	7	*进口成本*	
建筑质量控制指数（0-15）	7.0	股东权利指数（0-10）	5	单证合规（美元）	58
		所有权和控制权指数（0-10）	4	边界合规（美元）	320
获得电力（排名）	93	公司透明度指数（0-10）	5		
获得电力分数（0-100）	72.45			执行合同（排名）	97
手续（数量）	4	纳税（排名）	98	执行合同分数（0-100）	57.05
时间（天数）	81	纳税分数（0-100）	71.02	时间（天数）	397
成本（人均收入百分比）	1307.7	缴税次数（每年）	38	成本（索赔额百分比）	42.6
供电可靠性和电费透明度指数（0-8）	4	时间（小时数/每年）	247	司法程序质量指数（0-18）	7.5
		总税收和缴费率（占利润百分比）	32.2		
登记财产（排名）	57	报税后程序指数（0-100）	81.62	办理破产（排名）	96
登记财产分数（0-100）	71.86			办理破产分数（0-100）	43.77
手续（数量）	4			时间（年数）	1.8
时间（天数）	69			成本（资产价值百分比）	10.0
成本（财产价值百分比）	3.0			回收率（百分比）	46.5
土地管理质量指数（0-30）	19.5			破产框架力度指数（0-16）	6.0

芬兰

营商环境便利度排名（1-190）	17	营商环境便利度分数（0-100）	80.35	人均收入（美元）	44580
				人口	5511303

开办企业（排名）	43	获得信贷（排名）	60	跨境贸易（排名）	34
开办企业分数（0-100）	92.43	获得信贷分数（0-100）	65.00	跨境贸易分数（0-100）	92.44
手续（数量）	3	合法权利力度指数（0-12）	7	*出口所需时间*	
时间（天数）	17	信贷信息深度指数（0-8）	6	单证合规（小时）	2
成本（人均收入百分比）	0.8	信贷局覆盖率（成年人百分比）	21.4	边界合规（小时）	36
最低实缴资本（人均收入百分比）	6.1	信贷登记处覆盖率（成年人百分比）	0.0	*出口成本*	
				单证合规（美元）	70
				边界合规（美元）	213
办理施工许可证（排名）	34	保护少数投资者（排名）	72	*进口所需时间*	
办理施工许可证分数（0-100）	75.79	保护少数投资者分数（0-100）	58.33	单证合规（小时）	1
手续（数量）	17	披露程度指数（0-10）	6	边界合规（小时）	2
时间（天数）	65	董事责任程度指数（0-10）	4	*进口成本*	
成本（仓库价值百分比）	0.9	股东诉讼便利度指数（0-10）	8	单证合规（美元）	0
建筑质量控制指数（0-15）	10.0	股东权利指数（0-10）	6	边界合规（美元）	0
		所有权和控制权指数（0-10）	2		
获得电力（排名）	25	公司透明度指数（0-10）	9		
获得电力分数（0-100）	88.98			执行合同（排名）	46
手续（数量）	5 √	纳税（排名）	11	执行合同分数（0-100）	66.40
时间（天数）	42	纳税分数（0-100）	90.64	时间（天数）	485
成本（人均收入百分比）	25.9	缴税次数（每年）	8	成本（索赔额百分比）	16.2
供电可靠性和电费透明度指数（0-8）	8	时间（小时数/每年）	90	司法程序质量指数（0-18）	8.5
		总税收和缴费率（占利润百分比）	37.3		
登记财产（排名）	28	报税后程序指数（0-100）	93.09	办理破产（排名）	2
登记财产分数（0-100）	80.73			办理破产分数（0-100）	92.81
手续（数量）	3			时间（年数）	0.9
时间（天数）	47			成本（资产价值百分比）	3.5
成本（财产价值百分比）	4.0			回收率（百分比）	88.3
土地管理质量指数（0-30）	26.5			破产框架力度指数（0-16）	14.5

法国

营商环境便利度排名（1-190）	32	营商环境便利度分数（0-100）	77.29	人均收入（美元）	37970
				人口	67118648

开办企业（排名）	30	获得信贷（排名）	99	跨境贸易（排名）	1
开办企业分数（0-100）	93.27	获得信贷分数（0-100）	50.00	跨境贸易分数（0-100）	100.00
手续（数量）	5	合法权利力度指数（0-12）	4	*出口所需时间*	
时间（天数）	3.5	信贷信息深度指数（0-8）	6	单证合规（小时）	1
成本（人均收入百分比）	0.7	信贷局覆盖率（成年人百分比）	0.0	边界合规（小时）	0
最低实缴资本（人均收入百分比）	0.0	信贷登记处覆盖率（成年人百分比）	47.1	*出口成本*	
				单证合规（美元）	0
				边界合规（美元）	0
办理施工许可证（排名）	19	保护少数投资者（排名）	38	*进口所需时间*	
办理施工许可证分数（0-100）	79.30	保护少数投资者分数（0-100）	66.67	单证合规（小时）	1
手续（数量）	9	披露程度指数（0-10）	8	边界合规（小时）	0
时间（天数）	183	董事责任程度指数（0-10）	3	*进口成本*	
成本（仓库价值百分比）	3.0	股东诉讼便利度指数（0-10）	6	单证合规（美元）	0
建筑质量控制指数（0-15）	14.0	股东权利指数（0-10）	5	边界合规（美元）	0
		所有权和控制权指数（0-10）	8		
√ 获得电力（排名）	14	公司透明度指数（0-10）	10		
获得电力分数（0-100）	92.01			执行合同（排名）	12
手续（数量）	4 √	纳税（排名）	55	执行合同分数（0-100）	74.89
时间（天数）	53	纳税分数（0-100）	79.31	时间（天数）	395
成本（人均收入百分比）	5.8	缴税次数（每年）	9	成本（索赔额百分比）	17.4
供电可靠性和电费透明度指数（0-8）	8	时间（小时数/每年）	139	司法程序质量指数（0-18）	12.0
		总税收和缴费率（占利润百分比）	60.4		
√ 登记财产（排名）	96	报税后程序指数（0-100）	92.40	办理破产（排名）	28
登记财产分数（0-100）	63.33			办理破产分数（0-100）	74.08
手续（数量）	8			时间（年数）	1.9
时间（天数）	42			成本（资产价值百分比）	9.0
成本（财产价值百分比）	7.3			回收率（百分比）	73.8
土地管理质量指数（0-30）	24.0			破产框架力度指数（0-16）	11.0

经合组织高收入经济体

加蓬

加蓬		撒哈拉以南非洲		人均收入（美元）	6610
营商环境便利度排名（1-190）	169	营商环境便利度分数（0-100）	45.58	人口	2025137
√ 开办企业（排名）	124	获得信贷（排名）	124	跨境贸易（排名）	170
开办企业分数（0-100）	82.59	获得信贷分数（0-100）	40.00	跨境贸易分数（0-100）	43.94
手续（数量）	7	合法权利力度指数（0-12）	6	*出口所需时间*	
时间（天数）	31	信贷信息深度指数（0-8）	2	单证合规（小时）	60
成本（人均收入百分比）	6.1	信贷局覆盖率（成年人百分比）	0.0	边界合规（小时）	96
最低实缴资本（人均收入百分比）	2.5	信贷登记处覆盖率（成年人百分比）	29.0	*出口成本*	
				单证合规（美元）	200
√ 办理施工许可证（排名）	144	保护少数投资者（排名）	161	边界合规（美元）	1633
办理施工许可证分数（0-100）	59.23	保护少数投资者分数（0-100）	38.33	*进口所需时间*	
手续（数量）	14	披露程度指数（0-10）	7	单证合规（小时）	120
时间（天数）	276	董事责任程度指数（0-10）	1	边界合规（小时）	84
成本（仓库价值百分比）	1.0	股东诉讼便利度指数（0-10）	4	*进口成本*	
建筑质量控制指数（0-15）	7.5	股东权利指数（0-10）	4	单证合规（美元）	170
		所有权和控制权指数（0-10）	3	边界合规（美元）	1320
√ 获得电力（排名）	161	公司透明度指数（0-10）	4		
获得电力分数（0-100）	49.58			√ 执行合同（排名）	180
手续（数量）	7 x	纳税（排名）	183	执行合同分数（0-100）	32.84
时间（天数）	148	纳税分数（0-100）	35.92	时间（天数）	1160
成本（人均收入百分比）	1294.9	缴税次数（每年）	50	成本（索赔额百分比）	34.3
供电可靠性和电费透明度指数（0-8）	3	时间（小时数/每年）	632	司法程序质量指数（0-18）	4.0
		总税收和缴费率（占利润百分比）	47.1		
√ 登记财产（排名）	178	报税后程序指数（0-100）	42.47	办理破产（排名）	129
登记财产分数（0-100）	37.09			办理破产分数（0-100）	36.29
手续（数量）	6			时间（年数）	5.0
时间（天数）	102			成本（资产价值百分比）	14.5
成本（财产价值百分比）	11.5			回收率（百分比）	15.2
土地管理质量指数（0-30）	4.5			破产框架力度指数（0-16）	9.0

冈比亚

冈比亚		撒哈拉以南非洲		人均收入（美元）	450
营商环境便利度排名（1-190）	149	营商环境便利度分数（0-100）	51.72	人口	2100568
开办企业（排名）	169	获得信贷（排名）	134	跨境贸易（排名）	113
开办企业分数（0-100）	69.91	获得信贷分数（0-100）	35.00	跨境贸易分数（0-100）	67.81
手续（数量）	7	合法权利力度指数（0-12）	7	*出口所需时间*	
时间（天数）	25	信贷信息深度指数（0-8）	0	单证合规（小时）	48
成本（人均收入百分比）	120.9	信贷局覆盖率（成年人百分比）	0.0	边界合规（小时）	109
最低实缴资本（人均收入百分比）	0.0	信贷登记处覆盖率（成年人百分比）	0.0	*出口成本*	
				单证合规（美元）	133
办理施工许可证（排名）	123	保护少数投资者（排名）	165	边界合规（美元）	381
办理施工许可证分数（0-100）	64.51	保护少数投资者分数（0-100）	36.67	*进口所需时间*	
手续（数量）	12	披露程度指数（0-10）	2	单证合规（小时）	32
时间（天数）	144	董事责任程度指数（0-10）	5	边界合规（小时）	87
成本（仓库价值百分比）	2.0	股东诉讼便利度指数（0-10）	5	*进口成本*	
建筑质量控制指数（0-15）	4.5	股东权利指数（0-10）	4	单证合规（美元）	152
		所有权和控制权指数（0-10）	1	边界合规（美元）	326
获得电力（排名）	160	公司透明度指数（0-10）	5		
获得电力分数（0-100）	50.12			执行合同（排名）	117
手续（数量）	5	纳税（排名）	169	执行合同分数（0-100）	53.91
时间（天数）	78	纳税分数（0-100）	49.34	时间（天数）	407
成本（人均收入百分比）	3248.9	缴税次数（每年）	49	成本（索赔额百分比）	37.9
供电可靠性和电费透明度指数（0-8）	0	时间（小时数/每年）	326	司法程序质量指数（0-18）	5.0
		总税收和缴费率（占利润百分比）	51.3		
登记财产（排名）	132	报税后程序指数（0-100）	53.46	办理破产（排名）	128
登记财产分数（0-100）	53.29			办理破产分数（0-100）	36.59
手续（数量）	5			时间（年数）	2.0
时间（天数）	66			成本（资产价值百分比）	14.5
成本（财产价值百分比）	7.6			回收率（百分比）	27.3
土地管理质量指数（0-30）	8.5			破产框架力度指数（0-16）	7.0

格鲁吉亚

营商环境便利度排名（1-190）	6
√ 开办企业（排名）	2
开办企业分数（0-100）	99.34
手续（数量）	1
时间（天数）	2
成本（人均收入百分比）	2.2
最低实缴资本（人均收入百分比）	0.0
办理施工许可证（排名）	27
办理施工许可证分数（0-100）	77.61
手续（数量）	11
时间（天数）	63
成本（仓库价值百分比）	0.3
建筑质量控制指数（0-15）	7.0
获得电力（排名）	39
获得电力分数（0-100）	84.38
手续（数量）	3
时间（天数）	71
成本（人均收入百分比）	157.4
供电可靠性和电费透明度指数（0-8）	5
登记财产（排名）	4
登记财产分数（0-100）	92.86
手续（数量）	1
时间（天数）	1
成本（财产价值百分比）	0.0
土地管理质量指数（0-30）	21.5

欧洲和中亚

营商环境便利度分数（0-100）	83.28
获得信贷（排名）	12
获得信贷分数（0-100）	85.00
合法权利力度指数（0-12）	9
信贷信息深度指数（0-8）	8
信贷局覆盖率（成年人百分比）	100.0
信贷登记处覆盖率（成年人百分比）	0.0
保护少数投资者（排名）	2
保护少数投资者分数（0-100）	81.67
披露程度指数（0-10）	9
董事责任程度指数（0-10）	6
股东诉讼便利度指数（0-10）	9
股东权利指数（0-10）	7
所有权和控制权指数（0-10）	9
公司透明度指数（0-10）	9
√ 纳税（排名）	16
纳税分数（0-100）	89.03
缴税次数（每年）	5
时间（小时数/每年）	220
总税收和缴费率（占利润百分比）	9.9
报税后程序指数（0-100）	85.89

人均收入（美元） 3790

人口	3717100
跨境贸易（排名）	43
跨境贸易分数（0-100）	90.03
出口所需时间	
单证合规（小时）	2
边界合规（小时）	6
出口成本	
单证合规（美元）	0
边界合规（美元）	112
进口所需时间	
单证合规（小时）	2
边界合规（小时）	15
进口成本	
单证合规（美元）	189
边界合规（美元）	396
√ 执行合同（排名）	8
执行合同分数（0-100）	76.90
时间（天数）	285
成本（索赔额百分比）	25.0
司法程序质量指数（0-18）	13.0
办理破产（排名）	60
办理破产分数（0-100）	56.03
时间（年数）	2.0
成本（资产价值百分比）	10.0
回收率（百分比）	40.2
破产框架力度指数（0-16）	11.0

德国

营商环境便利度排名（1-190）	24
开办企业（排名）	114
开办企业分数（0-100）	83.58
手续（数量）	9
时间（天数）	8
成本（人均收入百分比）	6.7
最低实缴资本（人均收入百分比）	31.0
办理施工许可证（排名）	24
办理施工许可证分数（0-100）	78.16
手续（数量）	9
时间（天数）	126
成本（仓库价值百分比）	1.2
建筑质量控制指数（0-15）	9.5
获得电力（排名）	5
获得电力分数（0-100）	98.79
手续（数量）	3
时间（天数）	28
成本（人均收入百分比）	38.5
供电可靠性和电费透明度指数（0-8）	8
登记财产（排名）	78
登记财产分数（0-100）	65.70
手续（数量）	6
时间（天数）	52
成本（财产价值百分比）	6.7
土地管理质量指数（0-30）	22.0

经合组织高收入经济体

营商环境便利度分数（0-100）	78.90
获得信贷（排名）	44
获得信贷分数（0-100）	70.00
合法权利力度指数（0-12）	6
信贷信息深度指数（0-8）	8
信贷局覆盖率（成年人百分比）	100.0
信贷登记处覆盖率（成年人百分比）	2.0
保护少数投资者（排名）	72
保护少数投资者分数（0-100）	58.33
披露程度指数（0-10）	5
董事责任程度指数（0-10）	5
股东诉讼便利度指数（0-10）	5
股东权利指数（0-10）	7
所有权和控制权指数（0-10）	6
公司透明度指数（0-10）	7
纳税（排名）	43
纳税分数（0-100）	82.11
缴税次数（每年）	9
时间（小时数/每年）	218
总税收和缴费率（占利润百分比）	49.0
报税后程序指数（0-100）	97.67

人均收入（美元） 43490

人口	82695000
跨境贸易（排名）	40
跨境贸易分数（0-100）	91.77
出口所需时间	
单证合规（小时）	1
边界合规（小时）	36
出口成本	
单证合规（美元）	45
边界合规（美元）	345
进口所需时间	
单证合规（小时）	1
边界合规（小时）	0
进口成本	
单证合规（美元）	0
边界合规（美元）	0
执行合同（排名）	26
执行合同分数（0-100）	70.39
时间（天数）	499
成本（索赔额百分比）	14.4
司法程序质量指数（0-18）	10.5
办理破产（排名）	4
办理破产分数（0-100）	90.12
时间（年数）	1.2
成本（资产价值百分比）	8.0
回收率（百分比）	80.4
破产框架力度指数（0-16）	15.0

加纳		撒哈拉以南非洲		人均收入（美元）	1490
营商环境便利度排名（1-190）	114	营商环境便利度分数（0-100）	59.22	人口	28833629
开办企业（排名）	108	获得信贷（排名）	73	√ 跨境贸易（排名）	156
开办企业分数（0-100）	84.29	获得信贷分数（0-100）	60.00	跨境贸易分数（0-100）	54.84
手续（数量）	8	合法权利力度指数（0-12）	6	*出口所需时间*	
时间（天数）	14	信贷信息深度指数（0-8）	6	单证合规（小时）	89
成本（人均收入百分比）	15.5	信贷信息覆盖率（成年人百分比）	22.4	边界合规（小时）	108
最低实缴资本（人均收入百分比）	1.4	信贷登记处覆盖率（成年人百分比）	0.0	*出口成本*	
				单证合规（美元）	155
√ 办理施工许可证（排名）	115	保护少数投资者（排名）	99	边界合规（美元）	490
办理施工许可证分数（0-100）	66.16	保护少数投资者分数（0-100）	51.67	*进口所需时间*	
手续（数量）	16	披露程度指数（0-10）	7	单证合规（小时）	36
时间（天数）	170	董事责任程度指数（0-10）	5	边界合规（小时）	80
成本（仓库价值百分比）	4.6	股东诉讼便利度指数（0-10）	7	*进口成本*	
建筑质量控制指数（0-15）	11.0	股东权利指数（0-10）	6	单证合规（美元）	474
		所有权和控制权指数（0-10）	3	边界合规（美元）	553
获得电力（排名）	86	公司透明度指数（0-10）	3		
获得电力分数（0-100）	74.02			执行合同（排名）	116
手续（数量）	4	纳税（排名）	115	执行合同分数（0-100）	54.00
时间（天数）	78	纳税分数（0-100）	66.77	时间（天数）	710
成本（人均收入百分比）	906.0	缴税次数（每年）	31	成本（索赔额百分比）	23.0
供电可靠性和电费透明度指数（0-8）	4	时间（小时数/每年）	224	司法程序质量指数（0-18）	6.5
		总税收和缴费率（占利润百分比）	32.4		
登记财产（排名）	123	报税后程序指数（0-100）	49.54	办理破产（排名）	160
登记财产分数（0-100）	55.54			办理破产分数（0-100）	24.94
手续（数量）	6			时间（年数）	1.9
时间（天数）	47			成本（资产价值百分比）	22.0
成本（财产价值百分比）	6.1			回收率（百分比）	23.1
土地管理质量指数（0-30）	8.0			破产框架力度指数（0-16）	4.0

希腊		经合组织高收入经济体		人均收入（美元）	18090
营商环境便利度排名（1-190）	72	营商环境便利度分数（0-100）	68.08	人口	10760421
开办企业（排名）	44	获得信贷（排名）	99	跨境贸易（排名）	31
开办企业分数（0-100）	92.39	获得信贷分数（0-100）	50.00	跨境贸易分数（0-100）	93.72
手续（数量）	4	合法权利力度指数（0-12）	3	*出口所需时间*	
时间（天数）	12.5	信贷信息深度指数（0-8）	7	单证合规（小时）	1
成本（人均收入百分比）	1.5	信贷局覆盖率（成年人百分比）	72.5	边界合规（小时）	24
最低实缴资本（人均收入百分比）	0.0	信贷登记处覆盖率（成年人百分比）	0.0	*出口成本*	
				单证合规（美元）	30
√ 办理施工许可证（排名）	39	保护少数投资者（排名）	51	边界合规（美元）	300
办理施工许可证分数（0-100）	75.29	保护少数投资者分数（0-100）	63.33	*进口所需时间*	
手续（数量）	17	披露程度指数（0-10）	7	单证合规（小时）	1
时间（天数）	123	董事责任程度指数（0-10）	4	边界合规（小时）	1
成本（仓库价值百分比）	1.9	股东诉讼便利度指数（0-10）	5	*进口成本*	
建筑质量控制指数（0-15）	13.0	股东权利指数（0-10）	7	单证合规（美元）	0
		所有权和控制权指数（0-10）	7	边界合规（美元）	0
获得电力（排名）	79	公司透明度指数（0-10）	8		
获得电力分数（0-100）	75.97			执行合同（排名）	132
手续（数量）	7	纳税（排名）	65	执行合同分数（0-100）	50.19
时间（天数）	55	纳税分数（0-100）	76.89	时间（天数）	1580
成本（人均收入百分比）	69.9	缴税次数（每年）	8	成本（索赔额百分比）	14.4
供电可靠性和电费透明度指数（0-8）	7	时间（小时数/每年）	193	司法程序质量指数（0-18）	12.0
		总税收和缴费率（占利润百分比）	51.9		
x 登记财产（排名）	153	报税后程序指数（0-100）	75.70	办理破产（排名）	62
登记财产分数（0-100）	47.59			办理破产分数（0-100）	55.39
手续（数量）	11			时间（年数）	3.5
时间（天数）	20			成本（资产价值百分比）	9.0
成本（财产价值百分比）	4.8			回收率（百分比）	33.2
土地管理质量指数（0-30）	4.5			破产框架力度指数（0-16）	12.0

格林纳达

营商环境便利度排名（1-190）	147
开办企业（排名）	85 √
开办企业分数（0-100）	87.26
手续（数量）	6
时间（天数）	15
成本（人均收入百分比）	14.0
最低实缴资本（人均收入百分比）	0.0
办理施工许可证（排名）	130
办理施工许可证分数（0-100）	62.53
手续（数量）	15
时间（天数）	146
成本（仓库价值百分比）	1.7
建筑质量控制指数（0-15）	5.0
获得电力（排名）	89
获得电力分数（0-100）	73.34
手续（数量）	5
时间（天数）	38
成本（人均收入百分比）	169.4
供电可靠性和电费透明度指数（0-8）	3
登记财产（排名）	146
登记财产分数（0-100）	50.14
手续（数量）	8
时间（天数）	32
成本（财产价值百分比）	7.4
土地管理质量指数（0-30）	7.0

拉丁美洲及加勒比海地区

营商环境便利度分数（0-100）	52.71
获得信贷（排名）	144
获得信贷分数（0-100）	30.00
合法权利力度指数（0-12）	6
信贷信息深度指数（0-8）	0
信贷局覆盖率（成年人百分比）	0.0
信贷登记处覆盖率（成年人百分比）	0.0
保护少数投资者（排名）	132
保护少数投资者分数（0-100）	43.33
披露程度指数（0-10）	4
董事责任程度指数（0-10）	8
股东诉讼便利度指数（0-10）	8
股东权利指数（0-10）	3
所有权和控制权指数（0-10）	2
公司透明度指数（0-10）	1
纳税（排名）	142
纳税分数（0-100）	59.62
缴税次数（每年）	42
时间（小时数/每年）	140
总税收和缴费率（占利润百分比）	47.8
报税后程序指数（0-100）	48.85

人均收入（美元）9650

人口	107825
跨境贸易（排名）	135
跨境贸易分数（0-100）	61.52
出口所需时间	
单证合规（小时）	13
边界合规（小时）	101
出口成本	
单证合规（美元）	40
边界合规（美元）	1034
进口所需时间	
单证合规（小时）	24
边界合规（小时）	37
进口成本	
单证合规（美元）	50
边界合规（美元）	1256
执行合同（排名）	80
执行合同分数（0-100）	59.33
时间（天数）	688
成本（索赔额百分比）	32.6
司法程序质量指数（0-18）	11.0
办理破产（排名）	168
办理破产分数（0-100）	0.00
时间（年数）	无实践
成本（资产价值百分比）	无实践
回收率（百分比）	0.0
破产框架力度指数（0-16）	0.0

危地马拉

营商环境便利度排名（1-190）	98
开办企业（排名）	89 √
开办企业分数（0-100）	86.71
手续（数量）	6
时间（天数）	15
成本（人均收入百分比）	18.1
最低实缴资本（人均收入百分比）	0.6
办理施工许可证（排名）	122
办理施工许可证分数（0-100）	64.72
手续（数量）	11
时间（天数）	230
成本（仓库价值百分比）	6.3
建筑质量控制指数（0-15）	11.0
获得电力（排名）	44
获得电力分数（0-100）	84.12
手续（数量）	5
时间（天数）	44
成本（人均收入百分比）	515.4
供电可靠性和电费透明度指数（0-8）	7
登记财产（排名）	86
登记财产分数（0-100）	64.90
手续（数量）	7
时间（天数）	24
成本（财产价值百分比）	3.7
土地管理质量指数（0-30）	13.5

拉丁美洲及加勒比海地区

营商环境便利度分数（0-100）	62.17
获得信贷（排名）	22
获得信贷分数（0-100）	80.00
合法权利力度指数（0-12）	9
信贷信息深度指数（0-8）	7
信贷局覆盖率（成年人百分比）	7.0
信贷登记处覆盖率（成年人百分比）	24.2
保护少数投资者（排名）	174
保护少数投资者分数（0-100）	31.67
披露程度指数（0-10）	3
董事责任程度指数（0-10）	2
股东诉讼便利度指数（0-10）	5
股东权利指数（0-10）	5
所有权和控制权指数（0-10）	1
公司透明度指数（0-10）	3
纳税（排名）	102
纳税分数（0-100）	70.30
缴税次数（每年）	8
时间（小时数/每年）	248
总税收和缴费率（占利润百分比）	35.2
报税后程序指数（0-100）	33.04

人均收入（美元）4060

人口	16913503
跨境贸易（排名）	83
跨境贸易分数（0-100）	77.15
出口所需时间	
单证合规（小时）	48
边界合规（小时）	36
出口成本	
单证合规（美元）	105
边界合规（美元）	310
进口所需时间	
单证合规（小时）	32
边界合规（小时）	72
进口成本	
单证合规（美元）	37
边界合规（美元）	405
执行合同（排名）	176
执行合同分数（0-100）	34.55
时间（天数）	1402
成本（索赔额百分比）	26.5
司法程序质量指数（0-18）	6.0
办理破产（排名）	156
办理破产分数（0-100）	27.59
时间（年数）	3.0
成本（资产价值百分比）	14.5
回收率（百分比）	28.0
破产框架力度指数（0-16）	4.0

几内亚

指标	值	撒哈拉以南非洲	值	人均收入（美元）	820
营商环境便利度排名（1-190）	152	营商环境便利度分数（0-100）	51.51	人口	12717176
✓ 开办企业（排名）	111	获得信贷（排名）	144	✓ 跨境贸易（排名）	167
开办企业分数（0-100）	83.90	获得信贷分数（0-100）	30.00	跨境贸易分数（0-100）	47.82
手续（数量）	6	合法权利力度指数（0-12）	6	出口所需时间	
时间（天数）	15	信贷信息深度指数（0-8）	0	单证合规（小时）	139
成本（人均收入百分比）	38.2	信贷局覆盖率（成年人百分比）	0.0	边界合规（小时）	72
最低实缴资本（人均收入百分比）	5.4	信贷登记处覆盖率（成年人百分比）	0.0	出口成本	
				单证合规（美元）	128
✓ 办理施工许可证（排名）	50	保护少数投资者（排名）	149	边界合规（美元）	778
办理施工许可证分数（0-100）	74.04	保护少数投资者分数（0-100）	40.00	进口所需时间	
手续（数量）	15	披露程度指数（0-10）	7	单证合规（小时）	156
时间（天数）	151	董事责任程度指数（0-10）	1	边界合规（小时）	79
成本（仓库价值百分比）	1.6	股东诉讼便利度指数（0-10）	5	进口成本	
建筑质量控制指数（0-15）	12.0	股东权利指数（0-10）	4	单证合规（美元）	180
		所有权和控制权指数（0-10）	3	边界合规（美元）	809
获得电力（排名）	146	公司透明度指数（0-10）	4		
获得电力分数（0-100）	55.54			✓ 执行合同（排名）	118
手续（数量）	4	纳税（排名）	181	执行合同分数（0-100）	53.87
时间（天数）	69	纳税分数（0-100）	38.93	时间（天数）	311
成本（人均收入百分比）	3160.3	缴税次数（每年）	33	成本（索赔额百分比）	45.0
供电可靠性和电费透明度指数（0-8）	0	时间（小时数/每年）	400	司法程序质量指数（0-18）	5.0
		总税收和缴费率（占利润百分比）	61.4		
✓ 登记财产（排名）	138	报税后程序指数（0-100）	12.77	办理破产（排名）	116
登记财产分数（0-100）	51.92			办理破产分数（0-100）	39.10
手续（数量）	6			时间（年数）	3.8
时间（天数）	44			成本（资产价值百分比）	8.0
成本（财产价值百分比）	7.8			回收率（百分比）	20.4
土地管理质量指数（0-30）	6.5			破产框架力度指数（0-16）	9.0

几内亚比绍

指标	值	撒哈拉以南非洲	值	人均收入（美元）	660
营商环境便利度排名（1-190）	175	营商环境便利度分数（0-100）	42.85	人口	1861283
开办企业（排名）	158	获得信贷（排名）	144	跨境贸易（排名）	144
开办企业分数（0-100）	75.22	获得信贷分数（0-100）	30.00	跨境贸易分数（0-100）	59.60
手续（数量）	8.5	合法权利力度指数（0-12）	6	出口所需时间	
时间（天数）	8.5	信贷信息深度指数（0-8）	0	单证合规（小时）	60
成本（人均收入百分比）	91.0	信贷局覆盖率（成年人百分比）	0.5	边界合规（小时）	118
最低实缴资本（人均收入百分比）	6.0	信贷登记处覆盖率（成年人百分比）	0.2	出口成本	
				单证合规（美元）	160
办理施工许可证（排名）	178	保护少数投资者（排名）	140	边界合规（美元）	585
办理施工许可证分数（0-100）	44.40	保护少数投资者分数（0-100）	41.67	进口所需时间	
手续（数量）	13	披露程度指数（0-10）	7	单证合规（小时）	36
时间（天数）	143	董事责任程度指数（0-10）	1	边界合规（小时）	84
成本（仓库价值百分比）	24.6	股东诉讼便利度指数（0-10）	6	进口成本	
建筑质量控制指数（0-15）	6.5	股东权利指数（0-10）	4	单证合规（美元）	205
		所有权和控制权指数（0-10）	3	边界合规（美元）	550
获得电力（排名）	180	公司透明度指数（0-10）	4		
获得电力分数（0-100）	29.57			✓ 执行合同（排名）	169
手续（数量）	7	纳税（排名）	154	执行合同分数（0-100）	38.61
时间（天数）	257	纳税分数（0-100）	54.93	时间（天数）	1785
成本（人均收入百分比）	1219.8	缴税次数（每年）	46	成本（索赔额百分比）	28.0
供电可靠性和电费透明度指数（0-8）	0	时间（小时数/每年）	218	司法程序质量指数（0-18）	8.5
		总税收和缴费率（占利润百分比）	45.5		
登记财产（排名）	128	报税后程序指数（0-100）	45.34	办理破产（排名）	168
登记财产分数（0-100）	54.50			办理破产分数（0-100）	0.00
手续（数量）	5			时间（年数）	无实践
时间（天数）	48			成本（资产价值百分比）	无实践
成本（财产价值百分比）	5.4			回收率（百分比）	0.0
土地管理质量指数（0-30）	3.0			破产框架力度指数（0-16）	0.0

圭亚那

营商环境便利度排名（1-190）	134
开办企业（排名）	97
开办企业分数（0-100）	85.61
手续（数量）	7
时间（天数）	18
成本（人均收入百分比）	9.4
最低实缴资本（人均收入百分比）	0.0
办理施工许可证（排名）	164
办理施工许可证分数（0-100）	54.75
手续（数量）	17
时间（天数）	208
成本（仓库价值百分比）	1.4
建筑质量控制指数（0-15）	4.0
获得电力（排名）	165
获得电力分数（0-100）	45.91
手续（数量）	8
时间（天数）	82
成本（人均收入百分比）	421.0
供电可靠性和电费透明度指数（0-8）	0
登记财产（排名）	117
登记财产分数（0-100）	57.48
手续（数量）	6
时间（天数）	45
成本（财产价值百分比）	4.6
土地管理质量指数（0-30）	7.0

拉丁美洲及加勒比海地区

营商环境便利度分数（0-100）	55.57
获得信贷（排名）	85
获得信贷分数（0-100）	55.00
合法权利力度指数（0-12）	3
信贷信息深度指数（0-8）	8
信贷局覆盖率（成年人百分比）	60.5
信贷登记处覆盖率（成年人百分比）	0.0
保护少数投资者（排名）	99
保护少数投资者分数（0-100）	51.67
披露程度指数（0-10）	5
董事责任程度指数（0-10）	5
股东诉讼便利度指数（0-10）	8
股东权利指数（0-10）	6
所有权和控制权指数（0-10）	2
公司透明度指数（0-10）	5
纳税（排名）	119
纳税分数（0-100）	65.67
缴税次数（每年）	35
时间（小时数/每年）	256
总税收和缴费率（占利润百分比）	30.6
报税后程序指数（0-100）	54.24

人均收入（美元）4460

人口	777859
跨境贸易（排名）	146
跨境贸易分数（0-100）	59.33
出口所需时间	
单证合规（小时）	200
边界合规（小时）	72
出口成本	
单证合规（美元）	78
边界合规（美元）	378
进口所需时间	
单证合规（小时）	156
边界合规（小时）	84
进口成本	
单证合规（美元）	63
边界合规（美元）	265
执行合同（排名）	93
执行合同分数（0-100）	57.87
时间（天数）	581
成本（索赔额百分比）	27.0
司法程序质量指数（0-18）	7.5
办理破产（排名）	162
办理破产分数（0-100）	22.38
时间（年数）	3.0
成本（资产价值百分比）	28.5
回收率（百分比）	18.4
破产框架力度指数（0-16）	4.0

海地

营商环境便利度排名（1-190）	182
开办企业（排名）	189
开办企业分数（0-100）	33.80
手续（数量）	12
时间（天数）	97
成本（人均收入百分比）	200.3
最低实缴资本（人均收入百分比）	12.4
办理施工许可证	180
办理施工许可证分数（0-100）	44.15
手续（数量）	14
时间（天数）	98
成本（仓库价值百分比）	20.9
建筑质量控制指数（0-15）	5.0
获得电力（排名）	142
获得电力分数（0-100）	56.26
手续（数量）	4
时间（天数）	60
成本（人均收入百分比）	3242.8
供电可靠性和电费透明度指数（0-8）	0
登记财产（排名）	181
登记财产分数（0-100）	32.34
手续（数量）	5
时间（天数）	312
成本（财产价值百分比）	6.8
土地管理质量指数（0-30）	2.5

拉丁美洲及加勒比海地区

营商环境便利度分数（0-100）	38.52
获得信贷（排名）	178
获得信贷分数（0-100）	10.00
合法权利力度指数（0-12）	2
信贷信息深度指数（0-8）	0
信贷局覆盖率（成年人百分比）	0.0
信贷登记处覆盖率（成年人百分比）	3.5
保护少数投资者（排名）	188
保护少数投资者分数（0-100）	21.67
披露程度指数（0-10）	2
董事责任程度指数（0-10）	3
股东诉讼便利度指数（0-10）	4
股东权利指数（0-10）	3
所有权和控制权指数（0-10）	1
公司透明度指数（0-10）	0
纳税（排名）	147
纳税分数（0-100）	57.58
缴税次数（每年）	47
时间（小时数/每年）	184
总税收和缴费率（占利润百分比）	42.7
报税后程序指数（0-100）	48.17

人均收入（美元）760

人口	10981229
跨境贸易（排名）	86
跨境贸易分数（0-100）	76.90
出口所需时间	
单证合规（小时）	22
边界合规（小时）	28
出口成本	
单证合规（美元）	48
边界合规（美元）	368
进口所需时间	
单证合规（小时）	28
边界合规（小时）	83
进口成本	
单证合规（美元）	150
边界合规（美元）	563
执行合同（排名）	124
执行合同分数（0-100）	52.49
时间（天数）	530
成本（索赔额百分比）	42.6
司法程序质量指数（0-18）	7.0
办理破产（排名）	168
办理破产分数（0-100）	0.00
时间（年数）	无实践
成本（资产价值百分比）	无实践
回收率（百分比）	0.0
破产框架力度指数（0-16）	0.0

洪都拉斯

拉丁美洲及加勒比海地区		人均收入（美元）	2250

洪都拉斯		拉丁美洲及加勒比海地区		人均收入（美元）	2250
营商环境便利度排名（1-190）	121	营商环境便利度分数（0-100）	58.22	人口	9265067
开办企业（排名）	154	获得信贷（排名）	12	跨境贸易（排名）	123
开办企业分数（0-100）	77.06	获得信贷分数（0-100）	85.00	跨境贸易分数（0-100）	65.85
手续（数量）	11	合法权利力度指数（0-12）	9	出口所需时间	
时间（天数）	13	信贷信息深度指数（0-8）	8	单证合规（小时）	48
成本（人均收入百分比）	40.7	信贷局覆盖率（成年人百分比）	47.4	边界合规（小时）	88
最低实缴资本（人均收入百分比）	0.0	信贷登记处覆盖率（成年人百分比）	21.2	出口成本	
				单证合规（美元）	80
办理施工许可证（排名）	116	保护少数投资者（排名）	140	边界合规（美元）	601
办理施工许可证分数（0-100）	66.10	保护少数投资者分数（0-100）	41.67	进口所需时间	
手续（数量）	17	披露程度指数（0-10）	3	单证合规（小时）	72
时间（天数）	94	董事责任程度指数（0-10）	8	边界合规（小时）	96
成本（仓库价值百分比）	6.9	股东诉讼便利度指数（0-10）	6	进口成本	
建筑质量控制指数（0-15）	10.0	股东权利指数（0-10）	5	单证合规（美元）	70
		所有权和控制权指数（0-10）	1	边界合规（美元）	483
获得电力（排名）	153	公司透明度指数（0-10）	2		
获得电力分数（0-100）	53.78			执行合同（排名）	152
手续（数量）	7	纳税（排名）	164	执行合同分数（0-100）	45.54
时间（天数）	39	纳税分数（0-100）	51.74	时间（天数）	920
成本（人均收入百分比）	735.0	缴税次数（每年）	48	成本（索赔额百分比）	35.2
供电可靠性和电费透明度指数（0-8）	0	时间（小时数/每年）	224	司法程序质量指数（0-18）	7.5
		总税收和缴费率（占利润百分比）	44.4		
登记财产（排名）	95	报税后程序指数（0-100）	35.14	办理破产（排名）	143
登记财产分数（0-100）	63.43			办理破产分数（0-100）	32.09
手续（数量）	6			时间（年数）	3.8
时间（天数）	29			成本（资产价值百分比）	14.5
成本（财产价值百分比）	5.7			回收率（百分比）	19.0
土地管理质量指数（0-30）	14.0			破产框架力度指数（0-16）	7.0

中国香港特别行政区		东亚及太平洋地区		人均收入（美元）	46310
营商环境便利度排名（1-190）	4	营商环境便利度分数（0-100）	84.22	人口	7391700
开办企业（排名）	5	获得信贷（排名）	32	跨境贸易（排名）	27
开办企业分数（0-100）	98.15	获得信贷分数（0-100）	75.00	跨境贸易分数（0-100）	95.04
手续（数量）	2	合法权利力度指数（0-12）	8	出口所需时间	
时间（天数）	1.5	信贷信息深度指数（0-8）	7	单证合规（小时）	1
成本（人均收入百分比）	1.1	信贷局覆盖率（成年人百分比）	100.0	边界合规（小时）	1
最低实缴资本（人均收入百分比）	0.0	信贷登记处覆盖率（成年人百分比）	0.0	出口成本	
				单证合规（美元）	12
办理施工许可证（排名）	1	保护少数投资者（排名）	11	边界合规（美元）	0
办理施工许可证分数（0-100）	88.24	保护少数投资者分数（0-100）	78.33	进口所需时间	
手续（数量）	11	披露程度指数（0-10）	10	单证合规（小时）	1
时间（天数）	72	董事责任程度指数（0-10）	8	边界合规（小时）	19
成本（仓库价值百分比）	0.6	股东诉讼便利度指数（0-10）	9	进口成本	
建筑质量控制指数（0-15）	14.0	股东权利指数（0-10）	7	单证合规（美元）	57
		所有权和控制权指数（0-10）	5	边界合规（美元）	266
√ 获得电力（排名）	3	公司透明度指数（0-10）	8		
获得电力分数（0-100）	99.34			执行合同（排名）	30
手续（数量）	3	纳税（排名）	1	执行合同分数（0-100）	69.13
时间（天数）	24	纳税分数（0-100）	99.71	时间（天数）	385
成本（人均收入百分比）	1.3	缴税次数（每年）	3	成本（索赔额百分比）	23.6
供电可靠性和电费透明度指数（0-8）	8	时间（小时数/每年）	34.5	司法程序质量指数（0-18）	10.0
		总税收和缴费率（占利润百分比）	22.9		
登记财产（排名）	53	报税后程序指数（0-100）	98.85	办理破产（排名）	44
登记财产分数（0-100）	73.55			办理破产分数（0-100）	65.69
手续（数量）	5			时间（年数）	0.8
时间（天数）	27.5			成本（资产价值百分比）	5.0
成本（财产价值百分比）	7.7			回收率（百分比）	87.2
土地管理质量指数（0-30）	27.5			破产框架力度指数（0-16）	6.0

匈牙利

营商环境便利度排名（1-190）	53
开办企业（排名）	**82**
开办企业分数（0-100）	87.89
手续（数量）	6
时间（天数）	7
成本（人均收入百分比）	4.9
最低实缴资本（人均收入百分比）	40.1
办理施工许可证（排名）	**110**
办理施工许可证分数（0-100）	66.71
手续（数量）	22
时间（天数）	192.5
成本（仓库价值百分比）	0.8
建筑质量控制指数（0-15）	13.0
获得电力（排名）	**122**
获得电力分数（0-100）	63.29
手续（数量）	5 √
时间（天数）	257
成本（人均收入百分比）	82.6
供电可靠性和电费透明度指数（0-8）	7
登记财产（排名）	**30**
登记财产分数（0-100）	80.09
手续（数量）	4
时间（天数）	17.5
成本（财产价值百分比）	5.0
土地管理质量指数（0-30）	26.0

经合组织高收入经济体

营商环境便利度分数（0-100）	72.28
获得信贷（排名）	**32**
获得信贷分数（0-100）	75.00
合法权利力度指数（0-12）	9
信贷信息深度指数（0-8）	6
信贷局覆盖率（成年人百分比）	91.2
信贷登记处覆盖率（成年人百分比）	0.0
保护少数投资者（排名）	**110**
保护少数投资者分数（0-100）	50.00
披露程度指数（0-10）	2
董事责任程度指数（0-10）	4
股东诉讼便利度指数（0-10）	6
股东权利指数（0-10）	6
所有权和控制权指数（0-10）	5
公司透明度指数（0-10）	7
纳税（排名）	**86**
纳税分数（0-100）	73.81
缴税次数（每年）	11
时间（小时数/每年）	277
总税收和缴费率（占利润百分比）	40.3
报税后程序指数（0-100）	63.94

人均收入（美元）　12870

人口	9781127
跨境贸易（排名）	**1**
跨境贸易分数（0-100）	100.00
出口所需时间	
单证合规（小时）	1
边界合规（小时）	0
出口成本	
单证合规（美元）	0
边界合规（美元）	0
进口所需时间	
单证合规（小时）	1
边界合规（小时）	0
进口成本	
单证合规（美元）	0
边界合规（美元）	0
执行合同（排名）	**22**
执行合同分数（0-100）	70.98
时间（天数）	605
成本（索赔额百分比）	15.0
司法程序质量指数（0-18）	12.5
办理破产（排名）	**65**
办理破产分数（0-100）	55.03
时间（年数）	2.0
成本（资产价值百分比）	14.5
回收率（百分比）	44.2
破产框架力度指数（0-16）	10.0

冰岛

营商环境便利度排名（1-190）	21
开办企业（排名）	**59**
开办企业分数（0-100）	90.72
手续（数量）	5
时间（天数）	11.5
成本（人均收入百分比）	1.7
最低实缴资本（人均收入百分比）	6.7
办理施工许可证（排名）	**71**
办理施工许可证分数（0-100）	71.64
手续（数量）	17
时间（天数）	84
成本（仓库价值百分比）	0.4
建筑质量控制指数（0-15）	8.0
获得电力（排名）	**13**
获得电力分数（0-100）	92.24
于续（数量）	4
时间（天数）	22
成本（人均收入百分比）	9.3
供电可靠性和电费透明度指数（0-8）	7
登记财产（排名）	**15**
登记财产分数（0-100）	86.61
手续（数量）	3
时间（天数）	3.5
成本（财产价值百分比）	3.6
土地管理质量指数（0-30）	26.5

经合组织高收入经济体

营商环境便利度分数（0-100）	79.35
获得信贷（排名）	**73**
获得信贷分数（0-100）	60.00
合法权利力度指数（0-12）	5
信贷信息深度指数（0-8）	7
信贷局覆盖率（成年人百分比）	100.0
信贷登记处覆盖率（成年人百分比）	0.0
保护少数投资者（排名）	**30**
保护少数投资者分数（0-100）	70.00
披露程度指数（0-10）	7
董事责任程度指数（0-10）	5
股东诉讼便利度指数（0-10）	8
股东权利指数（0-10）	6
所有权和控制权指数（0-10）	7
公司透明度指数（0-10）	9
纳税（排名）	**33**
纳税分数（0-100）	84.64
缴税次数（每年）	21
时间（小时数/每年）	140
总税收和缴费率（占利润百分比）	29.4
报税后程序指数（0-100）	87.20

人均收入（美元）　60830

人口	341284
跨境贸易（排名）	**53**
跨境贸易分数（0-100）	86.71
出口所需时间	
单证合规（小时）	2
边界合规（小时）	36
出口成本	
单证合规（美元）	40
边界合规（美元）	365
进口所需时间	
单证合规（小时）	3
边界合规（小时）	24
进口成本	
单证合规（美元）	0
边界合规（美元）	365
执行合同（排名）	**31**
执行合同分数（0-100）	69.10
时间（天数）	417
成本（索赔额百分比）	9.0
司法程序质量指数（0-18）	7.5
办理破产（排名）	**12**
办理破产分数（0-100）	81.85
时间（年数）	1.0
成本（资产价值百分比）	3.5
回收率（百分比）	85.3
破产框架力度指数（0-16）	11.5

印度

南亚		人均收入（美元）	1820
营商环境便利度排名（1–190）	77	营商环境便利度分数（0–100）	67.23	人口	1339180127

印度		南亚		人均收入（美元）	
✓ 开办企业（排名）	137	✓ 获得信贷（排名）	22	✓ 跨境贸易（排名）	80
开办企业分数（0–100）	80.96	获得信贷分数（0–100）	80.00	跨境贸易分数（0–100）	77.46
手续（数量）	10	合法权利力度指数（0–12）	9	出口所需时间	
时间（天数）	16.5	信贷信息深度指数（0–8）	7	单证合规（小时）	14.5
成本（人均收入百分比）	14.4	信贷局覆盖率（成年人百分比）	55.9	边界合规（小时）	66.2
最低实缴资本（人均收入百分比）	0.0	信贷登记处覆盖率（成年人百分比）	0.0	出口成本	
				单证合规（美元）	77.7
✓ 办理施工许可证（排名）	52	保护少数投资者（排名）	7	边界合规（美元）	251.6
办理施工许可证分数（0–100）	73.81	保护少数投资者分数（0–100）	80.00	进口所需时间	
手续（数量）	17.9	披露程度指数（0–10）	8	单证合规（小时）	29.7
时间（天数）	94.8	董事责任程度指数（0–10）	7	边界合规（小时）	96.7
成本（仓库价值百分比）	5.4	股东诉讼便利度指数（0–10）	7	进口成本	
建筑质量控制指数（0–15）	14.0	股东权利指数（0–10）	10	单证合规（美元）	100
		所有权和控制权指数（0–10）	8	边界合规（美元）	331
✓ 获得电力（排名）	24	公司透明度指数（0–10）	8		
获得电力分数（0–100）	89.15			执行合同（排名）	163
手续（数量）	3.5	✓ 纳税（排名）	121	执行合同分数（0–100）	41.19
时间（天数）	55	纳税分数（0–100）	65.36	时间（天数）	1445
成本（人均收入百分比）	29.5	缴税次数（每年）	11.9	成本（索赔额百分比）	31.0
供电可靠性和电费透明度指数（0–8）	6.5	时间（小时数/每年）	275.4	司法程序质量指数（0–18）	10.5
		总税收和缴费率（占利润百分比）	52.1		
登记财产（排名）	166	报税后程序指数（0–100）	49.31	办理破产（排名）	108
登记财产分数（0–100）	43.55			办理破产分数（0–100）	40.84
手续（数量）	9			时间（年数）	4.3
时间（天数）	69.1			成本（资产价值百分比）	9.0
成本（财产价值百分比）	8.3			回收率（百分比）	26.5
土地管理质量指数（0–30）	8.7			破产框架力度指数（0–16）	8.5

印度尼西亚

东亚及太平洋地区		人均收入（美元）	3540
营商环境便利度排名（1–190）	73	营商环境便利度分数（0–100）	67.96	人口	263991379

印度尼西亚		东亚及太平洋地区		人均收入（美元）	
✓ 开办企业（排名）	134	✓ 获得信贷（排名）	44	跨境贸易（排名）	116
开办企业分数（0–100）	81.22	获得信贷分数（0–100）	70.00	跨境贸易分数（0–100）	67.27
手续（数量）	10	合法权利力度指数（0–12）	6	出口所需时间	
时间（天数）	19.6	信贷信息深度指数（0–8）	8	单证合规（小时）	61.3
成本（人均收入百分比）	6.1	信贷局覆盖率（成年人百分比）	38.1	边界合规（小时）	53.3
最低实缴资本（人均收入百分比）	0.0	信贷登记处覆盖率（成年人百分比）	58.2	出口成本	
				单证合规（美元）	138.8
办理施工许可证（排名）	112	保护少数投资者（排名）	51	边界合规（美元）	253.7
办理施工许可证分数（0–100）	66.57	保护少数投资者分数（0–100）	63.33	进口所需时间	
手续（数量）	17	披露程度指数（0–10）	10	单证合规（小时）	106.2
时间（天数）	200.1	董事责任程度指数（0–10）	5	边界合规（小时）	99.4
成本（仓库价值百分比）	4.4	股东诉讼便利度指数（0–10）	2	进口成本	
建筑质量控制指数（0–15）	13.0	股东权利指数（0–10）	7	单证合规（美元）	164.4
		所有权和控制权指数（0–10）	7	边界合规（美元）	382.6
获得电力（排名）	33	公司透明度指数（0–10）	7		
获得电力分数（0–100）	86.38			执行合同（排名）	146
手续（数量）	4	纳税（排名）	112	执行合同分数（0–100）	47.23
时间（天数）	34	纳税分数（0–100）	68.03	时间（天数）	403.2
成本（人均收入百分比）	252.8	缴税次数（每年）	43	成本（索赔额百分比）	70.3
供电可靠性和电费透明度指数（0–8）	5.8	时间（小时数/每年）	207.5	司法程序质量指数（0–18）	7.9
		总税收和缴费率（占利润百分比）	30.1		
✓ 登记财产（排名）	100	报税后程序指数（0–100）	68.82	办理破产（排名）	36
登记财产分数（0–100）	61.67			办理破产分数（0–100）	67.89
手续（数量）	5			时间（年数）	1.1
时间（天数）	27.6			成本（资产价值百分比）	21.6
成本（财产价值百分比）	8.3			回收率（百分比）	65.2
土地管理质量指数（0–30）	14.5			破产框架力度指数（0–16）	10.5

伊朗伊斯兰共和国

营商环境便利度排名（1-190）	128

开办企业（排名）	173
开办企业分数（0-100）	67.79
手续（数量）	10.5
时间（天数）	72.5
成本（人均收入百分比）	1.2
最低实缴资本（人均收入百分比）	0.0

办理施工许可证（排名）	86
办理施工许可证分数（0-100）	69.11
手续（数量）	16
时间（天数）	130
成本（仓库价值百分比）	6.6
建筑质量控制指数（0-15）	12.5

获得电力（排名）	108
获得电力分数（0-100）	68.86
手续（数量）	6 ✓
时间（天数）	77
成本（人均收入百分比）	923.1
供电可靠性和电费透明度指数（0-8）	5

登记财产（排名）	90
登记财产分数（0-100）	63.98
手续（数量）	6
时间（天数）	31
成本（财产价值百分比）	5.7
土地管理质量指数（0-30）	15.0

中东和北非

营商环境便利度分数（0-100）	56.98

获得信贷（排名）	99 ✓
获得信贷分数（0-100）	50.00
合法权利力度指数（0-12）	2
信贷信息深度指数（0-8）	8
信贷局覆盖率（成年人百分比）	58.3
信贷登记处覆盖率（成年人百分比）	57.5

保护少数投资者（排名）	173
保护少数投资者分数（0-100）	33.33
披露程度指数（0-10）	7
董事责任程度指数（0-10）	4
股东诉讼便利度指数（0-10）	1
股东权利指数（0-10）	3
所有权和控制权指数（0-10）	3
公司透明度指数（0-10）	2

纳税（排名）	149
纳税分数（0-100）	56.78
缴税次数（每年）	20
时间（小时数/每年）	216
总税收和缴费率（占利润百分比）	44.7
报税后程序指数（0-100）	7.96

人均收入（美元） 5400

人口	81162788

跨境贸易（排名）	121
跨境贸易分数（0-100）	66.20
出口所需时间	
单证合规（小时）	33
边界合规（小时）	101
出口成本	
单证合规（美元）	60
边界合规（小时）	415
进口所需时间	
单证合规（小时）	40
边界合规（小时）	141
进口成本	
单证合规（美元）	90
边界合规（小时）	660

执行合同（排名）	89
执行合同分数（0-100）	58.21
时间（天数）	505
成本（索赔额百分比）	19.3
司法程序质量指数（0-18）	5.0

办理破产（排名）	131
办理破产分数（0-100）	35.57
时间（年数）	1.5
成本（资产价值百分比）	15.0
回收率（百分比）	37.1
破产框架力度指数（0-16）	5.0

伊拉克

营商环境便利度排名（1-190）	171

开办企业（排名）	155
开办企业分数（0-100）	76.55
手续（数量）	8.5
时间（天数）	26.5
成本（人均收入百分比）	38.8
最低实缴资本（人均收入百分比）	16.6

办理施工许可证（排名）	103
办理施工许可证分数（0-100）	67.64
手续（数量）	11
时间（天数）	167
成本（仓库价值百分比）	0.3
建筑质量控制指数（0-15）	5.5

获得电力（排名）	126
获得电力分数（0-100）	61.73
手续（数量）	5
时间（天数）	51
成本（人均收入百分比）	436.8
供电可靠性和电费透明度指数（0-8）	0

登记财产（排名）	113
登记财产分数（0-100）	57.74
手续（数量）	5
时间（天数）	51
成本（财产价值百分比）	7.0
土地管理质量指数（0-30）	10.5

中东和北非

营商环境便利度分数（0-100）	44.72

获得信贷（排名）	186
获得信贷分数（0-100）	0.00
合法权利力度指数（0-12）	0
信贷信息深度指数（0-8）	0
信贷局覆盖率（成年人百分比）	0.0
信贷登记处覆盖率（成年人百分比）	1.1

保护少数投资者（排名）	125
保护少数投资者分数（0-100）	46.67
披露程度指数（0-10）	4
董事责任程度指数（0-10）	5
股东诉讼便利度指数（0-10）	5
股东权利指数（0-10）	8
所有权和控制权指数（0-10）	3
公司透明度指数（0-10）	3

纳税（排名）	129
纳税分数（0-100）	63.55
缴税次数（每年）	15
时间（小时数/每年）	312
总税收和缴费率（占利润百分比）	30.8
报税后程序指数（0-100）	21.43

人均收入（美元） 4770

人口	38274618

跨境贸易（排名）	181
跨境贸易分数（0-100）	25.33
出口所需时间	
单证合规（小时）	504
边界合规（小时）	85
出口成本	
单证合规（美元）	1800
边界合规（小时）	1118
进口所需时间	
单证合规（小时）	176
边界合规（小时）	131
进口成本	
单证合规（美元）	500
边界合规（小时）	644

执行合同（排名）	143
执行合同分数（0-100）	48.02
时间（天数）	520
成本（索赔额百分比）	28.1
司法程序质量指数（0-18）	1.5

办理破产（排名）	168
办理破产分数（0-100）	0.00
时间（年数）	无实践
成本（资产价值百分比）	无实践
回收率（百分比）	0.0
破产框架力度指数（0-16）	0.0

爱尔兰

营商环境便利度排名（1-190）	23	经合组织高收入经济体 营商环境便利度分数（0-100）	78.91	人均收入（美元） 55290
				人口 4813608

开办企业（排名）	10 ✓
开办企业分数（0-100）	95.91
手续（数量）	3
时间（天数）	5
成本（人均收入百分比）	0.1
最低实缴资本（人均收入百分比）	0.0

获得信贷（排名）	44
获得信贷分数（0-100）	70.00
合法权利力度指数（0-12）	7
信贷信息深度指数（0-8）	7
信贷局覆盖率（成年人百分比）	100.0
信贷登记处覆盖率（成年人百分比）	90.3

跨境贸易（排名）	52
跨境贸易分数（0-100）	87.25
出口所需时间	
单证合规（小时）	1
边界合规（小时）	24
出口成本	
单证合规（美元）	75
边界合规（小时）	305
进口所需时间	
单证合规（小时）	1
边界合规（小时）	24
进口成本	
单证合规（美元）	75
边界合规（小时）	253

办理施工许可证（排名）	28
办理施工许可证分数（0-100）	77.49
手续（数量）	10
时间（天数）	149.5
成本（仓库价值百分比）	4.2
建筑质量控制指数（0-15）	13.0

保护少数投资者（排名）	15
保护少数投资者分数（0-100）	75.00
披露程度指数（0-10）	9
董事责任程度指数（0-10）	8
股东诉讼便利度指数（0-10）	9
股东权利指数（0-10）	7
所有权和控制权指数（0-10）	4
公司透明度指数（0-10）	8

获得电力（排名）	43
获得电力分数（0-100）	84.24
手续（数量）	5
时间（天数）	85
成本（人均收入百分比）	48.3
供电可靠性和电费透明度指数（0-8）	8

纳税（排名）	4
纳税分数（0-100）	94.46
缴税次数（每年）	9
时间（小时数/每年）	82
总税收和缴费率（占利润百分比）	26.0
报税后程序指数（0-100）	92.93

执行合同（排名）	102 ✓
执行合同分数（0-100）	56.03
时间（天数）	650
成本（索赔额百分比）	26.9
司法程序质量指数（0-18）	7.5

✗ 登记财产（排名）	64
登记财产分数（0-100）	69.63
手续（数量）	5
时间（天数）	31.5
成本（财产价值百分比）	6.5
土地管理质量指数（0-30）	21.0

办理破产（排名）	18
办理破产分数（0-100）	79.12
时间（年数）	0.4
成本（资产价值百分比）	9.0
回收率（百分比）	86.0
破产框架力度指数（0-16）	10.5

以色列

营商环境便利度排名（1-190）	49	经合组织高收入经济体 营商环境便利度分数（0-100）	73.23	人均收入（美元） 37270
				人口 8712400

开办企业（排名）	45
开办企业分数（0-100）	92.35
手续（数量）	4
时间（天数）	12
成本（人均收入百分比）	2.8
最低实缴资本（人均收入百分比）	0.0

获得信贷（排名）	60
获得信贷分数（0-100）	65.00
合法权利力度指数（0-12）	6
信贷信息深度指数（0-8）	7
信贷局覆盖率（成年人百分比）	70.3
信贷登记处覆盖率（成年人百分比）	0.0

跨境贸易（排名）	64
跨境贸易分数（0-100）	82.85
出口所需时间	
单证合规（小时）	13
边界合规（小时）	36
出口成本	
单证合规（美元）	73
边界合规（小时）	150
进口所需时间	
单证合规（小时）	44
边界合规（小时）	64
进口成本	
单证合规（美元）	70
边界合规（小时）	307

办理施工许可证（排名）	41
办理施工许可证分数（0-100）	75.10
手续（数量）	13
时间（天数）	207
成本（仓库价值百分比）	1.8
建筑质量控制指数（0-15）	14.0

保护少数投资者（排名）	23
保护少数投资者分数（0-100）	73.33
披露程度指数（0-10）	7
董事责任程度指数（0-10）	9
股东诉讼便利度指数（0-10）	9
股东权利指数（0-10）	7
所有权和控制权指数（0-10）	3
公司透明度指数（0-10）	9

获得电力（排名）	78
获得电力分数（0-100）	76.24
手续（数量）	5
时间（天数）	102
成本（人均收入百分比）	13.9
供电可靠性和电费透明度指数（0-8）	6

纳税（排名）	90
纳税分数（0-100）	72.56
缴税次数（每年）	28
时间（小时数/每年）	239
总税收和缴费率（占利润百分比）	26.2
报税后程序指数（0-100）	61.36

执行合同（排名）	90
执行合同分数（0-100）	57.93
时间（天数）	975
成本（索赔额百分比）	25.3
司法程序质量指数（0-18）	13.0

✓ 登记财产（排名）	89
登记财产分数（0-100）	64.19
手续（数量）	6
时间（天数）	37
成本（财产价值百分比）	7.2
土地管理质量指数（0-30）	19.0

办理破产（排名）	29
办理破产分数（0-100）	72.73
时间（年数）	2.0
成本（资产价值百分比）	23.0
回收率（百分比）	62.5
破产框架力度指数（0-16）	12.5

意大利

营商环境便利度排名（1-190）	51
开办企业（排名）	67
开办企业分数（0-100）	89.50
手续（数量）	6
时间（天数）	6
成本（人均收入百分比）	14.1
最低实缴资本（人均收入百分比）	0.0
办理施工许可证（排名）	104
办理施工许可证分数（0-100）	67.39
手续（数量）	12
时间（天数）	227.5
成本（仓库价值百分比）	3.5
建筑质量控制指数（0-15）	11.0
获得电力（排名）	37
获得电力分数（0-100）	85.28
手续（数量）	4 x
时间（天数）	82
成本（人均收入百分比）	151.8
供电可靠性和电费透明度指数（0-8）	7
登记财产（排名）	23
登记财产分数（0-100）	81.72
手续（数量）	4
时间（天数）	16
成本（财产价值百分比）	4.4
土地管理质量指数（0-30）	26.5

经合组织高收入经济体

营商环境便利度分数（0-100）	72.56
获得信贷（排名）	112
获得信贷分数（0-100）	45.00
合法权利力度指数（0-12）	2
信贷信息深度指数（0-8）	7
信贷局覆盖率（成年人百分比）	100.0
信贷登记处覆盖率（成年人百分比）	30.5
保护少数投资者（排名）	72
保护少数投资者分数（0-100）	58.33
披露程度指数（0-10）	7
董事责任程度指数（0-10）	4
股东诉讼便利度指数（0-10）	6
股东权利指数（0-10）	6
所有权和控制权指数（0-10）	4
公司透明度指数（0-10）	8
纳税（排名）	118
纳税分数（0-100）	66.32
缴税次数（每年）	14
时间（小时数/每年）	238
总税收和缴费率（占利润百分比）	53.1
报税后程序指数（0-100）	52.39

人均收入（美元） 31020

人口	60551416
跨境贸易（排名）	1
跨境贸易分数（0-100）	100.00
出口所需时间	
单证合规（小时）	1
边界合规（小时）	0
出口成本	
单证合规（美元）	0
边界合规（小时）	0
进口所需时间	
单证合规（小时）	1
边界合规（小时）	0
进口成本	
单证合规（美元）	0
边界合规（小时）	0
执行合同（排名）	111
执行合同分数（0-100）	54.79
时间（天数）	1120
成本（索赔额百分比）	23.1
司法程序质量指数（0-18）	13.0
办理破产（排名）	22
办理破产分数（0-100）	77.28
时间（年数）	1.8
成本（资产价值百分比）	22.0
回收率（百分比）	65.2
破产框架力度指数（0-16）	13.5

牙买加

营商环境便利度排名（1-190）	75
开办企业（排名）	6 √
开办企业分数（0-100）	97.35
手续（数量）	2
时间（天数）	3
成本（人均收入百分比）	4.4
最低实缴资本（人均收入百分比）	0.0
办理施工许可证（排名）	76
办理施工许可证分数（0-100）	70.71
手续（数量）	19
时间（天数）	141.5
成本（仓库价值百分比）	1.6
建筑质量控制指数（0-15）	12.0
获得电力（排名）	115
获得电力分数（0-100）	64.96
手续（数量）	7
时间（天数）	95
成本（人均收入百分比）	203.9
供电可靠性和电费透明度指数（0-8）	5
登记财产（排名）	131
登记财产分数（0-100）	53.61
手续（数量）	8
时间（天数）	19
成本（财产价值百分比）	9.8
土地管理质量指数（0-30）	14.0

拉丁美洲及加勒比海地区

营商环境便利度分数（0-100）	67.47
获得信贷（排名）	12
获得信贷分数（0-100）	85.00
合法权利力度指数（0-12）	9
信贷信息深度指数（0-8）	8
信贷局覆盖率（成年人百分比）	27.7
信贷登记处覆盖率（成年人百分比）	0.0
保护少数投资者（排名）	89
保护少数投资者分数（0-100）	55.00
披露程度指数（0-10）	4
董事责任程度指数（0-10）	8
股东诉讼便利度指数（0-10）	5
股东权利指数（0-10）	6
所有权和控制权指数（0-10）	4
公司透明度指数（0-10）	6
纳税（排名）	123
纳税分数（0-100）	64.79
缴税次数（每年）	11
时间（小时数/每年）	272
总税收和缴费率（占利润百分比）	35.1
报税后程序指数（0-100）	19.68

人均收入（美元） 4750

人口	2890299
跨境贸易（排名）	134
跨境贸易分数（0-100）	61.54
出口所需时间	
单证合规（小时）	47
边界合规（小时）	58
出口成本	
单证合规（美元）	90
边界合规（小时）	876
进口所需时间	
单证合规（小时）	56
边界合规（小时）	80
进口成本	
单证合规（美元）	90
边界合规（小时）	906
执行合同（排名）	127
执行合同分数（0-100）	51.87
时间（天数）	550
成本（索赔额百分比）	50.2
司法程序质量指数（0-18）	8.5
办理破产（排名）	33
办理破产分数（0-100）	69.83
时间（年数）	1.1
成本（资产价值百分比）	18.0
回收率（百分比）	65.9
破产框架力度指数（0-16）	11.0

日本

经合组织高收入经济体		人均收入（美元）	38550

营商环境便利度排名（1-190）	39	营商环境便利度分数（0-100）	75.65	人口	126785797

开办企业（排名）	93	获得信贷（排名）	85	跨境贸易（排名）	56
开办企业分数（0-100）	86.10	获得信贷分数（0-100）	55.00	跨境贸易分数（0-100）	86.51
手续（数量）	8	合法权利力度指数（0-12）	5	*出口所需时间*	
时间（天数）	11.2	信贷信息深度指数（0-8）	6	单证合规（小时）	2.4
成本（人均收入百分比）	7.5	信贷局覆盖率（成年人百分比）	100.0	边界合规（小时）	22.6
最低实缴资本（人均收入百分比）	0.0	信贷登记处覆盖率（成年人百分比）	0.0	*出口成本*	
				单证合规（美元）	54
办理施工许可证（排名）	44	保护少数投资者（排名）	64	边界合规（小时）	264.9
办理施工许可证分数（0-100）	74.95	保护少数投资者分数（0-100）	60.00	*进口所需时间*	
手续（数量）	12	披露程度指数（0-10）	7	单证合规（小时）	3.4
时间（天数）	175	董事责任程度指数（0-10）	6	边界合规（小时）	39.6
成本（仓库价值百分比）	0.5	股东诉讼便利度指数（0-10）	8	*进口成本*	
建筑质量控制指数（0-15）	11.0	股东权利指数（0-10）	6	单证合规（美元）	107
		所有权和控制权指数（0-10）	3	边界合规（小时）	299.2
获得电力（排名）	22	公司透明度指数（0-10）	6		
获得电力分数（0-100）	89.88			执行合同（排名）	52
手续（数量）	3.4	纳税（排名）	97	执行合同分数（0-100）	65.26
时间（天数）	97.7	纳税分数（0-100）	71.14	时间（天数）	360
成本（人均收入百分比）	0.0	缴税次数（每年）	30	成本（索赔额百分比）	23.4
供电可靠性和电费透明度指数（0-8）	8	时间（小时数/每年）	129.5	司法程序质量指数（0-18）	7.5
		总税收和缴费率（占利润百分比）	46.7		
登记财产（排名）	48	报税后程序指数（0-100）	71.69	办理破产（排名）	1
登记财产分数（0-100）	74.21			办理破产分数（0-100）	93.45
手续（数量）	6			时间（年数）	0.6
时间（天数）	13			成本（资产价值百分比）	4.2
成本（财产价值百分比）	5.8			回收率（百分比）	92.4
土地管理质量指数（0-30）	24.8			破产框架力度指数（0-16）	14.0

约旦

中东和北非		人均收入（美元）	3980

营商环境便利度排名（1-190）	104	营商环境便利度分数（0-100）	60.98	人口	9702353

开办企业（排名）	106 ✓	获得信贷（排名）	134	跨境贸易（排名）	74
开办企业分数（0-100）	84.43	获得信贷分数（0-100）	35.00	跨境贸易分数（0-100）	79.03
手续（数量）	7.5	合法权利力度指数（0-12）	0	*出口所需时间*	
时间（天数）	12.5	信贷信息深度指数（0-8）	7	单证合规（小时）	6
成本（人均收入百分比）	23.9	信贷局覆盖率（成年人百分比）	19.9	边界合规（小时）	53
最低实缴资本（人均收入百分比）	0.1	信贷登记处覆盖率（成年人百分比）	4.8	*出口成本*	
				单证合规（美元）	100
办理施工许可证（排名）	139 ✓	保护少数投资者（排名）	125	边界合规（小时）	131
办理施工许可证分数（0-100）	60.47	保护少数投资者分数（0-100）	46.67	*进口所需时间*	
手续（数量）	20	披露程度指数（0-10）	4	单证合规（小时）	55
时间（天数）	66	董事责任程度指数（0-10）	4	边界合规（小时）	79
成本（仓库价值百分比）	12.0	股东诉讼便利度指数（0-10）	3	*进口成本*	
建筑质量控制指数（0-15）	11.0	股东权利指数（0-10）	3	单证合规（美元）	190
		所有权和控制权指数（0-10）	6	边界合规（小时）	206
获得电力（排名）	62	公司透明度指数（0-10）	8		
获得电力分数（0-100）	80.49			执行合同（排名） ✓	108
手续（数量）	5 ✓	纳税（排名）	95	执行合同分数（0-100）	55.56
时间（天数）	55	纳税分数（0-100）	71.48	时间（天数）	642
成本（人均收入百分比）	293.6	缴税次数（每年）	23	成本（索赔额百分比）	31.2
供电可靠性和电费透明度指数（0-8）	6	时间（小时数/每年）	126.8	司法程序质量指数（0-18）	8.0
		总税收和缴费率（占利润百分比）	28.6		
登记财产（排名）	72	报税后程序指数（0-100）	34.69	办理破产（排名）	150
登记财产分数（0-100）	66.40			办理破产分数（0-100）	30.31
手续（数量）	6			时间（年数）	3.0
时间（天数）	17			成本（资产价值百分比）	20.0
成本（财产价值百分比）	9.0			回收率（百分比）	27.3
土地管理质量指数（0-30）	22.5			破产框架力度指数（0-16）	5.0

哈萨克斯坦

营商环境便利度排名（1-190）	28
√ 开办企业（排名）	36
开办企业分数（0-100）	92.96
手续（数量）	5
时间（天数）	5
成本（人均收入百分比）	0.3
最低实缴资本（人均收入百分比）	0.0
办理施工许可证（排名）	35
办理施工许可证分数（0-100）	75.77
手续（数量）	18
时间（天数）	101.5
成本（仓库价值百分比）	2.0
建筑质量控制指数（0-15）	13.0
获得电力（排名）	76
获得电力分数（0-100）	76.79
手续（数量）	7
时间（天数）	77
成本（人均收入百分比）	43.2
供电可靠性和电费透明度指数（0-8）	8
登记财产（排名）	18
登记财产分数（0-100）	84.62
手续（数量）	3
时间（天数）	3.5
成本（财产价值百分比）	0.1
土地管理质量指数（0-30）	17.0

欧洲和中亚

营商环境便利度分数（0-100）	77.89
获得信贷（排名）	60
获得信贷分数（0-100）	65.00
合法权利力度指数（0-12）	6
信贷信息深度指数（0-8）	7
信贷局覆盖率（成年人百分比）	59.3
信贷登记处覆盖率（成年人百分比）	0.0
保护少数投资者（排名）	1
保护少数投资者分数（0-100）	85.00
披露程度指数（0-10）	9
董事责任程度指数（0-10）	6
股东诉讼便利度指数（0-10）	9
股东权利指数（0-10）	10
所有权和控制权指数（0-10）	8
公司透明度指数（0-10）	9
纳税（排名）	56
纳税分数（0-100）	79.28
缴税次数（每年）	7
时间（小时数/每年）	182
总税收和缴费率（占利润百分比）	29.4
报税后程序指数（0-100）	48.85

人均收入（美元） 7890

人口	18037646
√ 跨境贸易（排名）	102
跨境贸易分数（0-100）	70.36
出口所需时间	
单证合规（小时）	128
边界合规（小时）	105
出口成本	
单证合规（美元）	200
边界合规（小时）	470
进口所需时间	
单证合规（小时）	6
边界合规（小时）	2
进口成本	
单证合规（美元）	0
边界合规（小时）	0
√ 执行合同（排名）	4
执行合同分数（0-100）	81.25
时间（天数）	370
成本（索赔额百分比）	22.0
司法程序质量指数（0-18）	16.0
办理破产（排名）	37
办理破产分数（0-100）	67.83
时间（年数）	1.5
成本（资产价值百分比）	15.0
回收率（百分比）	38.9
破产框架力度指数（0-16）	15.0

肯尼亚

营商环境便利度排名（1-190）	61
开办企业（排名）	126
开办企业分数（0-100）	82.41
手续（数量）	7
时间（天数）	23
成本（人均收入百分比）	24.9
最低实缴资本（人均收入百分比）	0.0
办理施工许可证（排名）	128
办理施工许可证分数（0-100）	63.49
手续（数量）	16
时间（天数）	159
成本（仓库价值百分比）	4.7
建筑质量控制指数（0-15）	9.0
获得电力（排名）	75
获得电力分数（0-100）	76.80
手续（数量）	3
时间（大数）	97
成本（人均收入百分比）	685.9
供电可靠性和电费透明度指数（0-8）	4
√ 登记财产（排名）	122
登记财产分数（0-100）	55.97
手续（数量）	9
时间（天数）	49
成本（财产价值百分比）	6.0
土地管理质量指数（0-30）	16.0

撒哈拉以南非洲

营商环境便利度分数（0-100）	70.31
√ 获得信贷（排名）	8
获得信贷分数（0-100）	90.00
合法权利力度指数（0-12）	10
信贷信息深度指数（0-8）	8
信贷局覆盖率（成年人百分比）	29.9
信贷登记处覆盖率（成年人百分比）	0.0
√ 保护少数投资者（排名）	11
保护少数投资者分数（0-100）	78.33
披露程度指数（0-10）	10
董事责任程度指数（0-10）	10
股东诉讼便利度指数（0-10）	9
股东权利指数（0-10）	7
所有权和控制权指数（0-10）	6
公司透明度指数（0-10）	5
纳税（排名）	91
纳税分数（0-100）	72.37
缴税次数（每年）	25
时间（小时数/每年）	179.5
总税收和缴费率（占利润百分比）	37.2
报税后程序指数（0-100）	62.03

人均收入（美元） 1440

人口	49699862
跨境贸易（排名）	112
跨境贸易分数（0-100）	68.06
出口所需时间	
单证合规（小时）	19
边界合规（小时）	16
出口成本	
单证合规（美元）	191
边界合规（小时）	143
进口所需时间	
单证合规（小时）	60
边界合规（小时）	180
进口成本	
单证合规（美元）	115
边界合规（小时）	833
执行合同（排名）	88
执行合同分数（0-100）	58.27
时间（天数）	465
成本（索赔额百分比）	41.8
司法程序质量指数（0-18）	9.0
√ 办理破产（排名）	57
办理破产分数（0-100）	57.41
时间（年数）	4.5
成本（资产价值百分比）	22.0
回收率（百分比）	31.2
破产框架力度指数（0-16）	13.0

基里巴斯

营商环境便利度排名（1-190）	158
开办企业（排名）	149
开办企业分数（0-100）	78.20
手续（数量）	7
时间（天数）	31
成本（人均收入百分比）	36.1
最低实缴资本（人均收入百分比）	12.9
办理施工许可证（排名）	117
办理施工许可证分数（0-100）	65.73
手续（数量）	15
时间（天数）	150
成本（仓库价值百分比）	0.3
建筑质量控制指数（0-15）	6.0
获得电力（排名）	170
获得电力分数（0-100）	44.05
手续（数量）	6
时间（天数）	97
成本（人均收入百分比）	3196.1
供电可靠性和电费透明度指数（0-8）	0
登记财产（排名）	149
登记财产分数（0-100）	49.13
手续（数量）	5
时间（天数）	513
成本（财产价值百分比）	0.0
土地管理质量指数（0-30）	9.0

东亚及太平洋地区

营商环境便利度分数（0-100）	49.07
获得信贷（排名）	172
获得信贷分数（0-100）	20.00
合法权利力度指数（0-12）	4
信贷信息深度指数（0-8）	0
信贷局覆盖率（成年人百分比）	0.0
信贷登记处覆盖率（成年人百分比）	0.0
保护少数投资者（排名）	125
保护少数投资者分数（0-100）	46.67
披露程度指数（0-10）	6
董事责任程度指数（0-10）	5
股东诉讼便利度指数（0-10）	8
股东权利指数（0-10）	5
所有权和控制权指数（0-10）	2
公司透明度指数（0-10）	2
纳税（排名）	96
纳税分数（0-100）	71.42
缴税次数（每年）	11
时间（小时数/每年）	168
总税收和缴费率（占利润百分比）	32.7
报税后程序指数（0-100）	26.68

人均收入（美元）　2780

人口	116398
跨境贸易（排名）	131
跨境贸易分数（0-100）	62.08
出口所需时间	
单证合规（小时）	24
边界合规（小时）	72
出口成本	
单证合规（美元）	310
边界合规（小时）	420
进口所需时间	
单证合规（小时）	48
边界合规（小时）	96
进口成本	
单证合规（美元）	120
边界合规（小时）	685
执行合同（排名）	120
执行合同分数（0-100）	53.39
时间（天数）	660
成本（索赔额百分比）	25.8
司法程序质量指数（0-18）	6.0
办理破产（排名）	168
办理破产分数（0-100）	0.00
时间（年数）	无实践
成本（资产价值百分比）	无实践
回收率（百分比）	0.0
破产框架力度指数（0-16）	0.0

韩国

营商环境便利度排名（1-190）	5
开办企业（排名）	11
开办企业分数（0-100）	95.83
手续（数量）	2
时间（天数）	4
成本（人均收入百分比）	14.6
最低实缴资本（人均收入百分比）	0.0
办理施工许可证（排名）	10
办理施工许可证分数（0-100）	84.43
手续（数量）	10
时间（天数）	27.5
成本（仓库价值百分比）	4.4
建筑质量控制指数（0-15）	12.0
获得电力（排名）	2
获得电力分数（0-100）	99.89
手续（数量）	3
时间（天数）	13
成本（人均收入百分比）	35.2
供电可靠性和电费透明度指数（0-8）	8
登记财产（排名）	40
登记财产分数（0-100）	76.34
手续（数量）	7
时间（天数）	5.5
成本（财产价值百分比）	5.1
土地管理质量指数（0-30）	27.5

经合组织高收入经济体

营商环境便利度分数（0-100）	84.14
获得信贷（排名）	60
获得信贷分数（0-100）	65.00
合法权利力度指数（0-12）	5
信贷信息深度指数（0-8）	8
信贷局覆盖率（成年人百分比）	100.0
信贷登记处覆盖率（成年人百分比）	65.7
保护少数投资者（排名）	23
保护少数投资者分数（0-100）	73.33
披露程度指数（0-10）	8
董事责任程度指数（0-10）	6
股东诉讼便利度指数（0-10）	8
股东权利指数（0-10）	7
所有权和控制权指数（0-10）	6
公司透明度指数（0-10）	9
纳税（排名）	24
纳税分数（0-100）	86.91
缴税次数（每年）	12
时间（小时数/每年）	188
总税收和缴费率（占利润百分比）	33.1
报税后程序指数（0-100）	93.93

人均收入（美元）　28380

人口	51466201
跨境贸易（排名）	33
跨境贸易分数（0-100）	92.52
出口所需时间	
单证合规（小时）	1
边界合规（小时）	13
出口成本	
单证合规（美元）	11
边界合规（小时）	185
进口所需时间	
单证合规（小时）	1
边界合规（小时）	6
进口成本	
单证合规（美元）	27
边界合规（小时）	315
执行合同（排名）	2
执行合同分数（0-100）	84.15
时间（天数）	290
成本（索赔额百分比）	12.7
司法程序质量指数（0-18）	14.5
办理破产（排名）	11
办理破产分数（0-100）	83.01
时间（年数）	1.5
成本（资产价值百分比）	3.5
回收率（百分比）	84.6
破产框架力度指数（0-16）	12.0

科索沃

指标	值	欧洲和中亚	值	人均收入（美元）	3890
营商环境便利度排名（1-190）	44	营商环境便利度分数（0-100）	74.15	人口	1830700
开办企业（排名）	13	获得信贷（排名）	12 ✓	跨境贸易（排名）	51
开办企业分数（0-100）	95.68	获得信贷分数（0-100）	85.00	跨境贸易分数（0-100）	87.46
手续（数量）	3	合法权利力度指数（0-12）	11	*出口所需时间*	
时间（天数）	5.5	信贷信息深度指数（0-8）	6	单证合规（小时）	38
成本（人均收入百分比）	1.0	信贷局覆盖率（成年人百分比）	0.0	边界合规（小时）	21
最低实缴资本（人均收入百分比）	0.0	信贷登记处覆盖率（成年人百分比）	41.3	*出口成本*	
				单证合规（美元）	127
✓ 办理施工许可证（排名）	100	保护少数投资者（排名）	95	边界合规（小时）	105
办理施工许可证分数（0-100）	67.92	保护少数投资者分数（0-100）	53.33	*进口所需时间*	
手续（数量）	12	披露程度指数（0-10）	6	单证合规（小时）	6
时间（天数）	150	董事责任程度指数（0-10）	6	边界合规（小时）	16
成本（仓库价值百分比）	4.9	股东诉讼便利度指数（0-10）	4	*进口成本*	
建筑质量控制指数（0-15）	9.0	股东权利指数（0-10）	9	单证合规（美元）	42
		所有权和控制权指数（0-10）	2	边界合规（小时）	128
获得电力（排名）	113	公司透明度指数（0-10）	5		
获得电力分数（0-100）	66.16			执行合同（排名）	50
手续（数量）	6 ✓	纳税（排名）	44	执行合同分数（0-100）	65.66
时间（天数）	36	纳税分数（0-100）	81.92	时间（天数）	330
成本（人均收入百分比）	206.0	缴税次数（每年）	10	成本（索赔额百分比）	34.4
供电可靠性和电费透明度指数（0-8）	2	时间（小时数/每年）	153.5	司法程序质量指数（0-18）	9.5
		总税收和缴费率（占利润百分比）	15.2		
登记财产（排名）	37	报税后程序指数（0-100）	55.50	办理破产（排名）	50
登记财产分数（0-100）	78.13			办理破产分数（0-100）	60.28
手续（数量）	6			时间（年数）	2.0
时间（天数）	27			成本（资产价值百分比）	15.0
成本（财产价值百分比）	0.3			回收率（百分比）	39.4
土地管理质量指数（0-30）	20.5			破产框架力度指数（0-16）	12.5

科威特

指标	值	中东和北非	值	人均收入（美元）	31430
营商环境便利度排名（1-190）	97	营商环境便利度分数（0-100）	62.20	人口	4136528
✓ 开办企业（排名）	133	获得信贷（排名）	134	跨境贸易（排名）	159
开办企业分数（0-100）	81.40	获得信贷分数（0-100）	35.00	跨境贸易分数（0-100）	54.24
手续（数量）	7.5	合法权利力度指数（0-12）	1	*出口所需时间*	
时间（天数）	35.5	信贷信息深度指数（0-8）	6	单证合规（小时）	72
成本（人均收入百分比）	2.0	信贷局覆盖率（成年人百分比）	30.7	边界合规（小时）	96
最低实缴资本（人均收入百分比）	0.0	信贷登记处覆盖率（成年人百分比）	15.5	*出口成本*	
				单证合规（美元）	191
办理施工许可证（排名）	131	✓ 保护少数投资者（排名）	72	边界合规（小时）	602
办理施工许可证分数（0-100）	62.35	保护少数投资者分数（0-100）	58.33	*进口所需时间*	
手续（数量）	23	披露程度指数（0-10）	5	单证合规（小时）	96
时间（天数）	231	董事责任程度指数（0-10）	9	边界合规（小时）	89
成本（仓库价值百分比）	1.2	股东诉讼便利度指数（0-10）	4	*进口成本*	
建筑质量控制指数（0-15）	13.0	股东权利指数（0-10）	3	单证合规（美元）	332
		所有权和控制权指数（0-10）	6	边界合规（小时）	491
获得电力（排名）	95	公司透明度指数（0-10）	8		
获得电力分数（0-100）	71.78			执行合同（排名）	77
手续（数量）	7	纳税（排名）	7	执行合同分数（0-100）	59.58
时间（天数）	65	纳税分数（0-100）	92.48	时间（天数）	566
成本（人均收入百分比）	63.8	缴税次数（每年）	12	成本（索赔额百分比）	18.6
供电可靠性和电费透明度指数（0-8）	6	时间（小时数/每年）	98	司法程序质量指数（0-18）	6.5
		总税收和缴费率（占利润百分比）	13.0		
登记财产（排名）	69	报税后程序指数（0-100）	不适用	办理破产（排名）	115
登记财产分数（0-100）	67.54			办理破产分数（0-100）	39.29
手续（数量）	9			时间（年数）	4.2
时间（天数）	35			成本（资产价值百分比）	10.0
成本（财产价值百分比）	0.5			回收率（百分比）	32.4
土地管理质量指数（0-30）	17.0			破产框架力度指数（0-16）	7.0

吉尔吉斯共和国

营商环境便利度排名（1-190）	70

开办企业（排名）	35
开办企业分数（0-100）	92.97
手续（数量）	4
时间（天数）	10
成本（人均收入百分比）	1.9
最低实缴资本（人均收入百分比）	0.0

办理施工许可证（排名）	29 √
办理施工许可证分数（0-100）	77.10
手续（数量）	11
时间（天数）	142
成本（仓库价值百分比）	1.5
建筑质量控制指数（0-15）	11.0

获得电力（排名）	164
获得电力分数（0-100）	46.01
手续（数量）	7
时间（天数）	111
成本（人均收入百分比）	717.7
供电可靠性和电费透明度指数（0-8）	0

登记财产（排名）	8
登记财产分数（0-100）	90.27
手续（数量）	3
时间（天数）	3.5
成本（财产价值百分比）	0.2
土地管理质量指数（0-30）	24.0

欧洲和中亚

营商环境便利度分数（0-100）	68.33

获得信贷（排名）	32 √
获得信贷分数（0-100）	75.00
合法权利力度指数（0-12）	9
信贷信息深度指数（0-8）	6
信贷局覆盖率（成年人百分比）	37.9
信贷登记处覆盖率（成年人百分比）	0.0

保护少数投资者（排名）	38
保护少数投资者分数（0-100）	66.67
披露程度指数（0-10）	7
董事责任程度指数（0-10）	5
股东诉讼便利度指数（0-10）	8
股东权利指数（0-10）	5
所有权和控制权指数（0-10）	8
公司透明度指数（0-10）	7

纳税（排名）	150
纳税分数（0-100）	56.55
缴税次数（每年）	51
时间（小时数/每年）	225
总税收和缴费率（占利润百分比）	29.0
报税后程序指数（0-100）	37.38 √

人均收入（美元） 1130

人口	6201500

跨境贸易（排名）	70
跨境贸易分数（0-100）	80.74
出口所需时间	
单证合规（小时）	21
边界合规（小时）	5
出口成本	
单证合规（美元）	110
边界合规（小时）	10
进口所需时间	
单证合规（小时）	36
边界合规（小时）	72
进口成本	
单证合规（美元）	200
边界合规（小时）	512

执行合同（排名）	131 √
执行合同分数（0-100）	50.42
时间（天数）	410
成本（索赔额百分比）	47.0
司法程序质量指数（0-18）	5.0

办理破产（排名）	82
办理破产分数（0-100）	47.62
时间（年数）	1.5
成本（资产价值百分比）	15.0
回收率（百分比）	36.2
破产框架力度指数（0-16）	9.0

老挝

营商环境便利度排名（1-190）	154

开办企业（排名）	180
开办企业分数（0-100）	60.93
手续（数量）	10
时间（天数）	174
成本（人均收入百分比）	6.6
最低实缴资本（人均收入百分比）	0.0

办理施工许可证（排名）	99
办理施工许可证分数（0-100）	67.94
手续（数量）	12
时间（天数）	92
成本（仓库价值百分比）	4.9
建筑质量控制指数（0-15）	6.5

获得电力（排名）	156
获得电力分数（0-100）	52.77
手续（数量）	7
时间（天数）	105
成本（人均收入百分比）	763.4
供电可靠性和电费透明度指数（0-8）	2

登记财产（排名）	85
登记财产分数（0-100）	64.93
手续（数量）	6
时间（天数）	28
成本（财产价值百分比）	3.1
土地管理质量指数（0-30）	10.5

东亚及太平洋地区

营商环境便利度分数（0-100）	51.26

获得信贷（排名）	73 √
获得信贷分数（0-100）	60.00
合法权利力度指数（0-12）	6
信贷信息深度指数（0-8）	6
信贷局覆盖率（成年人百分比）	0.0
信贷登记处覆盖率（成年人百分比）	14.5

保护少数投资者（排名）	174
保护少数投资者分数（0-100）	31.67
披露程度指数（0-10）	6
董事责任程度指数（0-10）	1
股东诉讼便利度指数（0-10）	3
股东权利指数（0-10）	4
所有权和控制权指数（0-10）	4
公司透明度指数（0-10）	1

纳税（排名）	155
纳税分数（0-100）	54.22
缴税次数（每年）	35
时间（小时数/每年）	362
总税收和缴费率（占利润百分比）	24.1
报税后程序指数（0-100）	18.57

人均收入（美元） 2270

人口	6858160

跨境贸易（排名）	76 √
跨境贸易分数（0-100）	78.12
出口所需时间	
单证合规（小时）	60
边界合规（小时）	9
出口成本	
单证合规（美元）	235
边界合规（小时）	140
进口所需时间	
单证合规（小时）	60
边界合规（小时）	11
进口成本	
单证合规（美元）	115
边界合规（小时）	224

执行合同（排名）	162
执行合同分数（0-100）	41.99
时间（天数）	828
成本（索赔额百分比）	31.6
司法程序质量指数（0-18）	3.5

办理破产（排名）	168
办理破产分数（0-100）	0.00
时间（年数）	无实践
成本（资产价值百分比）	无实践
回收率（百分比）	0.0
破产框架力度指数（0-16）	0.0

拉脱维亚

拉脱维亚		经合组织高收入经济体		人均收入（美元）	14740
营商环境便利度排名（1~190）	19	营商环境便利度分数（0-100）	79.59	人口	1940740
开办企业（排名）	24	获得信贷（排名）	12	跨境贸易（排名）	26
开办企业分数（0-100）	94.13	获得信贷分数（0-100）	85.00	跨境贸易分数（0-100）	95.26
手续（数量）	4	合法权利力度指数（0-12）	9	*出口所需时间*	
时间（天数）	5.5	信贷信息深度指数（0-8）	8	单证合规（小时）	2
成本（人均收入百分比）	1.6	信贷信息覆盖率（成年人百分比）	44.6	边界合规（小时）	24
最低实缴资本（人均收入百分比）	0.0	信贷登记处覆盖率（成年人百分比）	93.3	*出口成本*	
				单证合规（美元）	35
办理施工许可证（排名）	56	保护少数投资者（排名）	51	边界合规（小时）	150
办理施工许可证分数（0-100）	73.46	保护少数投资者分数（0-100）	63.33	*进口所需时间*	
手续（数量）	14	披露程度指数（0-10）	5	单证合规（小时）	1
时间（天数）	192	董事责任程度指数（0-10）	4	边界合规（小时）	0
成本（仓库价值百分比）	0.5	股东诉讼便利度指数（0-10）	9	*进口成本*	
建筑质量控制指数（0-15）	12.0	股东权利指数（0-10）	7	单证合规（美元）	0
		所有权和控制权指数（0-10）	5	边界合规（小时）	0
获得电力（排名）	53	公司透明度指数（0-10）	8		
获得电力分数（0-100）	82.24			执行合同（排名）	20
手续（数量）	4	纳税（排名）	13	执行合同分数（0-100）	71.66
时间（天数）	107	纳税分数（0-100）	89.74	时间（天数）	469
成本（人均收入百分比）	258.9	缴税次数（每年）	7	成本（索赔额百分比）	23.1
供电可靠性和电费透明度指数（0-8）	7	时间（小时数/每年）	168.5	司法程序质量指数（0-18）	12.5
		总税收和缴费率（占利润百分比）	36.0		
x 登记财产（排名）	25	报税后程序指数（0-100）	98.11	办理破产（排名）	54
登记财产分数（0-100）	81.45			办理破产分数（0-100）	59.60
手续（数量）	4			时间（年数）	1.5
时间（天数）	16.5			成本（资产价值百分比）	10.0
成本（财产价值百分比）	2.0			回收率（百分比）	41.1
土地管理质量指数（0-30）	21.5			破产框架力度指数（0-16）	12.0

黎巴嫩

黎巴嫩		中东和北非		人均收入（美元）	8310
营商环境便利度排名（1~190）	142	营商环境便利度分数（0-100）	54.04	人口	6082357
开办企业（排名）	146	获得信贷（排名）	124	跨境贸易（排名）	150
开办企业分数（0-100）	78.63	获得信贷分数（0-100）	40.00	跨境贸易分数（0-100）	57.90
手续（数量）	8	合法权利力度指数（0-12）	2	*出口所需时间*	
时间（天数）	15	信贷信息深度指数（0-8）	6	单证合规（小时）	48
成本（人均收入百分比）	40.0	信贷局覆盖率（成年人百分比）	0.0	边界合规（小时）	96
最低实缴资本（人均收入百分比）	38.9	信贷登记处覆盖率（成年人百分比）	23.6	*出口成本*	
				单证合规（美元）	100
办理施工许可证（排名）	170	保护少数投资者（排名）	140	边界合规（小时）	480
办理施工许可证分数（0-100）	52.69	保护少数投资者分数（0-100）	41.67	*进口所需时间*	
手续（数量）	22	披露程度指数（0-10）	9	单证合规（小时）	72
时间（天数）	277	董事责任程度指数（0-10）	1	边界合规（小时）	180
成本（仓库价值百分比）	7.1	股东诉讼便利度指数（0-10）	5	*进口成本*	
建筑质量控制指数（0-15）	13.0	股东权利指数（0-10）	4	单证合规（美元）	135
		所有权和控制权指数（0-10）	1	边界合规（小时）	790
获得电力（排名）	124	公司透明度指数（0-10）	5		
获得电力分数（0-100）	62.75			执行合同（排名）	135
手续（数量）	4	纳税（排名）	113	执行合同分数（0-100）	49.85
时间（天数）	89	纳税分数（0-100）	67.94	时间（天数）	721
成本（人均收入百分比）	119.4	缴税次数（每年）	20	成本（索赔额百分比）	30.8
供电可靠性和电费透明度指数（0-8）	0	时间（小时数/每年）	181	司法程序质量指数（0-18）	6.0
		总税收和缴费率（占利润百分比）	31.1		
登记财产（排名）	105	报税后程序指数（0-100）	27.48	办理破产（排名）	151
登记财产分数（0-100）	59.44			办理破产分数（0-100）	29.55
手续（数量）	8			时间（年数）	3.0
时间（天数）	37			成本（资产价值百分比）	15.0
成本（财产价值百分比）	6.0			回收率（百分比）	31.7
土地管理质量指数（0-30）	16.0			破产框架力度指数（0-16）	4.0

莱索托		撒哈拉以南非洲		人均收入（美元）	1280
营商环境便利度排名（1-190）	106	营商环境便利度分数（0-100）	60.60	人口	2233339
开办企业（排名）	119	获得信贷（排名）	85 √	跨境贸易（排名）	38
开办企业分数（0-100）	83.13	获得信贷分数（0-100）	55.00	跨境贸易分数（0-100）	91.86
手续（数量）	7	合法权利力度指数（0-12）	5	*出口所需时间*	
时间（天数）	29	信贷信息深度指数（0-8）	6	单证合规（小时）	1
成本（人均收入百分比）	7.1	信贷局覆盖率（成年人百分比）	11.3	边界合规（小时）	4
最低实缴资本（人均收入百分比）	0.0	信贷登记处覆盖率（成年人百分比）	0.0	*出口成本*	
				单证合规（美元）	90
办理施工许可证（排名）	171	保护少数投资者（排名）	110	边界合规（小时）	150
办理施工许可证分数（0-100）	52.36	保护少数投资者分数（0-100）	50.00	*进口所需时间*	
手续（数量）	10	披露程度指数（0-10）	3	单证合规（小时）	1
时间（天数）	183	董事责任程度指数（0-10）	4	边界合规（小时）	5
成本（仓库价值百分比）	11.7	股东诉讼便利度指数（0-10）	9	*进口成本*	
建筑质量控制指数（0-15）	5.0	股东权利指数（0-10）	6	单证合规（美元）	90
		所有权和控制权指数（0-10）	3	边界合规（小时）	150
获得电力（排名）	157	公司透明度指数（0-10）	5		
获得电力分数（0-100）	52.38			执行合同（排名）	95
手续（数量）	5	纳税（排名）	108	执行合同分数（0-100）	57.18
时间（天数）	114	纳税分数（0-100）	68.91	时间（天数）	615
成本（人均收入百分比）	1247.1	缴税次数（每年）	32	成本（索赔额百分比）	31.3
供电可靠性和电费透明度指数（0-8）	0	时间（小时数/每年）	327	司法程序质量指数（0-18）	8.5
		总税收和缴费率（占利润百分比）	13.6		
登记财产（排名）	108	报税后程序指数（0-100）	66.94	办理破产（排名）	126
登记财产分数（0-100）	58.25			办理破产分数（0-100）	36.91
手续（数量）	4			时间（年数）	2.6
时间（天数）	43			成本（资产价值百分比）	20.0
成本（财产价值百分比）	8.0			回收率（百分比）	27.9
土地管理质量指数（0-30）	9.5			破产框架力度指数（0-16）	7.0

利比里亚		撒哈拉以南非洲		人均收入（美元）	380
营商环境便利度排名（1-190）	174	营商环境便利度分数（0-100）	43.51	人口	4731906
开办企业（排名）	80	获得信贷（排名）	112	跨境贸易（排名）	179
开办企业分数（0-100）	88.14	获得信贷分数（0-100）	45.00	跨境贸易分数（0-100）	27.77
手续（数量）	5	合法权利力度指数（0-12）	9	*出口所需时间*	
时间（天数）	18	信贷信息深度指数（0-8）	0	单证合规（小时）	144
成本（人均收入百分比）	12.6	信贷局覆盖率（成年人百分比）	0.0	边界合规（小时）	193
最低实缴资本（人均收入百分比）	0.0	信贷登记处覆盖率（成年人百分比）	1.8	*出口成本*	
				单证合规（美元）	155
办理施工许可证（排名）	185	保护少数投资者（排名）	180	边界合规（小时）	1113
办理施工许可证分数（0-100）	28.94	保护少数投资者分数（0-100）	26.67	*进口所需时间*	
手续（数量）	25	披露程度指数（0-10）	4	单证合规（小时）	144
时间（天数）	87	董事责任程度指数（0-10）	1	边界合规（小时）	217
成本（仓库价值百分比）	38.1	股东诉讼便利度指数（0-10）	6	*进口成本*	
建筑质量控制指数（0-15）	2.0	股东权利指数（0-10）	3	单证合规（美元）	230
		所有权和控制权指数（0-10）	1	边界合规（小时）	1013
获得电力（排名）	172	公司透明度指数（0-10）	1		
获得电力分数（0-100）	35.06			执行合同（排名）	175
手续（数量）	4	纳税（排名）	67	执行合同分数（0-100）	35.23
时间（天数）	482	纳税分数（0-100）	76.70	时间（天数）	1300
成本（人均收入百分比）	3491.7	缴税次数（每年）	33	成本（索赔额百分比）	35.0
供电可靠性和电费透明度指数（0-8）	0	时间（小时数/每年）	139.5	司法程序质量指数（0-18）	7.5
		总税收和缴费率（占利润百分比）	45.5		
登记财产（排名）	182	报税后程序指数（0-100）	98.62	办理破产（排名）	111
登记财产分数（0-100）	31.09			办理破产分数（0-100）	40.50
手续（数量）	10			时间（年数）	3.0
时间（天数）	44			成本（资产价值百分比）	30.0
成本（财产价值百分比）	13.8			回收率（百分比）	17.2
土地管理质量指数（0-30）	3.5			破产框架力度指数（0-16）	10.0

利比亚

利比亚		中东和北非		人均收入（美元）	6540
营商环境便利度排名（1-190）	186	营商环境便利度分数（0-100）	33.44	人口	6374616
开办企业（排名）	160	获得信贷（排名）	186	跨境贸易（排名）	128
开办企业分数（0-100）	73.56	获得信贷分数（0-100）	0.00	跨境贸易分数（0-100）	64.66
手续（数量）	10	合法权利力度指数（0-12）	0	*出口所需时间*	
时间（天数）	35	信贷信息深度指数（0-8）	0	单证合规（小时）	72
成本（人均收入百分比）	23.0	信贷局覆盖率（成年人百分比）	0.0	边界合规（小时）	72
最低实缴资本（人均收入百分比）	26.6	信贷登记处覆盖率（成年人百分比）	0.6	*出口成本*	
				单证合规（美元）	50
办理施工许可证（排名）	186	保护少数投资者（排名）	185	边界合规（小时）	575
办理施工许可证分数（0-100）	0.00	保护少数投资者分数（0-100）	25.00	*进口所需时间*	
手续（数量）	无实践	披露程度指数（0-10）	4	单证合规（小时）	96
时间（天数）	无实践	董事责任程度指数（0-10）	1	边界合规（小时）	79
成本（仓库价值百分比）	无实践	股东诉讼便利度指数（0-10）	4	*进口成本*	
建筑质量控制指数（0-15）	无实践	股东权利指数（0-10）	4	单证合规（美元）	60
		所有权和控制权指数（0-10）	1	边界合规（小时）	637
获得电力（排名）	136	公司透明度指数（0-10）	1		
获得电力分数（0-100）	59.13			执行合同（排名）	141
手续（数量）	4	纳税（排名）	128	执行合同分数（0-100）	48.41
时间（天数）	118	纳税分数（0-100）	63.61	时间（天数）	690
成本（人均收入百分比）	270.8	缴税次数（每年）	19	成本（索赔额百分比）	27.0
供电可靠性和电费透明度指数（0-8）	0	时间（小时数/每年）	889	司法程序质量指数（0-18）	4.0
		总税收和缴费率（占利润百分比）	32.6		
登记财产（排名）	187	报税后程序指数（0-100）	90.16	办理破产（排名）	168
登记财产分数（0-100）	0.00			办理破产分数（0-100）	0.00
手续（数量）	无实践			时间（年数）	无实践
时间（天数）	无实践			成本（资产价值百分比）	无实践
成本（财产价值百分比）	无实践			回收率（百分比）	0.0
土地管理质量指数（0-30）	无实践			破产框架力度指数（0-16）	0.0

立陶宛

立陶宛		经合组织高收入经济体		人均收入（美元）	15200
营商环境便利度排名（1-190）	14	营商环境便利度分数（0-100）	80.83	人口	2827721
开办企业（排名）	31	获得信贷（排名）	44 √	跨境贸易（排名）	19
开办企业分数（0-100）	93.18	获得信贷分数（0-100）	70.00	跨境贸易分数（0-100）	97.83
手续（数量）	4	合法权利力度指数（0-12）	6	*出口所需时间*	
时间（天数）	5.5	信贷信息深度指数（0-8）	8	单证合规（小时）	3
成本（人均收入百分比）	0.5	信贷局覆盖率（成年人百分比）	96.8	边界合规（小时）	7
最低实缴资本（人均收入百分比）	17.5	信贷登记处覆盖率（成年人百分比）	51.6	*出口成本*	
				单证合规（美元）	28
办理施工许可证（排名）	7 √	保护少数投资者（排名）	38	边界合规（小时）	58
办理施工许可证分数（0-100）	84.86	保护少数投资者分数（0-100）	66.67	*进口所需时间*	
手续（数量）	13	披露程度指数（0-10）	7	单证合规（小时）	1
时间（天数）	74	董事责任程度指数（0-10）	4	边界合规（小时）	0
成本（仓库价值百分比）	0.3	股东诉讼便利度指数（0-10）	7	*进口成本*	
建筑质量控制指数（0-15）	13.0	股东权利指数（0-10）	6	单证合规（美元）	0
		所有权和控制权指数（0-10）	6	边界合规（小时）	0
获得电力（排名）	26	公司透明度指数（0-10）	10		
获得电力分数（0-100）	88.43			执行合同（排名）	7
手续（数量）	4 √	纳税（排名）	18	执行合同分数（0-100）	78.80
时间（天数）	85	纳税分数（0-100）	88.66	时间（天数）	370
成本（人均收入百分比）	38.0	缴税次数（每年）	10	成本（索赔额百分比）	23.6
供电可靠性和电费透明度指数（0-8）	8	时间（小时数/每年）	99	司法程序质量指数（0-18）	15.0
		总税收和缴费率（占利润百分比）	42.6		
登记财产（排名）	3	报税后程序指数（0-100）	97.52	办理破产（排名）	85
登记财产分数（0-100）	92.96			办理破产分数（0-100）	46.87
手续（数量）	3			时间（年数）	2.3
时间（天数）	3.5			成本（资产价值百分比）	15.0
成本（财产价值百分比）	0.8			回收率（百分比）	40.6
土地管理质量指数（0-30）	28.5			破产框架力度指数（0-16）	8.0

卢森堡

营商环境便利度排名（1-190）	66
开办企业（排名）	73
开办企业分数（0-100）	88.73
手续（数量）	5
时间（天数）	16.5
成本（人均收入百分比）	1.7
最低实缴资本（人均收入百分比）	18.5
办理施工许可证（排名）	12
办理施工许可证分数（0-100）	83.71
手续（数量）	11
时间（天数）	157
成本（仓库价值百分比）	0.7
建筑质量控制指数（0-15）	15.0
获得电力（排名）	41
获得电力分数（0-100）	84.30
手续（数量）	5
时间（天数）	56
成本（人均收入百分比）	35.3
供电可靠性和电费透明度指数（0-8）	7
登记财产（排名）	92
登记财产分数（0-100）	63.85
手续（数量）	7
时间（天数）	26.5
成本（财产价值百分比）	10.1
土地管理质量指数（0-30）	25.5

经合组织高收入经济体

营商环境便利度分数（0-100）	69.01
获得信贷（排名）	175
获得信贷分数（0-100）	15.00
合法权利力度指数（0-12）	3
信贷信息深度指数（0-8）	0
信贷局覆盖率（成年人百分比）	0.0
信贷登记处覆盖率（成年人百分比）	0.0
保护少数投资者（排名）	122
保护少数投资者分数（0-100）	48.33
披露程度指数（0-10）	6
董事责任程度指数（0-10）	5
股东诉讼便利度指数（0-10）	4
股东权利指数（0-10）	5
所有权和控制权指数（0-10）	2
公司透明度指数（0-10）	7
纳税（排名）	22
纳税分数（0-100）	87.37
缴税次数（每年）	23
时间（小时数/每年）	55
总税收和缴费率（占利润百分比）	20.5
报税后程序指数（0-100）	83.75

人均收入（美元） 70260

人口	599449
跨境贸易（排名）	1
跨境贸易分数（0-100）	100.00
出口所需时间	
单证合规（小时）	1
边界合规（小时）	0
出口成本	
单证合规（美元）	0
边界合规（小时）	0
进口所需时间	
单证合规（小时）	1
边界合规（小时）	0
进口成本	
单证合规（美元）	0
边界合规（小时）	0
执行合同（排名）	15
执行合同分数（0-100）	73.32
时间（天数）	321
成本（索赔额百分比）	9.7
司法程序质量指数（0-18）	8.5
办理破产（排名）	90
办理破产分数（0-100）	45.46
时间（年数）	2.0
成本（资产价值百分比）	14.5
回收率（百分比）	43.8
破产框架力度指数（0-16）	7.0

马其顿共和国

营商环境便利度排名（1-190）	10
开办企业（排名）	47
开办企业分数（0-100）	92.08
手续（数量）	4
时间（天数）	14
成本（人均收入百分比）	0.9
最低实缴资本（人均收入百分比）	0.0
✓ 办理施工许可证（排名）	13
办理施工许可证分数（0-100）	83.38
手续（数量）	9
时间（天数）	91
成本（仓库价值百分比）	3.7
建筑质量控制指数（0-15）	13.0
获得电力（排名）	57
获得电力分数（0-100）	81.43
手续（数量）	3
时间（天数）	97
成本（人均收入百分比）	196.1
供电可靠性和电费透明度指数（0-8）	5
登记财产（排名）	46
登记财产分数（0-100）	74.50
手续（数量）	7
时间（天数）	30
成本（财产价值百分比）	3.2
土地管理质量指数（0-30）	25.0

欧洲和中亚

营商环境便利度分数（0-100）	81.55
获得信贷（排名）	12
获得信贷分数（0-100）	85.00
合法权利力度指数（0-12）	10
信贷信息深度指数（0-8）	7
信贷局覆盖率（成年人百分比）	100.0
信贷登记处覆盖率（成年人百分比）	40.7
保护少数投资者（排名）	7
保护少数投资者分数（0-100）	80.00
披露程度指数（0-10）	10
董事责任程度指数（0-10）	9
股东诉讼便利度指数（0-10）	5
股东权利指数（0-10）	8
所有权和控制权指数（0-10）	7
公司透明度指数（0-10）	9
纳税（排名）	31
纳税分数（0-100）	84.72
缴税次数（每年）	7
时间（小时数/每年）	119
总税收和缴费率（占利润百分比）	13.0
报税后程序指数（0-100）	56.36

人均收入（美元） 4880

人口	2083160
跨境贸易（排名）	29
跨境贸易分数（0-100）	93.87
出口所需时间	
单证合规（小时）	2
边界合规（小时）	9
出口成本	
单证合规（美元）	45
边界合规（小时）	103
进口所需时间	
单证合规（小时）	3
边界合规（小时）	8
进口成本	
单证合规（美元）	50
边界合规（小时）	150
执行合同（排名）	37
执行合同分数（0-100）	67.79
时间（天数）	634
成本（索赔额百分比）	28.8
司法程序质量指数（0-18）	14.0
办理破产（排名）	30
办理破产分数（0-100）	72.69
时间（年数）	1.5
成本（资产价值百分比）	10.0
回收率（百分比）	48.0
破产框架力度指数（0-16）	15.0

马达加斯加 | 撒哈拉以南非洲 | 人均收入（美元） 400

马达加斯加		撒哈拉以南非洲		人均收入（美元）	400
营商环境便利度排名（1-190）	161	营商环境便利度分数（0-100）	48.89	人口	25570895
开办企业（排名）	81 √	获得信贷（排名）	124	跨境贸易（排名）	138
开办企业分数（0-100）	88.10	获得信贷分数（0-100）	40.00	跨境贸易分数（0-100）	60.95
手续（数量）	5	合法权利力度指数（0-12）	2	*出口所需时间*	
时间（天数）	8	信贷信息深度指数（0-8）	6	单证合规（小时）	49
成本（人均收入百分比）	33.0	信贷局覆盖率（成年人百分比）	0.0	边界合规（小时）	70
最低实缴资本（人均收入百分比）	0.0	信贷登记处覆盖率（成年人百分比）	6.3	*出口成本*	
√ 办理施工许可证（排名）	183	保护少数投资者（排名）	99	单证合规（美元）	117
办理施工许可证分数（0-100）	37.54	保护少数投资者分数（0-100）	51.67	边界合规（小时）	868
手续（数量）	16	披露程度指数（0-10）	7	*进口所需时间*	
时间（天数）	185	董事责任程度指数（0-10）	6	单证合规（小时）	58
成本（仓库价值百分比）	36.3	股东诉讼便利度指数（0-10）	5	边界合规（小时）	99
建筑质量控制指数（0-15）	6.0	股东权利指数（0-10）	4	*进口成本*	
		所有权和控制权指数（0-10）	5	单证合规（美元）	150
获得电力（排名）	185	公司透明度指数（0-10）	4	边界合规（小时）	595
获得电力分数（0-100）	22.48				
手续（数量）	6	纳税（排名）	132	√ 执行合同（排名）	150
时间（天数）	450	纳税分数（0-100）	62.62	执行合同分数（0-100）	46.55
成本（人均收入百分比）	4866.9	缴税次数（每年）	23	时间（天数）	871
供电可靠性和电费透明度指数（0-8）	0	时间（小时数/每年）	183	成本（索赔额百分比）	33.6
		总税收和缴费率（占利润百分比）	38.3	司法程序质量指数（0-18）	7.0
登记财产（排名）	162	报税后程序指数（0-100）	21.84		
登记财产分数（0-100）	44.72			办理破产（排名）	136
手续（数量）	6			办理破产分数（0-100）	34.24
时间（天数）	100			时间（年数）	3.0
成本（财产价值百分比）	9.1			成本（资产价值百分比）	8.5
土地管理质量指数（0-30）	8.5			回收率（百分比）	11.4
				破产框架力度指数（0-16）	9.0

马拉维 | 撒哈拉以南非洲 | 人均收入（美元） 320

马拉维		撒哈拉以南非洲		人均收入（美元）	320
营商环境便利度排名（1-190）	111	营商环境便利度分数（0-100）	59.59	人口	18622104
开办企业（排名）	153	获得信贷（排名）	8	跨境贸易（排名）	126
开办企业分数（0-100）	77.18	获得信贷分数（0-100）	90.00	跨境贸易分数（0-100）	65.29
手续（数量）	7	合法权利力度指数（0-12）	11	*出口所需时间*	
时间（天数）	37	信贷信息深度指数（0-8）	7	单证合规（小时）	75
成本（人均收入百分比）	38.6	信贷局覆盖率（成年人百分比）	30.0	边界合规（小时）	78
最低实缴资本（人均收入百分比）	0.0	信贷登记处覆盖率（成年人百分比）	0.0	*出口成本*	
办理施工许可证（排名）	136	保护少数投资者（排名）	110	单证合规（美元）	342
办理施工许可证分数（0-100）	61.17	保护少数投资者分数（0-100）	50.00	边界合规（小时）	243
手续（数量）	13	披露程度指数（0-10）	4	*进口所需时间*	
时间（天数）	153	董事责任程度指数（0-10）	7	单证合规（小时）	55
成本（仓库价值百分比）	10.0	股东诉讼便利度指数（0-10）	7	边界合规（小时）	55
建筑质量控制指数（0-15）	9.5	股东权利指数（0-10）	6	*进口成本*	
		所有权和控制权指数（0-10）	2	单证合规（美元）	162
获得电力（排名）	169	公司透明度指数（0-10）	4	边界合规（小时）	143
获得电力分数（0-100）	44.40				
手续（数量）	6	纳税（排名）	134	√ 执行合同（排名）	145
时间（天数）	127	纳税分数（0-100）	62.05	执行合同分数（0-100）	47.40
成本（人均收入百分比）	2026.3	缴税次数（每年）	35	时间（天数）	522
供电可靠性和电费透明度指数（0-8）	0	时间（小时数/每年）	177.3	成本（索赔额百分比）	69.1
		总税收和缴费率（占利润百分比）	34.5	司法程序质量指数（0-18）	9.5
√ 登记财产（排名）	83	报税后程序指数（0-100）	33.18		
登记财产分数（0-100）	65.12			办理破产（排名）	141
手续（数量）	6			办理破产分数（0-100）	33.28
时间（天数）	47			时间（年数）	2.6
成本（财产价值百分比）	1.6			成本（资产价值百分比）	25.0
土地管理质量指数（0-30）	10.5			回收率（百分比）	12.5
				破产框架力度指数（0-16）	8.5

马来西亚

营商环境便利度排名（1-190）	15
√ 开办企业（排名）	122
开办企业分数（0-100）	82.78
手续（数量）	9.5
时间（天数）	13.5
成本（人均收入百分比）	11.6
最低实缴资本（人均收入百分比）	0.0
√ 办理施工许可证（排名）	3
办理施工许可证分数（0-100）	86.96
手续（数量）	11
时间（天数）	54
成本（仓库价值百分比）	1.4
建筑质量控制指数（0-15）	13.0
√ 获得电力（排名）	4
获得电力分数（0-100）	99.27
手续（数量）	3
时间（天数）	24
成本（人均收入百分比）	26.0
供电可靠性和电费透明度指数（0-8）	8
√ 登记财产（排名）	29
登记财产分数（0-100）	80.38
手续（数量）	6
时间（天数）	11.5
成本（财产价值百分比）	3.5
土地管理质量指数（0-30）	27.5

东亚及太平洋地区

营商环境便利度分数（0-100）	80.60
获得信贷（排名）	32
获得信贷分数（0-100）	75.00
合法权利力度指数（0-12）	7
信贷信息深度指数（0-8）	8
信贷局覆盖率（成年人百分比）	86.6
信贷登记处覆盖率（成年人百分比）	63.3
保护少数投资者（排名）	2
保护少数投资者分数（0-100）	81.67
披露程度指数（0-10）	10
董事责任程度指数（0-10）	9
股东诉讼便利度指数（0-10）	8
股东权利指数（0-10）	8
所有权和控制权指数（0-10）	6
公司透明度指数（0-10）	8
纳税（排名）	72
纳税分数（0-100）	76.06
缴税次数（每年）	8
时间（小时数/每年）	188
总税收和缴费率（占利润百分比）	39.2
报税后程序指数（0-100）	52.65

人均收入（美元） 9650

人口	31624264
√ 跨境贸易（排名）	48
跨境贸易分数（0-100）	88.47
出口所需时间	
单证合规（小时）	10
边界合规（小时）	28
出口成本	
单证合规（美元）	35
边界合规（小时）	213
进口所需时间	
单证合规（小时）	7
边界合规（小时）	36
进口成本	
单证合规（美元）	60
边界合规（小时）	213
执行合同（排名）	33
执行合同分数（0-100）	68.23
时间（天数）	425
成本（索赔额百分比）	37.9
司法程序质量指数（0-18）	13.0
√ 办理破产（排名）	41
办理破产分数（0-100）	67.17
时间（年数）	1.0
成本（资产价值百分比）	10.0
回收率（百分比）	81.3
破产框架力度指数（0-16）	7.5

马尔代夫

营商环境便利度排名（1-190）	139
开办企业（排名）	71
开办企业分数（0-100）	89.17
手续（数量）	6
时间（天数）	12
成本（人均收入百分比）	4.0
最低实缴资本（人均收入百分比）	1.3
办理施工许可证（排名）	62
办理施工许可证分数（0-100）	73.00
手续（数量）	10
时间（天数）	140
成本（仓库价值百分比）	0.4
建筑质量控制指数（0-15）	7.0
获得电力（排名）	145
获得电力分数（0-100）	55.60
手续（数量）	6
时间（天数）	75
成本（人均收入百分比）	228.1
供电可靠性和电费透明度指数（0-8）	0
登记财产（排名）	175
登记财产分数（0-100）	39.97
手续（数量）	6
时间（天数）	57
成本（财产价值百分比）	15.7
土地管理质量指数（0-30）	8.5

南亚

营商环境便利度分数（0-100）	54.43
获得信贷（排名）	134
获得信贷分数（0-100）	35.00
合法权利力度指数（0-12）	2
信贷信息深度指数（0-8）	5
信贷局覆盖率（成年人百分比）	0.0
信贷登记处覆盖率（成年人百分比）	23.6
保护少数投资者（排名）	132
保护少数投资者分数（0-100）	43.33
披露程度指数（0-10）	0
董事责任程度指数（0-10）	8
股东诉讼便利度指数（0-10）	8
股东权利指数（0-10）	5
所有权和控制权指数（0-10）	1
公司透明度指数（0-10）	4
纳税（排名）	117
纳税分数（0-100）	66.42
缴税次数（每年）	17
时间（小时数/每年）	390.5
总税收和缴费率（占利润百分比）	30.2
报税后程序指数（0-100）	47.48

人均收入（美元） 9570

人口	436330
跨境贸易（排名）	155
跨境贸易分数（0-100）	55.87
出口所需时间	
单证合规（小时）	48
边界合规（小时）	42
出口成本	
单证合规（美元）	300
边界合规（小时）	596
进口所需时间	
单证合规（小时）	61
边界合规（小时）	100
进口成本	
单证合规（美元）	180
边界合规（小时）	981
执行合同（排名）	125
执行合同分数（0-100）	52.47
时间（天数）	760
成本（索赔额百分比）	18.5
司法程序质量指数（0-18）	5.5
办理破产（排名）	139
办理破产分数（0-100）	33.48
时间（年数）	1.5
成本（资产价值百分比）	4.0
回收率（百分比）	50.6
破产框架力度指数（0-16）	2.0

马里

营商环境便利度排名（1-190）	145

开办企业（排名）	110
开办企业分数（0-100）	84.05
手续（数量）	5
时间（天数）	11
成本（人均收入百分比）	56.8
最低实缴资本（人均收入百分比）	5.3

办理施工许可证（排名）	109
办理施工许可证分数（0-100）	66.74
手续（数量）	13
时间（天数）	124
成本（仓库价值百分比）	5.9
建筑质量控制指数（0-15）	8.5

获得电力（排名）	159
获得电力分数（0-100）	51.57
手续（数量）	4
时间（天数）	120
成本（人均收入百分比）	2650.5
供电可靠性和电费透明度指数（0-8）	0

登记财产（排名）	141
登记财产分数（0-100）	51.51
手续（数量）	5
时间（天数）	29
成本（财产价值百分比）	11.1
土地管理质量指数（0-30）	8.0

撒哈拉以南非洲

营商环境便利度分数（0-100）	53.50

获得信贷（排名）	144
获得信贷分数（0-100）	30.00
合法权利力度指数（0-12）	6
信贷信息深度指数（0-8）	0
信贷局覆盖率（成年人百分比）	1.6
信贷登记处覆盖率（成年人百分比）	0.1

保护少数投资者（排名）	149
保护少数投资者分数（0-100）	40.00
披露程度指数（0-10）	7
董事责任度指数（0-10）	1
股东诉讼便利度指数（0-10）	5
股东权利指数（0-10）	4
所有权和控制权指数（0-10）	3
公司透明度指数（0-10）	4

纳税（排名）	165
纳税分数（0-100）	51.55
缴税次数（每年）	35
时间（小时数/每年）	270
总税收和缴费率（占利润百分比）	48.3
报税后程序指数（0-100）	25.71

人均收入（美元） 770

人口	18541980

跨境贸易（排名）	92
跨境贸易分数（0-100）	73.30
出口所需时间	
单证合规（小时）	48
边界合规（小时）	48
出口成本	
单证合规（美元）	33
边界合规（小时）	242
进口所需时间	
单证合规（小时）	77
边界合规（小时）	98
进口成本	
单证合规（美元）	90
边界合规（小时）	545

√ 执行合同（排名）	159
执行合同分数（0-100）	42.80
时间（天数）	620
成本（索赔额百分比）	52.0
司法程序质量指数（0-18）	5.0

办理破产（排名）	97
办理破产分数（0-100）	43.45
时间（年数）	3.6
成本（资产价值百分比）	18.0
回收率（百分比）	28.5
破产框架力度指数（0-16）	9.0

马耳他

营商环境便利度排名（1-190）	84

开办企业（排名）	103
开办企业分数（0-100）	84.86
手续（数量）	8
时间（天数）	16
成本（人均收入百分比）	7.1
最低实缴资本（人均收入百分比）	1.0

√ 办理施工许可证（排名）	45
办理施工许可证分数（0-100）	74.75
手续（数量）	14
时间（天数）	170
成本（仓库价值百分比）	2.0
建筑质量控制指数（0-15）	13.0

获得电力（排名）	77
获得电力分数（0-100）	76.34
手续（数量）	4
时间（天数）	105
成本（人均收入百分比）	213.8
供电可靠性和电费透明度指数（0-8）	5

登记财产（排名）	151
登记财产分数（0-100）	48.87
手续（数量）	7
时间（天数）	15
成本（财产价值百分比）	13.4
土地管理质量指数（0-30）	12.5

中东和北非

营商环境便利度分数（0-100）	65.43

获得信贷（排名）	134
获得信贷分数（0-100）	35.00
合法权利力度指数（0-12）	2
信贷信息深度指数（0-8）	5
信贷局覆盖率（成年人百分比）	0.0
信贷登记处覆盖率（成年人百分比）	54.7

保护少数投资者（排名）	57
保护少数投资者分数（0-100）	61.67
披露程度指数（0-10）	3
董事责任度指数（0-10）	6
股东诉讼便利度指数（0-10）	8
股东权利指数（0-10）	7
所有权和控制权指数（0-10）	4
公司透明度指数（0-10）	9

纳税（排名）	71
纳税分数（0-100）	76.18
缴税次数（每年）	8
时间（小时数/每年）	139
总税收和缴费率（占利润百分比）	44.0
报税后程序指数（0-100）	52.51

人均收入（美元） 23810

人口	465292

跨境贸易（排名）	41
跨境贸易分数（0-100）	91.01
出口所需时间	
单证合规（小时）	3
边界合规（小时）	24
出口成本	
单证合规（美元）	25
边界合规（小时）	325
进口所需时间	
单证合规（小时）	1
边界合规（小时）	2
进口成本	
单证合规（美元）	0
边界合规（小时）	230

执行合同（排名）	39
执行合同分数（0-100）	67.57
时间（天数）	505
成本（索赔额百分比）	21.5
司法程序质量指数（0-18）	10.5

办理破产（排名）	121
办理破产分数（0-100）	38.07
时间（年数）	3.0
成本（资产价值百分比）	10.0
回收率（百分比）	38.8
破产框架力度指数（0-16）	5.5

马绍尔群岛

营商环境便利度排名（1-190）	150

开办企业（排名）	75
开办企业分数（0-100）	88.64
手续（数量）	5
时间（天数）	17
成本（人均收入百分比）	10.6
最低实缴资本（人均收入百分比）	0.0

办理施工许可证（排名）	73
办理施工许可证分数（0-100）	71.23
手续（数量）	7
时间（天数）	38
成本（仓库价值百分比）	2.1
建筑质量控制指数（0-15）	1.0

获得电力（排名）	132
获得电力分数（0-100）	59.47
手续（数量）	5
时间（天数）	67
成本（人均收入百分比）	606.2
供电可靠性和电费透明度指数（0-8）	0

登记财产（排名）	187
登记财产分数（0-100）	0.00
手续（数量）	无实践
时间（天数）	无实践
成本（财产价值百分比）	无实践
土地管理质量指数（0-30）	无实践

东亚及太平洋地区

营商环境便利度分数（0-100）	51.62

获得信贷（排名）	99
获得信贷分数（0-100）	50.00
合法权利力度指数（0-12）	10
信贷信息深度指数（0-8）	0
信贷局覆盖率（成年人百分比）	0.0
信贷登记处覆盖率（成年人百分比）	0.0

保护少数投资者（排名）	180
保护少数投资者分数（0-100）	26.67
披露程度指数（0-10）	2
董事责任程度指数（0-10）	0
股东诉讼便利度指数（0-10）	8
股东权利指数（0-10）	3
所有权和控制权指数（0-10）	1
公司透明度指数（0-10）	2

纳税（排名）	70
纳税分数（0-100）	76.21
缴税次数（每年）	9
时间（小时数/每年）	56
总税收和缴费率（占利润百分比）	65.7
报税后程序指数（0-100）	不适用

人均收入（美元） 4800

人口	53127

跨境贸易（排名）	75
跨境贸易分数（0-100）	78.86
出口所需时间	
单证合规（小时）	24
边界合规（小时）	60
出口成本	
单证合规（美元）	20
边界合规（小时）	298
进口所需时间	
单证合规（小时）	60
边界合规（小时）	84
进口成本	
单证合规（美元）	43
边界合规（小时）	298

执行合同（排名）	103
执行合同分数（0-100）	55.93
时间（天数）	616
成本（索赔额百分比）	32.1
司法程序质量指数（0-18）	8.0

办理破产（排名）	167
办理破产分数（0-100）	9.19
时间（年数）	2.0
成本（资产价值百分比）	38.0
回收率（百分比）	17.1
破产框架力度指数（0-16）	0.0

毛里塔尼亚

营商环境便利度排名（1-190）	148

开办企业（排名）	46
开办企业分数（0-100）	92.18
手续（数量）	4
时间（天数）	6
成本（人均收入百分比）	16.2
最低实缴资本（人均收入百分比）	0.0

办理施工许可证（排名）	92
办理施工许可证分数（0-100）	68.63
手续（数量）	13
时间（天数）	104
成本（仓库价值百分比）	4.2
建筑质量控制指数（0-15）	7.5

获得电力（排名）	151
获得电力分数（0-100）	54.39
手续（数量）	5
时间（天数）	67
成本（人均收入百分比）	4277.4
供电可靠性和电费透明度指数（0-8）	2

登记财产（排名）	102
登记财产分数（0-100）	61.32
手续（数量）	4
时间（天数）	49
成本（财产价值百分比）	4.5
土地管理质量指数（0-30）	7.0

撒哈拉以南非洲

营商环境便利度分数（0-100）	51.99

获得信贷（排名）	144
获得信贷分数（0-100）	30.00
合法权利力度指数（0-12）	2
信贷信息深度指数（0-8）	4
信贷局覆盖率（成年人百分比）	0.0
信贷登记处覆盖率（成年人百分比）	7.8

保护少数投资者（排名）	110
保护少数投资者分数（0-100）	50.00
披露程度指数（0-10）	6
董事责任程度指数（0-10）	3
股东诉讼便利度指数（0-10）	7
股东权利指数（0-10）	5
所有权和控制权指数（0-10）	5
公司透明度指数（0-10）	4

纳税（排名）	178
纳税分数（0-100）	42.63
缴税次数（每年）	33
时间（小时数/每年）	270
总税收和缴费率（占利润百分比）	67.0
报税后程序指数（0-100）	17.20

人均收入（美元） 1100

人口	4420184

跨境贸易（排名）	141
跨境贸易分数（0-100）	60.30
出口所需时间	
单证合规（小时）	51
边界合规（小时）	62
出口成本	
单证合规（美元）	92
边界合规（小时）	749
进口所需时间	
单证合规（小时）	64
边界合规（小时）	69
进口成本	
单证合规（美元）	400
边界合规（小时）	580

执行合同（排名）	72
执行合同分数（0-100）	60.43
时间（天数）	370
成本（索赔额百分比）	23.2
司法程序质量指数（0-18）	5.0

办理破产（排名）	168
办理破产分数（0-100）	0.00
时间（年数）	无实践
成本（资产价值百分比）	无实践
回收率（百分比）	0.0
破产框架力度指数（0-16）	0.0

毛里求斯

营商环境便利度排名（1-190）	20
√ 开办企业（排名）	21
开办企业分数（0-100）	94.34
手续（数量）	4
时间（天数）	5
成本（人均收入百分比）	0.9
最低实缴资本（人均收入百分比）	0.0
办理施工许可证（排名）	15
办理施工许可证分数（0-100）	82.51
手续（数量）	15
时间（天数）	98
成本（仓库价值百分比）	0.5
建筑质量控制指数（0-15）	14.0
获得电力（排名）	34
获得电力分数（0-100）	86.24
手续（数量）	3
时间（天数）	81
成本（人均收入百分比）	212.9
供电可靠性和电费透明度指数（0-8）	6
√ 登记财产（排名）	35
登记财产分数（0-100）	78.74
手续（数量）	5
时间（天数）	17
成本（财产价值百分比）	0.6
土地管理质量指数（0-30）	18.0

撒哈拉以南非洲

营商环境便利度分数（0-100）	79.58
获得信贷（排名）	60
获得信贷分数（0-100）	65.00
合法权利力度指数（0-12）	6
信贷信息深度指数（0-8）	7
信贷局覆盖率（成年人百分比）	0.0
信贷登记处覆盖率（成年人百分比）	100.0
√ 保护少数投资者（排名）	15
保护少数投资者分数（0-100）	75.00
披露程度指数（0-10）	7
董事责任程度指数（0-10）	8
股东诉讼便利度指数（0-10）	9
股东权利指数（0-10）	7
所有权和控制权指数（0-10）	6
公司透明度指数（0-10）	8
√ 纳税（排名）	6
纳税分数（0-100）	93.50
缴税次数（每年）	8
时间（小时数/每年）	152
总税收和缴费率（占利润百分比）	22.1
报税后程序指数（0-100）	98.26

人均收入（美元） 10140

人口	1264613
√ 跨境贸易（排名）	69
跨境贸易分数（0-100）	81.00
出口所需时间	
单证合规（小时）	9
边界合规（小时）	24
出口成本	
单证合规（美元）	128
边界合规（小时）	303
进口所需时间	
单证合规（小时）	9
边界合规（小时）	41
进口成本	
单证合规（美元）	166
边界合规（小时）	372
执行合同（排名）	27
执行合同分数（0-100）	70.37
时间（天数）	490
成本（索赔额百分比）	25.0
司法程序质量指数（0-18）	12.5
办理破产（排名）	35
办理破产分数（0-100）	69.06
时间（年数）	1.7
成本（资产价值百分比）	14.5
回收率（百分比）	67.4
破产框架力度指数（0-16）	10.5

墨西哥

营商环境便利度排名（1-190）	54
开办企业（排名）	94
开办企业分数（0-100）	85.94
手续（数量）	7.8
时间（天数）	8.4
成本（人均收入百分比）	16.2
最低实缴资本（人均收入百分比）	0.0
x 办理施工许可证（排名）	93
办理施工许可证分数（0-100）	68.62
手续（数量）	14.7
时间（天数）	82.1
成本（仓库价值百分比）	9.7
建筑质量控制指数（0-15）	11.7
获得电力（排名）	99
获得电力分数（0-100）	71.06
于续（数量）	6.8
时间（天数）	100.4
成本（人均收入百分比）	290.4
供电可靠性和电费透明度指数（0-8）	7
登记财产（排名）	103
登记财产分数（0-100）	60.42
手续（数量）	7.7
时间（天数）	38.8
成本（财产价值百分比）	5.8
土地管理质量指数（0-30）	16.3

拉丁美洲及加勒比海地区

营商环境便利度分数（0-100）	72.09
获得信贷（排名）	8
获得信贷分数（0-100）	90.00
合法权利力度指数（0-12）	10
信贷信息深度指数（0-8）	8
信贷局覆盖率（成年人百分比）	100.0
信贷登记处覆盖率（成年人百分比）	0.0
保护少数投资者（排名）	72
保护少数投资者分数（0-100）	58.33
披露程度指数（0-10）	8
董事责任程度指数（0-10）	5
股东诉讼便利度指数（0-10）	5
股东权利指数（0-10）	7
所有权和控制权指数（0-10）	6
公司透明度指数（0-10）	4
纳税（排名）	116
纳税分数（0-100）	66.65
缴税次数（每年）	6
时间（小时数/每年）	240.5
总税收和缴费率（占利润百分比）	53.0
报税后程序指数（0-100）	40.51

人均收入（美元） 8610

人口	129163276
跨境贸易（排名）	66
跨境贸易分数（0-100）	82.09
出口所需时间	
单证合规（小时）	8
边界合规（小时）	20.4
出口成本	
单证合规（美元）	60
边界合规（小时）	400
进口所需时间	
单证合规（小时）	17.6
边界合规（小时）	44.2
进口成本	
单证合规（美元）	100
边界合规（小时）	450
执行合同（排名）	43
执行合同分数（0-100）	67.01
时间（天数）	340.7
成本（索赔额百分比）	33.0
司法程序质量指数（0-18）	10.1
办理破产（排名）	32
办理破产分数（0-100）	70.77
时间（年数）	1.8
成本（资产价值百分比）	18.0
回收率（百分比）	64.7
破产框架力度指数（0-16）	11.5

密克罗尼西亚联邦

营商环境便利度排名（1-190）	160
开办企业（排名）	**170**
开办企业分数（0-100）	69.56
手续（数量）	7
时间（天数）	16
成本（人均收入百分比）	141.7
最低实缴资本（人均收入百分比）	0.0
办理施工许可证（排名）	**137**
办理施工许可证分数（0-100）	61.05
手续（数量）	14
时间（天数）	86
成本（仓库价值百分比）	0.5
建筑质量控制指数（0-15）	0.0
获得电力（排名）	**117**
获得电力分数（0-100）	64.49
手续（数量）	3
时间（天数）	105
成本（人均收入百分比）	342.9
供电可靠性和电费透明度指数（0-8）	0
登记财产（排名）	**187**
登记财产分数（0-100）	0.00
手续（数量）	无实践
时间（天数）	无实践
成本（财产价值百分比）	无实践
土地管理质量指数（0-30）	无实践

东亚及太平洋地区

营商环境便利度分数（0-100）	48.99
获得信贷（排名）	**99**
获得信贷分数（0-100）	50.00
合法权利力度指数（0-12）	10
信贷信息深度指数（0-8）	0
信贷局覆盖率（成年人百分比）	0.0
信贷登记处覆盖率（成年人百分比）	0.0
保护少数投资者（排名）	**185**
保护少数投资者分数（0-100）	25.00
披露程度指数（0-10）	0
董事责任程度指数（0-10）	0
股东诉讼便利度指数（0-10）	8
股东权利指数（0-10）	5
所有权和控制权指数（0-10）	2
公司透明度指数（0-10）	0
纳税（排名）	**110**
纳税分数（0-100）	68.78
缴税次数（每年）	21
时间（小时数/每年）	128
总税收和缴费率（占利润百分比）	60.5
报税后程序指数（0-100）	不适用

人均收入（美元） 3590

人口	105544
跨境贸易（排名）	**61**
跨境贸易分数（0-100）	84.00
出口所需时间	
单证合规（小时）	26
边界合规（小时）	36
出口成本	
单证合规（美元）	60
边界合规（小时）	168
进口所需时间	
单证合规（小时）	35
边界合规（小时）	56
进口成本	
单证合规（美元）	80
边界合规（小时）	180
执行合同（排名）	**184**
执行合同分数（0-100）	29.39
时间（天数）	885
成本（索赔额百分比）	66.0
司法程序质量指数（0-18）	4.5
办理破产（排名）	**123**
办理破产分数（0-100）	37.64
时间（年数）	5.3
成本（资产价值百分比）	38.0
回收率（百分比）	3.2
破产框架力度指数（0-16）	11.5

摩尔多瓦

营商环境便利度排名（1-190）	47
✓ **开办企业（排名）**	**14**
开办企业分数（0-100）	95.55
手续（数量）	3
时间（天数）	4
成本（人均收入百分比）	5.0
最低实缴资本（人均收入百分比）	0.0
办理施工许可证（排名）	**172**
办理施工许可证分数（0-100）	52.19
手续（数量）	28
时间（天数）	276
成本（仓库价值百分比）	1.4
建筑质量控制指数（0-15）	12.0
获得电力（排名）	**81**
获得电力分数（0-100）	74.88
手续（数量）	6
时间（天数）	87
成本（人均收入百分比）	647.1
供电可靠性和电费透明度指数（0-8）	7
登记财产（排名）	**22**
登记财产分数（0-100）	82.62
手续（数量）	5
时间（天数）	5.5
成本（财产价值百分比）	1.1
土地管理质量指数（0-30）	22.0

欧洲和中亚

营商环境便利度分数（0-100）	73.54
获得信贷（排名）	**44**
获得信贷分数（0-100）	70.00
合法权利力度指数（0-12）	8
信贷信息深度指数（0-8）	6
信贷局覆盖率（成年人百分比）	15.8
信贷登记处覆盖率（成年人百分比）	0.0
保护少数投资者（排名）	**33**
保护少数投资者分数（0-100）	68.33
披露程度指数（0-10）	7
董事责任程度指数（0-10）	4
股东诉讼便利度指数（0-10）	8
股东权利指数（0-10）	8
所有权和控制权指数（0-10）	5
公司透明度指数（0-10）	9
纳税（排名）	**35**
纳税分数（0-100）	84.55
缴税次数（每年）	10
时间（小时数/每年）	181
总税收和缴费率（占利润百分比）	40.5
报税后程序指数（0-100）	90.79

人均收入（美元） 2180

人口	3549750
跨境贸易（排名）	**35**
跨境贸易分数（0-100）	92.32
出口所需时间	
单证合规（小时）	48
边界合规（小时）	3
出口成本	
单证合规（美元）	44
边界合规（小时）	76
进口所需时间	
单证合规（小时）	2
边界合规（小时）	4
进口成本	
单证合规（美元）	41
边界合规（小时）	83
执行合同（排名）	**69**
执行合同分数（0-100）	60.87
时间（天数）	585
成本（索赔额百分比）	28.6
司法程序质量指数（0-18）	9.5
办理破产（排名）	**68**
办理破产分数（0-100）	54.12
时间（年数）	2.8
成本（资产价值百分比）	15.0
回收率（百分比）	30.9
破产框架力度指数（0-16）	12.0

蒙古国

营商环境便利度排名（1-190）	74

开办企业（排名）	87
开办企业分数（0-100）	86.90
手续（数量）	8
时间（天数）	11
成本（人均收入百分比）	1.3
最低实缴资本（人均收入百分比）	0.0

办理施工许可证（排名）	23
办理施工许可证分数（0-100）	78.19
手续（数量）	17
时间（天数）	137
成本（仓库价值百分比）	0.1
建筑质量控制指数（0-15）	14.0

获得电力（排名）	148
获得电力分数（0-100）	54.88
手续（数量）	8
时间（天数）	79
成本（人均收入百分比）	659.6
供电可靠性和电费透明度指数（0-8）	3

登记财产（排名）	49
登记财产分数（0-100）	74.14
手续（数量）	5
时间（天数）	10.5
成本（财产价值百分比）	2.1
土地管理质量指数（0-30）	14.5

东亚及太平洋地区

营商环境便利度分数（0-100）	67.74

获得信贷（排名）	22
获得信贷分数（0-100）	80.00
合法权利力度指数（0-12）	9
信贷信息深度指数（0-8）	7
信贷局覆盖率（成年人百分比）	0.0
信贷登记处覆盖率（成年人百分比）	50.3

保护少数投资者（排名）	33
保护少数投资者分数（0-100）	68.33
披露程度指数（0-10）	6
董事责任程度指数（0-10）	8
股东诉讼便利度指数（0-10）	8
股东权利指数（0-10）	3
所有权和控制权指数（0-10）	7
公司透明度指数（0-10）	9

纳税（排名）	61
纳税分数（0-100）	77.32
缴税次数（每年）	19
时间（小时数/每年）	134
总税收和缴费率（占利润百分比）	24.7
报税后程序指数（0-100）	49.08

人均收入（美元） 3290

人口	3075647

跨境贸易（排名）	117
跨境贸易分数（0-100）	66.89
出口所需时间	
单证合规（小时）	168
边界合规（小时）	62
出口成本	
单证合规（美元）	64
边界合规（小时）	191
进口所需时间	
单证合规（小时）	115
边界合规（小时）	48
进口成本	
单证合规（美元）	83
边界合规（小时）	210

执行合同（排名）	66
执行合同分数（0-100）	61.36
时间（天数）	374
成本（索赔额百分比）	22.9
司法程序质量指数（0-18）	5.5

办理破产（排名）	152
办理破产分数（0-100）	29.39
时间（年数）	4.0
成本（资产价值百分比）	15.0
回收率（百分比）	16.9
破产框架力度指数（0-16）	6.5

黑山共和国

营商环境便利度排名（1-190）	50

开办企业（排名）	90
开办企业分数（0-100）	86.65
手续（数量）	8
时间（天数）	12
成本（人均收入百分比）	1.3
最低实缴资本（人均收入百分比）	0.0

办理施工许可证（排名）	75
办理施工许可证分数（0-100）	70.88
手续（数量）	8
时间（天数）	152
成本（仓库价值百分比）	9.6
建筑质量控制指数（0-15）	12.0

获得电力（排名）	134
获得电力分数（0-100）	59.19
手续（数量）	7
时间（天数）	142
成本（人均收入百分比）	418.7
供电可靠性和电费透明度指数（0-8）	5

登记财产（排名）	76
登记财产分数（0-100）	65.78
手续（数量）	6
时间（天数）	69
成本（财产价值百分比）	3.2
土地管理质量指数（0-30）	17.5

欧洲和中亚

营商环境便利度分数（0-100）	72.73

获得信贷（排名）	12
获得信贷分数（0-100）	85.00
合法权利力度指数（0-12）	12
信贷信息深度指数（0-8）	5
信贷局覆盖率（成年人百分比）	0.0
信贷登记处覆盖率（成年人百分比）	56.6

保护少数投资者（排名）	57
保护少数投资者分数（0-100）	61.67
披露程度指数（0-10）	5
董事责任程度指数（0-10）	8
股东诉讼便利度指数（0-10）	6
股东权利指数（0-10）	6
所有权和控制权指数（0-10）	3
公司透明度指数（0-10）	9

纳税（排名）	68
纳税分数（0-100）	76.67
缴税次数（每年）	18
时间（小时数/每年）	300
总税收和缴费率（占利润百分比）	22.2
报税后程序指数（0-100）	70.49

人均收入（美元） 7350

人口	622471

跨境贸易（排名）	47
跨境贸易分数（0-100）	88.75
出口所需时间	
单证合规（小时）	5
边界合规（小时）	8
出口成本	
单证合规（美元）	67
边界合规（美元）	158
进口所需时间	
单证合规（小时）	10
边界合规（小时）	23
进口成本	
单证合规（美元）	100
边界合规（美元）	306

执行合同（排名）	44
执行合同分数（0-100）	66.75
时间（天数）	545
成本（索赔额百分比）	25.7
司法程序质量指数（0-18）	11.5

办理破产（排名）	43
办理破产分数（0-100）	65.99
时间（年数）	1.4
成本（资产价值百分比）	8.0
回收率（百分比）	50.0
破产框架力度指数（0-16）	12.5

摩洛哥

营商环境便利度排名（1–190）	60
√ 开办企业（排名）	34
开办企业分数（0–100）	92.99
手续（数量）	4
时间（天数）	9
成本（人均收入百分比）	3.7
最低实缴资本（人均收入百分比）	0.0
办理施工许可证（排名）	18
办理施工许可证分数（0–100）	79.94
手续（数量）	13
时间（天数）	88
成本（仓库价值百分比）	3.4
建筑质量控制指数（0–15）	13.0
获得电力（排名）	59
获得电力分数（0–100）	81.34
手续（数量）	5
时间（天数）	44
成本（人均收入百分比）	1417.4
供电可靠性和电费透明度指数（0–8）	7
√ 登记财产（排名）	68
登记财产分数（0–100）	67.86
手续（数量）	6
时间（天数）	20.5
成本（财产价值百分比）	6.4
土地管理质量指数（0–30）	19.5

中东和北非

营商环境便利度分数（0–100）	71.02
获得信贷（排名）	112
获得信贷分数（0–100）	45.00
合法权利力度指数（0–12）	2
信贷信息深度指数（0–8）	7
信贷局覆盖率（成年人百分比）	29.0
信贷登记处覆盖率（成年人百分比）	0.0
保护少数投资者（排名）	64
保护少数投资者分数（0–100）	60.00
披露程度指数（0–10）	9
董事责任程度指数（0–10）	2
股东诉讼便利度指数（0–10）	7
股东权利指数（0–10）	6
所有权和控制权指数（0–10）	5
公司透明度指数（0–10）	7
纳税（排名）	25
纳税分数（0–100）	85.72
缴税次数（每年）	6
时间（小时数/每年）	155
总税收和缴费率（占利润百分比）	49.8
报税后程序指数（0–100）	98.62

人均收入（美元）　2863

人口	35739580
√ 跨境贸易（排名）	62
跨境贸易分数（0–100）	83.58
出口所需时间	
单证合规（小时）	26
边界合规（小时）	11
出口成本	
单证合规（美元）	107
边界合规（美元）	156
进口所需时间	
单证合规（小时）	26
边界合规（小时）	65
进口成本	
单证合规（美元）	116
边界合规（美元）	228
执行合同（排名）	68
执行合同分数（0–100）	60.93
时间（天数）	510
成本（索赔额百分比）	26.5
司法程序质量指数（0–18）	8.0
√ 办理破产（排名）	71
办理破产分数（0–100）	52.84
时间（年数）	3.5
成本（资产价值百分比）	18.0
回收率（百分比）	28.5
破产框架力度指数（0–16）	12.0

莫桑比克

营商环境便利度排名（1–190）	135
× 开办企业（排名）	174
开办企业分数（0–100）	67.56
手续（数量）	10
时间（天数）	17
成本（人均收入百分比）	120.5
最低实缴资本（人均收入百分比）	0.0
办理施工许可证（排名）	64
办理施工许可证分数（0–100）	72.57
手续（数量）	11
时间（天数）	118
成本（仓库价值百分比）	6.5
建筑质量控制指数（0–15）	11.0
√ 获得电力（排名）	100
获得电力分数（0–100）	71.02
手续（数量）	4
时间（天数）	40
成本（人均收入百分比）	3214.4
供电可靠性和电费透明度指数（0–8）	4
登记财产（排名）	133
登记财产分数（0–100）	52.94
手续（数量）	8
时间（天数）	43
成本（财产价值百分比）	5.2
土地管理质量指数（0–30）	7.5

撒哈拉以南非洲

营商环境便利度分数（0–100）	55.53
获得信贷（排名）	161
获得信贷分数（0–100）	25.00
合法权利力度指数（0–12）	1
信贷信息深度指数（0–8）	4
信贷局覆盖率（成年人百分比）	0.0
信贷登记处覆盖率（成年人百分比）	7.3
保护少数投资者（排名）	140
保护少数投资者分数（0–100）	41.67
披露程度指数（0–10）	5
董事责任程度指数（0–10）	4
股东诉讼便利度指数（0–10）	7
股东权利指数（0–10）	6
所有权和控制权指数（0–10）	2
公司透明度指数（0–10）	1
纳税（排名）	125
纳税分数（0–100）	64.04
缴税次数（每年）	37
时间（小时数/每年）	200
总税收和缴费率（占利润百分比）	36.1
报税后程序指数（0–100）	50.19

人均收入（美元）　420

人口	29668834
√ 跨境贸易（排名）	91
跨境贸易分数（0–100）	73.84
出口所需时间	
单证合规（小时）	36
边界合规（小时）	66
出口成本	
单证合规（美元）	160
边界合规（美元）	602
进口所需时间	
单证合规（小时）	16
边界合规（小时）	9
进口成本	
单证合规（美元）	60
边界合规（美元）	399
执行合同（排名）	167
执行合同分数（0–100）	39.78
时间（天数）	950
成本（索赔额百分比）	53.3
司法程序质量指数（0–18）	8.5
办理破产（排名）	84
办理破产分数（0–100）	46.89
时间（年数）	1.5
成本（资产价值百分比）	20.5
回收率（百分比）	29.1
破产框架力度指数（0–16）	10.0

缅甸

营商环境便利度排名（1-190）	171
✓ 开办企业（排名）	152
开办企业分数（0-100）	77.33
手续（数量）	12
时间（天数）	14
成本（人均收入百分比）	24.8
最低实缴资本（人均收入百分比）	0.0
办理施工许可证（排名）	81
办理施工许可证分数（0-100）	70.35
手续（数量）	15
时间（天数）	95
成本（仓库价值百分比）	3.7
建筑质量控制指数（0-15）	9.0
✓ 获得电力（排名）	144
获得电力分数（0-100）	55.67
手续（数量）	6
时间（天数）	77
成本（人均收入百分比）	1147.0
供电可靠性和电费透明度指数（0-8）	1
登记财产（排名）	136
登记财产分数（0-100）	52.30
手续（数量）	6
时间（天数）	85
成本（财产价值百分比）	4.1
土地管理质量指数（0-30）	5.5

东亚及太平洋地区

营商环境便利度分数（0-100）	44.72
获得信贷（排名）	178
获得信贷分数（0-100）	10.00
合法权利力度指数（0-12）	2
信贷信息深度指数（0-8）	0
信贷局覆盖率（成年人百分比）	0.0
信贷登记处覆盖率（成年人百分比）	0.0
保护少数投资者（排名）	185
保护少数投资者分数（0-100）	25.00
披露程度指数（0-10）	3
董事责任程度指数（0-10）	0
股东诉讼便利度指数（0-10）	3
股东权利指数（0-10）	5
所有权和控制权指数（0-10）	1
公司透明度指数（0-10）	3
纳税（排名）	126
纳税分数（0-100）	63.94
缴税次数（每年）	31
时间（小时数/每年）	282
总税收和缴费率（占利润百分比）	31.2
报税后程序指数（0-100）	45.54

人均收入（美元） 1190

人口	53370609
跨境贸易（排名）	168
跨境贸易分数（0-100）	47.67
出口所需时间	
单证合规（小时）	144
边界合规（小时）	142
出口成本	
单证合规（美元）	140
边界合规（美元）	432
进口所需时间	
单证合规（小时）	48
边界合规（小时）	230
进口成本	
单证合规（美元）	210
边界合规（美元）	457
执行合同（排名）	188
执行合同分数（0-100）	24.53
时间（天数）	1160
成本（索赔额百分比）	51.5
司法程序质量指数（0-18）	3.0
办理破产（排名）	164
办理破产分数（0-100）	20.39
时间（年数）	5.0
成本（资产价值百分比）	18.0
回收率（百分比）	14.7
破产框架力度指数（0-16）	4.0

纳米比亚

营商环境便利度排名（1-190）	107
开办企业（排名）	172
开办企业分数（0-100）	69.06
手续（数量）	10
时间（天数）	66
成本（人均收入百分比）	10.0
最低实缴资本（人均收入百分比）	0.0
办理施工许可证（排名）	83
办理施工许可证分数（0-100）	69.79
手续（数量）	12
时间（天数）	160
成本（仓库价值百分比）	2.2
建筑质量控制指数（0-15）	8.5
获得电力（排名）	71
获得电力分数（0-100）	78.25
手续（数量）	6
时间（天数）	37
成本（人均收入百分比）	304.4
供电可靠性和电费透明度指数（0-8）	6
登记财产（排名）	174
登记财产分数（0-100）	40.19
手续（数量）	8
时间（天数）	44
成本（财产价值百分比）	13.8
土地管理质量指数（0-30）	9.5

撒哈拉以南非洲

营商环境便利度分数（0-100）	60.53
获得信贷（排名）	73
获得信贷分数（0-100）	60.00
合法权利力度指数（0-12）	5
信贷信息深度指数（0-8）	7
信贷局覆盖率（成年人百分比）	60.8
信贷登记处覆盖率（成年人百分比）	0.0
保护少数投资者（排名）	99
保护少数投资者分数（0-100）	51.67
披露程度指数（0-10）	5
董事责任程度指数（0-10）	5
股东诉讼便利度指数（0-10）	6
股东权利指数（0-10）	4
所有权和控制权指数（0-10）	3
公司透明度指数（0-10）	8
纳税（排名）	81
纳税分数（0-100）	74.52
缴税次数（每年）	27
时间（小时数/每年）	302
总税收和缴费率（占利润百分比）	20.7
报税后程序指数（0-100）	77.17

人均收入（美元） 4600

人口	2533794
跨境贸易（排名）	136
跨境贸易分数（0-100）	61.47
出口所需时间	
单证合规（小时）	90
边界合规（小时）	120
出口成本	
单证合规（美元）	348
边界合规（美元）	745
进口所需时间	
单证合规（小时）	3
边界合规（小时）	6
进口成本	
单证合规（美元）	63
边界合规（美元）	145
✓ 执行合同（排名）	58
执行合同分数（0-100）	63.44
时间（天数）	460
成本（索赔额百分比）	35.8
司法程序质量指数（0-18）	10.5
办理破产（排名）	125
办理破产分数（0-100）	36.97
时间（年数）	2.5
成本（资产价值百分比）	14.5
回收率（百分比）	33.8
破产框架力度指数（0-16）	6.0

尼泊尔

营商环境便利度排名（1-190）	110
开办企业（排名）	107
开办企业分数（0-100）	84.38
手续（数量）	7
时间（天数）	16.5
成本（人均收入百分比）	22.2
最低实缴资本（人均收入百分比）	0.0
办理施工许可证（排名）	148
办理施工许可证分数（0-100）	57.99
手续（数量）	12
时间（天数）	117
成本（仓库价值百分比）	14.8
建筑质量控制指数（0-15）	9.0
获得电力（排名）	137
获得电力分数（0-100）	58.28
手续（数量）	5 x
时间（天数）	70
成本（人均收入百分比）	885.5
供电可靠性和电费透明度指数（0-8）	0
登记财产（排名）	88
登记财产分数（0-100）	64.86
手续（数量）	4
时间（天数）	6
成本（财产价值百分比）	4.7
土地管理质量指数（0-30）	5.5

南亚

营商环境便利度分数（0-100）	59.63
获得信贷（排名）	99
获得信贷分数（0-100）	50.00
合法权利力度指数（0-12）	10
信贷信息深度指数（0-8）	0
信贷局覆盖率（成年人百分比）	2.7
信贷登记处覆盖率（成年人百分比）	0.0
保护少数投资者（排名）	72
保护少数投资者分数（0-100）	58.33
披露程度指数（0-10）	6
董事责任程度指数（0-10）	1
股东诉讼便利度指数（0-10）	9
股东权利指数（0-10）	7
所有权和控制权指数（0-10）	6
公司透明度指数（0-10）	6
纳税（排名）	158
纳税分数（0-100）	52.87
缴税次数（每年）	39
时间（小时数/每年）	353
总税收和缴费率（占利润百分比）	36.7
报税后程序指数（0-100）	33.35

人均收入（美元） 790

人口	29304998
跨境贸易（排名）	82
跨境贸易分数（0-100）	77.17
出口所需时间	
单证合规（小时）	43
边界合规（小时）	56
出口成本	
单证合规（美元）	110
边界合规（美元）	288
进口所需时间	
单证合规（小时）	48
边界合规（小时）	61
进口成本	
单证合规（美元）	80
边界合规（美元）	190
执行合同（排名）	154
执行合同分数（0-100）	45.26
时间（天数）	910
成本（索赔百分比）	26.8
司法程序质量指数（0-18）	5.5
办理破产（排名）	83
办理破产分数（0-100）	47.16
时间（年数）	2.0
成本（资产价值百分比）	9.0
回收率（百分比）	41.2
破产框架力度指数（0-16）	8.0

荷兰

营商环境便利度排名（1-190）	36
开办企业（排名）	22
开办企业分数（0-100）	94.31
手续（数量）	4
时间（天数）	3.5
成本（人均收入百分比）	4.2
最低实缴资本（人均收入百分比）	0.0
办理施工许可证（排名）	84
办理施工许可证分数（0-100）	69.36
手续（数量）	13
时间（天数）	161
成本（仓库价值百分比）	3.7
建筑质量控制指数（0-15）	10.0
获得电力（排名）	56
获得电力分数（0-100）	81.58
手续（数量）	5
时间（天数）	110
成本（人均收入百分比）	28.1
供电可靠性和电费透明度指数（0-8）	8
登记财产（排名）	31
登记财产分数（0-100）	80.05
手续（数量）	5
时间（天数）	2.5
成本（财产价值百分比）	6.1
土地管理质量指数（0-30）	28.5

经合组织高收入经济体

营商环境便利度分数（0-100）	76.04
获得信贷（排名）	112
获得信贷分数（0-100）	45.00
合法权利力度指数（0-12）	2
信贷信息深度指数（0-8）	7
信贷局覆盖率（成年人百分比）	95.8
信贷登记处覆盖率（成年人百分比）	0.0
保护少数投资者（排名）	72
保护少数投资者分数（0-100）	58.33
披露程度指数（0-10）	4
董事责任程度指数（0-10）	4
股东诉讼便利度指数（0-10）	6
股东权利指数（0-10）	6
所有权和控制权指数（0-10）	7
公司透明度指数（0-10）	8
纳税（排名）	21
纳税分数（0-100）	87.58
缴税次数（每年）	9
时间（小时数/每年）	119
总税收和缴费率（占利润百分比）	40.8
报税后程序指数（0-100）	91.95

人均收入（美元） 46180

人口	17132854
跨境贸易（排名）	1
跨境贸易分数（0-100）	100.00
出口所需时间	
单证合规（小时）	1
边界合规（小时）	0
出口成本	
单证合规（美元）	0
边界合规（美元）	0
进口所需时间	
单证合规（小时）	1
边界合规（小时）	0
进口成本	
单证合规（美元）	0
边界合规（美元）	0
执行合同（排名）	74
执行合同分数（0-100）	59.94
时间（天数）	514
成本（索赔额百分比）	23.9
司法程序质量指数（0-18）	7.0
办理破产（排名）	7
办理破产分数（0-100）	84.28
时间（年数）	1.1
成本（资产价值百分比）	3.5
回收率（百分比）	89.8
破产框架力度指数（0-16）	11.5

新西兰

营商环境便利度排名（1-190）	1
√ 开办企业（排名）	1
开办企业分数（0-100）	99.98
手续（数量）	1
时间（天数）	0.5
成本（人均收入百分比）	0.2
最低实缴资本（人均收入百分比）	0.0
办理施工许可证（排名）	6
办理施工许可证分数（0-100）	86.40
手续（数量）	11
时间（天数）	93
成本（仓库价值百分比）	2.2
建筑质量控制指数（0-15）	15.0
获得电力（排名）	45
获得电力分数（0-100）	83.98
手续（数量）	5
时间（天数）	58
成本（人均收入百分比）	68.0
供电可靠性和电费透明度指数（0-8）	7
登记财产（排名）	1
登记财产分数（0-100）	94.89
手续（数量）	2
时间（天数）	1
成本（财产价值百分比）	0.1
土地管理质量指数（0-30）	26.5

经合组织高收入经济体

营商环境便利度分数（0-100）	86.59
获得信贷（排名）	1
获得信贷分数（0-100）	100.00
合法权利力度指数（0-12）	12
信贷信息深度指数（0-8）	8
信贷局覆盖率（成年人百分比）	100.0
信贷登记处覆盖率（成年人百分比）	0.0
保护少数投资者（排名）	2
保护少数投资者分数（0-100）	81.67
披露程度指数（0-10）	10
董事责任程度指数（0-10）	9
股东诉讼便利度指数（0-10）	9
股东权利指数（0-10）	7
所有权和控制权指数（0-10）	7
公司透明度指数（0-10）	7
纳税（排名）	10
纳税分数（0-100）	91.08
缴税次数（每年）	7
时间（小时数/每年）	140
总税收和缴费率（占利润百分比）	34.6
报税后程序指数（0-100）	96.90

人均收入（美元） 38970

人口	4793900
跨境贸易（排名）	60
跨境贸易分数（0-100）	84.63
出口所需时间	
单证合规（小时）	3
边界合规（小时）	37
出口成本	
单证合规（美元）	67
边界合规（美元）	337
进口所需时间	
单证合规（小时）	1
边界合规（小时）	25
进口成本	
单证合规（美元）	80
边界合规（美元）	367
执行合同（排名）	21
执行合同分数（0-100）	71.48
时间（天数）	216
成本（索赔额百分比）	27.2
司法程序质量指数（0-18）	9.5
办理破产（排名）	31
办理破产分数（0-100）	71.81
时间（年数）	1.3
成本（资产价值百分比）	3.5
回收率（百分比）	84.1
破产框架力度指数（0-16）	8.5

尼加拉瓜

营商环境便利度排名（1-190）	132
开办企业（排名）	144
开办企业分数（0-100）	79.84
手续（数量）	7
时间（天数）	14
成本（人均收入百分比）	63.6
最低实缴资本（人均收入百分比）	0.0
办理施工许可证（排名）	177
办理施工许可证分数（0-100）	46.58
手续（数量）	18
时间（天数）	225
成本（仓库价值百分比）	5.5
建筑质量控制指数（0-15）	3.5
获得电力（排名）	110
获得电力分数（0-100）	68.39
手续（数量）	6
时间（天数）	55
成本（人均收入百分比）	838.7
供电可靠性和电费透明度指数（0-8）	4
登记财产（排名）	155
登记财产分数（0-100）	47.19
手续（数量）	9
时间（天数）	56
成本（财产价值百分比）	6.0
土地管理质量指数（0-30）	6.5

拉丁美洲及加勒比海地区

营商环境便利度分数（0-100）	55.64
√ 获得信贷（排名）	99
获得信贷分数（0-100）	50.00
合法权利力度指数（0-12）	2
信贷信息深度指数（0-8）	8
信贷局覆盖率（成年人百分比）	59.5
信贷登记处覆盖率（成年人百分比）	21.7
保护少数投资者（排名）	168
保护少数投资者分数（0-100）	35.00
披露程度指数（0-10）	1
董事责任程度指数（0-10）	5
股东诉讼便利度指数（0-10）	6
股东权利指数（0-10）	4
所有权和控制权指数（0-10）	1
公司透明度指数（0-10）	4
纳税（排名）	160
纳税分数（0-100）	52.69
缴税次数（每年）	43
时间（小时数/每年）	201
总税收和缴费率（占利润百分比）	60.6
报税后程序指数（0-100）	52.55

人均收入（美元） 2130

人口	6217581
跨境贸易（排名）	85
跨境贸易分数（0-100）	76.99
出口所需时间	
单证合规（小时）	48
边界合规（小时）	72
出口成本	
单证合规（美元）	47
边界合规（美元）	240
进口所需时间	
单证合规（小时）	16
边界合规（小时）	72
进口成本	
单证合规（美元）	86
边界合规（美元）	400
执行合同（排名）	87
执行合同分数（0-100）	58.58
时间（天数）	490
成本（索赔额百分比）	26.8
司法程序质量指数（0-18）	6.5
办理破产（排名）	106
办理破产分数（0-100）	41.13
时间（年数）	2.2
成本（资产价值百分比）	14.5
回收率（百分比）	35.8
破产框架力度指数（0-16）	7.0

尼日尔		撒哈拉以南非洲		人均收入（美元）	360
营商环境便利度排名（1-190）	143	营商环境便利度分数（0-100）	53.72	人口	21477348
开办企业（排名）	27	获得信贷（排名）	144	跨境贸易（排名）	124
开办企业分数（0-100）	93.69	获得信贷分数（0-100）	30.00	跨境贸易分数（0-100）	65.40
手续（数量）	3	合法权利力度指数（0-12）	6	*出口所需时间*	
时间（天数）	7	信贷信息深度指数（0-8）	0	单证合规（小时）	51
成本（人均收入百分比）	8.1	信贷局覆盖率（成年人百分比）	0.5	边界合规（小时）	48
最低实缴资本（人均收入百分比）	11.6	信贷登记处覆盖率（成年人百分比）	0.3	*出口成本*	
				单证合规（美元）	39
√ 办理施工许可证（排名）	158	保护少数投资者（排名）	149	边界合规（美元）	391
办理施工许可证分数（0-100）	55.81	保护少数投资者分数（0-100）	40.00	*进口所需时间*	
手续（数量）	15	披露程度指数（0-10）	7	单证合规（小时）	156
时间（天数）	91	董事责任程度指数（0-10）	1	边界合规（小时）	78
成本（仓库价值百分比）	11.6	股东诉讼便利度指数（0-10）	5	*进口成本*	
建筑质量控制指数（0-15）	6.0	股东权利指数（0-10）	4	单证合规（美元）	282
		所有权和控制权指数（0-10）	3	边界合规（美元）	462
√ 获得电力（排名）	162	公司透明度指数（0-10）	4		
获得电力分数（0-100）	48.51			√ 执行合同（排名）	119
手续（数量）	4	纳税（排名）	161	执行合同分数（0-100）	53.77
时间（天数）	68	纳税分数（0-100）	52.49	时间（天数）	380
成本（人均收入百分比）	5470.9	缴税次数（每年）	41	成本（索赔额百分比）	52.6
供电可靠性和电费透明度指数（0-8）	0	时间（小时数/每年）	270	司法程序质量指数（0-18）	7.5
		总税收和缴费率（占利润百分比）	47.3		
√ 登记财产（排名）	111	报税后程序指数（0-100）	38.02	办理破产（排名）	114
登记财产分数（0-100）	58.06			办理破产分数（0-100）	39.44
手续（数量）	4			时间（年数）	5.0
时间（天数）	13			成本（资产价值百分比）	18.0
成本（财产价值百分比）	7.6			回收率（百分比）	21.0
土地管理质量指数（0-30）	4.0			破产框架力度指数（0-16）	9.0

尼日利亚		撒哈拉以南非洲		人均收入（美元）	2080
营商环境便利度排名（1-190）	146	营商环境便利度分数（0-100）	52.89	人口	190886311
√ 开办企业（排名）	120	获得信贷（排名）	12	√ 跨境贸易（排名）	182
开办企业分数（0-100）	82.97	获得信贷分数（0-100）	85.00	跨境贸易分数（0-100）	23.08
手续（数量）	8.5	合法权利力度指数（0-12）	9	*出口所需时间*	
时间（天数）	10.9	信贷信息深度指数（0-8）	8	单证合规（小时）	119
成本（人均收入百分比）	27.6	信贷局覆盖率（成年人百分比）	11.0	边界合规（小时）	135.4
最低实缴资本（人均收入百分比）	0.0	信贷登记处覆盖率（成年人百分比）	0.8	*出口成本*	
				单证合规（美元）	250
办理施工许可证（排名）	149	保护少数投资者（排名）	38	边界合规（美元）	785.7
办理施工许可证分数（0-100）	57.84	保护少数投资者分数（0-100）	66.67	*进口所需时间*	
手续（数量）	16.1	披露程度指数（0-10）	7	单证合规（小时）	144
时间（天数）	110.2	董事责任程度指数（0-10）	7	边界合规（小时）	263.7
成本（仓库价值百分比）	21.5	股东诉讼便利度指数（0-10）	7	*进口成本*	
建筑质量控制指数（0-15）	11.8	股东权利指数（0-10）	5	单证合规（美元）	564.3
		所有权和控制权指数（0-10）	5	边界合规（美元）	1076.8
√ 获得电力（排名）	171	公司透明度指数（0-10）	9		
获得电力分数（0-100）	42.63			√ 执行合同（排名）	92
手续（数量）	8	纳税（排名）	157	执行合同分数（0-100）	57.90
时间（天数）	115.3	纳税分数（0-100）	53.53	时间（天数）	453.7
成本（人均收入百分比）	309.9	缴税次数（每年）	48	成本（索赔额百分比）	38.9
供电可靠性和电费透明度指数（0-8）	0	时间（小时数/每年）	347.4	司法程序质量指数（0-18）	8.0
		总税收和缴费率（占利润百分比）	34.8		
× 登记财产（排名）	184	报税后程序指数（0-100）	47.48	办理破产（排名）	149
登记财产分数（0-100）	28.89			办理破产分数（0-100）	30.42
手续（数量）	11.8			时间（年数）	2.0
时间（天数）	91.7			成本（资产价值百分比）	22.0
成本（财产价值百分比）	11.3			回收率（百分比）	27.5
土地管理质量指数（0-30）	7.2			破产框架力度指数（0-16）	5.0

挪威

营商环境便利度排名（1-190）	7
开办企业（排名）	22
开办企业分数（0-100）	94.31
手续（数量）	4
时间（天数）	4
成本（人均收入百分比）	0.9
最低实缴资本（人均收入百分比）	4.6
办理施工许可证（排名）	22
办理施工许可证分数（0-100）	78.86
手续（数量）	11
时间（天数）	110.5
成本（仓库价值百分比）	0.6
建筑质量控制指数（0-15）	10.0
获得电力（排名）	19
获得电力分数（0-100）	90.58
手续（数量）	4
时间（天数）	66
成本（人均收入百分比）	11.0
供电可靠性和电费透明度指数（0-8）	8
登记财产（排名）	13
登记财产分数（0-100）	87.26
手续（数量）	1
时间（天数）	3
成本（财产价值百分比）	2.5
土地管理质量指数（0-30）	20.0

经合组织高收入经济体

营商环境便利度分数（0-100）	82.95
获得信贷（排名）	85
获得信贷分数（0-100）	55.00
合法权利力度指数（0-12）	5
信贷信息深度指数（0-8）	6
信贷局覆盖率（成年人百分比）	100.0
信贷登记处覆盖率（成年人百分比）	0.0
保护少数投资者（排名）	15
保护少数投资者分数（0-100）	75.00
披露程度指数（0-10）	7
董事责任程度指数（0-10）	5
股东诉讼便利度指数（0-10）	8
股东权利指数（0-10）	7
所有权和控制权指数（0-10）	8
公司透明度指数（0-10）	10
纳税（排名）	30
纳税分数（0-100）	84.84
缴税次数（每年）	5
时间（小时数/每年）	79
总税收和缴费率（占利润百分比）	37.0
报税后程序指数（0-100）	62.65

人均收入（美元）75990

人口	5282223
跨境贸易（排名）	22
跨境贸易分数（0-100）	96.97
出口所需时间	
单证合规（小时）	2
边界合规（小时）	2
出口成本	
单证合规（美元）	0
边界合规（美元）	125
进口所需时间	
单证合规（小时）	2
边界合规（小时）	2
进口成本	
单证合规（美元）	0
边界合规（美元）	125
执行合同（排名）	3
执行合同分数（0-100）	81.27
时间（天数）	400
成本（索赔额百分比）	9.9
司法程序质量指数（0-18）	14.0
办理破产（排名）	5
办理破产分数（0-100）	85.44
时间（年数）	0.9
成本（资产价值百分比）	1.0
回收率（百分比）	92.0
破产框架力度指数（0-16）	11.5

阿曼

营商环境便利度排名（1-190）	78
开办企业（排名）	37
开办企业分数（0-100）	92.89
手续（数量）	4.5
时间（天数）	6.5
成本（人均收入百分比）	3.7
最低实缴资本（人均收入百分比）	0.0
办理施工许可证（排名）	66
办理施工许可证分数（0-100）	72.05
手续（数量）	14
时间（天数）	172
成本（仓库价值百分比）	1.4
建筑质量控制指数（0-15）	11.0
获得电力（排名）	66
获得电力分数（0-100）	79.34
手续（数量）	6 x
时间（天数）	62
成本（人均收入百分比）	81.5
供电可靠性和电费透明度指数（0-8）	7
登记财产（排名）	52
登记财产分数（0-100）	74.03
手续（数量）	2
时间（天数）	16
成本（财产价值百分比）	5.0
土地管理质量指数（0-30）	13.5

中东和北非

营商环境便利度分数（0-100）	67.19
获得信贷（排名）	134
获得信贷分数（0-100）	35.00
合法权利力度指数（0-12）	1
信贷信息深度指数（0-8）	6
信贷局覆盖率（成年人百分比）	0.0
信贷登记处覆盖率（成年人百分比）	26.9
保护少数投资者（排名）	125
保护少数投资者分数（0-100）	46.67
披露程度指数（0-10）	8
董事责任程度指数（0-10）	5
股东诉讼便利度指数（0-10）	3
股东权利指数（0-10）	4
所有权和控制权指数（0-10）	4
公司透明度指数（0-10）	4
纳税（排名）	12
纳税分数（0-100）	90.16
缴税次数（每年）	15
时间（小时数/每年）	68
总税收和缴费率（占利润百分比）	27.4
报税后程序指数（0-100）	85.32

人均收入（美元）14440

人口	4636262
跨境贸易（排名）	72
跨境贸易分数（0-100）	79.39
出口所需时间	
单证合规（小时）	7
边界合规（小时）	52
出口成本	
单证合规（美元）	107
边界合规（美元）	261
进口所需时间	
单证合规（小时）	7
边界合规（小时）	70
进口成本	
单证合规（美元）	124
边界合规（美元）	394
执行合同（排名）	73
执行合同分数（0-100）	60.02
时间（天数）	598
成本（索赔额百分比）	15.1
司法程序质量指数（0-18）	6.5
办理破产（排名）	100
办理破产分数（0-100）	42.34
时间（年数）	4.0
成本（资产价值百分比）	3.5
回收率（百分比）	38.0
破产框架力度指数（0-16）	7.0

巴基斯坦

营商环境便利度排名（1-190）	136
√ 开办企业（排名）	130
开办企业分数（0-100）	81.89
手续（数量）	10
时间（天数）	16.5
成本（人均收入百分比）	6.8
最低实缴资本（人均收入百分比）	0.0
办理施工许可证（排名）	166
办理施工许可证分数（0-100）	53.59
手续（数量）	18.7
时间（天数）	262.8
成本（仓库价值百分比）	9.0
建筑质量控制指数（0-15）	12.3
获得电力（排名）	167
获得电力分数（0-100）	44.75
手续（数量）	5.4
时间（天数）	161.2
成本（人均收入百分比）	1585.3
供电可靠性和电费透明度指数（0-8）	0
√ 登记财产（排名）	161
登记财产分数（0-100）	45.63
手续（数量）	7.3
时间（天数）	144.1
成本（财产价值百分比）	4.2
土地管理质量指数（0-30）	9.5

南亚

营商环境便利度分数（0-100）	55.31
获得信贷（排名）	112
获得信贷分数（0-100）	45.00
合法权利力度指数（0-12）	2
信贷信息深度指数（0-8）	7
信贷局覆盖率（成年人百分比）	7.2
信贷登记处覆盖率（成年人百分比）	10.7
保护少数投资者（排名）	26
保护少数投资者分数（0-100）	71.67
披露程度指数（0-10）	6
董事责任程度指数（0-10）	7
股东诉讼便利度指数（0-10）	6
股东权利指数（0-10）	8
所有权和控制权指数（0-10）	9
公司透明度指数（0-10）	7
纳税（排名）	173
纳税分数（0-100）	47.05
缴税次数（每年）	47
时间（小时数/每年）	293.5
总税收和缴费率（占利润百分比）	34.1
报税后程序指数（0-100）	10.49

人均收入（美元） 1580

人口	197015955
跨境贸易（排名）	142
跨境贸易分数（0-100）	60.12
出口所需时间	
单证合规（小时）	55
边界合规（小时）	75
出口成本	
单证合规（美元）	118
边界合规（美元）	356
进口所需时间	
单证合规（小时）	143
边界合规（小时）	120
进口成本	
单证合规（美元）	250
边界合规（美元）	475.7
执行合同（排名）	156
执行合同分数（0-100）	43.49
时间（天数）	1071.2
成本（索赔额百分比）	20.5
司法程序质量指数（0-18）	5.7
√ 办理破产（排名）	53
办理破产分数（0-100）	59.86
时间（年数）	2.6
成本（资产价值百分比）	4.0
回收率（百分比）	44.5
破产框架力度指数（0-16）	11.5

帕劳

营商环境便利度排名（1-190）	133
开办企业（排名）	129
开办企业分数（0-100）	81.95
手续（数量）	8
时间（天数）	28
成本（人均收入百分比）	2.9
最低实缴资本（人均收入百分比）	7.8
办理施工许可证（排名）	95
办理施工许可证分数（0-100）	68.38
手续（数量）	19
时间（天数）	72
成本（仓库价值百分比）	0.8
建筑质量控制指数（0-15）	7.0
获得电力（排名）	149
获得电力分数（0-100）	54.83
手续（数量）	5
时间（天数）	125
成本（人均收入百分比）	66.5
供电可靠性和电费透明度指数（0-8）	0
登记财产（排名）	43
登记财产分数（0-100）	75.16
手续（数量）	5
时间（天数）	14
成本（财产价值百分比）	0.2
土地管理质量指数（0-30）	12.5

东亚及太平洋地区

营商环境便利度分数（0-100）	55.59
获得信贷（排名）	99
获得信贷分数（0-100）	50.00
合法权利力度指数（0-12）	10
信贷信息深度指数（0-8）	0
信贷局覆盖率（成年人百分比）	0.0
信贷登记处覆盖率（成年人百分比）	0.0
保护少数投资者（排名）	180
保护少数投资者分数（0-100）	26.67
披露程度指数（0-10）	0
董事责任程度指数（0-10）	0
股东诉讼便利度指数（0-10）	7
股东权利指数（0-10）	5
所有权和控制权指数（0-10）	2
公司透明度指数（0-10）	2
纳税（排名）	106
纳税分数（0-100）	69.04
缴税次数（每年）	11
时间（小时数/每年）	52
总税收和缴费率（占利润百分比）	75.8
报税后程序指数（0-100）	不适用

人均收入（美元） 12530

人口	21729
跨境贸易（排名）	137
跨境贸易分数（0-100）	60.98
出口所需时间	
单证合规（小时）	72
边界合规（小时）	102
出口成本	
单证合规（美元）	100
边界合规（美元）	505
进口所需时间	
单证合规（小时）	96
边界合规（小时）	84
进口成本	
单证合规（美元）	100
边界合规（美元）	605
执行合同（排名）	126
执行合同分数（0-100）	52.21
时间（天数）	810
成本（索赔额百分比）	35.3
司法程序质量指数（0-18）	9.5
办理破产（排名）	166
办理破产分数（0-100）	16.68
时间（年数）	2.0
成本（资产价值百分比）	22.5
回收率（百分比）	31.0
破产框架力度指数（0-16）	0.0

巴拿马

营商环境便利度排名（1-190）	79
开办企业（排名）	48
开办企业分数（0-100）	92.07
手续（数量）	5
时间（天数）	6
成本（人均收入百分比）	5.4
最低实缴资本（人均收入百分比）	0.0
办理施工许可证（排名）	108
办理施工许可证分数（0-100）	66.76
手续（数量）	18
时间（天数）	105
成本（仓库价值百分比）	3.6
建筑质量控制指数（0-15）	9.0
获得电力（排名）	30
获得电力分数（0-100）	86.65
手续（数量） √	5
时间（天数）	35
成本（人均收入百分比）	15.7
供电可靠性和电费透明度指数（0-8）	7
登记财产（排名）	81
登记财产分数（0-100）	65.18
手续（数量）	7
时间（天数）	22.5
成本（财产价值百分比）	2.4
土地管理质量指数（0-30）	11.0

拉丁美洲及加勒比海地区

营商环境便利度分数（0-100）	66.12
获得信贷（排名）	22
获得信贷分数（0-100）	80.00
合法权利力度指数（0-12）	8
信贷信息深度指数（0-8）	8
信贷局覆盖率（成年人百分比）	73.7
信贷登记处覆盖率（成年人百分比）	0.0
保护少数投资者（排名）	99
保护少数投资者分数（0-100）	51.67
披露程度指数（0-10）	4
董事责任程度指数（0-10）	4
股东诉讼便利度指数（0-10）	8
股东权利指数（0-10）	8
所有权和控制权指数（0-10）	1
公司透明度指数（0-10）	6
纳税（排名）	174
纳税分数（0-100）	46.68
缴税次数（每年）	36
时间（小时数/每年）	408
总税收和缴费率（占利润百分比）	37.2
报税后程序指数（0-100）	12.84

人均收入（美元） — 13100

人口	4098587
跨境贸易（排名）	57
跨境贸易分数（0-100）	85.47
出口所需时间	
单证合规（小时）	6
边界合规（小时）	24
出口成本	
单证合规（美元）	60
边界合规（美元）	270
进口所需时间	
单证合规（小时）	6
边界合规（小时）	24
进口成本	
单证合规（美元）	50
边界合规（美元）	490
执行合同（排名）	147
执行合同分数（0-100）	47.11
时间（天数）	790
成本（索赔额百分比）	38.0
司法程序质量指数（0-18）	7.0
办理破产（排名）	113
办理破产分数（0-100）	39.59
时间（年数）	2.5
成本（资产价值百分比）	25.0
回收率（百分比）	27.1
破产框架力度指数（0-16）	8.0

巴布亚新几内亚

营商环境便利度排名（1-190）	108
开办企业（排名）	143
开办企业分数（0-100）	79.91
手续（数量）	6
时间（天数）	41
成本（人均收入百分比）	20.5
最低实缴资本（人均收入百分比）	0.0
办理施工许可证（排名）	124 √
办理施工许可证分数（0-100）	64.41
手续（数量）	17
时间（天数）	217
成本（仓库价值百分比）	1.2
建筑质量控制指数（0-15）	10.0
√ 获得电力（排名）	72
获得电力分数（0-100）	78.03
手续（数量）	4 ×
时间（天数）	66
成本（人均收入百分比）	27.6
供电可靠性和电费透明度指数（0-8）	4
√ 登记财产（排名）	121
登记财产分数（0-100）	56.21
手续（数量）	4
时间（天数）	72
成本（财产价值百分比）	5.2
土地管理质量指数（0-30）	5.5

东亚及太平洋地区

营商环境便利度分数（0-100）	60.12
获得信贷（排名）	44
获得信贷分数（0-100）	70.00
合法权利力度指数（0-12）	9
信贷信息深度指数（0-8）	5
信贷局覆盖率（成年人百分比）	7.0
信贷登记处覆盖率（成年人百分比）	0.0
保护少数投资者（排名） √	89
保护少数投资者分数（0-100）	55.00
披露程度指数（0-10）	5
董事责任程度指数（0-10）	5
股东诉讼便利度指数（0-10）	9
股东权利指数（0-10）	8
所有权和控制权指数（0-10）	2
公司透明度指数（0-10）	4
纳税（排名）	111
纳税分数（0-100）	68.70
缴税次数（每年）	39
时间（小时数/每年）	203
总税收和缴费率（占利润百分比）	39.3
报税后程序指数（0-100）	77.35

人均收入（美元） — 2410

人口	8251162
跨境贸易（排名）	140
跨境贸易分数（0-100）	60.47
出口所需时间	
单证合规（小时）	96
边界合规（小时）	42
出口成本	
单证合规（美元）	75
边界合规（美元）	660
进口所需时间	
单证合规（小时）	120
边界合规（小时）	72
进口成本	
单证合规（美元）	85
边界合规（美元）	790
执行合同（排名）	173
执行合同分数（0-100）	36.21
时间（天数）	591
成本（索赔额百分比）	110.3
司法程序质量指数（0-18）	8.5
办理破产（排名）	142
办理破产分数（0-100）	32.28
时间（年数）	3.0
成本（资产价值百分比）	23.0
回收率（百分比）	25.1
破产框架力度指数（0-16）	6.0

巴拉圭

巴拉圭		拉丁美洲及加勒比海地区		人均收入（美元）	3920
营商环境便利度排名（1-190）	113	营商环境便利度分数（0-100）	59.40	人口	6811297
开办企业（排名）	151	获得信贷（排名）	124	跨境贸易（排名）	127
开办企业分数（0-100）	77.47	获得信贷分数（0-100）	40.00	跨境贸易分数（0-100）	65.10
手续（数量）	7	合法权利力度指数（0-12）	1	出口所需时间	
时间（天数）	35	信贷信息深度指数（0-8）	7	单证合规（小时）	24
成本（人均收入百分比）	40.3	信贷局覆盖率（成年人百分比）	24.5	边界合规（小时）	120
最低实缴资本（人均收入百分比）	0.0	信贷登记处覆盖率（成年人百分比）	24.4	出口成本	
				单证合规（美元）	120
办理施工许可证（排名）	79	保护少数投资者（排名）	140	边界合规（美元）	815
办理施工许可证分数（0-100）	70.51	保护少数投资者分数（0-100）	41.67	进口所需时间	
手续（数量）	14	披露程度指数（0-10）	6	单证合规（小时）	36
时间（天数）	121	董事责任程度指数（0-10）	5	边界合规（小时）	24
成本（仓库价值百分比）	1.6	股东诉讼便利度指数（0-10）	6	进口成本	
建筑质量控制指数（0-15）	8.0	股东权利指数（0-10）	3	单证合规（美元）	135
		所有权和控制权指数（0-10）	3	边界合规（美元）	500
获得电力（排名）	101	公司透明度指数（0-10）	2		
获得电力分数（0-100）	70.20			执行合同（排名）	91
手续（数量）	5	纳税（排名）	127	执行合同分数（0-100）	57.92
时间（天数）	67	纳税分数（0-100）	63.73	时间（天数）	606
成本（人均收入百分比）	165.5	缴税次数（每年）	20	成本（索赔额百分比）	30.0
供电可靠性和电费透明度指数（0-8）	3	时间（小时数/每年）	378	司法程序质量指数（0-18）	8.5
		总税收和缴费率（占利润百分比）	35.0		
登记财产（排名）	74	报税后程序指数（0-100）	46.56	办理破产（排名）	103
登记财产分数（0-100）	66.12			办理破产分数（0-100）	41.31
手续（数量）	6			时间（年数）	3.9
时间（天数）	46			成本（资产价值百分比）	9.0
成本（财产价值百分比）	1.8			回收率（百分比）	21.6
土地管理质量指数（0-30）	12.0			破产框架力度指数（0-16）	9.5

秘鲁

秘鲁		拉丁美洲及加勒比海地区		人均收入（美元）	5970
营商环境便利度排名（1-190）	68	营商环境便利度分数（0-100）	68.83	人口	32165485
开办企业（排名）	125	获得信贷（排名）	32	跨境贸易（排名）	110
开办企业分数（0-100）	82.44	获得信贷分数（0-100）	75.00	跨境贸易分数（0-100）	68.22
手续（数量）	8	合法权利力度指数（0-12）	7	出口所需时间	
时间（天数）	24.5	信贷信息深度指数（0-8）	8	单证合规（小时）	48
成本（人均收入百分比）	9.9	信贷局覆盖率（成年人百分比）	100.0	边界合规（小时）	48
最低实缴资本（人均收入百分比）	0.0	信贷登记处覆盖率（成年人百分比）	38.2	出口成本	
				单证合规（美元）	50
办理施工许可证（排名）	54	保护少数投资者（排名）	51	边界合规（美元）	630
办理施工许可证分数（0-100）	73.58	保护少数投资者分数（0-100）	63.33	进口所需时间	
手续（数量）	15	披露程度指数（0-10）	9	单证合规（小时）	72
时间（天数）	187	董事责任程度指数（0-10）	6	边界合规（小时）	72
成本（仓库价值百分比）	1.2	股东诉讼便利度指数（0-10）	6	进口成本	
建筑质量控制指数（0-15）	13.0	股东权利指数（0-10）	8	单证合规（美元）	80
		所有权和控制权指数（0-10）	3	边界合规（美元）	700
获得电力（排名）	67	公司透明度指数（0-10）	6		
获得电力分数（0-100）	79.02			执行合同（排名）	70
手续（数量）	5	纳税（排名）	120	执行合同分数（0-100）	60.70
时间（天数）	67	纳税分数（0-100）	65.37	时间（天数）	426
成本（人均收入百分比）	348.4	缴税次数（每年）	9	成本（索赔额百分比）	35.7
供电可靠性和电费透明度指数（0-8）	6	时间（小时数/每年）	260	司法程序质量指数（0-18）	8.5
		总税收和缴费率（占利润百分比）	36.8		
登记财产（排名）	45	报税后程序指数（0-100）	19.24	办理破产（排名）	88
登记财产分数（0-100）	74.89			办理破产分数（0-100）	45.72
手续（数量）	5			时间（年数）	3.1
时间（天数）	7.5			成本（资产价值百分比）	7.0
成本（财产价值百分比）	3.3			回收率（百分比）	29.8
土地管理质量指数（0-30）	17.5			破产框架力度指数（0-16）	9.5

菲律宾

		东亚及太平洋地区		人均收入（美元）	3660
营商环境便利度排名（1-190）	124	营商环境便利度分数（0-100）	57.68	人口	104918090
开办企业（排名） √	166	获得信贷（排名） x	184	跨境贸易（排名）	104
开办企业分数（0-100）	71.97	获得信贷分数（0-100）	5.00	跨境贸易分数（0-100）	69.90
手续（数量）	13	合法权利力度指数（0-12）	1	*出口所需时间*	
时间（天数）	31	信贷信息深度指数（0-8）	0	单证合规（小时）	36
成本（人均收入百分比）	20.3	信贷局覆盖率（成年人百分比）	2.7	边界合规（小时）	42
最低实缴资本（人均收入百分比）	2.8	信贷登记处覆盖率（成年人百分比）	0.0	*出口成本*	
				单证合规（美元）	53
办理施工许可证（排名） √	94	保护少数投资者（排名） √	132	边界合规（美元）	456
办理施工许可证分数（0-100）	68.58	保护少数投资者分数（0-100）	43.33	*进口所需时间*	
手续（数量）	23	披露程度指数（0-10）	2	单证合规（小时）	96
时间（天数）	122	董事责任程度指数（0-10）	3	边界合规（小时）	120
成本（仓库价值百分比）	2.5	股东诉讼便利度指数（0-10）	7	*进口成本*	
建筑质量控制指数（0-15）	13.0	股东权利指数（0-10）	1	单证合规（美元）	50
		所有权和控制权指数（0-10）	6	边界合规（美元）	580
获得电力（排名）	29	公司透明度指数（0-10）	7		
获得电力分数（0-100）	87.45			执行合同（排名）	151
手续（数量）	4	纳税（排名）	94	执行合同分数（0-100）	45.96
时间（天数）	37	纳税分数（0-100）	71.80	时间（天数）	962
成本（人均收入百分比）	21.7	缴税次数（每年）	14	成本（索赔额百分比）	31.0
供电可靠性和电费透明度指数（0-8）	6	时间（小时数/每年）	181	司法程序质量指数（0-18）	7.5
		总税收和缴费率（占利润百分比）	42.9		
登记财产（排名）	116	报税后程序指数（0-100）	50.00	办理破产（排名）	63
登记财产分数（0-100）	57.56			办理破产分数（0-100）	55.22
手续（数量）	9			时间（年数）	2.7
时间（天数）	35			成本（资产价值百分比）	32.0
成本（财产价值百分比）	4.3			回收率（百分比）	21.3
土地管理质量指数（0-30）	12.5			破产框架力度指数（0-16）	14.0

波兰

		经合组织高收入经济体		人均收入（美元）	12710
营商环境便利度排名（1-190）	33	营商环境便利度分数（0-100）	76.95	人口	37975841
开办企业（排名）	121	获得信贷（排名）	32	跨境贸易（排名）	1
开办企业分数（0-100）	82.85	获得信贷分数（0-100）	75.00	跨境贸易分数（0-100）	100.00
手续（数量）	5	合法权利力度指数（0-12）	7	*出口所需时间*	
时间（天数）	37	信贷信息深度指数（0-8）	8	单证合规（小时）	1
成本（人均收入百分比）	11.8	信贷局覆盖率（成年人百分比）	98.1	边界合规（小时）	0
最低实缴资本（人均收入百分比）	10.0	信贷登记处覆盖率（成年人百分比）	0.0	*出口成本*	
				单证合规（美元）	0
办理施工许可证（排名）	40	保护少数投资者（排名）	57	边界合规（美元）	0
办理施工许可证分数（0-100）	75.18	保护少数投资者分数（0-100）	61.67	*进口所需时间*	
手续（数量）	12	披露程度指数（0-10）	7	单证合规（小时）	1
时间（天数）	153	董事责任程度指数（0-10）	2	边界合规（小时）	0
成本（仓库价值百分比）	0.3	股东诉讼便利度指数（0-10）	9	*进口成本*	
建筑质量控制指数（0-15）	10.0	股东权利指数（0-10）	6	单证合规（美元）	0
		所有权和控制权指数（0-10）	5	边界合规（美元）	0
获得电力（排名）	58	公司透明度指数（0-10）	8		
获得电力分数（0-100）	81.35			执行合同（排名） √	53
手续（数量） x	4	纳税（排名）	69	执行合同分数（0-100）	64.36
时间（天数）	122	纳税分数（0-100）	76.49	时间（天数）	685
成本（人均收入百分比）	17.3	缴税次数（每年）	7	成本（索赔额百分比）	19.4
供电可靠性和电费透明度指数（0-8）	7	时间（小时数/每年）	334	司法程序质量指数（0-18）	11.0
		总税收和缴费率（占利润百分比）	40.7		
登记财产（排名）	41	报税后程序指数（0-100）	77.36	办理破产（排名）	25
登记财产分数（0-100）	76.09			办理破产分数（0-100）	76.48
手续（数量）	6			时间（年数）	3.0
时间（天数）	33			成本（资产价值百分比）	15.0
成本（财产价值百分比）	0.3			回收率（百分比）	60.8
土地管理质量指数（0-30）	19.0			破产框架力度指数（0-16）	14.0

葡萄牙

营商环境便利度排名（1-190）	34

开办企业（排名） — 57
开办企业分数（0-100）	90.89
手续（数量）	6
时间（天数）	6.5
成本（人均收入百分比）	2.0
最低实缴资本（人均收入百分比）	0.0

办理施工许可证（排名） — 60
办理施工许可证分数（0-100）	73.17
手续（数量）	14
时间（天数）	160
成本（仓库价值百分比）	1.2
建筑质量控制指数（0-15）	11.0

获得电力（排名） — 32
获得电力分数（0-100）	86.45
手续（数量）	5
时间（天数）	65
成本（人均收入百分比）	34.5
供电可靠性和电费透明度指数（0-8）	8

x 登记财产（排名） — 36
登记财产分数（0-100）	78.36
手续（数量）	1
时间（天数）	10
成本（财产价值百分比）	7.3
土地管理质量指数（0-30）	20.0

经合组织高收入经济体

营商环境便利度分数（0-100）	76.55

获得信贷（排名） — 112
获得信贷分数（0-100）	45.00
合法权利力度指数（0-12）	2
信贷信息深度指数（0-8）	7
信贷局覆盖率（成年人百分比）	7.9
信贷登记处覆盖率（成年人百分比）	100.0

保护少数投资者（排名） — 64
保护少数投资者分数（0-100）	60.00
披露程度指数（0-10）	6
董事责任程度指数（0-10）	5
股东诉讼便利度指数（0-10）	7
股东权利指数（0-10）	4
所有权和控制权指数（0-10）	6
公司透明度指数（0-10）	8

纳税（排名） — 39
纳税分数（0-100）	83.75
缴税次数（每年）	8
时间（小时数／每年）	243
总税收和缴费率（占利润百分比）	39.8
报税后程序指数（0-100）	92.71

人均收入（美元） — 19820

人口	10293718

跨境贸易（排名） — 1
跨境贸易分数（0-100）	100.00
出口所需时间	
单证合规（小时）	1
边界合规（小时）	0
出口成本	
单证合规（美元）	0
边界合规（美元）	0
进口所需时间	
单证合规（小时）	1
边界合规（小时）	0
进口成本	
单证合规（美元）	0
边界合规（美元）	0

执行合同（排名） — 35
执行合同分数（0-100）	67.91
时间（天数）	755
成本（索赔额百分比）	17.2
司法程序质量指数（0-18）	13.5

办理破产（排名） — 16
办理破产分数（0-100）	80.01
时间（年数）	3.0
成本（资产价值百分比）	9.0
回收率（百分比）	64.5
破产框架力度指数（0-16）	14.5

美国（波多黎各自治邦）

营商环境便利度排名（1-190）	64

开办企业（排名） — 53
开办企业分数（0-100）	91.23
手续（数量）	6
时间（天数）	5.5
成本（人均收入百分比）	1.3
最低实缴资本（人均收入百分比）	0.0

办理施工许可证（排名） — 141
办理施工许可证分数（0-100）	59.38
手续（数量）	22
时间（天数）	165
成本（仓库价值百分比）	6.9
建筑质量控制指数（0-15）	12.0

获得电力（排名） — 88
获得电力分数（0-100）	73.43
手续（数量）	5
时间（天数）	32
成本（人均收入百分比）	351.9
供电可靠性和电费透明度指数（0-8）	3

登记财产（排名） — 159
登记财产分数（0-100）	46.14
手续（数量）	8
时间（天数）	191
成本（财产价值百分比）	1.7
土地管理质量指数（0-30）	13.5

拉丁美洲及加勒比海地区

营商环境便利度分数（0-100）	69.46

获得信贷（排名） — 3
获得信贷分数（0-100）	95.00
合法权利力度指数（0-12）	12
信贷信息深度指数（0-8）	7
信贷局覆盖率（成年人百分比）	100.0
信贷登记处覆盖率（成年人百分比）	0.0

保护少数投资者（排名） — 110
保护少数投资者分数（0-100）	50.00
披露程度指数（0-10）	7
董事责任程度指数（0-10）	6
股东诉讼便利度指数（0-10）	8
股东权利指数（0-10）	1
所有权和控制权指数（0-10）	2
公司透明度指数（0-10）	6

纳税（排名） — 162
纳税分数（0-100）	52.42
缴税次数（每年）	16
时间（小时数／每年）	218
总税收和缴费率（占利润百分比）	63.4
报税后程序指数（0-100）	13.76

人均收入（美元） — 19269

人口	3337177

跨境贸易（排名） — 67
跨境贸易分数（0-100）	81.86
出口所需时间	
单证合规（小时）	2
边界合规（小时）	48
出口成本	
单证合规（美元）	75
边界合规（美元）	386
进口所需时间	
单证合规（小时）	2
边界合规（小时）	48
进口成本	
单证合规（美元）	75
边界合规（美元）	386

√ 执行合同（排名） — 63
执行合同分数（0-100）	61.82
时间（天数）	630
成本（索赔额百分比）	30.2
司法程序质量指数（0-18）	11.0

办理破产（排名） — 10
办理破产分数（0-100）	83.32
时间（年数）	2.5
成本（资产价值百分比）	11.0
回收率（百分比）	67.7
破产框架力度指数（0-16）	15.0

卡塔尔

指标	值	中东和北非	值	人均收入（美元）	61070
营商环境便利度排名（1-190）	83	营商环境便利度分数（0-100）	65.89	人口	2639211
√ 开办企业（排名）	84	√ 获得信贷（排名）	124	跨境贸易（排名）	97
开办企业分数（0-100）	87.67	获得信贷分数（0-100）	40.00	跨境贸易分数（0-100）	71.51
手续（数量）	7.5	合法权利力度指数（0-12）	1	*出口所需时间*	
时间（天数）	8	信贷信息深度指数（0-8）	7	单证合规（小时）	10
成本（人均收入百分比）	7.1	信贷局覆盖率（成年人百分比）	0.0	边界合规（小时）	25
最低实缴资本（人均收入百分比）	0.0	信贷登记处覆盖率（成年人百分比）	28.2	*出口成本*	
				单证合规（美元）	150
办理施工许可证（排名）	20	保护少数投资者（排名）	178	边界合规（美元）	382
办理施工许可证分数（0-100）	79.16	保护少数投资者分数（0-100）	28.33	*进口所需时间*	
手续（数量）	16	披露程度指数（0-10）	2	单证合规（小时）	72
时间（天数）	58	董事责任程度指数（0-10）	2	边界合规（小时）	48
成本（仓库价值百分比）	2.0	股东诉讼便利度指数（0-10）	2	*进口成本*	
建筑质量控制指数（0-15）	12.0	股东权利指数（0-10）	4	单证合规（美元）	290
		所有权和控制权指数（0-10）	2	边界合规（美元）	558
获得电力（排名）	69	公司透明度指数（0-10）	5		
获得电力分数（0-100）	78.59			执行合同（排名）	122
手续（数量）	4	纳税（排名）	2	执行合同分数（0-100）	52.79
时间（天数）	90	纳税分数（0-100）	99.44	时间（天数）	570
成本（人均收入百分比）	12.5	缴税次数（每年）	4	成本（索赔额百分比）	21.6
供电可靠性和电费透明度指数（0-8）	5	时间（小时数/每年）	41	司法程序质量指数（0-18）	3.5
		总税收和缴费率（占利润百分比）	11.3		
登记财产（排名）	20	报税后程序指数（0-100）	不适用	办理破产（排名）	120
登记财产分数（0-100）	83.27			办理破产分数（0-100）	38.12
手续（数量）	6			时间（年数）	2.8
时间（天数）	12			成本（资产价值百分比）	22.0
成本（财产价值百分比）	0.3			回收率（百分比）	30.2
土地管理质量指数（0-30）	24.5			破产框架力度指数（0-16）	7.0

罗马尼亚

指标	值	欧洲和中亚	值	人均收入（美元）	9970
营商环境便利度排名（1-190）	52	营商环境便利度分数（0-100）	72.30	人口	19586539
× 开办企业（排名）	111	获得信贷（排名）	22	跨境贸易（排名）	1
开办企业分数（0-100）	83.90	获得信贷分数（0-100）	80.00	跨境贸易分数（0-100）	100.00
手续（数量）	6	合法权利力度指数（0-12）	9	*出口所需时间*	
时间（天数）	35	信贷信息深度指数（0-8）	7	单证合规（小时）	1
成本（人均收入百分比）	0.4	信贷局覆盖率（成年人百分比）	55.7	边界合规（小时）	0
最低实缴资本（人均收入百分比）	0.5	信贷登记处覆盖率（成年人百分比）	18.3	*出口成本*	
				单证合规（美元）	0
办理施工许可证（排名）	146	保护少数投资者（排名）	64	边界合规（美元）	0
办理施工许可证分数（0-100）	58.20	保护少数投资者分数（0-100）	60.00	*进口所需时间*	
手续（数量）	24	披露程度指数（0-10）	9	单证合规（小时）	1
时间（天数）	260	董事责任程度指数（0-10）	4	边界合规（小时）	0
成本（仓库价值百分比）	2.1	股东诉讼便利度指数（0-10）	5	*进口成本*	
建筑质量控制指数（0-15）	13.0	股东权利指数（0-10）	6	单证合规（美元）	0
		所有权和控制权指数（0-10）	5	边界合规（美元）	0
获得电力（排名）	154	公司透明度指数（0-10）	7		
获得电力分数（0-100）	53.53			执行合同（排名）	17
手续（数量）	9	纳税（排名）	49	执行合同分数（0-100）	72.25
时间（天数）	174	纳税分数（0-100）	80.30	时间（天数）	512
成本（人均收入百分比）	449.7	缴税次数（每年）	14	成本（索赔额百分比）	25.8
供电可靠性和电费透明度指数（0-8）	7	时间（小时数/每年）	163	司法程序质量指数（0-18）	14.0
		总税收和缴费率（占利润百分比）	40.0		
登记财产（排名）	44	报税后程序指数（0-100）	76.82	办理破产（排名）	52
登记财产分数（0-100）	74.96			办理破产分数（0-100）	59.87
手续（数量）	6			时间（年数）	3.3
时间（天数）	14.5			成本（资产价值百分比）	10.5
成本（财产价值百分比）	1.3			回收率（百分比）	35.8
土地管理质量指数（0-30）	17.0			破产框架力度指数（0-16）	13.0

俄罗斯

欧洲和中亚		人均收入（美元）	9232
营商环境便利度排名（1-190）	31	营商环境便利度分数（0-100）	77.37	人口	144495044

俄罗斯		欧洲和中亚		人均收入（美元）	
开办企业（排名）	32	获得信贷（排名）	22	√ 跨境贸易（排名）	99
开办企业分数（0-100）	93.04	获得信贷分数（0-100）	80.00	跨境贸易分数（0-100）	71.06
手续（数量）	4	合法权利力度指数（0-12）	9	出口所需时间	
时间（天数）	10.1	信贷信息深度指数（0-8）	7	单证合规（小时）	25.4
成本（人均收入百分比）	1.1	信贷局覆盖率（成年人百分比）	88.0	边界合规（小时）	66
最低实缴资本（人均收入百分比）	0.0	信贷登记处覆盖率（成年人百分比）	0.0	出口成本	
				单证合规（美元）	92
√ 办理施工许可证（排名）	48	保护少数投资者（排名）	57	边界合规（美元）	580
办理施工许可证分数（0-100）	74.61	保护少数投资者分数（0-100）	61.67	进口所需时间	
手续（数量）	15.1	披露程度指数（0-10）	6	单证合规（小时）	42.5
时间（天数）	193.8	董事责任程度指数（0-10）	2	边界合规（小时）	30
成本（仓库价值百分比）	1.2	股东诉讼便利度指数（0-10）	7	进口成本	
建筑质量控制指数（0-15）	14.0	股东权利指数（0-10）	9	单证合规（美元）	152.5
		所有权和控制权指数（0-10）	5	边界合规（美元）	587.5
√ 获得电力（排名）	12	公司透明度指数（0-10）	8		
获得电力分数（0-100）	94.00			执行合同（排名）	18
手续（数量）	2	√ 纳税（排名）	53	执行合同分数（0-100）	72.18
时间（天数）	73	纳税分数（0-100）	79.77	时间（天数）	337
成本（人均收入百分比）	5.7	缴税次数（每年）	7	成本（索赔额百分比）	16.5
供电可靠性和电费透明度指数（0-8）	8	时间（小时数/每年）	168	司法程序质量指数（0-18）	9.5
		总税收和缴费率（占利润百分比）	46.3		
登记财产（排名）	12	报税后程序指数（0-100）	73.14	办理破产（排名）	55
登记财产分数（0-100）	88.74			办理破产分数（0-100）	58.61
手续（数量）	4			时间（年数）	2.0
时间（天数）	13			成本（资产价值百分比）	9.0
成本（财产价值百分比）	0.1			回收率（百分比）	42.1
土地管理质量指数（0-30）	26.0			破产框架力度指数（0-16）	11.5

卢旺达

撒哈拉以南非洲		人均收入（美元）	720
营商环境便利度排名（1-190）	29	营商环境便利度分数（0-100）	77.88	人口	12208407

卢旺达		撒哈拉以南非洲		人均收入（美元）	
√ 开办企业（排名）	51	√ 获得信贷（排名）	3	√ 跨境贸易（排名）	88
开办企业分数（0-100）	91.39	获得信贷分数（0-100）	95.00	跨境贸易分数（0-100）	74.98
手续（数量）	5	合法权利力度指数（0-12）	11	出口所需时间	
时间（天数）	4	信贷信息深度指数（0-8）	8	单证合规（小时）	30
成本（人均收入百分比）	14.8	信贷局覆盖率（成年人百分比）	20.1	边界合规（小时）	83
最低实缴资本（人均收入百分比）	0.0	信贷登记处覆盖率（成年人百分比）	9.2	出口成本	
				单证合规（美元）	110
办理施工许可证（排名）	106	保护少数投资者（排名）	14	边界合规（美元）	183
办理施工许可证分数（0-100）	67.01	保护少数投资者分数（0-100）	76.67	进口所需时间	
手续（数量）	15	披露程度指数（0-10）	8	单证合规（小时）	48
时间（天数）	113	董事责任程度指数（0-10）	9	边界合规（小时）	74
成本（仓库价值百分比）	12.0	股东诉讼便利度指数（0-10）	5	进口成本	
建筑质量控制指数（0-15）	14.0	股东权利指数（0-10）	8	单证合规（美元）	121
		所有权和控制权指数（0-10）	9	边界合规（美元）	282
√ 获得电力（排名）	68	公司透明度指数（0-10）	7		
获得电力分数（0-100）	78.72			√ 执行合同（排名）	78
手续（数量）	4	纳税（排名）	35	执行合同分数（0-100）	59.54
时间（天数）	30	纳税分数（0-100）	84.55	时间（天数）	230
成本（人均收入百分比）	2083.3	缴税次数（每年）	8	成本（索赔额百分比）	82.7
供电可靠性和电费透明度指数（0-8）	5	时间（小时数/每年）	95.5	司法程序质量指数（0-18）	14.5
		总税收和缴费率（占利润百分比）	33.2		
√ 登记财产（排名）	2	报税后程序指数（0-100）	63.68	√ 办理破产（排名）	58
登记财产分数（0-100）	93.70			办理破产分数（0-100）	57.20
手续（数量）	3			时间（年数）	2.5
时间（天数）	7			成本（资产价值百分比）	29.0
成本（财产价值百分比）	0.1			回收率（百分比）	19.2
土地管理质量指数（0-30）	28.5			破产框架力度指数（0-16）	15.0

萨摩亚

营商环境便利度排名（1-190）	90
开办企业（排名）	41
开办企业分数（0-100）	92.56
手续（数量）	4
时间（天数）	9
成本（人均收入百分比）	7.2
最低实缴资本（人均收入百分比）	0.0
办理施工许可证（排名）	90
办理施工许可证分数（0-100）	68.70
手续（数量）	18
时间（天数）	58
成本（仓库价值百分比）	0.8
建筑质量控制指数（0-15）	6.0
获得电力（排名）	65
获得电力分数（0-100）	79.70
手续（数量）	4
时间（天数）	34
成本（人均收入百分比）	615.1
供电可靠性和电费透明度指数（0-8）	4
登记财产（排名）	65
登记财产分数（0-100）	69.51
手续（数量）	5
时间（天数）	15
成本（财产价值百分比）	3.8
土地管理质量指数（0-30）	13.0

东亚及太平洋地区

营商环境便利度分数（0-100）	63.77
获得信贷（排名）	112
获得信贷分数（0-100）	45.00
合法权利力度指数（0-12）	9
信贷信息深度指数（0-8）	0
信贷局覆盖率（成年人百分比）	0.0
信贷登记处覆盖率（成年人百分比）	0.0
保护少数投资者（排名）	83
保护少数投资者分数（0-100）	56.67
披露程度指数（0-10）	5
董事责任程度指数（0-10）	6
股东诉讼便利度指数（0-10）	9
股东权利指数（0-10）	8
所有权和控制权指数（0-10）	3
公司透明度指数（0-10）	3
纳税（排名）	74
纳税分数（0-100）	75.71
缴税次数（每年）	37
时间（小时数/每年）	224
总税收和缴费率（占利润百分比）	19.3
报税后程序指数（0-100）	86.55

人均收入（美元） 4100

人口	196440
跨境贸易（排名）	151
跨境贸易分数（0-100）	57.81
出口所需时间	
单证合规（小时）	24
边界合规（小时）	51
出口成本	
单证合规（美元）	180
边界合规（美元）	1400
进口所需时间	
单证合规（小时）	25
边界合规（小时）	84
进口成本	
单证合规（美元）	230
边界合规（美元）	900
执行合同（排名）	86
执行合同分数（0-100）	58.59
时间（天数）	455
成本（索赔额百分比）	24.4
司法程序质量指数（0-18）	5.5
办理破产（排名）	140
办理破产分数（0-100）	33.45
时间（年数）	2.0
成本（资产价值百分比）	38.0
回收率（百分比）	18.6
破产框架力度指数（0-16）	7.5

圣马力诺

营商环境便利度排名（1-190）	88
开办企业（排名）	113
开办企业分数（0-100）	83.71
手续（数量）	8
时间（天数）	12.5
成本（人均收入百分比）	9.0
最低实缴资本（人均收入百分比）	29.8
办理施工许可证（排名）	72
办理施工许可证分数（0-100）	71.33
手续（数量）	15
时间（天数）	145.5
成本（仓库价值百分比）	5.4
建筑质量控制指数（0-15）	13.0
获得电力（排名）	18
获得电力分数（0-100）	90.63
手续（数量）	3
时间（天数）	45
成本（人均收入百分比）	59.0
供电可靠性和电费透明度指数（0-8）	6
登记财产（排名）	101
登记财产分数（0-100）	61.52
手续（数量）	9
时间（天数）	42.5
成本（财产价值百分比）	6.6
土地管理质量指数（0-30）	23.0

欧洲和中亚

营商环境便利度分数（0-100）	64.74
获得信贷（排名）	144
获得信贷分数（0-100）	30.00
合法权利力度指数（0-12）	1
信贷信息深度指数（0-8）	5
信贷局覆盖率（成年人百分比）	0.0
信贷登记处覆盖率（成年人百分比）	80.1
保护少数投资者（排名）	177
保护少数投资者分数（0-100）	30.00
披露程度指数（0-10）	3
董事责任程度指数（0-10）	2
股东诉讼便利度指数（0-10）	8
股东权利指数（0-10）	3
所有权和控制权指数（0-10）	1
公司透明度指数（0-10）	1
纳税（排名）	42
纳税分数（0-100）	82.32
缴税次数（每年）	18
时间（小时数/每年）	52
总税收和缴费率（占利润百分比）	35.4
报税后程序指数（0-100）	67.80

人均收入（美元） 48211

人口	33400
跨境贸易（排名）	20
跨境贸易分数（0-100）	97.48
出口所需时间	
单证合规（小时）	1
边界合规（小时）	0
出口成本	
单证合规（美元）	0
边界合规（美元）	0
进口所需时间	
单证合规（小时）	3
边界合规（小时）	4
进口成本	
单证合规（美元）	100
边界合规（美元）	50
执行合同（排名）	82
执行合同分数（0-100）	59.25
时间（天数）	575
成本（索赔额百分比）	13.9
司法程序质量指数（0-18）	5.5
办理破产（排名）	105
办理破产分数（0-100）	41.19
时间（年数）	2.3
成本（资产价值百分比）	5.0
回收率（百分比）	50.4
破产框架力度指数（0-16）	4.5

圣多美和普林西比

撒哈拉以南非洲		人均收入（美元）	1770
营商环境便利度排名（1-190）	170		

营商环境便利度分数（0-100）	45.14	人口	204327

开办企业（排名）	148	获得信贷（排名）	161	跨境贸易（排名）	122
开办企业分数（0-100）	78.32	获得信贷分数（0-100）	25.00	跨境贸易分数（0-100）	66.03
手续（数量）	6	合法权利力度指数（0-12）	0	*出口所需时间*	
时间（天数）	7	信贷信息深度指数（0-8）	5	单证合规（小时）	46
成本（人均收入百分比）	12.3	信贷局覆盖率（成年人百分比）	0.0	边界合规（小时）	83
最低实缴资本（人均收入百分比）	178.5	信贷登记处覆盖率（成年人百分比）	17.2	*出口成本*	
				单证合规（美元）	194
办理施工许可证（排名）	111	保护少数投资者（排名）	188	边界合规（美元）	426
办理施工许可证分数（0-100）	66.64	保护少数投资者分数（0-100）	21.67	*进口所需时间*	
手续（数量）	16	披露程度指数（0-10）	3	单证合规（小时）	17
时间（天数）	67	董事责任程度指数（0-10）	1	边界合规（小时）	150
成本（仓库价值百分比）	2.2	股东诉讼便利度指数（0-10）	6	*进口成本*	
建筑质量控制指数（0-15）	5.0	股东权利指数（0-10）	2	单证合规（美元）	75
		所有权和控制权指数（0-10）	0	边界合规（美元）	406
获得电力（排名）	125	公司透明度指数（0-10）	1		
获得电力分数（0-100）	62.00			√ 执行合同（排名）	185
手续（数量）	4	纳税（排名）	135	执行合同分数（0-100）	28.84
时间（天数）	89	纳税分数（0-100）	61.80	时间（天数）	1185
成本（人均收入百分比）	362.3	缴税次数（每年）	46	成本（索赔额百分比）	45.6
供电可靠性和电费透明度指数（0-8）	0	时间（小时数/每年）	424	司法程序质量指数（0-18）	4.5
		总税收和缴费率（占利润百分比）	37.0		
登记财产（排名）	173	报税后程序指数（0-100）	92.20	办理破产（排名）	168
登记财产分数（0-100）	41.08			办理破产分数（0-100）	0.00
手续（数量）	8			时间（年数）	无实践
时间（天数）	52			成本（资产价值百分比）	无实践
成本（财产价值百分比）	10.2			回收率（百分比）	0.0
土地管理质量指数（0-30）	4.5			破产框架力度指数（0-16）	0.0

沙特阿拉伯

中东和北非		人均收入（美元）	20080
营商环境便利度排名（1-190）	92		

营商环境便利度分数（0-100）	63.50	人口	32938213

开办企业（排名）	141	获得信贷（排名）	112	√ 跨境贸易（排名）	158
开办企业分数（0-100）	80.07	获得信贷分数（0-100）	45.00	跨境贸易分数（0-100）	54.31
手续（数量）	11	合法权利力度指数（0-12）	1	*出口所需时间*	
时间（天数）	18	信贷信息深度指数（0-8）	8	单证合规（小时）	60
成本（人均收入百分比）	6.6	信贷局覆盖率（成年人百分比）	63.2	边界合规（小时）	50
最低实缴资本（人均收入百分比）	0.0	信贷登记处覆盖率（成年人百分比）	0.0	*出口成本*	
				单证合规（美元）	105
√ 办理施工许可证（排名）	36	保护少数投资者（排名）	7	边界合规（美元）	363
办理施工许可证分数（0-100）	75.71	保护少数投资者分数（0-100）	80.00	*进口所需时间*	
手续（数量）	17	披露程度指数（0-10）	9	单证合规（小时）	90
时间（天数）	91.5	董事责任程度指数（0-10）	9	边界合规（小时）	228
成本（仓库价值百分比）	2.1	股东诉讼便利度指数（0-10）	4	*进口成本*	
建筑质量控制指数（0-15）	12.0	股东权利指数（0-10）	8	单证合规（美元）	390
		所有权和控制权指数（0-10）	8	边界合规（美元）	779
√ 获得电力（排名）	64	公司透明度指数（0-10）	10		
获得电力分数（0-100）	79.89			√ 执行合同（排名）	59
手续（数量）	5	纳税（排名）	78	执行合同分数（0-100）	63.41
时间（天数）	68	纳税分数（0-100）	75.00	时间（天数）	575
成本（人均收入百分比）	31.2	缴税次数（每年）	3	成本（索赔额百分比）	27.5
供电可靠性和电费透明度指数（0-8）	6	时间（小时数/每年）	39	司法程序质量指数（0-18）	10.5
		总税收和缴费率（占利润百分比）	15.7		
登记财产（排名）	24	报税后程序指数（0-100）	0.00	办理破产（排名）	168
登记财产分数（0-100）	81.61			办理破产分数（0-100）	0.00
手续（数量）	2			时间（年数）	无实践
时间（天数）	1.5			成本（资产价值百分比）	无实践
成本（财产价值百分比）	0.0			回收率（百分比）	0.0
土地管理质量指数（0-30）	10.5			破产框架力度指数（0-16）	0.0

塞内加尔

营商环境便利度排名（1-190）	141
开办企业（排名）	64
开办企业分数（0-100）	89.94
手续（数量）	4
时间（天数）	6
成本（人均收入百分比）	32.0
最低实缴资本（人均收入百分比）	4.3
办理施工许可证（排名）	140
办理施工许可证分数（0-100）	59.60
手续（数量）	14
时间（天数）	177
成本（仓库价值百分比）	9.8
建筑质量控制指数（0-15）	10.0
获得电力（排名）	127
获得电力分数（0-100）	61.37
手续（数量）	6
时间（天数）	75
成本（人均收入百分比）	3419.7
供电可靠性和电费透明度指数（0-8）	5
√ 登记财产（排名）	118
登记财产分数（0-100）	57.47
手续（数量）	5
时间（天数）	41
成本（财产价值百分比）	7.6
土地管理质量指数（0-30）	10.0

撒哈拉以南非洲

营商环境便利度分数（0-100）	54.15
获得信贷（排名）	144
获得信贷分数（0-100）	30.00
合法权利力度指数（0-12）	6
信贷信息深度指数（0-8）	0
信贷局覆盖率（成年人百分比）	2.7
信贷登记处覆盖率（成年人百分比）	0.7
保护少数投资者（排名）	140
保护少数投资者分数（0-100）	41.67
披露程度指数（0-10）	7
董事责任程度指数（0-10）	1
股东诉讼便利度指数（0-10）	6
股东权利指数（0-10）	4
所有权和控制权指数（0-10）	3
公司透明度指数（0-10）	4
纳税（排名）	171
纳税分数（0-100）	48.08
缴税次数（每年）	58
时间（小时数/每年）	441
总税收和缴费率（占利润百分比）	45.1
报税后程序指数（0-100）	71.81

人均收入（美元）：950

人口	15850567
跨境贸易（排名）	139
跨境贸易分数（0-100）	60.85
出口所需时间	
单证合规（小时）	26
边界合规（小时）	61
出口成本	
单证合规（美元）	96
边界合规（美元）	547
进口所需时间	
单证合规（小时）	72
边界合规（小时）	53
进口成本	
单证合规（美元）	545
边界合规（美元）	702
√ 执行合同（排名）	142
执行合同分数（0-100）	48.15
时间（天数）	740
成本（索赔额百分比）	36.4
司法程序质量指数（0-18）	6.5
办理破产（排名）	94
办理破产分数（0-100）	44.33
时间（年数）	3.0
成本（资产价值百分比）	20.0
回收率（百分比）	30.1
破产框架力度指数（0-16）	9.0

塞尔维亚

营商环境便利度排名（1-190）	48
开办企业（排名）	40
开办企业分数（0-100）	92.59
手续（数量）	5
时间（天数）	5.5
成本（人均收入百分比）	2.2
最低实缴资本（人均收入百分比）	0.0
√ 办理施工许可证（排名）	11
办理施工许可证分数（0-100）	84.42
手续（数量）	11
时间（天数）	106
成本（仓库价值百分比）	1.7
建筑质量控制指数（0-15）	14.0
获得电力（排名）	104
获得电力分数（0-100）	70.01
手续（数量）	5
时间（天数）	125
成本（人均收入百分比）	212.1
供电可靠性和电费透明度指数（0-8）	5
登记财产（排名）	55
登记财产分数（0-100）	72.60
手续（数量）	6
时间（天数）	21
成本（财产价值百分比）	2.8
土地管理质量指数（0-30）	18.0

欧洲和中亚

营商环境便利度分数（0-100）	73.49
获得信贷（排名）	60
获得信贷分数（0-100）	65.00
合法权利力度指数（0-12）	6
信贷信息深度指数（0-8）	7
信贷局覆盖率（成年人百分比）	100.0
信贷登记处覆盖率（成年人百分比）	0.0
保护少数投资者（排名）	83
保护少数投资者分数（0-100）	56.67
披露程度指数（0-10）	4
董事责任程度指数（0-10）	6
股东诉讼便利度指数（0-10）	5
股东权利指数（0-10）	6
所有权和控制权指数（0-10）	7
公司透明度指数（0-10）	6
纳税（排名）	79
纳税分数（0-100）	74.75
缴税次数（每年）	33
时间（小时数/每年）	225.5
总税收和缴费率（占利润百分比）	36.6
报税后程序指数（0-100）	91.09

人均收入（美元）：5180

人口	7022268
跨境贸易（排名）	23
跨境贸易分数（0-100）	96.64
出口所需时间	
单证合规（小时）	2
边界合规（小时）	4
出口成本	
单证合规（美元）	35
边界合规（美元）	47
进口所需时间	
单证合规（小时）	3
边界合规（小时）	4
进口成本	
单证合规（美元）	35
边界合规（美元）	52
执行合同（排名）	65
执行合同分数（0-100）	61.41
时间（天数）	635
成本（索赔额百分比）	40.8
司法程序质量指数（0-18）	13.0
办理破产（排名）	49
办理破产分数（0-100）	60.78
时间（年数）	2.0
成本（资产价值百分比）	20.0
回收率（百分比）	34.5
破产框架力度指数（0-16）	13.5

塞舌尔共和国		撒哈拉以南非洲		人均收入（美元）	14180
营商环境便利度排名（1-190）	96	营商环境便利度分数（0-100）	62.41	人口	95843
开办企业（排名）	145	获得信贷（排名）	134	跨境贸易（排名）	95
开办企业分数（0-100）	78.65	获得信贷分数（0-100）	35.00	跨境贸易分数（0-100）	71.79
手续（数量）	9	合法权利力度指数（0-12）	2	*出口所需时间*	
时间（天数）	32	信贷信息深度指数（0-8）	5	单证合规（小时）	44
成本（人均收入百分比）	13.4	信贷局覆盖率（成年人百分比）	0.0	边界合规（小时）	82
最低实缴资本（人均收入百分比）	0.0	信贷登记处覆盖率（成年人百分比）	66.3	*出口成本*	
				单证合规（美元）	115
办理施工许可证（排名）	118	保护少数投资者（排名）	110	边界合规（美元）	332
办理施工许可证分数（0-100）	65.50	保护少数投资者分数（0-100）	50.00	*进口所需时间*	
手续（数量）	16	披露程度指数（0-10）	4	单证合规（小时）	33
时间（天数）	138	董事责任程度指数（0-10）	8	边界合规（小时）	97
成本（仓库价值百分比）	0.3	股东诉讼便利度指数（0-10）	5	*进口成本*	
建筑质量控制指数（0-15）	6.0	股东权利指数（0-10）	4	单证合规（美元）	93
		所有权和控制权指数（0-10）	5	边界合规（美元）	341
获得电力（排名）	118	公司透明度指数（0-10）	4		
获得电力分数（0-100）	64.30			执行合同（排名）	129
手续（数量）	6	纳税（排名）	31	执行合同分数（0-100）	51.25
时间（天数）	77	纳税分数（0-100）	84.72	时间（天数）	915
成本（人均收入百分比）	377.7	缴税次数（每年）	29	成本（索赔额百分比）	15.4
供电可靠性和电费透明度指数（0-8）	3	时间（小时数/每年）	85	司法程序质量指数（0-18）	6.5
		总税收和缴费率（占利润百分比）	30.1		
登记财产（排名）	62	报税后程序指数（0-100）	93.42	办理破产（排名）	73
登记财产分数（0-100）	70.75			办理破产分数（0-100）	52.18
手续（数量）	4			时间（年数）	2.0
时间（天数）	33			成本（资产价值百分比）	11.0
成本（财产价值百分比）	7.0			回收率（百分比）	38.9
土地管理质量指数（0-30）	21.0			破产框架力度指数（0-16）	10.0

塞拉利昂		撒哈拉以南非洲		人均收入（美元）	510
营商环境便利度排名（1-190）	163	营商环境便利度分数（0-100）	48.74	人口	7557212
开办企业（排名）	55	获得信贷（排名）	161	跨境贸易（排名）	166
开办企业分数（0-100）	91.18	获得信贷分数（0-100）	25.00	跨境贸易分数（0-100）	48.99
手续（数量）	5	合法权利力度指数（0-12）	5	*出口所需时间*	
时间（天数）	8	信贷信息深度指数（0-8）	0	单证合规（小时）	72
成本（人均收入百分比）	8.4	信贷局覆盖率（成年人百分比）	0.0	边界合规（小时）	55
最低实缴资本（人均收入百分比）	0.0	信贷登记处覆盖率（成年人百分比）	1.6	*出口成本*	
				单证合规（美元）	227
办理施工许可证（排名）	182	保护少数投资者（排名）	89	边界合规（美元）	552
办理施工许可证分数（0-100）	38.43	保护少数投资者分数（0-100）	55.00	*进口所需时间*	
手续（数量）	17	披露程度指数（0-10）	6	单证合规（小时）	137
时间（天数）	182	董事责任程度指数（0-10）	8	边界合规（小时）	120
成本（仓库价值百分比）	21.4	股东诉讼便利度指数（0-10）	6	*进口成本*	
建筑质量控制指数（0-15）	7.0	股东权利指数（0-10）	5	单证合规（美元）	387
		所有权和控制权指数（0-10）	2	边界合规（美元）	821
获得电力（排名）	178	公司透明度指数（0-10）	6		
获得电力分数（0-100）	31.70			执行合同（排名）	105
手续（数量）	8	纳税（排名）	88	执行合同分数（0-100）	55.92
时间（天数）	82	纳税分数（0-100）	72.97	时间（天数）	515
成本（人均收入百分比）	5025.2	缴税次数（每年）	34	成本（索赔额百分比）	39.5
供电可靠性和电费透明度指数（0-8）	0	时间（小时数/每年）	343	司法程序质量指数（0-18）	8.0
		总税收和缴费率（占利润百分比）	30.7		
登记财产（排名）	167	报税后程序指数（0-100）	95.41	办理破产（排名）	161
登记财产分数（0-100）	43.50			办理破产分数（0-100）	24.73
手续（数量）	7			时间（年数）	2.3
时间（天数）	56			成本（资产价值百分比）	42.0
成本（财产价值百分比）	10.7			回收率（百分比）	11.1
土地管理质量指数（0-30）	6.5			破产框架力度指数（0-16）	6.0

新加坡

营商环境便利度排名（1-190）	2
√ 开办企业（排名）	3
开办企业分数（0-100）	98.23
手续（数量）	2
时间（天数）	1.5
成本（人均收入百分比）	0.4
最低实缴资本（人均收入百分比）	0.0
办理施工许可证（排名）	8
办理施工许可证分数（0-100）	84.73
手续（数量）	10
时间（天数）	41
成本（仓库价值百分比）	3.4
建筑质量控制指数（0-15）	12.0
获得电力（排名）	16
获得电力分数（0-100）	91.33
手续（数量）	4
时间（天数）	30
成本（人均收入百分比）	23.3
供电可靠性和电费透明度指数（0-8）	7
登记财产（排名）	21
登记财产分数（0-100）	83.14
手续（数量）	6
时间（天数）	4.5
成本（财产价值百分比）	2.9
土地管理质量指数（0-30）	28.5

东亚及太平洋地区

营商环境便利度分数（0-100）	85.24
获得信贷（排名）	32
获得信贷分数（0-100）	75.00
合法权利力度指数（0-12）	8
信贷信息深度指数（0-8）	7
信贷局覆盖率（成年人百分比）	60.9
信贷登记处覆盖率（成年人百分比）	0.0
保护少数投资者（排名）	7
保护少数投资者分数（0-100）	80.00
披露程度指数（0-10）	10
董事责任程度指数（0-10）	9
股东诉讼便利度指数（0-10）	9
股东权利指数（0-10）	7
所有权和控制权指数（0-10）	5
公司透明度指数（0-10）	8
纳税（排名）	8
纳税分数（0-100）	91.58
缴税次数（每年）	5
时间（小时数/每年）	64
总税收和缴费率（占利润百分比）	20.6
报税后程序指数（0-100）	71.97

人均收入（美元） 54530

人口	5612253
跨境贸易（排名）	45
跨境贸易分数（0-100）	89.57
出口所需时间	
单证合规（小时）	2
边界合规（小时）	10
出口成本	
单证合规（美元）	37
边界合规（美元）	335
进口所需时间	
单证合规（小时）	3
边界合规（小时）	33
进口成本	
单证合规（美元）	40
边界合规（美元）	220
√ 执行合同（排名）	1
执行合同分数（0-100）	84.53
时间（天数）	164
成本（索赔额百分比）	25.8
司法程序质量指数（0-18）	15.5
办理破产（排名）	27
办理破产分数（0-100）	74.33
时间（年数）	0.8
成本（资产价值百分比）	4.0
回收率（百分比）	88.8
破产框架力度指数（0-16）	8.5

斯洛伐克共和国

营商环境便利度排名（1-190）	42
开办企业（排名）	127
开办企业分数（0-100）	82.02
手续（数量）	8
时间（天数）	26.5
成本（人均收入百分比）	1.0
最低实缴资本（人均收入百分比）	16.4
办理施工许可证（排名）	143
办理施工许可证分数（0-100）	59.34
手续（数量）	14
时间（天数）	300
成本（仓库价值百分比）	0.2
建筑质量控制指数（0-15）	8.0
获得电力（排名）	47
获得电力分数（0-100）	83.23
手续（数量）	5
时间（天数）	0.9
成本（人均收入百分比）	233.3
供电可靠性和电费透明度指数（0-8）	8
登记财产（排名）	9
登记财产分数（0-100）	90.17
手续（数量）	3
时间（天数）	16.5
成本（财产价值百分比）	0.0
土地管理质量指数（0-30）	25.5

经合组织高收入经济体

营商环境便利度分数（0-100）	75.17
获得信贷（排名）	44
获得信贷分数（0-100）	70.00
合法权利力度指数（0-12）	7
信贷信息深度指数（0-8）	7
信贷局覆盖率（成年人百分比）	80.7
信贷登记处覆盖率（成年人百分比）	3.3
保护少数投资者（排名）	95
保护少数投资者分数（0-100）	53.33
披露程度指数（0-10）	3
董事责任程度指数（0-10）	4
股东诉讼便利度指数（0-10）	7
股东权利指数（0-10）	6
所有权和控制权指数（0-10）	6
公司透明度指数（0-10）	6
纳税（排名）	48
纳税分数（0-100）	80.62
缴税次数（每年）	8
时间（小时数/每年）	192
总税收和缴费率（占利润百分比）	49.7
报税后程序指数（0-100）	87.17

人均收入（美元） 16610

人口	5439892
跨境贸易（排名）	1
跨境贸易分数（0-100）	100.00
出口所需时间	
单证合规（小时）	1
边界合规（小时）	0
出口成本	
单证合规（美元）	0
边界合规（美元）	0
进口所需时间	
单证合规（小时）	1
边界合规（小时）	0
进口成本	
单证合规（美元）	0
边界合规（美元）	0
√ 执行合同（排名）	47
执行合同分数（0-100）	66.12
时间（天数）	775
成本（索赔额百分比）	20.5
司法程序质量指数（0-18）	13.5
办理破产（排名）	42
办理破产分数（0-100）	66.90
时间（年数）	4.0
成本（资产价值百分比）	18.0
回收率（百分比）	48.8
破产框架力度指数（0-16）	13.0

斯洛文尼亚

营商环境便利度排名（1-190）	40
开办企业（排名）	38
开办企业分数（0-100）	92.88
手续（数量）	3
时间（天数）	8
成本（人均收入百分比）	0.0
最低实缴资本（人均收入百分比）	36.8
办理施工许可证（排名）	120
办理施工许可证分数（0-100）	65.22
手续（数量）	17
时间（天数）	247.5
成本（仓库价值百分比）	2.8
建筑质量控制指数（0-15）	13.0
获得电力（排名）	23
获得电力分数（0-100）	89.19
手续（数量）	5
时间（天数）	38
成本（人均收入百分比）	99.5
供电可靠性和电费透明度指数（0-8）	8
登记财产（排名）	56
登记财产分数（0-100）	72.10
手续（数量）	7
时间（天数）	50.5
成本（财产价值百分比）	2.2
土地管理质量指数（0-30）	23.0

经合组织高收入经济体

营商环境便利度分数（0-100）	75.61
获得信贷（排名）	112
获得信贷分数（0-100）	45.00
合法权利力度指数（0-12）	3
信贷信息深度指数（0-8）	6
信贷局覆盖率（成年人百分比）	0.0
信贷登记处覆盖率（成年人百分比）	100.0
保护少数投资者（排名）	30
保护少数投资者分数（0-100）	70.00
披露程度指数（0-10）	5
董事责任程度指数（0-10）	9
股东诉讼便利度指数（0-10）	8
股东权利指数（0-10）	8
所有权和控制权指数（0-10）	6
公司透明度指数（0-10）	6
纳税（排名）	41
纳税分数（0-100）	83.27
缴税次数（每年）	10
时间（小时数/每年）	233
总税收和缴费率（占利润百分比）	31.0
报税后程序指数（0-100）	80.03

人均收入（美元） — 22000

人口	2066748
跨境贸易（排名）	1
跨境贸易分数（0-100）	100.00
出口所需时间	
单证合规（小时）	1
边界合规（小时）	0
出口成本	
单证合规（美元）	0
边界合规（美元）	0
进口所需时间	
单证合规（小时）	1
边界合规（小时）	0
进口成本	
单证合规（美元）	0
边界合规（美元）	0
执行合同（排名）	110
执行合同分数（0-100）	54.82
时间（天数）	1160
成本（索赔额百分比）	12.7
司法程序质量指数（0-18）	11.5
办理破产（排名）	9
办理破产分数（0-100）	83.66
时间（年数）	0.8
成本（资产价值百分比）	4.0
回收率（百分比）	88.7
破产框架力度指数（0-16）	11.5

所罗门群岛

营商环境便利度排名（1-190）	115
开办企业（排名）	98
开办企业分数（0-100）	85.52
手续（数量）	7
时间（天数）	9
成本（人均收入百分比）	28.1
最低实缴资本（人均收入百分比）	0.0
办理施工许可证（排名）	53
办理施工许可证分数（0-100）	73.60
手续（数量）	13
时间（天数）	98
成本（仓库价值百分比）	1.2
建筑质量控制指数（0-15）	8.0
获得电力（排名）	92
获得电力分数（0-100）	72.58
手续（数量）	4
时间（天数）	53
成本（人均收入百分比）	1238.9
供电可靠性和电费透明度指数（0-8）	3
登记财产（排名）	154
登记财产分数（0-100）	47.38
手续（数量）	10
时间（天数）	86.5
成本（财产价值百分比）	4.7
土地管理质量指数（0-30）	11.0

东亚及太平洋地区

营商环境便利度分数（0-100）	59.17
获得信贷（排名）	99
获得信贷分数（0-100）	50.00
合法权利力度指数（0-12）	10
信贷信息深度指数（0-8）	0
信贷局覆盖率（成年人百分比）	3.4
信贷登记处覆盖率（成年人百分比）	0.0
保护少数投资者（排名）	110
保护少数投资者分数（0-100）	50.00
披露程度指数（0-10）	3
董事责任程度指数（0-10）	7
股东诉讼便利度指数（0-10）	9
股东权利指数（0-10）	7
所有权和控制权指数（0-10）	3
公司透明度指数（0-10）	1
纳税（排名）	38
纳税分数（0-100）	83.81
缴税次数（每年）	34
时间（小时数/每年）	80
总税收和缴费率（占利润百分比）	32.0
报税后程序指数（0-100）	100.00

人均收入（美元） — 1920

人口	611343
跨境贸易（排名）	160
跨境贸易分数（0-100）	53.45
出口所需时间	
单证合规（小时）	60
边界合规（小时）	110
出口成本	
单证合规（美元）	257
边界合规（美元）	630
进口所需时间	
单证合规（小时）	37
边界合规（小时）	108
进口成本	
单证合规（美元）	215
边界合规（美元）	740
执行合同（排名）	156
执行合同分数（0-100）	43.49
时间（天数）	497
成本（索赔额百分比）	78.9
司法程序质量指数（0-18）	9.0
办理破产（排名）	144
办理破产分数（0-100）	31.88
时间（年数）	1.0
成本（资产价值百分比）	38.0
回收率（百分比）	24.4
破产框架力度指数（0-16）	6.0

索马里		撒哈拉以南非洲		人均收入（美元）	461
营商环境便利度排名（1-190）	190	营商环境便利度分数（0-100）	20.04	人口	14742523
开办企业（排名）	188	获得信贷（排名）	186	跨境贸易（排名）	164
开办企业分数（0-100）	46.37	获得信贷分数（0-100）	0.00	跨境贸易分数（0-100）	51.60
手续（数量）	9	合法权利力度指数（0-12）	0	*出口所需时间*	
时间（天数）	70	信贷信息深度指数（0-8）	0	单证合规（小时）	73
成本（人均收入百分比）	195.2	信贷局覆盖率（成年人百分比）	0.0	边界合规（小时）	44
最低实缴资本（人均收入百分比）	0.0	信贷登记处覆盖率（成年人百分比）	0.0	*出口成本*	
				单证合规（美元）	350
办理施工许可证（排名）	186	保护少数投资者（排名）	190	边界合规（美元）	495
办理施工许可证分数（0-100）	0.00	保护少数投资者分数（0-100）	0.00	*进口所需时间*	
手续（数量）	无实践	披露程度指数（0-10）	0	单证合规（小时）	76
时间（天数）	无实践	董事责任程度指数（0-10）	0	边界合规（小时）	85
成本（仓库价值百分比）	无实践	股东诉讼便利度指数（0-10）	0	*进口成本*	
建筑质量控制指数（0-15）	无实践	股东权利指数（0-10）	0	单证合规（美元）	300
		所有权和控制权指数（0-10）	0	边界合规（美元）	952
获得电力（排名）	187	公司透明度指数（0-10）	0		
获得电力分数（0-100）	0.00			执行合同（排名）	114
手续（数量）	无实践	纳税（排名）	190	执行合同分数（0-100）	54.58
时间（天数）	无实践	纳税分数（0-100）	0.00	时间（天数）	575
成本（人均收入百分比）	无实践	缴税次数（每年）	无实践	成本（索赔额百分比）	21.4
供电可靠性和电费透明度指数（0-8）	无实践	时间（小时/每年）	无实践	司法程序质量指数（0-18）	4.5
		总税收和缴费率（占利润百分比）	无实践		
登记财产（排名）	152	报税后程序指数（0-100）	无实践	办理破产（排名）	168
登记财产分数（0-100）	47.87			办理破产分数（0-100）	0.00
手续（数量）	5			时间（年数）	无实践
时间（天数）	188			成本（资产价值百分比）	无实践
成本（财产价值百分比）	1.6			回收率（百分比）	0.0
土地管理质量指数（0-30）	7.5			破产框架力度指数（0-16）	0.0

南非		撒哈拉以南非洲		人均收入（美元）	5430
营商环境便利度排名（1-190）	82	营商环境便利度分数（0-100）	66.03	人口	56717156
开办企业（排名）✓	134	获得信贷（排名）	73	跨境贸易（排名）	143
开办企业分数（0-100）	81.22	获得信贷分数（0-100）	60.00	跨境贸易分数（0-100）	59.64
手续（数量）	7	合法权利力度指数（0-12）	5	*出口所需时间*	
时间（天数）	40	信贷信息深度指数（0-8）	7	单证合规（小时）	68
成本（人均收入百分比）	0.2	信贷局覆盖率（成年人百分比）	67.3	边界合规（小时）	92
最低实缴资本（人均收入百分比）	0.0	信贷登记处覆盖率（成年人百分比）	0.0	*出口成本*	
				单证合规（美元）	55
办理施工许可证（排名）	96	保护少数投资者（排名）	23	边界合规（美元）	1257
办理施工许可证分数（0-100）	68.25	保护少数投资者分数（0-100）	73.33	*进口所需时间*	
手续（数量）	20	披露程度指数（0-10）	8	单证合规（小时）	36
时间（天数）	155	董事责任程度指数（0-10）	8	边界合规（小时）	87
成本（仓库价值百分比）	2.0	股东诉讼便利度指数（0-10）	8	*进口成本*	
建筑质量控制指数（0-15）	12.0	股东权利指数（0-10）	8	单证合规（美元）	73
		所有权和控制权指数（0-10）	7	边界合规（美元）	676
获得电力（排名）✓	109	公司透明度指数（0-10）	5		
获得电力分数（0-100）	68.79			执行合同（排名）	115
手续（数量）	5	纳税（排名）	46	执行合同分数（0-100）	54.10
时间（天数）	109	纳税分数（0-100）	81.13	时间（天数）	600
成本（人均收入百分比）	156.7	缴税次数（每年）	7	成本（索赔额百分比）	33.2
供电可靠性和电费透明度指数（0-8）	4	时间（小时数/每年）	210	司法程序质量指数（0-18）	7.0
		总税收和缴费率（占利润百分比）	29.1		
登记财产（排名）	106	报税后程序指数（0-100）	60.28	办理破产（排名）	66
登记财产分数（0-100）	59.32			办理破产分数（0-100）	54.49
手续（数量）	7			时间（年数）	2.0
时间（天数）	23			成本（资产价值百分比）	18.0
成本（财产价值百分比）	7.8			回收率（百分比）	34.5
土地管理质量指数（0-30）	15.0			破产框架力度指数（0-16）	11.5

南苏丹

营商环境便利度排名（1-190）	185

开办企业（排名）	177
开办企业分数（0-100）	65.36
手续（数量）	12
时间（天数）	13
成本（人均收入百分比）	122.6
最低实缴资本（人均收入百分比）	0.0

办理施工许可证（排名）	169
办理施工许可证分数（0-100）	52.73
手续（数量）	23
时间（天数）	124
成本（仓库价值百分比）	7.1
建筑质量控制指数（0-15）	7.0

获得电力（排名）	187
获得电力分数（0-100）	0.00
手续（数量）	无实践
时间（天数）	无实践
成本（人均收入百分比）	无实践
供电可靠性和电费透明度指数（0-8）	无实践

登记财产（排名）	179
登记财产分数（0-100）	36.73
手续（数量）	7
时间（天数）	48
成本（财产价值百分比）	14.6
土地管理质量指数（0-30）	5.0

撒哈拉以南非洲

营商环境便利度分数（0-100）	35.34

获得信贷（排名）	178
获得信贷分数（0-100）	10.00
合法权利力度指数（0-12）	2
信贷信息深度指数（0-8）	0
信贷局覆盖率（成年人百分比）	0.0
信贷登记处覆盖率（成年人百分比）	0.0

保护少数投资者（排名）	180
保护少数投资者分数（0-100）	26.67
披露程度指数（0-10）	2
董事责任程度指数（0-10）	1
股东诉讼便利度指数（0-10）	5
股东权利指数（0-10）	2
所有权和控制权指数（0-10）	3
公司透明度指数（0-10）	3

纳税（排名）	66
纳税分数（0-100）	76.75
缴税次数（每年）	37
时间（小时数/每年）	210
总税收和缴费率（占利润百分比）	31.4
报税后程序指数（0-100）	95.87

人均收入（美元） 356

人口	12575714

跨境贸易（排名）	180
跨境贸易分数（0-100）	26.19
出口所需时间	
单证合规（小时）	192
边界合规（小时）	146
进口成本	
单证合规（美元）	194
边界合规（美元）	763
进口所需时间	
单证合规（小时）	360
边界合规（小时）	179
进口成本	
单证合规（美元）	350
边界合规（美元）	781

执行合同（排名）	85
执行合同分数（0-100）	58.99
时间（天数）	228
成本（索赔额百分比）	30.0
司法程序质量指数（0-18）	3.5

办理破产（排名）	168
办理破产分数（0-100）	0.00
时间（年数）	无实践
成本（资产价值百分比）	无实践
回收率（百分比）	0.0
破产框架力度指数（0-16）	0.0

西班牙

营商环境便利度排名（1-190）	30

开办企业（排名）	86
开办企业分数（0-100）	86.91
手续（数量）	7
时间（天数）	12.5
成本（人均收入百分比）	4.0
最低实缴资本（人均收入百分比）	12.0

办理施工许可证（排名）	78
办理施工许可证分数（0-100）	70.60
手续（数量）	13
时间（天数）	147
成本（仓库价值百分比）	4.8
建筑质量控制指数（0-15）	11.0

获得电力（排名）	48
获得电力分数（0-100）	83.00
手续（数量）	5
时间（天数）	95
成本（人均收入百分比）	96.4
供电可靠性和电费透明度指数（0-8）	8

登记财产（排名）	58
登记财产分数（0-100）	71.74
手续（数量）	6
时间（天数）	13
成本（财产价值百分比）	6.1
土地管理质量指数（0-30）	22.5

经合组织高收入经济体

营商环境便利度分数（0-100）	77.68

获得信贷（排名）	73
获得信贷分数（0-100）	60.00
合法权利力度指数（0-12）	5
信贷信息深度指数（0-8）	7
信贷局覆盖率（成年人百分比）	15.7
信贷登记处覆盖率（成年人百分比）	67.7

保护少数投资者（排名）	30
保护少数投资者分数（0-100）	70.00
披露程度指数（0-10）	7
董事责任程度指数（0-10）	6
股东诉讼便利度指数（0-10）	6
股东权利指数（0-10）	9
所有权和控制权指数（0-10）	5
公司透明度指数（0-10）	9

纳税（排名）	34
纳税分数（0-100）	84.58
缴税次数（每年）	9
时间（小时数/每年）	147.5
总税收和缴费率（占利润百分比）	47.0
报税后程序指数（0-100）	93.60

人均收入（美元） 27180

人口	46572028

跨境贸易（排名）	1
跨境贸易分数（0-100）	100.00
出口所需时间	
单证合规（小时）	1
边界合规（小时）	0
进口成本	
单证合规（美元）	0
边界合规（美元）	0
进口所需时间	
单证合规（小时）	1
边界合规（小时）	0
进口成本	
单证合规（美元）	0
边界合规（美元）	0

执行合同（排名）	23
执行合同分数（0-100）	70.90
时间（天数）	510
成本（索赔额百分比）	17.2
司法程序质量指数（0-18）	11.5

办理破产（排名）	19
办理破产分数（0-100）	79.10
时间（年数）	1.5
成本（资产价值百分比）	11.0
回收率（百分比）	77.3
破产框架力度指数（0-16）	12.0

斯里兰卡 | 南亚 | 人均收入（美元） 3840

斯里兰卡		南亚		人均收入（美元）	3840
营商环境便利度排名（1-190）	100	营商环境便利度分数（0-100）	61.22	人口	21444000
开办企业（排名）	83	获得信贷（排名）	124	跨境贸易（排名）	93
开办企业分数（0-100）	87.87	获得信贷分数（0-100）	40.00	跨境贸易分数（0-100）	73.29
手续（数量）	7	合法权利力度指数（0-12）	2	*出口所需时间*	
时间（天数）	9	信贷信息深度指数（0-8）	6	单证合规（小时）	48
成本（人均收入百分比）	9.4	信贷局覆盖率（成年人百分比）	46.5	边界合规（小时）	43
最低实缴资本（人均收入百分比）	0.0	信贷登记处覆盖率（成年人百分比）	0.0	*进口成本*	
				单证合规（美元）	58
✓办理施工许可证（排名）	65	保护少数投资者（排名）	38	边界合规（美元）	366
办理施工许可证分数（0-100）	72.18	保护少数投资者分数（0-100）	66.67	*进口所需时间*	
手续（数量）	13	披露程度指数（0-10）	8	单证合规（小时）	48
时间（天数）	87	董事责任程度指数（0-10）	5	边界合规（小时）	72
成本（仓库价值百分比）	0.3	股东诉讼便利度指数（0-10）	7	*进口成本*	
建筑质量控制指数（0-15）	6.0	股东权利指数（0-10）	7	单证合规（美元）	283
		所有权和控制权指数（0-10）	6	边界合规（美元）	300
获得电力（排名）	84	公司透明度指数（0-10）	7		
获得电力分数（0-100）	74.37			✓执行合同（排名）	164
手续（数量）	5	✓纳税（排名）	141	执行合同分数（0-100）	41.16
时间（天数）	100	纳税分数（0-100）	59.79	时间（天数）	1318
成本（人均收入百分比）	692.8	缴税次数（每年）	36	成本（索赔额百分比）	22.8
供电可靠性和电费透明度指数（0-8）	6	时间（小时数/每年）	129	司法程序质量指数（0-18）	8.5
		总税收和缴费率（占利润百分比）	55.2		
✓登记财产（排名）	140	报税后程序指数（0-100）	49.31	办理破产（排名）	92
登记财产分数（0-100）	51.87			办理破产分数（0-100）	45.05
手续（数量）	8			时间（年数）	1.7
时间（天数）	39			成本（资产价值百分比）	10.0
成本（财产价值百分比）	5.2			回收率（百分比）	43.1
土地管理质量指数（0-30）	5.5			破产框架力度指数（0-16）	7.0

圣基茨和尼维斯 | 拉丁美洲及加勒比海地区 | 人均收入（美元） 16030

圣基茨和尼维斯		拉丁美洲及加勒比海地区		人均收入（美元）	16030
营商环境便利度排名（1-190）	140	营商环境便利度分数（0-100）	54.36	人口	55345
开办企业（排名）	95	获得信贷（排名）	161	跨境贸易（排名）	68
开办企业分数（0-100）	85.78	获得信贷分数（0-100）	25.00	跨境贸易分数（0-100）	81.04
手续（数量）	7	合法权利力度指数（0-12）	5	*出口所需时间*	
时间（天数）	18.5	信贷信息深度指数（0-8）	0	单证合规（小时）	24
成本（人均收入百分比）	7.0	信贷局覆盖率（成年人百分比）	0.0	边界合规（小时）	27
最低实缴资本（人均收入百分比）	0.0	信贷登记处覆盖率（成年人百分比）	0.0	*进口成本*	
				单证合规（美元）	100
办理施工许可证（排名）	47	保护少数投资者（排名）	122	边界合规（美元）	335
办理施工许可证分数（0-100）	74.62	保护少数投资者分数（0-100）	48.33	*进口所需时间*	
手续（数量）	11	披露程度指数（0-10）	4	单证合规（小时）	33
时间（天数）	105	董事责任程度指数（0-10）	8	边界合规（小时）	37
成本（仓库价值百分比）	0.3	股东诉讼便利度指数（0-10）	8	*进口成本*	
建筑质量控制指数（0-15）	7.0	股东权利指数（0-10）	4	单证合规（美元）	90
		所有权和控制权指数（0-10）	1	边界合规（美元）	311
获得电力（排名）	102	公司透明度指数（0-10）	4		
获得电力分数（0-100）	70.11			执行合同（排名）	51
手续（数量）	4	纳税（排名）	124	执行合同分数（0-100）	65.51
时间（天数）	18	纳税分数（0-100）	64.41	时间（天数）	578
成本（人均收入百分比）	234.2	缴税次数（每年）	39	成本（索赔额百分比）	26.6
供电可靠性和电费透明度指数（0-8）	0	时间（小时数/每年）	203	司法程序质量指数（0-18）	11.5
		总税收和缴费率（占利润百分比）	49.7		
登记财产（排名）	185	报税后程序指数（0-100）	75.73	办理破产（排名）	168
登记财产分数（0-100）	28.80			办理破产分数（0-100）	0.00
手续（数量）	6			时间（年数）	无实践
时间（天数）	224			成本（资产价值百分比）	无实践
成本（财产价值百分比）	11.0			回收率（百分比）	0.0
土地管理质量指数（0-30）	9.0			破产框架力度指数（0-16）	0.0

圣卢西亚		拉丁美洲及加勒比海地区		人均收入（美元）	8780
营商环境便利度排名（1 - 190）	93	营商环境便利度分数（0-100）	63.02	人口	178844
开办企业（排名）	70	获得信贷（排名）	161	跨境贸易（排名）	90
开办企业分数（0-100）	89.18	获得信贷分数（0-100）	25.00	跨境贸易分数（0-100）	73.87
手续（数量）	5	合法权利力度指数（0-12）	5	出口所需时间	
时间（天数）	11	信贷信息深度指数（0-8）	0	单证合规（小时）	19
成本（人均收入百分比）	18.4	信贷局覆盖率（成年人百分比）	0.0	边界合规（小时）	27
最低实缴资本（人均收入百分比）	0.0	信贷登记处覆盖率（成年人百分比）	0.0	进口成本	
				单证合规（美元）	63
办理施工许可证（排名）	32	保护少数投资者（排名）	99	边界合规（美元）	718
办理施工许可证分数（0-100）	76.33	保护少数投资者分数（0-100）	51.67	进口所需时间	
手续（数量）	14	披露程度指数（0-10）	4	单证合规（小时）	14
时间（天数）	116	董事责任程度指数（0-10）	8	边界合规（小时）	27
成本（仓库价值百分比）	0.6	股东诉讼便利度指数（0-10）	8	进口成本	
建筑质量控制指数（0-15）	10.5	股东权利指数（0-10）	4	单证合规（美元）	98
		所有权和控制权指数（0-10）	4	边界合规（美元）	842
获得电力（排名）	49	公司透明度指数（0-10）	3		
获得电力分数（0-100）	82.97			执行合同（排名）	75
手续（数量）	6	纳税（排名）	73	执行合同分数（0-100）	59.67
时间（天数）	26	纳税分数（0-100）	75.73	时间（天数）	645
成本（人均收入百分比）	174.4	缴税次数（每年）	35	成本（索赔额百分比）	37.3
供电可靠性和电费透明度指数（0-8）	7	时间（小时数/每年）	110	司法程序质量指数（0-18）	11.5
		总税收和缴费率（占利润百分比）	34.7		
登记财产（排名）	104	报税后程序指数（0-100）	77.80	办理破产（排名）	130
登记财产分数（0-100）	59.90			办理破产分数（0-100）	35.89
手续（数量）	9			时间（年数）	2.0
时间（天数）	17			成本（资产价值百分比）	9.0
成本（财产价值百分比）	7.2			回收率（百分比）	43.5
土地管理质量指数（0-30）	18.5			破产框架力度指数（0-16）	4.0

圣文森特和格林纳丁斯		拉丁美洲及加勒比海地区		人均收入（美元）	6990
营商环境便利度排名（1 - 190）	130	营商环境便利度分数（0-100）	56.35	人口	109897
开办企业（排名）	88	获得信贷（排名）	161	跨境贸易（排名）	81
开办企业分数（0-100）	86.87	获得信贷分数（0-100）	25.00	跨境贸易分数（0-100）	77.35
手续（数量）	7	合法权利力度指数（0-12）	5	出口所需时间	
时间（天数）	10	信贷信息深度指数（0-8）	0	单证合规（小时）	48
成本（人均收入百分比）	15.4	信贷局覆盖率（成年人百分比）	0.0	边界合规（小时）	28
最低实缴资本（人均收入百分比）	0.0	信贷登记处覆盖率（成年人百分比）	0.0	进口成本	
				单证合规（美元）	80
办理施工许可证（排名）	49	保护少数投资者（排名）	99	边界合规（美元）	340
办理施工许可证分数（0-100）	74.42	保护少数投资者分数（0-100）	51.67	进口所需时间	
手续（数量）	14	披露程度指数（0-10）	4	单证合规（小时）	24
时间（天数）	92	董事责任程度指数（0-10）	8	边界合规（小时）	48
成本（仓库价值百分比）	0.1	股东诉讼便利度指数（0-10）	8	进口成本	
建筑质量控制指数（0-15）	8.0	股东权利指数（0-10）	4	单证合规（美元）	90
		所有权和控制权指数（0-10）	4	边界合规（美元）	540
获得电力（排名）	98	公司透明度指数（0-10）	3		
获得电力分数（0-100）	71.16			执行合同（排名）	56
手续（数量）	3	纳税（排名）	103	执行合同分数（0-100）	63.66
时间（天数）	52	纳税分数（0-100）	70.26	时间（天数）	595
成本（人均收入百分比）	47.9	缴税次数（每年）	36	成本（索赔额百分比）	30.3
供电可靠性和电费透明度指数（0-8）	0	时间（小时数/每年）	108	司法程序质量指数（0-18）	11.5
		总税收和缴费率（占利润百分比）	39.3		
登记财产（排名）	171	报税后程序指数（0-100）	63.89	办理破产（排名）	168
登记财产分数（0-100）	43.10			办理破产分数（0-100）	0.00
手续（数量）	7			时间（年数）	无实践
时间（天数）	47			成本（资产价值百分比）	无实践
成本（财产价值百分比）	11.8			回收率（百分比）	0.0
土地管理质量指数（0-30）	7.0			破产框架力度指数（0-16）	0.0

苏丹

营商环境便利度排名（1-190）	162
√ 开办企业（排名）	156
开办企业分数（0-100）	76.35
手续（数量）	9.5
时间（天数）	34.5
成本（人均收入百分比）	20.9
最低实缴资本（人均收入百分比）	0.0
办理施工许可证（排名）	105
办理施工许可证分数（0-100）	67.06
手续（数量）	14
时间（天数）	240
成本（仓库价值百分比）	1.5
建筑质量控制指数（0-15）	11.0
获得电力（排名）	120
获得电力分数（0-100）	63.98
手续（数量）	5
时间（天数）	70
成本（人均收入百分比）	2075.7
供电可靠性和电费透明度指数（0-8）	3
登记财产（排名）	93
登记财产分数（0-100）	63.67
手续（数量）	6
时间（天数）	11
成本（财产价值百分比）	2.6
土地管理质量指数（0-30）	5.5

撒哈拉以南非洲

营商环境便利度分数（0-100）	48.84
√ 获得信贷（排名）	161
获得信贷分数（0-100）	25.00
合法权利力度指数（0-12）	5
信贷信息深度指数（0-8）	0
信贷局覆盖率（成年人百分比）	3.1
信贷登记处覆盖率（成年人百分比）	0.0
√ 保护少数投资者（排名）	168
保护少数投资者分数（0-100）	35.00
披露程度指数（0-10）	3
董事责任程度指数（0-10）	1
股东诉讼便利度指数（0-10）	6
股东权利指数（0-10）	5
所有权和控制权指数（0-10）	3
公司透明度指数（0-10）	3
纳税（排名）	163
纳税分数（0-100）	51.80
缴税次数（每年）	42
时间（小时数/每年）	180
总税收和缴费率（占利润百分比）	45.4
报税后程序指数（0-100）	20.20

人均收入（美元）　2379

人口	40533330
跨境贸易（排名）	185
跨境贸易分数（0-100）	18.96
出口所需时间	
单证合规（小时）	190
边界合规（小时）	180
进口成本	
单证合规（美元）	428
边界合规（美元）	967
进口所需时间	
单证合规（小时）	132
边界合规（小时）	144
进口成本	
单证合规（美元）	420
边界合规（美元）	1093
√ 执行合同（排名）	144
执行合同分数（0-100）	47.84
时间（天数）	810
成本（索赔额百分比）	19.8
司法程序质量指数（0-18）	4.0
√ 办理破产（排名）	118
办理破产分数（0-100）	38.73
时间（年数）	2.0
成本（资产价值百分比）	20.0
回收率（百分比）	31.3
破产框架力度指数（0-16）	7.0

苏里南

营商环境便利度排名（1-190）	165
开办企业（排名）	182
开办企业分数（0-100）	60.71
手续（数量）	8.5
时间（天数）	66.5
成本（人均收入百分比）	93.4
最低实缴资本（人均收入百分比）	0.0
办理施工许可证（排名）	114
办理施工许可证分数（0-100）	66.37
手续（数量）	10
时间（天数）	223
成本（仓库价值百分比）	0.2
建筑质量控制指数（0-15）	6.5
获得电力（排名）	138
获得电力分数（0-100）	58.21
手续（数量）	4
时间（天数）	113
成本（人均收入百分比）	743.2
供电可靠性和电费透明度指数（0-8）	0
登记财产（排名）	160
登记财产分数（0-100）	45.95
手续（数量）	6
时间（天数）	46
成本（财产价值百分比）	13.7
土地管理质量指数（0-30）	11.5

拉丁美洲及加勒比海地区

营商环境便利度分数（0-100）	48.05
获得信贷（排名）	178
获得信贷分数（0-100）	10.00
合法权利力度指数（0-12）	2
信贷信息深度指数（0-8）	0
信贷局覆盖率（成年人百分比）	0.0
信贷登记处覆盖率（成年人百分比）	0.0
保护少数投资者（排名）	168
保护少数投资者分数（0-100）	35.00
披露程度指数（0-10）	1
董事责任程度指数（0-10）	0
股东诉讼便利度指数（0-10）	6
股东权利指数（0-10）	8
所有权和控制权指数（0-10）	4
公司透明度指数（0-10）	2
纳税（排名）	105
纳税分数（0-100）	69.44
缴税次数（每年）	30
时间（小时数/每年）	199
总税收和缴费率（占利润百分比）	27.9
报税后程序指数（0-100）	48.39

人均收入（美元）　6020

人口	563402
跨境贸易（排名）	87
跨境贸易分数（0-100）	75.02
出口所需时间	
单证合规（小时）	12
边界合规（小时）	84
进口成本	
单证合规（美元）	40
边界合规（美元）	468
进口所需时间	
单证合规（小时）	24
边界合规（小时）	48
进口成本	
单证合规（美元）	40
边界合规（美元）	658
执行合同（排名）	187
执行合同分数（0-100）	26.04
时间（天数）	1715
成本（索赔额百分比）	37.1
司法程序质量指数（0-18）	3.5
办理破产（排名）	138
办理破产分数（0-100）	33.80
时间（年数）	5.0
成本（资产价值百分比）	30.0
回收率（百分比）	7.6
破产框架力度指数（0-16）	9.5

瑞典

瑞典		**经合组织高收入经济体**		**人均收入（美元）**		52590
营商环境便利度排名（1-190）	12	营商环境便利度分数（0-100）	81.27	人口		10067744
开办企业（排名）	18	**获得信贷（排名）**	85	**跨境贸易（排名）**		18
开办企业分数（0-100）	94.69	获得信贷分数（0-100）	55.00	跨境贸易分数（0-100）		98.04
手续（数量）	3	合法权利力度指数（0-12）	6	*出口所需时间*		
时间（天数）	7	信贷信息深度指数（0-8）	5	单证合规（小时）		1
成本（人均收入百分比）	0.5	信贷局覆盖率（成年人百分比）	100.0	边界合规（小时）		2
最低实缴资本（人均收入百分比）	10.8	信贷登记处覆盖率（成年人百分比）	0.0	*进口成本*		
				单证合规（美元）		40
办理施工许可证（排名）	25	**保护少数投资者（排名）**	33	边界合规（美元）		55
办理施工许可证分数（0-100）	77.97	保护少数投资者分数（0-100）	68.33	*进口所需时间*		
手续（数量）	8	披露程度指数（0-10）	8	单证合规（小时）		1
时间（天数）	117	董事责任程度指数（0-10）	4	边界合规（小时）		0
成本（仓库价值百分比）	2.0	股东诉讼便利度指数（0-10）	7	*进口成本*		
建筑质量控制指数（0-15）	9.0	股东权利指数（0-10）	7	单证合规（美元）		0
		所有权和控制权指数（0-10）	7	边界合规（美元）		0
获得电力（排名）	9	公司透明度指数（0-10）	8			
获得电力分数（0-100）	96.21			**执行合同（排名）**		38
手续（数量）	3	**纳税（排名）**	27	执行合同分数（0-100）		67.61
时间（天数）	52	纳税分数（0-100）	85.28	时间（天数）		483
成本（人均收入百分比）	30.2	缴税次数（每年）	6	成本（索赔额百分比）		30.4
供电可靠性和电费透明度指数（0-8）	8	时间（小时数/每年）	122	司法程序质量指数（0-18）		12.0
		总税收和缴费率（占利润百分比）	49.1			
登记财产（排名）	10	报税后程序指数（0-100）	90.75	**办理破产（排名）**		17
登记财产分数（0-100）	90.11			办理破产分数（0-100）		79.46
手续（数量）	1			时间（年数）		2.0
时间（天数）	7			成本（资产价值百分比）		9.0
成本（财产价值百分比）	4.3			回收率（百分比）		78.0
土地管理质量指数（0-30）	27.5			破产框架力度指数（0-16）		12.0

瑞士

瑞士		**经合组织高收入经济体**		**人均收入（美元）**		80560
营商环境便利度排名（1-190）	38	营商环境便利度分数（0-100）	75.69	人口		8466017
开办企业（排名）	77	**获得信贷（排名）**	73	**跨境贸易（排名）**		39
开办企业分数（0-100）	88.41	获得信贷分数（0-100）	60.00	跨境贸易分数（0-100）		91.79
手续（数量）	6	合法权利力度指数（0-12）	6	*出口所需时间*		
时间（天数）	10	信贷信息深度指数（0-8）	6	单证合规（小时）		2
成本（人均收入百分比）	2.3	信贷局覆盖率（成年人百分比）	25.4	边界合规（小时）		1
最低实缴资本（人均收入百分比）	25.0	信贷登记处覆盖率（成年人百分比）	0.0	*进口成本*		
				单证合规（美元）		75
办理施工许可证（排名）	69	**保护少数投资者（排名）**	110	边界合规（美元）		201
办理施工许可证分数（0-100）	71.75	保护少数投资者分数（0-100）	50.00	*进口所需时间*		
手续（数量）	13	披露程度指数（0-10）	0	单证合规（小时）		2
时间（天数）	156	董事责任程度指数（0-10）	5	边界合规（小时）		1
成本（仓库价值百分比）	0.7	股东诉讼便利度指数（0-10）	5	*进口成本*		
建筑质量控制指数（0-15）	9.0	股东权利指数（0-10）	8	单证合规（美元）		75
		所有权和控制权指数（0-10）	5	边界合规（美元）		201
获得电力（排名）	11	公司透明度指数（0-10）	7			
获得电力分数（0-100）	94.41			**执行合同（排名）**		55
手续（数量）	3	**纳税（排名）**	20	执行合同分数（0-100）		64.09
时间（天数）	39	纳税分数（0-100）	87.66	时间（天数）		598
成本（人均收入百分比）	58.1	缴税次数（每年）	19	成本（索赔额百分比）		24.0
供电可靠性和电费透明度指数（0-8）	7	时间（小时数/每年）	63	司法程序质量指数（0-18）		10.5
		总税收和缴费率（占利润百分比）	28.8			
登记财产（排名）	16	报税后程序指数（0-100）	83.21	**办理破产（排名）**		46
登记财产分数（0-100）	86.12			办理破产分数（0-100）		62.67
手续（数量）	4			时间（年数）		3.0
时间（天数）	16			成本（资产价值百分比）		4.5
成本（财产价值百分比）	0.3			回收率（百分比）		46.8
土地管理质量指数（0-30）	23.5			破产框架力度指数（0-16）		12.0

阿拉伯叙利亚共和国

营商环境便利度排名（1-190）	179	中东和北非		人均收入（美元）	1037	
		营商环境便利度分数（0-100）	41.57	人口	18269868	
开办企业（排名）	136	获得信贷（排名）	175	跨境贸易（排名）	178	
开办企业分数（0-100）	80.99	获得信贷分数（0-100）	15.00	跨境贸易分数（0-100）	29.83	
手续（数量）	7.5	合法权利力度指数（0-12）	1	出口所需时间		
时间（天数）	15.5	信贷信息深度指数（0-8）	2	单证合规（小时）	48	
成本（人均收入百分比）	7.6	信贷局覆盖率（成年人百分比）	0.0	边界合规（小时）	84	
最低实缴资本（人均收入百分比）	75.7	信贷登记处覆盖率（成年人百分比）	7.3	进口成本		
				单证合规（美元）	725	
办理施工许可证（排名）	186	保护少数投资者（排名）	95	边界合规（美元）	1113	
办理施工许可证分数（0-100）	0.00	保护少数投资者分数（0-100）	53.33	进口所需时间		
手续（数量）	无实践	披露程度指数（0-10）	7	单证合规（小时）	149	
时间（天数）	无实践	董事责任程度指数（0-10）	5	边界合规（小时）	141	
成本（仓库价值百分比）	无实践	股东诉讼便利度指数（0-10）	3	进口成本		
建筑质量控制指数（0-15）	无实践	股东权利指数（0-10）	6	单证合规（美元）	742	
		所有权和控制权指数（0-10）	5	边界合规（美元）	828	
获得电力（排名）	158	公司透明度指数（0-10）	6			
获得电力分数（0-100）	52.07			执行合同（排名）	161	
手续（数量）	5	纳税（排名）	85	执行合同分数（0-100）	42.58	
时间（天数）	146	纳税分数（0-100）	73.97	时间（天数）	872	
成本（人均收入百分比）	223.1	缴税次数（每年）	20	成本（索赔额百分比）	29.3	
供电可靠性和电费透明度指数（0-8）	0	时间（小时数/每年）	336	司法程序质量指数（0-18）	4.0	
		总税收和缴费率（占利润百分比）	42.7			
登记财产（排名）	157	报税后程序指数（0-100）	92.20	办理破产（排名）	163	
登记财产分数（0-100）	46.88			办理破产分数（0-100）	21.10	
手续（数量）	4			时间（年数）	4.1	
时间（天数）	48			成本（资产价值百分比）	16.0	
成本（财产价值百分比）	28.0			回收率（百分比）	10.2	
土地管理质量指数（0-30）	10.5			破产框架力度指数（0-16）	5.0	

中国台湾

营商环境便利度排名（1-190）	13	东亚及太平洋地区		人均收入（美元）	24984	
		营商环境便利度分数（0-100）	80.90	人口	23571227	
开办企业（排名）	20	获得信贷（排名）	99	跨境贸易（排名）	58	
开办企业分数（0-100）	94.43	获得信贷分数（0-100）	50.00	跨境贸易分数（0-100）	84.94	
手续（数量）	3	合法权利力度指数（0-12）	2	出口所需时间		
时间（天数）	10	信贷信息深度指数（0-8）	8	单证合规（小时）	5	
成本（人均收入百分比）	1.9	信贷局覆盖率（成年人百分比）	100.0	边界合规（小时）	17	
最低实缴资本（人均收入百分比）	0.0	信贷登记处覆盖率（成年人百分比）	0.0	进口成本		
				单证合规（美元）	84	
√ 办理施工许可证（排名）	2	√ 保护少数投资者（排名）	15	边界合规（美元）	335	
办理施工许可证分数（0-100）	87.11	保护少数投资者分数（0-100）	75.00	进口所需时间		
手续（数量）	10	披露程度指数（0-10）	9	单证合规（小时）	4	
时间（天数）	82	董事责任程度指数（0-10）	5	边界合规（小时）	47	
成本（仓库价值百分比）	0.4	股东诉讼便利度指数（0-10）	7	进口成本		
建筑质量控制指数（0-15）	13.0	股东权利指数（0-10）	7	单证合规（美元）	65	
		所有权和控制权指数（0-10）	7	边界合规（美元）	340	
获得电力（排名）	8	公司透明度指数（0-10）	10			
获得电力分数（0-100）	96.32			执行合同（排名）	11	
手续（数量）	3	纳税（排名）	29	执行合同分数（0-100）	75.11	
时间（天数）	22	纳税分数（0-100）	85.10	时间（天数）	510	
成本（人均收入百分比）	38.6	缴税次数（每年）	11	成本（索赔额百分比）	18.3	
供电可靠性和电费透明度指数（0-8）	7	时间（小时数/每年）	221	司法程序质量指数（0-18）	14.0	
		总税收和缴费率（占利润百分比）	34.6			
登记财产（排名）	19	报税后程序指数（0-100）	92.21	办理破产（排名）	23	
登记财产分数（0-100）	83.89			办理破产分数（0-100）	77.06	
手续（数量）	3			时间（年数）	1.9	
时间（天数）	4			成本（资产价值百分比）	4.0	
成本（财产价值百分比）	6.2			回收率（百分比）	82.2	
土地管理质量指数（0-30）	28.5			破产框架力度指数（0-16）	10.5	

塔吉克斯坦

欧洲和中亚		人均收入（美元）	990

营商环境便利度排名（1-190）	126

营商环境便利度分数（0-100）	57.11

人口	8921343

开办企业（排名）	60
开办企业分数（0-100）	90.70
手续（数量）	4
时间（天数）	11
成本（人均收入百分比）	18.0
最低实缴资本（人均收入百分比）	0.0

获得信贷（排名）	124 ✓
获得信贷分数（0-100）	40.00
合法权利力度指数（0-12）	1
信贷信息深度指数（0-8）	7
信贷局覆盖率（成年人百分比）	44.9
信贷登记处覆盖率（成年人百分比）	0.0

跨境贸易（排名）	148
跨境贸易分数（0-100）	59.06
出口所需时间	
单证合规（小时）	66
边界合规（小时）	51
进口成本	
单证合规（美元）	330
边界合规（美元）	313
进口所需时间	
单证合规（小时）	126
边界合规（小时）	107
进口成本	
单证合规（美元）	260
边界合规（美元）	223

办理施工许可证（排名）	135
办理施工许可证分数（0-100）	61.26
手续（数量）	25
时间（天数）	182
成本（仓库价值百分比）	2.0
建筑质量控制指数（0-15）	12.0

保护少数投资者（排名）	38
保护少数投资者分数（0-100）	66.67
披露程度指数（0-10）	8
董事责任程度指数（0-10）	6
股东诉讼便利度指数（0-10）	6
股东权利指数（0-10）	9
所有权和控制权指数（0-10）	4
公司透明度指数（0-10）	7

获得电力（排名）	173
获得电力分数（0-100）	34.74
手续（数量）	9
时间（天数）	133
成本（人均收入百分比）	893.0
供电可靠性和电费透明度指数（0-8）	0

纳税（排名）	136
纳税分数（0-100）	61.35
缴税次数（每年）	6
时间（小时数/每年）	224
总税收和缴费率（占利润百分比）	67.3
报税后程序指数（0-100）	40.40

执行合同（排名）	61
执行合同分数（0-100）	62.56
时间（天数）	430
成本（索赔额百分比）	25.5
司法程序质量指数（0-18）	7.5

登记财产（排名）	91
登记财产分数（0-100）	63.86
手续（数量）	5
时间（天数）	36
成本（财产价值百分比）	2.9
土地管理质量指数（0-30）	7.5

办理破产（排名）	146
办理破产分数（0-100）	30.90
时间（年数）	1.7
成本（资产价值百分比）	9.0
回收率（百分比）	34.2
破产框架力度指数（0-16）	4.0

坦桑尼亚

撒哈拉以南非洲		人均收入（美元）	905

营商环境便利度排名（1-190）	144

营商环境便利度分数（0-100）	53.63

人口	57310019

✓ 开办企业（排名）	163
开办企业分数（0-100）	72.65
手续（数量）	10
时间（天数）	27.5
成本（人均收入百分比）	58.7
最低实缴资本（人均收入百分比）	0.0

获得信贷（排名）	60
获得信贷分数（0-100）	65.00
合法权利力度指数（0-12）	5
信贷信息深度指数（0-8）	8
信贷局覆盖率（成年人百分比）	6.0
信贷登记处覆盖率（成年人百分比）	0.0

跨境贸易（排名）	183
跨境贸易分数（0-100）	20.21
出口所需时间	
单证合规（小时）	96
边界合规（小时）	96
进口成本	
单证合规（美元）	275
边界合规（美元）	1160
进口所需时间	
单证合规（小时）	240
边界合规（小时）	402
进口成本	
单证合规（美元）	375
边界合规（美元）	1350

办理施工许可证（排名）	150
办理施工许可证分数（0-100）	57.10
手续（数量）	24
时间（天数）	184
成本（仓库价值百分比）	6.0
建筑质量控制指数（0-15）	12.0

保护少数投资者（排名）	131
保护少数投资者分数（0-100）	45.00
披露程度指数（0-10）	2
董事责任程度指数（0-10）	6
股东诉讼便利度指数（0-10）	8
股东权利指数（0-10）	4
所有权和控制权指数（0-10）	2
公司透明度指数（0-10）	5

获得电力（排名）	83
获得电力分数（0-100）	74.61
手续（数量）	4
时间（天数）	105
成本（人均收入百分比）	775.2
供电可靠性和电费透明度指数（0-8）	5

纳税（排名）	167
纳税分数（0-100）	50.85
缴税次数（每年）	60
时间（小时数/每年）	207
总税收和缴费率（占利润百分比）	44.0
报税后程序指数（0-100）	48.39

执行合同（排名）	64
执行合同分数（0-100）	61.66
时间（天数）	515
成本（索赔额百分比）	14.3
司法程序质量指数（0-18）	6.0

登记财产（排名）	146
登记财产分数（0-100）	50.14
手续（数量）	8
时间（天数）	67
成本（财产价值百分比）	5.2
土地管理质量指数（0-30）	7.5

办理破产（排名）	117
办理破产分数（0-100）	39.04
时间（年数）	3.0
成本（资产价值百分比）	22.0
回收率（百分比）	20.3
破产框架力度指数（0-16）	9.0

泰国

营商环境便利度排名（1－190）	27
✓ 开办企业（排名）	39
开办企业分数（0－100）	92.72
手续（数量）	5
时间（天数）	4.5
成本（人均收入百分比）	3.1
最低实缴资本（人均收入百分比）	0.0
办理施工许可证（排名）	67
办理施工许可证分数（0－100）	71.86
手续（数量）	19
时间（天数）	118
成本（仓库价值百分比）	0.7
建筑质量控制指数（0－15）	11.0
✓ 获得电力（排名）	6
获得电力分数（0－100）	98.57
手续（数量）	3
时间（天数）	30
成本（人均收入百分比）	40.4
供电可靠性和电费透明度指数（0－8）	8
登记财产（排名）	66
登记财产分数（0－100）	69.47
手续（数量）	5
时间（天数）	9
成本（财产价值百分比）	7.2
土地管理质量指数（0－30）	19.0

东亚及太平洋地区

营商环境便利度分数（0－100）	78.45
获得信贷（排名）	44
获得信贷分数（0－100）	70.00
合法权利力度指数（0－12）	7
信贷信息深度指数（0－8）	7
信贷局覆盖率（成年人百分比）	60.2
信贷登记处覆盖率（成年人百分比）	0.0
保护少数投资者（排名）	15
保护少数投资者分数（0－100）	75.00
披露程度指数（0－10）	10
董事责任程度指数（0－10）	7
股东诉讼便利度指数（0－10）	8
股东权利指数（0－10）	6
所有权和控制权指数（0－10）	7
公司透明度指数（0－10）	7
✓ 纳税（排名）	59
纳税分数（0－100）	77.72
缴税次数（每年）	21
时间（小时数／每年）	229
总税收和缴费率（占利润百分比）	29.5
报税后程序指数（0－100）	73.41

人均收入（美元） 5960

人口	69037513
✓ 跨境贸易（排名）	59
跨境贸易分数（0－100）	84.65
出口所需时间	
单证合规（小时）	11
边界合规（小时）	44
进口成本	
单证合规（美元）	97
边界合规（美元）	223
进口所需时间	
单证合规（小时）	4
边界合规（小时）	50
进口成本	
单证合规（美元）	43
边界合规（美元）	233
执行合同（排名）	35
执行合同分数（0－100）	67.91
时间（天数）	420
成本（索赔额百分比）	16.9
司法程序质量指数（0－18）	8.5
办理破产（排名）	24
办理破产分数（0－100）	76.64
时间（年数）	1.5
成本（资产价值百分比）	18.0
回收率（百分比）	69.8
破产框架力度指数（0－16）	12.5

东帝汶

营商环境便利度排名（1－190）	178
✓ 开办企业（排名）	68
开办企业分数（0－100）	89.41
手续（数量）	6
时间（天数）	13
成本（人均收入百分比）	0.6
最低实缴资本（人均收入百分比）	0.2
办理施工许可证（排名）	161
办理施工许可证分数（0－100）	55.33
手续（数量）	16
时间（天数）	207
成本（仓库价值百分比）	0.5
建筑质量控制指数（0－15）	3.0
获得电力（排名）	123
获得电力分数（0－100）	63.24
手续（数量）	3
时间（天数）	93
成本（人均收入百分比）	1170.2
供电可靠性和电费透明度指数（0－8）	0
登记财产（排名）	187
登记财产分数（0－100）	0.00
手续（数量）	无实践
时间（天数）	无实践
成本（财产价值百分比）	无实践
土地管理质量指数（0－30）	无实践

东亚及太平洋地区

营商环境便利度分数（0－100）	41.60
获得信贷（排名）	172
获得信贷分数（0－100）	20.00
合法权利力度指数（0－12）	0
信贷信息深度指数（0－8）	4
信贷局覆盖率（成年人百分比）	0.0
信贷登记处覆盖率（成年人百分比）	7.2
保护少数投资者（排名）	99
保护少数投资者分数（0－100）	51.67
披露程度指数（0－10）	5
董事责任程度指数（0－10）	4
股东诉讼便利度指数（0－10）	5
股东权利指数（0－10）	8
所有权和控制权指数（0－10）	4
公司透明度指数（0－10）	5
纳税（排名）	140
纳税分数（0－100）	60.32
缴税次数（每年）	18
时间（小时数／每年）	276
总税收和缴费率（占利润百分比）	11.2
报税后程序指数（0－100）	1.38

人均收入（美元） 1790

人口	1296311
跨境贸易（排名）	104
跨境贸易分数（0－100）	69.90
出口所需时间	
单证合规（小时）	33
边界合规（小时）	96
进口成本	
单证合规（美元）	100
边界合规（美元）	350
进口所需时间	
单证合规（小时）	44
边界合规（小时）	100
进口成本	
单证合规（美元）	115
边界合规（美元）	410
执行合同（排名）	190
执行合同分数（0－100）	6.13
时间（天数）	1285
成本（索赔额百分比）	163.2
司法程序质量指数（0－18）	2.5
办理破产（排名）	168
办理破产分数（0－100）	0.00
时间（年数）	无实践
成本（资产价值百分比）	无实践
回收率（百分比）	0.0
破产框架力度指数（0－16）	0.0

多哥		撒哈拉以南非洲		人均收入（美元）	610
营商环境便利度排名（1 - 190）	137	营商环境便利度分数（0-100）	55.20	人口	7797694
✓ 开办企业（排名）	74	获得信贷（排名）	144	跨境贸易（排名）	129
开办企业分数（0-100）	88.70	获得信贷分数（0-100）	30.00	跨境贸易分数（0-100）	63.66
手续（数量）	4	合法权利力度指数（0-12）	6	出口所需时间	
时间（天数）	5.5	信贷信息深度指数（0-8）	0	单证合规（小时）	11
成本（人均收入百分比）	41.7	信贷局覆盖率（成年人百分比）	0.4	边界合规（小时）	67
最低实缴资本（人均收入百分比）	6.7	信贷登记处覆盖率（成年人百分比）	0.6	进口成本	
				单证合规（美元）	25
✓ 办理施工许可证（排名）	133	保护少数投资者（排名）	149	边界合规（美元）	163
办理施工许可证分数（0-100）	61.79	保护少数投资者分数（0-100）	40.00	进口所需时间	
手续（数量）	11	披露程度指数（0-10）	7	单证合规（小时）	180
时间（天数）	163	董事责任程度指数（0-10）	1	边界合规（小时）	168
成本（仓库价值百分比）	8.5	股东诉讼便利度指数（0-10）	5	进口成本	
建筑质量控制指数（0-15）	8.0	股东权利指数（0-10）	4	单证合规（美元）	252
		所有权和控制权指数（0-10）	3	边界合规（美元）	612
✓ 获得电力（排名）	105	公司透明度指数（0-10）	4		
获得电力分数（0-100）	69.96			✓ 执行合同（排名）	137
手续（数量）	3	✓ 纳税（排名）	172	执行合同分数（0-100）	49.02
时间（天数）	66	纳税分数（0-100）	47.33	时间（天数）	488
成本（人均收入百分比）	2979.8	缴税次数（每年）	49	成本（索赔额百分比）	47.5
供电可靠性和电费透明度指数（0-8）	3	时间（小时数 / 每年）	159	司法程序质量指数（0-18）	5.5
		总税收和缴费率（占利润百分比）	48.2		
✓ 登记财产（排名）	127	报税后程序指数（0-100）	14.85	办理破产（排名）	86
登记财产分数（0-100）	54.88			办理破产分数（0-100）	46.65
手续（数量）	5			时间（年数）	3.0
时间（天数）	84			成本（资产价值百分比）	15.0
成本（财产价值百分比）	5.9			回收率（百分比）	34.4
土地管理质量指数（0-30）	9.5			破产框架力度指数（0-16）	9.0

汤加		东亚及太平洋地区		人均收入（美元）	4010
营商环境便利度排名（1 - 190）	91	营商环境便利度分数（0-100）	63.59	人口	108020
开办企业（排名）	58	获得信贷（排名）	44	跨境贸易（排名）	94
开办企业分数（0-100）	90.88	获得信贷分数（0-100）	70.00	跨境贸易分数（0-100）	72.64
手续（数量）	4	合法权利力度指数（0-12）	10	出口所需时间	
时间（天数）	16	信贷信息深度指数（0-8）	4	单证合规（小时）	108
成本（人均收入百分比）	6.5	信贷局覆盖率（成年人百分比）	23.3	边界合规（小时）	52
最低实缴资本（人均收入百分比）	0.0	信贷登记处覆盖率（成年人百分比）	0.0	进口成本	
				单证合规（美元）	70
办理施工许可证（排名）	16	保护少数投资者（排名）	140	边界合规（美元）	201
办理施工许可证分数（0-100）	81.05	保护少数投资者分数（0-100）	41.67	进口所需时间	
手续（数量）	13	披露程度指数（0-10）	3	单证合规（小时）	72
时间（天数）	77	董事责任程度指数（0-10）	3	边界合规（小时）	26
成本（仓库价值百分比）	1.8	股东诉讼便利度指数（0-10）	9	进口成本	
建筑质量控制指数（0-15）	12.0	股东权利指数（0-10）	2	单证合规（美元）	148
		所有权和控制权指数（0-10）	2	边界合规（美元）	330
获得电力（排名）	90	公司透明度指数（0-10）	6		
获得电力分数（0-100）	73.18			执行合同（排名）	94
手续（数量）	5	纳税（排名）	100	执行合同分数（0-100）	57.32
时间（天数）	42	纳税分数（0-100）	70.56	时间（天数）	350
成本（人均收入百分比）	83.0	缴税次数（每年）	30	成本（索赔额百分比）	30.5
供电可靠性和电费透明度指数（0-8）	3	时间（小时数 / 每年）	200	司法程序质量指数（0-18）	4.5
		总税收和缴费率（占利润百分比）	27.5		
登记财产（排名）	163	报税后程序指数（0-100）	52.53	办理破产（排名）	137
登记财产分数（0-100）	44.64			办理破产分数（0-100）	33.99
手续（数量）	4			时间（年数）	2.7
时间（天数）	112			成本（资产价值百分比）	22.0
成本（财产价值百分比）	15.1			回收率（百分比）	28.3
土地管理质量指数（0-30）	17.0			破产框架力度指数（0-16）	6.0

特立尼达和多巴哥

营商环境便利度排名（1-190）	105
开办企业（排名）	76
开办企业分数（0-100）	88.57
手续（数量）	7
时间（天数）	10.5
成本（人均收入百分比）	0.7
最低实缴资本（人均收入百分比）	0.0
办理施工许可证（排名）	125
办理施工许可证分数（0-100）	64.20
手续（数量）	16
时间（天数）	253
成本（仓库价值百分比）	0.1
建筑质量控制指数（0-15）	10.0
获得电力（排名）	41
获得电力分数（0-100）	84.30
手续（数量）	4 x
时间（天数）	61
成本（人均收入百分比）	199.0
供电可靠性和电费透明度指数（0-8）	6
登记财产（排名）	158
登记财产分数（0-100）	46.66
手续（数量）	9
时间（天数）	77
成本（财产价值百分比）	7.1
土地管理质量指数（0-30）	11.0

拉丁美洲及加勒比海地区

营商环境便利度分数（0-100）	60.81
获得信贷（排名）	60
获得信贷分数（0-100）	65.00
合法权利力度指数（0-12）	7
信贷信息深度指数（0-8）	6
信贷局覆盖率（成年人百分比）	79.2
信贷登记处覆盖率（成年人百分比）	0.0
保护少数投资者（排名）	57
保护少数投资者分数（0-100）	61.67
披露程度指数（0-10）	4
董事责任程度指数（0-10）	9
股东诉讼便利度指数（0-10）	8
股东权利指数（0-10）	8
所有权和控制权指数（0-10）	5
公司透明度指数（0-10）	3
纳税（排名）	166
纳税分数（0-100）	50.97
缴税次数（每年）	39
时间（小时数/每年）	210
总税收和缴费率（占利润百分比）	39.7
报税后程序指数（0-100）	8.00

人均收入（美元） 15350

人口	1369125
跨境贸易（排名）	130
跨境贸易分数（0-100）	62.60
出口所需时间	
单证合规（小时）	32
边界合规（小时）	60
进口成本	
单证合规（美元）	250
边界合规（美元）	499
进口所需时间	
单证合规（小时）	44
边界合规（小时）	78
进口成本	
单证合规（美元）	250
边界合规（美元）	635
执行合同（排名）	174
执行合同分数（0-100）	35.62
时间（天数）	1340
成本（索赔额百分比）	33.5
司法程序质量指数（0-18）	8.0
办理破产（排名）	77
办理破产分数（0-100）	48.48
时间（年数）	2.5
成本（资产价值百分比）	25.0
回收率（百分比）	26.2
破产框架力度指数（0-16）	11.0

突尼斯

营商环境便利度排名（1-190）	80
开办企业（排名）	63
开办企业分数（0-100）	90.23
手续（数量）	6
时间（天数）	8
成本（人均收入百分比）	4.3
最低实缴资本（人均收入百分比）	0.0
办理施工许可证（排名）	77
办理施工许可证分数（0-100）	70.66
手续（数量）	17
时间（天数）	95
成本（仓库价值百分比）	5.9
建筑质量控制指数（0-15）	12.0
获得电力（排名）	51
获得电力分数（0-100）	82.42
手续（数量）	4
时间（天数）	65
成本（人均收入百分比）	664.8
供电可靠性和电费透明度指数（0-8）	6
登记财产（排名）	87
登记财产分数（0-100）	64.89
手续（数量）	4
时间（天数）	39
成本（财产价值百分比）	6.1
土地管理质量指数（0-30）	13.0

中东和北非

营商环境便利度分数（0-100）	66.11
获得信贷（排名）	99
获得信贷分数（0-100）	50.00
合法权利力度指数（0-12）	3
信贷信息深度指数（0-8）	7
信贷局覆盖率（成年人百分比）	0.0
信贷登记处覆盖率（成年人百分比）	28.8
保护少数投资者（排名）	83
保护少数投资者分数（0-100）	56.67
披露程度指数（0-10）	6
董事责任程度指数（0-10）	7
股东诉讼便利度指数（0-10）	5
股东权利指数（0-10）	5
所有权和控制权指数（0-10）	4
公司透明度指数（0-10）	7
纳税（排名）	133
纳税分数（0-100）	62.25
缴税次数（每年）	8
时间（小时数/每年）	144
总税收和缴费率（占利润百分比）	60.2
报税后程序指数（0-100）	22.91

人均收入（美元） 3500

人口	11532127
跨境贸易（排名）	101
跨境贸易分数（0-100）	70.50
出口所需时间	
单证合规（小时）	3
边界合规（小时）	50
进口成本	
单证合规（美元）	200
边界合规（美元）	469
进口所需时间	
单证合规（小时）	27
边界合规（小时）	80
进口成本	
单证合规（美元）	144
边界合规（美元）	596
执行合同（排名）	80
执行合同分数（0-100）	50.33
时间（天数）	565
成本（索赔额百分比）	21.8
司法程序质量指数（0-18）	7.0
办理破产（排名）	67
办理破产分数（0-100）	54.19
时间（年数）	1.3
成本（资产价值百分比）	7.0
回收率（百分比）	51.3
破产框架力度指数（0-16）	8.5

土耳其

营商环境便利度排名（1-190）	43
✓ 开办企业（排名）	78
开办企业分数（0-100）	88.21
手续（数量）	7
时间（天数）	7
成本（人均收入百分比）	10.6
最低实缴资本（人均收入百分比）	0.0
✓ 办理施工许可证（排名）	59
办理施工许可证分数（0-100）	73.19
手续（数量）	18
时间（天数）	103
成本（仓库价值百分比）	3.9
建筑质量控制指数（0-15）	13.0
获得电力（排名）	60
获得电力分数（0-100）	81.23
手续（数量）	4
时间（天数）	55
成本（人均收入百分比）	389.5
供电可靠性和电费透明度指数（0-8）	5
x 登记财产（排名）	39
登记财产分数（0-100）	76.58
手续（数量）	6
时间（天数）	5
成本（财产价值百分比）	4.0
土地管理质量指数（0-30）	23.0

欧洲和中亚

营商环境便利度分数（0-100）	74.33
✓ 获得信贷（排名）	32
获得信贷分数（0-100）	75.00
合法权利力度指数（0-12）	7
信贷信息深度指数（0-8）	8
信贷局覆盖率（成年人百分比）	0.0
信贷登记处覆盖率（成年人百分比）	77.7
保护少数投资者（排名）	26
保护少数投资者分数（0-100）	71.67
披露程度指数（0-10）	9
董事责任程度指数（0-10）	5
股东诉讼便利度指数（0-10）	6
股东权利指数（0-10）	8
所有权和控制权指数（0-10）	7
公司透明度指数（0-10）	8
✓ 纳税（排名）	80
纳税分数（0-100）	74.65
缴税次数（每年）	10
时间（小时数/每年）	170
总税收和缴费率（占利润百分比）	40.9
报税后程序指数（0-100）	50.00

人均收入（美元）10930

人口	80745020
✓ 跨境贸易（排名）	42
跨境贸易分数（0-100）	90.27
出口所需时间	
单证合规（小时）	4
边界合规（小时）	16
进口成本	
单证合规（美元）	55
边界合规（美元）	358
进口所需时间	
单证合规（小时）	3
边界合规（小时）	11
进口成本	
单证合规（美元）	80
边界合规（美元）	46
✓ 执行合同（排名）	19
执行合同分数（0-100）	71.78
时间（天数）	609
成本（索赔额百分比）	24.9
司法程序质量指数（0-18）	15.0
✓ 办理破产（排名）	109
办理破产分数（0-100）	40.71
时间（年数）	5.0
成本（资产价值百分比）	14.5
回收率（百分比）	14.7
破产框架力度指数（0-16）	10.5

乌干达

营商环境便利度排名（1-190）	127
开办企业（排名）	164
开办企业分数（0-100）	72.25
手续（数量）	13
时间（天数）	24
成本（人均收入百分比）	33.6
最低实缴资本（人均收入百分比）	0.0
办理施工许可证（排名）	145
办理施工许可证分数（0-100）	58.93
手续（数量）	18
时间（天数）	114
成本（仓库价值百分比）	8.1
建筑质量控制指数（0-15）	8.0
获得电力（排名）	175
获得电力分数（0-100）	34.09
手续（数量）	6
时间（天数）	66
成本（人均收入百分比）	7513.6
供电可靠性和电费透明度指数（0-8）	0
登记财产（排名）	126
登记财产分数（0-100）	54.99
手续（数量）	10
时间（天数）	42
成本（财产价值百分比）	3.1
土地管理质量指数（0-30）	10.5

撒哈拉以南非洲

营商环境便利度分数（0-100）	57.06
✓ 获得信贷（排名）	73
获得信贷分数（0-100）	60.00
合法权利力度指数（0-12）	5
信贷信息深度指数（0-8）	7
信贷局覆盖率（成年人百分比）	6.6
信贷登记处覆盖率（成年人百分比）	0.0
保护少数投资者（排名）	110
保护少数投资者分数（0-100）	50.00
披露程度指数（0-10）	3
董事责任程度指数（0-10）	5
股东诉讼便利度指数（0-10）	7
股东权利指数（0-10）	4
所有权和控制权指数（0-10）	5
公司透明度指数（0-10）	6
纳税（排名）	87
纳税分数（0-100）	73.10
缴税次数（每年）	31
时间（小时数/每年）	195
总税收和缴费率（占利润百分比）	33.7
报税后程序指数（0-100）	72.28

人均收入（美元）600

人口	42862958
✓ 跨境贸易（排名）	119
跨境贸易分数（0-100）	66.73
出口所需时间	
单证合规（小时）	24
边界合规（小时）	59
进口成本	
单证合规（美元）	102
边界合规（美元）	209
进口所需时间	
单证合规（小时）	96
边界合规（小时）	145
进口成本	
单证合规（美元）	296
边界合规（美元）	447
执行合同（排名）	71
执行合同分数（0-100）	60.60
时间（天数）	490
成本（索赔额百分比）	31.3
司法程序质量指数（0-18）	8.5
办理破产（排名）	112
办理破产分数（0-100）	39.89
时间（年数）	2.2
成本（资产价值百分比）	29.5
回收率（百分比）	39.3
破产框架力度指数（0-16）	6.0

乌克兰

营商环境便利度排名（1 - 190）	71

开办企业（排名）	56
开办企业分数（0-100）	91.07
手续（数量）	6
时间（天数）	6.5
成本（人均收入百分比）	0.6
最低实缴资本（人均收入百分比）	0.0

× 办理施工许可证（排名）	30
办理施工许可证分数（0-100）	76.91
手续（数量）	11
时间（天数）	85
成本（仓库价值百分比）	6.3
建筑质量控制指数（0-15）	12.0

获得电力（排名）	135
获得电力分数（0-100）	59.17
手续（数量）	5
时间（天数）	281
成本（人均收入百分比）	402.5
供电可靠性和电费透明度指数（0-8）	6

登记财产（排名）	63
登记财产分数（0-100）	69.74
手续（数量）	7
时间（天数）	17
成本（财产价值百分比）	1.8
土地管理质量指数（0-30）	14.5

欧洲和中亚

营商环境便利度分数（0-100）	68.25

√ 获得信贷（排名）	32
获得信贷分数（0-100）	75.00
合法权利力度指数（0-12）	8
信贷信息深度指数（0-8）	7
信贷局覆盖率（成年人百分比）	45.9
信贷登记处覆盖率（成年人百分比）	0.0

保护少数投资者（排名）	72
保护少数投资者分数（0-100）	58.33
披露程度指数（0-10）	8
董事责任程度指数（0-10）	2
股东诉讼便利度指数（0-10）	6
股东权利指数（0-10）	5
所有权和控制权指数（0-10）	6
公司透明度指数（0-10）	8

纳税（排名）	54
纳税分数（0-100）	79.35
缴税次数（每年）	5
时间（小时数/每年）	327.5
总税收和缴费率（占利润百分比）	41.7
报税后程序指数（0-100）	85.95

人均收入（美元）　2388

人口	44831159

√ 跨境贸易（排名）	78
跨境贸易分数（0-100）	77.62
出口所需时间	
单证合规（小时）	66
边界合规（小时）	6
进口成本	
单证合规（美元）	192
边界合规（美元）	75
进口所需时间	
单证合规（小时）	96
边界合规（小时）	32
进口成本	
单证合规（美元）	162
边界合规（美元）	100

√ 执行合同（排名）	57
执行合同分数（0-100）	63.59
时间（天数）	378
成本（索赔额百分比）	46.3
司法程序质量指数（0-18）	11.5

办理破产（排名）	145
办理破产分数（0-100）	31.72
时间（年数）	2.9
成本（资产价值百分比）	40.5
回收率（百分比）	9.6
破产框架力度指数（0-16）	8.5

阿拉伯联合酋长国

营商环境便利度排名（1 - 190）	11

√ 开办企业（排名）	25
开办企业分数（0-100）	94.06
手续（数量）	2.5
时间（天数）	4
成本（人均收入百分比）	22.8
最低实缴资本（人均收入百分比）	0.0

办理施工许可证（排名）	5
办理施工许可证分数（0-100）	86.41
手续（数量）	14
时间（天数）	50.5
成本（仓库价值百分比）	2.3
建筑质量控制指数（0-15）	15.0

√ 获得电力（排名）	1
获得电力分数（0-100）	100.00
手续（数量）	2
时间（天数）	10
成本（人均收入百分比）	0.0
供电可靠性和电费透明度指数（0-8）	8

√ 登记财产（排名）	7
登记财产分数（0-100）	90.88
手续（数量）	2
时间（天数）	1.5
成本（财产价值百分比）	0.2
土地管理质量指数（0-30）	22.0

中东和北非

营商环境便利度分数（0-100）	81.28

√ 获得信贷（排名）	44
获得信贷分数（0-100）	70.00
合法权利力度指数（0-12）	6
信贷信息深度指数（0-8）	8
信贷局覆盖率（成年人百分比）	53.6
信贷登记处覆盖率（成年人百分比）	10.8

保护少数投资者（排名）	15
保护少数投资者分数（0-100）	75.00
披露程度指数（0-10）	10
董事责任程度指数（0-10）	9
股东诉讼便利度指数（0-10）	4
股东权利指数（0-10）	6
所有权和控制权指数（0-10）	9
公司透明度指数（0-10）	7

纳税（排名）	2
纳税分数（0-100）	99.44
缴税次数（每年）	4
时间（小时数/每年）	12
总税收和缴费率（占利润百分比）	15.9
报税后程序指数（0-100）	不适用

人均收入（美元）　39130

人口	9400145

跨境贸易（排名）	98
跨境贸易分数（0-100）	71.50
出口所需时间	
单证合规（小时）	6
边界合规（小时）	27
进口成本	
单证合规（美元）	178
边界合规（美元）	462
进口所需时间	
单证合规（小时）	12
边界合规（小时）	54
进口成本	
单证合规（美元）	283
边界合规（美元）	678

执行合同（排名）	9
执行合同分数（0-100）	75.88
时间（天数）	445
成本（索赔额百分比）	21.0
司法程序质量指数（0-18）	14.0

办理破产（排名）	75
办理破产分数（0-100）	49.67
时间（年数）	3.2
成本（资产价值百分比）	20.0
回收率（百分比）	28.4
破产框架力度指数（0-16）	11.0

英国

指标	值	经合组织高收入经济体	值	人均收入（美元）	40530
营商环境便利度排名（1－190）	9	营商环境便利度分数（0－100）	82.65	人口	66022273
开办企业（排名）	19	获得信贷（排名）	32	跨境贸易（排名）	30
开办企业分数（0－100）	94.58	获得信贷分数（0－100）	75.00	跨境贸易分数（0－100）	93.76
手续（数量）	4	合法权利力度指数（0－12）	7	出口所需时间	
时间（天数）	4.5	信贷信息深度指数（0－8）	8	单证合规（小时）	4
成本（人均收入百分比）	0.0	信贷局覆盖率（成年人百分比）	100.0	边界合规（小时）	24
最低实缴资本（人均收入百分比）	0.0	信贷登记处覆盖率（成年人百分比）	0.0	进口成本	
				单证合规（美元）	25
办理施工许可证（排名）	17	保护少数投资者（排名）	15	边界合规（美元）	280
办理施工许可证分数（0－100）	80.29	保护少数投资者分数（0－100）	75.00	进口所需时间	
手续（数量）	9	披露程度指数（0－10）	10	单证合规（小时）	2
时间（天数）	86	董事责任程度指数（0－10）	7	边界合规（小时）	3
成本（仓库价值百分比）	1.1	股东诉讼便利度指数（0－10）	8	进口成本	
建筑质量控制指数（0－15）	9.0	股东权利指数（0－10）	7	单证合规（美元）	0
✓ 获得电力（排名）	7	所有权和控制权指数（0－10）	5	边界合规（美元）	0
获得电力分数（0－100）	96.45	公司透明度指数（0－10）	8		
手续（数量）	3			执行合同（排名）	32
时间（天数）	50	纳税（排名）	23	执行合同分数（0－100）	68.69
成本（人均收入百分比）	23.9	纳税分数（0－100）	87.14	时间（天数）	437
供电可靠性和电费透明度指数（0－8）	8	缴税次数（每年）	8	成本（索赔百分比）	45.7
		时间（小时数/每年）	105	司法程序质量指数（0－18）	15.0
登记财产（排名）	42	总税收和缴费率（占利润百分比）	30.0		
登记财产分数（0－100）	75.34	报税后程序指数（0－100）	71.00	办理破产（排名）	14
手续（数量）	6			办理破产分数（0－100）	80.27
时间（天数）	21.5			时间（年数）	1.0
成本（财产价值百分比）	4.8			成本（资产价值百分比）	6.0
土地管理质量指数（0－30）	25.5			回收率（百分比）	85.3
				破产框架力度指数（0－16）	11.0

美国

指标	值	经合组织高收入经济体	值	人均收入（美元）	58270
营商环境便利度排名（1－190）	8	营商环境便利度分数（0－100）	82.75	人口	325719178
开办企业（排名）	53	获得信贷（排名）	3	跨境贸易（排名）	36
开办企业分数（0－100）	91.23	获得信贷分数（0－100）	95.00	跨境贸易分数（0－100）	92.01
手续（数量）	6	合法权利力度指数（0－12）	11	出口所需时间	
时间（天数）	5.6	信贷信息深度指数（0－8）	8	单证合规（小时）	1.5
成本（人均收入百分比）	1.0	信贷局覆盖率（成年人百分比）	100.0	边界合规（小时）	1.5
最低实缴资本（人均收入百分比）	0.0	信贷登记处覆盖率（成年人百分比）	0.0	进口成本	
				单证合规（美元）	60
办理施工许可证（排名）	26	保护少数投资者（排名）	50	边界合规（美元）	175
办理施工许可证分数（0－100）	77.88	保护少数投资者分数（0－100）	64.67	进口所需时间	
手续（数量）	15.8	披露程度指数（0－10）	7.4	单证合规（小时）	7.5
时间（天数）	80.6	董事责任程度指数（0－10）	8.6	边界合规（小时）	1.5
成本（仓库价值百分比）	0.8	股东诉讼便利度指数（0－10）	9	进口成本	
建筑质量控制指数（0－15）	11.2	股东权利指数（0－10）	4	单证合规（美元）	100
		所有权和控制权指数（0－10）	4.4	边界合规（美元）	175
获得电力（排名）	54	公司透明度指数（0－10）	5.4		
获得电力分数（0－100）	82.15			执行合同（排名）	16
手续（数量）	4.8	纳税（排名）	37	执行合同分数（0－100）	72.61
时间（天数）	89.6	纳税分数（0－100）	84.14	时间（天数）	420
成本（人均收入百分比）	22.9	缴税次数（每年）	10.6	成本（索赔额百分比）	30.5
供电可靠性和电费透明度指数（0－8）	7.2	时间（小时数/每年）	175	司法程序质量指数（0－18）	13.8
		总税收和缴费率（占利润百分比）	43.8		
登记财产（排名）	38	报税后程序指数（0－100）	94.04	办理破产（排名）	3
登记财产分数（0－100）	76.87			办理破产分数（0－100）	90.91
手续（数量）	4.4			时间（年数）	1.0
时间（天数）	15.2			成本（资产价值百分比）	10.0
成本（财产价值百分比）	2.4			回收率（百分比）	81.8
土地管理质量指数（0－30）	17.6			破产框架力度指数（0－16）	15.0

乌拉圭

营商环境便利度排名（1 - 190）	95
开办企业（排名）	65
开办企业分数（0-100）	89.78
手续（数量）	5
时间（天数）	6.5
成本（人均收入百分比）	22.6
最低实缴资本（人均收入百分比）	0.0
办理施工许可证（排名）✓	155
办理施工许可证分数（0-100）	56.44
手续（数量）	21
时间（天数）	251
成本（仓库价值百分比）	1.1
建筑质量控制指数（0-15）	9.0
获得电力（排名）	55
获得电力分数（0-100）	82.12
手续（数量）	5
时间（天数）	48
成本（人均收入百分比）	10.7
供电可靠性和电费透明度指数（0-8）	6
登记财产（排名）	115
登记财产分数（0-100）	57.59
手续（数量）	9
时间（天数）	66
成本（财产价值百分比）	7.0
土地管理质量指数（0-30）	22.5

拉丁美洲及加勒比海地区

营商环境便利度分数（0-100）	62.60
获得信贷（排名）	73
获得信贷分数（0-100）	60.00
合法权利力度指数（0-12）	4
信贷信息深度指数（0-8）	8
信贷局覆盖率（成年人百分比）	100.0
信贷登记处覆盖率（成年人百分比）	100.0
保护少数投资者（排名）	132
保护少数投资者分数（0-100）	43.33
披露程度指数（0-10）	3
董事责任程度指数（0-10）	4
股东诉讼便利度指数（0-10）	8
股东权利指数（0-10）	5
所有权和控制权指数（0-10）	5
公司透明度指数（0-10）	1
纳税（排名）	101
纳税分数（0-100）	70.31
缴税次数（每年）	20
时间（小时数/每年）	163
总税收和缴费率（占利润百分比）	41.8
报税后程序指数（0-100）	49.54

人均收入（美元）15250

人口	3456750
跨境贸易（排名）	152
跨境贸易分数（0-100）	57.14
出口所需时间	
单证合规（小时）	24
边界合规（小时）	96
进口成本	
单证合规（美元）	231
边界合规（美元）	1038
进口所需时间	
单证合规（小时）	72
边界合规（小时）	6
进口成本	
单证合规（美元）	285
边界合规（美元）	500
执行合同（排名）	100
执行合同分数（0-100）	56.29
时间（天数）	725
成本（索赔额百分比）	23.2
司法程序质量指数（0-18）	8.0
办理破产（排名）	70
办理破产分数（0-100）	52.96
时间（年数）	1.8
成本（资产价值百分比）	7.0
回收率（百分比）	43.2
破产框架力度指数（0-16）	9.5

乌兹别克斯坦

营商环境便利度排名（1 - 190）	76
开办企业（排名）	12
开办企业分数（0-100）	95.79
手续（数量）	3
时间（天数）	4
成本（人均收入百分比）	3.1
最低实缴资本（人均收入百分比）	0.0
办理施工许可证（排名）	134
办理施工许可证分数（0-100）	61.37
手续（数量）	17
时间（天数）	246
成本（仓库价值百分比）	3.3
建筑质量控制指数（0-15）	11.0
获得电力（排名）	35
获得电力分数（0-100）	86.05
手续（数量）	4 ✓
时间（天数）	88
成本（人均收入百分比）	705.2
供电可靠性和电费透明度指数（0-8）	8
登记财产（排名）	71
登记财产分数（0-100）	66.60
手续（数量）	9
时间（天数）	46
成本（财产价值百分比）	1.1
土地管理质量指数（0-30）	18.5

欧洲和中亚

营商环境便利度分数（0-100）	67.40
获得信贷（排名）✓	60
获得信贷分数（0-100）	65.00
合法权利力度指数（0-12）	6
信贷信息深度指数（0-8）	7
信贷局覆盖率（成年人百分比）	42.7
信贷登记处覆盖率（成年人百分比）	0.0
保护少数投资者（排名）	64
保护少数投资者分数（0-100）	60.00
披露程度指数（0-10）	8
董事责任程度指数（0-10）	3
股东诉讼便利度指数（0-10）	7
股东权利指数（0-10）	6
所有权和控制权指数（0-10）	5
公司透明度指数（0-10）	7
纳税（排名）	64
纳税分数（0-100）	76.92
缴税次数（每年）	10
时间（小时数/每年）	181
总税收和缴费率（占利润百分比）	32.1
报税后程序指数（0-100）	48.17

人均收入（美元）1980

人口	32387200
跨境贸易（排名）	165
跨境贸易分数（0-100）	49.79
出口所需时间	
单证合规（小时）	96
边界合规（小时）	112
进口成本	
单证合规（美元）	292
边界合规（美元）	278
进口所需时间	
单证合规（小时）	174
边界合规（小时）	111
进口成本	
单证合规（美元）	292
边界合规（美元）	278
执行合同（排名）	41
执行合同分数（0-100）	67.26
时间（天数）	225
成本（索赔额百分比）	20.5
司法程序质量指数（0-18）	6.0
办理破产（排名）	91
办理破产分数（0-100）	45.21
时间（年数）	2.0
成本（资产价值百分比）	10.0
回收率（百分比）	37.6
破产框架力度指数（0-16）	8.0

瓦努阿图

营商环境便利度排名（1 - 190）	94
开办企业（排名）	132
开办企业分数（0-100）	81.52
手续（数量）	7
时间（天数）	18
成本（人均收入百分比）	42.0
最低实缴资本（人均收入百分比）	0.0
办理施工许可证（排名）	147
办理施工许可证分数（0-100）	58.09
手续（数量）	14
时间（天数）	124
成本（仓库价值百分比）	7.3
建筑质量控制指数（0-15）	5.0
获得电力（排名）	107
获得电力分数（0-100）	69.05
手续（数量）	4
时间（天数）	120
成本（人均收入百分比）	1035.1
供电可靠性和电费透明度指数（0-8）	4
登记财产（排名）	79
登记财产分数（0-100）	65.64
手续（数量）	4
时间（天数）	58
成本（财产价值百分比）	7.0
土地管理质量指数（0-30）	18.5

东亚及太平洋地区

营商环境便利度分数（0-100）	62.87
获得信贷（排名）	32
获得信贷分数（0-100）	75.00
合法权利力度指数（0-12）	11
信贷信息深度指数（0-8）	4
信贷局覆盖率（成年人百分比）	12.2
信贷登记处覆盖率（成年人百分比）	0.0
保护少数投资者（排名）	110
保护少数投资者分数（0-100）	50.00
披露程度指数（0-10）	5
董事责任程度指数（0-10）	6
股东诉讼便利度指数（0-10）	5
股东权利指数（0-10）	8
所有权和控制权指数（0-10）	2
公司透明度指数（0-10）	4
纳税（排名）	58
纳税分数（0-100）	77.85
缴税次数（每年）	31
时间（小时数／每年）	120
总税收和缴费率（占利润百分比）	8.5
报税后程序指数（0-100）	69.04

人均收入（美元） 2920

人口	276244
跨境贸易（排名）	147
跨境贸易分数（0-100）	59.13
出口所需时间	
单证合规（小时）	72
边界合规（小时）	38
进口成本	
单证合规（美元）	190
边界合规（美元）	709
进口所需时间	
单证合规（小时）	48
边界合规（小时）	126
进口成本	
单证合规（美元）	183
边界合规（美元）	681
执行合同（排名）	136
执行合同分数（0-100）	49.27
时间（天数）	430
成本（索赔额百分比）	56.0
司法程序质量指数（0-18）	6.5
办理破产（排名）	98
办理破产分数（0-100）	43.10
时间（年数）	2.6
成本（资产价值百分比）	38.0
回收率（百分比）	45.2
破产框架力度指数（0-16）	6.0

委内瑞拉玻利瓦尔共和国

营商环境便利度排名（1 - 190）	188
开办企业（排名）	190
开办企业分数（0-100）	25.00
手续（数量）	20
时间（天数）	230
成本（人均收入百分比）	391.3
最低实缴资本（人均收入百分比）	0.0
办理施工许可证（排名）	152
办理施工许可证分数（0-100）	56.88
手续（数量）	11
时间（天数）	434
成本（仓库价值百分比）	3.7
建筑质量控制指数（0-15）	10.5
获得电力（排名）	186
获得电力分数（0-100）	16.85
手续（数量）	6
时间（天数）	208
成本（人均收入百分比）	17659.2
供电可靠性和电费透明度指数（0-8）	0
登记财产（排名）	138
登记财产分数（0-100）	51.92
手续（数量）	9
时间（天数）	52
成本（财产价值百分比）	2.9
土地管理质量指数（0-30）	5.5

拉丁美洲及加勒比海地区

营商环境便利度分数（0-100）	30.61
获得信贷（排名）	124
获得信贷分数（0-100）	40.00
合法权利力度指数（0-12）	1
信贷信息深度指数（0-8）	7
信贷局覆盖率（成年人百分比）	36.6
信贷登记处覆盖率（成年人百分比）	0.0
保护少数投资者（排名）	180
保护少数投资者分数（0-100）	26.67
披露程度指数（0-10）	3
董事责任程度指数（0-10）	2
股东诉讼便利度指数（0-10）	3
股东权利指数（0-10）	2
所有权和控制权指数（0-10）	3
公司透明度指数（0-10）	3
纳税（排名）	189
纳税分数（0-100）	15.35
缴税次数（每年）	70
时间（小时数／每年）	792
总税收和缴费率（占利润百分比）	64.6
报税后程序指数（0-100）	19.72

人均收入（美元）

人口	31977065
跨境贸易（排名）	187
跨境贸易分数（0-100）	7.93
出口所需时间	
单证合规（小时）	528
边界合规（小时）	288
进口成本	
单证合规（美元）	375
边界合规（美元）	1250
进口所需时间	
单证合规（小时）	1090
边界合规（小时）	240
进口成本	
单证合规（美元）	400
边界合规（美元）	1500
执行合同（排名）	148
执行合同分数（0-100）	46.89
时间（天数）	720
成本（索赔额百分比）	43.7
司法程序质量指数（0-18）	7.0
办理破产（排名）	165
办理破产分数（0-100）	18.63
时间（年数）	4.0
成本（资产价值百分比）	38.0
回收率（百分比）	5.6
破产框架力度指数（0-16）	5.0

越南

营商环境便利度排名（1‑190）	69
开办企业（排名）	104
开办企业分数（0‑100）	84.82
手续（数量）	8
时间（天数）	17
成本（人均收入百分比）	5.9
最低实缴资本（人均收入百分比）	0.0
办理施工许可证（排名）	21
办理施工许可证分数（0‑100）	79.05
手续（数量）	10
时间（天数）	166
成本（仓库价值百分比）	0.7
建筑质量控制指数（0‑15）	12.0
获得电力（排名）	27
获得电力分数（0‑100）	87.94
手续（数量）	4
时间（天数）	31
成本（人均收入百分比）	1087.3
供电可靠性和电费透明度指数（0‑8）	7
登记财产（排名）	60
登记财产分数（0‑100）	71.09
手续（数量）	5
时间（天数）	53.5
成本（财产价值百分比）	0.6
土地管理质量指数（0‑30）	14.0

东亚及太平洋地区

营商环境便利度分数（0‑100）	68.36
获得信贷（排名）	32
获得信贷分数（0‑100）	75.00
合法权利力度指数（0‑12）	8
信贷信息深度指数（0‑8）	7
信贷局覆盖率（成年人百分比）	29.5
信贷登记处覆盖率（成年人百分比）	54.8
保护少数投资者（排名）	89
保护少数投资者分数（0‑100）	55.00
披露程度指数（0‑10）	7
董事责任程度指数（0‑10）	4
股东诉讼便利度指数（0‑10）	2
股东权利指数（0‑10）	7
所有权和控制权指数（0‑10）	6
公司透明度指数（0‑10）	7
纳税（排名）	131
纳税分数（0‑100）	62.87
缴税次数（每年）	10
时间（小时数/每年）	498
总税收和缴费率（占利润百分比）	37.8
报税后程序指数（0‑100）	49.08

人均收入（美元） 2170

人口	95540800
跨境贸易（排名）	100
跨境贸易分数（0‑100）	70.83
出口所需时间	
单证合规（小时）	50
边界合规（小时）	55
进口成本	
单证合规（美元）	139
边界合规（美元）	290
进口所需时间	
单证合规（小时）	76
边界合规（小时）	56
进口成本	
单证合规（美元）	183
边界合规（美元）	373
执行合同（排名）	62
执行合同分数（0‑100）	62.07
时间（天数）	400
成本（索赔额百分比）	29.0
司法程序质量指数（0‑18）	7.5
办理破产（排名）	133
办理破产分数（0‑100）	34.93
时间（年数）	5.0
成本（资产价值百分比）	14.5
回收率（百分比）	21.3
破产框架力度指数（0‑16）	7.5

西岸和加沙

营商环境便利度排名（1‑190）	116
开办企业（排名）	171
开办企业分数（0‑100）	69.36
手续（数量）	10.5
时间（天数）	43.5
成本（人均收入百分比）	47.0
最低实缴资本（人均收入百分比）	0.0
办理施工许可证（排名）	157
办理施工许可证分数（0‑100）	56.15
手续（数量）	20
时间（天数）	108
成本（仓库价值百分比）	14.4
建筑质量控制指数（0‑15）	12.0
获得电力（排名）	85
获得电力分数（0‑100）	74.16
手续（数量）	5
时间（天数）	47
成本（人均收入百分比）	1614.8
供电可靠性和电费透明度指数（0‑8）	5
登记财产（排名）	84
登记财产分数（0‑100）	65.04
手续（数量）	7
时间（天数）	35
成本（财产价值百分比）	3.0
土地管理质量指数（0‑30）	14.0

中东和北非

营商环境便利度分数（0‑100）	59.11
获得信贷（排名）	22
获得信贷分数（0‑100）	80.00
合法权利力度指数（0‑12）	8
信贷信息深度指数（0‑8）	8
信贷局覆盖率（成年人百分比）	0.0
信贷登记处覆盖率（成年人百分比）	21.0
保护少数投资者（排名）	161
保护少数投资者分数（0‑100）	38.33
披露程度指数（0‑10）	6
董事责任程度指数（0‑10）	5
股东诉讼便利度指数（0‑10）	6
股东权利指数（0‑10）	2
所有权和控制权指数（0‑10）	1
公司透明度指数（0‑10）	3
纳税（排名）	107
纳税分数（0‑100）	68.92
缴税次数（每年）	28
时间（小时数/每年）	168
总税收和缴费率（占利润百分比）	15.3
报税后程序指数（0‑100）	35.72

人均收入（美元） 3180

人口	4684777
跨境贸易（排名）	54
跨境贸易分数（0‑100）	86.67
出口所需时间	
单证合规（小时）	72
边界合规（小时）	6
进口成本	
单证合规（美元）	80
边界合规（美元）	51
进口所需时间	
单证合规（小时）	45
边界合规（小时）	6
进口成本	
单证合规（美元）	85
边界合规（美元）	50
执行合同（排名）	123
执行合同分数（0‑100）	52.51
时间（天数）	540
成本（索赔额百分比）	27.0
司法程序质量指数（0‑18）	4.0
办理破产（排名）	168
办理破产分数（0‑100）	0.00
时间（年数）	无实践
成本（资产价值百分比）	无实践
回收率（百分比）	0.0
破产框架力度指数（0‑16）	0.0

也门共和国

营商环境便利度排名（1 - 190）	187
开办企业（排名）	175
开办企业分数（0-100）	67.01
手续（数量）	6.5
时间（天数）	40.5
成本（人均收入百分比）	118.8
最低实缴资本（人均收入百分比）	0.0
办理施工许可证（排名）	186
办理施工许可证分数（0-100）	0.00
手续（数量）	无实践
时间（天数）	无实践
成本（仓库价值百分比）	无实践
建筑质量控制指数（0-15）	无实践
获得电力（排名）	187
获得电力分数（0-100）	0.00
手续（数量）	无实践
时间（天数）	无实践
成本（人均收入百分比）	无实践
供电可靠性和电费透明度指数（0-8）	无实践
登记财产（排名）	81
登记财产分数（0-100）	65.18
手续（数量）	6
时间（天数）	19
成本（财产价值百分比）	1.8
土地管理质量指数（0-30）	7.0

中东和北非

营商环境便利度分数（0-100）	32.41
获得信贷（排名）	186
获得信贷分数（0-100）	0.00
合法权利力度指数（0-12）	0
信贷信息深度指数（0-8）	0
信贷局覆盖率（成年人百分比）	0.0
信贷登记处覆盖率（成年人百分比）	1.3
保护少数投资者（排名）	132
保护少数投资者分数（0-100）	43.33
披露程度指数（0-10）	6
董事责任程度指数（0-10）	4
股东诉讼便利度指数（0-10）	3
股东权利指数（0-10）	5
所有权和控制权指数（0-10）	4
公司透明度指数（0-10）	4
纳税（排名）	83
纳税分数（0-100）	74.13
缴税次数（每年）	44
时间（小时数/每年）	248
总税收和缴费率（占利润百分比）	26.6
报税后程序指数（0-100）	96.34

人均收入（美元）791

人口	28250420
跨境贸易（排名）	189
跨境贸易分数（0-100）	0.00
出口所需时间	
单证合规（小时）	无实践
边界合规（小时）	无实践
进口成本	
单证合规（美元）	无实践
边界合规（美元）	无实践
进口所需时间	
单证合规（小时）	无实践
边界合规（小时）	无实践
进口成本	
单证合规（美元）	无实践
边界合规（美元）	无实践
执行合同（排名）	139
执行合同分数（0-100）	48.52
时间（天数）	645
成本（索赔额百分比）	30.0
司法程序质量指数（0-18）	4.0
办理破产（排名）	157
办理破产分数（0-100）	25.89
时间（年数）	3.0
成本（资产价值百分比）	15.0
回收率（百分比）	19.1
破产框架力度指数（0-16）	5.0

赞比亚

营商环境便利度排名（1 - 190）	87
开办企业（排名）	102
开办企业分数（0-100）	85.07
手续（数量）	7
时间（天数）	8.5
成本（人均收入百分比）	32.8
最低实缴资本（人均收入百分比）	0.0
办理施工许可证（排名）	70
办理施工许可证分数（0-100）	71.65
手续（数量）	10
时间（天数）	189
成本（仓库价值百分比）	2.6
建筑质量控制指数（0-15）	10.0
获得电力（排名）	128
获得电力分数（0-100）	61.22
手续（数量）	5
时间（天数）	117
成本（人均收入百分比）	2329.1
供电可靠性和电费透明度指数（0-8）	4
登记财产（排名）	150
登记财产分数（0-100）	49.06
手续（数量）	6
时间（天数）	45
成本（财产价值百分比）	9.7
土地管理质量指数（0-30）	7.0

撒哈拉以南非洲

营商环境便利度分数（0-100）	65.08
获得信贷（排名）	3
获得信贷分数（0-100）	95.00
合法权利力度指数（0-12）	11
信贷信息深度指数（0-8）	8
信贷局覆盖率（成年人百分比）	10.9
信贷登记处覆盖率（成年人百分比）	0.0
保护少数投资者（排名）	110
保护少数投资者分数（0-100）	50.00
披露程度指数（0-10）	4
董事责任程度指数（0-10）	6
股东诉讼便利度指数（0-10）	7
股东权利指数（0-10）	5
所有权和控制权指数（0-10）	4
公司透明度指数（0-10）	4
纳税（排名）	17
纳税分数（0-100）	88.71
缴税次数（每年）	11
时间（小时数/每年）	164
总税收和缴费率（占利润百分比）	15.6
报税后程序指数（0-100）	85.94

人均收入（美元）1300

人口	17094130
跨境贸易（排名）	153
跨境贸易分数（0-100）	56.88
出口所需时间	
单证合规（小时）	96
边界合规（小时）	120
进口成本	
单证合规（美元）	200
边界合规（美元）	370
进口所需时间	
单证合规（小时）	72
边界合规（小时）	120
进口成本	
单证合规（美元）	175
边界合规（美元）	380
执行合同（排名）√	130
执行合同分数（0-100）	50.82
时间（天数）	611
成本（索赔额百分比）	38.7
司法程序质量指数（0-18）	6.5
办理破产（排名）	99
办理破产分数（0-100）	42.42
时间（年数）	1.0
成本（资产价值百分比）	9.0
回收率（百分比）	49.8
破产框架力度指数（0-16）	5.0

津巴布韦		撒哈拉以南非洲		人均收入（美元）	910
营商环境便利度排名（1-190）	155	营商环境便利度分数（0-100）	50.44	人口	16529904
✓ 开办企业（排名）	176	✓ 获得信贷（排名）	85	跨境贸易（排名）	157
开办企业分数（0-100）	66.48	获得信贷分数（0-100）	55.00	跨境贸易分数（0-100）	54.34
手续（数量）	9	合法权利力度指数（0-12）	5	*出口所需时间*	
时间（天数）	32	信贷信息深度指数（0-8）	6	单证合规（小时）	99
成本（人均收入百分比）	110.7	信贷局覆盖率（成年人百分比）	33.6	边界合规（小时）	88
最低实缴资本（人均收入百分比）	0.0	信贷登记处覆盖率（成年人百分比）	7.1	*进口成本*	
				单证合规（美元）	170
✓ 办理施工许可证（排名）	176	保护少数投资者（排名）	95	边界合规（美元）	285
办理施工许可证分数（0-100）	48.55	保护少数投资者分数（0-100）	53.33	*进口所需时间*	
手续（数量）	10	披露程度指数（0-10）	8	单证合规（小时）	81
时间（天数）	208	董事责任程度指数（0-10）	2	边界合规（小时）	228
成本（仓库价值百分比）	22.7	股东诉讼便利度指数（0-10）	5	*进口成本*	
建筑质量控制指数（0-15）	10.0	股东权利指数（0-10）	7	单证合规（美元）	150
		所有权和控制权指数（0-10）	5	边界合规（美元）	562
获得电力（排名）	166	公司透明度指数（0-10）	5		
获得电力分数（0-100）	44.81			✓ 执行合同（排名）	168
手续（数量）	6	纳税（排名）	145	执行合同分数（0-100）	39.66
时间（天数）	106	纳税分数（0-100）	58.71	时间（天数）	410
成本（人均收入百分比）	2631.5	缴税次数（每年）	51	成本（索赔额百分比）	83.1
供电可靠性和电费透明度指数（0-8）	0	时间（小时数/每年）	242	司法程序质量指数（0-18）	6.5
		总税收和缴费率（占利润百分比）	31.6		
登记财产（排名）	109	报税后程序指数（0-100）	52.38	办理破产（排名）	159
登记财产分数（0-100）	58.20			办理破产分数（0-100）	25.34
手续（数量）	5			时间（年数）	3.3
时间（天数）	36			成本（资产价值百分比）	22.0
成本（财产价值百分比）	7.6			回收率（百分比）	18.0
土地管理质量指数（0-30）	10.0			破产框架力度指数（0-16）	5.0

注：大多数指标集涉及各经济体中最大的商业城市的一个案例情景，但对 11 个人口超过 1 亿的经济体将数据采集范围扩大到第二大商业城市。对于某些指标，一个经济体可能会出现"无实践"的结果；有关详细信息，请参阅数据说明。在开办企业中，手续（数量）、时间（天）、成本（人均收入百分比）均以男性和女性的平均水平计算。对于后续索引，经济体改革"不适用"的结果可能会被记录。

鸣　谢

《2019 年营商环境报告》的数据收集和分析由《营商环境报告》项目经理 Santiago Croci Downes 领导的团队在《发展经济学全球指标组》高级经理 Rita Ramalho 的总体指导下完成的。世界银行集团发展经济学高级主任兼代理首席经济学家 Shantayanan Devarajan 为编写报告提供了全面指导。

该项目的管理还得到了 Adrian Gonzalez, Nan Jiang, Valentina Saltane 和 Hulya Ulku 的支持。其他团队成员包括: Nadine Abi Chakra, Ahmad Famm AlKhuzam, Jean Arlet, Lucia Arnal Rodriguez, Yuriy Valentinovich Avramov, Elodie Mathilde Raymonde Bataille, Erica Bosio, Liliya F Bulgakova, Édgar Chávez, Maria-Magdalena Chiquier, Cyriane Marie Coste, Najah Nina Dannaoui, Marie Lily Delion, Ina Dodica, Varun Eknath, Viktoriya Ereshchenko, Cecile Ferro, Dorina Peteva Georgieva, Pelayo Gonzalez-Escalada Mena, Fatima Al Zahra Abdulrahim Hewaidi, Maksym Iavorskyi, Herve Kaddoura, Klaus Adolfo Koch-Saldarriaga, Khrystyna L. Kushnir, Olga Kuzmina, Iryna Lagodna, Nicole Anouk Leger, Joseph Antoine Lemoine, Tiziana Londero, Silvia Carolina Lopez Rocha, Raman Maroz, Tamar Matiashvili, Nikiforos Meletiadis, Margherita Mellone, Nuno Filipe Mendes Dos Santos, Frederic Meunier, Joanna Nasr, Marie-Jeanne Ndiaye, Albert Nogues i Comas, Nadia Novik, Enrique Orellana Tamez, Rabah Ounissi, Esperanza Pastor Nuñez De Castro, Madwa-Nika Phanord-Cadet, Marion Pinto, Oleksandra Popova, Maria Antonia Quesada Gámez, Parvina Rakhimova, Andrea Nathalie Reyes Benjumea,

Julie Anne Ryan, Jayashree Srinivasan, Mihaela Stangu, Erick Tjong, Judit Trasancos Rodriguez, Farrukh Umarov, Yulia Borisovna Valerio, Maria Adelaida Vélez Posada, Rongpeng（Tiffany）Yang, Marilyne Florence Mafoboue Youbi, Inés Zabalbeitia Múgica, Yasmin Zand and Muqiao（Chloe）Zhang.。Vadim Abanin, Abigail Adu-Daako, Bassey Bassey Akpan, Alec Michael Albright, Hisham Mohammed J Alhawal, Meer Ako Ali, Ogma Dessirama Bale, Millan Redwan Bederu, Kimberly Krystal Blake, Irina Bondarenko, Damien Matthias Valentin Boucher, Santi Calvo Cano, Haoua Cisse Coulibaly, Dominique Fritz Deshommes, Minori Ito, Eva Solange Labbe, Eric Matthew Larger, Xueyang Li, Songezo Mabece, Vlagyiszlav Makszimov, Angela Marotti de Sciarra, Carolina Nugnes, Adjoua Marie-Pascale Nzi, Alexia Pimbli, Frida Irina Stukanow Dominguez, Bertrand Olivier Teirlinck, Sofia Terragni, Carol Marina Tojeiro, Anthony Paul Winszman, Cai Xu, Deepika Omprakash Yadav 和 Li Yuan 在报告出版之前数月中提供支持与帮助。

《营商环境报告》数据库的在线服务由 Rajesh Ammassamveettil, Varun Doiphode, Ana Cristina Santos Felix, Fengsheng Huang, Arun Chakravarthi Nageswaran, Smita Ramchandra Patil, Kamalesh Sengaonkar, Shrikant Bhaskar Shinde 和 Vinod Thottikkatu 进行管理。《2019年营商环境报告》的拓展战略由 Indira Chand 管理，并得到世界银行集团全球传播部同仁的支持。

我们团队对世界银行集团内部和外部同事们提供的宝贵意见表示感谢，同时也感谢世界银行集团执行主任所提供的指导。此外，我们还要特别向 Miah Rahmat Ali, Jean Francois Arvis, Shihab Ansari Azhar, Karim Ouled Belayachi, Maurizio Bussolo, Fernando Dancausa, Laura Sagnori Diniz, Simeon Djankov, Makhtar Diop, David Evans, Kenechukwu Maria Ezemenari, Jorge Familiar Calderon, Enrique Fanta Ivanovic, Ana Margarida Fernandes, Manuela V. Ferro, Melissa Fossberg, William John Gain, Caren Grown, Iva I. Hamel, Lucia C. Hanmer, Georgia Harley, Caroline Heider, Zahid Hussain, Yoichiro Ishihara,Gerard Kambou, Jennifer L. Keller, Claire A. Kfouri, Aphichoke Kotikula, Charles Kunaka, Andres Federico Martinez, Catherine Kadennyeka Masinde, Hideki Matsunaga, Saiyed Shabih Ali Mohib,Mahmoud Mohieldin, Peter J. Mousley,Tatiana Nenova, Akihiko Nishio, Antonio Nucifora,Tigran Parvanyan,William Welsh Paterson, Gael J. R. F. Raballand,Seila Redzepi, Federica Saliola, Hartwig Schafer, Sylvia Solf, Amy L. Stilwell,Andrew H.W. Stone, David M. Theis,Hans Timmer, Julien Vilquin, Alessio Zanelli, Christina Katharina Wiederer 和 Albert G. Zeufack 所给予的建议和指导表示感谢。

有关纳税项目是与普华永道（PwC）合作完成的，负责人 Stef van Weeghel。

Bronwen Brown 负责手稿的信辑。Corporate Visions 企业有限责任公司负责设计了报告和图表。

如果没有来自190个经济体的13800多位法律专家、商业顾问、会计师、货运代理、政府官员和其他专业人员组成的专业知识网络以及他们的慷慨贡献，那么《营商环境报告》是不可能编制完成的。他们经常就日常行政管理和所涵盖的190个经济体的有关法律和管理要求提供相应的咨询意见，如需获得本地合作伙伴的详细联系方式请访问《营商环境报告》的网站：http://www.doingbusiness.org。

以下是我们希望特别感谢的本地合作伙伴合伙人的名单。全球和地区参与者在它们位于世界各地的办事处完成了我们提供的多份问卷调查。

全球参与者

ADVOCATES FOR INTERNATIONAL DEVELOPMENT

BAKER MCKENZIE

BDO

DELOITTE

DENTONS

DLA PIPER

EVERSHEDS SUTHERLAND

EY

GRANT THORNTON

GRATA INTERNATIONAL

IUS LABORIS—ALLIANCE OF LABOR, EMPLOYMENT, BENEFITS AND PENSIONS LAW FIRMS

JOHN W. FFOOKS & CO.

KPMG

LEX MUNDI, ASSOCIATION OF INDEPENDENT LAW FIRMS

PWC[1]

REED SMITH LLP

RUSSELL BEDFORD INTERNATIONAL

SHEARMAN & STERLING LLP

TALAL ABU-GHAZALEH LEGAL (TAG-LEGAL)

WHITE & CASE LLP

地区参与者

A.P. MOLLER—MAERSK GROUP

AL TAMIMI & COMPANY

ARIAS LAW

ASHURST LLP

ASSOCIATION OF CONSUMER CREDIT INFORMATION SUPPLIERS (ACCIS)

BOGA & ASSOCIATES

CENTIL LAW

DFDL

FERRERE ABOGADOS

GARCÍA & BODÁN

GARRIGUES

GIDE LOYRETTE NOUEL

MAYER BROWN

MIRANDA & ASSOCIADOS

NORTON ROSE

SCHOENHERR

SORAINEN

TRANSUNION INTERNATIONAL

阿富汗

DA AFGHANISTAN BRESHNA SHERKAT

INVEST-ONE CORPS INC.

Taqi Ud Din Ahmad
A.F. FERGUSON & CO. CHARTERED ACCOUNTANTS, A MEMBER FIRM OF PWC NETWORK

Najibullah Ahmadi
SKYWARDS CONSTRUCTION COMPANY

Zulfiqar Ali Khan
AFGHANISTAN INTERNATIONAL BANK

Shaheryar Aziz
A.F. FERGUSON & CO. CHARTERED ACCOUNTANTS, A MEMBER FIRM OF PWC NETWORK

Ghufran Babakarkhail
BRAND SUPER CONSTRUCTION COMPANY

Sara Balagh
KAKAR ADVOCATES

Mazhar Bangash
RIAA BARKER GILLETTE AFG

Nadia Bazidwal
THE ASIA FOUNDATION

Sultan Maqsood Fazel
QADERDAN ELECTRICITY COMPANY

Mohammad Erfan Habib
PRAELEGAL

Abdul Hameed Sahak
DA AFGHANISTAN BANK

Khalid Hatam
RIAA BARKER GILLETTE AFG

Hussain Ali Hekmat
IKMAL ENGINEERING CONSTRUCTION COMPANY

Sanzar Kakar
AFGHANISTAN HOLDING GROUP

Abdul Nafay Khaleeq
MOBY GROUP AFGHANISTAN

M. Wisal Khan
LEGAL ORACLES

Thomas Kraemer
KAKAR ADVOCATES

Khalid Massoudi
MASNAD LAW FIRM

Abdul Qayoum Mohammadi
SKYWARDS CONSTRUCTION COMPANY

Mohammad Jawad Moradi
AFGHANISTAN INTERNATIONAL BANK

Abdul Nasir Mudaser
AFGHANISTAN LAWYERS INTERNATIONAL

Atif Mufassir
DELOITTE YOUSUF ADIL, CHARTERED ACCOUNTANTS

Babu Nambarath
ABU-GHAZALEH INTELLECTUAL PROPERTY (AGIP)

Saqib Naseer
A.F. FERGUSON & CO. CHARTERED ACCOUNTANTS, A MEMBER FIRM OF PWC NETWORK

Abdul Nasser Nazari
RAINBOW CONSULTING SERVICES

Tariq Nazarwall
DEHSABZ CITY DEVELOPMENT AUTHORITY, INDEPENDENT BOARD OF KABUL NEW CITY DEVELOPMENT

Zahidullah Omarzai
RIAA BARKER GILLETTE AFG

Habibullah Pirzada
ACCL INTERNATIONAL

Habiburahman Qaderdan
QADERDAN ELECTRICITY COMPANY

Naser Raiz
SAHIL RAEZ ENGINEERING SERVICES LTD.

Ahmad Rashid
KABUL MUNICIPALITY

Abdul Wahid Rizwanzai
RIAA BARKER GILLETTE AFG

Abdul Sami Saber
DA AFGHANISTAN BANK

Ali Saberi
IKMAL ENGINEERING CONSTRUCTION COMPANY

Zahid Safi
RIAA BARKER GILLETTE AFG

Abdul Nasser Sahak
DA AFGHANISTAN BANK

Ferdous Samim
AFGHAN TAAK INC.

Mohammad Ismail Shahid
LEX FERGHANA ADVOCATS & LEGAL CONSULTANTS

Aali Shan Ahmed
ICON TRADING AND FORWARDING COMPANY

Khesraw Shinwari
KABUL MUNICIPALITY

Haris Syed Raza
GERRY'S DNATA PVT. LTD.

Mohammad Taimur Taimur
DA AFGHANISTAN BANK

Mohammad Khalid Tayeb
KANDA FRUIT

Najibullah Wardak
MINISTRY OF FINANCE

Abdul Salam Zahed
AFGHANISTAN INVESTMENT SUPPORT AGENCY

Rohullah Zarif
ACCL INTERNATIONAL

阿尔巴尼亚

WOLF THEISS

Iris Ago
GENERAL DIRECTORATE OF TAXATION

Artur Asllani
TONUCCI & PARTNERS

Artan Babaramo
GENERAL DIRECTORATE OF TAXATION

Ledia Beçi

Renis Bega
HOXHA, MEMI & HOXHA

Boiken Bendo
BENDO LAW, ADVOCATES & LEGAL CONSULTANTS

Armando Bode
BOGA & ASSOCIATES

Genc Boga
BOGA & ASSOCIATES

Artan Bozo
BOZO & ASSOCIATES LAW FIRM

Njazuela Braholli
GJIKA & ASSOCIATES

Megi Caushi
AVANNTIVE CONSULTING SH.P.K.

Eriona Dobrovoda
AECO CONSULTING

Eniana Dupi
AECO CONSULTING

Besnik Duraj
DRAKOPOULOS LAW FIRM

Ana Dylgjeri
BANK OF ALBANIA

Sokol Elmazaj
BOGA & ASSOCIATES

Pranvera Fagu (Behushi)
ALBANIAN NATIONAL BUSINESS CENTER

Dorina Fezollari
AVANNTIVE CONSULTING SH.P.K.

Lisjana Fusha
ALB BB AUDITING LTD.

Lorena Gega
PRICEWATERHOUSECOOPERS AUDIT SH.P.K.

Enida Gerxholli
REGISTRY OF SECURITY PLEDGES

Gjergji Gjika
GJIKA & ASSOCIATES

Aurela Gjokutaj
AL-TAX CENTER

Eduart Gjokutaj
AL-TAX CENTER

Valbona Gjonçari
BOGA & ASSOCIATES

Klaid Goga
DIAMANT LOGISTICS

Shirli Gorenca
KALO & ASSOCIATES

Elvis Gosnishti
ALB BB AUDITING LTD.

Mateo Gosnishti
ALB BB AUDITING LTD.

Esa Hala
ABKONS

Ergys Hasani
GJIKA & ASSOCIATES

Florian Hasko
TASHKO PUSTINA—ATTORNEYS

Eris Hoxha
ABKONS

Shpati Hoxha
HOXHA, MEMI & HOXHA

Elira Hroni
KALO & ASSOCIATES

Belinda Ikonomi

Evis Jani
GJIKA & ASSOCIATES

Brunilda Jegeni
REGISTRY OF SECURITY PLEDGES

Ilir Johollari
HOXHA, MEMI & HOXHA

Bledar Kabashi
MINISTRY OF JUSTICE

Oltion Kaçani
GJIKA & ASSOCIATES

Miranda Kapllani
BENIMPEX & CO.

Aldi Kareco
BOGA & ASSOCIATES

Olta Kaziaj
AVANNTIVE CONSULTING SH.P.K.

Qirjako Kocollari
DHL

Ilda Koja
GENERAL DIRECTORATE OF TAXATION

Flamur Kuçi
ADVICE

Renata Leka
BOGA & ASSOCIATES

Sara Leka
BOGA & ASSOCIATES

Gilda Lika
*BENDO LAW, ADVOCATES
& LEGAL CONSULTANTS*

Petraq Lika
*OSHEE (OPERATORI
I SHPERNDARJES SE
ENERGJISE ELEKTRIKE)*

Arbër Lloshi
*OPTIMA LEGAL
AND FINANCIAL*

Tetis Lubonja
MINISTRY OF JUSTICE

Marlind Maksuti
*PRICEWATERHOUSECOOPERS
AUDIT SH.P.K.*

Andi Memi
HOXHA, MEMI & HOXHA

Romeo Merruko
KALO & ASSOCIATES

Aigest Milo
KALO & ASSOCIATES

Orgita Milo
BOGA & ASSOCIATES

Krista Moco
ABKONS

Eno Muja
BOGA & ASSOCIATES

Ina Mullaj
ABKONS

Kristo Myridinas
*PRICEWATERHOUSECOOPERS
AUDIT SH.P.K.*

Trojan Pavllovski
BOGA & ASSOCIATES

Loreta Peci
*PRICEWATERHOUSECOOPERS
AUDIT SH.P.K.*

Romina Pere
ALB BB AUDITING LTD.

Krisela Qirushi
GJIKA & ASSOCIATES

Alban Shanaj
TASHKO PUSTINA—ATTORNEYS

Ardjana Shehi
*AA+ PARTNERS LEGAL
& CONSULTING*

Elda Shuraja

Jonida Skendaj
BOGA & ASSOCIATES

Ketrin Topçiu
*BOZO & ASSOCIATES
LAW FIRM*

Rudina Toto
CO-PLAN

Alketa Uruçi
BOGA & ASSOCIATES

Irv Vaso
KALO & ASSOCIATES

Gerhard Velaj
BOGA & ASSOCIATES

Migena Vrioni
GENER2

Flavia Xhafo
KALO & ASSOCIATES

Donald Xhelili
FIRST COURT OF TIRANA

Enida Zeneli
*BOZO & ASSOCIATES
LAW FIRM*

阿尔及利亚

Mohamed Nadir Aissani
PWC ALGERIA

Samit Ait-Amar
CABINET AIT-AMAR

Salima Aloui
*LAW FIRM GOUSSANEM
& ALOUI*

Arab Aoudj
*CABINET D'AUDIT ET DE
CONTRÔLE DES COMPTES*

Djelloul Aouidette
*UNION NATIONALE
DES TRANSITAIRES ET
COMMISSIONNAIRES
ALGÉRIENS (UNTCA)*

Mohamed Atbi
*ETUDE NOTARIALE
MOHAMED ATBI*

Djamila Azzouz
*CABINET D'AUDIT AZZOUZ—
CORRESPONDENT OF RUSSELL
BEDFORD INTERNATIONAL*

Salim Azzouz
*CABINET D'AUDIT AZZOUZ—
CORRESPONDENT OF RUSSELL
BEDFORD INTERNATIONAL*

Smail Bazizi
*COMMISSION DE REGULATION
DE L'ELECTRICITE ET DU GAZ*

Yannil Belbachir
FARES GROUP LAW FIRM

Hind Belhachmi
LPA-CGR AVOCATS

Hassan Djamel Belloula
CABINET BELLOULA

Tayeb Belloula
CABINET BELLOULA

Abdelghani Benaired
*CABINET DU MAÎTRE
ABDELGHANI BENAIRED*

Abdelouahab Benali
TRANSIT MOUHOUB KAMAL

Anis Benissad
LANOUAR PARTNERS

Aniss Benmeradi
CABINET MEGUELLATI

Hind Benmiloud
BENMILOUD AVOCATS

Meriem Benmouloud
*AGENCE NATIONALE
DU CADASTRE*

Djamila Berkane
MINISTRY OF JUSTICE

Rachid Berredane
*CHAMBRE NATIONALE
DES NOTAIRES*

Abdelhakim Bettache
*L'ASSEMBLÉE POPULAIRE
COMMUNALE D'ALGER CENTRE*

Adnane Bouchaib
BOUCHAIB LAW FIRM

Murb Boudali
MINISTÈRE DE L'ÉNERGIE

Hamid Boughenou
BECOME SCP

Rachida Boughenou
BECOME SCP

Nourdine Bouhatmi
MAERSK LOGISTICS

Djoulene Boukedroune
THOMPSON & KNIGHT LLP

Abderrahmane Bourkaib
FID ACCOUNTING SARL

Youcef Bouzouad
*DIRECTION GÉNÉRALE
DES DOUANES*

Merouane Chabane
*SOCIÉTÉ DE DISTRIBUTION
DE L'ÉLECTRICITÉ ET DU
GAZ D'ALGER (SDA)*

Mohand Larbi Ikram Chikhi
MLI CHIKHI

Djamel Chorfi

Abdallah Deramchi
*CABINET D'AUDIT AZZOUZ—
CORRESPONDENT OF RUSSELL
BEDFORD INTERNATIONAL*

Mohamed Riad Deramchi
*CABINET D'AUDIT AZZOUZ—
CORRESPONDENT OF RUSSELL
BEDFORD INTERNATIONAL*

Said Dib
BANQUE D'ALGÉRIE

Ahmed Djouadi
*LAW FIRM HADJ-HAMOU
& DJOUADI—ASSOCIATE
OFFICE OF DENTONS*

Hamil Faidi
STUDIO A

Aouam Fatiha

Omar Fouchane
*SARL GLOBTAINER
LOGISTIQUE ALGERIE*

Julien Gontier
*GIDE LOYRETTE NOUEL,
MEMBER OF LEX MUNDI*

Mohamed Lahbib Goubi
BANQUE D'ALGÉRIE

Khaled Goussanem
*LAW FIRM GOUSSANEM
& ALOUI*

Mohamed El-Amine Haddad
*CABINET DE MAÎTRE
AMINE HADDAD*

Tidjani Hassan Haddam
CNAS

Samir Hamouda
*CABINET D'AVOCATS
SAMIR HAMOUDA*

Mustapha Hamza
HAMZA LAW OFFICE

Issaad M. Hand
*MINISTÈRE DES
FINANCES—DIRECTION
GÉNÉRALE DES IMPÔTS*

Halim Karabadji
*SOCIÉTÉ DE DISTRIBUTION
DE L'ÉLECTRICITÉ ET DU
GAZ D'ALGER (SDA)*

Moussaoui Karim
*CAISSE NATIONALE
DE SÉCURITÉ SOCIALE
DES NON SALARIÉS*

Yamina Kebir
LAW OFFICE OF YAMINA KEBIR

Abdelmalek Kherbachene
LANOUAR PARTNERS

Samy Laghouati
*GIDE LOYRETTE NOUEL,
MEMBER OF LEX MUNDI*

Mohamed Seghir Lakhdari
LAKHDARI CABINET D'AVOCATS

Mouenis Lakhdari
LAKHDARI CABINET D'AVOCATS

Mohamed Lanouar
LANOUAR PARTNERS

Harous Madjid
PWC ALGERIA

Sandra Mechta
*CENTRE NATIONAL DU
REGISTRE DU COMMERCE*

Sofiane Meguellati
CABINET MEGUELLATI

Tahar Melakhessou
NOTAIRE MELAKHESSOU

Ayoub Melizi
AMA

Aliane Meziane
*CABINET
SELLOU—CHERNIKH—ALIANE*

Mouraia M'hamed
MINISTÈRE DE L'ÉNERGIE

Mohamed Mokrane
*MINISTÈRE DES FINANCES—
DIRECTION GÉNÉRALE DU
DOMAINE NATIONAL*

Hassane Nait Ibrahim
*SARL GLOBTAINER
LOGISTIQUE ALGERIE*

Hamid Ould Hocine
STUDIO A

Wissam Ramdani
FARES GROUP LAW FIRM

Malika Redouani
PWC ALGERIA

Rabhi Saddek
ACCOUNTANT

Lazhar Sahbani
PWC ALGERIA

Madiha Silini
LPA-CGR AVOCATS

Sarah Soubrah-Chouiter
THOMPSON & KNIGHT LLP

Abbas Turqui
AVOCAT

Nourredine Yahi
CABINET YAHI

Hassan Yassine
THOMPSON & KNIGHT LLP

安哥拉

TRANSMIX

Luís Andrade
PWC ANGOLA

Jeanine Batalha Ferreira
PWC PORTUGAL

Guilherme Carreira
EDIFER ANGOLA

Luis Filipe Carvalho
*ADCA LAW FIRM, MEMBER
OF DLA PIPER AFRICA GROUP*

Jaime Carvalho Esteves
PWC PORTUGAL

Inês Barbosa Cunha
PWC PORTUGAL

Alwin Leon Das
FAMS TRANSITÁRIOS LDA

Patricia Dias
AVM ADVOGADOS

Alexandre Fernandes
AFBS PARTNERS

Luís Fraústo Varona
ABREU ADVOGADOS

Alberto Galhardo Simões
MIRANDA & ASSOCIADOS

Yuri Ganga
CFA

Rita Lufinha Borges
MIRANDA & ASSOCIADOS

António Manuel da Silva
*INSTITUTO REGULADOR DOS
SERVIÇOS DE ELECTRICIDADE
E ÁGUAS (IRSEA)*

Rute Martins Santos
CFA

Arcelio Matias
*ARCÉLIO INÁCIO DE
ALMEIDA MATIAS—ARDJA-
PRESTAÇÃO DE SERVIÇOS
E CONSULTORIA, LDA*

Rui Mayer
*CUATRECASAS, GONÇALVES
PEREIRA, RL (PORTUGAL)*

Vanessa Mendes
CFA

Marcos Neto
BANCO NACIONAL DE ANGOLA

Catarina Neto Fernandes
ADCA ADVOGADOS ANGOLA

Janota Nzogi
ENERGY AND WATER MINISTRY

Júlio Pascoal
ENDE-EP

Alexandre Pegado
*ALEXANDRE PEGADO—
ESCRITÓRIO DE ADVOGADOS*

Joaquim Piedade
UNICARGAS

André Miguel Pitéu
RANSITEX ANGOLA

Laurinda Prazeres Cardoso
LEAD ADVOGADOS

José Quarta
*INSTITUTO REGULADOR DOS
SERVIÇOS DE ELECTRICIDADE
E ÁGUAS (IRSEA)*

Antonio Sanchez
ENDE-EP

Cláudia Santos Malaquias
MIRANDA & ASSOCIADOS

Sandra Saraiva
*GABINETE LEGAL
ANGOLA—ADVOGADOS*

Bruno Serejo
*ELA—EXPERT LEGAL
ASSISTANCE*

Dinamukueno Lukie Sérgio
OLICARGO ANGOLA SA

Tatiana Serrão
FBL ADVOGADOS

Gervásio Simão
GEPLI ANGOLA

Beatriz Calcida Soares
Catumbela

Daniela Tavares Nunes
ABREU ADVOGADOS

Elsa Tchicanha
*GABINETE LEGAL
ANGOLA—ADVOGADOS*

Cristina Teixeira
PWC ANGOLA

Kiluange Tiny
CFA

Ricardo Veloso
*RICARDO VELOSO &
ADVOGADOS ASSOCIADOS*

António Vicente Marques
AVM ADVOGADOS

安提瓜和巴布达

*ANTIGUA & BARBUDA
INTELLECTUAL PROPERTY &
COMMERCE OFFICE (ABIPCO)*

INLAND REVENUE DEPARTMENT

MINISTRY OF LABOR

Vernon Bird
SURVEY AND MAPPING
DIVISION

Raju Boddu
ANTIGUA & BARBUDA
CUSTOMS & EXCISE DIVISION

Neil Coates
GRANT THORNTON

Nkosi Cochrane
DEVELOPMENT CONTROL
AUTHORITY

Brian D'Ornellas
OBM INTERNATIONAL,
ANTIGUA LTD.

John Fuller
JOHN E. FULLER & CO.

E. Ann Henry
HENRY & BURNETTE

Craig Jacas
STAPLETON CHAMBERS

Wendy Jackson
MEDICAL BENFITS SCHEME

Colin John Jenkins
CJC + ASSOCIATES INC.

Hugh C. Marshall
MARSHALL & CO.

David Matthias
ANTIGUA BARBUDA SOCIAL
SECURITY BOARD

Jason Peters
ANTIGUA PUBLIC UTILITIES
AUTHORITY (APUA)

Septimus A. Rhudd
RHUDD & ASSOCIATES

Stacy A. Richards-Roach
RICHARDS & CO.

Sharon Simmons
LAND REGISTRY

Owren Smith
DEVELOPMENT CONTROL
AUTHORITY

Frederick Southwell
DEVELOPMENT CONTROL
AUTHORITY

阿根廷

Lucas Abal
RIVERA & ASOCIADOS

Ignacio Acedo
GONZALEZ & FERRARO MILA

Dolores Acosta
MITRANI CABALLERO
& RUIZ MORENO

Osvaldo Alonso
GOBIERNO DE LA CIUDAD
DE BUENOS AIRES

Tomás M. Araya
M. & M. BOMCHIL

Nicolás Arida
RATTAGAN, MACCHIAVELLO
AROCENA & PEÑA
ROBIROSA ABOGADOS

Natalia Artmann
ALFARO ABOGADOS

Ariadna Artopoulos
M. & M. BOMCHIL

María Fernanda Arturi
CENTRAL BANK OF ARGENTINA

Alejo Baca Castex
G. BREUER

Ricardo Balestra
M. & M. BOMCHIL

Gonzalo Carlos Ballester
J.P. O'FARRELL ABOGADOS

Néstor J. Belgrano
M. & M. BOMCHIL

Martin Boldes
SECRETARÍA GENERAL DEL
GOBIERNO DE LA CIUDAD
DE BUENOS AIRES

Pilar Etcheverry Boneo
MARVAL, O'FARRELL
& MAIRAL, MEMBER
OF LEX MUNDI

Ignacio Fernández Borzese
LUNA REQUENA & FERNÁNDEZ
BORZESE TAX LAW FIRM

Laura Huertas Buraglia
MITRANI CABALLERO
& RUIZ MORENO

Damián Burgio
SALAVERRI | BURGIO |
WETZLER MALBRÁN

Fabiola Busto Blanco
GONZALEZ & FERRARO MILA

Adriana Paola Caballero
WIENER SOTO CAPARRÓS

Delfina Calabro
ESTUDIO BECCAR VARELA

Javier Canosa
CANOSA ABOGADOS

Federico Carenzo
LEONHARDT & DIETL

Gabriela Carissimo
ALFARO ABOGADOS

Mariano E. Carricart
BADENI, CANTILO,
LAPLACETTE & CARRICART

Gustavo Casir
GONZALEZ & FERRARO MILA

Luciano Cativa
LUNA REQUENA & FERNÁNDEZ
BORZESE TAX LAW FIRM

Hector Osvaldo Chomer
JUZGADO DE PRIMERA
INSTANCIA EN LO COMERCIAL

Agustín Comastri
G. BREUER

Agueda Crespo
UNION INTERNACIONAL
DEL NOTARIADO

Roberto H. Crouzel
ESTUDIO BECCAR VARELA

Gabriel de Albadalejo
ECOVIS ARGENTINA
RAMOGNINO, DE ALBALADEJO
& ASOCIADOS SC

Oscar Alberto del Río
CENTRAL BANK OF ARGENTINA

Noelia Aldana Di Stéfano
J.P. O'FARRELL ABOGADOS

Dana Eizner
SEVERGNINI, ROBIOLA,
GRINBERG & TOMBEUR

Pablo Ferraro Mila
GONZALEZ & FERRARO MILA

Diego M. Fissore
G. BREUER

María Victoria Funes
M. & M. BOMCHIL

Eduardo Galleazzi
ARCHITECT

Martín Gastaldi
ESTUDIO BECCAR VARELA

Javier M. Gattó Bicain
CANDIOTI GATTO
BICAIN & OCANTOS

Giselle Rita Geuna
ALFARO ABOGADOS

Juan José Glusman
PWC ARGENTINA

Gonzalo María Gros
J.P. O'FARRELL ABOGADOS

Eduardo Guglielmini
MINISTRY OF ENERGY
AND MINING

Sandra S. Guillan

Federico Guillermo Absi
G. BREUER

Maria del Pilar Gutierrez
LEONHARDT, DIETL, GRAF
& VON DER FECHT

Paula Hertel
DIRECCIÓN GENERAL
DE REGISTRO DE OBRAS
Y CATASTRO (CITY OF
BUENOS AIRES)

Gabriela Hidalgo

Fabián Hilal
CASELLA & HILAL ABOGADOS

Daniel Intile
RUSSELL BEDFORD
ARGENTINA—MEMBER
OF RUSSELL BEDFORD
INTERNATIONAL

Edgardo Isola
M. & M. BOMCHIL

Nicolás Jaca Otaño
RATTAGAN, MACCHIAVELLO
AROCENA & PEÑA
ROBIROSA ABOGADOS

Luciano José Nístico
J.P. O'FARRELL ABOGADOS

Andrea Junquera
CANDIOTI GATTO
BICAIN & OCANTOS

Federico Leonhardt
LEONHARDT, DIETL, GRAF
& VON DER FECHT

Eduardo Lerner
ENTE NACIONAL REGULADOR
DE LA ELECTRICIDAD (ENRE)

Pilar Lodewyckx Hardy
ESTUDIO BECCAR VARELA

Marcelo López
INSPECCIÓN GENERAL
DE JUSTICIA

Veronica Lopreite
AGENCIA GUBERNAMENTAL
DE CONTROL

Juan Manuel Magadan
PWC ARGENTINA

Maria Jimena Martinez Costa
MITRANI CABALLERO
& RUIZ MORENO

Julián Melis
CANDIOTI GATTO
BICAIN & OCANTOS

Julián Michel
RATTAGAN, MACCHIAVELLO
AROCENA & PEÑA
ROBIROSA ABOGADOS

María Fernanda Mierez
ESTUDIO BECCAR VARELA

Diego Minerva
MITRANI CABALLERO
& RUIZ MORENO

Walter Minetti
DAMCO

Jorge Miranda
CLIPPERS SA

Pedro Nicholson
ESTUDIO BECCAR VARELA

Alfredo Miguel O'Farrell
MARVAL, O'FARRELL
& MAIRAL, MEMBER
OF LEX MUNDI

Gabriela E. Orsini
SENTIDO COMÚN

Laura Piedrahita Abella
RIVERA & ASOCIADOS

Alejandro Poletto
ESTUDIO BECCAR VARELA

Enrique Pugliano
ORGANIZACIÓN VERAZ SA
COMERCIAL DE MANDATOS
E INFORMES IN AFFILIATION
WITH EQUIFAX INC.

María Clara Pujol
WIENER SOTO CAPARRÓS

Julio R. Martinez
MITRANI CABALLERO
& RUIZ MORENO

Rafael Ramognino
ECOVIS ARGENTINA
RAMOGNINO, DE ALBALADEJO
& ASOCIADOS SC

Natalia Rauchberger
MITRANI CABALLERO
& RUIZ MORENO

Federico José Reibestein
REIBESTEIN & ASOCIADOS

Juan Manuel Reyes Santa Cruz
PLANOSNET.COM
CONSULTORIA MUNICIPAL

Julio Cesar Rivera
RIVERA & ASOCIADOS

Matías Rivera
SALAVERRI | BURGIO |
WETZLER MALBRÁN

Gustavo Robino
WIENER SOTO CAPARRÓS

Sebastián Rodrigo
ALFARO ABOGADOS

Ignacio Rodriguez
PWC ARGENTINA

Julián Andrés Rodríguez
J.P. O'FARRELL ABOGADOS

Teodoro Rodríguez Cáceres
G. BREUER

Juan Ignacio Ruiz
ALFARO ABOGADOS

Diego Salaverri
SALAVERRI | BURGIO |
WETZLER MALBRÁN

Luz María Salomón
J.P. O'FARRELL ABOGADOS

Juan Martin Salvadores
de Arzuaga
DE DIOS & GOYENA
ABOGADOS CONSULTORES

Gonzalo J. Sanchez
SANCHEZ, LUPI & ASOCIADOS

Pablo F. Sanchez Costa
MARVAL, O'FARRELL
& MAIRAL, MEMBER
OF LEX MUNDI

Ignacio Sanchez Vaqueiro
GONZALEZ & FERRARO MILA

Ramiro Santurio
LEONHARDT, DIETL, GRAF
& VON DER FECHT

Patricia Sassaroli
PAJARITO TRADING SRL

Enrique Schinelli
LEONHARDT, DIETL, GRAF
& VON DER FECHT

Carolina Serra
ESTUDIO BECCAR VARELA

Maria Shakespear
ESTUDIO BECCAR VARELA

Federico Sosa
ESTUDIO BECCAR VARELA

Maria Florencia Sota Vazquez
ALFARO ABOGADOS

Pablo Staszewski
STASZEWSKI & ASSOCIATES

Ricardo Tavieres
PWC ARGENTINA

María Paula Terrel

Adolfo Tombolini
RUSSELL BEDFORD
ARGENTINA—MEMBER
OF RUSSELL BEDFORD
INTERNATIONAL

Valentina Toquier
M. & M. BOMCHIL

María Paola Trigiani
ALFARO ABOGADOS

María Victoria Tuculet
M. & M. BOMCHIL

Emilio Beccar Varela
ESTUDIO BECCAR VARELA

Abraham Viera
PLANOSNET.COM
CONSULTORIA MUNICIPAL

Germán Wetzler Malbrán
SALAVERRI | BURGIO |
WETZLER MALBRÁN

Roberto Wiman
GREEN INGENIERÍA

Joaquín Emilio Zappa
J.P. O'FARRELL ABOGADOS

亚美尼亚

ELECTRIC NETWORKS
OF ARMENIA

MINISTRY OF ECONOMY

Mher Aghabekyan
YEREVAN MUNICIPALITY

Sergey Aghinyan

Mike Ahern
PWC KAZAKHSTAN

Anait Akhumyan
MINISTRY OF URBAN
DEVELOPMENT

Makar Arakelyan
SATI FREIGHT
FORWARDING CJSC

Amalia Artemyan
PARADIGMA ARMENIA CJSC

Zaruhi Arzuamnyan
LEGELATA

Hayk Asatryan
YEREVAN MUNICIPALITY

Sedrak Asatryan
CONCERN-DIALOG LAW FIRM

Alen Assaturian
URBAN UNIT LLC

Ella Atoyan
PWC ARMENIA

David Babayan
HORIZON 95

Karapet Badalyan
ALL T CONSULTING CJSC

Anushik Baghdasaryan
AVENUE CONSULTING GROUP

Artur Balyan
LEGAL WAVE LAW OFFICE LTD.

Hrachia Berberyan
AGRARIAN FARMER'S
ASSOCIATION OF ARMENIA

Artur Buduryan
LEGELATA

Aharon Chilingaryan
PARADIGMA ARMENIA CJSC

Arsen Chitchyan
*THE COLLEGIUM OF
BUSINESS-MANAGERS'
BANKRUPTCY—SRO*

Tatevik Danielyan
ARLEX INTERNATIONAL CJSC

Azat Dunamalyan
ARSHINBANK CJSC

Aikanush Edigaryan
TRANS-ALLIANCE

Gagik Galstyan
HORIZON 95

Shoghik Gharibyan
KPMG

Arsen Ghazaryan
*UNION OF MANUFACTURERS
AND BUSINESSMEN
(EMPLOYERS) OF ARMENIA*

Hasmik Ghukasyan
GRANT THORNTON LLP

Gayane Grigoryan
GRANT THORNTON LLP

Mihran Grigoryan
AVENUE CONSULTING GROUP

Narek Grigoryan
*THE STATE COMMITTEE OF
REAL PROPERTY CADASTRE
OF THE GOVERNMENT OF
THE REPUBLIC OF ARMENIA*

Tigran Grigoryan
AVENUE CONSULTING GROUP

Tigran K. Grigoryan
*ASSEMBLING AND
ARRANGING ENTERPRISE
OF ELECTROTECHNICAL
EQUIPMENT
ELECTROSEVKAMONTAG*

Alla Hakhnazaryan
LEGELATA

Gevorg Hakobyan
ELAWPHANT LAW FIRM

Edgar Hambaryan
KPMG

Hasmik Harutyunyan
PWC ARMENIA

Artak Hovakimyan
BIG ENERGO LLC

Arthur Hovhannisyan
MINISTRY OF JUSTICE

Vahan Hovsepyan

Andranik Kasaryan
YEREVAN MUNICIPALITY

Georgi Khachatryan
AVENUE CONSULTING GROUP

Rafik Khachatryan
KPMG

Sargis Manukyan
YEREVAN MUNICIPALITY

Gor Margaryan
LEGELATA

Nshan Martirosyan
*MINISTRY OF URBAN
DEVELOPMENT*

Lilit Matevosyan
PWC ARMENIA

Nshan Matevosyan
ARLEX INTERNATIONAL CJSC

Eduard Mesropyan
*JINJ ENGINEERING
AND CONSULTING*

Hovhannes Mesropyan
*JINJ ENGINEERING
AND CONSULTING*

Eleonora Mkrtchyan
CENTRAL BANK OF ARMENIA

Lilit Movsisyan
*STATE REVENUE COMMITTEE
OF THE GOVERNMENT OF
THE REPUBLIC OF ARMENIA*

Rajiv Nagri
GLOBALINK LOGISTICS GROUP

Narine Nersisyan
PWC ARMENIA

Aram Orbelyan
CONCERN-DIALOG LAW FIRM

Naira Petrosyan
PARADIGMA ARMENIA CJSC

Sarhat Petrosyan
URBANLAB YEREVAN

Suren Petrosyan
SP CONSULTING LLC

Hayk Pogosyan
ARSARQTEX LLC

Nare Sahakyan
ARSHINBANK CJSC

Thomas Samuelian
ARLEX INTERNATIONAL CJSC

Gor Shahbazyan
PWC ARMENIA

Maria Stepanyan
PROFTAX

Aleksey Sukoyan
COURT OF FIRST INSTANCE

Hakob Tadevosyan
GRANT THORNTON LLP

Arevik Tarzyan
AVITA LLC

Armen Tumanyan
*INTELEC INTELLIGENT
ELECTRICAL SOLUTIONS*

Nerses Yeritsyan
CENTRAL BANK OF ARMENIA

Hmayak Yezekyan
GLOBAL LOGISTICS

Aram Zakaryan
ACRA CREDIT BUREAU

澳大利亚

HILL SHIRE CITY COUNCIL

TREASURY OF AUSTRALIA

Mariam Azzo
*CLAYTON UTZ, MEMBER
OF LEX MUNDI*

Michael Barnett
PWC AUSTRALIA

Rosanna Bartlett
*ATTORNEY-GENERAL'S
DEPARTMENT*

Harold Bolitho
KING & WOOD MALLESONS

Lynda Brumm
PWC AUSTRALIA

Pete Calleja
PWC AUSTRALIA

Andrea Castle
WHITE & CASE AUSTRALIA

Amanda Coneyworth
*FERRIER HODGSON
MH SDN BHD*

Mark Dalby
*OFFICE OF STATE REVENUE,
NSW TREASURY*

Kristy Dixon
MARQUE LAWYERS

Philip Harvey
KING & WOOD MALLESONS

Morgan Kelly
*FERRIER HODGSON
MH SDN BHD*

Nathanael Kitingan
*MACPHERSON +
KELLEY LAWYERS*

Felicia Lal
MARQUE LAWYERS

Angus Luffman
EQUIFAX

John Martin
THOMSON GEER

Mitchell Mathas
MATHASLAW

Barnaby Matthews
WHITE & CASE AUSTRALIA

Nicholas Mavrakis
*CLAYTON UTZ, MEMBER
OF LEX MUNDI*

Mark Maxwell
FUSION INDUSTRIES PTY LTD.

Georgia McGrath
MARQUE LAWYERS

Aaron McKenzie
MARQUE LAWYERS

Gordon McNeil
AGRACOM PTY LIMITED

Abdur Mohamed
PWC AUSTRALIA

Edmond Park
*CLAYTON UTZ, MEMBER
OF LEX MUNDI*

Michael Piotrowicz
*ATTORNEY-GENERAL'S
DEPARTMENT*

Wesley Rogers
MARQUE LAWYERS

Dean Schiller
*FAYMAN INTERNATIONAL
PTY. LTD.*

Ruwan Senanayake

Bob Sparshatt
EQUIFAX

Damian Sturzaker
MARQUE LAWYERS

Michael Sweeney
LEE GREEN & CO.

Simon Truskett
*CLAYTON UTZ, MEMBER
OF LEX MUNDI*

Bruce Whittaker
ASHURST LLP

Amanda Wu
ASHURST LLP

奥地利

*MINISTRY FOR SCIENCE,
RESEARCH AND ECONOMY*

*ÖFFENTLICHER NOTAR MMAG.
DR. ARNO WEIGAND*

Thomas Bareder
*OESTERREICHISCHE
NATIONAL BANK*

Constantin Benes
SCHOENHERR

Markus Bitterl
*GRAF & PITKOWITZ
RECHTSANWÄLTE GMBH*

Ludwig Bittner
*ÖSTERREICHISCHE
NOTARIATSKAMMER*

Georg Brandstetter
*BRANDSTETTER,
BAURECHT, PRITZ & PARTNER
RECHTSANWÄLTE KG*

Manfred Buric
*FEDERAL MINISTRY OF
CONSTITUTIONAL AFFAIRS,
REFORM, DEREGULATION
AND JUSTICE*

Sonja Bydlinski
MINISTRY OF JUSTICE

Martin Ebner
SCHOENHERR

Martin Eckel
*TAYLORWESSING
E|N|W|C NATLACEN
WALDERDORFF CANCOLA
RECHTSANWÄLTE GMBH*

Agnes Eigner
*BRANDSTETTER, BAURECHT,
PRITZ & PARTNER
RECHTSANWÄLTE KG*

Julius Ernst
BEV

Tibor Fabian
*BINDER GRÖSSWANG
RECHTSANWÄLTE GMBH*

Julian Feichtinger
*CHSH CERHA HEMPEL
SPIEGELFELD HLAWATI,
MEMBER OF LEX MUNDI*

Leopold Ferch
*GRAF & PITKOWITZ
RECHTSANWÄLTE GMBH*

Christina Frist
SCHOENHERR

Ferdinand Graf
*GRAF & PITKOWITZ
RECHTSANWÄLTE GMBH*

Andreas Hable
*BINDER GRÖSSWANG
RECHTSANWÄLTE GMBH*

Sebastian Haensse
*GRAF & PITKOWITZ
RECHTSANWÄLTE GMBH*

Herbert Herzig
*AUSTRIAN CHAMBER
OF COMMERCE*

Alexander Hofmann
LAWYER

Armin Immervoll
MINISTRY OF FINANCE

Alexander Isola
*GRAF & PITKOWITZ
RECHTSANWÄLTE GMBH*

Rudolf Kaindl
*KAINDL DUERR SCHULLER-
KOEHLER ANTENREITER &
PARTNER CIVIL LAW NOTARIES*

Amith Gururaj Karanth
*PPC INSULATORS
AUSTRIA GMBH*

Margarete Kinz
PWC AUSTRIA

Alexander Klauser
*BRAUNEIS KLAUSER PRÄNDL
RECHTSANWÄLTE GMBH*

Christian Köttl
MINISTRY OF FINANCE

Rudolf Krickl
PWC AUSTRIA

Michaela Krist
*CHSH CERHA HEMPEL
SPIEGELFELD HLAWATI,
MEMBER OF LEX MUNDI*

Georg Lenger
*BREEZE PROJECT
AUSTRIA GMBH*

Peter Madl
SCHOENHERR

Johannes Mrazek
*AUSTRIAN REGULATORY
AUTHORITY*

Gerhard Muggenhuber
*BEV—FEDERAL OFFICE OF
METROLOGY & SURVEYING*

Nikolaus Neubauer
PWC AUSTRIA

Christopher Peitsch
*CHSH CERHA HEMPEL
SPIEGELFELD HLAWATI,
MEMBER OF LEX MUNDI*

Thomas Rosenthaler
SCWP SCHINDHELM AUSTRIA

Edwin Scharf
SCWP SCHINDHELM AUSTRIA

Georg Schima
*KUNZ SCHIMA WALLENTIN
RECHTSANWÄLTE OG,
MEMBER OF IUS LABORIS*

Stephan Schmalzl
STARLINGER MAYER

Daniel Schmidt
*BINDER GRÖSSWANG
RECHTSANWÄLTE GMBH*

Ernst Schmidt
ALPERN & PRINZ

David Seid
*GRAF & PITKOWITZ
RECHTSANWÄLTE GMBH*

Helmut Sprongl
*AUSTRIAN REGULATORY
AUTHORITY*

Thomas Trettnak
*CHSH CERHA HEMPEL
SPIEGELFELD HLAWATI,
MEMBER OF LEX MUNDI*

Birgit Vogt-Majarek
*KUNZ SCHIMA WALLENTIN
RECHTSANWÄLTE OG,
MEMBER OF IUS LABORIS*

Gerhard Wagner
KSV1870 INFORMATION GMBH

Lukas A. Weber
*BRAUNEIS KLAUSER PRÄNDL
RECHTSANWÄLTE GMBH*

Stefan Weileder
*GRAF & PITKOWITZ
RECHTSANWÄLTE GMBH*

Elisabeth Zehetner-Piewald
*AUSTRIAN CHAMBER
OF COMMERCE*

阿塞拜疆

AZERSUN

*CENTER FOR ANALYSIS
OF ECONOMIC REFORMS
AND COMMUNICATION*

*MINISTRY OF EMERGENCY
SITUATIONS, STATE AGENCY
FOR CONTROL OVER
CONSTRUCTION SAFETY*

Aygun Abbasova
*MICHAEL WILSON &
PARTNERS LTD.*

Parviz Abdullayev
PWC AZERBAIJAN

Husniyye Abdullayeva
MINISTRY OF TAXES

Khosrov Agaev
AKKORD ASC

Chingiz Agarzaev

Mike Ahern
PWC KAZAKHSTAN

Ilham Ahmedov
BAKU ADMINISTRATIVE-ECONOMICAL COURT NO. 1

Zulfiya Akchurina
GRATA INTERNATIONAL

Iftikhar Akhundov
MINISTRY OF TAXES

Azer Aliyev

Aykhan Asadov
BM MORRISON PARTNERS LLC

Zhala Asgarli
MGB LAW OFFICES

Ismail Askerov
MGB LAW OFFICES

Jamal Baghirov
BM MORRISON PARTNERS LLC

Natavan Baghirova
BM MORRISON PARTNERS LLC

Farid Bakhshiyev
GRATA INTERNATIONAL

Emil Bashirov
GRATA INTERNATIONAL

Khayyam Bayramov
JUDICIAL SERVICES AND SMART INFRASTRUCTURE PROJECT, WB AND MOJ

Orkhan Beydiyev
CASPIAN LEGAL CENTER

Eyyub Fataliyev
PWC AZERBAIJAN

Tural Feyzullayev
COLLATERAL REGISTRY

Pari Gasimli
CASPIAN LEGAL CENTER

Arif Guliyev
PWC AZERBAIJAN

Ramin Gurbanov
BAKU CITY YASAMAL DISTRICT COURT

Fatima Gurbanova
PWC AZERBAIJAN

Elchin Habibov
AZERBAIJAN CREDIT BUREAU LLC

Arzu Hajiyeva
EY

Kamala Hajiyeva
EY

Seymur Hasanov
FINANCIAL MARKETS SUPERVISORY AUTHORITY

Lala Hasanova
MGB LAW OFFICES

Kamal Huseynli
MGB LAW OFFICES

Elmar Huseynov
BLUE WATER SHIPPING LTD.

Ruhiyya Isayeva
DENTONS

Gadir Ismayilov
AZERISHIQ OJSC

Delara Israfilova
BM MORRISON PARTNERS LLC

Zaki Jabiyev

Aladdin A. Jafarov
BAKU CITY YASAMAL DISTRICT COURT

Ummi Jalilova
GRATA INTERNATIONAL

Anar Janmammadov
MGB LAW OFFICES

Bahar Kavuzova
PWC AZERBAIJAN

Sabina Kerimova
DENTONS

Elshad Khanalibayli
THE STATE COMMITTEE ON PROPERTY ISSUES

Elnur Mammadov

Elshad Mammadov
THE STATE COMMITTEE ON PROPERTY ISSUES

Sahib Mammadov
CITIZENS' LABOUR RIGHTS PROTECTION LEAGUE

Zaur Mammadov
EY

Ilgar Mehti
EKVITA

Rauf Memmedov
AZERBAIJAN CUSTOMS COMMITTEE

Telman Memmedov
MINISTRY OF TAXES

Elkhan Mikayilov
SECTOR OF ASSISTANT SERVICE OF THE PRESIDENT OF AZERBAIJAN REPUBLIC ON ECONOMIC REFORMS

Farhad Mirzayev
BM MORRISON PARTNERS LLC

Ruslan Mirzayev
ADREM ATTORNEYS

Zahir Mirzoev
MID 17

Aynur Musayeva
EXPERT SM LTD.

Altay Mustafayev
ALTAY MUSTAFAYEV LAW & TAX

Ikram Mutallimov
BUSINESS SERVICE CENTRE

Farid Nabili
CASPIAN LEGAL CENTER

Sabina Orujova
DENTONS

Almaz Quliyeva
MINISTRY OF TAXES

Mehri Rzayeva
BM MORRISON PARTNERS LLC

Leyla Safarova
BM MORRISON PARTNERS LLC

Mustafa Salamov
BM MORRISON PARTNERS LLC

Nazim Shukurov
AUDIT AZERBAIJAN

Sona Taghiyeva
DENTONS

Anar A. Umudov
ALIBI PROFESSIONAL LEGAL & CONSULTING SERVICES

Kamil Valiyev
MGB LAW OFFICES

Ilkin Veliyev
MINISTRY OF TAXES

Michael Wilson
MICHAEL WILSON & PARTNERS LTD.

Sevil Yahyayeva
EKVITA

Javid Yusifov
CASPIAN LEGAL CENTER

Ulvia Zeynalova-Bockin
DENTONS

巴哈马

BAHAMAS CUSTOMS

RBC ROYAL BANK

Tara A. Archer-Glasgow
HIGGS & JOHNSON

Sonia Brown
GRAPHITE ENGINEERING LTD.

Gregory Cleare
HOLOWESKO PARTNERS LTD.

Kimberley Cleare
PWC BAHAMAS

Myles Culmer
BDO

Kandice Davis
UTILITIES REGULATION & COMPETITION AUTHORITY

Craig G. Delancy
MINISTRY OF WORKS & TRANSPORT

Amos J. Ferguson Jr.
FERGUSON ASSOCIATES & PLANNERS

Michael Forsythe
IMPORT EXPORT BROKERS LTD.

Wendy Forsythe
IMPORT EXPORT BROKERS LTD.

Vann P. Gaitor
HIGGS & JOHNSON

Darren Ginns
SMG CONSTRUCTION

Craig Gomez
BAKER TILLY GOMEZ

Audley Hanna Jr.
HIGGS & JOHNSON

Whitney Heastie
BAHAMAS POWER AND LIGHT

Evelyn Holowesko
HOLOWESKO PYFROM FLETCHER

Christopher Jenkins
LENNOX PATON

Juan Lopez
KPMG

Edward J. Marshall II
GRAHAM THOMPSON ATTORNEYS

Mike Maura
APD LIMITED

Wayne R. Munroe
MUNROE & ASSOCIATES

Andrew G.S. O'Brien II
GLINTON | SWEETING | O'BRIEN

Lindsy Pinder
PINDER'S CUSTOMS BROKERAGE

Prince Rahming
PWC BAHAMAS

Alvan Rolle
ALVAN K. ROLLE & ASSOCIATES CO. LTD.

Rochelle Sealy
PWC BAHAMAS

Merrit A. Storr
PROVIDENCE LAW

Burlington Strachan
BAHAMAS POWER AND LIGHT

Michele Thompson
EY

Simon Townend
KPMG

Dana C. Wells
GRAHAM THOMPSON ATTORNEYS

巴林

Ahmed Abbas Abdulla
HASSAN RADHI & ASSOCIATES

Ahmed Abdulla
MINISTRY OF WORKS, MUNICIPALITIES AND URBAN PLANNING

Mahmood Al Asheeri
THE BENEFIT COMPANY

Latifa Al Mutawa
THE BENEFIT COMPANY

Salem Al Quti
MINISTRY OF WORKS, MUNICIPALITIES AND URBAN PLANNING

Waleed Al Sabbagh
BAHRAIN CUSTOMS

Ali Al Sadeq
THE BENEFIT COMPANY

Noor Al Taraif
ZU'BI & PARTNERS ATTORNEYS & LEGAL CONSULTANTS

Mohamed Al-Ahmadi
MINISTRY OF INDUSTRY, COMMERCE AND TOURISM

Ali Alalawi
MINISTRY OF INDUSTRY, COMMERCE AND TOURISM

Jameel Al-Alawi
MINISTRY OF INDUSTRY, COMMERCE AND TOURISM

Dana Alghareeb
HAYA RASHED AL KHALIFA

Rehab Al-Hashimi
MINISTRY OF WORKS, MUNICIPALITIES AND URBAN PLANNING

Ramzan Alnoaimi
JUDICIAL AND LEGAL STUDIES INSTITUTE

Lulwa Alzain

Shehbaz Ameen
AGILITY LOGISTICS

Nada Azmi
BAHRAIN ECONOMIC DEVELOPMENT BOARD

Laverne Bacaser
EY

Jenan Banahi
DLA PIPER

Piyush Bhandari
INTUIT MANAGEMENT CONSULTANCY

Laith Damer
TALAL ABU-GHAZALEH LEGAL (TAG-LEGAL)

Ayman El Ghonem
TALAL ABU-GHAZALEH LEGAL (TAG-LEGAL)

Qays H. Zu'bi
ZU'BI & PARTNERS ATTORNEYS & LEGAL CONSULTANTS

Najma Hassan
MINISTRY OF WORKS, MUNICIPALITIES AND URBAN PLANNING

Hessa Hussain
THE BENEFIT COMPANY

Noora Janahi
HASSAN RADHI & ASSOCIATES

Jawad HabibJawad
BDO

Ali Maki
MINISTRY OF INDUSTRY, COMMERCE AND TOURISM

Omar Manassaki
ZU'BI & PARTNERS ATTORNEYS & LEGAL CONSULTANTS

Ali Marhoon
MINISTRY OF INDUSTRY, COMMERCE AND TOURISM

Eman Omar
ZU'BI & PARTNERS ATTORNEYS & LEGAL CONSULTANTS

Mohamed Qurban
KANOO SHIPPING—YUSUF BIN AHMED KANOO WLL

Hassan Ali Radhi
HASSAN RADHI & ASSOCIATES

Naji Sabt
SURVEY AND LAND REGISTRATION BUREAU

Bidoor Saif
HAYA RASHED AL KHALIFA

Manar Swar
MINISTRY OF WORKS, MUNICIPALITIES AND URBAN PLANNING

Baiju Thomas
AGILITY LOGISTICS

Mohamed Toorani
DLA PIPER

Aseel Zimmo
SUPREME JUDICIAL COUNCIL

孟加拉国

BANGLADESH FREIGHT FORWARDERS ASSOCIATION—CHITTAGONG

BANGLADESH FREIGHT FORWARDERS ASSOCIATION—DHAKA

CHITTAGONG DEVELOPMENT AUTHORITY

DHAKA CUSTOMS AGENTS ASSOCIATION

DHAKA ELECTRICITY SUPPLY COMPANY LTD. (DESCO)

MINISTRY OF COMMERCE

Ahmed Nadim Abdullah
FM ASSOCIATES

Darras Abdullah
TANJIB ALAM AND ASSOCIATES

S.M. Abid Ur Rahman
TANJIB ALAM AND ASSOCIATES

Akib Adnan
PUBALI CONSTRUCTION CO. LTD.

Munir Uddin Ahamed
WAC LOGISTICS LIMITED

Suprim Ahammed
RAHMAN RAHMAN HUQ, KPMG IN BANGLADESH

Faria Ahmad
AKHTAR IMAM & ASSOCIATES

Montakim Ahmed
ACE ADVISORY

Junayed Ahmed Chowdhury
VERTEX CHAMBERS

Mohamed Nasir Uddin Al Mamun
AIR SEA GLOBAL FREIGHT LTD.

Sayeed Abdullah Al Mamun Khan
A.S. & ASSOCIATES

K.M. Tanjib-Ul Alam
TANJIB ALAM AND ASSOCIATES

Shajib Mahmood Alam
COUNSELS LAW PARTNERS

Emran Ali
*LAND REGISTRATION
DIRECTORATE, MINISTRY
OF LAW, JUSTICE &
PARLIAMENTARY AFFAIRS*

Mohamed Azaher Ali Khan
*LAND REGISTRATION
DIRECTORATE, MINISTRY
OF LAW, JUSTICE &
PARLIAMENTARY AFFAIRS*

Sayed Anwar Hossain
*SAYED ANWAR HOSSAIN
AND ASSOCIATES*

Mohammad Arif Uddin
ADVOCATE

Mohamed Asadul Islam
*DIRECTORATE OF
REGISTRATION, MINISTRY
OF LAW, JUSTICE AND
PARLIAMENTARY AFFAIRS*

Jennifer Ashraf

Arunima Dutta Aurni
FAROOQ AND ASSOCIATES

Nirod Baran Biswas
*LAND REGISTRATION
DIRECTORATE, MINISTRY
OF LAW, JUSTICE AND
PARLIAMENTARY AFFAIRS*

A.S.A. Bari
A.S. & ASSOCIATES

Kapil Basu
*PRICEWATERHOUSECOOPERS
PVT. LTD.*

Sushmita Basu
*PRICEWATERHOUSECOOPERS
PVT. LTD.*

Md. Halim Bepari
HAFIZ AND HAQUE SOLICITORS

Asif Bin Anwar
GRAYS CHAMBERS

Mir Osman Bin Nasim
LAWYER

Nirmal Chandra Sarker
*INDUSTRIAL ENGINEERING
& SERVICES*

Paavan Chhabra
*HEALY CONSULTANTS
GROUP PLC*

A.H.M. Belal Chowdhury
FM ASSOCIATES

Abul Kashem Chowdhury

Fahim Chowdhury
*PUBALI CONSTRUCTION
CO. LTD.*

M.A. Sami W. Chowdhury
*ADVOCARE LAW
INTERNATIONAL*

Mohammed Chowdhury
ANCHOR LOGISTICS

Shabnaz Chowdhury
LEX JURIS

Swad Chowdhury
CELESTIAL

Titu Dey
BT LOGISTICS LTD.

Mohannad F. Bhuiyan
GRAYS CHAMBERS

Dewan Faisal
A.S. & ASSOCIATES

Imtiaz Farooq
AHMED AND FAROOQ LP

Abdullah Faruque
*FACULTY OF LAW, UNIVERSITY
OF CHITTAGONG*

Osman Goni
OGR LEGAL

A.K.M. Fazlul Haque
HUSSAIN FARHAD & CO.

Mohammad Saiful Haque
ACCORD CHAMBERS

Mohammad Harun-or-Rashid
*REGISTRAR, JOINT STOCK
COMPANIES & FIRMS*

Muhammad Tanvir Hashem
Munim
MUNIM & ASSOCIATES

Sk. Abid Hossain
EDISON GROUP

Mamorej Hossen
*DESIGN AND CONSULTANCY
SERVICES*

Faria Huq
A.S. & ASSOCIATES

M. Farhad Hussain
HUSSAIN FARHAD & CO.

Mohamed Ibrahim Khalil
JURAL ACUITY

Tahsin Iftekhar
JOINT DISTRICT JUDGE COURT

Rashna Imam
AKHTAR IMAM & ASSOCIATES

Quazi Mahmud Iman (Bilu)
CFS SERVICES

Ashiq Imran
FIALKA

Arif Imtiaz

Jafar Iqbal
LAW OPTIMA

Aminur Islam
LEX JURIS

Ashraful Islam
*RAJUK (CAPITAL CITY
DEVELOPMENT AUTHORITY
OF BANGLADESH)*

Md. Aminul Islam
CITY APPAREL-TEX CO.

Md. Monjurul Islam
*BANGLADESH FRUITS,
VEGETABLES & ALLIED
PRODUCTS EXPORTERS
ASSOCIATION*

Md. Saiful Islam
LEX COUNSEL

Muhammad Shafiqul Islam
*REGISTRAR, JOINT STOCK
COMPANIES & FIRMS*

Maeesha Islam Dhusharima
GRAYS CHAMBERS

Abdul Jabbar
A.S. & ASSOCIATES

Mohammed Jabbar
DBL GROUP

Mohamed Jobaer Iqbal
PRONAYON

Ahsanul Kabir
KABIR & ASSOCIATES

Meah Mohammed Kausar
Alam
THE LEGAL EDGE

Jabed Kawsar
PRONAYON

Abdul Monem Khan
VERTEX CHAMBERS

Ahammed Abdullah Khan
*ADVOCARE LAW
INTERNATIONAL*

Anwar A. Khan
GENESIS DENIM

Mashfiqul Haque Khan
LEX JURIS

Md. Mydul H. Khan
LEX JURIS

Rukhsana Khan
LEX JURIS

Suhan Khan
ACCORD CHAMBERS

Monsura Khatun
BANGLADESH BANK

Mohamed Abdul Kuddus Abid
CPDL

Santosh Kumar Pandit
*REGISTRAR, JOINT STOCK
COMPANIES & FIRMS*

Dipak Kumar Sarker
*DIRECTORATE OF
REGISTRATION, MINISTRY
OF LAW, JUSTICE AND
PARLIAMENTARY AFFAIRS*

Sarjean Rahman Lian
FM ASSOCIATES

Kazi Mahboob
A. WAHAB & CO.

Rashi Mittal
*HEALY CONSULTANTS
GROUP PLC*

Minhaz Mohamed Shakil
*INDUSTRIAL ENGINEERING
& SERVICES*

Md. Moniruzzaman
THE LAW COUNSEL

Ahmed Mustafiz
*LAND REGISTRATION
DIRECTORATE, MINISTRY
OF LAW, JUSTICE &
PARLIAMENTARY AFFAIRS*

Yasmin Nazma
*LAND REGISTRATION
DIRECTORATE, MINISTRY
OF LAW, JUSTICE &
PARLIAMENTARY AFFAIRS*

Mohamed M. Nurul Islam
PRONAYON

Bikash Chandra Paul
BT LOGISTICS LTD.

Tanvir Quader
VERTEX CHAMBERS

Habibur Rahaman
A.S. & ASSOCIATES

Al Amin Rahman
FM ASSOCIATES

Habiba Rahman
SELF FASHION LIMITED

Md. Sayeedur Rahman
HUSSAIN FARHAD & CO.

Md. Tameem Rahman

Rafinur Rahman
COUNSELS LAW PARTNERS

Shahana Rahman
RAHMAN'S CHAMBERS

Mohammed Rakibur Rahman
Khan
E-CUBE DESIGN

Rony Deb Nath Rajib
KR TECH SOLUTION

Mir Raisa Rakiba

Badhan Roy
RAHMAN'S CHAMBERS

Ridi Rubaiyat
TANJIB ALAM AND ASSOCIATES

Md. Salim Sardar
ADVOCATE

Mohammed Shahiduzzaman
Kiron
E-CUBE DESIGN

Nazia Sher
OBITER DICTUM

Imran Siddiq
THE LAW COUNSEL

Sakib Sikder
JURAL ACUITY

Shakhawat Sumon
*SHODESH SHIPPING &
LOGISTIC COMPANY*

Rupam Talukdar
THE LAWYERS' UNIT

Sarwar Uddin
HUSSAIN FARHAD & CO.

Abdul Wahab
A. WAHAB & CO.

Nurul Wahab
A. WAHAB & CO.

Munshi Mohammad Wakid
BANGLADESH BANK

Sabrina Zarin
FM ASSOCIATES

巴巴多斯

CLARKE GITTENS FARMER

Alicia Archer
ARTEMIS LAW

Patricia Boyce
*EVERSON R. ELCOCK
& CO. LTD.*

Andrew F. Brathwaite
KPMG BARBADOS

Rosalind Bynoe
BCF ATTORNEYS-AT-LAW

De'quan Carmichael
KPMG BARBADOS

Trevor A. Carmichael
CHANCERY CHAMBERS

Adrian Carter
*THE BARBADOS LIGHT AND
POWER COMPANY LTD.*

Berkeley Clark
BJS CUSTOMS SERVICE INC.

Heather A. Clarke
*CORPORATE AFFAIRS
AND INTELLECTUAL
PROPERTY OFFICE*

Adrian W. Cummins
CARRINGTON & SEALY

Ryan Omari Drakes

Gloria Eduardo
PWC BARBADOS

Adrian M. Elcock
*EVERSON R. ELCOCK
& CO. LTD.*

Antonio Elcock
*EVERSON R. ELCOCK
& CO. LTD.*

Andrew C. Ferreira
CHANCERY CHAMBERS

Louis Forde
*BARBADOS CUSTOMS BROKERS
& CLERKS ASSOCIATION*

Sharalee Gittens
CHANCERY CHAMBERS

Marianne Greenidge
KPMG BARBADOS

Liza A. Harridyal-Sodha
*HARRIDYAL-SODHA
& ASSOCIATES*

Rudy Headley
*TOWN AND COUNTRY
DEVELOPMENT
PLANNING OFFICE*

Jomo Crowther McGlinne
Hope
ARTEMIS LAW

Nicholas Hughes
BDO BARBADOS

Keisha N. Hyde Porchetta
*HARRIDYAL-SODHA
& ASSOCIATES*

Marva Kirton
*CORPORATE AFFAIRS
AND INTELLECTUAL
PROPERTY OFFICE*

Taylor Laurayne
LEX CARIBBEAN

Louisa Lewis-Ward
KPMG BARBADOS

Ruan C. Martinez
BM + CO.

Percy Murrell
*BIG P. CUSTOMS BROKERS
AND AIR SEA AND LAND
TRANSPORT INC.*

Laurel Odle
PWC BARBADOS

Rohan Pennegan
KPMG BARBADOS

David Prestwich
PWC BARBADOS

Alrick Scott
VIRTUS LEGAL

Thayreesha Singh
LEX CARIBBEAN

Heather Tull
*DAVID KING & CO.
ATTORNEYS-AT-LAW*

Jason Wilkinson
CARRINGTON & SEALY

Stephen Worme
*THE BARBADOS LIGHT AND
POWER COMPANY LTD.*

白俄罗斯

MINISTRY OF ECONOMY

Vyacheslav Anatolyevich
Abramov
*STATE PROPERTY COMMITTEE
OF THE REPUBLIC OF BELARUS*

Victoria Akhmetova
AURORA

Denis Aleinikov
ALEINIKOV & PARTNERS

Vladyko Denis Alexandrovich
*DEPARTMENT FOR CONTROL
AND SUPERVISION OF
CONSTRUCTION IN MINSK
OF THE STATE COMMITTEE
FOR STANDARDIZATION*

Olga Andryjeuskaja
KPMG

Alexey Anischenko
SURAINEN

Natalia Anoshka
PETERKA & PARTNERS

Kirill Viktorovich Bakinovsky
JSC BELGAZPROMBANK

Tomasz Baranczyk
PWC POLAND

Anastasia Belenkevich
FBK BEL—PKF INTERNATIONAL

Vladimir Bely
ABLE LOGISTICS LLC

Elena Belyakova
PARADA + PARTNERS

Dmitry Bokhan
VERKHOVODKO &
PARTNERS LLC

Alexander Botian
BOROVTSOV & SALEI

Alexander Buzo
EGOROV PUGINSKY AFANASIEV
& PARTNERS (EPA&P)

Sergey Anatolyevich Cherepok
JSC BELGAZPROMBANK

Ivan Ivanovich Cherniy
JSC BELGAZPROMBANK

Eugenia Chetverikova
PWC BELARUS

Sergey Chistyakov
STEPANOVSKI, PAPAKUL &
PARTNERS ATTORNEYS-AT-LAW

Aliaksandr Danilevich
DANILEVICH & VOLOZHINETS

Svetlana Dashuk
VMP VLASOVA MIKHEL AND
PARTNERS LAW OFFICE

Sergey Demianenko
VERKHOVODKO &
PARTNERS LLC

Vadim Dubitski
VVK LEGAL SERVICES

Svetlana Duhovich
NATIONAL BANK OF THE
REPUBLIC OF BELARUS

Pavel Dzik
JSC DEVELOPMENT BANK OF
THE REPUBLIC OF BELARUS

Tatsiana Fadzeyeva
BNT LEGAL & TAX

Aleksey Fedorinchik
JSC BELGAZPROMBANK

Aliaksei Fidzek
PWC BELARUS

Alexei Filinovich
TES DKM GROUP IEC
ENERGY COMPANY GMBH

Vladimir Mikhailovich Ganzya
DEPARTMENT FOR CONTROL
AND SUPERVISION OF
CONSTRUCTION IN MINSK
OF THE STATE COMMITTEE
FOR STANDARDIZATION

Pavel Gaponov
PETERKA & PARTNERS

Maria Golovko
ARZINGER & PARTNERS
INTERNATIONAL LAW FIRM

Vladimir Gordienko
MINSK CABLE (ELECTRICAL)
NETWORK

Nikolai Gorelik
ARZINGER & PARTNERS
INTERNATIONAL LAW FIRM

Andrei Grigorovich
JSC BELGAZPROMBANK

Elena Hmeleva
VERKHOVODKO &
PARTNERS LLC

Antonina Ivanova
ANTONINA IVANOVA
LEGAL PRACTICE

Vital Kalyada
VVK LEGAL SERVICES

Ulyana Kavalionak
BNT LEGAL & TAX

Yurij Kazakevitch
RÖDL & PARTNER, BELARUS

Dmitry Khalimonchyk
SOFTCLUB LLC

Evgeny Khodkin
YUKON LEGAL COMPANY

Mikhail Khodosevich
ARZINGER & PARTNERS
INTERNATIONAL LAW FIRM

Alexandre Khrapoutski
SYSOUEV, BONDAR,
KHRAPOUTSKI SBH LAW OFFICE

Sergey Khromov
VERKHOVODKO &
PARTNERS LLC

Siarhei Khvastovich
ANTI-RECESSIONARY
CONSULTING LLC

Ekaterina Kishchuk
EGOROV PUGINSKY AFANASIEV
& PARTNERS (EPA&P)

Tatiana Klochko
LOVTSOV KLOCHKO
& PARTNERS

Nina Knyazeva
VERKHOVODKO &
PARTNERS LLC

Vladimir Kolotov

Alexander Kononov
GRANT THORNTON

Aleksandr Korniyevich
FONDOVYI KAPITAL
INVESTMENT COMPANY

Nadezhda Koroleva
SYSOUEV, BONDAR,
KHRAPOUTSKI SBH LAW OFFICE

Alexander Korsak
ARZINGER & PARTNERS
INTERNATIONAL LAW FIRM

Ekaterina Kostinevich
BDO

Mikhail Y. Kostyukov
ATTORNEY-AT-LAW

Yuriy Kozikov
BOROVTSOV & SALEI

Julia Krivorot
EGOROV PUGINSKY AFANASIEV
& PARTNERS (EPA&P)

Maksym Lashkevich
SPRAVA CONSULTING

Pavel Leshchynski
LESHCHYNSKI SMOLSKI
LEGAL OFFICE

Inna Leus
MINISTRY OF JUSTICE

Boris Levin
POLAR LOGISTICS

Yuliya Liashenko
VMP VLASOVA MIKHEL AND
PARTNERS LAW OFFICE

Alexander Ließem
BNT LEGAL & TAX

Hleb Lliukovich
EGOROV PUGINSKY AFANASIEV
& PARTNERS (EPA&P)

Valery Lovtsov
LOVTSOV KLOCHKO
& PARTNERS

Ekaterina Lukyanova
STATE COMMITTEE FOR REAL
ESTATE REGISTRATION

Svetlana Luzgina
BDO

Sergei Makarchuk
CHSH CERHA HEMPEL
SPIEGELFELD HLAWATI BELARUS

Natalya Makhanek
GRANT THORNTON

Maksim Maksimov
VERKHOVODKO &
PARTNERS LLC

Viktor Marinitch
RÖDL & PARTNER, BELARUS

Andrei Martinovich
JSC DEVELOPMENT BANK OF
THE REPUBLIC OF BELARUS

Elena Mashonskaya
ARZINGER & PARTNERS
INTERNATIONAL LAW FIRM

Sergey Mashonsky
ARZINGER & PARTNERS
INTERNATIONAL LAW FIRM

Aleksei Mikhailov
ARZINGER & PARTNERS
INTERNATIONAL LAW FIRM

Anna Miritskaya
BNT LEGAL & TAX

Yulia Mironchyk
ARZINGER & PARTNERS
INTERNATIONAL LAW FIRM

Aleksandr Sergeevich
Moiseenko
MINSK STATE EXECUTIVE
COMMITTEE, BUSINESS
REGISTRY

Anastasia Morgun
BOROVTSOV & SALEI
LAW FIRM SLC

Helen Mourashko
REVERA

Veronika Mozolevskaia
JSC DEVELOPMENT BANK OF
THE REPUBLIC OF BELARUS

Valentina Nazaruk
MINISTRY OF ARCHITECTURE
AND CONSTRUCTION

Saman Negaresh
BOROVTSOV & SALEI

Valentina Neizvestnaya
RSM BEL AUDIT

Alexey Nesterenko
PARADA + PARTNERS

Anatoly Nichkasov
MINISTRY OF ARCHITECTURE
AND CONSTRUCTION

Dragoslava Nikich
DANA HOLDINGS

Aleksandr Nikityuk
STEPANOVSKI, PAPAKUL &
PARTNERS ATTORNEYS-AT-LAW

Sergey Odintsov
SCHNEIDER GROUP

Elena Orda
NATIONAL BANK OF THE
REPUBLIC OF BELARUS

Anna Orlovich
VERKHOVODKO &
PARTNERS LLC

Tatiana Ostrovskaya
KPMG

Pavel Pankratov
BRAND & PARTNER

Galina Grigoryevna Pavlova
MINISTRY OF ARCHITECTURE
AND CONSTRUCTION

Veronika Pavlovskaya
ARZINGER & PARTNERS
INTERNATIONAL LAW FIRM

Katsiaryna Pedo
REVERA

Veronica Perepelitsa
VMP VLASOVA MIKHEL AND
PARTNERS LAW OFFICE

Alexander Sergeevich Petrash
MINSK CITY AGENCY
FOR STATE REGISTRATION
AND LAND CADASTRE

Igor Petukhov
VERKHOVODKO &
PARTNERS LLC

Dzina Pinchuk
PWC BELARUS

Victor Pleonkin
NATIONAL BANK OF THE
REPUBLIC OF BELARUS

Vadim Poleschuk
CHSH CERHA HEMPEL
SPIEGELFELD HLAWATI BELARUS

Valery Porshnev
BELENERGO

Tatyana Pozdneeva
VMP VLASOVA MIKHEL AND
PARTNERS LAW OFFICE

Kirill Prihodko
ARZINGER & PARTNERS
INTERNATIONAL LAW FIRM

Aleksandr Rusakevich

Olga Rybakovskaya
MINISTRY OF ENERGY

Illia Salei
BOROVTSOV & SALEI

Vassili I. Salei
BOROVTSOV & SALEI

Elena Sapego
STEPANOVSKI, PAPAKUL &
PARTNERS ATTORNEYS-AT-LAW

Irina Savchenko
PETERKA & PARTNERS

Dmitriy Igorevich Semenkevich
MINISTRY OF ARCHITECTURE
AND CONSTRUCTION

Sergei Senchuk
STATE COMMITTEE FOR REAL
ESTATE REGISTRATION

Vadzim Senkin
MINSK CABLE (ELECTRICAL)
NETWORK

Anna Shalimo
VERKHOVODKO &
PARTNERS LLC

Alexander Petrovich Shilenkov
DEPARTMENT FOR CONTROL
AND SUPERVISION OF
CONSTRUCTION IN MINSK
OF THE STATE COMMITTEE
FOR STANDARDIZATION

Alexander Shkodin
BDO

Yuliya Shuba
BOROVTSOV & SALEI

Natalia Shulzhenko
SCHNEIDER GROUP

Artur Silivonchyk
SYSOUEV, BONDAR,
KHRAPOUTSKI SBH LAW OFFICE

Maksim Slepitch
ARZINGER & PARTNERS
INTERNATIONAL LAW FIRM

Danila Smolski
LESHCHYNSKI SMOLSKI
LEGAL OFFICE

Vitaliy Sorokin
NATIONAL BANK OF THE
REPUBLIC OF BELARUS

Igor Starovoytov
MINISTRY OF LABOR AND
SOCIAL PROTECTION

Klim Stashevsky
ARZINGER & PARTNERS
INTERNATIONAL LAW FIRM

Vladzimir Sukalo

Alla Sundukova
MINISTRY OF TAXES
AND DUTIES

Natalia Talai
VMP VLASOVA MIKHEL AND
PARTNERS LAW OFFICE

Vassily Tarasevich
KPMG

Dmitriy Teltsov
TELTSOV AND PARTNERS

Dmitry Tihno
PWC BELARUS

Nikita Tolkanitsa
CHSH CERHA HEMPEL
SPIEGELFELD HLAWATI BELARUS

Andrey Tolochko
REVERA

Elizaveta Trakhalina
ARZINGER & PARTNERS
INTERNATIONAL LAW FIRM

Nikita Nikolayevich Trosko
VMP VLASOVA MIKHEL AND
PARTNERS LAW OFFICE

Fiodar Tsurko
TIMIOR

Andrei Nikolaevich Tukin

Dennis Turovets
EGOROV PUGINSKY AFANASIEV
& PARTNERS (EPA&P)

Ruslan Ulasavets
RUP BELENERGOSETPROEKT

Sviatlana Valuyeva
STEPANOVSKI, PAPAKUL &
PARTNERS ATTORNEYS-AT-LAW

Pavel Velishkevich
GRANT THORNTON

Irina Veremeichuk
VERKHOVODKO &
PARTNERS LLC

Igor Verkhovodko
VERKHOVODKO &
PARTNERS LLC

Dmitry Viltovsky
ARZINGER & PARTNERS
INTERNATIONAL LAW FIRM

Viktor Vladimirovich Yatsko
ECONOMIC COURT OF MINSK

Ekaterina Zabello
VMP VLASOVA MIKHEL AND
PARTNERS LAW OFFICE

Vadzim Zakreuski
MINISTRY OF ENERGY

Ekaterina Zheltonoga
VERDICT LAW OFFICE

Maksim Zhukov
SYSOUEV, BONDAR,
KHRAPOUTSKI SBH LAW OFFICE

Maxim Znak
BOROVTSOV & SALEI

Nadia Znak
BOROVTSOV & SALEI

比利时

ALLEN & OVERY LLP BELGIUM

Hubert André-Dumont
MCGUIREWOODS LLP

Matthias Bastiaen
PWC

Mériem Bennari
PIERSTONE BRUSSELS

Luc Bontinck
*NATIONAL PLEDGE REGISTRY
/ BELGIAN FEDERAL PUBLIC
SERVICE FINANCES*

Patrick Boone
PWC

Thierry Bosly
WHITE & CASE

Hakim Boularbah
*LIEDEKERKE WOLTERS
WAELBROECK KIRKPATRICK,
MEMBER OF LEX MUNDI*

Stan Brijs
NAUTADUTILH

Sara Cappelle
MONARD LAW

François-Guillaume Caspar
NAUTADUTILH

Martijn De Meulemeester
PWC

Didier De Vliegher
NAUTADUTILH

Hélène Deroubaix
LOYENS & LOEFF

Camille Dümm
NATIONAL BANK OF BELGIUM

David DuPont
ASHURST LLP

Jürgen Egger
LAGA

Harry Eliaerts
NAUTADUTILH

Alain François
EUBELIUS ATTORNEYS

Frederick Geldhof
MCGUIREWOODS LLP

Pierre-Yves Gillet
CABINET D'ARCHITECTE

Conny Grenson
EUBELIUS ATTORNEYS

Jean-Luc Hagon
NAUTADUTILH

Glenn Hansen
LAGA

Julien Hislaire
*LIEDEKERKE WOLTERS
WAELBROECK KIRKPATRICK,
MEMBER OF LEX MUNDI*

Sophie Jacmain
NAUTADUTILH

Robberts Jacobs
LOYENS & LOEFF

Evelien Jamaels
CROWELL & MORING

Stéphanie Kervyn
de Meerendré
DEMINOR SA

Laurent Lantonnois
WHITE & CASE

Marianne Laruelle

Axel Maeterlinck
SIMONT BRAUN

Giulia Mauri
PIERSTONE BRUSSELS

Pascale Moreau
PWC

Koen Panis
LOYENS & LOEFF

Emmanuel Plasschaert
CROWELL & MORING

Johan Poedts
SIBELGA

Aurélie Pollie
NAUTADUTILH

Werner Rens
*FEDERAL PUBLIC
SERVICE FINANCE*

Eric Schmitz
PWC

Frédéric Souchon
PWC

Timothy Speelman
MCGUIREWOODS LLP

Bernard Thuysbaert
DEMINOR SA

Lydia Tsioli
WHITE & CASE

Bram Van Cauwenberge
NAUTADUTILH

Jan Van Celst
DLA PIPER UK LLP

Gill Van Damme
PWC

Bart Van Rossum
B.T.V.

Thierry Van Sinay
*CONSEIL INTERNATIONAL
DU NOTARIAT BELGE*

Maxime Verheyden
EUBELIUS ATTORNEYS

Robert Vermetten
*TRANSPORT & PROJECT
LOGISTICS*

Katrien Vorlat
MONARD LAW

Bram Vuylsteke
NOTARY BRAM VUYLSTEKE

Tom Wallyn
PWC

Luc Weyts
*CONSEIL INTERNATIONAL
DU NOTARIAT BELGE*

Dirk Wouters
*WOUTERS, VAN MERODE
& CO. BEDRIJFSREVISOREN
BVBA—MEMBER OF RUSSELL
BEDFORD INTERNATIONAL*

Nicola Zenoni
ASHURST LLP

伯利兹

Emil Arguelles
ARGUELLES & COMPANY LLC

Mikhail Arguelles
*MIKHAIL ARGUELLES
& ASSOCIATES*

José A. Bautista
PKF INTERNATIONAL

Derek Courtenay

Christopher Coye
COURTENAY COYE LLP

Ana Maria Espat
STRUKTURE ARCHITECTS

Ken Gough

Joseph Hamilton
WESTRAC LTD.

Russell Longsworth
*CARIBBEAN SHIPPING
AGENCIES LTD.*

Andrew Marshalleck
*BARROW & CO.
ATTORNEYS-AT-LAW*

Tania Moody
BARROW & WILLIAMS

Herman Pastor
*MINISTRY OF LABOUR,
LOCAL GOVERNMENT AND
RURAL DEVELOPMENT*

Estevan Perera
*ESTEVAN PERERA &
COMPANY LLP*

Sharon Pitts-Robateau
PITTS, PITTS & ASSOCIATES

Aldo Reyes
REYES RETREAGE LLP

Wilfred Rhaburn
W. RHABURN CONSULTING

Saidi Vaccaro
ARGUELLES & COMPANY LLC

Darlene Margaret Vernon
VERNON & LOCHAN

C. Phillip Waight
WAIGHT & ASSOCIATES

Lisa Zayden
BDO BELIZE LLP

贝宁

BCEAO

*ETUDE MAÎTRE
KOTCHOFA FAÏHUN*

GUOCE

JOHN W. FFOOKS & CO.

Modeste Abiala
*BOLLORÉ TRANSPORT
& LOGISTICS*

Abdou Kabir Adoumbou
*CABINET MAÎTRE SAKARIYAOU
NOURO-GUIWA*

Maxime Ahonako
CABINET D'AVOCATS

Désiré H. Aïhou
FADESPI/UAC

Michel Kouvi Akognon
*BÉNIN GOLD CASHEW
INDUSTRIES*

Rafikou Agnila Alabi
*CABINET MAÎTRE
RAFIKOU ALABI*

Victor K. Ananouh
*MINISTÈRE DU CADRE DE VIE ET
DU DÉVELOPPEMENT DURABLE*

Charles Badou
*CABINET D'AVOCATS
CHARLES BADOU*

Magloire Daoudou
*CABINET DES EXPERTS
ASSOCIÉS—CEA SARL*

Michel Degbo
*SOCIÉTÉ BÉNINOISE
D'ENERGIE ELECTRIQUE*

Moussa-Fils Djibril
*AGENCE NATIONALE
DU DOMAINE ET DU
FONCIER (ANDF)*

Nadine Dossou Sakponou
CABINET ROBERT M. DOSSOU

Rodrigue Dossou-Togbe

Djakaridja Fofana
PWC CÔTE D'IVOIRE

Hounnou Ghislain Comlan
*MINISTÈRE DU CADRE DE VIE ET
DU DÉVELOPPEMENT DURABLE*

Christel A. Gomez
CABINET KEPHA CONSULTANTS

Ogoudjé César Guegni
*CABINET D'AVOCATS
CHARLES BADOU*

William Kodjoh-Kpakpassou
*TRIBUNAL DE COMMERCE
DE COTONOU*

Victorien D. Kougblenou
*AGENCE NATIONALE
DU DOMAINE ET DU
FONCIER (ANDF)*

Carelle Kounou

Alain René Kpetehoto
CABINET ARTECH

Cassime Lassissi

Taïrou Mama
*SOCIÉTÉ INTERNATIONALE
DE TRANSIT TOURÉ*

Severin-Maxime Quenum
*CABINET SPA BABA BODY,
QUENUM ET SAMBAOU*

Hugues Sagbadja
*AGENCE NATIONALE
DU DOMAINE ET DU
FONCIER (ANDF)*

Alexandrine Falilatou
Saizonou-Bedie
*CABINET D'AVOCATS
ALEXANDRINE F.
SAIZONOU-BEDIE*

Olagnika Salam
*OFFICE NOTARIAL
OLAGNIKA SALAM*

Adegbindin Saliou
*CABINET DES EXPERTS
ASSOCIÉS—CEA SARL*

Alidou Sare
*AGENCE NATIONALE
DU DOMAINE ET DU
FONCIER (ANDF)*

Narcisse Justin Soglo
*ORDRE NATIONAL DES
ARCHITECTES ET URBANISTES*

Yessoufou Tanda
*MINISTÈRE DU CADRE DE VIE ET
DU DÉVELOPPEMENT DURABLE*

Gilles Togan
MAERSK BENIN SA

Joseph Désiré Tokanhan
*ORDRE NATIONAL DES
ARCHITECTES ET URBANISTES*

Victorin Yehouenou
*CABINET DES EXPERTS
ASSOCIÉS—CEA SARL*

不丹

*CONSTRUCTION
ASSOCIATION OF BHUTAN*

MINISTRY OF FINANCE

THIMPHU CITY CORPORATION

Manoj Bhujhel
*BHUTAN POWER
CORPORATION LTD.*

Sonam Chophel
*CREDIT INFORMATION
BUREAU OF BHUTAN*

Chhimi Dema
*BHUTAN CONSULTANCY
SERVICES*

Samten Dhendup
*NATIONAL LAND
COMMISSION SECRETARIAT*

Kencho Dorji
LEKO PACKERS

Phuntsho Dorji
*DEPARTMENT OF REVENUE
AND CUSTOMS*

Thinley Dorji
*BHUTAN POWER
CORPORATION LTD.*

Ugyen Dorji
UD PARTNERS

Kencho Galey
*BHUTAN CARBIDE &
CHEMICALS LTD.*

Sonam Gyeltshen
*BHUTAN POWER
CORPORATION LTD.*

Jit Bdr Labor
*BHUTAN CARBIDE &
CHEMICALS LTD.*

Chencho T. Namgay
*DRUK HOLDING AND
INVESTMENTS*

Tenzin Namgay
*NATIONAL LAND
COMMISSION SECRETARIAT*

Tashi Penjor
*MINISTRY OF
ECONOMIC AFFAIRS*

Parishad Rai
*BHUTAN SILICON METAL
PRIVATE LIMITED*

Joshua Rasaily
CLUES AND COLLEGUE

Jamyang Sherab
GARUDA LEGAL SERVICES

Neelam Thapa
LEKO PACKERS

Dorji Tshering
*BHUTAN POWER
CORPORATION LTD.*

Gem Tshering
*BHUTAN POWER
CORPORATION LTD.*

Sonam Tshering
*BHUTAN POWER
CORPORATION LTD.*

Karma Tshewang
VISIT ASIA

Kinley Wangdi
*CREDIT INFORMATION
BUREAU OF BHUTAN*

Sonam Wangdi
*MINISTRY OF LABOUR AND
HUMAN RESOURCES*

Karma Yeshey
*MINISTRY OF
ECONOMIC AFFAIRS*

玻利维亚

*ADUANA NACIONAL
DE BOLIVIA*

PWC BOLIVIA

Fernando Aguirre
BUFETE AGUIRRE SOC. CIV.

Carolina Aguirre Urioste
BUFETE AGUIRRE SOC. CIV.

René Alcázar
*AUTORIDAD DE SUPERVISIÓN
DEL SISTEMA FINANCIERO*

Richard César Alcócer Garnica
*AUTORIDAD DE FISCALIZACIÓN
Y CONTROL SOCIAL DE
ELECTRICIDAD (AE)*

Daniela Aragonés Cortez
*SANJINÉS & ASOCIADOS—
ABOGADOS*

María Pía Arce
*WÜRTH BEDOYA COSTA
DU RELS ABOGADOS*

Andrea Valeria Arce Gallardo
FERREIRA URQUIDI ABOGADOS

Pamela Armaza
A. R. LOGISTICS BOLIVIA

Geovanni Armaza R.
A. R. LOGISTICS BOLIVIA

Ronald Armaza R.
A. R. LOGISTICS BOLIVIA

Daniel Arredondo
*MORENO BALDIVIESO
ESTUDIO DE ABOGADOS*

Johnny Arteaga Chavez
*DIRECCIÓN GENERAL DE
TIERRAS DE SANTA CRUZ*

Pedro Asturizaga
*AUTORIDAD DE SUPERVISIÓN
DEL SISTEMA FINANCIERO*

Leonardo Azurduy Saunero
*QUINTANILLA, SORIA &
NISHIZAWA SOC. CIV.*

Raúl A. Baldivia
*BALDIVIA UNZAGA
& ASOCIADOS*

Maria del Carmen Ballivián
*C.R. & F. ROJAS ABOGADOS,
MEMBER OF LEX MUNDI*

Mauricio Becerra de la Roca
Donoso
*BECERRA DE LA ROCA
DONOSO & ASOCIADOS*

Hugo Berthin
*BDO BERTHIN AMENGUAL
& ASOCIADOS*

Andrea Bollmann
*SALAZAR SALAZAR
& ASOCIADOS*

Iby Bueno
*SALAZAR SALAZAR
& ASOCIADOS*

Walter B. Calla Cardenas
*COLEGIO DEPARTAMENTAL
DE ARQUITECTOS DE LA PAZ*

Grisett Carrasco Guerra
*C.R. & F. ROJAS ABOGADOS,
MEMBER OF LEX MUNDI*

Gunnar Colombo Aguilera
FAST TRANSPORT TRADING

Asdrúval Columba Jofre
AC CONSULTORES LEGALES

Syntia Cuentas Zeballos
*SALAZAR SALAZAR
& ASOCIADOS*

Jose Diaz
DM CONSULTORES LEGALES

Jose Luis Diaz Romero
*SERVICIOS GENERALES
EN ELECTRICIDAD Y
CONSTRUCCIÓN (SGEC)*

Carlos Ferreira Vásquez
FERREIRA URQUIDI ABOGADOS

Sergio Godoy
*AUTORIDAD DE SUPERVISIÓN
DEL SISTEMA FINANCIERO*

Alejandra Guevara
GUEVARA & GUTIÉRREZ SC

Primitivo Gutiérrez
GUEVARA & GUTIÉRREZ SC

Johanna Karen Herrera Rossel

Juan Carlos Ibañez Pereyra

Jorge Luis Inchauste
GUEVARA & GUTIÉRREZ SC

Rodrigo Jiménez-Cusicanqui
FERRERE ABOGADOS

Paola Justiniano Arias
*SANJINÉS & ASOCIADOS—
ABOGADOS*

Julio César Landívar Castro
GUEVARA & GUTIÉRREZ SC

Omar Martinez Velasquez
*AUTORIDAD DE FISCALIZACIÓN
Y CONTROL SOCIAL DE
ELECTRICIDAD (AE)*

Oscar Antonio Plaza Ponte
Sosa
*BURO DE INFORMACIÓN
INFOCENTER SA*

Tito Quinteros
*RUSSELL BEDFORD
INTERNATIONAL*

Joaquín Rodríguez
*AUTORIDAD DE FISCALIZACIÓN
Y CONTROL SOCIAL DE
ELECTRICIDAD (AE)*

Mariela Rojas Mendieta
*BURO DE INFORMACIÓN
INFOCENTER SA*

Sergio Salazar-Arce
*SALAZAR SALAZAR
& ASOCIADOS*

Sergio Salazar-Machicado
*SALAZAR SALAZAR
& ASOCIADOS*

Sandra Salinas
*C.R. & F. ROJAS ABOGADOS,
MEMBER OF LEX MUNDI*

Raúl Sanjinés Elizagoyen
*SANJINÉS & ASOCIADOS—
ABOGADOS*

Carla Saracho
WBC ABOGADOS SRL

Jorge N. Serrate
*WÜRTH BEDOYA COSTA
DU RELS ABOGADOS*

Diego Tamayo
*WÜRTH BEDOYA COSTA
DU RELS ABOGADOS*

A. Mauricio Torrico Galindo
*QUINTANILLA, SORIA &
NISHIZAWA SOC. CIV.*

波斯尼亚和黑塞哥维那

Senad Aganović
*FERK (REGULATORY
COMMISSION FOR ENERGY IN
THE FEDERATION OF BOSNIA
AND HERZEGOVINA)*

Goran Babić

Jasmin Bešo
*FERK (REGULATORY
COMMISSION FOR ENERGY IN
THE FEDERATION OF BOSNIA
AND HERZEGOVINA)*

Bojana Bošnjak-London
MARIĆ & CO. LAW FIRM

Mubera Brkovic
*PWC BOSNIA AND
HERZEGOVINA*

Jakub Butkovic
*MOFTER—OFFICE FOR
COORDINATION OF PAYMENT
SYSTEM IN AGR AND RD*

Zlatko Čengić
UNIONINVEST D.D.

Berina Coko

Slaven Dizdar
MARIĆ & CO. LAW FIRM

Višnja Dizdarević
MARIĆ & CO. LAW FIRM

Mehmed Drino
EKI D.O.O. ZENICA

Amina Dugum

Feđa Dupovac
*ADVOKATSKO DRUŠTVO
SPAHO D.O.O. SARAJEVO*

Dina Grebo
*CHAMBER OF ECONOMY
OF SARAJEVO CANTON*

Arijana Hadžiahmetović-Softić
MARIĆ & CO. LAW FIRM

Hajrudin Hadzimehanović
MINISTRY OF FINANCE

Kemal Hadžimusić
*CHAMBER OF ECONOMY
OF SARAJEVO CANTON*

Nermina Hadziosmanovich
*PWC BOSNIA AND
HERZEGOVINA*

Lejla Hasanović
HUSKIC LAW OFFICE

Zijad Hasović
KOMORA REVIZORA FBIH

Amir Husić
*LAGERMAX AED BOSNA I
HERZEGOWINA D.O.O.*

Nusmir Huskić
HUSKIC LAW OFFICE

Emir Ibisevic
*DELOITTE ADVISORY
SERVICES D.O.O.*

Arela Jusufbasić-Goloman
*LAWYERS' OFFICE TKALCIC-
DULIC, PREBANIC &
JUSUFBASIC-GOLOMAN*

Harun Kahvedžić
*PUBLIC EMPLOYMENT OFFICE
OF ZENICA-DOBOJ CANTON
AND UNIVERSITY IN ZENICA*

Selma Kahvedžić
*REGIONAL HOSPITAL OF
ZENICA-DOBOJ CANTON*

Nedžada Kapidžić
NOTARY

Amila Karic
PKF INTERNATIONAL

Sejda Kruščica-Fejzić
*JP ELEKTROPRIVREDA
BIH PODRUŽNICA
ELEKTRODISTRIBUCIJA
SARAJEVO*

Emil Kučković
LRC CREDIT BUREA

Mirsad Madesko
ENOVA D.O.O.

Muamer Mahmutovic
*CHAMBER OF ECONOMY
OF SARAJEVO CANTON*

Nebojsa Makaric
*ATTORNEY-AT-LAW
OFFICE LAWYERS
RUZICA TOPIC, NEBOJSA
MAKARIC, SASA TOPIC*

Branko Marić
MARIĆ & CO. LAW FIRM

Mejrima Memić-Drino
*PUBLIC EMPLOYMENT OFFICE
OF ZENICA-DOBOJ CANTON*

Emir Naimkadić
*JP ELEKTROPRIVREDA
BIH PODRUŽNICA
ELEKTRODISTRIBUCIJA
SARAJEVO*

Monija Nogulic
*FERK (REGULATORY
COMMISSION FOR ENERGY IN
THE FEDERATION OF BOSNIA
AND HERZEGOVINA)*

Aida Plivac
*PWC BOSNIA AND
HERZEGOVINA*

Lejla Popara

Olodar Prebanić
*LAWYERS' OFFICE TKALCIC-
DULIC, PREBANIC &
JUSUFBASIC-GOLOMAN*

Đorđe Racković
*CENTRAL BANK OF BOSNIA
AND HERZEGOVINA*

Predrag Radovanović
MARIĆ & CO. LAW FIRM

Branka Rajicic
*PRICEWATERHOUSECOOPERS
CONSULTING D.O.O.*

Sanja Saf
UNIONINVEST D.D.

Hasib Salkić
JUMP LOGISTICS D.O.O.

Arjana Selimić
*JP ELEKTROPRIVREDA
BIH PODRUŽNICA
ELEKTRODISTRIBUCIJA
SARAJEVO*

Nihad Sijerčić

Ivona Soce
*FERK (REGULATORY
COMMISSION FOR ENERGY IN
THE FEDERATION OF BOSNIA
AND HERZEGOVINA)*

Emir Spaho
*ADVOKATSKO DRUŠTVO
SPAHO D.O.O. SARAJEVO*

Mehmed Spaho
*ADVOKATSKO DRUŠTVO
SPAHO D.O.O. SARAJEVO*

Selma Spaho Dupova
*ADVOKATSKO DRUŠTVO
SPAHO D.O.O. SARAJEVO*

Hamdo Tinjak
*MINISTRY OF FOREIGN TRADE
AND ECONOMIC RELATIONS*

Bojana Tkalčić-Djuli
*LAWYERS' OFFICE TKALCIC-
DULIC, PREBANIC &
JUSUFBASIC-GOLOMAN*

Sasa Topic
*ATTORNEY-AT-LAW
OFFICE LAWYERS
RUZICA TOPIC, NEBOJSA
MAKARIC, SASA TOPIC*

Ružica Topić
*ATTORNEY-AT-LAW
OFFICE LAWYERS
RUZICA TOPIC, NEBOJSA
MAKARIC, SASA TOPIC*

Edin Zametica
*DERK (STATE ELECTRICITY
REGULATORY COMMISSION)*

博茨瓦纳

*BOTSWANA UNIFIED
REVENUE SERVICE (BURS)*

Gorata Bontle Kgafela
GBK ARCHITECTS

Andrew Chifedi
*ANDREWS REMOVAL
& FREIGHT*

One Damane
MODIMO & ASSOCIATES

Vasie Hager
PWC BOTSWANA

Akheel Jinabhai
DESAI LAW GROUP

Julius Mwaniki Kanja
*CHIBANDA,
MAKGALEMELE & CO.*

We-Bathu Kwele
*CHIBANDA,
MAKGALEMELE & CO.*

Naledi Leepile
PWC BOTSWANA

Queen Letshabo
RAHIM KHAN & COMPANY

City Mafa
*TECTURA INTERNATIONAL
BOTSWANA*

Mercia Bonzo Makgalemele
*CHIBANDA,
MAKGALEMELE & CO.*

Abdool Rahim Mhlanga
RAHIM KHAN & COMPANY

Ntandoyakhe Mhlanga
RAHIM KHAN & COMPANY

Abel Walter Modimo
MODIMO & ASSOCIATES

Khumo Morupisi
*KUA MOSI ENTERPRISES
PTY. LTD.*

Petros Mosholombe
*BOTSWANA POWER
CORPORATION*

Robert Mpabanga
*TRANSUNION BOTSWANA
(PTY) LTD.*

Walter Mushi
COLLINS NEWMAN & CO.

Gasepale Nametso
SLIGHT SHIFT PTY. LTD.

Kwadwo Osei-Ofei
OSEI-OFEI SWABI & CO.

Fred Phiri
*DALGLIESH LINDSAY
GROUP ARCHITECTS*

Karen Phiri
ARMSTRONGS ATTORNEYS

Butler Phirie
PWC BOTSWANA

Tonderai Ruwambara
ARCHITECTS INTERNATIONAL

Hlompho Seikano
OSEI-OFEI SWABI & CO.

Piyush Sharma
PIYUSH SHARMA ATTORNEYS

Moemedi J. Tafa
ARMSTRONGS ATTORNEYS

Girlie Tobedza
*CHIBANDA,
MAKGALEMELE & CO.*

Nilusha Weeraratne
PWC BOTSWANA

巴西

*ASSOCIAÇÃO NACIONAL
DOS EXPORTADORES
DE CEREAIS—ANEC*

BRAZIL LOG

*STIL—SOCIEDADE TÉCNICA
DE INSTALAÇÕES LTDA*

Ligia A. Riberio
*RAYES & FAGUNDES
ADVOGADOS*

Juliana Abreu
*PRESIDÊNCIA DA
REPÚBLICA DO BRASIL*

Antônio Aires
DEMAREST ADVOGADOS

Luiz Albieri
ALBIERI E ASSOCIADOS

Victor Almeida
ROLIM, VIOTTI & LEITE CAMPOS

Maria Lúcia Almeida
Prado e Silva
DEMAREST ADVOGADOS

Flávia Cristina Altério
*KLA-KOURY LOPES
ADVOGADOS*

Leila Alves
*DE LUCA, DERENUSSON,
SCHUTTOFF E AZEVEDO
ADVOGADOS*

Max Amador
*DE LUCA, DERENUSSON,
SCHUTTOFF E AZEVEDO
ADVOGADOS*

Mariana Amorim Arruda
*RAYES & FAGUNDES
ADVOGADOS*

Ivana Amorim de Coelho
Bomfim
*MACHADO, MEYER, SENDACZ
E OPICE ADVOGADOS*

Luiza Andrade
*FAVERET | LAMPERT
ADVOGADOS*

Victor Arantes
PWC BRAZIL

Gabriel Araujo
*GABRIEL SANTOS
ARAUJO SOCIEDADE
IND. DE ADVOCACIA*

Gianvito Ardito
PINHEIRO NETO ADVOGADOS

Thomaz Arruda
PINHEIRO NETO ADVOGADOS

Antonia Azambuja
*MACHADO, MEYER, SENDACZ
E OPICE ADVOGADOS*

Matheus Azevedo Bastos de
Oliveira
DEMAREST ADVOGADOS

Josef Azulay
*BARBOSA, MÜSSNICH &
ARAGÃO ADVOGADOS*

Bruno Balduccini
PINHEIRO NETO ADVOGADOS

Rodrigo Baraldi dos Santos
*BARALDI ADVOCACIA
EMPRESARIAL*

Priscyla Barbosa
VEIRANO ADVOGADOS

Thiago Barbosa
*MACHADO ASSOCIADOS
ADVOGADOS E CONSULTORES*

Matheus Barcelos
*BARBOSA, MÜSSNICH &
ARAGÃO ADVOGADOS*

Sergio Basso
AES ELETROPAULO

Leonardo Bastos Carvalho
LETECH ENGENHARIA

Júlio Henrique Batista
*GUERRA E BATISTA
ADVOGADOS*

Roberto Bekierman
*FRAGA, BEKIERMAN E
CRISTIANO ADVOGADOS*

Gilberto Belleza
*BELLEZA & BATALHA C.
DO LAGO ARQUITETOS
ASSOCIADOS*

Marcello Bernardes
PINHEIRO NETO ADVOGADOS

Angela Berteli
*JUNTA COMERCIAL DO
ESTADO DE SÃO PAULO*

Camila Biral Vieira da Cunha
Martins
DEMAREST ADVOGADOS

Rodrigo Bittencourt
*ULHÔA CANTO, REZENDE
E GUERRA-ADVOGADOS*

Alexander Blanco de Oliveira
*WORLD LINE FREIGHT
FORWARDER LTDA*

Amir Bocayuva Cunha
*BARBOSA, MÜSSNICH &
ARAGÃO ADVOGADOS*

Gianluca Borges
*DE LUCA, DERENUSSON,
SCHUTTOFF E AZEVEDO
ADVOGADOS*

Mellina Bortoli Caliman
PINHEIRO NETO ADVOGADOS

Diana Braga Nascimento
Toscani
*BRAGA NASCIMENTO
E ZILIO LAW FIRM*

Leonardo Brandão
EY SERVIÇOS TRIBUTÁRIOS SS

Natalia Brasil Correa da Silva

Natalia Brassaloti
*VELLA PUGLIESE
BUOSI GUIDONI*

Lycia Braz Moreira
*FRAGA, BEKIERMAN E
CRISTIANO ADVOGADOS*

Lucas Bretones
PINHEIRO NETO ADVOGADOS

Sergio Bronstein
VEIRANO ADVOGADOS

João Henrique Brum
*DOMINGES E. PINHO
CONTADORES*

Marcus Brumano
DEMAREST ADVOGADOS

Frederico Buosi
*VELLA PUGLIESE
BUOSI GUIDONI*

Renata C. de Oliveira
*RAYES & FAGUNDES
ADVOGADOS*

Luciana Cabral
MAZARS BRASIL

Murilo Caldeira Germiniani
*MACHADO, MEYER, SENDACZ
E OPICE ADVOGADOS*

Raíssa Campelo
PINHEIRO NETO ADVOGADOS

Renato Canizares
DEMAREST ADVOGADOS

Luiz Henrique Capeli
*BRAZILIAN ELECTRICITY
REGULATORY AGENCY (ANEEL)*

Angelino Caputo e Oliveira
*ABTRA—ASSOCIAÇÃO
BRASILEIRA DE TERMINAIS
E RECINTOS*

Alexandre de Carvalho
INFOCOUNT

Caroline Carvalho
PWC BRAZIL

Roberto Castro
*MACHADO, MEYER, SENDACZ
E OPICE ADVOGADOS*

José Chão
*CONSELHO REGIONAL
DE ENGENHARIA DO
ESTADO DE SAO PAULO*

Décio Claro
ADM DO BRASIL LTDA

Fabiano Coelho
RECEITA FEDERAL DO BRASIL

Ricardo E. Vieira Coelho
PINHEIRO NETO ADVOGADOS

Roberta Coelho de Souza
Batalha
DEMAREST ADVOGADOS

Vivian Coelho dos Santos
Breder
*ULHÔA CANTO, REZENDE
E GUERRA-ADVOGADOS*

Celso Contin
*ARAÚJO E POLICASTRO
ADVOGADOS*

Luiz Felipe Cordeiro
*CHEDIAK, LOPES DA COSTA,
CRISTOFARO, MENEZES
CÔRTES ADVOGADOS*

Marcel Cordeiro
PWC BRAZIL

Bernardo Costa
VEIRANO ADVOGADOS

Pedro Costa
*BARBOSA, MÜSSNICH &
ARAGÃO ADVOGADOS*

Francisco Coutinho
*PINHEIRO GUIMARÃES
ADVOGADOS*

Bruno Henrique Coutinho de
Aguiar
*RAYES & FAGUNDES
ADVOGADOS*

Maria Cibele Crepaldi Affonso
dos Santos
*COSTA E TAVARES PAES
SOCIEDADE DE ADVOGADOS*

Marcelo Leonardo Cristiano
*FRAGA, BEKIERMAN E
CRISTIANO ADVOGADOS*

Camilla Cunha
*BARBOSA, MÜSSNICH &
ARAGÃO ADVOGADOS*

Giovana Cunha
*JUNTA COMERCIAL DO
ESTADO DE SÃO PAULO*

Rodrigo da Costa Dantas

Carlos da Costa e Silva Filho
*VIEIRA, REZENDE E
GUERREIRO ADVOGADOS*

Pedro da Cunha e Silva de
Carvalho
*VELLA PUGLIESE
BUOSI GUIDONI*

Juliana da Silva
*DE LUCA, DERENUSSON,
SCHUTTOFF E AZEVEDO
ADVOGADOS*

Gustavo Dalbosco
*COSTA E TAVARES PAES
SOCIEDADE DE ADVOGADOS*

Orlando Dalcin
PWC BRAZIL

Sergio de Aguiar
SHEARMAN & STERLING LLP

João Luis Ribeiro de Almeida
DEMAREST ADVOGADOS

Luis Rodrigo de Almeida
*VISEU CUNHA ORICCHIO
ADVOGADOS*

Raphael De Campos Martins
*PINHEIRO GUIMARÃES
ADVOGADOS*

Rodrigo de Castro
VEIRANO ADVOGADOS

Otavio Augusto De Farias
Carratu
*GUERRA E BATISTA
ADVOGADOS*

Carlos De Jesus
GOVERNO FEDERAL

João Claudio De Luca Junior
*DE LUCA, DERENUSSON,
SCHUTTOFF E AZEVEDO
ADVOGADOS*

Auro de Moraes
*CONSELHO REGIONAL
DE ENGENHARIA DO
ESTADO DE SAO PAULO*

Beatriz Gross Bueno de
Moraes Gomes de Sá
*DE VIVO, WHITAKER E
CASTRO ADVOGADOS*

Daniela de Pontes Andrade
*LOBO & DE RIZZO
ADVOGADOS*

Gabriela Dell Agnolo de
Carvalho
*ZEIGLER E MENDONÇA DE
BARROS SOCIEDADE DE
ADVOGADOS (ZMB)*

Gilberto Deon Corrêa Junior
*SOUTO, CORREA, CESA,
LUMMERTZ & AMARAL
ADVOGADOS*

Eduardo Depassier
*LOESER E PORTELA
ADVOGADOS*

Claudia Derenusson Riedel
*DE LUCA, DERENUSSON,
SCHUTTOFF E AZEVEDO
ADVOGADOS*

Cristiano Dias
*COSTA E TAVARES PAES
SOCIEDADE DE ADVOGADOS*

Giselle Dias Rodrigues Oliveira
de Barros

Wagner Douglas Dockhorn

Murilo Domene
DEMAREST ADVOGADOS

José Ricardo dos Santos Luz
Júnior
*BRAGA NASCIMENTO
E ZILIO LAW FIRM*

Kledson Cesar dos Santos
Turra
*CONSELHO REGIONAL DE
ENGENHARIA E AGRONOMIA
DE SÃO PAULO*

Leticia Duek
*CHEDIAK, LOPES DA COSTA,
CRISTOFARO, MENEZES
CÔRTES ADVOGADOS*

Brigida Melo e Cruz Gama
Filho
PINHEIRO NETO ADVOGADOS

Maria Edith Dos Santos
*CONSELHO REGIONAL
DE ENGENHARIA DO
ESTADO DE SAO PAULO*

Marcelo Elias
*PINHEIRO GUIMARÃES
ADVOGADOS*

Bruna Esch
*BARBOSA, MÜSSNICH &
ARAGÃO ADVOGADOS*

Gabriel Esteves
*MACHADO, MEYER, SENDACZ
E OPICE ADVOGADOS*

João Paulo F.A. Fagundes
*RAYES & FAGUNDES
ADVOGADOS*

Vanessa Felício
VEIRANO ADVOGADOS

Carlos Fernando Brasil Chaves

Hanna Ferraz
PWC BRAZIL

Marilia Ferreira de Miranda
*TABELIÃ DE NOTAS E PROTESTO
DE SANTA BRANCA*

Gabriella Ferreira do
Nascimento

Guilherme Filardi
*DE LUCA, DERENUSSON,
SCHUTTOFF E AZEVEDO
ADVOGADOS*

Nadio Filho
SMX LOGISTICS

Alessandra Fonseca de Morais
PINHEIRO NETO ADVOGADOS

Julian Fonseca Peña Chediak
*CHEDIAK, LOPES DA COSTA,
CRISTOFARO, MENEZES
CÔRTES ADVOGADOS*

Luiz Carlos Fraga
*FRAGA, BEKIERMAN E
CRISTIANO ADVOGADOS*

Rafael Gagliardi
DEMAREST ADVOGADOS

Joseph Harry Eloi Gallardetz
Neto
DEMAREST ADVOGADOS

Lucia Garbuglio
*COSTA E TAVARES PAES
SOCIEDADE DE ADVOGADOS*

Rodrigo Garcia da Fonseca
*FONSECA E SALLES LIMA
ADVOGADOS ASSOCIADOS*

Daniel Giacomini
*BRAGA NASCIMENTO
E ZILIO LAW FIRM*

Wilson Gimenez
*DATAMÉTODO GESTÃO
CONTÁBIL SS LTDA*

Luiz Marcelo Góis
*BARBOSA, MÜSSNICH &
ARAGÃO ADVOGADOS*

Uipiquer Gomes
MAZARS BRASIL

Amanda Gomide
*MACHADO ASSOCIADOS
ADVOGADOS E CONSULTORES*

Diógenes Gonçalves
PINHEIRO NETO ADVOGADOS

Renata Gonçalves
HALLIBURTON PRODUTOS LTDA

Willian Gonçalves Ribeiro
PINHEIRO NETO ADVOGADOS

Natália Alves Graton
DEMAREST ADVOGADOS

Eduardo Ferraz Guerra
*GUERRA E BATISTA
ADVOGADOS*

Marco Guerra
*KÖNIG DO BRASIL CARGA
INTERNACIONAL LTDA*

Raphael Guerra
*KÖNIG DO BRASIL CARGA
INTERNACIONAL LTDA*

Antonio Carlos Guidoni Filho
*VELLA PUGLIESE
BUOSI GUIDONI*

Andrey Guimarães Duarte

Luiza Heck
*CASTRO, BARROS, SOBRAL,
GOMES ADVOGADOS*

Luis Hiar
LEFOSSE ADVOGADOS

Flavio Kelner
*RAF ARQUITETURA E
PLANEJAMENTO LTDA*

William Kim
SHEARMAN & STERLING LLP

Breno Kingma
*VIEIRA, REZENDE E
GUERREIRO ADVOGADOS*

Fernando Koury Lopes
*KLA-KOURY LOPES
ADVOGADOS*

Laila Kurati
SERASA SA

Everaldo Lacerda
8° OFÍCIO DE NOTAS

Sergio André Laclau
VEIRANO ADVOGADOS

Daniel Lago Rodrigues
*REGISTRO DE IMÓVEIS DE
TABOÃO DA SERRA*

Claudio Lampert
*FAVERET | LAMPERT
ADVOGADOS*

André Laza
*MACHADO ASSOCIADOS
ADVOGADOS E CONSULTORES*

José Augusto Leal
*CASTRO, BARROS, SOBRAL,
GOMES ADVOGADOS*

André Leão
*COSTA E TAVARES PAES
SOCIEDADE DE ADVOGADOS*

Alexandre Leite Ribeiro do
Valle
*VM&L SOCIEDADE
DE ADVOGADOS*

Charles Lenzi
AES ELETROPAULO

Karina Lerner
*BARBOSA, MÜSSNICH &
ARAGÃO ADVOGADOS*

Caio Lima
LEFOSSE ADVOGADOS

Rafael Lins e Silva Nascimento
*COSTA E TAVARES PAES
SOCIEDADE DE ADVOGADOS*

Maury Lobo de Athayde
*CHAVES, GELMAN, MACHADO,
GILBERTO E BARBOZA*

Letícia Lucas
*BARALDI ADVOCACIA
EMPRESARIAL*

Marina Maccabelli
DEMAREST ADVOGADOS

Tiago Machado Cortez
*KLA-KOURY LOPES
ADVOGADOS*

Pedro Maciel
LEFOSSE ADVOGADOS

Sandro Maciel Carvalho

Lucilena Madaleno
EY SERVIÇOS TRIBUTÁRIOS SS

Renato G.R. Maggio
*MACHADO, MEYER, SENDACZ
E OPICE ADVOGADOS*

Gláucia Mara Coelho
*MACHADO, MEYER, SENDACZ
E OPICE ADVOGADOS*

Johnatan Maranhão
PINHEIRO NETO ADVOGADOS

Manuel Marinho
PWC BRAZIL

Demades Mario Castro

Ana Marra
EY SERVIÇOS TRIBUTÁRIOS SS

Renata Martins de Oliveira
*MACHADO, MEYER, SENDACZ
E OPICE ADVOGADOS*

Estêvão Massumi Takemura
*CONSELHO REGIONAL
DE ENGENHARIA DO
ESTADO DE SAO PAULO*

Roberta R. Matheus C. Lobo
LEFOSSE ADVOGADOS

Gisela Mation
*MACHADO, MEYER, SENDACZ
E OPICE ADVOGADOS*

Eduardo Augusto Mattar
*PINHEIRO GUIMARÃES
ADVOGADOS*

Gustavo Mattos
*VELLA PUGLIESE
BUOSI GUIDONI*

Marcelo Mattos
VEIRANO ADVOGADOS

Davi Medina Vilela
*VIEIRA, REZENDE E
GUERREIRO ADVOGADOS*

Fabíola Meira de Almeida
Santos
*BRAGA NASCIMENTO
E ZILIO LAW FIRM*

Aloysio Meirelles de Miranda
*ULHÔA CANTO, REZENDE
E GUERRA-ADVOGADOS*

Adlilon Melo
PWC BRAZIL

Adriano Mendes
ASSIS E. MENDES ADVOGADOS

Camila Mendes Vianna
Cardoso
*KINCAID | MENDES
VIANNA ADVOGADOS*

Luis Gustavo Miranda
ROLIM, VIOTTI & LEITE CAMPOS

Sartori Molino
*CONSELHO REGIONAL
DE ENGENHARIA DO
ESTADO DE SAO PAULO*

Leonardo Monçores
*ASSOCIAÇÃO DOS
REGISTRADORES IMOBILIÁRIOS
DO RIO DE JANEIRO*

Everton Gabriel Monezzi
*BRAGA NASCIMENTO
E ZILIO LAW FIRM*

Álvaro Moraes
TRANSBRASA

Guilherme Mota
*MACHADO, MEYER, SENDACZ
E OPICE ADVOGADOS*

Luciana Moura Lima
*LOBO & DE RIZZO
ADVOGADOS*

Ian Muniz
VEIRANO ADVOGADOS

Fernanda Nakada
*LOESER E PORTELA
ADVOGADOS*

Marcelo Natale
DELOITTE TOUCHE TOHMATSU

Jorge Nemr
LEITE, TOSTO E BARROS

Rosy Nery Guimarães
RN ARQUITETURA

Walter Nimir
*ZEIGLER E MENDONÇA DE
BARROS SOCIEDADE DE
ADVOGADOS (ZMB)*

Sofia Nobrega Reato

Antonio Henrique Noronha
*FAVERET | LAMPERT
ADVOGADOS*

Vitor Novo
LEITE, TOSTO E BARROS

Renata O. de Cavalcante
*RAYES & FAGUNDES
ADVOGADOS*

Michael O'Connor
*GUERRA E BATISTA
ADVOGADOS*

Evany Oliveira
PWC BRAZIL

Felipe Oliveira
VEIRANO ADVOGADOS

João Oliveira
VEIRANO ADVOGADOS

Lidia Amalia Oliveira Ferranti
*VM&L SOCIEDADE
DE ADVOGADOS*

Eduardo Ono Terashima
DEMAREST ADVOGADOS

David Orsini
*BARALDI ADVOCACIA
EMPRESARIAL*

Rogério Rabelo Peixoto
BANCO CENTRAL DO BRASIL

Glauco Eduardo Pereira Cortez
*CONSELHO REGIONAL DE
ENGENHARIA E AGRONOMIA
DE SÃO PAULO*

Marcio Pereira Filho
*COSTA E TAVARES PAES
SOCIEDADE DE ADVOGADOS*

Nivio Perez dos Santos
NEW-LINK COM. EXT. LTDA

Claudio Pieruccetti
*VIEIRA, REZENDE E
GUERREIRO ADVOGADOS*

Antonio Claudio Pinto da
Fonseca
CONSTRUTORA MG LTDA

Renata Pisaneschi
*MACHADO ASSOCIADOS
ADVOGADOS E CONSULTORES*

Cássia Pizzotti
DEMAREST ADVOGADOS

Renato Poltronieri
DEMAREST ADVOGADOS

Durval Araulo Portela Filho
PWC BRAZIL

Tiago Porto
VEIRANO ADVOGADOS

Antonio Celso Pugliese
*VELLA PUGLIESE
BUOSI GUIDONI*

Ana Paula Rabello
*FAVERET | LAMPERT
ADVOGADOS*

Ronaldo Rayes
*RAYES & FAGUNDES
ADVOGADOS*

Matheus Rector
*PINHEIRO GUIMARÃES
ADVOGADOS*

Marília Rennó
*CHEDIAK, LOPES DA COSTA,
CRISTOFARO, MENEZES
CÔRTES ADVOGADOS*

Elisa Rezende
VEIRANO ADVOGADOS

Ligia Ribeiro
*RAYES & FAGUNDES
ADVOGADOS*

Laura Ribeiro Vissotto

Luis Fernando Riskalla
*LEITE, TOSTO E BARROS
ADVOGADOS*

Guilherme Rizzo Amaral
VEIRANO ADVOGADOS

Henrique Rodrigues Cima
*LOBO & DE RIZZO
ADVOGADOS*

Fabiana Rodrigues da Fonseca
*RAYES & FAGUNDES
ADVOGADOS*

Maria João Rolim
ROLIM, VIOTTI & LEITE CAMPOS

José Luiz Rossi
SERASA SA

Luciano Rossi
PINHEIRO NETO ADVOGADOS

Gustavo Rotta
DELOITTE TOUCHE TOHMATSU

Luis Augusto Roux Azevedo
*DE LUCA, DERENUSSON,
SCHUTTOFF E AZEVEDO
ADVOGADOS*

Jorge Roylei Kou
*VELLA PUGLIESE
BUOSI GUIDONI*

Petrus Ruff
PWC BRAZIL

Cláudio Ruiz
BANCO CENTRAL DO BRASIL

Heber Sacramento
*PINHEIRO GUIMARÃES
ADVOGADOS*

Isabela Salhani Ferrari
*MACHADO, MEYER, SENDACZ
E OPICE ADVOGADOS*

Cristina Salvador
*BARALDI ADVOCACIA
EMPRESARIAL*

Rodrigo Sanchez
SERASA SA

Franklin Santos
ADM DO BRASIL LTDA

Priscilla Saraiva
*ULHÔA CANTO, REZENDE
E GUERRA-ADVOGADOS*

Denis Sarak
*BRAGA NASCIMENTO
E ZILIO LAW FIRM*

João Felipe Sartini
*FAVERET | LAMPERT
ADVOGADOS*

Fabiana Schiavon
PWC BRAZIL

Julia Schulz Rotenberg
DEMAREST ADVOGADOS

Sabine Schuttoff
*DE LUCA, DERENUSSON,
SCHUTTOFF E AZEVEDO
ADVOGADOS*

Erik Sernik
*VELLA PUGLIESE
BUOSI GUIDONI*

Juliane Serrano
EY SERVIÇOS TRIBUTÁRIOS SS

Donizetti Antonio Silva
DAS CONSULTORIA

Antonio Laercio Silva Rehem
*PRESIDÊNCIA DA REPÚBLICA
FEDERATIVA DO BRASIL*

Michel Siqueira Batista
*VIEIRA, REZENDE E
GUERREIRO ADVOGADOS*

Isadora Soares de Almeida
Varella
*CHAVES, GELMAN, MACHADO,
GILBERTO E BARBOZA*

Eduardo de Abreu Sodré
*RAYES & FAGUNDES
ADVOGADOS*

Lívia Sousa Borges Leal
DEMAREST ADVOGADOS

Walter Stuber
*WALTER STUBER
CONSULTORIA JURÍDICA*

Adriano Sutto
VEIRANO ADVOGADOS

Rodrigo Takano
*MACHADO, MEYER, SENDACZ
E OPICE ADVOGADOS*

Celina Teixeira
18° OFICIO DE NOTAS

Rodrigo Teixeira
*LOBO & DE RIZZO
ADVOGADOS*

Verônica Teixeira
PWC BRAZIL

Paulo Teixeira Fernandes
ROLIM, VIOTTI & LEITE CAMPOS

Carlos Augusto Texeira da
Silva

Gisele Trindade
*VELLA PUGLIESE
BUOSI GUIDONI*

Juliana Turini
*VELLA PUGLIESE
BUOSI GUIDONI*

Ticiana Valdetaro Bianchi
Ayala
*CHEDIAK, LOPES DA COSTA,
CRISTOFARO, MENEZES
CÔRTES ADVOGADOS*

Luiz Fernando Valente De
Paiva
PINHEIRO NETO ADVOGADOS

Christiane Valese
*RAYES & FAGUNDES
ADVOGADOS*

Beatriz Vasconcellos
PWC BRAZIL

Ronaldo C. Veirano
VEIRANO ADVOGADOS

Maria Tereza Vellano
AES ELETROPAULO

Ademilson Viana
DEMAREST ADVOGADOS

Marcelo Viegas
MAR & MAR ENGENHARIA

Victoria Villela Boacnin
PINHEIRO NETO ADVOGADOS

Eduardo Vital Chaves
*RAYES & FAGUNDES
ADVOGADOS*

Rafael Vitelli Depieri

José Carlos Wahle
VEIRANO ADVOGADOS

Flavio Yoshida
Rayes & Fagundes Advogados

文莱达鲁萨兰国

ARKITEK IBRAHIM

*BDO CHARTERED
ACCOUNTANTS BRUNEI*

Zainon Abang
*LANDS DEPARTMENT,
MINISTRY OF DEVELOPMENT*

Amiruddin Abdul Aziz
ARKITEK AZIZ

Nur Shahreena Abdullah
TABUNG AMANAH PEKERJA

Saharana Ahmad
*LANDS DEPARTMENT,
MINISTRY OF DEVELOPMENT*

Hajah Norajimah Haji Aji
*DEPARTMENT OF LABOR,
MINISTRY OF HOME AFFAIRS*

Erma Ali Rahman
*REGISTRY OF COMPANIES
& BUSINESS NAMES*

Ekaterina Azizova
*HEALY CONSULTANTS
GROUP PLC*

Nadiah Azmansham
*ENERGY AND INDUSTRY
DEPARTMENT*

Mohammed Roaizan bin Haji
Johari
*AUTORITI MONETARI
BRUNEI DARUSSALAM*

Kasmat Bin Hj Kaling
NBT (BRUNEI)

Mahri Bin Hj Latif
GEMILANG LATIF ASSOCIATES

Jonathan Cheok
*CHEOK ADVOCATES
& SOLICITORS*

Robin Cheok

Danny Chua
*BRUNEI TRANSPORTING
COMPANY*

Wong Chung Hong
W. CHUNG HONG SDN BHD

Saiful Adilin Edin
*REGISTRY OF COMPANIES
& BUSINESS NAMES*

Nina Jasmine Haji Bahrin
*AUTORITI MONETARI
BRUNEI DARUSSALAM*

Norzanah Hambali
*LANDS DEPARTMENT,
MINISTRY OF DEVELOPMENT*

Hj Abdullah Hj Ahmad
*ABDULLAH AHMAD
ARCHITECTS*

Hjh Siti Radhiah Hj Mohd
Yusof
*AUTORITI MONETARI
BRUNEI DARUSSALAM*

Norizzah Hazirah Hj Awg
Hussin
*DEPARTMENT OF LABOR,
MINISTRY OF HOME AFFAIRS*

Zuleana Kassim
*LEE CORPORATEHOUSE
ASSOCIATES*

Farah Kong
*AUTORITI MONETARI
BRUNEI DARUSSALAM*

Kin Chee Lee
*LEE CORPORATEHOUSE
ASSOCIATES*

Simon Leong
LKA KONSULT SDN BHD

Kathy Lim
*C H WILLIAMS TALHAR
& WONG SDN BHD*

Kelvin Lim
*RIDZLAN LIM ADVOCATES
& SOLICITORS*

Muhammad Billy Lim
Abdul Aziz
ARKITEK REKAJAYA

Adhfarul Maz Adanan
TABUNG AMANAH PEKERJA

Ghazalin Mokti
*LANDS DEPARTMENT,
MINISTRY OF DEVELOPMENT*

Harold Ng
CCW PARTNERSHIP

Ahmad Norhayati
*SEPAKAT SETIA PERUNDING
ENGINEERING CONSULTANT*

Andrew Ong Teck Wee
CCW PARTNERSHIP

E-Rue Peng

Dayang Hajah Rahayu Dato
Paduka Haji Abdul Razak
*DARUSSALAM ASSETS
SDN BHD*

Veronica K. Rajakanu
ZULS PARTNERS LAW OFFICE

Wong Shu Ah
*BMS ENGINEERING &
PARTNERS SDN BHD*

Yvonne Sim

Shran Singh
GLAMCO AVIATION SDN

Aidah Suleiman
*AUTORITI MONETARI
BRUNEI DARUSSALAM*

Bernard Tan Thiam Swee

Amanda Ting

Ting Tiu Pheng
ARKITEK TING

Cecilia Wong
TRICOR (B) SDN BHD

Belinda Yeo

Soon Teck Yu
PETAR PERUNDING SDN BHD

Zulina Zainal Abidin
*ROYAL CUSTOMS AND
EXCISE DEPARTMENT*

保加利亚

Svetlin Adrianov
*PENKOV, MARKOV
& PARTNERS*

Venelin Aleksiev
LEGALEX LAW OFFICE

Petko Angelov
GUGUSHEV & PARTNERS

Stefan Angelov
V CONSULTING BULGARIA

Martin Atanasov
SOFIA MUNICIPALITY

Ina Bankovska
KINKIN & PARTNERS

Anelia Batleva
LEGALEX LAW OFFICE

Mileslava Bogdanova-Misheva
*TSVETKOVA BEBOV
KOMAREVSKI*

Svilena Bogdantchova
ORBIT

Christopher Christov
PENEV LLP

Nikolay Cvetanov
*PENKOV, MARKOV
& PARTNERS*

Ralitza Damyanova
*DELCHEV & PARTNERS
LAW FIRM*

Maria Danailova
*DANAILOVA, TODOROV
AND PARTNERS LAW FIRM*

Emil Delchev
*DELCHEV & PARTNERS
LAW FIRM*

Kostadinka Deleva
GUGUSHEV & PARTNERS

Valeria Dieva
KALAIDJIEV & GEORGIEV

George Dimitrov
DIMITROV, PETROV & CO.

Alexandra Doytchinova
SCHOENHERR

Silvia Dulevska
BULGARIAN NATIONAL BANK

Genadi Enchev
*BULGARIAN ASSOCIATION OF
SHIP BROKERS AND AGENTS*

Zornitsa Genova
*CEZ DISTRIBUTION BULGARIA
AD, MEMBER OF CEZ GROUP*

Ralitsa Gougleva
*DJINGOV, GOUGINSKI,
KYUTCHUKOV & VELICHKOV*

Katerina Gramatikova
DOBREV & LYUTSKANOV

Anastasiya Grunova
*TSVETKOVA BEBOV
KOMAREVSKI*

Hristian Gueorguiev
DINOVA RUSEV & PARTNERS

Stefan Gugushev
GUGUSHEV & PARTNERS

Orlin Hadjiiski
PWC BULGARIA

Hristina Hristova
DHL EXPRESS BULGARIA

Velyana Hristova
*PENKOV, MARKOV
& PARTNERS*

Krasimira Ignatova
PWC BULGARIA

Iliya Iliev
*PRIMORSKA AUDIT
COMPANY—MEMBER
OF RUSSELL BEDFORD
INTERNATIONAL*

Ginka Iskrova
PWC BULGARIA

Rossen Ivanov
ARSOV, NATCHEV, GANEVA

Miglena Ivanova
PWC BULGARIA

Vesela Kabatliyska
DINOVA RUSEV & PARTNERS

Angel Kalaidjiev
KALAIDJIEV & GEORGIEV

Mina Kapsazova
PWC BULGARIA

Desislava Karpulska
PWC BULGARIA

Ivelin Kiosev
ELECTROGETZ LTD.

Hristina Kirilova
KAMBOUROV & PARTNERS

Violeta Kirova
BOYANOV & CO.

Rebeka Kleytman
WOLF THEISS

Nikolay Kolev
BOYANOV & CO.

Rada Koleva
PWC BULGARIA

Ilya Komarevski
*TSVETKOVA BEBOV
KOMAREVSKI*

Yavor Kostov
ARSOV, NATCHEV, GANEVA

Yordan Kostov
YORDAN KOSTOV LAW OFFICE

Zisis Kotsias
ORBIT

Dilyana Krasteva
DINOVA RUSEV & PARTNERS

Boris Krastevitch
*DANAILOVA, TODOROV
AND PARTNERS LAW FIRM*

Stephan Kyutchukov
*DJINGOV, GOUGINSKI,
KYUTCHUKOV & VELICHKOV*

Teodora Lalova
PENEV LLP

Nina Lazarova
*REGISTRY AGENCY
OF BULGARIA*

Jordan Manahilov
BULGARIAN NATIONAL BANK

Ivan Marinov
*DELCHEV & PARTNERS
LAW FIRM*

Elena Marinova
BULGARIAN NATIONAL BANK

Magi Markova
SBA BULGARIAN LTD.

Dimitrinka Metodieva
GUGUSHEV & PARTNERS

Slavi Mikinski
LEGALEX LAW OFFICE

Yordan Minkov
DINOVA RUSEV & PARTNERS

Yordanka Mravkova
*REGISTRY AGENCY
OF BULGARIA*

Vladimir Natchev
ARSOV, NATCHEV, GANEVA

Yordan Naydenov
BOYANOV & CO.

Hristo Nihrizov
DIMITROV, PETROV & CO.

Alexander Nikolov
ORBIT

Elitsa Nikolova-Dimitrova
ORBIT

Nadezhda Palankova
GUGUSHEV & PARTNERS

Maria Pashalieva
*PENKOV, MARKOV
& PARTNERS*

Ilian Petkov
ISPDD

Teodora Popova
PENEV LLP

Bozhko Poryazov
*DELCHEV & PARTNERS
LAW FIRM*

Ivan Punev
*DJINGOV, GOUGINSKI,
KYUTCHUKOV & VELICHKOV*

Nikolay Radev
KINKIN & PARTNERS

Silvia Ribanchova
SCHOENHERR

Konstantin Rizov
GYUROV & RIZOV LAW OFFICE

Milen Rusev
DINOVA RUSEV & PARTNERS

Andrea Ruzheva
SOFIA MUNICIPALITY

Aneta Sarafova
*DANAILOVA, TODOROV
AND PARTNERS LAW FIRM*

Boiko Sekiranov
SOFIA MUNICIPALITY

Julian Spassov
MCGREGOR & PARTNERS

Krum Stanchev
ELIA PLC

Pencho Stanchev
DIMITROV, PETROV & CO.

Nina Stoeva
LEGALEX LAW OFFICE

Roman Stoyanov
*PENKOV, MARKOV
& PARTNERS*

Donka Stoyanova
DIMITROV, PETROV & CO.

Vessela Tcherneva-Yankova
V CONSULTING BULGARIA

Yordan Terziev
ARSOV, NATCHEV, GANEVA

Aleksandrina Terziyska
GUGUSHEV & PARTNERS

Kaloyan Todorov
*DANAILOVA, TODOROV
AND PARTNERS LAW FIRM*

Svilen Todorov
*TODOROV & DOYKOVA
LAW FIRM*

Toma Tomov
DOBREV & LYUTSKANOV

Dilyana Tsoleva
KINKIN & PARTNERS

Georgi Tzvetkov
*DJINGOV, GOUGINSKI,
KYUTCHUKOV & VELICHKOV*

Jasmina Uzova
WOLF THEISS

Miroslav Varnaliev
UNIMASTERS LOGISTICS PLC

Mariana Velichkova
*TSVETKOVA BEBOV
KOMAREVSKI*

Nedyalka Vylcheva
*DELCHEV & PARTNERS
LAW FIRM*

Monika Yaneva
KALAIDJIEV & GEORGIEV

Iliyana Zhoteva
*REGISTRY AGENCY
OF BULGARIA*

布基纳法索

BCEAO

CABINET KAM ET SOME

CREDITINFO VOLO

Pierre Abadie
CABINET PIERRE ABADIE

Arsène Bazi
AB ENERGIE

Boukary Boly
*SOCIÉTÉ D'EXPORTATION
DU FASO (SEFA)*

Dieudonne Bonkoungou
SCPA THEMIS-B

Vincent Kabore
*DIRECTION DES GREFFES
MINISTÈRE DE LA JUSTICE,
DES DROITS HUMAINS ET DE
LA PROMOTION CIVIQUE*

Sansan Césaire Kambou
*CABINET D'ARCHITECTURE
AGORA BURKINA*

Armand Kpoda
SCPA THEMIS-B

Eloi Nombré
UNION NATIONALE DES PRODUCTEURS D'ANACARDE

Mamadou Ouattara
CHAMBRE DE COMMERCE ET D'INDUSTRIE DU BURKINA FASO (CCI BF)

André Ouedraogo
CABINET BONKOUNGOU

Madina Ouedraogo
BUREAU D'ASSISTANCE À LA CONSTRUCTION (BAC) SARL

Martin Ouedraogo
UNION INTERNATIONALE DE NOTARIAT

N. Henri Ouedraogo
DIRECTION GÉNÉRALE DES IMPÔTS

Oumarou Ouedraogo
CABINET OUEDRAOGO

Thierry Ismael Ouedraogo
DIRECTION GÉNÉRALE DU TRÉSOR ET DE LA COMPTABILITÉ PUBLIQUE

Yassia Ouedraogo
UCOBAM

Roger Omer Ouédraogo
ASSOCIATION PROFESSIONNELLE DES TRANSITAIRES & COMMISSIONNAIRES EN DOUANE AGRÉÉS

Sawadogo W. Pulchérie
MINISTÈRE DE LA JUSTICE— TRIBUNAL D'INSTANCE DE OUAGADOUGOU

Hermann Lambert Sanon
GROUPE HAGE

Boureima Sawadogo
CABINET SANOU SOUNGALO

Moussa Ousmane Sawadogo
DIRECTION GÉNÉRALE DES IMPÔTS

Abdoul Aziz Son
CABINET PIERRE ABADIE

Hyppolite Tapsoba
MINISTÈRE DE LA JUSTICE— TRIBUNAL D'INSTANCE DE OUAGADOUGOU

Alassane Tiemtore
AUTORITÉ DE RÉGULATION DU SOUS-SECTEUR DE L'ÉLECTRICITÉ (ARSE)

Aude Andrée Marie Toé
CABINET D'AVOCATS ME FRANCELINE TOÉ-BOUDA

Franceline Toé-Bouda
CABINET D'AVOCATS ME FRANCELINE TOÉ-BOUDA

Yacouba Traoré
COMMUNE DE OUAGADOUGOU

Bouba Yaguibou
SCPA YAGUIBOU & ASSOCIÉS

布隆迪

AGENCE DE PROMOTION DES INVESTISSEMENTS

Cyprien Bigirimana
MINISTÈRE DE LA JUSTICE

Adolphe Birehanisenge
PSD

Jean-Marie Bukware
GUICHET UNIQUE DE CRÉATION D'ENTREPRISE

Léonard Gacuko
MINISTÈRE DE LA JUSTICE

Joseph Gitonyotsi

Ange-Dorine Irakoze
RUBEYA & CO. ADVOCATES

Brice Irakoze
TRUST JURIS CHAMBERS

Richard Kaderi
AFRICAN PROMOTION COMPANY (APROCO)

Josélyne Kaneza
BURUNDI LEGAL SPACE

Désiré Manirakiza
CONSORTIUM DES COOPÉRATIVES DE CAFÉICULTEURS (COCOCA)

Ben Ali Massoundi
BGMB

Anatole Miburo
CABINET DE MAÎTRE ANATOLE MIBURO

Vera Mutoni
TRUST JURIS CHAMBERS

Yvan Mutoni
TRUST JURIS CHAMBERS

Horace Ncutiyumuheto
NCUTI LAW FIRM & CONSULTANCY

Adelaïde Ndayirorere
BANQUE DE LA RÉPUBLIQUE DU BURUNDI

Désiré Ndayizeye
LAWYER

Francoise Ngozirazana
SOGESTAL

Samuel Nibitanga
SOGESTAL KIRIMIRO

Emery Ninganza
CHRISTIAN AID

Régine-Mireille Niyongabo
RUBEYA & CO. ADVOCATES

Audace Niyonzima
OFFICE BURUNDAIS DES RECETTES

Elliot Njejimana
TRUST JURIS CHAMBERS

Laurent Nkurikiye
BUCOFCO

Janvier Nsengiyumva
J&P GENERAL COMPANY

Gilbert Ntiyankundiye
GCFA

Patrick-Didier Nukuri
BURUNDI LEGAL SPACE

Déogratias Nzemba
AVOCAT À LA COUR

Hubert Jacques Nzigamasabo
ABUTIP

Willy Rubeya
RUBEYA & CO. ADVOCATES

Benjamin Rufagari
GPO PARTNERS BURUNDI, A CORRESPONDENT FIRM OF DELOITTE

Fabien Segatwa
ETUDE ME SEGATWA

Gabriel Sinarinzi
CABINET ME GABRIEL SINARINZI

佛得角

Tiago Albuquerque Dias
DELOITTE

Bruno Andrade Alves
PWC PORTUGAL

José Manuel Andrade
NÚCLEO OPERACIONAL DA SOCIEDADE DE INFORMAÇÃO

Luís Filipe Bernardo
DELOITTE

Constantino Cabral
MTCV CABO VERDE

Susana Caetano
PWC PORTUGAL

Paulo Câmara
SÉRVULO & ASSOCIADOS

Ilídio Cruz
ILIDIO CRUZ & ASSOCIADOS—SOCIEDADE DE ADVOGADOS RL

Paulo David
UBAGO GROUP— FRESCOMAR, SA

Manuel de Pina
SAMP—SOCIEDADES DE ADVOGADOS

Daniel Delgado
INLOGISTICS—AGÊNCIA DE NAVEGAÇÃO E TRANSITÁRIOS SA

Dúnia Delgado
PWC PORTUGAL

Jorge Lima Delgado Lopes
CONSULTOR GOVERNAÇÃO ELETRÓNICA

Amanda Fernandes
ILIDIO CRUZ & ASSOCIADOS—SOCIEDADE DE ADVOGADOS RL

Brites Fernandes
PMAR CABO VERDE

Solange Furtado Sanches
SF&LB, SOCIEDADE DE ADVOGADOS, RL

Tomás Garcia Vasconcelos
DELOITTE

Joana Gomes Rosa
ADVOCACIA—CONSULTORIA

António Gonçalves
CV LEXIS ADVOGADOS

Ana Cristina Hopfer Almada
D. HOPFFER ALMADA & ASSOCIADOS

Avdesh Kumar
JMD TRADING, LDA

Mirco Lima
PISO—SOC. DE IMOBILIÁRIA E CONTRUÇÕES, LDA

Teresa Livramento Monteiro
DULCE LOPES, SOLANGE LISBOA RAMOS, TERESA LIVRAMENTO MONTEIRO- SOCIEDADE DE ADVOGADOS

Ana Cristina Lopes Semedo
BANCO DE CABO VERDE

João Medina
EDGE—INTERNATIONAL LAWYERS

Wanderleya Nascimento
SAMP—SOCIEDADES DE ADVOGADOS

Alexandra Nunes
PWC PORTUGAL

João Pereira
FPS

Luis Quinta
BINTER CABO VERDE, SA

Rita Ramos
LAND REGISTRY

Rafael Rocha Fernandes
MUNICIPALITY OF PRAIA

José Rui de Sena
AGÊNCIA DE DESPACHO ADUANEIRO FERREIRA E SENA LDA

Lanre Smith
BOM SPEC, LDA

Armindo Sousa
FPS

José Spinola
FPS

Frantz Tavares
INOVE—CONSULTORES EMPRESARIAIS

Liza Vaz
DIREÇÃO NACIONAL DE RECEITAS DO ESTADO

Leendert Verschoor
PWC PORTUGAL

柬埔寨

SCIARONI & ASSOCIATES

TROIS S (CAMBODGE) LOGISTICS SOLUTION

Seng Bun Huy
MAR ASSOCIATES

Buth Bunsayha
ACLEDA BANK PLC

Michel Cassagnes
ARCHETYPE GROUP CAMBODIA

Sokpheng Chao
HBS LAW

Eaknguon Chea
HBS LAW

Phanin Cheam
MUNICIPALITY OF PHNOM PENH BUREAU OF URBAN AFFAIRS

Heng Chhay
R&T SOK & HENG LAW OFFICE

Sao Elen Chhe
SOK SIPHANA & ASSOCIATES

Ouk Chittra
ELECTRICITÉ DU CAMBODGE (EDC)

Sothea Chrek
CREDIT BUREAU (CAMBODIA) CO. LTD.

Sandra D'Amico
HR INC. (CAMBODIA) CO. LTD.

Martin Desautels
DFDL MEKONG (CAMBODIA) CO. LTD.

Monyrith Eng
HML LAW GROUP & CONSULTANTS

Javier Esquivel
SOK SIPHANA & ASSOCIATES

Darwin Hem
BNG LEGAL

Pagnawat Heng
P&A ASIA LAW OFFICE

Porse Heng
ARCHETYPE GROUP CAMBODIA

Max Howlett
KPMG CAMBODIA LTD.

Hans Hwang
SOK XING & HWANG

Xing Jiajia
SOK XING & HWANG

Leap Kang
HML LAW GROUP & CONSULTANTS

Sophorne Kheang
DFDL MEKONG (CAMBODIA) CO. LTD.

Sang Kimchheang
ACLEDA BANK PLC

Sieng Komira
SECURED TRANSACTIONS FILING OFFICE

Kunthy Koy
KN LEGAL CONSULTING

Neam Koy
KN LEGAL CONSULTING

Chanra Kuoch
DFDL MEKONG (CAMBODIA) CO. LTD.

Alex Larkin
VDB LOI

Souhuoth Leng
P&A ASIA LAW OFFICE

Pises Mao
HR INC. (CAMBODIA) CO. LTD.

Samvutheary Mao
HML LAW GROUP & CONSULTANTS

Sadao Matsubara
HBS LAW

Nimmith Men
ARBITRATION COUNCIL FOUNDATION

Seilakboth Mom
SOK XING & HWANG

Sophanny Mom
ARBITRATION COUNCIL FOUNDATION

Nith Niteyana
SOK SIPHANA & ASSOCIATES

Clint O'Connell
DFDL MEKONG (CAMBODIA) CO. LTD.

Sokhour Oeng
PWC CAMBODIA

Sothearoath Oeur
CREDIT BUREAU (CAMBODIA) CO. LTD.

Sophea Om
ACLEDA BANK PLC

Lungdy Ouk
R&T SOK & HENG LAW OFFICE

Song Phannou
ACLEDA BANK PLC

Sokvirak Pheang
PWC CAMBODIA

Seng Piseth
GENERAL DEPARTMENT OF TAXATION

Sok Ren Polina
SOK SIPHANA & ASSOCIATES

Pagnavattey Pon
CREDIT BUREAU (CAMBODIA) CO. LTD.

Robert Porter
VDB LOI

Allen Prak
P&A ASIA LAW OFFICE

Borapyn Py
DFDL MEKONG (CAMBODIA) CO. LTD.

Matthew Rendall
SOK SIPHANA & ASSOCIATES

Navinth Rethda
R&T SOK & HENG LAW OFFICE

Chris Robinson
DFDL MEKONG (CAMBODIA) CO. LTD.

Somarith Sam
ELECTRICITÉ DU CAMBODGE (EDC)

Kem Saroeung
SECURED TRANSACTIONS FILING OFFICE

Neak Seakirin
NEAK LAW OFFICE

Dara Sen
SOK SIPHANA & ASSOCIATES

Leung Seng
VDB LOI

Samyith Seng
HR INC. (CAMBODIA) CO. LTD.

Chanraksa Soeung
P&A ASIA LAW OFFICE

Lor Sok
SOK XING & HWANG

Suy Sokha
HR INC. (CAMBODIA) CO. LTD.

Sum Sokhamphou

Saran Song
AMRU RICE (CAMBODIA) CO. LTD.

Neou Sonika
SOK SIPHANA & ASSOCIATES

Tiv Sophonnora
R&T SOK & HENG LAW OFFICE

Samnangvathana Sor
DFDL MEKONG (CAMBODIA) CO. LTD.

Sinoun Sous
DFDL MEKONG (CAMBODIA) CO. LTD.

Nget Sovannith
P&A ASIA LAW OFFICE

David Symansky
HR INC. (CAMBODIA) CO. LTD.

Kang Thavy
DFDL MEKONG (CAMBODIA) CO. LTD.

Heng Thy
PWC CAMBODIA

Hem Tola
HR INC. (CAMBODIA) CO. LTD.

Bakleang Try
HBS LAW

Victoria Varela
DFDL MEKONG (CAMBODIA) CO. LTD.

Daniel Wein
DFDL MEKONG (CAMBODIA) CO. LTD.

Potim Yun
VDB LOI

Sophal Yun
DFDL MEKONG (CAMBODIA) CO. LTD.

喀麦隆

ENEO CAMEROUN

ETUDE ME ETOKE

Stanley Abane
THE ABENG LAW FIRM

Armelle Silvana Abel Piskopanis
MONDE JURIDIQUE ET FISCAL (MOJUFISC)

Roland Abeng
THE ABENG LAW FIRM

Tocke Adrien
DGI CAMEROON (DIRECTION GÉNÉRALE DES IMPÔTS DU CAMEROUN)

Elisabeth Ajamen
BEAC SIÈGE

Oscar Alegba
LAWYER

Marie Viviane Ambella Bikoula
TAMFU & CO. LAW FIRM

Rosine Pauline Amboa
MONDE JURIDIQUE ET FISCAL (MOJUFISC)

Queenta Asibong
THE ABENG LAW FIRM

Cyrano Atoka
CABINET FRANCINE NYOBE

Louis Désiré Côme Awono
ARCHI BUSINESS SARL

Lolita Bakala Mpessa
CAMEROUN AUDIT INTERNATIONAL (CAC INTERNATIONAL)

Jean-Marie Vianney Bendégué
IG/MINDCAF

Pierre Bertin Simbafo
BICEC

Sidonie Biog
CABINET FRANCINE NYOBE

Eric Biwole
AGROGIC

Xavier Martial Biwoli Ayissi
CABINET FRANCINE NYOBE

Isidore Biyiha
GUICHET UNIQUE DES OPERATIONS DU COMMERCE EXTERIEUR-GIE

Miafo Bonny Bonn
BONNY BONN ENTERPRISES

David Boyo
BOYO & PATIMARK LLP

Fabien Bungong
TAMFU & CO. LAW FIRM

David Bwemba
WEST AFRIA MARINE SOLUTIONS

Paul Marie Djamen
MOBILE TELEPHONE NETWORKS CAMEROON (MTN)

Aurélien Djengue Kotte
CABINET EKOBO

Laurent Dongmo
JING & PARTNERS

William Douandji
ARCHITECT AND PARTNERS

Ebot Elias Arrey
ARC CONSULTANTS LTD.

Marie Marceline Enganalim
ETUDE ME ENGANALIM MARCELINE

Cédric Enyime
VANTURE CONSULTING

Lucien Essomba
CHAMBRE D'AGRICULTURE OUEST

Hyacinthe Clément Fansi Ngamou
NGASSAM, FANSI & MOUAFO AVOCATS ASSOCIÉS

Isabelle Fomukong
CABINET D'AVOCATS FOMUKONG

Blaise Fondja
BUREC

Edwin Fongod

Sorelle Fonssouo Mogo
JING & PARTNERS

Nicaise Ibohn Bata
THE ABENG LAW FIRM

Paul T. Jing
JING & PARTNERS

Charles Kooh
THE ABENG LAW FIRM

Jean-Aime Kounga
THE ABENG LAW FIRM

Merlin Arsene Kouogang
SOCIÉTÉ QUIFEUROU

Michel-Antoine Mben
NGASSAM, FANSI & MOUAFO AVOCATS ASSOCIÉS

Jacques Mbongue Eboa
CABINET D'AVOCATS GÉRARD WOLBER

Ivan Mélachéo
VANTURE CONSULTING

Mungu Mirabel
THE ABENG LAW FIRM

A.D. Monkam
ETUDE DE NOTAIRE WO'O

Danielle Moukouri
D. MOUKOURI & PARTNERS LAW FIRM

Marcelin Yoyo Ndoum
ETUDE DE NOTAIRE WO'O

Bernard Ngaibe
THE ABENG LAW FIRM

Virgile Ngassam Njiké
NGASSAM, FANSI & MOUAFO AVOCATS ASSOCIÉS

Bénédicte Ngoso
CABINET FRANCINE NYOBE

Dieu le Fit Nguiyan
UNIVERSITÉ DE DOUALA

Marie-Andrée Ngwe
CABINET MAÎTRE MARIE ANDRÉE NGWE

Urbain Nini Teunda

George Njangtang
CONTEC SARL

Benga Nomen Christopher
EXPRESS CARGO

Christian Obama
MONDE JURIDIQUE ET FISCAL (MOJUFISC)

Carine Obama Fossey
MONDE JURIDIQUE ET FISCAL (MOJUFISC)

Jacob Oben
JING & PARTNERS

Jasmine Ouethy
MUEKE A DOUALA AU CAMEROUN

Yasmine Passam
JING & PARTNERS

Ilias Poskipanis
MONDE JURIDIQUE ET FISCAL (MOJUFISC)

Bolleri Pym
UNIVERSITÉ DE DOUALA

Claude Simo
CL AUDIT ET CONSEI

Tristel Richard Tamfu Ngarka
TAMFU & CO. LAW FIRM

Lise Tchamejieu Tchoudenou
TAMFU & CO. LAW FIRM

Gael Tchouba
CITADEL LAW FIRM

Chrétien Toudjui
AFRIQUE AUDIT CONSEIL BAKER TILLY

Bergerele Reine Tsafack Dongmo
MONDE JURIDIQUE ET FISCAL (MOJUFISC)

Tanwie Walson Emmanuel
TALAL ABU-GHAZALEH ORGANIZATION (TAG-ORG)

加拿大

TRANSUNION CANADA

WHITE & CASE LLP

Robert Anton
OSLER, HOSKIN & HARCOURT LLP

David Bish
TORYS LLP

Paul Boshyk
MCMILLAN LLP

Heather Cameron
WHITE & CASE

Tairroyn Childs
BLAKE, CASSELS & GRAYDON, MEMBER OF LEX MUNDI

John Craig
FASKEN MARTINEAU DUMOULIN LLP

David Dell

Kim Deochand
CORPORATIONS CANADA

Salima Fakirani
BLAKE, CASSELS & GRAYDON, MEMBER OF LEX MUNDI

Isabelle Foley
CORPORATIONS CANADA

Robert Frazer
BLAKE, CASSELS & GRAYDON, MEMBER OF LEX MUNDI

Paul Gasparatto
ONTARIO ENERGY BOARD

Attila Gaspardy
PWC CANADA

Christopher Gillespsie
GILLESPIE-MUNRO INC.

Talia Gordner
BLANEY MCMURTRY LLP

Sabina Han
FASKEN MARTINEAU DUMOULIN LLP

Sheldon Hotzwik
PWC CANADA

John J. Humphries
TORONTO CITY HALL

A. Max Jarvie
MCMILLAN LLP

Avneet Jaswal
FASKEN MARTINEAU DUMOULIN LLP

Andrew Kent
MCMILLAN LLP

Joshua Kochath
COMAGE CONTAINER LINES

Kyle Lambert
MCMILLAN LLP

Eric Leinveer
BLAKE, CASSELS & GRAYDON, MEMBER OF LEX MUNDI

Jon A. Levin
FASKEN MARTINEAU DUMOULIN LLP

Alex Liszka
IBI GROUP INC.

Catherine MacInnis
IBI GROUP INC.

Mike Maodus
BLAKE, CASSELS & GRAYDON, MEMBER OF LEX MUNDI

James McClary
BENNETT JONES LLP

Matthew Merkley
BLAKE, CASSELS & GRAYDON, MEMBER OF LEX MUNDI

Garth Murray
BLAKE, CASSELS & GRAYDON, MEMBER OF LEX MUNDI

Ronald Nobrega
FASKEN MARTINEAU DUMOULIN LLP

William Northcote
SHIBLEY RIGHTON LLP

Eric Paton
PWC CANADA

Yonatan Petel
MCMILLAN LLP

Martin Pinard
CORPORATIONS CANADA

Syed Shah
PWC CANADA

Kay She
BENNETT JONES LLP

John Tobin
TORYS LLP

Shane Todd
FASKEN MARTINEAU DUMOULIN LLP

Rebecca Torrance
BLAKE, CASSELS & GRAYDON, MEMBER OF LEX MUNDI

Peter van Dijk
PWC CANADA

Eleanor Vaughan
OSLER, HOSKIN & HARCOURT LLP

Sharon Vogel
SINGLETON URQUHART REYNOLDS VOGEL

Andrew Wang
BLAKE, CASSELS & GRAYDON, MEMBER OF LEX MUNDI

Andrea White
SHIBLEY RIGHTON LLP

中非共和国

GUICHET UNIQUE DE FORMALITÉS DES ENTREPRISES (GUFE)

Elisabeth Ajamen
BEAC SIÈGE

Jean Christophe Bakossa
L'ORDRE CENTRAFRICAIN DES ARCHITECTES

Blaise Banguitoumba
ENERCA (ENERGIE CENTRAFRICAINE)

Emile Doraz-Serefessenet
CABINET NOTAIRE DORAZ-SEREFESSENET

Jacques Eboule
SDV LOGISTICS

Laurent Hankoff
ENERCA (ENERGIE CENTRAFRICAINE)

Vincent Kotuba Kaunzy-Kossin
OFFICE NOTARIAL DE MAÎTRE KOTUBA KAUNZY-KOSSIN

Théodore Lawson
AUDIT RÉVISION COMPTABLE CABINET LAWSON & ASSOCIÉS

Jean Paul Maradas Nado
MINISTÈRE DE L'URBANISME

Timothee M'beto
TTCI

Serge Médard Missamou
*CLUB OHADA RÉPUBLIQUE
CENTRAFRICAINE*

Mauricette Monthe-Psimhis
*CABINET D'AVOCATS &
JURISTES ASSOCIÉS*

Yves Namkomokoina
*TRIBUNAL DE COMMERCE
DE BANGUI*

Marcellin Ngondang
*MINISTÈRE DES FINANCES—
DIRECTION GÉNÉRALE DES
IMPÔTS ET DES DOMAINES*

Jean Baptiste Nouganga
*BUREAU COMPTABLE
FISCAL—CABINET NOUGANGA*

Rigo-Beyah Parse
CABINET PARSE

Arielle Razafimahefa
JOHN W. FFOOKS & CO.

Venant Paul Sadam
*CABINET D'AVOCATS &
JURISTES ASSOCIÉS*

Bruno Sambia
*AGENCE CENTRAFRICAINE
POUR LA FORMATION
PROFESSIONNELLE ET
L'EMPLOI (A.C.F.P.E.)*

Bandiba Max Symphorien
*CLUB OHADA RÉPUBLIQUE
CENTRAFRICAINE*

Volana Sandra Zakariasy
JOHN W. FFOOKS & CO.

乍得

Abdelkerim Ahmat
*BOLLORÉ LOGISTICS
ET TRANSPORT*

Elisabeth Ajamen
BEAC SIÈGE

Thomas Dingamgoto
*CABINET THOMAS
DINGAMGOTO*

Mahamat Ousman Djidda
ARCHITECTURAL

Germain Djomian
ETUDE ME DJOMIAN GERMAIN

Francis Kadjilembaye
*CABINET THOMAS
DINGAMGOTO*

Prosper Kemayou
TRANSIMEX TCHAD SA

Mahamat Kikigne

Gisèle Madji
*PRICEWATERHOUSECOOPERS
TAX & LEGAL SARL*

Béchir Madet
OFFICE NOTARIAL

Toudjoum M. Massiel
OFFICE NOTARIAL

Simeon Mbailassem

Theodore Mossengar
*PRICEWATERHOUSECOOPERS
TAX & LEGAL SARL*

Adam Moustapha
*SERVICES DES DOMAINES ET DE
LA CONSERVATION FONCIÈRE*

Abakar Adam Nassour
STMT (GROUPE SNER)

Hayatte N'Djiaye
PROFESSION LIBÉRALE

Josue Ngadjadoum
LAWYER

Guy Emmanuel Ngankam
*PRICEWATERHOUSECOOPERS
TAX & LEGAL SARL*

Issa Ngarmbassa
ETUDE ME ISSA NGAR MBASSA

Joseph Pagop Noupoué
EY JURIDIQUE ET FISCAL TCHAD

Nissaouabé Passang
ETUDE ME PASSANG

Anselme Patipéwé Njiakin
EY JURIDIQUE ET FISCAL TCHAD

Diane Sobmeka Pofinet
*SOCIÉTÉ CIVILE
PROFESSIONNELLE
PADARE & GONFOULI*

Tahina Nathalie Rajaonarivelo
JOHN W. FFOOKS & CO.

Arielle Razafimahefa
JOHN W. FFOOKS & CO.

Ahmat Senoussi
ARCHITECTURAL

Abakar Ousman Sougui
*DIRECTION DE LA
PROMOTION ECONOMIQUE
ET DU SECTEUR PRIVÉ*

Ledoux Tchiapi
EXPERTS MAC

Nadine Tinen Tchadgoum
*PRICEWATERHOUSECOOPERS
TAX & LEGAL SARL*

Masrangue Trahogra
CABINET D'AVOCATS ASSOCIÉS

Mahamat Tahir Youssouf
Nahar
*GUICHET UNIQUE DE
CRÉATION D'ENTREPRISE*

Patedjore Zoukalne
*MINISTÈRE DE L'URBANISME,
DE L'HABITAT, DES AFFAIRES
FONCIÈRES ET DES DOMAINES*

智利

*COLEGIO DE INGENIEROS
DE CHILE*

Leticia Acosta Aguirre
REDLINES GROUP

María Paz Aguirre
CHIRGWIN LARRETA PEÑAFIEL

Manuel Alcalde
CAREY Y CÍA LTDA

Richard Alvarado Carrasco
ILS CHILE

Luis Avello
PWC CHILE

Jorge Belmar Fuentes
BBL ARQUITECTOS

Jorge Benitez Urrutia
URREJOLA Y CIA

María José Bernal
*PHILIPPI PRIETOCARRIZOSA
FERRERO DU & URÍA*

Mario Bezanilla
ALCAÍNO ABOGADOS

Marcelo Cáceres Jara
CACERESTUDIO ARQUITECTURA

Raimundo Camus Varas
*YRARRÁZAVAL, RUIZ-TAGLE,
GOLDENBERG, LAGOS & SILVA*

Jerónimo Carcelén
*CARCELÉN, DESMADRYL,
GUZMÁN &TAPIA*

Héctor Carrasco
*SUPERINTENDENCIA DE
BANCOS E INSTITUCIONES
FINANCIERAS DE CHILE*

María Jesus Carrasco
*URENDA, RENCORET,
ORREGO Y DÖRR*

Juan Luis Castellon
NÚÑEZ MUÑOZ ABOGADOS

Isaac Cea
*ICEA PROYECTOS E
INSTALACIONES ELECTRICAS*

Andrés Chirgwin
CHIRGWIN LARRETA PEÑAFIEL

Gonzalo Cordero
MORALES, BESA & CÍA LTDA

Francisca Corti
CAREY Y CÍA LTDA

Angélica de la Carrera
CAREY Y CÍA LTDA

Francisco De Sarratea
PWC CHILE

Jorge Donoso
ENEL DISTRIBUCIÓN CHILE SA

Gonzalo Errázuriz
*URENDA, RENCORET,
ORREGO Y DÖRR*

Matías Errázuriz
*URENDA, RENCORET,
ORREGO Y DÖRR*

Gonzalo Falcón
CAREY Y CÍA LTDA

Claudio Farias Ibanez
ARQUITECTO A DOMICILIO

Pablo Fuentes
PWC CHILE

Cristián Garcia-Huidobro
*BOLETÍN DE INFORMACIONES
COMERCIALES*

Silvio Geroldi Iglesias
GEROARQ

Marcelo Giovanazzi
ALCAÍNO ABOGADOS

Diego González
MORALES, BESA & CÍA LTDA

Xavier Guijón
MENA Y GUIJÓN

Cristian Hermansen Rebolledo
ACTIC CONSULTORES

Daniela Hirsch
*ALBAGLI ZALIASNIK
ABOGADOS*

Javier Hurtado
*CÁMARA CHILENA DE
LA CONSTRUCCIÓN*

Fernando Jamarne Banduc
*ALESSANDRI ATTORNEYS
AT LAW*

Javiera Kunstmann
*PHILIPPI PRIETOCARRIZOSA
FERRERO DU & URÍA*

Tomás Landeta
*URENDA, RENCORET,
ORREGO Y DÖRR*

Ignacio Larraín
*PHILIPPI PRIETOCARRIZOSA
FERRERO DU & URÍA*

Paulina Lasen
*CARCELÉN, DESMADRYL,
GUZMÁN &TAPIA*

Veronica Latorre B.
*CORPORACIÓN DE
DESARROLLO TECNOLÓGICO*

Michel Laurie
PWC CHILE

Jose Luis Letelier
CARIOLA DIEZ PEREZ-COTAPOS

Rose Marie Longhi
*QUINTANILLA & BUSEL
NIEDMANN*

Marcos Magasich Airola
MAGASICH & CÍA

Raul Montero
*ALESSANDRI ATTORNEYS
AT LAW*

Oscar Andres Moraga Campos
DISPROYEC SPA

Jessica Morales
*PHILIPPI PRIETOCARRIZOSA
FERRERO DU & URÍA*

Carmen Morales Melzer
CAMRO

Raúl Muñoz Prieto
RED RAMSA

Egon Neumann
N & V CONSULTING

Pablo Novoa Fernández
CARIOLA DIEZ PEREZ-COTAPOS

Rodrigo Nuñez
CAMPOS DE CHILE

Alberto Oltra
DHL GLOBAL FORWARDING

Sergio Orrego
*URENDA, RENCORET,
ORREGO Y DÖRR*

Gerardo Ovalle Mahns
*YRARRÁZAVAL, RUIZ-TAGLE,
GOLDENBERG, LAGOS & SILVA*

Orlando Palominos
MORALES, BESA & CÍA LTDA

Daniela Pfeffer
CAREY Y CÍA LTDA

Jessica Power
CAREY Y CÍA LTDA

Alberto Pulido A.
*PHILIPPI PRIETOCARRIZOSA
FERRERO DU & URÍA*

Felipe Rencoret
*URENDA, RENCORET,
ORREGO Y DÖRR*

Gonzalo Rencoret
*URENDA, RENCORET,
ORREGO Y DÖRR*

Ricardo Reyes
JR ARQUITECTOS

Ignacio Riffo
CHIRGWIN LARRETA PEÑAFIEL

Macarena Riquelme
*QUINTANILLA & BUSEL
NIEDMANN*

Mariela Riquelme
CAREY Y CÍA LTDA

Alejandra Risso
CAREY Y CÍA LTDA

Constanza Rodriguez
*PHILIPPI PRIETOCARRIZOSA
FERRERO DU & URÍA*

María Isabel Rojas
*QUINTANILLA & BUSEL
NIEDMANN*

Edmundo Rojas García
*CONSERVADOR DE BIENES
RAÍCES Y COMERCIO
DE SANTIAGO*

Nelson Contador Rosales
*NELSON CONTADOR Y
CIA. ABOGADOS*

Jaime Salinas
*PHILIPPI PRIETOCARRIZOSA
FERRERO DU & URÍA*

Hugo Sánchez Ramírez
*SUPERINTENDENCIA
DE INSOLVENCIA Y
REEMPRENDIMIENTO*

Andrés Sanfuentes
*PHILIPPI PRIETOCARRIZOSA
FERRERO DU & URÍA*

Rodrigo Sanhueza Torres
MORALES, BESA & CÍA LTDA

Francisco Selamé
PWC CHILE

Andrés Siles
*URENDA, RENCORET,
ORREGO Y DÖRR*

Marcela Silva
*PHILIPPI PRIETOCARRIZOSA
FERRERO DU & URÍA*

Oscar Silva Álvarez
MAGASICH & CÍA

Luis Fernando Silva Ibañez
*YRARRÁZAVAL, RUIZ-TAGLE,
GOLDENBERG, LAGOS & SILVA*

Alan Smith
SMITH Y CÍA

Mario Tapia
*CARCELÉN, DESMADRYL,
GUZMÁN &TAPIA*

Carlos Torres
REDLINES GROUP

Albert D. Valbuena G.
CAMRO

Francisca Valenzuela
*QUINTANILLA & BUSEL
NIEDMANN*

Nicolás Velasco Jenschke
*SUPERINTENDENCIA
DE INSOLVENCIA Y
REEMPRENDIMIENTO*

Antonia Vial
CAREY Y CÍA LTDA

Tomás Vidal
CARIOLA DIEZ PEREZ-COTAPOS

Gonzalo Villazon
NÚÑEZ MUÑOZ ABOGADOS

Tomás Wolff Alemparte
*PHILIPPI PRIETOCARRIZOSA
FERRERO DU & URÍA*

Sergio Yávar
GUERRERO OLIVOS

Arturo Yrarrázaval Covarrubias
*YRARRÁZAVAL, RUIZ-TAGLE,
GOLDENBERG, LAGOS & SILVA*

Jean Paul Zalaquett
ENEL DISTRIBUCIÓN CHILE SA

Barbara Zlatar
CARIOLA DIEZ PEREZ-COTAPOS

中国

*BEIJING CHAOYANG
DISTRICT DEVELOPMENT AND
REFORM COMMISSION*

*BEIJING GATE POWER
ENGINEERING CO. LTD.*

*BEIJING HUASHANG
TONGXIANG POWER
SUPPLY INSTALLATION
ENGINEERING CO. LTD.*

*BEIJING JINGDIAN ELECTRIC
POWER DESIGN CO. LTD.*

*BEIJING MINGYAO TONGDA
POWER ENGINEERING
DESIGN CO. LTD.*

*BEIJING SHIJINGSHAN
DISTRICT ELECTRIC
ACCIDENT EMERGENCY
COMMAND OFFICE*

BEIJING XIANG TONG METAL
PROCESSING PLANTS

BEIJING XIDU REAL ESTATE
DEVELOPMENT CO. LTD.

DEHENG LAW OFFICES

DONGJIE GROUP

HUAIROU DEVELOPMENT
AND REFORM COMMISSION

MENTOUGOU DISTRICT
DEVELOPMENT AND
REFORM COMMISSION

MENTOUGOU DISTRICT
SHANTYTOWN
TRANSFORMATION AND
CONSTRUCTION CENTER

SHANGHAI DONGSONG
HEALTHCARE &
TECHNOLOGY CO. LTD.

SHANGHAI HUASHUI TOORAN
CERTIFIED TAX AGENT OFFICE

SHANGHAI JIALIANG
CPAS LIMITED

SHANGHAI ORIGIN SUPPLY
CHAIN MANAGEMENT
CO. LTD.

SHANGHAI XUNNIU
INVESTMENT MANAGEMENT
CO. LTD.

SHINEWING INTERNATIONAL

Bing Bai
CHINA IPPR INTERNATIONAL
ENGINEERING
COMPANY LIMITED

Russell Brown
LEHMANBROWN

Shuhuai Cai
FANGDA PARTNERS

Xiaomeng Cai
SINOTRANS AIR
TRANSPORTATION
DEVELOPMENT CO. LTD.

Gui Ying Cao
BEIJING PINGGU DISTRICT
DEVELOPMENT AND
REFORM COMMISSION

Qiang Chai
CHINA INSTITUTE OF
REAL ESTATE APPRAISERS
AND AGENTS

Cong Chen
SHANGHAI XIANGSHAN
CERTIFIED TAX
AGENCY CO. LTD.

Elliott Youchun Chen
JUNZEJUN LAW OFFICES

Holly Chen
KUANGZHENG CPAS

Jian Chen

Jie Chen
JUNHE LAW OFFICE

Jie Chen
SHANGHAI LINFANG
CERTIFIED PUBLIC
ACCOUNTANTS CO. LTD.

Jun Chen
SHANGHAI CITY
DEVELOPMENT LAW FIRM

Mingqing Chen
JUNHE LAW OFFICE

Shijie Chen
SHANGHAI CONSTRUCTION
ENGINEERING
MANAGEMENT CO. LTD.

Shuo Chen
JIN MAO PARTNERS

Summit F. Chen
DENTONS CHINA

Xiaofeng Chen
BEIJING HUANZHONG
& PARTNERS

Xinping Chen
ZHONG LUN LAW FIRM

Neelesh Datir
ALBIEA

Yingjie Deng
PU DONG LAW OFFICE

Michael Diaz Jr.
DIAZ, REUS & TARG, LLP

Yuyuan Ding
JUNHE LAW OFFICE,
MEMBER OF LEX MUNDI

Zhitong Ding
CREDIT REFERENCE CENTER OF
PEOPLE'S BANK OF CHINA

Tony Dong
KING & WOOD MALLESONS

Aivin Du
BOSS & YOUNG
ATTORNEYS-AT-LAW

Lijing Du
JUNHE LAW OFFICE

Yifeng Fang
SHANGHAI LINFANG
CERTIFIED PUBLIC
ACCOUNTANTS CO. LTD.

Yuan Fang
GENERAL ADMINISTRATION
OF CUSTOMS

Herbert Fei Hongbo
PU DONG LAW OFFICE

Hui Feng
MIYUN DISTRICT MUNICIPAL
MANAGEMENT COMMITTEE

Yandong Fon
BEIJING HOSPITAL

Rorrym Gao
ANGELA WANG & CO.

Yuan Gao
EAST & CONCORD PARTNERS

Xiangwen Ge
JINGTIAN & GONGCHENG

Bing Gong

Sherry Gong
HOGAN LOVELLS

Feng Guan
KING & WOOD MALLESONS

James Guan
KING & WOOD MALLESONS

Chun Guo
WALTON DESIGN &
CONSULTING ENGINEERING

Li Han
HARDEN, WELLS & SMITH

Shuquan He
SHANGHAI UNIVERSITY

Chen Heng
EAST CHINA ENERGY
REGULATORY BUREAU

Zhang Hongyuan
KING & WOOD MALLESONS

Xuefei (Faye) Hou
BMW CHINA AUTOMOTIVE
TRADING LTD.

Jin Hu
SHANGHAI MUNICIPAL REAL
ESTATE REGISTRATION BUREAU

Ke Hu
JINGTIAN & GONGCHENG

Ziyan Huang
JUNHE LAW OFFICE,
MEMBER OF LEX MUNDI

Wilson Huo
ZHONG LUN LAW FIRM

Hui Ii
CHINA IPPR INTERNATIONAL
ENGINEERING
COMPANY LIMITED

Nuo Ji
FANGDA PARTNERS

Haiyu Jiang
CHINA IPPR INTERNATIONAL
ENGINEERING
COMPANY LIMITED

Liangdong Jiang
BEIJING YONGLIAN
WEIYE ELECTRICITY
CONSTRUCTION COMPANY

Xinyan Jiang
JINGTIAN & GONGCHENG

Xin Jin
KING & WOOD MALLESONS

Zheyuan Jin
SHANGHAI CITY
DEVELOPMENT LAW FIRM

Yu Jingsi
BEIJING KANGDA LAW FIRM

Tao Jingzhou
DECHERT LLP

Jiang Junlu
KING & WOOD MALLESONS

He Keren
ZHONG LUN LAW FIRM

Kenneth Kong
LLINKS LAW OFFICES

Ioana Kraft
EUROPEAN UNION CHAMBER
OF COMMERCE IN CHINA

Eunice Kuo
DELOITTE

Kay Lau
ANGELA WANG & CO.

Xiaoying Le
FANGDA PARTNERS

Huixin (Fiona) Lee
WHITE & CASE

Zhèng Lee
CENTRAL MILITARY
COMMISSION
ADMINISTRATION BUREAU

Jack Kai Lei
KUNLUN LAW FIRM

Alex Li
FANGDA PARTNERS

Audry Li
ZHONG LUN LAW FIRM

Baojie Li
BEIJING NEWST SECRETARY
ACCOUNTING CO. LTD.

Bin Li
CREDIT INFORMATION
SYSTEM BUREAU, PEOPLE'S
BANK OF CHINA

Chuan Li
TIANJIN JINTONG CUSTOMS
BROKER CO. LTD.

David (Dawei) Li
STE INTERNATIONAL
LOGISTICS CO. LTD.

Dingnan Li
SHANGHAI LINFANG
CERTIFIED PUBLIC
ACCOUNTANTS CO. LTD.

Juan Li
CHINA INSTITUTE OF
REAL ESTATE APPRAISERS
AND AGENTS

Qing Li
JUNHE LAW OFFICE

Rachel Li
ZHONG LUN LAW FIRM

Raymond Li
SHANGHAI AMASSFREIGHT
LOGISTIC CO. LTD.

Shuai Li
JINKOPOWER CO. LTD.

Ying Li
TIANJIN JINTONG CUSTOMS
BROKER CO. LTD.

Zhi Qiang Li
JIN MAO PARTNERS

Bixiao Li
W&C LAW FIRM

Todd Liao
MORGAN, LEWIS &
BOCKIUS LLP

Lin Lin
SHANGHAI XINGYA CUSTOMS
BROKERS CO. LTD.

Meifeng Lin
BEIJING GUANGDING
LAW FIRM

Michael Lin
PINSENT MASONS

Kuang Lingquing
EAST & CONCORD PARTNERS

Ellen Liu
MAYER BROWN JSM

Grace Liu
RUSSELL BEDFORD HUA-ANDER
CPAS—MEMBER OF RUSSELL
BEDFORD INTERNATIONAL

Jingtao Liu
ZHONG LUN LAW FIRM

Keer Liu
KING & WOOD MALLESONS

Ning Liu
JUNHE LAW OFFICE,
MEMBER OF LEX MUNDI

Rui Liu
JUNHE LAW OFFICE

Shibo Liu
KING & WOOD MALLESONS

Tianren Liu
WHITE & CASE

Yanyan Liu
KUNLUN LAW FIRM

Yunchun Liu

Lucy Lu
KING & WOOD MALLESONS

Shao Hong Lu
DENTONS CHINA

Xiaofang Lu

Frank Luo
SHANGHAI ZHOUHE
INTERATIONAL TRADE CO. LTD.

Peixin Luo

Sha Luo
CHANCE & BRIDGE PARTNERS

Xiaomin Luo
PENGYUAN CREDIT
SERVICES CO. LTD.

Xin Luo
SHANGHAI XINGYA CUSTOMS
BROKERS CO. LTD.

Hongli Ma
JUNHE LAW OFFICE

Miles Ma
FANGDA PARTNERS

Xiao Mingwei
SHANGHAI ECONOMIC AND
INFORMATION COMMISSION

Matthew Mui
PWC CHINA

Jinlin Nan
ZHONG LUN LAW FIRM

Peter Ng
PWC CHINA

Xiaochen Ni
EUROPEAN UNION CHAMBER
OF COMMERCE IN CHINA

Lei Niu
ZHONG LUN LAW FIRM

Peng Pan
KING & WOOD MALLESONS

Wang Pei
KING & WOOD AND
MALLESONS

Rongqiang Peng
BEIJING SHUNYI DISTRICT
DEVELOPMENT AND REFORM
COMMISSION POWER OFFICE

Xuanting Qi
FANGDA PARTNERS

Anthony Qiao
ZHONG LUN LAW FIRM

Dan Qiao
BEIJING ZHONGRUIYUEHUA
TAX ADVISORY CO. LTD.

Yang Qin
CHINA COUNCIL FOR
THE PROMOTION OF
INTERNATIONAL TRADE

Frank Qu
DENTONS CHINA

Wenxin (Crystal) Qu
BEIJING BOYUEJINCHENG
INTERNATIONAL
LOGISTICS COMPANY

Yan (Cindy) Ren
ADP TIANJIN INTERNATIONAL
TRANSPORTATION CO. LTD.

Cindy Rong
INTEL CHINA

Juan Shang
LANTAI PARTNERS

Liang Shao
SHANGHAI MUNICIPAL
ELECTRIC POWER COMPANY

Hong (Helen) Shi
FANGDA PARTNERS

Junjie Shi
SHANGHAI JIAYOU
ELECTRIC POWER CO.

Tina Shi
MAYER BROWN JSM

Ruiqiu Song
KING & WOOD MALLESONS

Zhongchun Song
SHANGHAI CITY
DEVELOPMENT LAW FIRM

Jian Sun
ELECTRIC POWER RELIABILITY
MANAGEMENT CENTER,
NATIONAL ENERGY
ADMINISTRATION

Xiaobo Sun
GENERAL ADMINISTRATION
OF CUSTOMS

Yufan Sun
JUNHE LAW OFFICE

Zhuochao Sun
EAST-CONCORD PARTNERS

Peng Tan
FANGDA PARTNERS

Gongyuan Tang
JUNZEJUN LAW OFFICES

Li Tang
*BEIJING JINCHENGTONGDA
LAW FIRM*

Thomas Tang
JUNZEJUN LAW OFFICES

Xiuming Tao
JUNZEJUN LAW OFFICES

Terence Tung
MAYER BROWN JSM

Vivien Wei Tuo
DENTONS CHINA

Angela Wang
ANGELA WANG & CO.

Ariel Wang
CHANCE & BRIDGE PARTNERS

Dora Wang
*MORGAN, LEWIS &
BOCKIUS LLP*

Guoqi Wang
*RUSSELL BEDFORD HUA-ANDER
CPAS—MEMBER OF RUSSELL
BEDFORD INTERNATIONAL*

Hongyue Wang
*ZF CHASSIS SYSTEM
(BEIJING) CO. LTD.*

Jessica Wang
*J & BACH INTERNATIONAL
LOGISTICS CO. LTD.*

Jiannan Wang
*CHINA RAILWAY
URBAN CONSTRUCTION
GROUP CO. LTD.*

Jinghua Wang
JUNHE LAW OFFICE

Junwei Wang
*CHINA CONSTRUCTION
THIRD ENGINEERING
BUREAU CO. LTD.*

Keke Wang
W&H

Lian Wang
*SHANGHAI XINZHU REAL
ESTATE CO. LTD.*

Lihua Wang
JUNHE LAW OFFICE

Lingqi Wang
FANGDA PARTNERS

Rock Wang
FANGDA PARTNERS

Shuning Wang
JUNHE LAW OFFICE

Shutong Wang
*BEIJING ZHONGRUIYUEHUA
TAX ADVISORY CO. LTD.*

Sterling Wang
*SHANGHAI JUNTAI ENTERPRISE
CONSULTANCY AND
MANAGEMENT CO. LTD.*

Thomas Wang
*BOSS & YOUNG
ATTORNEYS-AT-LAW*

Xiaolei Wang
*CREDIT REFERENCE CENTER OF
PEOPLE'S BANK OF CHINA*

Xuehua Wang
*BEIJING HUANZHONG
& PARTNERS*

Yufang Wang
FANGDA PARTNERS

Xiaoyong Wáng
*BEIJING JINKE JINBI REAL
ESTATE CO. LTD.*

Tan Weihong
GUANTAO LAW FIRM

Charles Wu
GRANDALL LAW FIRM

Cheng Wu
*SHANGHAI AUTOMOBILE
IMPORT & EXPORT CO. LTD.*

Jiayin Wu
*BOSS & YOUNG
ATTORNEYS-AT-LAW*

Yanping Wu
*MANDO (BEIJING)
AUTOMOTIVE CHASSIS
SYSTEM CO. LTD.*

Jin Xhexian
ZHONG LUN LAW FIRM

Lily Xiao
*BOSS & YOUNG
ATTORNEYS-AT-LAW*

Lin Xiaoyu
BEIJING ZHW LAW FIRM

Sun Xiaozhe
GRANDALL LAW FIRM

Chengning Xie
*CC INTERNATIONAL
CONSULTING LIMITED*

Qiurong Xie
ZHONG YIN LAW FIRM

Xiaosong Xie
*BEIJING HUANZHONG
& PARTNERS*

Xiaohong Xiong
*PENGYUAN CREDIT
SERVICES CO. LTD.*

Bruce Xu
*KPMG ADVISORY
(CHINA) LIMITED*

Guojian Xu
*BOSS & YOUNG
ATTORNEYS-AT-LAW*

Hang Xu
FANGDA PARTNERS

Jin Xu
*BEIJING JIANFANG
WEIYE CONSTRUCTION
ENGINEERING CO. LTD.*

Joyce Xu
ZHONG LUN LAW FIRM

Lisa Xu
*SHANGHAI GREATMICRO
LOGISTICS TECHNOLOGY
CO. LTD.*

Yinghai Xu
*SINOTRANS SHANGHAI
INTERNATIONAL
FORWARDING CO. LTD.*

Yuan Xu
SHANDONG STARMEN CO. LTD.

Zhengbin Xu
*J & BACH INTERNATIONAL
LOGISTICS CO. LTD.*

Lily Yang
*SHANGHAI AMASSFREIGHT
LOGISTIC CO. LTD.*

Ming Yang
*BEIJING JINGDIAN ELECTRIC
POWER ENGINEERING
DESIGN CO. LTD.*

Qin Yang
KUNLUN LAW FIRM

Tianyao Yang
LEHMANBROWN

Xiaoya Yang
*BEIJING HYUNDAI
MOTOR COMPANY*

Yu Ning Yang

Yuan Yang
*CREDIT REFERENCE CENTER OF
PEOPLE'S BANK OF CHINA*

Yue Yang
*ARCHITECTURAL DESIGN
AND RESEARCH INSTITUTE
OF TONGJI UNIVERSITY*

Qiang Yao
*DONGBANG CHEMICAL
(SHANGHAI) CO. LTD.*

Xiuchao Yin
DENTONS CHINA

Jun Ying
*SHANGHAI XINHAI CUSTOMS
BROKERS COMPANY*

Minjian You
CO-EFFORT LAW FIRM

Chengzh Yu
GRANDALL LAW FIRM

Hang Yu
SIEMENS CHINA

Paula Yu
GRANDALL LAW FIRM

Weifeng David Yu

Jianan Yuan
JUNHE LAW OFFICE

Qiong Yuan
JUNHE LAW OFFICE

Tony Zang
*SHANGHAI DAKING GLOBAL
LOGISTICS CO. LTD.*

Ming (Owen) Zhai
*QINGDAO BONDEX
LOGISTICS CO. LTD.*

Biao Zhang
*TIANJIN CHANNELTON
LOGISTICS CO. LTD.*

Gavin Zhang
ZHONG LUN LAW FIRM

Jessica Zhang
PWC CHINA

Jing Zhang
*SHANGHAI RECODE SUPPLY
CHAIN MANAGEMENT
CO. LTD.*

Kitty Zhang
PWC CHINA

Lei Zhang
*SHANGHAI AMASSFREIGHT
LOGISTIC CO. LTD.*

Tao (Tom) Zhang
*GENERAL ADMINISTRATION
OF CUSTOMS*

Xin Zhang
GLOBAL LAW OFFICE

Yi Zhang
KING & WOOD MALLESONS

Young Zhang
*BEIJING XINHAI CUSTOMS
CLEARANCE CO. LTD.*

Zhengliang Zhang
*SHANGHAI ASIAN
DEVELOPMENT INTERNATIONAL
TRANSPORT PUDONG
CO. LTD. (ADP)*

Xingjian Zhao
DIAZ, REUS & TARG, LLP

Fei Zheng
*JUNHE LAW OFFICE,
MEMBER OF LEX MUNDI*

Mei Zheng
*VOLKSWAGEN GROUP
IMPORT (CHINA) CO. LTD.*

Chen Zhong
*ADMINISTRATION FOR
INDUSTRY AND COMMERCE
OF XICHENG DISTRICT
(MOVABLE REGISTRATION)*

Junpeng Zhong
ZHONG LUN LAW FIRM

Fred Zhou
JLCD LAW

Rong Zhou
JINTAI LAW FIRM

Tian Lin Zhou
DENTONS CHINA

Wen Zhou
BEIJING WEIHENG LAW FIRM

Xiujuan Zhōu
*BEIJING CHAOYANG
POWER INDUSTRIAL
DEVELOPMENT CO. LTD.*

Christina Zhu
HOGAN LOVELLS

Kevin Zhu
DELOITTE

Kewei Zhu
*BEIJING ZHENGDONG
ELECTRONIC POWER
GROUP CO. LTD.*

Li Zhu
GLOBAL LAW OFFICE

Ning Zhu
CHANCE & BRIDGE PARTNERS

Simon Zhu
SIMMONS & SIMMONS LLP

Weina Zhu
DENTONS CHINA

Wenhui Zhu
PU DONG LAW OFFICE

William Zhu
*SHANGHAI DAYAN INVESTMENT
CONSULTING CO. LTD.*

Chen Ziming
*CHINA IPPR INTERNATIONAL
ENGINEERING
COMPANY LIMITED*

Delong Zou
JUNHE LAW OFFICE

Roy Zou
HOGAN LOVELLS

哥伦比亚

EINCE LTDA

*FEDERACIÓN NACIONAL DE
CAFETEROS DE COLOMBIA*

Enrique Álvarez
*JOSÉ LLOREDA
CAMACHO & CO.*

Santiago Arango
*JOSÉ LLOREDA
CAMACHO & CO.*

Alexandra Arbeláez Cardona
*RUSSELL BEDFORD
COLOMBIA—MEMBER
OF RUSSELL BEDFORD
INTERNATIONAL*

Patricia Arrázola-Bustillo
*GÓMEZ-PINZÓN ZULETA
ABOGADOS SA*

Cesar Barajas
*PARRA RODRÍGUEZ
ABOGADOS SAS*

Luis Alfredo Barragán
*BRIGARD & URRUTIA,
MEMBER OF LEX MUNDI*

Santiago Barrientos
*PARRA RODRÍGUEZ
ABOGADOS SAS*

Aurora Barroso Charry
*PARRA RODRÍGUEZ
ABOGADOS SAS*

Claudia Benavides Galvis
BAKER MCKENZIE

Andres Bernal
REAL CARGA LTDA

Diana Bernal
REAL CARGA LTDA

Javier Blel Bitar
PWC COLOMBIA

Joe Ignacio Bonilla Gálvez
*MUÑOZ TAMAYO
& ASOCIADOS*

Juan Pablo Bonilla Sabogal
POSSE HERRERA RUIZ

Martha Bonnet
CAVELIER ABOGADOS

Omar Sebastián Cabrera
PWC COLOMBIA

Carolina Camacho
POSSE HERRERA RUIZ

Maria Paula Camacho
CAMACOL

Samuel Cano
*JOSÉ LLOREDA
CAMACHO & CO.*

Juan Diego Cano Garcia
*ASOCIACIÓN NACIONAL
DE COMERCIO
EXTERIOR—ANALDEX*

Darío Cárdenas
*DENTONS CÁRDENAS
& CÁRDENAS*

Natalia Caroprese
*JOSÉ LLOREDA
CAMACHO & CO.*

Carlos Carvajal
*JOSÉ LLOREDA
CAMACHO & CO.*

Luis Miguel Carvajal
CODENSA SA ESP

Elvin Chirivi
CAMACOL

Felipe Cuberos
*PHILIPPI PRIETOCARRIZOSA
FERRERO DU & URÍA*

Lyana De Luca
*BRIGARD & URRUTIA,
MEMBER OF LEX MUNDI*

Maria Fernanda Diaz Chacon
BAKER MCKENZIE

Javier Díaz Molina
*ASOCIACIÓN NACIONAL
DE COMERCIO
EXTERIOR—ANALDEX*

Dagoberto Esquivia Agames
*DIRECCIÓN DE IMPUESTOS
Y ADUANAS NACIONALES*

Juan Camilo Fandiño-Bravo
*DENTONS CÁRDENAS
& CÁRDENAS*

Carlos Fradique-Méndez
*BRIGARD & URRUTIA,
MEMBER OF LEX MUNDI*

Luis Gallo Medina
*GALLO MEDINA
ABOGADOS ASOCIADOS*

Wilman Garzón
CODENSA SA ESP

Paola Garzón Montes
*GÓMEZ-PINZÓN ZULETA
ABOGADOS SA*

Juliana Gomez
*PHILIPPI PRIETOCARRIZOSA
FERRERO DU & URÍA*

Giovanni Andres Gomez Camelo
ASOCIACIÓN NACIONAL DE COMERCIO EXTERIOR—ANALDEX

Carlos Jair Gómez Guzmán
PARRA RODRÍGUEZ ABOGADOS SAS

Hugo Gonzalez
CAVELIER ABOGADOS

Sandra Liliana Gutiérrez
RUSSELL BEDFORD COLOMBIA—MEMBER OF RUSSELL BEDFORD INTERNATIONAL

Santiago Gutiérrez
JOSÉ LLOREDA CAMACHO & CO.

William Rene Gutierrez Oregon
INSTITUTO COLOMBIANO AGROPECUARIO

Thomas Holguin
BRIGARD & URRUTIA, MEMBER OF LEX MUNDI

Carlos Mario Lafaurie Escorce
PWC COLOMBIA

Nubia Lamprea
CODENSA SA ESP

Jorge Lara-Urbaneja
LARA CONSULTORES

Margarita Llorente Carreño
AMARILO SA

Ernesto López
DENTONS CÁRDENAS & CÁRDENAS

William Marín
PRODUCTOS FAMILIA

Alejandro Medina
PHILIPPI PRIETOCARRIZOSA FERRERO DU & URÍA

Juan Camilo Medina Contreras
PWC COLOMBIA

Juan Felipe Morales Acosta
JOSÉ LLOREDA CAMACHO & CO.

Luis Gabriel Morcillo-Méndez
BRIGARD & URRUTIA, MEMBER OF LEX MUNDI

Milton Ariel Moreno
PWC COLOMBIA

Juan Carlos Moreno Peralta
RODRÍGUEZ, RETAMOSO & ASOCIADOS SAS

Francisco Javier Morón López
PARRA RODRÍGUEZ ABOGADOS SAS

Adriana Carolina Ospina Jiménez
BRIGARD & URRUTIA, MEMBER OF LEX MUNDI

Juan Guillermo Otero Gonzalez
BAKER MCKENZIE

Daniel Palomino Vieira
PARRA RODRÍGUEZ ABOGADOS SAS

Daniel Pardo
POSSE HERRERA RUIZ

Álvaro Parra
PARRA RODRÍGUEZ ABOGADOS SAS

Daniela Carolina Pérez Mahecha
PARRA RODRÍGUEZ ABOGADOS SAS

Daniel Posse
POSSE HERRERA RUIZ

Maria Angelica Pulido
GÓMEZ-PINZÓN ZULETA ABOGADOS SA

Natalia Eugenia Quijano Uribe
CODENSA SA ESP

Alvaro Ramírez
DENTONS CÁRDENAS & CÁRDENAS

Carlos Arturo Riaño
CONFECAMARAS

Irma Isabel Rivera
BRIGARD & URRUTIA, MEMBER OF LEX MUNDI

Cristina Robayo Herrera
PARRA RODRÍGUEZ ABOGADOS SAS

Luis Carlos Robayo Higuera
RUSSELL BEDFORD COLOMBIA—MEMBER OF RUSSELL BEDFORD INTERNATIONAL

Laura Rodriguez
CAVELIER ABOGADOS

Adrián Rodríguez
LEWIN & WILLS ABOGADOS

Bernardo Rodríguez Ossa
PARRA RODRÍGUEZ ABOGADOS SAS

Liliana Rodríguez Retamoso
RODRÍGUEZ, RETAMOSO & ASOCIADOS SAS

Sonia Elizabeth Rojas Izaquita
GALLO MEDINA ABOGADOS ASOCIADOS

Ricardo Saldarriaga
JOSÉ LLOREDA CAMACHO & CO.

Nader Samih
PRODUCTOS FAMILIA

Paula Samper Salazar
GÓMEZ-PINZÓN ZULETA ABOGADOS SA

Felipe Sanclemente
BAKER MCKENZIE

Raúl Alberto Suárez Arcila
SUÁREZ ARCILA & ABOGADOS ASOCIADOS

Diana Talero
SUPERINTENDENCY OF CORPORATION

Gustavo Tamayo Arango
JOSÉ LLOREDA CAMACHO & CO.

Olga Viviana Tapias
RUSSELL BEDFORD COLOMBIA—MEMBER OF RUSSELL BEDFORD INTERNATIONAL

Paola Tapiero
TRADE LEADER

Faunier David Toro Heredia
CODENSA SA ESP

Maria Alejandra Torres Castañeda
GALLO MEDINA ABOGADOS ASOCIADOS

Natalia Tovar Ibagos
EXPERIAN COLOMBIA SA

Nataly Traslaviña
PARRA RODRÍGUEZ ABOGADOS SAS

Maria Camila Valdés
GALLO MEDINA ABOGADOS ASOCIADOS

Carolina Vargas Arévalo
AGENCIA DE ADUANAS MIRCANA SA NIVEL 1

Daniel Vargas Umaña
EXPERIAN COLOMBIA SA

Frank Velandia
TECLOGIC LTDA

Patricia Vergara
GÓMEZ-PINZÓN ZULETA ABOGADOS SA

Lilalba Vinasco
INSTITUTO COLOMBIANO AGROPECUARIO

Alirio Virviescas
NOTARÍA 41 DE BOGOTÁ

Claudia Vital
PARRA RODRÍGUEZ ABOGADOS SAS

Alessandra Volpe
GÓMEZ-PINZÓN ZULETA ABOGADOS SA

Valentina Wagner Gutierrez
PARRA RODRÍGUEZ ABOGADOS SAS

Santiago Wills
LEWIN & WILLS ABOGADOS

Adriana Zapata
CAVELIER ABOGADOS

Natalia Zuleta
DENTONS CÁRDENAS & CÁRDENAS

Ximena Zuleta
DENTONS CÁRDENAS & CÁRDENAS

科摩罗

BANQUE CENTRALE DES COMORES

CABINET D'AVOCATS SAÏD IBRAHIM

Hilmy Aboud-Said
COMORES CARGO INTERNATIONAL

Zainoudine Ahamada
MINISTÈRE DE L'ÉCONOMIE ET DU COMMERCE

Aida Ahmed Yahaia
I2A SOCIETE IMMOBILIERE DES COMORES

Moissi Ali
ENERGIE COMOROS

Omar Said Allaoui
ECDI

Mouzaoui Amroine
MOUVEMENT DES ENTREPRENEURS COMORIENNES (MODEC)

Youssouf Ibn Ismael Aticki
BARREAU DE MORONI

Assoumani Hassani
MINISTÈRE DE L'ÉCONOMIE ET DU COMMERCE

Kabasse Ibrahima
MINISTÈRE DE L'ÉCONOMIE ET DU COMMERCE

Haroussi Idrissa
TRIBUNAL DE PREMIERE INSTANCE DE MORONI

Madiane Mohamed Issa
CABINET D'AVOCAT BAHASSANI

Aïcham Itibar
UCCIA—UNION DES CHAMBRES DE COMMERCE, D'INDUSTRIE, ET D'AGRICULTURE DES COMORES

Ma-Nzeza (Donat) Mandiangu
I M CONSULTING—COMORES

Mohamed Maoulida
AUDIT CONSEIL-INTERNATIONAL

Farahati Moussa
MOUVEMENT DES ENTREPRENEURS COMORIENNES (MODEC)

Azad Mze
CABINET D'AVOCATS MZE

Ibrahim A. Mzimba
CABINET MZIMBA AVOCATS

Marco Raymond

Abdillah Mohamed Soihiri
KILNIC SERVICES

Salimou Yahaya
TRIBUNAL DE PREMIERE INSTANCE DE MORONI

刚果民主共和国

PWC

Albert-Blaise Akoka
DELOITTE RDC

Michel Alenda
KLAM & PARTNERS AVOCATS

Dieudonne Asani Afangu
SOCIÉTÉ NATIONALE D'ÉLECTRICITÉ (SNEL)

Urbain Babongeno
HENNO LAW FIRM

Nathalie Banza
SDV LOGISTICS

Carlos Banza Kabemba
YAV & ASSOCIATES

Fernando Barbosa
SOCIÉTÉ D'EXPLOITATION DU GUICHET UNIQUE INTÉGRAL DU COMMERCE EXTÉRIEUR (SEGUCE)

Romain Battajon
DALDEWOLF

Jonathan Bononge
ROCAT SARL

Guillaume Bononge Litobaka
ROCAT SARL

Eric Bukasa
SESANGA & ASSOCIÉS

Claude Cherubala
VARCONN

Nicaise Chikuru Munyiogwarha
CABINET CHIKURU & ASSOCIÉS

Alain Cianyi
PELESA AND ASSOCIATES LAW FIRM

Edmond Cibamba Diata
CABINET EMERY MUKENDI WAFWANA & ASSOCIÉS

Kankenga Daniel
CONSORTIUM DE CONSTRUCTION D'ELECTRICITÉ ET MULTI SERVICE (COCEM)

Jacques Dibemba Tshimanga
CABINET OWENGA

Claude Dipo
MINISTÈRE DE L'URBANISME ET DE L'HABITAT

Prosper Djuma Bilali
CABINET MASAMBA

José Meilleur Ekofo
DIRECTION GÉNÉRALE DES IMPÔTS (DGI), MINISTÈRE DES FINANCES

Holly Embonga Tomboli
CHIKURU & ASSOCIÉS

Jose Engbanda Mananga
GUICHET UNIQUE DE CRÉATION D'ENTREPRISE

Evariste Esimba
KPMG

Irénée Falanka
CABINET IRÉNÉE FALANKA

Aime Gustave Kabengele Nkole

Amisi Herady
GUICHET UNIQUE DE CRÉATION D'ENTREPRISE

Lydie Isengingo Luanzo
BARREAU DE KINSHASA/ MATETE

Ida Jiazet
KLAM & PARTNERS AVOCATS

Joseph Kaboba Ilunga
DIRECTION GÉNÉRALE DES IMPÔTS (DGI), MINISTÈRE DES FINANCES

Parfait-Didier Kabongo Mukadi
NTN & PARTNERS SCRL

Baruch Kabuta Kapwa
CABINET NGALIEMA

Rene Kala Konga
EGEC

Edouard Kalemdi Bighusa
CABINET DETA-CHRIST

Christian Kamvunze Manango
CABINET MATADI ET ASSOCIÉS

Eddy Kapepula Kanya
AVOCAT

Benoit Kapila
SDV LOGISTICS

Alexis Kapongo
PELESA AND ASSOCIATES LAW FIRM

Donatien Kasseyet Kalume
AXCESS-CONGO

Robert Katambu
CABINET LUBALA & ASSOCIÉS

Pascal Katanga
MINISTÈRE DES AFFAIRES FONCIÈRES

Onezime Kaunda
REGISTRE COMMERCE ET CREDIT IMMOBILIER

Clement Kayambe Muza
CABINET D'AVOCAT MUZA

Dominique Kazyumba Muzangu
CABINET MASAMBA

Dieudonné Kfuma
CABINET KHUMA ET BEKOMBE

Cynthia Kikata
BANQUE CENTRALE DU CONGO

Alphonse Kitoko Gbede
CABINET DETA-CHRIST

Laura Kokolo
SOCIÉTÉ D'EXPLOITATION DU GUICHET UNIQUE INTÉGRAL DU COMMERCE EXTÉRIEUR (SEGUCE)

Beni Guy Komanda
COMEXAS

Marc Kongomayi Mulumba
SOCIÉTÉ NATIONALE D'ÉLECTRICITÉ (SNEL)

Phistian Kubangusu Makiese
CABINET MASAMBA

Fénelon Kyangaluka
SOCIÉTÉ DE TECHNIQUES SPÉCIALES (STS)

Levy Lendo M'Vangi
GREENSTUDIO & PARTNERS

Patrick Lenge Kabwita
*COMMERCIAL COURT
(TRIBUNAL DE COMMERCE
DE KINSHASA/MATETE)*

Jean-Marie Lepriya Molenge
CABINET NGALIEMA

Desiré Likolo
EGEC

Ilan Liongi Ilankaka
CABINET MASAMBA

Guy Loando M.
GLM & ASSOCIATES

Jean-Pierre Kevin Lofumbwa
DELOITTE RDC

Faustin Lokuma Mbela

Emmanuel Lubala Mugisho
CABINET LUBALA & ASSOCIÉS

Vital Lwanga Bizanbila
CABINET VITAL LWANGA

Aubin Mabanza
KLAM & PARTNERS AVOCATS

Béatrice Mabanza
KLAM & PARTNERS AVOCATS

Ir. Adolphe Mabulena
Massamba
*MINISTÈRE DE L'URBANISME
ET DE L'HABITAT*

Yves Madre
DELOITTE RDC

Serge Mangungu
DHL GLOBAL

Ted Matunga
BMCG

Blaise Mbatshi
BMCG

Dominique Migisha
TELECONSEIL CONGO

Marie-Thérèse Moanda
KLAM & PARTNERS AVOCATS

Patou Monkinda Molanga
PROCREDIT BANK

Dodo Mombo
EGEC

Gerard Mugangu Kulimushi
*MINISTÈRE DES AFFAIRES
FONCIÈRES*

Céléstine Mukalay Kionde
*CABINET DU PRÉSIDENT
DE LA RÉPUBLIQUE*

Kinongo Mukemu
*CENTRE CONGOLAIS
POUR LE DÉVELOPPEMENT
DURABLE (CODED)*

Kennedy-Pierre
Mukendi-Mukepesha
*MINISTÈRE DE L'URBANISME
ET DE L'HABITAT*

Vaval Mukobo
CABINET NGALIEMA

Eliance Muloji Wa Mbuyi
CABINET NGALIEMA

Jean-Pierre Mulumba
Mukengeshayi
*COMMERCIAL COURT
(TRIBUNAL DE COMMERCE
DE KINSHASA/MATETE)*

Hilaire Mumvudi Mulangi
*MINISTÈRE DE L'URBANISME
ET DE L'HABITAT*

Kisolokele Mvete
*GUICHET UNIQUE DE
CRÉATION D'ENTREPRISE*

Philippe Mvita Kabasele
BANQUE CENTRALE DU CONGO

Jean-Paul Mvuni Malanda
CABINET NGALIEMA

Roger Dikuenda Mwamba
*DIRECTION GÉNÉRALE DES
IMPÔTS (DGI), MINISTÈRE
DES FINANCES*

Nicaise Navanga
SDV LOGISTICS

Matadi Nenga Gamanda
CABINET MATADI ET ASSOCIÉS

Eric Ngabo Kalesh
NTN & PARTNERS SCRL

Emmanuel Ngalamulume
Kalala
NTN & PARTNERS SCRL

Joseph Ngalamulume Lukalu
CABINET YOKO ET ASSOCIÉS

Zéphyrin Ngaliema Mukoko
CABINET NGALIEMA

Patrick Ngandu Ndjangu
CABINET NGALIEMA

Felly Ngobila
KLAM & PARTNERS AVOCATS

Placide Nkala Basadilua
*GUICHET UNIQUE DE
CRÉATION D'ENTREPRISE*

Bernard Nsimba Bilandu
CABINET MASAMBA

Victorine Bibiche Nsimba
Kilembe
CABINET YOKO ET ASSOCIÉS

Tresor Nsuadi
*SOCIÉTÉ D'EXPLOITATION
DU GUICHET UNIQUE
INTÉGRAL DU COMMERCE
EXTÉRIEUR (SEGUCE)*

Papy Nzita Lendo
ATEE

Abdoulaye G. Ouane
KLAM & PARTNERS AVOCATS

Emile Lambert Owenga
Odinga
CABINET OWENGA

Destin Pelete
*LA GENERALE DE
SERVICES LA FONTAINE*

Joseph Plesers
GTM

Xavier Pollet
COMEXAS

Stephane Ramquet
COMEXAS

Mike Sadek
ELICOM

Freddy Mulamba Senene
*MULAMBA & ASSOCIATES
LAW FIRM*

Moise Tangala
CABINET IRÉNÉE FALANKA

Bernard Tambagendite
Tetaniaba
*SOCIÉTÉ NATIONALE
D'ELECTRICITÉ (SNEL)*

Patience Tombola
GREENSTUDIO & PARTNERS

William Tsasa
KLAM & PARTNERS AVOCATS

Christian Tshibanda Mulunda
NTN & PARTNERS SCRL

Antoine Tshibuabua Mbuyi
*SOCIÉTÉ NATIONALE
D'ELECTRICITÉ (SNEL)*

Dieudonné Tshibum Mbaz
*DIRECTION GÉNÉRALE DES
IMPÔTS (DGI), MINISTÈRE
DES FINANCES*

Arthur Beyako Tukebele
*SOCIÉTÉ NATIONALE
D'ELECTRICITÉ (SNEL)*

Seraphin Umba
YAV & ASSOCIATES

Albert Wumba
ASPEN CONGO

Pierre Dieudonne Yansenga
Lumeka
CABINET YOKO ET ASSOCIÉS

刚果共和国

FRANCK EXPORT CONGO

Elisabeth Ajamen
BEAC SIÈGE

Patrice Bazolo
PWC

Prosper Bizitou
PWC

Alexis Debi
PWC

Lydie Diawara
*SNE (SOCIÉTÉ NATIONALE
D'ELECTRICITÉ)*

Mathias Essereke
*CABINET D'AVOCATS
MATHIAS ESSEREKE*

Joe Pépin Foundoux
PWC

Alexis Vincent Gomes
CABINET D'AVOCATS GOMES

Moïse Kokolo
PWC

Christian Eric Locko
*BRUDEY, ONDZIEL GNELENGA,
LOCKO CABINET D'AVOCATS*

Jean-Pierre Kevin Lofumbwa
DELOITTE RDC

Salomon Louboula
ETUDE NOTARIALE LOUBOULA

Felix Makosso Lassi
CABINET NOTARIAL LASSI

Jay Makoundou
PWC

Thierry Mamimoue
CABINET D'AVOCATS GOMES

Ado Patricia Marlene Matissa
CABINET NOTARIAL MATISSA

Benic Mbanwie Sarr
PWC

Françoise Mbongo
CABINET MBONGO

Firmin Moukengue
CABINET MOUKENGUE

Gaspard Ngoma
*MINISTÈRE DE LA
CONSTRUCTION, DE
L'URBANISME, DE LA VILLE
ET DU CADRE DE VIE*

Esther Nanette Note
*CHAMBRE DES NOTAIRES
DU CONGO*

Aimé Pambou
*BOLLORÉ TRANSPORTS
& LOGISTIQUES*

Andre François Quenum
*CABINET ANDRE
FRANCOIS QUENUM*

Arielle Razafimahefa
JOHN W. FFOOKS & CO.

Alain Vdbrigghe
COPLOM

Jean Jacques Youlou

Volana Sandra Zakariasy
JOHN W. FFOOKS & CO.

Alpha Zinga Moko
PWC

哥斯达黎加

BATALLA SALTO LUNA

TRANSUNION

Luis Acuna
*ASESORES LEGALES EN
PROPIEDAD INDUSTRIAL*

Mariana Alfaro
*CORDERO & CORDERO
ABOGADOS*

Paula Amador
PWC COSTA RICA

Arnoldo André
LEXINCORP

Carlos Araya
*CENTRAL LAW—QUIROS
ABOGADOS*

Carlos Arias
OLLER ABOGADOS

Luis Diego Barahona
PWC COSTA RICA

Alejandro Bettoni Traube
ASEJUR

Eduardo Calderón-Odio
BLP ABOGADOS

Giorginella Carranza
G LOGISTICS COSTA RICA SA

Juan Carreras
LEX COUNSEL

Sofia Carreras Nunez
OLLER ABOGADOS

Adriana Castro
BLP ABOGADOS

Margot Chinchilla
SOCIACO

Alejandra Dobles
PROYECTOS ICC SA

Roberto Esquivel Cerdas
OLLER ABOGADOS

Irene Fernández
LEX COUNSEL

Nancy Flores
ASEJUR

Dieter Gallop Fernández
G LOGISTICS COSTA RICA SA

Miguel Golcher Valverde
*COLEGIO DE INGENIEROS
ELECTRICISTAS, MECÁNICOS
E INDUSTRIALES*

Karla González-Bolaños
BLP ABOGADOS

Paola Gutiérrez Mora
LEX COUNSEL

Mario Gutiérrez Quintero
LEX COUNSEL

Mario Guzman
DESARROLLOS EVJ

Jorge Hernández
*COLEGIO DE INGENIEROS
ELECTRICISTAS, MECÁNICOS
E INDUSTRIALES*

Randall Zamora Hidalgo
COSTA RICA ABC

Elvis Jiménez Gutiérrez
*SUPERINTENDENCIA GENERAL
DE ENTIDADES FINANCIERAS*

Kattia Madrigal Hernández
*CÁMARA COSTARRICENSE
DE LA CONSTRUCCIÓN*

Johan Mena Cubero
*INSTITUTO NACIONAL DE
VIVIENDA Y URBANISMO*

Andrés Mercado Castro
OLLER ABOGADOS

Pamela Meza
OLLER ABOGADOS

Mario Miranda
*GESTORÍA DE DESARROLLO
INMOBILIARIO GDI SA*

Jaime Molina
PROYECTOS ICC SA

Eduardo Montoya Solano
*SUPERINTENDENCIA GENERAL
DE ENTIDADES FINANCIERAS*

Ana Cristina Mora
EXPERTIS GHP ABOGADOS

Juan Manuel Mora
RE&B ABAGADOS

Ricardo Murillo
SOCIACO

Cecilia Naranjo
LEX COUNSEL

Juan Carlos Navarro
TRANSMARES COSTA RICA

Pedro Oller
OLLER ABOGADOS

Mauricio París
EXPERTIS GHP ABOGADOS

Natasha Perez
LEXINCORP

Roger Petersen
P LAW GROUP

Alvaro Quesada Loría
AGUILAR CASTILLO LOVE

Mario Rodriguez
TRANSMARES COSTA RICA

Karla Rojas
*GESTORÍA DE DESARROLLO
INMOBILIARIO GDI SA*

Miguel Ruiz Herrera
LEX COUNSEL

Juliana Salamanca Valderrama
BDG BUILDING PROJECTS SA

Mauricio Salas
BLP ABOGADOS

Alberto Salas Salinas
BLP ABOGADOS

Julia Sánchez
LEXINCORP

Luis Sánchez
*FACIO & CAÑAS, MEMBER
OF LEX MUNDI*

Luis Sibaja
LEX COUNSEL

Alonso Vargas
LEXINCORP

Eugenio Vargas
LEXINCORP

Marianela Vargas
PWC COSTA RICA

Abril Villegas
OLLER ABOGADOS

Jonathan Villegas Alvarado
SOCIACO

Rodrigo Zapata
*GESTORÍA DE DESARROLLO
INMOBILIARIO GDI SA*

Guillermo Emilio Zúñiga
González
EXPERTIS GHP ABOGADOS

Jafet Zúñiga Salas
*SUPERINTENDENCIA GENERAL
DE ENTIDADES FINANCIERAS*

科特迪瓦

BARRY CALLEBAUT

BCEAO

CABINET EXPERTISES

CREDITINFO VOLO

EACOCE SARL

EOLIS

*MINISTÈRE DE L'AGRICULTURE
ET DU DÉVELOPPEMENT RURAL*

SABKA

SACO

Narcisse Aka
*COUR COMMUNE DE
JUSTICE ET D'ARBITRAGE
(CCJA) DE L'OHADA*

Alice Anthony Diomande
*CABINET FADIGA, KACOUTIÉ
& ANTHONY DIOMANDE*

Me Bah Ibrahima Bemba
LEX WAYS

Alexandre Bairo
KSK SOCIÉTÉ D'AVOCATS

Françoise Mariame Bedie
*GROUPEMENT PROFESSIONNEL
DES EXPORTATEURS DE
CAFÉ ET DE CACAO*

Abou Berte
TIERI

Binde Binde
*AFRICA TRANS-LOGISTICS
INTERNATIONAL*

Liliane Boa
DELOITTE

Joseph Bonlong
AUDI-CI

Michel Kizito Brizoua-Bi
*ASSOCIATION DES
CABINETS D'AVOCATS
D'AFFARIES AFRICAINS*

Kacou Jean Brou
*TRIBUNAL DE COMMERCE
ABIDJAN*

Lassiney Kathann Camara
CLK AVOCATS

Thierry Court
TIERI

Arsène Dablé
*SCPA DOGUÉ-ABBÉ
YAO & ASSOCIÉS*

Mireille Debrimou
CABINET FIDECA

Zirignon Constant Delbe
*MINISTÈRE DE L'AGRICULTURE
ET DU DÉVELOPPEMENT RURAL*

Albert Diadhiou
COCOA TRADE IVOIRE

Assiata Diakité
ZEF SÉCURITÉ

Cheick Diop
*CABINET DU DOCTEUR
CHEICK DIOP AVOCATS*

Yolande Doukoure Séhinabou
DSY ARCHITECTE

Dorothée K. Dreesen
ETUDE MAÎTRE DREESEN

Salomon Ekra
NESTLE (COTE D'IVOIRE)

Esmel Emmanuel Essis
*GUICHET UNIQUE DE
L'INVESTISSEMENT EN
CÔTE D'IVOIRE—CEPICI*

Ramatou Fall
*GUICHET UNIQUE DE
L'INVESTISSEMENT EN
CÔTE D'IVOIRE—CEPICI*

Claude-Andrée Groga
*CABINET JEAN-FRANÇOIS
CHAUVEAU*

Barnabe Kabore

Sylvestre Kipre
CABINET PLURIEX CI

Angaman Koaudio
KSK SOCIÉTÉ D'AVOCATS

Noël Koffi
CABINET NOËL Y. KOFFI

Yocoli Grâce Konan
*SCPA DOGUÉ-ABBÉ
YAO & ASSOCIÉS*

Adiaratou Kone
*CABINET D'AVOCATS
ADIARATOU KONE*

Mahoua Kone
*ETUDE DE MAÎTRE
KONE MAHOUA*

Youssouf Koné
*GROUPEMENT PROFESSIONNEL
DES EXPORTATEURS DE
CAFÉ ET DE CACAO*

Antoine Koné Yoha
ORAKYZEMA ARCHITECTOURA

Marc Arthur Kouacou
MAZARS CI

Beni Ngouan Kouame
SITRAV SARL

Gilles Kouamé
PWC CÔTE D'IVOIRE

David Kouassi
KSK SOCIÉTÉ D'AVOCATS

Marylene Kouassi
KSK SOCIÉTÉ D'AVOCATS

Blaise Kouassi Kouadio
SIELD

Micheline Koudou
DELOITTE

Roger Laubhouet
*MOUVEMENT DES PETITES
ET MOYENNES ENTREPRISES
DE CÔTE D'IVOIRE*

Franck Lokrou
CONDICAF

Desire Racine M'Bengue
ATELIER M-RAUD

Roger M'Bengue
ATELIER M-RAUD

Djimasna N'Doningar
*COUR COMMUNE DE
JUSTICE ET D'ARBITRAGE
(CCJA) DE L'OHADA*

Georges N'Goan
*CABINET N'GOAN,
ASMAN & ASSOCIÉS*

Isabelle Niamkey
CLK AVOCATS

Madou Ouattara
TIERI

Deborah Paint
COCOA TRADE IVOIRE

Sandra Andrianina
Rakotomalala
JOHN W. FFOOKS & CO.

Zinda Sawadogo
KSK SOCIÉTÉ D'AVOCATS

Wanvague Sekongo
SNATP GROUP

Isabelle Sokolo-Boni
*BILE-AKA, BRIZOUA-BI
& ASSOCIÉS*

Mamadou Sylla
*LABORATOIRE DU BATIMENT
ET DES TRAVAUX PUBLICS*

Gwénaelle Teruin
*CABINET JEAN-FRANÇOIS
CHAUVEAU*

Koffi Noël Yao
CABINET YZAS BAKER TILLY

Volana Sandra Zakariasy
JOHN W. FFOOKS & CO.

Seydou Zerbo
*SCPA DOGUÉ-ABBÉ
YAO & ASSOCIÉS*

克罗地亚

*HEP DISTRIBUTION SYSTEM
OPERATOR LTD.*

PWC CROATIA

Ivona Andelovic
*ODVJETNIČKO DRUŠTVO
GLINSKA & MIŠKOVIĆ D.O.O.*

Škugor Ante
*LAW FIRM BOŽIĆ, ILIĆ, ŽAJA
AND PARTNERS LTD.*

Luka Antunovic
*LAW OFFICE IVAN ŽUPAN
AND MELITA BABIĆ*

Andrea August
*AGENCY FOR INVESTMENTS
AND COMPETITIVENESS*

Zoran Avramović
MINISTRY OF JUSTICE

Petra Balaž
ČAČIĆ & PARTNERS LAW FIRM

Hrvoje Bardek
*BARDEK, LISAC, MUŠEC,
SKOKO D.O.O. IN
COOPERATION WITH CMS
REICHROHRWIG HAINZ
RECHTSANWÄLTE GMBH*

Marija Bartoluci
LAW FIRM LEKO I PARTNERI

Bojan Bizic
FINA

Zoran Bohaček
*CROATIAN BANKING
ASSOCIATION*

Martina Bosak
LAW FIRM LEKO I PARTNERI

Željka Bregeš
COMMERCIAL COURT

Dalibor Briski
GRANT THORNTON

Mijo Brković
HROK D.O.O.

Rajka Bunjevac
*CROATIAN CHAMBER
OF ARCHITECTS*

Belinda Čačić
ČAČIĆ & PARTNERS LAW FIRM

Danijel Cajkovac
*MINISTRY OF FINANCE,
TAX ADMINISTRATION*

Biserka Čmrlec-Kišić
CROATIAN NOTARIES CHAMBER

Eva Cotman
LOTUS ARHITECTI

Iva Crnogorac
DIVJAK, TOPIĆ & BAHTIJAREVIĆ

Ivan Ćuk
VUKMIR & ASOCIATES

Saša Divjak
DIVJAK, TOPIĆ & BAHTIJAREVIĆ

Luka Dorotic
MADIRAZZA & PARTNERS

Mladen Dragičević
*LAW FIRM DRAGIČEVIĆ
& PARTNERS*

Mirta Dusparić
*CROATIAN BANK FOR
RECONSTRUCTION AND
DEVELOPMENT*

Božidar Feldman
*MATIC, FELDMAN &
HERMAN LAW FIRM*

Miroslav Filipovic
ARHITEKTI FILIPOVIC

Ivan Franc
ZAGORIE—TEHNOBETON D.D.

Mirela Fučkar
MINISTRY OF JUSTICE

Tomislava Furčić
LAW OFFICE FURCIC

Ivan Gjurgjan
*GJURGJAN & ŠRIBAR
RADIĆ LAW FIRM*

Marta Glasnovic
EY SAVJETOVANJE D.O.O.

Dino Gliha
ČAČIĆ & PARTNERS LAW FIRM

Krešimir Golubić
GOLMAX D.O.O.

Anja Grbeš
MAĆEŠIĆ & PARTNERS LTD.

Iva Grgić
*BARDEK, LISAC, MUŠEC,
SKOKO D.O.O. IN
COOPERATION WITH CMS
REICHROHRWIG HAINZ
RECHTSANWÄLTE GMBH*

Sonja Herceg
*CROATIAN BANK FOR
RECONSTRUCTION AND
DEVELOPMENT*

Sandra Hutter
*CROATIAN ENERGY
REGULATORY AGENCY*

Branimir Iveković
IVEKOVIĆ LAW OFFICE

Tina Jakupak
COMMERCIAL COURT

Irina Jelčić
*HANŽEKOVIĆ & PARTNERS
LTD., MEMBER OF LEX MUNDI*

Tamara Jelić Kazić
*ODVJETNIČKO DRUŠTVO
BARDEK, LISAC, MUŠEC,
SKOKO D.O.O. IN
COOPERATION WITH CMS
REICH-ROHRWIG HAINZ*

Zofi Jeric
AZ PROJEKT

Maja Josipovic
ZAGREB COMMERCIAL COURT

Saša Jovičić
WOLF THEISS

Ana Junaković
*LAKTIC & PARTNERS
LAW FIRM LTD.*

Doroteja Jurcic
*LAW FIRM DRAGIČEVIĆ
& PARTNERS*

Josipa Jurčić
PRALJAK & SVIĆ

Tena Jurišić
*ODVJETNIČKO DRUŠTVO
GLINSKA & MIŠKOVIĆ D.O.O.*

Petra Jurković Mutabžija
*CROATIAN BANK FOR
RECONSTRUCTION AND
DEVELOPMENT*

Andrijana Kastelan
ŽURIĆ I PARTNERI D.O.O.

Irina Konjic
*MINISTRY OF FINANCE,
TAX ADMINISTRATION*

Linda Križić
DIVJAK, TOPIĆ & BAHTIJAREVIĆ

Anita Krizmanić
MAĆEŠIĆ & PARTNERS LTD.

Ivan Krnic
PRALJAK & SVIĆ

Ivan Kusalić
LAW OFFICE IVAN KUSALIĆ

Dubravka Lacković
*BARDEK, LISAC, MUŠEC,
SKOKO D.O.O. IN
COOPERATION WITH CMS
REICHROHRWIG HAINZ
RECHTSANWÄLTE GMBH*

Dinko Lauš
LAURA D.O.O.

Sandra Lauš
LAURA D.O.O.

Ivan Ljubic
*CROATIAN CHAMBER
OF ARCHITECTS*

Ana Lubura
GARK KONZALTING D.O.O.

Miran Mačešić
MAĆEŠIĆ & PARTNERS LTD.

Josip Madirazza
MADIRAZZA & PARTNERS

Mihaela Malenica
VIDAN ATTORNEYS-AT-LAW

Ivan S. Maleš
*ODVJETNIČKO DRUŠTVO
GLINSKA & MIŠKOVIĆ D.O.O.*

Ivana Manovelo
MAĆEŠIĆ & PARTNERS LTD.

Danko Markovinović
*STATE GEODETIC
ADMINISTRATION*

Ivana Markovinovic Zunko
VEDRIŠ & PARTNERS LAW FIRM

Josip Martinić
WOLF THEISS

Tin Matić
TIN MATIĆ LAW OFFICE

Ema Menđušić Škugor
DIVJAK, TOPIĆ & BAHTIJAREVIĆ

Danijel Meštrić
VARAŽDIN COUNTY

Fran Mihaljević
*LAW FIRM BOŽIĆ, ILIĆ, ŽAJA
AND PARTNERS LTD.*

Filip Milak
CROATIAN NOTARIES CHAMBER

Andrea Mršić
*LAW FIRM BOŽIĆ, ILIĆ, ŽAJA
AND PARTNERS LTD.*

Zeljana Muslim
*FINANCIAL AGENCY—
HITRO.HR CENTER*

Branka Niemann
ECOVIS

Jelena Orlic
WOLF THEISS

Ivan Branimir Pavicic
BDV LEGAL

Andrea Pavlek
GJURGJAN & ŠRIBAR
RADIĆ LAW FIRM

Tomislav Pedišić
VUKMIR & ASOCIATES

Josip Peric
LAW FIRM BOŽIĆ, ILIĆ, ŽAJA
AND PARTNERS LTD.

Tatjana Pinhak
MINISTRY OF JUSTICE

Ivan Pižeta
ŠAVORIĆ & PARTNERS

Miroslav Plašćar
ŽURIĆ I PARTNERI D.O.O.

Igor Poljanić
ŠAVORIĆ & PARTNERS

Lucija Popov
CROATIAN NOTARIES CHAMBER

Branimir Puskarić
KORPER & PARTNERI LAW FIRM

Hrvoje Radić
GJURGJAN & ŠRIBAR
RADIĆ LAW FIRM

Sanja Rodek
LAW FIRM LEKO I PARTNERI

Luka Salar
ODVJETNIČKO DRUŠTVO
GLINSKA & MIŠKOVIĆ D.O.O.

Boris Šavorić
ŠAVORIĆ & PARTNERS

Zvonko Sedmak
MINISTRY OF FINANCE,
TAX ADMINISTRATION

Slaven Šego
ŠEGO LAW OFFICE

Zvonimir Sever
CROATIAN CHAMBER
OF CIVIL ENGINEERS

Katarina Simac
ODVJETNIČKO DRUŠTVO
GLINSKA & MIŠKOVIĆ D.O.O.

Dušanka Šimunović
CROATIAN CHAMBER
OF ARCHITECTS

Ana-Marija Skoko
BARDEK, LISAC, MUŠEC,
SKOKO D.O.O. IN
COOPERATION WITH CMS
REICHROHRWIG HAINZ
RECHTSANWÄLTE GMBH

Valentina Šokec
KORPER & PARTNERI LAW FIRM

Alan Soric
ALAN SORIC & ALEKSANDRA
TOMEKOVIC DUNDA
LAW OFFICE

Morena Šoštarić
GJURGJAN & ŠRIBAR
RADIĆ LAW FIRM

Gordana Spehar Hafizovic
MINISTRY OF CONSTRUCTION
AND PHYSICAL PLANNING

Irena Šribar Radić
GJURGJAN & ŠRIBAR
RADIĆ LAW FIRM

Bernardica Stipic
MINISTRY OF FINANCE,
TAX ADMINISTRATION

Jana Štrangarević
ČAČIĆ & PARTNERS LAW FIRM

Vatroslav Subotic
MINISTRY OF LABOUR
AND PENSION SYSTEM

Ivana Sučević-Sorić
MELIN

Goranka Šumonja Laktić
LAKTIC & PARTNERS
LAW FIRM LTD.

Marin Svić
PRALJAK & SVIĆ

Tin Težak
MADIRAZZA & PARTNERS

Branko Toncic
CARGO PARTNERS—ABC
EUROPEAN AIR & SEA CARGO

Luka Urbac
ODVJETNIČKO DRUŠTVO
GLINSKA & MIŠKOVIĆ D.O.O.

Hrvoje Vidan
VIDAN ATTORNEYS-AT-LAW

Matea Vidjak
LAW FIRM LEKO I PARTNERI

Igor Vidra
MINISTRY OF JUSTICE

Mario Vrdoljak
WOLF THEISS

Laurenz Vuchetich
BDV LEGAL

Marin Vuković
DIVJAK, TOPIĆ & BAHTIJAREVIĆ

Petar Živković
DIVJAK, TOPIĆ & BAHTIJAREVIĆ

Jelena Zjacic
MAČEŠIĆ & PARTNERS LTD.

Bosiljko Zlopaša
CUSTOMS DIRECTORATE
OF CROATIA

Andrej Žmikić
DIVJAK, TOPIĆ &
BAHTIJAREVIĆ LAW FIRM

Ivan Zornada
WOLF THEISS

Anamaria Zuvanic
ODVJETNIČKO DRUŠTVO
GLINSKA & MIŠKOVIĆ D.O.O.

塞浦路斯

P.G. ECONOMIDES
& CO. LIMITED

PAPAPHILIPPOU & CO.
ADVOCATES AND LEGAL
CONSULTANTS

Achilleas Amvrosiou
ARTEMIS BANK INFORMATION
SYSTEMS LTD.

Andreas Andreou
CYPRUS GLOBAL LOGISTICS

Marios Andreou
PWC CYPRUS

Chryso Antoniou
ALEXANDROS ECONOMOU LLC

Ioannis Antoniou

Ioanna Apostolidou
MINISTRY OF FINANCE,
TAX DEPARTMENT

Katia Argyridou
PWC CYPRUS

Anita Boyadjian
INFOCREDIT GROUP LTD.

Georgia P. Charalambous
DELOITTE

Harry S. Charalambous
KPMG

Hadjinicolaou Christina
MINISTRY OF FINANCE,
TAX DEPARTMENT

Antonis Christodoulides
PWC CYPRUS

Constantinos Christofides

Christiana Christou
SOCIAL INSURANCE
SERVICES, MINISTRY OF
LABOUR, WELFARE AND
SOCIAL INSURANCE

Kypros Chrysostomides
DR. K. CHRYSOSTOMIDES
& CO. LLC

Chryso Dekatris
DR. K. CHRYSOSTOMIDES
& CO. LLC

Achilleas Demetriades
LELLOS P. DEMETRIADES
LAW OFFICE LLC

Chrysses Demetriades
CHRYSSES DEMETRIADES
& CO. LLC

Eleni Droussioti
DR. K. CHRYSOSTOMIDES
& CO. LLC

Alexandros Economou
ALEXANDROS ECONOMOU LLC

Lefteris S. Eleftheriou
CYPRUS INVESTMENT
PROMOTION AGENCY

Anna Fantarou
MINISTRY OF FINANCE,
TAX DEPARTMENT

Elena Frixou
ARTEMIS BANK INFORMATION
SYSTEMS LTD.

Phedra Gregoriou
MINISTRY OF JUSTICE
AND PUBLIC ORDER

Michael Grekas
KPMG

Marios Hadjigavriel
ANTIS TRIANTAFYLLIDES
& SONS LLC

Costas Hadjimarcou
LEPTOS ESTATES

Andreas Ioannides
ELECTRICITY AUTHORITY
OF CYPRUS

Elena Ioannides
DR. K. CHRYSOSTOMIDES
& CO. LLC

Eleftheria Ioannou
MINISTRY OF ENERGY,
COMMERCE, INDUSTRY
AND TOURISM

Georgios Karrotsakis
INSOLVENCY SERVICE,
DEPARTMENT OF REGISTRAR
OF COMPANIES AND
OFFICIAL RECEIVER

Christia-Lydia Kastellani
DR. K. CHRYSOSTOMIDES
& CO. LLC

Maria Katsikidou
ALEXANDROS ECONOMOU LLC

Harris Kleanthous
DELOITTE

Spyros G. Kokkinos
DEPARTMENT OF REGISTRAR
OF COMPANIES AND
OFFICIAL RECEIVER

Christina Kotsapa
ANTIS TRIANTAFYLLIDES
& SONS LLC

Kyriacos Kouros
MINISTRY OF INTERIOR—
TECHNICAL SERVICES

Theodoros Kringou
FIRST CYPRUS CREDIT BUREAU

Nicholas Ktenas
ELIAS NEOCLEOUS & CO. LLC

Andrie Kypridemou
INSOLVENCY SERVICE,
DEPARTMENT OF REGISTRAR
OF COMPANIES AND
OFFICIAL RECEIVER

Maria Kyriacou
ELIAS NEOCLEOUS & CO. LLC

Olga Lambrou
MOUAIMIS & MOUAIMIS LLC

Andreas Lelekis
CHRYSSES DEMETRIADES
& CO. LLC

Margarita Liasi
KPMG

Antonis Loizou
ANTONIS LOIZOU &
ASSOCIATES

Achilleas Malliotis
ELIAS NEOCLEOUS & CO. LLC

Michalis Marcou
ELECTRICITY AUTHORITY
OF CYPRUS

George V. Markides
KPMG

Pieris M. Markou
DELOITTE

Zoe Mina
DELOITTE

Efrosini Monou
ELIAS NEOCLEOUS & CO. LLC

Michalis Mouaimis
MOUAIMIS & MOUAIMIS LLC

Panayotis Mouaimis
MOUAIMIS & MOUAIMIS LLC

Varnavas Nicolaou
PWC CYPRUS

Georgios Papadopoulos
M. ELIADES & PARTNERS LLC

Christos Papamarkides
DELOITTE

Andriana Patsalosavvi
MINISTRY OF INTERIOR—
TECHNICAL SERVICES

Chrysilios Pelekanos
PWC CYPRUS

Ioanna Petrou
PWC CYPRUS

Maria Petsa
CYPRUS STOCK EXCHANGE

Haris Satsias
LELLOS P. DEMETRIADES
LAW OFFICE LLC

Louiza Shiali
PWC CYPRUS

Ioanna Siammouti
ANTIS TRIANTAFYLLIDES
& SONS LLC

Eliza Stasopoulou
CYPRUS STOCK EXCHANGE

Stefanos Stefani
GENESIS LOGISTICS LTD.

Athina Stephanou
MINISTRY OF FINANCE,
TAX DEPARTMENT

Anna Stylianou
ARTEMIS BANK INFORMATION
SYSTEMS LTD.

Electra Theodorou
ALEXANDROS ECONOMOU LLC

Georgia Theodorou
PWC CYPRUS

Stelios Triantafyllides
ANTIS TRIANTAFYLLIDES
& SONS LLC

Vasiliki Triantafyllides
ANTIS TRIANTAFYLLIDES
& SONS LLC

Tryfonas Tryfonos
DEPARTMENT OF REGISTRAR
OF COMPANIES AND
OFFICIAL RECEIVER

Andrie Tsima
MINISTRY OF FINANCE,
TAX DEPARTMENT

Chrysilios Vassiliou
DELOITTE

Christiana Vassiliou Miliou
ANTIS TRIANTAFYLLIDES
& SONS LLC

Vasos Yiazos
MINISTRY OF INTERIOR—
TECHNICAL SERVICES

Olga-Maria Zenon
ANTIS TRIANTAFYLLIDES
& SONS LLC

捷克共和国

KPMG ČESKÁ
REPUBLIKA, S.R.O.

Jan Andruško
WHITE & CASE

Denisa Assefová
SCHOENHERR

Lukáš Balada
MUNICIPALITY OF PRAGUE 1,
TRADE LICENSING DEPARTMENT

Libor Basl
BAKER MCKENZIE

Tomáš Běhounek
BNT ATTORNEYS-AT-LAW

Jan Beres
KOCIÁN ŠOLC BALAŠTÍK,
ADVOKÁTNÍ KANCELÁŘ, S.R.O.

Rudolf Bicek
SCHOENHERR

Matyas Bokuvka
WHITE & CASE

David Borkovec
PWC CZECH REPUBLIC

David Bujgl
SQUIRE PATTON BOGGS V.O.S.
ADVOKÁTNÍ KANCELÁŘ

Jan Capek
EY

Ivan Chalupa
SQUIRE PATTON BOGGS V.O.S.
ADVOKÁTNÍ KANCELÁŘ

Jiří Chejn
SQUIRE PATTON BOGGS V.O.S.
ADVOKÁTNÍ KANCELÁŘ

Pavel Cirek
ENERGY REGULATOR OFFICE

Vladimír Čížek
SCHOENHERR

Jiří Culka
GLATZOVÁ & CO.

Martin Dančišin
GLATZOVÁ & CO.

Kamila Daňková
WHITE & CASE

Pavel Dejl
KOCIÁN ŠOLC BALAŠTÍK,
ADVOKÁTNÍ KANCELÁŘ, S.R.O.

Svatava Dokoupilova
*CZECH OFFICE FOR SURVEYING,
MAPPING AND CADASTRE*

Kristýna Domokošová
WHITE & CASE

Tereza Dosedělová
DVOŘÁK HAGER & PARTNERS

Dagmar Dubecka
*KOCIÁN ŠOLC BALAŠTÍK,
ADVOKÁTNÍ KANCELÁŘ, S.R.O.*

Jiří Dvořák
GRANT THORNTON ADVISORY

Tereza Erényi
*PRK PARTNERS S.R.O.
ADVOKÁTNÍ KANCELÁŘ,
MEMBER OF LEX MUNDI*

Vojtěch Faltus
DVOŘÁK HAGER & PARTNERS

Eva Gebhartová
WHITE & CASE

Mirjana Gray
WHITE & CASE

Michal Hanko
BUBNIK, MYSLIL & PARTNERS

Marie Hasíková
SCHOENHERR

Martin Hofman
*CRIF—CZECH CREDIT
BUREAU AS*

Vít Horáček
*LEGALITÉ ADVOKÁTNÍ
KANCELÁŘ S.R.O.*

Ondřej Hromádko
*MUNICIPALITY OF PRAGUE 1,
TRADE LICENSING DEPARTMENT*

David Ilczyszyn
WHITE & CASE

Ivo Janda
WHITE & CASE

Juraj Juhás
GLATZOVÁ & CO.

Ludvik Juřička
*HAVEL & PARTNERS S.R.O.,
ADVOKÁTNÍ KANCELÁŘ*

Lucie Kačerová
*KOCIÁN ŠOLC BALAŠTÍK,
ADVOKÁTNÍ KANCELÁŘ, S.R.O.*

Petr Kalensky
WHITE & CASE

Jan Klas
*CZECH ASSOCIATION OF
ENERGY SECTOR EMPLOYERS*

Martina Kneiflová
EY

Jan Kovar
*CRIF—CZECH CREDIT
BUREAU AS*

Jan Krampera
DVOŘÁK HAGER & PARTNERS

Petr Kucera
*CRIF—CZECH CREDIT
BUREAU AS*

Bohumil Kunc
*NOTARIAL CHAMBER OF THE
CZECH REPUBLIC—NOTÁŘSKÁ
KOMORA ČESKÉ REPUBLIKY*

Petr Kusy
MINISTRY OF FINANCE

Petr Kvapil
KVAPIL & ŠULC

Lukas Lejcek
BDP-WAKESTONE S.R.O.

Jakub Lichnovský
*PRK PARTNERS S.R.O.
ADVOKÁTNÍ KANCELÁŘ,
MEMBER OF LEX MUNDI*

David Linek
*KOCIÁN ŠOLC BALAŠTÍK,
ADVOKÁTNÍ KANCELÁŘ, S.R.O.*

Adela IKelnerova
MINISTRY OF FINANCE

Tomáš Mach
WHITE & CASE

Daniela Machova
*NOTARIAL CHAMBER OF THE
CZECH REPUBLIC—NOTÁŘSKÁ
KOMORA ČESKÉ REPUBLIKY*

Peter Maysenhölder
BNT ATTORNEYS-AT-LAW

Veronika Merjavá
WHITE & CASE

David Musil
PWC CZECH REPUBLIC

Barbora Nedvědová
WHITE & CASE

Radim Neubauer
*NOTARIAL CHAMBER OF THE
CZECH REPUBLIC—NOTÁŘSKÁ
KOMORA ČESKÉ REPUBLIKY*

Veronika Odrobinova
DVOŘÁK HAGER & PARTNERS

Athanassios Pantazopoulos
*IKRP ROKAS & PARTNERS AND
DR. A. PANTAZOPOULOS*

David Plch
WHITE & CASE

Štěpán Radkovský
CZECH NATIONAL BANK

Tomáš Richter
CLIFFORD CHANCE

Michal Rohacek
*FINANČNÍ SPRAVA—GENERAL
FINANCIAL DIRECTORATE*

Jaroslav Schulz
INCZ CZ, S.R.O.

Mike Silin
DHL CZECH REPUBLIC

Tomáš Škrha

Dana Sládečková
CZECH NATIONAL BANK

Petr Smerkl
WHITE & CASE

Aleš Smetanka
*KOCIÁN ŠOLC BALAŠTÍK,
ADVOKÁTNÍ KANCELÁŘ, S.R.O.*

Kristýna Solomonová
*MUNICIPALITY OF PRAGUE 1,
TRADE LICENSING DEPARTMENT*

Petra Stupkova
*PRK PARTNERS S.R.O.
ADVOKÁTNÍ KANCELÁŘ,
MEMBER OF LEX MUNDI*

Marek Švehlík
*ŠVEHLÍ & MIKULÁŠ
ADVOKÁTI, S.R.O.*

Sarka Tlaskova
*NOTARIAL CHAMBER OF THE
CZECH REPUBLIC—NOTÁŘSKÁ
KOMORA ČESKÉ REPUBLIKY*

Teresa Vaculikova
WHITE & CASE

Daniel Vejsada
*PRK PARTNERS S.R.O.
ADVOKÁTNÍ KANCELÁŘ,
MEMBER OF LEX MUNDI*

Aneta Vermachová
MINISTRY OF JUSTICE

Jiri Vlastnik
VEJMELKA & WÜNSCH, S.R.O.

Stanislav Votruba
PŘEDISTRIBUCE

Luděk Vrána
VRÁNA & PARTNERS

Andrea Vrbkova
VEJMELKA & WÜNSCH, S.R.O.

Jonathan Weinberg
WHITE & CASE

Tomas Zach
*KOCIÁN ŠOLC BALAŠTÍK,
ADVOKÁTNÍ KANCELÁŘ, S.R.O.*

丹麦

JUMBO TRANSPORT A/S

Elsebeth Aaes-Jørgensen
*NORRBOM VINDING,
MEMBER OF IUS LABORIS*

Bo Andersen
REVISION KØBENHAVN I/S

Peter Bang
PLESNER

Thomas Bang
*DLA PIPER DENMARK
LAW FIRM P/S*

Amanda Bruyant-Langer
BECH-BRUUN LAW FIRM

Jacob Christensen
PLESNER

Joan Cordtz
PWC DENMARK

Frants Dalgaard-Knudsen
PLESNER

Pia Dalziel
MILLER ROSENFALCK LLP

Helle Feldborg
ROVSING & GAMMELJORD

Magnus Gorridsen Fischer
*DLA PIPER DENMARK
LAW FIRM P/S*

Martin Fjeldhøj
*KROMANN REUMERT,
MEMBER OF LEX MUNDI*

Anne Birgitte Gammeljord
ROVSING & GAMMELJORD

Henrik Groos
*ACCURA
ADVOKATPARTNERSELSKAB*

Louise Ingholt Gaarn Svendsen
PLESNER

Jens Steen Jensen
*KROMANN REUMERT,
MEMBER OF LEX MUNDI*

Hans-Peter Jørgensen
GORRISSEN FEDERSPIEL

Trine Kahr
BRUUN & HJEJLE

Christian Kjølbye
PLESNER

Kamilla Krebs
*KROMANN REUMERT,
MEMBER OF LEX MUNDI*

Mikkel Stig Larsen
*KROMANN REUMERT,
MEMBER OF LEX MUNDI*

Susanne Schjølin Larsen
*KROMANN REUMERT,
MEMBER OF LEX MUNDI*

Lise Lauridsen
BECH-BRUUN LAW FIRM

Jesper Avnborg Lentz
GORRISSEN FEDERSPIEL

Josephine Lorentsen
BECH-BRUUN LAW FIRM

Pelle Lykke Rørbæk
ROVSING & GAMMELJORD

Kasper Lykkegaard Sorensen
*SPEDMAN GLOBAL
LOGISTICS AB*

Thomas Maaberg Hansen
PLESNER

Robert Mikelsons
NJORD LAW FIRM

Anne Møller
PWC DENMARK

Jesper Mortensen
PLESNER

Andreas Nielsen
BRUUN & HJEJLE

Klaus Okholm
PWC DENMARK

Jim Øksnebjerg
*ADVOKATPARTNERSELSKABET
HORTEN*

Carsten Pedersen
BECH-BRUUN LAW FIRM

Simone Faerge Pedersen
*KROMANN REUMERT,
MEMBER OF LEX MUNDI*

Steen Rosenfalck
MILLER ROSENFALCK LLP

Kim Sejberg

Kenneth Skouv Dvinge
*KROMANN REUMERT,
MEMBER OF LEX MUNDI*

Jens Sørensen
PWC DENMARK

Jane Stampe
PWC DENMARK

Søren Toft Bjerreskov
PLESNER

Kim Trenskow
*KROMANN REUMERT,
MEMBER OF LEX MUNDI*

Anders Worsøe
MAGNUSSON

吉布提

BANK OF AFRICA MER ROUGE

Mohamed Abayazid Houmed

Mohamed Abdi Hassan
CABINET ARKIMED

Khaire Abdillahi Daher
MINISTÈRE DU BUDGET

Ouloufa Ismail Abdo
*OFFICE DJIBOUTIEN DE LA
PROPRIÉTÉ INDUSTRIELLE ET
COMMERCIALE (ODPIC)*

Mohamed-Kadar Abdoulkader
Guedi
MINISTÈRE DU BUDGET

Ahmed Abdourahman Cheik

Habon Abdourahman Cher
*PORT AUTHORITY (DORALEH
MULTI-PURPOSE PORT)*

Wahid Daher Aden
*PORT AUTHORITY (DORALEH
MULTI-PURPOSE PORT)*

Anissa Ali
*PORT AUTHORITY (DORALEH
MULTI-PURPOSE PORT)*

Sadik Ali Ismael
CABINET ZK

Abdourahman Aouad Izzi
MINISTÈRE DU BUDGET

Habib Barkat Daoud
*BANQUE CENTRALE
DE DJIBOUTI*

Houssein Mahamoud Barreh
*SERVICE DES DOMAINES ET DE
LA CONSERVATION FONCIÈRE*

Ali Omar Chirwa
*DIRECTION DE L'HABITAT
ET DE L'URBANISME*

Sofia Curradi

Nagat Wadie Daoud
GROUPE MARILL

Deka Moussa Dawaleh
GUICHET UNIQUE

Jean Phillipe Delarue
*SOCIÉTÉ MARITIME
L. SAVON & RIES*

Bruno Detroyat
*SOCIÉTÉ MARITIME
L. SAVON & RIES*

Ali Dini
AVOCAT À LA COUR

Hassan Mohamed Egue
*DIRECTION LEGISLATION
& CONTENTIEUX DE LA
DIRECTIONS DES IMPÔTS*

Félix Emok N'Dolo
GROUPE CHD

Guillaume Fines
*BANQUE POUR LE COMMERCE
ET L'INDUSTRIE—MER
ROUGE (BCI MR)*

Fahmi Fouad
SELECT

Djama Guelleh
ELECTRICITÉ DE DJIBOUTI

Said Guelleh Darar
MINISTÈRE DU BUDGET

Amina Houssein Guirreh
GUICHET UNIQUE

Bahar Mahamoud Hassan
*PORT AUTHORITY (DORALEH
MULTI-PURPOSE PORT)*

Abdoulkader Hassan
Mouhoumed
*CABINET D'AVOCAT
MAITRE ABDOULKADER
HASSAN MOUHOUMED*

Ramiss Houmed
HLB DJIBOUTI

Moustafa Houssein Ali
ELECTRICITÉ DE DJIBOUTI

Zeinab Kamil Ali
CABINET ZK

Sabrine Kassim Ali
CAC INTERNATIONAL BANK

Francoise Larisse
SOFRACOR SARL

Madina M. Bourhan
GUICHET UNIQUE

Ismael Mahamoud
UNIVERSITÉ DE DJIBOUTI

Nima Mahamoud
*TRIBUNAL DE PREMIÈRE
INSTANCE*

Fatouma Mahamoud Hassan
CABINET MAHAMOUD

Alain Martinet
*CABINET D'AVOCATS
MARTINET & MARTINET*

Marie-Paule Martinet
*CABINET D'AVOCATS
MARTINET & MARTINET*

Gouled Mohamed
MINISTÈRE DE L'ENERGIE, CHARGE DES RESSOURCES NATURELLES

Habib Ibrahim Mohamed
DIRECTION DE L'HABITAT ET DE L'URBANISME

Abdoulrazak Mohamed Ali
ETUDE NOTARIALE GADILEH

Ibrahim Mohamed Omar
CABINET CECA

Jean Montagne
CABINET D'AVOCATS MONTAGNE

Rahma Omar Kamil
GUICHET UNIQUE

Mahdi Osman
DIRECTION DES DOMAINES ET DE LA CONSERVATION FONCIÈRE

Hisam Abas Rabache
DIRECTION DES DOMAINES ET DE LA CONSERVATION FONCIÈRE

Abdallah Ali Rirache
RIRACHE GROUP

Mohamed Robleh Djama
CABINET D'AVOCAT ROBLEH

Ayman Said
AVOCAT

Djihad Said Ali
NOTARY

Aicha Youssouf Abdi
CABINET CECA

多米尼克

Kertist Augustus
WATERFRONT AND ALLIED WORKERS UNION

David Bruney

Yakima Cuffy
DE FREITAS & DE FREITAS AND JOHNSON

Lisa de Freitas
DE FREITAS & DE FREITAS AND JOHNSON

Casey Destang
GRANT THORNTON

Gina Dyer
DYER & DYER

Henry Dyer
DYER & DYER

Evelina E.-M. Baptiste
MAGISTRATE COURT

Marvlyn Estrado
KPB CHARTERED ACCOUNTANTS

Nathaniel George
DOMLEC

Rhoda Joseph
INVEST DOMINICA AUTHORITY

Justinn Kase
INDEPENDENT REGULATORY COMMISSION

Glen Khan
INDEPENDENT REGULATORY COMMISSION

Shaarme Laville
MILLENNIUM FREIGHT SERVICES

Frankie Lowe
DOMLEC

Michelle Matthew
NATIONAL CO-OPERATIVE CREDIT UNION LIMITED

Severin McKenzie
MCKENZIE ARCHITECTURAL & CONSTRUCTION SERVICES INC.

Erick Mendes
MINISTRY OF NATIONAL SECURITY, LABOUR AND IMMIGRATION

Richard Peterkin
GRANT THORNTON

Eugene G. Royer
EUGENE G. ROYER CHARTERED ARCHITECT

Kondwani Williams
WILLIAMS & HORSFORD

Pearl Williams
SUPREME COURT REGISTRY

Dawn Yearwood
YEARWOOD CHAMBERS

多米尼克共和国

DIAZ REUS & TARG LLP

Juan Alcalde
OMG

Melba Alcántara
HEADRICK RIZIK ALVAREZ & FERNÁNDEZ

Merielin Almonte
MERIELIN ALMONTE ESTUDIO LEGAL

Patricia Álvarez
MEDINA GARRIGÓ ABOGADOS

Eduardo Rodríguez Apolinario
DIRECCIÓN GENERAL DE ADUANAS

Tamara Aquino
JJ ROCA & ASOCIADOS

Lissette Balbuena
STEWART TITLE DOMINICANA SA

Jennifer Beauchamps
JIMÉNEZ CRUZ PEÑA

Luis Eduardo Bernard Medrano
GONZÁLEZ TAPIA ABOGADOS

Laura Bobea
MEDINA GARRIGÓ ABOGADOS

Felipe Branagan
ARCOPLAN SRL ARQUITECTURA Y URBANISMO

Ana Isabel Cáceres
TRONCOSO Y CACERES

Eileen Jiménez Cantisano
HEADRICK RIZIK ALVAREZ & FERNÁNDEZ

Marvin Cardoza
DIRECCIÓN GENERAL DE IMPUESTOS INTERNOS

Roberto Carvajal Polanco
CARVAJAL POLANCO & ASOCIADOS SRL

Milvio Coiscou Castro
COISCOU & ASOCIADOS

José Colón
EDESUR

Maribel Concepción Hidalgo
SUPERINTENDENCIA DE BANCOS

Pamela Contreras
JJ ROCA & ASOCIADOS

Leandro Corral
GUZMÁN-ARIZA

Rachel Cortes
HEADRICK RIZIK ALVAREZ & FERNÁNDEZ

Esther Cruz
JJ ROCA & ASOCIADOS

José Cruz Campillo
JIMÉNEZ CRUZ PEÑA

Sarah de León Perelló
HEADRICK RIZIK ALVAREZ & FERNÁNDEZ

Raúl De Moya
ARQUITECTURA & PLANIFICACIÓN

Alessandra Di Carlo
PELLERANO & HERRERA, MEMBER OF LEX MUNDI

Rosa Díaz
JIMÉNEZ CRUZ PEÑA

Maria Soledad Diaz Perez
RAMIREZ SUZAÑA & ASOCIADOS

Rafael Dickson Morales
DMAC | DESPACHO JURIDICO

Ruben Edmead
MARÍTIMA DOMINICANA

Michel El-Hage

Christian Esquea Mota
ESQUEA & VALENZUELA ABOGADOS

Zenon Felipe
MARÍTIMA DOMINICANA

Fernando Fernandez
TOTAL LOGISTICS FREIGHT

Alejandro Fernández de Castro
PWC DOMINICAN REPUBLIC

Mary Fernández Rodríguez
HEADRICK RIZIK ALVAREZ & FERNÁNDEZ

Leoncio García
ELECTROMECÁNICA GARCIA SRL

Alvaro Garcia Taveras
ESQUEA & VALENZUELA ABOGADOS

Sandra Priscila Goico Berroa
SEIBEL, DARGAM HENRÍQUEZ & HERRERA

Víctor Gómez
HEADRICK RIZIK ALVAREZ & FERNÁNDEZ

Pablo González Tapia
GONZÁLEZ TAPIA ABOGADOS

Paloma Grullón
PELLERANO & HERRERA, MEMBER OF LEX MUNDI

Nicauris Gutiérrez
TRANSUNION DOMINICAN REPUBLIC

Vicmary Guzmán
TRANSUNION DOMINICAN REPUBLIC

Fabio Guzmán-Ariza
GUZMÁN-ARIZA

José A. Hernández

Paula Hernández Mera
GONZÁLEZ TAPIA ABOGADOS

Marlene Herrera
COISCOU & ASOCIADOS

Luis Eduardo Jimenez
JIMÉNEZ CRUZ PEÑA

Luis J. Jiménez
JIMÉNEZ CRUZ PEÑA

Carlos Jorge
ARCOPLAN SRL ARQUITECTURA Y URBANISMO

José M. López
LOPESA

Paola Mañón Taveras
SEIBEL, DARGAM HENRÍQUEZ & HERRERA

Fernando Marranzini
HEADRICK RIZIK ALVAREZ & FERNÁNDEZ

Jesús Geraldo Martínez Alcántara
SUPERINTENDENCIA DE BANCOS

Vanessa Mateo
JJ ROCA & ASOCIADOS

Fabiola Medina
MEDINA GARRIGÓ ABOGADOS

Laura Medina
JIMÉNEZ CRUZ PEÑA

Ligia Melo
MEDINA GARRIGÓ ABOGADOS

Rodolfo Mesa Chávez
MESA & MESA ABOGADOS

Rafael Morel
TOTAL LOGISTICS FREIGHT

Rita Mota
HEADRICK RIZIK ALVAREZ & FERNÁNDEZ

Apolinar Muñoz
SCHAD CONSULTING

Natia Núñez
HEADRICK RIZIK ALVAREZ & FERNÁNDEZ

Pamela Ogando
DIRECCIÓN GENERAL DE IMPUESTOS INTERNOS

Ramón Ortega
PWC

Ana Patricia Ossers
JIMÉNEZ CRUZ PEÑA

Henry Pastrano Lluberes
JIMÉNEZ CRUZ PEÑA

Misdania Paulino
FENWAL INTERNATIONAL, INC.

Kaulynam Peralta
EDESUR

Luisa Ericka Pérez Hernández
SUPERINTENDENCIA DE BANCOS

Angel Emmanuel Perez Souffront
DIRECCIÓN GENERAL DE ADUANAS

Julio Pinedo
PWC DOMINICAN REPUBLIC

Aimée Prieto
PRIETO CABRERA & ASOCIADOS

Sayra J. Ramirez
PRIETO CABRERA & ASOCIADOS

Alejandro Miguel Ramírez Suzaña
RAMIREZ SUZAÑA & ASOCIADOS

Jose Antonio Reyes
AGEPORT, AGENTES Y ESTIBADORES PORTUARIOS

Aida Ripoll
GUZMÁN-ARIZA

Jaime Roca
JJ ROCA & ASOCIADOS

Naomi Rodríguez
HEADRICK RIZIK ALVAREZ & FERNÁNDEZ

Mariel Romero
EDESUR

Katherine Rosa
JIMÉNEZ CRUZ PEÑA

Juan Rosario
EDESUR

Felicia Santana
JJ ROCA & ASOCIADOS

Wilfredo Senior
LEXCO, ENGINEERING, MANAGEMENT & CONSTRUCTION

Elizabeth Silfa
HEADRICK RIZIK ALVAREZ & FERNÁNDEZ

Melissa Silie
MEDINA GARRIGÓ ABOGADOS

Manuel Silverio
JIMÉNEZ CRUZ PEÑA

Manuel Tapia
DR. RAMON TAPIA ESPINAL & ASSOCIATES

Ramon Tapia
DR. RAMON TAPIA ESPINAL & ASSOCIATES

Juan Tejeda
PWC DOMINICAN REPUBLIC

Laura Troncoso
OMG

Robert Valdez
SCHAD CONSULTING

Gisselle Valera Florencio
JIMÉNEZ CRUZ PEÑA

Vilma Veras Terrero
JIMÉNEZ CRUZ PEÑA

Dilcia Villanueva Villanueva
EDESUR

Tammy Villar
MINISTERIO DE OBRAS PUBLICAS Y COMUNICACIONES, MOPC

Chery Zacarías
MEDINA GARRIGÓ ABOGADOS

厄瓜多尔

Claudio Mesias Agama Chiluisa
EMPRESA ELECTRICA DE QUITO

Pablo Aguirre
PWC ECUADOR

María Isabel Aillón
PÉREZ, BUSTAMANTE Y PONCE, MEMBER OF LEX MUNDI

Mariella Baquerizo
EQUIFAX ECUADOR BURÓ DE INFORMACIÓN CREDITICIA C.A.

Esteban Baquero
FERRERE ABOGADOS

Diego Cabezas-Klaere
CABEZAS & CABEZAS-KLAERE

Luis Cabezas-Klaere
CABEZAS & CABEZAS-KLAERE

Juan José Campaña del Castillo
P&P ABOGADOS

María Gabriela Cando
FERRERE ABOGADOS

Antonella Cordero-Porras
FERRERE ABOGADOS

Lucía Cordero Ledergerber
FALCONI PUIG ABOGADOS

David Cornejo
PWC ECUADOR

Augusto Curillo
EMPRESA ELECTRICA DE QUITO

Juan Carlos Darquea
FERRERE ABOGADOS

Fernando Del Pozo Contreras
GALLEGOS, VALAREZO & NEIRA

Andrea Fernández de Córdova
FERRERE ABOGADOS

Paola Gachet
FERRERE ABOGADOS

Martín Galarza Lanas
*PUENTE SÁENZ & GALARZA
ATTORNEYS-AT-LAW, CIA LTDA*

Arturo Griffin Valdivieso
*PÉREZ, BUSTAMANTE Y PONCE,
MEMBER OF LEX MUNDI*

Pedro José Hajj Ferri
FERRERE ABOGADOS

Rubby Lucero
CABEZAS & CABEZAS-KLAERE

María Isabel Machado
FALCONI PUIG ABOGADOS

Zulay Munoz Zurita
P&P ABOGADOS

Francisco Javier Naranjo
Grijalva
*NARANJO & ASOCIADOS
FEDLEX*

Wendy Noboa
FERRERE ABOGADOS

Wolfgang Oberer
SCHRYVER

Letty Ordoñez
*EMPRESA PÚBLICA DE
MOVILIDAD Y OBRAS PÚBLICAS*

Jose Parrales
*CAMICON CÁMARA
DE LA INDUSTRIA DE
LA CONSTRUCCIÓN*

Ciro Pazmiño Yánez
P&P ABOGADOS

Ciro Pazmiño Zurita
P&P ABOGADOS

Rodrigo Martin Pesantes Sáenz
*PÉREZ, BUSTAMANTE Y PONCE,
MEMBER OF LEX MUNDI*

Bruno Pineda-Cordero
*PÉREZ, BUSTAMANTE Y PONCE,
MEMBER OF LEX MUNDI*

Patricia Ponce Arteta
BUSTAMANTE & BUSTAMANTE

Sandra Reed-Serrano
*PÉREZ, BUSTAMANTE Y PONCE,
MEMBER OF LEX MUNDI*

Santiago Reyes Mena
*SANTIAGO REYES
MENA—ABOGADO*

Daniel Robalino-Orellana
FERRERE ABOGADOS

Montserrat Sanchez
FERRERE ABOGADOS

Leonardo Sempértegui
*SEMPÉRTEGUI ONTANEDA
ABOGADOS*

Juan Carlos Villao
MARGLOBAL

Manuel Zurita
*MZ SISTEMAS ELECTRICOS
Y ELECTRONICOS*

埃及

*ISLAND AGENCIES
AND SERVICES*

*READYMADE GARMENTS
EXPORT COUNCIL*

Naguib Abadir
NACITA CORPORATION

Mohamed Abd El Hamid
AM LAW FIRM

Omar Abd el Salam
AL KAMEL LAW OFFICE

Mohamed Abd ElMalek
KARIM ADEL LAW OFFICE

Mohamed Abd El-Sadek
*INTERNATIONAL CENTER FOR
LAW, INTELLECTUAL PROPERTY
AND ARBITRATION (ICLIPA)*

Ayman Abdallah
AM LAW FIRM

Hoda Abdel Saleh
KARIM ADEL LAW OFFICE

Mohamed Abdel-Aziz Azab
*SOUTH CAIRO ELECTRICITY
DISTRIBUTION COMPANY*

Mohamed Abdelgawad
*SHARKAWY & SARHAN
LAW FIRM*

Hanan Abdelgawad Aly
*ECG ENGINEERING
CONSULTANTS GROUP SA*

Ahmed Abdelhamid
*ARAB AGRICULTURAL
PRODUCTION CO.*

Mohamed Abdellatif
ABDELLATIF LAW OFFICE

Ramy Mohamed Abdelrahman
SCHNEIDER ELECTRIC

Sherine Abdullah
*EGYPTIAN ELECTRICITY UTILITY
AND CONSUMER PROTECTION*

Nermine Abo El Atta
*MINISTRY OF INDUSTRY
AND FOREIGN TRADE*

Ahmed Abou Ali
HASSOUNA & ABOU ALI

Gamal A. Abou Ali
HASSOUNA & ABOU ALI

Omneya Abouhabaga
*SHALAKANY LAW OFFICE,
MEMBER OF LEX MUNDI*

Sherif Abusnea
*MINISTRY OF HOUSING AND
URBAN COMMUNITIES*

Mohamed Adel
MY IP GLOBAL

Mona Adel
MY IP GLOBAL

Ahmed Adib
*KHODEIR, NOUR, & TAHA LAW
FIRM, IN ASSOCIATION WITH
AL TAMIMI & COMPANY*

Sara Afify
*GENERAL AUTHORITY
FOR INVESTMENT GAFI*

Mohamed Aggag
MINISTRY OF JUSTICE

Haidy Ahmed
*SHALAKANY LAW OFFICE,
MEMBER OF LEX MUNDI*

Vivian Ahmed Hassan
*MINISTRY OF HOUSING AND
URBAN COMMUNITIES*

Ashraf Al Wakeel
CENTRAL BANK OF EGYPT

Mahmoud AlFeki

Ashraf Alkafrawy
CAIRO ECONOMIC COURT

Abd El Wahab Aly Ibrahim
ABD EL WAHAB SONS

Mahmoud Alzayat
ALZAYAT LAW FIRM

Ahmed Amin
SCOPE

Sayed Ammar
AL KAMEL LAW OFFICE

Amr Ibrahim As Sarwy
SARWY & SARWY LAW FIRM

Hoda Attia
MINISTRY OF TRANSPORT

Mohamed Azzam
*FEDERATION OF EGYPTIAN
CHAMBERS OF COMMERCE*

Tarek Badawy
SARWAT A. SHAHID LAW FIRM

Mohamed Salah Badour
MINISTRY OF JUSTICE

Shaban Baker
CENTRAL BANK OF EGYPT

Wagih Barakat
AAW CONSULTING ENGINEERS

Hagir Beshir
AL KAMEL LAW OFFICE

Joseph Sami Boutros
AL ALAMEYA COMPANY

Helena Constantine
*ANDERSEN TAX &
LEGAL IN EGYPT*

Mohamed Darwish
EL SAID DARWISH & PARTNERS

Adel Ebraheim
KARIM ADEL LAW OFFICE

Menna El Abdeeny
*MINISTRY OF INDUSTRY
AND FOREIGN TRADE*

Abdallah El Adly
PWC EGYPT

Mariam El Alaily
*KHODEIR, NOUR, & TAHA LAW
FIRM, IN ASSOCIATION WITH
AL TAMIMI & COMPANY*

Youmna El Fouly
*TALAL ABU-GHAZALEH
LEGAL (TAG-LEGAL)*

Mohamed Refaat El Houshi
*THE EGYPTIAN CREDIT
BUREAU I-SCORE*

Medhat El Kady
KADMAR

Hassan El Maraashly
AAW CONSULTING ENGINEERS

Mohamed El Rafie
ALLIANCE LAW FIRM

Sarah El Saghir
*TALAL ABU-GHAZALEH
LEGAL (TAG-LEGAL)*

Mohamed El Sayed
CAIRO ECONOMIC COURT

Ramy El Sayed Fawzy
*GENERAL AUTHORITY
FOR INVESTMENT GAFI*

Marwa El Shaarawy
*SHARKAWY & SARHAN
LAW FIRM*

Sara El Shaarawy
IBRACHY LEGAL CONSULTANCY

Mostafa El Shafei
IBRACHY LEGAL CONSULTANCY

Yasmine El Shahed
*SHALAKANY LAW OFFICE,
MEMBER OF LEX MUNDI*

Aly El Shalakany
*SHALAKANY LAW OFFICE,
MEMBER OF LEX MUNDI*

Emad El Shalakany
*SHALAKANY LAW OFFICE,
MEMBER OF LEX MUNDI*

Khaled El Shalakany
*SHALAKANY LAW OFFICE,
MEMBER OF LEX MUNDI*

Sherry El Shalakany
*SHALAKANY LAW OFFICE,
MEMBER OF LEX MUNDI*

Khaled El Sharkawy
SARWAT A. SHAHID LAW FIRM

Mohamed El Sherbini
SARWAT A. SHAHID LAW FIRM

Ahmed El-Swirky
NORTHAM CONSULTANTS

Passant El Tabei
PWC EGYPT

Farida El-Bakry
*SHALAKANY LAW OFFICE,
MEMBER OF LEX MUNDI*

Ashraf Elibrachy
IBRACHY LEGAL CONSULTANCY

Amr Elsayed
CAIRO ECONOMIC COURT

Reem El-Tahawy
HEGAZI LAW

Karim Emam
PWC EGYPT

Saber Emam
CENTRAL BANK OF EGYPT

Mahmoud Esmail
HEGAZI LAW

Ahmed Essam
IBRACHY LEGAL CONSULTANCY

Shahdan Essam
*TALAL ABU-GHAZALEH
LEGAL (TAG-LEGAL)*

Hoda Etman
SAFTWAT & PARTNERS

Lena Ezat
HEGAZI LAW

Mariam Fahmy
*SHALAKANY LAW OFFICE,
MEMBER OF LEX MUNDI*

Omar Farid
ALLIANCE LAW FIRM

Hazem Fathi
HASSOUNA & ABOU ALI

Leila Fouad
DELOITTE

Shereen Fouad
*EGYPTIAN ELECTRICITY
HOLDING COMPANY*

Ismail Gaber
*GENERAL ORGANIZATION OF
EXPORT & IMPORT CONTROL*

Samir Ghareeb Al-Nahas
*MINISTRY OF LOCAL
DEVELOPMENT*

Karim Adel Kamel Ghobrial
KARIM ADEL LAW OFFICE

Karim Ghorab
ALLIANCE LAW FIRM

Rabih Halabi
BLOM BANK EGYPT

Karim Hamdy
*THE EGYPTIAN CREDIT
BUREAU I-SCORE*

Hassan Hanaly
MINISTRY OF JUSTICE

Hany Hanna
COURT OF CASSATION

Nagy Hany
YOUSSRY SALEH & PARTNERS

Nafisa Mahmoud Hashem
*MINISTRY OF HOUSING AND
URBAN COMMUNITIES*

Sherif Hashem
SHEARMAN & STERLING LLP

Mohab Hassan
*HELMY, HAMZA & PARTNERS,
MEMBER FIRM OF BAKER
MCKENZIE INTERNATIONAL*

Tarek Hassib
AL KAMEL LAW OFFICE

Ahmed Hatem
*LEVARI IN ASSOCIATION
WITH PITMANS LLP*

Farah Hazem
AM LAW FIRM

Sherif Hefni
*LEVARI IN ASSOCIATION
WITH PITMANS LLP*

Mostafa Helmy
IBRACHY LEGAL CONSULTANCY

Omneia Helmy
*FACULTY OF ECONOMICS
AND POLITICAL SCIENCE,
CAIRO UNIVERSITY*

Taher Helmy
*HELMY, HAMZA & PARTNERS,
MEMBER FIRM OF BAKER
MCKENZIE INTERNATIONAL*

Sara Hinton

Mohamed Hisham Hassan
MINISTRY OF INVESTMENT

Badawi Hozaien
HOZAIEN LAW OFFICE

Haytham Hussein
EGYPTIAN GLOBAL LOGISTICS

Nada Hussein
*SHALAKANY LAW OFFICE,
MEMBER OF LEX MUNDI*

Abdel Hamid Ibrahim
*EGYPTIAN FINANCIAL
REGULATORY AUTHORITY*

Badawy Ibrahim
PWC EGYPT

Maha Ibrahim
YOUSSRY SALEH & PARTNERS

Mona Ibrahim
DSV

Mehiar Joulji
SARWAT A. SHAHID LAW FIRM

Saif Allah Kadry
*SOLIMAN, HASHISH
AND PARTNERS*

Mohamed Kafafi
*THE EGYPTIAN CREDIT
BUREAU I-SCORE*

Ahmed Kamal
MINISTRY OF JUSTICE

Omar Sherif Kamal El Din
*SHALAKANY LAW OFFICE,
MEMBER OF LEX MUNDI*

Mohamed Kamel
AL KAMEL LAW OFFICE

Rasheed Kamel
AL KAMEL LAW OFFICE

Ghada Kandil
*MINISTRY OF INDUSTRY
AND FOREIGN TRADE*

Ahmed Khairy
COURT OF APPEAL

Mohanad Khaled
BDO KHALED & CO.

Taha Khaled
BDO KHALED & CO.

Dina Khattab
ALLIANCE LAW FIRM

Sherif Latif Makar
SHERINIL GROUP

Ashraf Maamoun Farag
BOSCH CENTER

Gomaa M. Madny
*MINISTRY OF TRADE
AND INDUSTRY*

Tamer Magdy Molokhia
*EGYPT & EUROPE
INTERNATIONAL LEGAL
CONSULTING*

Ibrahim Maher
*DLA MATOUK BASSIOUNY
(PART OF DLA PIPER GROUP)*

Ahmed Maher Badr Afifi
CAIRO COURT OF APPEAL

Lamia Mahgoub
PWC EGYPT

Mustafa Makram
BDO KHALED & CO.

Mariam Matrey
EGYPT SURVEYING AUTHORITY

Abouelela Mohamed
ORIENTAL WEAVERS

Ahmed Mohamed
*GENERAL ORGANIZATION OF
EXPORT & IMPORT CONTROL*

Marwa Mohamed
MINISTRY OF JUSTICE

Hoda Mohamed Etman

Ola Mohammed Hassan
*TALAL ABU-GHAZALEH
LEGAL (TAG-LEGAL)*

Eman Moheyeldin
HASSOUNA & ABOU ALI

Mariam Mohsen
*SHALAKANY LAW OFFICE,
MEMBER OF LEX MUNDI*

Alia Monieb
*SHARKAWY & SARHAN
LAW FIRM*

Hossam Mostafa Ali
HOSSAM AVOCAT

Alfred Mourice
MINISTRY OF FINANCE

Marina Mouris
*IBRACHY & DERMARKAR
LAW FIRM*

Khaled Mousa
*GENERAL AUTHORITY FOR
ROADS, BRIDGES AND LAND
TRANSPORT (GARBLT)*

Karim Nabil
IBRACHY LEGAL CONSULTANCY

Khaled Nofal
MINISTRY OF FINANCE

Omar Sami El Tazy
AM LAW FIRM

Hazem Hassan Osman Mokbel
BLOM BANK EGYPT

Omima Ragab
HEGAZI LAW

Khaled Mahmoud Ragheb
*MENA ASSOCIATES,
MEMBER OF AMERELLER
RECHTSANWÄLTE*

Said Ramadan Arafa
*EGYPTIAN FINANCIAL
REGULATORY AUTHORITY*

Ingy Rasekh
*MENA ASSOCIATES,
MEMBER OF AMERELLER
RECHTSANWÄLTE*

Moatasem Rashed
ORIENTAL WEAVERS

Tarek Fouad Riad
KOSHERI, RASHED & RIAD

Bishoy Safwat
KARIM ADEL LAW OFFICE

Sherif Safwat
*SAFWAT AND PARTNERS
LEGAL CONSULTANTS*

Nasser Said
*GREATER CAIRO
WATER COMPANY*

Ahmed Salah Hassan
YOUSSRY SALEH & PARTNERS

Youssry Saleh
YOUSSRY SALEH & PARTNERS

Ahmed Salem
*MISR SPINNING AND
WEAVING COMPANY*

Zeinab Samir
AL KAMEL LAW OFFICE

Sara Samy
*TALAL ABU-GHAZALEH
LEGAL (TAG-LEGAL)*

Muhammad Omar Sarwy
CHUBB

Heba Sedky
BLOM BANK EGYPT

Mohamed Serry
SERRY LAW OFFICE

Khalil Shaat
*MUNICIPALITY OF
GREATER CAIRO*

Doaa M. Shabaan
*INTERNATIONAL CENTER FOR
LAW, INTELLECTUAL PROPERTY
AND ARBITRATION (ICLIPA)*

Abdallah Shalash
ABDALLAH SHALASH & CO.

Ramy Shalash
ABDALLAH SHALASH & CO.

Mohammad Shamroukh
MINISTRY OF JUSTICE

Mostafa Shawky
*LEVARI IN ASSOCIATION
WITH PITMANS LLP*

Omar Sherif
*SHERIF SAAD LAW OFFICES
FOR LEGAL & INTERNATIONAL
CONSULTATIONS*

Sharif Shihata
*SHALAKANY LAW OFFICE,
MEMBER OF LEX MUNDI*

Zeinab Shohdy
*KHODEIR, NOUR, & TAHA LAW
FIRM, IN ASSOCIATION WITH
AL TAMIMI & COMPANY*

Mohamed Fakhry Shousha
*EGYPTIAN FINANCIAL
REGULATORY AUTHORITY*

Sylvia Sidrak
*ANDERSEN TAX &
LEGAL IN EGYPT*

Shaimaa Solaiman
CHALLENGE LAW FIRM

Frédéric Soliman
*SOLIMAN, HASHISH
AND PARTNERS*

Gamalat Tabat
MINISTRY OF FINANCE

Sameh Tabban
ABDELLATIF LAW OFFICE

Mamdouh Taha
*GENERAL ORGANIZATION OF
EXPORT & IMPORT CONTROL*

Noha Taher
MINISTRY OF FINANCE

Randa Tharwat
NACITA CORPORATION

Mahmoud Wahba
AL KAMEL LAW OFFICE

Haidy Waheed
AM LAW FIRM

Hossam Younes
*MINISTRY OF TRADE
AND INDUSTRY*

Sara Youness
*TALAL ABU-GHAZALEH
LEGAL (TAG-LEGAL)*

Amr Youssef
IBRACHY LEGAL CONSULTANCY

Sandra Youssef Hery
AM LAW FIRM

Hend Zaghloul
*MENA ASSOCIATES,
MEMBER OF AMERELLER
RECHTSANWÄLTE*

Darah Zakaria
*SHARKAWY & SARHAN
LAW FIRM*

Mona Zobaa
*MINISTRY OF INVESTMENT AND
INTERNATIONAL COOPERATION*

萨尔瓦多

LEÓN SOL ARQUITECTOS

Francisco Armando Arias
Rivera
ARIAS

Mauricio Bernal
AES EL SALVADOR

Abraham Bichara
AES EL SALVADOR

Alexander Cader
PWC

Felix Canizales
ARIAS

Claudia Castellanos
*LA OFICINA DE PLANIFICACIÓN
DEL ÁREA METROPOLITANA DE
SAN SALVADOR (OPAMSS)*

Christian Castro
AES EL SALVADOR

Eduardo Iván Colocho Catota
*INNOVATIONS & INTEGRATED
SOLUTIONS, SA DE CV*

Luis Alfredo Cornejo Martínez
*CORNEJO & UMAÑA, LTDA
DE CV—MEMBER OF RUSSELL
BEDFORD INTERNATIONAL*

Celina Cruz
*LA OFICINA DE PLANIFICACIÓN
DEL ÁREA METROPOLITANA DE
SAN SALVADOR (OPAMSS)*

David Ernesto Claros Flores
GARCÍA & BODÁN

Enrique Escobar
LEXINCORP

Guillermo Escobar
LEXINCORP

Roberta Gallardo de Cromeyer
ARIAS

Emma Galvez
GEMMA LOGISTICS

Jacqueline Galvez
GEMMA LOGISTICS

Edwin Gálvez
AES EL SALVADOR

Carlos Jose Guerrero
INMUEBLES SA

Gerardo Guidos
EXPERTIS

Guillermo Guidos
EXPERTIS

Antonio Guirola Moze
LEXINCORP

Erwin Alexander Haas
Quinteros
MH LEGAL ABOGADOS

Luis Roberto Hernández Arita
HERNÁNDEZ ARITA INGENIEROS

Francisco Hurtado
LOPEZ HURTADO SA

Benjamín Valdez Iraheta

Ligia Maria Lazo Ventura
*LAZO ARQUITECTOS
ASOCIADOS*

Thelma Dinora Lizama
de Osorio
*SUPERINTENDENCIA DEL
SISTEMA FINANCIERO*

Mario Lozano
ARIAS

Grisel Mancia
*SUPERINTENDENCIA DEL
SISTEMA FINANCIERO*

Cecilia Martinez
GEMMA LOGISTICS

Francisco Martínez
*ROMERO PINEDA &
ASOCIADOS, MEMBER
OF LEX MUNDI*

Guillermo Massana
*ATCASAL ASOCIACIÓN
DE TRANSPORTISTAS DE
CARGA DE EL SALVADOR*

Luis Rodrigo Medina
Hernandez
MH LEGAL ABOGADOS

Luis Alonso Medina Lopez
MH LEGAL ABOGADOS

Astrud María Meléndez de
Chávez
*ASOCIACIÓN PROTECTORA
DE CRÉDITOS DE EL
SALVADOR (PROCREDITO)*

Antonio R. Méndez-Llort
*ROMERO PINEDA &
ASOCIADOS, MEMBER
OF LEX MUNDI*

Raúl Alberto García Mirón
BUFETE GARCÍA MIRÓN & CÍA

Ricardo Molina
NOVITAS

Fernando Montano
ARIAS

Kenhy Alexandra Montenegro
NASSAR ABOGADOS

Mario Moran
M. REPRESENTACIONES

Jose Navas
ALL WORLD CARGO, SA DE CV

Moises Orlando Pacas M.
*ATCASAL ASOCIACIÓN
DE TRANSPORTISTAS DE
CARGA DE EL SALVADOR*

Geraldine Palma
AES EL SALVADOR

Sergio Perez
AES EL SALVADOR

Adriana Portillo
LEXINCORP

Ana Patricia Portillo Reyes
*LATAMLEX—GUANDIQUE
SEGOVIA QUINTANILLA*

Evelyn Rico
SIDISA

Emilio Rivera
PWC

Carlos Roberto Rodríguez
*CONSORTIUM CENTRO
AMÉRICA ABOGADOS*

Rene Rodas
GEMMA LOGISTICS

Otto Rodríguez Salazar
LAWYER

Kelly Beatriz Romero
NASSAR ABOGADOS

Mario Enrique Sáenz
SÁENZ & ASOCIADOS

Jaime Salinas
GARCÍA & BODÁN

Oscar Samour
*CONSORTIUM CENTRO
AMÉRICA ABOGADOS*

Ernesto Sánchez
ARIAS

Alonso V. Saravia
*ASOCIACIÓN SALVADOREÑA
DE INGENIEROS Y
ARQUITECTOS (ASIA)*

Oscar Torres
GARCÍA & BODÁN

Laura Urrutia

Mauricio Antonio Urrutia
*SUPERINTENDENCIA DEL
SISTEMA FINANCIERO*

Julio César Vargas Solano
GARCÍA & BODÁN

Karla Elizabeth Zelaya
Rodríguez
*SUPERINTENDENCIA DEL
SISTEMA FINANCIERO*

Edward Zuñiga
EY

赤道几内亚

IMAGESA

*SEGESA (SOCIEDAD
DE ELECTRICIDAD DE
GUINEA ECUATORIAL)*

Elisabeth Ajamen
BEAC SIÈGE

Maria Araújo
*VDA—VIEIRA DE ALMEIDA
& ASSOCIADOS*

N.J. Ayuk
CENTURION LLP

Keseena Chengadu
CENTURION LLP

Sinforiano Ngomi Elomba
PWC EQUATORIAL GUINEA

Marcel Jeutsop

Angel Mba Abeso
CENTURION LLP

Jose Mbara
PWC EQUATORIAL GUINEA

Paulino Mbo Obama
OFICINA DE ESTUDIOS—ATEG

Ponciano Mbomio Nvó
*GABINETE JURIDICO DE
PONCIANO MBOMIO NVO*

Frida Ndong
K5 FREEPORT OIL CENTRE

Angel Francisco Ela Ngomo
Nchama
*JUZGADO DE INSTRUCCION
DE BATA*

Desiderio Nvono Mangue
MALABO MUNICIPALITY

Nanda Nzambi
PWC EQUATORIAL GUINEA

Antonio Ondo Obiang
Mangue
ARAB CONTRACTORS CO.

Zenika Sanogho
PWC EQUATORIAL GUINEA

厄立特里亚

Senai Andemariam
BERHANE GILA-MICHAEL LAW FIRM

Berhane Gila Michael
BERHANE GILA-MICHAEL LAW FIRM

Mewael Tekle
DEPARTMENT OF ENERGY

爱沙尼亚

ADVOKAADIBÜROO NOVE OÜ

Oliver Ämarik
ADVOKAADIBÜROO SORAINEN AS

Aet Bergmann
BNT ATTORNEYS-AT-LAW ADVOKAADIBÜROO OÜ

Nikita Divissenko
TGS BALTIC

Ülleke Eerik
ESTONIAN LAND BOARD

Alger Ers
AE PROJEKTI INSENER

Carri Ginter
ADVOKAADIBÜROO SORAINEN AS

Kristine Jarve
DELOITTE ADVISORY AS

Andres Juss
ESTONIAN LAND BOARD

Erica Kaldre
HOUGH, HUTT & PARTNERS OÜ

Sander Kärson
TGS BALTIC

Katre Kasepold
ESTONIAN LOGISTICS AND FREIGHT FORWARDING ASSOCIATION

Raimo Klesment
NJORD

Edward Kostjuk
HOUGH, HUTT & PARTNERS OÜ

Villu Kõve
ESTONIAN SUPREME COURT

Tanja Kriisa
PWC ESTONIA

Paul Künnap
ADVOKAADIBÜROO SORAINEN AS

Arvo Kuusik
HOUGH, HUTT & PARTNERS OÜ

Liisu Lell
DELOITTE ADVISORY AS

Martti Lemendik
METAPRINT LTD.

Hannes Lentsius
PWC ESTONIA

Berit Loog
MINISTRY OF JUSTICE

Karin Madisson
ADVOKAADIBÜROO SORAINEN AS

Annika Mägipõld
ESTONIAN TAX AND CUSTOMS BOARD

Ants Mailend
ADVOKAADIBÜROO SORAINEN AS

Kaps Meelis
ELEKTRILEVI OÜ

Ege Metsandi
CREDITINFO EESTI AS

Maris Milpak
ADVOKAADIBÜROO SORAINEN AS

Sandra-Kristin Noot
ELLEX RAIDLA ADVOKAADIBÜROO OÜ

Arne Ots
ELLEX RAIDLA ADVOKAADIBÜROO OÜ

Olavi Ottenson
DELOITTE ADVISORY AS

Kirsti Pent
LAW OFFICE FORT

Kaitti Persidski
ESTONIAN CHAMBER OF NOTARIES

Jelizaveta Rastorgujeva
NJORD LAW FIRM

Martin-Johannes Raude
ELLEX RAIDLA ADVOKAADIBÜROO OÜ

Tõnu Roosve
ELEKTRILEVI OÜ

Piret Saartee
CENTRE OF REGISTERS & INFORMATION SYSTEMS

Katrin Sarap
NJORD LAW FIRM

Häli Sokk
ADVOKAADIBÜROO SORAINEN AS

Lisette Suik
ADVOKAADIBÜROO SORAINEN AS

Nele Suurmets
ADVOKAADIBÜROO SORAINEN AS

Maris Tamp
PWC ESTONIA

Maria Teder
ELLEX RAIDLA ADVOKAADIBÜROO OÜ

Triin Toom
ADVOKAADIBÜROO SORAINEN AS

Veikko Toomere
NJORD LAW FIRM

Silvia Urgas
TGS BALTIC

Kai Vainola
ADVOKAADIBÜROO SORAINEN AS

Ingmar Vali
CENTRE OF REGISTERS & INFORMATION SYSTEMS

Hannes Vallikivi
DERLING

Paul Varul
TGS BALTIC

Peeter Viirsalu
TGS BALTIC

Kaija Vill
ELEKTRILEVI OÜ

斯威士兰

Samkelo Chauca
KOBLA QUASHIE AND ASSOCIATES

M. Pendulo Pepe Dlamini
P.M. DLAMINI ATTORNEYS

Veli Dlamini
INTERFREIGHT PTY. LTD.

Earl John Henwood
HENWOOD & COMPANY

Andrew Linsey
PWC SWAZILAND

Mangaliso Magagula
MAGAGULA & HLOPHE

Gugu Mahlinza
SWAZILAND REVENUE AUTHORITY

Gabsile Maseko
ROBINSON BERTRAM

Thabiso Masina
DEEDS REGISTRY

Sabelo Masuku
HOWE MASUKU NSIBANDE ATTORNEYS

Steve Mitchell
MMA

Kenneth J. Motsa
ROBINSON BERTRAM

Nozipho Msibi
FEDERATION OF SWAZILAND EMPLOYERS AND CHAMBER OF COMMERCE

Kobla Quashie
KOBLA QUASHIE AND ASSOCIATES

José Rodrigues
RODRIGUES & ASSOCIATES

Sydney Simelane
SURVEYOR GENERAL DEPARTMENT, MINISTRY OF NATURAL RESOURCES AND ENERGY

Pieter Smoor
INTEGRATED DEVELOPMENT CONSULTANTS (IDC)

John Thomson
MORMOND ELECTRICAL CONTRACTORS

Manene Thwala
THWALA ATTORNEYS

Joseph Waring
WARING ATTORNEYS

Patricia Zwane
TRANSUNION ITC SWAZILAND PTY. LTD.

埃塞俄比亚

MIZAN CONSULTANCY & ACCOUNTANCY SERVICE

TARGET BUSINESS CONSULTANT

Dagnachew Tesfaye Abetew
DAGNACHEW TESFAYE AND MAHLET MESGANAW LAW OFFICE

Tegene Adise
CITY ADMINISTRATION OF ADDIS ABABA— CONSTRUCTION BUREAU

Wegderes Agonafir
WEGDERES NIGUSIE CHARTERED CERTIFIED ACCOUNTANT & CERTIFIED AUDIT FIRM

Siraj Ahmed
PACKFORD INTERNATIONAL

Ato Melese Aleka
CONSTRUCTION PERMIT AND CONTROL AUTHORITY

Girma Alemu Mengesha
ASSEFA & ASSOCIATES

Assefa Ali Beshir
ASSEFA & ASSOCIATES

Wendwesen Alula
CITY ADMINISTRATION OF ADDIS ABABA— CONSTRUCTION BUREAU

Ashenafi Tarekegn Asfaw

Shumet Asmamaw
CITY ADMINISTRATION OF ADDIS ABABA— CONSTRUCTION BUREAU

Sisay Asres
FLK TRADING PLC

Yodit Assefa
THE MOTOR & ENGINEERING COMPANY

Ato Awoke Asfaw
AWOKE ASFAW AUTHORIZED ACCOUNTING

Atkilit Bekele
MESFIN TAFESSE AND ASSOCIATES LAW OFFICE

Fekadu Bekele
ETHIOPIA REVENUES AND CUSTOMS AUTHORITY (ERCA)

Nega Binalfew
BINALFEW LAW FIRM

Hanna Betachew Birhanu
MEHRTEAB LEUL & ASSOCIATES

Semere Wolde Bonger
NATIONAL BANK OF ETHIOPIA

Hailu Burayu
LAWYER

Dawit Daniel
HD ETHIOPIAN COFFEE TRADING PLC

Wondowosen Degefa
ETHIOPIA REVENUES AND CUSTOMS AUTHORITY (ERCA)

Addis Demeke
CITY ADMINISTRATION OF ADDIS ABABA— CONSTRUCTION BUREAU

Nebiyu DestaNebiyu Temesgen Eridaw
CITY ADMINISTRATION OF ADDIS ABABA— CONSTRUCTION BUREAU

Fekadu Gebremeskel
FEKADU PETROS LEGAL SERVICE

Simon Getachew Kassaye
PWC

Berhane Ghebray
BERHANE GHEBRAY & ASSOCIATES

Yared Guta

Asheber Hailesilassie
TRANS ETHIOPIA PLC—TEPLCO

Nuru Hassen
TRANS ETHIOPIA PLC—TEPLCO

Dawit Hundesa
CITY ADMINISTRATION OF ADDIS ABABA— CONSTRUCTION BUREAU

Apollo Karumba
PWC KENYA

Ato Kassim Fite
STATE OF OROMIA URBAN LAND TENURE REGISTRATION & INFORMATION AGENCY

Wouhib Kebede
WOUHIB KEBEDE AND ASSOCIATES

Yosef Kebede
DASHEN BANK S.C.

Belay Ketema
BELAY KETEMA LAW OFFICE

Mehrteab Leul
MEHRTEAB LEUL & ASSOCIATES

Michael Mamo
ADDIS EXPORTER

Getnet Yawkal Mebratu
GETNET YAWKAL LAW OFFICE

Misrak Mengehsa
PACKFORD INTERNATIONAL

Alem Mengsteab
ETHIOPIAN GENERAL INSTALLATION SUPPLY

Habtewold Menkir
HABTEWOLD MENKIR AND CO. CHARTERED CERTIFIED ACCOUNTANT'S (UK) AUTHORIZED AUDITORS

Dula Merera

Mahlet Mesganaw Getu
DAGNACHEW TESFAYE AND MAHLET MESGANAW LAW OFFICE

Mekdes Mezgebu
MESFIN TAFESSE AND ASSOCIATES LAW OFFICE

Nuredin Mohammed

Titus Mukora
PWC KENYA

Yonas Mulatu
MESFIN TAFESSE AND ASSOCIATES LAW OFFICE

Tariku Oljira
DAYE BENSA EXPORT PLC

Habte Petros
YICHALAL TRANSIT SERVICE AND FREIGHT FORWARDING PLC

Nigussie Seid
ETHIOPIA REVENUES AND CUSTOMS AUTHORITY (ERCA)

Meklit Seifu
DELNESSAHOU TADESSE—COUNSELOR AND ATTORNEY-AT-LAW

Biruh Setargew
PWC

Kebede Shai
ETHIOPIA REVENUES AND CUSTOMS AUTHORITY (ERCA)

Mekdes Shiferaw
GREEN INTERNATIONAL LOGISTIC SERVICES

Getu Shiferaw Deme
MEHRTEAB LEUL & ASSOCIATES

Wondwossen Sintayehu
ASSETKEY PLC

Menelik Solomon
DASHEN BANK S.C.

Delnessahou Tadesse
DELNESSAHOU TADESSE—COUNSELOR AND ATTORNEY-AT-LAW

Fasil Tadesse
FLK TRADING PLC

Mesfin Tafesse
MESFIN TAFESSE AND ASSOCIATES LAW OFFICE

Meskelu Tamrat
CITY ADMINISTRATION OF ADDIS ABABA— CONSTRUCTION BUREAU

Kenawak Taye
MESFIN TAFESSE AND ASSOCIATES LAW OFFICE

Solomon Demissie Tegegn
NET ENGINEERING CONSULTANCY

Gaim Yibrah Tesema
GAIM YIBRAH

Seyoum Yohannes Tesfay
GETS LAW OFFICE

Gizeshwork Tessema
GIZE PLC

Wossenyeleh Tigu
*MESFIN TAFESSE AND
ASSOCIATES LAW OFFICE*

Getahun Walelgn
*MESFIN TAFESSE AND
ASSOCIATES LAW OFFICE*

Fasil Woldeyohannes
*GIRMA AND FASIL AUDIT
SERVICE PARTNERSHIP*

Tameru Wondmagegnehu
Getahun Worku
LAWYER

Mekidem Yehiyes
*MESFIN TAFESSE AND
ASSOCIATES LAW OFFICE*

Demeke Zegeye
*CITY ADMINISTRATION
OF ADDIS ABABA—
CONSTRUCTION BUREAU*

Sintayehu Zeleke
FEDERAL HIGH COURT

斐济

Eddielin Almonte
PWC FIJI

Lisa Apted
KPMG

Nicholas Barnes
MUNRO LEYS

Jone Cavubati
FIJI EXPORT COUNCIL

Rhea Chand
MUNRO LEYS

Sangeeta Chand
MINISTRY OF JUSTICE

Suresh Chandra
MC LAWYERS

William Wylie Clarke
HOWARDS LAWYERS

Visvanath Das
*FIJI REVENUE AND
CUSTOMS SERVICE*

Anthony Frazier

Dilip Jamnadas
JAMNADAS AND ASSOCIATES

Jerome Kado
PWC FIJI

Mohammed Afzal Khan
*KHAN & CO. BARRISTERS
& SOLICITORS*

Emily King
MUNRO LEYS

Peter Ian Knight
CROMPTONS SOLICITORS

Madhulesh Lakhan
WILLIAMS & GOSLING LTD.

Tamiana Low
MUNRO LEYS

Hemendra Nagin
SHERANI & CO.

Jon Orton
ORTON ARCHITECTS

Pradeep Patel
BDO

Ramesh Prasad Lal
CARPENTERS SHIPPING

Mele Rakai
SHERANI & CO.

Rahul Ral
CARPENTERS SHIPPING

Janet Raman
MUNRO LEYS

Jagindar Singh
CARPENTERS SHIPPING

James Sloan
SIWATIBAU & SLOAN

Narotam Solanki
PWC FIJI

Jone Vuli
*WESTPAC BANKING
CORPORATION*

芬兰

Manne Airaksinen
ROSCHIER ATTORNEYS LTD.

Timo Airisto
WHITE & CASE

Petri Avikainen
WHITE & CASE

Hillevi Ekstrom
OY NIKLASHIPPING LTD.

Esa Halmari
HEDMAN PARTNERS

Johanna Haltia-Tapio
*HANNES SNELLMAN
ATTORNEYS LTD.*

Seppo Havia
DITTMAR & INDRENIUS

Harri Hirvonen
PWC FINLAND

Henni Hokkanen
EVERSHEDS ATTORNEYS LTD.

Jussi Hulkkonen
*FINNISH NATIONAL
BOARD OF CUSTOMS*

Pekka Jaatinen
*CASTRÉN & SNELLMAN
ATTORNEYS LTD.*

Juuso Jokela
SUOMEN ASIAKASTIETO OY

Mika Karppinen
*HANNES SNELLMAN
ATTORNEYS LTD.*

Katariina Kasi
EVERSHEDS ATTORNEYS LTD.

Marta Kauppinen
*HANNES SNELLMAN
ATTORNEYS LTD.*

Lalli Knuutila
*FINNISH PATENT AND
REGISTRATION OFFICE*

Milla Kokko-Lehtinen
PWC FINLAND

Lisa Koskela
DITTMAR & INDRENIUS

Jukka-Pekka Kunnari
ROSCHIER ATTORNEYS LTD.

Pia Laaksonen
WHITE & CASE

Kaisa Lamppu
PWC FINLAND

Patrik Lindfors
*LINDFORS & CO.
ATTORNEYS-AT-LAW LTD.*

Patrick Lindgren
LAW OFFICE ADVOCARE

Jaakko Maijala
*RUSSELL BEDFORD
INTERNATIONAL*

Olli Mäkelä
*HANNES SNELLMAN
ATTORNEYS LTD.*

Kimmo Mettälä
KROGERUS ATTORNEYS LTD.

Linda Miettinen
EVERSHEDS ATTORNEYS LTD.

Mia Mokkila
ROSCHIER ATTORNEYS LTD.

Ilari Mustonen
*CASTRÉN & SNELLMAN
ATTORNEYS LTD.*

Janne Nurminen
ROSCHIER ATTORNEYS LTD.

Emma Nyyssölä
WHITE & CASE

Julia Parikka
*HANNES SNELLMAN
ATTORNEYS LTD.*

Sampsa Pekkinen
ROSCHIER ATTORNEYS LTD.

Arttur Puoskari
WHITE & CASE

Mikko Rajala
BIRD & BIRD ATTORNEYS LTD.

Vuokko Rajamäki
ROSCHIER ATTORNEYS LTD.

Krista Rekola
WHITE & CASE

Ingrid Remmelgas
ROSCHIER ATTORNEYS LTD.

Jasse Ritakallio
*LINDFORS & CO.
ATTORNEYS-AT-LAW LTD.*

Mikael Ruotsi
HEDMAN PARTNERS

Petri Seppälä
PWC FINLAND

Nikolas Sjöberg
KROGERUS ATTORNEYS LTD.

Tuomo Tanttu
PWC FINLAND

Toivo Utso
HELSINKI ENTERPRISE AGENCY

Tuuli Vapaavuori-Vartiainen
EVERSHEDS ATTORNEYS LTD.

Seija Vartiainen
PWC FINLAND

Marko Vuori
KROGERUS ATTORNEYS LTD.

Anu Waaralinna
ROSCHIER ATTORNEYS LTD.

Gunnar Westerlund
ROSCHIER ATTORNEYS LTD.

法国

ALLEZ & ASSOCIÉS

GTE

MAIRIE DE PARIS

*UNION FRANÇAISE
DE L'ÉLECTRICITÉ*

Nadhia Ameziane
DENTONS

Bruno Amigues
*AMIGUES AUBERTY
JOUARY POMMIER*

Yves Ardaillou
BERSAY ASSOCIES

Anne-Valérie Attias-Assouline
PWC SOCIÉTÉ D'AVOCATS

Julien Bellapianta
ATS INTERNATIONAL

Hervé Beloeuvre
*FIDUCIAIRE BELOEUVRE
ET ASSOCIÉS*

Anis Benissad
LANOUAR PARTNERS

Florence Bequet-Abdou
PWC SOCIÉTÉ D'AVOCATS

Pierre Binon
BANQUE DE FRANCE

Andrew Booth
ANDREW BOOTH ARCHITECT

Nicolas Bréham
RTE INTERNATIONAL

Patricia Cadet-Racinoux
*ELECTRICITÉ RÉSEAU
DISTRIBUTION FRANCE*

Isabelle-Victoria Carbuccia
IVCH LAW

Frédéric Cauvin
PWC SOCIÉTÉ D'AVOCATS

Jean-Pierre Clavel
SCP JEAN-PIERRE CLAVEL

Stephan de Groër
JEANTET AARPI

Jean-Paul Decorps
*ETUDE MAÎTRE JEAN-
PAUL DECORPS*

Guillaume Delord
*MAYER BROWN
INTERNATIONAL LLP*

Djaffer Doulache
CABINET RCA

Segolene Dufetel
*MAYER BROWN
INTERNATIONAL LLP*

Jean-Marc Dufour
*FRANCE ECOMMERCE
INTERNATIONAL*

Odile Dupeyré
SOLVEIG AVOCATS

Philippe Durand
PWC SOCIÉTÉ D'AVOCATS

Benoit Fauvelet
BANQUE DE FRANCE

Ingrid Fauvelière
JEANTET AARPI

Ivan Féron
PWC SOCIÉTÉ D'AVOCATS

Louis Feuillée
WHITE & CASE

Nataline Fleury
ASHURST LLP

Lionel Galliez
*CONSEIL SUPÉRIEUR DU
NOTARIAT (PARIS)*

Nassim Ghalimi
VEIL JOURDE

Régine Goury
*MAYER BROWN
INTERNATIONAL LLP*

François Grenier

Kevin Grossmann
CABINET GROSSMANN

Mahmoud Hassen
LAWYER

Karl Hepp de Sevelinges
JEANTET AARPI

Pierre Herné
CABINET HERNÉ

Marc Jobert
JOBERT & ASSOCIÉS

Philippe Jouary
*AMIGUES AUBERTY
JOUARY POMMIER*

Abdelmalek Kherbachene
LANOUAR PARTNERS

Eva Kopelman
*GIDE LOYRETTE NOUEL,
MEMBER OF LEX MUNDI*

Ruben Koslar
JEANTET AARPI

Paul Lafuste
VEIL JOURDE

Mohamed Lanouar
LANOUAR PARTNERS

Daniel Arthur Laprès
*AVOCAT À LA COUR
D'APPEL DE PARIS*

Annie Le Berre
PWC SOCIÉTÉ D'AVOCATS

Alann Le Guillou
WHITE & CASE

Elsa Lourdeau
*MAYER BROWN
INTERNATIONAL LLP*

Alexandre Majbruch
DENTONS

Wladimir Mangel
*MAYER BROWN
INTERNATIONAL LLP*

Frédéric Mercier
*MATHEZ TRANSPORTS
INTERNATIONAUX SA*

Corinne Millot-Dumazert
BANQUE DE FRANCE

Nathalie Morel
*MAYER BROWN
INTERNATIONAL LLP*

Nathalie Nègre-Eveillard
WHITE & CASE

Michel Nisse
PWC SOCIÉTÉ D'AVOCATS

Catherine Ottaway
HOCHE SOCIÉTÉ D'AVOCATS

Hugo Pascal
*GIDE LOYRETTE NOUEL,
MEMBER OF LEX MUNDI*

Arnaud Pelpel
PELPEL AVOCATS

Thomas Philippe
*MAYER BROWN
INTERNATIONAL LLP*

Marie-Hélène Pinard-Fabro
PWC SOCIÉTÉ D'AVOCATS

Jean-Francois Riffard
*UNIVERSITE CLERMONT
AUVERGNE, ECOLE DU DROIT*

Nicolas Rontchevsky
*AVOCAT ET PROFESSEUR
AGRÉGÉ DES FACULTÉS
DE DROIT*

Pierre-Yves Rossignol
SCP GRANRUT AVOCATS

Guillaume Rougier-Brierre
*GIDE LOYRETTE NOUEL,
MEMBER OF LEX MUNDI*

Philippe Roussel Galle
UNIVERSITÉ PARIS DESCARTES

Abibatou Samb-Diouck
ETUDE SAMB-DIOUCK

Michael Samol
JEANTET AARPI

Laure Sans
WHITE & CASE

Pierre-Nicolas Sanzey
STEPHENSON HARWOOD

Emmanuel Schulte
BERSAY ASSOCIES

Maxime Simonnet
DENTONS

Isabelle Smith Monnerville
SMITH D'ORIA

Lionel Spizzichino
WILLKIE FARR & GALLAGHER LLP

Antoine Tadros
WHITE & CASE

Pierre Tarrade
CONSEIL SUPÉRIEUR DU NOTARIAT (PARIS)

Antoine Tsekenis
SMITH D'ORIA

Jean-Marc Valot
BEYLOUNI CARBASSE GUÉNY VALOT VERNET

Frederic Varin
FRÉDÉRIC VARIN ET CLAUDIA VARIN NOTAIRES ASSOCIÉS

François Vergne
GIDE LOYRETTE NOUEL, MEMBER OF LEX MUNDI

Déborah Viaud
HOCHE SOCIÉTÉ D'AVOCATS

Ronène Zana
PWC SOCIÉTÉ D'AVOCATS

Stephane Zecevic
LES NOTAIRES DU QUAI VOLTAIRE

加蓬

BOLLORE TRANSPORT & LOGITICS GABON

CONSERVATION DE LA PROPRIETÉ FONCIÈRE ET DES HYPOTHÈQUES

MAIRIE DE LIBREVILLE

MUNICIPALITÉ DE LIBREVILLE

Ahmat Abdoulsalam
ACCOUNTING MANAGEMENT

Y.A. Adetona
CABINET FIDEXCE

Angéla Adibet
DELOITTE JURIDIQUE ET FISCAL

Elisabeth Ajamen
BEAC SIÈGE

Marcellin Massila Akendengue
SOCIÉTÉ D'ENERGIE ET D'EAU DU GABON (SEEG)

Madeleine Berre
DELOITTE JURIDIQUE ET FISCAL

Jean-Pierre Bozec
PROJECT LAWYERS

Nicolas Chevrinais
EY FFA JURIDIQUE ET FISCAL

Regine D'Almeida Mensah
OHADA LEGIS

Samuella Do Rego
PRICEWATERHOUSECOOPERS TAX & LEGAL SA

Anaïs Edzang Pouzere
PRICEWATERHOUSECOOPERS TAX & LEGAL SA

Gilbert Erangah
ETUDE MAÎTRE ERANGAH

Augustin Fang
CABINET AUGUSTIN FANG

Anne Gey Bekale
ETUDE MAÎTRE GEY BEKALE

Louis Pascal Mbighi
MINISTÈRE DE L'ECONOMIE

Jean-Joel Mebaley
DESTINY EXECUTIVES ARCHITECTS—AGENCE DU BORD DE MER

Davy Mendoume
MINISTÈRE DE L'ECONOMIE

Marc Mihindou
FEAG CABINET D'EXPERTISE COMPTABLE

Yannick Mokanda
MINISTÈRE DE L'ECONOMIE

Abel Mouloungui
ETUDE MAÎTRE ABEL MOULOUNGUI

Clotaire N'dong
MINISTÈRE DE L'ECONOMIE, DU COMMERCE, DE L'INDUSTRIE ET DU TOURISME

François Nguema Ebane
CABINET ATELIER 5A

Patrick Nzambe
DIRECTION GÉNÉRALE DES DOUANES ET DROITS INDIRECTS

Jean Serge Ogoula
CELLULE E-TAXES

Fulgence Ongama
TRIBUNAL DE PREMIÈRE INSTANCE DE LIBREVILLE

Laurent Pommera
PRICEWATERHOUSECOOPERS TAX & LEGAL SA

Hantamalala Rabarijaona
JOHN W. FFOOKS & CO.

Valene Ramses
RAMSES

Christophe Adrien Relongoué
PRICEWATERHOUSECOOPERS TAX & LEGAL SA

Christian Solofosaona
FEAG CABINET D'EXPERTISE COMPTABLE

Ines Vaz
PRICEWATERHOUSECOOPERS TAX & LEGAL SA

Laetitia Yuinang
OLAM INTERNATIONAL

冈比亚

Victoria Andrews
FARAGE ANDREWS LAW PRACTICE

Malick Bah
NATIONAL ENVIRONMENT AGENCY

Janko Bass
DT ASSOCIATES, INDEPENDENT CORRESPONDENCE FIRM OF DELOITTE TOUCHE TOHMATSU LIMITED

Abdul Aziz Bensouda
AMIE BENSOUDA & CO.

Amie N.D. Bensouda
AMIE BENSOUDA & CO.

Odzangbateh Nutifafa Dake
PWC GHANA

Ida Denise Drameh
IDA D. DRAMEH & ASSOCIATES

Loubna Farage
FARAGE ANDREWS LAW PRACTICE

Dzidzedze Fiadjoe
PWC GHANA

Sarane Hydara
MAHFOUS ENGINEERING CONSULTANTS

Momodou Jallow
AMIE BENSOUDA & CO.

Lamin S. Jatta
ACCORD ASSOCIATES

Kebba Jobe
DABANI ELECTRICAL ENTERPRISE

Sulayman M. Joof
S.M. JOOF AGENCY

Basiru Kareem
DT ASSOCIATES, INDEPENDENT CORRESPONDENCE FIRM OF DELOITTE TOUCHE TOHMATSU LIMITED

Abdoullah Konateh
MAHFOUS ENGINEERING CONSULTANTS

George Kwatia
PWC GHANA

Patricia Leers
A-LAW INTERNATIONAL LAW FIRM

Anna Njie
AMIE BENSOUDA & CO.

Clement Okey
PWC GHANA

Baboucarr Owl
NATIONAL WATER AND ELECTRICITY COMPANY LTD.

Sydney Riley
OFFICE LEGAL CHAMBERS

Janet Ramatoulie Sallah-Njie
TORODO CHAMBERS

Aji Penda B. Sankareh
DT ASSOCIATES, INDEPENDENT CORRESPONDENCE FIRM OF DELOITTE TOUCHE TOHMATSU LIMITED

Bakary Sanneh
DEPARTMENT OF PHYSICAL PLANNING AND HOUSING

Famara Singhateh
A-LAW INTERNATIONAL LAW FIRM

Salieu Taal
TEMPLE LEGAL PRACTITIONERS

格鲁吉亚

Sandro Bakhsoliani
INSTA LLC

David Bardavelidze
OCEANNET GEORGIA LTD.

Lasha Beraia
RUSTAVI METALLURGICAL PLANT

Levan Berdzenishvili
GEORGIAN TRANS EXPEDITION LTD.

Tatia Berekashvili
MINISTRY OF ECONOMY AND SUSTAINABLE DEVELOPMENT

Nino Berianidze
MINISTRY OF ECONOMY AND SUSTAINABLE DEVELOPMENT

Revaz Beridze
MCGILL

Sandro Bibilashvili
BGI LEGAL

Arsen Bortsvadze
AMPER CO. ENERGY SOLUTIONS

Anna Chikovani
DECHERT GEORGIA LLC

Ekaterine Danelia
NODIA, URUMASHVILI & PARTNERS

Valerian Davitaia
GEORGIAN STOCK EXCHANGE

Rusudan Dochviri
TELASI

Khatia Esebua
ALLIANCE GROUP HOLDING

Mariam Gabashvili
MCGILL

Teymuraz Gamrekelashvili
TELASI

Archil Giorgadze
DECHERT GEORGIA LLC

Givi Giorgadze
INVESTORS COUNCIL

Denis Glushak
VENI LTD.

Lasha Gogiberidze
BGI LEGAL

Marika Gogoladze
NOTARY CHAMBER OF GEORGIA

Alexander Gomiashvili
JSC CREDIT INFO GEORGIA

Goga Gujejiani

Nana Gurgenidze
LEGAL PARTNERS ASSOCIATED (LPA) LLC

Eter Iosebidze

Tamar Jikia
DECHERT GEORGIA LLC

George Jugeli
INVESTORS COUNCIL

David Kakabadze
GEORGIAN LEGAL PARTNERSHIP LAW FIRM

Grigol Kakauridze
MINISTRY OF ECONOMY AND SUSTAINABLE DEVELOPMENT

Nikoloz Kakauridze
AZIMUTI LTD.

David Kakhiani
MONTAGE GEORGIA

Irakli Kandashvili

Mari Khardziani
NATIONAL AGENCY OF PUBLIC REGISTRY

Ani Khojelani
BGI LEGAL

Dachi Kinkladze
GEORGIA REVENUE SERVICE

Nino Kotishadze
LEGAL PARTNERS ASSOCIATED (LPA) LLC

Aieti Kukava
ALLIANCE GROUP HOLDING

Nino Kvinikadze
NODIA, URUMASHVILI & PARTNERS

Danelia Lasha
AZIMUTI LTD.

Ela Lekishvili
F-CHAIN

Irakli Lekishvili
TOYOTA CAUCASUS LLC

Tea Loladze
MINISTRY OF ECONOMY AND SUSTAINABLE DEVELOPMENT

Mirab-Dmitry Lomadze

Sofia Machaladze
MCGILL

Amiran Makaradze
BEGIASHVILI & CO. LIMITED LAW OFFICES

Irakli Mamaladze
TEGETA MOTORS

Elnur Mammadov

Nicola Mariani
DECHERT GEORGIA LLC

Elene Mebonia
LEGAL PARTNERS ASSOCIATED (LPA) LLC

Salome Meladze
BGI LEGAL

Roin Migriauli
LAW OFFICE MIGRIAULI & PARTNERS

Giorgi Mikautadze
TBILISI CITY COURT

Ia Mikhelidze
GEORGIA REVENUE SERVICE

Tamar Morchiladze
BGI LEGAL

Kakhaber Nariashvili

Sophie Natroshvili
BGI LEGAL

Lasha Nodia
NODIA, URUMASHVILI & PARTNERS

Tamta Nutsubidze
BEGIASHVILI & CO. LIMITED LAW OFFICES

Maia Okruashvili
GEORGIAN LEGAL PARTNERSHIP LAW FIRM

Tamta Otiashvili
MINISTRY OF ECONOMY AND SUSTAINABLE DEVELOPMENT

George Paresishvili
GEORGIAN STOCK EXCHANGE

Simon Parsons
PWC GEORGIA

Nathia Sakhokia
NATIONAL BUREAU OF ENFORCEMENT

Levan Samanishvili
OCEANNET GEORGIA LTD.

Mikheil Sarjveladze
MINISTRY OF JUSTICE

Manzoor Shah
GLOBALINK LOGISTICS GROUP

Edvard Shermadini
GEORGIAN FARMERS' ASSOCIATION

Irina Sigua
GEORGIA REVENUE SERVICE

Tea Sonishvili
MINISTRY OF ECONOMY AND SUSTAINABLE DEVELOPMENT

Giorgi Tavartkiladze
DELOITTE

Tamara Tevdoradze
BGI LEGAL

Antonina Tselovalnikova
GIANTI LOGISTICS

Vakhtang Tsintsadze
MINISTRY OF ECONOMY AND SUSTAINABLE DEVELOPMENT

Tamar Tvildiani
TOYOTA CAUCASUS LLC

Kote Ukleba
ELECTRICAL SERVICE GROUP

Samson Uridia
GEORGIA REVENUE SERVICE

Ana Utsunashvili
NATIONAL BUREAU OF ENFORCEMENT

Zviad Voshakidze
TELASI

德国

DIAZ REUS & TARG LLP

STROMNETZ BERLIN GMBH

Cihangir Agdemir
REED SMITH LLP

Christoph Auchter
SHEARMAN & STERLING LLP

Marc Bäumer
REED SMITH LLP

Anna-Lena Baur
GSK STOCKMANN + KOLLEGEN

Francis Bellen
REED SMITH LLP

Henning Berger
WHITE & CASE

Jennifer Bierly
GSK STOCKMANN + KOLLEGEN

Justus Binder
REED SMITH LLP

Ulrike Elisabeth Bischof
REED SMITH LLP

Heiko Büsing
PRICEWATERHOUSECOOPERS
LEGAL AKTIENGESELLSCHAFT
RECHTSANWALTSGESELLSCHAFT

Thomas Büssow
PWC GERMANY

Christiane Conrads
PRICEWATERHOUSECOOPERS
LEGAL AKTIENGESELLSCHAFT
RECHTSANWALTSGESELLSCHAFT

Helge Dammann
PRICEWATERHOUSECOOPERS
LEGAL AKTIENGESELLSCHAFT
RECHTSANWALTSGESELLSCHAFT

Sercan Özer Demiral
KIRKLAND & ELLIS LLP

Duc Anh Do
ARVIGOR TRADING
& CO. GMBH

Andreas Eckhardt
PRICEWATERHOUSECOOPERS
LEGAL AKTIENGESELLSCHAFT
RECHTSANWALTSGESELLSCHAFT

Sigrun Erber-Faller
NOTARE ERBER-FALLER
UND VORAN

Johann-Friedrich Fleisch
KANZLEI FLEISCH

Alexander Freiherr von Aretin
GRAF VON WESTPHALEN
RECHTSANWÄLTE
PARTNERSCHAFT

Simon Grieser
REED SMITH LLP

Jane Grinblat
REED SMITH LLP

Andrea Gruss
MERGET + PARTNER

Klaus Günther
OPPENHOFF & PARTNER

Marc Alexander Häger
OPPENHOFF & PARTNER

Robin Halbow
PWC GERMANY

Sebastian Harder
PRICEWATERHOUSECOOPERS
LEGAL AKTIENGESELLSCHAFT
RECHTSANWALTSGESELLSCHAFT

Maximilian Heufelder
KIRKLAND & ELLIS LLP

Tina Hoffmann
MAYER BROWN LLP

Götz-Sebastian Hök
DR. HÖK STIEGLMEIER
& PARTNER

Elke Holthausen-Dux
MOCK PARTNERSCHAFT VON
RECHTSANWÄLTEN MBB

Ralph Hummel
AVOCADO RECHTSANWÄLTE

Markus Jakoby
JAKOBY RECHTSANWÄLTE

Volker Kammel
REED SMITH LLP

Johann Klein
BEEH & HAPPICH GMBH—
MEMBER OF RUSSELL
BEDFORD INTERNATIONAL

Alexander Kollmorgen
K&L GATES LLP

Jörg Kraffel
WHITE & CASE

Iris Kruse
REED SMITH LLP

Ernst-Otto Kuchenbrandt
DEUTSCHE BUNDESBANK

Baerbel Kuhlmann
EY

Claudia Kuhn
REED SMITH LLP

Andreas Lange
MAYER BROWN LLP

Peter Limmer
NOTARE DR. LIMMER
& DR. FRIEDERICH

Steffen Lindemann
MAYER BROWN LLP

Kevin Löffler
SHEARMAN & STERLING LLP

Andreas Löhdefink
SHEARMAN & STERLING LLP

Sacha Lürken
KIRKLAND & ELLIS LLP

Roland Maaß
LATHAM & WATKINS LLP

Nora Matthaei
AVOCADO RECHTSANWÄLTE

Werner Meier
SIMMONS & SIMMONS LLP

Frank Mizera
REED SMITH LLP

Marius Moeller
PWC GERMANY

Rositsa Nacheva
KIRKLAND & ELLIS LLP

Wolfgang Nardi
KIRKLAND & ELLIS LLP

Martin Ostermann
MAGMA ARCHITECTURE

Dirk Otto
DENK RECHTSANWAELTE

Nadine Pieper
MAYER BROWN LLP

John Piotrowski
JAKOBY RECHTSANWÄLTE

Moritz Pottek
PRICEWATERHOUSECOOPERS
LEGAL AKTIENGESELLSCHAFT
RECHTSANWALTSGESELLSCHAFT

Anselm Reinertshofer
REED SMITH LLP

Sebastian Reinsch
JANKE & REINSCH

Malte Richter
MAYER BROWN LLP

Martina Rothe
ASHURST LLP

John-Patrick Scherer
LATHAM & WATKINS LLP

Philip Schmidt
REED SMITH LLP

Justus Schmidt-Ott
RAUE LLP

Volker Schwarz
HEUSSEN
RECHTSANWALTSGESELLSCHAFT
MBH

Mike Silin
DHL CZECH REPUBLIC

Kai Sebastian Staak
PRICEWATERHOUSECOOPERS
LEGAL AKTIENGESELLSCHAFT
RECHTSANWALTSGESELLSCHAFT

Kolja Stehl
SHEARMAN & STERLING LLP

Karl-Thomas Stopp
MOCK PARTNERSCHAFT VON
RECHTSANWÄLTEN MBB

Jürgen Streng
MAYER BROWN
INTERNATIONAL LLP

Stephan Strothenke
TOMIK-PARTNER MBB

Tobias Taetzner
PWC GERMANY

Heiko Vogt
PANALPINA
WELTTRANSPORT GMBH

Urte von Raczeck
SCHUFA HOLDING AG

Christopher Wagner
PRICEWATERHOUSECOOPERS
LEGAL AKTIENGESELLSCHAFT
RECHTSANWALTSGESELLSCHAFT

Carla Anna Barbara Weinhardt
WHITE & CASE

Matthias Weissinger
SHEARMAN & STERLING LLP

Hartmut Wicke
NOTARE DR. WICKE
UND HERRLER

Marco Wilhelm
MAYER BROWN LLP

Victoria Willcox-Heidner
TOMIK-PARTNER MBB

Thomas Winkler
DOMUS AG—MEMBER
OF RUSSELL BEDFORD
INTERNATIONAL

Stefan Wirsch
LATHAM & WATKINS LLP

Gerlind Wisskirchen
CMS HASCHE SIGLE

Uwe Witt
PRICEWATERHOUSECOOPERS
LEGAL AKTIENGESELLSCHAFT
RECHTSANWALTSGESELLSCHAFT

加纳

Solomon Ackom
GRIMALDI GHANA LTD.

George Kingsley Acquah

John Acquah
GRIMALDI GHANA LTD.

Lily Acquaye
JLD & MB LEGAL
CONSULTANCY

Marc Addae
MELMAC ELECTRICALS

Larry Adjetey
LAW TRUST COMPANY

Stella Adu-Donkor
GYANDOH ASMAH & CO.

Eric Afful-Baiden
METRO WORKS DEPARTMENT

Sena Agbekoh
AB & DAVID

Benjamin Agbotse
H & G ARCHITECTS
AND CONSULTANTS

Irene Agyenim-Boateng
AB & DAVID

George Ahiafor
XDSDATA GHANA LTD.

Cecilia Akyeampong
PHYSICAL PLANNING
DEPARTMENT

Jonathan Amable
BENTSI-ENCHILL, LETSA
& ANKOMAH, MEMBER
OF LEX MUNDI

Mellisa Amarteifio
SAM OKUDZETO & ASSOCIATES

Nene Amegatcher
SAM OKUDZETO & ASSOCIATES

Ishmael Amuzu-Quaidoo
PWC GHANA

Kennedy Paschal Anaba
LAWFIELDS CONSULTING

Wilfred Kwabena
Anim-Odame
LANDS COMMISSION

Sylvester Appiah
ENSAFRICA

Adwoa S. Asamoah-Addo
NANA AKUOKU SARPONG
& PARTNERS

Fred Asiamah-Koranteng
BANK OF GHANA

Kofi Asmah
GYANDOH ASMAH & CO.

Isaac Bening
XDSDATA GHANA LTD.

Thomas Blankson
XDSDATA GHANA LTD.

C. Kwesi Buckman
ARCHI-DEV CONSULT

Amanda Clinton
CLINTON CONSULTANCY—
BUSINESS REGULATORY
COMPLIANCE SPECIALISTS

Rachel Dagadu
ENSAFRICA

Kwasi Danso Amoah
KIMATHI & PARTNERS

Diana Asonaba Dapaah
SAM OKUDZETO & ASSOCIATES

Ras Afful Davis
CLIMATE SHIPPING & TRADING

Jerry Dei
SAM OKUDZETO & ASSOCIATES

Christina Furler
FURLER ARCHITECTS LTD.

Abeku Gyan-Quansah
PWC GHANA

Rhoda Gyepi-Garbrah
NTRAKWAH & CO.

Roland Horsoo
BOUYGUES CONSTRUCTION

Matilda Idun-Donkor
REINDORF CHAMBERS

Amenu Kuenyehia
KIMATHI & PARTNERS

Kimathi Kuenyehia
KIMATHI & PARTNERS

Susan-Barbara Kumapley
BENTSI-ENCHILL, LETSA
& ANKOMAH, MEMBER
OF LEX MUNDI

Mary Kwarteng
PWC GHANA

George Kwatia
PWC GHANA

Eric Nii Yarboi Mensah
SAM OKUDZETO & ASSOCIATES

Kwadwo Ntrakwah
NTRAKWAH & CO.

Abena Ntrakwah-Mensah
NTRAKWAH & CO.

Elikem Nutifafa Kuenyehia
ENSAFRICA

Wordsworth Odame Larbi
CONSULTANT

Joyce Odoi
ENSAFRICA

Reginald Odoi
KIMATHI & PARTNERS

Sam Okudzeto
SAM OKUDZETO & ASSOCIATES

Mike Oppong Adusah
BANK OF GHANA

Patience Puorideme
PHYSICAL PLANNING
DEPARTMENT

Cynthia Jumu Quarcoo
CQ LEGAL & CONSULTING

Laryea Quartey
BAKER TILLY ANDAH + ANDAH
CHARTERED ACCOUNTANTS

Benjamin Quaye
MINISTRY OF LAND AND
NATURAL RESOURCES OF
THE REPUBLIC OF GHANA

Shirley Somuah
NTRAKWAH & CO.

Theophilus Tawiah
NOBISFIELDS BARRISTERS
& SOLICITORS

Ivy Tetteh
METRO WORKS DEPARTMENT

Ebenezer Teye Agawu
CONSOLIDATED SHIPPING
AGENCIES LIMITED

M.C. Vasnani
CONSOLIDATED SHIPPING
AGENCIES LIMITED

Thecla Wricketts
BENTSI-ENCHILL, LETSA
& ANKOMAH, MEMBER
OF LEX MUNDI

希腊

Manolis Amariotakis
HELLENIC ELECTRICITY
DISTRIBUTION NETWORK
OPERATOR SA

Sophia Ampoulidou
DRAKOPOULOS LAW FIRM

Evangelos Angelopoulos
E. ANGELOPOULOS LAW OFFICE

Eve Athanasekou
HELLENIC NOTARY
ASSOCIATION

Amalia Balla
POTAMITIS-VEKRIS

Elli Bereti
ELIAS PARASKEVAS
ATTORNEYS 1933

George Bersis
POTAMITIS-VEKRIS

Dimitris Bimpas
IME GSEVEE

Ira Charisiadou
CHARISIADOU LAW OFFICE

Viktoria Chatzara
IKRP ROKAS & PARTNERS

Theodora Christodoulou
KLC LAW FIRM

Alkistis Christofilou
IKRP ROKAS & PARTNERS

Leda Condoyanni
*HELLENIC CORPORATE
GOUVERNANCE COUNCIL*

Eleni Dikonimaki
*TEIRESIAS SA—BANK
INFORMATION SYSTEMS*

Panagiotis Drakopoulos
DRAKOPOULOS LAW FIRM

Nikolaos Drosos
*HELLENIC ELECTRICITY
DISTRIBUTION NETWORK
OPERATOR SA*

Elisabeth Eleftheriades
*KG—KYRIAKIDES
GEORGOPOULOS LAW FIRM*

Christina Faitakis
*KARATZAS & PARTNERS
LAW FIRM*

Katerina Filippatou
*C. PAPACOSTOPOULOS
& ASSOCIATES*

Sophia Fourlari
COURT OF FIRST INSTANCE

George Frangistas
GEFRA

Spyros G. Pilios
GENESIS WORLD TRANS

Gerasimos Georgopoulos
*GENIKO EMBORIKO
MITROO—GEMI*

Antonis Giannakodimos
*ZEPOS & YANNOPOULOS LAW
FIRM, MEMBER OF LEX MUNDI*

Antonios Gkiokas
PWC GREECE

Christos Goulas
*KREMALIS LAW FIRM,
MEMBER OF IUS LABORIS*

Aikaterini Grivaki
PWC GREECE

Effie Ioannou
*PANHELLENIC EXPORTERS
ASSOCIATION (PEA)*

Charalampos G. Karampelis
*KG—KYRIAKIDES
GEORGOPOULOS LAW FIRM*

Catherine Karatzas
KARATZAS & PARTNERS

Rita Katsoula
POTAMITIS-VEKRIS

Dionysios Kazaglis
SARANTITIS LAW FIRM

Anna Kazantzidou
*VAINANIDIS ECONOMOU &
ASSOCIATES LAW FIRM*

Anastasia Kelveridou
*KG—KYRIAKIDES
GEORGOPOULOS LAW FIRM*

Georgia Konstantinidou
DRAKOPOULOS LAW FIRM

Lena Kontogeorgou
NOTARY

Zafiria Kosmidou
KARATZAS & PARTNERS

Alexia Kourti
*HELLENIC ELECTRICITY
DISTRIBUTION NETWORK
OPERATOR SA*

Vasiliki (Cecilia) Kousouri
*KG—KYRIAKIDES
GEORGOPOULOS LAW FIRM*

Dimitrios Kremalis
*KREMALIS LAW FIRM,
MEMBER OF IUS LABORIS*

Irene C. Kyriakides
*KG—KYRIAKIDES
GEORGOPOULOS LAW FIRM*

Aggeliki Makri
KARATZAS & PARTNERS

Evangelos Margaritis
DRAKOPOULOS LAW FIRM

Emmanuel Mastromanolis
*ZEPOS & YANNOPOULOS LAW
FIRM, MEMBER OF LEX MUNDI*

Alexandros N. Metaxas
SARANTITIS LAW FIRM

Afroditi Milidou
KARATZAS & PARTNERS

Athena Moraiti
*STRATOS—MORAITI—
STAMELOS LAW OFFICES*

Marilisa Myrat
KARATZAS & PARTNERS

Anthony Narlis
CALBERSON SA

Anastasia Oikonomopoulou
KLC LAW FIRM

Kyriakos Oikonomou
MINISTRY OF JUSTICE

Athina Palli
*ZEPOS & YANNOPOULOS LAW
FIRM, MEMBER OF LEX MUNDI*

Elena Papachristou
*ZEPOS & YANNOPOULOS LAW
FIRM, MEMBER OF LEX MUNDI*

Christina Papanikolopoulou
*ZEPOS & YANNOPOULOS LAW
FIRM, MEMBER OF LEX MUNDI*

Stavros Papantonis
*ACTION AUDITING
SA—MEMBER OF RUSSELL
BEDFORD INTERNATIONAL*

Martha Papasotiriou
UNITYFOUR

Dimitris E. Paraskevas
*ELIAS PARASKEVAS
ATTORNEYS 1933*

Christos Paraskevopoulos
KARATZAS & PARTNERS

Orestis Pastelas
KLC LAW FIRM

Marios Petropoulos
*KREMALIS LAW FIRM,
MEMBER OF IUS LABORIS*

George Polychronakis
INCOFRUIT-HELLAS

Stathis Potamitis
POTAMITIS-VEKRIS

Vicky Psaltaki
SARANTITIS LAW FIRM

Mary Psylla
PWC GREECE

Paraskevi Res
IKRP ROKAS & PARTNERS

Orestis Rouchotas
SARAKINOS LAW

Vassiliki Salaka
KARATZAS & PARTNERS

Ioannis Sarakinos
SARAKINOS LAW

Nikolaos Siakantaris
UNITYFOUR

Konstantinos Siakoulis
*GENIKO EMBORIKO
MITROO—GEMI*

Chrysovalantou Stampouli
*KREMALIS LAW FIRM,
MEMBER OF IUS LABORIS*

Alexia Stratou
*KREMALIS LAW FIRM,
MEMBER OF IUS LABORIS*

Georgios Thanopoulos
IME GSEVEE

Athanasios Thoedorou

John Tripidakis
*JOHN TRIPIDAKIS &
ASSOCIATES LAW FIRM*

Kimon Tsakiris
*KG—KYRIAKIDES
GEORGOPOULOS LAW FIRM*

Efthymia Tsaplari
*KREMALIS LAW FIRM,
MEMBER OF IUS LABORIS*

Antonios Tsavdaridis
IKRP ROKAS & PARTNERS

Panagiota Tsinouli
*KG—KYRIAKIDES
GEORGOPOULOS LAW FIRM*

Panagiota D. Tsitsa
NOTARY PANAGIOTA TSITSA

Alexia Tzouni
POTAMITIS-VEKRIS

Giorgos Vavatsioulas
*ZEPOS & YANNOPOULOS LAW
FIRM, MEMBER OF LEX MUNDI*

Konstantinos Vlachakis
NOTARY

Sofia Xanthoulea
*JOHN TRIPIDAKIS &
ASSOCIATES LAW FIRM*

Fredy Yatracou
PWC GREECE

格林纳达

DANNY WILLIAMS & CO.

*GRENADA ELECTRICITY
SERVICES LTD.*

PHYSICAL PLANNING UNIT

W.R. Agostini
W.R. AGOSTINI & CO.

Raymond Anthony
RAYMOND ANTHONY & CO.

James Bristol
HENRY, HENRY & BRISTOL

Michelle Emmanuel-Steele
VERITAS LEGAL

Melissa Garraway
SEON & ASSOCIATES

Kim George
KIM GEORGE & ASSOCIATES

Carlyle Glean Jr.
*GLEAN'S CONSTRUCTION
& ENGINEERING CO.*

Cyrus Griffith
LABOUR DEPARTMENT

Annette Henry
MINISTRY OF LEGAL AFFAIRS

Keith Hosten
*HOSTEN'S (ELECTRICAL
SERVICES) LTD.*

Ernie James
*MINISTRY OF ECONOMIC
DEVELOPMENT, PLANNING,
TRADE, COOPERATIVES AND
INTERNATIONAL BUSINESS*

Cheney Joseph
TROPICAL SHIPPING

Gaius Archaelaus Joseph
*GRANT JOSEPH & CO.
MEMBER OF LEX MUNDI*

Henry Joseph
PKF INTERNATIONAL

Alicia C. Lawrence
SAMUEL PHILLIP & ASSOCIATES

Alison Carvel Lett
CUSTOMS

Gail Ann Newton
GRENADA PORT AUTHORITY

Rene Parkes
CUSTOMS

Karen Samuel
SAMUEL PHILLIP & ASSOCIATES

Safiya Sawney
TRADSHIP INTERNATIONAL

Valentino Sawney
TRADSHIP INTERNATIONAL

David R. Sinclair
SINCLAIR ENTERPRISES LIMITED

Michael Stephen
INLAND REVENUE DEPARTMENT

Alana Twum-Barimah
SUPREME COURT REGISTRY

Shireen Wilkinson
*WILKINSON, WILKINSON
& WILKINSON*

危地马拉

*PROTECTORA DE
CRÈDITO COMERCIAL*

Leonel Alarcon
GRUPO SANTA FE

Erwin Ronaldo Alvarez Urbina
INSTAELECTRA XPRESS

Pedro Aragón
ARAGÓN & ARAGÓN

Jorge Luis Arenales de la Roca
ARIAS

José Alejandro Arévalo
Alburez
SUPERINTENDENCIA DE BANCOS

Hugo Arévalo Perez
*PKF ARÉVALO PEREZ, IRALDA
Y ASOCIADOS LTD.*

Elías Arriaza Sáenz
CONSORTIUM—RACSA

Cindy Arrivillaga
ARIAS LAW

Rodrigo Barillas Garcia
NOVALES ABOGADOS

Jorge Rolando Barrios
*BONILLA, MONTANO,
TORIELLO & BARRIOS*

Elmer Erasmo Beltetón
Morales
*REGISTRO GENERAL
DE LA PROPIEDAD DE
GUATEMALA (RGP)*

Axel Beteta
CARRILLO & ASOCIADOS

Edgar Bran
BANCO PROMERICA

Génesis Burgos
CARRILLO & ASOCIADOS

Carlos Cabrera
CENTRAL LAW (GUATEMALA)

Emanuel Callejas
CARRILLO & ASOCIADOS

Natalia Callejas Aquino
AGUILAR CASTILLO LOVE

Rodrigo Callejas Aquino
CARRILLO & ASOCIADOS

Jose Francisco Asensio Camey
BANCO PROMERICA

Delia Cantoral
EY

Juan Carlos Castillo Chacón
AGUILAR CASTILLO LOVE

Maria Mercedes Castro
GARCÍA & BODÁN

Juan Carlos Chavarría
EY

Juan Luis De la Roca
REGISTRO MERCANTIL

Juan Pedro Falla
RUIZ SKINNER-KLEE & RUIZ

Claudia Lavinia Figueroa
*REGISTRO GENERAL
DE LA PROPIEDAD DE
GUATEMALA (RGP)*

Lauriano Figueroa
*ORGANISMO INTERNACIONAL
REGIONAL DE SANIDAD
AGROPECUARIA (OIRSA)*

Eduardo Font
SYMMETRIC

Rafael Garavito
BUFETE GARAVITO

Paola Haase
QIL+4 ABOGADOS SA

Carlos Guillermo Herrera
*REGISTRO GENERAL
DE LA PROPIEDAD DE
GUATEMALA (RGP)*

Siomara Arevalo Iralda de
Gutierrez
*PKF ARÉVALO PEREZ, IRALDA
Y ASOCIADOS LTD.*

Pamela Jimenez
ARIAS LAW

Elisa Lacs
ARIAS LAW

Eva Maria Lima
*MUNICIPALIDAD DE
GUATEMALA*

Federico Linares
BANCO G&T CONTINENTAL

Ruy Llanera
*COMERICAL AMERICANA DE
CONSTRUCCIONES (CONAME)*

Andres Lowenthal
QIL+4 ABOGADOS SA

María Isabel Luján Zilbermann
QIL+4 ABOGADOS SA

Juan Andrés Marroquín
CARRILLO & ASOCIADOS

César Enrique Marroquín
Fernández
SUPERINTENDENCIA DE BANCOS

Marco Antonio Martinez
CPS LOGISTICS

Luis Pedro Martínez
QIL+4 ABOGADOS SA

Magbis Mardoqueo Méndez
López
*REGISTRO GENERAL
DE LA PROPIEDAD DE
GUATEMALA (RGP)*

Ricardo Mendez Tello
EEGSA

Pedro Mendoza Montano
*IURISCONSULTI ABOGADOS
Y NOTARIOS*

Jorge Luis Molina del Cid
ARIAS

Edvin Montoya
LEXINCORP

Ernesto Morales

Maria Fernanda Morales
Pellecer
MAYORA & MAYORA SC

Carlos Ortega
MAYORA & MAYORA SC

Jorge A. Osoy
*MUNICIPALIDAD DE
GUATEMALA*

Erick Palomo
*REGISTRO GENERAL
DE LA PROPIEDAD DE
GUATEMALA (RGP)*

Claudia Pereira
MAYORA & MAYORA SC

Mélida Pineda
CARRILLO & ASOCIADOS

Edi Orlando Pineda Ramírez
SUPERINTENDENCIA DE BANCOS

Rafael Pinto
MAYORA & MAYORA SC

Gabriela Posadas
QIL+4 ABOGADOS SA

Manuel Ramírez
EY

Diego Ramírez Bathen
GRUPO ICC

Carla Beatriz Ramirez Cabrera
*DÍAZ-DURÁN & ASOCIADOS
CENTRAL LAW*

Evelyn Rebuli
QIL+4 ABOGADOS SA

Ada Celeste Rios Cruz De
Sandoval
*REGISTRO DE GARANTIAS
MOBILIARIAS*

Cristina Rodríguez
CONSORTIUM—RACSA

Alfredo Rodríguez Mahuad
CONSORTIUM—RACSA

Jose Rosales
GARCÍA & BODÁN

Luis Alfonso Ruano
CGW

Ricardo Santa Cruz Rubi
AGEXPORT

Alejandro Solares
QIL+4 ABOGADOS SA

Claudia Solares
*REGISTRO DE GARANTIAS
MOBILIARIAS*

Klamcy Solorzano
*MUNICIPALIDAD DE
GUATEMALA*

Ximena Tercero
ARIAS LAW

Arelis Yariza Torres de Alfaro
SUPERINTENDENCIA DE BANCOS

Augusto Valenzuela
*ASOCIACIÓN IBEROAMERICANA
DE DERECHO DEL TRABAJO Y
DE LA SEGURIDAD SOCIAL—
GUILLERMO CABANELLAS*

María Fernanda Valenzuela
Chapetón
*VALENZUELA HERRERA
& ASOCIADOS*

Rodrigo Valladares
REGISTRO MERCANTIL

Juan Carlos Varela Ruano
*BUFETE VARELA &
ASSOCIADOS*

Elmer Vargas
PACHECO COTO

Ivar Vega
RV INSTALACIONES

Rudy Villatoro
AGUILAR CASTILLO LOVE

Marlon Virula
EY

Kristin Volcipella
MAYORA & MAYORA SC

Rogelio Zarceño Gaitán
SIGNATURELEX

Federico Zelada
CONSORTIUM—RACSA

几内亚

Diabaté Abass
*MINISTÈRE DES
TRAVAUX PUBLICS*

Yves Constant Amani
*CABINET D'AVOCATS
BAO & FILS*

Pierre Kodjo Avode
SYLLA & PARTNERS

Ayelama Bah
NOTAIRE AYELAMA BAH

Soulaimane Balde
NIMBA CONSEIL SARL

Mamdou Bombi Baldi

Mamadou Barry
*MINISTÈRE DE LA
CONSTRUCTION, DE
L'URBANISME ET HABITAT*

Mody Sory Barry
*DIRECTION NATIONALE
DES IMPÔTS*

Mouhamed Lamine Bayo
*APIP GUINÉE—AGENCE
DE PROMOTION DES
INVESTISSEMENTS PRIVÉS*

Ismaila Camara
MAERSK LOGISTICS SA

Issa Camara
*DIRECTION NATIONALE
DES IMPÔTS*

Mamadouba Sanoussy
Camara
CABINET D'ETUDE SANOUSSY

Souleymane Camara

Francis Charles Haba
*CABINET BABADY ET
FRANCIS SCPA*

Eric Benjamin Colle
TOPAZ MULTI-INDUSTRIES SARL

Fatoumata Condé
*APIP GUINÉE—AGENCE
DE PROMOTION DES
INVESTISSEMENTS PRIVÉS*

Gabriel Curtis
*APIP GUINÉE—AGENCE
DE PROMOTION DES
INVESTISSEMENTS PRIVÉS*

Diallo Alpha Oumar Dabola
*ORDRE NATIONAL
DES ARCHITECTES*

Zakaria Diakité

Ahmadou Diallo
CHAMBRE DES NOTAIRES

Mamadou Aliou Diallo
GROUPE MAD

Youssouf Diallo
CHAMBRE DES NOTAIRES

Hann Dienaba Keita
*APIP GUINÉE—AGENCE
DE PROMOTION DES
INVESTISSEMENTS PRIVÉS*

Kabine Doumbouya
*MINISTÈRE DE LA
CONSTRUCTION, DE
L'URBANISME ET HABITAT*

Barry Fatoumata
CABINET ARCHI PLUS

Mohamed Lamine Fofana
*APIP GUINÉE—AGENCE
DE PROMOTION DES
INVESTISSEMENTS PRIVÉS*

Naby Moussa Fofana
*BANQUE CENTRALE DE
GUINÉE (BCRG)*

Soukeina Fofana
*BANQUE CENTRALE DE
GUINÉE (BCRG)*

Guy Laurent Fondjo
AFRILAND FIRST BANK

Joachim Gbilimou
AVOCAT

Morike Kaba
BOLLORÉ LOGISTICS

Saran Madigbè Kaba
SYLLA & PARTNERS

Fara Anselme Kamano
*ADMINISTRATION DES
GRANDS PROJETS ET DES
MARCHÉS PUBLICS*

Diawara Karamokoba
*APIP GUINÉE—AGENCE
DE PROMOTION DES
INVESTISSEMENTS PRIVÉS*

Aribot Karim
*DIRECTION NATIONALE
DES IMPÔTS*

Namory Keita
*DIRECTION NATIONALE
DES IMPÔTS*

Mariama Ciré Keita Diallo

Jean Wogbo Koivogui
*APIP GUINÉE—AGENCE
DE PROMOTION DES
INVESTISSEMENTS PRIVÉS*

Houssein Kolda
NIMBA CONSEIL SARL

Maténin Kourouma
*APIP GUINÉE—AGENCE
DE PROMOTION DES
INVESTISSEMENTS PRIVÉS*

Nounké Kourouma
*ADMINISTRATION DES
GRANDS PROJETS ET DES
MARCHÉS PUBLICS*

Boua Kouyaté
*SECRÉTARIAT DU DIALOGUE
PERMANENT PUBLIC-PRIVÉ*

Gbamon Kpoulomou
*TRIBUNAL DE PREMIÈRE
INSTANCE DE MAFANCO*

Pierre Lamah
*COMMISSION NATIONALE
OHADA DE GUINÉE*

Soumah Mohamed Lamine
Sidiki

Kaba Mady
*ORDRE NATIONAL
DES ARCHITECTES*

Kaba Moriba
*CABINET D'AVOCAT
KABA MORIBA*

Raffi Raja
CABINET KOÛMY

Dramé Rougui

Mamadou Saliou Baldé
*MINISTÈRE DE LA
CONSTRUCTION, DE
L'URBANISME ET HABITAT*

David Sandouno
*BUREAU DES TRAVAUX
TOPOGRAPHIQUES*

Youssouf Soumahoro
KBS GUINEE

Ibrahim Sow
AFRIMARINE SARL

Mohamed Sidiki Sylla
SYLLA & PARTNERS

Mohamed Lamine Touré
*BANQUE CENTRALE DE
GUINÉE (BCRG)*

Fatoumata Yari Soumah
Yansane
OFFICE NOTARIAL

几内亚比绍

BCEAO

CREDITINFO VOLO

Duarte Amaral da Cruz
*MC&A—SOCIEDADE
DE ADVOGADOS RL*

Luís Antunes
*LUFTEC—TÉCNICAS
ELÉCTRICAS LDA*

Tiago Bastos
AICEP PORTUGAL GLOBAL

Malam Cassama
*PRIVATE SECTOR
REHABILITATION AND
AGRO-INDUSTRIAL
DEVELOPMENT PROJECT*

Januario Pedro Correia
*BANCO DA ÁFRICA
OCCIDENTAL*

Seco Dafe
*BANCO DA ÁFRICA
OCCIDENTAL*

Aminata Djalo
MADJENS SARL

Mamadjan Djalo
MADJENS SARL

Neil Gomes Pereira
*CENTRO DE FORMALIZAÇÃO
DE EMPRESAS*

Monica Indamy
*BISSAU FIRST INSTANCE COURT,
COMMERCIAL DIVISION*

Octávio Lopes
*GB LEGAL—MIRANDA
ALLIANCE*

Suzette Maria Lopes da Costa
Graça
*CONSERVATÓRIA DO REGISTO
PREDIAL, COMERCIAL
E AUTOMÓVEL*

Gregorio Malu
TRANSMAR SERVICES LDA

Miguel Mango
AUDI—CONTA LDA

Duarte Marques da Cruz
*MC&A—SOCIEDADE
DE ADVOGADOS RL*

Vítor Marques da Cruz
*MC&A—SOCIEDADE
DE ADVOGADOS RL*

Marciano Mendes
*EQUITAS-ADVOCACIA &
CONSULTORIA JURIDICA*

Ismael Mendes de Medina
*GB LEGAL—MIRANDA
ALLIANCE*

Ruth Monteiro
*TSK LEGAL ADVOGADOS
E JURISCONSULTOS*

Halen Armando Napoco
*EQUITAS-ADVOCACIA &
CONSULTORIA JURIDICA*

Rosário Paixão
*MIRANDA &
ASSOCIADOS—SOCIEDADE
DE ADVOGADOS, SP, RL*

Eduardo Pimentel
*CENTRO DE FORMALIZAÇÃO
DE EMPRESAS*

Ana Pinelas Pinto
*MIRANDA &
ASSOCIADOS—SOCIEDADE
DE ADVOGADOS, SP, RL*

Carlos Pinto Pereira
PINTO PEREIRA & ASSOCIADOS

Tony Luis Pires

Dickson Seidi
*ARQUIDIS ESTUDOS
E PROJECTOS*

Fernando Tavares
TRANSMAR SERVICES LDA

Fernando Teixeira
*ORDEM NACIONAL
DOS ARQUITECTOS*

Gabriel Umabano
*TSK LEGAL ADVOGADOS
E JURISCONSULTOS*

圭亚那

DIGICOM

*NOEL'S ELECTRICAL &
ENGINEERING SERVICES*

RODRIGUES ARCHITECTS LTD.

Wiston Beckles
CORREIA & CORREIA LTD.

Marcel Bobb
*FRASER, HOUSTY
& YEARWOOD
ATTORNEYS-AT-LAW*

Desmond Correia
CORREIA & CORREIA LTD.

Lucia Desir-John
D & J SHIPPING SERVICES

Orin Hinds
BHW ARCHITECTS

Renford Homer
GUYANA POWER & LIGHT INC.

Nigel Hughes
HUGHES FIELDS & STOBY

Kalam Azad Juman-Yassin
*GUYANA OLYMPIC
ASSOCIATION*

Kashir Khan
KHANS CHAMBERS

Rhonda La Fargue
GUYANA POWER & LIGHT INC.

Rakesh Latchana
*RAM & MCRAE CHARTERED
ACCOUNTANTS*

Edward Luckhoo
LUCKHOO & LUCKHOO

Harry Noel Narine
PKF INTERNATIONAL

Clarence Antony Nigel Hughes
HUGHES FIELDS & STOBY

Charles Ogle
MINISTRY OF LABOUR, HUMAN SERVICES AND SOCIAL SECURITY

Carolyn Paul
AMICE LEGAL CONSULTANTS INC.

Christopher Ram
RAM & MCRAE CHARTERED ACCOUNTANTS

Ronald Roberts
INDEPENDENT CONTRACTOR

Ryan Ross
GUYANA POWER & LIGHT INC.

Judy Semple-Joseph
CREDITINFO GUYANA

Leslie Sobers
ATTORNEY-AT-LAW

Asa Stuart Shepherd
HUGHES FIELDS & STOBY

Josephine Whitehead
CAMERON & SHEPHERD

Horace Woolford
GUYANA POWER & LIGHT INC.

Roger Yearwood
BRITTON, HAMILTON & ADAMS

海地

BANQUE DE LA RÉPUBLIQUE D'HAÏTI

Theodore Achille III
UNOPS

Marc Kinson Antoine
ADEKO ENTERPRISES

Larissa Bogat
CABINET LISSADE

Erica Bouchereau Godefroy
BROWN LEGAL GROUP

Jean Baptiste Brown
BROWN LEGAL GROUP

Martin Camille Cangé
ELECTRICITÉ D'HAÏTI

Diggan d'Adesky
D'ADESKY IMPORT EXPORT SA

Jean-Joseph Exume
VANDAL & VANDAL

Sylvie Handal
HUDICOURT-WOOLLEY

Nadyne M. Joseph
UNIBANK

Christopher Khawly
CABINET LISSADE

Luigi Mahfoud
CABINET SALES

Dieuphète Maloir
SAM CONSTRUCTION

Joel Nexil
AIR COURRIER & SHIPPING

Jean Yves Noël
NOËL, CABINET D'EXPERTS-COMPTABLES

Joseph Paillant
BUCOFISC

Micosky Pompilus
CABINET D'AVOCATS CHALMERS

Cassandra Reimers
CARIFRESH SA

Margarette Antoine Sanon
CABINET MARGARETTE ANTOINE SANON

Michel Succar
CABINET LISSADE

Salim Succar
CABINET LISSADE

Sibylle Theard Mevs
THEARD & ASSOCIES

Antoine Turnier
FIRME TURNIER—COMPTABLE PROFESSIONNELS AGRÉÉS CONSEILS DE DIRECTION

Jean Vandal
VANDAL & VANDAL

洪都拉斯

CNBS—COMISIÓN NACIONAL DE BANCOS Y SEGUROS

COMISIÓN NACIONAL DE ENERGÍA

GARCÍA & BODÁN

TRANSUNION

Mario Aguero
ARIAS LAW

Daniel Aguilera
TRANSCOMA

Edward Aguilera
TRANSCOMA

Olvin Aguilera
TRANSCOMA

Vanessa Aguilera
TRANSCOMA

Juan José Alcerro Milla
AGUILAR CASTILLO LOVE

Valmir Araujo
OPERADORA PORTUARIA CENTROAMERICANA

José Simón Azcona
INMOBILIARIA ALIANZA SA

Vanessa Borjas
HONDURAS LOGISTIC

Thomas Brown
PCS CENTRAL AMERICA

Andrea Casco
BUFETE CASCO & ASOCIADOS

Jorge Omar Casco
BUFETE CASCO & ASOCIADOS

Tania Vanessa Casco
BUFETE CASCO & ASOCIADOS

Natalie Ann Cooper Umaña
INVERSIONES CELAQUE SA

Alejandra Cruz
CASCO-FORTIN, CRUZ & ASOCIADOS

Jorge Erazo
PCS CENTRAL AMERICA

Jose Luis Haya
ARQUITECNIC

Jesús Humberto Medina-Alva
CENTRAL LAW

Juan Carlos Mejía Cotto
INSTITUTO DE LA PROPIEDAD

Iván Alfredo Vigíl Molina
ABOGADO

Ramón E. Morales
PWC HONDURAS

Gabriela Padilla
CASCO-FORTIN, CRUZ & ASOCIADOS

Dino Rietti
ARQUITECNIC

Ruth Lorena Rivera
GRUPO VESTA

José Rafael Rivera Ferrari
CONSORTIUM LEGAL

Milton Gabriel Rivera Urquía
PWC HONDURAS

Enrique Rodriguez Burchard
AGUILAR CASTILLO LOVE

Fanny Rodríguez del Cid
ARIAS LAW

René Serrano
ARIAS LAW

Juan Sinclair
EMPRESA NACIONAL DE ENERGÍA ELÉCTRICA

Melissa Torres
HONDURAS LOGISTIC

Mariano Turnes
OPERADORA PORTUARIA CENTROAMERICANA

Lizzeth Villatoro
CASCO-FORTIN, CRUZ & ASOCIADOS

Mauricio Villeda Jr.
GUTIERREZ FALLA & ASOCIADOS

Caroll Vilorio
AGUILAR CASTILLO LOVE

Roberto Williams
CASCO-FORTIN, CRUZ & ASOCIADOS

Mario Rubén Zelaya
ENERGÍA INTEGRAL S. DE RL DE CV

Benito Arturo Zelaya Cálix
LEXINCORP

中国香港

KPMG HONG KONG

William Barber
REED SMITH RICHARDS BUTLER

Agnes Chan
EY

Albert P.C. Chan
THE HONG KONG POLYTECHNIC UNIVERSITY

Bryan Chan
SQUIRE PATTON BOGGS

Nick Chan
SQUIRE PATTON BOGGS

Vashi Chandiramani
EXCELLENCE INTERNATIONAL

Jacqueline Chiu
MAYER BROWN JSM

Tony Chu
VICTON REGISTRATIONS LTD.

Jimmy Chung
RUSSELL BEDFORD HONG KONG—MEMBER OF RUSSELL BEDFORD INTERNATIONAL

Jorge Forton
DUN & BRADSTREET (HK) LTD.

Wilson Fung
MAYER BROWN JSM

Delpha Ho
REED SMITH RICHARDS BUTLER

Keith Man Kei Ho
WILKINSON & GRIST

John Robert ILees
JLA-ASIA

Kelvin Ip
RONALD LU & PARTNERS (HK) LTD.

Kwok Leung Kan
MERRY CHINA ASIA LIMITED

Kathy Kun
EY

Ying Wah Kwok
INLAND REVENUE DEPARTMENT, HKSAR

Peter Kwon
ASHURST HONG KONG

Billy Lam
MAYER BROWN JSM

Kai Chiu Lam
CLP POWER HONG KONG LIMITED

Tiffany Lam
WHITE & CASE

Eva Lau
THE LAND REGISTRY OF HONG KONG

Ka Shi Lau
BCT FINANCIAL LIMITED (BCTF)/ BANK CONSORTIUM TRUST COMPANY LIMITED (BCTC)

Tiffany Lau
PWC HONG KONG

Charles Lee
PWC HONG KONG

Gina Lee
TRANSUNION LIMITED

Charles Leung
REED SMITH RICHARDS BUTLER

Pal Leung
EFFICIENCY OFFICE, INNOVATION AND TECHNOLOGY BUREAU, HKSARG

Samuel Li
SAMUEL LI & CO SOLICITORS & NOTARIES

Jenny Liu
ASHURST HONG KONG

Terry LK Kan
SHINEWING SPECIALIST ADVISORY SERVICES LIMITED

David Lui
AECOM ASIA COMPANY LIMITED

Psyche S.F. Luk
FAIRBAIRN CATLEY LOW & KONG

Angel Ng
REED SMITH RICHARDS BUTLER

Mat Ng
JLA-ASIA

James Ngai
RUSSELL BEDFORD HONG KONG—MEMBER OF RUSSELL BEDFORD INTERNATIONAL

Kok Leong Ngan
CLP POWER HONG KONG LIMITED

Jeremy Or
REED SMITH RICHARDS BUTLER

Martinal Quan
METOPRO ASSOCIATES LIMITED

Hin Han Shum
SQUIRE PATTON BOGGS

Holden Slutsky
PACIFIC CHAMBERS

Keith Tam
DUN & BRADSTREET (HK) LTD.

Tammie Tam
MAYER BROWN JSM

Yuk Ting Fiona Fok
JLA-ASIA

Anita Tsang
PWC HONG KONG

William Tsang
Y H TSANG & CO.

Lawrence Tsong
TRANSUNION LIMITED

Paul Tsui
HONG KONG ASSOCIATION OF FREIGHT FORWARDING & LOGISTICS LTD. (HAFFA)

King Wai Leonard Chan
JLA-ASIA

Neona Wang
TRANSUNION LIMITED

Christopher Whiteley
ASHURST HONG KONG

Charlton Wong
AECOM ASIA COMPANY LIMITED

Fergus Wong
PWC HONG KONG

Lillian Wong
REED SMITH RICHARDS BUTLER

Martin Wong
THE OFFICIAL RECEIVER'S OFFICE OF THE SPECIAL ADMINISTRATIVE REGION OF HONG KONG

Ping Fai Wong
WELLDONE ENGINEERING CO. LTD.

Erica Xiong
RUSSELL BEDFORD HONG KONG—MEMBER OF RUSSELL BEDFORD INTERNATIONAL

Yuan Xu
SHANDONG STARMEN CO. LTD.

Jenny Yeung
EFFICIENCY OFFICE UNDER THE INNOVATION AND TECHNOLOGY BUREAU

Shirley Yeung
EFFICIENCY OFFICE UNDER THE INNOVATION AND TECHNOLOGY BUREAU

Kwok Kuen Yu
COMPANIES REGISTRY

匈牙利

DVM GROUP

NATIONAL TAX AND CUSTOMS ADMINISTRATION

Balázs Balog
RÉTI, ANTALL, VÁRSZEGI & PARTNERS LAW FIRM

Dora Balogh
SÁNDOR SZEGEDI SZENT-IVÁNY KOMÁROMI EVERSHEDS SUTHERLAND

Farkas Bársony
PRICEWATERHOUSECOOPERS HUNGARY LTD.

Gábor Baruch
BARUCH LAW OFFICE

Sándor Békési
PARTOS & NOBLET HOGAN LOVELLS

Sándor Benkei
ÓBUDA-ÚJLAK ZRT

Hédi Bozsonyik
SZECSKAY ATTORNEYS-AT-LAW

Sárosi Csanád
ÓBUDA-ÚJLAK ZRT

Zsuzsanna Cseri
CSERI & PARTNERS LAW OFFICES

Varga Emese
ÓBUDA-ÚJLAK ZRT

Fanni Farkas
PARTOS & NOBLET HOGAN LOVELLS

Tamas Feher
JALSOVSKY LAW FIRM

Gyula Gábriel
BOGSCH & PARTNERS

Laszlo Gaspar
FBIS ARCHITECTS

Mihály Gerhát
*PRICEWATERHOUSECOOPERS
HUNGARY LTD.*

Ervin Gombos
GMBS KFT

Tamás Halmos
*PARTOS & NOBLET
HOGAN LOVELLS*

Dóra Horváth
*RÉTI, ANTALL, VÁRSZEGI
& PARTNERS LAW FIRM*

Végh István
DR. VEGH ISTVAN LAW OFFICE

Andrea Jádi Németh
*BPV | JÁDI NÉMETH
ATTORNEYS-AT-LAW*

Atilla Jambor
*DR. JÁMBOR ATTILA
LAW OFFICE*

Pattantyús Judit
ÓBUDA-ÚJLAK ZRT

Ferenc Kalla
GTF KFT

Gábor Kertész
BDO HUNGARY

Andrea Kladiva
*CSERI & PARTNERS
LAW OFFICES*

Gábor Kószó
*PARTOS & NOBLET
HOGAN LOVELLS*

Csaba Kovács
ELMŰ HÁLÓZATI KFT

Gergely Kovács
BOGSCH & PARTNERS

Tamas Locsei
*PRICEWATERHOUSECOOPERS
HUNGARY LTD.*

Kinga Mekler
*SÁNDOR SZEGEDI
SZENT-IVÁNY KOMÁROMI
EVERSHEDS SUTHERLAND*

László Mohai
MOHAI LAW OFFICE

Noemi Nacsa
GMBS KFT

Gyorgy Nadas
UNIVERSITY OF DEBRECEN

Viktor Nagy
*BISZ CENTRAL CREDIT
INFORMATION PLC*

Sándor Németh
SZECSKAY ATTORNEYS-AT-LAW

Christopher Noblet
*PARTOS & NOBLET
HOGAN LOVELLS*

Örs Pénzes

Sipka Péter
UNIVERSITY OF DEBRECEN

Eszter Piller
*PRICEWATERHOUSECOOPERS
HUNGARY LTD.*

Henriett Rabb
UNIVERSITY OF DEBRECEN

Rita Rado
*CSERI & PARTNERS
LAW OFFICES*

Richard Safcsak
*BISZ CENTRAL CREDIT
INFORMATION PLC*

István Sándor
*KELEMEN, MESZAROS,
SANDOR & PARTNERS*

Zsófia Siegler
BDO HUNGARY

Zsuzsanna Szabó
*SÁNDOR SZEGEDI
SZENT-IVÁNY KOMÁROMI
EVERSHEDS SUTHERLAND*

Szilvia Szeleczky
*BUDAPEST 1ST DISTRICT
MUNICIPALITY*

Ágnes Szent-Iványi
*SÁNDOR SZEGEDI
SZENT-IVÁNY KOMÁROMI
EVERSHEDS SUTHERLAND*

Angéla Szőke
BDO HUNGARY

Jenő Szöllősy
ICT EURÓPA FINANCE LTD.

Adám Tóth
*DR. TÓTH ÁDÁM
KÖZJEGYZŐI IRODA*

Daniel Veres
JALSOVSKY LAW FIRM

József Vizer
*RSM HUNGARY TAX AND
FINANCIAL ADVISORY
SERVICES PLC*

Miklós Weiczer
*PARTOS & NOBLET
HOGAN LOVELLS*

Marton Leo Zaccaria
UNIVERSITY OF DEBRECEN

冰岛

*REYKJAVIK MUNICIPAL
BUILDING CONTROL OFFICER*

Benedikt Egill Árnason
*LOGOS, MEMBER
OF LEX MUNDI*

Guðrún Birgisdóttir
LOGIA LAW OFFICE

Dadi Bjarnason
LAGAHVOLL SLF

Karen Bragadóttir
*TOLLSTJÓRI—DIRECTORATE
OF CUSTOMS*

Margret Anna Einarsdóttir
*JÓNATANSSON & CO.
LEGAL SERVICES*

Eymundur Einarsson
*ENDURSKOÐUN OG
RÁÐGJÖF EHF*

Ásta Margrét Eiríksdóttir
BBA LEGAL

Ólafur Eiríksson
*LOGOS, MEMBER
OF LEX MUNDI*

Hjörtur Grétarsson
REGISTERS ICELAND

Anna Björg Guðjónsdóttir
BBA LEGAL

Gudrun Gudmundsdottir
JÓNAR TRANSPORT

Marta Guðrún Blöndal
*COURT OF ARBITRATION
OF THE ICELAND CHAMBER
OF COMMERCE*

Halldor Karl Halldorsson
*FJELDSTED & BLÖNDAL
LEGAL SERVICES*

Reynir Haraldsson
JÓNAR TRANSPORT

Hörður Davíð Harðarson
*TOLLSTJÓRI—DIRECTORATE
OF CUSTOMS*

Jón Ingi Ingibergsson
PWC ICELAND

Aðalsteinn E. Jónasson
LEX LAW OFFICES

Hróbjartur Jónatansson
*JÓNATANSSON & CO.
LEGAL SERVICES*

Jóhanna Áskels Jónsdóttir
PWC ICELAND

Axel Ingi Magússon
*JÓNATANSSON & CO.
LEGAL SERVICES*

Bjorn Mar Olafsson
PWC ICELAND

Kristján Pálsson
JÓNAR TRANSPORT

Ásgeir Á. Ragnarsson
BBA LEGAL

Jóhann Tómas Sigurðsson
LAGAHVOLL SLF

Rúnar Svavar Svavarsson
*VEITUR, DISTRIBUTION-
ELECTRICAL SYSTEM*

Jón Þórarinsson
CREDITINFO ICELAND

Helgi Þór Þorsteinsson
LEX LAW OFFICES

Steinþór Þorsteinsson
*TOLLSTJÓRI—DIRECTORATE
OF CUSTOMS*

Agla Eir Vilhjálmsdóttir
*COURT OF ARBITRATION
OF THE ICELAND CHAMBER
OF COMMERCE*

Jon Vilhjalmsson
EFLA CONSULTING ENGINEERS

印度

AUM ARCHITECTS

*BRIHANMUMBAI CUSTOM
BROKERS ASSOCIATION*

CONSULTA JURIS

GEO-CHEM LABS

SGS INDIA

*SHREE GAYATRI ORGANIC
AND HERBAL PRODUCTS*

Ajay Abad
SKP BUSINESS CONSULTING LLP

Alfred Adebare
LEXCOUNSEL

Ca Surabhi Agarwal
SS KOTHARI MEHTA & CO.

Kritika Agarwal
MAJMUDAR & PARTNERS

Vivek Kumar Agarwal
*LUTHRA & LUTHRA
LAW OFFICES*

Amish Agashiwala
ARCHITECT

Omprakash Agrawal
*NAGARKOT FORWARDERS
PVT. LTD.*

Saloni Agrawal
*NAGARKOT FORWARDERS
PVT. LTD.*

Subhash Agrawal
*JAWARHARLAL NEHRU
CUSTOMS HOUSE*

Nishant Ahlawat
*NISHANT AHLAWAT
LAW OFFICES*

Uday Singh Ahlawat
AHLAWAT & ASSOCIATES

Sidhant Ajmera
KNM & PARTNERS

Vinod Ambavat
*AMBAVAT JAIN &
ASSOCIATES LLP*

Abhishek Anand
D.S. LEGAL

Bharat Anand
O.P. KHAITAN & CO.

Harshit Anand
TRILEGAL

Nand Gopal Anand
JURIS CORP

Pravin Anand
ANAND AND ANAND

Kalyan Arambam
I.L.A. PASRICH & COMPANY

Rajeev Awasthi
AWASTHI AND ASSOCIATES

Tarun·Baidya
*VARDHAMAN CUSTOMS
CLEARING & FORWARDING
AGENCIES*

Shashi Bala
*MUNICIPAL CORPORATION
OF GREATER MUMBAI*

P. V. Balasubramaniam
BFS LEGAL

Pallavi Banerjee
*J. SAGAR ASSOCIATES,
ADVOCATES & SOLICITORS*

Pritam Banerjee
DEUTSCHE POST DHL GROUP

Neeraj Bansal
*JAWAHARLAL NEHRU
PORT TRUST*

Sanchit Bansal
KPMG

Hardeep Batra
*CENTRAL BOARD OF
EXCISE & CUSTOMS*

Neeraj Bhagat
NEERAJ BHAGAT & CO.

Gargi Bhagwat
*DIVEKAR BHAGWAT
AND COMPANY*

M.L. Bhakta
KANGA & CO.

Amit Bhandari
VAISH ASSOCIATES ADVOCATES

Pradeep Bhandari
*INTUIT MANAGEMENT
CONSULTANCY*

Ajay Bhargava
O.P. KHAITAN & CO.

M.P. Bharucha
BHARUCHA & PARTNERS

Ankit Bhasin
AZB & PARTNERS

Moksha Bhat
TRILEGAL

Dina Bhattacharjee
*TRANSONIC IDEAS PVT.
LTD.—TRANSONIC
CUSTOMIZATIONS PVT. LTD.*

Saurav Bhattacharya
PWC INDIA

Sukanya Bhattacharya
*LUTHRA & LUTHRA
LAW OFFICES*

Yogesh Bhattarai
TRILEGAL

Parag Bhide
KHAITAN & CO.

Nidhi Bothra
*VINOD KOTHARI & CO.
PRACTICING COMPANY
SECRETARIES*

Sudeep D. Cecil
KNM & PARTNERS

Leena Chacko
*AMARCHAND & MANGALDAS
& SURESH A. SHROFF & CO.*

K.K. Chadha
ARCHITECT

Harshala Chandorkar
TRANSUNION CIBIL LIMITED

Anju Bajaj Chandra
DELHI DISTRICT COURT

Sravani Channapragada
*J. SAGAR ASSOCIATES,
ADVOCATES & SOLICITORS*

Jyoti Chaudhari
LEGASIS SERVICES PRIVATE

Prashant Chauhan
ADVOCATE

Aseem Chawla
PHOENIX LEGAL

Chandni Chawla
PHOENIX LEGAL

Daizy Chawla
*SINGH & ASSOCIATES,
ADVOCATES AND SOLICITORS*

Manjula Chawla
PHOENIX LEGAL

Priyanka Choksi
DESAI & DIWANJI

Poorvi Chothani
LAWQUEST

Balbir Singh Dalal
*NISHANT AHLAWAT
LAW OFFICES*

Subodh Dandwate
SKP BUSINESS CONSULTING LLP

Neelesh Datir
ALBIEA

Krunal Davda

Amin Dayani

Sunil Deole
DEOLE BROS.

Rajesh Dere
*ARYA OFFSHORE
SERVICES PVT. LTD.*

Anand Desai
DSK LEGAL

Jay Desai
NHD FORWARDERS PVT. LTD.

Milan Desai
*AMBICA CARGO
FORWARDERS PVT. LTD.*

Nimish Desai
NHD FORWARDERS PVT. LTD.

Vishwang Desai
DESAI & DIWANJI

Pushkar Deshpande
KOCHHAR & CO.

Roshnek Dhalla
LITTLE & CO.

Akarshita Dhawan
O.P. KHAITAN & CO.

Ashok Dhingra
ASHOK DHINGRA ASSOCIATES

Farida Dholkawala
DESAI & DIWANJI

Mayank Francis Dias
INDEPENDENT LAWYER

Michael Dias
NDEPENDENT LAWYER

Pranav Diesh
SINGHANIA & PARTNERS LLP

Samir D'Monte
SDMARCHITECTS

Maulik Doshi
SKP BUSINESS CONSULTING LLP

Atul Dua
ADVAITA LEGAL

Rahul Dubey
INFINI JURIDIQUE

Ferdinand Duraimanickam
BFS LEGAL

Harshit Dusad
JURIS CORP

Dheeresh K. Dwivedi
APJ-SLG LAW OFFICES

Shahana Farah
INFINI JURIDIQUE

Mark Fernandes
*SYLVESTER FORWARDERS
PVT. LTD.*

Stuti Galiya
KHAITAN & CO.

Abhiraj Gandhi
KHAITAN & CO.

Pushpa V. Ganediwala
*CITY CIVIL AND SESSIONS
COURT, MUMBAI*

Disha Ganjoo
K N J PARTNERS

Rahul Garg
PWC INDIA

Sarthak Garg
PHOENIX LEGAL

Rajeev Kumar Gera
GERA & ASSOCIATES

Arup Ghosh
*TATA POWER DELHI
DISTRIBUTION LTD.*

Manoj Gidwani
SKP BUSINESS CONSULTING LLP

Prabhakar Giri
*VARDHAMAN CUSTOMS
CLEARING & FORWARDING
AGENCIES*

Girish S. Godbole
*GIRISH GODBOLE, ADVOCATE
HIGH COURT, MUMBAI*

Deevyyaa Goel
LEGUM AMICUSS

Harshavardhan Goel
TRILEGAL

Rajesh Gosalia
*HIMATLAL TRIDI IOVANDAS
SHAH & CO.*

Kartik Goswani
NEW LIGHT ELECTRIC CO.

Gourav Goyal
NEERAJ BHAGAT & CO.

Arani Guha
*TRANSONIC IDEAS PVT.
LTD.—TRANSONIC
CUSTOMIZATIONS PVT. LTD.*

Anil Kumar Gulati
*DEPARTMENT OF JUSTICE,
MINISTRY OF LAW AND JUSTICE*

Sunny Gulati
SKP BUSINESS CONSULTING LLP

Akash Gupta
FACTUM LEGAL

Ankit Gupta
GUPTA ANKIT & CO.

Arun Gupta
FACTUM LEGAL

Atul Gupta
TRILEGAL

Deepika Gupta
GUPTA ANKIT & CO.

Nikhil Gupta
*CITY CIVIL AND SESSIONS
COURT, MUMBAI*

Pulkit Gupta
EY

Sameer Gupta
PHOENIX LEGAL

Sudhanshu Gupta
SINGHANIA & PARTNERS LLP

Prakash Hamirwasia
SKP BUSINESS CONSULTING LLP

Bhanu Harish
SINGHANIA & PARTNERS LLP

Kinjal R. Hingoo
RASIK P HINGOO ASSOCIATES

Akil Hirani
MAJMUDAR & PARTNERS

Michael D. Holland

Suresh L. Hulikal
ALLIANZ DE ARCHITECTURE

Bhagwan Jagwani
KRUTI SERVICES

Ashish J. Jain
*AMBAVAT JAIN &
ASSOCIATES LLP*

Nikita Jain
SKP BUSINESS CONSULTING LLP

Sanjiv Kumar Jain
*VARDHAMAN CUSTOMS
CLEARING & FORWARDING
AGENCIES*

Sarul Jain
K N J PARTNERS

Rajiv Jalota
*DEPARTMENT OF GOODS AND
SERVICES TAX, GOVERNMENT
OF MAHARASHTRA, INDIA*

Anand Kumar Jha
*CENTRAL BOARD OF
EXCISE & CUSTOMS*

Abhijit Joglekar
RELIANCE INFRASTRUCTURE LTD.

Dharmendra Johari
*JOHARI STONEX
INDUSTRIES PVT LTD.*

Vivek Johri
*MUMBAI CUSTOMS
ZONE—II (NHAVA SHEVA)*

Amruta Joshi
KHAITAN & CO.

Subhash Joshi
DALAL JOSHI & ASSOCIATES

Kunal Juneja
MP LAW OFFICES

Sumeet Kachwaha
KACHWAHA & PARTNERS

Ravindra S. Kale
*THE BRIHAN MUMBAI
ELECTRIC SUPPLY &
TRANSPORT UNDERTAKING*

Parmod Kalirana
*FORTUNE LEGAL ADVOCATES
& LEGAL CONSULTANTS*

Atul Kansal
*INDUS ENVIRONMENTAL
SERVICES PVT. LTD.*

Jayendra Kapadia
LITTLE & CO.

Satinder Kapur
*SATINDER KAPUR &
ASSOCIATES*

Rajas Kasbekar
*RAJAS KASBEKAR
PRIVATE PRACTICE*

Anil Kasturi
AZB & PARTNERS

Kripi Kathuria
PHOENIX LEGAL

Sanjay Kaul
*NATIONAL COLLATERAL
MANAGEMENT SERVICES
LIMITED (NCML)*

Charandeep Kaur
TRILEGAL

Mitalee Kaushal
KNM & PARTNERS

Giridhar Kesavan
*VINZAS SOLUTIONS
INDIA PVT. LTD.*

Gautam Khaitan
O.P. KHAITAN & CO.

Changhez Khan
DIWAN ADVOCATES

Farrukh Khan
DIWAN ADVOCATES

Rajan Khanna
GENUS LAW FIRM PVT. LTD.

Rajiv Khanna
JEENA & CO.

Tanya Khare
O.P. KHAITAN & CO.

Abhimanyu Kharote
DESAI & DIWANJI

Gautam Khurana
INDIA LAW OFFICES LLP

Ankit Khushu
KACHWAHA & PARTNERS

Vivek Kohli
ZEUS LAW

Ravinder Komaragiri
*THE TATA POWER
COMPANY LIMITED*

Shinoj Koshy
*LUTHRA & LUTHRA
LAW OFFICES*

Dinesh Prasad Kothari
D.P. KOTHARI & ASSOCIATES

Saniya Kothari
LEXCOUNSEL

Vinod Kothari
*VINOD KOTHARI & CO.
PRACTICING COMPANY
SECRETARIES*

Anup Kulkarni
*J. SAGAR ASSOCIATES,
ADVOCATES & SOLICITORS*

Abhishek Kumar
DIWAN ADVOCATES

Ajai Kumar

Manoj Kumar
MANOJ & ASSOCIATES

Mrinal Kumar
*SHARDUL AMARCHAND
MANGALDAS & CO.*

Mrityunjay Kumar
*DHINGRA &
SINGH—ATTORNEYS-AT-LAW*

Mukesh Kumar
KNM & PARTNERS

Pratish Kumar
JURIS CORP

Puja Kumar
*J. SAGAR ASSOCIATES,
ADVOCATES & SOLICITORS*

Rahul Kumar
RAJINDER KUMAR ASSOCIATES

Raj Kumar
RAJ ENGINEERS

Rajesh Kumar
JEENA & CO.

Rupak Kumar
*JAWARHARLAL NEHRU
CUSTOMS HOUSE*

Shrutikirti Kumar
*SHARDUL AMARCHAND
MANGALDAS & CO.*

Vikram Kumar
CTC AIR CARRIERS P LTD.

Vinod Kumar
DELHI DISTRICT COURT

Parveen Kumar Sharma
CERSAI

Manoj Kumar Singh
*SINGH & ASSOCIATES,
ADVOCATES AND SOLICITORS*

Sachin Kumar Singh
JEENA & CO.

Shreedhar T. Kunte
*SHARP & TANNAN
GROUP—MEMBER OF RUSSELL
BEDFORD INTERNATIONAL*

Jaya Kurmar
N. G. PILLAI & CO.

Preeti Ladha
SUDIT K. PAREKH AND CO.

Samira Lalani
TRILEGAL

Harsh Lappssia
*PUSHKARA LOGISTIC
SOLUTIONS LLP*

Jayyannt Lappssia
ALBIEA

Manish Madhukar
INFINI JURIDIQUE

Sinjini Majumdar
MAJMUDAR & PARTNERS

Divya Malcolm
KOCHHAR & CO.

Dhruv Malhotra
TRILEGAL

Geeta Malhotra
K N J PARTNERS

Pragati Malik
SPACES ARCHITECTURE STUDIO

Dhruv Manchanda
LEXCOUNSEL

Vipender Mann
KNM & PARTNERS

Gautam Mehra
PWC INDIA

Atul Mehta
MEHTA & MEHTA

Dara Mehta
LITTLE & CO.

Dipti Mehta
MEHTA & MEHTA

Pankaj Mehta
*FORTUNE LEGAL ADVOCATES
& LEGAL CONSULTANTS*

Preeti G. Mehta
KANGA & CO.

Vikas Mehta
PRADEEP TRADERS

Sachin Menon
KPMG

Akash Mishra
TRILEGAL

Sharad Mishra
NEO MULTIMEDIAN

Shivani Mishra
NEO MULTIMEDIAN

Saurabh Misra
*SAURABH MISRA
& ASSOCIATES,
INTERNATIONAL LAWYERS*

Ritika Modee
SINGHANIA & PARTNERS LLP

Hemal Modi
*SHARP & TANNAN
GROUP—MEMBER OF RUSSELL
BEDFORD INTERNATIONAL*

O. Mohandas
LITTLE & CO.

Priyanka Mongia
PHOENIX LEGAL

Avikshit Moral
JURIS CORP

Aditya Mukherjee
BFS LEGAL

Krishnan Muthukumar
*TRIDHAATU REALTY &
INFRA PVT. LTD.*

Priyanka Naik
SUDIT K. PAREKH AND CO.

Rakesh Nair
RAKESH ELECTRICALS

Rajiv Nakhare
RELIANCE INFRASTRUCTURE LTD.

Ratnakar Nama
ARCHITECT

Ravi Nath
RAJINDER NARAIN & CO.

Vaibhav Nautiyal
*INDUS ENVIRONMENTAL
SERVICES PVT. LTD.*

Harendar Neel
*J. SAGAR ASSOCIATES,
ADVOCATES & SOLICITORS*

Harshakumar Nikam
*DEPARTMENT OF GOODS AND
SERVICES TAX, GOVERNMENT
OF MAHARASHTRA, INDIA*

Shiju P.V.
INDIA LAW OFFICES LLP

Satish Padhi
O.P. KHAITAN & CO.

Siddharth Paliwal
KNM & PARTNERS

Ankita Pandey
TRILEGAL

Divyanshu Pandey
*J. SAGAR ASSOCIATES,
ADVOCATES & SOLICITORS*

Ajay Pant
*INDUS ENVIRONMENTAL
SERVICES PVT. LTD.*

Rajiv Paralkar
DEOLE BROS.

Kunal Pareek
*TATA POWER DELHI
DISTRIBUTION LTD.*

Rakesh Parik
MNRD & ASSOCIATES

Amir Z. Singh Pasrich
I.L.A. PASRICH & COMPANY

Sandeep Patil
SUDIT K. PAREKH AND CO.

Sanjay Patil
BDH INDUSTRIES LIMITED

Hemant Patki

Soumya Patnaik
J. SAGAR ASSOCIATES,
ADVOCATES & SOLICITORS

R.S. Pawaskar
CITY CIVIL AND SESSIONS
COURT, MUMBAI

N. G. Pillai
N. G. PILLAI & CO.

Ashwina Pinto
LAWQUEST

Joseph Pookkatt
APJ-SLG LAW OFFICES

Nitin Potdar
J. SAGAR ASSOCIATES,
ADVOCATES & SOLICITORS

Rashmi Pradeep
CYRIL AMARCHAND
MANGALDAS

Anshul Prakash
KHAITAN & CO.

Ray Sharat Prasad
ADVAITA LEGAL

Anush Raajan
BHARUCHA & PARTNERS

Krithika Radhakrishnan
CYRIL AMARCHAND
MANGALDAS

Ravishankar Raghavan
MAJMUDAR & PARTNERS

S. Ramakrishna
BALAJI MARILINE PVT. LTD.

N.V. Raman
MP LAW OFFICES

R.K. Raman
LOUIS DREYFUS COMPANY
INDIA PRIVATE LIMITED

Sukanya Raman
LAWQUEST

Subramanian Ramaswamy
KHAITAN & CO.

Sharanya G. Ranga
ADVAYA LEGAL

Aditi Rani
ADVAYA LEGAL

Dipak Rao
SINGHANIA & PARTNERS LLP

Yomesh Rao
YMS CONSULTANTS LTD.

Ankita Ray
CYRIL AMARCHAND
MANGALDAS

Ashish Razdan
KHAITAN & CO.

Purushottam Redekar
GM ARCH PVT. LTD.

C.K. Reejonia
DEPARTMENT OF JUSTICE,
MINISTRY OF LAW AND JUSTICE

Satish Rewatkar
MUNICIPAL CORPORATION
OF GREATER MUMBAI

Zubair Rias
CENTRAL BOARD OF
EXCISE & CUSTOMS

Abir Roy
SEETHARAMAN ASSOCIATES

Ankita Rungta
KPMG

Hiren Ruparel
BALAJI SHIPPING AGENCY

Sonal Ruparel
SHARON ENTRPRISES

Ravneet Sachdeva
KPMG

Shamik Saha
PHOENIX LEGAL

Priyanka Sahi
GRANT THORNTON INDIA LLP

Abhishek Saket
INFINI JURIDIQUE

Sirisha Sampat
KANGA & CO.

Jayesh Sanghrajka
JAYESH SANGHRAJKA
& CO. LLP

Hitesh Sanghvi
HITESH SANGHVI LAW OFFICES

Kanwar Sanjay
SWAIT ARCH

Daya Saran
SUPER FREIGHT

Vivek Saraswat
LOUIS DREYFUS COMMODITIES
INDIA PVT. LTD.

Jai Raj Seth
ABEX SERVICES PVT. LTD.

Aashit Shah
J. SAGAR ASSOCIATES,
ADVOCATES & SOLICITORS

Dilip S. Shah
RELIANCE INFRASTRUCTURE
LTD.

Gopika Shah
KRUTI SERVICES

Gunjan Shah
DESAI & DIWANJI

Manish Shah
SUDIT K. PAREKH AND CO.

Mitesh Shah
LOUIS DREYFUS COMPANY
INDIA PRIVATE LIMITED

Paresh Shah
RPS LOGISTICS

Prasham Shah
JURIS CORP

Priyansh Shah
M/S PARESH
CHAMPAKLAL SHAH

Richa Shah
ANANT INDUSTRIES

Saumil Shah
BDO INDIA LLP

Shambhu Sharan
SINGHANIA & PARTNERS LLP

Mahesh Sharma
MAHESH SHARMA
& ASSOCIATES

Manoranjan Sharma
KNM & PARTNERS

Nilesh Sharma
DHIR & DHIR ASSOCIATES

Priyanka Sharma
TRILEGAL

Raj Sharma
CLEARSHIP GROUP

Rajnish Sharma
RAJNISH SHARMA
ATTORNEY-AT-LAW

Rupali Sharma
KOCHHAR & CO.

Saurabh Sharma
JURIS CORP

Vicky Sharma
O.P. KHAITAN & CO.

Aasim Shehzad
BFS LEGAL

Ashutosh Shingate
EATON INDUSTRIAL SYSTEMS
PRIVATE LIMITED

Vishnu Shriram
PHOENIX LEGAL

D.K. Shrivastava
ARYA OFFSHORE
SERVICES PVT. LTD.

Rajiv Shroff
INTERICS DESIGN CONSULTANTS

Vijay Shroff

Akash Shukla
PWC INDIA

A.K. Singh
VARDHAMAN CUSTOMS
CLEARING & FORWARDING
AGENCIES

Ajay Singh
ASHUTOSH ELECTRICAL
CORPORATION

Akanksha Singh
DIWAN ADVOCATES

Chanderpal Singh
JAWARHARLAL NEHRU
CUSTOMS HOUSE

Dilip Singh
MNRD & ASSOCIATES

Sachin Kumar Singh
JEENA & CO.

Sajai Singh
J. SAGAR ASSOCIATES,
ADVOCATES & SOLICITORS

Sandeep Singh
COACHIEVE SOLUTIONS
PVT. LTD.

Sheetlesh Singh
MNRD & ASSOCIATES

Subodh Singh
GST AUDIT COMMISSIONERATE

Talwant Singh
DELHI DISTRICT COURT

Shakti Singh Champawat
DESAI & DIWANJI

Mukesh Singhal
KNM & PARTNERS

Ravinder Singhania
SINGHANIA & PARTNERS LLP

Abhimeet Sinha
SINGHANIA & PARTNERS LLP

Neha Sinha
LUTHRA & LUTHRA
LAW OFFICES

Praveer Sinha
TATA POWER DELHI
DISTRIBUTION LIMITED

Vineet Sinha
KNM & PARTNERS

Preetha Soman
NISHITH DESAI ASSOCIATES

Aasish Somasi
ANAND AND ANAND

Shweta Soni
FORTUNE LEGAL ADVOCATES
& LEGAL CONSULTANTS

Sanyukta Sowani
LUTHRA & LUTHRA
LAW OFFICES

K. P. Sreejith
INDIA LAW OFFICES LLP

Rajesh Srivastava
OFFICE OF CHIEF
COMMISSIONER OF CUSTOMS

Rudra Srivastava
SINGHANIA & PARTNERS LLP

Aravind Srivatsan
PWC INDIA

Dheeraj S. Suri
DEEP CONSULTANCY
LABOR LAW ADVISORS
& CONSULTANTS

Surendrakumar Suri
DEEP CONSULTANCY
LABOR LAW ADVISORS
& CONSULTANTS

Abhishek Swaroop
LUTHRA & LUTHRA
LAW OFFICES

Anuja Talukder
PWC INDIA

Medha Tamhanekar
IC UNIVERSAL LEGAL

Rajesh Tayal
KNM & PARTNERS

Chetan Thakkar
KANGA & CO.

Dinesh Thakkar
BHAVANA CLEARING
FORWARDING &
SHIPPING PVT. LTD.

Piyush Thareja
NEERAJ BHAGAT & CO.

Tushar Thimmiah
PHOENIX LEGAL

Pooja Thomas
PHOENIX LEGAL

Arun Todarwal
ARUN TODARWAL &
ASSOCIATES LLP

Mala Todarwal
ARUN TODARWAL &
ASSOCIATES LLP

Jaishree Tolani Lamba
AZB & PARTNERS

Kanisshka Tyagi
LEGUM AMICUSS

Karteekka Tyagi
LEGUM AMICUSS

Prakash Veer Tyagi
GATEWAY RAIL FRIGHT LIMITED

Punit Dutt Tyagi
LAKSHMIKUMARAN &
SRIDHARAN ATTORNEYS

Ramesh K. Vaidyanathan
ADVAYA LEGAL

Pravin Vanage
RELIANCE INFRASTRUCTURE
LTD.

Dipankar Vig
MP LAW OFFICES

Sameep Vijayvergiya
DHINGRA &
SINGH—ATTORNEYS-AT-LAW

Rajiv Wadhwa
PLVK POWER ENGINEERS
& CONSULTANTS

Abhijeet Yadav
THE TATA POWER
COMPANY LIMITED

Akriti Yadav
KNM & PARTNERS

Manoj Yadav
NEERAJ BHAGAT & CO.

Monika Yadav
JAWARHARLAL NEHRU
CUSTOMS HOUSE

Neha Yadav
LEXCOUNSEL

Surbhi Zawar
SKP BUSINESS CONSULTING LLP

印度尼西亚

ABDIBANGUN BUANA

CKB LOGISTICS

INDONESIAN LOGISTICS
AND FORWARDERS
ASSOCIATION (ALFI)

PT GUNA SARANA TEKNIK

Robertus Adinugraha
MELLI DARSA & CO.

Adhika Aditya
OENTOENG SURIA & PARTNERS

Zulfikar Adiyodha
OENTOENG SURIA & PARTNERS

Nafis Adwani
ALI BUDIARDJO, NUGROHO,
REKSODIPUTRO, MEMBER
OF LEX MUNDI

Fatah Adzkia
WITARA CAKRA ADVOCATES
(IN ASSOCIATION WITH
WHITE & CASE LLP)

Asrul Ahmad
NURJADIN SUMONO
MULYADI & PARTNERS

Irina Anindita
MAKARIM & TAIRA S.

Cindy Anjani
ADNAN KELANA HARYANTO
& HERMANTO

Charles Antoine Morgan
Ludovic Guinot
ONLINEPAJAK

Hizkia Ardianto
EY

Muhammad Aries
PT PLN (PERSERO), EAST
JAVA DISTRIBUTION

Alifrian Fajri Aryuanda
SIMBOLON & PARTNERS
LAW FIRM

Cucu Asmawati
SIMBOLON & PARTNERS
LAW FIRM

Stefanus Brian Audyanto
HERMAWAN JUNIARTO
LAW FIRM

Fabian Buddy Pascoal
HANAFIAH PONGGAWA
& PARTNERS

Prianto Budi
PT PRATAMA INDOMITRA
KONSULTAN

Tony Budidjaja
BUDIDJAJA INTERNATIONAL
LAWYERS

Teresa Chiquita
MAKARIM & TAIRA S.

Juni Dani
BUDIDJAJA INTERNATIONAL
LAWYERS

Melli Darsa
MELLI DARSA & CO.

Vincensius Desta Galang
BUDIDJAJA INTERNATIONAL
LAWYERS

Reginald A. Dharma
ADNAN KELANA HARYANTO
& HERMANTO

Nasya Dinitri Priatno
HERMAWAN JUNIARTO LAW FIRM

Natasha Djamin
OENTOENG SURIA & PARTNERS

Bama Djokonugroho
BUDIDJAJA INTERNATIONAL LAWYERS

Fadjar Donny Tjahjadi
MINISTRY OF FINANCE

Aris Eko Prasetyo
SIDABUKKE CLAN & ASSOCIATES

Goesyen Erinda Resti
LEKS&CO LAWYERS

Ahmad Fadli
BRIGITTA I. RAHAYOE & PARTNERS

Edly Febrian Widjaja
BUDIDJAJA INTERNATIONAL LAWYERS

Ahmad Fikri Assegaf
ASSEGAF, HAMZAH & PARTNERS

Aprilda Fiona Butarbutar
APRILDA FIONA & PARTNERS LAW FIRM

Sinuhadji Frans Yoshua
OENTOENG SURIA & PARTNERS

Widigdya Gitaya
WSG & COMPANY

Michael Hadi
PT KREDIT BIRO INDONESIA JAYA (KBIJ)

Mohammad Iqbal Hadromi
HADROMI & PARTNERS

Dedet Hardiansyah
BUDIMAN AND PARTNERS

Tomy Harsono
ROEDL & PARTNER

Stefanus Haryanto
ADNAN KELANA HARYANTO & HERMANTO

Yansah Hasstriansyah
BADAN PELAYANAN TERPADU SATU PINTU (BPTS)

Anang Hidayat

Nurman Hidayat
INDONESIA INVESTMENT COORDINATING BOARD

Brigitta Imam Rahayoe
BRIGITTA I. RAHAYOE & PARTNERS

Deshaputra Intanperdana
HADROMI & PARTNERS

Edy Junaedi
BADAN PELAYANAN TERPADU SATU PINTU (BPTS)

Brinanda Lidwina Kaliska
MAKARIM & TAIRA S.

Iswahjudi A. Karim

Mirza Karim
KARIMSYAH LAW FIRM

Othman Karim
KARIMSYAH LAW FIRM

Rizki Karim
KARIMSYAH LAW FIRM

Anita Lucia Kendarto
NOTARIS & PEJABAT PEMBUAT AKTA TANAH

Henrietta Kristanto
PB TAXAND

Herry N. Kurniawan
ALI BUDIARDJO, NUGROHO, REKSODIPUTRO, MEMBER OF LEX MUNDI

Ayu Katarina Kusnadi
OENTOENG SURIA & PARTNERS

Eddy M. Leks
LEKS&CO LAWYERS

Indra Lubis
HERMAWAN JUNIARTO LAW FIRM

Noorfina Luthfiany
BANK INDONESIA

Syamsul Maarif
MAHKAMAH AGUNG REPUBLIK INDONESIA

Bobby R. Manalu
SIREGAR SETIAWAN MANALU

Yasser Mandela
BUDIDJAJA INTERNATIONAL LAWYERS

Priscila Manurung
ALI BUDIARDJO, NUGROHO, REKSODIPUTRO, MEMBER OF LEX MUNDI

Benny Marbun
PT PLN (PERSERO) INDONESIA STATE ELECTRICITY CORPORATION

Hendro Martono
HAMANROKO

Ahmad Maulana
ASSEGAF, HAMZAH & PARTNERS

Amalia Mayasari
SIMBOLON & PARTNERS LAW FIRM

Ella Melany
HANAFIAH PONGGAWA & PARTNERS

Any Miami
PWC INDONESIA

Kristo Molina
WITARA CAKRA ADVOCATES (IN ASSOCIATION WITH WHITE & CASE LLP)

Wida Murti
OENTOENG SURIA & PARTNERS

Latifa Mutmainah
RIVAI TRIPRASETIO & PARTNERS

Alexander Nainggolan
HADROMI & PARTNERS

Fradella Nainggolan
MELLI DARSA & CO.

Safita Ratna Narthfilda
OENTOENG SURIA & PARTNERS

Chandra Nataadmadja
SURIA NATAADMADJA & ASSOCIATES

Suria Nataadmadja
SURIA NATAADMADJA & ASSOCIATES

Ratih Nawangsari
OENTOENG SURIA & PARTNERS

Mia Noni Yuniar
BRIGITTA I. RAHAYOE & PARTNERS

Rizana Noor
PT KREDIT BIRO INDONESIA JAYA (KBIJ)

Monasisca Noviannei
INDONESIA INVESTMENT COORDINATING BOARD

Putra Nugraha
WITARA CAKRA ADVOCATES (IN ASSOCIATION WITH WHITE & CASE LLP)

Heru Pambudi
MINISTRY OF FINANCE

Ay Tjhing Phan
PWC INDONESIA

Abraham Pierre
KPMG

Anthony Pratama Chandra
HERMAWAN JUNIARTO LAW FIRM

Fredie Pratomo
PT BINATAMA AKRINDO

Vanya Edria Rahmani
HANAFIAH PONGGAWA & PARTNERS

Ilman Rakhmat
RAKHMAT SUROSO ADVOCATES

Dhamma Ratna
NOTARIS & PEJABAT PEMBUAT AKTA TANAH

Jean H. Reksodiputro
PT PEFINDO BIRO KREDIT

Sophia Rengganis
PWC INDONESIA

Rengganis Rennganis
HADROMI & PARTNERS

Ricardo Simanjuntak
RICARDO SIMANJUNTAK & PARTNERS

Vincencia Rininta Emasari
BANK INDONESIA

Tania Faramutia Riyanto
ALI BUDIARDJO, NUGROHO, REKSODIPUTRO, MEMBER OF LEX MUNDI

Natalia Rizky
LEKS&CO LAWYERS

Reza Riztama
PT PRATAMA INDOMITRA KONSULTAN

Valdano Ruru
MAKARIM & TAIRA S.

Ayundha Sahar
OENTOENG SURIA & PARTNERS

Rika Salim
OENTOENG SURIA & PARTNERS

Nur Asyura Anggini Sari
BANK INDONESIA

Jutha Sasmita
KRISNA LAW FIRM

Haryo Sedewo
INDONESIA INVESTMENT COORDINATING BOARD

Joana Maleriluah Sembiring
SURIA NATAADMADJA & ASSOCIATES

Erwin Setiawan
EY

Indra Setiawan
ALI BUDIARDJO, NUGROHO, REKSODIPUTRO, MEMBER OF LEX MUNDI

Arief Setyadi
PKF ACCOUNTANTS & BUSINESS ADVISERS

Agatha Sherly
LEKS&CO LAWYERS

Bonar Sidabukke
SIDABUKKE CLAN & ASSOCIATES

Sudiman Sidabukke
SIDABUKKE CLAN & ASSOCIATES

Obed Simamora
LAND OFFICE OF SURABAYA

Yudianta Medio N. Simbolon
SIMBOLON & PARTNERS LAW FIRM

Stefanny Oktaria Simorangkir
BUDIDJAJA INTERNATIONAL LAWYERS

Mario Sinjal
NURJADIN SUMONO MULYADI & PARTNERS

Fransisca Sintia
LEKS&CO LAWYERS

Nien Rafles Siregar
SIREGAR SETIAWAN MANALU

Indra Sudrajat
OENTOENG SURIA & PARTNERS

Yogi Sudrajat Marsono
ASSEGAF, HAMZAH & PARTNERS

Bambang Suprijanto
EY

Lingga Surjanto
HERMAWAN JUNIARTO LAW FIRM

Lie Yessica Susanti
HERMAWAN JUNIARTO LAW FIRM

Atik Susanto
OENTOENG SURIA & PARTNERS

Aria Suyudi
INDONESIA JENTERA SCHOOL OF LAW

Kurniawan Tanzil
MAKARIM & TAIRA S.

Daniel Djoko Tarliman
DANIEL DJOKO TARLIMAN & PARTNER

Tabita Sifra Thakurdas
SURIA NATAADMADJA & ASSOCIATES

Achmad Tri Cahyono
OTORITAS JASA KEUANGAN— INDONESIA FINANCIAL SERVICES AUTHORITY

Gatot Triprasetio
RIVAI TRIPRASETIO & PARTNERS

Runi Tusita
PWC INDONESIA

Diaz Vatriando
ADNAN KELANA HARYANTO & HERMANTO

Ilham Wahyu
ALI BUDIARDJO, NUGROHO, REKSODIPUTRO, MEMBER OF LEX MUNDI

Sony Panji Wicaksono
BANK INDONESIA

Yuddy Wicaksono
PT PLN (PERSERO) INDONESIA STATE ELECTRICITY CORPORATION

Anthony Winza Probowo
BUDIDJAJA INTERNATIONAL LAWYERS

Kiki Yunita
DINAS PENANAMAN MODAL DAN PTSP

Akbar Zainuri
KARIMSYAH LAW FIRM

Mohammad Zamroni
ZAMRO & ASSOCIATES

Andi Zulfikar
MATARAM PARTNERS

Jacob Zwaan
KPMG

伊朗伊斯兰共和国

ADIB LAW FIRM

T&S ASSOCIATES

Sareh Abadtalab
ORGANIZATION OF DEEDS AND PROPERTY REGISTRATION AND NOTARIES

Morteza Adab
COMPANY REGISTRATION OFFICE

Ali Ahmadi
TEHRAN CHAMBER OF COMMERCE, INDUSTRIES AND MINES

Mousa Ahmadi
ISLAMIC AZAD UNIVERSITY

Behrooz Akhlaghi
INTERNATIONAL LAW OFFICE OF DR. BEHROOZ AKHLAGHI & ASSOCIATES

Hamidreza Alipour Shirsavar
ISLAMIC AZAD UNIVERSITY

Ali Amani
DAYA-RAHYAFT AUDITING & MANAGEMENT SERVICES

Mohammad Reza Anbiyaei
INTERNATIONAL CENTRE OF HIGHER EDUCATION AND SCIENTIFIC STUDIES (ICHES)

Behshid Arfania
KARIMI & ASSOCIATES LAW FIRM

Mehrnoosh Aryanpour
GIDE LOYRETTE NOUEL, MEMBER OF LEX MUNDI

Anahita Asgari Fard
ASGARI & ASSOCIATES INTERNATIONAL LAW FIRM

Gholam Ali Asghari
GREAT TEHRAN ELECTRICITY DISTRIBUTION COMPANY (GTEDC)

Zayer Ayat
IRANIAN NATIONAL TAX ADMINISTRATION (INTA)

Toktam Aynehkar
PERSOL CORPORATION

Majed Azizian

Fatemeh Bagherzadeh
FARJAM LAW OFFICE

Rambod Barandoust
CONSULTANT

Gholam-Hossein Davani
DAYA-RAHYAFT AUDITING & MANAGEMENT SERVICES

Farhad Derhami
BAYAN EMROOZ INTERNATIONAL LAW FIRM

Morteza Dezfoulian

Sepideh Dowlatshahi
BARTAR ASSOCIATES LAW FIRM

Maryam Ebrahimi
APP LEGAL INSTITUTE IN ASSOCIATION WITH DENTONS EUROPE LLP

Maryam Ebrahimi Ghaleh Aziz
ORGANIZATION OF DEEDS AND PROPERTY REGISTRATION AND NOTARIES

Roza Einifar
*INTERNATIONAL LAW
OFFICE OF DR. BEHROOZ
AKHLAGHI & ASSOCIATES*

Shirin Ozra Entezari
*DR. SHIRIN O. ENTEZARI
& ASSOCIATES*

Marjan Esfahanian
*HOSSEINNEJAD & ESFAHANIAN
LAW PARTNERS*

Shirzad Eslami
OWJ LAW OFFICE

Seyyed Amir Hossein Etesami
*SECURITIES AND EXCHANGE
ORGANIZATION OF IRAN*

Bahram Farivar Sadri
SHARESTAN CONSULTANTS

Mostafa Farmahini Farahani

Shahriar Ghadimi
SHARESTAN CONSULTANTS

Allahyar Ghajar
*TEHRAN MUNICIPALITY—
FANAVARAN SHAHR CO.*

Nasim Gheidi
*GHEIDI & ASSOCIATES
LAW OFFICE*

S. Arash H. Mirmalek
PERSOL CORPORATION

Behazin Hasibi
DAADBEH PARTNERS

Mojtaba Hoseini
MOTAMEDI ATTORNEY-AT-LAW

Amir Hosseini
PERSOL CORPORATION

Katayoun Hosseinnejad
*HOSSEINNEJAD & ESFAHANIAN
LAW PARTNERS*

Arash Izadi
IZADI LAW FIRM

Saleh Jaberi
ESK LAW FIRM

Nasim Jahanbani
*GREAT TEHRAN
ELECTRICITY DISTRIBUTION
COMPANY (GTEDC)*

Mohammad Jalili
IRAN CREDIT SCORING

Farid Kani
ATIEH ASSOCIATES

Anooshiravan Karimi
*KARIMI & ASSOCIATES
LAW FIRM*

Esmaeil Karimian
ESK LAW FIRM

Setareh Kermani
*KARIMI & ASSOCIATES
LAW FIRM*

Reza Khoshnoodi
*COURT OF CASSATION
OF TEHRAN*

Majid Mahallati
A.M. MAHALLATI & CO.

Davoud Malekmohammadi
SHARESTAN CONSULTANTS

Hamidreza Mansouri
*GREAT TEHRAN
ELECTRICITY DISTRIBUTION
COMPANY (GTEDC)*

Mohammad Mahdi Mehri
OFOGHE SABZ IDALAT

Mahnaz Mehrinfar
*INTERNATIONAL LAW
OFFICE OF DR. BEHROOZ
AKHLAGHI & ASSOCIATES*

Farid Meidani
DAADBEH PARTNERS

Amir Karbasi Milani
MILANI LAW FIRM

Fatemeh Sadat Mirsharifi
MINISTRY OF COMMERCE

Golazin Mokhtari
ATIEH ASSOCIATES

Hamidreza Mokhtarian
*MEHR INTERNATIONAL
LAW FIRM*

Isabelle Monfort
*GIDE LOYRETTE NOUEL,
MEMBER OF LEX MUNDI*

Maryam Monirifar
PERSOL CORPORATION

Dorsa Mossayebzadeh
*INTERNATIONAL LAW
OFFICE OF DR. BEHROOZ
AKHLAGHI & ASSOCIATES*

Mehdi Mousavi
PERSOL CORPORATION

Yalda Mozaffarian
DAADBEH PARTNERS

Sedigheh Naeimian
KESAVARZ & CO.

Hossein Najafi
*ORGANIZATION OF DEEDS
AND PROPERTY REGISTRATION
AND NOTARIES*

Mohammadreza Narimani
*APP LEGAL INSTITUTE
IN ASSOCIATION WITH
DENTONS EUROPE LLP*

Vahid Nasiri
*BAYAN EMROOZ
INTERNATIONAL LAW FIRM*

Amir Tahami Nejad
PERSIAN CARGO CO. LTD.

Fariba Norouzi
PARSIAN INSURANCE CO.

Rasoul Nowrouzi

Hasan Omidvar
*ASGARI & ASSOCIATES
INTERNATIONAL LAW FIRM*

Zohreh Papi

Farmand Pourkarim
*TEHRAN MUNICIPALITY—
FANAVARAN SHAHR CO.*

Shahla Pournazeri
*LAW OFFICES OF SHAHLA
POURNAZERI & ASSOCIATES*

Mohammad Rahmani
*BAYAN EMROOZ
INTERNATIONAL LAW FIRM*

Yahya Rayegani
PRAELEGAL IRAN

Atiyeh Rezaei
*DR. SHIRIN O. ENTEZARI
& ASSOCIATES*

Encyeh Sadr
*BAYAN EMROOZ
INTERNATIONAL LAW FIRM*

Alireza Sadri
*INTERNATIONAL LAW
OFFICE OF DR. BEHROOZ
AKHLAGHI & ASSOCIATES*

Amirhossein Saki
*HOSSEINNEJAD & ESFAHANIAN
LAW PARTNERS*

Reyhaneh Sedighi
*KARIMI & ASSOCIATES
LAW FIRM*

Pouya Sepehr
SHARESTAN CONSULTANTS

Ahmad Shabanifard
*INTERNATIONAL CENTRE OF
HIGHER EDUCATION AND
SCIENTIFIC STUDIES (ICHES)*

Sara Shabanifard
RS COMPONENT

Khatereh Shahbazi
*INTERNATIONAL LAW
OFFICE OF DR. BEHROOZ
AKHLAGHI & ASSOCIATES*

Ali Sharifi
NIK TAK CO. LTD.

Pegah Sharifzadeh
*INTERNATIONAL LAW
OFFICE OF DR. BEHROOZ
AKHLAGHI & ASSOCIATES*

Nader Sheybani
SHEYBANI & ASSOCIATES

Farzan Shirvanbeigi
*TEHRAN MUNICIPALITY—
FANAVARAN SHAHR CO.*

Rajat Ratan Sinha
*RCS PVT. LTD. BUSINESS
ADVISORS GROUP*

Parva Soltani
PERSOL CORPORATION

Pedram Soltani
PERSOL CORPORATION

Sara Tajdini
*GHEIDI & ASSOCIATES
LAW OFFICE*

Mohammad Reza Talischi
PERSOL CORPORATION

Ebrahim Tavakoli
ATIEH ASSOCIATES

Gholam Hossein Vahidi
DR. VAHIDI & ASSOCIATES

Hamid Vakili
OFOGHE SABZ IDALAT

Mojdeh Yaghmaie
*GIDE LOYRETTE NOUEL,
MEMBER OF LEX MUNDI*

Ahmad Yousefi
DR. YOUSEFI LAW OFFICE

AmirHossein Zamani
*ESFAHAN CHAMBER
OF COMMERCE*

Esmaeil Zarifiazad
*MINISTRY OF COOPERATIVES,
LABOUR AND SOCIAL WELFARE*

伊拉克

EY

*IRAQI ASSOCIATION OF
SECURITIES DEALERS*

MINISTRY OF ELECTRICITY

PWC JORDAN

Ahmed Abboud Al Janabi
*MENA ASSOCIATES IN
ASSOCIATION WITH AMERELLER*

Marie Antoinette Airut
AIRUT LAW OFFICES

Hussein Al-Fadhili
ATTORNEY-AT-LAW

Qismah Ali
CENTRAL BANK OF IRAQ

Ihsan Jasim Al-Khalidi
MINISTRY OF PLANNING

Rashid Al-Khouri
ENGINEER

Adil Al-Lami
*MANAGEMENT SYSTEMS
INTERNATIONAL*

Daowd Al-Mula
BHC LAW FIRM LLC

Ghath Raad Al-Nidawi
MINISTRY OF PLANNING

Rukaya Sabaah Al-Oqabee
MINISTRY OF PLANNING

Azhar Al-Rubaie
MINISTRY OF PLANNING

Florian Amereller
*MENA ASSOCIATES IN
ASSOCIATION WITH AMERELLER*

Kilian Bälz
*MENA ASSOCIATES IN
ASSOCIATION WITH AMERELLER*

Akram El Khazen
AIRUT LAW OFFICES

Daniel Heintel
*MENA ASSOCIATES IN
ASSOCIATION WITH AMERELLER*

Abdulaziz Jabbar Abdulaziz
*COMPANY REGISTRAR
DIRECTOR GENERAL*

Deepak John
*BRIDGEWAY SHIPPING &
CLEARING SERVICES*

Aayat Khalid
BHC LAW FIRM LLC

Zaid Mahdi
ADIB COMPANY

Khalid Mozan
AL MOZAN COMPANIES GROUP

Ahmed Naguib
BCC LOGISTICS

Adnan K. Nahidh
SIYAH GROUP

Amany Naif
BHC LAW FIRM LLC

Ammar Naji
CONFLUENT LAW GROUP

Mohammed Ali Qanbar

Dhirar Salim
KASB GENERAL CONTRACTING

Kareem Salim Kamash
*GENERAL COMMISSION
FOR TAXES*

Abdelrahman Sherif
*DLA MATOUK BASSIOUNY
(PART OF DLA PIPER GROUP)*

Mohammed Yahya

Khaled Yaseen
*AL-SAQER ADVISERS
& LEGAL SERVICES*

Dahlia Zamel
*MENA ASSOCIATES IN
ASSOCIATION WITH AMERELLER*

爱尔兰

*CENTRAL BANK OF IRELAND—
CENTRAL CREDIT REGISTER*

ESB INTERNATIONAL

Eithne Barry
MASON HAYES & CURRAN

Seán Barton
MCCANN FITZGERALD

Sarah Berkery
DILLON EUSTACE

John Comerford
*COONEY CAREY CONSULTING
LTD.—MEMBER OF RUSSELL
BEDFORD INTERNATIONAL*

Miranda Cox
PWC IRELAND

Emma Doherty
MATHESON

Gavin Doherty
EUGENE F. COLLINS SOLICITORS

John Doyle
DILLON EUSTACE

Kenneth Egan
*ARTHUR COX, MEMBER
OF LEX MUNDI*

Garret Farrelly
MATHESON

Laura Feely
EUGENE F. COLLINS SOLICITORS

Frank Flanagan
MASON HAYES & CURRAN

Orla Hegarty
UNIVERSITY COLLEGE DUBLIN

Anna Hickey
PHILIP LEE SOLICITORS

Áine Hughes
A&L GOODBODY

William Johnston
*ARTHUR COX, MEMBER
OF LEX MUNDI*

Jonathan Kelly
PHILIP LEE SOLICITORS

Liam Kennedy
A&L GOODBODY

Eamonn Madden
*COONEY CAREY CONSULTING
LTD.—MEMBER OF RUSSELL
BEDFORD INTERNATIONAL*

Mary Liz Mahony
*ARTHUR COX, MEMBER
OF LEX MUNDI*

Aoibhinn Maloney
MASON HAYES & CURRAN

Gerry McCartney
IRISH CREDIT BUREAU

Brid McCoy
AMOSS SOLICITORS

Kevin Meehan
COMPASS MARITIME LTD.

Heather Murphy
MATHESON

Laura O'Connor
MASON HAYES & CURRAN

Seóna O'Donnellan
MATHESON

Declan O'Hora
*OFFICE OF THE REVENUE
COMMISSIONERS*

Brian O'Malley
A&L GOODBODY

Kevin Quinn
PWC IRELAND

Laura Rafferty
*ARTHUR COX, MEMBER
OF LEX MUNDI*

Thomas Ryan
A&L GOODBODY

Peppe Santoro
VENTURE LEGAL SERVICES

Brendan Sharkey
REDDY CHARLTON

Aidan Timmins
*THE PROPERTY REGISTRATION
AUTHORITY*

Mark Traynor
A&L GOODBODY

Joe Tynan
PWC IRELAND

Marcus Walsh
A&L GOODBODY

Patrick Walshe
PHILIP LEE SOLICITORS

Emma Weld-Moore
DANIEL MURPHY SOLICITORS

Maura Young
IRISH CREDIT BUREAU

以色列

FOLMAN-MEGIORA, ADV

Eyal Bar-Eliezer
BALTER, GUTH, ALONI LLP

Erez Ben-Ari
PWC ISRAEL

Jacob Ben-Chitrit
YIGAL ARNON & CO.

Jeremy Benjamin
GOLDFARB SELIGMAN & CO.

Moshe Ben-Yair
PUBLIC UTILITY
AUTHORITY-ELECTRICITY

Rona Bergman Naveh
GROSS, KLEINHENDLER,
HODAK, HALEVY,
GREENBERG & CO.

Sara Bitton
ISRAEL CUSTOMS DIRECTORATE

Roy Caner
ERDINAST, BEN NATHAN,
TOLEDANO & CO. ADVOCATES

Eitan Carmeli
ECA-ETHAN CARMEL
ARCHITECTS

Doron Cohen
RAVEH, RAVID & CO.
CPAS—MEMBER OF RUSSELL
BEDFORD INTERNATIONAL

Yael Crema
MINISTRY OF FINANCE
OF ISRAEL

Itay Deutsch
NASCHITZ, BRANDES,
AMIR & CO.

Guy Dvory
S. HOROWITZ & CO.
MEMBER OF LEX MUNDI

Asaf Joseph Eylon
YIGAL ARNON & CO.

Yigal Faberman
ISRAEL DEFENSE FORCES

Amichay Finkelstein
AMIT, POLLAK,
MATALON & CO.

Jonathan Finklestone
MEITAR LIQUORNIK
GEVA LESHEM TAL

Nitzan Fisher Conforti
YIGAL ARNON & CO.

Viva Gayer
ERDINAST, BEN NATHAN,
TOLEDANO & CO. ADVOCATES

Tuvia Geffen
NASCHITZ, BRANDES,
AMIR & CO.

Ido Gonen
GOLDFARB SELIGMAN & CO.

Amos Hacmun
HESKIA-HACMUN LAW FIRM

Liron HaCohen
YIGAL ARNON & CO.

Shlomi Hayzler
MINISTRY OF JUSTICE

Yael Hershkovitz
GROSS, KLEINHENDLER,
HODAK, HALEVY,
GREENBERG & CO.

Tali Hirsch Sherman
MINISTRY OF CONSTRUCTION
AND HOUSING

Zeev Katz
PWC ISRAEL

Vered Kirshner
PWC ISRAEL

Adam Klein
GOLDFARB SELIGMAN & CO.

Gideon Koren
GIDEON KOREN &
CO. LAW OFFICES

Hadas Lavi-Benderman
S. HOROWITZ & CO.
MEMBER OF LEX MUNDI

Gil Lazar
STRAUSS LAZER & CO. CPAS

Matan Lazar
LAZAR & CO.

Dana Leshem
ERDINAST, BEN NATHAN,
TOLEDANO & CO. ADVOCATES

Michelle Liberman
S. HOROWITZ & CO.
MEMBER OF LEX MUNDI

Nofar Maimon
RAVEH, RAVID & CO.
CPAS—MEMBER OF RUSSELL
BEDFORD INTERNATIONAL

Liron Mendelevitz
KRIEF ALBATROS LTD.

Michael Mograbi
PELTRANSPORT

Assaf Neeman
RINAT & ASSAF
NEEMAN—ARCHITECTS

Yonathan Nissenhaus
GOLDFARB SELIGMAN & CO.

Tzippi Rozenberg
TZIPPI ROZENBERG LAW FIRM

Doron Sadan
PWC ISRAEL

Dan Sharon
DAN SHARON—CONSULTING
ENGINEERS 2002 LTD.

Daniel Singerman
COFACEBDI

Hugo Spangenthal
MISHAB

Eran B. Taussig
BALTER, GUTH, ALONI LLP

Eylam Weiss
WEISS, PORAT & CO.

Zeev Weiss
WEISS, PORAT & CO.

Michal Zohar-Neistein
NASCHITZ, BRANDES,
AMIR & CO.

意大利

ASSOMELA

Paolo Acciari
MINISTERO DELL'ECONOMIA
E FINANZE

Marco Sebastiano Accorrà
STUDIO LEGALE ACCORRÀ

Fabrizio Acerbis
PWC ITALY

Silvia Adani
SHEARMAN & STERLING LLP

Giuseppe Alemani
ALEMANI E ASSOCIATI

Iacopo Aliverti Piuri
DENTONS

Federico Antich
STUDIO DELL'AVVOCATO
ANTICH

Umberto Antonelli
STUDIO LEGALE ASSOCIATO
AD ASHURST LLP

Gaetano Arnò
PWC—TAX AND
LEGAL SERVICES

Ivan Arrotta
PWC—TAX AND
LEGAL SERVICES

Gianluigi Baroni
PWC—TAX AND
LEGAL SERVICES

Alvise Becker
PWC—TAX AND
LEGAL SERVICES

Susanna Beltramo
STUDIO LEGALE BELTRAMO

Domenico Benincasa
STUDIO LEGALE BENINCASA
NERVI & PARTNERS

Claudia Beranzoli
COURT OF APPEAL OF ROME

Carlo Berarducci
CARLO BERARDUCCI
ARCHITECTURE

Emma Berdini
SHEARMAN & STERLING LLP

Gianluca Borraccia
PWC—TAX AND
LEGAL SERVICES

Giampaolo Botta
SPEDIPORTO—ASSOCIAZIONE
SPEDIZIONIERI CORRIERI E
TRASPORTATORI DI GENOVA

Giuseppe Broccoli
BDALAW

Marco Buffarini
MINISTERO DELL'ECONOMIA
E FINANZE

Sergio Calderara
CLEGAL

Federico Calloni
STUDIO CORNO—MEMBER
OF RUSSELL BEDFORD
INTERNATIONAL

Gianluca Cambareri
TONUCCI & PARTNERS

Antonio Campagnoli
IL PUNTO REAL
ESTATE ADVISOR

Stefano Cancarini
PWC—TAX AND
LEGAL SERVICES

Ludovica Cantoresi
COURT OF APPEAL OF ROME

Fabiola Capparelli
PWC—TAX AND
LEGAL SERVICES

Antonio Cappiello
CONSIGLIO NAZIONALE
DEL NOTARIATO

Cecilia Carrara
LEGANCE AVVOCATI ASSOCIATI

Alberto Castelli
STUDIO LEGALE ASSOCIATO
AD ASHURST LLP

Sandro Cecili
ARIETI S.P.A. ACEA GROUP

Da Sol Choi
STUDIO LEGALE ASSOCIATO
AD ASHURST LLP

Flavio Ciotti
CLEARY GOTTLIEB STEEN
& HAMILTON LLP

Domenico Colella
ORSINGHER ORTU—
AVVOCATI ASSOCIATI

Lorenzo Colombi Manzi
WHITE & CASE LLP

Fabrizio Colonna
STELÉ PERELLI

Mattia Colonnelli de Gasperis
COLONNELLI DE GASPERIS
STUDIO LEGALE

Carlo Alberto Mario Corazzini
RISTUCCIA TUFARELLI
E ASSOCIATI

Barbara Corsetti
PORTOLANO CAVALLO
STUDIO LEGALE

Filippo Corsini
CHIOMENTI STUDIO LEGALE

Barbara Cortesi
STUDIO LEGALE GUASTI

Yvette Costa
WHITE & CASE LLP

Andrea Covolan
MACCHI DI CELLERE GANGEMI

Salvatore Cuzzocrea
PWC—TAX AND
LEGAL SERVICES

Mariano Davoli
PIROLA PENNUTO ZEI
& ASSOCIATI

Daniele De Benedetti
STUDIO AVV. DANIELE
DE BENEDETTI

Francesca De Paolis
STUDIO LEGALE
SALVATORE DE PAOLIS

Andrea De Pieri
SHEARMAN & STERLING LLP

Rosa Del Sindaco
ABBATESCIANNI STUDIO
LEGALE E TRIBUTARIO

Claudio Di Falco
CLEARY GOTTLIEB STEEN
& HAMILTON LLP

Fabrizio Di Geronimo
PWC—TAX AND
LEGAL SERVICES

Francesco Dialti
CBA STUDIO LEGALE
E TRIBUTARIO

Silvia Digregorio
COURT OF APPEAL OF ROME

Davide Diverio
WHITE & CASE LLP

Lorenzo Fabbri
COCUZZA E ASSOCIATI

Francesco Falsetti
SALINI IMPREGILO

Maddalena Ferrari
STUDIO NOTARILE FERRARI

Barbara Mirta Ferri
PWC—TAX AND
LEGAL SERVICES

Tommaso Foco
PORTOLANO CAVALLO
STUDIO LEGALE

Valerio Fontanesi
SHEARMAN & STERLING LLP

Emanuele Franchi
PWC ITALY

Pier Andrea Fré Torelli Massini
CARABBA & PARTNERS

Filippo Frigerio
PORTOLANO CAVALLO
STUDIO LEGALE

Linda Nicoletta Frigo
GRUPPO PAM S.P.A.

Marialaura Frittella
COCUZZA E ASSOCIATI

Carlo Fumagalli
STUDIO FUMAGALLI

Paolo Gallarati
NCTM STUDIO LEGALE

Andrea Gangemi
PORTOLANO CAVALLO
STUDIO LEGALE

Alessandro Generali
STUDIO LEGALE ASSOCIATO
AD ASHURST LLP

Daniele Geronzi
LEGANCE AVVOCATI ASSOCIATI

Enrica Maria Ghia
STUDIO LEGALE GHIA

Lucio Ghia
STUDIO LEGALE GHIA

Alessandra Ghisio
PWC—TAX AND
LEGAL SERVICES

Andrea Giaretta
SHEARMAN & STERLING LLP

Vincenzo Fabrizio Giglio
GIGLIO & SCOFFERI STUDIO
LEGALE DEL LAVORO

Elena Giuffrè
STUDIO LEGALE ASSOCIATO
AD ASHURST LLP

Antonio Grieco
GRIECO E ASSOCIATI

Federico Guasti
STUDIO LEGALE GUASTI

Margot Houli
PWC—TAX AND
LEGAL SERVICES

Francesca Inchingolo
COURT OF APPEAL OF ROME

Pamela Infantino
STUDIO LEGALE ASSOCIATO
AD ASHURST LLP

Francesco Iodice
CLEARY GOTTLIEB STEEN
& HAMILTON LLP

Alberto Irace
ARIETI S.P.A. ACEA GROUP

Giovanni Izzo
ABBATESCIANNI STUDIO
LEGALE E TRIBUTARIO

Ignazio La Candia
PIROLA PENNUTO ZEI
& ASSOCIATI

Francesco Laureti
NCTM STUDIO LEGALE

Luca Lavazza
PWC ITALY

Francesco Liberatori
CLEARY GOTTLIEB STEEN
& HAMILTON LLP

Giovanni Liotta
CONSIGLIO NAZIONALE
DEL NOTARIATO

Stefano Liotta
ARIETI S.P.A. ACEA GROUP

Claudia Lo Cicero
AGENZIA DELLE DOGANE
E DEI MONOPOLI

Enrico Lodi
CRIF S.P.A.

Giulia Loi
ORSINGHER ORTU—
AVVOCATI ASSOCIATI

Salvatore Lombardo
CONSIGLIO NAZIONALE
DEL NOTARIATO

Stefano Macchi di Cellere
MACCHI DI CELLERE GANGEMI

Federico Magi
PWC—TAX AND LEGAL SERVICES

Carlo Majer
LITTLER

Simone Marcon
CLEARY GOTTLIEB STEEN & HAMILTON LLP

Laura Marretta
ROMOLOTTI MARRETTA

Donatella Martinelli
STUDIO LEGALE ASSOCIATO TOMMASINI E MARTINELLI

Federico Mattei
PWC—TAX AND LEGAL SERVICES

Carloandrea Meacci
STUDIO LEGALE ASSOCIATO AD ASHURST LLP

Gianluca Medina
STUDIO LEGALE ASSOCIATO AD ASHURST LLP

Laura Mellone
BANK OF ITALY

Priscilla Merlino
NUNZIANTE MAGRONE

Marina Mirabella
LEGÁLIA

Marco Monaco Sorge
TONUCCI & PARTNERS

Alberto Moneta
PWC—TAX AND LEGAL SERVICES

Maria Teresa Monteduro
MINISTERO DELL'ECONOMIA E FINANZE

Micael Montinari
PORTOLANO CAVALLO STUDIO LEGALE

Davide Moretti
BANK OF ITALY

Valeria Morosini
TOFFOLETTO E SOCI LAW FIRM, MEMBER OF IUS LABORIS

Davide Neirotti
PWC—TAX AND LEGAL SERVICES

Gianmatteo Nunziante
NUNZIANTE MAGRONE

Luca Occhetta
PIROLA PENNUTO ZEI & ASSOCIATI

Nicole Paccara
WHITE & CASE LLP

Fabiana Padroni
RISTUCCIA TUFARELLI E ASSOCIATI

Olga Palma
PIROLA PENNUTO ZEI & ASSOCIATI

Luciano Panzani
COURT OF APPEAL OF ROME

Giovanni Patti
ABBATESCIANNI STUDIO LEGALE E TRIBUTARIO

Gino Pazienza
ENER-PRICE

Federica Periale
STUDIO LEGALE ASSOCIATO AD ASHURST LLP

Alessandro Piga
WHITE & CASE LLP

Annamaria Pinzuti
STUDIO LEGALE ASSOCIATO AD ASHURST LLP

Margherita Piromalli
WHITE & CASE LLP

Maria Progida
PWC—TAX AND LEGAL SERVICES

Daniele Raynaud
RAYNAUD STUDIO LEGALE

Valentina Ricci
STELÉ PERELLI

Marianna Ristuccia
RISTUCCIA TUFARELLI E ASSOCIATI

Cinzia Romano
STUDIO LEGALE SALVATORE DE PAOLIS

Tommaso Edoardo Romolotti
ROMOLOTTI MARRETTA

Davide Rossini
APL SRL

Michele Salemo
LEXOPERA

Francesca Salerno
LEGANCE AVVOCATI ASSOCIATI

Michele Salerno
KRCOM

Alessandro Salvador
SHEARMAN & STERLING LLP

Giuseppe Santarelli
TONUCCI & PARTNERS

Arturo Santoro
PIROLA PENNUTO ZEI & ASSOCIATI

Alice Scotti
STUDIO LEGALE GUASTI

Lidia Maria Sella
STUDIO CORNO—MEMBER OF RUSSELL BEDFORD INTERNATIONAL

Dario Sencar
PWC ITALY

Susanna Servi
CARABBA & PARTNERS

Ginevra Sforza
PORTOLANO CAVALLO STUDIO LEGALE

Massimiliano Silvetti
LEGÁLIA

Luca Sportelli
CLEARY GOTTLIEB STEEN & HAMILTON LLP

Maria Antonietta Tanico
STUDIO LEGALE TANICO

Andrea Tedioli
STUDIO LEGALE TEDIOLI

Giuseppe Telesca
AGENZIA DELLE ENTRATE

Roberto Tirone
COCUZZA E ASSOCIATI

Francesca Tironi
PWC—TAX AND LEGAL SERVICES

Giacinto Tommasini
STUDIO LEGALE ASSOCIATO TOMMASINI E MARTINELLI

Luca Tormen
PORTOLANO CAVALLO STUDIO LEGALE

Nicola Toscano
STUDIO LEGALE ASSOCIATO AD ASHURST LLP

Silvia Totti
WHITE & CASE LLP

Stefano Tresca
ISEED

Luca Tufarelli
RISTUCCIA TUFARELLI E ASSOCIATI

Valentina Turco
PORTOLANO CAVALLO

Rachele Vacca de Dominicis
GRIECO E ASSOCIATI

Mario Valentini
PIROLA PENNUTO ZEI & ASSOCIATI

Elisabetta Ventrella
BDALAW

Gloria Vigilante
STUDIO LEGALE ASSOCIATO AD ASHURST LLP

Fabio Zanchi
BDALAW

Nicola Zanotelli

Emilio Zendri
ARIETI S.P.A. ACEA GROUP

Filippo Zucchinelli
PWC—TAX AND LEGAL SERVICES

牙买加

CARL CHEN & ASSOCIATES

INTERPLAN

PWC JAMAICA

RIVI GARDENER & ASSOCIATE LTD.

Althea Anderson
LEX CARIBBEAN

Comnore Bennett

Gregory Bennett
NATIONAL ENVIRONMENT & PLANNING AGENCY

Christopher Bovell
DUNNCOX

Garfield Bryan
OFFICE OF UTILITIES REGULATION

Errington Case
JAMAICA PUBLIC SERVICE COMPANY LIMITED

Alexander Corrie
LIVINGSTON, ALEXANDER & LEVY

Kevin Cunningham
ABTAX LIMITED

Joan Ferreira-Dallas
ABTAX LIMITED

Nicole Foga
FOGA DALEY

Patricia Francis
TRADE FACILITATION SECRETARIAT

David Geddes
OFFICE OF UTILITIES REGULATION

Kay-Ann Graham
NUNES, SCHOLEFIELD DELEON & CO.

Narda Graham
DUNNCOX

Gabrielle Grant
MYERS, FLETCHER & GORDON, MEMBER OF LEX MUNDI

Matthieu H. J. Beckford
RATTRAY PATTERSON RATTRAY

Howard Harris
FOGA DALEY

Hopeton Heron
OFFICE OF UTILITIES REGULATION

Michael Hylton
HYLTON POWELL

Donovan Jackson
NUNES, SCHOLEFIELD DELEON & CO.

Mikhail Jackson
LIVINGSTON, ALEXANDER & LEVY

Topaz Johnson
DUNNCOX

Joan Lawla
UNIVERSITY OF TECHNOLOGY

Melinda Lloyd
JAMAICA PUBLIC SERVICE COMPANY LIMITED

Rachael Lodge
FOGA DALEY

Marlon Lowe
JAMAICA CUSTOMS DEPARTMENT

Kerri-Anne Mayne
MYERS, FLETCHER & GORDON, MEMBER OF LEX MUNDI

Horace Messado
JAMAICA PUBLIC SERVICE COMPANY LIMITED

Alton Morgan
LEGIS-ALTON E. MORGAN & CO. ATTORNEYS-AT-LAW

Sandralyn Nembhard
ABTAX LIMITED

Shyvonne Osborne-Perry
FOGA DALEY

Gina Phillipps Black
MYERS, FLETCHER & GORDON, MEMBER OF LEX MUNDI

Shalise Porteous
NATIONAL LAND AGENCY

Kevin Powell
HYLTON POWELL

Judith Ramlogan
COMPANIES OFFICE

Paul Randall
CREDITINFO JAMAICA LIMITED

Hilary Reid
MYERS, FLETCHER & GORDON, MEMBER OF LEX MUNDI

Velma Ricketts Walker
JAMAICA CUSTOMS DEPARTMENT

Trevor Riley
THE SHIPPING ASSOCIATION OF JAMAICA

Camile Rose
JAMAICA PUBLIC SERVICE COMPANY LIMITED

Bernard Shepherd
LEX CARIBBEAN

Jacqueline Simmonds
JAMAICA PUBLIC SERVICE COMPANY LIMITED

Chantal Simpson
MYERS, FLETCHER & GORDON, MEMBER OF LEX MUNDI

Hakon Stefansson
CREDITINFO JAMAICA LIMITED

Craig Stephen
CREDITINFO JAMAICA LIMITED

Danielle Stiebel
MYERS, FLETCHER & GORDON, MEMBER OF LEX MUNDI

Stuart Stimpson
HART MUIRHEAD FATTA ATTORNEYS AT LAW

Marlene Street Forrest
JAMAICA STOCK EXCHANGE

Humprey Taylor
TAYLOR CONSTRUCTION LTD.

Sherica Taylor
LEX CARIBBEAN

Kanika Tomlinson
THE TRADE BOARD

Kris-Anthony Turner
DUNNCOX

Cheriese Walcott
NATIONAL LAND AGENCY

Andre Williams
JAMAICA CUSTOMS DEPARTMENT

Dominic Williams
JAMAICA PUBLIC SERVICE COMPANY LIMITED

Kelley Wong
LIVINGSTON, ALEXANDER & LEVY

Angelean Young-Daley
JAMAICA PUBLIC SERVICE COMPANY LIMITED

日本

NIPPON EXPRESS CO. LTD.

T. Adachi
SANKYU INC OSAKA BR.

Daiki Akahane
LAW OFFICES OF AKAHANE, ISEKI & HONDA (AIH LAW)

Masaaki Aono
MINISTRY OF JUSTICE

Junji Arai
KINDEN CO.

Nakamura Atushi
TOKYO ELECTRIC POWER COMPANY INC.

Fumika Cho
WHITE & CASE

Takuya Eguchi
MORI HAMADA & MATSUMOTO—OSAKA

Toyoki Emoto
ATSUMI & SAKAI

Kayoko Fujii
JAPAN CREDIT INFORMATION REFERENCE CENTER CORP.

Kiyoshi Fujita
ADACHI, HENDERSON, MIYATAKE & FUJITA

Miho Fujita
ADACHI, HENDERSON, MIYATAKE & FUJITA

Rika Fukazawa
FUKAZAWA SHAROUSHI OFFICE

Tatsuya Fukui
ATSUMI & SAKAI

Shinnosuke Fukuoka
NISHIMURA & ASAHI

Taichi Haraguchi
EY

Norio Harasawa
ISHIKAWA-GUMI LTD.

Yuichi Hasegawa
ADACHI, HENDERSON, MIYATAKE & FUJITA

Shunsuke Honda
ANDERSON MORI & TOMOTSUNE

Akiko Hori
SHIHOSHOSHI LAWYER OFFICE AKIKO HORI

Kei Horiguchi
WHITE & CASE

Harufumi Hoshino
KANSAI ELECTRIC POWER

Masaak Iino
*BE AMBITIOUS SOCIAL
INSURANCE LABOR
CONSULTANT CORPORATION*

Shouichi Imanishi
LAWYER

Hiroshi Inagaki
*HANKYU HANSHIN
EXPRESS CO. LTD.*

Ryuji Ino
EY

Koichi Ishikawa
*ANDERSON MORI &
TOMOTSUNE*

Yukitaka Ishizaka
*TOKYO ELECTRIC POWER
COMPANY INC.*

Akiko Isoyama
PWC TAX JAPAN

Takeshi Kakeya
*TOKYO ELECTRIC POWER
COMPANY INC.*

Hiroaki Kakihira
CHUO SOGO LAW OFFICE

Saki Kamiya
*ANDERSON MORI &
TOMOTSUNE*

Kazuo Kasai
WHITE & CASE

Hiroshi Kasuya
BAKER MCKENZIE

Takumi Kiriyama
NISHIMURA & ASAHI

Akemi Kito
PWC TAX JAPAN

Akiko Kobayashi
*CREDIT INFORMATION
CENTER CORP.*

Masayoshi Kobayashi
BAKER MCKENZIE

Daizo Kodama
*TOKYO ELECTRIC POWER
COMPANY INC.*

Hiroyuki Konishi
*KONISHI TAX AND
ACCOUNTING*

Yasuyuki Kuribayashi
CITY-YUWA PARTNERS

Daisuke Matsui
SHEARMAN & STERLING LLP

Hiroaki Matsui
NISHIMURA & ASAHI

Naoki Matsuo
CITY-YUWA PARTNERS

Nobuaki Matsuoka
*OSAKA INTERNATIONAL
LAW OFFICES*

Kazuya Miyakawa
PWC TAX JAPAN

Reimi Miyamoto

Toshio Miyatake
*ADACHI, HENDERSON,
MIYATAKE & FUJITA*

Teppei Mogi
OH-EBASHI LPC & PARTNERS

Kenjiro Mori
*OSAKA INTERNATIONAL
BUSINESS PROMOTION CENTER*

Michihiro Mori
NISHIMURA & ASAHI

Yuka Morita
*MINISTRY OF LAND,
INFRASTRUCTURE,
TRANSPORT AND TOURISM*

Tatsuaki Murakami
NISHIMURA & ASAHI

Hirosato Nabika
CITY-YUWA PARTNERS

Satoshi Nagaura
*NAGAURA PERSONNEL
MANAGEMENT OFFICE*

Hideto Nakai
KINDEN CO.

Kohei Nakajima
EY

Jumpei Nakata
EY

Ken Nakatsuka
*NAKATSUKA KEN TAX
ACCOUNTING OFFICE*

Masahiro Nakatsukasa
CHUO SOGO LAW OFFICE

Noriyuki Nishi
N&A LEGAL OFFICE

Hiromasa Nishibayashi
*NISHIBAYASHI LABOR
AND SOCIAL SECURITY
ATTORNEY'S OFFICE*

Keisuke Nishimura
WHITE & CASE

Miho Niunoya
ATSUMI & SAKAI

Hiroko Numata
*LABOR AND SOCIAL SECURITY
ATTORNEY HARNESS, INC.*

Fumiya Obinata
NISHIMURA & ASAHI

Takashi Oguchi
CHUO SOGO LAW OFFICE

Takeshi Ogura
OGURA ACCOUNTING OFFICE

Takashi Ohira
*NIPPON TELEGRAPH AND
TELEPHONE CORPORATION*

Hajime Ohkubo
*JAPAN CREDIT INFORMATION
REFERENCE CENTER CORP.*

Kotaro Okamoto
EY

Isamu Onishi
MINISTRY OF JUSTICE

Yoshihiko Ono
*LABOR AND SOCIAL
SECURITY ATTORNEY
YOSHIHIKO ONO OFFICE*

Anna Redmond
TORAY INDUSTRIES, INC.

Yoko Sagawa
*SAGAWA LABOR AND SOCIAL
SECURITY ATTORNEY*

Takashi Saito
CITY-YUWA PARTNERS

Yoko Saito
WHITE & CASE LLP JAPAN

Hitomi Sakai
KOJIMA LAW OFFICES

Yuka Sakai
CITY-YUWA PARTNERS

Keiko Sakurai
*SAKURA INTERNATIONAL
LEGAL PARTNER*

Sara Sandford
*GARVEY SCHUBERT
BARER LAW FIRM*

Hitoshi Saruwatari
KINKI TSUKAN CO. LTD.

Kei Sasaki
*ANDERSON MORI &
TOMOTSUNE*

Ichiro Sato

Tetsuro Sato
BAKER MCKENZIE

Yuri Sugano
NISHIMURA & ASAHI

Junya Suzuki
BAKER MCKENZIE

Nobuhiko Suzuki
SHEARMAN & STERLING LLP

Yasuyuki Suzuki
*HAYABUSA ASUKA
LAW OFFICES*

Hiroaki Takahashi
*ANDERSON MORI &
TOMOTSUNE*

Hiroto Takahashi
ATSUMI & SAKAI

Yohei Takayanagi
KANSAI ELECTRIC POWER

Junichi Tobimatsu
TOBIMATSU LAW

Kazuki Toriuchi
ALPS LOGISTICS CO. LTD.

Takaharu Totsuka
*ANDERSON MORI &
TOMOTSUNE*

Naohiro Toyoda
*AEON FINANCIAL
SERVICE CO. LTD.*

Hiroe Toyoshima
NAKAMOTO & PARTNERS

Yoshito Tsuji
OBAYASHI CORPORATION

Takeo Tsukamoto
NISHIMURA & ASAHI

Ichiro Tsumiomri
EY

Shougo Tsuruta
PWC TAX JAPAN

Yusuke Tuji
MINISTRY OF JUSTICE

Toru Ueno
*TOKYO ELECTRIC POWER
COMPANY INC.*

Tomoko Unaki
*JAPAN INTERNATIONAL
COOPERATION AGENCY (JICA)*

Yuichi Urata
OH-EBASHI LPC & PARTNERS

Jun Usami
WHITE & CASE

Kenji Utsumi
*NAGASHIMA OHNO
& TSUNEMATSU*

Kosei Watanabe

Michi Yamagami
*ANDERSON MORI &
TOMOTSUNE*

Akihiro Yamamoto
TOBIMATSU LAW

Shunichi Yamamoto
*YAMAMOTO TAX
ACCOUNTING OFFICE*

Takayuki Yamashita
*GARVEY SCHUBERT
BARER LAW FIRM*

Hiroaki Yotabun
TOKYO HIGH COURT

约旦

BARGHOUTI KIRFAN
HATTAR ADVOCATES

EY

JORDAN SECURITIES
COMMISSION

PWC JORDAN

Hisham Ababneh
*SAFWAN MOUBAYDEEN
LAW FIRM IN ASSOCIATION
WITH DENTONS*

Yafa Abourah
*AL TAMIMI & COMPANY
ADVOCATES & LEGAL
CONSULTANTS*

Hayja'a Abu Al Hayja'a
*TALAL ABU GHAZALEH
LEGAL SERVICES CO.*

Nayef Abu Alim
PREMIER LAW FIRM LLP

Hanin Abughazaleh
*AL TAMIMI & COMPANY
ADVOCATES & LEGAL
CONSULTANTS*

Waleed Adi
*EMRC ENERGY AND MINERALS
REGULATORY COMMISSION*

Ahmad Alalem
JORDAN CUSTOMS

Fadi Al-Tawabini
CRIF JORDAN

Bassam Gh Al Abdallat
QUDAH LAW FIRM

Zeina Al Nabih
*AL TAMIMI & COMPANY
ADVOCATES & LEGAL
CONSULTANTS*

Wijdan Al Rabadi
*EMRC ENERGY AND MINERALS
REGULATORY COMMISSION*

Ziad Al Shufiyyen
*EMRC ENERGY AND MINERALS
REGULATORY COMMISSION*

Suliman Al Talib
ISTD

Eman M. Al-Dabbas
*INTERNATIONAL BUSINESS
LEGAL ASSOCIATES*

Islam Alharhashi
IHQAQ

Omar Aljazy
*ALJAZY & CO. ADVOCATES
& LEGAL CONSULTANTS*

Mohanna Al-Kattan
*GREATER AMMAN
MUNICIPALITY*

Sabri S. Al-Khassib
*AMMAN CHAMBER
OF COMMERCE*

Faris Al-Louzi
*SANAD LAW GROUP,
IN ASSOCIATION WITH
EVERSHEDS SUTHERLAND*

Liana Al-Mufleh
*HAMMOURI & PARTNERS
LAW FIRM*

Asma'a Al-Reqeb
CENTRAL BANK OF JORDAN

Moath Alsbin
*EMRC ENERGY AND MINERALS
REGULATORY COMMISSION*

Hussien Alsorakhi
ISTD

Essa Amawi
*AMAWI & CO. ADVOCATES
& LEGAL CONSULTANTS*

Mohammed Amawi
*AMAWI & CO. ADVOCATES
& LEGAL CONSULTANTS*

Ahmad Amoudi
CRIF JORDAN

Faisal Asfour
*KHALIFEH & PARTNERS
LAWYERS*

Raaed Asfour
ISTD

Mazen M. Badwan
*DEPARTMENT OF
LANDS & SURVEY*

Arianna Barilaro
*EREIFEJ & PARTNERS
INTERNATIONAL LAW FIRM*

Aya Bassoumi
*HAMMOURI & PARTNERS
LAW FIRM*

Ayham Batarseh
ZALLOUM & LASWI LAW FIRM

Yotta Bulmer
*HAMMOURI & PARTNERS
LAW FIRM*

Fares Dabbas
*SANAD LAW GROUP,
IN ASSOCIATION WITH
EVERSHEDS SUTHERLAND*

Waddah El Chaer
EL CHAER LAW FIRM

Mohammad Mufleh El-Qudah
QUDAH LAW FIRM

Haytham Ereifej
*EREIFEJ & PARTNERS
INTERNATIONAL LAW FIRM*

Bashar Gammaz
*HAMMOURI & PARTNERS
LAW FIRM*

Aya Garbieh
CENTRAL BANK OF JORDAN

Ziad Ghanma
CENTRAL BANK OF JORDAN

Nabeel Ghazaleh
*TALAL ABU GHAZALEH
LEGAL SERVICES CO.*

Lana Habash
*SANAD LAW GROUP,
IN ASSOCIATION WITH
EVERSHEDS SUTHERLAND*

Tariq Hammouri
*HAMMOURI & PARTNERS
LAW FIRM*

George Hazboun
*INTERNATIONAL CONSOLIDATED
FOR LEGAL CONSULTATIONS*

Reem Hazboun
*INTERNATIONAL CONSOLIDATED
FOR LEGAL CONSULTATIONS*

Tayseer Ismail Ibrahim
*NOUR ALSHARQ TRADE
COMPANY ENGINEERING
& COMPANY SERVICES*

Farah Jaradat
*HAMMOURI & PARTNERS
LAW FIRM*

Basel Kawar
*KAWAR TRANSPORT &
TRANSIT KARGO*

Ahmed Khalifeh
*HAMMOURI & PARTNERS
LAW FIRM*

Ammar Krayim
KRAYIM CONSTRUCTION

Lama Krayim
KRAYIM CONSTRUCTION

Mahmoud Kreishan
*SANAD LAW GROUP,
IN ASSOCIATION WITH
EVERSHEDS SUTHERLAND*

Rasha Laswi
ZALLOUM & LASWI LAW FIRM

AbdelRahman Malhas
*ALI SHARIF ZU'BI, ADVOCATES
& LEGAL CONSULTANTS,
MEMBER OF LEX MUNDI*

Ali Mnawer
AMMAN MAGISTRATE'S COURT

Dana Mubaidien
*KHALIFEH & PARTNERS
LAWYERS*

Tareef Nabeel
NABEEL LAW OFFICES

Naith Nabulsi
ZALLOUM & LASWI LAW FIRM

Thaer Najdawi
A & T NAJDAWI LAW FIRM

Adnan Naji
CENTRAL BANK OF JORDAN

Khaldoun Nazer
*KHALIFEH & PARTNERS
LAWYERS*

Majd Nemeh
*INTERNATIONAL CONSOLIDATED
FOR LEGAL CONSULTATIONS*

Hazem Nimri
MAISAM ARCHITECTS

Ramzi Nuzha
*COMPANIES GENERAL
CONTROLLER*

Rami Obeid
CENTRAL BANK OF JORDAN

Hamza Obidat
*INTERNATIONAL CONSOLIDATED
FOR LEGAL CONSULTATIONS*

Mahmoud Ibrahim Odeh
ARCH GLOBAL LOGISTICS

Ala'a Qattan
QATTAN LAW FIRM

Osama Y. Sabbagh
*THE JORDANIAN ELECTRIC
POWER CO. LTD. (JEPCO)*

Tareq Sahouri
SAHOURI & PARTNERS LLC

Wesam Said
JORDAN CUSTOMS

Siwar Saket
*KHALIFEH & PARTNERS
LAWYERS*

Majdi Salaita
*ALI SHARIF ZU'BI, ADVOCATES
& LEGAL CONSULTANTS,
MEMBER OF LEX MUNDI*

Khaled Saqqaf
*AL TAMIMI & COMPANY
ADVOCATES & LEGAL
CONSULTANTS*

Omar Sawadha
*HAMMOURI & PARTNERS
LAW FIRM*

Mohammad Sawafeen
*LAND AND SURVEY
DIRECTORATE*

Manhal Sayegh
*THE JORDANIAN ELECTRIC
POWER CO. LTD. (JEPCO)*

Mouen M. Sayegh
*DEPARTMENT OF
LANDS & SURVEY*

Firas Sharaiha
*RABAH AND SHARAIHA
LEGAL CONSULTANTS*

Rahaf Shneikat
*HAMMOURI & PARTNERS
LAW FIRM*

Batool Ghassan Tanash
QUDAH LAW FIRM

Moawyah Tarawneh
*KHALIFEH & PARTNERS
LAWYERS*

Khaled Tuffaha
*KPMG KAWASMY &
PARTNERS CO.*

Basel Uraiqat
URAIQAT ARCHITECTS

Basma Abdallah Uraiqat
URAIQAT ARCHITECTS

Ala' Z. Jardaneh
JARDANEH LAW FIRM

Azzam Zalloum
ZALLOUM & LASWI LAW FIRM

Deema Abu Zulaikha
*TALAL ABU GHAZALEH
LEGAL SERVICES CO.*

哈萨克斯坦

ALMATY BAR ASSOCIATION

Emil Halilyevich Abdrashitov
*NOTARY ASSOCIATION
OF THE ALMATY CITY*

Sardar Inarovich Abdysadykov
*NOTARY ASSOCIATION
OF THE ALMATY CITY*

Kuben Abzhanov
BAKER MCKENZIE

Dariga Adanbekova
CENTIL LAW FIRM

Kirill Afanasyev
SCHNEIDER GROUP

Ilgar Agalar
MUGAN

Bulat Ahmetov
ARHICO ARHSTUDIO

Zulfiya Akchurina
GRATA INTERNATIONAL

Saparbek Akzhambaev
MINISTRY OF JUSTICE

Gaukhar Alibekova
*NATIONAL BANK OF
KAZAKHSTAN*

Assel Aralbayeva
SUPREME COURT

Yermek Aubakirov
*MICHAEL WILSON &
PARTNERS LTD.*

Aigul Baizhanova
MINISTRY OF JUSTICE

Kulbarshyn Bazarbekova
PKF SAPA-AUDIT

Aidos Bekov
JSC STATE CREDIT BUREAU

Dina Bektemirova
SYNERGY PARTNERS LAW FIRM

Maja Bektemurova
ALMATY ENERGO ZBYT

Timur Bizhanov
*MINISTRY OF REGIONAL
DEVELOPMENT*

Aizhan Bozaeva
MINISTRY OF FINANCE

Aziza Bozhakanova
MINISTRY OF JUSTICE

Shynggys Chotuyev
CENTIL LAW FIRM

Alexander Chumachenko
AEQUITAS LAW FIRM LLP

Yuliya Chumachenko
AEQUITAS LAW FIRM LLP

Dmitriy Chumakov
SAYAT ZHOLSHY & PARTNERS

Ali Dautalinov
SYNERGY PARTNERS LAW FIRM

Ruslan Degtyarenko
DENTONS KAZAKHSTAN LLP

Yerzhan Dossymbekov
GRANT THORNTON LLP

Aidana Duisen
EY

Ilyas Dusenov
*NUCLEAR AND ENERGY
SUPERVISION AND CONTROL
COMMITTEE OF THE
MINISTRY OF ENERGY*

Sofia Dushkina
*NATIONAL BANK OF
KAZAKHSTAN*

Inara Elemanova
CENTIL LAW FIRM

Sungat Essimkhanov
*NUCLEAR AND ENERGY
SUPERVISION AND CONTROL
COMMITTEE OF THE
MINISTRY OF ENERGY*

Asror Fayzov
CENTIL LAW FIRM

Alexander Giros
*PARADIGM PROJECTS
KAZAKHSTAN*

Daniyar Isabekov
*NUCLEAR AND ENERGY
SUPERVISION AND CONTROL
COMMITTEE OF THE
MINISTRY OF ENERGY*

Gulnar Batzhanovna Isabekova
ALATAU ZHARYK

Majra Iskakova
ALMATY ENERGO ZBYT

Yerlan Ismailov
*NATIONAL BANK OF
KAZAKHSTAN*

Dinara Jarmukhanova
CENTIL LAW FIRM

Galiya Joldybayeva
*MINISTRY OF INVESTMENTS
AND DEVELOPMENT*

Mariyash Kabikenova
REHABILITATION MANAGER

Assel Kabiyeva
GRATA INTERNATIONAL

Elena Kaeva
PWC KAZAKHSTAN

Marina Kahiani
GRATA INTERNATIONAL

Aktoty Kajyrgalieva
*NUCLEAR AND ENERGY
SUPERVISION AND CONTROL
COMMITTEE OF THE
MINISTRY OF ENERGY*

Zhansaya Kalybekova
EY

Mira Kamzina
*NATIONAL BANK OF
KAZAKHSTAN*

Maksud Karaketov
CENTIL LAW FIRM

Yerbol Karimov
OLYMPEX ADVISERS

Alimzhan Karkinbaev
*MINISTRY OF REGIONAL
DEVELOPMENT*

Anel Kassabulatova
SIGNUM LAW FIRM

Madina Kazhimova
*MINISTRY OF NATIONAL
ECONOMY*

Saltanat Kemalova
SIGNUM LAW FIRM

Aigoul Kenjebayeva
DENTONS KAZAKHSTAN LLP

Yekaterina Khamidullina
AEQUITAS LAW FIRM LLP

Zhansaja Konirbayeva
MINISTRY OF JUSTICE

Askar Konysbayev
GRATA INTERNATIONAL

Nikita Korolkov
DELOITTE

Ibragim Kouky
GRATA INTERNATIONAL

Gaukhar Kudaibergenova
SIGNUM LAW FIRM

Tair Kulteleev
AEQUITAS LAW FIRM LLP

Sabyr Kulyshov
*KAZLOGISTICS (UNION
OF TRANSPORT AND
LOGISTICS COMPANIES
AND ASSOCIATIONS)*

Oleg Kunayev
AGRO STAR GRAIN LLC

Dinara S. Kunenova
BMF PARTNERS LAW FIRM LLP

Gulfiya Kurmanova
EY

Romina Kushkenova
GRATA INTERNATIONAL

Gulmira Lamacharipova
MINISTRY OF JUSTICE

Elena Lee
*MICHAEL WILSON &
PARTNERS LTD.*

Akbota Maksatova
SYNERGY PARTNERS LAW FIRM

Zhanar Mamagulova
*NATIONAL BANK OF
KAZAKHSTAN*

Marzhan Mardenova
PWC KAZAKHSTAN

Yessen Massalin
OLYMPEX ADVISERS

Nurkhan Mermankulov
SUPREME COURT

Bolat Miyatov
GRATA INTERNATIONAL

Victor Mokrousov
DECHERT KAZAKHSTAN LLP

Murat Moldashev
*DHL INTERNATIONAL
KAZAKHSTAN*

Elena Motovilova
MINISTRY OF FINANCE

Andrei Mukazhanov
ALMATY ENERGO ZBYT

Assel Mukhambekova
GRATA INTERNATIONAL

Abylkhair Nakipov
SIGNUM LAW FIRM

Aisulu Narbayeva
BAKER TILLY KAZAKHSTAN

Yevgeniya Nossova
DECHERT KAZAKHSTAN LLP

Islambek Nurzhanov
SYNERGY PARTNERS LAW FIRM

Ruslan Omarov
FIRST CREDIT BUREAU

Sergazy Omash
SUPREME COURT

Kazieva Orynkul
STATE REVENUE COMMITTEE

Abubakirsydyk Perdebaev
*NUCLEAR AND ENERGY
SUPERVISION AND CONTROL
COMMITTEE OF THE
MINISTRY OF ENERGY*

Andrey Yuriyevich
Ponomarenko
*ALMATY BRANCH OF THE RSE
RESEARCH AND PRODUCTION
CENTER OF LAND CADASTRE*

Darya Ryapissova
GRATA INTERNATIONAL

Malika Sadykova
GRATA INTERNATIONAL

Muhambet Sambetov
*ASSOCIATION OF
KAZAKHSTAN NATIONAL
FREIGHT FORWARDERS*

Talgat Sariev
SIGNUM LAW FIRM

Yerlan Serikbayev
*MICHAEL WILSON &
PARTNERS LTD.*

Aida Shadirova
DECHERT KAZAKHSTAN LLP

Yerzhan Shermakhanbetov
*NATIONAL BANK OF
KAZAKHSTAN*

Gennady Shestakov
*KAZAKHSTAN
LOGISTICS SERVICE*

Meruert Sisembaeva
MINISTRY OF FINANCE

Alzhan Stamkulov
SYNERGY PARTNERS LAW FIRM

Nurzhan Stamkulov
SYNERGY PARTNERS LAW FIRM

Ulan Stybayev
SIGNUM LAW FIRM

Roza Taizhanova
OLYMPEX ADVISERS

Yerbol Temirov
*NUCLEAR AND ENERGY
SUPERVISION AND CONTROL
COMMITTEE OF THE
MINISTRY OF ENERGY*

Dana Tokmurzina
PWC KAZAKHSTAN

Yerzhan Toktarov
SAYAT ZHOLSHY & PARTNERS

Botanova Totynur
STATE REVENUE COMMITTEE

Aigul Turetayeva
GRATA INTERNATIONAL

Maria Turganbaeva
MINISTRY OF JUSTICE

Nurken Turmakhambetov
*MINISTRY OF REGIONAL
DEVELOPMENT*

Alexandr Tyo
CENTIL LAW FIRM

Azim Usmanov
CENTIL LAW FIRM

Aliya Utegaliyeva
PWC KAZAKHSTAN

Nikita Sergeevich Vasilchuk
*ENERGOPROMSTROIPROEKT
LLC*

Sergei Vataev
DECHERT KAZAKHSTAN LLP

Michael Wilson
*MICHAEL WILSON &
PARTNERS LTD.*

Kaisar Yegizbayev
GRATA INTERNATIONAL

Olga Olegovna Yershova
*NOTARY ASSOCIATION
OF THE ALMATY CITY*

Yerzhan Yessimkhanov
GRATA INTERNATIONAL

Marina Yudina
*PANALPINA WORLD
TRANSPORT LLP*

Zhanar Zh. Zhandossova
BMF PARTNERS LAW FIRM LLP

Alim Zhabelov
*PANALPINA WORLD
TRANSPORT LLP*

Saken Zhailauov
*CONSTRUCTION COMPANY
GRAND STROY*

Darya Zhanysbayeva
GRATA INTERNATIONAL

Zarina Zhazykbayeva
ZM GESHEFT

Bulat Zhulamanov
SUPREME COURT

Liza Zhumakhmetova
SIGNUM LAW FIRM

Sofiya Zhylkaidarova
SIGNUM LAW FIRM

Anton Zinoviev

肯尼亚

Job Achoki
DALY & INAMDAR ADVOCATES

Chrysostom Akhaabi
*ISEME, KAMAU &
MAEMA ADVOCATES*

Philip Aluku
SDV TRANSAMI

Simon B. Luseno
KENYA REVENUE AUTHORITY

John Bett
*KENYA TEA DEVELOPMENT
AGENCY*

Hillary Biwott
CAPITAL MARKETS AUTHORITY

Philip Coulson
*BOWMANS, COULSON
HARNEY LLP*

Rainbow Field
*BOWMANS, COULSON
HARNEY LLP*

Oliver Fowler
KAPLAN & STRATTON

Peter Gachuhi
KAPLAN & STRATTON

Harveen Gadhoke
DELOITTE KENYA

Stephen Gatama
ARIYA LEASING LIMITED

Francis Gichuhi Kamau
A4 ARCHITECT

William Ikutha Maema
*ISEME, KAMAU &
MAEMA ADVOCATES*

Mungai James Njenga
*ANJARWALLA & KHANNA
ADVOCATES*

Gatuyu Justice
*WARUHIU K'OWADE &
NG'ANG'A ADVOCATES*

Mary Kahura
MMC AFRICA LAW

Isaac Kalua
*HONDA MOTORCYCLE
KENYA LTD.*

Kenneth Kamaitha
KAPLAN & STRATTON

Martha Kamanu-Mutugi
KENYA POWER

Cathrine Kamau
DELUXE INKS LIMITED

Samuel Kamunyu
CAPITAL MARKETS AUTHORITY

Margaret Kanini
*THE KENYA POWER AND
LIGHTING COMPANY LTD.*

Beth Karanja
CAPITAL MARKETS AUTHORITY

Apollo Karumba
PWC KENYA

John Keriako
PWC KENYA

Hassan Kibet
*ISEME, KAMAU &
MAEMA ADVOCATES*

Alan Kigen
*KAMOTHO MAIYO &
MBATIA ADVOCATES*

Timothy Kiman
SIGINON GROUP

Boniface Kioko
*AFRICAN BANKING
CORPORATION*

Meshack T. Kipturgo
SIGINON GROUP

Anita Kiriga
*BOWMANS, COULSON
HARNEY LLP*

Calistus Kizito O. Onyuka
*HIGH COURT OF
KENYA AT MILIMANI
COMMERCIAL DIVISION*

Owen Koimburi
MAZARS KENYA

John Kung'u
*WARUHIU K'OWADE &
NG'ANG'A ADVOCATES*

Esther Manthi
CAPITAL MARKETS AUTHORITY

Joyce Mbui
*BOWMANS, COULSON
HARNEY LLP*

James Mburu Kamau
*ISEME, KAMAU &
MAEMA ADVOCATES*

Ken Melly
*ISEME KAMAU & MAEMA
ADVOCATES (DLA PIPER)*

Emma Miloyo
DESIGN SOURCE

Mansoor A. Mohamed
*RUMAN SHIPCONTRACTORS
LIMITED*

Peter Momanyi
MAZARS KENYA

George Muchiri
DALY & INAMDAR ADVOCATES

Maureen Mujera
O & M LAW LLP

Titus Mukora
PWC KENYA

Sylvia Mukuna
*BOWMANS, COULSON
HARNEY LLP*

Julie Mulindi
DALY & INAMDAR ADVOCATES

Diana Mumo
*OFFICE OF THE
ATTORNEY GENERAL*

Benjamin Musau
*B.M. MUSAU & CO.
ADVOCATES*

Gilbert Musau
*HORWATH ERASTUS &
CO. MEMBER, CROWE
HORWARTH INTERNATIONAL*

Peter Musyimi
*KENYA LAW REFORM
COMMISSION*

Bernard Musyoka
MMC AFRICA LAW

Arnold Mutisya
*BOWMANS, COULSON
HARNEY LLP*

Joshua Mutua
KENYA POWER

Caroline Mutuku
*BUSINESS COURT
USERS COMMITTEE*

Jane Mutulili
*LA FEMME ENGINEERING
SERVICES LTD.*

James Ndegwa
KENYA POWER

Christina Nduba-Banja
*BOWMANS, COULSON
HARNEY LLP*

Mbage Ng'ang'a
*WARUHIU K'OWADE &
NG'ANG'A ADVOCATES*

Jassan Njani
*NAIROBI CITY COUNTY
GOVERNMENT*

Victor Njenga
KAPLAN & STRATTON

Jacqueline Njoroge
*B.M. MUSAU & CO.
ADVOCATES*

Kamunyu Njoroge
CAPITAL MARKETS AUTHORITY

Rose Nyongesa
*ISEME, KAMAU &
MAEMA ADVOCATES*

Conrad Nyukuri
AXIS KENYA

Fred Ochieng
*HIGH COURT OF
KENYA AT MILIMANI
COMMERCIAL DIVISION*

Mary Ochola
KENYA POWER

Milly Odari
*ISEME, KAMAU &
MAEMA ADVOCATES*

Robert Oimeke
*ENERGY REGULATORY
COMMISSION (ERC)*

Boaz Okeyo
PWC KENYA

Kennedy Okoyo
PWC KENYA

Sam Omukoko
METROPOL CORPORATION LTD.

Esther Omulele
MMC AFRICA LAW

Andrew Ondieki
PWC KENYA

Belinda Ongonga
*BOWMANS, COULSON
HARNEY LLP*

Phillip Onyango
O & M LAW LLP

Tom Odhiambo Onyango
TRIPLEOKLAW ADVOCATES

Tony Osambo
UNIVERISTY OF NAIROBI

Beatrice Osicho
*OFFICE OF ATTORNEY
GENERAL & DEPARTMENT
OF JUSTICE, BUSINESS
REGISTRATION SERVICE*

Cephas Osoro
*HORWATH ERASTUS &
CO. MEMBER, CROWE
HORWARTH INTERNATIONAL*

Charles Osundwa
KAPLAN & STRATTON

Ambrose Rachier
*RACHIER & AMOLLO
ADVOCATES*

Sonal Sejpal
*ANJARWALLA & KHANNA
ADVOCATES*

Alex Semutwa
*KENYA TEA DEVELOPMENT
AGENCY*

Smita Sharma
*BOWMANS, COULSON
HARNEY LLP*

Elizabeth Tanui
*MILIMANI LAW COURTS
IN NAIROBI*

Joseph Taracha
CENTRAL BANK OF KENYA

Maureen W. Makutano
AXIS KENYA

Angela Waki
*BOWMANS, COULSON
HARNEY LLP*

Evelyn Wamae
*KENYA TRADE NETWORK
AGENCY (KENTRADE)*

Eunice Wanja Kariuki
*HIGH COURT OF
KENYA AT MILIMANI
COMMERCIAL DIVISION*

Serah Wanjiru Nduati
*KAMOTHO MAIYO &
MBATIA ADVOCATES*

Angela Waweru
KAPLAN & STRATTON

John Wekesa
KENYA POWER

基里巴斯

*MINISTRY OF COMMERCE,
INDUSTRY AND COOPERATIVES*

*MINISTRY OF FINANCE AND
ECONOMIC DEVELOPMENT*

Mary Amanu
MOEL TRADING CO. LTD.

Kenneth Barden
ATTORNEY-AT-LAW

Anthony Frazier

Kiata Tebau Kabure
KK & SONS LAW FIRM

Willie Karakaua Maen
MOEL TRADING CO. LTD.

Motiti Moriati Koae
*DEVELOPMENT BANK
OF KIRIBATI*

Mary Kum Kee
MOEL TRADING CO. LTD.

Terengauea Maio
*KIRIBATI TRADES
UNION CONGRESS*

Tion Neemia
SHIPPING AGENCY OF KIRIBATI

Retire Reboro
*KIRIBATI TRADES
UNION CONGRESS*

Tiiroa Roneti
*MINISTRY OF COMMERCE,
INDUSTRY AND TOURISM*

Batetaake Taatoa
*MINISTRY OF LABOUR
AND HUMAN RESOURCE
DEVELOPMENT*

Peter Taboia
*MINISTRY OF PUBLIC
WORKS AND UTILITIES*

Mautaake Tannang
*KIRIBATI ELECTRICAL
CONSULTING &
CONTRACTING SERVICES*

Naare Taukoriri
SWIRE SHIPPING SERVICE

Kanata Tebebeku
*KIRIBATI TRADES
UNION CONGRESS*

Teewe Tekaata
*MINISTRY OF INFRASTRUCTURE
AND SUSTAINABLE ENERGY*

Naata Tekeaa
*DEVELOPMENT BANK
OF KIRIBATI*

韩国

*DAECHEONG SHIPPING
CO. LTD.*

*NATIONAL COURT
ADMINISTRATION*

Arnold Yoohum Baek
KIM & CHANG

Jennifer Min-Sook Chae
KOREA CREDIT BUREAU

Paavan Chhabra
*HEALY CONSULTANTS
GROUP PLC*

Min Kyong Cho
*WHITE & CASE LLP FOREIGN
LEGAL CONSULTANT OFFICE*

Young-Dae Cho
KIM & CHANG

Jin Seok Choi
YULCHON LLC

Jinhyuk Choi
BARUN LAW LLC

Kyung-Joon Choi
KIM, CHANGE & LEE

Paul Jihoon Choi
BARUN LAW LLC

Jin Yeong Chung
KIM & CHANG

Neelesh Datir
ALBIEA

Robert Flemer
KIM & CHANG

Mark Goodrich
*WHITE & CASE LLP FOREIGN
LEGAL CONSULTANT OFFICE*

Sang-Goo Han
YOON & YANG LLC

Young Huh
*HAN KYUNG
ACCOUNTING CORP.*

Ji-Sang Hur
KOREA CUSTOMS SERVICE

C.W. Hyun
KIM & CHANG

Won Joon Jang
LEE & KO

James I.S. Jeon
SOJONG PARTNERS

Changho Jo
SAMIL PRICEWATERHOUSECOOPERS

Bo Moon Jung
KIM & CHANG

Haeng Chang Jung
HANARO TNS

Kyung-Won Kang
SAMIL PRICEWATERHOUSECOOPERS

Seoyeon Kang
LEE & KO

Chul Man Kim
YULCHON LLC

Hyo-Sang Kim
KIM & CHANG

Jennifer Min Sun Kim
SOJONG PARTNERS

Jisan Kim
WHITE & CASE

Ki Young Kim
YULCHON LLC

Kwang Soo Kim
WOOSUN ELECTRIC COMPANY LTD.

Sang-jin Kim
KEPCO

Seong Won (David) Kim
HANARO TNS

Sun Kyoung Kim
YULCHON LLC

Wonhyung Kim
YOON & YANG LLC

Yoon Young Kim
HMP LAW (PREVIOUSLY KNOWN AS HWANG MOK PARK PC)

Seong-Cheon Ko
SAMIL PRICEWATERHOUSECOOPERS

Denai Koh
KIM & CHANG

Alex Joong-Hyun Lee
SAMIL PRICEWATERHOUSECOOPERS

Jae-Hahn Lee
KIM, CHANGE & LEE

Kyu Wha Lee
LEE & KO

Kyung Yoon Lee
KIM & CHANG

Moonsub Lee
SOJONG PARTNERS

Sangmin Lee
KIM & CHANG

Seung Yoon Lee
KIM & CHANG

Su Yeon Lee
YULCHON LLC

Yong-Hee Lim
SAMIL PRICEWATERHOUSECOOPERS

Young Min Kim
YOON & YANG LLC

Rashi Mittal
HEALY CONSULTANTS GROUP PLC

Hyun Kyung Noh
LEE & KO

Jae Wook Oh
BARUN LAW LLC

Yon Kyun Oh
KIM & CHANG

Grace Park
KIM & CHANG

Hyemin Park
KIM & CHANG

Sang Il Park
HMP LAW (PREVIOUSLY KNOWN AS HWANG MOK PARK PC)

Yong Seok Park
SHIN & KIM

Jeong Seo
HANNURI LAW

Minah Seo
HMP LAW (PREVIOUSLY KNOWN AS HWANG MOK PARK PC)

Sungjean Seo
KIM & CHANG

Ji Seon Kim
HMP LAW (PREVIOUSLY KNOWN AS HWANG MOK PARK PC)

Changho Seong
SEOUL CENTRAL DISTRICT COURT

Moon-Bae Sohn
KOREA CREDIT BUREAU

Ahn Sooyoung
HMP LAW (PREVIOUSLY KNOWN AS HWANG MOK PARK PC)

Kiwon Suh
CHEONJI ACCOUNTING CORPORATION

Seung Yong
KEPCO

Jae-Yoon Yoon
KOREA CUSTOMS SERVICE

Huiwon Yun

科索沃

KOSOVO BUSINESS REGISTRATION AGENCY

KPMG ALBANIA SHPK

MINISTRY OF ECONOMIC DEVELOPMENT (MED)

MINISTRY OF TRADE AND INDUSTRY

USAID PARTNERSHIPS FOR DEVELOPMENT PROJECT

Bahri Berisha
KOSOVO CUSTOMS

Alexander Borg Olivier
INTERLEX ASSOCIATES LLC

Gani Bucaj
ENERGY REGULATORY OFFICE

Destan Bujupaj
DESTAN BUJUPAJ ENFORCEMENT AGENT

Ardiana Bunjaku
SOCIETY OF CERTIFIED ACCOUNTANTS AND AUDITORS OF KOSOVO (SCAAK)

Shyqiri Bytyqi
VALA CONSULTING

Arber Canhasi
ARHING

Ali Curri
KESCO

Faton Demaj
PRO TRANSPORT

Naim Devetaku
VALA CONSULTING

Palush Doda
BAKER TILLY KOSOVO

Sokol Elmazaj
BOGA & ASSOCIATES

Mirjeta Emini
BOGA & ASSOCIATES

Yllka Emini
TAX ADMINISTRATION OF KOSOVO

Lorena Gega
PRICEWATERHOUSECOOPERS AUDIT SH.P.K.

Jashar Goga
KOSOVO CUSTOMS

Valon Hasani
LAWYER

Rudina Heroi-Puka
KESCO

Rifat Hyseni
TAX ADMINISTRATION OF KOSOVO

Ardiana Ibrahimi
BOGA & ASSOCIATES

Bejtush Isufi
INTERLEX ASSOCIATES LLC

Liresa Kadriu
VALA CONSULTING

Arben Kelmendi
KELMENDI & PARTNERS LLC

Burim Kida
TED AF SH.P.K

Abedin Matoshi
INTERLEX ASSOCIATES LLC

Leonik Mehmeti
DELOITTE

Fitore Mekaj
BOGA & ASSOCIATES

Delvina Nallbani
BOGA & ASSOCIATES

Driton Nikaj
RAIFFEISEN LEASING KOSOVA SH.P.K.

Besim Osmani
AB OLIVIER & ASSOCIATES LLC

Valdet Osmani
ARCHITECT ASSOCIATION OF KOSOVO

Loreta Peci
PRICEWATERHOUSECOOPERS AUDIT SH.P.K.

Naser Prapashtica
DAI GLOBAL LLC

Blerim Prestreshi
SCLR PARTNERS

Jerina Qarri
KALO & ASSOCIATES

Vigan Rogova
ROGOVA & ASSOCIATES

Ariana Rozhaja
VALA CONSULTING

Shendrit Sadiku
PRICEWATERHOUSECOOPERS KOSOVO

Sami Salihu
TAX ADMINISTRATION OF KOSOVO

Jeton Shala
NNSH CAD PARTNERS

Arbena Shehu
NOTARY CHAMBER OF THE REPUBLIC OF KOSOVO

Ardi Shita
SHITA & ASSOCIATES LLC

Servet Spahiu
MINISTRY OF ENVIRONMENT AND SPATIAL PLANNING OF KOSOVO

Arbresha Tuhina
BAKER TILLY KOSOVO

Valon Uka
TLW

Gëzim Xharavina
ARCHITECTURAL, DESIGN AND ENGINEERING

Arta Xhema
BAKER TILLY KOSOVO

Lulzim Zeka
BAKER TILLY KOSOVO

Petrit Zeka
BAKER TILLY KOSOVO

Shpend Zeka
PRICEWATERHOUSECOOPERS KOSOVO

Ruzhdi Zenelaj
DELOITTE

Ruzhdi Zeqiri
DAI GLOBAL LLC

Leke Zogaj
2M CONSULTING

Shaha Zylfiu
CENTRAL BANK OF THE REPUBLIC OF KOSOVO

科威特

KUWAIT INSURANCE COMPANY

TALAL ABU-GHAZALEH LEGAL (TAG-LEGAL)

Maha Abbas
MACC

Maged Abd Al Hady
HORWATH AL-MUHANNA & CO.

Nader Abdelaziz
ASAR—AL RUWAYEH & PARTNERS

Maged Abdella
ASAR—AL RUWAYEH & PARTNERS

Ahmed Abdou
ASAR—AL RUWAYEH & PARTNERS

Abdulrazzaq Abdullah
ABDULRAZZAQ ABDULLAH & PARTNERS LAW FIRM

Hossam Abdullah
AL-HOSSAM LEGAL

Shadi Abdullah
AGILITY KUWAIT

Sarry Abou Daya
ICB KUWAIT

Mohammad Abulwafa
ASAR—AL RUWAYEH & PARTNERS

Lina Adlouni
ADLOUNI & PARTNER LAW FIRM, LEGAL CONSULTANTS AND ATTORNEYS

Hossam Afify
PRICEWATERHOUSECOOPERS AL-SHATTI & CO.

Adel Al Asousi
INTERNATIONAL COUNSEL BUREAU

Khaled Al Fahad
CAPITAL MARKET AUTHORITY OF KUWAIT

Ali Al Faqan
INTERNATIONAL COUNSEL BUREAU

Zeyad Al Fleej
CAPITAL MARKET AUTHORITY OF KUWAIT

Faisal Al Ghannam
CAPITAL MARKET AUTHORITY OF KUWAIT

Hanan Al Gharabally
CAPITAL MARKET AUTHORITY OF KUWAIT

Sarah F. Al Kandari
CAPITAL MARKET AUTHORITY OF KUWAIT

Shahad Al Khubaizi
CAPITAL MARKET AUTHORITY OF KUWAIT

Osman Al Neghimesh
CAPITAL MARKET AUTHORITY OF KUWAIT

Ibthal Al Shamali
CAPITAL MARKET AUTHORITY OF KUWAIT

Nayef Al Yaseen
RSM ALBAZIE & CO.

Fahad Al Zumai
KUWAIT UNIVERSITY

Waleed Al-Awadhi
CENTRAL BANK OF KUWAIT

Abdullah Al-Ayoub
ABDULLAH KH. AL-AYOUB & ASSOCIATES, MEMBER OF LEX MUNDI

Abrar Alazemi
MINISTRY OF FINANCE

Anwar Al-Bisher
ALBISHER LEGAL GROUP

Ahmed Aldhoayan
ALRAAI LAW FIRM

Areej Aldulaimi
MINISTRY OF JUSTICE

Omar Hamad Yousuf Al-Essa
THE LAW OFFICE OF AL-ESSA & PARTNERS

Mashari Aleyada
ALEYADA GROUP

Lulwha Alfahad
MINISTRY OF FINANCE

Nada F.A. Al-Fahad
GEC DAR GULF ENGINEERS CONSULTANTS

Adaweyah Alfailakawi
MINISTRY OF COMMERCE AND INDUSTRY

Hussein Al-Ghareeb
MESHARI AL OSAIMI LAW FIRM

Nizar Al-Hamwi
AGILITY KUWAIT

Abdullah Alharoun
INTERNATIONAL COUNSEL BUREAU

Nora Al-Haroun
CAPITAL MARKET AUTHORITY OF KUWAIT

Abdulrahman Alhumaidan
MASHORA ADVOCATES & LEGAL CONSULTANTS

Abdullah AlKharafi
INTERNATIONAL COUNSEL BUREAU

Abdullah Al-Mehri
CREDIT INFORMATION NETWORK

Fahad Al-Menayes
CREDIT INFORMATION NETWORK

Hanan Almudhahkah
MINISTRY OF FINANCE

Rabea Saad Al-Muhanna
HORWATH AL-MUHANNA
& CO.

Jasem Al-Oun
AREF INVESTMENT GROUP

Waleed Alowaiyesh
CAPITAL MARKET
AUTHORITY OF KUWAIT

Hashem Al-Qallaf
KUWAIT CITY COURT
OF FIRST INSTANCE,
COMMERCIAL CIRCUIT

Laila Al-Rashid
LAILA AL-RASHID LEGAL FIRM

Yousef Alroumi
CAPITAL MARKET
AUTHORITY OF KUWAIT

Jasem Alsharekh
ALRAAI LAW FIRM

Adnan Alsharrah
CREDIT INFORMATION
NETWORK

Tariq Hamad Alshatti
AL-DOSTOUR LAW FIRM

Yousef Alshereedah
INTERNATIONAL
COUNSEL BUREAU

Ahmad Almoatassem
Alshorbagy
AL HAMAD LEGAL GROUP

Fahed Al-Subaih
CAPITAL MARKET
AUTHORITY OF KUWAIT

Dalal AlSulaiti
MESHARI AL OSAIMI LAW FIRM

Haya Alzayed
MINISTRY OF JUSTICE

Akusa Batwala
ASAR—AL RUWAYEH
& PARTNERS

Lamiya Baz
PRICEWATERHOUSECOOPERS
AL-SHATTI & CO.

Piyush Bhandari
INTUIT MANAGEMENT
CONSULTANCY

Priyanka Bhandari
INTUIT MANAGEMENT
CONSULTANCY

Twinkle Anie Chacko
ABDULRAZZAQ ABDULLAH
& PARTNERS LAW FIRM

Mohandas Chowrira
CAESARS INTERNATIONAL
SHIPPING & LOGISTICS

Alok Chugh
EY

Bader Ali Dashti
CUSTOMS—GENERAL
ADMINISTRATION

Dania Dib
AL RUWAYEH &
PARTNERS (ASAR)

Talal Edan
CUSTOMS—GENERAL
ADMINISTRATION

Amr Elsayed
KUWAIT DIRECT INVESTMENT
PROMOTION AUTHORITY

Mahmoud Ezzat
CAPITAL MARKET
AUTHORITY OF KUWAIT

Jomon George
HORWATH AL-MUHANNA
& CO.

Mohammad H. Al-Juaan
MESHARI AL OSAIMI LAW FIRM

Sam Habbas
ASAR—AL RUWAYEH
& PARTNERS

Mohammad T. Hussain
AL-AHLIA CONTRACTING
GROUP

Samir Ibrahim
ALRAAI LAW FIRM

Wael S. Khalifa
GLOBAL CLEARINGHOUSE
SYSTEMS

Mazen A. Khoursheed
PACKAGING & PLASTIC
INDUSTRIES CO. KSCC

Dany Labaky
THE LAW OFFICE OF
AL-ESSA & PARTNERS

Ahmed Labib
ASAR—AL RUWAYEH
& PARTNERS

Vincent Laurin
INTERNATIONAL
COUNSEL BUREAU

Areej Marwan Al Dulimi
MINISTRY OF JUSTICE

Abbas Mayahi
SSH INTERNATIONAL

Husain Mirza Hasan
CAPITAL MARKET
AUTHORITY OF KUWAIT

Abdulrahman Mohamad
CAPITAL MARKET
AUTHORITY OF KUWAIT

Ahmad N. Mohammad
CAPITAL MARKET
AUTHORITY OF KUWAIT

Seth Ochieng
HEALY CONSULTANTS
GROUP PLC

Mohammed Radwan
ALRAAI LAW FIRM

Johnson Rajan
INTUIT MANAGEMENT
CONSULTANCY

Ganesh Ramanath
PRICEWATERHOUSECOOPERS
AL-SHATTI & CO.

Ola Saab
MASHORA ADVOCATES &
LEGAL CONSULTANTS

Eyad Sadallah
CAPITAL MARKET
AUTHORITY OF KUWAIT

Abdulwahab Abdullatif Sadeq
MEYSAN PARTNERS

Mai Sartawi
AL HAMAD LEGAL GROUP

Ibrahim Sattout
ASAR—AL RUWAYEH
& PARTNERS

Sherif Shawki
PRICEWATERHOUSECOOPERS
AL-SHATTI & CO.

Ramy Shehata
ASAR—AL RUWAYEH
& PARTNERS

Bader Sultan
AL BUSTAN AL KHALEEJI CO.

Rami Wadie

David Walker
ASAR—AL RUWAYEH
& PARTNERS

吉尔吉斯共和国

Almaz Abdiev
STATE REGISTRATION SERVICE
UNDER THE GOVERNMENT
OF KYRGYZ REPUBLIC

Yulia Abdumanapova
BAKER TILLY BISHKEK LLC

Maksat Abdykaparov
AVEP PUBLIC FUND

Mike Ahern
PWC KAZAKHSTAN

Shuhrat Akhmatakhunov
KALIKOVA & ASSOCIATES
LAW FIRM

Gulnara Akhmatova
LAWYER

Atabek Akhmedov
GRATA INTERNATIONAL

Sanzhar Aldashev
GRATA INTERNATIONAL

Bayansulu Bassepova
PWC KAZAKHSTAN

Kerim Begaliev
CENTIL LAW FIRM

Elena Bit-Avragim
VERITAS LAW AGENCY

Vasiliy Vasilievich Bulankin
SEVERELEKTRO

Kwang Young Choi
KYRGYZ INVESTMENT
AND CREDIT BANK

Samara Dumanaeva
KOAN LORENZ

Nurlan Dzhusumaliev
MINISTRY OF ECONOMY

Bakytbek Dzhusupbekov
STATE REGISTRATION SERVICE
UNDER THE GOVERNMENT
OF KYRGYZ REPUBLIC

Akjoltoi Elebesova
CREDIT INFORMATION
BUREAU ISHENIM

Chynara Esengeldieva
KOAN LORENZ

Albina Fakerdinova
DELOITTE

Kymbat Ibakova
KOAN LORENZ

Indira Ibraimova
MEGA STROY LLC

Dastan Imanaliev
INTERNATIONAL
BUSINESS COUNCIL

Aidaraliev Erkin Isagalievich
ALTERNATIVA GARANT
LAW FIRM

Kubanychbek Junusaliev
ASSOCIATION OF SPECIAL
ADMINISTRATORS

Saara Kabaeva
KOAN LORENZ

Merim Kachkynbaeva
KALIKOVA & ASSOCIATES
LAW FIRM

Elena Kaeva
PWC KAZAKHSTAN

Amanbek Kebekov
STATE REGISTRATION SERVICE
UNDER THE GOVERNMENT
OF KYRGYZ REPUBLIC

Sultan Khalilov
KALIKOVA & ASSOCIATES
LAW FIRM

Nurdin Kumushbekov
USAID BEI BUSINESS
ENVIRONMENT IMPROVEMENT
PROJECT (BY PRAGMA
CORPORATION)

Nurbek Maksutov
INTERNATIONAL
BUSINESS COUNCIL

Kuttubai Marzabaev
ORION CONSTRUCTION
COMPANY

Ekaterina Mayorova
DELOITTE

Rustam Mirrakhimov
VERITAS LAW AGENCY

Umtul Murat
KOAN LORENZ

Indira Mursabekova
MINISTRY OF ECONOMY

Karlygash Ospankulova
IGROUP, PUBLIC ASSOCIATION

Nargiz Sabyrova
VERITAS LAW AGENCY

Nuria Sabyrova
VERITAS LAW AGENCY

Aisanat Safarbek
GRATA INTERNATIONAL

Aijan Erkinovna Satybekova
CENTRAL COLLATERAL
REGISTRATION OFFICE UNDER
MINISTRY OF JUSTICE

Kanat Seidaliev
GRATA INTERNATIONAL

Temirbek Shabdanaliev
FREIGHT OPERATORS
ASSOCIATION OF KYRGYZSTAN

Saodat Shakirova
ARTE LAW FIRM

Iskender Sharsheyev
FOREIGN INVESTORS
ASSOCIATION

Anvar Suleimanov
PWC KAZAKHSTAN

Guljan Tashimova
ORION CONSTRUCTION
COMPANY

Nurlan Sadykovich Temiraliev
MINISTRY OF JUSTICE

Jibek Tenizbaeva
KOAN LORENZ

Kanat Tilekeyev
UNIVERSITY OF CENTRAL ASIA

Gulnara Uskenbaeva
AUDIT PLUS

Mansur Usmanov
MEGA STROY LLC

Ali Ramazanovich Vodyanov
ELECTROSILA

老挝人民民主共和国

LAO SECURITIES
COMMISSION OFFICE

LS ELECTRICAL
ENGINEERING CO. LTD.

PP ELECTRIC CD SOLE
COMPANY LIMITED

VIENTIANE CAPITAL
NATIONAL RESOURCES &
ENVIRONMENT DIVISION

Stephan Aeschbach
J&C SERVICES

Anthony Assassa
VDB LOI

Siri Boutdakham
LAO LAW &
CONSULTANCY GROUP

Francis Chagnaud
AGROFOREX COMPANY

Lasonexay Chanthavong
DFDL

Sirikarn Chattrastrai
LAO PREMIER INTERNATIONAL
LAW OFFICE

Rawat Chomsri
LAO PREMIER INTERNATIONAL
LAW OFFICE

Agnès Couriol
DFDL (THAILAND) LIMITED

Aristotle David
ZICO LAW (LAOS)
SOLE CO. LTD.

Sornpheth Douangdy
VDB LOI

Daodeuane Duangdara
VDB LOI

Bounlanh Kanekhamvongsa
MINISTRY OF PUBLIC
WORKS AND TRANSPORT

Boutsada Keomoungkhoune
RAJAH & TANN (LAOS)
SOLE CO. LTD.

Khao Keophouvanh
SCL LAW GROUP

Bounchanh Keosythamma
VIENTIANE CAPITAL DIVISION OF
PUBLIC WORK AND TRANSPORT

Dokkeo Keovongsa
BANK OF LAO PDR

Houmpheng Khamphasith
DEPARTMENT OF
ENTERPRISE REGISTRATION
AND MANAGEMENT

Phetlamphone Khanophet
BANK OF LAO PDR

Sisomephieng Khanthalivanh
BANK OF LAO PDR

Somsavath Khemsuliyajack
LAO-FOREIGN
CONSULTANT CO. LTD.

Phetsavanh Malaban
LAO REVENUE
SERVICE DIVISION

Ha Manh Nguyen
EY

Anongsack Manilak
SCL LAW GROUP

Varavudh Meesaiyati
SCL LAW GROUP

Bounmy Mimala
BANK OF LAO PDR

Sibasish Mohapatra
VDB LOI

Todd Moore
SAFFRON COFFEE

Tuan Nhu Nguyen
EY

Viengsavanh Phanthaly
PHANTHALYLAW

Siriphone Phanthavongs
ELECTRICAL CIVIL MECHANICAL
ENGINEERING SOLE CO. LTD.

Vardsana Phetlamphanh
ÉLECTRICITÉ DU LAOS

Anousak Philangam
EXIM COMPANY LIMITED

Vanhmany Phimmasane
*DEPARTMENT OF INDUSTRY
AND COMMERCE
VIENTIANE CAPITAL*

Ketsana Phommachanh
MINISTRY OF JUSTICE

Bountheo Phommaseisy
*VIENTIANE ELECTRICAL
ENGINEERING CO. LTD.*

Daovang Phonekeo
*MINISTRY OF ENERGY
AND MINES (MEM)*

Lochlan Reef MacNicol
ARION LEGAL

Pascale Rouzies
BFL

Prachith Sayavong
*SOCIETE MIXTE DE
TRANSPORT (SMT)*

Senesakoune Sihanouvong
DFDL

Irving Sison
*PRICEWATERHOUSECOOPERS
(LAO) LTD.*

Ting Sounthavong
VDB LOI

Phonexay Southiphong
DESIGN GROUP CO. LTD.

Phouthong Southisan
*RAJAH & TANN (LAOS)
SOLE CO. LTD.*

Johann Spies
ARION LEGAL

Khanti Syackhaphom
*RAJAH & TANN (LAOS)
SOLE CO. LTD.*

Latsamy Sysamouth
MINISTRY OF JUSTICE

Damlong Thaphakone
VIENTIANE TAX AUTHORITY

Apisit Thientrongpinyo
*PRICEWATERHOUSECOOPERS
(LAO) LTD.*

Khampiew Thiphavongphanh
*ACCMIN CONSULTING
AND SERVICES CO. LTD.*

Danyel Thomson
DFDL (THAILAND) LIMITED

Suntisouk Vandala
*RAJAH & TANN (LAOS)
SOLE CO. LTD.*

Huong Vu
EY

Xaysana Xaiyalath
EXIM COMPANY LIMITED

Namseng Xathousinh
*MINISTÈRE DE FINANCE,
STATE ASSETS MANAGEMENT
DEPARTMENT, REGISTRATION
DIVISION (REGISTRY)*

Chintala Xayyaveth
ARION LEGAL

拉脱维亚

COLLIERS INTERNATIONAL

Martins Aljens
COBALT LEGAL

Arvids Bugoveckis
BALTIC LEGAL

Raivis Bušmanis
STATE LABOUR INSPECTORATE

Andis Čonka
LATVIJAS BANKA

Anete Dimitrovska
*ELLEX KLAVINS, MEMBER
OF LEX MUNDI*

Valters Diure
*ELLEX KLAVINS, MEMBER
OF LEX MUNDI*

Edvīns Draba
SORAINEN

Zlata Elksniņa-Zaščirinska
PWC LATVIA

Kalvis Engīzers
COBALT LEGAL

Kaspars Freimanis
BDO LAW

Andris Ignatenko
ESTMA LTD.

Viesturs Kadiķis
PUBLIC UTILITIES COMMISSION

Valters Kalme
PUBLIC UTILITIES COMMISSION

Toms Kārlis Broks
SORAINEN

Irina Kostina
*ELLEX KLAVINS, MEMBER
OF LEX MUNDI*

Maris Kumerdanks
COURT ADMINISTRATION

Indriķis Liepa
COBALT LEGAL

Janis Likos
FORT

Dainis Locs
COURT ADMINISTRATION

Andris Mālnieks
MINISTRY OF ECONOMICS

Zane Markvarte
*MARKVARTE LEXCHANGE
LAW OFFICE*

Ivo Maskalans
COBALT LEGAL

Janis Negribs
PUBLIC UTILITIES COMMISSION

Zane Paeglite
SORAINEN

Guna Paidere
REGISTER OF ENTERPRISES

Baiba Plaude
*LAW OFFICES BLUEGER
& PLAUDE*

Ilze Rauza
PWC LATVIA

Lelde Rozentale
*STATE LAND SERVICE OF
THE REPUBLIC OF LATVIA*

Elina Rozulapa

Marika Salmiņa
*NATIONAL CUSTOMS
BOARD OF THE STATE
REVENUE SERVICE*

Gabriela Santare
COBALT LEGAL

Andris Škutāns
DN-NP

Darja Tagajeva
PWC LATVIA

Ruta Teresko
AZ SERVICE LTD.

Jānis Timermanis
*AS KREDĪTINFORMĀCIJAS
BIROJS*

Edgars Timpa
STATE LABOUR INSPECTORATE

Ingus Užulis
PUBLIC UTILITIES COMMISSION

Maris Vainovskis
EVERSHEDS BITĀNS

Elina Vilde
EVERSHEDS BITĀNS

Armands Viskers
BALTIC LEGAL

Agate Ziverte
PWC LATVIA

Daiga Zivtina
*ELLEX KLAVINS, MEMBER
OF LEX MUNDI*

黎巴嫩

Nadim Abboud
*LAW OFFICE OF A.
ABBOUD & ASSOCIATES*

Paul Abbound
NGE

Nina Abdallah
KHATTAR ASSOCIATES

Nada Abdelsater-Abusamra
*ABDELSATER ABUSAMRA &
ASSOCIATES—ASAS LAW*

Marie Abi Antoun
*ABDELSATER ABUSAMRA &
ASSOCIATES—ASAS LAW*

Wael Abou Habib
*ABOU JAOUDE &
ASSOCIATES LAW FIRM*

Carlos Abou Jaoude
*ABOU JAOUDE &
ASSOCIATES LAW FIRM*

Rima Abou Mrad
*EPTALEX—AZIZ
TORBEY LAW FIRM*

Riham Al Ali
SMAYRA LAW OFFICE

Ramy Antar
RAPHAËL & ASSOCIÉS

Elie Azzi
MATTA ET ASSOCIÉS

Zeina Azzi
OBEID & MEDAWAR LAW FIRM

Corinne Baaklini
MENA CITY LAWYERS

Jean Baroudi
BAROUDI & ASSOCIATES

Boutros Bou Lattouf
EBL BUREAU IN BEIRUT

Tony Boutros
*RUSSELL BEDFORD
INTERNATIONAL*

Claudia Caluori
*EPTALEX—AZIZ
TORBEY LAW FIRM*

Bassem Chalhoub
*EKP IN ASSOCIATION
WITH HFW*

Mohamad Chamas
MENA CITY LAWYERS

Nayla Chemaly
MENA CITY LAWYERS

Najib Choucair
CENTRAL BANK OF LEBANON

Alice Choueiri
MENA CITY LAWYERS

Hadi Diab
SMAYRA LAW OFFICE

Pierre Edmond
*EPTALEX—AZIZ
TORBEY LAW FIRM*

Salim El Banna
*NATIONAL ELECTRICAL
UTILITY COMPANY S.A.L.*

Waddah El Chaer
EL CHAER LAW FIRM

Lina El Cheikh
MENA CITY LAWYERS

Hanadi El Hajj
MENA CITY LAWYERS

Simon El Kai
*ABOU JAOUDE &
ASSOCIATES LAW FIRM*

Richard El Mouallem
PWC LEBANON

Michel El Murr
*URBAN DEVELOPMENT
DEPARTMENT, DIRECTORAT
GÉNÉRAL D'URBANISME (DGU)*

Antoine Elkhoury
ABNIAH

Nada Elsayed
PWC LEBANON

Georges N. Estephan
NGE

Hanna Fares
LEBANESE CUSTOMS

Jenny Fares
HYAM G. MALLAT LAW FIRM

Hadi Fathallah
ESCO FATHALLAH & CO.

Izzat Fathallah
ESCO FATHALLAH & CO.

Wafic Fathallah
ESCO FATHALLAH & CO.

Elie Feghali
*BADRI AND SALIM EL
MEOUCHI LAW FIRM,
MEMBER OF INTERLEGES*

Lea Ferzli
BAROUDI & ASSOCIATES

Samir Gaoui
GAWI GROUP ARCHITECTS

Elias J. Ghanem
GHANEM LAW FIRM

Serena Ghanimeh
*ABDELSATER ABUSAMRA &
ASSOCIATES—ASAS LAW*

Samir Ghaoui
BUREAU ARCHITECTURE

Ghassan Haddad
*BADRI AND SALIM EL
MEOUCHI LAW FIRM,
MEMBER OF INTERLEGES*

Louay Hajj Chehadeh
MINISTRY OF FINANCE

Rawad Halawi

Joseph Hatem
EL CHAER LAW FIRM

Abdallah Hayek
HAYEK GROUP

Kamal Hayek
ELECTRICITÉ DU LIBAN

Nicolas Hayek
HAYEK GROUP

Rayan Hdayfe
EMEA LEGAL COUNSELS

Walid Honein
*BADRI AND SALIM EL
MEOUCHI LAW FIRM,
MEMBER OF INTERLEGES*

Fady Jamaleddine
MENA CITY LAWYERS

Karim Jamaleddine
MENA CITY LAWYERS

Mohammad Joumaa
PWC LEBANON

Elie Kachouh
ELC TRANSPORT SERVICES SAL

Georges Kadige
KADIGE & KADIGE LAW FIRM

Michel Kadige
KADIGE & KADIGE LAW FIRM

Raydan Kakoun
*BADRI AND SALIM EL
MEOUCHI LAW FIRM,
MEMBER OF INTERLEGES*

Tatiana Kehdy
BAROUDI & ASSOCIATES

Wael Khaddage
MINISTRY OF FINANCE

Joelle Khater
*BADRI AND SALIM EL
MEOUCHI LAW FIRM,
MEMBER OF INTERLEGES*

Najib Khattar
KHATTAR ASSOCIATES

Nabil F. Khouri
ASL (AIR SEA LAND)

Sheryne Koteiche
AWADA TYAN LAW FIRM

Georges S. Maarrawi
*LAND REGISTRY
AND CADASTRE*

Abdo Maatouk
SMAYRA LAW OFFICE

Souraya Machnouk
*ABOU JAOUDE &
ASSOCIATES LAW FIRM*

Fady Mahfouz

Georges Mallat
HYAM G. MALLAT LAW FIRM

Aline Matta
*TALAL ABU-GHAZALEH
LEGAL (TAG-LEGAL)*

Rachad Medawar
OBEID & MEDAWAR LAW FIRM

Youssef Moawad
EL CHAER LAW FIRM

Mario Mohanna
PATRIMOINE CONSEIL SARL

Mirvat Mostafa
MENA CITY LAWYERS

Houssam Mourtada
*EPTALEX—AZIZ
TORBEY LAW FIRM*

Andre Nader
NADER LAW OFFICE

Rana Nader
NADER LAW OFFICE

Toufic Nehme
*LAW OFFICES OF
TOUFIC NEHME*

Brian Onaissy
KHATTAR ASSOCIATES

Hala Raphael
RAPHAËL & ASSOCIÉS

Mireille Richa
TYAN & ZGHEIB LAW FIRM

Jihad Rizkallah
*BADRI AND SALIM EL
MEOUCHI LAW FIRM,
MEMBER OF INTERLEGES*

Yara Romanos
*BADRI AND SALIM EL
MEOUCHI LAW FIRM,
MEMBER OF INTERLEGES*

Fadi Saadeh
ABNIAH

Mustafa Saadeh
TYAN & ZGHEIB LAW FIRM

Lilia Sabbagh
*BADRI AND SALIM EL
MEOUCHI LAW FIRM,
MEMBER OF INTERLEGES*

Yalda Sacre
SADER ASSOCIATES

Rany J. Sader
SADER ASSOCIATES

Christelle Sakr
TYAN & ZGHEIB LAW FIRM

Nisrine Mary Salhab
HYAM G. MALLAT LAW FIRM

Rita Samia
*EPTALEX—AZIZ
TORBEY LAW FIRM*

Mona Sfeir
HYAM G. MALLAT LAW FIRM

Makram Shehayeb
MENA CITY LAWYERS

Rami Smayra
SMAYRA LAW OFFICE

Adolphe Tyan
AWADA TYAN LAW FIRM

Hala Tyan
AWADA TYAN LAW FIRM

Nady Tyan
TYAN & ZGHEIB LAW FIRM

Gerard Zahr
NOTARY—BEIRUT

Alaa Zeineddine
EMEA LEGAL COUNSELS

莱索托

BIDVEST PANALPINA LOGISTICS

*KHATLELI TOMANE MOTEANE
(KTM) ARCHITECTS*

Mahashe Chaka
*LAND ADMINISTRATION
AUTHORITY*

Thakane Chimombe
NALEDI CHAMBERS INC.

Mannete Khotle
COMPUSCAN LESOTHO

Qhalehang Letsika
MEI & MEI ATTORNEYS INC.

Mateboho Litlhakanyane
*QUANTUM QUANTITY
SURVEYORS PTY LTD.*

Monica Louro
WEBBER NEWDIGATE

Thabo Makeka
*ASSOCIATION OF LESOTHO
EMPLOYERS AND BUSINESS*

Morne Stuart Maree
WEBBER NEWDIGATE

Renate Mholo
EY

Denis Molyneaux
WEBBER NEWDIGATE

Mamophete Mophethe
*PHILLIPS CLEARING
& FORWARDING
AGENT (PTY) LTD.*

Phillip Mophethe
*PHILLIPS CLEARING
& FORWARDING
AGENT (PTY) LTD.*

Thato Mosethe
DU PREEZ LIEBETRAU & CO.

Seboka Mpe
*CIVSOL CONSULTING
ENGINEERS PTY. LTD.*

Tseko Nyesemane
LESOTHO REVENUE AUTHORITY

Thato Qhojeng
TQ ARCHITECTS PTY. LTD.

Motene Rafoneke
NALEDI CHAMBERS INC.

Ikaneng Raphoolo
*ELECTROMECH CONSULTING
ENGINEERS PTY. LTD.*

Daan Roberts
WEBBER NEWDIGATE

Lindiwe Sephomolo
*ASSOCIATION OF LESOTHO
EMPLOYERS AND BUSINESS*

Starford Sharite
HIGH COURT

Hennie Smit
PWC SOUTH AFRICA

Marorisang Thekiso
*SHEERAN & ASSOCIATES
CHARTERED ACCOUNTANTS
(LESOTHO)*

Phoka Thene
LETŠENG DIAMONDS

George Thokoa
*MASERU ELECTRO
SERVICES PTY LTD.*

Dieter Winkler
COMPUSCAN LESOTHO

利比里亚

Arthur Abdulai
EXPRESS HANDLING SERVICES

Kofi Abedu-Bentsi
BAKER TILLY LIBERIA

Adebayo M. Adeyemi
*TSC ENGINEERING
AND CONSTRUCTION
CONSULTANTS, INC.*

Betty Lamin Blamol
SHERMAN & SHERMAN

Golda A. Bonah
SHERMAN & SHERMAN

Henry N. Brunson
FEDEX

F. Augustus Caesar Jr.
CAESAR ARCHITECTS, INC.

Eva-Mae Campbell
CAESAR ARCHITECTS, INC.

Preston Chea Doe
THELMA LAW & ASSOCIATES

John Davis
*LIBERIA BANK FOR
DEVELOPMENT AND
INVESTMENT*

Morris Davis
KEMP & ASSOCIATES

Samuel Dennis Jr.
SEB ELECTRICAL TEAM

Wisdom Cudjoe Dzilewosi
PWC

Emmanuel Enders
SEB ELECTRICAL TEAM

George Fonderson
BAKER TILLY LIBERIA

Arthur W.B. Fumbah
BAKER TILLY LIBERIA

Ruth Jappah
*JSGB & ASSOCIATES
LEGAL CONSULTANTS*

Cyril Jones
JONES & JONES

Kenneth Kafumba
*LIBERIA AGRICULTURE
COMMODITY REGULATORY
AUTHORITY (LACRA)*

Abu Kamara
LIBERIA BUSINESS REGISTRY

Momolu G. Kanda Kai
*CONGLOE AND
ASSOCIATES INC.*

Jonah Soe Kotee
*ASSOCIATION OF LIBERIAN
HUMAN RESOURCE
PROFESSIONALS (ALHRP)*

Bob Weetol Livingstone
*UNITED METHODIST
UNIVERSITY*

Bill Nyumah
*BRO'S ELECTRIC
AND CONSTRUCTION
ASSOCIATES (BECCA)*

Arabella Reed
PWC

Saa Saamoi
*DEPARTMENT OF
CUSTOMS OF THE LIBERIA
REVENUE AUTHORITY*

Charlene Sevee
PWC

Boakai M. Sheriff
MERCY CORPS

Albert S. Sims
SHERMAN & SHERMAN

Robert Smallwood
PWC

Lucia Diana Sonii Gbala
*HERITAGE PARTNER &
ASSOCIATES, INC.*

Ambrose Taplah
KEMP & ASSOCIATES

J. Awia Vankan
*HERITAGE PARTNER &
ASSOCIATES, INC.*

Alvin W. Yelloway
LAWYER

利比亚

*ALTERAZ ENGINEERING
CONSULTANTS*

ZAHAF & PARTNERS LAW FIRM

Ahmed Abdulaziz
*MUKHTAR, KELBASH
& ELGHARABLI*

Rajab Al Bakhnug
AL BAKHNUG LAW OFFICE

Huwaida Elfnayesh
TUMI LAW FIRM

Abdudayem Elgharabli
*MUKHTAR, KELBASH
& ELGHARABLI*

Abdul Salam El-Marghani
PWC

Husam Elnaili
PWC

Ahmed Ghattour
AHMED GHATTOUR & CO.

Paolo Greco
P&A LEGAL

Morajea A. Karim
HRHOUSE LIBYA

Bahloul Kelbash
*MUKHTAR, KELBASH
& ELGHARABLI*

Belkasem Magid Obadi
*GENERAL ELECTRICITY
COMPANY OF LIBYA (GECOL)*

Mahmud Mukhtar
*MUKHTAR, KELBASH
& ELGHARABLI*

Ali Naser
*LIBYAN CREDIT
INFORMATION CENTER*

Abuejila Saif Annaser
SAIF ANNASER LAW OFFICE

Muftah Saif Annaser
SAIF ANNASER LAW OFFICE

Abdulkarim Tayeb
*LIBYAN CREDIT
INFORMATION CENTER*

Mazen Tumi
TUMI LAW FIRM

立陶宛

Pavel Balbatunov
ARCHITECT

Lina Balbatunova

Petras Baltusevičius
DSV TRANSPORT UAB

Donatas Baranauskas
*VILNIAUS MIESTO 14–ASIS
NOTARU BIURAS*

Kornelija Basijokiene
GLIMSTEDT

Vilius Bernatonis
TGS BALTIC

Andrius Bogdanovičius
JSC CREDITINFO LIETUVA

Alina Burlakova
*LAW FIRM ELLEX VALIUNAS
IR PARTNERIAI, MEMBER
OF LEX MUNDI*

Daiva Čekanavičiene
GLIMSTEDT

Justas Ciomanas
*LITHUANIAN CHAMBER
OF NOTARIES*

Giedre Dailidenaite
PRIMUS ATTORNEYS-AT-LAW

Giedre Domkute
AAA LAW

Artur Drapeko
*LAW FIRM SORAINEN
& PARTNERS*

Reda Gabrilavičiūtė
MINISTRY OF JUSTICE

Aida Ganusauskaitė
*LAW FIRM ELLEX VALIUNAS
IR PARTNERIAI, MEMBER
OF LEX MUNDI*

Joana Gramakovaitė
PWC LITHUANIA

Dovile Greblikiene
ELLEX VALIUNAS

Skomantas Grigas
*D. ZABIELA, M. RINDINAS AND
S. GRIGAS LAW FIRM ZRG*

Frank Heemann
BNT ATTORNEYS-AT-LAW

Vylaute Janusaityte
*LAW FIRM SORAINEN
& PARTNERS*

Ieva Kairytė
PWC LITHUANIA

Romas Karaliūnas
BANK OF LITHUANIA

Romualdas Kasperavičius
*STATE ENTERPRISE
CENTRE OF REGISTERS*

Jonas Kiauleikis
*LAW FIRM SORAINEN
& PARTNERS*

Augustas Klezys
*LAW FIRM SORAINEN
& PARTNERS*

Egidijus Kundelis
PWC LITHUANIA

Žilvinas Kvietkus
COBALT LEGAL

Edita Lukaševičiūtė
BANK OF LITHUANIA

Lauras Lukosius
BALTIC FREIGHT SERVICES

Asta Mačionienė
MINISTRY OF JUSTICE

Odeta Maksvytytė
PRIMUS ATTORNEYS-AT-LAW

Linas Margevicius
*LEGAL BUREAU OF
LINAS MARGEVICIUS*

Rytis Martinkėnas
*LAW FIRM SORAINEN
& PARTNERS*

Danielius Matonis
*LAW FIRM MARKEVICIUS,
GERASICKINAS AND PARTNERS*

Laura Matukaityte
*LAW FIRM SORAINEN
& PARTNERS*

Tautginas Mickevicius
MINISTRY OF JUSTICE

Maciej Mikelevič
AAA LAW

Bronislovas Mikūta
*STATE ENTERPRISE
CENTRE OF REGISTERS*

Donata Montvydaitė
*LAW FIRM ELLEX VALIUNAS
IR PARTNERIAI, MEMBER
OF LEX MUNDI*

Nerijus Nedzinskas
PWC LITHUANIA

Michail Parchimovič
MOTIEKA & AUDZEVIČIUS

Algirdas Pekšys
*LAW FIRM SORAINEN
& PARTNERS*

Petras Pinevičius
PRIMUS ATTORNEYS-AT-LAW

Šarūnė Prankonytė
PRIMUS ATTORNEYS-AT-LAW

Marius Rindinas
*D. ZABIELA, M. RINDINAS AND
S. GRIGAS LAW FIRM ZRG*

Greta Roguckytė
TGS BALTIC

Vita Sabalytė
*LAW FIRM SORAINEN
& PARTNERS*

Svajone Saltauskiene
*VILNIUS CITY 29TH
NOTARY'S OFFICE*

Simona Šarkauskaitė
*D. ZABIELA, M. RINDINAS AND
S. GRIGAS LAW FIRM ZRG*

Aušra Sičiūnienė
VILNIUS CITY MUNICIPALITY

Rimantas Simaitis
COBALT LEGAL

Donatas Šliora
TGS BALTIC

Alius Stamkauskas
UAB ELMONTA

Jonas Stamkauskas
UAB ELMONTA

Agneska Stanulevic
PWC LITHUANIA

Ruta Steckiene
MINISTRY OF ECONOMY

Arnas Stonys
BNT ATTORNEYS-AT-LAW

Marius Stračkaitis
*LITHUANIAN CHAMBER
OF NOTARIES*

Ieva Tarailiene
*STATE ENTERPRISE
CENTRE OF REGISTERS*

Monika Tukačiauskaitė
*LAW FIRM SORAINEN
& PARTNERS*

Laura Tunkevičiūtė
GLIMSTEDT

Daiva Ušinskaitė-Filonovienė
TGS BALTIC

Vykintas Valiulis
*GRANT THORNTON
BALTIC UAB*

Liutauras Vasiliauskas
*LAW FIRM SORAINEN
& PARTNERS*

Kestutis Vaskevicius
AB ESO

Adrijus Vegys
BANK OF LITHUANIA

Agnietė Venckiene
*LAW FIRM SORAINEN
& PARTNERS*

Darius Zabiela
*D. ZABIELA, M. RINDINAS AND
S. GRIGAS LAW FIRM ZRG*

Ernesta Žiogienė
PRIMUS ATTORNEYS-AT-LAW

Povilas Žukauskas
*LAW FIRM ELLEX VALIUNAS
IR PARTNERIAI, MEMBER
OF LEX MUNDI*

Audrius Žvybas
GLIMSTEDT

卢森堡

PWC LUXEMBOURG

Tom Baumert
*CHAMBER OF COMMERCE
OF THE GRAND-DUCHY
OF LUXEMBOURG*

Louis Berns
ARENDT & MEDERNACH SA

Sébastien Binard
ARENDT & MEDERNACH SA

Eleonora Broman
*LOYENS & LOEFF
LUXEMBOURG SARL*

Christel Dumont
DENTONS

Thomas Feider
*ADMINISTRATION DE
L'ENREGISTREMENT ET
DES DOMAINES*

Manuel Fernandez
GSK STOCKMANN + KOLLEGEN

Nicolas Fries

Andreas Heinzmann
GSK STOCKMANN + KOLLEGEN

Véronique Hoffeld
*LOYENS & LOEFF
LUXEMBOURG SARL*

Chantal Keereman
BONN & SCHMITT

François Kremer
ARENDT & MEDERNACH SA

Olivier Lardinois
BNP PARIBAS

Frédéric Lemoine
BONN & SCHMITT

Tom Loesch
LAW FIRM LOESCH

Evelyne Lordong
ARENDT & MEDERNACH SA

Hawa Mahamoud
GSK STOCKMANN + KOLLEGEN

Jeannot Medinger
CREOS LUXEMBOURG SA

Philipp Metzschke
ARENDT & MEDERNACH SA

Marco Peters
CREOS LUXEMBOURG SA

Elisa Ragazzoni
PAUL WURTH GEPROLUX SA

Jean-Luc Schaus
DECKER BRAUN AVOCATS

Roger Schintgen
PAUL WURTH GEPROLUX SA

Phillipe Schmit
ARENDT & MEDERNACH SA

Alex Schmitt
BONN & SCHMITT

Marielle Stevenot
MNKS LAW FIRM

Bénédicte Zahnd
BNP PARIBAS

马其顿共和国

DOM—DIZAJN

GRADBA BAJASEN

Igor Aleksandrovski
APOSTOLSKA & PARTNERS

Ljubinka Andonovska
*CENTRAL REGISTER OF THE
REPUBLIC OF MACEDONIA*

Marjan Andreev
GAVRILOSKI & PARTNERS

Natasha Andreeva
*NATIONAL BANK OF THE
REPUBLIC OF MACEDONIA*

Krste Andronovski
CITY OF SKOPJE

Martina Angelkovic
DDK ATTORNEYS-AT-LAW

Zlatko Antevski
LAWYERS ANTEVSKI

Goran Atanasovksi
ADING

Dragan Blažev
TIMELPROJECT ENGINEERING

Vladimir Bocevski
CAKMAKOVA ADVOCATES

Marija Boshkovska Jankovski
*CENTRAL REGISTER OF THE
REPUBLIC OF MACEDONIA*

Vladimir Boshnjakovski
DDK ATTORNEYS-AT-LAW

Jela Boskovic Ognjanoska
LAWELL ATTORNEYS

Kiril Crvenkoski
NAVICO SHIPPING

Ljupco Cvetkovski
DDK ATTORNEYS-AT-LAW

Dragan Dameski
DDK ATTORNEYS-AT-LAW

Ana Dangova Hug
INTER PARTES LAW FIRM

Dimce Dimov
LAW FIRM TRPENOSKI

Daniela Dineska
ITS ISKRATEL

Mihajlo Drenkovski
ITS ISKRATEL

Ana Georgievska
DIMA FORWARDERS

Boris Georgievski
*MUNICIPALITY OF GAZI
BABA—SKOPJE*

Dimche Georgievski
DIMA FORWARDERS

Gjorgji Georgievski
ODI LAW MACEDONIA

Bojan Gerovski
IKRP ROKAS & PARTNERS

Katarina Ginoska
GEORGI DIMITROV ATTORNEYS

Angelina Gogusevska
TITANIJA DOOEL—SKOPJE

Ana Gorgioska
*MINISTRY OF TRANSPORT
AND COMMUNICATIONS*

Aleksandar Ickovski

Vase Jakov
*MUNICIPALITY OF GAZI
BABA—SKOPJE*

Marija Jankuloska
GEORGI DIMITROV ATTORNEYS

Biljana Joanidis
*LAW & PATENT
OFFICE JOANIDIS*

Svetlana Jovanoska
*MUNICIPALITY OF GAZI
BABA—SKOPJE*

Aneta Jovanoska Trajanovski
LAWYERS ANTEVSKI

Emilija Kelesoska Sholjakovska
DDK ATTORNEYS-AT-LAW

Risto Kitev
MEPOS OPERATIVA LTD.

Dejan Knezović
*LAW OFFICE KNEZOVIC
& ASSOCIATES*

Vlado Kocare
VIATOR & VEKTOR

Zlatko T. Kolevski
KOLEVSKI LAW OFFICE

Vladimir Kostoski
APOSTOLSKA & PARTNERS

Aleksandar Kralevski
CAKMAKOVA ADVOCATES

Aleksandar Krsteski
CAKMAKOVA ADVOCATES

Dragan Lazarov
LAW OFFICE LAZAROV

Nikolcho Lazarov
LAW OFFICE LAZAROV

Ilinka Lega Grchevska
KOLEVSKI LAW OFFICE

Ivana Lekic
PWC MACEDONIA

Georgi Markov
PWC MACEDONIA

Tijana Markovic
KOLEVSKI LAW OFFICE

Mirjana Markovska
*LAW OFFICE OF MARKOVSKA
& ANDREVSKI*

Vesna Markovska
*MINISTRY OF TRANSPORT
AND COMMUNICATIONS*

Emil Miftari
EMIL MIFTARI LAW OFFICE

Vlatko Mihailov
EMIL MIFTARI LAW OFFICE

Petra Mihajlovska
CAKMAKOVA ADVOCATES

Oliver Mirchevski
EVN MACEDONIA

Ivan Mishev
*PAPAZOSKI AND
MISHEV LAW FIRM*

Irena Mitkovska
LAWYERS ANTEVSKI

Biljana Mladenovska Dimitrova
LAWYERS ANTEVSKI

Vesna Mojsoska
KPMG

Martin Monevski
MONEVSKI LAW FIRM

Vojdan Monevski
MONEVSKI LAW FIRM

Filip Nacevski
DONEVSKI LAW FIRM

Svetlana Neceva
LAW OFFICE PEPELJUGOSKI

Ilija Nedelkoski
CAKMAKOVA ADVOCATES

Elena Nikodinovska
EMIL MIFTARI LAW OFFICE

Zorica Nikolovska
LAW OFFICE NIKOLOVSKI

Goran Nikolovski
LAW OFFICE NIKOLOVSKI

Martin Odzaklieski
*MINISTRY OF TRANSPORT
AND COMMUNICATIONS*

Aleksandar Penovski
LAW FIRM TRPENOSKI

Ana Pepeljugoska
LAW OFFICE PEPELJUGOSKI

Valentin Pepeljugoski
LAW OFFICE PEPELJUGOSKI

Iva Petrovska
CAKMAKOVA ADVOCATES

Blagoj Petrovski
TECHNO KAR

Sonja Petrusheva
LAW OFFICE PETRUSHEVA

Kristijan Polenak
POLENAK LAW FIRM

Ljubica Ruben
MENS LEGIS LAW FIRM

Sasho Saltirovski
EVN MACEDONIA

Lidija Sarafimova-Danevska
*NATIONAL BANK OF THE
REPUBLIC OF MACEDONIA*

Simonida
Shosholceva-Giannitsakis
IKRP ROKAS & PARTNERS

Tatjana Siskovska
POLENAK LAW FIRM

Borche Smilevski
DELOITTE

Milena Spasovska
GEORGI DIMITROV ATTORNEYS

Aleksandar Spasovski
VIATOR & VEKTOR

Ana Stojanovska
ODI LAW MACEDONIA

Sonja Stojcevska
CAKMAKOVA ADVOCATES

Blagoj Stojevski
EVN MACEDONIA

Ana Stojilovska
ANALYTICA MK

Gjoko Tanasoski
CUSTOMS ADMINISTRATION

Dragica Tasevska
*NATIONAL BANK OF THE
REPUBLIC OF MACEDONIA*

Kristina Tilic
*NOVA CONSULTING, MEMBER
OF PKF INTERNATIONAL*

Paul Tobin
PWC BULGARIA

Borjanka Todorovska
DONEVSKI LAW FIRM

Elena Todorovska
LAWELL ATTORNEYS

Ivica Tosic
TOSIC AND JEVTIC

Toni Trajanov
*MACEDONIAN CREDIT
BUREAU AD SKOPJE*

Dragan Trajkovski
ELTEK

Toni Trajkovski
*MUNICIPALITY OF GAZI
BABA—SKOPJE*

Svetlana Trendova
APOSTOLSKA & PARTNERS

Stefan Trost
EVN MACEDONIA

Viktorija Trpenovska
LAW FIRM TRPENOSKI

Vladimir Vasilevski
BETASPED D.O.O.

Ivana Velkovska
PWC MACEDONIA

Tome Velkovski

Zlatko Veterovski
CUSTOMS ADMINISTRATION

Sladjana Zafirova
TIVA-AS DOOEL-VALANDOVO

Dragisa Zlatkovski
SISKON LTD.

马达加斯加

BUILD CONSULTING ENGINEERS

*DIRECTION GÉNÉRALE
DES DOUANES*

Serge Andretseheno
CABINET AS ARCHITECTE

Laura Andriamanjato
SMR & HR ASSOCIATES SA

Clément Andriamasinony
BNI MADAGASCAR

Eric Robson Andriamihaja
*ECONOMIC DEVELOPMENT
BOARD OF MADAGASCAR*

Eva Andriamihaja
MIHAJA TRANSIT

Tsiry Andriamisamanana

Aimée Andrianasolo
*OFFICE DE REGULATION
ÉLECTRICITÉ (ORE)*

Andry Andriantsilavo
*OFFICE DE REGULATION
ÉLECTRICITÉ (ORE)*

Frédéric Christophe Ranjatoely

Yves Duchateau
*BOLLORÉ AFRICA LOGISTICS
MADAGASCAR*

Raphaël Jakoba
*MADAGASCAR CONSEIL
INTERNATIONAL*

Rakotomalala Mamy Njatoson
*REGISTRE DU COMMERCE
ET DES SOCIÉTÉS (RNCS)*

Pascaline R. Rabearisoa
DELTA AUDIT DELOITTE

Rija Rabeharisoa
CABINET MAZARS FIVOARANA

Michelle Rafenomanjato

Pierrette Rajaonarisoa
BOLLORÉ AFRICA LOGISTICS MADAGASCAR

Jean Sylvio Rajaonson
ETUDE MAÎTRE RAJAONSON

Fetrahanta Sylviane Rakotomanana
PRICEWATERHOUSECOOPERS TAX & LEGAL MADAGASCAR—PWC MADAGASCAR

Harivola Joan Rakotomanjaka

Hery Michel Rakotonarivo
PRICEWATERHOUSECOOPERS TAX & LEGAL MADAGASCAR—PWC MADAGASCAR

Corinne Holy Rakotoniaina
PRICEWATERHOUSECOOPERS TAX & LEGAL MADAGASCAR—PWC MADAGASCAR

Ralidera Junior Rakotoniaina
JOHN W. FFOOKS & CO.

Hery Rakotonindrainy
OFFICE DE REGULATION ÉLECTRICITÉ (ORE)

Harotsilavo Rakotoson
SMR & HR ASSOCIATES SA

Lanto Tiana Ralison
PRICEWATERHOUSECOOPERS TAX & LEGAL MADAGASCAR—PWC MADAGASCAR

Barijaona Ramaholimihaso
BNI MADAGASCAR

Gérard Ramarijaona
PRIME LEX

Roland Ramarijaona
DELTA AUDIT DELOITTE

Harenkanto Ranaivoson
RANDRANTO

André Randranto
RANDRANTO

Iloniaina Randranto
RANDRANTO

William Randrianarivelo
PRICEWATERHOUSECOOPERS TAX & LEGAL MADAGASCAR—PWC MADAGASCAR

Sylvia Rasoarilala
BANKY FOIBEN'I MADAGASIKARA / BANQUE CENTRALE DE MADAGASCAR

Rivaharilala Rasolojaona
OFFICE DE REGULATION ÉLECTRICITÉ (ORE)

Théodore Raveloarison
JARY—BUREAU D'ÉTUDES ARCHITECTURE INGÉNIERIE

Andriamisa Ravelomanana
PRICEWATERHOUSECOOPERS TAX & LEGAL MADAGASCAR—PWC MADAGASCAR

Landy Raveloson
CABINET HK JURIFISC

Andrianina Ravoajanahary
ETUDE ANDRIANINA RAVOAJANAHARY

Arielle Razafimahefa
JOHN W. FFOOKS & CO.

Jean Marcel Razafimahenina
DELTA AUDIT DELOITTE

Chantal Razafinarivo
CABINET RAZAFINARIVO

Parson Harivel Razafindrainibe
ETUDE RAZAFINDRAINIBE/RAVOAJANAHARY

Lisiniaina Razafindrakoto
GASYNET

Louis Sagot
CABINET D'AVOCAT LOUIS SAGOT

Ida Soamiliarimana
MADAGASCAR CONSEIL INTERNATIONAL

马拉维

Chipulumutso Bakali
JAMES FINLAY (BLANTYRE) LTD.

Everson Bandawe
ALLIANCE FREIGHT SERVICES LIMITED

Austin Changazi
SUKAMBIZI ASSOCIATION TRUST

Marshal Chilenga
TF & PARTNERS

Andrew Chimpololo
UNIVERSITY OF MALAWI (POLYTECHNIC COLLEGE)

Ricky Chingota
SAVJANI & CO.

Maryann Chitseko
EY

Gautoni D. Kainja
KAINJA & DZONZI

Griffin Kamanga
SPINE CARGO CO.

Cyprian Kambili
CONSULTANT

Dannie J. Kamwaza
KAMWAZA DESIGN PARTNERSHIP

Alfred Kaponda
ESCOM

Mavbuto Kasote
KAMWAZA DESIGN PARTNERSHIP

Alfred Majamanda
MBENDERA & NKHONO ASSOCIATES

James Masumbu
TEMBENU, MASUMBU & CO.

Noel Misanjo
SAVJANI & CO.

Vyamala Aggriel Moyo
PWC MALAWI

Patrick Gray Mpaka
DESTONE & CO. LEGAL PRACTITIONERS

Modecai Msisha
NYIRENDA & MSISHA LAW OFFICES

Misheck Msiska
EY

Matthews Mwadzangati
BLANTYRE CITY COUNCIL

Patricia Mwase
CREDIT DATA CREDIT REFERENCE BUREAU LTD.

Patrice Nkhono
MBENDERA & NKHONO ASSOCIATES

Zolomphi Nkowani
ZOLOMPHI LAWYERS

Yusuf Nthenda
CHIDOTHE, CHIDOTHE & COMPANY

Andrea Nyiorongo
BLANTYRE HIGH COURT

Grant Nyirongo
ELEMECH DESIGNS

Reena Purshtam

Krishna Savjani
SAVJANI & CO.

Donns Shawa
RD CONSULTANTS

Duncan Singano
SAVJANI & CO.

马来西亚

BANK NEGARA MALAYSIA

BURSA MALAYSIA

EY

FEDERATION OF MALAYSIAN MANUFACTURERS (FMM)

Mohd Rashdi Ab Hamid
TENAGA NASIONAL BERHAD

Nor Azimah Abdul Aziz
COMPANIES COMMISSION

Mohd Azlan Shah Abdullah
CITY HALL OF KUALA LUMPUR

Muhammad Riyadhul Hanif Abdullah
AZMI & ASSOCIATES

Sonia Abraham
AZMAN, DAVIDSON & CO.

Wilfred Abraham
ZUL RAFIQUE & PARTNERS, ADVOCATE & SOLICITORS

Mohammed Alamin
MALAYSIA PRODUCTIVITY CORPORATION

Haji Mohamed Ali
BASHIR ELECTRIC SDN BHD

Aniz Amirudin
CECIL ABRAHAM & PARTNERS

Sasireka Amplagan
PWC MALAYSIA

Mohd Arief Emran Bin Arifin
WONG & PARTNERS

Nur Sajati Binti Asan Mohamed
AZMI & ASSOCIATES

Datuk Aslam Zainuddin
CHIEF REGISTRAR'S OFFICE

Zaily Ayub
ROYAL MALAYSIAN CUSTOMS

Shamsuddin Bardan
MALAYSIAN EMPLOYERS FEDERATION

Mohd Shahrul Faisal Bin Ismail
CITY HALL OF KUALA LUMPUR

Abdul Aziz Bin Mahamad
DATARANREKA ARCHITECT

Ahmad Fuad bin Md Kasim
TENAGA NASIONAL BERHAD

Mohd Yushanizar Bin Md Yusoff
CITY HALL OF KUALA LUMPUR

Che Adnan Bin Mohamad
NADI CONSULT ERA SDN BHD

Firdaus Bt Md Isa
FEDERAL COURT OF MALAYSIA

KC Chan
FREIGHT TRANSPORT NETWORK SDN BHD

Hong Yun Chang
TAY & PARTNERS

David Cheah
DCDA ARCHITECT

Grace Cheah
CECIL ABRAHAM & PARTNERS

David Cheah
DCDA ARCHITECT

Chris Chee
EAST ORIENT CONSULT SDN BHD

Tony Chia
SINCERE SHIPPING & FORWARDING

Chow Keng Chin
INDRA GANDHI & CO.

Eric Chin
CTOS DATA SYSTEMS SDN BHD

Ho Kwong Chin
FEDERAL COURT OF MALAYSIA

Nicholas Tan Choi Chuan
SHEARN DELAMORE & CO.

Chin Long Chong
NORTH PORT (MALAYSIA) BHD

Jack Chor
CHRISTOPHER & LEE ONG

Eddie Chuah
WONG & PARTNERS

Walter Culas
AIR FREIGHT FORWARDERS ASSOCIATION OF MALAYSIA (AFAM)

Melinda Marie D'Angelus
AZMI & ASSOCIATES

Neelesh Datir
ALBIEA

Ruzaida Daud
ENERGY COMMISSION

Chai Mee Faum
PERUNDING MAJUJAYA

Wai Fong La
SHEARN DELAMORE & CO.

Azlinda Binti Abd. Ghani
SPAN NATIONAL WATER SERVICES COMMISSION (SURUHANJAYA PERKHIDMATAN AIR NEGARA)

Suresh Kumar J. Gorasia
THE ELECTRICAL AND ELECTRONICS ASSOCIATION OF MALAYSIA

Sheba Gumis
SKRINE, MEMBER OF LEX MUNDI

Asfahani binti Hamzah
FEDERAL COURT OF MALAYSIA

Muhammad Arif Harinder
TITIMAS LOGISTICS SDN BHD

Khalid Hashim
AZMI & ASSOCIATES

Fahad Hassan
PWC MALAYSIA

Andrew Heng
FERRIER HODGSON MH SDN BHD

Abdul Hafiz Bin Hidzir
TENAGA NASIONAL BERHAD

Wong Hin Loong
AZMAN, DAVIDSON & CO.

Simon Hogg
LAWYER

Ng Chia How
ZAID IBRAHIM & CO. (ZICO)

Azura Megat Ibrahim
INDAH WATER KONSORTIUM

Kumarakuru Jai
FERRIER HODGSON MH SDN BHD

Abdul Azis Japri
TENAGA NASIONAL BERHAD

Norhaiza Jemon
COMPANIES COMMISSION

Eu John Teo
SHEARN DELAMORE & CO.

Dato' Dr. Ir. Andy K. H. Seo
MALAYSIAN NATIONAL SHIPPERS COUNCIL

Nadia binti Mohd. Kamal
FEDERAL COURT OF MALAYSIA

Komathi P. Karuppanan
AZMI & ASSOCIATES

Sharifah Athirah Izyan Bt Wan Kassim
KUALA LUMPUR CITY HALL

Muhd Khuzaifah
QMEC CONSULT

Chun Yik Koh
JEFF LEONG, POON & WONG

LOH Kok Leong
RUSSELL BEDFORD LC & COMPANY—MEMBER OF RUSSELL BEDFORD INTERNATIONAL

Jessica Kong Yin Yin
AZMAN, DAVIDSON & CO.

Dawn Lai
RAM CREDIT INFORMATION SDN BHD

Azhar Lee
PLATINUM TAX CONSULTANTS SDN BHD

Christopher Lee
CHRISTOPHER & LEE ONG

Seen Yin Lee
JEFF LEONG, POON & WONG

Jeff Leong
JEFF LEONG, POON & WONG

Neoh Li Ting
AZMAN, DAVIDSON & CO.

Anne Liew
RAM CREDIT INFORMATION SDN BHD

Koon Huan Lim
SKRINE, MEMBER OF LEX MUNDI

Lim Khim Yeng
K Y LIM & PARTNERS

Lim Litt
FERRIER HODGSON MH SDN BHD

Chea Hee Loo
BUMI-MARINE SHIPPING SDN BHD

Kin Sin Low
JEFF LEONG, POON & WONG

Ahmad Lutfi Abdull Mutalip
AZMI & ASSOCIATES

Chen Lynn Ng
CHRISTOPHER & LEE ONG

Ir. Bashir Ahamed Maideen
NADI CONSULT ERA SDN BHD

Jonathan Maria
TTL & CPC ELECTRICAL SUPPLY

Dennis Martin
CTOS DATA SYSTEMS SDN BHD

John Matthew
CHRISTOPHER & LEE ONG

Khairon Niza Md Akhir
COMPANIES COMMISSION

Mohamed Noh Md Seth
TENAGA NASIONAL BERHAD

Arvind Menon
RANHILL BERSEKUTU SDN BHD

Muhammad Kamal
Mohamad Alwi
ARKITEK KAMAL ALWI

Norsherryna Mohamed Ishak
TENAGA NASIONAL BERHAD

Mohammad Ashraf Mohamed
Sopiee
AZMI & ASSOCIATES

Hanani Hayati Mohd Adhan
AZMI & ASSOCIATES

Azmi Mohd Ali
AZMI & ASSOCIATES

Muzzamir Mohd Mydin
AZMI & ASSOCIATES

Zuhaidi Mohd Shahari
AZMI & ASSOCIATES

Khairunnajihah Aqila
Mohd Sofian
AZMI & ASSOCIATES

Dato' Sri Latifah Mohd Tahar
CHIEF REGISTRAR'S OFFICE

Mohd Yusoff Mokhzani Aris
*MALAYSIA PRODUCTIVITY
CORPORATION*

Datuk Hj Mohd Najib
Bin Hj Mohd
CITY HALL OF KUALA LUMPUR

Selina Ng
*CREDIT BUREAU
MALAYSIA SDN BHD*

Swee-Kee Ng
SHEARN DELAMORE & CO.

Anisah Normah binti
Muhammad Nor
FEDERAL COURT OF MALAYSIA

Marhaini Nordin
SHEARN DELAMORE & CO.

Allison Ong
AZMAN, DAVIDSON & CO.

Hock An Ong
BDO

Effendy Othman
ZAID IBRAHIM & CO. (ZICO)

Ng Oy Moon
*CREDIT BUREAU
MALAYSIA SDN BHD*

Kim Yong Pang
*FERRIER HODGSON
MH SDN BHD*

Aurobindo Ponniah
PWC MALAYSIA

Azahar Rabu
*FIRE AND RESCUE
DEPARTMENT OF MALAYSIA*

Aminah Bt Abd Rahman
*MINISTRY OF URBAN
WELLBEING, HOUSING AND
LOCAL GOVERNMENT*

Rabindra S. Nathan
SHEARN DELAMORE & CO.

Muzawipah Bt Md. Salim
TENAGA NASIONAL BERHAD

Sugumar Saminathan
*MALAYSIA PRODUCTIVITY
CORPORATION*

Zamzuri Selamat
*SYARIKAT BEKALAN AIR
SELANGOR SDN BHD (SYABAS)*

Fiona Sequerah
CHRISTOPHER & LEE ONG

Lee Shih
*SKRINE, MEMBER
OF LEX MUNDI*

Jagdev Singh
PWC MALAYSIA

Manshan Singh
*SKRINE, MEMBER
OF LEX MUNDI*

Veerinderjeet Singh

Adeline Thor Sue Lyn
*RUSSELL BEDFORD LC &
COMPANY—MEMBER
OF RUSSELL BEDFORD
INTERNATIONAL*

Nor Fajariah Sulaiman
CITY HALL OF KUALA LUMPUR

Muhendaran Suppiah
MUHENDARAN SRI

Sharifah Ummu Amierah Syed
Hamid
AZMI & ASSOCIATES

Esther Tan
*ZUL RAFIQUE & PARTNERS,
ADVOCATE & SOLICITORS*

Gene M. ("GM") Tan
GM TAN & COMPANY

Kar Peng Tan
*KAMARUDDIN WEE & CO.
ADVOCATES & SOLICITORS*

Shu Shuen Tan
*ZUL RAFIQUE & PARTNERS,
ADVOCATE & SOLICITORS*

Raphael Tay
CHOOI & COMPANY

Wai Keong Teh
*EQUATORIAL LOGISTICS
SDN BHD.*

Hemant Thakore
RANHILL BERSEKUTU SDN BHD

Kenneth Tiong
*THE ASSOCIATED CHINESE
CHAMBERS OF COMMERCE
AND INDUSTRY OF
MALAYSIA (ACCCIM)*

Siti Wahida Binti Sheikh
Hussien
*CREDIT BUREAU
MALAYSIA SDN BHD*

Elison Wong
*ELISON WONG ADVOCATES
& SOLICITORS*

Keat Ching Wong
*ZUL RAFIQUE & PARTNERS,
ADVOCATE & SOLICITORS*

Michelle Sook King Wong
JEFF LEONG, POON & WONG

T. Y. Wong
*MERCURY EXPRESS
LOGISTICS SDN BHD*

Yeoh Keng Yao
TITIMAS LOGISTICS SDN BHD

Yau Tze Yip
WONG & PARTNERS

Khairani M. Yusof
*MALAYSIA PRODUCTIVITY
CORPORATION*

Zuraidi Yusoff
AHA ARCHITECT

Nor Aznira Zainal Ariffin
COMPANIES COMMISSION

马尔代夫

AVANT-GARDE LAWYERS

BANK OF MALDIVES PLC

*MALDIVES MONETARY
AUTHORITY*

Junaina Ahmed
*SHAH, HUSSAIN & CO.
BARRISTERS & ATTORNEYS*

Madeeh Ahmed
CTL STRATEGIES LLP

Mohamed Ahsan
ARCHENG STUDIO

Mohamed Shahdy Anwar
*SUOOD ANWAR &
CO.—ATTORNEYS-AT-LAW*

Jatindra Bhattray
PWC MALDIVES

Asma Chan-Rahim
*SHAH, HUSSAIN & CO.
BARRISTERS & ATTORNEYS*

Ali Hussain Didi

Aishath Haifa
*SHAH, HUSSAIN & CO.
BARRISTERS & ATTORNEYS*

Mohamed Hameed
ANTRAC HOLDING PVT. LTD.

Dheena Hussain
*SHAH, HUSSAIN & CO.
BARRISTERS & ATTORNEYS*

Hamdulla Hussain
CTL STRATEGIES LLP

Suha Hussain
*SHAH, HUSSAIN & CO.
BARRISTERS & ATTORNEYS*

Abdul Rasheed Ibrahim
CUSTOMS SERVICE

Ishan Ibrahim
ASIA FORWARDING PVT. LTD.

Yameen Ibrahim
*SUOOD ANWAR &
CO—ATTORNEYS-AT-LAW*

Fathuhulla Ismail
CTL STRATEGIES LLP

Savithri Karunaratne
EY

Prasanta Misra
PWC MALDIVES

Saffah Mohamed
PRAXIS LAW FIRM

Ibrahim Muthalib
*ASSOCIATION OF
CONSTRUCTION INDUSTRY*

Ali Naeem
CTL STRATEGIES LLP

Ismail Nashid
MALDIVES CUSTOMS SERVICE

Sulakshan Ramanan
EY

Mohamed Shafaz Wajeeh
PRAXIS LAW FIRM

Shuaib M. Shah
*SHAH, HUSSAIN & CO.
BARRISTERS & ATTORNEYS*

Aishath Shaifa Shahid
*SHAH, HUSSAIN & CO.
BARRISTERS & ATTORNEYS*

Husam Shareef
CTL STRATEGIES LLP

Mizna Shareef
*SHAH, HUSSAIN & CO.
BARRISTERS & ATTORNEYS*

Manal Shihab
*SUOOD ANWAR &
CO.—ATTORNEYS-AT-LAW*

Fathimath Sodhaf
MALDIVES CUSTOMS SERVICE

Abdullah Waheed

Abdulla Wars
CTL STRATEGIES LLP

Sumudu Wijesundara
EY

Hussain Zaidan Jaleel
CTL STRATEGIES LLP

马里

BCEAO

CREDITINFO VOLO

Faradji Baba
*TRIBUNAL DE GRANDE
INSTANCE DE LA COMMUNE
III DE BAMAKO*

Oumar Bane
JURIFIS CONSULT

Abou Bemgaly
*SOCIÉTÉ FRUITIÈRE
BOUGOUNI SA*

Kassé Camara
DRUH-DB

Mahamane I. Cisse
CABINET LEXIS CONSEILS

Aly Coulibaly
DOUANES MALIENNES

Famakan Dembele
*MINISTÈRE DE LA JUSTICE,
GARDE DES SCEAUX*

Sekou Dembele
*ETUDE MAÎTRE
SEKOU DEMBELE*

Moussa Syvlain Diakité
SCS INTERNATIONAL

Abou Diallo
API MALI

Sine Diarra
*CABINET COMPTABLE
SINE DIARRA*

Fatimata Dicko Zouboye
NOTAIRE

Baba Haidara
ETUDE GAOUSSOU HAIDARA

Adama Kane
SCAE

Abdoul Karim Samba Timbo
Konaté
*AGENCE D'ARCHITECTURE
CADET*

Gaoussou A.G. Konaté
*AGENCE D'ARCHITECTURE
CADET*

Abdoul Karim Kone
*CABINET BERTH—KONE—
AVOCATS ASSOCIÉS*

Soumaguel Maiga
API MALI

Bérenger Y. Meuke
JURIFIS CONSULT

Arielle Razafimahefa
JOHN W. FFOOKS & CO.

Oumar Sanogo
*DIRECTION DE L'INSPECTION
DU TRAVAIL*

Mamadou Moustapha Sow
CABINET SOW & ASSOCIÉS

Moussa Ismaïla Toure
API MALI

Imirane A. Touré
*DIRECTION NATIONALE DE
L'URBANISME ET DE L'HABITAT*

Lasseni Touré
ETUDE GAOUSSOU HAIDARA

Baba Traore
BOLLORÉ AFRICA LOGISTICS

Alassane Traoré
ICON SARL

马耳他

Christabelle Agius
GVZH ADVOCATES

Shawn Agius
*OFFICE OF THE COMMISSIONER
FOR REVENUE*

Francesca Anastasi
GVZH ADVOCATES

Anthony Azzopardi
*DEPARTMENT OF INDUSTRIAL
AND EMPLOYMENT RELATIONS*

Kevan Azzopardi
*MALTA FINANCIAL SERVICES
AUTHORITY (MFSA)*

Leonard Bonello
GANADO ADVOCATES

Christopher Borg
ENEMALTA PLC

Kris Borg
*DR. KRIS BORG &
ASSOCIATES—ADVOCATES*

Mario Raymond Borg
*OFFICE OF THE COMMISSIONER
FOR REVENUE*

Josianne Brimmer
FENECH & FENECH ADVOCATES

Joseph Buhagiar
MALTA ENTERPRISE

Daniel Buttigieg
FENECH & FENECH ADVOCATES

Stefan Camilleri
*CAMILLERI CASSAR
ADVOCATES*

Joseph Caruana
*MALTA FINANCIAL SERVICES
AUTHORITY (MFSA)*

Michael Caruana
CENTRAL BANK OF MALTA

Laragh Cassar
*CAMILLERI CASSAR
ADVOCATES*

Nicolette Cassar
CENTRAL BANK OF MALTA

Andrea Darmanin
*CAMILLERI CASSAR
ADVOCATES*

Kyle DeBattista
CAMILLERI PREZIOSI

Ariana Falzon
GVZH ADVOCATES

Martin Farrugia
BUILDING REGULATION OFFICE

Bettina Gatt
GANADO ADVOCATES

Neville Gatt
PWC MALTA

Joseph Ghio
FENECH & FENECH ADVOCATES

Steve Gingell
PWC MALTA

Sandro Grech
*SG MALTA LIMITED—
CORRESPONDENT OF RUSSELL
BEDFORD INTERNATIONAL*

Karl Grech Orr
GANADO ADVOCATES

Stefan Grima
BANK OF VALLETTA

Roberta Gulic Hammett
PWC MALTA

Edward Micallef
WORLD EXPRESS LOGISTICS

Henri Mizzi
CAMILLERI PREZIOSI

Jesmond Pule
CENTRAL BANK OF MALTA

Jude Schembri
PWC MALTA

Pierre Theuma
MALTA ENTERPRISE

Amanda Vella
GVZH ADVOCATES

Andrei Vella
CAMILLERI PREZIOSI

Luca Vella
GVZH ADVOCATES

Andrew J. Zammit
GVZH ADVOCATES

Alistair Zarb
CENTRAL BANK OF MALTA

马绍尔群岛

*MARSHALLS ENERGY
COMPANY*

Helkena Anni
MARSHALL ISLANDS REGISTRY

Kenneth Barden
ATTORNEY-AT-LAW

William Brier
MINISTRY OF PUBLIC WORKS

Tatyana E. Cerullo
MARSHALL ISLANDS LAWYERS

Melvin Dacillo
MINISTRY OF PUBLIC WORKS

Raquel De Leon
*MARSHALL ISLANDS SOCIAL
SECURITY ADMINISTRATION*

Anthony Frazier

Nathan Gaudio
*POLES, TUBLIN, STRATAKIS
& GONZALEZ, LLP*

Kenneth Gideon
PII SHIPPING

Avelino R. Gimao Jr.
*MARSHALL ISLANDS SOCIAL
SECURITY ADMINISTRATION*

Dwight Heine
*MARSHALL ISLANDS SOCIAL
SECURITY ADMINISTRATION*

Don Hess
*COLLEGE OF THE
MARSHALL ISLANDS*

Jerry Kramer
PACIFIC INTERNATIONAL, INC.

Philip Okney
OKNEY & HAMLIN

Dennis James Reeder
REEDER & SIMPSON

Perry Rilang
*ENVIRONMENTAL PROTECTION
AGENCY—MARSHALL ISLANDS*

David M. Strauss
ATTORNEY-AT-LAW

Itibo Tofinga
*MARSHALL ISLANDS
TAX AUTHORITY*

毛里塔尼亚

Mohamed Abdallahi Bellil
*L'OBSERVATOIRE
MAURITANIEN DE LUTTE
CONTRE LA CORRUPTION,
JOURNALISTE CHERCHEUR
EN COMMUNICATION
ET GOUVERNANCE*

Sid'Ahmed Abeidna
SOGECO MAURITANIA

Jemal Abde Nasser Ahmed
*DIRECTION GÉNÉRALE
DES DOUANES*

Kane Aly
*GUICHET UNIQUE/
MEF MAURITANIA*

Mohamed Lemine Ould Babiye
*BANQUE CENTRALE
DE MAURITANIE*

Cheikh Abdellahi Ahmed
Babou
*ETUDE MAÎTRE CHEIKH
ABDELLAH AHMED BABOU*

Dieng Adama Boubou
*BANQUE CENTRALE
DE MAURITANIE*

Mohamed Marouf Bousbe
CABINET D'AVOCAT

Moulaye Ahmed Boussabou
*BANQUE CENTRALE
DE MAURITANIE*

Mohamed Cheikh Abdallah
*AFACOR—AUDIT FINANCE
ASSISTANCE COMPTABLE
ORGANISATION SARL*

Brahim Ebety

Fadel Elaoune
*MINISTÈRE DES AFFAIRES
ECONOMIQUES ET DU
DÉVELOPPEMENT*

Abdellahi Gah
ETUDE GAH

Boumiya Hamoud
LAWYER

Cheikhany Jules
CHEIKHANY JULES LAW OFFICE

Mohamed Koum Maloum
*BETEM INGENIERIES DE
L'ENERGIE ET DE L'EAU*

Hamed Limam
*CAISSE NATIONALE DE
SECURITE SOCIALE*

Moustapha Maouloud
*GUICHET UNIQUE/
MEF MAURITANIA*

Bah Elbar M'beirik
*CHAMBRE COMMERCIALE
AUPRÈS DE LA COUR
D'APPEL DE NOUAKCHOTT*

Abdou M'Bodj

Ould Med Yahya
*DIRECTION GÉNÉRALE
DES DOMAINES ET DU
PATRIMOINE DE L'ÉTAT*

Mazar Mohamed Mahmoud
Hmettou
*SOCIÉTÉ MAURITANIENNE
D'ÉLECTRICITÉ (SOMELEC)*

Oumar Mohamed Moctar
AVOCATS MAURITANIE

Adil Morsad
CABINET D'AVOCATS MORSAD

Mine Ould Abdoullah
*CABINET D'AVOCAT
OULD ABDOULLAH*

Ishagh Ould Ahmed Miské
CABINET ISHAGH MISKE

M'Hamed Ould Bouboutt
*MINISTÈRE DES AFFAIRES
ECONOMIQUES ET DU
DÉVELOPPEMENT*

Ahmed Salem Ould
Bouhoubeyni
CABINET BOUHOUBEYNI

Abdellahi Ould Charrouck
*ATELIER ARCHITECTURE
ET DESIGN*

Mohamed Yeslem Ould El Vil
*RÉSEAU DES PETITES ET
MOYENNES ENTREPRISES
MAURITANIENNES*

Moulaye El Ghali Ould
Moulaye Ely
AVOCAT

Ahmed Ould Radhi
*BANQUE CENTRALE
DE MAURITANIE*

Abdelkader Said

Aliou Sall
*ETUDE ME ALIOU
SALL & ASSOCIÉS*

Abdellahi Seyid
*UNION NATIONALE
DU PATRONAT
MAURITANIEN (UNPM)*

Mohamed Yarguett
*MINISTÈRE DU PÉTROLE, DE
L'ENERGIE ET DES MINES*

毛里求斯

SUPREME COURT

Daygarasen Amoomoogum
*MAURITIUS CHAMBER OF
COMMERCE AND INDUSTRY*

Zahra Auchoybur
UTEEM CHAMBERS

Rasheed Aumjaud
ALPINA TRADING LTD.

Keshav Beeharry
MCB GROUP LIMITED

Khoushwant Bheem Singh
NOTARY

Nazeer Ahmud Bhugaloo
MORISON (MAURITIUS)

Valerie Bisasur
BLC ROBERT & ASSOCIATES

Deepti Bismohun
ENSAFRICA (MAURITIUS)

Nicolas Carcasse
*DAGON INGENIEUR
CONSEIL LTÉE*

Bernard Chan Sing
*MAURITIUS NETWORK
SERVICES LTD.*

Nushrut Chaumoo
NOTARY

D.P. Chinien
*CORPORATE AND BUSINESS
REGISTRATION DEPARTMENT*

Stephanie Chong Mei Lin
Ah Tow
MCB GROUP LIMITED

Chandansingh Chutoori
*VYYAASS CONSULTING
ENGINEER LTD.*

Jessen Coolen
MCB GROUP LIMITED

Ravin Dajee
BARCLAYS BANK

Afzal Delbar
*CUSTOMS HOUSE
BROKERS ASSOCIATION*

Jayesh Desai
DESAI & ASSOCIATES LTD.

Shalinee Dreepaul-Halkhoree
JURISTCONSULT CHAMBERS

Swaley Duman
UNITED CARGO

Amil Emandin
*ASSOCIATION
PROFESSIONNELLE DES
TRANSITAIRES*

Yannick Fok
*EVERSHEDS SUTHERLAND
(MAURITIUS)*

Poonam Geemul
*EVERSHEDS SUTHERLAND
(MAURITIUS)*

Gilbert Gnany
MCB GROUP LIMITED

Tilotma Gobin Jhurry
BANK OF MAURITIUS

Moorari Gujadhur
*MADUN GUJADHUR
CHAMBERS*

Gopaul Gupta
VELOGIC LTD.

Arvin Halkhoree
JURISTCONSULT CHAMBERS

Navindranath Jowaheer
*WASTEWATER MANAGEMENT
AUTHORITY*

Geetendra Singh Kim Currun
*PROPERTY DESIGN
& MANAGEMENT
CONSULTANTS LTD.*

Thierry Koenig
ENSAFRICA (MAURITIUS)

Mylène Lai Yoon Him
MCB GROUP LIMITED

Anthony Leung Shing
PWC MAURITIUS

Benjamin Lowe
PWC MAURITIUS

Jayram Luximon
CENTRAL ELECTRICITY BOARD

Charles Gerard Maguitte
ABC MOTORS

Antish Maroam
*ABAX CORPORATE
SERVICES LTD.*

Bala Moonsamy
CMT INTERNATIONAL LTD.

Ramdas Mootanah
ARCHITECTURE & DESIGN LTD.

Ashwin Mudhoo
JURISTCONSULT CHAMBERS

Loganayagan Munian
ARTISCO INTERNATIONAL

Khemila Narraidoo
JURISTCONSULT CHAMBERS

Preetam Narrayen
*COMPAGNIE MAURICIENNE
DE TEXTILE*

Nicholas Ng
*EVERSHEDS SUTHERLAND
(MAURITIUS)*

Daniel Ng Cheong Hin
*MAURITIUS CARGO
COMMUNITY SERVICES LTD.*

Lovendra Nulliah
LOVENDRA NULLIAH LAWYER

Stéphanie Odayen
JURISTCONSULT CHAMBERS

Jean Christophe
Ohsan-Bellepeau

Nawsheen Oozeer
*BOARD OF INVESTMENT
(MAURITIUS)*

Renganaden Padayachy
BANK OF MAURITIUS

Kessaven Payandi Pillay
UTEEM CHAMBERS

Hasanali Pirbhai
*MADUN GUJADHUR
CHAMBERS*

Hornali Pirbhai
*FREEPORT OPERATORS
ASSOCIATION*

Daya Ragoo
VELOGIC LTD.

Iqbal Rajahbalee
BLC ROBERT & ASSOCIATES

Vivekanand Ramburun
MRA CUSTOMS DEPARTMENT

Dhanraj Ramdin
*MAURITIUS REVENUE
AUTHORITY*

Jayshen Rammah
*MERITS CONSULTING
ENGINEERS LTD.*

Marie Annabelle Ribet
JURISTCONSULT CHAMBERS

Nicolas Richard
JURISTCONSULT CHAMBERS

Lilowtee Rjmunjoosery
MEXA

André Robert
BLC ROBERT & ASSOCIATES

Abdool Samad Sairally
REGISTRAR GENERAL

Keeranlallsing Santokhee
CITY COUNCIL OF PORT LOUIS

Hurrydeo Seebchurrun
CENTRAL ELECTRICITY BOARD

Geetanjali Seewoosurrun
CENTRAL ELECTRICITY BOARD

Gilbert Seeyave
BDO FINANCIAL SERVICES LTD.

Steven Sarangavany Sengayen
*STEVEN & ASSOCIATES
LAW FIRM*

Bhavish Sewraz
JURISTCONSULT CHAMBERS

Yengambarum Soopramanien
RAPID CARGO SERVICES LTD.

Sunjay Summun
CENTRAL ELECTRICITY BOARD

Menzie Sunglee
CENTRAL ELECTRICITY BOARD

Vidisha Vim Sunkur
*MADUN GUJADHUR
CHAMBERS*

Anshee Sunnassee
PWC MAURITIUS

Tarveen Teeluck
PWC MAURITIUS

Dhanesswurnath Vikash
Thakoor
BANK OF MAURITIUS

Natasha Towokul-Jiagoo
JURISTAX

Muhammad R.C. Uteem
UTEEM CHAMBERS

Rachel Wan Wing Kai
ENSAFRICA (MAURITIUS)

Delphine Yeung Sik Yuen
*EVERSHEDS SUTHERLAND
(MAURITIUS)*

墨西哥

*ARIZPE, VALDÉS & MARCOS
ABOGADOS—SAN PEDRO
GARZA GARCÍA*

*INSTITUTO REGISTRAL Y
CATASTRAL DEL ESTADO
DE NUEVO LEÓN*

*JUNTA LOCAL DE
CONCILIACIÓN Y ARBITRAJE
CIUDAD DE MÉXICO*

JUNTA LOCAL DE
CONCILIACIÓN Y ARBITRAJE
DE NUEVO LEON

NOTARÍA PÚBLICA 62

SECRETARIAT OF LABOUR
AND SOCIAL WELFARE

Alejandro Aldrete Aguirre
A2M ABOGADOS

Miguel Andrade Gómez
ASOCIACIÓN MEXICANA
DE AGENTES

José Manuel Arce Ruíz
STANDARD GO

Carlos Argüelles González
SANTAMARINA Y STETA SC

José Alejandro Astorga Hilbert
INSTITUTO FEDERAL
DE ESPECIALISTAS DE
CONCURSOS MERCANTILES

Elsa Regina Ayala Gómez
SECRETARÍA DE ECONOMÍA,
DIRECCIÓN GENERAL
DE NORMATIVIDAD
MERCANTIL (RUG)

Jorge Barrero Stahl
SANTAMARINA Y STETA SC

Reginaldo Berrones Mejorado
ELECTRO CONSTRUCCIONES
FALCÓN SA DE CV

Luis Horacio Bortoni Vazquez
SECRETARIA DE DESARROLLO
URBANO (SEDUE)—
SECRETARIAT FOR URBAN
DEVELOPMENT AND ECOLOGY

Lorena Bustamante Quiroz
CREEL, GARCÍA-CUÉLLAR,
AIZA Y ENRIQUEZ SC

Maria Fernanda Bustindui
Nieblas
INSTITUTO FEDERAL
DE ESPECIALISTAS DE
CONCURSOS MERCANTILES

Gilberto Calderon
GALAZ, YAMAZAKI, RUIZ
URQUIZA SC, MEMBER
OF DELOITTE TOUCHE
TOHMATSU LIMITED

Gabriela Calderón Güémez
MINISTRY OF FINANCE

Adrian Martin Camacho
Fernandez
COMISIÓN FEDERAL
DE ELECTRICIDAD

Laura Campos
WHITE & CASE SC

Tomás Cantú González
CANTU ESTRADA Y MARTINEZ
(CEM ABOGADOS)

Carlos Carbajal
J.A. TREVIÑO ABOGADOS
SA DE CV

Fernando Antonio Cardenas
Gonzalez
NOTARY PUBLIC #44

Lisa Carral F.
SANTAMARINA Y STETA SC

Pedro Carreon
PWC MEXICO

María Casas López
BAKER MCKENZIE

Alexandra Cavazos
BAKER MCKENZIE

Kathalina Chapa Peña
CAF-SIAC CONTADORES

Ernesto Chávez
INTERCONTINENTAL
NETWORK SERVICES

Carlos Chávez Alanís
GALICIA ABOGADOS SC

Carlos A. Chávez Pereda
J.A. TREVIÑO ABOGADOS
SA DE CV

Rodrigo Conesa
RITCH MUELLER, HEATHER
Y NICOLAU, SC

Bruno Cordova
PWC MEXICO

Rodrigo Cue Medina
GOODRICH, RIQUELME
Y ASOCIADOS

David Cuellar
PWC MEXICO

Javier Curiel
MARTINEZ, ALGABA, DE HARO,
CURIEL Y GALVAN-DUQUE SC

Alfonso Curiel Valtierra
BAKER MCKENZIE

Jorge de Presno
BASHAM, RINGE Y CORREA,
MEMBER OF IUS LABORIS

Franco Alberto Del Valle Prado
DEL VALLE, PRADO Y
FERNANDEZ, SC

Tracy Delgadillo Miranda
J.A. TREVIÑO ABOGADOS
SA DE CV

Felipe Dominguez
MOORE STEPHENS
OROZCO MEDINA SC

Dolores Enriquez
PWC MEXICO

David Escalante
KPMG CARDENAS DOSAL SC

Alejandro Escandon
COMISIÓN FEDERAL
DE ELECTRICIDAD

Isaura Natali Escobar Ávila
DELEGACIÓN DE
AZCAPOTZALCO

Miguel Espitia
BUFETE INTERNACIONAL

Victor Fernandez Sanchez
COMISIÓN FEDERAL
DE ELECTRICIDAD

Pedro Flores
MOORE STEPHENS
OROZCO MEDINA SC

Julio Flores Luna
GOODRICH, RIQUELME
Y ASOCIADOS

Juan Francisco Galarza
PWC MEXICO

Manuel Galicia
GALICIA ABOGADOS SC

Maria Antonieta Galvan
Carriles
TRIBUNAL SUPERIOR
DE JUSTICIA DEL LA
CIUDAD DE MÉXICO

Mauricio Gamboa
TRANSUNION DE
MEXICO SA SIC

Brenda Garcia
PWC MEXICO

Jose Alberto Gonzalez
KPMG CARDENAS DOSAL SC

Ricardo Gonzalez Orta
GALAZ, YAMAZAKI, RUIZ
URQUIZA SC, MEMBER
OF DELOITTE TOUCHE
TOHMATSU LIMITED

Antonio Gonzalez Rodriguez
GALAZ, YAMAZAKI, RUIZ
URQUIZA SC, MEMBER
OF DELOITTE TOUCHE
TOHMATSU LIMITED

Jose Gonzalez-Elizondo
BAKER MCKENZIE

Alvaro Gonzalez-Schiaffino
BASHAM, RINGE Y CORREA,
MEMBER OF IUS LABORIS

Neftali Gracida Rescalvo
NOTARIO NEFTALI GRACIDA

James Graham
3CT

Sergio Granados
PWC MEXICO

Antonio Guerra Gomez
GUERRA GOMEZ, ABOGADOS

Hugo Adolfo Gutierrez Flores
SÁNCHEZ DEVANNY
ESEVERRI SC

Luis Guzman
GALAZ, YAMAZAKI, RUIZ
URQUIZA SC, MEMBER
OF DELOITTE TOUCHE
TOHMATSU LIMITED

Yves Hayaux-du-Tilly
NADER, HAYAUX & GOEBEL

Diego Hernández
WHITE & CASE SC

F. Abimael Hernández
SOLÓRZANO, CARVAJAL,
GONZÁLEZ Y PÉREZ-CORREA SC

Sophia Huidobro
RIVADENEYRA, TREVINO
& DE CAMPO SC

Ivan Imperial
KPMG CARDENAS DOSAL SC

María Concepción Isoard
Viesca
RITCH MUELLER, HEATHER
Y NICOLAU, SC

Jorge Jiménez
RUSSELL BEDFORD
MÉXICO—MEMBER OF RUSSELL
BEDFORD INTERNATIONAL

Alejandro Juárez Liceaga
C&JM LAW FIRM

Diana Juárez Martínez
BAKER MCKENZIE

Adrian Kohlmann
KOVA INNOVACIÓN

Alfredo Kupfer Dominguez
SÁNCHEZ DEVANNY
ESEVERRI SC

Josue Lee
SORDO MADALENO
ARQUITECTOS

Ricardo León-Santacruz
SÁNCHEZ DEVANNY
ESEVERRI SC

Luis Leyva Martinez
COMISIÓN NACIONAL
BANCARIA Y DE VALORES

Eduardo Lobatón Guzmán
BAKER MCKENZIE

Carlos López Juárez
GOODRICH, RIQUELME
Y ASOCIADOS

Rogelio Lopez-Velarde
LOPEZ VELARDE,
HEFTYE Y SORIA SC

Jose Antonio Lozada Capetillo
TRIBUNAL SUPERIOR
DE JUSTICIA DEL LA
CIUDAD DE MÉXICO

Arturo Lozano Guerrero
CANTU ESTRADA Y MARTINEZ
(CEM ABOGADOS)

Gabriel Manrique
RUSSELL BEDFORD
MÉXICO—MEMBER OF RUSSELL
BEDFORD INTERNATIONAL

José Antonio Marquez
González
NOTARY PUBLIC #2

Carlos Manuel Martinez
PWC MEXICO

Gerardo Martínez
RIVADENEYRA, TREVINO
& DE CAMPO SC

Victor Hugo Núñez Martínez
MEXICAN TAX
ADMINISTRATION
SERVICE (SAT)

Juan Sergio Alfonso Martínez
González
COMISIÓN FEDERAL
DE ELECTRICIDAD

Fernando Martínez Villarreal
SÁNCHEZ DEVANNY
ESEVERRI SC

Mariana Maxinez
GALAZ, YAMAZAKI, RUIZ
URQUIZA SC, MEMBER
OF DELOITTE TOUCHE
TOHMATSU LIMITED

Rodrigo Méndez Ayala
CREEL, GARCÍA-CUÉLLAR,
AIZA Y ENRIQUEZ SC

Carla E. Mendoza Pérez
BAKER MCKENZIE

Juan Ángel Montalvo Nava
COLEGIO DE INGENIEROS
MECÁNICOS ELECTRICISTAS
Y ELECTRÓNICOS DE
NUEVO LEÓN (CIME-NL)

Angel Humberto Montiel
Trujano
TRIBUNAL SUPERIOR
DE JUSTICIA DEL LA
CIUDAD DE MÉXICO

Ignacio R. Morales Lechuga
NOTARÍA 116

Guillermo Moran
GALAZ, YAMAZAKI, RUIZ
URQUIZA SC, MEMBER
OF DELOITTE TOUCHE
TOHMATSU LIMITED

Gustavo Morante
TORRES MORANTE SC

Emilio Rodriguez Muniz
MEXICAN TAX
ADMINISTRATION
SERVICE (SAT)

Diana Muñoz Flor
SECRETARÍA DE ECONOMÍA,
DIRECCIÓN GENERAL
DE NORMATIVIDAD
MERCANTIL (RUG)

Jorge Narváez Hasfura
BAKER MCKENZIE

Jesus Alberto Navarro
Hernandez
GRUPO DOVELA

Javier Luis Navarro Velasco
BAKER MCKENZIE

Mario Neave
GALAZ, YAMAZAKI, RUIZ
URQUIZA SC, MEMBER
OF DELOITTE TOUCHE
TOHMATSU LIMITED

Pablo Nosti Herrera
MIRANDA & ESTAVILLO SC

Maria Olivares
PWC MEXICO

Monica Ortegal
COMISIÓN NACIONAL
BANCARIA Y DE VALORES

María José Ortiz Haro
GALICIA ABOGADOS SC

Luis Cartas Paredes
MEXICAN TAX
ADMINISTRATION
SERVICE (SAT)

Sonia Paredes Sepúlveda
PENA MOURET ABOGADOS SC

Victor Paz
CAF-SIAC CONTADORES

Gabriel Peña Mouret
PENA MOURET ABOGADOS SC

Sergio Peña Zazueta
TRANSUNION DE
MEXICO SA SIC

Arturo Perdomo
GALICIA ABOGADOS SC

Eduardo Perez Armienta
MOORE STEPHENS
OROZCO MEDINA SC

Luis Uriel Pérez Delgado
GOODRICH, RIQUELME
Y ASOCIADOS

José Jacinto Pérez Silva
OPERADORA TERRA REGIA SA

Pablo Perezalonso Eguía
RITCH MUELLER, HEATHER
Y NICOLAU, SC

Fernando Pérez-Correa
SOLÓRZANO, CARVAJAL,
GONZÁLEZ Y PÉREZ-CORREA SC

Guillermo Piecarchic
PMC LAW SC

José Piecarchic Cohen
PMC LAW SC

Gizeh Polo
CREEL, GARCÍA-CUÉLLAR,
AIZA Y ENRIQUEZ SC

Francisco Puente Peña
INSTALACIONES ELÉCTRICAS
EN ALTA Y BAJA TENSIÓN
ACEVEDO SA DE CV

David Eugenio Puente-Tostado
SÁNCHEZ DEVANNY
ESEVERRI SC

Manuel Ramos
BUFETTE DE OBRAS, SERVICIOS
Y SUMINISTROS SA DE CV

Carolina Ramos Ballesteros
MIRANDA & ESTAVILLO SC

Juan Rebolledo Marquez Padilla
MINISTRY OF FINANCE

Brindisi Reyes Delgado
RITCH MUELLER, HEATHER
Y NICOLAU, SC

Eduardo Reyes Díaz-Leal
BUFETE INTERNACIONAL

Héctor Reyes Freaner
BAKER MCKENZIE

Baldomero Riojas
RUSELL BEDFORD
MONTERREY S.C.

Claudia Ríos
PWC MEXICO

Fernando Rivadeneyra
RIVADENEYRA, TREVINO
& DE CAMPO SC

Beatriz Robles
CAF-SIAC CONTADORES

Alba Rodriguez Chamorro
*COMISIÓN NACIONAL
BANCARIA Y DE VALORES*

Irazu Rodríguez Garza
*COMISIÓN FEDERAL
DE ELECTRICIDAD*

Julian Rodriguez Toffel
NADER, HAYAUX & GOEBEL

Cecilia Rojas
GALICIA ABOGADOS SC

Maria Eugenia Romero Torres
MINISTRY OF FINANCE

Shaanty Rubio
WHITE & CASE SC

Raúl Sahagun
BUFETE INTERNACIONAL

Juan Pablo Sainz
NADER, HAYAUX & GOEBEL

José Roberto Salinas
*SALINAS PADILLA, ROMAN
ÁVILA & ASSOCIATES,
LEGAL FIRM SC*

Jorge Sanchez
*GALAZ, YAMAZAKI, RUIZ
URQUIZA SC, MEMBER
OF DELOITTE TOUCHE
TOHMATSU LIMITED*

Lucero Sánchez de la Concha
BAKER MCKENZIE

Luis Sanchez Galguera
*GALAZ, YAMAZAKI, RUIZ
URQUIZA SC, MEMBER
OF DELOITTE TOUCHE
TOHMATSU LIMITED*

Cristina Sanchez Vebber

Cristina Sánchez-Urtiz
MIRANDA & ESTAVILLO SC

Ricardo Sandoval Ortega
*COMISIÓN FEDERAL
DE ELECTRICIDAD*

María Esther Sandoval Salgado
*INSTITUTO FEDERAL
DE ESPECIALISTAS DE
CONCURSOS MERCANTILES*

José Santiago
GRUPO IMEV, SA DE CV

Monica Schiaffino Pérez
LITTLER MEXICO

Pedro Strobl
*BASHAM, RINGE Y CORREA,
MEMBER OF IUS LABORIS*

Arturo Suárez
KPMG CARDENAS DOSAL SC

Diego Ivan Suarez Torres
BAKER MCKENZIE

Juan Francisco Torres Landa
Ruffo
HOGAN LOVELLS

Jaime A. Tovar Villegas
NOTARÍA 116

Jaime A. Treviño
J.A. TREVIÑO ABOGADOS

Alfonso Vargas
*RITCH MUELLER, HEATHER
Y NICOLAU, SC*

Layla Vargas Muga
*GOODRICH, RIQUELME
Y ASOCIADOS*

Camilo Vazquez Lopez
SANTAMARINA Y STETA SC

Denise Carla Vazquez Wallach
*SECRETARÍA DE ECONOMÍA,
DIRECCIÓN GENERAL
DE NORMATIVIDAD
MERCANTIL (RUG)*

José Luis Vega Garrido
*GOODRICH, RIQUELME
Y ASOCIADOS*

Diego Velasco-Fuhrken
GALICIA ABOGADOS SC

Carlos Velázquez de León
*BASHAM, RINGE Y CORREA,
MEMBER OF IUS LABORIS*

Enrique Lavin Velez
*MEXICAN TAX
ADMINISTRATION
SERVICE (SAT)*

Claudio Villavicencio
*GALAZ, YAMAZAKI, RUIZ
URQUIZA SC, MEMBER
OF DELOITTE TOUCHE
TOHMATSU LIMITED*

Juan Pablo Villela Vizcaya
*CREEL, GARCÍA-CUÉLLAR,
AIZA Y ENRIQUEZ SC*

Judith A. Wilson
*BRYAN, GONZALEZ VARGAS
& GONZALEZ BAZ SC*

Antonio Zuazua
KPMG CARDENAS DOSAL SC

密克罗尼西亚联邦

Marcelino Actouka
*POHNPEI UTILITIES
CORPORATION*

Nixon Anson
*POHNPEI UTILITIES
CORPORATION*

Kenneth Barden
ATTORNEY-AT-LAW

Lam Dang
CONGRESS OF THE FSM

Erick Divinagracia
RAMP & MIDA LAW FIRM

Wallet Elias
*POHNPEI STATE DEPARTMENT
OF LANDS AND NATURAL
RESOURCES*

Mark Heath
*MICRONESIA REGISTRATION
ADVISORS, INC.*

Ronald Pangelinan
A&P ENTERPRISES INC.

Sam Peterson
POHNPEI EXPORT ASSOCIATION

Salomon Saimon
*MICRONESIAN LEGAL
SERVICES CORPORATION*

Donna Scheuring
*POHNPEI STATE
ENVIRONMENTAL
PROTECTION AGENCY*

Nora Sigrah
FSM DEVELOPMENT BANK

Mike Thomas
MICROPC

Joseph Vitt
*POHNPEI TRANSFER &
STORAGE, INC.*

摩尔多瓦

*NATIONAL COMMISSION
FOR FINANCIAL MARKETS*

Călin Bobuţac
COBZAC & PARTNERS

Alexei Bosneaga
*MINISTRY OF REGIONAL
DEVELOPMENT AND
CONSTRUCTION*

Valentina Chiper
*MINISTRY OF ECONOMY
AND INFRASTRUCTURE*

Olesea Chirică
PWC MOLDOVA

Ludmila Ciubaciuc
PWC MOLDOVA

Daniel Cobzac
COBZAC & PARTNERS

Valentin Cobzari
INSIGMA-LUX

Anastasia Dereveanchina
PWC MOLDOVA

Fernando Flano Fernandez
ICS RED UNION FENOSA SA

Silviu Foca
BIROUL DE CREDIT—MOLDOVA

Ana Galus
TURCAN CAZAC

Vasile Gherasim
POPA & ASSOCIATES

Jose Luis Gomes Pascual
ICS RED UNION FENOSA SA

Ruslan Gonceariuc
ICS RED UNION FENOSA SA

Victoria Goncearuc
COBZAC & PARTNERS

Laurentiu Gorun
GORUN LAW FIRM

Silvia Grosu
PWC MOLDOVA

Roman Ivanov
VERNON DAVID & ASSOCIATES

Alexandru Leonte
*MINISTRY OF ECONOMY
AND INFRASTRUCTURE*

Andrei Lopusneac
ICS RED UNION FENOSA SA

Mihail Lupascu
*MINISTRY OF ECONOMY
AND INFRASTRUCTURE*

Angela Matcov
*AGENCY OF LAND RELATIONS
AND CADASTRE STATE
ENTERPRISE CADASTRU*

Mihaela Mitroi
PWC ROMANIA

Nina Mudrea
GORUN LAW FIRM

Alexandru Munteanu
PWC MOLDOVA

Serghei Munteanu
*MINISTRY OF REGIONAL
DEVELOPMENT AND
CONSTRUCTION*

Oxana Novicov
*NATIONAL UNION OF
JUDICIAL OFFICERS*

Vladimir Palamarciuc
TURCAN CAZAC

Bodiu Pantelimon
SRL RECONSCIVII

Carolina Parcalab
ACI PARTNERS LAW OFFICE

Vladimir Plehov

Igor Popa
POPA & ASOCIATII LAWYERS

Dumitru Popescu
PWC MOLDOVA

Irina Rotari
*MINISTRY OF ECONOMY
AND INFRASTRUCTURE*

Elena Sadovici

Alexandru Savva

Victor Secrii
ASIST PROIECT

Tatiana Stavinschi
PWC MOLDOVA

Liviu Surdu
GLORINAL IMOBIL SRL

Lilia Tapu
PWC MOLDOVA

Alexander Turcan
TURCAN CAZAC

Carolina Vieru
IM PAA SRL

Elena Vintea
COBZAC & PARTNERS

Vitalie Zama
*ASSOCIATE LAWYERS OFFICE
NAGACEVSCHI & PARTNERS*

蒙古国

Odgerel Amgalan
*MONLOGISTICS
WORLDWIDE LLC*

Dunnaran Baasankhuu
MINTER ELLISON

Telenged Baast
*MONLOGISTICS
WORLDWIDE LLC*

Nandinchimeg Banzragch
TSOGT & NANDIN

Delgermaa Bataa
NEW LOGISTICS LLC

Khulan Batbayar
GTS ADVOCATES LLP

Dashzeveg Bat-Erdene
DELOITTE

Munkhbayar Batkhuu
*ANDERSON AND
ANDERSON LLP*

Azzaya Batsuuri
ELECTROSETIPROJECT LLC

Solongo Battulga
GTS ADVOCATES LLP

Altanduulga Bazarragchaa
UBEDN

Shairiibuu Boldoo
MINTER ELLISON

Bayar Budragchaa
ELC LLP ADVOCATES

David Buxbaum
*ANDERSON AND
ANDERSON LLP*

Tsendmaa Choijamts
PWC MONGOLIA

Khatanbat Dashdarjaa
ARLEX CONSULTING SERVICES

Zoljargal Dashnyam
GTS ADVOCATES LLP

Tsendsuren Davaa
*INTERNATIONAL COOPERATION
DIVISION CUSTOMS
GENERAL ADMINISTRATION
OF MONGOLIA*

Otgontuya Davaanyam
*ANDERSON AND
ANDERSON LLP*

Uyanga del Sol
TSETS LLP

Onchinsuren Dendevsambuu
DELOITTE

Gerel Enebish
LEHMAN LAW MONGOLIA LLP

Tsolmonchimeg Enkhbat
GTS ADVOCATES LLP

Sanjkhand Erdenebaatar
PWC MONGOLIA

Tuya Erdenechuluun
LEHMAN LAW MONGOLIA LLP

Dulguun Gantumur
MINTER ELLISON

Myagmarsuren Jambaldorj
*ANDERSON AND
ANDERSON LLP*

Enkhsaruul Jargalsaikhan
GTS ADVOCATES LLP

Saidolim Kodirov
*HEALY CONSULTANTS
GROUP PLC*

Bat-Ulzii Lkhaasuren
MONSAR LLC

Azzaya Lkhachin
PWC MONGOLIA

Amarjargal Lkhagvaa
LEHMAN LAW MONGOLIA LLP

Ganzorig Luvsan
UBEDN

Daniel Mahoney
MAHONEY LIOTTA LLP

Erdenedalai Odkhuu
*MELVILLE ERDENEDALAI
(M&E) LLP*

Ariuntuya Rentsen
MAHONEY LIOTTA LLP

Mendsaikhan Rentsen
ARLEX CONSULTING SERVICES

Sebastian Rosholt
MINTER ELLISON

Scott Schlink
MINTER ELLISON

Tumurkhuu Sukgbaatar
UBEDN

Ganbayar Surmaajav
THE BANK OF MONGOLIA

Ganbagana Togtokhbayar
DELOITTE

Narandalai Tsedevsuren
THE BANK OF MONGOLIA

Ganzaya Tsogtgerel
*ANDERSON AND
ANDERSON LLP*

Dudgen Turbat
THE BANK OF MONGOLIA

Khosbayar Zorig
ARLEX CONSULTING SERVICES

黑山

CEDIS

*CUSTOMS ADMINISTRATION
MONTENEGRO*

*ENERGY REGULATORY
AUTHORITY OF MONTENEGRO*

MINISTRY OF ECONOMY

Anja Abramovic
PRELEVIĆ LAW FIRM

Aleksandar Adamovic
PGS MONTENEGRO

Filip Aleksic
STUDIO FAADU

Nikola Angelovski
LAW OFFICE VUJAČIĆ

Jelena Bogetić
BDK ADVOKATI

Bojana Bošković
MINISTRY OF FINANCE

Vanja Bošković
LAW OFFICE VUJAČIĆ

Dragoljub Cibulić
BDK ADVOKATI

Milan Dakic
BDK ADVOKATI

Savo Djurović
ADRIATIC MARINAS D.O.O.

Dragan Draca
*PRICEWATERHOUSECOOPERS
CONSULTING D.O.O.*

Veselin Dragićević
*CHAMBER OF ECONOMY
OF MONTENEGRO, SECTOR
FOR ASSOCIATIONS AND
ECONOMIC DEVELOPMENT*

Robin Gellately-Smith
MONTENEGRO ARCHITECTS

Ana Jankov
BDK ADVOKATI

Nada Jovanovic
*CENTRAL BANK OF
MONTENEGRO*

Milica Jovicevic
MONTENOMAX

Dražen Jurišić
ARHITEKTONSKI ATELJE

Ana Krsmanović
MINISTRY OF FINANCE

Nikola Martinović
ADVOKATSKA KANCELARIJA

Milica Milanovic
*PRICEWATERHOUSECOOPERS
CONSULTING D.O.O.*

Nenad Pavlčić
PAVLIČIĆ LAW OFFICE

Novica Pesic
PESIC & BAJCETA LAW OFFICE

Zorica Pesic Bajceta
PESIC & BAJCETA LAW OFFICE

Luka Popović
BDK ADVOKATI

Andrea Radonjanin
*MORAVČEVIĆ VOJNOVIĆ I
PARTNERI IN COOPERATION
WITH SCHOENHERR*

Nina Radovic
*MORAVČEVIĆ VOJNOVIĆ I
PARTNERI IN COOPERATION
WITH SCHOENHERR*

Radovan Radulovic
MONTENOMAX

Ivan Radulović
MINISTRY OF FINANCE

Dražen Raičković
FINANCEPLUS

Branka Rajicic
*PRICEWATERHOUSECOOPERS
CONSULTING D.O.O.*

Sead Salkovic
FINANCEPLUS

Slaven Šćepanović
SCEPANOVIC LAW OFFICE

Miljan Sestovic
*ASSOCIATION OF FREIGHT
FORWARDERS*

Tijana Simonović
PRELEVIĆ LAW FIRM

Marko Tintor
*CENTRAL BANK OF
MONTENEGRO*

Luka Veljović
*MORAVČEVIĆ VOJNOVIĆ I
PARTNERI IN COOPERATION
WITH SCHOENHERR*

Vera Vučelić Radunović
HARRISONS SOLICITORS

Saša Vujačić
LAW OFFICE VUJAČIĆ

Tatjana Vujisevic
*MINISTRY OF SUSTAINABLE
DEVELOPMENT AND TOURISM*

Jelena Vujisić
LAW OFFICE VUJAČIĆ

Djordje Zejak
BDK ADVOKATI

Jelena Zelinčević
HARRISONS SOLICITORS

摩洛哥

KETTANI LAW FIRM

Idriss Abou Mouslim
BHIRAT

Sidimohamed Abouchikhi
CREDITINFO MAROC

Youssef Adouani
YOUSSEF ADOUANI NOTAIRE

Abdelkrim Karim Adyel
CABINET ADYEL

Abdelaziz Ahmani
LYDEC

Medhi Alami
NEXANS

Ali Alamri
MOROCCAN CARGO PARTNER

Aishah Alkaff

Amina Ammor
CREDITINFO MAROC

Tariq Arif
RENAULT MAROC

Redouane Assakhen
*CENTRE RÉGIONAL
D'INVESTISSEMENT*

Ekaterina Azizova
*HEALY CONSULTANTS
GROUP PLC*

Taoufik Azzouzi
TAOUFIK AZZOUZI NOTAIRE

Fassi-Fihri Bassamat
*CABINET BASSAMAT
& ASSOCIÉE*

Mostafa Bayad
*CONSULTING
MAINTENANCE ELEC*

Nabil Belahcen
CAGERE

Toufiq Benali
*MINISTÈRE DE L'URBANISME
ET DE L'AMÉNAGEMENT
DU TERRITOIRE*

Jalal Benhayoun
PORTNET SA

Azel-Arab Benjelloun
*AGENCE D'ARCHITECTURE
D'URBANISME ET DE
DECORATION*

Badria Benjelloun
*MINISTÈRE DE L'URBANISME
ET DE L'AMÉNAGEMENT
DU TERRITOIRE*

Mohamed Benkhalid
*CAISSE NATIONALE DE
SÉCURITÉ SOCIALE*

Karim Benkirane
ESPACE TRANSIT

Mohamed Benkirane
BENKIRANE LAW FIRM

Mohamed Benkirane
ESPACE TRANSIT

Monsef Bentaibi
AMWALCOM

Meryem Benzakour
CABINET D'AVOCATS MORSAD

Ali Bougrine
UGGC LAW FIRM

Bouchaib Chahi
*AGENCE NATIONALE DE LA
CONSERVATION FONCIÈRE
DU CADASTRE ET DE LA
CARTOGRAPHIE (ANCFCC)*

Abdallah Chater
*CENTRE RÉGIONAL
D'INVESTISSEMENT*

Abdelhafid Chentouf
ABDELHAFID CHENTOUF

Anas Chorfi
*AGENCE MAROCAINE POUR
LE DEVELOPPEMENT DE
L'ENTREPRISE (AMDE)*

Sayon Coulibaly
*ETUDE NOTARIALE
HASSANE RAHMOUN*

Merieme Diouri
ETUDE DE NOTARIAT MODERNE

Nihma El Gachbour
HAJJI & ASSOCIÉS

Soufiane El Khiati
SYN

Tarik Elidrissi
LYDEC

Hamid Errida
*ACCOUNTHINK
MAROC SARLAU*

Abderrafi Errouihane
MINISTÈRE DE LA JUSTICE

Safia Fassi-Fihri
BFR ASSOCIÉS

Fahd Guasmi
LYDEC

Simon Guidecoq

Kamal Habachi
*BAKOUCHI & HABACHI—HB
LAW FIRM LLP*

Amin Hajji
HAJJI & ASSOCIÉS

Zohra Hasnaoui
CABINET HHH AVOCATS

Mahmoud Hassen
LAWYER

Ahmad Hussein
CABINET HHH AVOCATS

Bahya Ibn Khaldoun
*UNIVERSITÉ M.V.
SOUISSI RABAT*

Younes Jalal
TRANSIT JALAL

Yassir Khalil
YASSIR KHALIL STUDIO

Houda Laalaj
*CHASSANY WATRELOT
& ASSOCIÉS*

Abdelatif Laamrani
LAAMRANI LAW OFFICE

Hakim Lahlou
LAHLOU-ZIOUI & ASSOCIÉS

Mhammed Lahlou
ETUDE DE NOTARIAT MODERNE

Abdelaziz Lahrizi
TTAM

Zineb Laraqui
CABINET ZINEB LARAQUI

Amine Mahfoud
AMINE MAHFOUD NOTAIRE

Adil Morsad
CABINET D'AVOCATS MORSAD

Ahmed Morsad
CABINET D'AVOCATS MORSAD

Ahmed Mouflih
*ASSOCIATION MAROCAINE
DES PRODUCTEURS
ET PRODUCTEURS
EXPORTATEURS DE FRUITS
ET LÉGUMES (APEFEL)*

Mohamed Oulkhouir
*CHASSANY WATRELOT
& ASSOCIÉS*

Abderrahim Outass
FONCTION LIBÉRALE

Yannick Poulain
OIL ARGAN & OIL CACTUS BIO

Hassane Rahmoun
*ETUDE NOTARIALE
HASSANE RAHMOUN*

Morgane Saint-Jalmes

Ghalia Sebti
AIT MANOS

Farhat Smail
*ADMINISTRATION DES
DOUANES ET IMPÔTS INDIRECTS*

Rachid Tahri
*ASSOCIATION DES FREIGHT
FORWARDERS DU MAROC*

Cathérine Taoudi
SAFRAN ELECTRICAL & POWER

Rim Tazi
LPA-CGR AVOCATS

Kenza Yamani
*CHASSANY WATRELOT
& ASSOCIÉS*

Amine Zniber
ZNIBER AMINE NOTAIRE

Meryem Zoubir
*CHASSANY WATRELOT
& ASSOCIÉS*

莫桑比克

*AUTORIDADE TRIBUTÁRIA
DE MOÇAMBIQUE*

*BOLLORÉ TRANSPORT &
LOGISTICS MOÇAMBIQUE*

*CÂMARA DOS DEPACHANTES
ADUANEIROS DE
MOÇAMBIQUE (CDA)*

Amina Abdala
*TTA—SOCIEDADE DE
ADVOGADOS, MEMBER OF
PLMJ LEGAL NETWORK*

Soraia Abdula
*SOCIEDADE DE
DESENVOLVIMENTO DO
PORTO DE MAPUTO (MPDC)*

Florentina Virgilio Alberto
*FLORENTINA V. ALBERTO—
DESPACHANTE ADUANEIRA*

Karen Morais Aly
*VDA—VIEIRA DE ALMEIDA
& ASSOCIADOS*

Duarte Amaral da Cruz
*MC&A—SOCIEDADE
DE ADVOGADOS RL*

Luís Antunes
*LUFTEC—TÉCNICAS
ELÉCTRICAS LDA*

Ana Babo
*KPMG AUDITORES E
CONSULTORES SA*

Samuel Banze
BANCO DE MOÇAMBIQUE

Gonçalo Barros Cardoso
*GUILHERME DANIEL
& ASSOCIADOS*

Ebrahim Bhikhá
LAWYER

Abubacar Calú
ELECTROVISAO LDA

Eduardo Calú
*SAL & CALDEIRA,
ADVOGADOS, LDA*

Alexandra Carvalho
Monjardino
ATTORNEY-AT-LAW

Iracema Casimiro
*MARROQUIM, NKUTUMULA,
MACIA & ASSOCIADOS—
SOCIEDADE DE ADVOGADOS*

Helder Simao Cau
*FLORENTINA V. ALBERTO—
DESPACHANTE ADUANEIRA*

Liliana Chacon
*CGA—COUTO, GRAÇA E
ASSOCIADOS, SOCIEDADE
DE ADVOGADOS*

Aulivio João Chambe
*GARP-CF GAMA AFONSO
DESPACHANTE OFICIAL LDA*

Madalena dos Anjos Chambul
*MADALENA DOS ANJOS
CHAMBUL—DESPACHANTE
ADUANEIRA, LDA.*

Pedro Chilengue
*MOTT MACDONALD PDNA
MOÇAMBIQUE, LDA*

Dixon Chongo
*DIXON CHONGO &
ASSOCIADOS DESPACHANTES
ADUANEIROS LDA*

Pedro Couto
*CGA—COUTO, GRAÇA E
ASSOCIADOS, SOCIEDADE
DE ADVOGADOS*

Paulino Cumbane
DHL MOÇAMBIQUE

Avelar da Silva
INTERTEK INTERNATIONAL LTD.

Guilherme Daniel
*GUILHERME DANIEL
& ASSOCIADOS*

Fabrícia de Almeida Henriques
*HENRIQUES, ROCHA &
ASSOCIADOS (MOZAMBIQUE
LEGAL CIRCLE ADVOGADOS)*

Carla de Sousa
*FL&A—FERNANDA LOPES &
ASSOCIADOS ADVOGADOS*

Alferio Dgedge
*FL&A—FERNANDA LOPES &
ASSOCIADOS ADVOGADOS*

Fulgêncio Dimande
*MANICA FREIGHT
SERVICES SARL*

Abílio Sualé Mário Paulo Diole
*CGA—COUTO, GRAÇA E
ASSOCIADOS, SOCIEDADE
DE ADVOGADOS*

Yara Dos Santos
*CONSELHO MUNICIPAL
DE MAPUTO*

Teresa Empis Falcão
*VDA—VIEIRA DE ALMEIDA
& ASSOCIADOS*

Ahmad Essak
PWC MOZAMBIQUE

Ivan Fernandes
*DIXON CHONGO &
ASSOCIADOS DESPACHANTES
ADUANEIROS LDA*

Osvaldo Fernandes
INTERTEK INTERNATIONAL LTD.

Vanessa Fernandes
CGA—COUTO, GRAÇA E
ASSOCIADOS, SOCIEDADE
DE ADVOGADOS

Telmo Ferreira
CGA—COUTO, GRAÇA E
ASSOCIADOS, SOCIEDADE
DE ADVOGADOS

Maria Fatima Fonseca
MAPUTO CITY COURT
(COMMERCIAL CHAMBER)

Kheyser Gafur
GAFUR, GOVAN &
ASSOCIADOS—SOCIEDADE
DE ADVOGADOS

Aline Gama Afonso
GARP-CF GAMA AFONSO
DESPACHANTE OFICIAL LDA

Tania Gemuce
FLORENTINA V. ALBERTO—
DESPACHANTE ADUANEIRA

Venâncio Victor Gonemoda
LBH MOÇAMBIQUE

Nipul K. Govan
GAFUR, GOVAN &
ASSOCIADOS—SOCIEDADE
DE ADVOGADOS

Jorge Graça
CGA—COUTO, GRAÇA E
ASSOCIADOS, SOCIEDADE
DE ADVOGADOS

Abdul Satar Hamid
BDO MOÇAMBIQUE

Zara Jamal
JLA

Adriano João
PWC MOÇAMBIQUE

Francisco João Inroga
ELECTRICIDADE DE
MOÇAMBIQUE E.P.

Pais Juma
CONSELHO MUNICIPAL
DE MAPUTO

Katia Jussub
CM&A—CARLOS MARTINS
& ASSOCIADOS

Gimina Langa
SAL & CALDEIRA,
ADVOGADOS, LDA

Rui Loforte
CGA—COUTO, GRAÇA E
ASSOCIADOS, SOCIEDADE
DE ADVOGADOS

Fernanda Lopes
FL&A—FERNANDA LOPES &
ASSOCIADOS ADVOGADOS

Mara Lopes
HENRIQUES, ROCHA &
ASSOCIADOS (MOZAMBIQUE
LEGAL CIRCLE ADVOGADOS)

Osório Lucas
SOCIEDADE DE
DESENVOLVIMENTO DO
PORTO DE MAPUTO (MPDC)

Eugénio Luis
BANCO DE MOÇAMBIQUE

Rosario da Silva Macajo
FLORENTINA V. ALBERTO—
DESPACHANTE ADUANEIRA

Yussuf Mahomed
KPMG AUDITORES E
CONSULTORES SA

Isaac Mangue
LBH MOÇAMBIQUE

Élia dos Reis Manhiça
ÉLIA REIS LDA—DESPACHANTE
ADUANEIRO

Simeão Ernesto Manhiça
GARP-CF GAMA AFONSO
DESPACHANTE OFICIAL LDA

Crescencio Maposse
ARCUS CONSULTORES LTDA

Duarte Marques da Cruz
MC&A—SOCIEDADE
DE ADVOGADOS RL

Vítor Marques da Cruz
MC&A—SOCIEDADE
DE ADVOGADOS RL

Stayleir Marroquim
MARROQUIM, NKUTUMULA,
MACIA & ASSOCIADOS—
SOCIEDADE DE ADVOGADOS

Carlos Martins
CM&A—CARLOS MARTINS
& ASSOCIADOS

João Martins
PWC MOÇAMBIQUE

Tiago Martins
TRANSITEX GLOBAL LOGISTICS
OPERATIONS PTY. LTD.

João Mayer Moreira
VDA—VIEIRA DE ALMEIDA
& ASSOCIADOS

Ester Fátima Ngove Muchope
MADALENA DOS ANJOS
CHAMBUL—DESPACHANTE
ADUANEIRA, LDA.

Junaide Mussa
DIXON CHONGO &
ASSOCIADOS DESPACHANTES
ADUANEIROS LDA

Tejas Nataraj
DP WORLD MAPUTO

Angelino Nhacalangue
GARP-CF GAMA AFONSO
DESPACHANTE OFICIAL LDA

Ilidio Nhamahango
BDO MOÇAMBIQUE

Daisy Nogueira
CGA—COUTO, GRAÇA E
ASSOCIADOS, SOCIEDADE
DE ADVOGADOS

Joaquim Oliveira
INTERTEK INTERNATIONAL LTD.

Diana Ramalho
SAL & CALDEIRA,
ADVOGADOS, LDA

Mozer Rolando
LBH MOÇAMBIQUE

Tânia Santhim
SAL & CALDEIRA,
ADVOGADOS, LDA

Xavier Sicanso
FL&A—FERNANDA LOPES &
ASSOCIADOS ADVOGADOS

Hector Sousa
TIBA GROUP MOZAMBIQUE

Mário Sumburanè
J.FAIFE—DESPACHANTE
ADUANEIRO

Acacio Tembe
MOTT MACDONALD PDNA
MOÇAMBIQUE, LDA

Cândido Timana
RÖHLIG-GRINDROD
MOÇAMBIQUE LDA

Gabriel Timana
RÖHLIG-GRINDROD
MOÇAMBIQUE LDA

Leonardo Uamusse
ELECTRICIDADE DE
MOÇAMBIQUE E.P.

Liana Utxavo
MANICA FREIGHT
SERVICES SARL

Cesar Vamos Ver
SAL & CALDEIRA,
ADVOGADOS, LDA

Joaquim Vilanculos
SAL & CALDEIRA,
ADVOGADOS, LDA

缅甸

AGX LOGISTICS
MYANMAR CO. LTD.

DEPARTMENT OF
AGRICULTURAL LAND
MANAGEMENT AND STATISTICS

RÖDL & PARTNER CO. LTD.

Mar Mar Aung
DFDL

Thida Aye
DFDL

Kate Baillie
LUCY WAYNE &
ASSOCIATES LIMITED

Jaime Casanova
DFDL

Thomas Chan
KPMG (ADVISORY)
MYANMAR LTD.

Sher Hann Chua
TILLEKE & GIBBINS
MYANMAR LTD.

Paul Cornelius
PRICEWATERHOUSECOOPERS
MYANMAR CO. LTD.

Suk Peng Ding
PRICEWATERHOUSECOOPERS
MYANMAR CO. LTD.

William Greenlee
DFDL

Henri-Frédéric Hibon
DFDL

Daw Hlaing Maw Oo
YANGON CITY DEVELOPMENT
COMMITTEE

Ayush Jhunjhunwala
ALLEN & GLEDHILL LLP

Lee Jun Yee
ALLEN & GLEDHILL LLP

Nay Myo Myat Ko
CARE FREIGHT SERVICES LTD.

U Nyein Kyaw
RAJAH & TANN LLP

Alan Laichareonsup
TILLEKE & GIBBINS

Tin Latt

San Lwin
JLPW LEGAL SERVICES

Ahlonn Maung
DFDL

Myo Min

Ong Minn U.
MYANMAR GLOBAL LAW FIRM

Cho Cho Myint
INTERACTIVE CO. LTD.

Mya Myint Zu
DFDL

Win Naing
WIN & CHO LAW FIRM

Minn Naing Oo
ALLEN & GLEDHILL LLP

Tin Nwe Soe
SUPREME COURT
OF THE UNION

Geraldine Oh
ZICO LAW MYANMAR LIMITED

Hla Oo
GOOD BROTHERS
MACHINERY CO. LTD.

Nwe Oo
TILLEKE & GIBBINS
MYANMAR LTD.

Sebastian Pawlita
LINCOLN LEGAL SERVICES
(MYANMAR) LTD.

May Phyo Kin
MYANMAR GLOBAL LAW FIRM

Key Pwint Phoo Wai
CARE FREIGHT SERVICES LTD.

Nada Songsasen
TILLEKE & GIBBINS
MYANMAR LTD.

Priyank Srivastava
ALLEN & GLEDHILL LLP

Phyo May Thaw
PRICEWATERHOUSECOOPERS
MYANMAR CO. LTD.

Yuwadee Theanngarm
TILLEKE & GIBBINS
MYANMAR LTD.

Danyel Thomson
DFDL (THAILAND) LIMITED

Aung Thu Htoon
ZEYA & ASSOCIATES CO. LTD.

Zaw Thura
SUPREME COURT
OF THE UNION

Zeya Thura Mon
ZEYA & ASSOCIATES CO. LTD.

Thuzar Tin
ZICO LAW MYANMAR LIMITED

Lucy Wayne
LUCY WAYNE &
ASSOCIATES LIMITED

Htut Khaung Win
YANGON CITY DEVELOPMENT
COMMITTEE

Zaw Win
YANGON CITY DEVELOPMENT
COMMITTEE

Cho Cho Wynn

Ko Ko Ye' Lwin
DFDL

Kyaw Ye Tun
MINISTRY OF FINANCE

Khin Zaw
ZEYA & ASSOCIATES CO. LTD.

纳米比亚

ELLIS SHILENGUDWA

Gino Absai
KPMG ADVISORY SERVICES
(NAMIBIA) PTY. LTD.

Joos Agenbach
KOEP & PARTNERS

Tiaan Bazuin
NAMIBIAN STOCK EXCHANGE

Adeline Beukes
STANDARD BANK
NAMIBIA LIMITED

Daneale C. Beukes
ENGLING, STRITTER
& PARTNERS

Clifford Bezuidenhout
ENGLING, STRITTER
& PARTNERS

Benita Blume
H.D. BOSSAU & CO.

Chris Brandt
CHRIS BRANDT & ASSOCIATES

Elysia Brits
BANK WINDHOEK

Stephanie Busch
ENSAFRICA

Marjorie Claasen
BANK WINDHOEK LTD.

Myra Craven
ENSAFRICA

Carla da Silva
BANK WINDHOEK LTD.

Marcha Erni
TRANSUNION

Ismeralda Hangue
DEEDS OFFICE

Denis Hyman
PWC NAMIBIA

Jerome John Gaya
FISHER, QUARBY & PFEIFER

Gert Kandinda
BANK WINDHOEK LTD.

Frank Köpplinger
KÖPPLINGER BOLTMAN

Norbert Liebich
TRANSWORLD CARGO
PTY. LTD.

Anneri Lück
PWC NAMIBIA

Prisca Mandimika
MINISTRY OF LAND REFORM

John Mandy
MMM CONSULTANCY

Marie Mandy
MMM CONSULTANCY

Memory Mbai
KPMG ADVISORY SERVICES
(NAMIBIA) PTY. LTD.

Ian McLaren
INVESTMENT TRUST COMPANY

Johan Nel
PWC NAMIBIA

Deidre Nels
INVESTMENT TRUST COMPANY

Tim Parkhouse
NAMIBIAN EMPLOYER'S
FEDERATION

Frank Sauerbach
DEUTSCHE GESELLSCHAFT
FÜR INTERNATIONALE
ZUSAMMENARBEIT (GIZ)

Andre Swanepoel
DR. WEDER, KAUTA
& HOVEKA INC.

Hugo Van den Berg
KOEP & PARTNERS

Nevadia van Zyl
DR. WEDER, KAUTA
& HOVEKA INC.

尼泊尔

Lalit Aryal
LA & ASSOCIATES CHARTERED
ACCOUNTANTS

Lokendra Ayer
JKK AND ASSOCIATES

Narayan Bajaj

Jaya Raj Bhandari
NEPAL ELECTRICITY AUTHORITY

Pratistha Bhandari
PIONEER LAW ASSOCIATES

Komal Chitracar
K.B. CHITRACAR & CO.

BM Dhungana
B&B ASSOCIATES—
CORRESPONDENT OF RUSSELL
BEDFORD INTERNATIONAL

Sarita Duwal
JKK AND ASSOCIATES

Suraj Guragain
LA & ASSOCIATES CHARTERED
ACCOUNTANTS

Rabin K.C.
CORPORATE LAW ASSOCIATES

Shreedhar Kapali
SHANGRI-LA FREIGHT PVT. LTD.

Jha Kaushlendra
JKK AND ASSOCIATES

Jagat Bahadur Khadka
NEPAL SHIPPING & AIR
LOGISTICS PVT. LTD.

Gourish K. Kharel
KTO INC.

Edward Koos

Tek Narayan Kunwar
MAKWANPUR DISTRICT COURT

Amir Maharjan
SAFE CONSULTING ARCHITECTS
& ENGINEERS PVT. LTD.

Pradip Maharjan
AGRO ENTERPRISE
CENTRE (FNCCI)

Ashok Man Kapali
SHANGRI-LA FREIGHT PVT. LTD.

Matrika Niraula
NIRAULA LAW CHAMBER & CO.

Tilak Bikram Pandey
PIONEER LAW ASSOCIATES

Usha Pandey
PRADHAN, GHIMIRE
& ASSOCIATES

Sewa Pathak

Dev Raj Paudyal
UNIVERSITY OF SOUTHERN
QUEENSLAND

Sabana Poudel
PIONEER LAW ASSOCIATES

Devendra Pradhan
PRADHAN, GHIMIRE
& ASSOCIATES

Kusum Shrestha

P. L. Shrestha
EVERGREEN CARGO
SERVICES PVT. LTD.

Prashanna Shrestha
PRADHAN, GHIMIRE
& ASSOCIATES

Rajeshwor Shrestha
SINHA VERMA LAW CONCERN

Sudheer Shrestha

Suman Lal Shrestha
H.R. LOGISTIC PVT. LTD.

Ram Chandra Subedi
APEX LAW CHAMBER

Mahesh Kumar Thapa
SINHA VERMA LAW CONCERN

荷兰

ABN AMRO BANK NV

ALLEN & OVERY LLP

Joost Achterberg
KENNEDY VAN DER LAAN

Maarten Appels
VAN DOORNE NV

Janine Bender
KADASTER, LAND
REGISTRATION & GEOGRAPHY

Ruud Berndsen
LIANDER

Mieke Bestebreurtje
VAN DEN HERIK &
VERHULST ADVOCATEN

Reint Bolhuis
AKD LAWYERS, CIVIL LAW
NOTARIES & TAX LAWYERS

Matthijs Bolkenstein
EVERSHEDS SUTHERLAND
NETHERLANDS BV

Jurriën Boon
ALLARD ARCHITECTURE

Roland Brandsma
PWC NETHERLANDS

Ate Bremmer
KENNEDY VAN DER LAAN

Mirjam de Blecourt
BAKER MCKENZIE
AMSTERDAM NV

Margriet de Boer
JUST LITIGATION
ADVOCATUUR BV

Wyneke de Gelder
PWC NETHERLANDS

Taco de Lange
AKD LAWYERS, CIVIL LAW
NOTARIES & TAX LAWYERS

Pete De Reeveur
ALLARD ARCHITECTURE

Rolef de Weijs
HOUTHOFF BURUMA

Marc Diepstraten
PWC NETHERLANDS

Sharon Edoo
EVERSHEDS SUTHERLAND
NETHERLANDS BV

Frank Heijmann
CUSTOMS ADMINISTRATION
OF THE NETHERLANDS

Jan Hockx
LEXENCE

Mick Hurks
HÖCKER ADVOCATEN

Leon Kanters
KPMG NETHERLANDS

Ilse Kersten
BAKER MCKENZIE
AMSTERDAM NV

Marcel Kettenis
PWC NETHERLANDS

Edwin M.A.J. Kleefstra
STOLP+KAB ADVISEURS
EN ACCOUNTANTS BV

Lisa Kloot
LEEMAN VERHEIJDEN
HUNTJENS ADVOCATEN

Andrej Kwitowski
AKADIS BV

Lucas Lustermans
EVERSHEDS SUTHERLAND
NETHERLANDS BV

Danique Meijer
HVK STEVENS LEGAL BV

Gert Mulder
GROENTENFRUIT HUIS

Sharon Neven
PWC NETHERLANDS

Hugo Reumkens
VAN DOORNE NV

Miranda Roijers-Melger
PWC NETHERLANDS

Jan Willem Schenk
HVK STEVENS LEGAL BV

Maaike Sips
PWC NETHERLANDS

Liesbeth Slappendel
TLN-FENEX

Manon Ultee
PWC NETHERLANDS

Gert-Jan van Gijs
VAT LOGISTICS (OCEAN
FREIGHT) BV

Toni van Hees
STIBBE

Job van Hooff
STIBBE

Jasper van Hulst
HÖCKER ADVOCATEN

Wies van Kesteren
DE BRAUW BLACKSTONE
WESTBROEK

IJsbrand Van Straten
STIBBE

Vanessa Vijn
STICHTING BUREAU
KREDIET REGISTRATIE

Jacques Vos
KADASTER, LAND
REGISTRATION & GEOGRAPHY

Reinout Vriesendorp
DE BRAUW BLACKSTONE
WESTBROEK

Stephan Westera
LEXENCE

Marcel Willems
FIELDFISHER NV

Bianco Witjes
LIANDER

Christiaan Zijderveld
HOUTHOFF BURUMA

新西兰

INLAND REVENUE DEPARTMENT

Mo Al Obaidi
HESKETH HENRY LAWYERS

Wendy Maree Alexander
SMITH AND PARTNERS

Tim Allen
WEBB HENDERSON

Stuart Baxter
EQUIFAX

Michael Brosnahan
MINISTRY OF BUSINESS,
INNOVATION & EMPLOYMENT

Daniel Brunt
NEW ZEALAND
CUSTOMS SERVICE

Paul Chambers
ANDERSON CREAGH
LAI LIMITED

Philip Coombe
PANALPINA WORLD
TRANSPORT LLP

Robyn Cox
MINISTRY OF BUSINESS,
INNOVATION & EMPLOYMENT

George Culver
PWC NEW ZEALAND

Matthew Curtis
BRANZ

Matthew Davie
BELL GULLY

Cory Dixon
PWC NEW ZEALAND

Igor Drinkovic
MINTER ELLISON RUDD WATTS

Ashton Dunn
ASTECH ELECTRICAL LTD.

Jonathan Embling
MINTER ELLISON RUDD WATTS

Alexandra Flaus
WEBB HENDERSON

Michael Gartshore
WEBB HENDERSON

Ian Gault
BELL GULLY

Tony Gault
PWC NEW ZEALAND

Syvaie Ghamry
MINTER ELLISON RUDD WATTS

Craig Harris
LAND INFORMATION
NEW ZEALAND

Lucy Harris
SIMPSON GRIERSON,
MEMBER OF LEX MUNDI

James Hawes
SIMPSON GRIERSON,
MEMBER OF LEX MUNDI

Matthew Kersey
RUSSELL MCVEAGH

Samantha Knott
RUSSELL MCVEAGH

Kate Lane
MINTER ELLISON RUDD WATTS

Michael Langdon
MINTER ELLISON RUDD WATTS

Annaliese McIntyre
WEBB HENDERSON

Andrew Minturn
QUALTECH
INTERNATIONAL LTD.

Phillipa Muir
SIMPSON GRIERSON,
MEMBER OF LEX MUNDI

Robert Muir
LAND INFORMATION
NEW ZEALAND

Mihai Pascariu
MINTER ELLISON RUDD WATTS

Jose Paul
AUCKLAND CITY COUNCIL

Marcus Playle
RUSSELL MCVEAGH

David Quigg
QUIGG PARTNERS

Silvana Schenone
MINTER ELLISON RUDD WATTS

Peter Smith
SMITH AND PARTNERS

Andrew Tetzlaff
SIMPSON GRIERSON,
MEMBER OF LEX MUNDI

Ben Upton
SIMPSON GRIERSON,
MEMBER OF LEX MUNDI

Simon Vannini

Jordan Yates
PWC NEW ZEALAND

尼加拉瓜

ASOCIACIÓN NICARAGÜENSE
DE AGENTES NAVIERAS

CARRION CRUZ
CONSTRUCCIONES

ESTUDIO JURÍDICO ADUANERO

Ana Victoria Abea Gómez
CETREX

Guillermo Abella
CMA CGM

Samantha Aguilar
LATAMLEX NICARAGUA

Yara Valesia Alemán Sequeira
ARIAS LAW

Cristhian Julissa Altamirano
Tórres
CETREX

Bernardo Arauz
BAUTRANS & LOGISTICS

Guillermo Areas Cabrera
BDGROUP

Alfredo Artiles
KPMG

Soledad Balladares
SUPERINTENDENCIA DE BANCOS

Ana Carolina Baquero Urroz
LATIN ALLIANCE

Minerva Adriana Bellorín
Rodríguez
ACZALAW

Flavio Andrés Berríos Zepeda
MULTICONSULT & CIA LTDA

Yaser Bonilla
MOLINA Y ASOCIADOS

Orlando Cardoza
BUFETE JURIDICO OBREGON
Y ASOCIADOS

Juan Carvajal
PRONICARAGUA

Diana Fonseca
ARIAS LAW

Luis Fuentes Balladares
ARQUITECTURA FUENTES

Terencio Garcia Montenegro
GARCÍA & BODÁN

Kassandra Gómez Pineda
PRONICARAGUA

Maryeling Suyen Guevara
Sequeira
ARIAS LAW

Federico Gurdian
GARCÍA & BODÁN

Eduardo Gutierrez
PACHECO COTO

Gerardo Hernandez
CONSORTIUM LEGAL

Rodrigo Ibarra Rodney
ARIAS LAW

Myriam Jarquín
IPRA-CINDER

Eduardo Lacayo
TRANSUNION

Tiffany Lam
WHITE & CASE

Ramon Lopez
PWC NICARAGUA

Leonardo José Maldonado
González
ARIAS LAW

Sara Mayorga Díaz
ARIAS LAW

Maria Ofelia Medina Cortéz
GARCÍA & BODÁN

Jose Ivan Mejia Miranda
GARCÍA & BODÁN

Xiomara Mena
CETREX

Soraya Montoya Herrera
MOLINA & ASOCIADOS
CENTRAL LAW

Jeanethe Morales Núñez
SUPERINTENDENCIA DE BANCOS

Tania Muñoz
KPMG

Luis Murillo
REX CARGO NICARAGUA SA

Dania Navarrete
GARCÍA & BODÁN

Jose René Orúe Cruz
GLOBALTRANS INTERNACIONAL

Silvio Guillermo Otero Quiroz
GLOBALTRANS INTERNACIONAL

Ivania Lucía Paguaga Cuadra
ARIAS LAW

Rosa Catalina Pérez Montero
ARIAS LAW

Alonso Porras
PACHECO COTO

Olga Renee Torres
LATIN ALLIANCE

Yader Oswaldo Reyes
Membreno
GRUPO VESTA

Erwin Rodriguez
PWC NICARAGUA

Patricia Rodríguez
MULTICONSULT & CIA LTDA

Paúl Rodríguez
GARCÍA & BODÁN

Alfonso José Sandino Granera
CONSORTIUM LEGAL

Naimeh Suárez
BUFETE JURIDICO OBREGON Y ASOCIADOS

Rodrigo Taboada
CONSORTIUM LEGAL

Carlos Taboada Rodríguez
CONSORTIUM LEGAL

Diógenes Velásquez V.
ACZALAW

Carlos Zarruk
PRONICARAGUA

尼日尔

BCEAO

CREDITINFO VOLO

FIDUCIAIRE CONSEILS ET AUDIT

MINISTÈRE DE L'ENERGIE

PROJET SÉCURITÉ DES INSTALLATIONS ÉLECTRIQUES INTÉRIEURES AU NIGER (SIEIN)

Kassoum Abarry
VILLE DE NIAMEY

Harouna Soungaize Abdoul
Razak
MAISON DE L'ENTREPRISE NIGER

Daouda Adamou
OFFICE NOTARIAL AHD

Sidi Sanoussi Baba Sidi
CABINET D'AVOCATS SOUNA-COULIBALY

Issouf Baco
SOCIÉTÉ NIGÉRIENNE DE TRANSIT (NITRA)

Moussa Bola
PROJET DE DÉVELOPPEMENT DES EXPORTATIONS DES MARCHÉS AGRO-SYLVO-PASTORAUX (PRODEX)

Amadou Boukar
CELLULE D'ANALYSE DES POLITIQUES PUBLIQUES ET SUIVI DE L'ACTION GOUVERNEMENTALE

Mohamed Amadou Boukar
ETUDE DE MAÎTRE MOHAMED AMADOU BOUKAR

Moustapha Boukari
CABINET BOUKARI

Moussa Coulibaly
CABINET D'AVOCATS SOUNA-COULIBALY

Moussa Dantia
MAISON DE L'ENTREPRISE NIGER

Abdou Djando
EMTEF

Mai Moussa Elhadji Basshir
TRIBUNAL DE GRANDE INSTANCE HORS CLASSE DE NIAMEY

Boureïma Fodi
CABINET D'AVOCATS SOUNA-COULIBALY

Abder Rhamane Halidou
Abdoulaye
CHAMBRE NATIONALE DES NOTAIRES DU NIGER

Souley Hammi Illiassou
CABINET KOUAOVI

Abdou Hima
PROJET DE DÉVELOPEMENT DES EXPORTATIONS DES MARCHÉS AGRO-SYLVO-PASTORAUX (PRODEX)

Diori Maïmouna Idi Malé
LAITIÈRE DU SAHEL SARL

Ali Idrissa Sounna
TOUTELEC NIGER SA

Aboubacar Iro

Moustapha Issaka Wakasso
DIRECTION GÉNÉRAL DES IMPÔTS

Boube Issouf
NEGOCE INTERNATIONAL NIGER

Elh. Moustapha Kadri
SAFIE/NIGER OIGNON IMPORT—EXPORT

Bernar-Oliver Kouaovi
CABINET KOUAOVI

Boubacar Nouhou Maiga
ENGE

Barhoumi Maliki
CHAMBRE DE COMMERCE ET D'INDUSTRIE DU NIGER

Aly Mamadou Ousmane
MINISTÈRE DU COMMERCE ET DE LA PROMOTION DU SECTEUR PRIVÉ

Sabiou Mamane Naissa
TRIBUNAL DE COMMERCE DE NIAMEY

Mamane Sani Manane
BUREAU D'ETUDES BALA & HIMO

Ali Moctar
CHAMBRE DES NOTAIRES DU NIGER

Sadou Mounkaila
HASKÉ SOLAIRE

Yayé Mounkaïla
CABINET D'AVOCATS MOUNKAILA-NIANDOU

Ibrahim Mounouni
BUREAU D'ÉTUDES BALA & HIMO

Daouda Moussa
CHAMBRE DE COMMERCE ET D'INDUSTRIE DU NIGER

Arielle Razafimahefa
JOHN W. FFOOKS & CO.

Ousseini Zika Saidou
DIRECTION DE FISCALITE FONCIERE ET CADASTRALE

Harouna Saidou Yaye
OFFICE NOTARIAL AHD

Abdou Moussa Sanoussi
ENGE

Idrissa Tchernaka
SCPA LBTI & PARTNERS

Wouro Yahia
SCPA LBTI & PARTNERS

Tinni Younoussa
BATE INTERNATIONAL

Djibrilla Ali Zourkaleïni Maïga
SONGHOY ARTS

尼日利亚

NIGERIAN MARITIME ADMINISTRATION & SAFETY AGENCY

Patrick Abah
LATEEF O. FAGBEMI SAN & CO.

Ijeoma Abalogu
GBENGA BIOBAKU & CO.

Lateefah Abdulkareem
LATEEF O. FAGBEMI SAN & CO.

Bala Abdullahi
BANK OF AGRICULTURE

Fariha Abdullahi
DIKKO AND MAHMOUD SOLICITORS AND ADVOCATES

Mohammed K. Abdulsalam
GITRAS LTD.

Innocent Abidoye
NNENNA EJEKAM ASSOCIATES

Michael Abiiba
BANWO & IGHODALO

Lemea Abina
PRIMERA AFRICA LEGAL

Oluseyi Abiodun Akinwunmi
AKINWUNMI & BUSARI LEGAL PRACTITIONERS

Theophilus Abolarin
AKINWUNMI & BUSARI LEGAL PRACTITIONERS

Zainab Abolarin
CRC CREDIT BUREAU LIMITED

Faith Aboyeji
BABALAKIN & CO.

Alhaji Garba Abubakar
CORPORATE AFFAIRS COMMISSION

Akinbiyi Abudu
EY

Peter Adaji
CORPORATE AFFAIRS COMMISSION

Bashir H. Adamu
DESIGN PLUS

Oluwatomiwa Adedayo-Salau
AKINWUNMI & BUSARI LEGAL PRACTITIONERS

Busayo Adedeji
BLOOMFIELD LAW PRACTICE

Opeyemi Adediran
ALIANT LAW

Joseph Adegbite
NIGERIAN PORTS AUTHORITY

Kunle Adegbite
CANAAN SOLICITORS

Olabode Adegoke
BLOOMFIELD LAW PRACTICE

Steve Adehi
STEVE ADEHI AND CO.

Olufunke Adekoya
ÆLEX LEGAL PRACTITIONERS & ARBITRATORS

Adetola Adeleke
CROWNCOURT ATTORNEYS

Green Ademola
OLAM NIGERIA

Esther Adeniji
BANWO & IGHODALO

Ademola Adesalu
CRC CREDIT BUREAU LIMITED

Taiwo Adeshina
JACKSON, ETTI & EDU

Adedayo Adesina
OYEWOLE & ADESINA

Tosin Adesina
KPMG

Adebayo Adetomiwa
MATRIX SOLICITORS

Mary Adey
DIKKO AND MAHMOUD SOLICITORS AND ADVOCATES

Agbolade Adeyemi
UDO UDOMA & BELO-OSAGIE

Oluwatodimu Adeyemi
PRIMERA AFRICA LEGAL

Albert Adu
ALLIANCE LAW FIRM

Nosa Afe
LOGISTIQ XPEDITORS LIMITED

Omolaja Agboke
FIRST BANK NIGERIA LIMITED

Omoede Agbontaen
OLAJIDE OYEWOLE LLP

Daniel Agbor
UDO UDOMA & BELO-OSAGIE

Shuaheeb Agoro
LAND BUREAU—LAGOS

Tokunbo Agoro
JAIYE AGORO & CO.

Matina Aguocha
BABALAKIN & CO.

Nasir Ahmad
IBRAHIM M. BOYI & CO

Oluwatoyin Aiyepola
JACKSON, ETTI & EDU

Michael Ajaegbo
ALLIANCE LAW FIRM

Kunle Ajagbe
PERCHSTONE & GRAEYS

Temidayo Ajayi
DETAIL COMMERCIAL SOLICITORS

Babatunde Ajibade
SPA AJIBADE & CO.

Olayinka Ajose
AEC LEGAL

Odein Ajumogobia
AJUMOGOBIA & OKEKE

Blessing Ajunwo
ALLIANCE LAW FIRM

Ahmed Akanbi
AKANBI & WIGWE LEGAL PRACTITIONERS

Azeez Akande
JACKSON, ETTI & EDU

Olabimpe Akande
ALIANT LAW

Ayodeji Akindeire
PERCHSTONE & GRAEYS

Iwilade Akintayo
KUSAMOTU & KUSAMOTU

Bukola Akinwonmi
OLANIWUN AJAYI LP

Akinkunmi Akinwunmi
CHRIS OGUNBANJO LP

Jesuloba Akinyele
OLANIWUN AJAYI LP

Soji Akinyele
OFFICE OF THE VICE PRESIDENT

Jamiu Akolade
ADCAX NOMINEES LTD.

Folake Alabi
OLANIWUN AJAYI LP

Temidayo Alade
OLANIWUN AJAYI LP

Ezinne Alajemba
AKANBI & WIGWE LEGAL PRACTITIONERS

Toyosi Alasi
BANWO & IGHODALO

Joke Aliu
ALUKO & OYEBODE

Al-Amin Aliyu
CORPORATE AFFAIRS COMMISSION

Usman Aliyu Mahmud
NIGERIAN COMMUNICATIONS COMMISSION

Bologi Alli
TEMPLARS LAW OFFICE

Chioma Amadi
AKANBI & WIGWE LEGAL PRACTITIONERS

Francis Amadi
CORPORATE AFFAIRS COMMISSION

Michael Amadi
OLANIWUN AJAYI LP

Joshua Amusan-Giwa
AEC LEGAL

Frances Anaekwe
ÆLEX LEGAL PRACTITIONERS & ARBITRATORS

Sola Arifayan
IKEYI & ARIFAYAN

Mayowa Arokodare
THE LAW CREST LLP

Oluseye Arowolo
DELOITTE

Richard Arowolo
PERCHSTONE & GRAEYS

Olalekan Ashas
MATRIX SOLICITORS

Zion Athora
EY

Popoola Atilola Omosanya
LATEEF O. FAGBEMI SAN & CO.

Ebunoluwa Awusika
AJUMOGOBIA & OKEKE

Kayode Awoyo
IKEYI & ARIFAYAN

Efe Awure
OAKWELL PARTNERS

Anthony Ayalogu
NIGERIAN CUSTOMS

Adetola Ayanru
SPA AJIBADE & CO.

Adeniyi Ayodele
SPA AJIBADE & CO.

Olusola Ayodele
NIGERIA EMPLOYERS' CONSULTATIVE ASSOCIATION (NECA)

OreOluwa Ayodele
OLANIWUN AJAYI LP

Lady Azuka Azinge
CORPORATE AFFAIRS COMMISSION

Seth Azubuike
PERCHSTONE & GRAEYS

Tomilehin Babafemi
G. ELIAS & CO. SOLICITORS AND ADVOCATES

Clare Bako
STEVE ADEHI AND CO.

Modupe Balogun
JACKSON, ETTI & EDU

Kofoworola Bamgbose
ÆLEX LEGAL PRACTITIONERS & ARBITRATORS

Toyin Bashir
OFFICE OF THE VICE PRESIDENT

Risikat Bukola Bello
MINISTRY OF PHYSICAL PLANNING AND URBAN DEVELOPMENT

Betty Biayeibo
PUNUKA ATTORNEYS & SOLICITORS

Oladeji Bodunwa
DELOITTE

Ibidolapo Bolu
SPA AJIBADE & CO.

Temitayol Bukoye
G. ELIAS & CO. SOLICITORS AND ADVOCATES

Cephas Caleb
ALUKO & OYEBODE

Afolabi Caxton-Martins
ADCAX NOMINEES LTD.

Mercy Chibuike-Iheama
CENTRE FOR MANAGEMENT DEVELOPMENT (CMD)

Chukwuemeka Chime
PWC NIGERIA

Victor Chimezie
RATIO LEGAL PRACTITIONERS

Ukata Christian
AFRIGLOBE SHIPPING LINES LTD.

Chukwunedum Orabueze
UDO UDOMA & BELO-OSAGIE

Abimbola Claudius-Akinyemi
MINISTRY OF PHYSICAL PLANNING AND URBAN DEVELOPMENT

David Coker
SKB LOGISTICS

Adekunmi da-Silva
MATRIX SOLICITORS

Obinna Dike
ALLIANCE LAW FIRM

Rebecca Dokun

Damilola Durosimi-Etti
OLANIWUN AJAYI LP

Colin Egemonye
GOLDSMITHS SOLICITORS

Osaro Eghobamien S.A.N.
PERCHSTONE & GRAEYS

Oyindamola Ehiwere
UDO UDOMA & BELO-OSAGIE

Chiazor Ejekam
NNENNA EJEKAM ASSOCIATES

Nnenna Ejekam
NNENNA EJEKAM ASSOCIATES

Offiong Ekpenyong
CENTRAL BANK OF NIGERIA

Tunde Ekundayo
GIANT VIEWS PLUS

Makbul Elahi
KANO DISTRIBUTION ELECTRICITY COMPANY

Theophilus I. Emuwa
ÆLEX LEGAL PRACTITIONERS & ARBITRATORS

Kenneth Erikume
PWC NIGERIA

Hosanna Esene
TRLP LAW

Samuel Etuk
1ST ATTORNEYS

Ekiomado Ewere-Isaiah
JACKSON, ETTI & EDU

Simisola Eyisanmi
CHRIS OGUNBANJO LP

Nosike Ezebo
IKEYI & ARIFAYAN

Chijioke Ezeibe
AINA BLANKSON LP

Anse Agu Ezetah
CHIEF LAW AGU EZETAH & CO.

Kenechi Ezezika
IKEYI & ARIFAYAN

Violet Ezirike
AINA BLANKSON LP

Lateef O. Fagbemi San
LATEEF O. FAGBEMI SAN & CO.

Babatunde Fagbohunlu
ALUKO & OYEBODE

Olufunke Fawehinmi
OLAJIDE OYEWOLE LLP

Olubunmi Fayokun
ALUKO & OYEBODE

Augustine Fischer
APM TERMINALS

Fatai Folarin
DELOITTE

Bolaji Gabari
SPA AJIBADE & CO.

Lionel Garrick
FORTELEGAL PARTNERS

Adejoke A. Gbenro
ADEBANKE ADEOLA & CO.

Akalonu Gertrude Uzochikwa
CORPORATE AFFAIRS COMMISSION

Temitope Giwa
OLANIWUN AJAYI LP

Osayaba Giwa-Osagie
GIWA-OSAGIE & CO.

Zainab Gobir
FEDERAL INLAND REVENUE SERVICE

Zainab Halliru
DIKKO AND MAHMOUD SOLICITORS AND ADVOCATES

Amira Hamisu
DIKKO AND MAHMOUD SOLICITORS AND ADVOCATES

Ibrahim Hashim
ELECTROMECH PRIME UTILITY RESOURCES LTD.

Akeem Hassan
FIRST BANK NIGERIA LIMITED

Sani Khalil Ibrahim
ARCHITECTURAL SERVICES AND DEVELOPMENT CONSULTANTS

Tokunbo Ibrahim
PWC NIGERIA

Yakubu Othman Ibrahim
JONATHAN OLUBI & CO.

Joseph Idiong
ASSOCIATION OF NIGERIAN EXPORTERS

Maymunah Idris
FEDERAL MINISTRY OF JUSTICE

Anjola Ige
OLANIWUN AJAYI LP

Williams Iheme
AINA BLANKSON LP

Chidinma Ihemedu
ALLIANCE LAW FIRM

Lawal Ijaodola
G. ELIAS & CO. SOLICITORS AND ADVOCATES

Ijeoma Nwala
UDO UDOMA & BELO-OSAGIE

Oluwabukola Iji
SPA AJIBADE & CO.

Nduka Ikeyi
IKEYI & ARIFAYAN

Femi David Ikotun
ZIONGATE CHAMERS

Ebelechukwu Ikpeoyi
BLOOMFIELD LAW PRACTICE

Ifedolapo Ilesanmi
KUSAMOTU & KUSAMOTU

Ifedayo Iroche
PERCHSTONE & GRAEYS

Kemfon Josephneke
1ST ATTORNEYS

Tosin Kalegha
PERCHSTONE & GRAEYS

Paul Kalejaiye
KUSAMOTU & KUSAMOTU

Olufunmbi Kehinde
ÆLEX LEGAL PRACTITIONERS & ARBITRATORS

Dolapo Kokuyi
DETAIL COMMERCIAL SOLICITORS

Olupeju Kolajo
MATRIX SOLICITORS

Babatunde Kolawole
HLB Z.O. OSOSANYA & CO.

Adamu Kudu
FEDERAL INLAND REVENUE SERVICE

Malandi Umar Kura
KANO STATE BUREAU FOR LAND MANAGEMENT

Ayodele Kusamotu
KUSAMOTU & KUSAMOTU

Folabi Kuti
PERCHSTONE & GRAEYS

Alhassan L. Alhassan
HOPE ATTORNEYS

Abubakar Ladi Dahiru
CORPORATE AFFAIRS COMMISSION

Hadiyah Lawal
ALIANT LAW

Usman Lawan Bello
H.H. KARKASARA & CO.

Salman Luqman
CORPORATE AFFAIRS COMMISSION

Obinna Maduako
OLANIWUN AJAYI LP

Abubakar Mahmoud
DIKKO AND MAHMOUD SOLICITORS AND ADVOCATES

Bello Mahmud
CORPORATE AFFAIRS COMMISSION

Muhammad Mainassara
CENTRAL BANK OF NIGERIA

Oghogho Makinde
ALUKO & OYEBODE

Kolawole Mayomi
SPA AJIBADE & CO.

Tosanbami Mene-Afejuku
AKANBI & WIGWE LEGAL PRACTITIONERS

Amjad Mohammad
AMJAD MOHAMMAD GALADIMA & CO.

Felicia Mosuro
ADCAX NOMINEES LTD.

Bashir Mudi
KANO URBAN PLANNING AND DEVELOPMENT AUTHORITY (KNUPDA)

Ismail Muftau
JACKSON, ETTI & EDU

Victor Munis
TRLP LAW

Olatunji Muritala
THE LAW CREST LLP

Abdulsalam Musbau
M.A. ABDULSALAM & CO.

Haliru Musia
CORPORATE AFFAIRS COMMISSION

Oluwatoyin Nathaniel
G. ELIAS & CO. SOLICITORS AND ADVOCATES

Ugochi Ndebbio
KPMG

Justine Nidiya
CORPORATE AFFAIRS COMMISSION

Uche Nwabudike
ALSEC NOMINEES LIMITED

Chioma Nwachukwu
AINA BLANKSON LP

Ifunanya Nwajagu
FEDERAL MINISTRY OF JUSTICE

Victor Nwakasi
OLISA AGBAKOBA & ASSOCIATES

Kiadum Nwakoh
PRIMERA AFRICA LEGAL

Obinna Nwankwo
CENTRAL BANK OF NIGERIA

Yeye Nwidaa

Patrick Nzeh
DELOITTE

Chikwerem Obi
NIGERIAN ELECTRICITY REGULATORY COMMISSION (NERC)

V. Uche Obi
ALLIANCE LAW FIRM

Anigbogu Obinna Jude
JUDE & PARTNERS

Nnamdi Obinwa
KPMG

Chisom Obiokoye
PERCHSTONE & GRAEYS

Debbie N. Obodoukwu

Jude Oboh
OFFICE OF THE VICE PRESIDENT

Onyinye Odionye
FIRST BANK NIGERIA LIMITED

Chijioke Odo
DELOITTE

Abutu Odu
OLAJIDE OYEWOLE LLP

Jumoke Oduwole
OFFICE OF THE VICE PRESIDENT

Anita Omonuwa Ogbalu
TEMPLARS LAW OFFICE

Ugonna Ogbuagu
ÆLEX LEGAL PRACTITIONERS & ARBITRATORS

Godson Ogheneochuko
UDO UDOMA & BELO-OSAGIE

Ozofu Ogiemudia
UDO UDOMA & BELO-OSAGIE

Kunle Ogunbamowo
DELOITTE

Abimbola Ogunbanjo
CHRIS OGUNBANJO LP

Ifeoluwa Ogunbufunmi
OFFICE OF THE VICE PRESIDENT

Ayokunle Ogundipe
PERCHSTONE & GRAEYS

Yvonne Ogunoiki
IKEYI & ARIFAYAN

Adebola Ogunsanya
OLANIWUN AJAYI LP

Oladimeji Ojo
ALUKO & OYEBODE

Cindy Ojogbo
OLANIWUN AJAYI LP

Orevaoghene Ojuh
ALUKO & OYEBODE

Chudi Ojukwu
INFRASTRUCTURE CONSULTING PARTNERSHIP

Mercy Ojukwu
CENTRAL BANK OF NIGERIA

Chinyere Okafor
G. ELIAS & CO. SOLICITORS AND ADVOCATES

Ikenna Okafor
PERCHSTONE & GRAEYS

Rashidat Okafor
STEVE ADEHI AND CO.

Emeka Okekeze
TALAL ABU GHAZALEH CONSULTANTS LIMITED

Aisha Okeshola
BANWO & IGHODALO

Toritseju Okitikpi
DELE OLANIYAN & CO.

Nseobong Okon
1ST ATTORNEYS

Ngo-Martins Okonmah
ALUKO & OYEBODE

Chukwuma Okoroafor
SOLOLA & AKPANA

Eze Okorocha
ASSOCIATED ATTORNEY

Taiwo Okunade
DELOITTE

Oluwatosin Okunrinboye
AJUMOGOBIA & OKEKE

Michelle Okwusogu
KPMG

Stephen Ola Jagun
JAGUN ASSOCIATES

Adetola Olafimihan
PERCHSTONE & GRAEYS

Ayo Olaifa
ALLIANCE LAW FIRM

Olusegun Olaiya
AEC LEGAL

Moshood Olajide
PWC NIGERIA

Lanre Olaoluwa
MATRIX SOLICITORS

Olayimika Olasewere
SPA AJIBADE & CO.

Jide Olasite
MATRIX SOLICITORS

Musa Olasupo
CENTRAL BANK OF NIGERIA

Eniola Olatunji
ADEKUNLE OMOTOLA & CO.

Ebele Oliko
BABALAKIN & CO.

Kunle Olley
FEDERAL INLAND
REVENUE SERVICE

Funmilayo Olofintuyi
KUSAMOTU & KUSAMOTU

Ajibola Olomola
KPMG

Afolasade Olowe
JACKSON, ETTI & EDU

Yomi Olugbenro
DELOITTE

Christina Olusile
KPMG

Olufunke Olutoye
ALUKO & OYEBODE

Peter Oluwafemi
JUDE & PARTNERS

Temitope Oluwasemilore
IKEYI & ARIFAYAN

Tolulope Omidiji
PWC NIGERIA

Bayo Omole
MATRIX SOLICITORS

David Omoleye
KANO DISTRIBUTION
ELECTRICITY COMPANY

Oluwatunmise Omotoyinbo
OLANIWUN AJAYI LP

Ekundayo Onajobi
UDO UDOMA & BELO-OSAGIE

Adefunke Onakoya
AKINWUNMI & BUSARI
LEGAL PRACTITIONERS

Kate Onianwa
AJUMOGOBIA & OKEKE

Gabriel Onojason
ALLIANCE LAW FIRM

Joseph Onugwu
OLISA AGBAKOBA
& ASSOCIATES

Fred Onuobia
G. ELIAS & CO. SOLICITORS
AND ADVOCATES

Ogechi Onuoha
OLAJIDE OYEWOLE LLP

Nnamdi Oragwu
PUNUKA ATTORNEYS
& SOLICITORS

Benedict Oregbemhe
SPA AJIBADE & CO.

Tunde Osasona
WHITESTONE WORLDWIDE LTD.

Tiwalola Osazuwa
ÆLEX LEGAL PRACTITIONERS
& ARBITRATORS

Gbemisola Osibo
TUNDE & ADISA LEGAL
PRACTITIONERS

Olufunmilayo Osifuye
LAGOS STATE PHYSICAL
PLANNING & DEVELOPMENT
AUTHORITY

Ope Osinbubi
SHEARMAN & STERLING LLP

Olufemi Ososanya
HLB Z.O. OSOSANYA & CO.

Noah Osu
OFFICE OF THE VICE PRESIDENT

Patrick Osu
AJUMOGOBIA & OKEKE

Vera Osuji
CREDIT REGISTRY SERVICES
(CREDIT BUREAU) PLC

Davidson Oturu
ÆLEX LEGAL PRACTITIONERS
& ARBITRATORS

Olajumoke Oyebode
PWC NIGERIA

Taiwo Oyedele
PWC NIGERIA

Damilola Oyelade
PERCHSTONE & GRAEYS

Abiodun Oyeledun
DETAIL COMMERCIAL
SOLICITORS

Bukola Oyeneyin
AKANBI & WIGWE LEGAL
PRACTITIONERS

Olubukola Oyerinde
PWC NIGERIA

Ayo Oyewole
CREDIT REGISTRY SERVICES
(CREDIT BUREAU) PLC

Patrick Oyong
FEDERAL MINISTRY OF JUSTICE

Deborah Patrick-Akhaba
GOLDSMITHS SOLICITORS

Moses Pila
TEMPLARS LAW OFFICE

Olajumoke Popoola
OFFICE OF THE VICE PRESIDENT

Tunde Popoola
CRC CREDIT BUREAU LIMITED

Moshood Quadri
ÆLEX LEGAL PRACTITIONERS
& ARBITRATORS

Samuel Salako
OLAJIDE OYEWOLE LLP

Kofo Salam-Alada
CENTRAL BANK OF NIGERIA

Sheriff Salami
CRC CREDIT BUREAU LIMITED

Ashok Saraf
EKO ELECTRICITY
DISTRIBUTION PLC

Yewande Senbore
OLANIWUN AJAYI LP

Eric Sesu
PWC NIGERIA

Jameelah Sharrieff-Ayedun
CREDIT REGISTRY SERVICES
(CREDIT BUREAU) PLC

Taofeek 'Bola Shittu
IKEYI & ARIFAYAN

Christine Sijuwade
UDO UDOMA & BELO-OSAGIE

Olugbenga Sodipo
IKEYI & ARIFAYAN

Serifat Solebo
LAND SERVICES DIRECTORATE

Similoluwa Somuyiwa
OLANIWUN AJAYI LP

Umar Sulaiman Muhammad
STRONG GOALS
GENERATION CONSULT

Adeola Sunmola
UDO UDOMA & BELO-OSAGIE

Olufemi Sunmonu
ALIANT LAW

Rafiu Sunmonu
DELMORE ENGINEERING
AND CONSTRUCTION
COMPANY LIMITED

Tokunbo Adewale Toriola
ARMAJARO NIGERIA LIMITED

Eresi Uche
TEMPLARS LAW OFFICE

Ijeoma Uche
KPMG

Uchenna Udechukwu
OYEWOLE & ADESINA

Anthony Udenze
NIGERIAN CUSTOMS

Kelechi Ugbeva
BLACKWOOD AND STONE LP

Orji Uka
BABALAKIN & CO.

Jideofor Ukachukwu
JULEX ASSOCIATES

Aniekan Ukpanah
UDO UDOMA & BELO-OSAGIE

Amala Umeike
JACKSON, ETTI & EDU

Okechukwu Umemuo
THE LAW CREST LLP

Adamu M. Usman
F.O. AKINRELE & CO.

Ezinwanyi Uwa
LATEEF O. FAGBEMI SAN & CO.

Febuk Uya
AEC LEGAL

David Uzosike
OFFICE OF THE VICE PRESIDENT

Ebere Uzum
UDO UDOMA & BELO-OSAGIE

Bhagu Vasnani
PRIMLAKS NIG LTD.

Uzoamaka Wemambu
STANBIC IBTC BANK LTD.

Uche Wigwe
AKANBI & WIGWE LEGAL
PRACTITIONERS

Kamaluddeen Yahaya
KAMALUDDEEN YAHAYA & CO.

Samuel Yisa
KPMG

Isma'ila M. Zakari
AHMED ZAKARI & CO.

Maria Zubairu
KANO URBAN PLANNING
AND DEVELOPMENT
AUTHORITY (KNUPDA)

挪威

NORWEGIAN BUILDING
AUTHORITY

Nanette Arvesen
ADVOKATFIRMAET
THOMMESSEN AS

Frederik Astrup Borch
FRICK LANGSETH
ADVOKATFIRMA DA

Jan L. Backer
WIKBORG REIN
ADVOKATFIRMA AS

Eli Beck Nilsen
PWC NORWAY

Stig Berge
ADVOKATFIRMAET
THOMMESSEN AS

Elin Bergman
MENON ECONOMICS

John Ole Bjørnerud
HAFSLUND

Ingrid Fladberg Brucker
ADVOKATFIRMA
SIMONSEN VOGT WIIG

Tron Dalheim
ARNTZEN DE BESCHE
ADVOKATFIRMA AS

Lars Davidsen
HAFSLUND

Lill Egeland
ADVOKATFIRMA
SIMONSEN VOGT WIIG

Knut Ekern
PWC NORWAY

Turid Ellingsen
STATENS KARTVERK

Marius Gisvold
WIKBORG REIN
ADVOKATFIRMA AS

Gjermund Grimsby
MENON ECONOMICS

Leo A. Grünfeld
MENON ECONOMICS

Jarand Gule
YARA INTERNATIONAL ASA

Solfrid Brænd Haaskjold
ARNTZEN DE BESCHE
ADVOKATFIRMA AS

Johan Astrup Heber
WIKBORG REIN
ADVOKATFIRMA AS

Heidi Holmelin
ADVOKATFIRMAET SELMER DA

Odd Hylland
PWC NORWAY

Anette Istre
ADVOKATFIRMA
SIMONSEN VOGT WIIG

Kyrre Width Kielland
ADVOKATFIRMAET RÆDER AS

Jarle Kjelingtveit
UNIL AS

Eirin Kogstad
ARNTZEN DE BESCHE
ADVOKATFIRMA AS

Peter L. Brechan
ADVOKATFIRMAET SCHJØDT AS

Don Lawrence
ARCHITECT

Per Einar Lunde
PWC NORWAY

Leif Petter Madsen
WIKBORG REIN
ADVOKATFIRMA AS

Arne Reisegg Myklestad
DARK ARKITEKTER

William Peter Nordan
ADVOKATFIRMA
SIMONSEN VOGT WIIG

Christina Norland
ADVOKATFIRMAET SELMER DA

Ole Kristian Olsby
HOMBLE OLSBY
ADVOKATFIRMA AS

Einar Riddervold
PWC NORWAY

Astrid Rindal
HOMBLE OLSBY
ADVOKATFIRMA AS

Karoline Sandvik
WIKBORG REIN
ADVOKATFIRMA AS

Atle Skaldebø-Rød
ADVOKATFIRMAET BAHR AS

Trond Sollund
ADVOKATFIRMAET SCHJØDT AS

Gunnar Sørlie
ADVOKATFIRMAET BAHR AS

Fredrik Sparre-Enger
ADVOKATFIRMAET SELMER DA

Iselin Stolpestad
THE BRONNOYSUND
REGISTER CENTER

Svein Sulland
ADVOKATFIRMAET SELMER DA

Liss Sunde
ADVOKATFIRMAET RÆDER AS

Kaare Christian Tapper
WIKBORG REIN
ADVOKATFIRMA AS

Jon Christian Thaulow
ADVOKATFIRMAET BAHR AS

Ragnar Ulsund
HAFSLUND

Oyvind Vagan
THE BRONNOYSUND
REGISTER CENTER

阿曼

DIRECTORATE GENERAL
OF CUSTOMS

Mona Adel
MY IP GLOBAL

Hussein Al Balushi
MAZOON ELECTRICITY
COMPANY

Shireen Al Busaidi
SNR DENTON & CO.

Hamed Amur Al Hajri
OMAN CABLES
INDUSTRY (SAOG)

Alaa Al Hinai
SASLO—SAID AL
SHAHRY & PARTNERS

Wadhah Al Hinai
SASLO—SAID AL
SHAHRY & PARTNERS

Mohammed Al Khalili
AL BUSAIDY MANSOOR
JAMAL & CO.

Abdulredha Al Lawati
SNR DENTON & CO.

Fatma Al Maamary
AL BUSAIDY MANSOOR
JAMAL & CO.

Habib Murad Al Raisi
CENTRAL BANK OF
OMAN (CBO)

Aadil Khalifa Al Saadi
CENTRAL BANK OF
OMAN (CBO)

Thamer Al Shahry
SASLO—SAID AL
SHAHRY & PARTNERS

Majid Al Toky
TROWERS & HAMLINS

Budoor Al Zadjali
CURTIS MALLET—PREVOST,
COLT & MOSLE LLP

Sawsan Al-Balushi
CURTIS MALLET—PREVOST,
COLT & MOSLE LLP

Mohammed Alshahri
MOHAMMED ALSHAHRI
& ASSOCIATES

Umaima Al-Wahaibi
SNR DENTON & CO.

Russell Aycock
PWC OMAN

Hasan Juma Backer
HASAN JUMA BACKER
TRADING & CONTRACTING

Khaled Battash
MY IP GLOBAL

Piyush Bhandari
INTUIT MANAGEMENT
CONSULTANCY

Priyanka Bhandari
INTUIT MANAGEMENT
CONSULTANCY

Michael Dunmore
CURTIS MALLET—PREVOST,
COLT & MOSLE LLP

Jamie Gibson
TROWERS & HAMLINS

Justine Harding
SNR DENTON & CO.

Balkrishn Kamath
RUSSELL BEDFORD
INTERNATIONAL

Faiz Khan
AL BUSAIDY MANSOOR
JAMAL & CO.

Ajay Kummar
OMAN CABLES
INDUSTRY (SAOG)

O.A. Kuraishy
HASAN JUMA BACKER
TRADING & CONTRACTING

P.E. Lalachen MJ
KHALIFA AL HINAI ADVOCATES
& LEGAL CONSULTANCY

Kenneth MacFarlane
PWC OMAN

Pushpa Malani
PWC OMAN

Mansoor Jamal Malik
AL BUSAIDY MANSOOR
JAMAL & CO.

Fathia Mbarak
TROWERS & HAMLINS

Budoor Moosa
SNR DENTON & CO.

Bruce Palmer
CURTIS MALLET—PREVOST,
COLT & MOSLE LLP

Raghavendra Pangala
SEMAC & PARTNERS LLC

Himadri Pathak
INTUIT MANAGEMENT
CONSULTANCY

Dhanalakshmi Pillai Perumal
SNR DENTON & CO.

Lubna Qarmash
TALAL ABU-GHAZALEH
LEGAL (TAG-LEGAL)

Maria Mariam Rabeaa Petrou
SASLO—SAID AL
SHAHRY & PARTNERS

Darshi Sanganee
SNR DENTON & CO.

Nick Simpson
SNR DENTON & CO.

Roy Thomas
OMAN CABLES
INDUSTRY (SAOG)

Rajesh Vaidyanathan
KHIMJI RAMDAS

巴基斯坦

BAIG LAW ASSOCIATES

FACILITIES SHIPPING AGENCY

FITE DEVELOPMENT
& MANAGEMENT
COMPANY CHAIRMAN

KARACHI WATER &
SEWERAGE BOARD

LESCO

M. ISHAQ ALI & CO.

PAKISTAN INTERNATIONAL
FREIGHT FORWARDERS
ASSOCIATION

Asad Abbas Butt
ASAD ABBAS BUTT & CO.

Zaheer Abbas Chughtai
QAISER & ABBAS ATTORNEYS
& CORPORATE COUNSELLORS

Mahmood Abdul Ghani
MAHMOOD ABDUL
GHANI & CO.

Mohammad Ameen Memon
Abdullah Sillat
CREDIT CONTROL SERVICES

Shafat Ali Abid
LAWYER

Zahra Abid
HAIDERMOTA BNR & CO.

Ahmed Aga Zafar
AGA FAQUIR
MOHAMMAD & CO.

Imran Ahmad
STATE BANK OF PAKISTAN

Nadeem Ahmad
ORR, DIGNAM & CO.

Taqi Ud Din Ahmad
A.F. FERGUSON & CO.
CHARTERED ACCOUNTANTS,
A MEMBER FIRM OF
PWC NETWORK

Waheed Ahmad
WAHEED LAW FIRM

Zahur Ahmad
ZA ASSOCIATES

Akhtiar Ahmed
STATE BANK OF PAKISTAN

Munir Ahmed
K-ELECTRIC

Feroz Akbar
SHAHAEEN AIRPORT SERVICES

Mehmood Alam
TMT LAW SERVICES

Muhammad Aleem Zubair
A.F. FERGUSON & CO.,
CHARTERED ACCOUNTANTS,
A MEMBER FIRM OF
PWC NETWORK

Abbas Ali
EY

Shabana Ali
SHABANA ALI & ASSOCIATES

Shabbir Ali
SHABBIR & PARTNERS

Syed Mustafa Ali
RIAZ AHMAD & COMPANY

Tabassum Ali
TMT LAW SERVICES

Javed Anjum
APEX CONSULTANTS

Muhammad Saqlain Arshad
SAQLAIN

Muhammad Asif
MALIK IMRAN LAW
ASSOCCIATE

Jam Asif Mehmood
AHMED & QAZI

Nadeem Aslam
AL-RIAZ LAW ASSOCIATE

Muhammad Awais
EY

Jahanzeb Awan
KHALID ANWER & CO.

Malik Nasir Ayub
LAWYER

Shaheryar Aziz
A.F. FERGUSON & CO.
CHARTERED ACCOUNTANTS,
A MEMBER FIRM OF
PWC NETWORK

Shaezer Azmat
EY

Fawad Baluch
KHALID ANWER & CO.

Hasan Hameed Bhatti
LAHORE WASTE
MANAGEMENT COMPANY

Akeel Bilgrami
NAJMI BILGRAMI
COLLABORATIVE PVT. LTD.

Rameez Bilwani
YAKOOB & RAMEEZ
ASSOCIATES

Huzaima Bukhari
HUZAIMA & IKRAM

Zainab Butt
KPMG TASEER HADI & CO.

Maqsood Ahmad Chaudhary
MAQSOOD LAW ASSOCIATES

Faisal Daudpota
KHALID DAUDPOTA & CO.

Junaid Daudpota
KHALID DAUDPOTA & CO.

Diana Dsouza
DATACHECK PVT. LTD.

Huma Ejaz Zaman
MANDVIWALLA & ZAFAR

Mian Faisal
LAHORE DEVELOPMENT
AUTHORITY

Akmal Farooq
AL-RIAZ LAW ASSOCIATE

Sarah Frazer

Aman Ghanchi
UNILEVER PAKISTAN LIMITED

Asma Ghayoor
SINDH BUILDING
CONTROL AUTHORITY

Hamza Gulzar
HAMZA GULZAR LAW
ASSOCIATES

Irfan Mir Halepota
LAW FIRM IRFAN M. HALEPOTA

Waqas Ahmed Hanif
BISMILLAH LOGISTICS
(PVT.) LTD.

Ikramul Haq
HUZAIMA & IKRAM

Salman Haq
EY

Faiz-ul Hassan
LAND ADMINISTRATION &
REVENUE MANAGEMENT
INFORMATION SYSTEM
(LARMIS)

Mohammad Hassan Bakshi
ASSOCIATION OF BUILDERS
AND DEVELOPERS OF
PAKISTAN (ABAD)

Inayat Hussain
STATE BANK OF PAKISTAN

Munawar Hussain
MUNAWAR ASSOCIATES
CHARTERED ACCOUNTANTS

Shaukat Hussain
SECURITIES AND EXCHANGE
COMMISSION OF PAKISTAN

Mushtaq Ibrahim Soomro
SINDH BUILDING
CONTROL AUTHORITY

Pearl Indrias
KPMG TASEER HADI & CO.

Azhar Iqbal
QURESHI LAW ASSOCIATES

Imran Iqbal
UHY HASSAN NAEEM & CO.

Pervaiz Iqbal
AMC CREDIT SOLUTIONS
PAKISTAN PVT LIMITED

Wasif Iqbal
ANWAR AMMAR ASSOCIATES

Abid Ismail
MUNAWAR ASSOCIATES
CHARTERED ACCOUNTANTS

Muhammad Javad Ismail
STATE BANK OF PAKISTAN

Ilyas Jabbar
STATE BANK OF PAKISTAN

Zahid Jamil
JAMIL AND JAMIL

Tariq Nasim Jan
DATACHECK PVT. LTD.

Burhan Javed
EY

Ayesha Jawad
PEARL MANAGEMENT
COUNSULTANTS

Farrukh Junaidy
JUNAIDY SHOAIB ASD

Iffat Kamal
LAHORE DEVELOPMENT
AUTHORITY

Asif Karim

Minam Karim
LMA EBRAHIM HOSAIN,
BARRISTERS, ADVOCATES
& CORPORATE LEGAL
CONSULTANTS

Habib Kazi
KHALID ANWER & CO.

Mayhar Kazi
RIAA BARKER GILLETTE

Qalb-e-Abbas Kazmi
BANK AL HABIB LIMITED

Ameer Khan
INDUS MOTORS CO. LTD.

Aquil A. Khan
UNITED BANK LIMITED

Shabar Ali Khan
JUNAIDY SHOAIB ASD

Saima Khawaja
PROGRESSIVE ADVOCATES
& LEGAL CONSULTANTS

Misbah Kokab
TMT LAW SERVICES

Asif Ali Lakhiar
SIRAJUL HAQUE & CO.

Waqas Liaqat
MASTER CONSULTING
ENGINEERS

Shomaila Loan
BANK AL HABIB LIMITED

Adeem Lodhi
KPMG TASEER HADI & CO.

Sami Majeed

Amyn Malik
KPMG TASEER HADI & CO.

Arshad Malik Awan
MALIK NOOR MUHAMMAD
AWAN & AMA LAW
ASSOCIATES

Basharat Mehmood
QURESHI LAW ASSOCIATES

Mubashar Mehmood
RIAZ AHMAD & COMPANY

Aitzaz Manzoor Memon
RIAA BARKER GILLETTE

Mohammad Mansoor Mir
MIR & MIR LAW ASSOCIATES

Lt. Col. (R) Faiz Miran
OVERLAND UNITED

Muzzafar Ahmed Mirza
SECURITIES AND EXCHANGE
COMMISSION OF PAKISTAN

Minha Mohammad Ali
LUCKY CEMENT

Mizloryo Abdul Moeez
Mohammad Ameen
A. A. VALUATORS (PVT.) LTD

Imran Mohmand
FEDERAL BOARD OF REVENUE

Mishka Khan Mohmand
PLANNING AND
DEVELOPMENT DEPARTMENT,
GOVERNMENT OF PUNJAB

Najeeb Moochhala
HORWATH HUSSAIN
CHAUDHURY & CO-CHARTERED
ACCOUNTANTS—MEMBER
OF CROWE HORWATH

M. Usman Moosa
IMPACT, ENGINEERING,
PLANNING AND MANAGEMENT

Sarjeel Mowahid Minhas
ABS & CO. ADVOCATES AND
CORPORATE COUNSELS

Muhammad Mudassir
ADVOCATE HIGH COURT

Rana Muhammad
RANA IJAZ & PARTNERS

Muhammad Muazzam Akram
Muhammad Akram
SULTAN & PARTNERS

Syed Muhammad Ijaz
HUZAIMA & IKRAM

Adeel Mumtaz
ADEEL MUMTAZ PROJECT
MANAGEMENT

Sadaf Muneer
RAVIAN INTERNATIONAL
AGENCIES

Daniyal Muzaffar
UNITED BANK LIMITED

Shariq Naseem
CENTRAL DEPOSITORY
COMPANY OF PAKISTAN LTD.

Saqib Naseer
A.F. FERGUSON & CO.
CHARTERED ACCOUNTANTS,
A MEMBER FIRM OF
PWC NETWORK

Naveed Nasim
ALLIED BANK LIMITED

Mehwish Naveed
SECURITIES AND EXCHANGE
COMMISSION OF PAKISTAN

Omaimah Nazir
*SECURITIES AND EXCHANGE
COMMISSION OF PAKISTAN*

Anam Shahid Niazi
MANDVIWALLA & ZAFAR

Ghulam Dastagir Paracha
*RAVIAN INTERNATIONAL
AGENCIES*

Owais Patel
DATACHECK PVT. LTD.

Shahbakht Pirzada
RIAA BARKER GILLETTE

Shahzada Qamer
S. QAMER & CO.

Usman Qazi
LAWYER

Adnan Qureshi
QURESHI LAW ASSOCIATES

Muhammad Ali R. Merchant
M R MERCHANT & CO.

Zaki Rahman
*LMA EBRAHIM HOSAIN,
BARRISTERS, ADVOCATES
& CORPORATE LEGAL
CONSULTANTS*

Rai Muhammad Saleh Azam
*AZAM & RAI (ADVOCATES
& LEGAL CONSULTANTS)*

Bilal Rana
KAZMI AND RANA

Kashif Rasheed
PAK SUZUKI MOTOR CO. LTD.

Mian Haseeb Rasheed
SULTAN & PARTNERS

Ghulam Rasool
*HAIDER SHAMSI & CO.
CHARTERED ACCOUNTANTS*

Hamid Rasul
FOTON JW AUTO PARK

Tayyab Raza
TMT LAW SERVICES

Khalid A. Rehman
SURRIDGE & BEECHENO

Abdul Rehman Baitanai
STATE BANK OF PAKISTAN

Sehrish Saad
*AZAM & RAI (ADVOCATES
& LEGAL CONSULTANTS)*

Saad Saboor
EY

Zeeshan Safdar
*MUNAWAR ASSOCIATES
CHARTERED ACCOUNTANTS*

Usman Akram Sahi
CORNELIUS LANE & MUFTI

Rana Sajjad
RANA IJAZ & PARTNERS

Aftab Salahuddin
FY

Mian Saleem Akhtar
LAWYER

Inayat Ullah Sandhu
*SANDHU & CO. CHARTERED
ACCOUNTANTS*

Muhammad Sarfraz

Mohammad Ali Seena
SURRIDGE & BEECHENO

Ali Kabir Shah
ALI & ASSOCIATES

Saima Shaikh
*PUNJAB INFORMATION
TECHNOLOGY BOARD*

Arshad Shehzad
TAXPERTS

Muneeb Ahmed Sheikh
MA ADVOCATES

Kamran Siddiqui
*KAMIL & ASSOCIATES,
CONSULTING ENGINEERS
& ARCHITECTS*

Masood Siddiqui
A. SHAKOOR & BROS.

Rehan Siddiqui
*BAKER TILLY CHARTERED
ACCOUNTANTS*

Hameer Arshad Siraj
SIRAJUL HAQUE & CO.

Mian Hamdoon Subhani
M.H.S. ASSOCIATES

Namdar Subhani
GOVERNMENT OF THE PUNJAB

Ameena Suhail
QURESHI LAW ASSOCIATES

Haris Syed Raza
GERRY'S DNATA PVT. LTD.

Muhammad Tahir
STATE BANK OF PAKISTAN

Lamya Taipur
ALI & ASSOCIATES

M. Talha
SUPER LAW SERVICES

Waqas Ahmed Tamimi
DELOITTE KARACHI

Naghma Tehniat
FEDERAL BOARD OF REVENUE

Fawad Tipu
*FORM & FUNCTION
CONSULTING ARCHITECTS
& TOWN PLANNERS*

Chaudhary Usman
*LMA EBRAHIM HOSAIN,
BARRISTERS, ADVOCATES
& CORPORATE LEGAL
CONSULTANTS*

Khalil Waggan
EY

Aamir Younas
EY

Muhammad Yousuf
*HAIDER SHAMSI & CO.
CHARTERED ACCOUNTANTS*

Sheheryar Zaidi
ZAIDI AND CO.

Mohhamad Zain Khan
EY

Muhammad Zubair
MZ ASSOCIATES

帕劳

CARLOS MARIANO LAW FIRM

Jun Aclan
CTSI LOGISTICS

Kenneth Barden
ATTORNEY-AT-LAW

Kassi Berg
*THE PACIFIC DEVELOPMENT
LAW GROUP*

Tito Cabunagan
*PALAU PUBLIC UTILITY
CORPORATION*

Maria Cristina Castro
*WESTERN CAROLINE
TRADING CO.*

Suzanne Finney
*PALAU HISTORIC
PRESERVATION OFFICE*

Anthony Frazier

Ltelatk LT Fritz
*SMALL BUSINESS
DEVELOPMENT CENTER (SBDC)*

Bill Iskawa
*BUREAU OF CUSTOMS AND
BORDER PROTECTION*

Wilbert Kamerang
*PALAU SHIPPING
COMPANY, INC.*

Ramsey Ngiraibai
*KOROR PLANNING AND
ZONING OFFICE*

Lily Rdechor
*PALAU ENVIRONMENTAL
QUALITY PROTECTION BOARD*

V. Tikei Sbal
*FINANCIAL INSTITUTIONS
COMMISSION*

Sylcerius Tewalei
BUREAU OF LABOUR

J. Uduch Sengebau
*LAW OFFICE OF J. UDUCH
SENGEBAU SENIOR*

Juanita Utui
PALAU LAND REGISTRY

巴拿马

Ricardo Aleman
MORGAN & MORGAN

Alejandro Alemán
ALFARO, FERRER & RAMÍREZ

Aichell Alvarado
ARIAS LAW

Aristides Anguizola
MORGAN & MORGAN

Khatiya Asvat
PATTON, MORENO & ASVAT

Fernando Aued
PATTON, MORENO & ASVAT

Gustavo Adolfo Bernal
ETESA

Klaus Bieberach Schriebl
TAX@PANAMA

Luis Carlos Bustamante
*PANAMÁ SOLUCIONES
LOGÍSTICAS INT.—PSLI*

Giovanna Cardellicchio
APC BURÓ SA

José Carrizo Durling
MORGAN & MORGAN

Johanna Castillo
ARIAS LAW

Luis Chalhoub
*ICAZA, GONZALEZ-
RUIZ & ALEMAN*

Gonzalo Córdoba
APC BURÓ SA

Eduardo De Alba
ARIAS, FÁBREGA & FÁBREGA

Claudio De Castro
ARIAS, FÁBREGA & FÁBREGA

Marisol Ellis
*ICAZA, GONZALEZ-
RUIZ & ALEMAN*

Felipe Escalona
GALINDO, ARIAS & LÓPEZ

María Cristina Fábrega
ARIAS LAW

Juan Pablo Fábrega Polleri
FÁBREGA, MOLINO & MULINO

Luciano Fernandes
*THE PANAMA MARITIME
CHAMBER*

Michael Fernandez
*CÁMARA PANAMEÑA DE LA
CONSTRUCCIÓN (CAPAC)*

Enna Ferrer
ALFARO, FERRER & RAMÍREZ

Evans Gonzalez
*EVANS GONZALEZ
MORENO & ASOCIADOS*

Edgar Herrera
GALINDO, ARIAS & LÓPEZ

Jorge L. Lara T.
INGENIERÍA LARA SA

Karla Leon
*EVANS GONZALEZ
MORENO & ASOCIADOS*

Cristina Lewis de la Guardia
GALINDO, ARIAS & LÓPEZ

Esteban López Moreno
KATZ Y LÓPEZ

David M. Mizrachi Fidanque
MIZRACHI, DAVARRO & URIOLA

Erick Rogelio Muñoz
SUCRE, ARIAS & REYES

Mayrolis Parnther
ARIAS LAW

Hassim Patel
WILLIAMS & WILLIAMS

Sebastián Perez
*UNION
FENOSA—EDEMET—EDECHI*

Alfredo Ramírez Jr.
ALFARO, FERRER & RAMÍREZ

Mario Rognoni
*AROSEMENA NORIEGA
& CONTRERAS*

Nelson E. Sales
ALFARO, FERRER & RAMÍREZ

Mayte Sánchez González
MORGAN & MORGAN

Daniel Sessa
GALINDO, ARIAS & LÓPEZ

Yinnis Solís de Amaya
*UNION
FENOSA—EDEMET—EDECHI*

Hermes Tello
*ELECTROMECHANICAL
CONSULTING GROUP*

Ramón Varela
MORGAN & MORGAN

Gabriela Vasquez
GALINDO, ARIAS & LÓPEZ

巴布亚新几内亚

*CREDIT & DATA
BUREAU LIMITED*

PWC PAPUA NEW GUINEA

Paul Barker
*CONSULTATIVE
IMPLEMENTATION &
MONITORING COUNCIL*

Simon Bendo
*DEPARTMENT OF LANDS
AND PHYSICAL PLANNING*

Moses Billy
BILLY ARCHITECTS

Moira Eka
ASHURST LLP

Richard Flynn
ASHURST LLP

Anthony Frazier

Simon Guidecoq

Lea Henao
*STEAMSHIPS TRADING
COMPANY LTD.*

Clarence Hoot
*INVESTMENT PROMOTION
AUTHORITY*

Jerome Kadamongariga
ASHURST LLP

Theresa Kawi
DENTONS

Stanley Kewa
PNG POWER LTD.

Sarah Kuman
ALLENS

Peter Lowing
*LEAHY LEWIN NUTLEY
SULLIVAN*

Stephen Massa
DENTONS

Christopher Miviri
DENTONS

Lou Pipi
NCDC MUNICIPALITY

Nancy Pogla
*DEPARTMENT OF JUSTICE
& ATTORNEY GENERAL,
STATE SOLICITOR'S OFFICE*

Tony Raats
AGILITY LOGISTICS

Renee Siaguru
ALLENS

Sinton Spence Mbe
*SINTON SPENCE CHARTERED
ACCOUNTANTS*

Thomas Taberia
*KUNA TABERIA KIRUWI
ACCOUNTANTS & ADVISORS*

Alex Tongayu
*INVESTMENT PROMOTION
AUTHORITY*

Stuart Wilson
*LCS ELECTRICAL &
MECHANICAL CONTRACTORS*

Alicia Yen
*HEALY CONSULTANTS
GROUP PLC*

巴拉圭

Jorge Acosta
MASTERLINE

Perla Alderete
VOUGA ABOGADOS

Enrique Benitez
BDO AUDITORES CONSULTORES

Maximo Gustavo Benitez
Gimenez
*SUPERINTENDENCIA
DE BANCOS—BCP*

Alex Berkemeyer
*BERKEMEYER, ATTORNEYS
& COUNSELORS*

Hugo T. Berkemeyer
BMK—BERKEMEYER

Juan Ramírez Biedermann
*ESTUDIO JURÍDICO
LIVIERES GUGGIARI*

Carlos Cañete
BDO AUDITORES CONSULTORES

Victor Carron
*KEMPER—DEJESUS &
PANGRAZIO ABOGADOS
Y CONSULTORES*

Carlos Codas
FERRERE ABOGADOS

Camila Colombo
ESTUDIO MERSAN ABOGADOS

Marcelo Corrales
MERSÁN ABOGADOS

Pedro Cuevas
ADMINISTRACIÓN NACIONAL DE ELECTRICIDAD

Sergio Dejesus
KEMPER—DEJESUS & PANGRAZIO ABOGADOS Y CONSULTORES

Natalia Enciso Benitez
NOTARY PUBLIC

Juan Bautista Fiorio Gimenez
FIORIO, CARDOZO & ALVARADO

Néstor Gamarra
SERVIMEX SACI

Liliana Maria Giménez de Castillo
DIRECCIÓN GENERAL DE LOS REGISTROS PÚBLICOS

Lourdes Gonzalez
DIRECCIÓN GENERAL DE LOS REGISTROS PÚBLICOS

Nadia Gorostiaga
PWC PARAGUAY

Sigfrido Gross Brown
ESTUDIO JURÍDICO GROSS BROWN

Marcelo Gul Pavoni
TMF GROUP

Carl Gwynn
GWYNN & GWYNN—LEGAL COUNSELLORS

Norman Gwynn
SUPREME COURT OF JUSTICE

Christian Kemper
KEMPER—DEJESUS & PANGRAZIO ABOGADOS Y CONSULTORES

Gabriel Lamas
ONIX SACI CONSULTING + ENGINEERING

Daniela Leguizamón
VOUGA ABOGADOS

Pablo Livieres Guggiari
ESTUDIO JURÍDICO LIVIERES GUGGIARI

Nestor Loizaga
FERRERE ABOGADOS

Augusto Mengual
MIATERRA

Carlos Mersan
ESTUDIO MERSAN ABOGADOS

Oscar A. Mersan Galli
MERSÁN ABOGADOS

María Esmeralda Moreno Rodríguez Alcalá
MORENO RUFFINELLI & ASOCIADOS

Monica Núñez
BERKEMEYER, ATTORNEYS & COUNSELORS

Rita Ortiz
NGO SAECA

Anibal Pangrazio
KEMPER—DEJESUS & PANGRAZIO ABOGADOS Y CONSULTORES

Rocío Penayo
MORENO RUFFINELLI & ASOCIADOS

Yolanda Pereira
BERKEMEYER, ATTORNEYS & COUNSELORS

Lourdes Quintana
INFORMCONF SA

Oscar Ramirez
VOUGA ABOGADOS

Adolfo Rautenberg
FIORIO, CARDOZO & ALVARADO

Rafael Salomoni
SALOMONI & ASOCIADOS

Jazmín Sapienza
ESTUDIO JURÍDICO GROSS BROWN

Juan Ignacio Tellechea
PWC PARAGUAY

Ninfa Rolanda Torres de Paredes
AGENCIA PAREDES

Maria Gloria Triguis Gonzalez
BERKEMEYER, ATTORNEYS & COUNSELORS

Ana Belen Vera
VOUGA ABOGADOS

Andres Vera
VOUGA ABOGADOS

David Vera
VOUGA ABOGADOS

Walter Vera
VOUGA ABOGADOS

Carlos Vouga
VOUGA ABOGADOS

Rodolfo Vouga Muller
VOUGA ABOGADOS

Lía Zanotti-Cavazonni
PERONI, SOSA, TELLECHEA, BURT & NARVAJA, MEMBER OF LEX MUNDI

秘鲁

AGUIRRE ABOGADOS & ASESORES

Guillermo Acuña Roeder
RUBIO LEGUÍA NORMAND

Fanny Aguirre
ESTUDIO ALVAREZ CALDERON

Marco Antonio Alarcón Piana
ESTUDIO LUIS ECHECOPAR GARCÍA SRL

Carlos Alayza Bettocchi
ALAYZA CONSULTORES ABOGADOS

Antonio Alvarado
EXPERIAN PERÚ SAC

Patricia Siles Alvarez
DIAZ PALAO & SILES ABOGADOS

Alfonso Alvarez Calderón
ESTUDIO ALVAREZ CALDERON

Napoleón de Jesús Alvarez Vargas
BANCO DE CRÉDITO DEL PERU BCP

Cesar Angulo
MUÑIZ, RAMÍREZ, PERÉZ-TAIMAN & OLAYA ABOGADOS

Evelin Aragon Grados
ADEX

Pamela Arce
REBAZA, ALCÁZAR & DE LAS CASAS

Gonzalo Arias Schereiber
CONUDFI

Abogado Oscar Arrús
GARRIGUES

Guilhermo Auler
AULER Y PINTO ABOGADOS

Arelis Avila Tagle
CONUDFI

Jose Luis Ayllon Carreño
CÁMARA PERUANA DE LA CONSTRUCCIÓN

Michelle Barclay Thorne
CMS GRAU ABOGADOS

Macarena Barrios
BARRIOS & FUENTES ABOGADOS

Mauricio Bohórquez
RUBIO LEGUÍA NORMAND

Nicolas Botto
ESTUDIO LLONA & BUSTAMANTE ABOGADOS

Guillermo Bracamonte
MIRANDA & AMADO

Eli Bustinza
CONUDFI

Cristian Calderon Rodriguez
CONUDFI

Jorge Calle
RUBIO LEGUÍA NORMAND

Renzo Camaiora
GALLO BARRIOS PICKMANN

Alfredo Cardona
EXPERIAN PERÚ SAC

Ursula Caro
RUBIO LEGUÍA NORMAND

Patricia Carrillo
CONUDFI

Fernando Castro
MUÑIZ, RAMÍREZ, PERÉZ-TAIMAN & OLAYA ABOGADOS

Renatto Castro Macedo
ANDINA FREIGHT

Octavio Chirinos
CONUDFI

Rommy Collantes
SCOTIABANK PERU

Tomas Cosco
RUSSELL BEDFORD PERÚ—MEMBER OF RUSSELL BEDFORD INTERNATIONAL

Jorge Davila
ESTUDIO OLAECHEA, MEMBER OF LEX MUNDI

Peter Davis
CONUDFI

Ricardo de la Piedra
ESTUDIO MUNIZ

Gonzalo de las Casas
REBAZA, ALCÁZAR & DE LAS CASAS

Jose Dedios
PAYET, REY, CAUVI, PÉREZ ABOGADOS

Cesar Diaz Palao
DIAZ PALAO & SILES ABOGADOS

Alexandra Egas
GALLO BARRIOS PICKMANN

María del Pilar Falcón Castro
ESTUDIO LLONA & BUSTAMANTE ABOGADOS

Fiama Fernandez Saldamando
CONUDFI

Carlos Flores
EXPERIAN PERÚ SAC

Sandra Flores Llayeri
CONUDFI

Jose Francisco Meier
GARRIGUES

Jorege Fuentes
GARRIGUES

Luis Fuentes
BARRIOS & FUENTES ABOGADOS

Julio Gallo
GALLO BARRIOS PICKMANN

Lorena Galvez
GALLO BARRIOS PICKMANN

Claudia Garcia Bustamante
RODRIGUEZ ANGOBALDO ABOGADOS

Diego Garcia Sayan
ESTUDIO MUNIZ

Alejandra Giufra Chavez
ESTUDIO LLONA & BUSTAMANTE ABOGADOS

Jorge Luis Gonzales Loli
NOTARIA GONZALES LOLI

Evelin Aragón Grados
CONUDFI

Karen Guevara Lobatón
NOTARIA TAMBINI

Carlos Alberto Hernández Ladera
RANSA COMERCIAL SA

Jose Antonio Honda
ESTUDIO OLAECHEA, MEMBER OF LEX MUNDI

Juan Jose Hopkins
BARRIOS & FUENTES ABOGADOS

Ambra Huaman
ANDINA FREIGHT

Fidel Huamaní Macetas
JUZGADO DE PAZ LETRADO—LINCE Y SAN ISIDRO

César Ballón Izquierdo
RANSA COMERCIAL SA

Prashant Jalan
OLAM AGRO PERÚ S.A.C.

José Antonio Jiménez
REBAZA, ALCÁZAR & DE LAS CASAS

Roxana Jiménez Vargas-Machuca
CMS GRAU ABOGADOS

Sacha Larrea
SCOTIABANK PERU

Diego León
RODRIGUEZ ANGOBALDO ABOGADOS

Juan Carlos Leon Siles
CONUDFI

German Lora
PAYET, REY, CAUVI, PÉREZ ABOGADOS

Rafael Lulli Meyer
REBAZA, ALCÁZAR & DE LAS CASAS

Cesar Luna Victoria
RUBIO LEGUÍA NORMAND

Milagros Maravi Sumar
RUBIO LEGUÍA NORMAND

Guillermo Marcial C.
ANDINA FREIGHT

Jean Marco Martinez
ZENTRUM LOGISTIC

Carlos Martínez
RUBIO LEGUÍA NORMAND

Jesús Matos
ESTUDIO OLAECHEA, MEMBER OF LEX MUNDI

Humberto Medrano
ESTUDIO RODRIGO ELÍAS Y MEDRANO

Beatriz Melo
ESTUDIO MUNIZ

Gino Menchola
PWC PERU

Augusto Millones Volpe
CASAHIERRO ABOGADOS

Manuel Montes
SUNARP

Diego Muñiz
ESTUDIO OLAECHEA, MEMBER OF LEX MUNDI

Franco Muschi Loayza
GARRIGUES

Sofía Ode
SOFIA ODE PEREYRA NOTARY

Lilian Oliver
SUNARP

Alexandra Orbezo
REBAZA, ALCÁZAR & DE LAS CASAS

Nélida Palacios
SUNARP

Max Panay Cuya
SUNARP

Edmundo Paredes
SUPERINTENDENCY OF BANKING, INSURANCE AND PRIVATE PENSION FUND ADMINISTRATOR

Javier Paredes Mendoza
ALAYZA CONSULTORES ABOGADOS

Mario Pinatte Cabrera
CARRERA, PINATTE & BACA ALVAREZ ABOGADOS S. CIVIL DE R.L.

Adolfo Pinillos
RODRIGUEZ ANGOBALDO ABOGADOS

Lucianna Polar
ESTUDIO OLAECHEA, MEMBER OF LEX MUNDI

Angélica Portillo
SUNARP

Juan Manuel Prado Bustamante
ESTUDIO LLONA & BUSTAMANTE ABOGADOS

Maribel Príncipe Hidalgo
RUBIO LEGUÍA NORMAND

Manuel Quindimil
CÁMARA DE COMERCIO AMERICANA DEL PERÚ

Oscar Quiñones
CONUDFI

Bruno Marchese Quintana
RUBIO LEGUÍA NORMAND

Carlos Martín Ramírez Rodríguez
ESTUDIO ZUZUNAGA, ASSERETO Y ZEGARRA ABOGADOS

Fernando M. Ramos
BARRIOS & FUENTES ABOGADOS

Alonso Rey Bustamante
PAYET, REY, CAUVI, PÉREZ ABOGADOS

Andres Rieckhof
REBAZA, ALCÁZAR & DE LAS CASAS

Lourdes Ríos
SUNARP

Anggie Rivera
BARRIOS & FUENTES ABOGADOS

Alfredo Rodríguez Neira
GRUPO LATINGER

Erick Rojas
*CÁMARA PERUANA DE
LA CONSTRUCCIÓN*

Cynthia Rojas Bernedo
*CARRERA, PINATTE & BACA
ALVAREZ ABOGADOS
S. CIVIL DE R.L.*

Vanessa Romero
EXPERIAN PERÚ SAC

Mario Rosario Guaylupo
SUNARP

Claudia Rossi
GARRIGUES

Felix Arturo Ruiz Sanchez
RUBIO LEGUÍA NORMAND

Emil Ruppert
RUBIO LEGUÍA NORMAND

Carolina Sáenz
RUBIO LEGUÍA NORMAND

Luis Sala Bacigalupo
SALA ARQUITECTOS

Karla Salazar
EXPERIAN PERÚ SAC

Raul Sanchez Sabogal
TRANSOCEANIC

Dante Sanguinetti
*PHILIPPI PRIETOCARRIZOSA
FERRERO DU & URÍA*

Pablo Santos Curo

Malena Sanz García
GRUPO LATINGER

Victor Scarsi
LUZ DEL SUR

Martin Serkovic
*ESTUDIO OLAECHEA,
MEMBER OF LEX MUNDI*

Hugo Silva
*RODRIGO, ELÍAS,
MEDRANO ABOGADOS*

José Francisco Silva
EXPERIAN PERÚ SAC

Carla Sinchi
*PAYET, REY, CAUVI,
PÉREZ ABOGADOS*

Ruth de Lourdes Sipión
Chunga
RANSA COMERCIAL SA

Enrique Sebastián Soto Ruiz
CONGRESO DE LA REPUBLICA

Jose Steck
NPG ABOGADOS

Mónica Tambini Ávila
NOTARIA TAMBINI

Carlos Tapia
NPG ABOGADOS

Claudia Tejada
*BARRIOS & FUENTES
ABOGADOS*

Rolando León Tenicela
TAX FORCE PERÚ SAC

Jonathan Thorne
CASAHIERRO ABOGADOS

Angélica Torres
SUNARP

John Trujillo
TRUST CARGO CONSULTING

Arturo Tuesta
PWC PERU

Walter Urteaga
ANDINA FREIGHT

Jack Vainstein
VAINSTEIN & INGENIEROS SA

Erick Valderrama
*RUSSELL BEDFORD
PERÚ—MEMBER OF RUSSELL
BEDFORD INTERNATIONAL*

Mitchell Alex Valdiviezo
Del Carpio
RUBIO LEGUÍA NORMAND

Rafael Varela
MAZARS PERU

Agustín Yrigoyen
GARCÍA SAYÁN ABOGADOS

Fernando Zuzunaga
*ZUZUNAGA, ASSERETO &
ZEGARRA ABOGADOS*

菲律宾

*CREDIT INFORMATION
CORPORATION*

ELECON CONSTRUCTION CORP.

Vincent Patrick A. Bayhon
PUNO AND PUNO LAW OFFICES

Ernesto A. Camarillo Jr.
*LAND REGISTRATION
AUTHORITY*

Florydette Erica A. Cuales
BUREAU OF INTERNAL REVENUE

Go Abigail
*SIGUION REYNA MONTECILLO
& ONGSIAKO*

Juan Paolo Agbayani
*MARTINEZ VERGARA
GONZALEZ & SERRANO*

Ma. Carmen Agcaoili-Orena
AGCAOILI & ASSOCIATES

Arveen Agunday
*CASTILLO LAMAN TAN
PANTALEON & SAN JOSE*

Marilyn C. Alberto
*KINTETSU WORLD
EXPRESS, INC.*

Shirley Alinea
*MARTINEZ VERGARA
GONZALEZ & SERRANO*

Christine Antonio
*OCAMPO & SURALVO
LAW OFFICES*

Francis Avellana
BAP CREDIT BUREAU, INC.

Gladis B. Gallaza
*AB GARCIA
CONSTRUCTION INC.*

Alex B. Runes
MERALCO

Jane B. Baldemora
*ELECTRONIC COURT
ADMINISTRATION OF
THE PHILIPPINES*

Melvelyn S. Barrozo
CARPO LAW AND ASSOCIATES

Iose Bautista
*SOCIAL SECURITY
SYSTEM PHILIPPINES*

Jose B. Bautista
*REPUBLIC OF THE PHILIPPINES
SOCIAL SECURITY SYSTEM*

Merope Bautista
*TRADECON TRADING
& CONSTRUCTION*

Samuel C. Bautista
*ACADEMY OF DEVELOPMENTAL
LOGISTICS—INTERNATIONAL
NETWORK OF CUSTOMS
UNIVERSITIES*

Ma. Luisa Belen
BUREAU OF INTERNAL REVENUE

Ronald Bernas
*QUISUMBING TORRES,
MEMBER FIRM OF BAKER
MCKENZIE INTERNATIONAL*

Harvey A. Bilang
*SYCIP SALAZAR HERNANDEZ
& GATMAITAN*

Juan Arturo Iluminado
Cagampang de Castro
*DE CASTRO & CAGAMPANG-
DE CASTRO LAW FIRM*

Renato Calma
*ORTEGA, BACORRO, ODULIO,
CALMA & CARBONELL*

Helena Rosales Calo
PUNO & PUNO LAW OFFICES

Jeric Mar Calonge
KPMG R.G. MANABAT & CO.

Rolando Calonzo
*RL CALONZO ELECTRICAL
CONTRACTOR*

Anna Carmi Calsado-Amoroso
*QUISUMBING TORRES,
MEMBER FIRM OF BAKER
MCKENZIE INTERNATIONAL*

Ernesto Caluya Jr
*JIMENEZ GONZALES BELLO
VALDEZ CALUYA & FERNANDEZ*

Roselle Caraig
ISLA LIPANA & CO.

Mia Carmela Imperial
*QUISUMBING TORRES,
MEMBER FIRM OF BAKER
MCKENZIE INTERNATIONAL*

Jon Edmarc R. Castillo
*SYCIP SALAZAR HERNANDEZ
& GATMAITAN*

Nelia Castillo
BUREAU OF INTERNAL REVENUE

Ramon Castro
*RAMON R. CASTRO JR.
ELECTRICAL CONTRACTOR
AND CONSTRUCTION*

Theodore Chan
KPMG R.G. MANABAT & CO.

Victor Cheng

Ria Danielle Ching
KPMG R.G. MANABAT & CO.

Kenneth L. Chua
*QUISUMBING TORRES,
MEMBER FIRM OF BAKER
MCKENZIE INTERNATIONAL*

Yvette Chua
*ROMULO, MABANTA,
BUENAVENTURA, SAYOC
& DE LOS ANGELES,
MEMBER OF LEX MUNDI*

Alexis Cimagala
*QUISUMBING TORRES,
MEMBER FIRM OF BAKER
MCKENZIE INTERNATIONAL*

Thomas John Thaddeus de
Castro
AGCAOILI & ASSOCIATES

Karren Mae de Chavez
*SYCIP SALAZAR HERNANDEZ
& GATMAITAN*

Emerico O. de Guzman
*ANGARA ABELLO CONCEPCION
REGALA & CRUZ LAW
OFFICES (ACCRALAW)*

Anthony Dee
*SYCIP SALAZAR HERNANDEZ
& GATMAITAN*

Corazon Del Castillo
*SIGUION REYNA MONTECILLO
& ONGSIAKO*

Rafael del Rosario
*ROMULO, MABANTA,
BUENAVENTURA, SAYOC
& DE LOS ANGELES,
MEMBER OF LEX MUNDI*

Aimee Rose dela Cruz
ISLA LIPANA & CO.

Kenny Diokno
*QUEZON CITY DEPARTMENT
OF THE BUILDING OFFICIAL*

Joachim Alfonso Dompor
*SYCIP SALAZAR HERNANDEZ
& GATMAITAN*

Winston Esguerra
*JIMENEZ GONZALES BELLO
VALDEZ CALUYA & FERNANDEZ*

Manuel Fernando
EMAN ELECTRICAL SERVICES

Pablito Lito Freo
POWERLOOPS

Sonny R. Freo
POWERLOOPS

Gilberto Gallos
*ANGARA ABELLO CONCEPCION
REGALA & CRUZ LAW
OFFICES (ACCRALAW)*

Arnelito Garcia
*AB GARCIA
CONSTRUCTION INC.*

Geraldine S. Garcia
*FOLLOSCO MORALLOS
& HERCE*

Vicente Gerochi IV
*SYCIP SALAZAR HERNANDEZ
& GATMAITAN*

Ma. Cecilia Gironella
GIRONELLA LAW OFFICE

Carlo Miguel Romeo S. Go
*SYCIP SALAZAR HERNANDEZ
& GATMAITAN*

Annabelle Gollon
HYPERVOLT

Alfredo Gomez
AYG ELECTRICAL CONTRACTOR

Francisco Gonzalez Jr.
*SOCIETY OF PHILIPPINE
ELECTRICAL CONTRACTORS
AND SUPPLIERS (SPECS)*

Arvin Philip Gotladera
*LOCAL GOVERNMENT
OF QUEZON CITY*

Isabel Guidote
*SYCIP SALAZAR HERNANDEZ
& GATMAITAN*

Judy Hao
*ANGARA ABELLO CONCEPCION
REGALA & CRUZ LAW
OFFICES (ACCRALAW)*

Tadeo F. Hilado
*ANGARA ABELLO CONCEPCION
REGALA & CRUZ LAW
OFFICES (ACCRALAW)*

Nancy Joan M. Javier
JAVIER LAW

Justin Vincent La Chica
*ROMULO, MABANTA,
BUENAVENTURA, SAYOC
& DE LOS ANGELES,
MEMBER OF LEX MUNDI*

Carina Laforteza
*SYCIP SALAZAR HERNANDEZ
& GATMAITAN*

Frederic Landicho
NAVARRO AMPER & CO.

Hiyasmin Lapitan
*SYCIP SALAZAR HERNANDEZ
& GATMAITAN*

Everlene Lee
*ANGARA ABELLO CONCEPCION
REGALA & CRUZ LAW
OFFICES (ACCRALAW)*

Jeva Lee
*AB GARCIA
CONSTRUCTION INC.*

Francisco Ed. Lim
*ANGARA ABELLO CONCEPCION
REGALA & CRUZ LAW
OFFICES (ACCRALAW)*

Francis Lopez
*INTERCOMMERCE
NETWORK SERVICES*

Roane Alfredo Lopez
*ORTEGA, BACORRO, ODULIO,
CALMA & CARBONELL*

Olrando Lustre
*O.C. LUSTRE ELECTRICAL
CONTRACTOR*

Herbert M. Bautista
*LOCAL GOVERNMENT
OF QUEZON CITY*

Cecilia M. Tuazon
PUNO AND PUNO LAW OFFICES

Bienvenido Marquez
*QUISUMBING TORRES,
MEMBER FIRM OF BAKER
MCKENZIE INTERNATIONAL*

Jadelee I. Marquez
*ELECTRONIC COURT
ADMINISTRATION OF
THE PHILIPPINES*

Hector A. Martinez
*PLATON, MARTINEZ FLORES
SAN PEDRO & LEAÑO*

Enriquito J. Mendoza
*ROMULO, MABANTA,
BUENAVENTURA, SAYOC
& DE LOS ANGELES,
MEMBER OF LEX MUNDI*

TJ (Timothy Joseph) Mendoza
*QUISUMBING TORRES,
MEMBER FIRM OF BAKER
MCKENZIE INTERNATIONAL*

Maria Teresa Mercado-Ferrer
*SYCIP SALAZAR HERNANDEZ
& GATMAITAN*

Jose Salvador Mirasol
*ROMULO, MABANTA,
BUENAVENTURA, SAYOC
& DE LOS ANGELES,
MEMBER OF LEX MUNDI*

Jesusito G. Morallos
*FOLLOSCO MORALLOS
& HERCE*

Ferdinand A. Nague
*NAGUE MALIC MAGNAWA
& ASSOCIATES—
CUSTOMS BROKERS*

Gregorio S. Navarro
NAVARRO AMPER & CO.

Jomini C. Nazareno
*ROMULO, MABANTA,
BUENAVENTURA, SAYOC
& DE LOS ANGELES,
MEMBER OF LEX MUNDI*

Perpetua Calliope Ngo
*MARTINEZ VERGARA
GONZALEZ & SERRANO*

Harold Ocampo
ISLA LIPANA & CO.

Jude Ocampo
*OCAMPO & SURALVO
LAW OFFICES*

Karen Ocampo
*OCAMPO & SURALVO
LAW OFFICES*

Rechilda Oquias
BUREAU OF CUSTOMS

Ronald Ortile
LAND REGISTRATION AUTHORITY

Maria Christina Ortua
SYCIP SALAZAR HERNANDEZ & GATMAITAN

Mary Jean Pacheco
DEPARTMENT OF TRADE AND INDUSTRY

Ma. Milagros Padernal
UY SINGSON ABELLA & CO.

Nicanor N. Padilla
SIGUION REYNA MONTECILLO & ONGSIAKO

Benedicto Panigbatan
SYCIP SALAZAR HERNANDEZ & GATMAITAN

Ma. Patricia Paz
SYCIP SALAZAR HERNANDEZ & GATMAITAN

John Philipps Reposo
JIMENEZ GONZALES BELLO VALDEZ CALUYA & FERNANDEZ

Maria Pilar Pilares-Gutierrez
CASTILLO LAMAN TAN PANTALEON & SAN JOSE

Maybellyn Pinpin-Malayo
ISLA LIPANA & CO.

Des Politado-Aclan
P&A GRANT THORNTON

Renato Santiago Puno
QUASHA ANCHETA PENA & NOLASCO

Revelino Rabaja
ISLA LIPANA & CO.

Elaine Patricia S. Reyes-Rodolfo
ANGARA ABELLO CONCEPCION REGALA & CRUZ LAW OFFICES (ACCRALAW)

Dante Ricarte
UY SINGSON ABELLA & CO.

Leandro Ben Robediso
KPMG R.G. MANABAT & CO.

Jacqueline Romero-Laurel
ROMULO, MABANTA, BUENAVENTURA, SAYOC & DE LOS ANGELES, MEMBER OF LEX MUNDI

Ricardo J. Romulo
ROMULO, MABANTA, BUENAVENTURA, SAYOC & DE LOS ANGELES, MEMBER OF LEX MUNDI

Eleanor Roque
P&A GRANT THORNTON

Renz Jeffrey A. Ruiz
SYCIP SALAZAR HERNANDEZ & GATMAITAN

Patrick Henry D. Salazar
QUISUMBING TORRES, MEMBER FIRM OF BAKER MCKENZIE INTERNATIONAL

Wilfrido Santiago
COMPUSCAN GLOBAL

Cesar Santos
BAP CREDIT BUREAU, INC.

Nikko Emmanuel Silva
SYCIP SALAZAR HERNANDEZ & GATMAITAN

Erlinda Simple
BUREAU OF INTERNAL REVENUE

Neil Sison
SISON CORILLO PARONE & CO.

Manilyn Rose Sotelo
ISLA LIPANA & CO.

Erdan Suero

Cristina Suralvo
OCAMPO & SURALVO LAW OFFICES

Shennan Sy
KALAW SY VIDA SELVA & CAMPOS

Jeoffrey Tacio
BUREAU OF CUSTOMS

Pacifico Rolando Tacub
BUREAU OF CUSTOMS

Jaime R. Tapay
JR TAPAY CONSTRUCTION

Doris P. Torres
STAMM INTERNATIONAL, INC.

Diana Jean M. Tuazon
CARPO LAW AND ASSOCIATES

Bernard Joseph Tumaru
ANGARA ABELLO CONCEPCION REGALA & CRUZ LAW OFFICES (ACCRALAW)

Mariza Uy
BUREAU OF INTERNAL REVENUE

Denise Anne V. Sales
ROMULO, MABANTA, BUENAVENTURA, SAYOC & DE LOS ANGELES, MEMBER OF LEX MUNDI

Charles Veloso
QUISUMBING TORRES, MEMBER FIRM OF BAKER MCKENZIE INTERNATIONAL

Priscela Verzonilla
LOCAL GOVERNMENT OF QUEZON CITY

Normita Villaruz
VILLARUZ, VILLARUZ AND CO. CPAS

Donabel Villegas
ISLA LIPANA & CO.

Chiu Ying Wong

Albert Vincent Yu Chang
GATMAYTAN YAP PATACSIL GUTIERREZ & PROTACIO (C&G LAW)

Oliver S. Yuan
YUAN & ASSOCIATES LAW FIRM

Redentor C. Zapata
QUASHA ANCHETA PENA & NOLASCO

Gil Roberto Zerrudo
QUISUMBING TORRES, MEMBER FIRM OF BAKER MCKENZIE INTERNATIONAL

波兰

ECE PROJEKTMANAGEMENT POLSKA SP. Z O.O.

ENERGY REGULATORY OFFICE

Wojciech Andrzejewski
KANCELARIA PRAWNA PISZCZ, NOREK I WSPÓLNICY SP.K.

Marcin Bącal
CDZ LEGAL ADVISORS

Tomasz Baranczyk
PWC POLAND

Michał Barłowski
WARDYŃSKI & PARTNERS

Justyna Bartnik
MORAWSKI & PARTNERS LAW FIRM

Paulina Blukacz
MINISTRY OF FINANCE

Joanna Bugajska
JAMP

Łukasz Chruściel
RACZKOWSKI PARUCH LAW FIRM IUS LABORIS POLAND GLOBAL HR LAWYERS

Karolina Czapska
RACZKOWSKI PARUCH LAW FIRM IUS LABORIS POLAND GLOBAL HR LAWYERS

Magdalena Czarnecka
DLA PIPER WIATER SP.K.

Dariusz Dąbrowski
REGIONAL COMMERCIAL COURT

Michał Dąbrowski
MINISTRY OF JUSTICE

Aleksandra Danielewicz
DLA PIPER WIATER SP.K.

Andrzej Dmowski
RUSSELL BEDFORD POLAND SP. Z O.O.—MEMBER OF RUSSELL BEDFORD INTERNATIONAL

Bartosz Draniewicz
KANCELARIA PRAWA GOSPODARCZEGO I EKOLOGICZNEGO DR BARTOSZ DRANIEWICZ

Edyta Dubikowska
SQUIRE PATTON BOGGS

Patryk Filipiak
FILIPIAKBABICZ LEGAL, ZIMMERMAN FILIPIAK RESTRUKTURYZACJA SA

Marek Gajowczyk
ENERGOMIX

Maciej Geromin
KRÓLIKOWSKI | MARCZUK | GEROMIN

Jacek Gizinski
DLA PIPER WIATER SP.K.

Michał Gliński
WARDYŃSKI & PARTNERS

Rafał Godlewski
WARDYŃSKI & PARTNERS

Bartosz Groele
TOMASIK, PAKOSIEWICZ, GROELE ADWOKACI I RADCOWIE PRAWNI SP.P.

Andrzej Grześkiewicz
GRIDNET

Małgorzata Herda
WHITE & CASE M. STUDNIAREK I WSPÓLNICY—KANCELARIA PRAWNA SP.K.

Marcin Hołówka
KANCELARIA ADWOKATA MARCINA HOŁÓWKI

Michal Jadwisiak
WHITE & CASE M. STUDNIAREK I WSPÓLNICY—KANCELARIA PRAWNA SP.K.

Jakub Jędrzejak
WKB WIERCIŃSKI KWIECIŃSKI BAEHR

Magdalena Kalińska
WKB WIERCIŃSKI KWIECIŃSKI BAEHR

Mateusz Kaliński
KANCELARIA PRAWA RESTRUKTURYZACYJNEGO I UPADLOSCIOWEGO TATARA I WSPOLPRACOWNICY

Karolina Kalucka
DLA PIPER WIATER SP.K.

Aleksandra Kaminska
DENTONS

Tomasz Kański
SOŁTYSIŃSKI KAWECKI & SZLĘZAK

Iwona Karasek-Wojciechowicz
KARASEK & WEJMAN LAW FIRM

Igor Kondratowicz
CMS CAMERON MCKENNA

Błażej Korczak
MINISTRY OF INFRASTRUCTURE AND CONSTRUCTION

Tomasz Korf
THE ODRA-VISTULA FLOOD MANAGEMENT PROJECT COORDINATION UNIT

Jacek Korzeniewski
BAKER MCKENZIE

Anna Krzanicka-Burda
DLA PIPER WIATER SP.K.

Michal Kuratowski
DLA PIPER WIATER SP.K.

Iga Kwasny
MOORE STEPHENS CENTRAL AUDIT SP. Z O.O.

Ewa Łachowska-Brol
WIERZBOWSKI EVERSHEDS SUTHERLAND SP.K., MEMBER OF EVERSHEDS SUTHERLAND (EUROPE) LIMITED

Wojciech Langowski
MILLER CANFIELD

Katarzyna Lawinska
BAKER MCKENZIE

Monika Leszko
DLA PIPER WIATER SP.K.

Konrad Piotr Lewandowski
MAURICE WARD & CO. SP. Z.O.O.

Agnieszka Lisiecka
WARDYŃSKI & PARTNERS

Tomasz Listwan
MOORE STEPHENS CENTRAL AUDIT SP. Z O.O.

Paweł Ludwiniak
ELTECH

Konrad Marciniuk
MILLER CANFIELD

Marta Marczak
KANCELARIA ADWOKATA MARCINA HOŁÓWKI

Adam Marszałek
DLA PIPER WIATER SP.K.

Radosław Maruszkin
DLA PIPER WIATER SP.K.

Pawel Meus
GIDE LOYRETTE NOUEL POLAND WARSAW

Tomasz Michalik
MDDP MICHALIK DŁUSKA DZIEDZIC I PARTNERZY

Anna Miernik
CLIFFORD CHANCE

Adriana Mikołajczyk
KAMIŃSKI & PARTNERS KANCELARIA PRAWNICZA SP. K.

Tomasz Milewski
MILLER CANFIELD

Justyna Mlodziaowska
SOŁTYSIŃSKI KAWECKI & SZLĘZAK

Joanna Młot
CMS CAMERON MCKENNA

Marcin Moj
KANCELARIA ADWOKATA MARCINA HOŁÓWKI

Adam Morawski
MORAWSKI & PARTNERS LAW FIRM

Grzegorz Namiotkiewicz
CLIFFORD CHANCE

Michal Niemirowicz-Szczytt
LEX IUVAT KANCELARIA RADCY PRAWNEGO MICHAL NIEMIROWICZ-SZCZYTT

Bogdan Nowak
THE ODRA-VISTULA FLOOD MANAGEMENT PROJECT COORDINATION UNIT

Marcin Olechowski
SOŁTYSIŃSKI KAWECKI & SZLĘZAK

Filip Opoka
DLA PIPER WIATER SP.K.

Marta Osowska-Buba
WHITE & CASE M. STUDNIAREK I WSPÓLNICY—KANCELARIA PRAWNA SP.K.

Tomasz Ostrowski
WHITE & CASE M. STUDNIAREK I WSPÓLNICY—KANCELARIA PRAWNA SP.K.

Sławomir Paruch
RACZKOWSKI PARUCH LAW FIRM IUS LABORIS POLAND GLOBAL HR LAWYERS

Miroslav Paszczyk
THE ODRA-VISTULA FLOOD MANAGEMENT PROJECT COORDINATION UNIT

Krzysztof Pawlak
SOŁTYSIŃSKI KAWECKI & SZLĘZAK

Szymon Piechowiak
MINISTRY OF INFRASTRUCTURE AND CONSTRUCTION

Jan Pierzgalski
SOŁTYSIŃSKI KAWECKI & SZLĘZAK

Malgorzata Pietrzak-Paciorek
BAKER MCKENZIE

Edyta Prociak
SOŁTYSIŃSKI KAWECKI & SZLĘZAK

Mariusz Purgał
TOMASIK, PAKOSIEWICZ, GROELE ADWOKACI I RADCOWIE PRAWNI SP.P.

Anna Ratajczyk-Sałamacha
GIDE LOYRETTE NOUEL POLAND WARSAW

Radosław Rudnik
CDZ LEGAL ADVISORS

Michal Rusin
DLA PIPER WIATER SP.K.

Szymon Sakowski
DLA PIPER WIATER SP.K.

Marek Sawicki
DLA PIPER WIATER SP.K.

Piotr Siciński
PIOTR SICIŃSKI NOTARY

Karol Skibniewski
SOŁTYSIŃSKI KAWECKI & SZLĘZAK

Jarosław Sosnowski
MINISTRY OF INFRASTRUCTURE AND CONSTRUCTION

Maciej Stepien
PWC POLAND

Ewelina Stobiecka
TAYLOR WESSING

Michal Suska
ENERGOMIX

Filip Świtała
MINISTRY OF FINANCE

Leonart Szanajca-Kossakowski
DLA PIPER WIATER SP.K.

Emil Szczepanik
MINISTRY OF JUSTICE

Łukasz Szegda
WARDYŃSKI & PARTNERS

Karol Tatara
KANCELARIA PRAWA
RESTRUKTURYZACYJNEGO I
UPADLOSCIOWEGO TATARA
I WSPOLPRACOWNICY

Dariusz Tokarczuk
GIDE LOYRETTE NOUEL
POLAND WARSAW

Mateusz Tusznio
WARDYŃSKI & PARTNERS

Maciej Urbaniak
MINISTRY OF INFRASTRUCTURE
AND CONSTRUCTION

Dominika Wagrodzka
BNT NEUPERT ZAMORSKA &
ZAMORSKA PARTNERZY SP.J.

Emilia Waszkiewicz
BAKER MCKENZIE

Wojciech Wątor
CLIFFORD CHANCE

Cezary Wernic
MINISTRY OF FINANCE

Sebastian Wieczorek
DENTONS

Anna Wietrzyńska-Ciołkowska
DLA PIPER WIATER SP.K.

Jakub Wiewióra
KAMIŃSKI & PARTNERS
KANCELARIA PRAWNICZA SP. K.

Patrick Wilhelmsen
KANCELARIA ADWOKATA
MARCINA HOŁÓWKI

Anna Wojciechowska
WKB WIERCIŃSKI
KWIECIŃSKI BAEHR

Jakub Woliński
BNT NEUPERT ZAMORSKA &
ZAMORSKA PARTNERZY SP.J.

Steven Wood
BLACKSTONES

Edyta Zalewska
GIDE LOYRETTE NOUEL
POLAND WARSAW

Maciej Zalewski
WHITE & CASE M. STUDNIAREK
I WSPÓLNICY—KANCELARIA
PRAWNA SP.K.

Dariusz Zimnicki
CDZ LEGAL ADVISORS

Agnieszka Ziółek
CMS CAMERON MCKENNA

Katarzyna Żukowska
WARDYŃSKI & PARTNERS

Krzysztof Żyto
CDZ LEGAL ADVISORS

葡萄牙

Victor Abrantes
INTERNATIONAL SALES AGENT

Maria Isabel Abreu
POLYTECHNIC INSTITUTE
OF BRAGANÇA

Francisco Vieira de Almeida
MORAIS LEITÃO, GALVÃO
TELES, SOARES DA SILVA
& ASSOCIADOS, MEMBER
OF LEX MUNDI

Bruno Andrade Alves
PWC PORTUGAL

Igor Amarii
MBS ADVOGADOS

Luís Antunes
LUFTEC—TÉCNICAS
ELÉCTRICAS LDA

Filipa Arantes Pedroso
MORAIS LEITÃO, GALVÃO
TELES, SOARES DA SILVA
& ASSOCIADOS, MEMBER
OF LEX MUNDI

Miguel Azevedo
GARRIGUES PORTUGAL
SLP—SUCURSAL

João Banza
PWC PORTUGAL

Manuel P. Barrocas
BARROCAS ADVOGADOS

Jeanine Batalha Ferreira
PWC PORTUGAL

Mark Bekker
BEKKER LOGISTICA

Andreia Bento Simões
MORAIS LEITÃO, GALVÃO
TELES, SOARES DA SILVA
& ASSOCIADOS, MEMBER
OF LEX MUNDI

João Bettencourt da Camara
CREDINFORMAÇÕES—EQUIFAX

Cristina Bogado Menezes
RSA RAPOSO SUBTIL
E ASSOCIADOS

Susana Caetano
PWC PORTUGAL

Rui Capote
PLEN—SOCIEDADE DE
ADVOGADOS, RL

Fernando Cardoso da Cunha
GALI MACEDO & ASSOCIADOS

João Carneiro
MIRANDA & ASSOCIADOS

Isa Carvalho
MBS ADVOGADOS

Rui Carvalho
ABREU ADVOGADOS

Jaime Carvalho Esteves
PWC PORTUGAL

Tiago Castanheira Marques
ABREU ADVOGADOS

Vitor Coropos
EDP DISTRIBUIÇÃO—
ENERGIA, SA

Pedro Costa
ERSE

Luis Dias
BANCO DE PORTUGAL

João Duarte de Sousa
GARRIGUES PORTUGAL
SLP—SUCURSAL

Sara Ferraz Mendonça
MORAIS LEITÃO, GALVÃO
TELES, SOARES DA SILVA
& ASSOCIADOS, MEMBER
OF LEX MUNDI

Ana Luisa Ferreira
ABREU ADVOGADOS

Rita Ferreira Lopes
MORAIS LEITÃO, GALVÃO
TELES, SOARES DA SILVA
& ASSOCIADOS, MEMBER
OF LEX MUNDI

Eduardo Fonseca
PWC PORTUGAL

Joana Galvão Teles
MORAIS LEITÃO GALVÃO
TELES SOARES DA SILVA
& ASSOCIADOS

Antonio Garcia
BANCO DE PORTUGAL

Francisco Gomes
PWC PORTUGAL

Jorge Salvador Gonçalves
GARRIGUES PORTUGAL
SLP—SUCURSAL

Carlos Guedes Vaz
SGOC SOUSA GUEDES,
OLIVEIRA COUTO &
ASSOCIADOS, SOC.
ADVOGADOS RL

Nuno Gundar da Cruz
MORAIS LEITÃO, GALVÃO
TELES, SOARES DA SILVA
& ASSOCIADOS, MEMBER
OF LEX MUNDI

Tiago Lemos
PLEN—SOCIEDADE DE
ADVOGADOS, RL

Bruno Lobato
MOUTEIRA GUERREIRO,
ROSA AMARAL &
ASSOCIADOS—SOCIEDADE
DE ADVOGADOS RL

Jorge Pedro Lopes
POLYTECHNIC INSTITUTE
OF BRAGANÇA

Helga Lopes Ribeiro
MOUTEIRA GUERREIRO,
ROSA AMARAL &
ASSOCIADOS—SOCIEDADE
DE ADVOGADOS RL

Tiago Gali Macedo
GALI MACEDO & ASSOCIADOS

Ana Margarida Maia
MIRANDA & ASSOCIADOS

Daniela Marques Marinho
GALI MACEDO & ASSOCIADOS

Catarina Medeiros
PWC PORTUGAL

Patricia Melo Gomes
MORAIS LEITÃO, GALVÃO
TELES, SOARES DA SILVA
& ASSOCIADOS, MEMBER
OF LEX MUNDI

Joaquim Luís Mendes
GRANT THORNTON
CONSULTORES LDA.

Andreia Morins
PWC PORTUGAL

António Mouteira Guerreiro
MOUTEIRA GUERREIRO,
ROSA AMARAL &
ASSOCIADOS—SOCIEDADE
DE ADVOGADOS RL

Rita Nogueira Neto
GARRIGUES PORTUGAL
SLP—SUCURSAL

Catarina Nunes
PWC PORTUGAL

Armando Palavras
EDP DISTRIBUIÇÃO—
ENERGIA, SA

Eduardo Paulino
MORAIS LEITÃO, GALVÃO
TELES, SOARES DA SILVA
& ASSOCIADOS, MEMBER
OF LEX MUNDI

Rui Peixoto Duarte
ABREU ADVOGADOS

Eduardo Pereira
PWC PORTUGAL

Fernando Pereira
AUTORIDADE TRIBUTÁRIA
E ADUANEIRA

Mónica Pimenta
GARRIGUES PORTUGAL
SLP—SUCURSAL

Pedro Catão Pinheiro
GALI MACEDO & ASSOCIADOS

Isabel Pinheiro Torres
ABREU ADVOGADOS

Acácio Pita Negrão
PLEN—SOCIEDADE DE
ADVOGADOS, RL

Margarida Ramalho
ASSOCIAÇÃO DE EMPRESAS
DE CONSTRUÇÃO, OBRAS
PÚBLICAS E SERVIÇOS

Sara Reis
MIRANDA & ASSOCIADOS

Maria João Ricou
CUATRECASAS, GONÇALVES
PEREIRA, RL (PORTUGAL)

Filomena Rosa
INSTITUTO DOS REGISTOS
E DO NOTARIADO

Maria do Ceu Santiago
MBS ADVOGADOS

Filipe Santos Barata
GÓMEZ-ACEBO & POMBO
ABOGADOS, SLP SUCURSAL
EM PORTUGAL

Cláudia Santos Malaquias
MIRANDA & ASSOCIADOS

Ana Sofia Silva
CUATRECASAS, GONÇALVES
PEREIRA, RL (PORTUGAL)

Pedro Soares da Silva
MORAIS LEITÃO, GALVÃO
TELES, SOARES DA SILVA
& ASSOCIADOS, MEMBER
OF LEX MUNDI

Rui Silva
PWC PORTUGAL

João Silva Pereira
BARROCAS ADVOGADOS

Francisco Sousa Guedes
SGOC SOUSA GUEDES,
OLIVEIRA COUTO &
ASSOCIADOS, SOC.
ADVOGADOS RL

Carmo Sousa Machado
ABREU ADVOGADOS

Adriano Squilacce
URÍA MENÉNDEZ—PROENÇA
DE CARVALHO

Henrique Valente
MIRANDA & ASSOCIADOS

Gonçalo Vaz Osório
BIND SOCIEDADE DE
ADVOGADOS

Ricardo Veloso
RICARDO VELOSO &
ADVOGADOS ASSOCIADOS

António Vicente Marques
AVM ADVOGADOS

Diogo Vitorino Martins
MOUTEIRA GUERREIRO,
ROSA AMARAL &
ASSOCIADOS—SOCIEDADE
DE ADVOGADOS RL

美国（波多黎各自治邦）

AUTORIDAD DE
ENERGÍA ELÉCTRICA

Alfredo Alvarez-Ibañez
O'NEILL & BORGES LLC

Olga Angueira
COLEGIO DE ARQUITECTOS
Y ARQUITECTOS PAISAJISTAS
DE PUERTO RICO

Hermann Bauer
O'NEILL & BORGES LLC

Nicole Berio
O'NEILL & BORGES LLC

Pedro Ortiz Bey
BUFETE ORTIZ UBIÑAS
& ALDAHONDO

Jorge Capó Matos
O'NEILL & BORGES LLC

Vilna Cedano
O'NEILL & BORGES LLC

Odemaris Chacon
ESTRELLA LLC

Carla Diaz
PWC PUERTO RICO

Francisco Dox
GOLDMAN ANTONETTI
& CÓRDOVA LLC

Alfonso Fernández
IVY GROUP

Denisse Flores
PWC PUERTO RICO

Carla Garcia
O'NEILL & BORGES LLC

Ricardo Garcia-Negron
MCCONNELL VALDÉS LLC

Nelson William González
COLEGIO DE NOTARIOS
DE PUERTO RICO

Pedro Janer
CMA ARCHITECTS &
ENGINEERS LLP

Antonio Molina
PIETRANTONI MÉNDEZ
& ALVAREZ LLC

Jose Armando Morales
Rodriguez
JAM CARGO SALES INC.

Jhansel Núñez
ATTORNEY

Virmarily Pacheco
COLEGIO DE NOTARIOS
DE PUERTO RICO

Jorge Peirats
PIETRANTONI MÉNDEZ
& ALVAREZ LLC

Diego R. Puello Álvarez
MCCONNELL VALDÉS LLC

Marta Ramirez
O'NEILL & BORGES LLC

Jesus Rivera
BANCO POPULAR DE
PUERTO RICO

Kenneth Rivera-Robles
FPV & GALÍNDEZ CPAS,
PSC—MEMBER OF RUSSELL
BEDFORD INTERNATIONAL

Victor Rodriguez
MULTITRANSPORT
& MARINE CO.

Griselda Rodriguez Collado
CENTRO JUDICIAL DE SAN JUAN

Antonio Roig
O'NEILL & BORGES LLC

Edgardo Rosa
FPV & GALÍNDEZ CPAS,
PSC—MEMBER OF RUSSELL
BEDFORD INTERNATIONAL

Jorge M. Ruiz Montilla
MCCONNELL VALDÉS LLC

Eliot Santos
COLEGIO DE ARQUITECTOS Y ARQUITECTOS PAISAJISTAS DE PUERTO RICO

Jaime Santos
PIETRANTONI MÉNDEZ & ALVAREZ LLC

Tania Vazquez Maldonado
BANCO POPULAR DE PUERTO RICO

Raúl Vidal y Sepúlveda
OMNIA ECONOMIC SOLUTIONS LLC

Nayuan Zouairabani
O'NEILL & BORGES LLC

卡塔尔

MINISTRY OF ECONOMY AND COMMERCE

Sajedah Abu Farah
BADRI AND SALIM EL MEOUCHI LAW FIRM, MEMBER OF INTERLEGES

Hani Al Naddaf
AL TAMIMI & COMPANY IN ASSOCIATION WITH ADV. MOHAMMED AL MARRI

Abdulla Mohamed Al Naimi
QATAR CREDIT BUREAU

Grace Alam
BADRI AND SALIM EL MEOUCHI LAW FIRM, MEMBER OF INTERLEGES

Rashed Albuflasa
NOBLE GLOBAL LOGISTICS

Farhat Ali
PWC QATAR

Mohammad Alkhalifa
MINISTRY OF JUSTICE

Maream Al-Mannai
QATAR CREDIT BUREAU

Maitha Al-Naemi
MINISTRY OF JUSTICE

Jassem AlShibani
QATAR GENERAL ELECTRICITY AND WATER CORPORATION (KAHRAMAA)

Ahmed Al-Thani
QATAR CREDIT BUREAU

Zied Alzobi
MINISTRY OF JUSTICE

Jose Jason Arnedo
NOBLE GLOBAL LOGISTICS

Amira Awad
MINISTRY OF JUSTICE

Ayed Ayad
QATAR CREDIT BUREAU

Imran Ayub
KPMG QATAR

Nikka Badana
PWC QATAR

Hatim Dalal
NOBLE GLOBAL LOGISTICS

Michael Earley
SULTAN AL-ABDULLA & PARTNERS

Ahmed Eljaale
AL TAMIMI & COMPANY IN ASSOCIATION WITH ADV. MOHAMMED AL MARRI

Mohammed Fouad
SULTAN AL-ABDULLA & PARTNERS

Ahmed Jaafir
AL TAMIMI & COMPANY IN ASSOCIATION WITH ADV. MOHAMMED AL MARRI

Tamsyn Jones
KPMG QATAR

Dani Kabbani
EVERSHEDS

Upuli Kasthuriarachchi
PWC QATAR

Pradeep Kumar
DIAMOND SHIPPING SERVICES

Frank Lucente
AL TAMIMI & COMPANY IN ASSOCIATION WITH ADV. MOHAMMED AL MARRI

Frank Lucinti
AL TAMIMI & COMPANY IN ASSOCIATION WITH ADV. MOHAMMED AL MARRI

Seem Maleh
AL TAMIMI & COMPANY IN ASSOCIATION WITH ADV. MOHAMMED AL MARRI

Julie Menhem
EVERSHEDS

Ahmed Morsi
FD CONSULT

Ahmed Tawfik Nassim
AHMED TAWFIK & CO. CERTIFIED PUBLIC ACCOUNTANT

Neil O'Brien
PWC QATAR

Ferdinand Ray Ona II
NOBLE GLOBAL LOGISTICS

Michael Palmer
SQUIRE PATTON BOGGS (MEA) LLP

Sony Pereira
NATIONAL SHIPPING AND MARINE SERVICES COMPANY WLL

Paul Prescott
PINSENT MASONS LLP

Lilia Sabbagh
BADRI AND SALIM EL MEOUCHI LAW FIRM, MEMBER OF INTERLEGES

Mohamed Samy
MINISTRY OF JUSTICE

Murad Sawalha
AL TAMIMI & COMPANY IN ASSOCIATION WITH ADV. MOHAMMED AL MARRI

Zain Al Abdin Sharar
QATAR INTERNATIONAL COURT AND DISPUTE RESOLUTION CENTRE

Ali Sophie
TALAL ABU-GHAZALEH LEGAL (TAG-LEGAL)

罗马尼亚

Daniel Alexie
MARAVELA & ASOCIAŢII

Cosmin Anghel
CLIFFORD CHANCE BADEA SPRL

Mihai Anghel
ŢUCA ZBÂRCEA & ASOCIAŢII

Gabriela Anton
ŢUCA ZBÂRCEA & ASOCIAŢII

Raluca Diana Antonescu
NESTOR NESTOR DICULESCU KINGSTON PETERSEN

Francesco Atanasio
ENEL

Ioana Avram
EVERSHEDS LINA & GUIA SCA

Cristina Badea
NESTOR NESTOR DICULESCU KINGSTON PETERSEN

Anca Băiţan
MARAVELA & ASOCIAŢII

Georgiana Balan
D&B DAVID ŞI BAIAS LAW FIRM

Florina Balanescu
ENEL

Irina Elena Bănică
POP & PARTNERS SCA ATTORNEYS-AT-LAW

Sorina Baroi
MARAVELA & ASOCIAŢII

Monica Biciusca
ANGHEL STABB & PARTNERS

Sebastian Boc
WOLF THEISS

Maria Cambien
PWC ROMANIA

George Căta
MUŞAT & ASOCIAŢII

Ioana Cercel
D&B DAVID ŞI BAIAS LAW FIRM

Marius Chelaru
STOICA & ASOCIAŢII— SOCIETATE CIVILĂ DE AVOCAŢI

Teodor Chirvase

Razvan Constantinescu
DENTONS EUROPE—TODOR SI ASOCIATII SPARL

Anamaria Corbescu
DENTONS EUROPE—TODOR SI ASOCIATII SPARL

Tiberiu Csaki
DENTONS EUROPE—TODOR SI ASOCIATII SPARL

Radu Damaschin
NESTOR NESTOR DICULESCU KINGSTON PETERSEN

Anca Danilescu
ZAMFIRESCU RACOŢI & PARTNERS ATTORNEYS-AT-LAW

Dan Dascalu
D&B DAVID ŞI BAIAS LAW FIRM

Adrian Deaconu
TAXHOUSE SRL

Luminiţa Dima
NESTOR NESTOR DICULESCU KINGSTON PETERSEN

Rodica Dobre
PWC ROMANIA

Monia Dobrescu
MUŞAT & ASOCIAŢII

Mihai Dolhescu
CLIFFORD CHANCE BADEA SPRL

Laura Adina Duca
NESTOR NESTOR DICULESCU KINGSTON PETERSEN

Serban Epure
BIROUL DE CREDIT

Iulia Ferăstrău-Grigore
JINGA & ASOCIAŢII

Adriana Gaspar
NESTOR NESTOR DICULESCU KINGSTON PETERSEN

Oana Gavril
ŢUCA ZBÂRCEA & ASOCIAŢII

Isabela Gheorghe
DENTONS EUROPE—TODOR SI ASOCIATII SPARL

George Ghitu
MUŞAT & ASOCIAŢII

Ciprian Glodeanu
WOLF THEISS

Adina Grosu
DENTONS EUROPE—TODOR SI ASOCIATII SPARL

Ana-Maria Hritcu
PROTOPOPESCU, PUSCAS SI ASOCIAŢII

Alexandra Ichim

Mihaela Ioja
NESTOR NESTOR DICULESCU KINGSTON PETERSEN

Diana Emanuela Ispas
NESTOR NESTOR DICULESCU KINGSTON PETERSEN

Andra Joacalesne
ANGHEL STABB & PARTNERS

Cristian Lina
EVERSHEDS LINA & GUIA SCA

Edita Lovin
RETIRED JUDGE OF ROMANIAN SUPREME COURT OF JUSTICE

Ileana Lucian
MUŞAT & ASOCIAŢII

Flavia Lungu
NESTOR NESTOR DICULESCU KINGSTON PETERSEN

Smaranda Mandrescu
POP & PARTNERS SCA ATTORNEYS-AT-LAW

Gelu Titus Maravela
MARAVELA & ASOCIAŢII

Alexandra-Mikaela Măruţoiu
NESTOR NESTOR DICULESCU KINGSTON PETERSEN

Neil McGregor
MCGREGOR & PARTNERS SCA

Mirela Metea
MARAVELA & ASOCIAŢII

Maria Cristina Metelet
POP & PARTNERS SCA ATTORNEYS-AT-LAW

Cătălina Mihăilescu
ŢUCA ZBÂRCEA & ASOCIAŢII

Mădălina Mihalcea
ZAMFIRESCU RACOŢI & PARTNERS ATTORNEYS-AT-LAW

Stefan Mihartescu
D&B DAVID ŞI BAIAS LAW FIRM

Mihaela Mitroi
PWC ROMANIA

Cosmin Mocanu
STRATULA MOCANU & ASOCIATII

Gabriela Muresan
CLIFFORD CHANCE BADEA SPRL

Flaviu Nanu
WOLF THEISS

Adriana Neagoe
NATIONAL BANK OF ROMANIA

Manuela Marina Nestor
NESTOR NESTOR DICULESCU KINGSTON PETERSEN

Theodor Catalin Nicolescu
NICOLESCU & PERIANU LAW FIRM

Raluca Niţă
MARAVELA & ASOCIAŢII

Raluca Onufreiciuc
SĂVESCU & ASOCIAŢII

Andrei Ormenean
MUŞAT & ASOCIAŢII

Alexandra Paduraru
DRAKOPOULOS LAW FIRM

Bogdan Papandopol
DENTONS EUROPE—TODOR SI ASOCIATII SPARL

Mircea Parvu
SCPA PARVU SI ASOCIATII

Ovidiu-Theodor Pârvu
SCPA PARVU SI ASOCIATII

Ada Pascu
MARAVELA & ASOCIAŢII

Laurentiu Petre
SĂVESCU & ASOCIAŢII

Alina Pintica
ŢUCA ZBÂRCEA & ASOCIAŢII

Carolina Pletniuc
EVERSHEDS LINA & GUIA SCA

Mihai Popa
MUŞAT & ASOCIAŢII

Alina Elena Popescu
MARAVELA & ASOCIAŢII

Iulian Popescu
MUŞAT & ASOCIAŢII

Mariana Popescu
NATIONAL BANK OF ROMANIA

Tiberiu Potyesz
BITRANS LTD.

Olga Preda
POP & PARTNERS SCA ATTORNEYS-AT-LAW

Laura Radu
STOICA & ASOCIAŢII— SOCIETATE CIVILĂ DE AVOCAŢI

Magdalena Raducanu
DENTONS EUROPE—TODOR SI ASOCIATII SPARL

Dana Rădulescu
MARAVELA & ASOCIAŢII

Argentina Rafail
DENTONS EUROPE—TODOR SI ASOCIATII SPARL

Corina Ricman
CLIFFORD CHANCE BADEA SPRL

Alexandra-Elena Rimbu
MARAVELA & ASOCIAŢII

Bogdan Riti
MUŞAT & ASOCIAŢII

Ioan Roman
MARAVELA & ASOCIAŢII

Angela Rosca
TAXHOUSE SRL

Adrian Roseti
DRAKOPOULOS LAW FIRM

Cristina Sandu
TAXHOUSE SRL

Raluca Sanucean
ŢUCA ZBÂRCEA & ASOCIAŢII

Andrei Săvescu
SĂVESCU & ASOCIAŢII

Adina Mihaela Simion
DENTONS EUROPE—TODOR SI ASOCIATII SPARL

Corina Simion
PWC ROMANIA

Alina Solschi
MUŞAT & ASOCIAŢII

Oana Soviani
DENTONS EUROPE—TODOR SI ASOCIATII SPARL

David Stabb
ANGHEL STABB & PARTNERS

Ionut Stancu
NESTOR NESTOR DICULESCU KINGSTON PETERSEN

Ramona Stefan
*NESTOR NESTOR DICULESCU
KINGSTON PETERSEN*

Marie-Jeanne Stefanescu
RATEN-CITON

Tania Stefanita
TAXHOUSE SRL

Irina Stoicescu
EVERSHEDS LINA & GUIA SCA

Sorin Corneliu Stratula
*STRATULA MOCANU
& ASOCIATII*

Felix Tapai
MARAVELA & ASOCIAȚII

Diana Tătulescu
*NESTOR NESTOR DICULESCU
KINGSTON PETERSEN*

Amelia Teis
D&B DAVID ȘI BAIAS LAW FIRM

Ciprian Timofte
ȚUCA ZBÂRCEA & ASOCIAȚII

Anda Todor
*DENTONS EUROPE—TODOR
SI ASOCIATII SPARL*

Adela Topescu
PWC ROMANIA

Madalina Trifan
*DENTONS EUROPE—TODOR
SI ASOCIATII SPARL*

Ada Țucă
JINGA & ASOCIAȚII

Cristina Tutuianu
PWC ROMANIA

Andrei Vartires
*DENTONS EUROPE—TODOR
SI ASOCIATII SPARL*

Cosmin Vasilescu
*DENTONS EUROPE—TODOR
SI ASOCIATII SPARL*

Anca Vatasoiu
MUȘAT & ASOCIAȚII

Cristina Gabriela Vedel
*POP & PARTNERS SCA
ATTORNEYS-AT-LAW*

Luigi Vendrami
DHL INTERNATIONAL ROMANIA

Daniel Nicolae Vinerean

Maria Vlad
JINGA & ASOCIAȚII

Andrei Vlasin
D&B DAVID ȘI BAIAS LAW FIRM

俄罗斯联邦

*ARCKITEKTURNAYA
MASTERSKAYA MIRONOVA*

FEDERAL CUSTOMS SERVICE

*FEDERAL SERVICE FOR STATE
REGISTRATION, CADASTER AND
CARTOGRAPHY IN MOSCOW*

*FEDERAL SERVICE FOR STATE
REGISTRATION, CADASTER
AND CARTOGRAPHY
IN ST. PETERSBURG*

FORTE TAX & LAW LLC

*SAINT PETERSBURG
SUPPLY COMPANY*

Andrei Afanasiev
BAKER MCKENZIE

Anna Afanasyeva
KHRENOV & PARTNERS

Teymur Akhundov
ALRUD LAW FIRM

Vera Akimkina

Anton Aleksandrov
*MONASTYRSKY, ZYUBA,
STEPANOV & PARTNERS*

Aleksey Alekseevich Dobashin
KROST CONSTRUCTION

Mikhail Alyabyev
ART DE LEX

Anatoly E. Andriash
*NORTON ROSE FULBRIGHT
(CENTRAL EUROPE) LLP*

Alexandr Androsov
MOSENERGOSBYT

Olga Anikina
BAKER MCKENZIE

Mikhail Antonov
ASPECTUM LAW FRIM

Evgeniy Arbuzov
ART DE LEX

David Arziani
DECHERT LLP

Suren Avakov
*AVAKOV TARASOV
& PARTNERS*

Vladimir S. Averyanov
*LAW OFFICE OF
AVERYANOV & OLENEV*

Maksim Anatolyevich Bagel
GARANT ENERGO

Stefan Bakh
*PUBLISHING HOUSE
CUSTOMS TERMINALS*

Tatiana Baklashova
YUST LAW FIRM

Vladimir Barbolin
CLIFFORD CHANCE

Polina Bardina
PEPELIAEV GROUP

Marc Bartholomy
CLIFFORD CHANCE

Maryana Batalova
DECHERT LLP

Roman Belanov
KHRENOV & PARTNERS

Evgenia Belokon
*NORTON ROSE FULBRIGHT
(CENTRAL EUROPE) LLP*

Kirill Belyakov
ASPECTUM LAW FRIM

Victoria Belykh
OKB—UNITED CREDIT BUREAU

Artem Berlin
KACHKIN & PARTNERS

Dmitry Bessolitsyn
*PRICEWATERHOUSECOOPERS
LEGAL*

Nikita Beylin
*SQUIRE PATTON BOGGS
MOSCOW LLC*

Ekaterina Boeva
ALRUD LAW FIRM

Sergey Bogatyev
*BEITEN BURKHARDT
RECHTSANWÄLTE
(ATTORNEYS-AT-LAW)*

Ruslana Bogdanova
FAKT

Andrey Bondarchuk
*COMMITTEE ON URBAN
DEVELOPMENT AND
ARCHITECTURE OF
ST. PETERSBURG*

Thomas Brand
BRAND & PARTNER

Dmitry Bubly
NOTARY DMITRY BUBLY

Anna Burdina
KHRENOV & PARTNERS

Andrei Butsukin
MINISTRY OF FINANCE

Maria Bykovskaya
*GIDE LOYRETTE NOUEL,
MEMBER OF LEX MUNDI*

Elena Chernevskaya

Dmitry Churin
CAPITAL LEGAL SERVICES

Svetlana Dagadina
CLIFF LEGAL SERVICES

Darya Degtyareva
ALRUD LAW FIRM

Tatyana Dementyeva
ARBITR LEGAL BUREAU

Yana Dianova
GRATA INTERNATIONAL

Daniel Dmitriev
ENERGIA LLC

Olga Duchenko
KACHKIN & PARTNERS

Anastasia Dukhina
CAPITAL LEGAL SERVICES

Pavel Dunaev
DECHERT LLP

Anton Dzhuplin
ALRUD LAW FIRM

Alexey Eliseenko
KACHKIN & PARTNERS

Victoria Feleshtin
LEVINE BRIDGE

Ilya Fomin
GOLSBLAT BLP

Igor Gorokhov
CAPITAL LEGAL SERVICES

Anton Grebennikov
FWD LLC

Vladimir Grigoriyev
*COMMITTEE ON URBAN
DEVELOPMENT AND
ARCHITECTURE OF
ST. PETERSBURG*

Igor Guschev
DUVERNOIX LEGAL

George Gutiev
GOLSBLAT BLP

Roman Ibriyev
MOESK

Eugene Isaev
AWARA GROUP

Anton Isakov
GOLSBLAT BLP

Andrey Ivanov
KHRENOV & PARTNERS

Marya Ivoylova
KHRENOV & PARTNERS

Anton Kabakov
AWARA GROUP

Polina Kachkina
KACHKIN & PARTNERS

Maxim Kalinin
BAKER MCKENZIE

Nadezhda Karavanova
*DEPARTMENT OF URBAN
PLANNING POLICY
OF MOSCOW*

Alexey Karchiomov
*EGOROV PUGINSKY
AFANASIEV & PARTNERS*

Denis Konstantinovich
Karetkin
LENAVIASNAB

Pavel Karpunin
CAPITAL LEGAL SERVICES

Ekaterina Karunets
BAKER MCKENZIE

Ivan Khaydurov
*HOUGH TROFIMOV
& PARTNERS*

Alexander Khretinin
*HERBERT SMITH
FREEHILLS CIS LLP*

Viktoria Kim
*HYUNDAI MOTOR
MANUFACTURING RUS, LLC*

Snezhana Kitaeva
LENENERGO

Ilya Kokorin
BUZKO & PARTNERS

Vitaly Kolesnikov
*FEDERAL TAX SERVICE OF
THE RUSSIAN FEDERATION*

Jeanna Kolesnikova
*PLESHAKOV, USHKALOV
& PARTNERS*

Vadim Kolomnikov
DEBEVOISE & PLIMPTON LLP

Aleksey Konevsky
PEPELIAEV GROUP

Alexander Korkin
BAKER MCKENZIE

Alexandr Korneev
*PUPLIC JOINT STOCK
COMPANY ROSSETI*

Ivan Korolenko
LEVINE BRIDGE

Sergey Korolev
*MONASTYRSKY, ZYUBA,
STEPANOV & PARTNERS*

Evgenia Korotkova
DECHERT LLP

Anna Aleksandrovna
Korshunova
*CJSC BALTIYSKAYA
ZHEMCHUZHINA*

Evgeniy Koshkarov
ARIVIST

Igor Kostennikov
YUST LAW FIRM

Yuri Kovalev
VOSKHOD

Vadim Kovalyov
CAPITAL LEGAL SERVICES

Alyona Kozyreva
*NORTON ROSE FULBRIGHT
(CENTRAL EUROPE) LLP*

Ekaterina Krylova
*MOSCOW INVESTORS
ASSOCIATION*

Elena Kukushkina
BAKER MCKENZIE

Leonid Kulakov
*COMMITTEE ON URBAN
DEVELOPMENT AND
ARCHITECTURE OF
ST. PETERSBURG*

Yaroslav Kulik
ART DE LEX

Maxim Kulkov
*KULKOV, KOLOTILOV &
PARTNERS (KK&P)*

Dmitry Kuptsov
ALRUD LAW FIRM

Roman Viktorovich Kurzener
APPROVAL CENTER

Sergei L. Lazarev
RUSSIN & VECCHI

Ekaterina Lazorina
PWC RUSSIA

Bogdan Lebed
BUDMAKS CONSTRUCTION

Sergei Lee
*CASTRÉN & SNELLMAN
INTERNATIONAL LTD.*

Sergey Likhachev
GOLSBLAT BLP

Yulia Litovtseva
PEPELIAEV GROUP

Dmitry Lobachev
KHRENOV & PARTNERS

Evgeny Lobanovsky
ALRUD LAW FIRM

Maxim Losik
*CASTRÉN & SNELLMAN
INTERNATIONAL LTD.*

Oleg Lovtsov
DENTONS

Stepan Lubavsky
FINEC

Yulia Ludinova
*COMMITTEE ON URBAN
DEVELOPMENT AND
ARCHITECTURE OF
ST. PETERSBURG*

Sergey Lyadov
TRANS BUSINESS

Aleksandr Lyuboserdov
PROFESSIONAL LEGAL CENTER

Dmitry Magonya
ART DE LEX

Alexei Yurievich Makarovsky
MOESK

Ivan Maksimov
*ASSOCIATION OF
INSTITUTIONAL INVESTORS*

Elena Malevich
*SQUIRE PATTON BOGGS
MOSCOW LLC*

Ekaterina Malinina
KHRENOV & PARTNERS

Alisa Manaka
MOESK

Oleg Matyash
DENTONS

Ekaterina Mayorova
ALRUD LAW FIRM

Vladimir Meleshin
EXPRESS REGISTRATOR

Stanislav Mikhaylov
HOLDING RBI

Ksenia Mikhaylova
CLIFFORD CHANCE

Andrey Minaev
KHRENOV & PARTNERS

Andrey Morozov
*ASSOCIATION OF
INSTITUTIONAL INVESTORS*

Michael Morozov
KPMG RUSSIA

Sergey Morozov
KHRENOV & PARTNERS

Natalya Morozova
VINSON & ELKINS

Elena Nazarova
SCHNEIDER GROUP

Kliment Nechaev
CAPITAL LEGAL SERVICES

Dmitry Nekrestyanov
KACHKIN & PARTNERS

Tatyana Neveeva
*EGOROV PUGINSKY
AFANASIEV & PARTNERS*

Alexey Nikitin
*BORENIUS ATTORNEYS
RUSSIA LTD.*

Gennady Odarich
*PRICEWATERHOUSECOOPERS
LEGAL*

Elena Odud
AWARA GROUP

Elena Ogawa
LEVINE BRIDGE

Irina Onikienko
CAPITAL LEGAL SERVICES

Aleksey Overchuk
*FEDERAL TAX SERVICE OF
THE RUSSIAN FEDERATION*

Olga Pankova
BAKER MCKENZIE

Larisa Peshekhonova
*EGOROV PUGINSKY
AFANASIEV & PARTNERS*

Irina Peskova
MOSENERGOSBYT

Maya Petrova
*BORENIUS ATTORNEYS
RUSSIA LTD.*

Daniil Petrukh
CAPITAL LEGAL SERVICES

Sergey Pikin
ENERGY DEVELOPMENT FUND

Leonid Poloskov

Anna Ponomareva
GOLSBLAT BLP

Sergei Vladimirovich Popov
SKIV LLC

Alexandr Pyatigor
MOESK

Alexander Rostovsky
*CASTRÉN & SNELLMAN
INTERNATIONAL LTD.*

Alexander Rudyakov
YUST LAW FIRM

Anna Rybalko
DELOITTE & TOUCHE CIS

Gudisa Sakania
MOESK

Kirill Saskov
KACHKIN & PARTNERS

Ulf Schneider
SCHNEIDER GROUP

Igor Semyonov
BUSINESS-INVESTPROM

Lyubov Severinova
LENTORG

Vladimir Shabanov
YIT SAINT-PETERSBURG JSC

Anna Shalaginova
LSR NEDVIZHIMOST-C3

Alexei Shcherbakov
TSDS GROUP OF COMPANIES

Alexander Shevchuk
*ASSOCIATION OF
INSTITUTIONAL INVESTORS*

Aleksandra Shishova
*NEKTOROV, SAVELIEV
& PARTNERS*

Tatiana Shlenchakova
DECHERT LLP

Dmitry Shunaev
*HERBERT SMITH
FREEHILLS CIS LLP*

Vitaly Silin
*NEKTOROV, SAVELIEV
& PARTNERS*

Vladimir Skrynnik
JUS PRIVATUM LAW FIRM

Mihail Sergeevich Smolko
GSP GROUP

Nikolay Solodovnikov
PEPELIAEV GROUP

Julia Solomkina
LEVINE BRIDGE

Ksenia Soloschenko
*CASTRÉN & SNELLMAN
INTERNATIONAL LTD.*

Elena Solovyeva
*MOSCOW INVESTORS
ASSOCIATION*

Denis Nikolaevich Sorokin

Sergey Sosnovsky
PEPELIAEV GROUP

Armen Stepanian
OPEN LAW

Timothy Stubbs
DENTONS

Ilya Sukharnikov
*EY VALUATION AND
ADVISORY SERVICES LLC*

Andrey Sukhov
*DEPARTMENT OF URBAN
PLANNING POLICY
OF MOSCOW*

Anna Sviridova
DENTONS

Dmitry Tarasov
*AVAKOV TARASOV
& PARTNERS*

Ilya Tarbaev
ABZ-DORSTROY

Tatiana Tereshchenko
*PRIME ADVICE ST.
PETERSBURG LAW OFFICE*

Vladlena Teryokhina
*PRICEWATERHOUSECOOPERS
LEGAL*

Evgeny Timofeev
GOLSBLAT BLP

Sergey A. Treshchev
*SQUIRE PATTON BOGGS
MOSCOW LLC*

Alexander Tsakoev
*NORTON ROSE FULBRIGHT
(CENTRAL EUROPE) LLP*

Liubov Tsvetkova
*MOSCOW INVESTORS
ASSOCIATION*

Arman Tumasyan
*NEKTOROV, SAVELIEV
& PARTNERS*

Alexandra Ulezko
KACHKIN & PARTNERS

Vyacheslav Ushkalov
*PLESHAKOV, USHKALOV
& PARTNERS*

Artem Vasyutin
DELOITTE & TOUCHE CIS

Inna Vavilova
*PRIME ADVICE ST.
PETERSBURG LAW OFFICE*

Stanislav Veselov
ALRUD LAW FIRM

Dmitry Vlasov
*KULKOV, KOLOTILOV &
PARTNERS (KK&P)*

Aleksei Volkov
*NATIONAL BUREAU OF
CREDIT HISTORIES*

Alexander Volynets
DENTONS

Vilena Voronich
RUSSIN & VECCHI

Elena Yakusheva
*PLESHAKOV, USHKALOV
& PARTNERS*

Andrey Yakushin
CENTRAL BANK OF RUSSIA

Vadim Yudenkov
GEOTECHNIC LLC

Sergey Yurlov
*SQUIRE PATTON BOGGS
MOSCOW LLC*

Vladislav Zabrodin
CAPITAL LEGAL SERVICES

Roman Zaitsev
DENTONS

Marina Zaykova
*CLOSED STOCK COMPANY
STS ENERGY*

Roman Zhavner
*EGOROV PUGINSKY
AFANASIEV & PARTNERS*

Evgeny Zhilin
YUST LAW FIRM

Ekaterina Znamenskaya
*NEKTOROV, SAVELIEV
& PARTNERS*

卢旺达

BOLLORÉ AFRICA LOGISTICS

*ETHOS ATTORNEYS
& CONSULTANTS*

Nzeyimana Aaron
CMA-CGM RWANDA

Ndaru Abdul
*TRANSAFRICA CONTAINER
TRANSPORT LTD.*

Saleh Abdullah
*HEALY CONSULTANTS
GROUP PLC*

Angel Phionah Ampurire
TRUST LAW CHAMBERS

Ray Amusengeri
PWC

Alberto Basomingera
CABINET ZÉNITH LAW FIRM

Louis de Gonzague
Mukerangabo
ELECTRITE

Kunal Fabiani

Paul Frobisher Mugambwa
PWC

Patrick Gashagaza
GPO PARTNERS RWANDA

Jean Havugimana
ECODESEP LTD.

Auwany Iligira
*RWANDA ENERGY UTILITY
CORPORATION LIMITED*

Johnson Kabera
KIGALI ALLIED ADVOCATES

Assiel Kamanzi
NOTARY PUBLIC

Désiré Kamanzi
ENSAFRICA RWANDA

Tushabe Karim
*RWANDA DEVELOPMENT
BOARD*

Eudes Kayumba
LANDMARK STUDIO

Théophile Kazeneza
*CABINET D'AVOCATS
KAZENEZA*

Lewis Manzi Rugema
LAWYER

Merard Mpabwanamaguru
*CITY OF KIGALI—ONE STOP
CENTER FOR CONSTRUCTION*

Elonie Mukandoli
NATIONAL BANK OF RWANDA

Pascal Mutesa
*RWANDA ENERGY UTILITY
CORPORATION LIMITED*

Philippe Nahayo
*MULINDI FACTORY
COMPANY LIMITED*

Yannick Ngabonziza
*RWANDA ENERGY UTILITY
CORPORATION LIMITED*

Thierry Ngoga Gakuba
LEGAL LINE PARTNERS

Grace Nishimwe
*RWANDA LAND MANAGEMENT
AND USE AUTHORITY,
OFFICE OF THE REGISTRAR
OF LAND TITLES*

Tite Niyibizi
*INSTITUTE OF LEGAL PRACTICE
AND DEVELOPMENT*

Issa Nkurunziza
*NATIONAL AGRICULTURAL
EXPORT DEVELOPMENT
BOARD (NAEB)*

Martin Nkurunziza
GPO PARTNERS RWANDA

Oreste Nshimiyimana
*MULINDI FACTORY
COMPANY LIMITED*

Jean Marie Ntakirutinka
ENSAFRICA RWANDA

Pius Ntazinda
TRUST LAW CHAMBERS

Christy Nyarwaya
PWC

Dieudonne Nzafashwanayo
ENSAFRICA RWANDA

Nelson Ogara
PWC

Josue Penaloza Quispe
BRALIRWA LTD.

Fred Rwihunda
RFM ENGINEERING LTD.

Yves Sangano
K-SOLUTIONS AND PARTNERS

Landry Subira
ENSAFRICA RWANDA

Valence Tuyizere
*RWANDA ENERGY UTILITY
CORPORATION LIMITED*

Asante Twagira
ENSAFRICA RWANDA

Maureen Wamahiu
*CREDIT REFERENCE
BUREAU AFRICA LTD.*

Stephen Zawadi
MILLENNIUM LAW CHAMBERS

萨摩亚

*BETHAM BROTHERS
ENTERPRISES LTD.*

LESA MA PENN

*VAAI HOGLUND &
TAMATI LAW FIRM*

Fiona Ey
CLARKE EY KORIA LAWYERS

Anthony Frazier

Taulapapa Brenda
Heather-Latu
LATU LAWYERS

Alatina Ioelu
*SMALL BUSINESS
ENTERPRISE CENTRE*

Fa'aolesa Katopau T. Ainu'u
*MINISTRY OF JUSTICE &
COURTS ADMINISTRATION*

Matafeo George Latu
LATU LAWYERS

Tima Leavai
LEAVAI LAW

Tuala Pat Leota
PUBLIC ACCOUNTANT

Atuaisaute Misipati
*SMALL BUSINESS
ENTERPRISE CENTRE*

Keilani Soloi
SOLOI SURVEY SERVICES

Wilber Stewart
STEWART ARCHITECTURE

Leiataua Tom Tinai
*INSTITUTION OF PROFESSIONAL
ENGINEERS SAMOA (IPES)*

Helen Uiese
*MINISTRY OF COMMERCE,
INDUSTRY AND LABOUR*

Lautimuia Afoa Uelese Vaai
*SAMOA SHIPPING
SERVICES LTD.*

圣马力诺

*CENTRAL BANK OF THE
REPUBLIC OF SAN MARINO*

Simone Arcangeli
AVVOCATO E NOTAIO

Renzo Balsimelli
UFFICIO URBANISTICA

Gian Luca Belluzzi
*STUDIO COMMERCIALE
BELLUZZI*

Gianna Burgagni
STUDIO LEGALE E NOTARILE

Cecilia Cardogna
STUDIO LEGALE E NOTARILE

Vincent Cecchetti
*CECCHETTI, ALBANI
& ASSOCIATI*

Debora Cenni

Alberto Chezzi
STUDIO CHEZZI

Marco Ciacci
*BANCA AGRICOLA
COMMERCIALE S.P.A.*

Alessandro de Mattia
*AZIENDA AUTONOMA DI
STATO PER I SERVIZI PUBBLICI*

Fabio Di Pasquale
*STUDIO LEGALE DI
PASQUALE AVV. FABIO*

Laura Ferretti
*SEGRETERIA DI STATO
INDUSTRIA ARTIGIANATO E
COMMERCIO TRASPORTI E
RICERCA—DIPARTIMENTO
ECONOMIA*

Marcello Forcellini
STUDIO CHEZZI

Simone Gatti
WORLD LINE

Marina Giovagnoli
STUDIO GIOVAGNOLI

Cinzia Guerretti
WORLD LINE

Anna Maria Lonfernini
*STUDIO LEGALE E
NOTARILE LONFERNINI*

Lucia Mazza
UFFICIO TECNICO DEL CATASTO

Daniela Mina

Gianluca Minguzzi
ANTAO PROGETTI S.P.A.

Emanuela Montanari
*BANCA AGRICOLA
COMMERCIALE S.P.A.*

Lorenzo Moretti
STUDIO LEGALE E NOTARILE

Alfredo Nicolini
LAWYER

Sara Pelliccioni
*STUDIO LEGALE E
NOTARILE AVV. MATTEO
MULARONI—N ASSOCIAZIONE
CON BUSSOLETTI NUZZO
& ASSOCIATI*

Cesare Pisani
*TELECOM ITALIA SAN
MARINO S.P.A.*

Giuseppe Ragini
*STUDIO LEGALE E NOTARILE
GIUSEPPE RAGINI*

Daniela Reffi
UFFICIO TECNICO DEL CATASTO

圣多美和普林西比

*AGER—AUTORIDADE
GERAL DE REGULACAO*

*GUICHÉ ÚNICO PARA
EMPRESAS*

António de Barros A. Aguiar
SOCOGESTA

Eudes Aguiar
AGUIAR & PEDRONHO STUDIO

Carolina Almeida
MIRANDA & ASSOCIADOS

Adelino Amado Pereira
*OADL & ASSOCIADOS,
SOCIEDADE DE
ADVOGADOS, RL*

Luisenda Andrade
*DIRECÇÃO GERAL DAS
ALFÂNDEGAS*

Jeanine Batalha Ferreira
PWC PORTUGAL

Lara Beirão
*CENTRAL BANK OF SÃO
TOMÉ E PRÍNCIPE*

Miris Botelho Bernardo
*TRIBUNAL DE 1A INSTANCIA
DE SAO TOMÉ (JUIZO CIVEL)*

Paula Caldeira Dutschmann
MIRANDA & ASSOCIADOS

Jaime Carvalho Esteves
PWC PORTUGAL

Tânia Cascais
MIRANDA & ASSOCIADOS

Inês Barbosa Cunha
PWC PORTUGAL

Cláudia do Carmo Santos
MIRANDA & ASSOCIADOS

Maria Figueiredo
MIRANDA & ASSOCIADOS

Saul Fonseca
MIRANDA & ASSOCIADOS

Abdulay Godinho
*DIRECÇÃO DOS REGISTOS E
NOTARIADO DE SÃO TOMÉ*

Filipa Gonçalves
*STP COUNSEL, MEMBER OF
THE MIRANDA ALLIANCE*

Pascoal Lima Dos Santos Daio
LAWYER

Sofia Martins
*STP COUNSEL, MEMBER OF
THE MIRANDA ALLIANCE*

Herlander Rossi Medeiros
*DIRECÇÃO GERAL DOS
REGISTROS E DO NOTARIADO*

Virna Neves
*STP COUNSEL, MEMBER OF
THE MIRANDA ALLIANCE*

Ana Posser
*POSSER DA COSTA
ADVOGADOS ASSOCIADOS*

Hugo Rita
TERRA FORMA

Leonor Rocha
MIRANDA & ASSOCIADOS

Mário Teixeira
CONSTROME

Manikson Trigueiros
*POSSER DA COSTA
ADVOGADOS ASSOCIADOS*

沙特阿拉伯

*DELOITTE AND TOUCHE
& CO.—CHARTERED
ACCOUNTANTS*

*THE LAW FIRM OF HATEM
ABBAS GHAZZAWI & CO.*

SAUDI PORTS AUTHORITY

Saleh A. Al-Oufi
TAQNIA

Fayyaz Ahmad
JONES LANG LASALLE

Ahmad Ali Alobaishi
MERAS

Looaye M. Al-Akkas
VINSON & ELKINS

Naif Bader Al-Harbl
*UNIFIED REGISTRY—MINISTRY
OF COMMERCE & INDUSTRY*

Anas Akel
MESHAL AL AKEEL LAW FIRM

Waleed Al Bassam
*ABDULELAH & IBRAHIM
ABDULAZIZ ALMOUSA
SON'S COMPANY*

Fayez Al Debs
PWC SAUDI ARABIA

Hassoun Al Hassoun
*THE LAW FIRM OF
MEDHAT GAROUB*

Naif Al Jbaly
AL JBALY LAW FIRM

Mohammed Al Khliwi
DIAZ, REUS & TARG, LLP

Faisal Al Otaibi
*THE LAW FIRM OF
MEDHAT GAROUB*

Tariq Al Sunaid
KPMG

Sulaiman Al Tuwaijri
*SAUDI ARABIAN GENERAL
INVESTMENT AUTHORITY*

Khalid Al-Abdulkareem
CLIFFORD CHANCE

Gihad Al-Amri
*DR. MOHAMED
AL-AMRI & CO.*

Khalid Alaraj
SAUDI ARABIA CUSTOMS

Nizar Al-Awwad
*SAUDI CREDIT
BUREAU—SIMAH*

Mohammed Aldakan
SAUDI ARABIA CUSTOMS

Saad Al-Dileym
CLIFFORD CHANCE

Eisa Aleisa
SAUDI ARABIA CUSTOMS

Abdullah Al-Hagbani
*PETROCHEMICAL
MANUFACTURERS
COMMITTEE (PMC)*

Mansour Alhaidary

Hesham Al-Homoud
*AL TAMIMI & COMPANY
ADVOCATES & LEGAL
CONSULTANTS*

Omar AlHoshan
*ALHOSHAN CPAS &
CONSULTANTS—MEMBER
OF RUSSELL BEDFORD
INTERNATIONAL*

Ahmad Alkassem
*TALAL ABU-GHAZALEH
LEGAL (TAG-LEGAL)*

Mohammed Alkhliwi
DIAZ REUS

Aiman Meqham Almeqham
*AL-MEQHAM CERTIFIED
PUBLIC ACCOUNTANTS*

Rami Ibrahim Alnajjar
*UNIFIED REGISTRY—MINISTRY
OF COMMERCE & INDUSTRY*

Naif I. Alnammi
SAUDI ARABIA CUSTOMS

Ayedh Al-Otaibi
*SAUDI ARABIAN GENERAL
INVESTMENT AUTHORITY*

Sultan Alqudry
*SAUDI CREDIT
BUREAU—SIMAH*

Yousef AlRashdan

Omar Alrasheed
*OMAR ALRASHEED &
PARTNERS LAW FIRM*

Waleed Khaled AlRudaian
*SAUDI ARABIAN GENERAL
INVESTMENT AUTHORITY*

Ahmad Alsadhan
CLIFFORD CHANCE

Khaled A. Al-Sarra
SAUDI AKNAN CONSULTANTS

Anwaar Alshammari
SHEARMAN & STERLING LLP

Abdulmohsen Alshenify
SAUDI ARABIA CUSTOMS

Wisam AlSindi
ALSINDI LAW FIRM

Abdullah Alsowayan
*SAUDI ARABIAN
MONETARY AGENCY*

Badr Fahad AlSudairi
BFS ARCHITECTS

Omar Alzamil
*ABDULLAH ALZAMIL
CONTRACTING*

Lamisse Bajunaid
ALSINDI LAW FIRM

John Balouziyeh
DENTONS

Nouf Bannan
ALSINDI LAW FIRM

Nada Bashammakh
ALSINDI LAW FIRM

Mohammed Bashraheel

Ihsan Bu Hulaiga
JOATHA CONSULTING

Hanan Eesa
DENTONS

Ahmad Garoub
*THE LAW FIRM OF
MEDHAT GAROUB*

Majed Mohammed Garoub
*LAW FIRM OF MAJED
M. GAROUB*

Medhat Garoub
*THE LAW FIRM OF
MEDHAT GAROUB*

Abdullah Habardi
*ABDULLAH HABARDI OFFICE OF
LAWYERS AND CONSULTANTS*

Fehem Hashmi
CLIFFORD CHANCE

Chadi F. Hourani
HOURANI & ASSOCIATES

Vijeesh M.K.
ARABCO LOGISTICS

Zaid Mahayni
SEDCO HOLDING

Mohammed Majed AlQahtani
*UNIFIED REGISTRY—MINISTRY
OF COMMERCE & INDUSTRY*

Tahir Malik
DB SCHENKER SAUDI ARABIA

Humaid Mudhaffr
*SAUDI CREDIT
BUREAU—SIMAH*

Reed Runnels
*OMAR ALRASHEED &
PARTNERS LAW FIRM*

Faisal Saad Al-Bedah
SAUDI ARABIA CUSTOMS

Muhammad Anum Saleem
EVERSHEDS SUTHERLAND

Jawad Shabir
KPMG

Arvind Sinha
*RCS PVT. LTD. BUSINESS
ADVISORS GROUP*

Mohammed Yaghmour
PWC SAUDI ARABIA

Abdul Aziz Zaibag
ALZAIBAG CONSULTANTS

塞内加尔

BCEAO

CREDITINFO VOLO

FALL & PARTNERS

ONAS

SENELEC

Baba Aly Barro
*PRICEWATERHOUSECOOPERS
TAX & LEGAL SA*

Ahmed Tidiane Ba
GENI & KEBE

Mamadou Berthe
ATELIER D'ARCHITECTURE

Alassane Boye
*CENTRE DE GESTION
AGRÉE DE DAKAR*

Baidalaye Cissokho
*CHAMBRE DES NOTAIRES
DU SENEGAL*

Ibrahima Diagne
GAINDE 2000

Amadou Dioulalé Diallo
*MINISTÈRE DE L'URBANISME
ET DE L'ASSAINISSEMENT*

Maciré Diallo
*SCP NDIAYE DIAGNE &
DIALLO NOTAIRES ASSOCIÉS*

Abdoul Aziz Dieng
*CENTRE DE GESTION
AGRÉE DE DAKAR*

Mohamed Dieng
GENI & KEBE

Amadou Diop
GAINDE 2000

Angelique Pouye Diop
*APIX AGENCE CHARGÉE
DE LA PROMOTION DE
L'INVESTISSEMENT ET DES
GRANDS TRAVAUX*

Fodé Diop
ART INGÉNIERIE SUARL

Oumar Diop
COUMBA NOR THIAM

Ousmane Diouf
*DIRECTION GÉNÉRALE DES
IMPÔTS ET DOMAINES*

Abdoulaye Drame
CABINET ABDOULAYE DRAME

Moustapha Faye
*SOCIÉTÉ CIVILE
PROFESSIONNELLE D'AVOCATS
FRANÇOIS SARR & ASSOCIÉS*

Catherine Faye Diop
*ORDRE DES ARCHITECTES
DU SÉNÉGAL*

Antoine Gomis
*SCP SENGHOR & SARR,
NOTAIRES ASSOCIÉS*

Papa Bathie Gueye
RMA SÉNÉGAL

Matthias Hubert
*PRICEWATERHOUSECOOPERS
TAX & LEGAL SA*

Malick Kandji
*APIX AGENCE CHARGÉE
DE LA PROMOTION DE
L'INVESTISSEMENT ET DES
GRANDS TRAVAUX*

Mahi Kane
*PRICEWATERHOUSECOOPERS
TAX & LEGAL SA*

Sidy Kanoute
AVOCAT À LA COUR

Mouhamed Kebe
GENI & KEBE

Patricia Lake Diop
ETUDE ME PATRICIA LAKE DIOP

Mamadou Lamine Ba
*APIX AGENCE CHARGÉE
DE LA PROMOTION DE
L'INVESTISSEMENT ET DES
GRANDS TRAVAUX*

Doudou Charles Lo
FINKONE TRANSIT SA

Cheikh Loum Pouye
FINKONE TRANSIT SA

Moussa Mbacke
*ETUDE NOTARIALE
MOUSSA MBACKE*

Mamadou Mbaye
*SCP MAME ADAMA
GUEYE & ASSOCIÉS*

Ngouda Mbaye
HECTO ENERGY

Saliou Mbaye
HECTO ENERGY

Birame Mbaye Seck
*DIRECTION DU
DEVELOPPEMENT URBAIN*

Sy Ndiaga
SCP SY & KAMARA

Amadou Moustapha Ndiaye
*SCP NDIAYE DIAGNE &
DIALLO NOTAIRES ASSOCIÉS*

Elodie Dagneaux Ndiaye
*APIX AGENCE CHARGÉE
DE LA PROMOTION DE
L'INVESTISSEMENT ET DES
GRANDS TRAVAUX*

Faer Ndiaye
ARCHITECT

Macodou Ndour
CABINET MACODOU NDOUR

Moustapha Ndoye
*CABINET MAÎTRE
MOUSTAPHA NDOYE*

Ibrahima Niang
*ETUDE DE MAÎTRE
IBRAHIMA NIANG*

Macoumba Niang
*REGISTRE DU COMMERCE
ET DU CREDIT MOBILIER*

Souleymane Niang
*ETUDE DE MAÎTRE
IBRAHIMA NIANG*

Ba Ousmane
*TRIBUNAL DE COMMERCE
HORS-CLASSE DE DAKAR*

Mouhamadou Abass A. Sall
LAMTORO STUDIOS

Abibatou Samb-Diouck
ETUDE SAMB-DIOUCK

François Sarr
*SOCIÉTÉ CIVILE
PROFESSIONNELLE D'AVOCATS
FRANÇOIS SARR & ASSOCIÉS*

Daniel-Sédar Senghor
*SCP SENGHOR & SARR,
NOTAIRES ASSOCIÉS*

Djibril Thiam
ETUDE ME PATRICIA LAKE DIOP

Ndèye Khoudia Tounkara
*ETUDE ME MAYACINE
TOUNKARA ET ASSOCIÉS*

塞尔维亚

AJILON SOLUTIONS

*DEVELOPMENT
CONSULTING GROUP*

Milos Anđelković
WOLF THEISS

Senka Anđelković

Aleksandar Andrejic
PRICA & PARTNERS LAW OFFICE

Aleksandar Arsic
*PRICEWATERHOUSECOOPERS
CONSULTING D.O.O.*

Andrea Arsic
*MARIĆ, MALIŠIĆ &
DOSTANIĆ O.A.D.*

Vlado Babic
AIR SPEED

Marijana Batak
*PUBLIC POLICY SECRETARIAT,
GOVERNMENT OF THE
REPUBLIC OF SERBIA*

Jelena Bojovic
*NATIONAL ALLIANCE
FOR LOCAL ECONOMIC
DEVELOPMENT*

Bojana Bregovic
WOLF THEISS

Milan Brkovic
*ASSOCIATION OF
SERBIAN BANKS*

Olivera Brković
ZAVIŠIN SEMIZ & PARTNERS

Marina Bulatovic
WOLF THEISS

Marija Čabarkapa
*VASOVIC & PARTNERS
LAW OFFICE*

Ana Čalić Turudija
PRICA & PARTNERS LAW OFFICE

Dragoljub Cibulić
BDK ADVOKATI

Jovan Ćirković
HARRISONS

Vladimir Dabić
*THE INTERNATIONAL
CENTER FOR FINANCIAL
MARKET DEVELOPMENT*

Marina Dacijar
*BELGRADE COMMERCIAL
COURT*

Milan Dakic
BDK ADVOKATI

Kristian Dalea
*MARIĆ, MALIŠIĆ &
DOSTANIĆ O.A.D.*

Vladimir Dašić
BDK ADVOKATI

Gili Dekel
*DIRECT CAPITAL S, NOVI DOM
RED, NEW VENTURE RED*

Milica Dekleva
*ADVOKATSKA KANCELARIJA
OLJAČIĆ & TODOROVIĆ*

Lidija Djeric
*LAW OFFICES POPOVIC,
POPOVIC & PARTNERS*

Uroš Djordjević
*ŽIVKOVIĆ & SAMARDŽIĆ
LAW OFFICE*

Jelena Kuveljic Dmitric

Veljko Dostanic
*MARIĆ, MALIŠIĆ &
DOSTANIĆ O.A.D.*

Dragan Draca
*PRICEWATERHOUSECOOPERS
CONSULTING D.O.O.*

Ilija Drazic
*DRAŽIĆ, BEATOVIĆ &
PARTNERS LAW OFFICE*

Dragan Gajin
DOKLESTIC & PARTNERS

Jelena Gazivoda
*LAW OFFICES JANKOVIĆ,
POPOVIĆ & MITIĆ*

Marija Gligorević
BDK ADVOKATI

Danica Gligorijevic
PRICA & PARTNERS LAW OFFICE

Ksenija Golubović Filipović
*ŽIVKOVIĆ & SAMARDŽIĆ
LAW OFFICE*

Marija Ilić
LAW OFFICE ILIĆ

Miloš Ilić
*ŽIVKOVIĆ & SAMARDŽIĆ
LAW OFFICE*

Marko Janicijevic
*TOMIC SINDJELIC
GROZA LAW OFFICE*

Ana Jankov
BDK ADVOKATI

Aleksandar Jovićević
HARRISONS

Dušan Karalić
DMK TAX & FINANCE

Marija Karalić
DMK TAX & FINANCE

Ivana Kopilovic
KOPILOVIC & KOPILOVIC

Filip Kovacevic
DELOITTE D.O.O.

Vidak Kovacevic
WOLF THEISS

Ivan Krsikapa
NINKOVIĆ LAW OFFICE

Ana Krstic
PRICA & PARTNERS LAW OFFICE

Zach Kuvizić
KUVIZIC & TADIC LAW OFFICE

Rada Lacić
KOPILOVIC & KOPILOVIC

Kosta D. Lazic
LAW OFFICE KOSTA D. LAZIC

Milan Lazić
KN KARANOVIĆ & NIKOLIĆ

Ružica Mačukat
*SERBIAN BUSINESS REGISTERS
AGENCY (SBRA)*

Miladin Maglov
*SERBIAN BUSINESS REGISTERS
AGENCY (SBRA)*

Aleksandar Mančev
PRICA & PARTNERS LAW OFFICE

Aleksandar Marić
*VASOVIC & PARTNERS
LAW OFFICE*

Predrag Matić
*DISTRIBUTION SYSTEM
OPERATOR EPS DISTRIBUCIJA
D.O.O. BEOGRAD (EPSD)*

Ines Matijević-Papulin
HARRISONS

Djordje Mijatov
LAW OFFICE ILIĆ

Predrag Milenković
*DRAŽIĆ, BEATOVIĆ &
PARTNERS LAW OFFICE*

Branko Milovanovic
TEBODIN D.O.O.

Milena Mitić
KN KARANOVIĆ & NIKOLIĆ

Aleksandar Mladenović
*MLADENOVIC & STANKOVIC
IN COOPERATION WITH ROKAS
INTERNATIONAL LAW FIRM*

Dejan Mrakovic
DELOITTE D.O.O.

Stefan Nešić
HARRISONS

Veljko Nešić
PRICA & PARTNERS LAW OFFICE

Igor Nikolic
DOKLESTIC & PARTNERS

Dimitrije Nikolić
GEBRUDER WEISS D.O.O.

Marija Nikolić
KOPILOVIC & KOPILOVIC

Djurdje Ninković
NINKOVIĆ LAW OFFICE

Bojana Noskov
WOLF THEISS

Zvonko Obradović
*SERBIAN BUSINESS REGISTERS
AGENCY (SBRA)*

Darija Ognjenović
PRICA & PARTNERS LAW OFFICE

Igor Oljačić
*ADVOKATSKA KANCELARIJA
OLJAČIĆ & TODOROVIĆ*

Stefan Pavlovic
*MLADENOVIC & STANKOVIC
IN COOPERATION WITH ROKAS
INTERNATIONAL LAW FIRM*

Časlav Petrović
ZAVIŠIN SEMIZ & PARTNERS

Jasmina Petrović
*CITY OF BELGRADE,
URBANISM DEPARTMENT*

Ana Popovic
*ŽIVKOVIĆ & SAMARDŽIĆ
LAW OFFICE*

Mihajlo Prica
PRICA & PARTNERS LAW OFFICE

Jasmina Radovanović
*NATIONAL ALLIANCE
FOR LOCAL ECONOMIC
DEVELOPMENT*

Branka Rajicic
*PRICEWATERHOUSECOOPERS
CONSULTING D.O.O.*

Branimir Rajsic
*KARANOVIC & NIKOLIC
LAW FIRM*

Miljan Savić
KOPILOVIC & KOPILOVIC

Stojan Semiz
ZAVIŠIN SEMIZ & PARTNERS

Marko Srdanović
MUNICIPALITY OF SURCIN

Ana Stankovic
*DIRECT CAPITAL S, NOVI DOM
RED, NEW VENTURE RED*

Dragana Stanojević
*USAID BUSINESS ENABLING
PROJECT—BY CARDNO
EMERGING MARKETS USA LTD.*

Petar Stojanović
*JOKSOVIC, STOJANOVIĆ
AND PARTNERS*

Nikola Sugaris
ZAVIŠIN SEMIZ & PARTNERS

Marko Tesanovic
WOLF THEISS

Ana Tomic
*JOKSOVIC, STOJANOVIĆ
AND PARTNERS*

Jovana Tomić
*ŽIVKOVIĆ & SAMARDŽIĆ
LAW OFFICE*

Mile Tomić
MUNICIPALITY OF SURCIN

Snežana Tosić
*SERBIAN BUSINESS REGISTERS
AGENCY (SBRA)*

Hristina Vojvodić
PRICA & PARTNERS LAW OFFICE

Maja Vrcelj
*TEBODIN CONSULTANTS
AND ENGINEERS*

Goran Vucic
*JOKSOVIC, STOJANOVIĆ
AND PARTNERS*

Srećko Vujaković
*MORAVČEVIĆ VOJNOVIĆ I
PARTNERI IN COOPERATION
WITH SCHOENHERR*

Tanja Vukotić Marinković
*SERBIAN BUSINESS REGISTERS
AGENCY (SBRA)*

Miloš Vulić
PRICA & PARTNERS LAW OFFICE

Djordje Zejak
BDK ADVOKATI

Miloš Živković
*ŽIVKOVIĆ & SAMARDŽIĆ
LAW OFFICE*

Igor Živkovski
*ŽIVKOVIĆ & SAMARDŽIĆ
LAW OFFICE*

塞舌尔

POOL & PATEL

PUBLIC UTILITIES CORPORATION

Fanette Albert
*SEYCHELLES PLANNING
AUTHORITY*

Justin Bacharie
*ELECTRICAL CONSULTANT
SEYCHELLES*

Jules Baker
*MINISTRY OF EMPLOYMENT,
IMMIGRATION AND
CIVIL STATUS*

Paul Barrack

Karishma Beegoo
APPLEBY

Terry Biscornet
*SEYCHELLES PLANNING
AUTHORITY*

Juliette Butler
APPLEBY

Ronald Cafrine

Emmaline Camille

Petar Chakarov
*HEALY CONSULTANTS
GROUP PLC*

Francis Chang-Sam
*LAW CHAMBERS OF
FRANCIS CHANG-SAM*

Alex Ellenberger
ADD LOCUS ARCHITECTS LTD.

Joseph Francois
*SEYCHELLES PLANNING
AUTHORITY*

Bernard Georges
GEORGES & GEORGES

Fred Hoareau
*COMPANY AND
LAND REGISTRY*

Bryan Julie
BRYAN JULIE LAW CHAMBERS

Malcolm Moller
APPLEBY

Fred Morel

Marcus Naiken
HUNT, DELTEL & CO. LTD.

Margaret Nourice
STAMP DUTY COMMISSION

Brian Orr
MEJ ELECTRICAL

Flossy Payet

Wendy Pierre
*COMPANY AND
LAND REGISTRY*

Khothai Pillay
EY SEYCHELLES

Victor Pool
*OFFICE OF THE
ATTORNEY GENERAL*

Divino Sabino
*PARDIWALLA TWOMEY
LABLACHE*

Jonathan Valentin
CENTRAL BANK OF SEYCHELLES

Brohnsonn Winslow
WINSLOW NAYA CONSULTING

塞拉利昂

COLE, KANU & PARTNERS

Amos Odame Adjei
PWC GHANA

Alfred Akibo-Betts
*NATIONAL REVENUE
AUTHORITY*

Padrina Ardua Annan
PWC GHANA

Christian S. Asgill
FREETOWN NOMINEES

Gideon Ayi-Owoo
PWC GHANA

Isiaka Balogun
KPMG

Abdul Akim Bangura
*ASSOCIATION OF CLEARING
AND FORWARDING
AGENCIES SIERRA LEONE*

Mallay F. Bangura
*ELECTRICITY DISTRIBUTION
AND SUPPLY AUTHORITY*

Philip Bangura
BANK OF SIERRA LEONE

Claudius Bart-Williams
*PENNARTH GREENE &
COMPANY LIMITED*

Ayesha Bedwei
PWC GHANA

Anthony Y. Brewah
BREWAH & CO.

Medgar Brown
BALMED HOLDINGS LTD.

Sponsford Cole
FREETOWN NOMINEES

Siman Mans Conteh
*INCOME TAX BOARD OF
APPELLATE COMMISSIONERS*

Kwesi Amo Dadson
PWC GHANA

Momoh Dumbuya
*ELECTRICITY DISTRIBUTION
AND SUPPLY AUTHORITY*

Melvin Foday Khabenje
*PENNARTH GREENE &
COMPANY LIMITED*

Manilius Garber
*JARRETT-YASKEY,
GARBER & ASSOCIATES:
ARCHITECTS (JYGA)*

Francis Kwame Gerber
*HALLOWAY & PARTNERS
SOLICITORS*

Eke Ahmed Halloway
*HALLOWAY & PARTNERS
SOLICITORS*

Mohamed Jalloh
AKIM AND SATU C&F AGENCY

Ahmed Yassin Jallo-Jamboria

Ransford Johnson
*LAMBERT & PARTNERS,
PREMIERE CHAMBERS*

Marcella Jones
*PENNARTH GREENE &
COMPANY LIMITED*

Jerrie S. Kamara
FREETOWN NOMINEES

Mohamed Kamara
FREETOWN NOMINEES

George Kawaley
*BABADORIE CLEARING
& FORWARDING CO.*

Alieyah Keita

Patrick Syl Kongo
*NATIONAL REVENUE
AUTHORITY*

Lansana Kotor-Kamara
*FAST TRACK
COMMERCIAL COURT*

George Kwatia
PWC GHANA

Michala Mackay
*CORPORATE AFFAIRS
COMMISSION OF SIERRA LEONE*

Clifford Marcus-Roberts
KPMG

Corneleius Max-Williams
*DESTINY SHIPPING
AGENCIES LTD.*

Francis Nyama
*ELECTRICITY DISTRIBUTION
AND SUPPLY AUTHORITY*

Afolabi Oluwole
CUSTOMERWORTH

Eduard Parkinson
*ELECTRICITY DISTRIBUTION
AND SUPPLY AUTHORITY*

Cheryl Sembie
ADVOCAID (SL)

Vivian Solomon
*SUPREME COURT OF
SIERRA LEONE*

Millicent Stronge

Eddinia Swallow
WRIGHT & CO.

Alvin Tamba
KPMG

Ebun Tengbe
COLE, KANU & PARTNERS

Oluyemisi Williams
*PENNARTH GREENE &
COMPANY LIMITED*

Prince Williams
*CORPORATE AFFAIRS
COMMISSION OF SIERRA LEONE*

Claudius Williams-Tucker
*VERITAS PROFESSIONAL
SERVICES*

Rowland Wright
WRIGHT & CO.

新加坡

EY SINGAPORE

MINISTRY OF MANPOWER

*MINISTRY OF TRADE
& INDUSTRY*

STATE COURTS

Yvonne Ang
PUBLIC UTILITIES BOARD

Caroline Berube
HJM ASIA LAW & CO LLC

Andrew Chan
ALLEN & GLEDHILL LLP

Ewe Jin Chan
ECAS CONSULTANT PTE. LTD.

Yoh Chuang Chee
RSM CHIO LIM LLP

Hooi Yen Chin
POLARIS LAW CORPORATION

Eng Christopher
*INSOLVENCY AND PUBLIC
TRUSTEE'S OFFICE*

Kit Min Chye
TAN PENG CHIN LLC

Kamil Dada
TETRAFLOW PTE LTD.

Miah Fok
*CREDIT BUREAU
SINGAPORE PTE. LTD.*

Harold Foo
*INSOLVENCY AND PUBLIC
TRUSTEE'S OFFICE*

Joseph Foo
*NATIONAL ENVIRONMENTAL
AGENCY*

David Ho
DHA+PAC

Don Ho
DHA+PAC

Jay Jay
*JUST R. TRANSPORT
ENTERPRISE PTE. LTD.*

Hern Kuan Liu
TAN PENG CHIN LLC

Huen Poh Lai
*RSP ARCHITECTS PLANNERS
& ENGINEERS (PTE) LTD.*

Yvonne Lay
INLAND REVENUE AUTHORITY

Lee Lay See
RAJAH & TANN SINGAPORE LLP

Yuan Lee
WONG TAN & MOLLY LIM LLC

Wendy Leo
*ACCOUNTING &
CORPORATE REGULATORY
AUTHORITY, ACRA*

Edwin Leow
*NEXIA TS TAX SERVICES
PTE. LTD.*

Kenneth Lim
ALLEN & GLEDHILL LLP

Meng May Lim
*BUILDING & CONSTRUCTION
AUTHORITY*

Peng Hong Lim
PH CONSULTING PTE. LTD.

William Lim
*CREDIT BUREAU
SINGAPORE PTE. LTD.*

Joseph Liow
STRAITS LAW

Loh Meiling
*NEXIA TS TAX SERVICES
PTE. LTD.*

Girish Naik
PWC SINGAPORE

Daryl Ng
DNKH LOGISTICS

Eddee Ng
TAN KOK QUAN PARTNERSHIP

Beng Hong Ong
WONG TAN & MOLLY LIM LLC

Vincent Ooi Khay Hoe
TAN PENG CHIN LLC

Alex Ow
*ACCOUNTING &
CORPORATE REGULATORY
AUTHORITY, ACRA*

Lim Bok Hwa Sandy
*JUST R. TRANSPORT
ENTERPRISE PTE. LTD.*

Martin Tan
*URBAN REDEVELOPMENT
AUTHORITY*

Tay Lek Tan
PWC SINGAPORE

Joo Heng Teh
TEH JOO HENG ARCHITECTS

Siu Ing Teng
SINGAPORE LAND AUTHORITY

Matthew Teo
RAJAH & TANN SINGAPORE LLP

Keith Tnee
TAN KOK QUAN PARTNERSHIP

Edwin Tong
ALLEN & GLEDHILL LLP

Keam Tong Wong
WOH HUP PRIVATE LIMITED

Kok Siong Wong
*STEVEN TAN RUSSELL BEDFORD
PAC—MEMBER OF RUSSELL
BEDFORD INTERNATIONAL*

Siew Kwong Wong
ENERGY MARKET AUTHORITY

Isaac Yong
*FIRE SAFETY & SHELTER
DEPARTMENT*

斯洛伐克共和国

CUSTOMS

Jana Bacekova
*ALIANCIAADVOKÁTOV
AK, S.R.O.*

Branislav Brocko
BEATOW PARTNERS

Ján Budinský
*CRIF—SLOVAK CREDIT
BUREAU, S.R.O.*

Peter Čavojský
*CLS ČAVOJSKÝ &
PARTNERS, S.R.O*

Katarína Čechová
ČECHOVÁ & PARTNERS S.R.O.

Tomas Cermak
WEINHOLD LEGAL

Tomáš Cibuľa
WHITE & CASE S.R.O.

Peter Drenka
*HAMALA KLUCH
VÍGLASKÝ S.R.O.*

Jan Dvorecky
SCM LOGISTICS S.R.O.

Matúš Fojtl
*GEODESY, CARTOGRAPHY
AND CADASTRE AUTHORITY*

Iveta Grossova
*FINANCIAL ADMINISTRATION
OF THE SLOVAK REPUBLIC*

Roman Hamala
*HAMALA KLUCH
VÍGLASKÝ S.R.O.*

Tatiana Hlušková
MINISTRY OF ECONOMY

Peter Hodál
WHITE & CASE S.R.O.

Simona Hofferová
MINISTRY OF JUSTICE

David Horváth
BEATOW PARTNERS

Barbora Hrabcakova
WHITE & CASE S.R.O.

Veronika Hrušovská
PRK PARTNERS S.R.O.

Lucia Huntatová
JNC LEGAL S.R.O.

Miroslav Jalec
*ZÁPADOSLOVENSKÁ
DISTRIBUČNÁ AS*

Lukáš Jankovič
*MINISTRY OF TRANSPORT
AND CONSTRUCTION*

Tomáš Kamenec
PAUL Q. LAW FIRM

Marián Kapec
*ZÁPADOSLOVENSKÁ
DISTRIBUČNÁ AS*

Kristina Klenova
BEATOW PARTNERS

Martin Kluch
*HAMALA KLUCH
VÍGLASKÝ S.R.O.*

Roman Konrad
PROFINAM, S.R.O.

Miroslav Kopac
NATIONAL BANK OF SLOVAKIA

Jakub Kováčik
*CLS ČAVOJSKÝ &
PARTNERS, S.R.O*

Karol Kovács
*NOTARSKA KOMORA
SLOVENSKEJ REPUBLIKY*

Marián Krajčír
NZES ENERGY

Gabriela Kubicová
PWC SLOVAKIA

Martin Maliar
MINISTRY OF JUSTICE

Luciána Malovcová
MINISTRY OF JUSTICE

Jakub Malý
DETVAI LUDIK MALÝ UDVAROS

Magdaléna Markechová
MARKECHOVA JMJ LEGAL

Alex Medek
WHITE & CASE S.R.O.

Nina Molcanova
PWC SLOVAKIA

Petra Murínová
DEDÁK & PARTNERS

Miloš Nagy
*ZÁPADOSLOVENSKÁ
DISTRIBUČNÁ AS*

Jaroslav Niznansky
JNC LEGAL S.R.O.

Andrea Olšovská
PRK PARTNERS S.R.O.

Adriana Palasthyova
PWC SLOVAKIA

Martin Polónyi
MINISTRY OF FINANCE

Simona Rapavá
WHITE & CASE S.R.O.

Gerta Sàmelová-Flassiková
*ALIANCIAADVOKÁTOV
AK, S.R.O.*

Zuzana Satkova
PWC SLOVAKIA

Nikoleta Scasna
PWC SLOVAKIA

Christiana Serugova
PWC SLOVAKIA

Iveta Šimončičová
MINISTRY OF ECONOMY

Jaroslav Škubal
PRK PARTNERS S.R.O.

Patrik Turosik
MINISTRY OF ECONOMY

Jakub Vojtko
JNC LEGAL S.R.O.

Otakar Weis
PWC SLOVAKIA

Katarina Zaprazna
PWC SLOVAKIA

Tomáš Zarecký Dentico
ZÁRECKÝ ZEMAN

Michal Záthurecký
WHITE & CASE S.R.O.

Dagmar Zukalová
ZUKALOVÁ—ADVOKÁTSKA KANCELÁRIA S.R.O.

斯洛文尼亚

ODVETNISKA DRUZBA NEFFAT

Igor Angelovski
LAW FIRM KAVČIČ, BRAČUN & PARTNERS, O.P., D.O.O.

Vladimir Bilic
VLADIMIR BILIC LAW OFFICE LTD.

Jana Božič
KAVČIČ, BRAČUN & PARTNERS, O.P., D.O.O.

Damijan Brulc
BRULC, GABERŠČIK IN PARTNERJI, ODVETNIŠKA DRUŽBA

Branko Butala
COMARL D.O.O.

Tomaž Čad
LAW FIRM ČAD

Mitja Čampa
VEM OFFICE (AJPES LJUBLJANA BRANCH)

Martin Carni
ODVETNIKI ŠELIH & PARTNERJI

Luka Dolinar
ELEKTROINSTALACIJE

Maša Drkušic
ODI LAW SLOVENIA

Nada Drobnic
KPMG

Andrej Ekart
LOCAL COURT MARIBOR

Luka Fabiani

Mojca Fakin
FABIANI, PETROVIČ, JERAJ, REJC ATTORNEYS-AT-LAW LTD.

Marina Ferfolja Howland
FERFOLJA, LJUBIC IN PARTNERJI

Aleksander Ferk
PWC SVETOVANJE D.O.O.

Pavle Flere

Marko Frantar
SCHOENHERR

Sasa Galonja
MINISTRY FOR ENVIRONMENTAL AND SPATIAL PLANNING

Joze Globocnik
COMARL D.O.O.

Alenka Gorenčič
DELOITTE

Jan Gorjup
KIRM PERPAR, LTD.

Eva Gostisa
JADEK & PENSA D.O.O.—O.P.

Hermina Govekar Vičič
BANK OF SLOVENIA

Bara Gradišar
DELOITTE

Andreja Hocevar
PROEVENT D.O.O.

Barbara Hočevar
PWC SVETOVANJE D.O.O.

Branko Ilić
ODI LAW SLOVENIA

Tjasa Ivanc
UNIVERSITY OF MARIBOR, FACULTY OF LAW

Luka Ivanic
MINISTRY FOR ENVIRONMENTAL AND SPATIAL PLANNING

Andraž Jadek

Matjaž Jan
ODI LAW SLOVENIA

Andrej Jarkovič
LAW FIRM JANEŽIČ & JARKOVIČ LTD.

Jernej Jeraj
FABIANI, PETROVIČ, JERAJ, REJC ATTORNEYS-AT-LAW LTD.

Sabina Jereb
MINISTRY FOR ENVIRONMENTAL AND SPATIAL PLANNING

Miha Kač
DOBRAVC TATALOVIČ AND KAČ

Boris Kastelic
FINANCIAL INSTITUTION OF THE REPUBLIC OF SLOVENIA

Klavdija Kek
ODVETNIKI ŠELIH & PARTNERJI

Miro Košak
NOTARY OFFICE KOŠAK

Sana Koudila
KIRM PERPAR, LTD.

Neža Kranjc
ODVETNIKI ŠELIH & PARTNERJI

Tomaz Kristof
STUDIO KRISTOF ARHITEKTI D.O.O.

Uroš Križanec
SKM LAW FIRM

Borut Leskovec
JADEK & PENSA D.O.O.—O.P.

Borce Malijanski
SCHOENHERR

Miroslav Marchev
PWC SVETOVANJE D.O.O.

Peter Mele
LAW FIRM PETER MELE

Nastja Merlak
JADEK & PENSA D.O.O.—O.P.

Helena Miklavcic
LJUBLJANA DISTRICT COURT, COMMERCIAL LAWSUITS DEPARTMENT

Darja Miklavčič
ODVETNIKI ŠELIH & PARTNERJI, O.P., D.O.O.

Matjaž Miklavčič
SODO D.O.O.

Aleksandra Mitić
KAVČIČ, BRAČUN & PARTNERS, O.P., D.O.O.

Bojan Mlaj
ENERGY AGENCY OF THE REPUBLIC OF SLOVENIA

Eva Možina
SCHOENHERR

Blaž Ogorevc
ODVETNIKI ŠELIH & PARTNERJI

Neli Okretič
JADEK & PENSA D.O.O.—O.P.

Rok Oman
OFIS ARHITEKTI

Ela Omersa
FABIANI, PETROVIČ, JERAJ, REJC ATTORNEYS-AT-LAW LTD.

Sonja Omerza
DELOITTE

Matjaz Osvald
SODO D.O.O.

Maja Pangeršič
DELOITTE

Iris Pensa
LAW OFFICE JADEK & PENSA

Tamara Petrovic
ODVETNIKI ŠELIH & PARTNERJI

Tomaž Petrovič
FABIANI, PETROVIČ, JERAJ, REJC ATTORNEYS-AT-LAW LTD.

Valdi Pincin
COMARL D.O.O.

Nataša Pipan-Nahtigal
ODVETNIKI ŠELIH & PARTNERJI

Petra Plevnik
LAW FIRM MIRO SENICA AND ATTORNEYS LTD.

Bojan Podgoršek
NOTARIAT

Ester Prajs
LJUBLJANA COUNTY COURT

Luka Pregelj

Anja Primožič
DELOITTE

Nika Rebek
VEM OFFICE (AJPES LJUBLJANA BRANCH)

Špela Remec
ODVETNIKI ŠELIH & PARTNERJI

Jasmina Rešidović
NOTARY OFFICE KOŠAK

Patricija Rot
JADEK & PENSA D.O.O.—O.P.

Andreja Šabec
FINANCIAL ADMINISTRATION OF THE REPUBLIC OF SLOVENIA

Bostjan Sedmak
ODVETNIK SEDMAK

Branka Sedmak
JADEK & PENSA D.O.O.—O.P.

Tadej Sinkovec
SODO D.O.O.

Andreja Škofič Klanjšček
DELOITTE

Nives Slemenjak
SCHOENHERR

Kristijan Stamatovic
ALFA SP D.O.O. LOGISTICS

Rok Starc
NOTARY OFFICE KOŠAK

Gregor Strojin
SUPREME COURT

Maja Šubic
LAW FIRM MIRO SENICA AND ATTORNEYS LTD.

Tilen Terlep
LAWYER

Blanka Tome
VEM OFFICE (AJPES LJUBLJANA BRANCH)

Žiga Urankar
JADEK & PENSA D.O.O.—O.P.

Katarina Vodopivec
SUPREME COURT

Ana Vran
FABIANI, PETROVIČ, JERAJ, REJC ATTORNEYS-AT-LAW LTD.

Katja Wostner
BDO SVETOVANJE D.O.O.

Petra Zapušek
JADEK & PENSA D.O.O.—O.P.

Nina Žefran
DELOITTE

Tomaž Žganjar
VEM OFFICE (AJPES LJUBLJANA BRANCH)

Ljuba Zupančič Čokert
LAW FIRM MIRO SENICA AND ATTORNEYS LTD.

所罗门群岛

CREDIT & DATA BUREAU LIMITED

Agnes Atkin
MINISTRY OF LAND, HOUSING AND SURVEY

Jesus Benito
EXPRESS FREIGHT MANAGEMENT— SOLOMON ISLANDS

Don Boykin
PACIFIC ARCHITECTS LTD.

Kenneth Bulehite
HONIARA CITY COUNCIL

Anthony Frazier

Julie Haro
PREMIERE GROUP OF COMPANIES LTD.

Douglas Hou
PUBLIC SOLICITOR'S OFFICE

Sebastian Keso
TRADCO SHIPPING

Hegstad Koga
MINISTRY FOR JUSTICE AND LEGAL AFFAIRS

Wayne Morris
MORRIS & SOJNOCKI CHARTERED ACCOUNTANTS

Andrew Radclyffe

Chaniel Sani
HONIARA CITY COUNCIL

Gregory Joseph Sojnocki
MORRIS & SOJNOCKI CHARTERED ACCOUNTANTS

Makario Tagini
GLOBAL LAWYERS, BARRISTERS & SOLICITOR

Selwyn Takana
MINISTRY OF FINANCE AND TREASURY

Cindrella Vunagi
HONIARA CITY COUNCIL

Pamela Wilde
MINISTRY FOR JUSTICE AND LEGAL AFFAIRS

Yolande Yates
GOH & PARTNERS

索马里

Hafsa Aamin

Nor Abdulle Afrah
BENADIR UNIVERSITY

Abdulkadir Ali Adow
MAYOR'S OFFICE AT THE MUNICIPALITY OF MOGADISHU

Ahmed Aweis
MOGADISHU LAW OFFICE

Mohamed Dubad

Abdiwahid Osman Haji
MOGADISHU LAW OFFICE

Sadia Hasan

Mahdi Hassan
DARYEEL SHIPPING AND FORWARDING

Abdirahman Hassan Wardere
MOGADISHU UNIVERSITY

Ahmed Jama Kheire
ADAMI GENERAL SERVICE

Ahmed Mahmoud

Mariam Mohamed

Hassan Mohamed Ali
MOGADISHU LAW OFFICE

Bashir Mohamed Sheikh
MOGADISHU UNIVERSITY

Mohamed Mohamoud Hashi
SOMALILAND LAWYERS ASSOCIATION (SOLLA)

Ali Mohamud Mahadalle
HIJAZ CLEARANCE AND FORWARDING SERVICE

Osman Osman
MOGADISHU LAW OFFICE

南非

Nicolaos Akritidis
PARADIGM ARCHITECTS

Okyerebea Ampofo-Anti
WEBBER WENTZEL

Adriaan Basson
WINGMAN ACCOUNTING

Lauren Becker
WERKSMANS INC.

Kobus Blignaut
ATTORNEY

Stan Bridgens
SOUTH AFRICA INSTITUTE OF ELECTRICAL ENGINEERS

Philippa Bruyns
GLYN MARAIS

Jeff Buckland
HOGAN LOVELLS

Ian Burger
NOVALEGAL

Mike Cary
NETACTIVE

Zamadeyi Cebisa
WEBBER WENTZEL

Vivien Chaplin
HOGAN LOVELLS

Brendon Christian
BUSINESS LAW BC

Saskia Cole
KIPD

Haydn Davies
WEBBER WENTZEL

Gretchen de Smit
ENSAFRICA

Lauren Fine
NORTON ROSE FULBRIGHT SOUTH AFRICA

Monica Fourie
GLYN MARAIS

Brian Frank
GLYN MARAIS

Catherine Grainger
GWE ARCHITECTURE

Daneille Halters
TRANSUNION

Cynthia Hlongwane
TRANSGLOBAL

Ricky Infant
GIURICICH

Timothy Johnson
SAGE ARCHITECTS

Jonathan Jones
*NORTON ROSE FULBRIGHT
SOUTH AFRICA*

Raoul Kissun
*NORTON ROSE FULBRIGHT
SOUTH AFRICA*

Tiaan Klaassens
WINGMAN ACCOUNTING

Carlize Knoesen
*DEPARTMENT OF RURAL
DEVELOPMENT AND
LAND REFORM*

Lisa Koenig
TRANSUNION

Jeffrey Kron
*NORTON ROSE FULBRIGHT
SOUTH AFRICA*

Johnathan Leibbrandt
WEBBER WENTZEL

Eric Levenstein
WERKSMANS INC.

Jacques Maart
CITY OF JOHANNESBURG

Kyle Mandy
PWC SOUTH AFRICA

Johan Marais
SAAFF

Jabu Masondo
PWC SOUTH AFRICA

Patt Mazibuko
*CITY OF JOHANNESBURG—
BUILDING DEVELOPMENT
MANAGEMENT*

Terrick McCallum
BAKER MCKENZIE

Burton Meyer
CLIFFE DEKKER HOFMEYR INC.

Mahomed Fayaz Monga
*GROSSKOPFF LOMBART
HUYBERECHTS &
ASSOCIATES ARCHITECTS*

Tshepo Mongalo
MONASH SOUTH AFRICA

Darren Oliver
ADAMS & ADAMS

Noushaad Omarjee
SHEPSTONE & WYLIE

Graeme Palmer
GARLICKE & BOUSFIELD INC.

Marius Papenfus
*SOUTH AFRICAN
REVENUE SERVICE*

Attie Pretorious
CLIFFE DEKKER HOFMEYR INC.

Malope Ramagaga
CITYPOWER

Lucinde Rhoodie
CLIFFE DEKKER HOFMEYR INC.

Wesley Rosslyn-Smith
UNIVERSITY OF PRETORIA

Ferdie Schneider
BDO

David Short
FAIRBRIDGES ATTORNEYS

Arvind Sinha
*RCS PVT. LTD. BUSINESS
ADVISORS GROUP*

Rajat Ratan Sinha
*RCS PVT. LTD. BUSINESS
ADVISORS GROUP*

Richard Steinbach
*NORTON ROSE FULBRIGHT
SOUTH AFRICA*

Janke Strydom
CLIFFE DEKKER HOFMEYR INC.

Maarten Strydom
STRYDOM M. & ASSOCIATES

James Tubb
BARLOWORLD EQUIPMENT

Nina Valetta
SHEPSTONE & WYLIE

Paul Vermeulen
CITYPOWER

Jean Visagie
PWC SOUTH AFRICA

Rory Voller
*COMPANIES AND INTELLECTUAL
PROPERTY COMMISSION (CIPC)*

Anthony Whittaker
CITYPOWER

St. Elmo Wilken
ENSAFRICA

Merwyn Wolder
REDLOW SOLAR POWER

南苏丹

*MINISTRY OF ELECTRICITY
AND DAMS*

Victoria Adeng Madut
LIBERTY ADVOCATES LLP

Santino Tito Tipo Adibo

Mufti Othaneil Akum
MINISTRY OF JUSTICE

Roda Allison Dokolo
LOMORO & CO. ADVOCATES

Monyluak Alor Kuol
LIBERTY ADVOCATES LLP

Jimmy Araba Parata
*ENGINEERING COUNCIL
OF SOUTH SUDAN*

Gabriel Isaac Awow
MINISTRY OF JUSTICE

Leo Bouma
NEWTON LAW GROUP

Biong Kuol Deng
LAWYER

Kuethpiny Deng Nhumrom

Halim Gebeili
NEWTON LAW GROUP

Ajo Noel Julius Kenyi
AJO & CO. ADVOCATES

BENSON KARUIRUEY

Petro Maduk Deng
*QATAR NATIONAL BANK
SOUTH SUDAN*

Peter Pitya
MINISTRY OF HOUSING

Lomoro Robert Bullen
LOMORO & CO. ADVOCATES

Jeremiah Sauka
MINISTRY OF JUSTICE

David Taban
CIVICON LIMITED

James Tadiwe
*NATIONAL CONSULTANTS
ASSOCIATION*

Mut Turuk
TURUK & CO. ADVOCATES

Daniel Wani
*ENGINEERING COUNCIL
OF SOUTH SUDAN*

西班牙

GRUPO AN

Basilio Aguirre
*REGISTRO DE LA
PROPIEDAD DE ESPAÑA*

Iñigo Alejandre
ASHURST LLP

Maria Alonso
DLA PIPER SPAIN SLU

Alfonso Alvarado Planas
*DIRECCIÓN GENERAL DE
INDUSTRIA, ENERGÍA Y MINAS*

Javier Álvarez
J&A GARRIGUES SLP

Jacobo Archilla Martín-Sanz
*ASOCIACIÓN/
COLEGIO NACIONAL DE
INGENIEROS DEL ICAI*

Serena Argente Escartín
*RAPOSO BERNARDO
& ASSOCIADOS*

Nuria Armas
BANCO DE ESPAÑA

Ana Armijo
ASHURST LLP

Cristina Ayo Ferrándiz
*URÍA & MENÉNDEZ,
MEMBER OF LEX MUNDI*

Denise Bejarano
PÉREZ-LLORCA

Monika Beltram
*MONEREO MEYER
MARINEL-LO ABOGADOS*

Vicente Bootello
J&A GARRIGUES SLP

Agustín Bou
JAUSAS

Antonio Bravo
EVERSHEDS NICEA

Laura Camarero
BAKER MCKENZIE

Lola Cano
BANCO DE ESPAÑA

Ignacio Castrillón Jorge
*IBERDROLA DISTRIBUCIÓN
ELÉCTRICA SAU*

Francisco Cervilla Sabio
HORTIQUALITY, S.L.

Miguel Cruz Amorós
PWC SPAIN

Leonardo Felice Cultrera
Muñoz
ASTER ABOGADOS

Mariana de la Rosa
*URÍA & MENÉNDEZ,
MEMBER OF LEX MUNDI*

Pelayo de Salvador Morell
*DESALVADOR REAL
ESTATE LAWYERS*

Iván Delgado González
PÉREZ-LLORCA

Rossanna D'Onza
BAKER MCKENZIE

Iván Escribano
J&A GARRIGUES SLP

Blanca Fernández Barjau
*MINISTERIO DE ECONOMÍA,
INDUSTRIA Y COMPETITIVIDAD*

Julia Fernández Esteban
EVERSHEDS NICEA

Pablo Fernández Martín
*URÍA & MENÉNDEZ,
MEMBER OF LEX MUNDI*

Ariadna Galimany
*GÓMEZ-ACEBO &
POMBO ABOGADOS*

Patricia Garcia
BAKER MCKENZIE

Valentín García González
*CUATRECASAS,
GONÇALVES PEREIRA*

Borja García-Alamán
J&A GARRIGUES SLP

Ricardo Garcia-Nieto
*GNL RUSSELL BEDFORD
AUDITORES SL*

Manuel Gomez
J&A GARRIGUES SLP

Marta Gomez
AYUNTAMIENTO DE MADRID

Ana Gómez
*MONEREO MEYER
MARINEL-LO ABOGADOS*

Juan Ignacio Gomeza Villa
NOTARIO DE BILBAO

Pilar Gonzalez Ariza
AYUNTAMIENTO DE MADRID

Flaminia González-Barba Bolza
WHITE & CASE

Alvaro González-Escalada
LOGESTA

Carmen González-Noain
BAKER MCKENZIE

David Grasa Graell
AGG

Andrés Herzog
FOURLAW ABOGADOS

Gabriele Hofmann
FOURLAW ABOGADOS

Alejandro Huertas León
J&A GARRIGUES SLP

Marta Jiménez
von Carstenn-Licterfelde
*DESALVADOR REAL
ESTATE LAWYERS*

Marina Lorente
J&A GARRIGUES SLP

Alberto Lorenzo
BANCO DE ESPAÑA

Julio Isidro Lozano
LVA LUIS VIDAL + ARCHITECTS

Joaquin Macias
ASHURST LLP

Alberto Manzanares
ASHURST LLP

Daniel Marín
*GÓMEZ-ACEBO &
POMBO ABOGADOS*

Marina Martinez
BAKER MCKENZIE

Eduardo Martínez-Matosas
*GÓMEZ-ACEBO &
POMBO ABOGADOS*

Jorge Martín-Fernández
CLIFFORD CHANCE

Alberto Mata
*THE SPAIN AMERICAN
BAR ASSOCIATION*

José Manuel Mateo
J&A GARRIGUES SLP

María Jesús Mazo Venero
*CONSEJO GENERAL
DEL NOTARIADO*

José María Menéndez Sánchez
*ASOCIACIÓN/
COLEGIO NACIONAL DE
INGENIEROS DEL ICAI*

Valentín Merino López
*VALENTÍN MERINO
ARQUITECTOS SL*

Alberto Monreal Lasheras
PWC SPAIN

Pedro Moreira Dos Santos
SCA LEGAL SLP

Eva Mur Mestre
PWC SPAIN

Àlex Nistal Vázquez
*MONEREO, MEYER &
MARINEL-LO ABOGADOS SLP*

Nicolás Nogueroles Peiró
*COLEGIO DE REGISTRADORES
DE LA PROPIEDAD Y
MERCANTILES DE ESPAÑA*

Rafael Núñez-Lagos de Miguel
*URÍA & MENÉNDEZ,
MEMBER OF LEX MUNDI*

Álvaro Felipe Ochoa Pinzón
J&A GARRIGUES SLP

Juan Oñate
LINKLATERS

Jorge Ortiz
EQUIFAX IBERICA

Francisco Pablo
DHL EXPRESS

Daniel Parejo Ballesteros
J&A GARRIGUES SLP

Julio Peralta de Arriba
WHITE & CASE

Patricia Pila
DLA PIPER SPAIN SLU

María José Plaza
*ASOCIACIÓN/
COLEGIO NACIONAL DE
INGENIEROS DEL ICAI*

Carlos Pol
JAUSAS

Carolina Posse
*GÓMEZ-ACEBO &
POMBO ABOGADOS*

Ignacio Quintana Elena
PWC SPAIN

Nelson Raposo Bernardo
*RAPOSO BERNARDO
& ASSOCIADOS*

Ana Ribera
JAUSAS

Kim Riddell
ANDALUS GLOBAL PRODUCE SL

Álvaro Rifá
*URÍA & MENÉNDEZ,
MEMBER OF LEX MUNDI*

Javier Rodríguez
*GÓMEZ-ACEBO &
POMBO ABOGADOS*

Eduardo Rodríguez-Rovira
*URÍA & MENÉNDEZ,
MEMBER OF LEX MUNDI*

Álvaro Rojo
J&A GARRIGUES SLP

Mireia Sabate
BAKER MCKENZIE

Eduardo Santamaría Moral
J&A GARRIGUES SLP

Pablo Santos Fita
DELOITTE ABOGADOS

Marcos Soberón
LINKLATERS

Raimon Tagliavini
*URÍA & MENÉNDEZ,
MEMBER OF LEX MUNDI*

Francisco Téllez de Gregorio
FOURLAW ABOGADOS

Adrián Thery
J&A GARRIGUES SLP

Alberto Torres Perez
AYUNTAMIENTO DE MADRID

Juan Verdugo
J&A GARRIGUES SLP

Fernando Vives Ruiz
J&A GARRIGUES SLP

Beatriz Montes Yebra
PÉREZ-LLORCA

斯里兰卡

ABU-GHAZALEH INTELLECTUAL PROPERTY (AGIP)

ASHADI

Asanka Abeysekera
TIRUCHELVAM ASSOCIATES

Nihal Sri Ameresekere
CONSULTANTS 21 LTD.

Nandi Anthony
CREDIT INFORMATION BUREAU OF SRI LANKA

Mohamed Anverally
ANVERALLY & SONS (PVT.) LTD.

Surangi Arawwawala
PWC SRI LANKA

Peshala Attygalle
NITHYA PARTNERS

Harsha Cabral
CHAMBERS OF HARSHA CABRAL

Dilmini Cooray
D.L. & F. DE SARAM

Ranjith Dayananda
REGISTRAR GENERAL'S DEPARTMENT

Savantha De Saram
D.L. & F. DE SARAM

Chamari de Silva
F.J. & G. DE SARAM

Suvendrini Dimbulana
D.L. & F. DE SARAM

Chamindi Ekanayake
NITHYA PARTNERS

Manjula Ellepola
F.J. & G. DE SARAM

Anjali Fernando
F.J. & G. DE SARAM

Ayomi Fernando
EMPLOYERS' FEDERATION OF CEYLON

P.N.R. Fernando
COLOMBO MUNICIPAL COUNCIL

Shanika Fernando
D.L. & F. DE SARAM

Saman Gamage
CEYLON ELECTRICITY BOARD

Thambippillai Gobalasingam
DELOITTE

Jivan Goonetilleke
D.L. & F. DE SARAM

Naomal Goonewardena
NITHYA PARTNERS

Shanaka Gunasekara
F.J. & G. DE SARAM

Ramal Gunasekara
LAN MANAGEMENT DEVELOPMENT SERVICE

Shehara Gunasekara
F.J. & G. DE SARAM

Niranjala Gunatilake
TIRUCHELVAM ASSOCIATES

Thilanka Namalie Haputhanthrie
JULIUS & CREASY

Hettiarachchi Hemaratne
THE COLOMBO TEA TRADERS' ASSOCIATION

Dulanjani Hettiarachchi
F.J. & G. DE SARAM

M. Basheer Ismail
DELOITTE

David Jacob
FITS EXPRESS PVT. LTD.

Sonali Jayasuriya Rajapakse
ATTORNEY-AT-LAW

Shamalie Jayatunge
ATTORNEY-AT-LAW

Niral Kadawatharatchie
FREIGHT LINKS INTERNATIONAL (PTE.) LTD.

H.E.I. Karunarathna
COLOMBO MUNICIPAL COUNCIL

Chamila Karunarathne
F.J. & G. DE SARAM

Amila Karunaratne
FREIGHT LINE INTERNATIONAL (PVT.) LTD.

Janaka Lakmal
CREDIT INFORMATION BUREAU OF SRI LANKA

Oshadee Liyanapathirana
F.J. & G. DE SARAM

Heshan Mathugamage
DEPARTMENT OF REGISTRAR OF COMPANIES

Jayavilal Meegoda
CEYLON ELECTRICITY BOARD

Sujeewa Mudalige
PWC SRI LANKA

Dunya Peiris
D.L. & F. DE SARAM

Priyantha Peiris
COLOMBO MUNICIPAL COUNCIL

Dayaratne Perera
COLOMBO MUNICIPAL COUNCIL

Nissanka Perera
PWC SRI LANKA

Nishan Premathiratne
CHAMBERS OF HARSHA CABRAL

Hiranthi Ratnayake
PWC SRI LANKA

Sanjeewanie Ratnayake
CREDIT INFORMATION BUREAU OF SRI LANKA

Mohamed Rizni
SPEED INTERNATIONAL FREIGHT SYSTEMS LTD.

Shane Silva
JULIUS & CREASY

Volya Siriwardene
TIRUCHELVAM ASSOCIATES

Priya Sivagananathan
JULIUS & CREASY

Senai Somasekera
URBAN DEVELOPMENT AUTHORITY OF SRI LANKA

Harshana Suriyapperuma
SECURITIES & EXCHANGE COMMISSION

J.M. Swaminathan
JULIUS & CREASY

Shehara Varia
F.J. & G. DE SARAM

Hashintha Vidanapathir
TIRUCHELVAM ASSOCIATES

G.G. Weerakkody
COLOMBO MUNICIPAL COUNCIL

Malsha Wickramasinghe
F.J. & G. DE SARAM

Oshani Wijewardena
D.L. & F. DE SARAM

John Wilson
JOHN WILSON PARTNERS

圣基茨和尼维斯

Michella Adrien
THE LAW OFFICES OF MICHELLA ADRIEN

Charlene Berry
SCOTIABANK

Neil Coates
GRANT THORNTON

Jan Dash
LIBURD AND DASH

Rayana Dowden
WEBSTER

Evelina E-M. Baptiste
MAGISTRATE COURT

Edward Gift
INLAND REVENUE AUTHORITY

Bernie Greaux
TROPICAL SHIPPING

Mechelle Liburd
DEPARTMENT OF LABOUR

Sherry-Ann Liburd-Charles
GONSALVES PARRY

Shaunette Pemberton
GRANT THORNTON

Reginald Richards
R & R ELECTRICAL ENGINEERING AIR CONDITIONING & REFRIGERATION SERVICES LTD.

Sanshe N.N. Thompson
ST. KITTS ELECTRICITY DEPARTMENT

Warren Thompson
CONSTRUCTION MANAGEMENT AND CONSULTING AGENCY INC. (CMCAI)

Deborah Tyrell
HALIX CORPORATION

Larry Vaughan
CUSTOMS AND EXCISE DEPARTMENT

Leonora Walwyn
WALWYNLAW

Lennox Warner
LENNOX WARNER AND PARTNER

Charles Wilkin QC
KELSICK, WILKIN & FERDINAND

圣卢西亚

LUCELEC

Clive Antoine
MINISTRY OF SUSTAINABLE DEVELOPMENT, ENERGY, SCIENCE AND TECHNOLOGY

Natalie Augustin
GLITZENHIRN AUGUSTIN & CO.

Francis Belle
EASTERN CARIBBEAN SUPREME COURT

Sardia Cenac-Prospere
FLOISSAC FLEMING & ASSOCIATES

Sean Compton
MELON|DESIGN:ARCHITECTURE

Casey Destang
GRANT THORNTON

Geoffrey Duboulay
FLOISSAC FLEMING & ASSOCIATES

Michael Duboulay
FLOISSAC FLEMING & ASSOCIATES

Lydia Faisal
RICHARD FREDERICK AND LYDIA FAISALS' CHAMBERS

Brenda Floissac-Fleming
FLOISSAC FLEMING & ASSOCIATES

Peter I. Foster
PETER I. FOSTER & ASSOCIATES

Carol J. Gedeon
CHANCERY CHAMBERS

Garth George
ST. LUCIA ELECTRICITY SERVICES LTD.

Cheryl Goddard-Dorville
FLOISSAC FLEMING & ASSOCIATES

Claire Greene-Malaykhan
PETER I. FOSTER & ASSOCIATES

Leevie Herelle
HERELLE, LEEVIE & ASSOCIATES

Adrian Hilaire
ST. LUCIA AIR AND SEAPORT AUTHORITY

Natasha James
EASTERN CARIBBEAN SUPREME COURT

John Larcher
J.H. LARCHER'S ELECTRICS LTD.

Kareem Larcher
J.H. LARCHER'S ELECTRICS LTD.

Richard Peterkin
GRANT THORNTON

Trevor Philipe
TREVOR PHILIP AGENCIES LTD.

Martin S. Renee
RENEE'S CONSTRUCTION COMPANY

Matthew T. Sargusingh
TRI-FINITY ASSOCIATES

Catherine Sealys

Renee St. Rose
PETER I. FOSTER & ASSOCIATES

Leandra Gabrielle Verneuil
CHAMBERS OF JENNIFER REMY & ASSOCIATES

圣文森特和格林纳丁斯

Michaela N. Ambrose
BAPTISTE & CO. LAW FIRM

Kay R.A. Bacchus-Browne
KAY BACCHUS-BROWNE CHAMBERS

Rene M. Baptiste
BAPTISTE & CO. LAW FIRM

Odelinda Barbour
BAPTISTE & CO. LAW FIRM

Aurin Bennett
AURIN BENNETT ARCHITECTS

Graham Bollers
REGAL CHAMBERS

Mikhail A.X. Charles
BAPTISTE & CO. LAW FIRM

Paula E. David
SAUNDERS & HUGGINS

Casey Destang
GRANT THORNTON

Vilma Diaz de Gonsalves
CORPORATE SERVICES INC.

Su Fraser
SENTINEL LAW

Michael Gibson
GIBSON CONSTRUCTION LTD.

Stanley Harris
ST. VINCENT ELECTRICITY SERVICES LTD.

Isaac Legair
DENNINGS

Moulton Mayers
MOULTON MAYERS ARCHITECTS

Richard Peterkin
GRANT THORNTON

Michael Richards
GLOBALINK LOGISTICS GROUP

Trevor Thompson
TVA CONSULTANT

Arthur F. Williams
WILLIAMS & WILLIAMS

Stephen Williams
WILLIAMS & WILLIAMS

苏丹

ABU-GHAZALEH INTELLECTUAL PROPERTY (AGIP) TMP AGENTS CO. LTD.

Omer Abdel Ati

Ali Abdelrahman Khalil
SHAMI, KHALIL & SIDDIG ADVOCATES

Abnaa Sayed Elobied
ABNAA SAYED ELOBIED— AGRO EXPORT

Wala Hassan Aboalela
EL KARIB & MEDANI ADVOCATES

Mohamed Ibrahim Adam
DR. ADAM & ASSOCIATES

Ahmed Eldirdiri
SUDANESE COMMERCIAL LAW OFFICE (SCLO)

Afaf Abdalrahim Elgozuli
MINISTRY OF AGRICULTURE AND FOREST

Ahmed M. Elhillali
AMERICAN SUDANESE CONSULTING INC.

Awadallah Elshaikh

Hatim Elshoush
EL BARKAL ENGINEERING COMPANY

Amr Hamad Omar
EMIRATES ISLAMIC BANK

Intisar Ibrahim

Ahmed Mahdi
MAHMOUD ELSHEIKH OMER & ASSOCIATES ADVOCATES

Amin Mekki Medani
EL KARIB & MEDANI ADVOCATES

Abdein Mohamed
CIASA

Somia Mohamed
DARKA FOR TRADING & SERVICES CO. LTD.

Tariq Mubarak
EL KARIB & MEDANI ADVOCATES

Abdulhakim Omar
SDV LOGISTICS

Nafisa Omer
OMER ABDELATI LAW FIRM

Mohamed Alaaeldin Osman
*DARKA FOR TRADING &
SERVICES CO. LTD.*

Enas Salih
*SHAMI, KHALIL &
SIDDIG ADVOCATES*

Wafa Shami
*SHAMI, KHALIL &
SIDDIG ADVOCATES*

Husameldin Taha
*SUDANESE COMMERCIAL
LAW OFFICE (SCLO)*

Marwa Taha
*SHAMI, KHALIL &
SIDDIG ADVOCATES*

Abdel Gadir Warsama Ghalib
*DR. ABDEL GADIR
WARSAMA GHALIB &
ASSOCIATES LEGAL FIRM*

Tag Eldin Yamani Sadig
*MONTAG TRADING &
ENGINEERING CO. LTD.*

Mohamed Zain
KAYAN CONSULTANCY

苏里南

AURORA ARCHITECTS

NOTARIAAT BLOM

Robert Bottse
HBN LAW

Anneke Chin-A-Lin

Norman Doorson
MANAGEMENT INSTITUTE GLIS

Marcel K. Eyndhoven
*N.V. ENERGIEBEDRIJVEN
SURINAME*

Rachelle Jong-Along-Asan
HAKRINBANK NV

Siegfried Kenswil
KPMG

Hans Limapo
LIM A. PO LAW FIRM

Satish Mahes
HAKRINBANK NV

Henk Naarendorp
*CHAMBER OF COMMERCE
& INDUSTRY*

Joanne Pancham
*CHAMBER OF COMMERCE
& INDUSTRY*

Marcel Persad
BELASUR SERVICES

Edwards Redjosentone
*N.V. ENERGIEBEDRIJVEN
SURINAME*

Adiel Sakoer
NV EKLIPZE LOGISTICS

Prija Soechitram
*CHAMBER OF COMMERCE
& INDUSTRY*

Albert D. Soedamah
*LAWFIRM SOEDAMAH
& ASSOCIATES*

Joanne Tanoesemito
VSH SHIPPING

Jane Peggy Tjon
COSTER ADVOCATEN

Maureen Tjon Jaw Chong

Silvano Tjong-Ahin
MANAGEMENT INSTITUTE GLIS

Carol-Ann Tjon-Pian-Gi
*LAWYER AND SWORN
TRANSLATOR*

Milton van Brussel
BDO

Nailah Van Dijk
LAW FIRM VAN DIJK-SILOS

Jennifer van Dijk-Silos
LAW FIRM VAN DIJK-SILOS

Baboelal Widjindra
*CHAMBER OF COMMERCE
& INDUSTRY*

Andy Wong
*N.V. ENERGIEBEDRIJVEN
SURINAME*

Anthony Wong
*GENERAL CONTRACTORS
ASSOCIATION OF SURINAME*

瑞典

STOCKHOLM CITY HALL

Charles Andersson
HAMILTON

Therese Andersson
*ÖHRLINGS
PRICEWATERHOUSECOOPERS
AB*

Alexandra Berglin
WHITE & CASE

Mats Berter
MAQS LAW FIRM

Alexander Broch
ÖRESUNDS REDOVISNING AB

Laura Carlson
*STOCKHOLM UNIVERSITY,
DEPARTMENT OF LAW*

Åke Dahlqvist
UC

Lars Hartzell
*ELMZELL ADVOKATBYRÅ AB,
MEMBER OF IUS LABORIS*

Elisabeth Heide
ASHURST ADVOKATBYRÅ AB

Erik Hygrell
WISTRAND ADVOKATBYRÅ

Kim Jokinen
*ÖHRLINGS
PRICEWATERHOUSECOOPERS
AB*

Jarle Kjelingtveit
UNIL AS

Rikard Lindahl
*ADVOKATFIRMAN VINGE KB,
MEMBER OF LEX MUNDI*

Dennis Lindén
LANTMÄTERIET

Thomas Lindqvist
HAMMARSKIÖLD & CO.

Sofia Lysén
*ELMZELL ADVOKATBYRÅ AB,
MEMBER OF IUS LABORIS*

Christoffer Monell
*MANNHEIMER SWARTLING
ADVOKATBYRÅ*

Farzad Niroumand
BAKER MCKENZIE

Karl-Arne Olsson
*WESSLAU SODERQVIST
ADVOKATBYRA*

Fredrik Osvald
HAMMARSKIÖLD & CO.

Jesper Schönbeck
*ADVOKATFIRMAN VINGE KB,
MEMBER OF LEX MUNDI*

Mikael Söderman
*ADVOKATFIRMAN
BASTLING & PARTNERS*

Heléne Thorgren
*BOLAGSVERKET—SWEDISH
COMPANIES REGISTRATION
OFFICE (SCRO)*

Jesper Tiberg
ADVOKATFIRMAN LINDAHL

Albert Wållgren
*ADVOKATFIRMAN VINGE KB,
MEMBER OF LEX MUNDI*

Magnus Wennerhorn
WHITE & CASE

Camilla Westerlund
ALPHAGLOBE LOGISTICS

瑞士

DIAZ REUS & TARG LLP

Christine Bassanello
PWC SWITZERLAND

Marc Bernheim
*STAIGER ATTORNEYS-
AT-LAW LTD.*

Ralf Brink
ABACUS SHIPPING

Lukas Bühlmann
PWC SWITZERLAND

Martin Burkhardt
LENZ & STAEHELIN

Massimo Calderan
*ALTENBURGER LTD.
LEGAL + TAX*

Ivo Cathry
FRORIEP LEGAL AG

Geonata Dolotte
AZ ELEKTRO AG

Stefan Eberhard
OBERSON ABELS SA

Suzanne Eckert
WENGER PLATTNER

Jana Essebier
VISCHER AG

Stefan Fahrländer
*FAHRLÄNDER PARTNER
AG / FPRE*

Robert Furter
*PESTALOZZI, MEMBER
OF LEX MUNDI*

Gaudenz Geiger
*STAIGER ATTORNEYS-
AT-LAW LTD.*

Riccardo Geiser
*ALTENBURGER LTD.
LEGAL + TAX*

Matthias Giger
CEVA LOGISTICS

Thomas H. Henle
IL INDUSTRIE-LEASING LTD.

Nicolas Herzog
NIEDERMANN RECHTSANWÄLTE

Jakob Hoehn
*PESTALOZZI, MEMBER
OF LEX MUNDI*

Patrick Hünerwadel
LENZ & STAEHELIN

Sara Ianni-Mullins
VISCHER AG

David Jenny
VISCHER AG

L. Mattias Johnson
FRORIEP LEGAL AG

Cyrill Kaeser
LENZ & STAEHELIN

Michael Kramer
*PESTALOZZI, MEMBER
OF LEX MUNDI*

Valerie Meyer Bahar
NIEDERER KRAFT FREY AG

Kaisa Miller
EY

Konrad Moor
BÜRGI NÄGELI LAWYERS

Marco Mühlemann
EY

Clarissa Muschner
LENZ & STAEHELIN

Daniela Reinhardt
PWC SWITZERLAND

Roman Rinderknecht
EY

Ueli Schindler
AECOM/URS

Daniel Schmitz
PWC SWITZERLAND

Corinne Studer
*HANDELSREGISTERAMT
DES KANTONS ZURICH*

Patrick Weber
*EKZ ELEKTRIZITÄTSWERKE
DES KANTONS ZÜRICH*

Marc Zimmermann
LENZ & STAEHELIN

叙利亚

Joy AbiKhalil
PWC LEBANON

Alaa Ahmad
*SYRIAN STRATEGIC THINK
TANK RESEARCH CENTER*

Mouazza Al Ashhab
*AUDITING CONSULTING
ACCOUNTING CENTER*

Layla Alsamman
DELOITTE

Jamil Ammar
RUTGERS LAW SCHOOL

Ghada Armali
SARKIS & ASSOCIATES

Nada Elsayed
PWC LEBANON

Anas Ghazi
*MEETHAK—LAWYERS
& CONSULTANTS*

Mamon Katbeh
CENTRAL BANK OF SYRIA

Hussein Khaddour
SYRIAN LEGAL BUREAU

Guevara Mihoub
HEKMIEH GROUP

Alaa Nizam
ALAA NIZAM LAW FIRM

Gabriel Oussi
OUSSI LAW FIRM

Ramez Raslan
*COMMERCE & ENGINEERING
CONSULTANTS*

Mohammad Samoury
PWC LEBANON

Fadi Sarkis
SARKIS & ASSOCIATES

Arem Taweel
*EBRAHEEM TAWEEL
LAW OFFICE*

Ebraheem Taweel
*EBRAHEEM TAWEEL
LAW OFFICE*

中国台湾

Ginny Chang
PAMIR LAW GROUP

Jersey Chang
*PRICEWATERHOUSECOOPERS
LEGAL*

Kuo-Ming Chang
*JOINT CREDIT
INFORMATION CENTER*

Patricia Chang
*PRICEWATERHOUSECOOPERS
LEGAL*

Victor Chang
LCS & PARTNERS

Cherry Chen
*TSAR & TSAI LAW FIRM,
MEMBER OF LEX MUNDI*

Chih-yu Chen
*NATIONAL DEVELOPMENT
COUNCIL REGULATORY
REFORM CENTER*

Christine Chen
WINKLER PARTNERS

Daniel Chen
WINKLER PARTNERS

Edgar Y. Chen
*TSAR & TSAI LAW FIRM,
MEMBER OF LEX MUNDI*

Hui-Ling Chen
MINISTRY OF LABOR

Jean Chen
*NATIONAL DEVELOPMENT
COUNCIL REGULATORY
REFORM CENTER*

Lan Chun Chen
*NATIONAL DEVELOPMENT
COUNCIL REGULATORY
REFORM CENTER*

Nicholas V. Chen
PAMIR LAW GROUP

Yo-Yi Chen
FORMOSA TRANSNATIONAL

Chun-Yih Cheng
FORMOSA TRANSNATIONAL

Hsin-Hsin Cheng
WINKLER PARTNERS

Lin Chih-Hsien
*NATIONAL DEVELOPMENT
COUNCIL REGULATORY
REFORM CENTER*

Dennis Chou
VIA JUSTICE LAW OFFICES

Li-Li Chou
PWC TAIWAN

Philip T. C. Fei
FEI & CHENG ASSOCIATES

Mark Harty
LCS & PARTNERS

Ken-Chih Hsieh
*MINISTRY OF
ECONOMIC AFFAIRS*

Sophia Hsieh
*TSAR & TSAI LAW FIRM,
MEMBER OF LEX MUNDI*

Chiayu Hsu
TAIPOWER

Chin-Yun Hsu
*SECURITIES AND FUTURES
BUREAU, FINANCIAL
SUPERVISORY COMMISSION*

Sylvia Hsu
*PRICEWATERHOUSECOOPERS
LEGAL*

Alina Huang
JUDICIAL YUAN

Ariel Huang
LCS & PARTNERS

Jamie Huang
HUANG & PARTNERS

Margaret Huang
LCS & PARTNERS

Charles Hwang
YANGMING PARTNERS

Yan-Shuen Jen
NATIONAL DEVELOPMENT
COUNCIL REGULATORY
REFORM CENTER

Lin Jim
TOPTECH ELECTRICAL
CONSULTANT

Gloria Juan
YANGMING PARTNERS

Avis Kuo
TBBC LTD.

En-Fong Lan
PRIMORDIAL LAW FIRM

Grace Lan
YANGMING PARTNERS

Jenny Lee
PAMIR LAW GROUP

Hans Li
TBBC LTD.

John Li
LCS & PARTNERS

Justin Liang
BAKER MCKENZIE

Angela Lin
LEXCEL PARTNERS

Chin-Hung Lin
CUSTOMS ADMINISTRATION
OF TAIWAN

Frank Lin
REXMED INDUSTRIES CO. LTD.

Jeffrey Lin
JOINT CREDIT
INFORMATION CENTER

Kien Lin
JOINT CREDIT
INFORMATION CENTER

Liang Chia Lin
TEIKOKU HEAVY INDUSTRIES

Ming-Yen Lin
DEEP & FAR,
ATTORNEYS-AT-LAW

Nelson J. Lin
HUANG & PARTNERS

Rich Lin
LCS & PARTNERS

Sheau Chyng Lin
PRIMORDIAL LAW FIRM

Veronica Lin
EIGER

Julia Liu
BOLLORÉ LOGISTICS
TAIWAN LTD.

Stacy Lo
LEXCEL PARTNERS

Wei-Chen Lo
FINANCIAL SUPERVISORY
COMMISSION,
BANKING BUREAU

Judy Lu
LEE AND LI,
ATTORNEYS-AT-LAW

Su-Chen Lu
NATIONAL PROPERTY
ADMINISTRATION

Wan-Chu Lu
MINISTRY OF INTERIOR

Mark Ohlson
YANGMING PARTNERS

Lawrence S. Ong
PRICEWATERHOUSECOOPERS
LEGAL

Patrick Pai-Chiang Chu
LEE AND LI,
ATTORNEYS-AT-LAW

Yu-san Huang Peihsuan Sung
TAIWAN STOCK EXCHANGE
CORPORATION

Jin-Fang Pun
CHEN, SHYUU & PUN

Lloyd Roberts
EIGER

Ching-Ping Shao
COLLEGE OF LAW, NATIONAL
TAIWAN UNIVERSITY

Yen-Fun Shih
VIA JUSTICE LAW OFFICES

Melody Tai
TBBC LTD.

Hsiang-Wei Tang
MINISTRY OF LABOR

Scarlett Tang
TSAR & TSAI LAW FIRM,
MEMBER OF LEX MUNDI

Ming Teng
YANGMING PARTNERS

Bee Leay Teo
BAKER MCKENZIE

David Tien
LEE AND LI,
ATTORNEYS-AT-LAW

David Tsai
LEXCEL PARTNERS

Eric Tsai
PRICEWATERHOUSECOOPERS
LEGAL

Lu-Fa Tsai
DEEP & FAR,
ATTORNEYS-AT-LAW

Huan-Kai Tseng
PWC TAIWAN

Vivian W. Chen
PWC TAIWAN

Antoine Wang
TBBC LTD.

Evangeline Wang
BAKER MCKENZIE

Fran Wang
YANGMING PARTNERS

Richard Watanabe
PWC TAIWAN

Yen-yi Wu
WINKLER PARTNERS

Yu-Lian Xie
NATIONAL DEVELOPMENT
COUNCIL REGULATORY
REFORM CENTER

Alex Yeh
LCS & PARTNERS

塔吉克斯坦

CUSTOMS SERVICE UNDER
THE GOVERNMENT OF THE
REPUBLIC OF TAJIKISTAN

Timur Abdulaev
LEGAL CONSULTING GROUP

Bakhtiyor Abdulloev
ABM TRANS SERVICE LLC

Manuchehr Abdusamadzoda
CIBT—CREDIT INFORMATION
BUREAU IN TAJIKISTAN

Zarrina Adham
CJSC MDO HUMO

Zulfiya Akchurina
GRATA INTERNATIONAL

Ilhom Amirhonov
ABM TRANS SERVICE LLC

Dzhamshed Asrorov
CJSC MDO HUMO

Gulanor Atobek
DELOITTE & TOUCHE LLC

Dzhamshed Buzurukov
ISFARAFOOD LLC

Petar Chakarov
HEALY CONSULTANTS
GROUP PLC

Firuza Chorshanbieva
CENTIL LAW FIRM

Daler Dusmatov
ISFARAFOOD LLC

Akhror Edgarov
CJSC MDO HUMO

Manvel Harutyunyan
GRANT THORNTON LLP

Gulnoz Hisamutdinova
CENTRE OF PLANT PROTECTION
OF TAJIK ACADEMY OF
AGRICUTURAL SCIENCE OF
REPUBLIC OF TAJIKISTAN

Ashraf Sharifovich Ikromov
ARCHIDEYA CONSULTING LLC

Elena Kaeva
PWC KAZAKHSTAN

Shahbozi Kamoliyon
NATIONAL BANK OF TAJIKISTAN

Assel Khamzina
PWC KAZAKHSTAN

Alisher Khoshimov
CENTIL LAW FIRM

Valeriy Kim
ASSOCIATION OF BANKS
OF TAJIKISTAN

Khurshed Mirziyoev
TAX COMMITTEE UNDER
GOVERNMENT OF THE
REPUBLIC OF TAJIKISTAN

Kamoliddin Mukhamedov
GRATA INTERNATIONAL

Rustam Nazrisho
NAZRISHO & MIRZOEV
LAW FIRM LLC

Temirlan Nildibayev
PWC KAZAKHSTAN

Bahodur Nurov
GRATA INTERNATIONAL

Anjelika Pazdnyakova
GRANT THORNTON LLP

Faizali Rajabov
ASSOCIATION OF
CONSTRUCTORS OF TAJIKISTAN

Firdavs S. Mirzoev
NAZRISHO & MIRZOEV
LAW FIRM LLC

Aisanat Safarbek
GRATA INTERNATIONAL

Nadir Saidovich
SAID LTD.

Iskandar Salimov
MDO DASTRAS

Emin Sanginzoda
MINISTRY OF LABOR,
MIGRATION AND EMPLOYMENT
OF POPULATION

Kanat Seidaliev
GRATA INTERNATIONAL

Marina Shamilova
LEGAL CONSULTING GROUP

Takdir Sharifov
TAKDIR SHARIFOV
PRIVATE PRACTITIONER

Rezvon Sharipov
BARKI TOJIK

Abdujabbor Shirinov
NATIONAL BANK OF TAJIKISTAN

Sherzod Sodatkadamov
NAZRISHO & MIRZOEV
LAW FIRM LLC

Shukhrat Temirov
UNODC TAJIKISTAN

Aliya Utegaliyeva
PWC KAZAKHSTAN

Ahror Yadgarov
CJSC MDO HUMO

坦桑尼亚

ILALA MUNICIPAL COUNCIL

Aloys Bahebe
ALOYS & ASSOCIATES

Valery Djamby
BOLLORÉ AFRICA LOGISTICS

Lydia Dominic

Luka Elingaya
EAST AFRICAN LAW CHAMBERS

Esther April Erners
CRB AFRICA LEGAL

Bosco R. Gadi
BUSINESS REGISTRATIONS AND
LICENSING AGENCY (BRELA)

Asma Hilal
CRB AFRICA LEGAL

Lincoln P. Irungu
DL SHIPPING COMPANY LTD.

Anitha Ishengoma
TANESCO LTD.

Sophia D. Issa
ATZ LAW CHAMBERS

Sujata Jaffer
NEXIA SJ TANZANIA

Johnson Jasson
JOHNSON JASSON &
ASSOCIATES ADVOCATES

Haika-Belinda John Macha
VEMMA CONSULT ATTORNEYS

Edward John Urio
TANZANIA FREIGHT
FORWARDERS ASSOCIATION

Evarist Kameja
MKONO & CO. ADVOCATES

Njerii Kanyama
ENSAFRICA TANZANIA
ATTORNEYS

Frank Kanyusi
BUSINESS REGISTRATIONS AND
LICENSING AGENCY (BRELA)

Denis Leka
MKONO & CO. ADVOCATES

Adam Lovett
NORTON ROSE FULBRIGHT

Stanley Mabiti
ABENRY & COMPANY
ADVOCATES

Nkanwa Magina
BANK OF TANZANIA

Siri A. Malai
MALAI FREIGHT
FORWARDERS LTD.

Sunil Maru
SUMAR VARMA ASSOCIATES

Umaiya Masoli
BANK OF TANZANIA

Lydia Massawe
NMM ATTORNEYS

Loveluck Meena
VEMMA CONSULT ATTORNEYS

Andrew Mkapa
BUSINESS REGISTRATIONS AND
LICENSING AGENCY (BRELA)

Nimrod Mkono
MKONO & CO. ADVOCATES

Deogratius Mmasy
PWC KENYA

Freddy Moshy
TANZANIA REVENUE
AUTHORITY

Mirumbe Mseti
PWC TANZANIA

Ayoub Mtafya
NEXLAW ADVOCATES

Jonathan Mugila
FB ATTORNEYS

Irene Mwanyika
ABENRY & COMPANY
ADVOCATES

Angel Mwesiga
ABENRY & COMPANY
ADVOCATES

Deogratias Myamani
BANK OF TANZANIA

Stella Ndikimi
EAST AFRICAN LAW CHAMBERS

Raymond Ngatuni
ENSAFRICA TANZANIA
ATTORNEYS

Alex Thomas Nguluma
ENSAFRICA TANZANIA
ATTORNEYS

Shamiza Ratansi
ATZ LAW CHAMBERS

Charles R.B. Rwechungura
CRB AFRICA LEGAL

Patrick Sanga
VEMMA CONSULT ATTORNEYS

Jacqueline Silaa
ATZ LAW CHAMBERS

Eve Hawa Sinare
REX CONSULTING LIMITED

Ambassador Mwanaidi Sinare
Maajar
ENSAFRICA TANZANIA
ATTORNEYS

Miriam Sudi
PWC TANZANIA

David Tarimo
PWC TANZANIA

Mark Tindamanyire
EAST AFRICAN LAW CHAMBERS

Camilla Yusuf
CRB AFRICA LEGAL

泰国

CUSTOMS STANDARD
PROCEDURE AND
VALUATION DIVISION

EASTERN TECHNICAL
ENGINEERING PUBLIC CO. LTD.

MESI ENGINEERING CO. LTD.

METROPOLITAN
ELECTRICITY AUTHORITY

MINISTRY OF FINANCE

TVL GLOBAL LOGISTICS

Panida Agkavikai
BANGKOK GLOBAL LAW
OFFICES LIMITED

Chavapol Akkaravoranun
BAKER MCKENZIE

Somsak Anakkasela
PWC THAILAND

Salinthip Anpattanakul
SILK LEGAL COMPANY LTD.

Puangrat Anusanti
EY

Janist Aphornratana
TMF THAILAND LIMITED

Jongruk Areewong
*BANGKOK GLOBAL LAW
OFFICES LIMITED*

Parena Arsiranant
*BANGKOK GLOBAL LAW
OFFICES LIMITED*

Amara Bhuwanawat
*SIAM PREMIER INTERNATIONAL
LAW OFFICE LIMITED*

Jayavadh Bunnag
*INTERNATIONAL LEGAL
COUNSELLORS THAILAND
LIMITED (ILCT)*

Koravee Buranayoughkul
JUSLAWS & CONSULT

Thanakorn Busarasopitkul
PWC THAILAND

Guillaume Busschaert
*COMIN THAI ENGINEERING
SOLUTIONS CO. LTD.*

Brendan Carroll
BAKER MCKENZIE

Nopadol Chaipunya
*BANGKOK METROPOLITAN
ADMINISTRATION*

Panuwat Chaistaporn
*NORTON ROSE FULBRIGHT
(THAILAND) LIMITED*

Panotporn Chalodhorn
OFFICE OF THE JUDICIARY

Aye Chananan
PANU & PARTNERS

Albert T. Chandler
CHANDLER MHM LIMITED

Isorn Chandrawong
*PROFESSIONAL ADVISORY
& LAW LIMITED*

Udomphan Chantana
DEPARTMENT OF LANDS

Monvasa Charoenkhan
LS HORIZON LIMITED

Phadet Charoensivakon
*NATIONAL CREDIT
BUREAU CO. LTD.*

Damrong Charoenying
*BANGKOK METROPOLITAN
ADMINISTRATION*

Chulaphan Chettha
*HUGHES KRUPICA
CONSULTING CO. LTD.*

Cheewin Chiangkan
BAKER MCKENZIE

Chinnavat Chinsangaram
*WEERAWONG, CHINNAVAT
& PARTNERS LTD.*

Weerawong Chittmittrapap
*WEERAWONG, CHINNAVAT
& PARTNERS LTD.*

Sukhontha Cholchawalit
*INTERNATIONAL LEGAL
COUNSELLORS THAILAND
LIMITED (ILCT)*

Sutinee Chongkriengkrai
*BANGKOK GLOBAL LAW
OFFICES LIMITED*

Bhuvadol Chongsathiratham
LS HORIZON LIMITED

Suphakorn Chueabunchai
CHANDLER MHM LIMITED

Suwanna Chuerboonchai
*SECURITIES AND EXCHANGE
COMMISSION*

Nuttita Chungsawat
ANTARES ADVISORY LTD.

Samruay Daengduang
*DEPARTMENT OF BUSINESS
DEVELOPMENT, MINISTRY
OF COMMERCE*

Monnira Danwiwat
*BANGKOK GLOBAL LAW
OFFICES LIMITED*

Thanathat Ghonkaew
*COMIN THAI ENGINEERING
SOLUTIONS CO. LTD.*

Odel Gimena
SIAM LEGAL

Thirapa Glinsukon
PWC THAILAND

Suradech Hongsa
DFDL (THAILAND) LIMITED

Chalermpol Intarasing
TILLEKE & GIBBINS

Monthcai Itisurasing
LEED AP

Khwan Jarupaiboon
*BANGKOK GLOBAL LAW
OFFICES LIMITED*

Pawee Jongrungrueang
CHANDLER MHM LIMITED

Kanok Jullamon
*THE SUPREME COURT
OF THAILAND*

Suthatip Jullamon
*THE SUPREME COURT
OF THAILAND*

Wallaya Kaewrungruang
SIAM COMMERCIAL BANK PCL

Nuttinee Kaewsa-ard
*NATIONAL CREDIT
BUREAU CO. LTD.*

Piti Kerdpu
*THANATHIP & PARTNERS
COUNSELLORS LIMITED*

Bernard Kersting
SILK LEGAL COMPANY LTD.

Prapaipan Khantayaporn
*PROVINCIAL ELECTRICITY
AUTHORITY*

Jonathan Khaw
TILLEKE & GIBBINS

Somboon Kitiyansub
*NORTON ROSE FULBRIGHT
(THAILAND) LIMITED*

Amnart Kongsakda
*BANGKOK GLOBAL LAW
OFFICES LIMITED*

Yanaphat Kongyen
*SIAM PREMIER INTERNATIONAL
LAW OFFICE LIMITED*

Supajit Koosittiphon
RAJAH & TANN

Punjaporn Kosolkitiwong
DEJ-UDOM & ASSOCIATES

Thanadech Kotchasap
*SOUTHEAST ASIA
TECHNOLOGY CO. LTD.*

Dej-Udom Krairit
DEJ-UDOM & ASSOCIATES

Alan Laichareonsup
TILLEKE & GIBBINS

Phannarat La-Ongmanee
TMF THAILAND LIMITED

Chanida Leelanuntakul
BAKER MCKENZIE

William Lehane
*SIAM PREMIER INTERNATIONAL
LAW OFFICE LIMITED*

Woraphong Leksakulchai
*HUGHES KRUPICA
CONSULTING CO. LTD.*

Sakchai Limsiripothong
*WEERAWONG, CHINNAVAT
& PARTNERS LTD.*

Kittirut Kevin Luecha
CBSC LAW OFFICES

Arunee Mahathorn
*THANATHIP & PARTNERS
COUNSELLORS LIMITED*

Florian Maier
ANTARES ADVISORY LTD.

Douglas D. Mancill
DEACONS

Ploy Maneepaksin
*THANATHIP & PARTNERS
COUNSELLORS LIMITED*

Thanissorn Masuchand
BAKER MCKENZIE

Rudeewan Mikhanorn
EY

Christian Moser
JUSLAWS & CONSULT

Anuwat Ngamprasertkul
PWC THAILAND

Permrak Nitviboon
*BANGKOK GLOBAL LAW
OFFICES LIMITED*

Warintorn Ongart
*BANGKOK GLOBAL LAW
OFFICES LIMITED*

Surapol Opasatien
*NATIONAL CREDIT
BUREAU CO. LTD.*

Wynn Pakdeejit
BAKER MCKENZIE

Pinij Panaviwat
C.K. & P. ELECTRIC CO. LTD.

Krit Panyawongkhanti
*THANATHIP & PARTNERS
COUNSELLORS LIMITED*

Krit Pasit
*THAI ELECTRICAL AND
MECHANICAL CONTRACTORS
ASSOCIATION*

Panu Patani
PANU & PARTNERS

Athiwuth Phanprechakij
CHANDLER MHM LIMITED

Nutthakar Phongphunpunya
*BANGKOK GLOBAL LAW
OFFICES LIMITED*

Suriyan Phoousaha
PEL ENGINEERING CO. LTD.

Chanidapa Pichidgarncar
*THAI ELECTRICAL AND
MECHANICAL CONTRACTORS
ASSOCIATION*

Pakinee Pipatpoka
*NATIONAL CREDIT
BUREAU CO. LTD.*

Viroj Piyawattanametha
BAKER MCKENZIE

Kiratika Poonsombudlert
CHANDLER MHM LIMITED

Ruengrit Pooprasert
*BLUMENTHAL RICHTER
& SUMET*

Meng Porntanasawat
SIAM LEGAL

Prai Pralardnetr
*DEPARTMENT OF BUSINESS
DEVELOPMENT, MINISTRY
OF COMMERCE*

Predee Pravichpaibul
*WEERAWONG, CHINNAVAT
& PARTNERS LTD.*

Simon Z. Rajan
DFDL (THAILAND) LIMITED

Apisit Sean Rangpetch
CBSC LAW OFFICES

Rangsima Rattana
*LEGAL EXECUTION
DEPARTMENT*

Vunnipa Ruamrangsri
PWC THAILAND

Sarawut Ruamsamak
PANU & PARTNERS

Chaiwat Rungsipanodorn
*BANGKOK METROPOLITAN
ADMINISTRATION*

Supanut Sam Saenewong
Na Ayudtaya
CBSC LAW OFFICES

Jedsarit Sahussarungsi
*WEERAWONG, CHINNAVAT
& PARTNERS LTD.*

Sawat Sangkavisit
*SIAM PREMIER INTERNATIONAL
LAW OFFICE LIMITED*

Rukchart Sanguanchart
*SOUTHEAST ASIA
TECHNOLOGY CO. LTD.*

Natcha Saowapaklimkul
*NORTON ROSE FULBRIGHT
(THAILAND) LIMITED*

Maythawee Sarathai
MAYER BROWN JSM

Peangnate Sathiensopon
CHANDLER MHM LIMITED

Ubolmas Sathiensopon
CHANDLER MHM LIMITED

Peangnate Sawatdipong
CHANDLER MHM LIMITED

Anong Seehapan
*INTERNATIONAL LEGAL
COUNSELLORS THAILAND
LIMITED (ILCT)*

Thosaporn Sirisumphand
*OFFICE OF THE PUBLIC SECTOR
DEVELOPMENT COMMISSION*

Panya Sittisakonsin
BAKER MCKENZIE

Chawaluck Sivayathorn
Araneta
*THANATHIP & PARTNERS
COUNSELLORS LIMITED*

Pralakorn Siwawej
*WEERAWONG, CHINNAVAT
& PARTNERS LTD.*

Ratanavadee Somboon
*LEGAL EXECUTION
DEPARTMENT*

Kowit Somwaiya
LAWPLUS LTD.

Korakot Somwong
SIAM LEGAL

Kaittipat Sonchareon
*BANGKOK METROPOLITAN
ADMINISTRATION*

Nuttakorn Sorakun
ORBIS LEGAL ADVISORY LTD.

Chatchawarl Charles
Sornsurarsdr
CBSC LAW OFFICES

Audray Souche
DFDL (THAILAND) LIMITED

Kert Stavorn
SIAM LEGAL

Natasha Stewart
MSNA LTD.

Korapat Sukhummek
PWC THAILAND

Atchara Suknaibaiboon
TMF THAILAND LIMITED

Picharn Sukparangsee
*BANGKOK GLOBAL LAW
OFFICES LIMITED*

Kesara Summacarava
MAYER BROWN JSM

Sunpasiri Sunpa-a-sa
LS HORIZON LIMITED

Apinan Suntharanan
SIAM COMMERCIAL BANK PCL

Pattamakan Suparp
TMF THAILAND LIMITED

Tanatis Suraborworn
*BANGKOK METROPOLITAN
ADMINISTRATION*

Ruenvadee Suwanmongkol
*LEGAL EXECUTION
DEPARTMENT*

Naddaporn Suwanvajukkasikij
LAWPLUS LTD.

Hunt Talmage
CHANDLER MHM LIMITED

Watsamon Bena Tan-Eng
CBSC LAW OFFICES

Thitima Tangprasert
EY

Suthatip Tasanachaikul
OFFICE OF THE JUDICIARY

Paralee Techajongjintana
BAKER MCKENZIE

Witchaphon Techasawatwit
*WEERAWONG, CHINNAVAT
& PARTNERS LTD.*

Ornanong Tesabamroong
*S.J. INTERNATIONAL
LEGAL CONSULTING AND
ADVISORY CO. LTD.*

Noppramart
Thammateeradaycho
*SIAM PREMIER INTERNATIONAL
LAW OFFICE LIMITED*

Siriporn Thamwongsin
EY

Polpawis Thanasanchai
*INSPECTRUM ENGINEERING
SERVICES*

Wichayaporn Thangjittiporn
LAWPLUS LTD.

Norarat Theeranukoon
*BANGKOK GLOBAL LAW
OFFICES LIMITED*

Atitaya Thongboon
*LEGAL EXECUTION
DEPARTMENT*

Nantika Tipayamontri
*INTERNATIONAL LEGAL
COUNSELLORS THAILAND
LIMITED (ILCT)*

Kris Tontipiromya
*SECURITIES AND EXCHANGE
COMMISSION*

Danai Triamchanchuchai
ORBIS LEGAL ADVISORY LTD.

Kitipong Urapeepatanapong
BAKER MCKENZIE

Supawadee Vajasit
RAJAH & TANN

Surasak Vajasit
RAJAH & TANN

Nitchaya Vaneesorn
*THANATHIP & PARTNERS
COUNSELLORS LIMITED*

Kanokkorn Viriyasutum
CHANDLER MHM LIMITED

Anthony Visate Loh
DELOITTE

Pobploy Wattanakrai
*THANATHIP & PARTNERS
COUNSELLORS LIMITED*

Somboon Weerawutiwong
PWC THAILAND

Danai Wilaipornsawai
*SOUTHEAST ASIA
TECHNOLOGY CO. LTD.*

Soraya Wongbencharat
*BANGKOK GLOBAL LAW
OFFICES LIMITED*

Auradee P. Wongsaroj
CHANDLER MHM LIMITED

Warathorn Wongsawangsiri
*WEERAWONG, CHINNAVAT
& PARTNERS LTD.*

Somchai Yungkarn
CHANDLER MHM LIMITED

Yada Yuwataepakorn
BAKER MCKENZIE

东帝汶

Nur Aini Djafar Alkatiri
*BANCO CENTRAL DE
TIMOR-LESTE*

Rui Amendoeira
*VDA—VIEIRA DE ALMEIDA
& ASSOCIADOS*

Tereza André
MIRANDA & ASSOCIADOS

José Borges Guerra
MIRANDA & ASSOCIADOS

Paula Caldeira Dutschmann
MIRANDA & ASSOCIADOS

Duarte Carneiro
CRA TIMOR

João Cortez Vaz
*VDA—VIEIRA DE ALMEIDA
& ASSOCIADOS*

Marina Costa Cabral
*VDA—VIEIRA DE ALMEIDA
& ASSOCIADOS*

Joana Custóias
MIRANDA & ASSOCIADOS

Octaviana Da S. A. Maxanches
*BANCO CENTRAL DE
TIMOR-LESTE*

Pascoela M. R. da Silva
*BANCO CENTRAL DE
TIMOR-LESTE*

Francisco de Deus Maia
*BANCO CENTRAL DE
TIMOR-LESTE*

Tony Duarte

Anthony Frazier

João Galamba de Oliveira
ABREU AND C&C ADVOGADOS

Adi Ghanie
PWC INDONESIA

Renato Guerra de Almeida
MIRANDA & ASSOCIADOS

Ashish Gupta
*NATIONAL INSURANCE
TIMOR-LESTE SA (NITL)*

João Leite
MIRANDA & ASSOCIADOS

Andre Lopez
ANL TIMOR, UNIPESSOAL LDA

Isabel Mira
CRA TIMOR

Paulo Oliveira
CRA TIMOR

Elisa Pereira
ABREU AND C&C ADVOGADOS

Octavio Pereira
MINISTRY OF INFRASTRUCTURE

Vega Ramadhan
PWC INDONESIA

Rui Botica Santos
CRA TIMOR

Gaurav Sareen
DELOITTE

Ricardo Silva
MIRANDA & ASSOCIADOS

Pedro Sousa Uva
MIRANDA & ASSOCIADOS

Erik Stokes
*RMS ENGINEERING AND
CONSTRUCTION*

Tim Robert Watson
PWC INDONESIA

多哥

BCEAO

BRASCO

CREDITINFO VOLO

Abbas Aboulaye
*AUTORITÉ DE
RÉGLEMENTATION DU SECTEUR
DE L'ELECTRICITÉ (ARSE)*

Jean-Marie Adenka
CABINET ADENKA

Djifa Emefa Adjale Suku
SCP DOGBEAVOU & ASSOCIES

Kossi Mawuse Adjedomole
MARTIAL AKAKPO ET ASSOCIÉS

Komi Adjivon Kowuvi
SOCIÉTÉ TOGOLAISE DES EAUX

Ahmed Esso-Wavana Adoyi
*OFFICE TOGOLAIS
DES RECETTES*

Koudzo Mawuéna Agbemaple
*AUTORITÉ DE
RÉGLEMENTATION DU SECTEUR
DE L'ELECTRICITÉ (ARSE)*

Kokou Gadémon Agbessi
CABINET LUCREATIF

Koffi Delalom Ahiakpor
*OFFICE TOGOLAIS
DES RECETTES*

Martial Akakpo
MARTIAL AKAKPO ET ASSOCIÉS

Nicolas Kossi Akidjetan
*ORDRE NATIONAL
DES ARCHITECTES DU
TOGO (ONAT)*

Yves Yaovi Akoue
ETINSEL

Kossi Adotê Akpagana
SCP DOGBEAVOU & ASSOCIES

Richard Kowovi A.
Akpoto-Kougblenou
STUDIO ALPHA A.I.C.

Kafui Amekoudi
MARTIAL AKAKPO ET ASSOCIÉS

Eklu Patrick Amendah
*ORDRE NATIONAL
DES ARCHITECTES DU
TOGO (ONAT)*

Coffi Alexis Aquereburu
*AQUEREBURU AND PARTNERS,
SOCIÉTÉ D'AVOCATS
JURIDIQUE ET FISCAL*

Cécile Assogbavi
ETUDE NOTARIALE ASSOGBAVI

Kossi Ayate
TRIBUNAL DE LOME

Antoine Ayivi
LIGUE DES GENIES

Emmanuel Aziatroga
*GMC GROUPE MANU
ET COMPAGNIE*

Sandrine Badjili
MARTIAL AKAKPO ET ASSOCIÉS

Komi Bali
*OFFICE TOGOLAIS
DES RECETTES*

Ibrahima Beye
*PRÉSIDENCE DE LA
RÉPUBLIQUE DU TOGO*

Assiom Kossi Bokodjin
*CABINET D'AVOCATS
ME TOBLE GAGNON*

Cedric Chalvon Demersay
SEGUCE TOGO

Essenouwa Degla
*COMPAGNIE ENERGIE
ELECTRIQUE DU TOGO (CEET)*

Kofimessa Devotsou
CABINET D'AVOCAT

Kokou Djegnon
*MINISTÈRE DE L'URBANISME
ET DE L'HABITAT*

Sédjro Koffi Dogbeavou
SCP DOGBEAVOU & ASSOCIES

Essiame Koko Dzoka
LAWYER

Aklesso Louis-Edson Edeou
VERSUS ARCHITECTURE

Bassimsouwé Edjam-Etchaki
*DIRECTION DES SERVICES
TECHNIQUE DE LA MAIRIE*

Ayaovi Gbedevi Egloh
*OFFICE TOGOLAIS
DES RECETTES*

Désiré K. Ekpe
DAS-TOGO

Koffi Mawunyo Equagoo
*CABINET D'AVOCATS
MAÎTRE MENSAH-ATTOH,
KOFFI SYLVAIN*

Bérenger Ette
PWC CÔTE D'IVOIRE

Akaakpo Evariste
AKASIL

Perrin Gamatho
MARTIAL AKAKPO ET ASSOCIÉS

Ayélé Annie Gbadoe Deckon
*AQUEREBURU AND PARTNERS,
SOCIÉTÉ D'AVOCATS
JURIDIQUE ET FISCAL*

Mèmèssilé Dominque Gnazo
CABINET DE NOTAIRE GNAZO

Atchroe Leonard Johnson
SCP AQUEREBURU & PARTNERS

Sandra Ablamba Johnson
*PRÉSIDENCE DE LA
RÉPUBLIQUE DU TOGO*

Molgah Kadjaka-Abougnima
*CABINET DE NOTAIRE
KADJAKA-ABOUGNIMA*

Amatékoé Kangni
MARTIAL AKAKPO ET ASSOCIÉS

Komivi Kassegne
*COMPAGNIE ENERGIE
ELECTRIQUE DU TOGO (CEET)*

Laurent Kodjo
KPMG TOGO

Joseph Kodzo Sipoto
MARTIAL AKAKPO ET ASSOCIÉS

Alessou Koffi
GOLDEN SEED

Folydze Kofi Zobinu
BOSWELL CONSULTING GROUP

Bleounou Komlan
CABINET D'AVOCAT

Hokaméto Kpenou
*AUTORITÉ DE
RÉGLEMENTATION DU SECTEUR
DE L'ELECTRICITÉ (ARSE)*

Essoham Komlan Labari
*OFFICE TOGOLAIS
DES RECETTES*

Rufisco Lawson-Banku
*PRÉSIDENCE DE LA
RÉPUBLIQUE DU TOGO*

Koffi Sylvain Mensah Attoh
*CABINET MAÎTRE
MENSAH-ATTOH*

Colette Migan
*CABINET MAÎTRE
MENSAH-ATTOH*

Laname Nayante

Dissadama Ouro-Bodi
*OFFICE TOGOLAIS
DES RECETTES*

Julien Oyessola
MAERSK TOGO

Olivier Pedanou
CABINET LUCREATIF

Sandra Andrianina
Rakotomalala
JOHN W. FFOOKS & CO.

Lazare Sossoukpe
SCP DOGBEAVOU & ASSOCIES

Vigninou Sossoukpe
SCP DOGBEAVOU & ASSOCIES

Olivier Sronvi
*PRÉSIDENCE DE LA
RÉPUBLIQUE DU TOGO*

Labri Tagba
*OFFICE TOGOLAIS
DES RECETTES*

Mouhamed Tchassona Traore
*ETUDE ME MOUHAMED
TCHASSONA TRAORE*

Gagnon Yawo Toble
*CABINET D'AVOCATS
ME TOBLE GAGNON*

Fafavi Tossah Adom
SCP DOGBEAVOU & ASSOCIES

Komi Tsakadi
CABINET DE ME TSAKADI

Senyo Komla Wozufia
COMELEC ÉLECTRICITÉ

Apotevi Zekpa
*COMPAGNIE ENERGIE
ELECTRIQUE DU TOGO (CEET)*

Komla Edem Zotchi
MARTIAL AKAKPO ET ASSOCIÉS

汤加

Rosamond Bing
*LANDS, SURVEY AND NATURAL
RESOURCES MINISTRY*

Edgar Cocker
*MINISTRY OF COMMERCE,
TOURISM AND LABOUR*

Delores Elliott

Pipiena Faupula
*MINISTRY OF REVENUE
AND CUSTOMS*

Anthony Frazier

Lopeti Heimuli
MINISTRY OF INFRASTRUCTURE

Taaniela Kula
*MINISTRY OF LANDS, SURVEY,
NATURAL RESOURCES
& ENVIRONMENT*

Fisilau Leone
MINISTRY OF INFRASTRUCTURE

James Lutui
CROWN LAW

Samisoni Masila
TONGA DEVELOPMENT BANK

Cadriana Mataele
OCEANTRANZ TONGA LTD.

Seini Movete
TONGA DEVELOPMENT BANK

Soni Satai
TONGA POWER LTD.

Dana Stephenson
STEPHENSON ASSOCIATES

Ralph Stephenson
STEPHENSON ASSOCIATES

Tuipulotu Taufoou
DATELINE TRANS-AM SHIPPING

Alisi Numia Taumoepeau
TMP LAW

Fine Tohi
DATELINE TRANS-AM SHIPPING

Lesina Tonga
LESINA TONGA LAW FIRM

Pesalili Tuiano
MINISTRY OF INFRASTRUCTURE

Lavinia Tu'itahi Hermans
CFR LINE TONGA

Christine M. 'Uta'atu
UTA'ATU & ASSOCIATES

Fotu Veikune
MINISTRY OF INFRASTRUCTURE

特立尼达和多巴哥

*REGULATED INDUSTRIES
COMMISSION*

Ashmead Ali
ASHMEAD ALI & CO.

Linda M. Besson
*CARIBBEAN EMPLOYERS
CONFEDERATION*

Brittany Brathwaite
*CARIBBEAN EMPLOYERS
CONFEDERATION*

Stein Carrington
GSAL DESIGNS LTD.

Luis Dini
HSMDT LTD.

Rosanne Dopson
J.D. SELLIER & CO.

Thomas Escalante
TRANSUNION

Hadyn-John Gadsby
J.D. SELLIER & CO.

Jeffrey Herrera
*FITZWILLIAM STONE
FURNESS-SMITH & MORGAN*

Tarek Hosein
HSMDT LTD.

Melissa Inglefield
*M. HAMEL-SMITH & CO.
MEMBER OF LEX MUNDI*

Dexter Lall
*PREMIER CUSTOMS
BROKERAGE*

Sunil Lalloo
GA FARRELL AND ASSOCIATES

Kevin Maraj
*PRICEWATERHOUSECOOPERS
LIMITED*

Imtiaz Mohammed
*DELTA ELECTRICAL
CONTRACTORS LTD.*

Nassim Mohammed
EY

David Montgomery
HLB MONTGOMERY & CO.

Evelyn Murphy
*TROPICAL SHIPPING
AGENCY UNLIMITED*

Sheldon Mycoo
SYNOVATIONS LIMITED

Kevin Nurse
JOHNSON, CAMACHO & SINGH

Yolander Persaud
ASHMEAD ALI & CO.

Sonji Pierre Chase
JOHNSON, CAMACHO & SINGH

Catherine Ramnarine
*M. HAMEL-SMITH & CO.
MEMBER OF LEX MUNDI*

Deoraj Ramtahal
*MINISTRY OF LOCAL
GOVERNMENT*

Krystal Richardson
*M. HAMEL-SMITH & CO.
MEMBER OF LEX MUNDI*

Andre Rudder
J.D. SELLIER & CO.

Alana T.G. Russell
ASHMEAD ALI & CO.

Alice Salandy
GSAL DESIGNS LTD.

Arun Seenath
DELOITTE

Debra Thompson
*M. HAMEL-SMITH & CO.
MEMBER OF LEX MUNDI*

Tammy Timal-Toonday
*GRANT THORNTON ORBIT
SOLUTIONS LIMITED*

Jonathan Walker
*M. HAMEL-SMITH & CO.
MEMBER OF LEX MUNDI*

Nikkel Wiltshire
*M. HAMEL-SMITH & CO.
MEMBER OF LEX MUNDI*

突尼斯

Amel Abida
BANQUE CENTRALE DE TUNISIE

Ines Belardi
*CAF MEMBRE DU RÉSEAU
INTERNATIONAL PWC*

Adly Bellagha
ADLY BELLAGHA & ASSOCIATES

Henda Ben Achour
ADLY BELLAGHA & ASSOCIATES

Zied Ben Ali
*SOCIÉTÉ TUNISIENNE
D'INDUSTRIE ELECTRIQUE
ET DE LUMIÈRE (STIEL)*

Amel Ben Farhat
*AGENCE DE PROMOTION
DE L'INDUSTRIE ET DE
L'INNOVATION—APII*

Wassim Ben Mahmoud
*BUREAU WASSEM
BEN MAHMOUD*

Amel Ben Rahal
BANQUE CENTRALE DE TUNISIE

Anis Ben Said
GLOBAL AUDITING & ADVISING

Abdelfetah Benahji
FERCHIOU & ASSOCIÉS

Slah-Eddine Bensaid
SCET-TUNISIE

Abdessattar Berraies
*CABINET ZAANOUNI
& ASSOCIÉS*

Peter Bismuth
TUNISIE ELECTRO TECHNIQUE

Maryem Blidi Ben Karim
*ABU GHAZALEH
INTELLECTUAL PROPERTY*

Issameddine Boujemaa
*SOCIÉTÉ TUNISIENNE
DE L'ELECTRICITÉ ET
DU GAZ (STEG)*

Omar Boukhdir
ITO LOGISTIC TUNISIE

Salaheddine Caid Essebsi
*CAID ESSEBSI & BEN
SALEM ASSOCIÉS*

Elyes Chafter
CHAFTER RAOUADI LAW FIRM

Zine el Abidine Chafter
CHAFTER RAOUADI LAW FIRM

Ali Chaouali
*SOCIÉTÉ TUNISIENNE DE
L'ELECRICITÉ ET DU GAZ (STEG)*

Anissa Charradi
COMMUNE DE TUNIS

Faouzi Cheikh
BANQUE CENTRALE DE TUNISIE

Abdelmalek Dahmani
*DAHMANI TRANSIT
INTERNATIONAL*

Mohamed Derbel
BDO

Walid I. Dziri
ALL SEAS SHIPPING AGENCY

Mohamed Lotfi El Ajeri
EL AJERI LAWYERS EAL

Sarra Elloumi
*CABINET ZAANOUNI
& ASSOCIÉS*

Abderrahmen Fendri
*CAF MEMBRE DU RÉSEAU
INTERNATIONAL PWC*

Amine Ferchiou
FERCHIOU & ASSOCIÉS

Noureddine Ferchiou
FERCHIOU & ASSOCIÉS

Rym Ferchiou
FERCHIOU & ASSOCIÉS

Amina Fradi
*CAF MEMBRE DU RÉSEAU
INTERNATIONAL PWC*

Asma Ghoul
*OFFICE DE LA TOPOGRAPHIE
ET DU CADASTRE*

Kamel Gomri
COMMUNE DE TUNIS

Imen Guettat
*CAF MEMBRE DU RÉSEAU
INTERNATIONAL PWC*

Mahmoud Hassen
LAWYER

Anis Jabnoun
*GIDE LOYRETTE NOUEL,
MEMBER OF LEX MUNDI*

Badis Jedidi
MEZIOU KNANI & ASSOCIÉS

Sami Kallel
KALLEL & ASSOCIATES

Hatem Louati
*AGENCE DE PROMOTION
DE L'INDUSTRIE ET DE
L'INNOVATION—APII*

Mabrouk Maalaoui
*CAF MEMBRE DU RÉSEAU
INTERNATIONAL PWC*

Samia Mayara
ACCELEA ENGINEERING

Sarah Mebazaa
ARCHITECT

Radhi Meddeb
COMETE ENGINEERING

Amel Mrabet
EL AJERI LAWYERS EAL

Mohamed Taieb Mrabet
BANQUE CENTRALE DE TUNISIE

Sami Mrabet
*MINISTÈRE DES
DOMAINES DE L'ÉTAT*

Imen Nouira
*CONSERVATION
FONCIÈRE TUNISIA*

Olfa Othmane
BANQUE CENTRALE DE TUNISIE

Habiba Raouadi
CHAFTER RAOUADI LAW FIRM

Hafedeh Trabelsi
*CABINET D'ARCHITECTURE
HAFEDEH TRABELSI*

Wassim Turki
AWT AUDIT & CONSEIL

Anis Wahabi
AWT AUDIT & CONSEIL

Mohamed Zaanouni
*CABINET ZAANOUNI
& ASSOCIÉS*

MINISTRY OF FINANCE

土耳其

*BUĞAZIÇI ELEKTIK
DAĞITIM AŞ (BEDAŞ)*

*ECZACIBAŞI EKOM
DIŞ TICARET A.Ş.*

*ISTANBUL ANADOLU YAKASI
ELEKTIRIK DAĞITIM ŞIRKETI*

Metin Abut
MOROĞLU ARSEVEN

Erol Acun
ÖZAK TEKSTIL

Hakan Ağu
PENETRA YMM LTD.

Zeynep Ahmetoğlu
MOROĞLU ARSEVEN

Tuğcan Akalın
BEZEN & PARTNERS

Osman Akkaya
ARNAVUTKOY MUNICIPALITY

Mey Akkayan
*HERGUNER BILGEN OZEKE
ATTORNEY PARTNERSHIP*

Şule Akkuş
*ERSOY BILGEHAN LAWYERS
AND CONSULTANTS*

Can Yasin Aksoy
PAKSOY LAW FIRM

Ertuğrul Aksoy
PWC TURKEY

Müjdem Aksoy Çevik
CERRAHOĞLU LAW FIRM

Bora Aktürk
AKTÜRK AB

Simge Akyüz-Haybat
DEVRES LAW OFFICE

Duygu Alkan
*MAVIOGLU & ALKAN
LAW OFFICE (ADMD)*

Cansu Alparman
*MAVIOGLU & ALKAN
LAW OFFICE (ADMD)*

Ekin Altıntaş
PWC TURKEY

Cemal Araalan
POSTACIOGLU LAW FIRM

Selin Barlin Aral
PAKSOY LAW FIRM

Can Argon
WHITE & CASE LLP

Akin Volkan Arikan
ARIKAN PARTNERS

Nazli Arikan
ARIKAN PARTNERS

Ergun Benan Arseven
MOROĞLU ARSEVEN

Eris Arslan
KOC HOLDING

Ramiz Arslan
MOROĞLU ARSEVEN

Nizameddin Aşa
*ISTANBUL GENERAL
CHAMBER OF ESTATE
AGENTS AND TRADESMEN*

Erdem Atilla
PEKIN & PEKIN

Dilek Aydemir
YEDITEPE UNIVERSITY

Aykut Aydin
BEZEN & PARTNERS

İlay Aykanat
*MINISTRY OF CUSTOMS
AND TRADE*

Elvan Aziz
PAKSOY LAW FIRM

Menduh Bagci
GARTNER KG TRANSPORT

Derya Baksı
TARLAN—BAKSI LAW FIRM

Aslihan Balci
SOMAY HUKUK BÜROSU

Z. İlayda Balkan
*MAVIOGLU & ALKAN
LAW OFFICE (ADMD)*

Naz Bandik Hatipoglu
ÇAKMAK LAW FIRM

Erdem Basgul
ÇAKMAK LAW FIRM

Ipek Batum
MOROĞLU ARSEVEN

Ayça Bayburan
*MAVIOGLU & ALKAN
LAW OFFICE (ADMD)*

Volkan Bayram
*ORGE ELECTRICAL
CONTRACTING*

Harun Bayramoglu
*ITKIB ISTANBUL TEXTILE
AND APPAREL EXPORTERS'
ASSOCIATION*

Aysuda Meryem Baysal
DELOITTE

Serdar Bezen
BEZEN & PARTNERS

Yeşim Bezen
BEZEN & PARTNERS

Ayşe Eda Biçer
ÇAKMAK LAW FIRM

Cansin Bilal
PWC TURKEY

Dilara Bilgen
PWC TURKEY

Gorkem Bilgin
MEHMET GÜN & PARTNERS

Aysegul Bogrun
*ERSOY BILGEHAN LAWYERS
AND CONSULTANTS*

Ali Ömer Boğuş
EGEMENOĞLU HUKUK BÜROSU

Seyma Boydak
SERAP ZUVIN LAW OFFICES

Yildirim Bozbiyik
MINISTRY OF FINANCE

Nevzat Boztaş
ISTANBUL REGIONAL COURT

Ali Cem Budak
AV. ALI CEM BUDAK

Gülce Budak
PWC TURKEY

Deniz Bulut
*VESTA GÜMRÜK
MÜSAVIRLIĞI LTD. ŞTI.*

Başak Bumin
PERA CONSTRUCTION

Berkant Cagal
PWC TURKEY

Hakan Çaglar
*EMAY INŞAAT TAAHHUT
SANAYI VE TICARET A.Ş.*

Hasan Cağlayan
ABCOO

Timur Cakmak
KPMG

Esin Çamlıbel
TURUNÇ LAW OFFICE

Nabi Can Acar
MOROĞLU ARSEVEN

Ahmet Can Balak
*MINISTRY OF CUSTOMS
AND TRADE*

Gökhan Çanaçi
*GENERAL DIRECTORATE
OF LAND REGISTRY
AND CADASTRE*

Uraz Canbolat
CERRAHOĞLU LAW FIRM

Zeynep Cantimur
*CAPITAL MARKETS
BOARD OF TURKEY*

Maria Lianides Çelebi
*BENER LAW OFFICE,
MEMBER OF IUS LABORIS*

Ezgi Celik
*TURKISH INDUSTRY AND
BUSINESS ASSOCIATION*

Pınar Çelik
MGC LEGAL

Serdar Cetin
*ERK PROJECT ENGINEERING
CONSULTING COMPANY LTD.*

Hakkı Cihan Türk
MGC LEGAL

Melis Çolakoğlu
*MAVIOGLU & ALKAN
LAW OFFICE (ADMD)*

Niyazi Çömez
DELOITTE

Isa Coşkun

Yavuz Dayıoğlu
PWC TURKEY

Sabiha Busra Demir
MOROĞLU ARSEVEN

Ebru Demirhan
TABOGLU & DEMIRHAN

Emine Devres
DEVRES LAW OFFICE

Ebru Dicle
*TURKISH INDUSTRY AND
BUSINESS ASSOCIATION*

Şule Dilek Çelik
CERRAHOĞLU LAW FIRM

Deniz Dinçer Öner
PWC TURKEY

Derya Doğan
MOROĞLU ARSEVEN

Dilara Duman
DUMAN LAW OFFICE

Safa Mustafa Durakoğlu
ÇAKMAK LAW FIRM

Hakan Durusel
PEKIN & PEKIN

Egemen Egemenoğlu
EGEMENOĞLU HUKUK BÜROSU

Yunus Egemenoğlu
EGEMENOĞLU HUKUK BÜROSU

Yasin Ekmen
*TOBB—THE UNION OF
CHAMBERS AND COMMODITY
EXCHANGES OF TURKEY*

Emre Eldener
KITA LOGISTICS

Bilinç Emiroğlu
PEKIN & PEKIN

Gülşen Engin
ÇAKMAK LAW FIRM

Nilay Enkür
TURUNÇ LAW OFFICE

Gökben Erdem Dirican
DIRICAN GÖZÜTOK BAĞCI

Emre Ergin Ergani
*GENERAL DIRECTORATE
OF LAND REGISTRY
AND CADASTRE*

Turgut Erkeskin
GENEL TRANSPORT

Mustafa Soner Eroğlu
*VENTUR CUSTOMS
BROKERS LLC*

Ertug Ersoy
*ORGE ELECTRICAL
CONTRACTING*

Goktug Ersoy
PAKSOY LAW FIRM

Selin Erten
ÇAKMAK LAW FIRM

Deniz Zeynep Erverdi
*MAVIOGLU & ALKAN
LAW OFFICE (ADMD)*

Naz Esen
TURUNÇ LAW OFFICE

Ecem Evin
MOROĞLU ARSEVEN

Merve Evrim
MOROĞLU ARSEVEN

Çağdaş Evrim Ergün
ERGUN AVUKATLIK BUROSU

Gökhan Fikirli
*CAPITAL GÜMRÜK
MÜSAVIRLIĞI LTD. ŞTI*

Özgür Can Geçim
EY

Tuba Gedik
PWC TURKEY

Tuğçe Gödekli
PWC TURKEY

Ali Gözütok
DIRICAN GÖZÜTOK BAĞCI

Serkan Gul
*HERGUNER BILGEN OZEKE
ATTORNEY PARTNERSHIP*

Berkay Gül
*KOLCUOĞLU DEMIRKAN
KOÇAKLI ATTORNEYS-AT-LAW*

Müge Gül
POSTACIOGLU LAW FIRM

Kenan Güler
*GÜLER DINAMIK GÜMRÜK
MÜŞAVIRLIĞI AŞ*

Omer Gumusel
PEKIN & BAYAR LAW FIRM

Arzum Gunalcin
GÜNALÇIN HUKUK BÜROSU

Nurettin Gündoğmuş
AKTIF INVESTMENT BANK AS

Zeki Gündüz
PWC TURKEY

Remzi Orkun Guner
*MAVIOGLU & ALKAN
LAW OFFICE (ADMD)*

Mustafa Güneş
MGC LEGAL

Burcu Güray
MOROĞLU ARSEVEN

Ömer Gürbüz
MEHMET GÜN & PARTNERS

Ayşegül Gürsoy
CERRAHOĞLU LAW FIRM

Deniz Güven
DUMAN LAW OFFICE

Mustafa Hakan
ALTIN EMLAK A.Ş.

Rıdvan Haliloglu
*MUNDOIMEX CUSTOMS
BROKERAGE*

Deniz Hancer
SERAP ZUVIN LAW OFFICES

Remzi Hökelek
SARIIBRAHIMOĞLU LAW OFFICE

Nilüfer Hotan
MOROĞLU ARSEVEN

Timur Hülagü
*CENTRAL BANK OF THE
REPUBLIC OF TURKEY*

Begüm İlçayto
SARIIBRAHIMOĞLU LAW OFFICE

Pınar İlter Isı
GÜNALÇIN HUKUK BÜROSU

Tolga İpek
*HERGUNER BILGEN OZEKE
ATTORNEY PARTNERSHIP*

Sevi Islamagec
MOROĞLU ARSEVEN

Duru Iyem
BEZEN & PARTNERS

Abdulkadir Kahraman
KPMG

Adnan Kahveci
*GENERAL DIRECTORATE
OF LAND REGISTRY
AND CADASTRE*

Zeynep Kalaycı
PAKSOY LAW FIRM

Serdar Kale
SERDAR KALE LAW FIRM

Adil Kar
KÜRE İNŞAAT

Seda Karaman
ERGUN AVUKATLIK BUROSU

Özge Kavasoğlu
*THE BANKS ASSOCIATION
OF TURKEY*

Firat Baris Kavlak
KAVLAK LAW FIRM

Burak Kepkep
PAKSOY LAW FIRM

Hasan Kilic
DELOITTE

Özlem Kızıl Voyvoda
ÇAKMAK LAW FIRM

Melis Öget Koç
*KOLCUOĞLU DEMIRKAN
KOÇAKLI ATTORNEYS-AT-LAW*

Serhan Koçaklı
*KOLCUOĞLU DEMIRKAN
KOÇAKLI ATTORNEYS-AT-LAW*

Korhan Kocali
CERRAHOĞLU LAW FIRM

Galya Kohen
TABOGLU & DEMIRHAN

Övgü Kopal
TURUNÇ LAW OFFICE

Demet Basak Korkmaz
*ISTANBUL COMMERCIAL
COURT OF FIRST INSTANCE*

Umut Korkmaz
PEKIN & PEKIN

Fatma İpek Küçükkalfa
POSTACIOGLU LAW FIRM

Dilek Kursuncu
CERRAHOĞLU LAW FIRM

Umit Kurt
TIME PROJE YONETIMI A.S.

Aybala Kurtuldu
SERAP ZUVIN LAW OFFICES

Mert Kutlar
*MAVIOGLU & ALKAN
LAW OFFICE (ADMD)*

Dilara Leventoğlu
TABOGLU & DEMIRHAN

Orhan Yavuz Mavioğlu
*MAVIOGLU & ALKAN
LAW OFFICE (ADMD)*

Maral Minasyan
*KOLCUOĞLU DEMIRKAN
KOÇAKLI ATTORNEYS-AT-LAW*

Ömer Mirze
MIRZE-RENÇPER

Mayıs Büşra Mollaahmetoğlu
*KOLCUOĞLU DEMIRKAN
KOÇAKLI ATTORNEYS-AT-LAW*

Busra Nur Mutlu
ODAMAN & TASKIN LAW OFFICE

Ahmet Arkın Obdan
*OBDAN SISTEM GUMRUK
MUSAVIRLIGI LTD.*

Zumbul Odaman Taskın
ODAMAN & TASKIN LAW OFFICE

Pelin Oğuzer
MOROĞLU ARSEVEN

Sibel Okumusoglu
AKTÜRK AB

Mert Oner
KPMG

Yavuz Oner
KPMG

Volkan Oray
*GÜLER DINAMIK GÜMRÜK
MÜŞAVIRLIĞI AŞ*

Burcu Osmanoglu
*OSMANOGLU HUKUK |
OSMANOGLU LAW FIRM*

Nursen Osmanoglu
*OSMANOGLU HUKUK |
OSMANOGLU LAW FIRM*

Yusuf Mansur Özer
*ERSOY BILGEHAN LAWYERS
AND CONSULTANTS*

Hande Özgen
MGC LEGAL

Can Özilhan
BEZEN & PARTNERS

Afife Nazlıgül Özkan
*MAVIOGLU & ALKAN
LAW OFFICE (ADMD)*

Ufuk Özongun
OLAM INTERNATIONAL

Turhan Ozturk Ozturk
BT CUSTOMS

Özlem Özyiğit
*YASED—INTERNATIONAL
INVESTORS ASSOCIATION*

Ahmed Pekin
PEKIN & PEKIN

Ferhat Pekin
PEKIN & BAYAR LAW FIRM

İlknur Peksen
*ERSOY BILGEHAN LAWYERS
AND CONSULTANTS*

Baris Polat
SENGULER & SENGULER

Etem Postacioğllu
POSTACIOGLU LAW FIRM

Tolga Poyraz
EGEMENOĞLU HUKUK BÜROSU

Erenalp Rençber
MIRZE-RENÇPER

Enis Sinan Reyhan
*HERGUNER BILGEN OZEKE
ATTORNEY PARTNERSHIP*

Çağıl Sahin
PWC TURKEY

Eda Sahin
ODAMAN & TASKIN LAW FIRM

Gülbin Şahinbeyoğlu
*CENTRAL BANK OF THE
REPUBLIC OF TURKEY*

Batuhan Şahmay
*BENER LAW OFFICE,
MEMBER OF IUS LABORIS*

Selim Sarıibrahimoğlu
SARIIBRAHIMOĞLU LAW OFFICE

Gülce Saydam Pehlivan
PAKSOY LAW FIRM

Uğur Sebzeci
BEZEN & PARTNERS

Selim S. Seçkin
SEÇKIN LAW FIRM

Ceren Şen
WHITE & CASE LLP

Selen Şenocak
*KOLCUOĞLU DEMIRKAN
KOÇAKLI ATTORNEYS-AT-LAW*

Kazim Senturk
*VOESTALPINE HIGH
PERFORMANCE METAL A.S.*

Nazli Nehir Sertbas
KAVLAK LAW FIRM

Ömer Kayhan Seyhun
*CENTRAL BANK OF THE
REPUBLIC OF TURKEY*

Sinan Şığva
*GENERAL DIRECTORATE
OF LAND REGISTRY
AND CADASTRE*

Sezil Simsek
PWC TURKEY

Selim Sogutlu
DOGUS HOLDING

Ayse Ülkü Solak
MOROĞLU ARSEVEN

Murat Soylu
BEZEN & PARTNERS

Ilke Isin Süer
BEZEN & PARTNERS

Esin Taboğlu
TABOGLU & DEMIRHAN

Aysenaz Tahmaz
ÇAKMAK LAW FIRM

Baris Talay
*EVOLOG, EVOLUATION
LOGISTICS*

Dilara Tamtürk
*MAVIOGLU & ALKAN
LAW OFFICE (ADMD)*

Berk Tanrıdağ
*MAVIOGLU & ALKAN
LAW OFFICE (ADMD)*

Eda Tanriverdi
TURUNÇ LAW OFFICE

Gokbige Tanyildiz
*MAVIOGLU & ALKAN
LAW OFFICE (ADMD)*

Bekir Tarik Yigit
*GENERAL DIRECTORATE
OF LAND REGISTRY
AND CADASTRE*

Aylin Tarlan Tüzemen
TARLAN—BAKSI LAW FIRM

Mehmet Ali Taskin
ODAMAN & TASKIN LAW FIRM

Selen Terzi Özsoylu
PAKSOY LAW FIRM

Duygu Tokadam Subaşı
TARLAN—BAKSI LAW FIRM

Filiz Toprak
MEHMET GÜN & PARTNERS

Ayşe Şebnem Tufan
PWC TURKEY

Mert Tuglan
WHITE & CASE LLP

Sadettin Tunas
*GENERAL DIRECTORATE
OF LAND REGISTRY
AND CADASTRE*

Nil Tunaşar
*TRANSORIENT ULUSLARARASI
TAŞIMACILIK VE TIC. A.Ş.*

Nurcan Turan
*TRADE REGISTRY OFFICE AT
THE ISTANBUL CHAMBER
OF COMMERCE*

Yigit Turker
SERAP ZUVIN LAW OFFICES

Mehmet Selcuk Turkoglu
*CAPITAL MARKETS
BOARD OF TURKEY*

Ibrahim Tutar
PENETRA YMM LTD.

Burcu Tuzcu Ersin
MOROĞLU ARSEVEN

Kayra Üçer
HERGUNER BILGEN OZEKE
ATTORNEY PARTNERSHIP

Mehmet Uğurlu
MINISTRY OF CUSTOMS
AND TRADE

Ürün Ülkü
MAVIOGLU & ALKAN
LAW OFFICE (ADMD)

Leyla Ulucan
ERSOY BILGEHAN LAWYERS
AND CONSULTANTS

Rumeysa Canan Uluçay
SARIIBRAHIMOĞLU LAW OFFICE

Metin Uludağ
GENERAL DIRECTORATE
OF LAND REGISTRY
AND CADASTRE

Merih Unal
TRANSORIENT ULUSLARARASI
TAŞIMACILIK VE TIC. A.Ş.

Deniz Uras
ÇAKMAK LAW FIRM

Ü. Barış Urhan
TÜSİAD

Nihan Uslu
SENGULER & SENGULER

Doğa Usluel
ÇAKMAK LAW FIRM

Anil Uysal
TALAL ABU-GHAZALEH
LEGAL (TAG-LEGAL)

Gülin Uzunlar
ÖZAK TEKSTIL

Petek Varol
MAVIOGLU & ALKAN
LAW OFFICE (ADMD)

Fırat Yalçın
PEKIN & PEKIN

Ayşegül Yalçınmani
CERRAHOĞLU LAW FIRM

Hasan Yaşar
PEKIN & PEKIN

Cüneyt Yetgin
GÜLER DINAMIK GÜMRÜK
MÜŞAVIRLIĞI AŞ

Metin Anıl Yiğit
MOROĞLU ARSEVEN

A. Çağrı Yıldız
MAVIOGLU & ALKAN
LAW OFFICE (ADMD)

Uzay Görkem Yıldız
MOROĞLU ARSEVEN

Beste Yıldızili
TURUNÇ LAW OFFICE

Bilge Yilmaz
MAVIOGLU & ALKAN
LAW OFFICE (ADMD)

Can Yilmaz
SERAP ZUVIN LAW OFFICES

Cagatay Yuce
DELOITTE

Abdülkerim Baki Yücel
ATTORNEY-AT-LAW

Murat Yülek
PGLOBAL GLOBAL ADVISORY
AND TRAINING SERVICES LTD.

Izzet Zakuto
SOMAY HUKUK BÜROSU

Serap Zuvin
SERAP ZUVIN LAW OFFICES

乌干达

UGANDA REVENUE AUTHORITY

Rose Mary Brenda Aeko
UGANDA NATIONAL
ROADS AUTHORITY

MaryRose Akii
FBW GROUP

Daniel Angualia
ANGUALIA, BUSIKU &
CO. ADVOCATES

Robert Apenya
ENGORU, MUTEBI ADVOCATES

Fred Atuhaire
CAPITAL MARKETS AUTHORITY

Justine Bagyenda
BANK OF UGANDA

Edward Balaba
EY

Robert Bbosa
KYEYUNE ROBERT

Alice Namuli Blazevic
KATENDE, SSEMPEBWA
& CO. ADVOCATES

Didymus Byenkya
GLOBAL 6C STAR
LOGISTICS LTD.

Katabazi Gerard
VOLCANO COFFEE LIMITED

Marion Kakembo
KSK ASSOCIATES

Francis Kamulegeya
PWC UGANDA

Ali Kankaka
KYAZZE, KANKAKA &
CO. ADVOCATES

Doreen Kansiime
SEBALU & LULE ADVOCATES

Stephen Kasenge
KSK ASSOCIATES

Allan Katangaza
BOWMANS (AF MPANGA,
ADVOCATES)

Sophie Kayemba Mutebi
PWC UGANDA

Lucy Kemigisha
EY

Enoch Kibamu
UGANDA SOCIETY
OF ARCHITECTS

Muzamiru Kibeedi
KIBEEDI & CO.

Kenneth Kihembo
KSK ASSOCIATES

George Philip Kulubya
BOWMANS (AF MPANGA,
ADVOCATES)

Arnold Lule
ENGORU, MUTEBI ADVOCATES

Richard Marshall
PWC UGANDA

Alex Mbonye Manzi
UGANDA SHIPPERS COUNCIL

Paul Moores
FBW GROUP

John Mugalula
MUGALULA & OMALLA
ADVOCATES

Patrick Mugalula
KATENDE, SSEMPEBWA
& CO. ADVOCATES

Henry Mugerwa
MUTONI CONSTRUCTION
(U) LTD.

Naboth Muhairwe
AGABA MUHAIRWE &
CO. ADVOCATES

Cornelius Mukiibi
C. MUKIIBI SENTAMU
& CO. ADVOCATES

Isaac Mumfumbiro
UMEME LIMITED

Mark Mwanje
COMPUSCAN CRB LTD.

Victoria Nakaddu
SEBALU & LULE ADVOCATES

Eva Nalwanga Gitta
KASIRYE BYARUHANGA
AND CO.

Marion Nalwanga Kakembo
BDO EAST AFRICA

Prosscovia Nambatya
UGANDA SECURITIES
EXCHANGE LTD.

Jane Nankabirwa
FBW GROUP

Diana Nannono
KATENDE, SSEMPEBWA
& CO. ADVOCATES

Doreen Nawaali
MMAKS ADVOCATES

Florence Nsubuga
UMEME LIMITED

Kefa Nsubuga
LAWYER

John Ntende
UMEME LIMITED

Patricia Ocan
UMEME LIMITED

Mercy Odu
BOWMANS (AF MPANGA,
ADVOCATES)

Charles Owiny Okello
BANK OF UGANDA

Alex Rezida
NANGWALA, REZIDA
& CO. ADVOCATES

Kenneth Rutaremwa
KATEERA & KAGUMIRE
ADVOCATES

Businge Rwabwogo
MUKWANO GROUP

Moses Segawa
SEBALU & LULE ADVOCATES

Paul Semanda
FBW GROUP

Alan Shonubi
SHONUBI, MUSOKE & CO.

Brian Ssemambo
COMPUSCAN CRB LTD.

Charles Lwanga Ssemanda
BESTIN LIMITED

Ambrose Turyahabwe
DHL GLOBAL
FORWARDING (U) LTD.

乌克兰

Igor Agarkov
ROKADA GROUP

Mykola Agarkov
EGOROV PUGINSKY
AFANASIEV & PARTNERS

Mykola Aleksandrov
EGOROV PUGINSKY
AFANASIEV & PARTNERS

Anna Babych
AEQUO

Iryna Bandurko
SPENSER & KAUFFMANN

Anastasia Belkina
PWC

Gleb Bialyi
EGOROV PUGINSKY
AFANASIEV & PARTNERS

Oleg Boichuk
EGOROV PUGINSKY
AFANASIEV & PARTNERS

Yulia Bondar
HLB UKRAINE

Timur Bondaryev
ARZINGER

Alexander I. Borodkin
VASIL KISIL & PARTNERS

Pavlo Byelousov
AEQUO

Kateryna Chechulina
CMS CAMERON
MCKENNA LLC

Iaroslav Cheker
KPMG

Sergii Datsiv
KPMG

Ivan Demtso
KPMG

Aleksandr Deputat
ELIT GROUP

Anna Derevyanko
EUROPEAN BUSINESS
ASSOCIATION

Dmytro Donenko
ENGARDE
ATTORNEYS-AT-LAW

Oksana Drozach

Mariana Dudnyk
PWC

Igor Dykunskyy
DLF ATTORNEYS-AT-LAW

Anna Folvarochna
ASTERS

Andriy Fortunenko
AVELLUM

Leonid Gilevich
ILYASHEV & PARTNERS

Yevgen Goncharenko
AEQUO

Yaroslav Guseynov
PWC

Ilhar Hakhramanov
AVELLUM

Vitalii Harnalii
PWC

Mykola Heietiy
CMS CAMERON
MCKENNA LLC

Dmytro Honcharenko
ETERNA LAW

Roman Hryshyn-Hryshchuk
AEQUO

Viktoriia Hut
ASTERS

Oksana Ilchenko
EGOROV PUGINSKY
AFANASIEV & PARTNERS

Olga Ivanova
ARZINGER

Jon Johannesson
IBCH

Oleg Kachmar
VASIL KISIL & PARTNERS

Alexey Kalayda
DTEK GRIDS

Tetiana Kanashchuk
GLEEDS UKRAINE LLC

Oleg Kanikovskyi
PROXEN & PARTNERS

Yuriy Karpenko
OSNOVA CONSTRUCTION
COMPANY

Yuriy Katser
KPMG

Sergey Kavurko
KIEVENERGO

Pavlo Khodakovsky
ARZINGER

Halyna Khomenko
EY

Vadym A. Kizlenko
ILYASHEV & PARTNERS

Maryana Kolyada
PWC

Nataliia Kondrashyna
ASTERS

Stanislav Koptilin
ILYASHEV & PARTNERS

Andrey Kosharny
ELIT GROUP

Kateryna Kotenko

Vladimir Kotenko
EY

Alina Kuksenko
ASTERS

Vitaliy Kulinich
EGOROV PUGINSKY
AFANASIEV & PARTNERS

Alla Kushnirenko
DENTONS

Tatyana Kuzmenko
AIG LAW FIRM

Oles Kvyat
ASTERS

Yulia Kyrpa
AEQUO

Oleksii Latsko
EGOROV PUGINSKY
AFANASIEV & PARTNERS

Yevgen Levitskyi
AEQUO

Maksym Libanov
NATIONAL SECURITIES AND
STOCK MARKET COMMISSION

Nickolas Likhachov
SPENSER & KAUFFMANN

Artem Lukyanov
DENTONS

Anastasiya Lytvynenko
ALKIRIS LAW FIRM

Dmytro Makarenko
STATE SERVICE FOR GEODESY,
CARTOGRAPHY AND CADASTER

Maksym Maksymov
VASIL KISIL & PARTNERS

Oleh Malskyy
ETERNA LAW

Victor Marchan
DENTONS

Bohdana Marchuk
ASTERS

Olexander Martinenko
CMS CAMERON
MCKENNA LLC

Dmytro Melnik
KPMG

Larysa Melnychuk
ZAMMLER UKRAINE LLC

Sona Mursalova
KPMG

Ivan Mustanien
EY

Mariya Natsyna
AIG LAW FIRM

Yuriy Nechayev
AVELLUM

Mykola Negrych
*GEOS DEVELOPMENT
AND CONSTRUCTION*

Vyacheslav Nykytenko
GLEEDS UKRAINE LLC

Kateryna Oliynyk
*EGOROV PUGINSKY
AFANASIEV & PARTNERS*

Liliya Palko
KPMG

Alesya Pavlynska
ARZINGER

Serhiy Piontkovsky
BAKER MCKENZIE

Sergiy Popov
KPMG

Yulia Potsiluiko
*EGOROV PUGINSKY
AFANASIEV & PARTNERS*

Vitaliy Pravdyuk
KONNOV & SOZANOVSKY

Julia Prikhodko
*EGOROV PUGINSKY
AFANASIEV & PARTNERS*

Oleg Ptukh
JURIDICHESKIJ SUPERMARKET

Maksym Reshtakov
VASIL KISIL & PARTNERS

Roman Riabenko
VASIL KISIL & PARTNERS

Alexander Rotov
*CONFEDERATION OF
BUILDERS OF UKRAINE*

Vadym Samoilenko
ASTERS

Olga Samusieva
HLB UKRAINE

Iuliia Savchenko
ASTERS

Maryana Sayenko
ASTERS

Natalia Selyakova
DENTONS

Olga Serbul
LAW FIRM IP & C CONSULT LLC

Stepan Shef
HLB UKRAINE

Victor Shekera
KPMG

Olga Shenk
*CMS CAMERON
MCKENNA LLC*

Oleg Shevchuk
PROXEN & PARTNERS

Naida Shykhkerimova
KPMG

Anton Sintsov
*EGOROV PUGINSKY
AFANASIEV & PARTNERS*

Natalia Spiridonova
*EGOROV PUGINSKY
AFANASIEV & PARTNERS*

Yulia Spolitak
ETERNA LAW

Iryna Stelmakh
ZAMMLER UKRAINE LLC

Andriy Stelmashchuk
VASIL KISIL & PARTNERS

Roman Stepanenko
*EGOROV PUGINSKY
AFANASIEV & PARTNERS*

Andriy Stetsenko
*CMS CAMERON
MCKENNA LLC*

Mykola Stetsenko
AVELLUM

Olga Stetsenko
*CMS CAMERON
MCKENNA LLC*

Dmitriy Sykaluk
DLF ATTORNEYS-AT-LAW

Dmytro Symanov
CAI & LENARD

Marharyta Tatarova
ETERNA LAW

Anna Tkachenko
DENTONS

Stanislav Tolochniy
ZAMMLER UKRAINE LLC

Andriy Tsvyetkov
*ATTORNEYS' ASSOCIATION
GESTORS*

Viktoria Tymoshenko
PWC

Serhii Uvarov
AVELLUM

Camiel van der Meij
PWC

Andriy Valentinovich Vavrish
RIVERSIDE DEVELOPMENT LTD.

Slava Vlasov
PWC

Yuliia Volkova
AEQUO

Elena Volyanskaya
LCF LAW GROUP

Olexiy Yanov
LAW FIRM IP & C CONSULT LLC

Yulia Yashenkova
AIG LAW FIRM

Aleksandra Yevstafyeva
*EGOROV PUGINSKY
AFANASIEV & PARTNERS*

Anna Zorya
ARZINGER

Kateryna Zviagina
ARZINGER

阿拉伯联合酋长国

Qurashi Abdulghani
DUBAI MUNICIPALITY

Nadia Abdulrazagh
*NADIA ABDULRAZAGH
ADVOCACY & LEGAL
CONSULTATIONS*

Hakam Abu-Zarour
EMIRATES DEVELOPMENT BANK

Sultan Ibrahim Al Akraf
DUBAI LAND DEPARTMENT

Ahmad Al Ameri
DUBAI COURTS

Faris Al Amoudi
WHITE & CASE

Laila Al Asbahi
*TAMLEEK REAL ESTATE
REGISTRATION TRUSTEE*

Mahmood Al Bastaki
DUBAI TRADE

Obaid Saif Atiq Al Falasi
*DUBAI ELECTRICITY AND
WATER AUTHORITY*

Ibraheam Al Hosani
DUBAI COURTS

Abdullah Al Kaytoob
DUBAI COURTS

Yousuf Mohd Al Khazraji
*DUBAI ELECTRICITY AND
WATER AUTHORITY*

Tareq Al Marzooqi
AL ETIHAD CREDIT BUREAU

Mona Al Mulla
DUBAI COURTS

Marwan Sultan Al Sabbagh
*DUBAI ELECTRICITY AND
WATER AUTHORITY*

Mohammed Al Suboosi
DUBAI COURTS

Maryam Al Suwaidi
*EMIRATES SECURITIES AND
COMMODITIES AUTHORITY*

Mohammad Al Suwaidi
AL SUWAIDI & COMPANY

Hussam Al Talhuni
MINISTRY OF FINANCE

Faizan Asif Ali
*BLUE ZONE
ELECTROMECHANICAL LLC*

Muhammad Mohsin Ali
ADAM GLOBAL

Amir H. Aljord
*ABDULLAH ALZAROONI
ADVOCATES AND LEGAL
CONSULTANTS*

Hussain Almatrood
*AL TAMIMI & COMPANY
ADVOCATES & LEGAL
CONSULTANTS*

Layali AlMulla
DUBAI MUNICIPALITY

Taiba Alsafar
*AL TAMIMI & COMPANY
ADVOCATES & LEGAL
CONSULTANTS*

Hassan Arab
*AL TAMIMI & COMPANY
ADVOCATES & LEGAL
CONSULTANTS*

Anil Azhikodan Veettil
*CENTRAL BANK OF THE
UNITED ARAB EMIRATES*

Elmugtaba Bannaga

Piyush Bhandari
*INTUIT MANAGEMENT
CONSULTANCY*

Mazen Boustany
BAKER MCKENZIE

Omar Bushahab
*BUSINESS REGISTRATION
IN DEPARTMENT OF
ECONOMIC DEVELOPMENT*

Maggie Chang
PWC UNITED ARAB EMIRATES

Pooja Dabir
PWC UNITED ARAB EMIRATES

Lisa Dale
*AL TAMIMI & COMPANY
ADVOCATES & LEGAL
CONSULTANTS*

Tania De Swart
REED SMITH

Niaz Ebrahim
*BRIGHT ELECTRICAL
WORKS LLC*

Ghassan El Asmar
*DUBAI ELECTRICITY AND
WATER AUTHORITY*

Usman Elahi
AL ETIHAD CREDIT BUREAU

Rohit Ghai
10 LEAVES LIMITED

Syed Ali Hussnain Gilani
*AL MEHER CONTRACTING
CO. LLC*

Jamal Guzlan
*AL AJMI ENGINEERING
CONSULTANTS*

Riya Habeeb
OHM ELECTROMECHANIC

Nazim Hashim
*AFRIDI & ANGELL, MEMBER
OF LEX MUNDI*

Sydene Helwick
*AL TAMIMI & COMPANY
ADVOCATES & LEGAL
CONSULTANTS*

Mohamed Hilal
*FAHAD BIN TAMIM
ADVOCATES AND LEGAL
CONSULTANTS*

Ziad Jibril
*TALAL ABU-GHAZALEH
LEGAL (TAG-LEGAL)*

Edger Larose Joseph
*AMPTEC
ELECTROMECHANICAL LLC*

Sony Joseph
*INTERTECHS
ELECTROMECHANICAL
CONTRACTORS LLC*

Jonia Kashalaba
PWC UNITED ARAB EMIRATES

Mohammad Z. Kawasmi
*AL TAMIMI & COMPANY
ADVOCATES & LEGAL
CONSULTANTS*

Dean Kern
PWC UNITED ARAB EMIRATES

Ashraf Khadir
*AL TAMIMI & COMPANY
ADVOCATES & LEGAL
CONSULTANTS*

Vipul Kothari
*KOTHARI AUDITORS
& ACCOUNTANTS*

Charles Laubach
*AFRIDI & ANGELL, MEMBER
OF LEX MUNDI*

Katrina Mackay
REED SMITH

Rana Madi
DUBAI MUNICIPALITY

Christine Maksoud
BAROUDI & ASSOCIATES

Junaid Malik
AL ETIHAD CREDIT BUREAU

Udayan Mukherjee
DENTONS

Mahmoud Najjar
*ADNAN SAFFARINI
CONSULTANTS*

Himadri Pathak
*INTUIT MANAGEMENT
CONSULTANCY*

Vijendra Vikram Singh Paul
*TALAL ABU-GHAZALEH
LEGAL (TAG-LEGAL)*

Sinoj Philip

Nicolas Pieri
REED SMITH

Ahmed Qamzi
*CENTRAL BANK OF THE
UNITED ARAB EMIRATES*

Motaz Qaoud
*AL KHAWAJA ENGINEERING
CONSULTANCY*

Samer Qudah
*AL TAMIMI & COMPANY
ADVOCATES & LEGAL
CONSULTANTS*

Mohamed Younus Rafeeq
*BINLAHEJ
ELECTROMECHANICAL LLC*

Yusuf Rafiudeen
*DUBAI ELECTRICITY AND
WATER AUTHORITY*

Ashraf M. Rahman
ADAM GLOBAL

Azizur Rahman
*CHANCE ELECTROMECHANICAL
WORKS LLC*

Johnson Rajan
*INTUIT MANAGEMENT
CONSULTANCY*

Mehul Rajyaguru
*AL HILI STAR
ELECTROMECHANICAL
WORKS LLC*

Chatura Randeniya
*AFRIDI & ANGELL, MEMBER
OF LEX MUNDI*

Jochem Rossel
PWC UNITED ARAB EMIRATES

Mohammad Safwan
*AL HASHEMI PLANNERS,
ARCHITECTS, ENGINEERS*

Said Said
DUBAI TRADE

Mohammed Ahmed Saleh
DUBAI MUNICIPALITY

Safiya Samhan
DUBAI COURTS

Sulakshana Senanayake
*AFRIDI & ANGELL, MEMBER
OF LEX MUNDI*

Osama Shabaan
*TALAL ABU-GHAZALEH
LEGAL (TAG-LEGAL)*

Hassan Shakrouf
GLOBAL TEAM UAE

Advaita Sharma
ADAM GLOBAL

Arvind Sinha
*RCS PVT. LTD. BUSINESS
ADVISORS GROUP*

Walid Takrouri
AL ETIHAD CREDIT BUREAU

Hamad Thani Mutar
DUBAI COURTS

Nitin Tirath
DUBAI TRADE

Arun Udayabhanu
*BRIGHT ELECTRICAL
WORKS LLC*

Hannan Uddin
*CHANCE ELECTROMECHANICAL
WORKS LLC*

Alan Wood
PWC UNITED ARAB EMIRATES

Baher Yousef
*ENGINEERING CONSULTANTS
GROUP (ECG)*

英国

COMPANIES HOUSE

DIAZ REUS & TARG LLP

EN SUITER & SONS LTD.

HIGGINS CONSTRUCTION

NPS GROUP

THE INSOLVENCY SERVICE

WHITE & CASE LLP

Olivia Anderson
MILBANK, TWEED, HADLEY
& MCCLOY LLP

Marie Batchelor
BIRKETTS LLP

Gautam Bhattacharryya
REED SMITH LLP

Moshe Bordon
MILBANK, TWEED, HADLEY
& MCCLOY LLP

Marlies Braun
WEDLAKE BELL LLP

Hannah Brellisford
MORRISON & FOERSTER LLP

Kerri Bridges
REED SMITH LLP

Danny Campbell
PWC UNITED KINGDOM

Brendon Christian
BUSINESS LAW BC

Karen Clarke
CMS CAMERON MCKENNA LLP

Michael Collard
5 PUMP COURT CHAMBERS

Christopher Collins
SHEARMAN & STERLING LLP

James Collinson
DLA PIPER UK LLP

Ashley Damiral
CMS CAMERON MCKENNA LLP

Neelesh Datir
ALBIEA

John Dewar
MILBANK, TWEED, HADLEY
& MCCLOY LLP

Charlotte Doherty
HARBOTTLE & LEWIS

Zaki Ejaz
RIGHT LEGAL ADVICE

Paul Fleming
DECHERT LLP

Yvonne Gallagher
HARBOTTLE & LEWIS

Johan Garcia
SHERRARDS SOLICITORS

Donald Gray
DARWIN GRAY LLP

Rakesh Grubb-Sharma
MORRISON & FOERSTER LLP

Louise Gullifer
OXFORD UNIVERSITY,
COMMERCIAL LAW CENTER

Andrew Haywood
PENNINGTONS MANCHES LLP

Jerry Healy
SHEARMAN & STERLING LLP

Chris Horrocks
DECHERT LLP

Daden Hunt
BIRKETTS LLP

Richard Isham
WEDLAKE BELL LLP

Hannah Jones
SHERRARDS SOLICITORS

Michael Josypenko
INSTITUTE OF EXPORT

Robert Keen
BRITISH INTERNATIONAL
FREIGHT ASSOCIATION

Katherine Keenan
WEDLAKE BELL LLP

Pascal Lalande
HER MAJESTY'S
LAND REGISTRY

Sarah Lawson
DENTON WILDE SAPTE

Bob Ledsome
MINISTRY OF HOUSING,
COMMUNITIES AND
LOCAL GOVERNMENT

Sarah Leslie
SHEPHERD AND
WEDDERBURN LLP

Sandra Lou
SKADDEN, ARPS, SLATE,
MEAGHER & FLOM LLP

Neil Maclean
SHEPHERD AND
WEDDERBURN LLP

Neil Magrath
UK POWER NETWORKS

Christopher Mallon
SKADDEN, ARPS, SLATE,
MEAGHER & FLOM LLP

Peter Manning
SIMMONS & SIMMONS LLP

Paul Marmor
SHERRARDS SOLICITORS

Katie Matthews
SHEARMAN & STERLING LLP

Mark McGarry
SAFFERY CHAMPNESS

Antoinette McManus
PWC UNITED KINGDOM

Monika Mecevic
DECHERT LLP

Howard Morris
MORRISON & FOERSTER LLP

Phil Moss
LUBBOCK FINE—MEMBER
OF RUSSELL BEDFORD
INTERNATIONAL

Tom Neilson
MILBANK, TWEED, HADLEY
& MCCLOY LLP

Peter Newman
MILBANK, TWEED, HADLEY
& MCCLOY LLP

Kevin Nicholson
PWC UNITED KINGDOM

Felicia Hanson Ofori-Quaah
MILBANK, TWEED, HADLEY
& MCCLOY LLP

Chidi Onyeche
LATHAM & WATKINS LLP

Elizabeth Ormesher
CMS CAMERON MCKENNA LLP

Ivy-Victoria Otradovec
SHEARMAN & STERLING LLP

Emma Phillips
HER MAJESTY'S
LAND REGISTRY

Helena Potts
LATHAM & WATKINS LLP

Edward Rarity
SHEARMAN & STERLING LLP

Matthew Roberts
SHEARMAN & STERLING LLP

Alex Rogan
SKADDEN, ARPS, SLATE,
MEAGHER & FLOM LLP

Brittany Roger
SHEARMAN & STERLING LLP

Benedict Sharrock
REED SMITH LLP

Georgia Shaw
WEDLAKE BELL LLP

Richard Simms
PWC UNITED KINGDOM

Michael Steiner
DENTON WILDE SAPTE

Philip Stopford
SHEARMAN & STERLING LLP

William Summerlin
CMS CAMERON MCKENNA LLP

Aidan Sutton
PWC UNITED KINGDOM

Stuart Swift
MILBANK, TWEED, HADLEY
& MCCLOY LLP

Isabel Vickers
MILBANK, TWEED, HADLEY
& MCCLOY LLP

Sam Whitaker
SHEARMAN & STERLING LLP

Alistair White
DLA PIPER UK LLP

Geoff Wilkinson
WILKINSON CONSTRUCTION
CONSULTANTS

David Ziyambi
LATHAM & WATKINS LLP

美国

DIAZ REUS & TARG LLP

Paula Allegra Stuart Kane
Manish Antani
BLANK ROME LLP

Bjorn Bjerke
SHEARMAN & STERLING LLP

Eve Brackmann
STUART KANE

Simon Cassell
WHITE & CASE LLP

Steven Clark
CLARK FIRM PLLC

Carlos Cruz

María Amalia Cruz

Melanie L. Cyganowski
OTTERBOURG PC

Anne-Karine Dabo
WHITE & CASE LLP

Vilas Dhar
DHAR LAW, LLP

George Dimov
GEORGE DIMOV, CPA

Joshua L. Ditelberg
SEYFARTH SHAW LLP

Buddy Donohue
SHEARMAN & STERLING LLP

Paul Drizner
SEYFARTH SHAW LLP

Michael Dyll
TEXAS INTERNATIONAL FREIGHT

David Elden
PARKER, MILLIKEN, CLARK,
O'HARA & SAMUELIAN

Paul Epstein
SHEARMAN & STERLING LLP

Julia Fetherston
BOSTON CONSULTING GROUP

Irma Foley
ORRICK, HERRINGTON
& SUTCLIFFE LLP

William Gould
TROYGOULD PC

Javier Gutierrez
STUART KANE

Michael Guttentag
LOYOLA SCHOOL OF
LAW, LOS ANGELES

Tony Hadley
EXPERIAN

Thomas Halket

Timi Anyon Hallem
MANATT, PHELPS
& PHILLIPS LLP

Sanford Hillsberg
TROYGOULD PC

Neil Jacobs
NI JACOBS & ASSOCIATES

Christopher Kelleher
SEYFARTH SHAW LLP

Joshua Kochath
COMAGE CONTAINER LINES

John LaBar
HENRY, MCCORD,
BEAN, MILLER, GABRIEL
& LABAR PLLC

Jen Leary
CLIFTONLARSONALLEN LLP

Sophie Jihye Lee
SHEARMAN & STERLING LLP

Wen-Ching Lin
LAW OFFICES OF
WEN-CHING LIN

Bradford L. Livingston
SEYFARTH SHAW LLP

Michael Lobie
SEYFARTH SHAW LLP

Jim MacLellan
THE PORT OF LOS ANGELES

Jeffrey Makin
ARENT FOX LLP

Michael Mantell
MANTELL LAW

Eliza McDougall
WHITE & CASE LLP

Dietrick Miller
TROYGOULD PC

Amy Moore
CLIFTONLARSONALLEN LLP

Rob Morrison
WHITE & CASE LLP

Kelly J. Murray
PWC UNITED STATES

David Newberg
COLLIER, HALPERN,
NEWBERG, NOLLETTI LLP

Christopher O'Connell
PARKER, MILLIKEN, CLARK,
O'HARA & SAMUELIAN

Jennifer Oosterbaan
SHEARMAN & STERLING LLP

Michael Pettingil
SHEARMAN & STERLING LLP

Eric Pezold
SNELL & WILMER

Shanen Prout
LAW OFFICE OF
SHANEN R. PROUT

Karen Quintana
YUSEN LOGISTICS AMERICAS

Kenneth Rosen
UNIVERSITY OF ALABAMA
SCHOOL OF LAW

Daren M. Schlecter
LAW OFFICE OF DAREN
M. SCHLECTER

William Shawn
SHAWNCOULSON LLP

Wes Sheldon
SHEARMAN & STERLING LLP

Richard L. Stehl
OTTERBOURG PC

Joseph Tannous
JT CONSTRUCTION

Michael Temin
FOX ROTHSCHILD LLP

Frederick Turner

James J. Varellas III
VARELLAS & VARELLAS

Robert Wallace
STUART KANE

Rishi Wijay
SHEARMAN & STERLING LLP

Olga Zalomiy
LAW OFFICES OF OLGA
ZALOMIY PC

Andry Zinsou
SHEARMAN & STERLING LLP

乌拉圭

EQUIFAX—CLEARING
DE INFORMES

JIMÉNEZ DE ARÉCHAGA,
VIANA & BRAUSE

Ana Inés Alfaro de Hegedus
FISCHER & SCHICKENDANTZ

Marta Alvarez
ADMINISTRACIÓN NACIONAL
DE USINAS Y TRANSMISIÓN
ELÉCTRICA (UTE)

Bernardo Amorín
AMORIN ABOGADOS

Alfredo Arocena
FERRERE ABOGADOS

Gaston Atchugarry
GASTON ATCHUGARRY
ARQUITECTURA

Fernando Bado
ESTUDIO DR. MEZZERA

Leticia Barrios

Jonás Bergstein
BERGSTEIN ABOGADOS

Juan Bonet
GUYER & REGULES,
MEMBER OF LEX MUNDI

Luis Burastero Servetto
LUIS BURASTERO & ASOC.

Carina Camarano
DIRECCIÓN NACIONAL DE
ADUANAS URUGUAY

Enrique Canon
DIRECCIÓN NACIONAL DE
ADUANAS URUGUAY

Lucia Carbajal
POSADAS, POSADAS & VECINO

Maria Noel Corchs
TMF GROUP

Victoria Costa
HUGHES & HUGHES

Leonardo Couto
JOSE MARIA FACAL & CO.

Hernán de la Fuente
ESCRIBANÍA DE LA FUENTE

Fernando De Posadas
POSADAS, POSADAS & VECINO

Rosana Díaz
SUPERINTENDENCIA
DE SERVICIOS
FINANCIEROS—BANCO
CENTRAL DEL URUGUAY

Carolina Diaz De Armas
GUYER & REGULES,
MEMBER OF LEX MUNDI

Milagros Eiroa
PWC URUGUAY

Karen Elorza
GALANTE & MARTINS

Analía Fernández Gonzalez
BERGSTEIN ABOGADOS

Javier Fernández Zerbino
BADO, KUSTER, ZERBINO
& RACHETTI

José Ferrara
ANP (ADMINISTRACIÓN
NACIONAL DE PUERTOS)

Hector Ferreira
HUGHES & HUGHES

Juan Federico Fischer
ANDERSEN GLOBAL

Sergio Franco
PWC URUGUAY

Carolina Fuica
GUYER & REGULES,
MEMBER OF LEX MUNDI

Diego Galante
GALANTE & MARTINS

Giorgina Galante
GALANTE & MARTINS

Margarita Garcia
ESTUDIO LOZANO LTDA

Alejandra García
FERRERE ABOGADOS

Daniel García
PWC URUGUAY

Enrique Garcia Pini
ADMINISTRACIÓN NACIONAL
DE USINAS Y TRANSMISIÓN
ELÉCTRICA (UTE)

Marcelo Garcia Pintos
GUYER & REGULES,
MEMBER OF LEX MUNDI

Martín Gastañaga
MINISTERIO DE GANADERÍA,
AGRICULTURA Y PESCA

Rodrigo Goncalvez
GUYER & REGULES,
MEMBER OF LEX MUNDI

Nelson Alfredo Gonzalez
SDV URUGUAY

Pablo Gonzalez
TMF GROUP

Tomas Gurmendez
POSADAS, POSADAS & VECINO

Andrés Hessdörfer
OLIVERA ABOGADOS

Alfredo Inciarte Blanco
ESTUDIO INCIARTE

Daniela Jaunarena
AMORIN ABOGADOS

Jimena Lanzani
GUYER & REGULES,
MEMBER OF LEX MUNDI

Santiago Madalena
GUYER & REGULES,
MEMBER OF LEX MUNDI

Leandro Marques
PWC URUGUAY

Ana Claudia Marrero
BERGSTEIN ABOGADOS

Enrique Martinez
ASOCIACIÓN DE
DESPACHANTES DE
ADUANA DEL URUGUAY

Enrique Martínez
Schickendantz
ASOCIACIÓN DE
DESPACHANTES DE
ADUANA DEL URUGUAY

Lucía Matulevicus
RUSSELL BEDFORD
INTERNATIONAL

Leonardo Melos

Ricardo Mezzera
MEZZERA ABOGADOS

Alejandro Miller Artola
GUYER & REGULES,
MEMBER OF LEX MUNDI

Federico Moares
RUSSELL BEDFORD
INTERNATIONAL

Daniel Ignacio Mosco Gómez
GUYER & REGULES,
MEMBER OF LEX MUNDI

Pablo Mosto
ADMINISTRACIÓN NACIONAL
DE USINAS Y TRANSMISIÓN
ELÉCTRICA (UTE)

María Mercedes Nin
BERGSTEIN ABOGADOS

Mateo Noseda
GUYER & REGULES,
MEMBER OF LEX MUNDI

Lucía Patrón
FERRERE ABOGADOS

Alejandro Pena
SUPERINTENDENCIA
DE SERVICIOS
FINANCIEROS—BANCO
CENTRAL DEL URUGUAY

Domingo Pereira
BERGSTEIN ABOGADOS

Federico Pereira
PWC URUGUAY

Mariana Pisón
BERGSTEIN ABOGADOS

Walter Planells
FERRERE ABOGADOS

Maria Clara Porro
FERRERE ABOGADOS

María Posada
SUPERINTENDENCIA
DE SERVICIOS
FINANCIEROS—BANCO
CENTRAL DEL URUGUAY

María Carolina Queraltó
ARCIA STORACE FUENTES
MEDINA ABOGADOS

María Macarena Rachetti
PWC URUGUAY

Cecilia Ricciardi
ANDERSEN GLOBAL

Carolina Sarroca
ARCIA STORACE FUENTES
MEDINA ABOGADOS

Eliana Sartori
PWC URUGUAY

Valeria Sasso
AGRONEGOCIOS DEL PLATA

Fabiana Steinberg
HUGHES & HUGHES

Dolores Storace
ARCIA STORACE FUENTES
MEDINA ABOGADOS

Carolina Techera
PWC URUGUAY

Juan Ignacio Troccoli
ANDERSEN GLOBAL

Pablo Varela
POSADAS, POSADAS & VECINO

Miguel Vilariño
CÁMARA DE INDUSTRIAS
DE URUGUAY

Mario Vogel
TMF GROUP

Virginia Zarauz
TMF GROUP

乌兹别克斯坦

ADVOKAT-HIMOYA
LAW OFFICE

CHAMBER OF COMMERCE
AND INDUSTRY OF
UZBEKISTAN (CCIU)

UZBEKENERGO

Dilbar Abduganieva
CENTRAL BANK OF THE
REPUBLIC OF UZBEKISTAN

Ulugbek Abdullaev
DENTONS

Ravshan Adilov
CENTIL LAW FIRM

Kirill Afanasyev
SCHNEIDER GROUP

Zulfiya Akchurina
GRATA INTERNATIONAL

Azizbek Akhmadjonov
KOSTA LEGAL

Mels Akhmedov
BAS LAW FIRM

Rustam Akramov
GRATA INTERNATIONAL

Umid Aripdjanov
CENTIL LAW FIRM

Bobir Ziyamitdinovich
Artukmetov
KPMG

Elvina Asanova
GRATA INTERNATIONAL

Arsen Ayrapetyans
ASSOCIATION OF CUSTOMS
BROKERS UZBEKISTAN

Jakhongir Azimov
DIPLOMAT LAW FIRM

Olimkhon Azimov
INDIGO BARAKA SERVIS

Maxim Dogonkin
KOSTA LEGAL

Nail Hassanov
KOSTA LEGAL

Nadira Irgasheva
CENTIL LAW FIRM

Javokhir Karimov
DENTONS

Dilshad Khabibullaev
CENTIL LAW FIRM

Olmoskhon Khamidova
GRATA INTERNATIONAL

Rustam Khaytmetov
ARTIFEX GROUP

Stanislav Kim
DIPLOMAT LAW FIRM

Sergey Mayorov
SIMAY KOM

Tatyana Popovkina
GRATA INTERNATIONAL

Manzura Raximova
DENTONS

Mirzaaziz Ruziev
GRATA INTERNATIONAL

Muzaffar Salomov
CREDIT BUREAU CREDIT
INFORMATIONAL-
ANALYTICAL CENTRE LLC

Sabina Saparova
GRATA INTERNATIONAL

Farhad Sattarov
SIMAY KOM

Nizomiddin Shakhabutdinov
LEGES ADVOKAT LAW FIRM

Azamatjon Shavkatov
GRATA INTERNATIONAL

Victoria Smirnova
VICTORY YURCONSALT

Nargiza Turgunova
GRATA INTERNATIONAL

Bakhtiyor Yerimbetov
BEK BROKER

Nodir Yuldashev
GRATA INTERNATIONAL

Shukhrat Yunusov
DENTONS

Dilafruz Yusupova
DIPLOMAT LAW FIRM

瓦努阿图

SIM A CONSTRUCTION
AND JOINERY

Loïc Bernier
CAILLARD & KADDOUR

Frederic Derousseau
UNELCO

Delores Elliott

Anthony Frazier

Geoffrey Gee
GEOFFREY GEE & PARTNERS

David Hudson
HUDSON & SUGDEN

Bill Jimmy
VANUATU'S OWN LOGISTICS

Lionel Kaluat
DEPARTMENT OF LABOUR

Chris Kernot
FR8 LOGISTICS LTD.

Jonathan Law
LAW PARTNERS

Marc Antoine Morel
CABINET AJC, AN INDEPENDENT
CORRESPONDENT MEMBER
OF DFK INTERNATIONAL

Sandy Mwetu
MUNICIPALITY OF PORT VILA

Edward Nalyal
EDWARD NALYAL & PARTNERS

Junior Natu
UTILITIES REGULATORY
AUTHORITY OF VANUATU

Gaetan Junior Pikioune
UTILITIES REGULATORY
AUTHORITY OF VANUATU

Davidson Seth
UTILITIES REGULATORY
AUTHORITY OF VANUATU

Mark Stafford
BARRETT & PARTNERS

Martin St-Hilaire
CABINET AJC, AN INDEPENDENT
CORRESPONDENT MEMBER
OF DFK INTERNATIONAL

委内瑞拉

Tamara Adrian
ADRIAN & ADRIAN

Yanet Aguiar
DESPACHO DE ABOGADOS
MIEMBROS DE NORTON
ROSE FULBRIGHT SC

Juan Enrique Aigster
HOET PELAEZ CASTILLO
& DUQUE

Juan Domingo Alfonzo
Paradisi
TORRES PLAZ & ARAUJO

Servio T. Altuve Jr.
SERVIO T. ALTUVE R.
& ASOCIADOS

Aixa Añez
D'EMPAIRE

Biba Arciniegas
D'EMPAIRE

Marian Basciani
DE SOLA PATE & BROWN,
ABOGADOS—CONSULTORES

Andrea Cruz
TORRES PLAZ & ARAUJO

Geraldine d'Empaire
D'EMPAIRE

Oscar de Lima G.
DEBARR C.A.

Arturo De Sola Lander
DE SOLA PATE & BROWN,
ABOGADOS—CONSULTORES

Carlos Domínguez Hernández
LEĜA ABOGADOS

Omar Fernandez Russo
CEPACEX

Jose Javier Garcia
PWC VENEZUELA

Maria Geige
DESPACHO DE ABOGADOS
MIEMBROS DE NORTON
ROSE FULBRIGHT SC

Luis Ignacio Gil Palacios
PALACIOS, ORTEGA
Y ASOCIADOS

Carlos Gouveia
ARKI ELÉCTRICA CA

José Gregorio Torrealba
LEĜA ABOGADOS

Litsay Guerrero
CONAPRI

Alfredo Hurtado
HURTADO ESTEBAN Y
ASOCIADOS—MEMBER
OF RUSSELL BEDFORD
INTERNATIONAL

Enrique Itriago
RODRIGUEZ & MENDOZA

Daniela Jaimes
DESPACHO DE ABOGADOS
MIEMBROS DE NORTON
ROSE FULBRIGHT SC

Gabriela Longo
PALACIOS, ORTEGA
Y ASOCIADOS

Ricardo Luna
DATACRÉDITO—EXPERIAN
VENEZUELA

Greta Marazzi
ADRIAN & ADRIAN

Rafael Alberto Medina Ulacio
EMPRESAS MEDINA

Pedro Mendoza
MENDOZA DAVILA TOLEDO

José Manuel Ortega
PALACIOS, ORTEGA
Y ASOCIADOS

Pedro Pacheco
PWC VENEZUELA

Bruno Paredes
LOGISTIKA TSM

Ruth Paz
PWC VENEZUELA

Bernardo Pisani
RODRIGUEZ & MENDOZA

Domingo Piscitelli
TORRES PLAZ & ARAUJO

Alfonso Porras
ALTUM ABOGADOS

Juan Carlos Pró-Rísquez
*DESPACHO DE ABOGADOS
MIEMBROS DE NORTON
ROSE FULBRIGHT SC*

Luis Mariano Rodriguez
CONAPRI

Pedro Saghy
*DESPACHO DE ABOGADOS
MIEMBROS DE NORTON
ROSE FULBRIGHT SC*

Eva Marina Santos
*HOET PELAEZ CASTILLO
& DUQUE*

Laura Silva Aparicio
LEĜA ABOGADOS

Jean Paul Simon
TORRES PLAZ & ARAUJO

Franco Stanzione
STANZIONE

Elias Tarbay
LEĜA ABOGADOS

Lenhy Saraid Torrealba Flores
EMPRESAS MEDINA

Oscar Ignacio Torres
*TRAVIESO EVANS ARRIA
RENGEL & PAZ*

Andreina Velásquez
D'EMPAIRE

Salomon Wahnich
*DATACRÉDITO—EXPERIAN
VENEZUELA*

越南

GRANT THORNTON LLP

Viet Anh Hoang
DIMAC LAW FIRM

Tam Bui
DIMAC LAW FIRM

Frederick Burke
BAKER MCKENZIE

Tran Cong Quoc
BIZCONSULT LAW FIRM

Giles Thomas Cooper
DUANE MORRIS LLC

Ba Hai Minh Dao
*HONOR PARTNERSHIP LAW
COMPANY LIMITED (HPLAW)*

Thi Bich Tram Dao
INDOCHINE COUNSEL

Thanh Huu Dinh
BEE LOGISTICS CORPORATION

Van Dinh Thi Quynh
PWC VIETNAM

Thuy Linh Do
*RUSSELL BEDFORD KTC
ASSURANCE & BUSINESS
ADVISORS—MEMBER
OF RUSSELL BEDFORD
INTERNATIONAL*

Dang The Duc
INDOCHINE COUNSEL

Thanh Duong
DIMAC LAW FIRM

Tran Quang Huy
VILAF LAW FIRM

Dai Thang Huynh
DFDL

Anh Tuan Le
*THE NATIONAL CREDIT
INFORMATION CENTRE—THE
STATE BANK OF VIETNAM*

Nhan Le
DUANE MORRIS LLC

Phuong Uyen Le Hoang
RUSSIN & VECCHI

Loc Le Thi
YKVN

Phuoc Le Van
*HO CHI MINH CITY POWER
CORPORATION (EVN HCMC)*

Logan Leung
RAJAH & TANN LCT LAWYERS

Tien Ngoc Luu
VISION & ASSOCIATES

Christopher Marjoram
PWC VIETNAM

Hoang Minh Duc
DUANE MORRIS LLC

Lan Nghiem Hoang
PWC VIETNAM

Duy Minh Ngo
VB LAW

Dang Nguyen
*MARUBENI VIETNAM
COMPANY LIMITED*

Hien Nguyen
DIMAC LAW FIRM

HK Oanh Nguyen
BAKER MCKENZIE

Hoang Kim Oanh Nguyen
BAKER MCKENZIE

Huong Nguyen
MAYER BROWN LLP

Khanh Ly Nguyen
*RUSSELL BEDFORD KTC
ASSURANCE & BUSINESS
ADVISORS—MEMBER
OF RUSSELL BEDFORD
INTERNATIONAL*

Phong Nguyen
*GIDE LOYRETTE NOUEL,
MEMBER OF LEX MUNDI*

Q. Anh Nguyen
GROUP COUNSEL

Thanh Hai Nguyen
BAKER MCKENZIE

Thi Phuong Lan Nguyen
*VIETNAM CREDIT
INFORMATION JSC (PCB)*

Thi Phuong Thao Nguyen
*VIETNAM CREDIT
INFORMATION JSC (PCB)*

Thu Ha Nguyen
DFDL

Tieu My Nguyen
*HONOR PARTNERSHIP LAW
COMPANY LIMITED (HPLAW)*

Tram Nguyen
YKVN

Trang Nguyen
*THE NATIONAL CREDIT
INFORMATION CENTRE—THE
STATE BANK OF VIETNAM*

Tuan Nguyen

Viet Trung Nguyen
BAKER MCKENZIE

Dong Huong Nguyen Thi
RAJAH & TANN LCT LAWYERS

Dung Pham
INDOCHINA LEGAL LAW FIRM

Hung Duy Pham
*RUSSELL BEDFORD KTC
ASSURANCE & BUSINESS
ADVISORS—MEMBER
OF RUSSELL BEDFORD
INTERNATIONAL*

Huong Pham
YKVN

Thanh Huong Pham
*THE NATIONAL CREDIT
INFORMATION CENTRE—THE
STATE BANK OF VIETNAM*

Thu Trang Pham
VISION & ASSOCIATES

Tien Minh Pham
INDOCHINE COUNSEL

Anh Vu Phan
INDOCHINE COUNSEL

Trung Viet Phan
*HONOR PARTNERSHIP LAW
COMPANY LIMITED (HPLAW)*

Viet D. Phan
LUATPVD

Le Mai Phuong
*HO CHI MINH CITY POWER
CORPORATION (EVN HCMC)*

Phan Nguyen Minh Phuong
VN COUNSEL

Dang Anh Quan
RUSSIN & VECCHI

Phan Vinh Quang
*ASIAN DEVELOPMENT BANK
MEKONG BUSINESS INITIATIVE*

Nguyen Que Tam
CSP LEGAL LLC

Van Anh Thai
*RUSSELL BEDFORD
KTC—MEMBER OF RUSSELL
BEDFORD INTERNATIONAL*

Nguyen Thi Hong Thang
VN COUNSEL

Dinh The Phuc
*ELECTRICITY REGULATORY
AUTHORITY OF VIETNAM*

Le Thi Diem
BIZCONSULT LAW FIRM

Nguyen Thi Thu Ha
BIZCONSULT LAW FIRM

Le Thi Thu Phuong
DFDL

Tan Heng Thye
CSP LEGAL LLC

Antoine Toussaint
INDOCHINA LEGAL LAW FIRM

Son Tran Duc
RAJAH & TANN LCT LAWYERS

Linh Tran Thi Ngoc
*LUATVIET—ADVOCATES
& SOLICITORS*

Tran Yen Uyen
CSP LEGAL LLC

Thuy Vy Vo
BAKER MCKENZIE

Emerald Minh Ngoc Vu
PWC VIETNAM

Hong Hanh Vu
MAYER BROWN LLP

Thu Hang Vu
*HONOR PARTNERSHIP LAW
COMPANY LIMITED*

Que Vu Thi
RAJAH & TANN LCT LAWYERS

Quoc Vuong
GROUP COUNSEL

Son Ha Vuong
VISION & ASSOCIATES

Kent Wong
VCI LEGAL

约旦河西岸和加沙

EY

*MINISTRY OF FINANCE &
PLANNING—CUSTOMS &
EXCISES, VAT DIRECTORATE*

Basel Abdo
ITTQAN CONSULTING SERVICES

Tareq Al Masri
*MINISTRY OF NATIONAL
ECONOMY*

Shadi Al-Haj
PWC

Sharhabeel Al-Zaeem
AL-ZAEEM & ASSOCIATES

Haytham L. Al-Zubi
AL-ZUBI LAW OFFICE

Moayad Amouri
PWC

Muhanad Assaf
ITTQAN CONSULTING SERVICES

Hanna Atrash
AEG

Firas Attereh
*HUSSAM ATTEREH GROUP
FOR LEGAL SERVICES*

Duaa Aweida
ITTQAN CONSULTING SERVICES

Anan Boshnaq
E-FREIGHT INTERNATIONAL CO.

Ayman Dahbour
*TALAL ABU-GHAZALEH
LEGAL (TAGLEGAL)*

Imad Dayyah
*TRAINING & MANAGEMENT
INSTITUTE (TAMI)*

Ashraf Far
ITTQAN CONSULTING SERVICES

Ali Faroun
*PALESTINIAN MONETARY
AUTHORITY*

Lina Ghbeish
*PALESTINE CAPITAL
MARKETS AUTHORITY*

Amer Habash

Nadeen Haddad
*THE PALESTINIAN COMPANY
FOR OPERATIONAL AND
CAPITAL LEASE (PALLEASE)*

Yousef Hammodeh
*PALESTINE AUDITING &
ACCOUNTING CO.*

Ali Hamoudeh
*JERUSALEM DISTRICT
ELECTRICITY COMPANY
(JDECO)*

Samir Hulileh
PADICO HOLDINGS

Hiba I. Husseini
HUSSEINI & HUSSEINI

Rasem Kamal
*KAMAL & ASSOCIATES—
ATTORNEYS AND
COUNSELLORS-AT-LAW*

Raja Khwialed
COMPANIES CONTROL

Sireen Lubbadeh
*MINISTRY OF NATIONAL
ECONOMY*

Dima Saad Mashaqi
RAMALLAH MUNICIPALITY

Wroud Meliji
*THE PALESTINIAN COMPANY
FOR OPERATIONAL AND
CAPITAL LEASE (PALLEASE)*

Jamal Milhem
*TALAL ABU-GHAZALEH
LEGAL (TAGLEGAL)*

Manal Nassar
*JERUSALEM DISTRICT
ELECTRICITY COMPANY
(JDECO)*

Mark G. Nesnas
ITTQAN CONSULTING SERVICES

Samer Odeh
LAND REGISTRATION

Raed Rajab

Wael Saadi
PWC

Maysa Sarhan
*PALESTINIAN MONETARY
AUTHORITY*

Suhaib Sharif
*SHARP & BEYOND FOR
LEGAL AND INVESTMENT
CONSULTING SERVICES*

Mazin Theeb
*SHAHD ELECTRICAL
ENGINEERING CONSULTANTS*

也门

Khalid Abdullah
*SHEIKH MOHAMMED
ABDULLAH SONS (EST. 1927)*

Tariq Abdullah
*LAW OFFICES OF SHEIKH
TARIQ ABDULLAH*

Shafiq Adat
*LAW OFFICES OF SHEIKH
TARIQ ABDULLAH*

Ghazi Shaif Al Aghbari
*AL AGHBARI &
PARTNERS LAW FIRM*

Khaled Al Wazir
KHALED AL WAZIR LAW FIRM

Noura Yahya H. Al-Adhhi
CENTRAL BANK OF YEMEN

Abdul Gabar A. Al-Adimi
*ABDUL GABAR A. AL-ADIMI
FOR CONSTRUCTION & TRADE*

Yaser Al-Adimi
*ABDUL GABAR A. AL-ADIMI
FOR CONSTRUCTION & TRADE*

Ramzi Al-Ariqi
GRANT THORNTON YEMEN

Hesham Al-Bawani
KHALED AL WAZIR LAW FIRM

Khaled Al-Buraihi
*KHALED AL-BURAIHI FOR
ADVOCACY & LEGAL SERVICES*

Ahmed Al-Gharasi
AL-GHASARI TRADING

Mohamed Taha Hamood
Al-Hashimi
*MOHAMED TAHA
HAMOOD & CO.*

Omar Yahay Al-Qatani
CENTRAL BANK OF YEMEN

Ameen Al-Rabeei
SAWSIA ORGANIZATION

Mahmood Abdulaziz
Al-Sharmani
LAWYER

Abdulla Farouk Luqman
*LUQMAN LEGAL ADVOCATES
& LEGAL CONSULTANTS*

Amani Hail
CENTRAL BANK OF YEMEN

Ejlal Mofadal
CENTRAL BANK OF YEMEN

Laila A. Mohammed
*AL AGHBARI &
PARTNERS LAW FIRM*

Khaled Mohammed Salem Ali
*LUQMAN LEGAL ADVOCATES
& LEGAL CONSULTANTS*

Nigel Truscott
DAMAC GROUP

赞比亚

Azizhusein Adam
AD ADAMS & CO.

Salome Banda
KPMG

Wilson Banda
*PATENTS AND COMPANIES
REGISTRATION
AGENCY (PACRA)*

Judy Beene
LUSAKA CITY COUNCIL

Lewis K. Bwalya
ZESCO LTD.

Anthony Bwembya
*PATENTS AND COMPANIES
REGISTRATION
AGENCY (PACRA)*

Chisanga Perry Chansongo
ZENITH BUSINESS SOLUTIONS

Kazimbe Chenda
*SIMEZA, SANGWA &
ASSOCIATES ADVOCATES*

Lilian Chibale
KPMG

Bonaventure Chibamba
Mutale
ELLIS & CO.

Sydney Chipoyae
*JOHN KAITE LEGAL
PRACTITIONERS*

Alick Chirwa
SINOK LOGISTICS LTD.

Sydney Chisenga
CORPUS LEGAL PRACTITIONERS

Robin Durairajah
*CHIBESAKUNDA & COMPANY,
MEMBER OF DLA PIPER GROUP*

Namuyombe Gondwe
*SWIFT FREIGHT
INTERNATIONAL LTD.*

Edgar Hamuwele
GRANT THORNTON ZAMBIA

Grant Henderson
*CHIBESAKUNDA & COMPANY,
MEMBER OF DLA PIPER GROUP*

Jackie Jhala
CORPUS LEGAL PRACTITIONERS

Malcolm G.G. Jhala
DELOITTE

Chishimba Kachasa
*CHIBESAKUNDA & COMPANY,
MEMBER OF DLA PIPER GROUP*

John K. Kaite
*JOHN KAITE LEGAL
PRACTITIONERS*

Kelly Kalumba
GREEN COLD ARCHITECTS

Thomas Kamunu
*CREDIT REFERENCE
BUREAU AFRICA LIMITED
T/A TRANSUNION*

Sashi Nchito Kateka
*NCHITO AND NCHITO
ADVOCATES*

Kasweka Konga
CORPUS LEGAL PRACTITIONERS

George Liacopoulos
ZDENAKIE COMMODITIES LTD.

Lubinda Linyama
*ERIC SILWAMBA, JALASI
& LINYAMA LEGAL
PRACTITIONERS*

Mwangala Lubinda
SHARPE HOWARD & MWENYE

Fumanikile Lungani
CORPUS LEGAL PRACTITIONERS

Christopher Mapani
*PATENTS AND COMPANIES
REGISTRATION
AGENCY (PACRA)*

Bhekitemba Mbuyisa
LUSAKA CITY COUNCIL

Hilary Michelo
ZAMBIA REVENUE AUTHORITY

Jyoti Mistry
PWC ZAMBIA

Alick Mponela
CORPUS LEGAL PRACTITIONERS

Mukuka Mubanga
ZESCO LTD.

Chintu Y. Mulendema
CYMA

Muchinda Muma
CORPUS LEGAL PRACTITIONERS

Henry Musonda
*KIRAN & MUSONDA
ASSOCIATES*

Lloyd Musonda
*PATENTS AND COMPANIES
REGISTRATION
AGENCY (PACRA)*

Chanda Musonda-Chiluba
AFRICA LEGAL NETWORK (ALN)

Arthi Muthusamy
PWC ZAMBIA

Joshua Mwamulima
CORPUS LEGAL PRACTITIONERS

Nakayiwa Teddy Mwanza
LUSAKA CITY COUNCIL

Kafula Mwiche
*MADISON FINANCIAL
SERVICES PLC*

Alice Mwila
DELOITTE

Nchima Nchito
*NCHITO AND NCHITO
ADVOCATES*

Francis K. Ngomba
LUSAKA CITY COUNCIL

Kanti Patel
*CHRISTOPHER RUSSELL
COOK & CO.*

Solly Patel
*CHRISTOPHER RUSSELL
COOK & CO.*

Michael Phiri
KPMG

Palmira Pio
AFRICA LEGAL NETWORK (ALN)

Joof Pistorius
AFGRI CORPORATION LIMITED

Namakuzu Shandavu
CORPUS LEGAL PRACTITIONERS

Lindiwe Shawa
PWC ZAMBIA

Ngosa Simachela
*NCHITO AND NCHITO
ADVOCATES*

Chitembo Simwanza
ZESCO LTD.

Mildred Stephenson
*CREDIT REFERENCE
BUREAU AFRICA LIMITED
T/A TRANSUNION*

Jimmy Zulu
DELOITTE

Lungisani Zulu
BANK OF ZAMBIA

津巴布韦

FINANCIAL CLEARING BUREAU

Richard Beattie
THE STONE/BEATTIE STUDIO

Moses Bias
MAJESTIC TOBACCO PVT. LTD.

Whitney Bias
MAJESTIC TOBACCO PVT. LTD.

Peter Cawood
PWC ZIMBABWE

Innocent Chagonda
ATHERSTONE & COOK

Onias Chigavazira
HLB ZIMBABWE

Clayton Z. Chikara
DHLAKAMA B. ATTORNEYS

Nonhlanhla Chiromo
RESERVE BANK OF ZIMBABWE

Ruzayi Chiviri
RESERVE BANK OF ZIMBABWE

James Chiwera
NSSA

Beloved Dhlakama
DHLAKAMA B. ATTORNEYS

Farayi Dyirakumunda
*EXPERT DECISION
SYSTEMS ZIMBABWE*

Paul Fraser
LOFTY & FRASER

Innocent Ganya
ZIMDEF

Takunda Gumbo
CHINAWA LAW CHAMBERS

Takura Gumbo
ATHERSTONE & COOK

Obert Chaurura Gutu
GUTU & CHIKOWERO

Charles Jaure
*ZIMBABWE INVESTMENT
AUTHORITY*

Stanley Jumbe
MAJESTIC TOBACCO PVT. LTD.

Kudzanai Kapurura
GUTU & CHIKOWERO

Charity Machiridza
*BDO TAX & ADVISORY
SERVICES PVT. LTD.*

Memory Mafo
SCANLEN & HOLDERNESS

Hazvinei Mahachi
GUTU & CHIKOWERO

Faro Mahere
GILL, GODLONTON & GERRANS

Sarfraz Mahomed
DHLAKAMA B. ATTORNEYS

Chatapiwa Malaba
KANTOR AND IMMERMAN

Oleen Maponga nee Singizi
*EXPERT DECISION
SYSTEMS ZIMBABWE*

R. R. Mariwa
*ZIMBABWE ELECTRICITY
TRANSMISSION &
DISTRIBUTION COMPANY*

Tsungirirai Marufu-Maune
GUTU & CHIKOWERO

David Masaya
PWC ZIMBABWE

Chris Masimu
*DIVINE FREIGHT FORWARDING
(PRIVATE) LIMITED*

Collen Masunda
RESERVE BANK OF ZIMBABWE

Norman Mataruka
RESERVE BANK OF ZIMBABWE

Chengelanai Mavil
PWC ZIMBABWE

Jim McComish
*PEARCE MCCOMISH
ARCHITECTS*

Nyasha Mhunduru
*EXPERT DECISION
SYSTEMS ZIMBABWE*

H.P. Mkushi
SAWYER & MKUSHI

Tatenda Moyo
KANTOR & IMMERMAN

Benjamin Mukandi
FREIGHT WORLD PVT. LTD.

Haruperi Mumbengegwi
MANOKORE ATTORNEYS

Tiri Muringani
SPEARTEC

Lina Mushanguri
*ZIMBABWE STOCK
EXCHANGE LIMITED*

Eldard Mutasa
HIGH COURT ZIMBABWE

Ostern Mutero
SAWYER & MKUSHI

Alec Tafadzwa Muza
*MAWERE & SIBANDA
LEGAL PRACTITIONERS*

Christina Muzerengi
GRANT THORNTON ZIMBABWE

Christopher Muzhingi
PWC ZIMBABWE

Sympathy Muzondiwa
SAWYER & MKUSHI

Duduzile Ndawana
GILL, GODLONTON & GERRANS

Maxwell Ngorima
*BDO TAX & ADVISORY
SERVICES PVT. LTD.*

Edwell Ngwenya
FREIGHT WORLD PVT. LTD.

Tatenda Nhemachena
*MAWERE & SIBANDA
LEGAL PRACTITIONERS*

Farai Nyabereka
MANOKORE ATTORNEYS

Philip Nyakutombwa
*NYAKUTOMBWA
LEGAL COUNSEL*

Michael Nyamazana
AFRICA CORPORATE ADVISORS

Dorothy Pasipanodya
GILL, GODLONTON & GERRANS

Phillipa M. Phillips
PHILLIPS LAW

Nobert Musa Phiri
*MUVINGI & MUGADZA
LEGAL PRACTITIONERS*

John Ridgewell
BCHOD AND PARTNERS

Edward Rigby
CASLING, RIGBY, MCMAHON

C.M. Ruzengwe
HLB ZIMBABWE

Unity Sakhe
KANTOR & IMMERMAN

Sichoni Takoleza
*ZIMBABWE INVESTMENT
AUTHORITY*

Murambiwa Tarabuku
*PEARCE MCCOMISH
ARCHITECTS*

后　记

　　据世界银行发布的《2019年营商环境报告》显示，中国的总体排名比2018年上升32位，位列第46名，这也是世界银行营商环境报告发布以来中国最好名次。在放管服改革进程中，引入世界银行营商环境指标体系，是中国政府提升全球治理参与能力和精准化管理水平的重要突破口。优化营商环境目标的确立，是放管服改革进入2.0时代的标志。以此分界，改革的核心特征，已经从重视对政府审批事项"量"的控制，转变为重视企业经营活动软环境"质"的提升；从强调政府自身革命的主体视角，转变为服务市场的客体视角；从强调政府与企业的单维度关系，转变为政府与能源供应者、金融机构、司法机关、社会组织之间的多维度关系。虽然两个阶段改革的终极目标同样是"公众获得感"，但世界银行的营商环境指标体系为放管服改革如何增强公众获得感，提供了可借鉴的操作方法与制度工具。鉴于实践和研究中的共同需要，我们团队曾尝试用两年左右的时间将世界银行的营商报告中有关指标体系的论述全部析出，按照指标的演进历程进行重新编排，并对典型国家的重要改革进行案例式描述。2018年12月，该编著《世界银行营商环境评价指标体系详析》已在天津人民出版社正式出版。该书不仅得到了世界银行的认可，同时在中国的实务界和理论界也取得了比较积极的反响。2018年10月，受世界银行驻中国联络处的委托，由我们团队负责翻译世界银行发布的《2019年营商环境报告》英文简版，这是世界银行首次第一时间用中英文同时公布报告简版。但由于简版内容有限，于是我们团队积极与世界银行取得联系，在世界银行的授权下，对《2019年营商环境报告》进行了完整版的翻译。近期，我们团队还在对全球的典型国家和典型地区的营商环境报告进行整理和编译，在未来一段时间会有系列的著作出版。

我们团队一方面翻译世界银行关于营商环境的最新研究成果，一方面积极展开境内外调研，跟进国内放管服改革和优化营商环境的前沿实践，并发表了系列学术论文，在中国知网上的被引率和下载率都比较高。尤其是 2018 年 4 月，我与学生何成祥合作，发表在《中国行政管理》封面上的文章《优化营商环境视阈下放管服改革的逻辑与推进路径——基于世界银行营商环境指标体系的分析》，有幸成为了 2018 年，该本由中国行政管理学会主办的期刊上被引率最高的一篇文章，足见学术界对于营商环境问题研究的浓厚兴趣。

本书的翻译工作能够顺利进行，得益于团队成员前期的文献整理和搜集工作。特此感谢张培敏、陈志超、庞尚尚、何成祥、杨建萍、李晓艺、陈丹琳、陈娟、王文瑜、崔雨、白杨、王丹丹、王怡宁、封禄单、苏诗雅、张学帅、任亚肃、李家鹏、刘思琪、张玉坤、孔繁悦、崔静雯、胡萱萱、梁敏、闫延和包彦茹等同学，在翻译过程中提供的切实帮助。

在此次翻译过程中，天津师范大学营商环境课题组得到了世界银行营商环境研究小组、世界银行驻中国代表处、国务院推进政府职能转变和"放管服"改革协调小组、国家标准化管理委员会、中国行政管理学会、中国标准化研究院、天津市营商环境办公室、中国国际贸易促进委员会天津市分会、南开大学中国政府与政策联合研究中心、天津师范大学国家治理研究中心的鼓励与帮助。特别感谢天津师范大学图书馆参考咨询部的曹进军主任，尚晓宇、徐文静、吴晶、彭立伟、于曦、付凯丽等诸位老师对于本书的文献支持。特别感谢天津师范大学政治与行政学院资料室杨志芹老师对本书的文献支持。我作为课题组责任人，对所有成员的辛勤工作和协作态度表示感谢！向为本书的编辑、出版、发行等工作付出了辛勤劳动的天津人民出版社的王倩编辑，各个工作环节的经办同志，特别是向王康总编辑，表示衷心的感谢！

另需着重声明的是，本译文并非由世界银行提供，不应被视作世界银行官方译文。世界银行不对本译文的内容或错误负责。受译者翻译水平所限，译文中的错误和理解不当之处敬请读者朋友们批评指正，欢迎与我们团队取得联系，我们一定及时回复。译者邮箱：songlinlin2006@126.com。

宋林霖

2019 年 4 月 30 日

本书为如下项目支持的研究成果：

国家重点研发计划资助项目"行政许可流程优化的方法与技术规范"（2017YFF0207702）

国家社会科学基金重大项目"中国政府职责体系建设研究"（17ZDA101）

国家社会科学基金项目"行政审批事项转移与行业协会承接的衔接机制研究"（15BZZ076）

马克思主义理论研究和建设工程重大项目"关于平等的若干重大理论和现实问题研究"（2016MZD008）

图书在版编目（ＣＩＰ）数据

2019 年营商环境报告 : 强化培训　促进改革 / 世界银行著 ; 宋林霖译 . -- 天津 : 天津人民出版社，2020.1
ISBN 978-7-201-15749-8

Ⅰ . ① 2… Ⅱ . ①世… ②宋… Ⅲ . ①投资环境—研究报告—世界— 2019 Ⅳ . ① F830.59

中国版本图书馆 CIP 数据核字 (2019) 第 285441 号

2019 年营商环境报告：强化培训 促进改革
2019NIAN YINGSHANG HUANJING BAOGAO QIANGHUA PEIXUN CUJIN GAIGE

出　　版　天津人民出版社
出 版 人　刘　庆
地　　址　天津市和平区西康路 35 号康岳大厦
邮政编码　300051
邮购电话　（022）23332469
网　　址　http://www.tjrmcbs.com
电子信箱　reader@tjrmcbs.com

策划编辑　王　康
责任编辑　郑　玥
特约编辑　王　倩
装帧设计　汤　磊

印　　刷　高教社（天津）印务有限公司
经　　销　新华书店
开　　本　787 毫米 ×1092 毫米　1/16
印　　张　22
字　　数　450 千字
版次印次　2020 年 1 月第 1 版　2020 年 1 月第 1 次印刷
定　　价　188.00 元

版权所有　侵权必究
图书如出现印装质量问题，请致电联系调换（022 － 23332469）